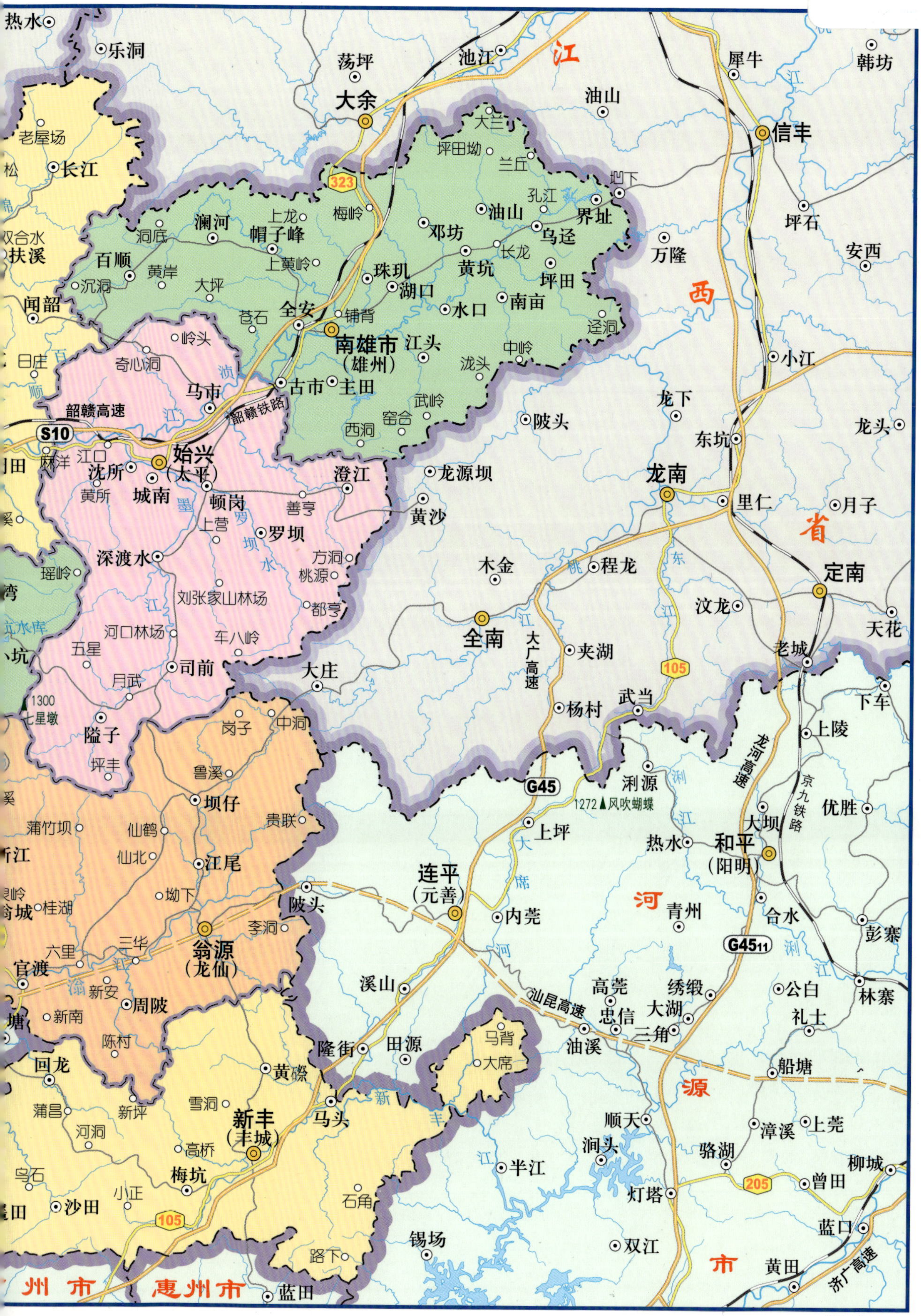

热水 乐洞 荡坪 池江 江 犀牛 韩坊
大余 油山 信丰
老屋场 大兰 坪田坳 兰丘
松 长江 323 坳下
梅岭 孔江 界址 坪石
双合水 洞底 澜河 上龙 帽子峰 油山 邓坊 乌迳 万隆 安西
扶溪 百顺 黄岸 上黄岭 珠玑 黄坑 长龙
沉洞 大坪 湖口 坪田
闻韶 苍石 全安 铺背 水口 南亩 西
岭头 南雄市（雄州） 江头 迳洞
日庄 奇心洞 中岭 小江
浈 龙头
马市 古市 主田
韶赣高速 韶赣铁路 武岭 龙下
S10 窑合 陂头 龙头
西洞 东坑
田 麻洋 江口 始兴（太平） 龙源坝 龙南
沈所 城南 澄江 里仁 月子
黄所 顿岗 善亨 黄沙 省
墨 上营 罗坝
深渡水 坝 方洞 定南
瑶岭 水 桃源 木金 程龙
湾 刘张家山林场 东 汶龙
都亨 全南 桃 天花
水库 江 江
河口林场 车八岭 夹湖 老城
五星 大广高速 105
坑 司前 大庄
月武 杨村 武当 下车
1300 七星墩 岗子 中洞 上陵
隘子 龙河高速
坪丰 鲁溪 利源
G45 京九铁路
坝仔 1272 风吹蝴蝶 大坝 优胜
蒲竹坝 贵联 上坪 利
仙鹤 大 江
仙北 热水 和平（阳明）
江尾 席
坳下 连平（元善） 内莞 河 青州 合水
桂湖 陂头 彭寨
翁源（龙仙） 李洞 G4511
三华 六里 河 利
官渡 江 江
新安 溪山 高莞 绣缎 公白 林寨
滃 周陂 汕昆高速
塘 新南 忠信 大湖 礼士
陈村 油溪 三角
回龙 隆街 田源 马背
黄磜 大席 船塘
蒲昌 雪洞 新 源
新坪 马头 顺天 漳溪 上莞
河洞 新丰（丰城） 丰
高桥 润头
乌石 江 半江 骆湖 柳城
梅坑 205 曾田
田 沙田 小正 石角 灯塔
105
锡场 蓝口
双江
路下 市 济广高速
州市 惠州市 黄田
蓝田

2015年

韶关年鉴

SHAOGUAN NIANJIAN

2016

韶关年鉴编纂委员会　编

图书在版编目（CIP）数据

韶关年鉴. 2016 / 韶关年鉴编纂委员会编. -- 北京：方志出版社，2016.9
ISBN 978-7-5144-2126-2

Ⅰ. ①韶… Ⅱ. ①韶… Ⅲ. ①韶关市—2016—年鉴
Ⅳ. ①Z526.53

中国版本图书馆CIP数据核字（2016）第242292号

韶关年鉴（2016）

编　　者：韶关年鉴编纂委员会
责任编辑：王　俊
出 版 人：冀祥德
出 版 者：方志出版社
地址　北京市朝阳区潘家园东里9号（国家方志馆4层）
邮编　100021
网址　http：//www.fzph.org
发　　行：方志出版社发行中心
电话（010）67110500
经　　销：各地新华书店
印　　刷：韶关市文星彩色印务有限公司
开　　本：889×1194　1/16
印　　张：33.7印张
字　　数：1121 千字
版　　次：2016 年 9 月第 1 版　2016 年 9 月第 1 次印刷
印　　数：0001~3000册
ISBN 978-7-5144-2126-2　定价：260.00 元

编辑说明

一、《韶关年鉴》是由中共韶关市委领导、市人民政府主持、市人民政府地方志办公室组织实施、各承编单位共同参与编纂的综合年鉴，《韶关年鉴》以马克思列宁主义、毛泽东思想、邓小平理论、“三个代表”重要思想和科学发展观为指导，全面、系统地载录本行政区域年度内自然、政治、经济、文化、社会等方面情况，为全市年度资料性文献，每年编纂出版一卷。

二、《韶关年鉴·2016》采用分类编辑法。主题内容设类目、分目、条目三个结构层次，以条目为基本记载单元。全书条目的标题统一用黑体加【】表示，少数包含多方面资料的子条目则在文内用楷体标明各段资料的主题。

三、《韶关年鉴·2016》主要反映2015年韶关辖区内各项事业发展的基本情况。该书分彩页和正文两大部分，彩页主要反映2015年全市政务活动、行业成就、城乡新貌；正文内容由特辑、大事记、行业专文、县（市、区）、人物、社会经济统计资料、附录等组成。全书共 个类目、 个分目和 个条目，计 千字。

四、本年鉴编目设计在上一年的基础上，对个别栏目的编排进行了适当的调整，“特载”改为“载辑”、“县（市、区）概况”改为“县（市、区）”、“财税·金融·保险”分为“财政·税务”“金融”2个类目，把原来“中国共产党韶关市委员会”类目下的“精神文明建设”分目移至“全市概况”类目下作为其分目，并在“全市概况”下增加“政治文明建设”“生态文明建设”分目，把各单位“附：领导班子成员名单”精简调换至“全市概况”中以“领导机构党派团体领导人名单”分目呈现。把原“民主党派·工商联”类目改为“民主党派”，把其下的“工商联”分目调至“群众团体社会组织”中。

五、本年鉴统计数据采用法定计量单位（农用工地面积计量单位仍沿用“亩”），统计数据以韶关市统计局提供的数据为准，统计局无此数据的，则使用单位统计数据。

六、本年鉴撰稿人一般在文末标出，部分特殊内容的作者在标题下方标出。

《韶关年鉴》编纂委员会

《韶关年鉴》编辑部

撰稿人员名单

数字韶关·2015

发展速度减缓

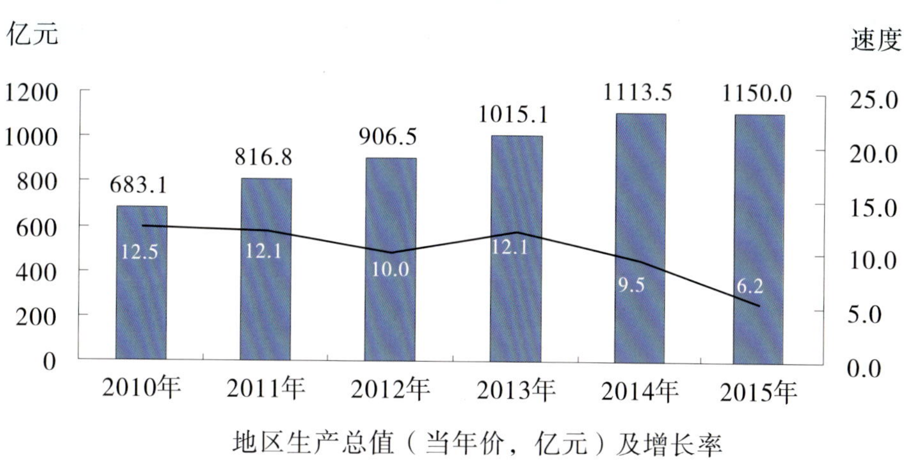

地区生产总值（当年价，亿元）及增长率

区域经济发展协调

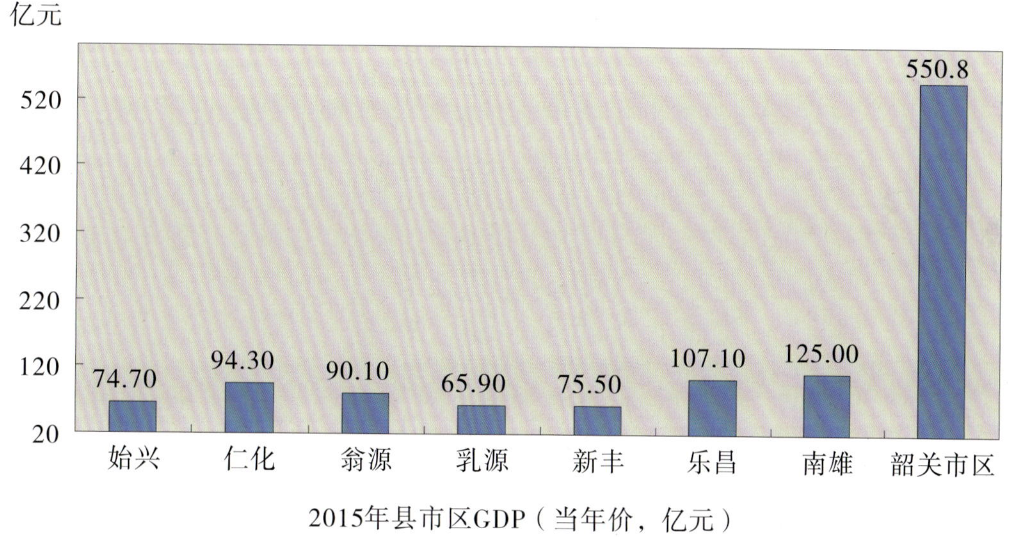

2015年县市区GDP（当年价，亿元）

经济结构明显优化

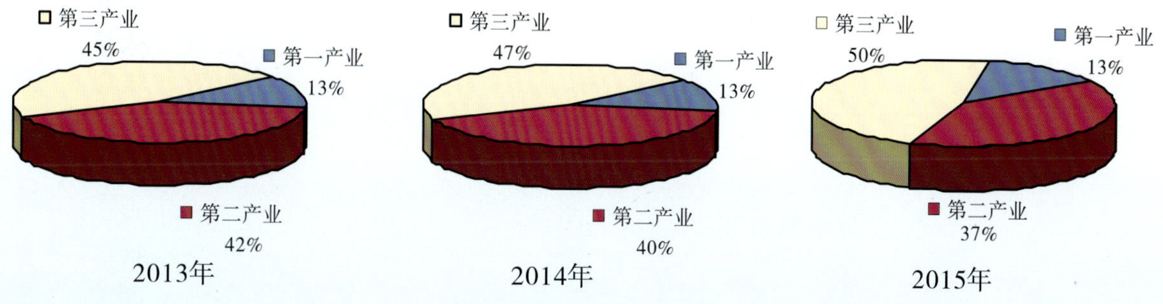

人口增长得到有效控制

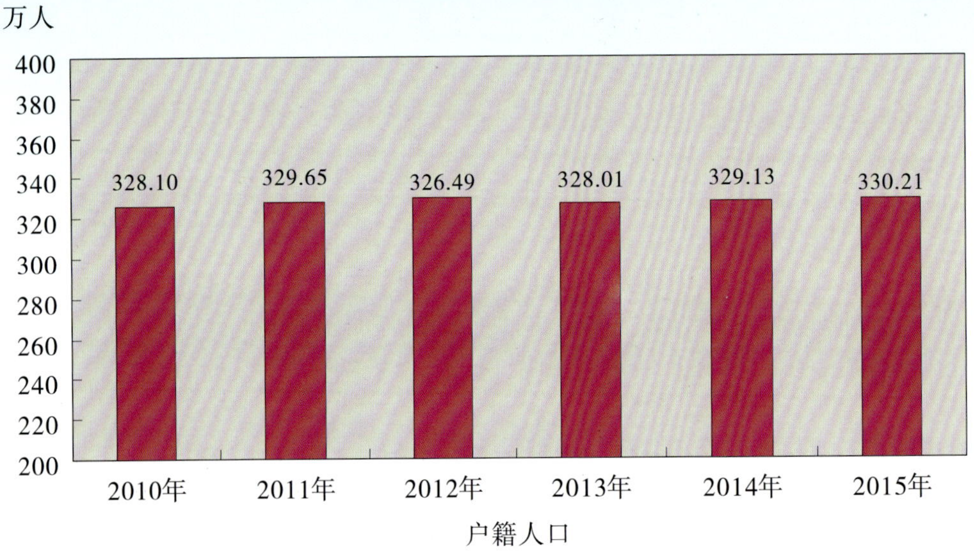

发展后劲增强

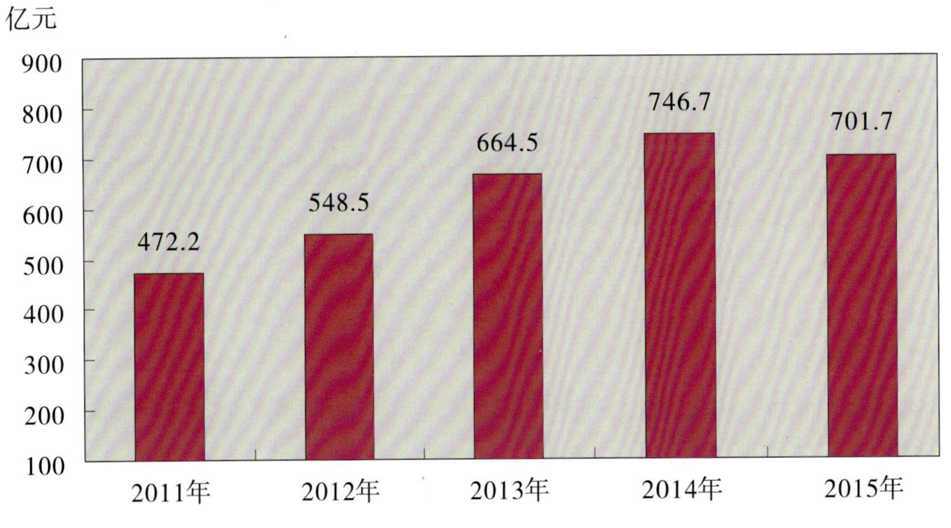

固定资产投资（亿元）

储蓄存款增长

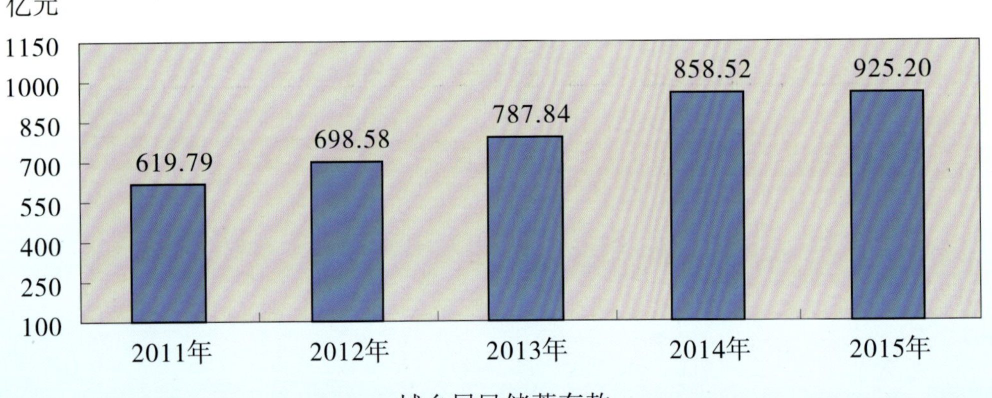

城乡居民储蓄存款

2015年12月17日，中共韶关市第十一届委员会第八次全体会议召开（童铜韶 摄）

2015年2月3日，韶关市第十三届人民代表大会第五次会议召开（童铜韶 摄）

2015年2月2日，政协第十一届韶关市委员会第四次会议召开（童铜韶 摄）

2015年12月1日，韶关市学习贯彻党的十八届五中全会精神报告会召开（市委党校）

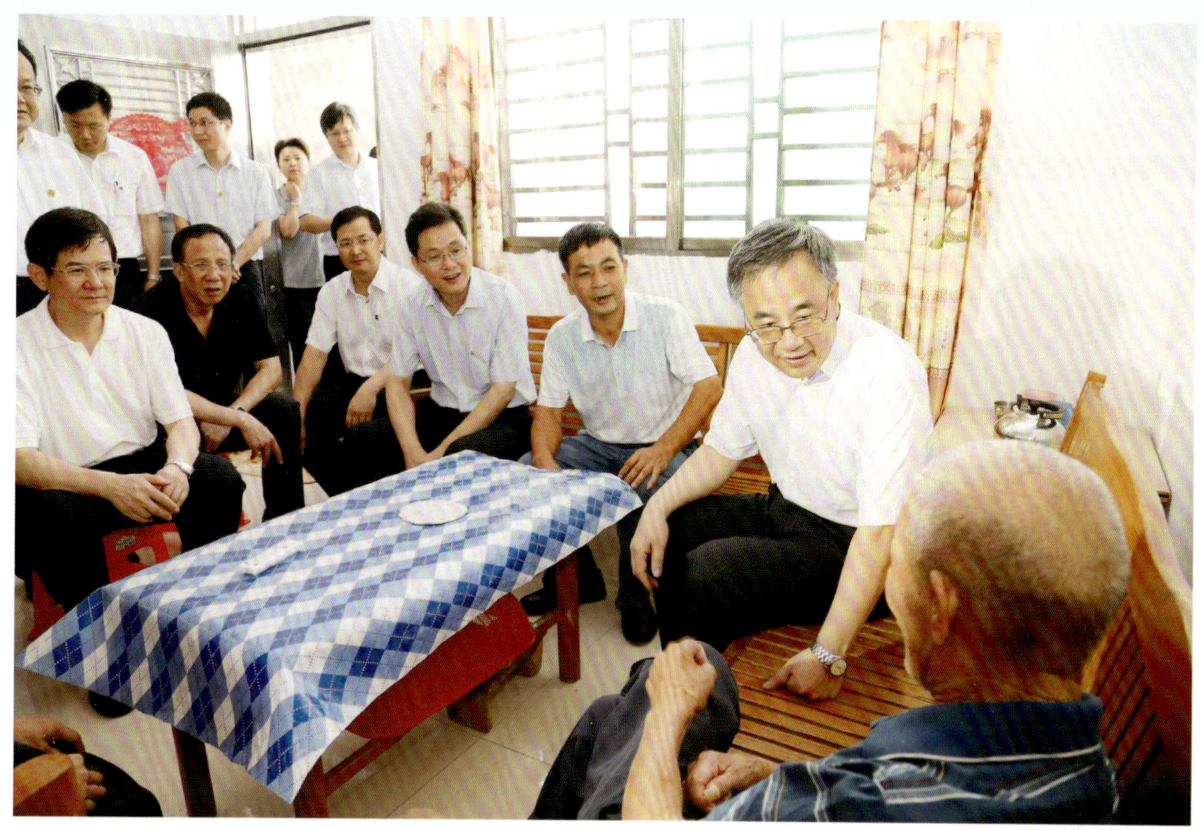

2015年6月22日，中共中央政治局委员、广东省委书记胡春华（右二）在韶关市乐昌长来镇罗村看望慰问困难党员邓发荣（童铜韶 摄）

2015年12月31日，中共中央政治局委员、广东省委书记胡春华（前排中）到大广高速新丰境段建设工地视察（童铜韶 摄）

2015年4月1日省长朱小丹（前左一）到韶关棚户区老屋家中交谈（市住建局 供）

2015年5月26日，省长朱小丹（前左一）到韶关调研全省新一轮绿化广东大行动推进情况（童铜韶 摄）

2015年6月4日，省政协主席王荣（右三）在韶关调研　（童铜韶　摄）

2015年6月11日，省委常委、省纪委书记黄先耀（前右一）在乳源瑶族自治县乌石岭新村调研　（童铜韶　摄）

2015年9月2日，市委书记蓝佛安（右）为抗战老同志苏陶颁发中国人民抗日战争胜利70周年纪念章（潘志立 摄）

2015年6月2日，韶关市委书记蓝佛安（右二）在仁化县委书记刘峰的陪同下到凡口矿调研，图为蓝佛安在听取矿领导蔡文的汇报（邓向阳 摄）

2015年5月29日，市人大代理主任李石保（左）向骆蔚峰（右）颁发代理市长任命书（童铜韶 摄）

2015年9月18日，市长骆蔚峰（前左二）率市教育局、市卫计局领导到韶关学院医学院调研（童铜韶 摄）

2015年11月9日，广州市人民政府与韶关市人民政府签署战略合作框架协议

（童铜韶 摄）

2015年12月24日，韶关市人民政府与中国移动通信集团广东有限公司签署加快信息基础设施建设，推进“互联网+”行动战略合作框架协议签署（童铜韶 摄）

2015年12月29日，韶关市人民政府与苏宁云商集团签署战略合作框架协议，图为签约仪式现场 （市商务局 供）

2015年6月24日，《澳门特别行政区政府旅游局与韶关市旅游局旅游合作备忘录》举行签署仪式

（市旅游局 供）

日新月异的芙蓉新城（市芙蓉新区管委会 供）

芙蓉新城鸟瞰图（市芙蓉新区管委会 供）

2015年3月17日，中国关心下一代教育示范基地挂牌暨捐赠仪式在乳源瑶族自治县举行（童铜韶 摄）

2015年9月20日，2015广东省道德模范与身边好人（韶关）现场交流活动在韶关举行（市委宣传部 供）

2015年9月12日，“九龄故里·百里画廊”乡村生态休闲度假旅游线路在广州旅游展举行发布会 （市旅游局 供）

2015年12月25日，丹霞水上飞机试飞 （童铜韶 摄）

2015年9月30日，鑫金汇·粤北灯具城在韶关鑫金汇举行启航仪式
（童铜韶 摄）

2015年9月30日，韶关市电子商务产业园韶关市大学生创业基地举行挂牌仪式（童铜韶 摄）

2015年12月24日，韶关国际商会第一次会员大会暨商会成立大会
（市贸促会 供）

2015年5月6日，广东翁源农村商业银行股份有限公司举行揭牌仪式（市金融局　供）

2015年1月28日，中行韶关分行成立全市首家专营科技信贷支行 (中国银行韶关分行　供)

武广铁路乐昌东站设计效果图

2015年12月30日，武广铁路客运专线乐昌东站项目举行开工仪式（罗吉 摄）

原曲仁矿棚户区改造项目第二期田螺冲安置点建成现状 （市住建局 供）

2015年12月2日，市委书记蓝佛安（左二）到新丰、翁源调研武深、昆汕高速公路项目建设情况。市委常委、秘书长孔云龙（右三），副市长朱余旺（左三），新丰县、翁源县和市直有关部门负责人陪同参加调研（市公路局 供）

2015中国佛教讲经交流会 （市民宗局 供）

南华寺 （梁国劲 摄）

2015年10月17日，韶关首届三江六岸半程马拉松赛在韶关市区举办

（童铜韶 摄）

2015年11月28日在丹霞山景区外山门举行2015第八届徒步穿越丹霞山颁奖仪式（丹霞山旅游投资经营有限公司　彭少真）

2015年10月1日“中国梦·韶韵风·东街汇”韶关市庆国庆大型群众文化活动在市区百年东街开幕

（童铜韶 摄）

（市委宣传部 供）

乐昌市

2015年3月6日，九峰桃花旅游节暨“美丽乐昌”摄影大赛开镜仪式在乐昌市九峰镇举行

（罗吉　摄）

乐昌花鼓戏《乐昌公主》剧照

（乐昌市文化馆 供）

2015年3月19日，全国“三八绿色工程”示范基地在乐昌市大源镇永济桥村巾帼联兴造林基地举行

（杨小霞　摄）

乐昌梅花人工湿地污水处理厂（吴伟浩　摄）

南雄市

南雄珠玑古巷门牌（南雄市史志办　供）

金秋，银杏洒满大地，如遍地黄金（南雄市史志办　供）

2015年10月17日，南雄市举办第二届姓氏文化旅游节（南雄市史志办　供）

2015年12月8日，南雄大市场竣工启用庆典（南雄市史志办　供）

孔江湿地公园（南雄市）

翁源县

11月27日，翁源县与中山大学共同举办“陈璘研究学术研讨会”。
（翁源县史志办 供）

翁源县华彩化工涂料城一角（翁源县史志办 供）

翁源县涂志伟美术馆

曲江区

广东省面积最大的花海主题公园—曲江重点项目大唐花海于10月开园（梁国劲 摄）

2015年11月18日，以“慈悲、圆融、宏博”为主题的“2015年中国佛教讲经交流会”在南华寺曹溪讲坛开幕（梁国劲 摄）

仁化县

2015年11月20日，仁化县首届农村电商节暨长坝第二届金柚节举办

（仁化县史志办　供）

2015年10月13日，农业部农村实用人才培训基地在仁化县周田镇平甫村挂牌成立

（仁化县史志办　供）

2015年9月－12月，省文物考研究所在仁化县城口镇发现一处暗藏21座横跨南北朝至唐朝时期的古墓群，图为古墓群挖掘现场（仁化县史志办　供）

2015年，全县完成地区生产总值74.7亿元，同比增长8.2%，规模以上工业增加值、一般公共预算收入、固定资产投资、社会消费品零售总额分别完成21.9亿元、3.8亿元、60.8亿元、17亿元，分别增长9.5%、5.3%、6.3%、11.6%；外贸进出口总额达2.3亿美元，总量继续位居全市第一。成功举办“杨梅节”招商推介活动，签约引进工业项目11宗、落户6宗。重点项目建设取得新进展，全面完成武深高速公路始兴段征地拆迁工作，实现全线动工建设；国道323线、省道244线、344线等部分路段实现升级改造，改造公路68公里；完成2015年中小河流治理省级试点任务，治理河道97公里。城乡发展面貌不断改变，完成《始兴县土地利用总体规划（2010-2020）中期调整完善方案》和《始兴县城市总体规划（2013-2030）》的修编工作，在全市率先实施农村生活垃圾管理市场化运营，深渡水瑶族乡和太平镇总甫村、东湖坪村分别被评为广东省名乡、名村。民生社会事业不断进步，完成新一轮扶贫开发“规划到户，责任到人”目标任务，新开工建设保障性住房929套，基本建成334套，完成农村危房改造186户。成功创建“全国义务教育发展基本均衡县”，全县教育强镇实现100%覆盖。“隘子满堂客家大围”被评为国家AAA级旅游景区，“始兴石斛”成功申报为国家地理标志保护产品。

2015年底，武深高速公路始兴段进入全面开工阶段。图为武深高速公路坪田隧道施工现场（邓斌 摄）

2015年8月13日，市委副书记、代市长骆蔚峰（左三）在始兴县调研城建工作（邓斌 摄）

2015年6月2日，始兴县举行2015年杨梅节暨招商引资项目签约仪式，签约资金超过80亿元，图为签约仪式现场（邓斌 摄）

2015年12月30日，中共始兴县委召开十二届十次全会，确立始兴县“十三五”发展目标（邓斌 摄）

韶关军分区

SHAOGUANJUNFENQU

2015年9月12日，广东省军区司令员张利明（前排中）视察韶关军分区

2015年6月11日，韶关市委副书记、代市长骆蔚峰（右三）到韶关军分区调研

2015年9月10日，军分区司令员盖长利（中）到韶关东站欢送新兵入伍

认清形势、保持警惕、不辱使命！

2015年5月18日，韶关军分区党委第一书记任职大会现场

2015年3月24日，军分区组织国防动员工作集训

2015年9月2日，曲江区阳光征兵摇号定兵现场会

2015年8月15日，军分区协助市双拥办举办“幸福双拥·缘定韶关”韶关军地青年联谊活动

1、2015年7月26日，军分区组织南雄市民兵应急分队演练
2、2015年6月8日，军分区组织干部进行五公里体能考核
3、2015年5月28日，军分区组织民兵三战分队进行徒步拉练

韶关市公安局

SHAOGUANSHIGONGANJU

2015年7月28日，副省长、省公安厅厅长李春生（左二）到韶关调研

2015年，全市公安机关紧紧围绕市委、市政府中心工作，全力开展“3+2”专项打击行动，深入推进社会治安防控体系建设，不断深化公安改革创新，全面推进“四项建设”，公安工作和队伍建设取得良好成效。全市公安工作呈现“三降两升”的特点，“三降”即：刑事治安警情数同比下降，刑事立案数同比下降，公共安全事故死亡人数同比下降；“两升”即：刑事案件破案绝对数同比上升，刑事案件批捕人数同比上升。

2015年7月9日，市委书记蓝佛安（中）到市公安局调研

2015年8月13日，副市长、市公安局局长李安平（右一）到粤北省际公安检查站视察工作

副市长、市公安局局长李安平（左一）慰问贫困户

警务实战训练

2015年12月30日，市公安局交警支队高速公路四大队挂牌成立

严厉打击违法犯罪

成功举办广东省公安系统男子篮球赛

交通安全进校园

武警韶关市消防支队

WUJINGSHAOGUANSHIXIAOFANGZHIDUI

2015年7月28日，副省长、省公安厅厅长李春生（右二）到韶关调研督导夏季消防工作

武警韶关市消防支队，又称韶关市公安消防支队，成立于1987年1月1日，位于韶关市武江区工业东路23号，1992年9月加称韶关市公安消防局，下设司令部、政治处、后勤处、防火处4个部门，辖1个培训基地、10个大队、14个中队，承担着韶关市防火、灭火和应急救援任务。

2015年，全市消防部队接警出动3145次，抢救遇险群众2185人，保护财产价值7.8亿元，成功处置“5·20”特大暴雨灾害事故、“6·12”乐广高速油罐车泄漏事故、“7·14”化工厂盐酸泄漏事故、增援“8·12”天津爆炸事故无人机侦察任务等急难险重任务。全市连续5年未发生较大以上火灾，下属4个单位获全省“青年文明号”，1个单位被市政府评为双拥工作模范单位，1个中队荣立集体三等功、6名个人荣立三等功，参加粤港澳消防运动会比武，获得1枚金牌、2枚银牌，涌现出“感动韶关十佳道德模范”张志明等一批先进典型，部队地位形象得到极大提升。

2015年11月18日，市长骆蔚峰（前）检查指导马市镇火灾隐患重点地区整治工作

2015年7月29日，市委书记蓝佛安（左一）在“八一”军地座谈会上亲切接见支队领导

2015年12月24日，副市长、市公安局局长李安平（右一）率队开展圣诞节消防安全“零点行动”

2015年9月25日，副市长、市公安局局长李安平（前）带队开展中秋国庆节前消防安全检查

2015年9月20日，武江大队警官张志明（右三）荣获第五届“感动韶关十佳道德模范”

2015年3月17日，在国储七三三处油库开展跨区域灭火拉动演练

2015年8月21日，支队增援天津“8·12”爆炸事故救援，图为正在执行航拍任务

韶关市地方税务局
SHAOGUANSHI DIFANGSHUIWUJU

2015年8月5日，广东省地方税务局党组书记吴紫骊（左一）到韶关市地税局调研

2015年3月3日，韶关市委常委、常务副市长陈波（右二）到市地税局调研，图为市地税局局长王中高（左一）陪同参观地税文化室

2015年2月6日，韶关市地税局召开全市地税工作会议，局长王中高（主席台左三）在会上发言

2015年8月5日，广东省地方税务局党组书记吴紫骊（中）到韶关市地税局调研并讲话

2015年4月3日，韶关市地税局召开纳税人权益保护座谈会，图为该局党组成员、调研员苏韶娟（左四）与纳税人进行现场交流

2015年9月16日，韶关市地税局召开警示教育暨“三纪”教育视频培训会，图为韶关市纪委副书记、市监察局局长张立江为局干部职工授课

1、2015年5月27日，韶关市地税局召开市局机关党委换届选举大会
2、2015年9月8日，韶关市地方税务局召开“三严三实”教育第二专题研讨学习暨党组中心组扩大会议
3、2015年9月9日，召开韶关市地方税务局（右）、韶关市国家税务局（左）第二次联席会议
4、2015年12月3日，广东省地方税务局廉政轻骑队到韶关演出，图为在党校礼堂演出廉政小品

鑫金汇财富中心

——多元化全生活城市商业综合体——

2016年10月13日，韶关市智汇小镇被评为首批广东省双创示范基地

●韶关市智汇小镇位于鑫金汇财富中心内，是鑫金汇全生活城市综合体的重要组成部分。2016年10月，智汇小镇以其独特的理念、创意、模式和优势等，荣获广东省首批双创示范基地，成为广东省政府重点扶持建设的区域性双创大平台。

●小镇的目标定位

小镇核心区建筑面积7.5万平方米，全生活配套建筑面积30多万平方米。通过三年努力，培育发展科技型、文化创意型小微企业300家，聚集青年大学生创新创业人群3000人，争取建成国家级双创示范基地、粤湘赣青年大学生创业集聚中心、韶关城市会客厅。

●小镇的布局结构

小镇以青年大学生为重点服务对象，以培育互联网经济为创新创业主攻方向，突破传统双创产业园构建思维，按照“产、城、人、文”四位一体，建设五大顶级功能配套（千人级路演中心、大型展示中心、创咖中心、会议中心、一站式服务中心）、三大梦想空间（孵化器、加速器、企业基地）、两大休闲生活基地（23休闲文化街、青创公寓），形成布局合理、功能完善、开放包容的全能双创园区。

●小镇的特色优势

一是政校企多方合作，政府是双创活动的引导者和推动者，高校是智力和人才的输送单位，企业是管家；二是商创结合，利用线上强大的商业支撑，形成“以商带创，以创强商”的商业创业生态，延伸商创产业链；三是全生活配套，为企业和创业者提供“五分钟消费圈”服务，形成宜居宜业的双创园区。

鑫金汇园林商业广场—焊喷广场

23街休闲文化创意长廊

广东康绿宝科技实业有限公司

KONBOM 康绿宝

GUANGDONGKANGLVBAOKEJISHIYEYOUXIANGONGSI

广东康绿宝科技实业有限公司由企业家顾惠林创建,是以“环保中国 奉献世界”为旗帜，以塑造民族品牌，绿色健康生活创新者为宗旨，公司投资6.6亿元，注册资本2亿元，占地面积27.2公顷，第一期已建成厂房面积约3万平方米，仓库面积5万平方米。科技园地理位置优越，坐落于韶关南雄市境内。2015年5月21日在上海股权交易中心（Q版）挂牌，股权代码205386，2016年5月20日正式签约“新三板”。

公司拥有产品百余种，涵盖杀虫剂、洗涤用品、汽车补胎液、天然植物牙膏生物保健等系列的日用化工品综合性企业，除日用化工外，还涉足销售、彩印、纸板纸箱、仓储、物流等多个领域。公司旗下有“康绿宝、帝盟、宝美雅和护甘神、鉄霸”等多个自有知识产权品牌，科技创新是企业发展的原动力，“健康、绿色、环保”的康绿宝品牌的深刻内涵并以“人无我有，人有我新”的经营理念不断的拓展市场，康绿宝做到“以人为本，以质立碑”，“创建民族品牌，引领日化领域”是康绿宝的企业精神砼石。在科技的推动下，产品不断升级换代，迎合市场需求，迎合消费者心理。康绿宝——以“环保梦，托起中国梦”塑造民族品牌，打造现在，成就未来。

广东康绿宝科技实业有限公司董事长顾惠林凭借着商海横流、风向多变的经验掌舵着“康绿宝”这艘巨轮，正朝着企业规范化、集约化、科技现代化的既定目标，乘风破浪的驶向未来，驶向光明。2014年至今连获“模范纳税单位”，2015年，康绿宝荣获中国卓越品牌风云榜“中国最具创新力品牌”奖、“中国最具影响力品牌500强”，同时董事长顾惠林在2013年荣获“中国年度品牌人物”，“2015年更是荣获广东年度经济风云榜十大风云人物”等殊荣。

2015广东年度经济风云榜十大风云人物颁奖典礼

康绿宝（南雄）科技园

产品质控中心一角

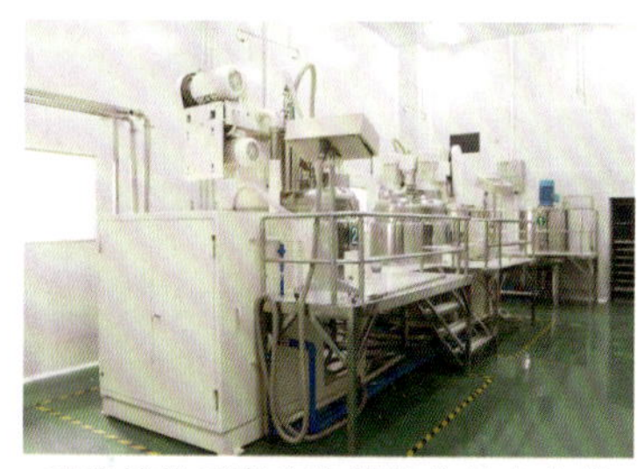

天然植物牙膏生物保健产品生产线

宝美雅牙膏生产线

环保洗涤用品生产线

环保家用卫生杀虫气雾剂生产线

康绿宝品牌专卖店

广东省大宝山矿业有限公司

GUANGDONGSHENGDABAOSHAN KUANGYEYOUXIANGONGSI

广东省总工会副主席张振飚（右一）到大宝山矿慰问一线职工

韶关市委书记江凌（右二）到大宝山矿调研

广东省大宝山矿业有限公司位于广东省韶关市曲江区沙溪镇境内，1958年5月建矿，1966年10月建成投产，占地面积9.49平方公里，毗邻106国道、京珠高速公路沙溪出口，是一家具备生产能力成品铁矿石65万吨/年、铜精矿3600吨/年（金属量）、硫精矿38万吨/年的国有独资多金属矿采选企业，旗下有子公司广东省南方特种铜材有限公司和韶关市广宝化工有限公司，现为广东省广晟资产经营有限公司旗下一级企业集团。2012年，经国土资源部、财政部评审通过，正式列为全国首批40家、广东省唯一一家“矿产资源综合利用示范基地”。

第二届全国矿山安全爆破与高效开采新技术新工艺成果交流会与会专家到大宝山矿调研

公司机关办公大楼

省、市领导出席李屋拦泥库外排水处理厂扩建工程建成通水仪式

大宝山矿7000吨/天铜硫技改项目主体厂房（在建）

公司露天采场全貌

宝钢集团广东韶关钢铁有限公司

AOGANGJITUANGUANGDONGSHAOGUAN GANGTIEYOUXIANGONGSI

宝钢集团广东韶关钢铁有限公司（简称“韶钢”），前身是广东省韶关钢铁集团有限公司，始建于1966年8月22日。2011年8月22日，宝钢和广东省国资委签订股权划转协议，韶关钢铁在分离办社会的基础上由宝钢集团直接持股51%。2012年4月18日，宝钢集团广东韶关钢铁有限公司挂牌成立。韶钢占地面积9.8平方公里，截至2015年年底，在册合同工12700人。

韶钢年产钢能力650万吨，立足钢铁业，工、科、贸并举，多元化经营，着重从价值形态上运营国有资产，是广东省重要的钢铁生产基地、国家高新技术企业，及中国重要的船板钢、工程机械和水电站用高强钢板、建筑结构用高建板、桥梁板、锅炉和压力容器用钢板生产基地。板材、线材、优特钢棒材等产品，主要在珠三角、华东地区及广东邻近省销售，部分出口。

2015年，韶钢全年产铁525万吨、钢520万吨、钢材502万吨、烧结矿776万吨、焦炭244万吨，发电15.78亿千瓦·时。韶钢实现营业收入122亿元，利润亏损25.7亿元。年末总资产190.76亿元，净资产16.24亿元。

公司对部分单元进行整合，二级部门从2014年12月的34个调整为24个（不含子公司），优化率29.41%；三级部门从173个调整为109个，优化率36.99%。对岗位和业务进一步梳理，核定岗位配置标准，制定人事效率提升规划和各阶段效率提升目标。2015年，通过协力回归、产线瘦身、智能制造、智慧配置等措施，全口径人力资源减少4000余人，效率提升超20%。

铁前矿石平均库存下降44万吨，跌价损失同比减少1.2亿元；钢后工序全年降成本2.7亿元，外部物流全年降成本1.65亿元；维修费105元/吨，完成年度目标，成本同比下降1.5亿元；人力资源优化，降低费用2亿元；环保费用总额1.9亿元。

根据2015年经营现状，公司推进经济运行模式，合理瘦身，提高产能利用率。采取的措施主要有：铁前关停4#烧结机，优化原料系统和降低库存，年降成本0.34亿元；炼钢系统关停电炉，提高转炉产能，年降低成本0.77亿元；根据板材、棒线材边际贡献情况，以开工的产线满负荷生产为目标，阶段性停产高二线、中板线，全年降低成本0.38亿元；优化焙烧工序，关停1#、4#、5#、6#四座气烧窑。通过产线瘦身和经济运行模式的调整，全年降低成本2.7亿元。

财务管理控制方面，公司坚持“现金为王，安全第一”的理念，优化结算模式、以收定支、精细资金计划、降低资金备付、降低库存占用、盘活闲置资产，2015年实现经营活动现金净流入4.46亿元；加强与宝钢集团协同，增强与银行间的互动交流，稳固银

韶钢2650立方米高炉

特棒主轧机

三座120吨炼钢转炉

行信心，五大行到期续授信总额未出现缩减；拓展融资渠道，成功完成14.5亿元基准利率联合贷款、9亿元融资租赁款和4亿元短券融资券发行等重大融资项目，保证资金链安全。

2015年公司原料采购实施低库存战略。对国内矿性价比分析，根据性价比，调整国内矿粉采购比例；加大进口煤采购比例，采取拼船方式批量采购，快进快出，降低库存风险；建立“采购、制造、生产、物流”四位一体的联动策划机制，完善采购工作周、月度会议机制，建立集体决策机制，对大宗原燃材料进行使用后的评估，提高质量，降低成本，提升原料采购能力。2015年大宗原燃材料平均库存量130万吨/月，较2014年平均库存量降低48万吨/月。原燃料库存方面，2015年降低成本2.24亿元，超额完成0.59万元。

确定产品转型升级目标，优化产品结构，成立板材、棒线、特钢三个产销研团队。公司以市场为导向，提升效率，加快市场响应速度，特钢、板材、棒线新产品开发取得实效。2015年，高附加值、高科技含量产品实现销量12.29万吨，新产品销售23.15万吨。针对不同品种，梳理市场定位，优化渠道及销售模式，拓展电商销售，对接欧冶云商等电商平台，2015年电商销售突破60万吨。2015年新开拓普材终端客户244家，直销率由20%提升到34%，提升市场竞争力。

2015年，公司采用高压严管方式，持续强化安全管理，“一岗双责、党政同责”有效落实。加强现场安全检查，排查治理安全隐患，发现问题的整改率为100%。加强安全教育，打击非法违法生产经营活动，专项整治危险化学品，夯实安全管理基础，安全管理能力提升，2015年实现零工亡目标。

2015年，公司投入环保项目改造费用1.64亿元，对烧结除尘、脱硫、废水重金属处理、防风抑尘网、环保在线监测等项目升级改造，确保污染物达标排放；对环保设施实行分级分类管理，监控运行状态，完成减排目标；完善环保责任体系和问责管理办法，从制度上堵塞管理漏洞，责任落实、问责到底、处罚有据。2015年，迎接广东省、韶关市环保部门检查69次，全部达标。

公司全貌

Nonfemet

深圳市中金岭南有色金属股份有限公司

凡口铅锌矿

团结奋进的矿领导班子

深圳市中金岭南有色金属股份有限公司凡口铅锌矿（简称“凡口铅锌矿”）位于广东省韶关市仁化县境内，西南距韶关市48公里，矿区公路与省道246线相接，矿内铁路与京广线相连，矿区面积约为 6.07 平方公里。

凡口铅锌矿资源丰富，品位高，储量大，按矿产资源种类划分，是目前亚洲最大的铅锌银矿种生产基地之一，是集采、选于一体的综合性企业。矿石中除富含13%左右的铅锌金属外，还赋存大量的银和锗、镓等稀散金属，主要产品有铅精矿、锌精矿、混合铅锌精矿和高铁硫精矿。

2015年9月，公司成立机械化采矿工区，使集约高效安全生产水平迈上一个新的台阶

2015年6月27日，公司举行省级井下透水事故救援演习，取得圆满成功

地址：广东省韶关市仁化县凡口铅锌矿　　邮编 512325

2015年新建成的凡口矿五村员工公寓

2015年12月18日开园的广东凡口国家矿山公园

凡口铅锌矿于1958年建矿，1968年正式投产，原设计生产规模为日处理铅锌矿石3000吨，年产铅锌金属量12万吨。历经多次改造，目前达到日处理铅锌矿石5500吨、年产18万吨铅锌金属量的生产能力。

凡口铅锌矿采矿工艺有无底柱和常规大直径深孔采矿法、盘区机械化中深孔采矿新工艺、全尾砂充填、泡沫砂浆新材料充填等；选矿工艺有高碱快速浮选电位调控优化工艺、新四产品选矿工艺。

近几年来，特别是在2015年，凡口铅锌矿面临资源品质下降，出窿矿石品位偏低，生产条件逐年变差，难采采场、顶底柱采场逐年增多，上部矿量逐渐减少，上下部矿量结构失衡等不利因素。在中金岭南公司的正确领导下，干部员工认真履职，积极作为，紧扣公司“全面深化改革，努力挖潜增效”这条主线，充分理解执行中金岭南公司“求真务实，稳中求成，改革创新，多元发展”的工作方针，牢记任务与使命，强化“六种意识”，从容应对挑战，奋力攻坚克难，较为圆满地完成了公司下达的各项工作任务。

不断创新工艺，提高生产效率

开展经常性的生产一线安全检查，确保安全生产

加大井下机械化采矿比重，目前机采量达到80%以上

电话：（0751）6310270　　传真：（0751）6311999

韶关市农村信用社联合社
SHAOGUAN RURAL CREDIT UNION

2015年12月，韶关市联社理事长邱爱昌陪同广东省联社理事长周高雄在广东金融学院指导2016年应届高校毕业生专场招聘会工作

2016年7月20日，韶关市联社理事长邱爱昌陪同广东省联社副主任龙富章前往仁化联社调研“两学一做”学习教育情况

韶关农信社（农商行）是韶关市成立最早的金融机构之一，60多年来始终坚持“求实、创新、诚信、服务”的发展理念，已成为韶关市网点最多、服务面最广、资金实力最雄厚的地方性金融机构。韶关农信社（农商行）由10家法人机构组成，机构网点170个、从业人员2000多人，从业人员及网点数量均位居全市金融机构首位。截至2015年末，韶关农信社各项存款358亿元，各项贷款221亿元，存、贷款规模均位居全市金融机构首位。

2016年7月26日，韶关市联社理事长邱爱昌在始兴县罗坝镇河渡村开展精准扶贫调研

韶关市农村信用合作社联合社具有独立企业法人资格，作为广东省联社的派出机构，履行对辖内市区、曲江、仁化、乐昌、乳源、新丰、始兴、南雄农信联社以及翁源农商银行共9家独立企业法人机构的管理、指导、协调和服务职责。韶关农信社（农商行）作为“韶关人自己的银行”，始终坚持以服务“三农”、中小微企业和县域经济为宗旨，在支持韶关农村经济和中小企业发展中发挥着其他金融机构无法替代的作用。截至2015年末，韶关农信社（农商行）涉农贷款余额152亿元，占各项贷款余额的69%，占全市金融机构农业贷款余额的95%以上，是名副其实的农村金融主力军；中小微企业贷款余额148亿元，占各项贷款余额的67%，支持地方中小微企业发展。韶关农信社（农商行）利用全省先进的数据大集中平台，为广大客户提供方便、快捷、安全的金融服务，开办网上银行、电话银行、手机银行、微信银行、卡贷保、支付宝、银联无卡支付、财付通、三方存管、理财、票据等现代金融产品，推选当地特色农产品在广东省联社电商平台-“鲜特汇”销售，携手政府及有关部门开展“政银保”、“助保贷”、妇女小额担保财政贴息贷款、“银税互动”、“三资平台”等业务，推进普惠金融建设、金融精准扶贫工作。

2016年7月19日，韶关市联社机关党员干部在省委旧址重温入党誓词

2016年7月21日，韶关市联社与广电网络股份有限公司韶关分公司举行战略合作框架协议签约仪式

2016年8月19日，韶关市联社邀请省委党校教授开展“两学一做”学习教育专题党课

中国建设银行股份有限公司韶关市分行

ZHONGGUOJIANSHEYINHANG GUFENYOUXIANGONGSISHAOGUANSHIFENHANG

行长石中心到韶关发电厂调研（金音 摄）

省分行与韶关市政府签署金融战略合作协议（段勇 摄）

中国建设银行股份有限公司韶关市分行在60年的改革、创新和发展中不断壮大，已成为一家具有广泛的客户群体、较好的经营管理基础、较强的赢利能力、在韶关地区具有相当影响力的大型银行机构。截至2015年辖属32个营业网点，拥有自助银行25个，自助设备208台，全口径存款余额228.59亿元，各项贷款余额104.07亿元。

韶关市分行坚持以客户为中心，以市场为导向，全力服务当地经济社会发展，推动韶关经济转型升级。2015年，韶关市分行促成省分行与韶关市政府签订300亿元的金融战略合作协议，全力支持当地重点建设项目、新型城镇化建设；与市科技局联合举办“Fit粤”科技金融推广大会，向28个高新技术企业提供授信和综合金融服务，投放贷款4.5亿元；与韶关市国税局、地税局共同推出“税易贷”，帮助优质纳税企业尤其是中小企业获得信贷支持，实现纳税信用和金融服务的无缝对接；成立9个个贷中心，22个专业经营中心，遍布三区七县，优先满足和支持市民住房需求；在武江市场和芙蓉市场推出“闪付e生活-菜篮宝”项目为广大市民小额支付行为提供便利。稳步迈向“综合性、多功能、集约化”的转型发展之路。

1、“税融通”项目签约（张小乐 摄）
2、免费办理粤通龙卡、安装电子标签（张小乐 摄）
3、碧水花城支行开业（张小乐 摄）

中国农业银行
AGRICULTURAL BANK OF CHINA

韶关分行

总行领导到韶关调研支持三农服务

深入企业调研生产经营情况

中国农业银行股份有限公司韶关分行位于韶关市惠民北路2号农行大厦。已经实现全市行政村惠农通工程全覆盖。

2015年，面对经济新常态，农行韶关分行抢抓战略机遇、提升市场竞争力，全行业务规模、市场份额、经营效益稳速提升，人民币时点、日均存款增长，个人住房贷款投放量和增量均在同业排名第一。全年累计发放信贷资金74亿元，累计审批韶关市重点项目和重点企业贷款28亿元；支持韶关市棚改产业基金；承担主承销行资格，为韶关钢铁承销超短期融资券，并转托管韶关钢铁企业年金；量身订做番灵饲料公司“E农管家”电商平台。

农行韶关分行贯彻落实普惠金融和精准扶贫政策，实施走进农村、走进社区“双走进”及“1+N”服务模式，在9个中心乡镇新设自助银行，扩大农行金融服务的覆盖面。推广农村个人生产经营贷款、农户小额贷款和农业产业链农户贷款等，筹集资金帮扶挂钩扶贫村脱贫致富。履行社会责任，热心社会公益，开展扶贫捐款、无偿献血、青年志愿者活动以及金融消费者保护等。联合发行联名IC信用卡丹霞卡，助推韶关旅游健康发展。

农行韶关分行始终秉承“客户至上，始终如一”的服务理念，2015年农行韶关分行、始兴墨江支行均荣获金融保险行业“十大诚信单位”。5个单位荣获省行级“三化三达标”先进单位，创建“平安银行”。在“十三五”规划中，农行韶关分行将以“稳健行远，区域强行”为目标，实现与客户共同成长，共同实现韶关振兴发展。

中心乡镇农村自助银行开业

举办纪念建党暨优秀党员事迹宣讲活动

举办银企篮球友谊赛

大行德广　伴您成长

目　录

特　辑

2015年韶关大事记

全市概况

各级机构领导人名单（2015 年）

中国共产党韶关市委员会

韶关市人民代表大会及其常务委员会

韶关市人民政府

政协韶关市委员会

纪检 · 监察

民主党派

群众团体·社会组织

军　事

法　治

经济管理

工业·重点企业

农·林·水·气象

商业·贸易

财政·税务

金　融

旅游·餐饮业

交　通

邮政·通信

城乡建设·环保

教　育

科　技

文　化

卫生·体育

社会生活

县（市、区）

人　物

统计资料

附　录

索　引

特　辑

中共韶关市委十一届七次全会

【概况】　中国共产党韶关市第十一届委员会第七次全体会议于2015年7月16日召开。全会深入贯彻落实党的十八大，十八届三中、四中全会和省委十一届四次全会精神，研究部署新形势下全面推进依法治市工作，着力推进依法治市，加快法治韶关建设。市委书记蓝佛安主持会议并代表市委常委会作题为《全面推进依法治市加快建设法治韶关》的报告和第二次全体会议讲话，市委副书记、代市长骆蔚峰作关于经济工作的讲话。全会审议《中共韶关市委关于全面推进依法治市的实施意见》，表决通过《中国共产党韶关市第十一届委员会第七次全体会议决议》。全会决定免去温新才市委委员、李卫忠市委候补委员职务。全会按照党章有关规定，决定递补市委候补委员曾风保、张才明、林岚为市委委员。

【推进依法治市的意义】　全会指出，全面推进依法治市，加快建设法治韶关，是全面建成小康社会的重要保障，是深化经济体制改革、营造良好市场环境的迫切需要，是维护和谐稳定、实现长治久安的根本途径。各级各部门要把思想和行动统一到中央和省委的战略部署上来，全面落实依法治国基本方略和依法治省工作要求，把握正确方向，坚持走中国特色社会主义法治道路，把党的领导贯彻到依法治市全过程，开创法治韶关建设新局面。

【依法治市的目的任务】　全会提出，全面推进依法治市的目标任务是，围绕建设中国特色社会主义法治体系，加快建设法治韶关。到2020年，立法能力不断加强，立法质量显著提升，地方性法规及政府规章逐步完善；行政权力依法规范公开运行，法治政府基本建成；司法体制机制基本健全完善，司法公信力不断提高；全民法治观念明显增强，法治精神深入人心；深化法治人才队伍建设，打造一支忠于党、忠于国家、忠于人民、忠于法律的社会主义法治工作队伍，实现科学立法、严格执法、公正司法、全民守法，促进社会治理体系和治理能力现代化。

【韶关法治】　全会强调，要按照中央和省委的决策部署，从当前法治工作基本格局出发，结合韶关实际，突出重点任务，推进科学立法、严格执法、公正司法、全民守法进程。一是加强地方立法工作，确保宪法法律全面正确实施。加强对宪法法律实施的监督，加强立法能力建设，加强重点领域的立法。二是深入推进依法行政，加快建设法治政府。依法履行政府职能，严格行政决策程序，坚持严格规范公正文明执法，全面推进政务公开。三是推进司法公正，维护社会公平正义。完善保证司法公正的体制机制，解决影响司法公正的突出问题，保障人民群众依法有序参与司法。四是推进全民守法，建设法治社会。增强全民法律信仰，构建多层次多领域依法治理体系，健全依法维权和矛盾纠纷化解机制。全会强调，要切实加强对依法治市工作的组织领导，不断加强党对法治建设的领导，提高党员干部法治思维和依法办事能力，建设高素质的法治工作队伍，不断提高党领导法治建设的能力和水平。

【完成韶关下半年经济增长目标】　全会总结分析全市上半年经济运行情况，要求各级各部门把稳增长放在更加突出的位置，全面做好下半年各项工作，尽快扭转经济下行局面，完成2015年的经济社会发展的六个目标。分别是：扩大“三大抓手”和对口帮扶成效，增强经济发展动力；主攻工业经济，推动工业经济回升；狠抓第三产业，促进商贸旅游较快增长；加强招商引资工作，促进产业扩量提质升级；扭住重点项目，促进投资稳定增长；狠抓工作落实，确保经济工作部署落实到位。

【落实会议精神】　全会强调，各级各部门要把思想和行动统一到胡春华书记在韶调研重要讲话精神上来，统一思想、坚定信心，振奋精神、主动作为、扎实工作，谋发展，抓落实，开创韶关工作新局面；要强化抓落实的责任感，按照省委“抓落实年”活动的要求，把主要精力放在抓发展、抓落实上；要树立抓落实的过硬作风，推动各项决策部署全面落实到位；要健全抓落实的制度机制，建立健全责任分解制度、督促检查制度和考评奖惩制度，以科学管用的制度和工作机制保障抓好落实；要提高抓落实的能力水平，加强学习，坚持理论联系实际，坚持问题导向，促进问题解决，推动工作落实。

中共韶关市委十一届八次全会

【概况】 中国共产党韶关市第十一届委员会第八次全体会议于2015年12月17日召开。全会由市委常委会主持。全会深入贯彻习近平总书记系列重要讲话精神，全面贯彻党的十八大和十八届三中、四中、五中全会以及省委十一届三次、四次、五次全会精神，回顾总结韶关市“十二五”期间的经济社会发展工作，研究谋划未来五年全市经济社会发展各项工作。市委书记蓝佛安代表市委常委会，就贯彻落实党的十八届五中全会和省委十一届五次全会精神，推进“十三五”韶关发展的重大问题作专题讲话。市委副书记、代市长骆蔚峰作《中共韶关市委关于制定国民经济和社会发展第十三个五年规划的建议》起草说明。全会表决通过《中共韶关市委关于制定国民经济和社会发展第十三个五年规划的建议》（以下简称《建议》）。

【科学谋划十三五发展】 全会指出，党的十八届五中全会是在中国全面建成小康社会进入决胜阶段召开的一次重要会议，五中全会审议通过的《中共中央关于制定国民经济和社会发展第十三个五年规划的建议》，是我国经济社会发展和全面建成小康社会的重要指导和行动指南。习近平总书记代表中央政治局所作的工作报告和在五中全会上的重要讲话，为韶关市做好各项工作指明方向。省委召开的省委十一届五次全会，描绘广东未来五年发展的宏伟蓝图。省委书记胡春华的重要讲话，全面贯彻“五大发展理念”，对全省经济社会发展，率先全面建成小康社会，率先基本实现社会主义现代化的新征程作出部署，是韶关市做好各项工作的重要遵循。全会强调，全市各级党组织和广大党员干部群众要全面贯彻落实好中央和省委提出的各项任务，科学谋划好韶关“十三五”发展，开创韶关经济社会发展新局面。

【补齐短板促进经济社会发展】 全会指出，“十三五”时期是中国全面建成小康社会的决胜阶段，韶关要确保实现与全国同步全面建成小康社会总目标。要完成这一宏伟目标和历史使命，韶关市既有良好的基础，也面临十分艰巨的任务，机遇和挑战并存。韶关必须坚持问题导向，找准薄弱环节，要补齐经济发展水平的短板，坚持发展第一要务，实现又好又快发展。要补齐民生社会事业发展的短板，推进基本公共服务均等化，促进基本民生，保障底线民生。要补齐扶贫开发的短板，按照中央和省精准扶贫、精准脱贫的部署要求，精准识别扶贫对象，把真正的贫困人口弄清楚，确保既不漏掉一个扶贫对象，也不把一个非扶贫对象纳进来。要补齐资源环境领域的短板，以改善环境质量为主线，做好环境保护和治理工作，确保如期与全国同步全面建成小康社会。

【主动融入珠三角的产业兴韶发展战略】 全会强调，必须深入贯彻落实省委书记胡春华在韶关调研重要讲话精神，把主动融入珠三角实现加快发展、产业兴韶作为经济社会发展的总战略，贯穿于“十三五”和未来更长时期发展全过程。要增进主动融入珠三角的共识，改变“一亩三分地”的传统思维惯性，以开放兼容的心态，以“为我所用”的思维，主动融入珠三角，实现错位发展、融合发展、共同发展。要树立主动融入珠三角的战略思维，主动对接和学习珠三角地区的先进理念、成功经验以及行之有效的规则和做法，推动观念更新、理念创新，以全新的理念推动韶关加快发展。要推动建立与珠三角地区的合作机制和平台，在深化莞韶对口帮扶、广韶战略合作的基础上，建立健全与珠三角地区的全面合作机制，创新沟通协调合作新机制和信息共享机制，加快区域产业合作平台建设，抓好贯彻落实，推动韶关经济社会发展实现新的跨越。

【践行五大发展理念】 全会指出，“十三五”期间，要践行五大发展理念推动韶关振兴发展。要坚持创新发展理念，着力培育经济发展新动力，加快产业转型升级，构建现代产业新体系，破除一切体制机制障碍，最大限度解放和激发创新活力。要坚持协调发展理念，着力提升发展整体性，促进城乡区域协调，坚持“两手抓、两手都要硬”的方针，加强精神文明建设。要坚持绿色发展理念，推进生态环境建设，处理好经济发展和保护生态环境的关系，着力建设美丽韶关。要坚持开放发展理念，深化区域合作，不断提升对内对外开放水平。要坚持共享发展理念，注重保障基本民生，促进基本公共服务均等化，增强人民群众的幸福感。

【思想大解放推动韶关大发展】 全会强调，要落实主动融入珠三角的总战略，实现加快发展，与全国同步全面建成小康社会的总目标，最紧要的是要解决好思想观念问题。要破除等靠要的思想，树立抢抓机遇的意识；破除计划经济的思维，树立市场经济的意识；破除保守安逸的思想，树立开拓创新的意识；破除封闭自我的思想，树立开放合作的意识；破除无所作为的状态，树立勇于担当的意识。各级领导干部要带头解放思想，带头更新观念，带头敢闯敢试，一级做给一级看，一级带着一级干，以思想大解放推动韶关大发展。

【优化经济社会发展环境】 全会指出，要着力优化经济社会发展环境，为韶关振兴发展提供强有力的保障。要着力营造干事创业的政治生态，为干事创业者创造宽松环境，旗帜鲜明地保护、支持和鼓励想干事能干事干成事的干部。要着力营造加快发展的政策环境，一方面争取中央、省政策的支持，获得国家和省更多的政策红利，另一方面要抓好上级政策的研究、消化、落地工作。要着力营造优质高效的政务环境，整治和优化政务环境，深入清理行政审批项目，强化问责追责制度，坚决整治对企业乱收费、乱罚款、“吃拿卡要”等行为，全面提高为企业服务的水平。

【加强党领导经济社会稳步运行】 全会强调，要始终坚持从严治党，加强党对经济工作的领导，提高领导推动经济社会发展的能力水平。要加强干部队伍建设，建设一支能够适应和驾驭经济发展新常态的高素质干部队伍。要深入推进党风廉政建设和反腐败斗争，构建不敢腐、不能腐、不想腐的有效机制。全会强调，各级各部门要抓好全会精神的学习贯彻，把握《建议》的核心要义和基本要求，按照《建议》确定的主要目标、总战略、基本原则和基本理念，结合实际做好规划纲要和专项规划编制工作。要做好最后冲刺阶段的各项工作，着力保障和改善民生，做好社会稳控工作，确保社会大局和谐稳定。要谋划好2016年各项发展工作，落实招商引资、民营经济、旅游工作会议以及这次全会提出的各项任务要求，奋发有为，真抓实干，推动韶关市经济企稳向好，确保“十三五”时期的发展开好头、起好步。 （市委办）

韶关市在县处级以上领导干部中开展“三严三实”专题教育

【概况】 韶关市“三严三实”专题教育2015年5月19日启动，市、县两级共1321名县处级以上领导干部，按照中央和省委部署要求，深入开展习近平总书记系列重要讲话精神、纪律规矩、正反典型等学习教育，不断强化思想理论武装，在思想、作风、党性上又一次集中教育。各级领导干部带头讲专题党课、开展专题学习讨论、开好专题民主生活会，发挥以上率下的正能量。突出问题导向，创新开展体察群众生活之困、企业发展之难、机关作风之疾、腐败问题之害的“四个体察”学习，全面查摆“不严不实”问题。深化“四风”整治，巩固拓展群众路线教育实践活动成果，深入推进25个专项整治任务，组织开展“不作为、慢作为、乱作为”问题专项整治活动，推动各级党员干部转作风、树新风。

【书记带头讲党课】 市委常委“带着思考摸情况，带着问题上讲台”，带头为党员干部讲专题党课，发挥带头示范作用。12名市委常委、105名党委（党组）书记、700多名班子成员分别在不同领域，讲授专题党课800多节，引领广大领导干部深入学习习近平总书记系列重要讲话精神。市、县两级党政班子成员到基层调研，把“不严不实”问题找出来，在党课中点出来。市直机关单位班子成员深刻检查当前一些机关领导干部身上存在的理想信念动摇、干群之间关系恶化、以权谋私、工作作风不正、不敢担当、不敢作为等具体表现和严重危害，并逐一提出对策。

【开展专题学习】 坚持专家导学，深化理论武装。在第一专题学习中，邀请省委宣传部讲师团原团长曾凡光教授作《领导干部要做严以修身的表率》专题讲座，解读新形势下领导干部严以修身的基础内涵。在第二专题学习中，市委召开全市纪律教育学习月活动（三纪班）动员大会暨市委中心组“三严三实”专题学习会，围绕“主动适应新常态，狠抓作风促发展”这一主题，市委书记蓝佛安作专题讲话，市委常委、市纪委书记黎增丰以“把纪律和规矩挺在前面——为韶关的振兴发展提供坚强的纪律保障”为题作党风廉政建设专题辅导报告。在第三专题学习中，邀请法治广东研究中心主任、省委党校学术委员会委员、法学教授宋儒亮作《严以用权，提高落实运用法治思维和法治方式的能力》专题辅导。市、县两级集中参加专题辅导讲座领导干部2100多人次，辅导讲座全程录像并发至各地各单位组织观看。

【抓实集中研讨】 市委中心组和各地各单位党委（党组）中心组围绕三个专题，开展三次大规模的集中研讨学习，交流思想，查摆问题，深化认识。7月1日，市委中心组召开第一专题学习讨论会，市委中心组成员、相关市直单位负责人参加。与会人员围绕“严以修身，坚守共产党人的精神家园”主题，结合学习情况和韶关经济社会发展实际，围绕分管工作和省委书记胡春华到韶关调研重要讲话精神，逐一畅谈修身立德的感想和体会。8月19日，市委书记蓝佛安和市委副书记、代市长骆蔚峰率市委中心组全体成员参观市廉政教育基地，并围绕“严以律己，严守党的政治纪律和政治规矩，自觉做政治上的‘明白人’”主题开展第二专题研讨会。10月26日，市委书记蓝佛安主持召开第三专题学习讨论会，市四套班子领导分别结合自身学习理解，围绕“严以用权，树立正确的权力观”主题交流发言。各地各单位紧跟市委步伐，召开党委（党组）中心组三个专题研讨学习会，取得良好成效。10月底前，处级以上领导班子成员以“三严三实”为主题，带头参加一次所在党支部的组织生活会。10月22日和10月23日，市委书记蓝佛安和市委副书记、代市长骆蔚峰分别以普通党员的身份，参加所在党支部市委办机关党支部第一支部和市政府办第一党支部的组织生活会。

【创新开展“四个体察”学习】 市委聚焦领导干部中存在的“不严不实”问题，创新开展“四个体察”学习：结合乡镇（街道）领导干部驻点普遍直接联系群众、扶贫开发“双到”等工作，引导和组织领导干部进村入户，体察群众生产生活之困难，感受农民脱贫致富之期盼，查找自身工作之不足；结合经济调研、深化企业改革等工作，推动经济管理部门的领导干部深入工业园区和企业生产一线，体察企业发展之难，想方设法营造良好的营商环境；结合机关作风整治工作，推动机关领导干部以服务对象的身份到分管单位和部门，全程体验工作作风和服务质量，体察机关作风之疾，解决好机关服务不热情、不规范、不高效的顽疾；结合纪律教育学习月活动，组织领导干部到廉政教育基地观摩学习和旁听庭审贪污案件，体察腐败问题之害，使领导干部受警醒、明底线、知敬畏。

【深入查找剖析问题】 坚持边学边查，把查找“不严不实”问题贯穿学习和研讨全过程。在学习研讨过程中，向每位市委常委印发《市委常委会领导班子“不严不实”问题清单》，组织市委常委结合学习研讨和工作实际，对市委常委会班子存在的“不严不实”问题进行自查。各级领导干部在深入剖析正反面典型的基础上，对照习近平总书记提出的“七个有之”和“五个必须”要求，围绕修身、用权、律己、谋事、创业、做人等六个方面的重点和方向，对照党章和党的纪律规定，聚焦对党忠诚、个人干净、敢于担当，把自己摆进去、把责任摆进去、把实际摆进去，深入具体地查找不严不实问题，建立班子和个人问题清单。围绕理想信念缺失、修身立德不严，谋事创业不实、推动发展不力，宗旨意识淡薄、服务质量不高，遵守法纪不严、腐败多发群发等方面，全市处级以上领导班子查摆出“不严不实”问题382个。

【开好专题民主生活会】 组织县处级以上领导干部对照党章等党内规章制度、党的纪律、国家法律、党的优良传统和工作惯例，对照正反典型案例，联系个人思想、工作、生活和作风实际，联系个人成长进步经历，联系教育实践活动中个人整改措施落实情况，深入查摆“不严不实”问题，进行党性分析，撰写党性分析材料。组织各级班子开展谈心谈话活动，打牢批评和自我批评根基。12月底，按照中央和省委的统一部署，参照群众路线教育活动的标准，组织机关、企事业单位县处级以上党员领导干部以践行“三严三实”为主题，召开专题民主生活会，组织机关、企事业单位内设机构党（总）支部参照民主生活会做法召开专题组织生活会，增强党内政治生活的政治性原则性战斗性。

【落实整改任务】 在“三严三实”专题教育中深化落实党的群众路线教育实践活动整改任务，继续开展“三难”（门难进、脸难看、事难办）、“两侵”（侵占侵害群众利益）、“两车”（超标配车和车费超支）、涉法涉诉以及干部走读问题等25个专项整治行动。5－12月，组织开展“不作为、慢作为、乱作为”问题专项整治工作，在规范权力运行、提升机关效能、严肃工作纪律上出重拳动真格。10月下旬开始，着力解决基层干部不作为、乱作为等损害群众利益问题，结合基层治理等工作，把整治面拓展覆盖到市、县、镇基层干部，通过单位自查、逐领逐村逐单位摸查、从来信来访中调查等方式，列出问题清单，制订整治方案，明确工作责任。深入落实整改台账，坚持建立销号台账抓整改、围绕改善民生抓整改、夯实基层党建抓整改。市委对整改落实工作及巩固拓展教育实践活动成果情况组织专项检查，各地各单位采取巡回检查、专项调研、随机抽查等方式，加强对整改工作的督促和指导。

【强化宣传引导】 市、县两级运用各种媒体，通过动态报道、典型宣传、言论评论、专题专访等形式，广泛宣传中央和省委、市委精神，反映教育成效。市直媒体开设“三严三实”相关专栏3个，推出相关报道161篇（条），其中在中省媒体刊发报道4篇。各地各单位及时总结提炼好经验、好做法、好典型，重视培育选树和宣传先进典型。 （市委组织部）

韶关市2013—2015年扶贫开发“双到”工作

【概况】 韶关市区域之间差距大，贫困点多、线长、面广，只有加快发展才是解决落后问题的根本之策。根据省委、省政府的统一部署，韶关市从2013年开始实施第二轮（2013—2015年）扶贫开发“规划到户、责任到人”（下称“双到”）工作。经省核定，韶关市第二轮扶贫开发“双到”工作共有4个重点帮扶县（市），包括新丰县、乐昌市、南雄市和乳源瑶族自治县，占全省 21 个重点县（市）的近 19%；重点帮扶村 310 个，占全省 2571 个重点帮扶村的 12%；有劳动能力的重点帮扶贫困户 19009 户、贫困人口 75667 人。截至 2015 年年底，全市 310 个贫困村累计投入资金 21.54 亿元，平均每村 694.8 万元，。自开展第二轮扶贫开发“双到”工作以来，韶关市各地、各单位围绕贫困户稳定脱贫和贫困村面貌明显改变两大目标，进一步加大工作力度，加快工作进展，取得明显成效，得到省委、省政府和省有关部门的肯定。2014 年 8 月 26—27 日省委、省政府在韶关市召开全省扶贫开发“双到”工作现场会，省扶贫办先后多次在韶关市召开业务工作会议。2014 年 10 月，市扶贫办被国务院扶贫开发领导小组授予“全国社会扶贫先进集体”荣誉称号。

【贫困户脱贫致富步伐加快】 韶关市各级各帮扶单位坚持把增加贫困户家庭收入作为主要任务，根据各家各户的不同情况，细化帮扶措施，实施“一户一法”、分类指导，通过实行产业带动、培训转移就业带动、金融扶贫等综合措施，确保每一户贫困户都得到具体的帮扶、每一户贫困户的家庭收入都有明显增加。到 2015 年年底，全市 310 个重点帮扶村农民人均纯收入 11600 元，村内贫困户人均纯收入 9120 元，其中有劳动能力的贫困户年人均纯收入 9370 元，分别比帮扶前增长 1.15 倍、2.33 倍和 2.28 倍。

【贫困村落后面貌改善】 韶关市各地各单位落实“一村一策”帮扶措施，通过推行贫困村入股扶贫电站分红、建立经济实体、盘活资产资源等一系列措施，因地制宜发展壮大贫困村集体经济。实施民生工程，加强基础设施建设，发展特色产业，改善村容村貌，群众生产生活条件得到明显好转，农村环境卫生状况得到改观，贫困村落后面貌发生变化。2013 年以来，全市完成低收入住房困难户住房改造建设 9372 户，实施“两不具备”贫困村庄搬迁的有 202 个村 5762 户；完成村庄整治的自然村有 363 个，建设一批名镇名村和整村推进幸福安居示范村；完成一批农田水利、乡村道路、安全饮水、文化卫生等设施建设，有效解决贫困村“行路难、住房难、食水难、读书难、就医难”等五难问题；贫困村低保参保率、“五保”参保率、医疗保险参保率、养老保险参保率等全部达到 100%。到 2015 年年底，全市 310 个重点帮扶村集体经济收入全部达到 5 万元以上，平均达到 9.64 万元，比帮扶前的 1.65 万元增长 4.84 倍。

【党群干群关系融洽】 通过扶贫开发“双到”工作，一大批贫困户实现脱贫，群众生产生活中的热点难点问题得到解决，缩小村与村之间、贫困户与一般农户之间的贫富差距，赢得民心，干群矛盾和群众上访案件明显减少，农村社会秩序越来越好。经过帮扶而走上脱贫致富之路的广大贫困户，对党和政府充满感激之情，从而更密切党群和干群关系，社会显得更和谐稳定。

【贫困村自我发展能力提高】 通过开展扶贫开发“双到”工作，不断加强基层组织建设，村“两委”干部政策引导、化解矛盾、为民解困和带头致富的能力增强，科学发展能力、民主管理能力、维护社会稳定能力不断提高，逐步成为一支“永不撤走的扶贫工作队”。各地各帮扶单位因地制宜，帮助贫困户规划发展特色产业。通过产业带动，“大户带贫困户”，并组织技能培训，使广大贫困户掌握致富本领，提高自我发展能力和综合素质，为贫困村、贫困户实现持续稳定脱贫打下坚实基础。

【强化扶贫责任落实】 启动第二轮扶贫开发“双到”工作以来，韶关市各级党委、政府重视，落实党政“一把手”负责制和帮扶单位主要领导负总责制度。市委常委每人联系一个县（市、区），市四套班子领导成员各挂钩联系 2 个重点帮扶村和 2 户贫困户。各县（市、区）、乡镇（街道）做到每个重点帮扶村有县（市、区）、乡镇（街道）领导挂点，有乡镇（街道）干部跟踪。各级帮扶单位也做到主要领导负总责、分管领导具体抓，每户贫困户都有帮扶干部对接。坚持把扶贫开发“双到”工作列入各级、各部门领导班子考核内容和全市重点督办项目，定期对本地区、本单位帮扶工作进展、帮扶成效和资金落实情况进行跟踪检查，不断创新和完善扶贫开发工作绩效评价机制和奖惩激励机制。韶关市出台《韶关市 2014－2015 年乡镇扶贫开发“规划到户责任到人”工作考核办法》，加强对乡镇一级的绩效考核。做到“全市一盘棋”和“一级抓一级、层层抓落实”。

【扶贫开发与振兴粤东西北战略结合】

2013 年以来，韶关市各地将扶贫开发与振兴粤东西北战略结合，助推全市经济社会上新台阶。2013 年 7 月，省委、省政府印发《关于进一步促进粤东西北地区振兴发展的决定》，将振兴粤东西北地区上升为广东发展的全省战略，给予粤东西北地区清晰定位，为韶关市加快发展创造良好机遇。韶关市从战略的高度和要求出发，对扶贫工作实行顶层设计，与经济社会发展同步部署、高位推进。市、县（市、区）分别制订新一轮扶贫开发“双到”工作实施方案，出台资金管理、产业帮扶等一系列配套文件。

【将扶贫开发与县域经济发展结合】

市委、市政府根据各县（市、区）经济社会发展不平衡的实际，把握扶贫开发在加快县域经济发展中的地位和作用，以扶贫攻坚推进县域经济发展的重点工作，建立统筹推进振兴发展与扶贫开发的组织框架和制度体系。各县（市、区）立足资源优势，调整产业结构，通过区域开发带动产业提速，通过产业发展带动农民增收，促进全市均衡协调发展。

【将扶贫开发与新农村建设结合】 完善扶贫规划与城镇化规划统筹协调机制，对“两不具备”贫困村庄进行整体搬迁，对旧村庄进行改造，使搬迁户和村庄改造户群众享受城镇的基本公共服务；结合住房困难户住房改造，对有条件的，按新农村建设要求进行统一规划，实行整村推进。如乳源县推进“整村推进安居工程”“特色产业致富工程”“瑶族特色名片工程”“宜居宜业夯实工程”四大工程，打造乳桂线4个镇10个行政村64个自然村幸福安居示范片，规划总投资15.7亿元。始兴县编制出台《始兴县创建幸福村居示范片建设规划方案》《始兴县引进社会资金建设新农村试点工作方案》，整合社会资金170万元、财政资金1531万元，打造“总甫新村”和“涝洲水新村”等新型农村，促进新型城镇化。

【围绕增收开展扶贫】 各地各单位以“增收”为目标，把提高贫困户人均纯收入、重点帮扶村农民人均纯收入、重点县（市）农民人均纯收入、重点帮扶村集体经济收入作为扶贫开发的突破口。一方面，增加农民人均纯收入。对贫困户，按照“一户一法、分类指导”的思路，把贫困村内有劳动能力的贫困户落实到各帮扶单位，实行定点、定人、定责包干帮扶，制订具体的扶贫工作措施，明确帮扶项目、目标和完成期限。对帮扶村的村民，把增加他们的收入纳入整村帮扶计划，在产业发展、村庄整治、农房改造等方面进行整体帮扶。各县（市、区）根据自己的资源禀赋和地域特点，坚持增加农民的农业收入和非农收入相结合，推动农民全面增收。另一方面，发展贫困村集体经济。落实“一村一策”，通过入股扶贫电站、入股扶贫农贸市场、购买门店经营或出租，以及挖掘贫困村集体存量资产的潜能，盘活集体所有的土地、果园、山林等资产，发展集体种养业等方式，增加集体收入。全市310个贫困村基本都有入股分红等形式的稳定的经济收入渠道。

【强化示范带动】 市重点抓好乳源县乳桂线幸福安居工程、南雄始兴中药材扶贫产业、新丰种养扶贫产业、京珠北高山蔬菜产业长廊等4个市级示范片区建设，采取点、线、面结合促进面上扶贫工作平衡发展。各地围绕产业带动、农房改造、组织建设这一主线，每个贫困村抓一至两个主业或主项，每个乡镇树立一至两个帮扶典型，每个县（市、区）打造一至两个工作亮点。按照连片开发、规模发展的要求，通过在贫困村、镇、县（市、区）培育产业亮点，由点连成线，由线连成片，建立一批各具特色的农业生产基地，打造多条点线结合、特色鲜明的扶贫产业带、示范片区，并很好地发挥典型引导、示范带动的作用。310个重点帮扶村中绝大部分有农业龙头企业、农民专业合作社和生产基地、大户带动；100%的重点帮扶村已成立合作社并正常运作，涌现一大批“蔬菜村”“马蹄村”“枇杷村”“蜜桃村”“茶叶村”“蚕桑村”等专业村。参与产业化经营的贫困户达到60%以上。

【机制创新破解难题】 坚持从韶关市工作实际出发，针对贫困村贫困户缺乏资金的情况，实行“政府统筹、资源整合、资金捆绑、部门共建”，协调捆绑各类扶贫资源，扩大小额信贷、互助金试点，创新资源配置模式，增加扶贫资金整合力度，全市整合涉农、涉扶贫资金10多亿元；按区域化、规模化的标准要求，针对不同区域和不同气候、土壤条件，创新产业统筹模式，做到全镇、全县、全市一盘棋，提高产业整体效益和农民收入；针对贫困村、贫困户农产品销售信息不灵、渠道不畅的情况，推进10个东莞·韶关农产品直供门店建设，创新产业经营方式，进一步推进韶关市农民专业合作社、农业龙头企业、农产品生产基地与珠三角大型农产品交易市场建立长期合作关系，实现韶关市农产品和东莞市场的对接；探索政策保障长效机制、财政投入长效机制、产业开发长效机制、教育培训长效机制、社会帮扶长效机制、考核激励长效机制等，创新扶贫工作思路，确保长期有效实施精准扶贫。

【多方合力扶贫】 韶关市将各级党政领导带头深入联系村和联系户的工作方法制度化，强化“一把手”抓“第一行动”的责任；健全驻村帮扶制度，强化对驻村工作的管理；健全扶贫开发项目资金“专户、专账、专人”管理制度和公示、公告、报账等制度，强化资金监管；强化各级、各帮扶单位的协调与配合，完善市、县与省直帮扶单位、东莞市定期联席会议制度，加强韶莞两市对口帮扶工作机制；坚持把基层组织建设作为重要抓手，打造一支永久的工作队；坚持把督查考核作为保障扶贫开发抓实见效的主要手段，健全督查考核机制，形成省、东莞、市、县、镇、村六方联动，合力推进扶贫开发“双到”工作的格局。

（刘志强）

穗韶签订战略合作框架协议

【融入珠三角总战略】 11月9日，广州市政府与韶关市政府签订战略合作框架协议，韶关市政府还分别与广州港集团有限公司、广州超级计算中心、广州医药集团有限公司和广州电气装备集团有限公司签订战略合作框架协议。10日，战略合作“立竿见影”，在广州市的支持下，2015宝钢（韶钢）特钢产业推介会举行，以推动广州韶关两市钢铁产业合作。韶关主动融入珠三角，实现全面对接、互补发展迈出更坚实的一步。

为学习贯彻2015年6月省委书记胡春华在韶关调研时提出“主动融入珠三角加快发展”的重要讲话精神，韶关先后通过召开市委常委（扩大）会议、全市干部大会、市委中心组学习讨论会等多种形式，专题学习、领会胡春华对韶关发展新定位的重大战略意义，提出贯彻落实意见和措施。10月30日，韶关召开全市招商引资工作大会11月6日，韶关召开全市民营经济工作大会，两次大会都出台相关配套文件。

韶关已处于实现振兴发展、与全国同步全面建成小康社会的机遇期和决胜期，结合深入贯彻落实党的十八届五中全会精神，韶关根据经济发展的特点和现实条件，在“十三五”规划中初步提出“一一二三八”的经济发展思路，即以与全国同步全面建成小康社会为总目标，以主动融入珠三角为总战略，以城市经济和县域经济为经济建设主战场，紧抓交通基础设施建设、产业园区扩能增效、中心城区扩容提质“三大抓手”，培育钢铁深加工、先进装备制造、能源电力、大旅游、大物流、大农业、新材料、特色轻工业这八大战略性新兴产业。

“总战略”的概念在韶关尚属首次提出，既契合省委、省政府振兴发展粤东西北战略的谋篇布局，紧抓“三大抓手”不放松，又构建创新驱动的“八大产业”作为支撑。此次广州韶关战略合作，更为韶关主动融入珠三角掀开崭新的一页。

【广州韶关合作将“一小时经济圈”提升为“3+3”经济圈】 珠水相连，广州市和韶关市语言相通，文化相近，人缘相亲，有着良好的合作基础和广阔的合作前景。两市将深入推进合作签订战略合作框架协议，发挥广州国家中心城市辐射带动作用，加快推动韶关融入珠三角。

2015年是“十二五”收官和“十三五”谋划之年，科学谋划好“十三五”规划，对韶关加快振兴发展、与全国同步全面建成小康社会至关重要。为实现韶关经济社会持续快速发展，韶关将“主动融入珠三角”上升为总战略。而广州韶关能在此关键节点达成战略合作，也是两市产业对接优势互补的必然结果。

随着韶关交通等基础设施的改善，“三铁三高一航”的交通主干网已经形成，从韶关坐高铁到广州仅需45分钟，已融入广州“一小时经济生活圈”，珠三角地区对韶关的辐射能力增强；乐广高速建成通车后，韶关与珠三角的关系变得更加紧密；随着2015年大广高速公路的开通和武深、汕昆高速公路的建设，韶关特别是南部的新丰、翁源受广州、珠三角的辐射加大。韶关地处“海上丝绸之路”重要的陆路节点，是华南沿海地区资金、技术、信息、人才等要素通往内陆腹地的重要通道。

珠三角地区发展方向也在不断调整，需要不断拓展腹地和空间。从泛珠三角的合作发展看，韶关是珠三角北部发展区域和北上战略拓展的“桥头堡”，可以为珠三角的发展提供更为广阔的空间，可以实现资源共享、优势互补、融合发展，迎来双赢的局面。随着“双转移”、对口帮扶等战略实施，韶关承接越来越多的珠三角产业，也成为广州市产业转移的重要阵地之一。

按《广州韶关两市建立联合发展合作关系会议纪要》的要求，两市对接不仅仅是将韶关的经济车厢挂上广州的经济火车头，随着战略合作关系的确立，两市坚持以党的十八大精神为指导，围绕“四个全面”战略布局，以改革创新为动力，发挥广州市的辐射带动作用和韶关市的资源环境等优势，遵循市场经济规律，突破行政区划界限，全面加强两市在经济社会各领域的交流与合作，实现优势互补，推动区域协调发展和可持续发展。

为增强两市的综合竞争力和区域影响力，广州韶关战略合作将纳入广佛肇清云韶“3+3”合作机制，推动韶关市全面融入广佛肇清云韶“3+3”经济圈。

广州韶关两市战略合作在内容上更加有的放矢。在交通对接上，依托利用广州市全国交通枢纽地位和韶关市作为广东北大门的地理区位优势，争取国家和省的支持，加快、加密两市间公路、铁路、航道的对接，构建两市间更加便捷的交通网络，促进韶关无缝对接广州白云国际机场、广州南站和广州港等重大交通枢纽。在产业协作上，利用两市产业比较优势，促进两市产业错位发展、互补发展，构建合作共赢、融合发展的区域产业格局。在农业合作上，依托韶关市农业资源优势，共建广韶“菜篮子”基地，推进“互联网+农业”生产经营模式，构建两市农产品产销体系。在工业合作上，依托广州韶关两市已有的装备制造业基础和广州市在技术、资金、市场等方面的优势，支持韶关市打造珠江西岸先进装备制造产业带韶关配套区。引导广州汽车、装备、电子、轻工等优势产业链向韶关延伸。在旅游合作上，整合两市旅游资源，共同策划和推广区域旅游精品线路，共同开发旅游客源市场。依托韶关市丰富的生态旅游资源，引导广州市各类市场主体到韶关市开发旅游项目，参与旅游产业发展。在金融合作上，广州市在产业基金、股权交易、融资等方面给予韶关市支持指导，优化区域金融生态环境，不断提升金融合作层次与规模。在物流合作上，依托韶关将建成的“八高四铁两航”立体综合交通体系，以北江航道扩能升级、韶关内陆港建设为契机，支持韶关对接南沙自贸区的优惠政策，促进韶关与广州港合作，降低大宗商品进出口物流成本。推动两市物流企业合作，引导广州大型物流企业到韶关投资和设立中转基地，鼓励电商企业在韶关设立商品分拨中心。广州韶关两市还将就环境保护和社会公共事业开展广泛而深入的合作。

【内陆港辐射成桥头堡】 韶关是广东的重工业城市，工业基础雄厚。韶关加大园区基础设施建设和招商引资力度，大量承接珠三角转移产业，发展后劲大。广州港集团有限公司港口年货物吞吐量居于全国前列，主要从事集装箱、石油、煤炭、粮食等货物装卸（包括码头、锚地过驳）业务，是中国沿海的主枢纽港之一。为使韶关更好地融入珠三角，实现优势互补、共赢发展，广州港集团在韶关建立粤湘赣业务拓展桥头堡，双方建立战略合作关系，围绕建设韶关内陆港、发展公、海、铁联运业务、拓展集装箱物流配送服务、码头建设及物流园区运营管理开展合作，为生产企业和物流企业打造一条经济、便捷、稳定的物流通道，降低进出口企业综合物流成本，优化投资环境、提升竞争力，促进韶关产业和经济可持续发展。利用韶关内陆港的辐射作用，扩展广州港与韶关及邻近地区集装箱运输及现代物流业发展。

【智慧城市基于大数据】 为更好地促进韶关地区产业升级及智慧城市建设，加强超级计算应用的地域辐射，双方结合各自的资源优势，就设立广州超算韶关分中心事宜形成战略合作关系。双方围绕计算资源提供、技术服务对接、创业孵化、科普教育、人员培训等领域开展全面合作，将广州超算韶关分中心打造成为广东省内联珠三角、北联粤湘赣地区大数据采集、分析、服务的领先平台，承载立足粤北、辐射湘赣地区科研的超级计算工作，为科研发展和成果转化提供数据支撑，促进韶关电子信息产业、“互联网+”加快发展和产业转型升级提质。

【“基因库”放眼“大南药”】 韶关市自然生态系统独特完善，森林资源居广东省首位，被称为地球同纬度上保存最完整的一块绿洲，是广东省重要的生态屏障和物种基因库，医药资源丰富，交通区位优越，医疗健康产业发展潜力巨大。广州医药集团有限公司是国内医药行业的领军企业，技术水平先进，品牌优势明显，综合实力雄厚。韶关市政府与广药集团建立战略合作关系，对于提升韶关市经济发展水平和质量，助推医药健康产业加速发展、服务地方政府具有重大意义。双方将在中药材种植、生物医药研制、医药商贸物流、养生健康服务、医疗卫生体制改革等多个领域开展深入合作，延伸韶关医药健康产业链条，提高医疗服务水平，推动产业结构优化升级，服务和促进地方经济社会快速发展。利用韶关辐射粤湘赣三省的区位优势和医药商业资源、环境优势，扩展广药集团在粤北地区的战略布局，促进“大南药”“大健康”“大商业”“大医疗”四轮驱动发展，实现互利共赢。

【“配套区”纳入珠西】 随着省委、省政府《关于进一步促进粤东西北地区振兴发展的决定》的实施，韶关正加速融入珠三角与“广佛肇+清云韶”经济圈，并已初步纳入珠江西岸先进装备制造业产业带配套区，区域交流合作不断加强。广州电气装备集团有限公司是广州市属的大型装备制造企业，广东省装备制造重点骨干企业，主业为机械装备、输配电设备、电子信息三大核心主导产业，可为客户提供重型机械、能源动力、环保装备、电气、电子信息工程整体解决方案和成套设备，技术水平先进，综合实力较强。双方一致认为，韶关市政府与广州电气装备集团建立战略合作关系，对于提升韶关市工业发展水平和质量，促进装备制造业发展具有重大意义。广州电气装备集团将在新能源与环保装备、铸锻热处理、钢产品采购等方面，引导下属企业与韶关企业开展深入合作，推动韶关装备制造业“高端化、成套化”发展。

【轻装上阵“重”“装”先行】 2015年，国家地理标志保护产品“韶关仁化长坝沙田柚”销售“上网触电”，委托广州一家电商企业包装推出“韶关金果富硒柚”，销量将占产量的30%以上。加上企业原有的销售渠道，80%以上的金果柚销往广州等珠三角地区及全国各地。韶关全市民营经济工作大会上指出，要引导民营企业参与韶关八大战略性新兴产业建设，特别是参与到大农业、大旅游发展中来，鼓励创办农家乐、农产品电商，鼓励创建农业龙头企业，鼓励提供各类旅游经营服务等，使民营企业成为农业经济和旅游经济发展的主体力量，推动实现产业兴韶。与主动融入珠三角总战略相辅相成，韶关培育钢铁深加工、先进装备制造、能源电力、大旅游、大物流、大农业、新材料、特色轻工业八大战略性新兴产业，体现产业兴韶的决心。韶关全市招商引资工作会议明确，要把承接珠三角产业转移和产业合作作为招商引资的重中之重，建立产业转移区域合作新机制，把韶关打造成为优势互补、协作配套的珠三角地区产业融合发展区、珠江西岸先进装备制造产业带配套区、广东生态旅游休闲区、广东大宗商品战略仓储基地和珠三角地区的优质农产品供应基地。

韶关发展大农业、大旅游等是轻装上阵，而钢铁深加工、先进装备制造等产业的转型升级更显迫切。在11

月10日举行的2015宝钢（韶钢）特钢产业推介会上，韶关就投资环境和装备制造业作全面推介。

珠江西岸先进装备制造产业带韶关配套区建设已纳入省的政策支持范围，为韶关发展装备制造产业带来新的契机，韶关将发挥其带动作用，加快对接融入珠三角特别是珠江西岸先进装备制造产业分工体系，加大招商引资力度，主动实施产业承接和配套协作，争取引进一批装备制造产业先进技术和项目；促进现有装备制造企业转型升级，推进汽车零部件、液压油缸、发配电设备、工程机械等产业集群发展，打造韶关装备制造的区域品牌和省重要装备制造基地。

实施主动融入珠三角和广韶战略合作，韶关“重”“装”先行已有收获：广州电气装备集团下属企业与韶钢、韶铸企业建立合作关系，两地企业将在钢产品需求与采购、机械装备生产的零部件加工等方面进行深度对接合作，实现优势互补，共赢发展。

（市政府办调研科）

全面推进公务用车制度改革

【概况】 为全面推进公务用车制度改革工作，2014年12月12日，市政府印发《关于成立韶关市公务用车制度改革工作领导小组的通知》，确定由市政府主要领导担任组长，由分管的常务副市长担任副组长，成员由市委副秘书长、市政府秘书长及市纪委、发改局、财政局等相关部门领导组成，领导小组办公室设综合协调、车辆运行、安置分流和财务审计四个工作组，明确人员构成及职责分工。2015年8月，市政府常务会议（十三届66次）和市委常委会议（十一届95次）审核通过《韶关市全面推进公务用车制度改革总体方案》和《韶关市市直机关公务用车制度改革实施方案》（以下简称《总体方案》和《实施方案》）。9月14日，方案获得省车改领导小组办公室批复通过。10月12日，市委办、市政府办联合印发《总体方案》和《实施方案》，韶关市公车改革方案正式实施。

在实施过程中，韶关市车改保留车辆（包括定向化保障岗位用车、机要通讯应急用车、执法执勤用车和特种专业技术用车及其他车辆）的配备使用按照《总体方案》规定执行。公务交通补贴发放的范围、标准和条件符合《总体方案》规定，不存在超范围、超标准发放补贴情况。车改取消车辆的处置工作（包括车辆的封存、验收、评估、拍卖和报废等）做到公开规范。妥善安置司勤人员，做好平稳过渡工作。车改后实际测算的市直机关节支率达到7%以上的要求（实际节支率为13.99%）。在车改过程中，韶关市纪检监察机关把严格执行公务用车制度改革纪律作为当前一项重要工作来抓，通过明察暗访的方式对公务用车情况进行检查，未发现违反公务用车制度改革和公务用车管理规定的行为。

【进行调查摸底工作】 基本摸清市直涉改单位、涉改人员、司乘人员、车辆费用等情况。通过对2013年市直参改单位的车辆数量和运行费进行摸底，了解当年共有公车1118辆，运行费6600多万元，每台平均运行费约5.95万元；司勤人员385人，支出1900多万元，人平均约4.94万元，为车改后客观实际的节支率测算提供依据。

【按规定保留、取消涉改车辆】 根据省车改办的要求，除可以按规定保留的机要通信、应急、执法执勤及特种专业技术等用车外，市直机关（含参公管理事业单位）的公车已在2015年9月25日前封存。市直机关本次应参改单位149个，应参改单位车辆1422台，实际取消公车总数643台，保留车辆779台，其中：定向化保障岗位用车2台、机要通信应急公务用车205台、执法执勤用车342台、特种专业技术用车183台、老干部服务用车3台、调研接待用车44台。保留车辆比例占车辆总数的54.78%，取消车辆比例占车辆总数的45.22%。

【做好车辆封存处置工作】 市政府结合《实施方案》，配套制定《韶关市市直机关公务用车制度改革车辆处置指导意见》，明确车辆处置的对象、原则、职责分工、交易平台、鉴定评估和拍卖机构、处置程序以及监管等事项。此次车改，市直机关共取消车辆643台，其中：对黄标车及已达到报废条件的车辆186台，进行报废处置。市财政局对已取消车辆进行定点封存。2015年12月27日，按市政府要求，由受托拍卖机构——韶关市华逸拍卖有限公司举办首场公车拍卖会，最终首批50台车辆实际成交44台，成交价合计354.7万元，与经评估的拍卖底价178.8万元相比，溢价率达98.4%。剩余需报废和拍卖的车辆计划于2016年6月底前完成。

【妥善安置司勤人员】 2015年11月23日，市人社局牵头会同市编办、财政局、国资委、交通运输局，成立韶关市公务用车制度改革司勤人员安置工作组（以下简称“工作组”），印发《关于做好市直机关公务用车制度改革司勤人员安置工作的通知》，制定安置工作流程。工作组针对安置状况摸底调查结果，研究制定《关于市直机关公务用车制度改革司勤人员安置的请示》报请市政府审批。本次车改涉及财政统发工勤人员、后勤服务人员（4.3万元年包干经费）、自聘、劳务派遣、借用等五类司勤人员共计272人，其中：保留司勤人员169人，分流安置

103人（包括：内部转岗20人、提前离岗9人、解聘或解除49人、清退25人），司勤人员的分流安置工作已基本完成。

【严格发放公务交通补贴】 为规范公务交通补贴的发放，市本级公务交通补贴在执行中央和国家机关的补贴标准的同时，市编办、发改局、财政局和人社局联合印发《关于规范发放公务交通补贴的通知》，要求市直各参改单位必须将本单位参改人员的职级和补贴标准金额在单位内部进行张榜公示3天，经公示无异议经单位主要负责人签字并加盖公章后，在规定时间内报市车改办。经审核，符合本次车改交通补贴领取范围的人数为5806人。2015年10－12月，市财政共计拨付公务交通补贴资金728.43万元。公务交通补贴发放的范围、标准和条件符合韶关市车改总体方案规定。市直机关改革后交通费用年度总支出10593.89万元，与改革前12316.79万元对比，节支率为13.99%。

（市发改局）

推进权责清单制度工作

2015年，在市直部门全面推开权责清单制度工作，市成立韶关市推进职能转变协调小组负责统筹该项工作，市编办作为牵头部门，注重凝聚改革力量和提升改革效率，围绕政府职能转变，推动权责清单制度工作开展。12月28日，市政府印发《韶关市人民政府关于印发市直部门权责清单的决定》，向社会公布市级权责清单。纳入清理范围的49个市直部门共清理出行政职权7757项，取消调整454项，取消调整后共保留各类职权事项7303项，其中行政许可297项，行政处罚3874项，行政强制272项，行政征收36项，行政给付43项，行政检查504项，行政确认98项，行政奖励37项，行政裁决6项，其他2136项。

（市编办）

“九龄故里·百里画廊”乡村生态休闲度假旅游线路正式发布

【概况】 在9月12日举行的2015广州国际旅游产业博览会上，韶关市“九龄故里·百里画廊”乡村生态休闲度假旅游线路的正式发布。广东省委副书记、省长朱小丹到韶关馆进行巡视，了解韶关旅游创意新线路，并做出相关指示。韶关市市委常委、常务副市长陈波，市旅游局局长文清年，省旅游协会领导，省自驾车协会代表以及曲江、始兴分管县（区）领导出席该发布会，陈波为该线路剪彩，并由常务副市长向省自驾游协会代表授予“九龄故里·百里画廊”的车钥匙模型。该线路全长约100公里，规划行程路线为：曲江区大塘镇—枫湾镇—小坑镇—始兴县隘子镇—司前镇—深渡水瑶族乡（罗坝镇）—顿岗镇，按照“边建设、边推介、边复制”的原则进行打造开发，是一条低成本、高品位、可复制的旅游线路产品。沿线景区景点不仅向世人揭开最美省道的神秘面纱，而且为绿色韶关增添新的神韵，展示韶关乡村旅游的独特魅力。

【线路深受游客喜爱】 “九龄故里·百里画廊”，被誉为是摄影家的天堂，风光旖旎，处处是青山绿水，翠竹繁树，温泉胜景。清化河环绕着岭南第一围“满堂客家大围”。沿途100多公里的行程，无不昭示着延续千年的客家文化脉络。随着韶关交通格局的大改善，其距离珠三角核心城市群均有高速公路或铁路链接，发展乡村游、推广自驾游有着得天独厚的优势；同时也为珠三角游客到韶关旅游提供更高的便利性。再加上近年来国内旅游市场逐渐由跟团游转变为自助游，散客时代已经来临的现状，该线路既适合组团出游，也适合自驾游玩，既可乘车，也可徒步，既可住酒店，也可宿围屋，是赏自然、品文化、探古村、访农家、寻美食、浸氧吧的绝佳线路。该线路的及时推出必将为韶关旅游注入新的活力，开辟新的天地，使沿线乡村焕发新的光彩。韶关市四季气候宜人，乡村旅游资源丰富，尤其是“九龄故里·百里画廊”沿线有山有水有文化，深受游人青睐。

【“九龄故里·百里画廊”旅游宣传推广】 通过乡村游拉动，韶关乡村的农业经济、农民收入及行业推动等得到极大的促进，旅游作为当地“绿色经济”的效益明显。韶关市旅游部门深入挖掘韶关丰富的自然民俗文化等生态旅游资源，发挥乡村生态休闲、旅游观光、文化教育价值，发展乡村旅游，实现社会效益、经济效益、生态效益相统一的良好效益。在《中国旅游报》《南方都市报》《韶关日报》、韶关电视台、《南叶·尚游韶关》、邮政DM直邮等宣传平台对线路进行宣传推广，制作“九龄故里·百里画廊”的宣传折页介绍该条线路的主要景点及文化民俗风情，在虎门高铁站和广东省度假村LED刷屏广告中对该线路进行宣传。

（市旅游局）

2015 年韶关大事记

1　月

1 日上午，第 40 届元旦环城跑活动在市区举行。市委书记、市人大常委会主任郑振涛，市政协主席李飞等四套班子领导参加活动。

6 日，召开市妇女第十二次代表大会。省妇联主席阎静萍，市领导郑振涛、艾学峰、李飞、陈向新、郭伟建、李石保、兰茵等参加开幕大会。

同日上午，市委副书记、市长艾学峰到武江区检查指导安全生产工作。

6 日至 7 日，市委书记、市人大常委会主任郑振涛陪同新华社广东分社社长杨春南一行在韶关考察。6 日下午，杨春南一行前往曲仁矿区，考察南方文创产业基地选址情况，市领导孔云龙、柳琛子、王青西参加座谈会。7 日，市领导郑振涛、柳琛子陪同杨春南一行到乐昌市梅花镇、云岩镇考察。

9 日上午，市书法美术摄影作品大赛获奖作品展在市图书馆正式开幕。市政协主席李飞，市委常委、宣传部长柳琛子参加启动仪式，并为获奖者颁奖。

同日下午，市委书记郑振涛主持召开市委十一届第 79 次常委会议，议题是：①听取全市禁毒工作情况汇报；②听取全市开展“社会矛盾化解年”工作情况汇报；③讨论市十三届人大五次会议有关事项；④讨论《韶关市 2015 年春节前送温暖慰问、座谈会系列活动计划安排》；⑤讨论部分干部纪律处分问题；⑥讨论政协第十一届韶关市委员会第四次会议有关人事事项；⑦讨论干部人事问题。

12 日，举行市政府与广州海关建立紧密合作机制备忘录签约仪式。市委书记、市人大常委会主任郑振涛，广州海关关长谢松出席签约仪式，市委副书记、市长艾学峰主持仪式，市委常委、秘书长孔云龙、广州海关副关长孙玫等参加签约仪式。副市长许志新和广州海关党组成员、政治部主任刘大立代表双方签约。

13 日，经市第十三届人民代表大会常务委员会第二十二次会议通过，决定免去兰茵的韶关市人民政府副市长职务。决定任命王伟阳为韶关市人民政府副市长。

同日上午，召开市编委全体会议，市委副书记、市长艾学峰，市领导陈波、孔云龙参加会议。

14 日下午，市委副书记、市长艾学峰参加“五小”惠民项目—韶乐广场捐建交接及启用仪式。

15 日至 17 日，市委书记、市人大常委会主任郑振涛，市委副书记、市长艾学峰在广州参加省委十一届四次全会。

21 日下午，市委书记郑振涛主持召开市委十一届第 80 次常委会议，议题是：①传达学习省委十一届四次全会精神；②听取市纪委十一届五次全会筹备情况报告，讨论市纪委工作报告；③讨论《2014 年韶关市党风廉政建设责任制考核结果》；④传达学习全国、全省宣传部长工作会议精神，讨论贯彻意见；⑤讨论《郑振涛同志在市委工作会议上的讲话》、《艾学峰同志在市委工作会议上的讲话》；⑥讨论《政府工作报告》；⑦听取市 2014 年国民经济和社会发展计划执行情况汇报，研究 2015 年国民经济和社会发展计划；⑧听取 2014 年预算执行情况汇报，研究 2015 年预算安排。

23 日，召开市委工作会议，贯彻落实党的十八大和十八届三中、四中全会、中央经济工作会议及省委十一届四次全会精神，深入学习贯彻习近平总书记系列重要讲话精神，总结 2014 年工作情况，部署 2015 年工作任务。市委书记郑振涛主持会议并作讲话，市委副书记、市长艾学峰总结部署经济工作。

25 日，国家体育总局自行车与击剑运动管理中心副主任许海峰带领现代五项运动教练组一行，到丹霞山开展现代五项运动基地建设和自行车运动基地建设可行性调研。市委常委、常务副市长陈波，市委常委、宣传部长柳琛子等参加调研活动。

27 日上午，市委书记、市人大常委会主任郑振涛，市人大常委会常务副主任李石保带队到南雄开展春节前送温暖慰问活动，并到南亩镇人大代表联络室调研。

同日下午，召开高速公路建设推进会暨交通运输工作会议，市委副书记、市长艾学峰，副市长朱余旺参加会议。

28 日上午，省政府召开全省安全生产和消防安全工作暨省政府第一季度防范重特大安全事故工作电视电话会议，随后市政府召开电视电话会议。市委副书记、市长艾学峰，副市长李安平参加会议。

同日下午，市委书记郑振涛主持召开市委十一届第 81 次常委会议，议题是：①传达学习全国、全省组织部长工作会议精神，讨论贯彻意见；②传达学习全省办公用房和公务用车清理工作会议精神，讨论贯彻意见；③（1）传达学习全省民族工作会议精神，讨论贯彻意见；（2）讨论全市抵御“净宗学会”工作情况的报告；④讨论《2015 年全市重要会议和重要政务活动安排》；⑤听取 2014 年创建全国文明城市工作情况汇报。

30 日上午，召开军分区党委十一届二次全体（扩大）会议。市委书记、市人大常委会主任、军分区党委第一书记郑振涛参加会议并讲话，市委副书记、市长艾学峰，市委常委、韶关军分区政委郭伟建，军分区司令员盖长利等参加会议。

同日下午，召开中共韶关市第十一届纪律检查委员会第五次全体会议。市委书记、市人大常委会主任郑振涛作重要讲话。市领导李飞、陈向新、黎增丰、陈波、黄劲东、郭伟建、柳琛子、李石保等参加全会第二次大会。

同日下午，召开2015年党外人士新年座谈会，市委书记、市人大常委会主任郑振涛，市委副书记、市长艾学峰，市政协主席李飞以及陈向新、李石保、何伟青等市领导同志与各民主党派、工商联负责人、无党派人士代表座谈。民革市委主委、市政协副主席张文铭，民盟市委主委、市人大常委会副主任林平杰，民建市委主委、副市长王伟阳，农工党市委主委、市政协副主席贝抗胜，九三学社市委主委兰茵等参加座谈会。

2　月

1日，省委常委、纪委书记黄先耀率队到韶关开展春节前送温暖慰问活动，市委书记、市人大常委会主任郑振涛，市领导黎增丰、黄劲东、杨小明等分段参加活动。

2日至4日，召开中国人民政治协商会议第十一届韶关市委员会第四次会议。2日上午，市委书记、市人大常委会主任郑振涛，市委副书记、市长艾学峰，市政协主席李飞等市四套班子领导出席开幕大会。

3日至6日，召开市第十三届人民代表大会第五次会议。

3日上午，大会主席团常务主席、执行主席郑振涛主持开幕大会。市委副书记、市长艾学峰向大会作政府工作报告。市政协主席李飞等市四套班子领导、驻韶解放军和武警部队负责人，在韶全国、省人大代表，市人民政府组成人员，出席市政协十一届三次会议的委员及列席人员，市人民政府直属机构及派出机构主要负责人，市中级人民法院副院长和市人民检察院副检察长，中省驻韶部分单位主要负责人等列席会议。

4日下午，中国人民政治协商会议第十一届韶关市委员会第四次会议在市区闭幕。会议表决通过《中国人民政治协商会议第十一届韶关市委员会第四次会议决议》。市委书记、市人大常委会主任郑振涛，市委副书记、市长艾学峰，市政协主席李飞等出席会议。

6日上午，市十三届人大五次会议举行第三次全体会议。大会主席团常务主席、执行主席李石保主持会议。会议投票补选韶关市人民检察院检察长。根据计票结果，主席团第四次会议依法确定：曾伊山当选为韶关市人民检察院检察长。

同日上午，市十三届人大五次会议举行第四次全体会议，完成各项议程胜利闭幕。344名代表出席大会。大会主席团常务主席、执行主席李石保主持闭幕大会。会议表决通过《关于韶关市人民政府工作报告的决议》《关于韶关市2014年国民经济和社会发展计划执行情况与2015年计划的决议》《关于韶关市2014年预算执行情况与2015年预算的决议》《关于韶关市人民代表大会常务委员会工作报告的决议》《关于韶关市中级人民法院工作报告的决议》《关于韶关市人民检察院工作报告的决议》。会议执行主席是郑振涛、艾学峰、陈向新、肖怀跃、李石保、林平杰等。

9日上午，召开全市禁毒工作会议，市委副书记陈向新，副市长、市公安局局长李安平参加会议。

9日至13日，省十二届人大三次会议在广州举行。市委书记、市人大常委会主任郑振涛，市委副书记、市长艾学峰及市领导李石保、林平杰、许志新参加会议。

11日上午，2015年韶关旅游节庆活动启动暨南雄两岸花博生态园开园仪式在南雄元升两岸花博园内举行。市委常委、常务副市长陈波参加活动仪式。

13日上午，召开全市国安工作会议，市委副书记陈向新参加会议。

15日上午，市委书记郑振涛主持召开市委十一届第82次常委会议，议题是：讨论干部人事问题。

16日上午，市委副书记、市长艾学峰到韶关火车东站、韶关客运东站检查春运工作。

26日下午，召开市委政法暨信访工作会议。市委书记、市人大常委会主任郑振涛参加会议并讲话，市委副书记陈向新主持会议，市委常委、政法委书记张志才作工作报告。市领导陈波、黄劲东、孔云龙、张平、李安平、王乙未参加会议。

3　月

6日下午，市委书记郑振涛主持召开市委十一届第83次常委会议，议题是：①讨论《中共韶关市委常委会2015年工作要点》；②传达学习全省中级法院院长会议精神，讨论贯彻意见；③传达学习全省检察长会议精神，讨论贯彻意见；④传达学习全省领导干部个人有关事项报告抽查核实工作培训班精神；⑤传达学习全省科技创新大会精神，讨论贯彻意见；⑥传达学习省委政法工作会议精神，讨论贯彻意见；⑦传达学习省委保密委全体会议暨全省保密工作会议精神，讨论贯彻意见；⑧讨论部分干部纪律处分问题。

3日至15日，市委副书记、市长艾学峰在北京参加十二届全国人大三次会议。

11日，市委常委、宣传部长柳琛子到乐昌市九峰镇抗日名将薛岳故居调研。

12日，2015年市直机关义务植树活动在莞韶城一期山顶举行。市委书记、市人大常委会主任郑振涛，市政协主席李飞等在家市四套班子领导参加活动。

13日，市委书记、市人大常委会主任郑振涛，市委常委、常务副市长陈波，副市长朱余旺与省机场管理集团总经理温文星一行就推进韶关机场建设工作进行座谈。

16 日上午，市委书记、市人大常委会主任郑振涛前往澳门就职报到（据中央人民政府驻澳门特别行政区联络办公室网站 2015 年 3 月 18 日发布消息，国务院 2015 年 2 月 20 日决定，任命郑振涛为中央人民政府驻澳门特别行政区联络办公室副主任）。

16 日下午，第十届全国人大常委会副委员长、中国关工委主任顾秀莲一行到曲江区幸福社会工作服务中心调研，市领导陈向新、黄劲东参加调研。

17 日上午，顾秀莲一行前往乳源县民族实验学校参加“中国关心下一代教育示范基地”挂牌仪式。中国关工委、省关工委、中国社会福利基金会关心下一代基金、中华儿慈会一颗鸡蛋工程管委会有关领导和中国信托商业银行北京代表处、财团法人中国信托慈善基金会有关负责人以及市领导陈向新、孔云龙、朱余旺等参加挂牌仪式。

23 日上午，召开市政府廉政工作会议。市委副书记、市长艾学峰，市领导黎增丰、王检养、陈波、李安平、王青西、许志新、朱余旺、王伟阳等参加会议。

同日上午，召开全市棚户区改造暨保障性安居工程工作会议。市委副书记、市长艾学峰，副市长王青西参加会议。

31 日上午，召开市委常委（扩大）会议。省委组织部副部长刘毅宣读中共广东省委关于韶关市委主要领导职务调整的决定，蓝佛安任韶关市委委员、常委、书记，免去郑振涛的韶关市委书记、常委、委员职务，省委同意，提名蓝佛安为韶关市人大常委会主任候选人，郑振涛不再担任韶关市人大常委会主任职务。市党政班子成员，市政协主席、市人大常委会常务副主任参加会议并逐个表态发言。随后，召开全市领导干部大会。省委组织部副部长刘毅宣读省委决定。市委副书记、市长艾学峰主持会议。市四套班子领导及刘创、邓苏夏、罗祥益等老干部，市委委员、候补委员，各县（市、区）及市直、中省驻韶各单位主要负责人参加大会。

4 月

1 日，省长朱小丹到韶关调研棚户区改造工作和北江航道扩能升级工程情况。副省长许瑞生，市委书记蓝佛安、市长艾学峰以及市领导王青西、朱余旺分段参加调研。

同日，召开全市文化体制改革工作协调会，市委常委、宣传部长柳琛子参加会议。

3 日上午，召开市重点项目调度会，市委副书记、市长艾学峰主持会议。

7 日，中组部考察组到韶关与市四套班子领导分别谈话。

同日下午，召开全市农业农村工作会议。市委副书记、市长艾学峰，市领导陈向新、林平杰、刘大济参加会议。

8 日，省林业厅厅长张育文一行来韶检查绿化造林工作情况并召开座谈会。市委书记蓝佛安，市领导陈向新、张志才、孔云龙参加调研和座谈会。

8 日至 10 日，市委常委、宣传部长柳琛子率队赴澳门参加旅游推介活动。

10 日，市委副书记、市长艾学峰到深圳市报到上任（13 日，深圳市五届人大常委会召开第三十八次会议，正式任命艾学峰为深圳市人民政府副市长，24 日，省委组织部通知：艾学峰不再担任市长）。

13 日下午，市委书记蓝佛安主持召开市委十一届第 85 次常委会议，议题是：①传达学习全国精神文明建设工作表彰暨学雷锋志愿服务大会主要精神，讨论贯彻意见和研究创文工作；②传达学习朱小丹到韶关调研棚户区改造、北江航道扩能工作指示精神，讨论贯彻意见；③传达学习全省农村工作会议精神，讨论贯彻意见；④听取《关于做好韶关市立法专项工作的有关情况报告》；⑤讨论《湘粤开发合作试验区战略合作框架协议》；⑥讨论《2014 年度人口与计划生育目标管理责任制考核结果》；⑦讨论部分干部纪律处分问题；⑧讨论干部人事问题。

15 日上午，召开全市计划生育工作会议。市委书记蓝佛安参加会议并讲话，市委副书记陈向新主持会议。市领导黄劲东、徐紫玲、贝抗胜参加会议。

16 日，全省重点项目工作会议在广州召开，市委书记蓝佛安，市委常委、常务副市长陈波参加会议。

17 日下午，市委书记蓝佛安会见由香港青年联会主席、霍英东集团公司副总裁霍启刚率香港青年联会红三角经济考察团一行，并主持召开座谈交流会。市委常委、常务副市长陈波，市委常委、秘书长孔云龙参加交流会。

同日下午，全国政协常委、提案委员会主任孙淦率队到韶关调研并召开座谈会。市政协主席李飞主持会议，副市长王伟阳、市政协副主席王乙未参加调研和座谈会。

20 日上午，市委书记蓝佛安会同广东中烟公司总经理唐健一行到韶关卷烟厂调研并召开座谈会。市委常委、常务副市长陈波，市委常委、秘书长孔云龙参加调研和座谈会。

21 日上午，市委常委、宣传部长柳琛子到仁化参加全国摄影工作会议。下午，在韶州宾馆参加与深圳盛世立业集团有关工作座谈会。

22 日上午，召开全市第一季度经济形势分析会议。市委书记蓝佛安参加会议并讲话。市领导陈向新、王检养、陈波、黄劲东、孔云龙、林平杰、王青西、许志新、朱余旺、王伟阳、林嘉参加会议。

23 日上午，召开市地方立法筹备工作协调领导小组工作会议，市委副书记陈向新、市人大常委会副主任李石保参加会议。

同日下午，省老促会会长陈开枝一行到韶关调研，并召开座谈会。

24 日下午，市委书记蓝佛安主持召开市委十一届第 86 次常委会议，议题是：①传达学习全省严打整治暴恐活动专项行动动员部署会议精神，讨论贯彻意见；②传达学习全省宗教有关工作会议精神，讨论贯彻意见；③传达学习全省乡镇（街道）领导干部驻点普遍直接联系群众工作推进会主要精神，讨论贯彻意见；④传达学习省促进粤东西北地区振兴发展协调领导小组会议精神，讨论贯彻意见；⑤传达学习全省法学会学习贯彻党的十八届四中全会精神系列活动精神，讨论贯彻意见；⑥听取关于做好进一步加强韶关市安全生产工作的报告；⑦讨论干部人事问题。

27日，市委中心组理论学习（扩大）会议暨第十六期韶关学习论坛在市委会议中心举行。全国政协委员、中央党史研究室原副主任李忠杰作专题报告。市委书记蓝佛安、市政协主席李飞、市委副书记陈向新等市委中心组成员参加论坛学习。市委常委、宣传部长柳琛子主持会议。

同日下午，全国政协委员、中央党史研究室原副主任李忠杰在南雄、仁化等地参观考察。

29日，韶关市第十三届人民代表大会常务委员会第二十三次会议决定：1. 接受郑振涛辞去韶关市第十三届人民代表大会常务委员会主任职务的请求；2. 接受艾学峰辞去韶关市人民政府市长职务的请求；3. 推选李石保为韶关市第十三届人民代表大会常务委员会代理主任。

同日，韶关市第十三届人民代表大会常务委员会发布（第九号）公告：浈江区、乳源瑶族自治县人大常委会分别补选韩登池、蓝佛安为韶关市第十三届人民代表大会代表，韶关市第十三届人民代表大会常务委员会同意代表资格审查委员会的审查报告，确认韩登池、蓝佛安的代表资格有效。

5　月

1日上午，“中国旅游日”韶关系列活动暨2015韶关旅游文化展览会开幕式在中山公园举行。市委常委、常务副市长陈波出席开幕式。

9日上午，2015年全国“百城千村”健身气功交流展示活动广东省启动仪式在中山公园举行。市领导李飞、王伟阳参加启动仪式。

11日，省委召开“三严三实”专题教育工作电视电话会议。市委书记蓝佛安，市领导李飞、陈向新等四套班子领导在市分会场收听收看会议。

12日上午，国务院召开全国推进简政放权放管结合职能转变工作电视电话会议。市领导陈波、李安平、王青西、朱余旺、王伟阳在市分会场收听收看会议。

13日上午，市委中心组理论学习（扩大）会议暨第十七期韶关学习论坛在市委会议中心举行。论坛特邀省人大常委会法制工作委员会主任王波作主题讲座。市委常委、市委政法委书记、市政府党组副书记张志才主持讲座。市领导李飞、肖怀跃、孔云龙、郭伟建、柳琛子参加会议。

13日至14日，省人大常委会副主任肖志恒率调研组到韶关开展地方立法工作调研。市领导蓝佛安、李石保、张平、高振忠等分别陪同调研并参加座谈会。

15日下午，市委书记蓝佛安主持召开市委十一届第87次常委会议，议题是：①听取并研究向省委巡视组汇报材料《我市近三年工作情况报告》；②传达学习全省“三严三实”专题教育工作会议精神，讨论贯彻意见；③（1）传达学习全省重点项目会议精神，讨论贯彻意见；（2）审议《2015年度市领导挂点重点建设项目方案》；④（1）讨论《2014年度县（市、区）经济社会科学发展考核结果》；（2）讨论《2015年度县（市、区）经济社会科学发展考核实施方案》；⑤讨论《韶关市创建全国文明城市工作规划（2015－2017年）》《韶关市申报国家历史文化名城工作实施方案》《韶关市创建全国文明城市2015年重点工作实施方案》《韶关市创建全国文明城市2015年宣传工作意见》《韶关市2015年未成人年思想道德建设工作意见》；⑦讨论部分干部纪律处分问题。

18日上午，在韶关军分区一楼礼堂举行军分区党委第一书记任职大会。省委常委、省军区政委黄善春少将宣读《中共广东省军区委员会关于增补蓝佛安同志为韶关军分区党委第一书记的决定》并讲话。市委书记、军分区党委第一书记蓝佛安发表任职讲话。市委常委、韶关军分区政委郭伟建主持会议，副市长李安平、军分区司令员盖长利参加会议。

同日下午，全省公务用车制度改革工作电视电话会议召开。

19日，市委召开全市“三严三实”专题教育工作会议。市委书记蓝佛安参加会议并讲话。市委常委、市纪委书记黎增丰主持会议。李飞等市四套班子领导参加会议。

20日上午，召开省委第三巡视组巡视韶关市、武江区动员会，省委第三巡视组组长王传金参加会议并讲话，市委书记蓝佛安主持会议。市领导李飞等四套班子领导参加会议。

同日下午，召开省委巡视组听取市委、市政府关于落实党风廉政建设主体责任情况汇报会。省委巡视组组长王传金，副组长朱汉锋及巡视组全体成员参加会议。市领导蓝佛安、李飞、黎增丰、肖怀跃、黄劲东、孔云龙、柳琛子、李石保、李安平等参加会议。

21－22日，副省长刘志庚率队到韶关督导经济工作。市领导蓝佛安、陈波、王检养、黄劲东、孔云龙、王青西、许志新参加调研汇报会。

25日下午，召开全市领导干部大会。省委组织部副部长刘毅宣读中共广东省委关于韶关市政府主要负责人职务调整的决定，骆蔚峰任韶关市委委员、常委、副书记，提名为韶关市市长候选人。市委书记蓝佛安主持大会。

26日，香港韶关同乡联谊总会首届会董会就职典礼在香港举行，省委统战部常务副部长、省民族宗教委主任陈小山以及市领导李飞、许志新、何伟青、林嘉等参加就职典礼。

26－27日，省长朱小丹率队到韶关调研全省新一轮绿化广东大行动推进情况。副省长邓海光参加调研并主持座谈会。市委书记蓝佛安、市委副书记骆蔚峰，以及市领导黎增丰、孔云龙等参加调研。

同日上午，召开全市“十三五”规划编制工作会议。市委常委、常务副市长陈波参加会议。

28 日上午，市委中心组举办“三严三实”第一次专题学习（扩大）会议，省委宣传部讲师团原团长曾凡光教授作《领导干部要做严以修身的表率》专题讲座。市委书记蓝佛安、市委副书记骆蔚峰等市四套班子领导参加会议，市委常委、宣传部长柳琛子主持会议。

同日下午，召开市创建全国文明城市暨申报国家历史文化名城工作动员大会。市委书记蓝佛安参加会议并讲话。省文明办常务副主任林海华参加会议，市委副书记骆蔚峰等市四套班子领导参加会议。

29 日市十三届人大常委会召开第 25 次会议，市人大常委会代理主任李石保、副主任林平杰、杨小明、张平参加会议。经过表决，会议决定任命骆蔚峰为韶关市人民政府副市长，决定骆蔚峰为韶关市人民政府代理市长。

6　月

3 日，省委常委、政法委书记林少春率省扶贫办有关负责人到乳源瑶族自治县乳城镇等地调研扶贫开发“双到”工作情况，市委书记、市人大常委会党组书记蓝佛安，市委常委、秘书长孔云龙参加调研。

3 日下午至 4 日，省政协主席王荣到韶关调研并召开座谈会。省政协原副主席覃卫东，省政协秘书长、办公厅主任杨慬，市委书记蓝佛安、市政协主席李飞，市领导孔云龙、邓建华等陪同调研并参加座谈会，市领导张志才、何伟青、刘大济等参加调研座谈会。

5 日上午，市委书记蓝佛安在市委常委会议室听取全市环保工作汇报，研究切实做好生态保护工作。市委常委、秘书长孔云龙参加会议。

同日下午，市委书记蓝佛安在市委常委会议室听取全市交通工作汇报，研究进一步构建大交通，加快融入珠三角等工作。市委常委、秘书长孔云龙参加会议。

10 日，市纪委举行韶关市纪检监察内务监督委员会委员聘任颁证仪式，聘请姚远通等 10 名为第一届韶关纪检监察内务监督委员会委员。市委常委、市纪委书记黎增丰参加仪式。

11 日，省委常委、省纪委书记黄先耀率队到韶关调研，分别到乳源桂头镇、必背镇、一六镇和省纪委挂点帮扶援建的乌石岭新村调研考察，重点调研镇（街）纪委规范化建设、基层违法违纪线索排查、三级行政服务中心、农村“三资”管理平台，以及经济社会发展等情况。市委书记蓝佛安，市委常委、市纪委书记黎增丰陪同调研。

12 日，国家烟草专卖局局长凌成兴一行到韶关调研。省烟草专卖局局长郑伟、省中烟工业有限公司总经理唐健，市委书记蓝佛安，市委副书记、代市长骆蔚峰，副市长王青西等领导参加调研。

12 日下午，市委书记蓝佛安主持召开市委第十一届第 89 次常委会议，议题是：①传达学习省长朱小丹在韶关和东莞调研林业工作座谈会讲话精神，讨论韶关市贯彻意见；②传达学习副省长刘志庚到韶关督导经济工作讲话精神，讨论韶关贯彻意见；促进粤东西北地区振兴发展（粤北片区）工作会议精神（含考核情况），研究韶关市振兴发展工作；（1）传达学习全省两次维稳工作相关会议精神，讨论韶关市贯彻意见；（2）听取韶关市 2015 年 1 - 5 月信访形势分析报告；③讨论《韶关市振兴发展 2015 年重点工作任务》；④讨论《韶关市人大常委会 2015 - 2016 年立法工作计划》；⑤讨论干部人事问题。

13 日，国家水利部副部长李国英率领督导组到韶关督导涉农资金专项整治工作。市委副书记、代市长骆蔚峰，副市长朱余旺陪同检查。

15 日上午，市委书记蓝佛安会见碧桂园集团董事局主席杨国强一行并座谈，市委常委、秘书长孔云龙，副市长许志新参加会见活动。

16 日至 17 日，东盟各国驻穗总领事考察团访问韶关市。16 日下午，市委副书记、代市长骆蔚峰参加韶关与东盟驻穗领团座谈会。

22 日至 23 日，省委书记胡春华到韶关市调研并检查粤东西北地区振兴发展“三大抓手”推进情况，先后到韶关环城高速、乐昌市（乐昌峡水利枢纽工程、乐昌产业转移工业园欧亚特电子公司、乐城街道便民服务中心、气象台、长来镇蔬菜种植产业基地）、莞韶产业园（黄沙坪电子商务服务区、以纯服装）、芙蓉新区（综合客运枢纽站项目、江湾大桥项目、芙蓉隧道项目）、浈江区（田螺冲原曲仁矿棚户区改造二期工程、鑫金汇商贸物流城）等进行调研，并在乐昌市长来镇调研期间，看望慰问基层党员。23 日下午，省委书记胡春华主持召开调研工作座谈会。强调要聚精会神谋发展、凝心聚力抓落实，扭住“三大抓手”不放松，加大力度推进产业建设，主动融入珠三角，实现振兴发展的目标。省领导徐少华、林木声，东莞市委书记徐建华，市委书记蓝佛安、代市长骆蔚峰等参加调研，市政协主席李飞参加座谈会。

24 日上午，东莞、韶关两市领导和党员干部在韶开展“七一”主题活动。市委书记蓝佛安、东莞市委书记徐建华到乳源瑶族自治县乳城镇刘屋村慰问困难党员。

同日下午，莞韶对口帮扶工作第五次联席会议在韶关市召开，两市研究谋划全面推进对口帮扶工作。市委书记蓝佛安、代市长骆蔚峰，市领导陈向新、王检养、黄劲东、孔云龙、许志新等和东莞市领导徐建华、姚康、白涛、杨晓棠等参加会议。

24 日至 25 日，全国政协常委、全国政协民族和宗教委员会主任朱维群率全国政协调研组，围绕《宗教事务条例》实施十周年、推动依法管理宗教事务专题到韶关调研。市政协主席李飞，副市长王伟阳，市政协副主席兰茵参加调研。

25 日下午，市委书记蓝佛安主持召开市委十一届第 90 次常委（扩大）会议，议题为：①传达学习中共中央政治局委员、省委书记胡春华在韶调研时重要讲话精神，研究部署韶关市贯彻意见；②讨论干部人事问题。

29 日至 30 日，省政协副主席梁伟发率省政协生态环境保护调研组到始兴县开展专题调研。广州市政协主席苏志佳、河源市政协主席龚佐林，市委书记蓝佛安、市政协主席李飞，市领导孔云龙、兰茵、王乙未、林嘉等分段陪同调研。

29 日上午，召开市委全面推进依法治市专题协商会议，对《中共韶关市委关于全面推进依法治市的实施意见》（征求意见稿）进行专题协商，听取各界别政协委员的意见和建议。市委书记蓝佛安主持会议，民革韶关市委副主委叶纬，民盟韶关市委副主委龙安生，民建韶关市委副主委陈曦，民进韶关市委主委刘大济，农工党韶关市委主委贝抗胜，九三学社韶关市委主委兰茵和市工商联主席陈达豪等民主党派、工商联及其他界别的政协委员代表，以及市政协主席李飞等市领导参加会议。

30 日至 7 月 1 日，副省长邓海光到韶关，到乐昌市廊田镇岩前村、乳源桂头镇便民服务中心、桂头镇杨溪村委和一六镇团结村委，调研村务公开、便民服务、农村“三资”管理及中小河流治理等情况，市委书记蓝佛安及市领导陈向新、孔云龙、王青西等参加调研。

30 日上午，2015 年韶关市“广东扶贫济困日”暨“慈善一日捐”活动启动仪式在市委举行。市委书记蓝佛安、代市长骆蔚峰等市四套班子领导参加启动仪式，并进行“慈善一日捐”捐款。随后，召开总结动员大会，表彰在过去 5 年韶关市扶贫济困日活动中作出突出贡献的单位和个人。市委书记蓝佛安、代市长骆蔚峰及市领导孔云龙、李石保、王伟阳、邓建华等参加总结动员大会，并为 2010 年至 2014 年韶关市“广东扶贫济困日”活动突出贡献单位及个人代表颁奖。

同日上午，召开全市立法工作会议。会议通报全市立法工作总体安排，并对立法工作进行部署。市委书记、市人大常委会党组书记蓝佛安参加会议并讲话，市委副书记陈向新主持会议，市领导孔云龙、李石保、张平、许志新等参加会议。

7　月

2 日上午，市委书记、韶关军分区党委第一书记蓝佛安到韶关军分区调研。市委常委、秘书长孔云龙参加调研。

3 日下午，市委书记蓝佛安主持召开市委十一届第 91 次常委会议，议题是：①讨论关于安排市党政领导班子成员挂钩联系部分软弱涣散村党组织整顿工作的有关事宜；②听取市人大常委会工作情况汇报；③讨论《我市对广东省国民经济和社会发展第十三个五年规划纲要征求意见的回复》；④传达学习中央统战工作会议、省委常委会议、全省学习贯彻会议精神，讨论全市贯彻意见；⑤讨论《韶关市关于进一步做好涉法涉诉信访工作的意见》；⑥讨论《2014 年度创建平安韶关暨综治工作考评情况》和《2015 年平安创建重点工作任务分工情况》；⑦讨论 2014 年市管干部年度考核情况。

6 日上午，召开全市干部大会，传达学习中央政治局委员、省委书记胡春华到韶关调研讲话精神。市四套班子领导人，副厅级干部，市人大常委会、市政府、市政协秘书长，市纪委常委，市委、市人大常委会、市政府、市政协副秘书长，市人大常委会各工作委员会、市政协各专门委员会主要负责人，以及市直、中省驻韶有关单位和各县（市、区）党政主要负责人参加会议。

7 日下午，市委书记蓝佛安主持召开市委全面深化改革领导小组第三次会议。市委副书记、代市长骆蔚峰参加会议。

10 日下午，市委书记蓝佛安主持召开市委十一届第 92 次常委会议，议题是：①研究关于召开市委十一届七次全体会议有关事宜；②讨论干部人事问题。

15 日上午，省长朱小丹率省现场检查组到韶关调研实施粤东西北地区振兴发展战略工作情况。省政府秘书长、办公厅主任李锋，河源市委书记何忠友、梅州市委书记黄强、清远市委书记葛长伟，市领导陈波、王检养、孔云龙、许志新、朱余旺等参加调研。

16 日，中国共产党韶关市第十一届委员会第七次全体会议在市区召开。十一届市委委员、候补委员出席会议；不是十一届市委委员、候补委员的市领导，副厅级干部，市政府、市政协秘书长，市纪委常委，有关县（市、区）政府主要负责人，市委、市人大常委会、市政府、市政协党员副秘书长，市人大常委会各工作委员会、市政协各专门委员会党员主要负责人，市直及中省驻韶各单位党员主要负责人，市属有关企业党员主要负责人等列席会议。

同日下午，市委书记蓝佛安主持召开市委十一届第 93 次常委会议，议题是：①听取市委办公室汇报《中共韶关市委关于全面推进依法治市的实施意见》分组会议讨论情况及对《实施意见》稿、全会《决议》（草案）修改建议的汇总意见，审定拟提请全会表决通过的《中共韶关市委关于全面推进依法治市的实施意见》（送审稿）和全会《决议》（草案）。

23 日至 24 日，市委书记蓝佛安率韶关“八一”建军节慰问团到广州、惠州慰问部分驻粤部队。市领导李飞、孔云龙、李石保、王青西和韶关军分区司令员盖长利参加慰问活动。

26 日，副省长、省公安厅厅长李春生来韶在乳源瑶族自治县参加全省公安机关“3＋2”专项打击整治行动点评会。市委书记蓝佛安到会致辞。市委常委、秘书长孔云龙，副市长李安平参加有关活动。

27 日，市委副书记、代市长骆蔚峰率韶关“八一”建军节慰问团到驻韶 75260 部队开展慰问活动。市领导张志才、柳琛子、贝抗胜和韶关军分区司令员盖长利参加慰问。

28 日下午，召开全市扶贫“双到”工作会议。市委书记蓝佛安到会并作讲话，市委副书记、代市长骆蔚峰主持会议，市委常委、政法委书记张志才通报 2013 年以来韶关市扶贫开发“双到”工作情况，并对下一步工作进行部署，新丰县、乳源瑶族自治县、东莞市驻韶帮扶工作组、韶关学院、始兴县财政局等作经验发言。市领导陈向新、孔云龙、张平、王青西、林嘉等参加会议。

30 日下午，市委书记、韶关军分区党委第一书记蓝佛安在韶关军分区主持召开市委常委议军会议，传达学习习近平主席关于国防和军队建设重要论述及 2015 年省委议军会主要精神，听取全市武装工作情况汇报，研究讨论相关问题。市委常委出席会议，市政协主席李飞、市人大常委会代理主任李石保、副市长李安平列席会议。

31 日下午，市委书记蓝佛安主持召开市委十一届第 94 次常委会议，议题是：①传达学习全省科技企业孵化器建设工作现场会精神，讨论全市贯彻意见；②传达学习全省贯彻落实《中国制造 2025》暨珠江西岸先进装备制造产业带建设工作会议精神，讨论全市贯彻意见；③讨论《韶关市区棚户区改造实施方案的修订方案》（送审稿）、《韶关市区棚户区改造项目货币安置购房补贴实施方案》（送审稿）、《韶关市区棚户区改造项目融资工作方案》（送审稿）；④讨论《韶关市建工投资集团有限公司组建方案》（送审稿）；⑤讨论《市管干部选拔任用工作规程》（送审稿）；⑥讨论部分干部纪律处分问题；⑦讨论干部人事问题。

8 月

5 日至 7 日，省委常委、省纪委书记黄先耀到韶关调研，先后到仁化县（周田镇、石塘镇、董塘镇），始兴县（马市镇、城南镇、顿岗镇、司前镇），翁源县（坝仔镇、江尾镇）等地调研。市委书记、市人大常委会党组书记蓝佛安，市委常委、市纪委书记黎增丰，市委常委、秘书长孔云龙等陪同调研。

6 日，副省长许瑞生到乳源瑶族自治县大桥镇调研农村危房改造项目。市委副书记、代市长骆蔚峰，副市长朱余旺参加调研。

7 日上午，韶关市第十一次归侨侨眷代表大会在市区举行。中国侨联副主席、广东省侨联党组书记、主席王荣宝出席开幕大会并讲话。市委书记、市人大常委会党组书记蓝佛安，市政协主席李飞，市领导孔云龙、李石保、许志新出席开幕式，市委副书记陈向新代表市委、市政府讲话。

11 日上午，广州港集团与韶关市政府共同举行广州港集团客户座谈会暨韶关办事处揭牌仪式，并签订推进韶关“无水港”建设工作备忘录。代市长骆蔚峰和广州港务局、广州海关、广州口岸办、广东出入境检验检疫局、广州铁路（集团）公司等负责人见证签约。

11、12 日下午，市委书记、市人大常委会党组书记蓝佛安分别会见保利华南实业有限公司总经理周康、恒大地产集团广东公司董事长卢亚雄，就共同推进芙蓉新区项目建设进行会谈。市委常委、常务副市长陈波，市委常委、秘书长孔云龙参加会谈。

12 日至 13 日，省旅游局局长曾颖如率调研组到韶关调研，市委常委、常务副市长陈波参加调研。

14 日下午，市委书记蓝佛安主持召开市委十一届第 95 次常委会议，议题是：①讨论《韶关市全面推进公务用车制度改革总体方案》（送审稿）、《韶关市市直机关公务用车改革实施方案》（送审稿）；②讨论《韶关市工业转型升级攻坚战三年行动计划（2015－2017 年）》（送审稿）；③讨论《关于推进市级财政投融资改革的意见》（送审稿）；④讨论《关于深化市属企业负责人薪酬制度改革的实施方案》（送审稿）；⑤讨论《关于建立健全专职安全监督检查员队伍加强镇村园区安全生产监管工作的意见》（送审稿）；⑥讨论干部人事问题。

17 日，市委副书记、代市长骆蔚峰前往芙蓉山隧道施工现场、市区莲花山油库调研检查安全生产工作，召开座谈会听取全市安全生产工作汇报，部署安全生产工作。市委常委、常务副市长陈波参加调研检查。

18 日上午，市委书记、市人大常委会党组书记蓝佛安带队督导督办市政协十一届四次会议第 1 号提案《加快我市混合所有制经济发展》办理情况，先后到韶关宏大齿轮公司、汽车客运西站等企业实地考察了解生产经营、资本运营、企业改革等方面情况，召开调研座谈会听取提案办理落实情况汇报。市领导孔云龙、王伟阳、刘大济、王乙未参加督导督办活动。

同日上午，市政协召开 2015 年市长与市政协委员座谈会。代市长骆蔚峰率领市政府有关部门负责人参加会议，听取市政协委员对全市旅游业发展意见建议。市政协主席李飞主持座谈会，副主席贝抗胜、何伟青、林嘉参加会议。

19 日，省政协副主席唐豪率省政协调研组到原“中央苏区县”“中国姓氏文化名都”——南雄市调研文化旅游工作。市政协主席李飞、副主席林嘉参加调研。

同日下午，市委中心组成员到市检察院参观市廉政教育基地并召开市委中心组“三严三实”第二次学习讨论会。市委书记蓝佛安强调，每个党员干部要坚定理想信念，从我做起，严以律己，做政治上的明白人。市委副书记、代市长骆蔚峰等与会市领导围绕“严以律己，做政治上的明白人”主题进行发言。

20 日上午，市委书记、市人大常委会党组书记蓝佛安与省机场管理集团到韶关一行座谈。市领导骆蔚峰、陈波、孔云龙参加座谈。

26 日至 29 日，市委书记、市人大常委会党组书记蓝佛安参加广东省党政代表团赴江西、福建学习考察。

31 日下午，省委召开部分市、县（区）、镇党委主要负责人对《中共广东省委关于制定国民经济和社会发展第十三个五年规划的建议》（稿）的征求意见会。市委书记蓝佛安参加会议。

9　月

1 日上午，市委副书记、代市长骆蔚峰到市第一人民医院看望慰问抗战时期参加工作的原市领导华云，代表市委、市政府向他致以亲切的慰问和崇高敬意，并送上由中共中央、国务院、中央军委颁发的中国人民抗日战争胜利 70 周年纪念章。

2 日上午，省人大常委会副主任肖志恒在韶关主持召开座谈会，就《广东省县乡人大工作和建设的调研报告》征求意见。市领导蓝佛安、陈向新、孔云龙、李石保、李安平，以及清远市、肇庆市、云浮市领导参加座谈会。

同日上午，市委书记蓝佛安看望慰问抗战时期参加工作的原市领导苏陶，代表市委、市政府向他致以亲切的慰问和崇高敬意，并送上由中共中央、国务院、中央军委颁发的中国人民抗日战争胜利 70 周年纪念章。市委常委、秘书长孔云龙参加慰问。

同日上午，由广东省作家协会、南雄市人民政府共同主办的“深入生活、扎根人民——全国百名作家走进中央苏区县南雄”采风活动在南雄市启动。中国作协副主席谭谈，广东作协党组书记、专职副主席吴伟鹏，市委常委、宣传部长柳琛子参加启动仪式。

4 日下午，市委书记、市人大常委会党组书记蓝佛安在广州参加广东省学习贯彻总书记习近平在抗日战争暨世界反法西斯战争胜利 70 周年纪念大会上重要讲话精神座谈会。

5 日上午，市委书记、市人大常委会党组书记蓝佛安在广州参加省委组织的纪念华南地区抗日游击战座谈会。

6 日至 10 日，市委常委、常务副市长陈波带队赴云南考察旅游工作。

7 日由省纪委、省监察厅、省文化厅共同策划，省话剧院创排的反腐倡廉话剧《沧海清风》在韶关剧院巡演。市委书记蓝佛安、代市长骆蔚峰、市政协主席李飞等市四套班子领导观看演出。

8 日下午，建设银行广东省分行与韶关市政府在市区签订金融战略合作协议，向韶关市授信 300 亿元，助推韶关经济社会发展。代市长骆蔚峰、建行广东省分行行长刘军参加签约仪式。副市长朱余旺、建行广东省分行副行长王粲分别在金融战略合作协议上签字。副市长王伟阳主持签约仪式。市科技局、交投公司、鸿源公司分别与建行韶关分行签署相关合作协议。

10 日上午，召开韶关市庆祝 2015 年教师节座谈会。市委书记蓝佛安参加会议并讲话。市领导孔云龙、徐紫玲、王青西、刘大济参加座谈会。

同日下午，市委书记蓝佛安主持召开市委十一届第 96 次常委会议，议题是：①传达学习全省重点改革工作交流会暨改革办工作会议精神，讨论全市贯彻意见；②听取市委组织部副部长、市“两新”组织党工委书记钟曦传达学习全省“三严三实”专题教育工作座谈会精神，讨论全市贯彻意见；③听取市发改局副局长阳火成汇报《1—7 月全市投资和重点项目建设情况》；④听取翁源县县长林国华汇报《翁源县新江镇行政区划调整方案》；⑤听取市纪委副书记于莉莉传达学习《省纪委、省委组织部、省人社厅印发〈关于加强党员干部“八小时以外”活动监督管理的意见〉的通知》精神，讨论全市贯彻意见；⑥通报《关于给予温新才开除党籍开除公职处分的决定》；⑦讨论通过部分干部纪律处分问题。

11 日上午，市委书记蓝佛安会见香港旭日国际集团主席蔡志明。市委常委、秘书长孔云龙参加会见。

同日下午，广州市委副书记、市长陈建华率考察团到韶关考察。市委书记蓝佛安、代市长骆蔚峰参加考察活动并座谈。广州市政府秘书长潘建国，韶关市委常委、秘书长孔云龙，副市长许志新等陪同考察。

14 日至 15 日，省民政厅副厅长王长胜率检查组到韶关检查创建第十届全国全省双拥模范城工作。市领导蓝佛安、孔云龙、郭伟建、王青西等参加检查活动。

15 日上午，副省长许瑞生率领省住建厅、省国土厅等有关部门负责人到韶关督查调研棚户区及农村危房改造工作情况，部署具体工作。市领导蓝佛安、骆蔚峰、陈波、孔云龙陪同调研。

同日下午，召开省委第三巡视组巡视韶关情况意见反馈会。省委第三巡视组组长王传金、副组长朱汉锋反馈巡视情况，韶关市委书记蓝佛安代表市委、市政府作表态发言。市委、市人大常委会、市政府、市政协领导班子成员，市中院院长、市检察院检察长出席会议。市纪委副书记、市委组织部副部长，市直及中省驻韶各单位主要负责人，县（市、区）党委、人大常委会、政府、政协主要负责人，2013 年以来全市退休的正处职以上领导干部参加会议。

17 日上午，《韶关市旅游产业发展规划》专家评审会在西联芙蓉园举行。市委常委、常务副市长陈波，中国社会科学院旅游研究中心副主任李明德，上海对外经贸大学会展与旅游学院、华南师范大学、广东省社会科学院旅游研究所、中国地理学会、北京巅峰智业集团等相关专家以及省市相关部门分管领导参加会议。

同日上午，市政府举办 PPP 模式培训班，邀请国家财政部政府和社会资本合作中心项目主管刘宝军教授主讲授课。市领导骆蔚峰、陈波参加培训班。

19 日，国家民政部部长李立国一行到韶关调研基层民政工作和双拥模范城创建工作。副省长邓海光，市委书记蓝佛安、副市长王青西陪同调研。

22 日上午，召开全面推进“三证合一、一照一码”登记制度改革工作全国电视电话会议。副市长许志新在韶关分会场收听收看会议。

24 日上午，市委书记蓝佛安会见中金岭南公司总裁余刚一行。市领导陈波、孔云龙、许志新参加会见。

25 日，省委常委、宣传部长慎海雄一行到韶关调研。市委书记蓝佛安，市委常委、宣传部长柳琛子陪同调研。

同日，在翁源县召开 2015 年武深、

汕昆高速公路建设现场推进会。代市长骆蔚峰、副市长朱余旺参加会议。

同日下午，市委书记蓝佛安主持召开市委十一届第 98 次常委会议，议题是：①传达学习《中共中央关于四川南充拉票贿选案查处情况及其教训警示的通报》；②讨论《韶关市落实省委巡视工作反馈意见整改任务分工方案》（送审稿）；③讨论《关于我市公务用车制度改革后续工作的情况报告》；④讨论部分干部纪律处分问题；⑤讨论补选部分省市人大代表有关事项；⑥通报有关处分决定。

29 日上午，市政府与太平洋建设集团签署 PPP 战略合作框架协议。副市长朱余旺、太平洋建设集团创始人严介和参加签署仪式。

30 日上午，在市烈士陵园举行韶关市“9·30”烈士公祭活动暨向烈士纪念碑敬献花篮仪式。市委书记蓝佛安、代市长骆蔚峰、市政协主席李飞、市人大常委会代理主任李石保等市四套班子领导，市各民主党派、工商联及无党派人士代表，市直各单位主要负责人，烈属、退伍军人代表，市公安民警和武警战士代表，驻韶部队官兵代表，浈江区、武江区党政机关干部代表，少先队员代表 700 多人参加活动。

10　月

1 日上午，“中国梦·韶韵风·东街汇”韶关市庆国庆大型群众文化活动在市区百年东街中心广场开幕。市委书记蓝佛安、代市长骆蔚峰、市政协主席李飞等市四套班子领导参加启动仪式。启动仪式前，蓝佛安、骆蔚峰、李飞等市领导一行参观文化企业优质产品汇展、非物质文化遗产展示及“韶城记忆·东街印象”摄影展等专题展览。

8 日下午，市委书记蓝佛安会见前海人寿保险股份有限公司、宝能投资集团有限公司董事长姚振华一行。市委常委、常务副市长陈波，市委常委、秘书长孔云龙参加会见。

9 日上午，韶关市政府与前海人寿保险股份有限公司签订战略合作框架协议。市委书记蓝佛安、代市长骆蔚峰、常务副市长陈波等参加签约仪式。

同日上午，省委第十巡视组在曲江区召开巡视工作动员会。省委第十巡视组组长陈文生作动员讲话，市委副书记陈向新代表市委就配合做好巡视工作提出要求，市委常委、曲江区委书记、区人大常委会主任黄劲东作表态发言。

12 日上午，省委组织部在韶关市召开干部推荐大会。市委书记蓝佛安主持会议，民主推荐市政协主席及交流任揭阳市委常委、组织部长人选。市领导骆蔚峰、李飞等四套班子领导、市委委员和工商联、无党派人士代表参加会议。

同日上午，市委书记蓝佛安主持召开市委十一届第 99 次常委会议，讨论干部人事议题。

同日下午，市委书记蓝佛安主持召开党政班子（扩大）会议，宣布省委决定，任命郭健生为市委常委、纪委书记（省委任职通知粤组干〔2015〕869 号于 9 月 13 日印发）。省纪委副书记陈伟东，省民政厅厅长刘洪、省纪委干部室副厅级主任杨飞，市领导骆蔚峰、李飞、陈向新、肖怀跃、王检养、陈波等参加会议。

14 日上午，市委书记蓝佛安调研北江航道扩能升级工作，由市区浈江、武江交汇处乘船，途经孟洲坝至白土，沿途查看了解市区排污管道建设、北江水域管理、孟洲坝船闸规划建设、航道扩能升级项目等工作进展情况。市政协主席李飞，市委常委、组织部长肖怀跃，市委常委、秘书长孔云龙参加调研。

同日下午，市委书记蓝佛安到风采楼、韶州府学宫、斌庐、广富新街、升平路等地调研历史文化建设工作。市政协主席李飞，市委常委、秘书长孔云龙参加调研。

16 日，召开迎接全国文明城市测评工作座谈会。市委副书记、代市长骆蔚峰参加会议并讲话，省委宣传部副部长、省文明办主任顾作义到会指导。市委常委、宣传部长柳琛子主持会议，市领导李石保、刘大济等参加会议。

19 日，市委书记蓝佛安主持召开市委十一届第 100 次常委会议，议题是：①讨论《韶关市主动融入珠三角实现加快发展行动计划（2016—2018 年）》（送审稿）；②讨论《关于促进民营经济加快发展的若干措施（试行）》（送审稿）；③（1）听取关于赴深圳北京拜访有关企业的情况报告，（2）讨论《关于进一步加强招商引资工作的意见》（送审稿），（3）讨论《进一步优化韶关市投资营商环境的具体措施（试行）》（送审稿）；④讨论《韶关市 2015—2016 年度安全生产责任制考核实施方案》（送审稿）；⑤讨论干部人事问题。

20 日上午，市委书记蓝佛安主持召开市委十一届第 101 次常委会议，宣读省委决定，任命华旭初为市委常委、组织部长。市领导骆蔚峰、陈向新、肖怀跃、郭健生、陈波等参加会议。

同日下午，市委书记蓝佛安会见省审计厅厅长何丽娟一行。市委常委、秘书长孔云龙参加会见活动。

21 日至 22 日，广府人海外联谊会会长、广州市原市长黎子流率企业家投资团到韶关，对文化旅游建设投资项目进行考察洽谈。市委副书记、代市长骆蔚峰，市政协主席李飞参加洽谈会。

27 日上午，江西省委常委、赣州市委书记李炳军，市委副书记、市长冷新生率赣州市党政代表团到韶关考察交流。市委书记蓝佛安、代市长骆蔚峰等市领导陪同考察并参加交流会。

同日下午，市委书记蓝佛安主持召开市委全面深化改革领导小组第四次会议，审议《韶关市深化社会体制改革主要任务及分工方案》《韶关市关于构建公共法律服务体系推进平安韶关建设的实施方案》和《韶关市人民政府关于深化收入分配制度改革的实施意见》等文件。市领导骆蔚峰、郭健生、陈波、孔云龙、张平、李安平等参加会议。

28 日，省委政法委专职副书记、省综治办主任杨日华带队到韶关开展市、县党委政法委建设专题调研并召开座谈会。市委书记蓝佛安，市领导陈向新、孔云龙、李安平参加调研座谈会。

29 日上午，市委书记蓝佛安会见广州海关关长谢松一行。市领导骆蔚峰、孔云龙、许志新参加会见活动。

同日，省委政研室主任张劲松一行到韶关调研。市委书记蓝佛安、代市长骆蔚峰分别与张劲松一行就进一步推动韶关战略转型、产业兴韶、促进经济稳步增长等工作交流座谈。市委常委、秘书长孔云龙，副市长许志新参加调研座谈活动。

30 日上午，市委、市政府召开全市招商引资工作大会。市委书记蓝佛安作重要讲话。市委副书记、代市长骆蔚峰对全市招商引资工作和改善投资营商环境进行具体部署。市委副书记陈向新主持会议。市政协主席李飞等市四套班子领导参加会议。

同日下午，市委书记蓝佛安主持召开市委十一届第 102 次常委会议，议题是：①传达学习《中国共产党廉洁自律准则》《中国共产党纪律处分条例》主要精神，讨论全市贯彻意见；②讨论《韶关市拟推荐 2014 - 2015 广东省精神文明建设先进单位名单》（送审稿）；③讨论《广州市人民政府、韶关市人民政府战略合作框架协议》（送审稿）；④听取《前三季度经济形势分析报告》；⑤讨论干部人事问题。

11 月

2 日上午，召开全省传达学习贯彻中共十八届五中全会精神电视电话会议，市领导蓝佛安、骆蔚峰、李飞等四套班子成员参加会议。

3 日，副省长温国辉一行到韶关调研。市领导蓝佛安、骆蔚峰、孔云龙、王青西、王伟阳等分别参加调研。

4 日下午，市委书记、市人大常委会党组书记蓝佛安会见韩国荣州市议员朴赞勋一行，市领导孔云龙、徐紫玲参加会见。

6 日，召开全市民营经济工作会议。市委书记蓝佛安作重要讲话，市委副书记、代市长骆蔚峰对全市民营经济工作作部署，市委副书记陈向新主持会议，副市长许志新就《关于促进民营经济加快发展的若干措施（试行）》作说明。市政协主席李飞等市四套班子领导参加会议。

9 日，市委书记、市人大常委会党组书记蓝佛安，市委副书记、代市长骆蔚峰率韶关市党政代表团前往广州市考察学习，并举行两市政府战略合作框架协议签订仪式。

10 日上午，韶关市政府、宝钢集团广东韶关钢铁有限公司在广州举办 2015 年宝钢（韶钢）特钢产业推介会。市领导蓝佛安、骆蔚峰、陈波、黄劲东，宝钢集团总经理陈德荣，广州市副市长蔡朝林，省经信委副主任吴育光等参加推介会。

11 日上午，省委举行学习贯彻新修订的《中国共产党廉洁自律准则》和《中国共产党纪律处分条例》宣讲报告会。中央纪委副书记张军作专题辅导。报告会以电视电话会议的形式开至各地级以上市、各县（市、区）。市领导蓝佛安、李飞等四套班子成员在市分会场收听收看宣讲报告会。

12 日，省纪委网站发布消息，经省纪委常委会议审议并报省委批准，决定给予韶关市委常委、政法委书记张志才开除党籍处分，免去其韶关市委常委、委员职务，由副厅职降为科员并办理退休手续，收缴其违纪所得。

12 - 13 日，省委组织部副部长刘毅一行到韶关开展市级领导班子建设专题调研活动。市委书记蓝佛安、代市长骆蔚峰，以及市领导孔云龙、华旭初等参加有关活动。

13 日下午，市委书记蓝佛安主持召开市委十一届第 103 次常委会议。议题是：①讨论《中共韶关市委关于省委第三巡视组反馈意见整改情况的报告》（送审稿）；②讨论《关于进一步加强督查督办推进落实提高执行力的实施意见（试行）》（讨论稿）；③讨论召开市十三届人大六次会议有关事项；④讨论《韶关市迎接国家卫生城市复审工作方案》（送审稿）；⑤讨论《关于加快发展大旅游的实施意见》（送审稿）；⑥讨论《韶关市芙蓉新城“三年基本成城”行动方案（2015 - 2018 年）》（送审稿）；⑦讨论韶关市金财投资集团有限公司列为市管企业。

13 - 15 日，中国电视剧编剧委员会常务副会长刘和平一行到韶关采风。市领导蓝佛安、黄劲东、孔云龙、柳琛子等参加有关调研活动。

15 - 17 日，原国务委员戴秉国到韶关，到仁化、曲江、浈江等地调研考察。市领导蓝佛安、骆蔚峰、孔云龙、许志新等参加有关调研活动。

17 - 19 日，第十一届全国人大常委会副委员长、全国妇联原主席陈至立到韶关，到仁化、曲江、浈江等地调研考察。市领导蓝佛安、骆蔚峰、孔云龙、李石保、徐紫玲等参加有关调研活动。

18 - 22 日，2015 年中国佛教讲经交流会在南华禅寺举行。18 日下午举行开幕式，国家宗教局副局长蒋坚永，副省长温国辉，市领导蓝佛安、陈向新、黄劲东、孔云龙、徐紫玲、王伟阳等参加开幕式。

19 日下午，市委书记、市人大常委会党组书记蓝佛安在韶关学院学术报告厅讲授形势和政策课，授课视频在韶关学院网同步直播。市委常委、秘书长孔云龙及韶关学院校班子成员等在现场听课。

同日下午，市委书记蓝佛安会见深圳华盈富通基金管理有限公司总裁林进日一行。市领导孔云龙、王伟阳参加会见。

22 - 23 日，全国政协副主席何厚铧到韶关，到曲江、仁化、南雄等地调研考察，中央人民政府驻澳门特别行政区联络办公室副主任郑振涛陪同考察。市领导蓝佛安、骆蔚峰、李飞、孔云龙等参加有关调研考察活动。

27 日下午，市委书记蓝佛安主持召开市委十一届第 104 次常委会议。议题是：①传达学习省委十一届五次全会精神；②讨论《中共韶关市委关于再废止和宣布失效一批党内规范性文件的决定》（送审稿）；③传达学习全省社会组织党的建设工作座谈会精神，讨论全市贯彻意见；④听取《关于乡镇（街道）领导干部驻点普遍直接联系群众工作中群众反映问题的报告》；⑤讨论干部人事问题。

29 日下午，市委书记蓝佛安会见全美油画家协会主席肯·克沃雷德，原主席尼尔·帕特森、涂志伟一行（涂志伟为韶关翁源出生的美籍华人）。市委常委、秘书长孔云龙，市委常委、宣传部长柳琛子参加会见。

12 月

1 日上午，全市学习贯彻党的十八届五中全会精神报告会在市委党校召开。省政府发展研究中心巡视员李鲁云作宣讲报告。市委书记蓝佛安主持报告会。市委副书记、代市长骆蔚峰，市政协主席李飞等市四套班子领导参加报告会。

同日下午，市委书记蓝佛安到新丰与省委第十巡视组交流座谈。市委常委、纪委书记郭健生，市委常委、秘书长孔云龙参加交流活动。

2 日，市委书记蓝佛安到新丰、翁源调研高速公路及休闲旅游项目建设情况。市委常委、秘书长孔云龙，副市长朱余旺参加调研。

同日上午，由广东省禁毒办、省妇联主办的“广东省妇联系统‘6·27’工程启动仪式暨‘不让毒品进我家’宣传活动”在浈江区启明健身广场举行。省禁毒办常务副主任、公安厅禁毒局局长邓建伟，省妇联副主席许红，副市长、市公安局局长李安平等参加活动。

4 日，澳门妇女联合总会会长贺定一一行到韶关交流妇女儿童工作经验，参观了解经济社会发展情况。市委副书记陈向新会见访问团一行。

8 日上午，南雄市举行华电南雄热电联产工程奠基暨南雄市重点项目签约动工投产仪式。国家有关部委负责人，代市长骆蔚峰等参加仪式。

同日，非国大总司库、全国执委兼非国大中央教育卫生事务委员会主席兹维利·穆凯兹率领的南非非洲人国民大会高级干部研修班一行 20 余人抵韶关，就基层党组织如何落实全面从严治党新要求、社会主义新农村建设等方面的内容进行访问，并与韶关有关方面召开基层组织建设专题座谈会。市委副书记陈向新，以及中联部、省外事办等有关部门负责人参加座谈交流。

11 日上午，省委组织部到韶关组织召开干部推荐大会，推荐市人大常委会两名副主任人选。市委书记蓝佛安主持会议，代市长骆蔚峰、市政协主席李飞等市四套班子领导参加会议。

同日下午，市委书记蓝佛安主持召开市委十一届第 106 次常委会议，议题是：①传达学习各地级以上市市委书记抓基层党建工作述职评议会精神；②研究关于召开市委十一届八次全体会议有关事宜；③讨论召开市十三届人大六次会议有关事宜；④讨论召开市政协十一届五次会议有关事宜；⑤讨论《中共韶关市委关于制定国民经济和社会发展第十三个五年规划的建议》（送审稿）、《市委书记蓝佛安在市委十一届八次全会上的专题讲话》（送审稿）；⑥讨论《韶关市政府部门职能调整目录》（送审稿）、《韶关市政府部门权责清单》（送审稿）；⑦讨论 2014 年韶关市市直机关工作考核实施方案及结果；⑧讨论干部人事问题。

12 日，省委常委、常务副省长徐少华到韶关调研省属国有工矿棚户区改造工作，现场察看曲江区广晟十六冶棚改项目和仁化县晟泰花园棚改项目。市领导蓝佛安、孔云龙、朱余旺等参加调研。

15 日上午，市委书记蓝佛安会见到韶关调研的省文化厅厅长方健宏一行。市领导孔云龙、柳琛子、王伟阳等参加会见。在韶调研期间，方健宏一行分别到南雄、武江等地调研基层文化建设情况。

16 日，省委常委、政法委书记、省扶贫开发领导小组组长林少春到韶关调研扶贫开发工作，主持召开扶贫开发工作座谈会。市委书记蓝佛安，市委常委、秘书长孔云龙陪同调研。

17 日，召开中共韶关市第十一届委员会第八次全体会议。会议由市委常委会主持。市委书记蓝佛安作专题讲话。市委副书记、代市长骆蔚峰就《中共韶关市委关于制定国民经济和社会发展第十三个五年规划的建议》稿作起草说明。全会表决通过《中共韶关市委关于制定国民经济和社会发展第十三个五年规划的建议》。

同日下午，市委书记蓝佛安主持召开市委十一届第 107 次常委会议，议题是：①听取市委办公室汇报分组会议讨论情况及对《建议》（讨论稿）修改建议的汇总意见，审定拟提请全会表决的《中共韶关市委关于制定国民经济和社会发展第十三个五年规划的建议》（修改稿）。

18 日上午，市委、市政府召开全市抓落实提高执行力工作大会，正式出台《关于进一步加强督查督办推进落实提高执行力的实施意见（试行）》。市委书记蓝佛安作重要讲话，市委副书记、代市长骆蔚峰主持会议，市委常委、秘书长孔云龙就《实施意见》作说明。市政协主席李飞等四套班子领导，市委副秘书长，市人大常委会、市政府、市政协正副秘书长，各县（市、区）党政主要负责人，市直各单位副处以上干部、办公室主任和主要业务科室负责人，各民主党派正副主委及秘书长，中省驻韶等有关负责人参加会议。

21 日，市委召开各县（市、区）和市直党（工）委书记抓基层党建工作述职评议会。市委书记蓝佛安主持会议，各县（市、区）委主要负责人，市直属机关工委、市委教育工委、市委卫计工委、市城管工委、市国资委党委、市人社局党委、韶关工业园区党委等 7 个市直党（工）委书记分别开展述职。与会市领导、市委党建工作领导小组和基层治理领导小组部分成员、各县（市、区）委组织部长、市“两代表一委员”、基层党员干部、群众代表等对述职人员开展评议。省委组织部组织二处梁东海参加会议并点评，市委副书记、代市长骆蔚峰及市委常委参加会议。

同日下午，市委书记蓝佛安会见广东粤财投资控股有限公司党委书记、董事长杨润贵一行。市委副书记、代市长骆蔚峰与杨润贵一行举行座谈。市领导陈波、孔云龙参加会见。

22日下午，“韶关发布”微信公众号及韶关市党政客户端集群上线发布会暨韶关市进驻新华社客户端地方频道签约仪式在韶关日报社举行。市委常委、宣传部部长柳琛子参加发布会并讲话。

23日下午，市委书记蓝佛安会见中车株洲电力机车有限公司董事长、总经理周清和一行。市委副书记、代市长骆蔚峰与周清和一行举行座谈，双方就交通项目合作等内容交换意见。市领导孔云龙、朱余旺等参加会见。

同日下午，市委书记蓝佛安会见南方报业传媒集团总编辑、南方日报社社长张东明一行，并就韶关市贯彻落实中央和省委全会精神接受专访。市领导孔云龙、柳琛子参加会见。

24日上午，市委书记蓝佛安，市委副书记、代市长骆蔚峰在省委参加全省干部大会（推荐干部）。

同日下午，韶关市政府与中国移动通信集团广东有限公司签署《加快信息基础设施建设积极推进“互联网+”行动战略合作框架协议》。市委书记蓝佛安出席签约仪式，市委副书记、代市长骆蔚峰，中国移动广东公司总经理简勤分别代表双方签约，市领导孔云龙、许志新参加签约仪式。

同日下午，市委书记蓝佛安主持召开市委十一届第108次常委会议，议题是：①讨论《中共韶关市委贯彻落实<中共广东省委关于加强纪律建设推进全面从严治党的意见>的意见》（送审稿）；②传达学习中央新修订的《干部教育培训工作条例》精神，讨论韶关市贯彻意见；③讨论《韶关市加快推进科技创新驱动发展“1+N”政策意见》（送审稿）、《韶关市科技企业孵化器建设实施方案（2015—2017年）》（送审稿）；④讨论《关于规范市属企业负责人履职待遇和业务支出管理的实施方案》（送审稿）；⑤讨论《2014年韶关市全面建成小康社会进程监测报告》（送审稿）；⑥讨论《中共韶关市委关于进一步加强少年儿童和少先队工作的意见》（送审稿）；⑦讨论干部人事问题。

25日下午，广佛肇清云韶经济圈市长联席会议在广州召开。广州市市长陈建华主持会议并讲话，肇庆市市长赖泽华、清远市市长郭锋、云浮市市长卓志强、韶关市代市长骆蔚峰、佛山市副市长黄喜忠参加会议并分别讲话。

29日，市委书记蓝佛安会见人民日报社广东分社副社长杜若原，省扶贫办主任梁健、副主任宋宗约一行，就韶关市扶贫开发“双到”工作接受专访。市领导孔云龙、柳琛子、王青西等参加有关活动。

29日上午，市政府与苏宁云商集团签署战略合作框架协议。代市长骆蔚峰参加签约仪式。

30日，大宝山矿业有限公司李屋外排水处理扩建工程正式建成通水。代市长骆蔚峰、副市长许志新参加通水仪式。

30日上午，武广铁路客运专线乐昌东站项目开工仪式在乐昌东站项目工地现场举行。市委副书记陈向新、副市长朱余旺参加仪式。

31日，省委书记胡春华前往大广高速公路广东段调研高速公路建设情况。省领导徐少华、林木声，韶关市代市长骆蔚峰及河源市、广州市有关领导陪同调研。

全 市 概 况

历史·地理·人文

【建置沿革】　韶关历史悠久、古老文明，是“马坝人”的故乡，石峡文化的发祥地。西汉元鼎六年（前111年）设曲江县，属桂阳郡，治所在今韶关市区东南莲花岭下。曲江县至今有2100多年的城市历史，三国吴甘露元年（265年）设始兴郡，曲江县为始兴郡治所。东晋时移治今韶关西南。隋开皇九年（589年）改设韶州府，因州北名胜韶石山得名。唐为韶州治。五代南汉移治今韶关市。此后元、明、清皆为韶州路、府治。民国时期先后设广东省南韶连绥靖区、南韶连道、岭南道、南韶连行政区、北区、西北绥靖区、第二行政督察区等。1943—1945年设省辖韶关市，为广东省临时省会。1949年11月，广东省设北江临时行政委员会，在曲江城区设韶关市，辖曲江县等17个县市。1950年北江临时行政区委员会更名北江专区，1952年后改设粤北行政区、韶关专区、韶关地区。1966年曲江县移治今址马坝镇。1975年韶关市升格为地级市，辖曲江县。1983年撤销韶关地区，所属县并入韶关市。1984年起辖3个区9个县3个自治县。1988年起辖3个区8个县。2004年5月起辖3个区7个县（市）。

【自然·地理】　韶关位于广东省北部，北界湖南，东邻江西，东南面、南面和西面分别与广东省河源、惠州、广州及清远等市接壤。介于北纬23°53′~25°31′，东经112°53′~114°45′之间，东起南雄市界址镇界址村，西至乐昌市三溪镇丫告岭村，全境直线距离东西跨长186.3公里；北自乐昌市白石镇三界圩村，南至新丰县马头镇路下村，南北为173.4公里。辖浈江区、武江区、曲江区、仁化县、始兴县、翁源县、新丰县和乳源瑶族自治县，代管乐昌市和南雄市，共10个街道办事处、4个办事处、93个镇、1个民族乡。全市土地面积1.85万平方公里，韶关市区面积3468平方公里。韶关地形以山地丘陵为主，河谷盆地分布其中，平原、台地面积约占20%。地势北高南低，海拔1902米的石坑崆为广东第一高峰。河流主要属珠江水系北江流域，北江以浈江为干流，主要支流有武江、墨江、锦江、翁江、南水。属中亚热带湿润型季风气候区，气候宜人。年平均温度为21℃，年平均降雨量为1700毫米，全年无霜冻期为310天左右，冬季北部有雪。韶关是全国重点林区，广东用材林、水源林和重点毛竹基地，被誉为华南生物基因库和珠江三角洲的生态屏障。

（邓培雄）

【土地资源】　2015年森林覆盖率77%，活立木蓄积量0.88亿立方米。省级自然保护区10个，国家级3个，自然保护区面积21.68万公顷。年末城市建设用地面积858平方公里。市区建成区绿化覆盖面积4425公顷，建成区绿化覆盖率45.9%，城区人均公园绿地面积12.5平方米。韶关市总面积为184.13万公顷。农用地面积172.31万公顷，其中耕地面积为22.98万公顷，园地面积为2.69公顷，林地面积为141.9万公顷，其他农用地为4.74万公顷；建设用地面积为8.59万公顷，城镇及工矿用地面积为6.27万公顷，交通运输用地为1.14万公顷，水利设施用地为1.18万公顷（水库及水利设施）；未利用地面积为5.69万公顷。

【矿产资源】　韶关位于中国南岭多金属成矿带的中段，矿产资源比较丰富，且不少矿种分布较广，但经多年开采，储量逐渐减少，截至2015年底，主要矿产资源保有储量为：煤（矿石量）1.3亿吨；铁（矿石量）0.3亿吨；铅（金属量）108万吨；锌（金属量）257万吨；钨（金属量）17.55万吨；锑（金属量）6.74万吨；钼（金属量）6.25万吨。截至2015年12月31日，市有效采矿许可证共计164个，其中，铀矿5个；金属矿20个；两水类15个（温泉12个、矿泉水3个）；其他一般非金属、采石取土类124个。按发证机关分：国土资源部发证6个，省国土资源厅19个，市级28个，县级111个。按矿山生产建设规模划分：大型矿山8个、中型2个、小型149个（铀矿未列入统计）。全市矿山从业人数约7700人；年产矿石量约1250万吨，其中金属矿石量约312万吨；工业总产值约22.7亿元。全市探矿权项目总计135宗。国土资源部发证81宗，省发证24宗，省新立发证后转市级延续变更发证30宗。68宗为计划项目，67宗市场项目。韶关是“中国有色金属之乡”，有“中国锌都”称号，全市已探明储量的矿产有煤炭、铅、锌、铜等55种，保有储量位居全省第一的有23种。

（莫新生）

【人口民族】　2015年年末年末户籍人口330.20万人；常住人口293.15万人，其中城镇人口159.15万人。人口自然增长率7.1‰。韶关是粤北重镇，历史上也是少数民族重要聚居地之一。唐代，已有瑶族先民聚居；明代，形成“南岭无山不有瑶”的大分散、小聚居的分布局面。目前，全市有瑶族、畲族等43个少数民族，少数民族人口约5.5万人，占全市总人口的1.7%。

全市辖一个自治县——乳源瑶族自治县；一个民族乡——始兴县深渡水瑶族乡。始兴、武江、曲江、仁化、乐昌、南雄、翁源等县（市、区）是少数民族人口较多地区，全市散居少数民族人口3.1万人，占全市少数民族总人口的56.4%。（梁妙珍）

【宗教】 2014年，韶关市有佛教、道教、天主教、基督教四个宗教。现有全市性宗教团体4个，分别为韶关市佛教协会、韶关市道教协会、韶关市天主教爱国会和韶关市基督教三自爱国会；宗教活动场所54处（其中佛教20处，道教4处，天主教7处，基督教23处），宗教院校2所，分别是广东佛学院曹溪学院和云门学院；宗教教职人员516人（其中佛教僧尼470人，道教乾道、坤道22人，天主教神父、修女3人，基督教牧师、长老、传道21人），宗教教徒约44000多人。（龙晖）

【历史文物】 韶关是中国优秀旅游城市、全国双拥模范城、全国卫生城市、国家园林城市、全国金融生态市和生态文明建设试点地区，是广东省历史文化名城、文明城市、卫生城市、园林城市和生态发展区，是广东省规划建设的区域性中心城市和韶关都市区的核心城市，是全国交通枢纽城市之一。

韶关历代名人辈出，有陈朝重臣侯安都、唐代名相张九龄、宋代名臣余靖等杰出人物，唐宋诗人韩愈、苏东坡、杨万里等都曾留下歌颂韶关山水的名诗佳作。孙中山曾两度率国民革命军在韶关誓师北伐。举世闻名的中国工农红军二万五千里长征曾在韶关留下足迹。毛泽东、朱德、邓小平、彭德怀、陈毅等革命家都在韶关战斗过。全市有99个镇（街道）4796个自然村属革命老区。韶关是古代中原文化和南方百越文化交汇之地，客家民系的聚居地之一，保存有客家围楼300多座。韶关以粤方言和客家方言为主，瑶族、畲族等少数民族内部交流还保留着本民族语言。境内文物众多，拥有各类不可移动文物2831处，其中全国重点文物保护单位9处，广东省文物保护单位47处，市、县级文物保护单位23处。

【旅游资源】 韶关山川秀丽，名胜遍布，拥有世界级、国家级景区景点17处，省级及省级以下景区景点多处，已开发的有多处，截至2015年年底，全市已建成收费景点35个，其中国家AAAAA级旅游景区1个（丹霞山），国家AAAA级旅游景区9个（曹溪温泉度假村、广东大峡谷、丽宫国际旅游度假区、古佛洞天景区、云门寺佛教文化生态保护区、南岭国家森林公园、珠玑巷—梅关古道景区、韶关市银山户外运动养生景区、新丰云天海温泉原始森林度假村景区），国家AAA级旅游景区11个，不收费景点和农家乐、乡村游等特色景点30多个，旅游景区、景点基本上覆盖生态、文化、民俗、宗教等各方面。形成“名山、温泉、风情、佛韵”的旅游特色。世界地质公园丹霞山，位于仁化县境内，面积290平方公里，是广东省面积最大、景色最美的风景区之一。“禅宗祖庭”南华禅寺有1500多年的历史，六祖慧能曾在此弘扬禅宗佛法长达37年。寺内供奉着六祖慧能的真身，保存着中国历史上第一部佛教经典《六祖坛经》和众多文物，在全国乃至东南亚佛教界都有重要地位。南雄珠玑巷是珠江三角洲居民的发祥地和千百万海外同胞的祖居地。乳源必背瑶寨是海外瑶胞的发祥地。始兴满堂客家大围是广东规模最大的砖瓦结构围楼，被誉为“岭南第一大围”。境内温泉众多，水质好，流量大，是中国地热水资源最丰富地带之一。

【交通设施】 韶关区位优越，交通便利。市区位于大珠三角与长三角、内陆腹地之间陆路运输主通道上，是国家规划发展的一级铁路枢纽和国家公路运输枢纽城市。京广铁路、武广高速铁路、韶赣铁路、京港澳高速公路、广乐高速公路、韶赣高速公路、106国道、323国道、北江航道和在建的韶赣高速铁路均经过市区。公路、铁路、航运紧密相连，构成方便快捷的交通网络。2015年年末公路通车里程1.6万公里（公路网密度87.7公里/百平方公里），其中高级、次高级路面公路11681公里。等级公路15848公里，其中高速公路491公里、一级公路212公里、二级公路827公里。年末实有公共汽车营运车辆597辆，其中浈江和武江459辆。公共汽车客运总量5641.9万人次，其中浈江和武江6410.4万人次。内河航道维护通航里程386公里，其中等级航道256公里，码头3个，泊位13个。港口货物吞吐量62.3万吨，增长7.4%。（邓培雄）

【行政区划】 2015年，全市有乡镇94个（其中93个镇，1个瑶族乡），10个街道办事处，4个办事处，1202个村委会，223个居委会。各县（市、区）的乡镇（街道）名称如下表：

韶关市各县（市、区）乡镇（街道）概况一览表

表 1

单位：个

县（市区名）	所辖镇（乡、街道办）名	镇乡数	街道办数	办事处数	村委会数	居委会数
乐昌	坪石、北乡、长来、廊田、九峰、三溪、黄圃、梅花、五山、大源、两江、白石、庆云、秀水、云岩、沙坪、乐城。坪石办事处、梅田办事处	16	1	2	195	20
南雄	乌径、黄坑、水口、湖口、珠玑、界址、百顺、澜河、古市、坪田、邓坊、主田、油山、南亩、江头、全安、帽子峰、雄州	17	1	—	208	24
仁化	董塘、长江、扶溪、石塘、红山、城口、闻韶、周田、黄坑、大桥、丹霞	10	1	—	109	16
始兴	马市、顿岗、司前、隘子、罗坝、澄江、沈所、城南、太平、深渡水	10	—	—	113	14
翁源	龙仙、翁城、新江、周陂、坝子、江尾、官渡	7	—	—	153	18
新丰	回龙、梅坑、沙田、遥田、马头、黄礤、丰城	6	1		141	16
乳源	乳城、桂头、大布、大桥、必背、一六、东坪、游溪、洛阳	9	—	—	102	13
武江	西联、西河、重阳、龙归、江湾、惠民、新华	5	2	—	51	33
浈江	新韶、乐园、花坪、犁市、十里亭、风采、车站、东河。曲仁办事处、田螺冲办事处	5	3	2	45	47
曲江	马坝、樟市、乌石、沙溪、大塘、枫湾、小坑、白土、罗坑、松山	9	1	—	85	22
合计	—	94	10	4	1202	223

经济发展

【经济发展稳中向好】 2015 年是“十二五”规划的收官之年，全市经济负重前行，稳中有进。生产总值第一季度增长 3.8%、第二季度增长 5.5%、第三季度增长 8.4%，全年生产总值达 1150 亿元、增长 6.2% 左右。人均生产总值 39380 元，增长 5.5%。地方一般公共预算收入 85.2 亿元、增长 1.5%。社会消费品零售总额 579.8 亿元，增长 10.9%。外贸进出口总额 149 亿美元，增长 3.1%。金融机构本外币存贷款余额分别达 1532.9 亿元、731.8 亿元，增长 9.9% 和 9.0%。城乡居民人均可支配收入 18143 元，增长 9.1%。韶关市“十二五”规划的主要目标任务基本完成，全面建成小康社会实现程度 83.7%，比 2014 年提高 1.7 个百分点。落实五大发展理念，编制“十三五”规划，确立“一一二三八”的经济发展思路和“一个同步、四个基本”目标，推动战略转型产业兴韶。

【产业结构明显优化】 农业增产增收，增加值增长 4.2%。工业新增规模以上企业 40 户，实现增加值增长 3.0%，其中先进制造业增加值增长 3.3%。服务业稳步提升。旅游接待人次和旅游收入分别增长 13。1%、20%。三次产业结构优化为 13: 37.3: 49.7。民营经济和县域经济占全市经济的比重提高，分别达 52.1% 和 51.3%。科技创新对经济增长的驱动作用继续增强，新增国家高新技术企业 10 家、省级工程技术研发中心 5 家，专利申请量、授权量连续 10 年居全省山区市首位。

【“三大抓手”成效明显】 大广高速公路建成通车，韶关市实现县县通高速。武深高速、汕昆高速、北江航道扩能升级项目动工建设，国省道路况明显改善。基本完成山区中小河流治理 550 公里。产业转移园规模以上工业增加值 90 亿元、增长 5.6%，占全市规上工业比重达 27.01%、比上年提高 1.1 个百分点。乳源产业转移工业园纳入省产业转移园管理；仁化县、新丰县依托莞韶园被认定为省产业集聚区，享受省产业转移政策，各获得 5000 万元专项资金。芙蓉新城完成投资 37.3 亿元，芙蓉大道北段单向建成通车，南华路、32 号路基本建成，芙蓉隧道、芙蓉新城综合客运枢纽项目

加紧推进，曲江大道、江湾大桥、新白线（一期）和12条城市支路等项目前期工作进展顺利。在老城区启动提质优化工程，完成工业西片区内涝整治和小岛片区截污管网建设等一批城市基础设施建设。各县（市）集聚要素能力增强，新农村建设扎实推进。

【融入珠三角开局良好】 启动实施主动融入珠三角总战略。省批准韶关市规划建设“珠江西岸先进装备制造产业带韶关配套区”，享受除财政政策外的省扶持珠江西岸先进装备制造业发展政策。韶关市首次参加“广佛肇+清云韶”经济圈市长联席会议，正式加入“广佛肇+清云韶”经济圈。韶关市分别与广州市政府以及前海人寿、华侨城、保利文化、广州港等企业签订合作框架协议。莞韶对口帮扶工作成效明显，“一园一城七组团”合计签约项目106个，总投资213.2亿元，其中开工项目60个，投资133.7亿元。全市新签内联项目620个，投资金额266亿元，到位资金289亿元。

【市场活力有效激发】 全面清理非行政许可审批，公布市直部门权责清单和职能调整目录。完成公务用车改革。实施“三证合一、一照一码”模式，推进投资创业便利化，市场主体增长8.9%。建立全口径预算管理机制。推进市级财政投融资改革，首次举办PPP项目推介会，鼓励民间资本和政府合作。引进前海人寿、太平洋保险公司等战略投资者参与国企改革。优化国有资本配置，组建市金财投资集团。深化金融改革创新，设立熙正产业基金、旅游产业发展基金、中小微企业发展基金和众创基金，成立科技金融综合服务中心。推进不动产权登记改革，设立不动产登记局。深化农村综合改革，推进农村土地承包经营权确权登记颁证，完成仁化县确权试点工作。乳源县试点建设基层公共服务综合平台的经验在全省推广。

【社会民生持续改善】 2015年，全市民生支出完成226.9亿元、增长58%，民生支出占财政支出的比重80.6%、比上年提高8.2个百分点，基本公共服务均等化水平进一步提高。物价保持基本稳定。城镇登记失业率2.45%。为5992名劳动者追回被拖欠工资9430万元。基本实现社会保险全覆盖，底线民生保障水平明显提高。超额完成省下达的住房保障建设任务，新开工各类保障性住房2.71万套，基本建成1.58万套。全面完成第二轮扶贫开发“双到”工作任务。完成576公里新农村路面硬底化。安全生产持续稳定好转，教育、文化、卫计、体育等各项社会事业全面发展。

【发展环境明显优化】 实施招商引资工作联席会议制度，出台促进民营经济发展49条、招商引资19条、发展大旅游21条、进一步优化投资营商环境36条等一揽子政策措施。减轻企业负担，对小微企业和个体工商户免征42项行政事业性收费，企业职工基本养老保险单位缴费比例降至15%，2015社保年度养老保险缴费工资下限维持2014年度水平。国家生态文明先行示范区和广东绿色生态第一市建设有效推进，森林覆盖率提高到74.95%。基本完成市第五污水处理厂工程建设，城镇生活污水集中处理率达75%以上。大宝山矿区环境综合整治工作取得显著进展。完成省下达的节能减排任务，国家节能减排财政政策综合示范城市工作取得明显成效。2015年空气质量优良率为94.28%。

政治文明建设

【依法执政能力建设】 5月13日市依法治市工作领导小组第20次会议传达省依法治省工作领导小组第21次会议精神，听取2014年依法治市工作情况和2015年依法治市工作建议的汇报，审议并通过2015年依法治市工作要点。7月16日召开市委十一届七次全会，研究部署新形势下推进依法治市工作，审议通过《中共韶关市委关于推进依法治市的实施意见》。9月中旬，组织3个工作组对县（市、区）、市直部分单位《法治广东建设五年规划（2011—2015年）》的实施情况进行检查。

【人大主导立法建设】 加强党对立法工作的领导，市委成立由12个部门参加的立法工作协调领导小组，并多次召开会议专门研究立法工作。市人大常委会在充分调研的基础上，增设立法机构，建立法律人才库，成立地方立法咨询专家库。聘请27名具有丰富立法经验的立法专家担任立法顾问，又在本市立法人才库中聘任一批立法咨询服务专家，组建立法研究中心，加强立法能力建设。深入调研，把好立法项目的论证关。广集民意，把好法规草案的起草关。在浈江区、翁源县建立立法基层联系点，强化措施，把好法规草案的审议修改关。起草《韶关市人大常委会立法技术与工作程序规范》等10个立法规范性文件，完成《丹霞山保护条例（草案）》起草任务。《韶关市制定地方性法规条例》已上报省人大常委会，待批准后实施。

【法治政府建设】 推行权责清单制度工作，对纳入清理范围的49个单位共清理出行政职权7757项，取消调整454项，取消调整后共保留各类职权事项7303项。加大对行政审批的清理力度，2012年以来共清理调整审批事项552项，其中取消184项，转移35项，下放111项，委托5项，合并实施7项，调整类别210项。清理调整后，市级共保留行政许可事项297项，审批事项得到压减。2015年完成非行政许可审批清理，不再保留非行政许可审批类别。精简议事协调机构374个，撤销比例达80.4%，市级考核检查精简90%，评比表彰精简52%。建成网上办事大厅、公共资源交易中心、政务互动平台和12345投诉举报平台。完成公务用车制度改革。农村综合改革、事业单位分类改革以及商事登记、财政、金融、价格、国企、投融资等领域改革深入推进。健全政府系统规范性文件内部备案审核制度。发挥行政复议在解决行政争议中的作用，在浈江区探索建立行政复议试点工作机制。铺开创建“廉洁镇村”工作，理顺农村集体“三资”的监管体制。开展“执法公开日”活动，邀请部分“两代表一委员”和社会各界群众观摩行政执法活动，监督执法机关依法办事。

【司法公信力建设】 加强公安执法规范化建设，推进执法办案场所规范化升级改造和使用管理，推进执法公开和执法信息化建设，实施重大犯罪案件侦查讯问全程录音录像，加强法律文书说理工作。开展警力下沉活动，调整警力分布结构，缓解基层警力不足。建立以执法问题为导向，以执法考评负面清单为基础，以执法巡查、网上巡查、“飞行临检”为主要方式的执法质量考评新模式，落实考评发现问题的追责工作机制。推进司法体制改革，加强配套制度建设，组织开展纠正冤假错案、清理久押不决案件、规范减刑假释暂予监外执行等专项工作，出台《关于切实防止冤假错案的实施意见》、《关于依法处理涉法涉诉信访问题的实施意见》等规范性文件，完善司法机关内部监督机制，确保司法公正。全市法院均实现生效裁判文书在《中国裁判文书网》上公开，建成15个数字法庭，6个基层法院开设法院官方微博。加强职务犯罪预防和未成年人犯罪的预防，开展打击损害群众利益、危害生态环境、涉农领域等职务犯罪专项活动。完善行政执法与刑事司法衔接机制，解决有案不立、有案难移、以罚代刑的问题。建立律师阅卷中心，方便案卷查询。为副处级以上检察干部建立廉政档案和办案部门检察人员建立执法档案。制定一系列联络人大代表的工作机制和措施，主动下基层走访人大代表，通报检察工作和听取意见建议。

【法治惠民实践】 落实法治惠民措施，市中院通过建立“交通事故、劳动争议、涉老案件巡回法庭”开展巡回审判2196场。贯彻司法为民理念，加强法律援助，加大对弱势群体的司法救助力度，设立司法救助基金，对124宗案件251名特困申请执行人发放250.79万元执行救助款，1671件案件确有困难的当事人及特困破产企业免交、减交、缓交诉讼费1044.79万元。完善律师执业权利保障机制和违法违规执业惩戒制度。理顺社区矫正管理体制，健全社区矫正工作制度和保障体系。

2015年12月15日，全市推开按法治框架解决基层矛盾工作会议召开（市依法治市办　供）

【基层社会治理】 全市104个镇（街）有63个乡镇（街道）建成社区政务服务中心，占61%；223个城市社区居委会建有138个社区公共服务站，占62%；1202个村委会建成公共服务站481个，占40%。其中乳源瑶族自治县农村社区公共服务站实现全覆盖。全市1202个村委会建立村务监督委员会，推选产生村务监督委员会成员4674人，与村“两委”成员同期换届。734个村委会、126个居委会被省民政厅命名表彰为广东省村（居）务公开民主管理示范单位，覆盖面达60%。继续开展法治县（市、区）、法治镇（街）、民主法治村（居）创建活动，其中翁源县、南雄市被评为全国法治创建先进县、乳源瑶族自治县乳城镇大群村被评为全国民主法治示范村。继续开展法治示范学校创建活动，全市345所中小学校聘请法制副校长，建立23个青少年法制教育基地。有6所学校被授予广东省依法治校示范学校。开展经常性的“大排查、大调处”等专项活动，加强矛盾纠纷调解。2015年底专题召开全市推开按法治框架解决基层矛盾工作会议，并与各县（市、区）签订目标责任书。加强专业性、行业性调解组织建设，全市有人民调解组织1676个，其中村居调委会1452个，乡镇（街道）调委会108个，企事业单位调委会75个，专业性行业性调委会41个，共调解矛盾纠纷49590件，调解成功48563件，成功率达97.9%。探索基层法治实践的新途径，南雄市建立民间纠纷调处中心、村民“懂事会”组织；始兴县对所有村规民约进行修订；翁源县开展村民评议村官活动；仁化县创建“干群会客厅”开展干群活动1331场，参与群众1711批3512人次。一村（社区）一法律顾问实现全覆盖，全年提供法律服务7943件次，为村（居）民提供法律服务16425人次，代理诉讼15件，接访咨询5145人次，审查合同82件，出具法律意见书36件，谈判签约13次，调解纠纷326件，参与法律援助12件，处理群体性敏感性案件11件，上法制课1029节，开展法律培训

177 次。

【法治文化建设】 坚持以领导干部和青少年学法用法为重点，不断健全各个层面的学法制度，依托党校、“干部学习网”、远程教育站点、“学法用法和普法考试系统”等载体，健全完善各级党政领导班子学法、法制讲座、法制培训、年度法律知识考试等制度。利用广播、电视、报纸等传统媒体和互联网、移动网络等新兴媒体，搭建法治宣传平台。市直各单位开展本部门业务相关的法律宣讲咨询活动，结合群众日常生活需要，制作法制宣传伞、法制文明扇、法制年画等多种法治文化宣传产品，开展法治文化的采茶剧、小品、微电影等文艺演出，利用春运农民工集中返乡及逢集等人员相对集中的时段，利用墟镇、节假日逢墟日人口密集的优势，举办广场法治宣传活动。在翁源县启动全市“国家宪法日暨第7个法治韶关宣传教育周”系列活动，全市中小学生开展“实现中国梦，法治伴我行”主题演讲比赛。举办韶关市2015年“11·25”国际反家暴日宣传活动；“法治扶溪、法治周陂，幸福家园”巾帼普法文艺宣传活动；广东省妇联系统“6·27工程启动仪式暨“不让毒品进我家”等宣传活动。 （黄　艺）

【依法行政】 2015年，组织依法行政考评，推进市政府法治政府建设。2015年3月，根据韶关市2014年度依法行政考评方案，组织依法行政实地考评工作，草拟考评得分通知及考评情况通报，持续推进市依法行政考评各项工作。完成省2014年度依法行政考评迎评准备工作。制定订政府常务会议学法计划，巩固常务会议学法制度。草拟韶关市2015年度依法行政工作要点。制定韶关市2015年度依法行政考评方案。在2015年开展的全省2014年度依法行政考评中，韶关市获得良好等次。

【规制审查】 制定年度规范性文件制订计划，立项22件。做好市政府规范性文件的审查审核工作，对送审的16件拟出台的规范性文件进行严格把关。做好市政府规范性文件报省法制办、市人大常委会备案的工作。2015年，向省政府、市人大上报政府规范性文件备案审查9件。按省两建办统一要求，配合相关部门对妨碍市场在资源配置中起决定性作用和妨碍政府监管职能发挥作用的规范性文件，及时进行修改或废止。按照省法制办关于开展规范性文件专项清理工作的通知，要求各地各部门以坚持“谁制定、谁清理”为工作原则，对和2014年12月18日内地与香港、澳门分别签署的《〈内地与香港关于建立更紧密经贸关系的安排〉关于内地在广东与香港基本实现服务贸易自由化的协议》和《〈内地与澳门关于建立更紧密经贸关系的安排〉关于内地在广东与澳门基本实现服务贸易自由化的协议》内容不相符的规范性文件进行清理，对不符合服务贸易自由化的标准和要求，不利于维护公平竞争，与市场监管不相适应的规范性文件及时进行修改或废止。

【行政复议】 坚持依法办案。案件承办人首先通过查阅案卷、现场勘查、了解事实，提出初步处理意见，然后召开案件讨论会，会议由局主要负责人主持，分管领导及复议科全体干部参加，在讨论后集体决定，确保案件审理公平公正。创新案件审理方式。结合行政复议审理下基层便会服务活动，对疑难、复杂案件，一律召开听证会，听取申请人和被申请人意见，掌握公共利益和个人利益的平衡点。每件案件都运用和解、调解等方式，促使双方当事人有效沟通，争取行政机关自行解决争议，实现案结事了。有些案件还邀请有关专家，法院行政庭、政府法律顾问提前介入，听取多方意见，为妥善处理争议奠定基础，提高行政复议的法律效果和社会效果。组织出庭应诉，配合法院执行。每件行政应诉案件，都组织相关部门按时提交行政答辩和证据材料，及时出庭应诉。配合法院执行案件，法院判决生效后，通知相关部门配合执行。协调市区两级法院的关系，通过法院行政庭负责人和主要审判人员参加行政复议讨论会，提前交流看法，沟通处理意见，降低行政案件败诉率。加强行政复议指导监督。在审理行政复议案件中，发现被申请的具体行政行为存在瑕疵，但不足以撤销或变更，在作出维持决定的同时，会通过口头或书面的形式，告知其存在的不足，督促相关部门以后在办理类似案件时，按照法律规定，改进工作，规范行政权

2015年4月28日，广东省政府法制办公室主任王学成（左二）、党组书记李柏阳（左一）到我市翁源县调研法制工作（何增田　摄）

力运行程序，确保行政程序合法有效。2015年，行政复议立案102宗，已办结87宗，未审结15宗，其中维持54宗，撤销12宗，终止9宗，不予受理8宗，以告知书、意见书处理4宗，全部案件均在法定期限内办结，按时办结率达100%。省政府受理以韶关市政府为被申请人的行政复议案件1宗，正在办理。代理市政府行政应诉43宗，一审维持34宗，撤销3宗，6宗仍在一审审理，二审10宗，全部维持。

【行政执法监督】　做好行政执法证件的申领发放工作。按照行政执法责任制和执法证件网上申领的要求，严格按照相关规定，抓好行政执法证件的办理工作。2015年，共开通新用户13个，变更21个用户资料，办理行政执法证件共1968个，注销行政执法证件156个，进行身份证号码解锁895人次。组织市行政执法人员培训工作。9月23—24日，在韶关市委党校学术报告大厅对25个执法单位、共277位新申领行政执法证人员进行行政执法培训。开展行政执法案卷评查工作。在交通运输、农业、林业、国土资源、文化广电新闻出版及环境保护6个外部行政执法行为较多的执法部门开展2015年度行政执法案卷评查工作。9月，评查通知下发，10月，开展集中评查，11月，下发评查通报。加强依法行政指导工作。解决林业部门执法证件首次通过广东省行政执法证件办理平台进行申领问题；参与文广新局重大疑难执法案件的办理过程；解答商务局有关行政执法队伍的建设问题。开展重大行政处罚备案登记工作。2015年，对各行政执法主体作出的责令停产停业、吊销许可证或者执照、较大数额罚款等213宗重大行政处罚案件进行备案登记。

【法律顾问工作】　2015年，履行政府法律顾问职责，为市委、市政府在重大合同审查、重大行政决策等方面做好法律服务工作。为政府和有关部门共出具法律意见或修改意见239件，审核重大合同27件，涉及金额近16亿元，参加各类会议19次。审查部门规范性文件8件，县（市、区）政府规范性文件备案共15件，均严格实行统一登记、统一编号、统一发布制度。做好代理市政府出庭应诉工作，较好地维护市政府的合法权益。代理市政府民事应诉案件2宗，全部胜诉。在2015年韶关市推行权责清单制度工作中，对市直49个单位7757项职权事项进行逐项审查并对法律依据不足、职权类别界定不准、责任程序设置不规范的68项职权事项提出建议取消、调整的处理意见。做好贯彻落实《广东省政府法律顾问工作规定》（以下简称《规定》）工作。2015年2月9日《规定》正式颁布后，转发并组织市政府法律顾问进行学习，提出下一步政府法律顾问工作打算，要求各地各部门抓好贯彻落实；根据《规定》和《韶关市人民政府法律顾问工作规则》，制定《韶关市人民政府法律顾问聘任管理办法》。（李细春）

【重点领域信息公开】　推进重点领域专栏建设工作。重点领域专栏设计政务公开、党务公开、事务公开内容，统筹市县两级公开专栏，上线单位多达800多个。全年，全市重点领域信息公开专栏已公开6000多条信息，内容涵盖财政预决算和“三公”经费，保障性住房、食品安全、环境保护、生产安全事故、征地拆迁、价格和收费等与群众密切相关的的信息。

【政府信息公开业务系统】　指导督促责任主体开展政府信息公开年度报告公开工作，韶关市500多个政府信息公开工作责任主体单位基本按时完成年度报告挂网公布工作。编制全市政府信息公开工作年度报告。配合开展省依法行政考评工作。9月，根据《2014年度依法行政考评结果通知》提出的问题和不足，中心及时督促各地各部门完成整改工作。推进政府信息依申请公开工作。及时办理社会各界针对全市关于公开政府信息的申请，指导，督促各地各部门办理政府信息依申请公开业务。根据网站普查工作要求，指导和督促各责任单位完善政府信息公开平台，及时更新平台信息，提高政府信息公开平台信息的时效性。

社会发展

【统筹推进社会体制改革】　根据《广东省深化社会体制改革主要任务及分工方案》精神，以及市委全面深化改革领导小组的要求，市社工委统筹协调成员单位做好劳动就业体制改革、城乡户籍制度改革、行政综合执法体制改革、食品药品监管体制改革、社会诚信体系建设等53项工作。牵头起草韶关市实施方案，确定深化社会体制改革领域以及各项工作任务的牵头单位，并建立工作台账，明确各项任务的工作进度和工作成果。建立健全成员单位联席会议制度，明确各牵头单位职责，制定定期通报制度，各成员单位定期向市社工委报告工作进展情况，由市社工委及时汇总向市深改办和分管领导报告。

【社会治理创新试点】　2015年，市社工委会同有关部门在乐昌、乳源开展“构建社会组织综合监管机制”、“乡镇（街道）和职能部门与村（居）委会双向考核”两项试点工作。2015年底，乐昌市已成立构建社会组织监管机制试点领导小组，制定工作方案，落实办公场地，起草社会组织监督管理试行办法和社会组织财务管理制度，各项工作有序推进。乳源、新丰两县已制定合作试点工作方案，确定试点乡镇（街道）和村（社区），准备工作基本完成。市社工委在全市每个县（市、区）各选1～2个基层社会治理创新试点项目，作为“市县共建”项目进行扶持发展，打造一批具有创新性、实践性、可持续性和可推广性的社会治理创新项目，推广一批社会治理工作中创造的好经验、好做法，不断提高全市社会治理的能力和水平。

【培育发展社会组织】　2015年，市社工委协助市民政局贯彻落实市委、市政府的决策部署，不断加强对社会组织的监管。壮大社会组织队伍，继续采取降低登记注册资金、减少登记会员人数、缩短登记审批时限、扩大异地商会登记范围等措施，引导更多的社会组织登记注册，不断壮大社会组织队伍。健全社会组织内部管理，引导社会组织完善内部治理结构，提高规范管理水平，加快社会组织诚信建设步伐。加强与工青妇等群团组织的联系，支持和协调工青妇等群团组织引领相关社会组织为广大职工、青少年和妇女儿童提供服务。加强社工人才队伍建设。3月，市社工委与市委组织部、市民政局联合下发《关于做好2015年度全国社会工作者职业水平考试组织动员的通知》，动员社会各界踊跃报名参加社工资格考试。2015年，全市持证社工达1551人，比上年增加595人。协调推进社会组织孵化基地建设。协调市民政局和团市委，解决社会组织孵化基地建设中遇到的困难。借鉴梅州、河源等地经验，在不增加行政人员和管理成本的情况下，将孵化基地的日常管理交由青年枢纽型社会组织负责，达到社会组织自我管理、自我服务、自我发展的目的。

【举办第四届南粤幸福周活动】 制订《2015年韶关市“南粤幸福活动周”工作方案》，统筹协调，精心安排。9月29日，韶关市暨翁源县“南粤幸福活动周”启动仪式在翁源县文体广场举行，市、县有关领导出席启动仪式。各地按市工作方案要求，突出地方特色，开展广场文艺表演、歌咏比赛、书画比赛、体育活动、爱心助学等文体活动项目。通过开展“南粤幸福活动周”活动，引导群众在社会建设中自我表现、自我教育和自我服务，营造共建共享幸福韶关的生动局面。

（潘思平）

精神文明建设

【概况】 2015年，全市精神文明建设以党的十八大和十八届三中、四中、五中全会精神为指导，贯彻全国精神文明建设工作表彰暨学雷锋志愿服务大会精神，坚持围绕中心、服务大局、改革创新，以培育和践行社会主义核心价值观为主线，以新一轮文明城市创建为动力，全面加强公民思想道德建设和群众性精神文明创建活动，精神文明建设工作继续深化和拓展。

【社会主义核心价值观建设】 把培育践行社会主义核心价值观作为新时期公民道德建设的引领，注重运用新闻媒体、网络、“两微一端”、户外公益广告、人群密集场所开展持续广泛深入的宣传教育。刊播“我们的价值观”、“中国梦”系列公益广告，韶关市自行设计制作一批以全国、省、市道德模范、“最美志愿者”为原型的公益广告，以及新投放的交互式公益广告触摸显示屏引起市民广泛关注、备受好评；规划一批核心价值观主题公园，其中仁化县以“仁文化”为主题打造的“仁园”特色鲜明，成为全省重点推广的示范公园。组织开展各类型的公民道德实践教育活动，策划“书（画）绘价值观、灯笼亮价值观、年俗传价值观、文艺演价值观”四项活动，将核心价值观融入百姓生活中。

【强化道德典型引领】 把选树道德模范作为公民道德建设的重要抓手，开展历时半年的第五届“感动韶关十佳道德模范”评选活动，注重群众参与，通过媒体、网站进行系列报道造势，组织群众采用网络、手机、微信等多种方式参与投票，评选产生黄腊芝、向庆林等10位道德模范及郭光玉等10位提名奖获得者。在9·20“公民道德宣传日”前后，策划13项全市性、行业性的系列活动，其中与省文明办联合举办的“向模范致敬”现场交流活动掀起活动高潮，激发人们崇德向善的热情。创新公民道德教育手段和方法，道德模范、季度好人等评选活动新增“两微一端”等手段，并利用“文明韶关”微信平台通过卡通漫画等生动活泼的形式接受公众投票。加强和改进“道德讲堂”建设，推动市道德讲堂总堂尚德堂迁入市电视台演播厅，空中道德讲堂制作水平提升，受众面更广。韶关市见义勇为好青年张爱光、张宗飞荣获省道德模范提名奖并收录中国文明网编辑出版的《中国好人传》一书。

【诚信宣传教育】 制定印发《韶关市诚信“红黑榜”发布制度》，加强部门协作，形成定期发布的常态机制，全年举行4期诚信“红黑榜”新闻发布会，向社会集中发布一批全市重点领域守信单位和失信企业名单，并初步建立联合惩戒机制，取得良好的社会反响，韶关市经验做法在全省进行交流。

【培育文明风尚】 注重拓展和深化志愿服务，突出制度化建设，全市注册志愿者增加到16万多人，其中市区注册志愿者首次突破10万人。先后举办“生态文明．美丽韶关”全民公益放生、出租车行业“爱心送考”“世界献血者日”等志愿服务活动；在第30个“国际志愿者日”期间举行系列志愿服务活动，宣传推广省“最美志愿者”、“最佳志愿服务项目”、“最佳志愿者服务组织奖”经验做法；以曲江区为试点，探索建立志愿服务嘉许回馈制度，韶关市经验材料《健全回馈激励机制让爱心和善心循环流动》在岭南文明网推广；武江区花城社区被省列为学雷锋活动示范点。持续推进文明交通、文明旅游、文明餐桌、网络文明传播活动，举办面向全国网友征集的“韶关文明城市语录”大赛，组织开展“倡导文明祭祀·传递清明新风”活动、‘体彩杯’龙舟赛、端午饮食文化艺术节、“中国梦·韶韵风·东街汇”庆国庆大型群众文化活动，引导全社会形成积极向上的精神追求和健康文明的生活方式。

【开展新一轮创文工作】 把学习贯彻全国精神文明建设表彰大会精神作为新形势下推进精神文明建设的重要指引，制定下发《韶关市精神文明建设提升行动计划（2015－2017）》，加大文明城市（县城）、文明村镇、文明单位等各类文明创建力度和成果巩固。韶关市以再次荣获“全国文明城市提名城市”为新起点，推进新一轮创建工作。市委、市政府将创文与巩卫、申名工作统筹协调、整体推进，召开高规格的创建全国文明城市暨申报国家历史文化名城动员大会、迎接创文测评暨巩卫复审推进会，制定印发年度创建工作系列方案，围绕中央文明办2015版《全国文明城市测评体系》，层层分解创建任务，改进创建工作督查、通报、考评等机制，牵头开展交通秩序、渣土扬尘、农贸市场、市区步行街四大专项整治及社会治安综合治理、医疗广告整治等行动，特别是步行街通过引进物业公司管理后井然有序，拆除市区400多个丧失使用功能的公用电话亭，通过创文逐步解决一批群众关注的城市管理热点难点问题。

【基层文明创建均衡】 促进各类创建均衡发展，仁化县获得“全国文明县城提名资格”，乳源瑶族自治县启动争创县级“全国文明城市提名城市”工作；南雄市珠玑镇、始兴县太平镇获得“全国文明村镇”荣誉称号；广东北江中学、韶关发电厂、翁源县地方税务局、乳源瑶族自治县地方税务局获得“全国文明单位”荣誉称号；市教育局被授予“全国未成年人思想道德建设工作先进单位”称号。完成2004年以来省级文明单位复查工作，乐昌市坪石镇河丰村委管埠村被评为省级文明村，市教工幼儿园、韶关学院韶州师范分院、核工业二九〇研究所、翁源县司法局被评为省文明单位。

【未成年人思想道德建设】 制定下发年度未成年人思想道德建设工作方案，推进社会主义核心价值观进校园活动。在重要时间节点开展中国特色社会主义和“中国梦”系列主题教育活动，先后开展“网上祭英烈”“美德少年”评选、“童心向党”“向国旗敬礼”“红领巾相约中国梦”等道德实践活动，举办第四届优秀童谣征集活动，中央专项彩票公益金支持建设的乡村学校少年宫增加到18所；协调教育、公安、文化、工商等部门净化校园周边环境，强化未成年人思想道德建设工作考评，未成年人权益保护工作得到加强。 （刘立强）

生态文明建设

【生态文明建设稳步推进】 2015年，建成生态景观林38.85公里，碳汇造林2.53万公顷，封山育林1.31万公顷，新建森林公园26个，森林蓄积量达0.87亿立方米，森林覆盖率提高到75%。基本建成市第五污水处理厂，15个中心镇污水处理厂陆续建成，城镇生活污水集中处理率提高到75%以上。推广新能源汽车804辆，淘汰“黄标车”及老旧汽车1.94万辆。大宝山矿区环境综合整治工作取得显著进展。市区空气质量达标率为94.2%。

【生态文明先行示范区建设】 市政府印发《2015年韶关市国家生态文明先行示范区建设工作要点》，推进国家生态文明先行示范区建设，着力推进节能减排和生态工程建设。推进主体功能区建设，市政府组织编印《韶关市主体功能区规划实施纲要》，将主体功能区划分细化到镇，划定生态保护红线和重点开发区域。推进碳排放权交易试点，联合广州碳排放权交易所举办2015年碳排放权交易业务知识培训班，协同省发改委开展2014年度碳排放清缴履约及核查工作，完成纳入广东省第一批碳排放权配额在线交易试点的电力、钢铁、水泥三个行业17家企业的核查和报告。推进碳普惠制试点工作，编制《韶关市碳普惠制－林业碳汇试点工作实施方案》，通过省评审。制定印发《韶关市购置新能源汽车补贴实施细则》。

【绿色系列创建】 10个县市区均已成功创建省林业生态县，2个县被国家绿化委员会授予全国绿化模范县称号。韶关市以落实新一轮绿化广东大行动为契机，以百项工程兴韶关交通主干道及三边（景区边、江边、城镇边）绿化为抓手，全力创建“广东绿化生态”生态第一市。京珠、广乐、韶赣3条高速公路和武广高铁两侧1公里范围内山体，以及重要景区、江河、城镇周边山体，涉及全市10个县（市区）的林地绿化、美化、生态化建设。2015年完成6353.33公顷的建设总任务。各地把乡村绿化美化与春季造林、村庄整治、扶贫开发、农房改造等工作紧密结合。在田边地头、路边河旁、房前屋后造林绿化。2015年实际完成绿化美化工程示范点161个，超额完成省下达的156个的任务。新丰第二幼儿园被评为省级绿色学校，浈江区吴礼和中心小学被评为市级绿色学校。

【林业生态建设】 2015年建成生态景观林38.85公里，碳汇造林2.27万公顷，封山育林1.31万公顷，新建森林公园26个，森林蓄积量达0.87亿立方米。森林覆盖率提高到75%。全市有林业自然保护22个，全市已完成生态公益林8.55万公顷的任务，完成林97.2%。

全市新建森林公园26个，湿地公园3个。引进外资和当地民营企业界参与森林公园建设。全市2015年新建森林公园投入9384万元，招商引资8674万元。新丰县引入生态农业有限公司以红叶为主题的森林公园，南雄利用当地个人投资建设以森林景观和漂流为主题的泉水谷森林公园，主田香草世界森林公园。乳源政府投入建设3个森林公园和1个湿地公园，翁源县补助每个新建县级森林公园25万元，镇级20万元。2015年，韶关国家森林公园完成“三山”迹地更新、碳汇造林等造林248.47公顷，清除染病枯死松树320株，芙蓉山、莲花山景区公共绿地养护15万平方米，维修防火线175公里。

【义务植树】 2015年，全市义务植树人数为145.04万人次，尽责率达88.6%。累计义务植树588.2万株。莞韶城一期植树点从山下公路口到山顶约5公里长的新修公路两边，均种上梅花树，形成一个梅花观景公园。

【林业生态保护】 天网行动立案专项治理行动蓝天行动雷霆行动打击盗伐，滥伐林木打击涉野生公务违法犯罪等一系列专项行动，共侦破、查处各类森林案件951宗（起），收缴非法木材6010.2立方米，保护野生动物2380只（头、条），处理违法犯罪人员1932人（次）。2015年8月8日，破获建国以来韶关地区最大的盗伐林木案，盗伐林木蓄积495.25立方米，6名团伙成员全部落网。

【生态环境保护】 制定《韶关市大气污染防治实施方案（2014－2017年）》，整体推进大气污染综合防治工作。完成火电、钢铁、水泥、有色金属冶炼、陶瓷等行业大气治理项目工程，开展“禁燃区”内锅炉整治。加强城市扬尘污染控制，狠抓渣土运输车辆管理。完成128家加油站油气回收治理工程和所有加油站国V汽油的供应油品升级。推广新能源汽车804辆，淘汰“黄标车”及老旧汽车1.94万辆。大宝山矿区环境综合整治工作取得显著进展。市区空气质量达标率为94.2%。空气环境质量达到国家二级标准。各功能区噪声基本符合标准。水源地水质达标率均为100%。

【污染减排】 完成省下达的年度主要污染物总量减排任务。基本建成市第五污水处理厂。15个中心镇污水处理厂陆续建成。城镇生活污水集中处理率提高到75%以上。14个中心镇污水处理厂完成建设并投入正常运行。686家畜禽养殖场均完成减排工程设施建设以及减排台账收集、编制工作。加强饮用水源保护，推进城镇生活污水处理设施和配套管网建设升级改造。重要污染源达标整改和企业强制清洁生产。加强农村环境整治，推进水污染防治工作，划定乡镇级饮用水源保护区。2015年9个集中式饮用水源地水质均达标。675家通过国家环保部核查核算组的认定，通过认定率达98%，火电厂综合脱硫效率均达到91%以上，综合脱硝效率达到65%以上，水泥行业综合脱硝率达60%以上。宝钢集团广东韶关钢铁集团有限公司实现所有烧结机全烟气脱硫，综合脱硫率达80%以上。全市共有944家企业单位缴纳排污费，缴交总额4668万元。

各级机构领导人名单（2015年）

中国共产党韶关市委员会

韶关市委书记：郑振涛（任至1月）
蓝佛安（3月任职—）
副书记：艾学峰（任至4月）
骆蔚峰（5月任职—）
陈向新
常　委：郑振涛（任至1月）
蓝佛安（3月任职—）
艾学峰（任至4月）
骆蔚峰（5月任职—）
黎增丰（任至9月）
郭健生（9月任职）
王检养
陈　波
黄劲东
孔云龙
郭伟建
柳琛子
肖怀跃（任至7月）
华旭初（9月任职）
秘书长：孔云龙
市委办公室主任：篮振云
副秘书长：文火玉（任至8月）
篮振云
谢祥腾（7月任职）
王荣光（任至6月）
李惠明（挂职）
麦炽帮（挂职）
组织部部长：肖怀跃（任至7月）
华旭初（9月任职）
常务副部长：颜玉明
宣传部部长：柳琛子
常务副部长：李晓林
统一战线工作部部长：何伟青
常务副部长：张联清
政法委员会书记：张志才（任至11月）
韶关市委保密办公室（韶关市国家保密局局长）主任（局长）：石云峰
韶关市委机要局（市密码管理局）局长：邓福德
韶关市社会工作委员会主任：陈向新
政策研究室主任：谢祥腾（任至8月）
叶洪番（8月任职）
直属机关工作委员会书记：
姚远通（任至4月）
李志斌（6月任职）
韶关市机构编制委员会办公室主任：
刘晓佳（女）
老干部局局长：陈　熙
市委台湾工作办公室（市人民政府台湾事务局）主任：张中坚（任至8月）
文火玉（8月任职）
市委党校校长：肖怀跃（任至7月）
华旭初（10月任职）
常务副校长：孔庆红
市委党史研究室（市人民政府地方志办公室）主任：丁伟志
韶关日报社社长、总编辑：刘炎生

韶关市人民代表大会常务委员会

主　任：郑振涛（任至4月）
代理主任：李石保（4月任职）
副主任：林平杰
杨小明
徐紫玲（女）
张　平
秘书长：高振忠
副秘书长：朱光华
曾庆根（任至4月）
陈　曦
陈早霞（女）
办公室主任：余构华
研究室主任：陈建平
法制工作委员会主任：黄其振
财政经济工作委员会主任：潘　穗
城乡建设环境与资源保护工作委员会主任：曾旭源
农村农业民族宗教工作委员会主任：
巫育明
教育科学文化卫生华侨外事工作委员会主任：杨日葵
选举联络人事任免工作委员会主任：
余构华
韶关市依法治市办公室主任：张　平

韶关市人民政府

市　长：艾学峰（任至4月）
副市长、代理市长：骆蔚峰（5月任职）
常务副市长：陈　波
党组副书记：张志才（任至8月）
副市长：王俭养
李安平
王青西
许志新
朱余旺
兰　茵（任至1月）
王伟阳（1月任职）
秘书长：钟裕荣（任至12月）
朱裕华（12月任职）
办公厅主任：周新秀
副秘书长：李熏杰（任至8月）
梁祖超（任至8月）
黄宣剑（任至7月）
邓彩虹
欧阳全
钱红洁（任至8月）
王明志
邱杨生（12月任职）
黄艺坤（8月任职）
凌福传（8月任职）
韶关市发展和改革局局长、党组书记：
胡书臣
韶关市经济和信息化工作局局长、党组书记：朱裕华
韶关市教育局局长、党组书记：邓小杰
韶关市科学技术局（市知识产权局、市地震局）局长、党组书记：张才明
韶关市民族宗教事务局局长、党组书

记：赵卫东（瑶族）
韶关市公安局局长、党委书记：李安平
韶关市监察局局长：张立江
韶关市民政局局长、党组书记：龙勇文
韶关市司法局局长、党委书记：周正祥
韶关市财政局局长：孙江平（任至12月）
凌振伟（12月任职）
党组书记：孙江平（任至10月）
凌振伟（12月任职）
韶关市人力资源和社会保障局局长、党组书记：黄庆忠
韶关市国土资源局局长、党组书记：
王碧安（任至4月）
黄宣剑（8月任职）
韶关市环境保护局局长、党组书记：
高冬端（任至10月）
谭启源（10月任职）
韶关市住房和城乡建设局局长、党组书记：梁韶灵
韶关市交通运输局局长、党组书记：
谢天友
韶关市水利局局长、党组书记：
李熏杰
韶关市农业局（中共韶关市委农村工作办公室）局长（主任）、党组书记：沈河民
韶关市林业局局长、党组书记：邓阳秋
韶关市商务局（韶关市人民政府口岸办公室）党组书记：郭先桂（任至7月）
李　宏（7月任职）
局　长：郭先桂（任至8月）
李　宏（8月任职）
韶关市文化局局长、党组书记：何正平
韶关市卫计局局长、党组书记：刘文程
韶关市审计局局长、党组书记：
凌振伟（任至11月）
韶关市人民政府外事侨务港澳事务局局长、党组书记：林　岚
韶关市人民政府国有资产监督管理委员会主任、党委书记：刘德泉
韶关市广播电视台台长、党组书记：
段志坚（8月任职）
韶关市体育局局长、党组书记：
何著东（任至8月）
孙江平（10月任职）
韶关市统计局局长、党组书记：杨水养
韶关市工商行政管理局局长、党组书记：欧新全
韶关市质量技术监督局局长、党组书记：车万里
韶关市安全生产监督管理局局长、党组书记：王　刚
韶关市旅游局局长、党组书记：文清年
韶关市人民政府法制办公室主任、党组书记：罗国华
韶关市人民政府金融工作办公室主任、党组书记：汤满懿
韶关市食品药品监督管理局局长、党组书记：胡德宁
韶关市信访局局长：王荣光（任至6月）
韶关市人民政府驻北京联络处主任：
何志奇
韶关市人民政府驻广州办事处主任：
林福先
韶关市人民政府发展研究中心（广东省社会科学院韶关分院）主任、党组书记：张文铭
韶关市档案局局长、党组书记：卢中强
韶关市政府投资建设项目代建管理局局长、党组书记：林国华（任至6月）
黄　锋（8月任职）
韶关市供销合作联社理事会主任、党组书记：龚水石
韶关市接待办主任：唐福楼（任至4月）
张　雯（6月任职）
韶关市行政服务中心主任：潘　卫
韶关市公路局局长、党委书记：
黄　锋（任至8月）
梁祖超（8月任职）
韶关工业园区管委会（莞韶园管委会、高新区管委会）主任、党委书记：
许志新（任至8月）
郭先桂（8月任职）
芙蓉新区管委会主任：
王青西（兼，任至8月）
胡书臣（8月任职）
丹霞山管委会（环丹霞山旅游产业园管委会）主任、党委书记：柳琛子
信息中心主任：陈其安（任至10月）
欧阳立新（副主任，10月起主持工作）

中国人民政治协商会议韶关市委员会

主　席：李　飞
副主席：兰　茵
贝抗胜
何伟青
刘大济
王乙未
邓建华
林　嘉
张文铭
秘书长、办公厅主任：陶学权（壮族）
副秘书长：黄颂华
成绍强（任至12月）
张　衡（任至12月）
何新文（12月任职）
提案委员会（社会法制委）：张　衡
经济委员会（人口资源环境委）：
汪　波（女）
教科卫体委员会：张红娟（女）
文化和文史资料委员会（民族和宗教委）：沈妙光
港澳台侨联络委员会：许绍奔

中国共产党韶关市纪律检查委员会

书　记：黎增丰（任至9月）
郭健生（9月任职）
副书记：张立江
于莉莉
王德义
常　委：覃　峥
黄光明
谢　斌
叶远军（任至7月）
陈天雄
丘明祥（12月任职）
市监察局局长：张立江
市监察局副局长：陈忠旭
黄丽霞（任至6月）

军　事

韶关军分区司令员、大校：盖长利
政治委员、大校：郭伟健
武警韶关市支队政委、党委书记：
徐　东
党委支队长、副书记：李何荣
武警韶关市公安消防支队支队长：
袁奕之

政治委员：袁群庆
韶关市人民防空办公室主任、党组书记：罗海俊

法院、检察院

韶关市中级人民法院院长、党组书记：刘曙光
副院长、党组副书记：张海力
韶关市人民检察院检察长、党组书记：曾伊山
副检察长、党组副书记：温洁麟

群众和社会团体

韶关市总工会主席、党组书记：杨小明
中国共产主义青年团韶关市委员会书记、党组书记：梁丽芳（女）
韶关市妇女联合会主席、党组书记：邢　丽（女）
韶关市科学技术协会主席：成绍强（12 月任职）
党组书记：罗金锋
韶关市文学艺术界联合会主席：刘照丁
韶关市社会科学界联合会主席：李晓林
专职副主席：黄明奇
韶关市工商联（广东省总商会）主席：陈达豪
党组书记：吴树达
专职副主席：吴树达　莫志强　陈岳峰
中国国际贸易促进委员会韶关市委员会会长、党组书记：李敦华
韶关市残疾人联合会理事长、党组书记：冯伟星
韶关市归国华侨联合会主席、党组书记：廖凤英（女）
韶关市红十字会会长：兰　茵（女）
常务副会长：赵远芳
韶关市关工委主任：陈向新
韶关市老促会会长：胡灵光

民主党派

中国国民党革命委员会韶关市委员会主委：张文铭
中国民主同盟韶关市委员会主委：林平杰
中国民主建国会韶关市委员会主委：王伟阳
中国民主促进会韶关市委员会主委：刘大济
中国农工民主党韶关市委员会主委：贝抗胜
九三学社韶关市委员会主委：兰　茵（女）

中省驻韶单位

韶关海关关长：孙歧沙
韶关海关缉私分局局长：何国星
韶关出入境检验检疫局局长：刘志成
韶关市国家税务局局长、党组书记：陈佳发
韶关市地方税务局局长、党组书记：王中高
韶关市烟草专卖局局长、党组书记：杨伟平
韶关市气象局局长、党组书记：李国毅
韶关海事局局长：胡小忠
韶关航道局党组书记：张发柱
局　长：季　强
国家统计局韶关调查队队长：扬应满
韶关市邮政管理局局长、党组书记：肖　军
韶关监狱监狱长、党委书记：朱健平
北江监狱监狱长、党委书记：刘宝松
武江监狱监狱长、党委书记：杜文滔
广东水文局韶关水文分局（市水文局）局长、党委书记：谢建强
韶关市盐务局（广东省盐业集团韶关有限公司）局长、总经理：赖志伟

金融、保险部门

中国人民银行韶关市中心支行行长：万里滨
中国银行业监督管理委员会韶关监管分局局长：周　宏
中国农业发展银行韶关分行行长：雷　明
中国工商银行股份有限公司韶关分行党委书记、行长：邓　湧
中国农业银行股份有限公司韶关分行行长：朱和东（任至 5 月）
钟　杰（5 月任职）
中国银行股份有限公司韶关分行行长：彭佐宇
中国建设银行股份有限公司韶关市分行党委书记、行长：石中心
交通银行股份有限公司韶关分行行长：高　延
广发银行股份有限公司韶关分行行长：梁志辉
中国邮政储蓄银行股份有限公司韶关市分行行长：欧阳敬钧
东莞银行股份有限公司韶关分行行长：汪朝华
韶关市农村信用合作社联合社理事长：邱爱昌
联社主任：何宗志
东亚银行（中国）有限公司韶关支行行长：周均贤
广发证券股份有限公司韶关营业部总经理：钟国文
海通证券韶关文化街营业部总经理：邓紫薇
联讯证券韶关新华北路证券营业部总经理：徐国庆
国信证券股份有限公司韶关沿江西路证券营业部总经理：陈协明
中国人民财产保险股份有限公司韶关分公司总经理：李劲松
中国人寿保险股份有限公司韶关分公司党委副书记、副总经理：叶洪刚（主持工作）
阳光保险集团股份有限公司韶关支公司副总经理：庞强旭（主持工作）
珠江人寿保险股份有限公司韶关分公司总经理：蔡书韶

邮电、供电、铁路部门

广东电网有限责任公司韶关供电局局长：刘伟辉
中国电信股份有限公司韶关分公司总经理：郭益平
中国邮政集团公司韶关市分公司总经理：何建军

中国移动通信集团广东有限公司韶关分公司总经理：周忠坤
中国联合网络通信有限公司韶关分公司总经理：肖　舟
韶关火车东站站长：李德周
武广韶关站站长：江建强

高校部门

韶关学院党委书记：邹永松
院　长：刘荣万
韶关学院韶州师范分院党委书记、院长：吴奇峰
韶关学院医学院主持工作负责人：郭伟强
党委副书记、副院长：王江桥
广东松山职业技术学院党委书记：谢琼杰
院　长：曾向昌
韶关市广播电视大学副书记、副校长：钟永红（6月任职）

浈　江　区

中共浈江区委

书　记：刘清生
副书记：张德清　翁良方
常　委：梁　敏　谭雪华（女）
张广晖　黄德乔（女）
庄　强　陈东成
刘　奔　刘　锋
叶东升（任至6月）

区人大常委会

主　任：刘清生
副主任：刘　文　黄远辉
何永兰（女）　王剑兰（女）
马瑞华　朱明远

区人民政府

区　长：张德清
副区长：庄　强　黄祖平　宋宇林
张玉花（女）　杨　雄
雷能福
陈良素（任至12月）
肖　景（12月任职）

政协浈江区委员会

主　席：何益文
副主席：麦桥悠　周耀成　朱必凤
林　瑜　卢界群　何绍福

武　江　区

中共韶关市武江区委员会

区委书记：王德雄
副书记：黄建华
张　雯（女）（任至7月）
曾清兰（8月任职）
区委常委：曹　镅（女）　曾清兰
彭　波　曾文辉　周小明
孙理鸣　郑伟平
顾　健（任至4月）
李　刚（4月任职）
张彤飚（6月任职）

韶关市武江区人大常委会

主　任：王德雄
副主任：王　敏（女）　戴兴辉
杨乐华　李学源
陈　雪（女）王韶林

韶关市武江区人民政府

区　长：黄建华
常务副区长：曾清兰（任至8月）
副区长：游加慧（任至8月）
黄向阳（8月任职）
张　毅（挂职，11月任职）
黄　真（任至8月）
邹有胜　刘拥军
王敏雯（女）

政协韶关市武江区委员会

主　席：陈坤明
副主席：李松发　何　岚　刘素云（女）　罗元月　谭浩托
吴广英（女）

曲　江　区

中共韶关市曲江区委员会

书　记：黄劲东
副书记：范国文（任至6月）
高冬瑞（8月任职）
黄健庭
常　委：刘小文（女）
伍海艳（女）
林应良（4月任职）
罗永东
陈来安（任至4月）
唐继华
文浩培
文建勇
肖绍托（7月任职）

韶关市曲江区人大常委会

主　任：黄劲东
副主任：李小平　朱福昭
廖年娇（女）　赵玉民
陈实盟　黄云波

韶关市曲江区人民政府

区　长：范国文（任至8月）
代区长：高冬瑞（女）（8月任职）
常务副区长：罗永东
副区长：卢春燕（女）
卜师带　沈建图
钟秋华　陈夏广
李春城（12月任职，挂任）

政协韶关市曲江区委员会

主　席：杨绍凯
副主席：王锡穗　林　英　释传正
刘求华　钟树梅（女）
梁文华

乐　昌　市

中共乐昌市委员会

市委书记：陈向新
市委副书记：陈宏宇
陈洁平（任至4月）
刘祥锋（4月任职）
市委常委、纪委书记：刘　峰
市委常委、常务副市长：李华伟（任至4月）
高　忠（4月任职）
市委常委（挂职）：叶惠明
市委常委、组织部部长：陈继平
市委常委、市委办公室主任：宋在军

市委常委、副市长（挂职）：王丽莹（2 月任职）
市委常委、武装部部长：张建国（任至 4 月）
雷红江（4 月任职）
市委常委、宣传部部长：华健生（任至 4 月）
邓红红（6 月任职）
市委常委、政法委书记：邓伟荣（任至 4 月）

乐昌市人大常委会

代理主任：沈家华（任至 4 月）
许新华（4 月任职）
副主任：肖同义（任至 4 月）
周素岚　杨剑云　孔少川

乐昌市人民政府

代理市长：陈宏宇（任至 3 月）
市　　长：陈宏宇（3 月任职）
常务副市长：李华伟（任至 4 月）
高　忠（4 月任职）
副市长：王丽莹（3 月任职）
肖　景（任至 12 月）
邱才郁　邓洪炜
邓少华（任至 4 月）
张盛福
彭桂珍（7 月任职）
李桂平（12 月任职）

政协乐昌市委员会

主　席：陈志刚（任至 4 月）
副主席：邓细优（4 月起主持全面工作）
黎跃飞　周越成
朱作华　朱兰高
陈建明（任至 4 月）

南　雄　市

中共南雄市委员会

书　记：曾风保
副书记：王碧安（4 月任职）
丘德周
市委常委、市纪委书记：谢志铎
市委常委、政法委书记：刘发龙
市委常委、常务副市长：何人平
市委常委、市委办主任：黄德群
市委常委、组织部长：叶济熊
市委常委、宣传部长：卜小燕
市委常委、武装部政委：李霄山
市委常委、统战部长：朱海兵
市委常委：霍永健（挂任）
市委常委：李海霞（挂任，2 月任职）

南雄市人大常委会

主　任：曾风保（6 月任职）
代主任：罗勇新（任至 4 月）
副主任：罗勇新（任至 4 月）
陈玉英　刘宏伟　李　冰
陈培兰　张宗财

南雄市人民政府

市　长：曾风保（任至 5 月）
王碧安（6 月任职）
代市长：王碧安（5 月任职）
常务副市长：何人平
副市长：罗战勇
刘悦明（任至 10 月）
吕道宏（任至 4 月）
马细妹
袁元桃
李海霞（5 月任职）

政协南雄市委员会

主　席：何万飞
副主席：周济辉
刘发雄（任至 4 月）
赖华焜
刘卫忠
陈尚妹
刘光团（任至 5 月）

仁　化　县

中共仁化县委员会

书　记：刘　锋
副书记：王晓梅（女）
黄令遥（任至 8 月）
县委常委、纪委书记：张朝盛
县委常委、政法委书记：李秀荣
县委常委、常务副县长：区毅明
县委常委、县委办主任：谢庆伟
县委常委、开发区主任、周田镇党委书记：邱志坚
县委常委、宣传部长：赖小红（女）
县委常委、武装部政委：黄飞跃
县委常委、组织部长：李湘柱
县委常委（挂职）、产业帮扶总指挥：何庆华

仁化县人大常委会

主　任：刘　锋
副主任：张云勃　邓田庭
马小荣（女）　连福强
廖兰英（女）
夏德文（1 月任职）

仁化县人民政府

县　长：王晓梅（女）
副县长：区毅明　黄付养
李志贞（女）　张元展
杨　云　丘光强

政协仁化县委员会

主　席：廖志常
副主席：马志忠　曹杰权　张标兵
包伟红（女）　彭俊余
邓诗勤

始　兴　县

中共始兴县委员会

书记：范秀燎
副书记：杨思远（任至 7 月）
黄令遥（8 月任职）
黄勤昌
常委、纪委书记：曹胜文
常委、组织部长：卢建成
常委、宣传部长：夏　娟
常委、政法委书记：卢保新
常委、县委办主任：温　鑫
常委：高　忠（任至 4 月）
李　勇（4 月任职）
杨　军　李智波
常委、武装部长：黄良勇（任至 4 月）
李玉清（4 月任职）

始兴县人大常务委员会

主　任：范秀燎
副主任：雷雨明

肖强运　何兴昌
梁志君（1月任职）

始兴县人民政府

县　长：杨思远（任至7月）
黄令遥（9月任职）
副县长：高　忠（任至5月）
李　勇（5月任职）
刘胜春　何晓域　汤爱亮
余志强　谭晓健
凌学峰（11月任职）

政协始兴县委员会

主　席：赖　根
副主席：田　毅　廖晋雄　邓海清
蔡　军　肖长安　邓炳光
刘晓梅（1月任职）

翁　源　县

中共翁源县委员会

书　记：颜　亮
副书记：林国华　温毅麟
县委常委、纪委书记：杜奇立
县委常委、政法委书记：肖伟旗
县委常委、常务副县长：朱增志
县委常委、副县长：蔡铁鹰
县委常委、县委办主任：陈建为
县委常委、宣传部部长：丘雪媚
县委常委、武装部部长：刘明强
县委常委、官渡经济开发区工委书记：
叶有昌
县委常委、组织部部长：陆伟杰
县委常委：王树生

翁源县人大常委会

主　任：颜　亮（6月任职）
朱余旺（任至6月）
副主任：刘国富　彭方松　陈志峰
雷展发　张树玉　陈福环

翁源县人民政府

县　长：颜　亮（任至6月）
林国华
常务副县长：朱增志
副县长：蔡铁鹰　包玉兰　陈路生
柯建忠　邹永祥　刘平云

政协翁源县委员会

主　席：谢寿通
副主席：余小英　张朝养　涂永先
曾桓有　刘少青　李翠红

新　丰　县

中共新丰县委员会

书　记：陈俊林（任至11月）
副书记：陈景辉　马志明
县委常委、纪委书记：谢林茂
县委常委、县委办主任：曾　军
县委常委、宣传部部长：陈小同
县委常委、副县长：林小龙
县委常委，丰城街道党工委书记、人大工委主任：李翠琼（女）
县委常委、政法委书记：曾　伟
县委常委、组织部部长：胡亮亮
县委常委、武装部政委：唐学庆（任至4月）
县委常委、武装部长：胡树军（4月任职）

新丰县人大常委会

主　任：陈俊林（任至11月）
代理主任：江大凡（12月任职）
副主任：江大凡　刘冰清（女）
罗衍国　廖少明　李国彬

新丰县人民政府

县　长：陈景辉
副县长：林小龙　赖展锋　罗志方
吴武超　谭雪梅（女）
胡志彬
王展渊（12月任职）

政协新丰县委员会

主　席：李德辨
副主席：郭世初　潘子英　潘允标
冯南燕（女）　郑　斌
廖保青

乳源瑶族自治县

中共乳源瑶族自治县委员会

书　记：吴春腾
副书记：邓志聪　伍　文
县委常委、纪委书记：张　军
县委常委、常务副县长：林昌卫
县委常委、副县长：刘永生（2月任至）
县委常委、政法委书记：
黄寿生（任至4月）
赵志敏（4月任职）
县委常委、统战部部长：赵志敏（任至4月）
县委常委、黄寿生（4月任职）
县委常委、县委办主任：许益云
县委常委、宣传部部长：简连英
县委常委、组织部部长：林应良（任至5月）
黄梅华（5月任职）
县委常委、县人武部部长：吴炬光
县委常委：戴浩平

乳源瑶族自治县人大常委会

主　任：吴春腾
常务副主任：马福德
副主任：许尔华　朱均玉
赵　雷　邱　波
李荣贵（任至12月）

乳源瑶族自治县人民政府

县长：邓志聪
常务副县长：林昌卫
副县长：刘永生（2月任职）
陈耀宇　连　卫　梁丽娟
林　军　李明华

政协乳源瑶族自治县委员会

主　席：费玉海
副主席：陈松海　刘宏美　温则精
吴巧英　释明向　邓国雄

中国共产党韶关市委员会

综　述

【机构概况】　中国共产党韶关市委员会（简称中共韶关市委员会）主要实行政治、思想和组织领导，把方向、管大局、作决策、保落实，由中共韶关市代表大会选举产生，由委员、候补委员组成，每届任期5年。中国韶关市委员会，坚决贯彻执行党中央决策部署和广东省委组织决定，坚决维护党中央权威，任何工作部署都必须以贯彻中央精神为前提。中共韶关市委员会应当每年向广东省委作1次全面工作情况报告。

中共韶关市委员会的常务委员会（简称常委会）由中共韶关市委员会全体会议（简称全会）选举产生，由中共韶关市委员会书记、副书记和常委会其他委员组成。中共韶关市委员会委员、候补委员人选应当包括书记、副书记和常委会其他委员，一般还应当包括韶关市政府领导班子成员，韶关市人大常委会、政协、法院、检察院主要负责人，韶关党委和政府有关部门主要负责人，同级工会、共青团、妇联主要负责人，下一级党委和政府主要负责人，以及适当比例的基层党员。常委会委员配备，由上级党委根据工作需要，按照有利于贯彻执行民主集中制、提高议事决策水平的原则决定。常委会委员名额，韶关市级11人，韶关辖区县（市、区）级为9至10人。中共韶关市委员会设书记1名、副书记2名。中共韶关市委员会换届时，书记、副书记和常委会其他委员由全会选举产生，并报广东省委审批。新当选的书记、副书记和常委会其他委员一般应当任满一届。在党代表大会闭会期间，广东省委可以根据工作需要，调动、任免韶关市委书记、副书记和常委会其他委员，其数额在任期内一般不得超过常委会委员职数的二分之一。

韶关市委全会每年至少召开2次，常委会会议一般每月召开2次，遇有重要情况可以随时召开。中共韶关市地方委员会及其常委会可以根据工作需要召开扩大会议，但不得代替全会、常委会会议作出决策。需要提交常委会会议审议的重要事项，可以先召开书记专题会议进行酝酿，但不得代替常委会会议作出决策。常委会委员可以根据工作需要，在其职责范围内主持召开议事协调会议，研究解决有关问题，但不得超越权限作出决策。中共韶关市委员会通过全会作出的决策，由常委会负责组织实施；常委会作出的决策，由常委会委员分工负责组织实施。中共韶关市委员会向同级党代表大会负责并报告工作。常委会应当定期研究党建工作，每年至少向全会和上一级党委专题报告1次抓党建工作情况。凡属应当由全会或者常委会会议讨论和决定的事项，必须由集体研究决定，任何个人或者少数人无权擅自决定。

中共韶关市委书记主持中共韶关市委员会全面工作，组织常委会活动，协调常委会委员的工作，对党委工作负主要责任。中共韶关市委员会应当建立职责清单制度，明确常委会及其成员职责，并在一定范围内公开。中共韶关市委员会应当加强对韶关人大、政府、政协等的领导，建立健全沟通协调机制，及时通报重要情况。韶关市委应当定期对县（市、区）委常委会及其成员履行职责情况进行考核，建立健全奖惩机制。

【发展总体情况】　2015年，中共韶关市委员会贯彻落实中共十八大、十八届四中、五中全会和中共中央习近平总书记系列重要讲话精神，贯彻省委十一届四次、五次全会、精神，出台一系列加快推进重点工作指导性、政策性文件。研究部署经济、政治、文化、社会、生态、党建重点工作，加强统筹协调、督促检查，推动工作落实，取得明显成效；即以全面建成小康社会为总目标，以主动融入珠三角为总战略，以城市经济和县域经济为经济建设主战场，紧抓交通基础设施建设、产业园区扩能增效、中心城区扩容提质“三大抓手”，培育钢铁深加工、先进装备制造、能源电力、大旅游、大物流、大农业、新材料、特色轻工业这八大战略性新兴产业。助推韶关经济社会健康有序发展，促进经济社会实现平稳发展。2015年，全市完成工业增加值358.3亿元，比上年增长3.5%，其中完成规模以上工业增加值333.1亿元，比上年增长3.0%；完成农业总产值239.8亿元，比上年增长4%；完成固定资产投资701.7亿元，下降5.8%；完成一般公共预算收入85.23亿元，比上年增长1.5%；城镇居民人均可支配收入23504元，比上年增长8.9%；农村居民人均纯收入11607元，比上年增长10.2%。

重要会议

【市委常委会议】　2015年，市委共召开30次常委会议。主要内容：省委组织部宣读蓝佛安任韶关市委委员、常委、书记，免去郑振涛的韶关市委书记、常委、委员职务，省委同意，提名蓝佛安为韶关市人大常委会主任候选人，郑振涛不再担任韶关市人大常委会主任职务。

听取决算执行情况，预算安排调整，讨论棚户区改造、企业干部人事管理、党风廉政建设、科技创新、民营经济发展、招商引资，未成年人思想得到建设，申报国家历史文化名城、全国文明城市、湘粤开发合作试验区战略合作框架协议、立法、党组织、政府职能调整及权责清单、公车改革、扶贫等工作。贯彻落实省市领导及法规文件。

【专题会议】　共召开专题会议25次，分别是关工委、保密、党风廉政建设、莞韶对口帮扶、依法治市、立法工作、干部、中小河流治理、上半年经济形势分析、扶贫双到、市委常委议军、第十一次归侨侨眷代表大会、全市基层工作会议、省委第三巡视组巡视韶关情况意见反馈会、巡视工作动员、干部推荐大会、党政班子（扩大）会议、迎接全国文明城市测评工作座谈会、市委全面深化改革领导小组第四次会议、全市招商引资工作大会、全市民营经济工作会议、全市学习贯彻党的十八届五中全会精神报告会、全市全面推开按法治框架解决基层矛盾工作会议、常委班子“三严三实”专题民主生活会。对《中共韶关市委关于全面推进依法治市的实施意见》（征求意见稿）进行专题协商，并对立法工作进行部署传达学习中央政治局委员、省委书记胡春华到韶关调研讲话精神。传达学习习近平主席关于国防和军队建设重要论述及2015年省委议军会主要精神，听取全市武装工作情况汇报，研究讨论相关问题。民主推荐市政协主席及交流任揭阳市委常委、组织部长人选。向省委巡视组汇报党风廉政建设主体责任情况，接受监督。宣布省委决定，任命郭健生为市委常委、纪委书记。审议《韶关市深化社会体制改革主要任务及分工方案》《韶关市关于构建公共法律服务体系推进平安韶关建设的实施方案》和《韶关市人民政府关于深化收入分配制度改革的实施意见》等文件，对全市招商引资工作和改善投资营商环境进行具体部署。《关于促进民营经济加快发展的若干措施（试行）》作说明，正式出台《关于进一步加强督查督办推进落实提高执行力的实施意见（试行）》。

【中国共产党韶关市第十一届委员会第七次全体会议】　7月16日，中国共产党韶关市第十一届委员会第七次全体会议在市区召开。研究部署新形势下全面推进依法治市工作，着力推进依法治市，加快法治韶关建设。市委书记蓝佛安主持会议并代表市委常委会作题为《全面推进依法治市加快建设法治韶关》的报告和第二次全体会议讲话，市委副书记、代市长骆蔚峰作关于经济工作的讲话。全会审议《中共韶关市委关于全面推进依法治市的实施意见》，表决通过《中国共产党韶关市第十一届委员会第七次全体会议决议》。

【中共韶关市第十一届委员会第八次全体会议】　12月17日，市委召开中共韶关市第十一届委员会第八次全体会议。会议由市委常委会主持。市委书记蓝佛安作专题讲话。市委副书记、代市长骆蔚峰就《中共韶关市委关于制定国民经济和社会发展第十三个五年规划的建议》稿作起草说明。全会表决通过《中共韶关市委关于制定国民经济和社会发展第十三个五年规划的建议》。

重要决策

【2015年度市领导挂点联系重点建设项目和牵头负责百项工程项目方案正式出台】　5月29日，市委办公室印发《中共韶关市委办公室、韶关市人民政府办公室关于印发<2015年度市领导挂点联系重点建设项目和牵头负责百项工程项目方案>的通知》。《通知》指出：各责任单位次月5日前向市发改局或市“百项工程兴韶关”活动领导小组办公室报送项目当月的投资完成、建设资金到位、工程形象进度、存在问题等情况。市发改局和市“百项工程兴韶关”活动领导小组办公室再将项目进展情况定期向市委、市政府报告，并定期组织开展监督检查，确保项目顺利推进。

【2015年度县（市、区）经济社会科学发展考核实施方案正式出台】　6月9日，市委办公室印发《中共韶关市委办公室、韶关市人民政府办公室关于印发〈2015年度县（市、区）经济社会科学发展考核实施方案〉的通知》。《通知》明确：各县（市、区）党政领导班子和领导干部为考核对象，采用量化指标考核各县（市、区）在经济发展、社会发展、人民生活、资源环境等方面取得的实绩。成立市考核领导小组，下设考核办，负责组织对县市区考核。设置2015年县（市、区）经济社会科学发展考核指标及权重。根据县（市、区）自评、市部门评、实地考核评出初步考核结果，市考核领导小组起草考核情况报告报市委、市政府有关会议审定后通报。考核结果按得分设置奖励设、通报批评。奖励应在总得分率在70%以上的县市区，分四个等级，一等奖1名总得分率在80%（含80%）以上排第一名的县（市、区）奖励200万元；二等奖2名总得分率在75%（含75%）以上，排第二名和第三名的县（市、区）分别奖励100万元；三等奖3名总得分率在70%（含70%）以上，排第四名、第五名、第六名的县（市、区）分别奖励80万元；其他总得分率在60%（含60%）以上的县（市、区）分别奖励50万元。县（市、区）委书记、县（市、区）长合计得本地应得奖金的10%，其余奖金由获奖单位自定分配方案。通报批评的县（市、区），总得分率低于60%，给予通报批评，被通报批评的县（市、区）不得另行自发奖金。计划生育、安全生产、社会管理综合治理、科学技术、土地矿产卫片执法检查年度考核不合格，以及“十二五”节能减排工作考核被“一票否决”的县（市、区），不能评为一、

二、三等奖，同时不予奖励。因重大土地、矿产资源违法违规案件被国家、省公开挂牌督办或直接立案查处的，如在当年年底前完成整改并通过验收的，不视为“一票否决”事项，当年年底前整改未通过验收的，视为“一票否决”事项。

【韶关市振兴发展 2015 年重点工作任务的通知正式出台】 6 月 29 日，市委办公室印发《中共韶关市委办公室、韶关市人民政府办公室关于印发 <韶关市振兴发展 2015 年重点工作任务> 的通知》出台。《通知》中明确韶关市 2015 年振兴发展的八个方面 29 个重点工作任务，推进全面深化改革扩大开放方面：深化行政审批制度改革、深化商事制度改革、深化财政体制改革、提高对内对外开放水平；推进经济跨越发展方面：推动产业转型升级、实施创新驱动战略、发展现代农业、加强招商引资和项目建设、推动金融支持发展、促进原中央苏区和少数民族地区发展；继续强化交通基础设施建设方面：推进公路和铁路建设、推进港口航道和机场建设；促进产业园区扩能增效方面：推动产业集聚发展、提升土地集约节约利用和环保水平；科学有序推进新型城镇化方面：加快推进芙蓉新区建设、有序推进新型城镇化；努力实现绿色发展方面：加强大气污染防治、加强水污染防治、加强农村生活垃圾收运处理、强化节能减排、加强生态文明建设；推进基本公共服务均等化方面：优先发展教育事业、加强医疗卫生服务体系建设、加快公共文化体育服务体系建设、扎实推进社会保障和住房保障、深化扶贫开发“双到”工作；深入推进全面对口帮扶工作方面：建立健全对口帮扶工作机制、重点抓好项目引进和建设工作、扎实推进全面对口帮扶。

【中共韶关市委关于全面推进依法治市的实施意见出台】 9 月 21 日，市委办公室印发《中共韶关市委关于全面推进依法治市的实施意见》出台。《意见》从七个方面的要求。贯彻落实中央《决定》和省《意见》，到 2020 年，立法能力不断加强，立法质量显著提升，地方性法规及政府规章逐步完善；行政权力依法规范公开运行，法治政府基本建成；司法体制机制基本健全完善，司法公信力不断提高；全民法治观念明显增强，法治精神深入人心；深化法治人才队伍建设，打造一支忠于党、忠于国家、忠于人民、忠于法律的社会主义法治工作队伍，实现科学立法、严格执法、公正司法、全民守法，促进社会治理体系和治理能力现代化。

2015 年 6 月 5 日市委办在市委会议中心召开三严三实专题教育动员会议
（穆　青　摄）

【韶关市芙蓉新城“三年基本成城”行动方案（2015－2018 年）的出台】 11 月 27 日，市委办公室印发《中共韶关市委办公室、韶关市人民政府办公室关于印发 <韶关市芙蓉新城“三年基本成城”行动方案（2015－2018 年）> 的通知》。《方案》指出：用 3—5 年时间把芙蓉新城建设成为现代、生态、宜居、繁荣的“北江明珠”。土地开发利用率。到 2018 年，芙蓉新城起步区土地开发利用率总体达到 50% 以上，其中重点开发区域达到 80% 左右。人口规模。力争芙蓉新城常住人口由 2015 年的 2.5 万人增加到 2018 年的 10 万人。固定资产投资。未来 3 年时间完成社会固定资产投资 150 亿元以上，年均增长 35% 以上。其中，骨干路网全面建成，市政基础设施、公共服务设施基本配套，绿道水系网络和滨水生态空间基本形成，三大居住片区基本建成，城市框架成型；新城与周边城市组团、产业组团的交通条件显著改善，经济生活联系更为紧密，城市产业集聚和产城互动初见成效；5 个行政村农民安置房全部建成交付使用，旧村庄拆迁工作基本完成，居民生活水平持续改善。重点开发原则、多渠道建设原则、项目回购原则、项目移交原则四个原则进行，重点实施“四大计划”，即重点项目建设计划、征地拆迁计划、融资保障计划和招商引资计划。加强组织保障、资金保障、政策保障。

【中共韶关市委关于制定国民经济和社会发展第十三个五年规划的建议出台】 12 月 28 日，市委办公室印发《中共韶关市委关于制定国民经济和社会发展第十三个五年规划的建议》出台。《建议》指出：

回顾十二五时期韶关市发展取得的重

大成就，十三五时期韶关市面临新常态下的转型发展，指出“十三五”时期韶关市发展的指导思想。确定“十三五”时期韶关市发展的总战略。实施主动融入珠三角总战略，促进与珠三角地区生产要素合理流动和资源优化配置，实现全面融入，加快推进建设“广佛肇＋清云韶”经济圈，把韶关建设成为珠江西岸先进装备制造产业带配套区、珠三角生态休闲区和珠三角连接内陆腹地桥头堡。提出“十三五”时期韶关市发展的基本原则：坚持人民主体地位、坚持科学发展、坚持转型发展、坚持改革开放、坚持依法治市、坚持党的领导。确立“十三五”时期韶关市发展的主要目标和基本理念。与全国同步全面建成小康社会。基本建立与珠三角地区融合发展的新格局。基本建立具有区域竞争力的现代产业新体系。基本建成功能完善的现代化新型城市。基本形成有利于加快发展的新机制。树立创新、协调、绿色、开放、共享的发展理念。

（市委办）

组　织

【机构概况】　中共韶关市委组织部是市委负责领导班子、干部队伍、人才队伍和党的基层组织建设的职能部门。2015年，市委组织部内设机构共13个，分别是办公室、调研科、干部一科、干部二科、干部三科、干部四科、组织科（加挂市党代表联络工作科、市党建工作领导小组办公室、市“两新”组织党工委办公室和市党建研究会牌子）、干部监督（信访）科（加挂举报中心牌子）、干部培训科、党员电化教育科（党员电教中心）、农村组织科、人才工作科、市公选办。截至2015年12月底，在职干部43名，领导设部长1名、副部长4名（其中兼职1名）。

【领导班子选配】　修订完善县（市、区）经济社会科学发展考核实施方案，及时做好分析、反馈、通报工作，营造担当干事、争先进位的良好氛围。落实《县处级领导班子状况定期分析研判制度》，根据各地各单位在专题调研中掌握的实情、教育实践活动和“三严三实”专题教育中查摆出来的问题、班子实绩考核和干部年度考核的结果、执纪执法部门提供的信息，全面深入分析各县（市、区）和市直单位领导班子及领导干部的状况，掌握领导班子运行情况和领导干部主要表现，明确领导班子调配和干部选拔使用的基本方向，及时调整问题较多的领导班子，发现并提拔使用一批优秀干部。坚持德才兼备、敢于担当、注重一线的用人导向，注意根据各地各单位发展状况和干部个人素质，着力优化领导班子知识、专业、经历和年龄结构，把善于科学发展的好干部放到人岗相适的位置。

【干部教育培训】　把学习习近平总书记系列重要讲话精神作为各级党校主体培训班次的重要内容，在市委党校举办主体班9个，在市委党校各分校举办主体班次43期，全市共培训各级各类干部13.19万人次。推进干部实践锻炼，从市直单位选派22名优秀年轻干部到基层和重点工作一线挂职锻炼，从各县（市、区）选派一批优秀干部到东莞市对口扶持镇（街）跟班学习。全年组织1100名县处级以上领导干部参加广东省干部培训网络学院在线学习，完成率94.5%。

【干部选拔任用】　结合韶关市干部工作实际，修订完善《市管干部选拔任用工作规程》，并实行干部选拔任用工作全程纪实制度，确保每一个选任环节都有据可查，增强干部选拔任用工作的规范性、程序性和科学性。初步建立“带病提拔”风险防控机制，坚持开展风险分析，在讨论酝酿拟任人选时，分析干部历史风险和任职后可能出现的风险。坚持落实拟提拔干部“4＋6”核查，实行干部档案“凡提必审”、个人有关事项报告“凡提必核”、干部个人提拔风险“凡提必议”，防止“带病提拔”。在有干部任免权的单位开展干部选拔任用“一报告两评议”（专题报告年度干部选拔任用工作情况，本级党委干部选拔任用工作评议，新选拔任用领导干部评议）工作，对选人用人公信度较低单位的主要领导进行约谈、督促整改。开展干部选拔任用情况检查和“带病提拔”干部选拔任用过程的倒查工作，对存在问题予以通报并督促整改。注重用好交流轮岗手段，根据政策要求和领导班子状况、干部个人特点，推进干部交流轮岗。深入开展超职数配备干部、干部人事档案专项审核、违规办理和持有因私出国（境）证件等专项整治，完成超职数配备干部整改消化任务，比中组部规定完成时间提前1年零9个月，市本级和乐昌市代表广东省通过中组部专项抽查，得到中组部和省委组织部肯定。按照干部管理权限，会同有关单位做好县以下机关公务员职务与职级并行制度实施工作。做好18名团职军转干部安置工作。招录市直党群机关公务员（参公管理事业单位工作人员）17人和乡镇选调生35人。做好省委第三巡视组和省委组织部选人用人工作第三检查组反馈意见的整改工作。

【干部监督】　强化干部日常管理监督，与市纪委联合举办新提任市管干部集体廉政谈话教育活动，对46名新提任市管干部开展集体廉政谈话。对19名任中或离任的市直单位主要领导干部进行经济责任审计，对存在明显问题单位的主要领导及班子进行约谈提醒、责令限期整改。执行领导干部离任交接制度，组织39个单位离任的主要负责人开展离任责任交接工作。落实“三提示三书”（网络信息提示、发函提示、电话信息提示、《函询通知书》《提醒通知书》《诫勉通知书》）工作，共对33名新提拔市管领导干部发出“学习提示”，对5名（个）市管领导干部和单位发出《函询通知书》。做好1067名市管干部有关事项报告录入系统及汇总综合工作，按10%的比例进行随机抽查核实。

【创新人才引进培养工程】 加强与市委宣传部、市人社局等12个牵头单位的联系，推进“创新人才引进培养工程”13个人才子计划的落实。召开人才子计划牵头责任单位重点人才项目评审会，投入380万元对韶关市文博、非遗人才培养项目等12个重点人才项目进行资助，推动人才子计划的实施。做好省“扬帆计划”项目中期考核迎检工作，遴选5个优秀项目申报省“扬帆计划”项目。搭建各层次人才创新创业平台，重点推进高层次人才发展平台和高层次人才服务专区建设，新增设韶关液压件厂有限公司博士后创新实践基地、广东省伺服液压缸工程技术研究中心等高端人才发展平台。

【优化人才发展环境】 落实高层次人才安家费补助和聘期工资外津贴待遇，为符合条件的402名高层次人才发放工资外津贴229.41万元。及时发放市第七期专业技术拔尖人才2014年度技术津贴，为53名拔尖人才发放31.8万元。组织参加全国基层人才工作创新案例交流会，人才工作案例《以“项目化管理”提高人才工作科学化水平》，荣获“全国基层人才工作创新案例征集评选活动”最佳案例奖。

【书记抓基层党建工作】 组织开展县镇村三级党组织书记抓基层党建述职评议工作，推动形成“书记抓，抓书记”的基层党建新格局。抓好基层党建创新“书记项目”，全市“书记项目”在省库备案6个、市库备案12个，其中4个项目被评为省示范性项目，韶关市成为全省8个优秀组织单位之一。“七一”前夕，新丰县委书记陈俊林荣获全国优秀县委书记称号，全市5名优秀乡镇（街道）党（工）委书记、10名优秀村（社区）党组织书记、3名优秀“两新”组织党组织书记受到省委组织部表彰。

【镇村基层组织建设】 组织开展乡镇（街道）领导干部驻点普遍直接联系群众工作，组成1425个驻点团队接待走访群众87.9万户、解决各类问题7.4万件。采取领导班子成员挂点包村、工作组驻村、第一书记蹲点、党建指导员帮助等方式，推进年度167个软弱涣散村（社区）党组织整顿工作，完成整顿转化任务。完善村级党组织书记和村级后备干部培养机制，组织363名村级党组织书记参加学历教育培训，培养1552名村级党组织书记后备干部。搭建党代表工作室（站）“一站双联三代”（党代表工作站、联系党员和群众，事务代表，惠民代理、诉求代言）拓展延伸项目平台，推行村级便民服务站“345”工作机制。继续以武江区为试点推进机关在职党员到社区报到为群众服务活动，为社区和居民解决问题530多件。

市委常委、组织部长华旭初到基层一线调研（市委组织部 供）

【基层治理工作】 牵头成立市委基层治理领导小组，并从领导小组相关成员单位抽调人员，组建市委基层治理办。下发2015年全市基层工作任务清单，统筹协调有关部门集中解决落实农村土地“三乱”问题专项治理等6个突出问题，开展“6+3”专项治理行动。全市解决拖欠征地补偿款3879.99万元，查处土地“三乱”959宗，落实征地社保滞留资金分配金额1.86亿元，1.49万个农村经济组织完成集体资产清产核资，落实历史留用地141.46公顷，并以乳源县为试点推进基层公共服务平台建设。以仁化县、曲江区为试点推进农村土地承包经营权确权工作。印发《关于加强乡镇领导班子建设的实施意见》，明确乡镇领导班子在抓农村基层组织建设和基层治理中的“龙头”作用。

【党员发展和教育管理工作】 按照“重点倾斜基层”的要求，完善发展党员程序，全年发展党员3081名。按“好”“一般”和“差”的等次，在基层党组织中开展民主评议党员活动，推进不合格党员处置工作。完善流动党员管理和服务制度，加强农村无职党员、转制企业党员和外出务工党员的管理。

【党员干部现代远程教育】 韶关市远程教育终端站点每月开机率均为100%，并列全省第一。韶关市委组织部制作的《真情真性真汉子——记韶关市公安局第三看守所民警胡明裕》、《一片丹心育桃李》分别获得广东省第四届党员干部现代远程教育课件观摩交流会优秀课件三等奖和优秀奖。

【加强组织部门自身建设】 根据全省

组织系统“落实总书记要求，建设模范部门”教育实践活动的部署安排，全市组织系统开展“四学四明”“四查四建”和“四强四做”等3个专题活动，并组织全体组工干部开展技能竞赛和岗位大练兵，填报个人有关事项报告，审核组工干部档案，做到学习教育入脑入心、风险防控从严从实、岗位练兵有力有效。建立韶关组工之家微信群，组织开展各类文体活动，活跃组工团队，构建组工大家庭和谐氛围。按时完成全市大组工网涉密信息系统分级保护建设任务，通过省保密局测评中心现场保密测评。市委组织部被评为2015年韶关市“百项工程兴韶关”活动项目先进承办单位。

【组工调研信息网宣工作】　全年编发《韶关组工通讯》12期共149篇文章，《韶关组工信息》82期共102篇文章。加大向上级党刊报送稿件力度，全市组织部门向市级以上党刊投稿2000多篇，其中被《党建研究》《广东组工通讯》《领导科学》《党建文汇》《南方》《广东党建》等省级以上党刊采用稿件72篇。韶关市共向中组部《组工信息》和《广东组工信息》分别报送信息83条和51条，其中被中组部《组工信息》综合采用4条；被《广东组工信息》单条采用12条、综合采用2条。组织网宣员跟帖发贴、撰写网评文章，全年发布原创网评文章60篇，申报影响力文章50篇。韶关市委组织部课题组完成2015年度全省组织工作重点调研课题《充分发挥乡镇领导班子在基层治理中的作用问题研究》。韶关市委组织部承办课题《新常态下组织部门严格干部日常管理监督问题研究》，荣获2015年度省党建研究学会课题研究一等奖。（廖　愉　卢功伟）

宣　传

【概况】　中共韶关市委宣传部是市委主管全市意识形态方面工作的综合职能部门，直接指导和协调全市新闻、文化文艺和社会科学研究等工作。中共韶关市委宣传部组织结构：现设部长1名，常务副部长1名，副部长2名，纪检组长1名；内设7个科室；下设韶关市精神文明建设委员会办公室；直属参公事业单位讲师团。现有在职干部35名（行政编制27名，参公事业编制8名），94%本科以上学历。2015年，韶关市宣传文化系统开展加快转型升级、主动融入珠三角等主题宣传，开展社会主义核心价值观教育实践活动和创建全国文明城市工作，推动文化事业和文化产业改革发展，全市宣传思想文化工作迈上新台阶。

【理论武装实现全覆盖】　围绕学习贯彻落实党的十八届三中、四中、五中全会和习近平总书记系列讲话精神，加强和改进党委（党组）中心组学习，发挥韶关大讲堂、韶州讲坛、“道德讲堂”等理论宣讲平台作用，推动理论宣传进机关、进企业、进校园、进社区、进乡村。全年共邀请中央、省、市专家学者作辅导报告1000多场，受众达到10万人次；组织各类宣讲活动3000多场，受众80多万人次。加强社科基地建设，改版升级《韶风》杂志，组织修订《善美和谐的家乡——韶关》等乡土文化教材，实施社科课题立项转包制度，加强地方智库建设，借智借力开展社科研究。全年共有35项课题列入社科规划立项课题。制定和落实全市宣传文化信息工作制度，在《省委宣传部简报》和《广东宣传》等刊物的用稿量提升。

【正面宣传形成新态势】　连续推出走基层看发展、振兴粤东西北、韶关实施主动融入“珠三角”三个波次的重点主题宣传，策划“三大抓手”发展战略、市重点工程建设巡礼、创文申名、纪念抗战胜利70周年、“四个全面”战略部署、“三严三实”教育活动、“十二五”收官和“十三五”谋划、“基层工作加强年”等专题报道。加强与中省及港澳外宣媒体联系沟通服务工作，策划推出外宣专题，在新华社推出《韶关：“生态文化名城”谱写新篇章》等报道。着力推动韶关文化“走出去”，《山水名城美丽韶关》被中国广播电视协会评为2015年度全国城市宣传片金奖，韶关电视台《民生关注》栏目连续三年被评为全国城市电视台民生类品牌20强，纪录片《法雨天风——六祖慧能与禅宗海外传播》列为广东省文化走出去扶持项目。协助配合韩国媒体和中央电视台、广东电视台等国内媒体拍摄《韩中文化出征记》《万历朝鲜战争》《华南抗战风云》等纪录片。

2015年10月1日，“中国梦·韶韵风·东街汇”韶关市庆国庆大型群众文化活动在百年东街中心广场开幕（市委宣传部　供）

【舆论引导工作开创新局面】 组织召开市委网络安全和信息化领导小组工作会议，打造网络信息员队伍，网络安全和信息化工作架构初步成型。加快“韶关发布”政务微博、“韶关发布”政务微信、党政客户端的建设和提升，开通新华社客户端韶关地方频道，各县（市、区）和13个市直单位开通政务微信。实施“品牌栏目建设工程”，组织开展属地网站“十大优秀网站栏目”评选活动，推出韶关家园网“韶关人的一天”、韶关旅游资讯网“畅游韶关”、韶关学院激扬青年网“微团直播”等“十大优秀网站栏目”。关注突发事件和社会热点敏感事件，落实新闻发布制度，指导协调各地各单位召开新闻发布会20多场，发出新闻要点提示35期。加强舆论管控机制建设，建立《网络舆情监测报送分级处置制度》及《网络舆情处置情况反馈跟踪机制》，强化对网络舆情收集、监控、跟踪分析的能力，增强应对舆论热点的快速反应和联动处置能力，妥善处置“私家车聚集抵制年票制”、“乳源大峡谷景区山石滑落致游客死伤”“翁源铁龙林场血铅事件”“乐昌坪石棚户区改造”等重大突发事件和网上热点问题。全年监测到涉及韶关敏感舆情383件，移交相关部门处置28件，编制舆情专报35期，通报20期，开展网评工作204次。

【文明创建取得新进展】 推进新一轮创文工作，将创文工作与申报国家历史文化名城、巩固国家卫生城市工作有机融合、统筹推进，注重完善创建机制，强化日常督导，强化对市区重点路段、重要场所、背街小巷及城乡结合部的巡查督导。开展交通秩序、渣土扬尘、农贸市场、市区步行街四大专项整治及社会治安综合治理（“四整治一治理”）行动，协调推动相关职能部门解决群众关注、反映强烈的城市管理热点难点问题。统筹各部门做好充分准备，完成创文迎检工作。培育践行社会主义核心价值观，深入开展“书画绘价值观、灯笼亮价值观、年俗传价值观、文艺演价值观”四项活动。坚持用模范典型引领社会道德风尚，策划“第五届感动韶关十佳道德模范”评选活动，举办“向模范致敬”现场交流活动，见义勇为好青年张爱光、张宗飞荣获第五届广东省道德模范提名奖并收录《中国好人传》一书。道德讲堂总堂“尚德堂”迁入市电视台演播厅，并开播空中道德讲堂进行更广泛的宣讲。开展诚信宣传教育，诚信建设制度化不断推进，全年举行4期诚信“红黑榜”新闻发布会。持续推进文明交通、文明旅游、文明餐桌行动、网络文明传播活动，“文明韶关”微信平台开通。开展学雷锋志愿服务活动，全市注册志愿者达16万多人。曲江区志愿服务嘉许回馈制度试点成效明显，武江区花城社区被列为省级学雷锋活动示范点。加强未成年人思想道德建设，开展“美德少年”评选、“童心向党”等道德实践活动，净化校园周边环境，为青少年成长提供“绿色”环境。统筹推进各类创建均衡发展，仁化县获得“全国文明县城提名资格”，乳源县启动争创县级“全国文明城市提名城市”工作，南雄市珠玑镇、始兴县太平镇获得“全国文明村镇”荣誉称号，广东北江中学等4家单位获得“全国文明单位”荣誉称号，市教育局被授予“全国未成年人思想道德建设工作先进单位”称号。完成2004年以来省级文明单位复查和2014－2015年度市级精神文明先进集体评选命名。

【文化建设呈现新气象】 加快构建现代公共文化服务体系，初步建成市、县、乡、村（社区）四级公共文化服务网络。基层综合文化站升级改造和评估定级工作全面完成，10县（市、区）完成多厅数字影院建设。曲江文化馆、南雄文化馆、始兴文化馆荣获2015“书香岭南”全民阅读活动示范单位；翁源县民办艺术场馆再添新秀，文安摄影艺术馆落成使用。启动申报国家历史文化名城工作，制定历史文化街区的规划和修复方案，推进文化遗产保护开发，创新开展村史编写试点工作。乐昌市三溪镇被列为广东省第二批非物质文化遗产传承基地。推进“农家书屋”图书轮换试点工作，率先在全省开办“新华文化驿站”，送戏、送书、送电影、送春联、送“全家福”等文化“五送”活动深入开展。全年共组织广场文艺汇演120场次、文艺下乡275场次、电影放映14436场、补充、更新“农家书屋”图书3万册。“文化韶关”微信平台开通运行，微粉数量与日俱增。开展文艺界“深入生活、扎根人民”主题实践活动。成功举办“中国梦·韶韵风·东街汇”2015年庆国庆大型群众文化活动，持续开展“北江源·韶韵风”系列群众文化活动，各县（市、区）群众文化活动实现“月月有专场，场场有特色”。打造“我们的节日”“百姓健康艺术舞展演”“书价值观·绘幸福乐昌”“锦江欢歌”“风度曲江”“激情广场·幸福乳源”等一批深受群众喜爱的品牌文化活动，协助有关方面办好2015中国佛教讲经交流会、“陈璘研究学术研讨会”“百名作家走进中央苏区——南雄”采风、“澳韶两地美术作品展”、美国油画家协会主席丹霞山写生作品展等特色文化交流活动。实施文艺精品战略工程，建立健全社科和文艺精品创作申报扶持机制，组织开展“走进新区看发展”、“走进古村落、探寻古文明”等主题采风创作活动，创作生产小说《大宋名臣》、歌曲《歌姆》、舞蹈《塞桥》、电视纪录片《抗战中的广东省委》《烽火炫歌：抗战中的坪石中大》等一批精品力作，电影《榫卯》开机拍摄并即将杀青。书法、美术、摄影、曲艺等艺术领域活动连连，风采民族乐团、春之声艺术团、知青艺术团等群众文艺团体展演活跃，网络文化健康发展，全市文化艺术氛围较之以往更加浓厚。

【文化体制和文化产业焕发新活力】 制定实施《韶关市深化文化体制改革实施方案》，科学统筹全市文化体制改革工作。传统媒体与新兴媒体融合发展成效初显，韶关市粤北采茶戏保护传承中心（粤北采茶戏剧院）恢复组建。搭建公共文化服务外包平台，全面推动公共文化社会化服务，落实政府购买公共文化服务项目40多项。全市文化体制改革任务（2015—2020年）共有50项，2015年基本完成12项。推动广东信达岭南丝绸文化产业园、奥园文化旅游城、云门山旅游度假区等文化产业项目建设，曹角湾古村落创意文化产业园、新丰云髻山总体开发、韶关日报社大数据平台获省文化产业专项资金扶持。组团参加第十一届（深圳）文博会，并荣获优秀组织奖和优秀展示奖。南雄文化旅游节、曲江山歌节、新丰枫叶节、仁化茶叶节、乐昌九峰桃花旅游节、乳源瑶族“十月朝”文化旅游节、徒步穿越丹霞及丹霞山山地自行车邀请赛等文体产业宣传推介活动异彩纷呈。

【队伍建设拓展新思路】 完成韶关日报社、韶关广播电视台领导班子换届工作，调整充实市文联领导班子。开展“三严三实”专题教育，宣传文化系统党员干部党性观念、纪律意识、廉政意识和学习意识明显增强。制定实施人才资金保障机制、人才引进优先机制、本土名家培育机制等，探索人才培养、引进、培育和推介的新路径。落实“韶关市新闻智库建设”、“韶关市文博、非遗人才培养”、“韶关市文艺人才资助”等3个市重点人才项目，与韶关学院共建新闻学系平台，开展人才培育、交流、轮训工作，大幅度提升宣传文化干部素质；加强非物质文化遗产传承人队伍建设，培育国家级非物质文化遗产传承人2名，省级18名，市、县级近100名。加快民间文化人才队伍建设，立足基层挑选一批业务能力强、热心为群众服务的本乡本土文化名人、能人担任基层文化管理员、组织员或指导员。指导帮扶各县（市、区）成立各类文艺家协会，市属文艺协会已达17个，会员近4000人。开展文艺团体与基层文化单位“结对子、种文化”、百名文艺名家下基层开讲座、中青年书法家作品巡展等活动，培育和提升本土艺术家的知名度和影响力。开展文化志愿服务下基层进社区活动，全市文化志愿者达到1000多人。（谢旭雯）

爱国统一战线

【概况】 1952年9月，中共粤北区党委设立粤北区党委统战部。1956年2月，中共粤北区党委撤销，中共韶关地委建立，粤北区党委统战部改称韶关地委统战部。1956年9月，成立中共韶关市委（县级市）统战部。1977年1月，随着韶关市升格为地区一级市，中共韶关市委统战部也升格为处级建制。1983年6月，韶关地区与韶关市（县级市）合并，韶关地委统战部与韶关市委统战部合并为韶关市委统战部。2001年8月，设置中共韶关市委统一战线工作部。市委统战部现设5个职能科（室）：办公室，党派工作科，港澳、海外联络科，经济工作科，港澳社团联络工作办公室。核定行政编制16名，后勤服务人员4名。2015年，市委统战部把握大团结大联合主题，推进多党合作、民族宗教、非公经济领域统战、港澳及海外统战、扶贫开发和部机关作风建设，提升统战工作服务科学发展和自身科学发展水平。

【学习贯彻中央统战工作会议精神】 5月18日至20日，中央统战工作会议在北京召开。习近平总书记出席会议并发表重要讲话，《中国共产党统一战线工作条例（试行）》（以下简称《条例》）正式颁布。市委统战部把深入学习贯彻中央统战工作会议精神作为当前和今后一段时间的首要政治任务抓紧抓实抓牢。6月7日，该部组织召开全市统战系统传达学习贯彻中央统战工作会议精神专题会议。7月3日，中共韶关市委召开常委会议传达学习中央统战工作会议、省委常委会议、全省学习贯彻会议精神，研究韶关市贯彻意见，市委书记蓝佛安强调务必确保中央统战工作会议精神真正“落地”。7月6日，韶关举行中央统战工作会议精神宣讲大会，省委统战部副部长、第五宣讲组组长陈升东出席并对《条例》的主要内容进行宣讲，华南农业大学教授张丰清作题为“中央统战工作会议新理论新思想新观点”的宣讲报告，来自全市统一战线各有关单位负责人共270人参加。7月14日至16日，由部领导带队分3个组到全市各县（市、区）开展统战工作大调研活动，推动中央统战工作会议精神和《条例》在基层的落实。8月17日，韶关市下发《关于深入学习贯彻中央统战工作会议和〈中国共产党统一战线工作条例（试行）〉精神的通知》，督促各县（市、区）党委抓好会议和《条例》精神的贯彻落实，营造基层党委学习宣传和贯彻落实的浓厚氛围。

【多党合作有新发展】 加强干部培训培养。联合市委组织部举办2015年党外中青年干部培训班和第一届民主党派新成员培训班。推荐张文铭、包伟红、黄德慧等分别参加中央民主党派中青年骨干培训班和省党外中青年干部培训班。加强党外干部管理使用，调查摸清全市统战工作情况，为传达学习、贯彻落实中央统战工作会议精神和《条例》打好基础。与市委组织部召开联席会议，就党外干部在发现、培养和使用等方面进行沟通协商，并取得初步共识。推进各民主党派组织发展，指导推进民主党派基层组织换届工作，全市6个民主党派完成基层组织换届。截至12月底，全市民主党派共有成员2310人，其中民革374人，民盟555人，民建350人，民进382人，农工党396人，九三学社253人。举办市无党派知识分子联谊会第二届理事会换届大会，实现市知联会新老班子交接。全市已成立3个县级无党派知识分子联谊会，南雄市知联会在筹建中。组织知联会成员开展专题调研、研讨会、小组活动等，激发知联会活力。推动职能作用发挥。协助市委组织召开“2015年中共韶关市委与各民主党派、工商联负责人和无党派代表人士新年座谈会”和“2015年民主党派负责人暑期座谈会”，确保政治协商制度落实。协助市委做好“市委出题，党派调研”工作。重新调整市党政班子领导成员与党外人士联系交友分工。组织市民主党派正副主委、秘书长等到东莞、深圳、珠海三地开展考察调研活动，学习借鉴先进地区经验做法，提高自身参政议政和建言献策水平。引导党外人士参与社会服务，先后组织各民主党派、市知联会赴曲江、仁化等地开展捐资助学和送医送药等活动。

【民族事业和谐稳定发展】 召开全市民族工作会议，贯彻落实中央、省民族工作会议精神。谋划少数民族特色村镇保护与发展“十三五”规划编制工作，筛选出29个项目上报省民宗委，并在乳源召开全市少数民族特色村寨建设工作现场观摩会，部署全市少数民族特色村镇建设。加强城市民族工作。推进广东省城市民族工作示范社区创建工作，将浈江区车站街道职工一区列入全省首批城市民族工作示范社区试点单位。走访慰问少数民族群众，在开斋节和古尔邦节等穆斯林传统节日对在韶经商务工的穆斯林群众进行慰问。协助在韶经商的新疆维吾尔族同胞阿布杜拉捐资7500元资助乳源高级中学11名贫困学生工作，做好少数民族聚居区少数民族考生资格审核和资助工作，全市共189名少数民族考生符合照顾条件，157名少数民族大学新生获得省财政每年1万元专项补助。完成参加第十届全国少数民族传统体育运动会工作，取得4金、13银、2铜的可喜成绩。开展民族团结进步月活动，制订《2015年韶关市民族团结进步宣传月活动实施方案》，主办“韶关市2015年民族团结进步宣传月活动启动仪式文艺晚会”。加强少数民族迁移工作，《加强瑶族人口迁移工作，促进瑶汉族群众共同发展》被市政协列为重点提案。加快涉及民族因素维稳机制建设，制订《韶关市涉民族矛盾突发事件应急预案》和《韶关市联动处置涉及民族因素矛盾纠纷案件工作方案》，召开城市民族工作暨维稳工作座谈会，维护城市稳定。

【宗教管理】 加强宗教人士培养，创建完成宗教界代表人士数据库，选送3名宗教人士参加省宗教界代表人士教育培训班学习。推动宗教文化交流活动，陪同湖北省、湖南省民宗委考察组到韶关市开展宗教工作调研，指导开展第三届“云门农禅”夏令营活动和云门寺释迦佛塔开光庆典活动，指导南华寺举办大型佛教交响乐《禅颂六祖》和2015年全国佛教讲经交流会。加强宗教活动场所管理和安全工作，做好宗教政策法规学习月活动，强化宗教领域矛盾纠纷排查处置，维护宗教和谐稳定。加快推进云门寺保护区建设，协调处理仁化县灵树寺建设用地违规问题，推动芙蓉山寺扩建项目依法开展。继续开展和谐寺观教堂创建活动，做好“6·30扶贫济困日”暨宗教慈善周活动，捐款54万元。组织宗教界开展植树造林活动，投入56.13万元，植树约11200棵。

【非公经济统战工作】 继续在非公经济代表人士中开展以“信念、信任、信心、信誉”为主题的理想信念教育。加强商会统战工作，召开首次异地商会秘书长座谈会。指导广东省韶关商会筹建工作，广东省韶关商会于2015年11月26日正式成立。动员包括广东省韶关商会、浙江商会在内的各异地商会向市光彩事业促进会捐款18万元。组织广东省韶关商会（筹）到韶关举办投资座谈会。推荐李灿东参加中国光彩促进会理事会议，推荐谢健明、王殿兴参加省光彩会理事培训班。申报全国光彩事业扶贫贷款项目，翁源县粤新中草药专业种植合作社获得1000万元低息贷款额度。市光彩事业促进会捐献32万元用于扶中村扶贫工作。协助省委统战部在韶关市乐昌、乳源、南雄三地开展农村电商培训班，探索光彩事业“精准”扶贫新模式。

【港澳统战工作】 指导成立香港韶关同乡联谊总会。历时一年筹备和改组，香港韶关同乡联谊总会第一届会董会就职典礼在香港龙堡国际酒店举行，总会会所揭牌运作。安排香港韶关同乡联谊总会首次到韶关开展拜访工作。继续做好“请进来”“走出去”联络工作。接待韶港青年交流促进会、香港国家行政学院同学会韶关交流团，新界社团首长联谊会等，组织召开韶关海外联谊会（港澳理事）新春座谈会。参加粤港交流促进会就职典礼、赴港

2015年11月26日，广东省韶关商会第一届正式成立暨第一次会员（代表）大会在广州召开（市委统战部　供）

参加香港韶关同乡联谊总会庆国庆联欢会、香港南雄联谊会庆国庆活动等。组织韶关海外联谊会（港澳理事）赴延安、西安开展爱国主义教育和“一带一路”考察。继续引导开展公益慈善事业。继续做好“同心·医疗救护车惠基层”活动，筹集37万元向曲江区妇幼保健院捐赠救护车1台；联系发动韶港青年交流促进会、香港吴镇明、陈振兴、陈奕羲、梁赐鸿向翁源县人民医院捐赠救护车2台，澳门余干成先生向南雄市医院捐赠救护车1台，价值100万元。至此，全市10个县（市、区）均获赠救护车1台以上。联系香港官子明教育慈善基金继续开展扶贫助学活动，连续6年为市委统战部挂点扶贫村捐资助学共22.5万元。

【香港韶关同乡联谊总会在港成立】 2015年5月27日，香港韶关同乡联谊总会首届会董会就职典礼在香港龙堡国际酒店举行，官锦堃任首届主席。省委统战部常务副部长、省民宗委主任陈小山以及市政协主席李飞，市领导许志新、何伟青、林嘉等出席，来自中联办有关工作部的领导和广东社团总会、香港客属总会等爱国社团的领袖和乡亲400多人参加活动。香港韶关同乡联谊总会前身为1991年成立的香港韶关同乡联谊会。2014年9月，香港韶关同乡联谊会第五届理事会任期届满，香港韶关同乡联谊会抓住换届契机，吸纳韶关市属县（市、区）同乡联谊会为团体会员，其会员为个体会员，成立香港韶关同乡联谊总会。总会有香港乐昌同乡会、香港南雄联谊会、香港曲江同乡联谊会、香港始兴同乡联谊会、香港翁源同乡会、香港新丰同乡会、香港仁化同乡联谊会7个团体会员及约900名个人会员，总会成立后将继续邀请各界乡亲加入。总会坚持爱国爱港，团结港韶两地社团及人士，支持香港特区政府依法族政，维护香港长期繁荣稳定，促进韶港两地在经济、文化、教育、科技等领域的合作交流，加强团结旅港乡亲，加强会员沟通，致力推动韶港两地发展。

【广东省韶关商会第一届第一次会员（代表）大会召开】 2015年11月26日，广东省韶关商会第一届第一次会员（代表）大会在广州召开，市政协副主席、市委统战部部长何伟青出席并讲话。省民政厅、省社会组织管理局、韶关市委统战部、韶关市政府驻广州办事处、韶关市工商联有关领导干部和广东省韶关商会会员共100多人参加。大会通报广东省韶关商会筹备工作情况，审议通过《广东省韶关商会章程》《广东省韶关商会付费标准》《广东省韶关商会财务管理制度》《广东省韶关商会管理制度》等文件，选举商会会长、副会长、理事、监事、秘书长人选。广东省韶关商会是由韶关籍或与韶关地区有密切的自然人、法人和其他其他组织在广东省内开办的经工商行政管理部门注册登记的企业单位自愿发起组成的联合性、非营利性社会团体。

【统战信息调研宣传工作】 统战信息工作成绩显著。2015年度，共编印《韶关统战信息》139期，其中，被《韶关信息》采用38篇，被《广东统战信息》和省委办公厅采用32篇，被中央统战部采用1篇，被省领导批示达7篇次。建议类信息《刘大济建议提高居民户口簿和身份证的个人信息证明功能》首次被中央统战部《零讯》采用，实现“零”的突破；统战信息总分排全省第三，该部被评为2015年度全省统战信息工作优秀单位，首获此殊荣；邝孔林被评为2015年度全省统战信息工作优秀信息员。统战理论研究再创佳绩。全年共收集统战理论文章25篇。其中，市委党校田千山、曹姣星撰写的《广东少数民族流动人口服务管理体系研究》荣获2015年全省统战理论政策研究创新成果一等奖，这也是韶关市首次获此殊荣；韶关学院邱祖发撰写的《新常态下高校统一战线化解党外知识分子消极因素探究》荣获2015年全省统战理论政策研究创新成果优秀奖。统战宣传工作成效明显。抓好统战重大会议、重要事项的宣传报道工作，全年被《韶关日报》采稿达21条，开辟统战专栏两版；被韶关电视台采稿达15条，上传并更新《韶关统一战线》网站信息300多条，被省委统战部《同心网》、《广东统战工作》采用稿件5篇，统战工作氛围日益浓厚。

（王辉华　郭燕海　邝孔林）

政策研究

【机构概况】 韶关市委政研室（改革办）是围绕市委的中心工作，就全市国民经济、社会发展中带全局性、战略性、综合性、长期性问题开展超前研究和跟踪研究，为市委决策提供符合实际的政策建议和咨询意见的工作部门；市委改革办公室是市委全面深化改革领导小组下设办公室，是常设工作机构，负责处理全面深化改革领导小组日常事务工作，和政研室是一套人马两块牌子。现有行政编制15个，工勤编制1个。在职公务员12人，工勤1人。内设调研科、综合科、规划科和协调科。

【以文辅政】 发挥以文辅政的职能作用，做好市委重要文稿的起草审改工作，牵头起草市委主要领导大量讲话稿，完成市委十一届七次、八次全会重要文稿起草工作，牵头起草《中共韶关市委关于制定国民经济和社会发展第十三个五年规划的建议》。

【重大专题调研】 发挥市委参谋助手的职能，围绕全市的热点问题以及市委主要领导关注的热点问题、重点问题，开展调查研究，为市委重大决策提供参考依据。通过主动调研、联合调研、委托调研等各种形式，开展调查研究，完成"十三五"规划前期调研等一批重大课题，形成一批重要理论成果。办好市委主办刊物《韶关调研》，全年共出10期，刊载文章100多篇；办好《调研内参》，向市领导提供准确高效的信息服务。

【研究制定政策文件】 围绕"加快振兴发展"这一主题，结合中央和省委的要求，根据韶关市情实际，牵头和参与研究制定一批事关韶关经济社会振兴发展的政策文件，如《中共韶关市委关于推进全面依法治市的实施意见》等一批重要文件，为推动韶关经济社会发展提供政策支持。

【推进重点改革】 制定全市2015年改革工作要点，加强对重点改革的统筹、指导和落实，推动各项改革的落实。在经济体制和生态文明体制改革方面，重点推进公务用车制度改革、商事登记制度改革，深化事业单位分类改革，全面落实事业单位年度报告制度，市农业综合行政执法体制改革。民主法制领域改革方面，确定仁化、翁源2个县为公共法律服务实体平台建设试点，推进法律顾问工作，健全基层群众自治机制，探索"协会+合作社"的农村基层社会管理发展模式。文化体制改革方面，出台政府购买公共文化服务目录及实施方案，制定《韶关市2015年公共文化服务目录》。推进"三网融合"试点城市建设。完成文艺院团改革和《南叶》杂志社转企改制，推进韶关日报社经营管理体制改革。社会体制改革方面，出台《关于进城务工人员随迁子女接受义务教育后在韶参加初中升学考试工作方案》，统筹城乡义务教育资源均衡配置。完善城乡居民大病保险制度方案。推进社会组织登记管理体制改革。改革涉法涉诉信访工作机制。党的建设制度改革方面，健全党委（党组）中心组理论学习制，印发《韶关市县以下机关建立公务员职务与职级并行制度工作推进方案》，修订完善《市管干部选拔任用工作规程》，使干部选任工作更具科学性、民主性、程序性和规范性。纪律检查体制改革方面，拟定韶关市派驻机构改革初步方案。落实下级纪委向上级纪委报告线索处置和案件查办情况制度。

【推进改革试点工作】 韶关市承担上级安排的改革试点任务51项，其中中央及省有关部门安排的改革试点33项，省委、省政府确定的改革试点18项。制定出台《韶关市推进改革先行试点的实施方案》，分类推进各项改革试点任务；市委改革办建立健全改革试点督促检查机制，先后多次对改革试点任务进行督查，及时总结推广经验做法，督导各地各单位抓好试点任务的完成。

【推进县（市、区）各项改革】 加强各县（市、区）改革机构建设，目前各县（市、区）按照要求成立全面深化改革领导小组和改革工作专项小组，设立改革办公室，将改革办公室与县（市、区）委办公室合署办公，实行一套人马两块牌子。按照中央、省委和市委的要求，各县（市、区）都确定2015年改革工作重点任务，细化改革工作目标，强调改革工作举措推进各项重点改革任务的落实。

【出台全市性改革文件】 7月组织召开市委全面深化改革领导小组第三次会议，会议审议并原则通过《韶关市贯彻党的十八届三中全会重要改革举措实施规划（2014－2020年）》《韶关市深化文化体制改革实施方案》《韶关市全面深化改革2015年工作要点》等文件，为全市改革工作提供政策指导。10月组织召开市委全面深化改革领导小组第四次会议，会议审议并原则通过《韶关市深化社会体制改革主要任务及分工方案》《韶关市关于构建公共法律服务体系推进平安韶关建设的实施方案》《市发展和改革局关于2015年韶关市深化经济体制改革重点工作的实施意见》和《韶关市人民政府关于深化收入分配制度改革的实施意见》。 （杨作旭）

韶关市直属机关工作委员会

【概况】 韶关市直属机关工委行政编制14个，工勤编2个，在编人员13名，工勤人员2名。其中书记1名，副书记2名，纪工委书记1名，正科长3名，主任科员2名，副科长2名，副主任科员1名，科员1名。2015年，全市各级机关党组织围绕市委的决策部署，始终把从严治党责任和机关党建任务抓在手上，完成既定任务，开创机关党建新局面，为全市守底线、促转型、奔小康提供保障。在全市抓基层党建工作述职考核中，市直机关工委测评成绩在各机关党（工）委中名

2015年10月9日，韶关市委党校，机关党务干部培训班（吴 滔 摄）

列前茅。

【思想政治建设有新成效】　全市各级机关落实市委要求，推进“三严三实”专题教育活动。活动开展以来，市直各单位党组（党委）主要负责人及班子成员带头上党课623人次，开展集中学习研讨521次。各单位开好专题民主生活会，深入查找和剖析存在的突出问题，建立销号台账抓整改，以解决问题的成效“交账”，确保问题查摆到位、整改落实到位、成果转化到位。市直机关工委作为专题教育协调小组成员，对各单位开展专题民主生活会情况进行抽查和考核。

【夯实基层基础有新作为】　开展机关党组织书记向市直机关工委述职，机关下属党总支书记和支部书记向上级党组织述职的“联述联评联考”工作，市直91个单位机关党组织书记就2015年履职情况全部进行书面述职。年底召开机关基层党组织书记述职评议会，17个单位党组织书记集中现场述职。建立换届选举动态档案，指导完成基层党组织的换、建、并、转等工作，对班子人选、组织架构、换届程序等提出具体的书面指导意见。重视党务干部的配备，严把机关党组织领导班子人选的推荐、考察和审批关。2015年，共审批撤销党总支部2个，新成立党支部1个，党组织更名3个，督促指导40个基层党组织完成换届改选和补选工作。开展“走机关、下基层”调研活动，由市直机关工委领导带队，分4个组对27个市直机关党组织和7个县（市、区）机关工委开展调研，了解党建责任落实情况，并将调研结果作为评价未列入现场述职单位党建工作情况的重要参考。

【党员队伍素质有新提高】　制定并印发《关于做好市直机关发展党员工作的实施意见》，推行发展党员台账跟踪管理制和检查报告制。市直机关全年共发展新党员80人。定期举办党员发展对象培训班，全年培训党员发展对象150人。制定党务干部培训规划，确定党务干部的主题培训。在市委党校举办全市机关党务干部培训班，培训市县两级党务干部130多人。落实好党员领导干部参加“双重组织生活”制度，通过“双重组织生活”规范党员领导干部的组织行为，增强党员领导干部接受党内监督和执行党的纪律的自觉性。

【机关工作作风有新改进】　开展民主评议政风行风活动。对30个窗口部门开展为期半年的手机短信“回头查”测评活动，由办事群众对被评议单位的服务态度、服务质量进行满意度测评，共收集办事群众手机号码13171个，群众对服务评价满意度为86.28%。选取市教育局等10个与群众关系密切的部门作为重点评议单位，组织150名“两代表一委员”和机关干部代表对其进行现场测评。做好“民声热线”工作。全年共组织10个县（市、区）及36个市直单位主要领导参与上线，翁源县、乳源县、市公安局开展户外上线活动。全年接到群众反映问题来电1096个，并全部予以回复。根据“民声热线”转来的问题线索，及时反馈到有关单位进行处理，共处理群众来电反映问题530多件。开展专项整治活动。围绕解决损害群众利益突出问题，在市直91个单位中开展为期6个月的“不作为、慢作为、乱作为”专项整治活动，共整改问题192个，公开曝光问题38个。

【党风廉政建设有新推进】　开展以“守纪律、讲规矩、作表率”为主题的纪律教育学习月活动和“筑梦中国”系列廉政文化活动。市直各单位采取组织观看警示片、学习警示教育读本、到警示教育基地听取在押犯人现身说法、邀请专家讲廉政党课等多种形式，增强宣传教育的针对性和实效性。坚持抓关键环节和重要节点，采取日常巡查、重点抽查、明察暗访等方式，及时发现问题，督促整改。配合市纪委对授权管理单位进行党风廉政建设责任制考核，及时协调解决2个授权管理单位在反腐败工作中遇到的重大问题。落实监督执纪“四种形态”要求，对各授权管理单位党组织和党员干部执行党的路线方针政策、党风廉政建设等方面进行检查。全年处理党员违纪案件15件，完成2件纪委信访交办件的初核工作，做到有案必查、执纪必严。

【精神文明建设有新气象】　坚持以评促建，开展文明单位、文明示范窗口、粤北女职工文明岗、粤北建功立业女能手等群众性精神文明创建活动。2015年，市直机关分别有6个单位获得市文明单位称号，3个单位获得市文明示范窗口称号，5个项目获得市精神文明创建活动创新奖，3个单位获得市先进职工之家称号。在基层一线优秀共产党员中重点挖掘先进典型，先后向市文明办推荐“韶关好人”人选5名，其中市信访局罗伟强被评为第三季度“敬业奉献好人”。市直机关工会分别推荐市交通运输局综合行政执法局违章处理中心、市住房公积金管理中心归集科、市直机关工委组织科3个先进集体荣获“粤北女职工文明岗”称号，市广播电视台广播中心余洁雯、韶关日报社邓小敏、市财局国库支付中心黄炜荣获“粤北建功立业女能手”称号。在市建筑中专学校举办“培育和践行社会主义核心价值观”专题辅导讲座，约200人参加。　（章振强）

老干部工作

【机构概况】　2015年，全市老干部工作部门贯彻落实全国全省离退休干部“双先”（先进集体和先进个人）表彰大会精神，落实老干部政治待遇、生活待遇，规范离休干部医疗费管理，为离退休干部创造良好的学习教育条件，开展丰富的老干部文体活动。韶关市老干局行政编制19名，内设5个科室，有属一个韶关市老干部活动中心。

【贯彻“双先”精神】 抓好全国、全省离退休干部“双先”表彰大会精神的学习宣传和贯彻落实，印发《全国和全省离退休干部“双先”表彰大会、全国老干部局长会议和全省老干部工作会议精神传达提纲》供全市老干部工作者和老干部学习；开展专题座谈，邀请韶关市部分获表彰的先进集体和先进个人代表发言；通过市属新闻媒体进行系列报道，并在《韶关老干》刊物上开辟专栏，刊登本市获表彰老干部集体和个人的先进事迹。全市各地各单位召开专题会议16次，座谈讨论20次，举办老干部工作人员培训班19次，组织老干部集中传达、学习、宣讲253次。

【组织开展正能量活动】 紧扣“展示阳光心态、体验美好生活、畅谈发展变化”主题，制订市本级实施方案，将11项专题任务逐一分解细化，组织开展离退休干部为党和人民的事业增添正能量活动。2015年，全市老人建言献策162条，开展各种宣讲会和报告会23场次，3000多人次参加。成立23支老干部志愿者队伍，537名老干部参与开展83场次志愿服务活动。各地各单位组织小型歌会、音乐会、歌舞比赛等文艺演出49场次，举行书画诗词摄影展22场、展出作品1500幅。组织105个老干部文体活动团队2709名老干部参与开展活动178场次，其中开展文化进基层活动64场次。组建老干部网宣员队伍，发动他们在博客上主动发声，宣传展示老干部工作，凝聚传递正能量。注重加强正能量活动的宣传报道，2015年各级媒体有关韶关市正能量活动的新闻报道近100篇。

【落实老干部政治待遇】 落实党组织生活制度，截至2015年12月，全市共有离退休干部41088人，其中党员23606人，占离退休干部总人数的57.45%，有离退休干部党支部318个，其中267名流动老干部党员参加市老干部（老年）大学教学班和老干部各种团队的14个临时党支部，回归党组织生活。举办各类离退休干部党组织培训班9期，培训500多人次，印发党组织建设资料1000多册。坚持向离退休干部通报工作情况和重大节日走访慰问活动，做好日常服务和管理工作。利用工作站联系老干部的平台，坚持做到“五个必访”，及时探望和慰问住院离退休干部，收集意见建议，深入一线解难事、办实事，提高老干部满意度。组织老干部就近就地参观，让老干部在感受社会生活新变化、共享改革开放新成果的同时，增强老干部群体助力地方建设的自豪感和责任感。做好纪念中国人民抗日战争暨世界反法西斯战争胜利70周年专题慰问工作，完成85名老人抗战胜利70周年纪念章和慰问金的分发工作。各地各单位均结合实际，通过举行春节茶话会、重阳祝寿会、座谈会、纪念活动，组织文艺演出等方式开展系列的节日庆祝活动，营造敬老爱老良好氛围。

【抓好政治理论学习】 采取多种形式，组织离退休干部深入学习党的十八大和十八届四中、五中全会精神，深入学习习近平总书记系列重要讲话精神，深入学习贯彻全国、全省“双先”表彰会议精神。利用老干部大学平台，邀请专家和学者作形势报告、国情分析、经济社会发展走向和动态等各类讲坛。组织市级老领导参加广东省学习贯彻党的十八届四中、五中全会精神和全国“两会”精神电视电话会议等。全年举办市级座谈会、报告会4场，辅导1200人次；各县（市、区）举办座谈会、报告会19场，辅导1809人次。全市为离退休干部及党支部订阅《秋光》《老人报》等杂志书刊2万多份，保证广大离退休干部的学习需要。

【落实老干部生活待遇】 修正完善离休费保障、医药费保障、财政支持三项机制，保证离休干部“两费”按时足额发放，落实好中央、省、市明确规定的老干部生活待遇。落实离休干部病故一次性抚恤金；为抗战时期及以前参加革命工作且符合条件的离休干部提高医疗待遇，完成韶关市符合提高享受副省（部）级医疗待遇（1人）、提高享受按照副省（部）长级标准报销医疗费待遇（25人）条件的离休干部的审核、上报工作；做好企业离休干部离休费增发、补差工作，通过增发、补差工作，确保企业离休干

2015年1月28日，市老干局召开向市直单位离退休干部通报工作情况会议（市老干局 供）

部生活待遇与机关事业单位离休干部待遇基本持平。2015年全市老干部工作部门共受理离退休干部来信来访来电2000多件次，帮扶困难离退休干部86人，发放帮扶资金80多万元。

【离休干部医疗费管理工作】 加强459名市直企业离休干部和部分市直单位已参加医疗统筹的离休干部医疗费核报管理工作，与各定点医院签订《韶关市市直企业和部分市直单位已参加医疗统筹的离休干部定点医疗机构医疗服务协议书》，明确医疗机构职责、权利义务，形成齐抓共管的良好局面。通过与各定点医疗机构协调，开通离休干部看病绿色通道，为老同志就医提供便利。加大对医疗开支的监管力度。对于大项开支、限制药品、医用材料及特殊治疗项目，实行审批监管制度。各县（市、区）委老干局也会同组织、财政、人社卫生等部门，加强对老干部医疗费报销和定点医疗监督管理，既防止和避免医药费虚高现象，又保证老干部的合理医疗需求。2015年，争取省对企业离休干部医药费专项补助资金466万元，减轻市、县两级财政负担。

【学习活动阵地建设】 加强老干部学习活动阵地建设，把握省财政5年内共投入1.5亿元推动县（市、区）一级老干部大学（老干部活动中心）建设的政策，做好欠发达地区老干部学习活动场所基础设施建设专项资金申报工作。2015年，申请到省财政专项资金487.5万元，用于乐昌、仁化、新丰和曲江四地老干部学习活动场所基础设施建设。对南雄市、新丰县、乳源县三地申请专项资金共800万元新建老干部学习活动大楼的项目核对、严格把关、及时上报。各县（市、区）委老干部局通过争取当地党委政府或有关部门支持，推进和改善当地老干部学习活动场所建设。

【老年教育文体活动】 2015年，市老干部活动中心更名为韶关市老干部大学（韶关老干部活动中心），学校共开设医疗保健、声乐、书画、剪纸、摄像、电脑等24个专业50个班级，在校学员2200多人次。围绕“为党和人民的事业增添正能量”“中国人民抗日战争暨世界反法西斯战争胜利70周年”“筑梦中华魂、我心永青春”等主题，组织老干部开展各类有益身心健康的文体活动和比赛，取得较好的成效和成绩。全年，韶关市老干部大学（老干部活动中心）共举办各类专场演出6场，书画展8次，乒乓球、门球、桌球、桥牌、象棋、麻将等各类比赛40场次。2015年10月，在全市范围内选出3个高质量的节目参加“筑梦中华魂，我心永青春”广东省老干部群众性歌唱大赛，分别获得个人组金奖，团体组银奖和优秀表演奖；韶关市老干部大学（韶关市老干部活动中心）组团参加韶关市第五届老年人运动会，获得团体总分二等奖和优秀组织奖。各县（市、区）根据本地实际，围绕主题，组织老同志开展各类比赛和庆祝纪念活动。乐昌、仁化、新丰、乳源、浈江等地也从老干部需求出发，整合资源，抓好老干部大学建设。曲江区老干部歌舞协会（关爱艺术团）参加2015年第二届乐退族全国中老年文化艺术节演出比赛，获得优秀奖。

（温　舜）

对台工作

【机构概况】 中共韶关市委台湾工作办公室，2005年4月从市委统战部独立为市委工作部门，并挂韶关市政府台湾事务局牌子，是市委主管对台工作的职能机构。设置综合科、经济联络科2个职能科。核定编制6人，现有6人。

【巩固深化韶台交流】 市委台办以青少年交流、文化教育交流、基层交流为重点，巩固深化韶台交流。4月初，台湾明道大学农业参访团到韶关考察，并与韶关学院初步达成农业学科产学研合作意向。赴台参加世界客属第28届恳亲大会，组团访问佛光山、中台禅寺，与星云大师及宗教社团组织座谈交流。8月22至27日，台湾桃园复旦高级中学的34名师生到韶关参加国台办2015年对台交流重点项目——韶台学生夏令营活动。通过参加此次活动，台湾师生对祖国大陆有更直观的认识，对中华文化和民族的认同感得到提升。

【深化韶台经贸合作】 市委台办围绕韶关产业发展实际，多次主动拜访珠三角台资企业和当地台办，了解当地台资企业转移意向，谋求合作机会。依托有限资源，不断创新招商引资方式，拓宽招商引资渠道。利用台协会优势，“以台引台”进行招商，通过台协会牵线搭桥，邀请各地台商到韶关参观考察，投资置业。

【提高涉台服务水平】 市委台办通过召开座谈会、现场调研等形式，了解企业的生产经营情况。春节期间，走访慰问困难台胞和重点台属，并协调上级部门，为10名困难台胞提供每人1800元的困难补助金，为困难台胞学生争取3000元的助学补助金。2015年，市委台办协调解决台商用水用电、民事纠纷等问题7宗，妥善处理涉台来访案件2件，维护台胞的合法权益。

（何　艳）

党校工作

【机构概况】 中共韶关市委党校、韶关市行政学院、韶关市社会主义学院是韶关市委、市政府直属的参照公务员管理的事业单位，内设11个正科级部门，其中行政管理部门5个：办公室、纪检监察室、教务科、学员科、行政科；教学及科研部门6个：科研办、信息管理中心、党建教研室、政治教研室、经济教研室、统战理论教研室。肖怀跃因工作调离韶关后，华旭初于10月兼任韶关市委党校（市行政学院、市社会主义学院）校（院）长一职。全年共有1名教师被聘为正教授，2名教师被聘为副教授，2名青年教师获得副教授资格，2名青年教师获得讲师资格。

【培训情况】 党校以十八届四中、五中全会和习近平总书记系列重要讲话精神为指针，围绕市委、市政府中心任务，开展领导干部、党员骨干和专技人员的培训再教育工作，2015年举办各类培训班153个班次，培训学员达36713人次。以多种形式举办各类主体班：全年共有8个校内主体班，参训学员430人次；各分校共开办7个主体班，参训学员540人次；承办并接待省委党校主体班学员16批次，培训学员669人次；举办省女子干部学院主体班2个，参训学员97人次，2015年与2014年相比，女子干部班参训班次和参训人数都实现同比翻番。公务员培训广泛全面，举办公务员全员培训班16个，参训学员6803人次；举办初任培训班3个（含军转班），参训学员226人次；举办干部自主选学班26个，参训学员约2600人次。配合人社局等部门举办专业技术人员培训班，先后举办8个市直专技班和4个武江区专技班，培训学员共4617人次。开展其他各类培训，社会主义学院共办班2个，培训学员111人次；召开专题报告会4场次，参加学员1580人次；承办各类部门业务培训班、联合其他机构办班、组织各类考试共56场次，参与人次多达15085人次。

【主要课程设置】 该校紧扣形势，按照组织需求、岗位需求、学员需求科学制定教学计划，在课程编排中把“三严三实”、“四个全面”贯穿始终，根据培训差异化的原则，多层次开设不同教学单元，分别在不同班次开设习近平总书记系列讲话精神、十八届四中全会精神、社会建设理论、生态文明建设理论、国防教育、政治建设理论、经济建设理论、社会建设理论、文化建设理论、党的建设理论、生态文明建设理论、经典原著选读、能力建设理论、经济理论、统战理论、领导干部必备知识报告等众多课程单元。着重强化理论武装，发挥“党校姓党”的特点，突出干部培训主渠道、主阵地的作用，引导学员坚定马克思主义、社会主义和共产主义信仰，增强中国特色社会主义道路自信、理论自信和制度自信，组织中青年干部培训班赴江西兴国、瑞金、井冈山等地学习毛泽东等老一辈革命者始终坚持调查研究精神和苏区干部优良作风，深化学员对实事求是思想路线和群众路线的理解。利用韶关市党性教育现场教学基地开展教学活动，组织学员到五里亭省委旧址、南雄梅关、仁化双峰寨、市检察院反腐倡廉基地开展现场教学，加强学员党性修养，增强岗位责任意识。还根据地方发展的实际，围绕市委、市政府中心工作，在主体班次开设韶关市情研析专题板块，促进学员了解韶关、热爱韶关。结合韶关已获地方立法权的实际情况，将提高法治思维、法治能力和区域治理水平落实到干部教育培训工作中，推动韶关经济社会的全面发展。

【科研成果概况】 2015年，该校学术研究硕果累累，科研管理成效显著，出版学术专著1部，发表论文27篇：人民大学全文复印转载1篇；二类期刊1篇；三类期刊2篇；四类期刊3篇；六类期刊16篇；七类期刊1篇；八类期刊2篇；韶关日报理论专题版1篇。其中，论文《广东生态发展区生态价值、补偿机制及产业发展研究》荣获第六届广东省哲学社会科学优秀成果二等奖，是韶关市社科学术界有史以来的最高荣誉，得到省委、省政府领导的重要批示，在全省生态建设领域提供有价值的决策参考。全年共结项课题16项：广东省委党校系统哲学社会科学规划2012年度课题1项、2013年度课题4项；广东省社会主义学院系统2014－2015年度课题5项；韶关市哲学社会科学规划2014年度课题6项。组织各教研室教师申报课题11项：广东省委党校系统哲学社会科学规划2014－2015年度课题3项，韶关市哲学社会科学规划2015年度课题7项，韶关市党建研究会2015年度课题1项。按照韶关市文化广电新闻出版局的要求办理内部资料出版管理的登记证，完成2015年《韶州论坛》的审稿、校对、印刷和发行工作，刊发论文43篇。

【校内外专家学者讲学】 该校把宣传习近平总书记系列重要讲话精神和十八届三中、四中、五中全会精神作为首要任务，3位教师被聘为市讲师团成

10月27－29日，省人大派出工作组到韶关市开展《广东省信访条例》执法检查暨深化解析工作（刘城保　摄）

员。党校专家、教授应邀到县（市、区）及各级机关、学校、部队、企业、农村讲课120多场，课程听众高达12000多人次。利用校内校外两种资源，提升党校干部教育培训实效。共有约40位各级领导干部、企事业单位的专家学者在2015年度走上党校主体班讲台，运用典型案例进行情景再现和模拟分析，提高学员实践能力水平，在干部培训方面发挥重要作用。

【学员管理】 完善校纪校规，端正班风学风。不定期检查各班到课情况和班主任管理情况，并把每个班的检查情况在班主任会议上通报。根据初任班学员较为年轻的特点，探索适应新的培训管理方式，明确班委职能分工，建立班委轮值表，每天安排1名班委协助班主任督查学员学习状况。针对以往迟到、早退、课堂纪律等问题，通过运用双考勤制度，在每堂课分上半节和下半节进行考勤，有效提高学员到课率至95%以上。组织形式多样的集体活动，把专题讲授、报告讲座、文体活动与各类教学安排结合起来，组织学员参与实弹射击、登韶阳楼、上通天塔等户外活动，举办拔河、篮球、乒乓球等运动比赛，提升学员竞争意识和团结协作意识，提高培训效果。 （陈孔堃）

信访工作

【机构概况】 韶关市信访局是市委、市政府负责群众来信、来电、来访和综合、督查工作的办事机构，正处级，挂靠市委办公室。现有行政编制11名，后勤人员编制2名，设综合科、办信接访科（网上信访办理科）和督查科3个科室。

【群众信访情况】 2015年，韶关市群众到中央、省、市、县四级信访总量6592宗（批）12870人次，其中：来访3485批12870人次，来信2575宗，网信532宗。市驻京信访工作组得到省驻京信访工作组的通报表扬。10个县（市、区）信访工作年度考核被省信访局评为“通报表扬单位”。

【信访工作制度改革】 贯彻落实中央、省出台的系列信访工作改革制度及措施，制定韶关市相关制度和措施。继续抓好《广东省信访条例》宣传教育，开展形式多样的文艺活动，让群众在娱乐中掌握《广东省信访条例》知识。引导群众依法信访、依法维权，自觉维护正常的信访秩序和社会秩序，推动信访在法治轨道上运行。推动建立涉法涉诉信访事项退出普通信访领域后的善后衔接机制，实现涉法涉诉信访事项分流。

【网上信访系统深度运用】 推进网上信访系统纵向到乡镇，横向到职能部门。开展网上信访业务培训18场。结合信访信息录入“百日会战”，对网上信访信息系统录入情况开展回头看，补齐应录未录的信访信息，解决信访事项录入不全、覆盖范围不广、录入不规范问题，使信访工作更加便捷高效、公开透明，支撑业务、规范业务的基础性作用显现。全年通过网上信访信息系统反映诉求及流转交办的信访件共2794宗，网上信访逐步得到群众的认可。

【矛盾纠纷源头化解】 以开展涉农、劳资、环保、金融、房地产、交通六大领域矛盾纠纷治理为抓手，推动有关部门化解矛盾纠纷突出问题，全年共调处化解各类矛盾纠纷12500多件，在源头上控制信访增量。创新基层矛盾纠纷治理模式，吸纳“两委员、一代表”及社会力量参与基层矛盾纠纷化解工作，仁化“干群会客厅”、南雄“民间懂事会”等模式取得良好的成效，化解大量的基层矛盾，得到省领导及有关部门的肯定。

【推动信访积案化解】 加大信访积案化解，特别是“骨头案”“钉子案”的化解，全年共督办信访案件151宗，办结率为96.7%，其中：中央、省交办案件40宗，结案39宗，结案率97.5%；排查涉基层信访积案82宗，化解78宗，化解率95.1%。召开信访协调会议50多场，推动军转干部、国企转制、房地产项目欠薪等涉及人数较多信访问题的化解。

【加强依法治访】 按照诉求合理的解决问题到位、诉求无理的思想教育到位、生活困难的帮扶救助到位、行为违法的依法处理的原则，及时就地解决群众合法合理诉求，对缠访闹访、以上访为由制造事端的违法行为加大打击力度，信访秩序有较大好转。

【做好重点敏感时期信访工作】 做好省委全会、全国“两会”、世界田径锦标赛及“9·3”阅兵、五中全会、省“两会”，及市委全会、市“两会”等敏感时期的信访工作，做好群众到省进京上访人员的劝访工作，为中央、省、市重要活动的举行创造良好的环境。 （李迎胜）

编制工作

【机构概况】 韶关市机构编制委员会办公室是市机构编制委员会常设办事机构，负责全市行政管理体制改革、市直机关事业单位管理体制改革和机构编制日常管理工作。1981年9月，韶关市成立编制委员会，编制委员会办公室设在韶关市人事局，由人事局领导和管理。1994年韶关市编制委员会办公室更名为韶关市机构编制委员会办公室，名称沿用至今。1997年3月，市机构编制委员会办公室调整为正处级，挂靠在市人事局。2001年8月市机构编制委员会办公室调整为与市人事局合署办公。2009年11月，韶关市机构编制委员会办公室调整为单独设置，既是市委的工作部门，又是市政府的工作部门，列市委机构序列。内设4个科：综合科、行政机构编制科、事业机构编制科、监督检查科。直属行政单位1个：市事业单位登记管理局（正科级）。2013年7月，增设1个内设科：市行政审批制度改革办公室。

【推进权责清单制度】 2015年，在市直部门全面推开权责清单制度工作，市成立韶关市推进职能转变协调小组负责统筹该项工作，市编办作为牵头部门，注重凝聚改革力量和提升改革效率，围绕政府职能转变，推动权责清单制度工作开展。12月28日，市政府印发《韶关市人民政府关于印发市直部门权责清单的决定》，向社会公布市级权责清单。纳入清理范围的49个市直部门共清理出行政职权7757项，取消调整454项，取消调整后共保留各类职权事项7303项，其中行政许可297项，行政处罚3874项，行政强制272项，行政征收36项，行政给付43项，行政检查504项，行政确认98项，行政奖励37项，行政裁决6项，其他2136项。

【继续深化行政审批制度改革】 12月24日，以市政府名义印发《韶关市政府部门非行政许可审批事项清理决定》，共取消25项非行政许可审批事项，将33项非行政许可审批事项调整为政府内部审批，全面完成非行政许可审批清理。落实行政许可年度报告制度，组织力量按20%的比例对市直有审批职权的部门进行实地抽查，形成《韶关市2014年度行政审批实施和监督管理情况报告》并向社会公开。完成行政审批标准化的事项梳理、业务培训以及资料收集等前期准备工作。对市直部门实施审批过程中涉及的中介服务事项及其收费进行全面摸底，组织发改、财政、法制等部门进行审核论证。

【推进行政管理体制改革】 完成市级农业和劳动保障监察综合行政执法改革，整合农业和劳动保障监察两个领域的执法主体，减少行政执法层级，理顺各层级执法权责关系，推动执法重心下移。完成不动产登记改革，将原分散由市有关部门承担的土地、房屋、林地、草原（牧草地）等不动产登记职责整合交由市国土资源局统一承担；将市国土资源、住房和城乡建设、农业、林业等部门不动产统一发证的具体业务性工作进行整合，设立韶关市不动产登记中心，承担市本级不动产登记的事务性工作。以城市管理领域为突破口，加快理顺市与市辖区权责关系。协调理顺芙蓉新区征地拆迁体制机制。

【深化事业单位分类改革】 清理规范事业单位，对部分职能严重弱化且没有在职人员的“空壳”事业单位进行清理，取消部分经营服务类事业单位的建制。对市直事业单位分类改革后的事业单位运行情况进行专题调研。通过发放调查问卷、与单位负责人座谈和实地调研等形式，基本摸清现阶段市直事业单位职能履行及机构编制管理情况，并就相关问题解决措施进行探讨。按照优化结构、保障重点、有增有减原则，逐步实现基本公共服务均等化的目标，动态调整事业单位机构编制，优先保证基本公共服务、重要领域及引进紧缺高层次人才等用编需求。对新增的公益服务职责任务所产生的机构编制需求，坚持“撤一建一”原则，通过盘活资源的方式予以解决。

【事业单位登记管理】 做好事业单位登记管理工作，全年共办理设立登记单位13个，变更登记84个，注销登记35个，证书补领2个，刊登遗失声明2则，刊登拟注销公告4则，管辖移交2个。推进事业单位年度报告公开工作，审核事业单位的年度报告并向社会公开。

【事业单位网上名称管理】 将市直机关事业单位网上名称管理工作经费纳入市级财政部门预算。市直机关事业单位的域名注册率由45.5%提高到96.5%。

【机构编制监督管理】 做好控编减编工作，4月，省编办批复韶关市控编减编方案，6月，市编办批复各县（市、区）的控编减编方案，明确控编减编目标和责任。7月，经对10个县（市、区）控编减编执行情况进行督查，全市行政类编制没有突破省下达的编制数，事业编制也没有突破2012年底的总量。优化编制资源配置，行政机构主要是通过整合内设机构、职能配置优化、机构编制资源，在保持机构、编制数量不变的前提下，注重对部门内设机构相同或相似的职责进行整合优化，压缩非业务科室个数，提高业务科室设置比例和工作效能。事业机构主要是建立动态调整机制，按照“撤一建一”的原则，盘活事业机构编制资源。推进实名制管理，市编办结合韶关市实际对省实名制系统进行二次开发、调试和数据对接，5月1日起，全市机构编制实名制管理从原来使用市系统全面转入到使用省系统，加大实名制信息公开力度。8月中旬，继公开全市各级党政群机关和市直事业单位机构编制实名制信息后，又公开10个县（市、区）共1961个事业单位的机构编制实名制信息。至此，全市机构编制实名制信息公开范围已覆盖全市机关事业单位。（冯碧群）

保密工作

【概况】 2015年，全市各级保密组织、保密行政管理部门围绕全市工作大局，改革创新、攻坚克难，推动保密工作取得新成效。经国家保密局、人社部评定，韶关市保密局被评为全国保密工作先进集体，成为广东唯一获此殊荣的单位。省委保密委全体会议暨全省保密工作会议对韶关市15项工作给予肯定。

【保密会议】 3月6日，韶关市委保密委专职副主任、市保密局局长石云峰在市委第83次常委会议上汇报省委保密委全体会议暨全省保密工作会议的主要精神。会议专题研究部署贯彻落实全省保密会议精神的有关措施。3月19日，韶关市召开市委保密委全体会议暨全市保密工作会议。会议传达省委保密委全体会议暨全省保密工作会议和市委常委会议审议保密工作的主要精神，总结2014年全市保密工作，部署2015年工作任务。省保密局副局长贾穗军到会讲话，市委副书记、保密委主任陈向新出席会议并讲话，市委常委、秘书长、保密委副主任孔云龙主持会议。

【定密管理】 督导保密重点单位主动向上级业务主管部门申报定密授权。督导各县（市、区）以党委、政府名义分别向市委、市政府申报定密授权。组织8个机关单位定密审核人员参加全省定密培训班。督导各单位填报《定密责任人备案表》，建立完善法定、指定密责任人和定密承办人数据库。督导各单位完成《定密事项一览表》的制定和报备。完成全市定密年度统计报告任务。

【网络保密管理】 对全市涉密网络的密级确定、方案论证、建设实施、申报测评和迎接测评等工作分别进行指导和协调。先后选派多名技术干部参加国家保密局和省保密局分别举办的涉密网络安全保密管理人员培训班、涉密网络测评工作培训班。组织市保密技术专家委专家现场观摩涉密网络审查和测评。组织开展全市涉密网络保密专项检查，配合省开展抽查。先后抽调始兴、浈江、曲江等县（区）保密局技术干部参加粤北片涉密网络测评活动。

【涉密人员管理】 选择2个县（区）和8个机关单位开展涉密岗位和涉密人员确定试点，试点经验和成效得到省的肯定。会同有关部门就“全市因私出国（境）涉密人员信息登记备案”等问题研究制定相关对策措施，加强对因私出国（境）涉密人员的保密管理。举办第二期全市保密干部全员培训班，300多名涉密人员参加培训。

【保密监督检查】 会同有关部门联合开展全市国有企业、农业系统、信访系统、政法委系统、涉密测绘成果使用单位专项保密检查。配合省检查组分别抽查2家国有企业和3家涉密测绘成果使用单位。开展全市“十二五”保密事业发展规划和“六五”保密普法规划的检查验收。完成全市保密普查任务。会同市教育、司法、人社、卫计、财政等部门和韶关学院、松山学院等单位，共同完成全年各类国家和全省统一考试的安全保密任务，全年未发生泄密事件。组织、指导查处保密违规行为3宗，提请追究行政责任3人、责令作出书面检查3人、通报批评3个单位，约谈有关单位负责人2人。

【保密宣传教育】 协调有关部门将保密教育纳入市委批转的全市纪律教育学习月活动方案、在全市纪律教育学习月动员大会上安排保密专题党课。市保密局主要领导应邀分别到市委办和市教育、发改、财政、国税等部门以及韶关学院、交行韶关市分行、农发行韶关市分行、核工业金宏公司等单位主讲保密讲座。开展保密教育示范基地遴选推荐工作，开辟保密宣传教育新阵地。组织开展《保密工作》杂志订刊、学刊、用刊活动，市保密局及乐昌、始兴、乳源、曲江等县（市、区）被国家保密局金城出版社评为《保密工作》杂志订刊、学刊、用刊先进单位。组织动员机关单位工作人员主动关注国家保密局“保密观”微信订阅号。组织播放保密教育片500多场次、征订保密宣传教育挂图2700多套、印发宣传教育资料1万多份。撰写保密工作年鉴，编入《韶关年鉴》出版发行。更新市保密宣传教育门户网站信息400多条（篇）。协调市委组织部将“信息安全保密”教育纳入市委印发的全市2014-2018年干部教育培训规划和党校、公务员年度培训计划。市保密局主要领导为市委党校主体班主讲保密教育课，并组织教学成效测试。

【保密考核】 向市绩效考核办公室提交《关于报送2014年绩效考核保密违法违纪行为“一票否决”考评结果的函》；向市委组织部提交《关于报送2014年市管干部年度评优保密工作“一票否决”考评结果的函》。

【涉案工作行政审批】 完成50项保密权责清单的制定。依法审批政府涉密采购62宗，批准1家涉密载体销毁企业，确定政府涉密采购代理机构1个，组织1家民营企业正式申报军工科研生产保密资质，引导部分国有企业申报军工保密资质。配合省完成1家涉密印制资质企业的现场审查验收。

【保密技术保障】 加强涉密计算机违规连接互联网管理，责令一单位抓好涉密计算机违规外联事件的整改。督导重点机关单位配备保密设施设备，向全市发出通知，对涉密会议室建设及保密技术防护设施建设、设备配备提出具体的保密要求。为机关单位提供涉密会议移动通信信号屏蔽服务30多场次。组织市保密技术专家委专家参与涉密网方案论证、涉密政府采购邀标评审70多场次。市涉密载体临时销毁基地建成并投入使用。

【保密系统建设】 召开各县（市、区）保密局长专题座谈会，听取对省“十三五”保密事业发展规划的修订意见。全年参加国家保密局和省保密局分别召开的各类征求意见会5场次，所提意见建议得到肯定。对国家和省下发的各类征求意见稿组织力量分析和研究，所提意见建议大部分被采纳。组织动员市直、中省驻韶单位“一把手”出任本单位保密组织主要负责人。深化保密行政管理部门主要负责人调整事前征求上级保密部门意见机制。开展第四批保密工作荣誉纪念章评审活动，全市有10位保密干部获荣誉纪念章。市保密局新增文职人员1人、特招计算机公务员1人。协调乳源、翁源、新丰、曲江等4县（区）保密局特招计算机公务员各1人，督导始兴、仁化、浈江、武江等4县（区）保密局选调选配计算机人才各1人。增补市保密技术专家委专家4人。组织动员全市军工企业、定点维修维护企业加入省保密协会。深入韶关军分区、96318部队开展专题工作调研，加强军地联动。指导、协助有关部门联合开展信息安全保密检查活动。

（石云峰）

韶关市人民代表大会及其常务委员会

【概况】 根据韶机编办发［2015］50号文，市编委批准在市人大常委会法制工作委员会增设法规科、备案审查科，各配正科级领导职数2名，增加行政编制4名。2015年，市人大常委会机关设办公室、研究室、市依法治市办公室和法制工作委员会、财政经济工作委员会、城乡建设环境与资源保护工作委员会、农村农业民族宗教工作委员会、教育科学文化卫生华侨外事工作委员会、选举联络人事任免工作委员会等6个工作委员会，下设15个职能科室。根据市编制委员会核定，2015年市人大常委会机关的行政编制为59名，后勤服务人员编制为30名。

2015年，韶关全市共有各级人大代表7494人，其中全国代表5人，省代表32人，市代表348人，县（市、区）代表1819人，镇代表5290人。

2015年，常委会贯彻落实市委决策部署，坚持党的领导、人民当家作主和依法治国的有机统一，履行宪法和法律赋予的职权，推进“有为人大、活力人大、和谐人大”建设，发挥地方国家权力机关的作用。一年来，常委会作出决议决定14项，听取和审议专项工作报告17个，组织视察调研45次，开展执法检查2次，开展专题询问1次，任免国家机关工作人员36名，备案审查规范性文件38件，编制2015－－2016年立法规划，完成市十三届人大五次会议确定的任务。

重要会议

【市十三届人大五次会议】 韶关市十三届人民代表大会第五次会议于2015年2月2日至6日在韶关市区举行。出席本次会议应有代表为351名，实际到会333人，超过全体代表的三分之二。会议表决通过关于政府工作报告的决议、关于韶关市2014年国民经济和社会发展计划执行情况与2015年计划的决议、关于韶关市2014年预算执行情况和2015年预算的决议、关于韶关市人民代表大会常务委员会工作报告的决议、关于韶关市中级人民法院工作报告的决议、关于韶关市人民检察院工作报告的决议等6项决议。

【常委会议】 2015年，全市召开常委会议9次，主要补选赵昆为省第十二届人大代表，审议市十三届人大五次会议有关事项；审议和通过《韶关市第十三届人民代表大会常务委员会代表资格审查委员会关于部分代表的代表资格的报告》。决定任命王伟阳为韶关市人民政府副市长；免去兰茵的韶关市人民政府副市长职务。会议表决通过《韶关市人民代表大会常务委员会关于聘请丁钢全、王少敬等27人为韶关市人大常委会地方立法咨询专家的决定》、《韶关市人民代表大会常务委员会关于批准芙蓉新城安置房建设工程项目融资相关问题报告的决议》、《韶关市人民代表大会常务委员会关于接受郑振涛辞职请求的决定》、《韶关市人民代表大会常务委员会关于接受艾学峰辞职请求的决定》和《韶关市人民代表大会常务委员会关于推选李石保为代理主任的决定》等五项决议决定。作出《韶关市人民代表大会常务委员会关于许可韶关市人民检察院对市十三届人大代表杨思远采取强制措施的决定》。作出《韶关市人民代表大会常务委员会关于骆蔚峰为韶关市人民政府代理市长的决定》；会议作出《关于批准韶关市2014年市级决算的决议》《关于批准2015年预算调整方案报告的决议》。会议就食品安全问题开展专题询问，听取和审议市人民政府关于韶关市2015年第二次预算调整方案的报告；依法补选蓝佛安、骆蔚峰为省十二届人大代表，报省人大常委会代表资格审查委员会进行资格审查。对市城管局工作民主测评满意。作出《关于批准调整2015年国民经济和社会发展计划部分指标增长目标的决议》、《关于批准2015年第二批新增地方政府债券资金安排方案报告的决议》、《关于召开韶关市第十三届人民代表大会第六次会议的决定》、《关于列席和邀请列席市十三届人大六次会议人员的决定》和《关于接受陈绍球等辞职请求的决定》等5项决议决定。会议共免去国家机关工作人员职务34名。

【主任会议】 2015年，市十三届人大常委会共召开10次主任会议。会议主要内容：听取市政府关于韶关市政府债务情况的报告、关于市区乡村规划和私房报建工作情况的报告、关于办理切实加强封山育林工作议案的报告、关于将皇岗山、芙蓉山、莲花山纳入城市生态公园规划建设和管理议案结案的的报告、关于韶关市区简化用水分类实施居民阶梯水价方案的报告、关于提请审议2015年预算调整方案（草案）的报告、关于调整2015年国民经济和社会发展计划部分指标增长目标的报告、关于加强新建住宅区教育设施配套建设的情况报告、关于“十三五”规划编制情况的报告、关于2015年第二批新增地方政府债券资金安排的情况报告；听取市人大常委会法制工委关于《韶关市制定地方性法规条例（草案）》、关于《韶关人大常委会制定地方性法规流程图（草案）》、关于《韶关市人大常委会立法技术与工作程序规范（草案）》、关于《韶关市人大常委会关于在立法工作中发扬民主的规定（草案）》，以及《广东省丹霞山保护条例（条例）》、《韶关市区村庄规划管理规定（草案）》、《韶关市市区限制经营燃放烟花爆竹及孔明灯规定（草案）》立法工作小组调研的情况汇报；听取市人大常委会法制工委关于建立法律专家人才库工作情况、市人大常委会执法检查组关于《中华人民共和国道路交通安全法》贯彻实施情况、市人大常委会选联任工委关于市十三届人大五次会议代表建议办理情况、市依法治市办关于按法治框架化解基层矛盾试点工作的情况报告。会议还讨论、研究其他重要事项18项。

重要活动和主要工作

【启动立法工作】 2015年5月28日，韶关市成功争取成为全省第一批具有地方立法权的地级市，这是韶关市民主法治工作取得的新的重大突破。常委会坚持立法决策与振兴发展相结合，科学制定《韶关市人大常委会2015—2016年立法工作计划和实施方案》。落实市委对立法工作的要求，基本形成“市委领导、人大主导、政府跟进、社会参与”的立法工作格局。对拟提交市十三届人大六次会议表决的《韶关市制定地方性法规条例（草案）》进行多次修改完善，组织起草《韶关市人大常委会立法技术与工作程序规范》等10项地方立法规范性文件，加强对《广东省丹霞山保护条例》、《韶关市市区村庄规划管理规定》、《韶关市区限制经营燃放烟花爆竹及孔明灯规定》等三个法规的立法调研和论证工作，建立韶关市法律人才信息库和地方立法咨询专家库，成立韶关市地方立法研究中心，聘请立法专家顾问和一批地方立法咨询专家，组织相关人员分别参与全国人大和广东省人大组织的立法培训班。

【做好国民经济计划审查】 依照监督法的规定和程序，做好国民经济和社会发展计划的审查工作，督促政府按照常委会提出的要求，完成全年的经济发展计划目标。听取和审议市政府关于2015年上半年国民经济和社会发展计划执行情况的报告，针对上半年持续低迷的经济形势，督促政府进一步统一思想，凝聚共识，主动融入珠三角发展，增强与珠三角融合发展的能力，把项目建成的成果体现在经济发展和财政增收上；加快构建现代产业体系，重视传统产业提档升级，重点支持实体经济发展，突出规模企业培植，鼓励引导企业加大科技创新，加快发展现代农业与推动服务业提速发展；培植财源，强化收入征管，调优支出结构，优化资金的使用绩效，提升预算的可行性和执行率，力保全年经济目标如期完成。听取和审议市政府关于调整2015年国民经济和社会发展计划部分指标增长目标的报告，批准市政府将地区生产总值、固定资产投资、地方财政预算收入作出调整。听取和审议市政府关于“十三五”规划编制情况的报告，建议市政府加强宏观形势研判和重大问题的研究，适应经济发展新常态，确保“十三五”规划编制符合市情实际，体现时代发展要求。

【强化财政预决算监督】 根据新预算法对人大预算监督的新要求，按照新预算法规定审查、批准、监督、调整多个环节程序，强化对预决算的审查监督，常委会分别听取和审议2014年市本级决算报告、2015年上半年预算执行情况报告、2014年市本级预算执行及其他财政收支的审计报告，以及2015年预算调整方案报告和2015年第二次预算调整方案的报告，督促政府及财税部门工作人员加强新预算法的学习，增强预算法制意识，推动法制财政建设。围绕年初确定的目标任务，进一步加强对重点行业、重点企业和重点项目的税收征管，发挥重点税源预警监控作用。研究完善“营改增”过渡性财政政策，力促财政稳定增长。把握振兴发展“三大抓手”，重点支持城市扩容提质、产业工业园区、交通基础设施等重点项目建设，培植优质税源、培育新兴财源，增强财政增收后劲。完善财政资金审批程序，简化审批流程，加快支出进度，提升预算执行的可行性和执行率。完善财政投入民生工程机制和保障重点项目支出，落实底线民生和政府为民办实事资金，提高民生支出占公共财政的比重，推进国民经济和社会事业融合发展。要求市政府继续跟踪落实审计报告提出的整改建议，强化预算的约束和监督，逐步建立事权与支出相适应的财政体制，规范预算的收支管理，使人大的预算监督落到实处。

【开展食品安全问题专题询问】 为推动政府进一步加强韶关市的食品安全监督工作，8月26日，市十三届人大常委会第27次会议在市政府南楼会议室举行食品安全专题询问会。询问会围绕加大食品安全监管投入与建设、风险监测及评估、对农药残留超标及畜禽产品水产品兽药残留超标问题监管、对小作坊、小餐馆食品安全监管、推进食品经营者信用档案建设和社会共治等市民普遍关注的热点难点问题，由12名常委会组成人员和列席的人大代表及市民进行询问，副市长王伟阳及市食药监局、农业局、卫计局、质监局、食安办等部门负责人作出应答。会议形成落实机构改革的后续任务、建立齐抓共管监督机制、严格监管执法与安全管控、强化食品安全信用体系建设等4条监督意见，督促政府贯彻新修订的食品安全法，加强领导，以问题为导向，坚持以预防为主，坚持源头治理，坚持强化过程监管，提高食品安全的治理能力。

【开展对城管局工作评议】 根据市十三届人大五次会议对政府部门和“两院”工作测评的排名，确定市城市综合管理局为工作评议对象。常委会第28次会议听取受评单位的自查报告。常委会对城管局近年来取得的成绩给予充分肯定，并对其一年来的工作进行工作评议，出席会议的常委会组成人员采取无记名的投票进行测评，测评结果为满意（按“满意”、“基本满意”、“不满意”三个等次进行无记名测评）。会议对今后加强和改进城管工作提出理顺城管体制、完善各项管理制度、创新资金投入机制、夯实城管基础、营造全民参与氛围等整改建议，督促市政府要按照责、权、利相统一的要求，加大工作的力度，解决好多头管理、交叉管理等问题，提升韶关市城市管理水平。

【人民代表工作】 加强代表履职学习培训，组织人大代表参加全国、省人大组织的各类学习培训班；采取远程视频的形式，组织各级人大代表参加省人大举办的各类专题辅导、讲座12批次，协助十个县（市、区）人大常委会组织驻辖区内的各级人大代表474人通过在线交流平台参加省代表培训班远程同步学习。扩大代表对常委会工作的参与，落实常委会组成人员联系市人大代表制度，扩大代表对地方立法、监督工作的参与，广泛听取代表和群众的意见，不断改进常委会的工作，邀请代表列席市人大常委会会议30多人次。丰富代表活动内容，提高活动的实效，加强闭会期间代表活动的常态化和规范化建设，有针对性组织代表参与立法、执法检查、视察等活动，对代表关注的民营企业扩容提质、新农村建设、现代农业发展等情况进行视察调研；围绕韶关市经济社会发展、县镇人大工作、社区治安防控、市公安机关民警下基层及代表自身创业和履职等问题，协助组织驻韶全国、省代表小组开展进“社区”活动；就莞韶产业园建设、东环商贸城建设、旅游产业发展等议题，组织韶关市选出的省十届人大代表开展为期4天的集中视察活动。拓宽代表知情知政渠道，全年共组织代表16批63人次参加各类座谈会、听证会、评议和视察等活动。开展代表测评市政府组成部门和“法检两院”年度工作，推动“一府两院”切实改进作风，依法履行职责。重视发挥基层代表作用，规范和加强人大代表联络室建设，促进基层代表活动正常化、制度化、规范化。组织驻韶全国、省人大代表赴粤东地区开展专题调研，学习借鉴外地贯彻落实“加快粤东西北振兴发展”的有益经验，引导代表参加全国、省“两会”期间提出高质量的议案、建议。

【办理代表建议】 重视对代表建议的督办工作，对市十三届人大五次会议上代表提出的79件建议、批评和意见，会后及时将代表建议进行分类整理，将属于市政府职能部门办理的74件代表建议交给市政府办理答复；另外5件直接交由其他部门办理。主任会议确定9件重点建议由市人大常委会领导班子成员及正副秘书长督办，各工委按照分工对代表建议跟踪督办。办理过程中，注重加强与代表的联系与沟通，对代表反映强烈、办理结果不满意的难点问题，重点关注，追踪办理。市十三届人大常委会第29次会议听取和审议市政府关于办理代表建议情况的工作报告，督促有关部门在解决问题上下功夫，切实提高办理的落实率。通过市政府及其部门的共同努力，解决一批代表和群众关注的焦点问题，79件代表建议所提问题得到解决或部分解决的25件，占总数的31.6%；列入计划逐步解决的46件，占总数的58.3%；因条件暂不具备需向代表作出解释的8件，占总数的10.1%。代表对办理答复表示满意的70件，基本满意的7件，不满意的2件。

6月30日，全市立法工作会议在市委会议中心举行（市人大　供）

【信访工作】 2015年，市人大常委会机关信访工作整体呈现出“四个下降”（信访总量下降、集体上访下降、重信重访下降、越级非正常上访下降）和“一个好转”（信访秩序好转）的良好态势。全年共受理群众来信来访事项188件次，来信76件次（其中省人大转来1件次，全国人大转来3件次），来访107件次192人次（其中集体上访26件次111人次），与2014年相比，分别下降74.9%和114.7%；网络问政5件与上一年持平。

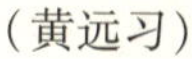
（黄远习）

韶关市人民政府

【机构概况】　市政府由市长、副市长、秘书长、市人民代表大会常务委员会任命的各委员会主任、各局局长组成。市政府实行市长负责制，市长领导市政府的工作，副市长协助市长工作。市长召集和主持市政府全体会议、市政府常务会议。市政府工作中的重大事项，必须经市政府全体会议或市政府常务会议讨论决定，副市长按分工负责，处理分管工作，受市长委托，负责其他方面的工作或专项任务。秘书长协助市长处理安排市政府的日常工作，副秘书长在市长、副市长、秘书长的领导门下，协助处理相关工作。市长出国访问、外出学习、休假期间，由市长指定负责常务工作的副市长代行市长职务，各委员会、各局实行主任、局长负责制，由其领导本部门的工作。

重要会议

【市政府常务会议】　2015年，共召开市政府常务会议33次（十三届52次至84次）。审议《韶关市2015年政府投资项目计划》，审议《韶关市重点建设项目管理办法（修订草案）》《韶关市区户外广告和招牌设置管理规定（修订草案）》《韶关市城市道路车辆停放管理规定（修订草案）》。审议《韶关市园林绿化管理规定（修订草案）》。审议《韶关市贯彻落实＜赣闽粤原中央苏区振兴发展规划＞实施方案》《东莞（韶关）产业转移工业园国有土地使用权出让收入缴库方案》《莞韶大厦西侧地块等10个建设项目地块控制性详细规划调整方案》。审议《南水水库生态环境保护总体方案》《韶关市区家禽“集中屠宰、冷链配送、生鲜上市”工作实施方案》《韶关市城市总体规划（2014—2030）纲要》《韶关市涉重金属行业环境综合整治方案（2015—2020年）》。审议《韶关市关于推进中国（上海）自由贸易试验区可复制改革试点经验的实施意见》《武深、汕昆高速公路韶关段土地与房屋征收资金使用管理办法》《韶关市区棚户区改造项目采购承接主体（供应商）工作方案》《关于分段缴交建筑工程安措费和取消房地产开发项目建设担保制度的办法》。审议农村生活垃圾收运处理工作方案办法，《韶关市区简化用水分类实施居民阶梯水价方案》。审议《韶关市地下管线普查工作方案》《韶关市市区（浈江区、武江区）2014年城镇基准地价更新成果》《广晟公司工矿棚户区改造安置方案》《韶关工业园区产业发展扶持资金管理办法》《韶关市本级部门零基预算编制方案》。审议《关于对市本级堤围防护费减免的意见》《关于推进市级财政投融资改革的意见》，2015年预算调整，《韶关市招商引资工作联席会议制度》，审议《韶关市职工生育保险实施办法（修订草案）》《芙蓉新城文体活动中心项目建议书》。审议韶关市人民政府工作规则及常务会议规程，审议《韶关市森林火灾事故责任追究方案》。审议《韶关市人民政府关于进一步做好新形势下就业创业工作的实施意见》。审议《韶关市人民政府与前海人寿保险股份有限公司战略合作框架协议》《韶关市促进电子商务发展扶持措施（试行）》。审议《韶关市人民政府关于深化收入分配制度改革的实施意见》《广州市人民政府韶关市人民政府战略合作框架协议》。审议《韶关市生物质产业发展规划（2011—2015）调整方案》《韶关市珠江流域北江源头节能技术改造以奖代补管理暂行办法（修订）》《韶关市旅游交通公路项目建设实施方案》。审议《韶关市市区（浈江区、武江区）2014年城镇基准地价更新成果》《韶关市互联网＋行动计划》，审议《韶关市人民政府关于进一步推进户籍制度改革的实施意见》《韶关市加快推进科技创新驱动发展“1＋N”政策意见》《韶关市科技企业孵化器建设实施方案（2015—2017年）》《韶关市病死畜禽无害化处理实施方案》。审议《丹霞山保护和管理条例（草案）》《提高行政服务效率优化行政审批事项工作方案》《韶关市特色轻工产业发展三年行动计划（2016—2018年）》。审议《保利中国武侠城（丹霞文化小镇）项目投资框架协议》，韶关市县（市、区）财政支出进度考核与转移支付挂钩暂行办法，《韶关市老年人优待办法（修订草案）》《韶关市古树名木保护管理办法（修订草案）》。

【市政府工作会议】　2015年，共召开市政府工作会议155次。主要研究五小建设等园林项目，塘湾片区奥园项目事项，加快推进市区部分重点项目规划审批，武江南路红星综合厂地块二期工程，田螺冲7号8号地块棚户区改造项目建设，加快推进韶关市棚户区改造工作，消雪岭华侨茶场危旧房改造，地下管线普查工作。市区天然气门站建设及对接相关事宜，市区小街小巷维修整治，市区东堤南停车场项目，清理浈江区黄金村大桥桥底沉船，市区大气污染综合防治工作，重点环境问题整治约谈督导，市区主次干道内涝整治项目，市创文迎国检工作。研究下胡村征地工作，市八中东侧两宗土地使用权有关问题，市区启明北、浈江中旧城改造历史遗留问题，工业东路16号宗地“三旧”改造项目，第三污水处理厂、市区污水处理厂截污管网建设。韶关市小岛片区旧堤改造加固工程建设，德成鞋业及相邻地块危房改造，韶关市原钛白粉厂“三旧”改造。研究北江河悬挂“船码头私家菜”招牌等船只清理整治工作。华南师范大学附属韶关中学项目推进，市中职、技校和部分市区基础教育资源整合协调工作，扩大武江区优质教育资源和促进韶关市民办教育规范特色发展工作，浈江、武江两区义务教育公用经费，韶关实验中学突出问题等，市直普通高中学校发展及北江中学项目建设，乡镇卫生院配备“五个一”设备及采编制播高标清升级改造项目，全市中小河流治理项工作，东冲河治理项目，处置丹霞山锦江河段死鱼事件等有关问题。研究加快推进南水水库供水工程建设。北江（韶关至乌石）航道扩能升级工程孟洲坝枢纽二线船闸建设，韶关渔政支队工作船停放位置调整。市保安公司脱钩改制工作，中山大东裕（韶关）商贸城项目土地调规报批等工作，摩尔城项目等有关问题。万通城城市综合体项目相关问题，佰旺美食城、佰旺电商城项目建设，盈翠皇庭项目规划验收工作，广物金色江湾项目建设。国粤韶关发电等三个重点项目调度工作，韶能日昇生物质发电项目涉访等有关问题。西气东输天然气市区门站项目。鑫金汇建材家居广场、电子商务产业园等市重点项目建设。研究收回市公安消防支队消防农场土地等工作。武江区西河镇村头村委经济发展用地，研究解决浈江区与武江监狱有关土地置换历史遗留问题，原北江水泥厂地块房屋征收等工作，碧桂园（凤凰城项目）沙头村地块交地工作，韶关市化工厂职工安置事项等有关问题。金港湾商贸城项目拆迁安置等有关问题。市林科所资产清理及人员安置工作等有关问题。乐昌市养老保险金发放问题，浈江产业园积欠投资企业借款等有关问题。进一步促进创业带动就业工作，风度广场负一楼（夹层）经营户要求继续经营问题，被征地农民养老保障资金分配工作，韶州公园二期等项目，游泳场建设。韶关冶炼厂升级改造搬迁项目，比亚迪配套项目推进工作调度，大宝山矿业公司发展，推进市属国企改革工作，韶关市紧固件产业园及浈江产业园建设。翁源铁龙林场血铅异常儿童康复干预及后续处置工作。韶关市城区屠宰检疫实行属地管理等有关问题。莞韶产业园招商引资工作、消防报建并联审批工作，芙蓉新城水系水利及滨江景观带工程建设，新区路网和芙蓉隧道建设，落实芙蓉新城“三年基本成城”行动方案，芙蓉新城保利项目建设。省道S251线黄岭亭至小坑段改建项目工程可行性研究报告评审等有关问题。曲江大道（曲江区S248线新村至芙蓉新城与韶赣高速连接线）前期工作，研究曲江大道及韶关市翁源至新丰高速公路项目前期工作，省道S344线始兴司前至曲江小坑段旅游公路配套设施完善项目建设方案评审，研究浈江北路续建工程建设，国道323新线阳山段等重点项目，陵南路改造工程等市政项目。研究东环线一期工程建设，东环线及周边项目征拆工作，东环线片区项目建设指挥部调度。机动车辆路桥通行费年票制有关工作，市道通机动车驾驶培训有限公司、市交通清障拯救中心移交，调研旅游工作，建设“九龄故里·百里画廊——韶关市乡村生态旅游线路”项目，曲江方园现代农业生态园推进。广州韶关两市建立联合发展合作关系，广东韶关烟叶复烤有限公司技改项目涉及5户房屋拆迁，广东中烟韶关物流园项目，协调解决广东中烟工业有限责任公司韶关仓储区等项目，中建材韶关有限责任公司个人所得税征缴问题，华电南雄“上大压小”热电联产项目送出工程路径确认事项。新消防指挥中心建设用地，丹霞山山林资源保护管理及山林信访等问题。2015年重点出让项目推进工作。

【各项专题会议】 4月22日、7月15日和10月20日，市政府分别召开一季度、上半年和三季度经济形势分析会议，总结前段全市经济工作情况，分析当前经济形势，研究部署下一步经济工作，确保全年经济发展预期目标实现。7月28日，市委、市政府召开全市扶贫开发“双到”工作会议，通报2013年以来韶关市扶贫开发“双到”工作情况，并对下一步工作进行部署，新丰县、乳源瑶族自治县、东莞市驻韶帮扶工作组、韶关学院、始兴县财政局等作经验发言。10月30日，市委、市政府召开全市招商引资工作大会，出台《关于进一步加强招商引资工作的意见》《进一步优化韶关投资营商环境的具体措施》等政策文件，就进一步加强韶关市招商引资工作、优化韶关投资营商环境等工作作出具体部署。11月6日，市委、市政府召开全市民营经济工作大会，出台《关于促进民营经济加快发展的若干措施（试行）》，要求进一步加大民营经济工作力度，加快民营经济发展。11月20日，市委、市政府召开全市旅游工作大会，出台《关于加快发展大旅游的实施意见》，要求把旅游产业打造成为韶关实现战略转型、产业兴韶，助推实现振兴发展的重要战略支柱产业。12月18日，市委、市政府召开全市抓落实提高执行力工作大会，出台《关于进一步加强督查督办推进落实提高执行力的实施意见（试行）》，要求牢固树立主动作为、勇于担当的意识，以强大的执行落实能力，确保上级和市委、市政府重大决策部署落到实处，不断开创韶关市经济社会发展和各项工作新局面。

（市政府办调研科）

重要决策

【韶关市区户外广告和招牌设置管理规定出台】 2015年6月9日，韶关市人民政府出台《韶关市区户外广告和招牌设置管理规定》。《规定》指出：对发布商业性或者公益性广告内容为目的，利用户外场地、建（构）筑物等设置广告的行为进行规范管理，规定了管理的部门，设置要求，设置户外广告的适用对象范围，审批管理程序，安全防护、违法处置等内容。市城市管理行政主管部门应当对户外广告和招牌设置申请人提交的申请材料受理后，应当出具受理通知书，并自受理之日起6个工作日内做出是否批准的决定。户外广告设置专项规划草案应当向社会公示，公示时间不得少于30日。设置户外广告和招牌应当符合城市规划和市容标准的要求，与区域城乡规划功能相适应，与建（构）筑物风格和周边环境相协调。户外广告和招牌设施应当牢固、安全，不影响建（构）筑物本身的功能及相邻建（构）筑物的通风、采光，不妨碍交通和消防安全。户外广告和招牌设施应当符合节能和环保要求。依法批准设置的户外广告设施，除市城市管理行政主管部门依法定程序变动外，其他任何单位和个人不得占用、拆除、遮盖或者损坏。户外广告设施在批准使用期限内，因城乡规划、建设、管理等公共利益原因确需拆除的，市城市管理行政主管部门应当按规定提前书面通知设置人限期拆除，因拆除造成的直接经济损失，应当依照国家赔偿法予以补偿。拆除超期设置的户外广告设施，不予补偿。

【韶关市区城市道路车辆停放管理规定出台】 2015年6月9日出台《韶关市区城市道路车辆停放管理规定》，《规定》指出：城市道路的范围、管理部门、停车泊位的原则及管理、不得设置泊位、车辆停放的规则、车辆停放的驾驶人的规则、违法停放车辆，收费停车管理、单位停车管理、特种车辆停车管理等方面做了明确规定。市区（不含曲江区）范围内城市内供车辆、行人通行的机动车道、非机动车道、人行道、公共停车场、广场以及附属道路的绿化场地等的城市道路停车泊位的设置、机动车辆的停放管理与服务适用本规定。车辆应当在道路停车泊位内停放。未设置道路停车泊位的，车辆应当遵守交通标志指示停放，不得占道停放；车辆因上客或下客需要临时停车的，不得妨碍其他车辆和行人通行，且驾驶人不得离开车辆，上客或下客完毕后应立即驶离。禁止占用停车泊位从事非交通活动。车辆停放，驾驶人应当遵守以下规定：在划定的停车泊位内按交通顺行方向靠路缘有序停放，车辆不得超出泊位线；车辆借道进出停车泊位时，不得妨碍其他车辆或行人通行；按停车实际占用的停车泊位数支付城市道路停车泊位使用费；禁止驾驶装载易燃、易爆及其他危险物品的车辆进入停车泊位停放；服从管理单位工作人员的管理。

【韶关市园林绿化管理规定的出台】
2015年6月16日，《韶关市园林绿化管理规定》出台。《规定》指出：规定了韶关市园林绿化管理工作的管理部门、管理手段、原则、城市绿地保护建设管理、分工负责绿地保护和管理责任、临时占用绿地、砍伐、迁移公园绿地、城市道路用地范围内的绿地的树木、申请占用城市绿地、古树名木、古树后续资源的保护和管理责任。城市园林绿化规划应当按照均衡发展的原则确定绿化目标和布局，规定各类绿地的保护原则；按照规定标准确定绿化用地面积，分层次合理布局公园绿地、防护绿地、生产绿地、附属绿地、其他绿地。任何单位和个人不得擅自改变规划的城市绿地用途，不得在城市绿地范围内擅自增设建筑物、构筑物和其它设施。任何单位和个人不得擅自占用城市绿地，任何单位和个人不得损坏城市树木花草和绿化设施。城市绿地范围控制线未经法定程序，不得改变。绿化建设应当严格按照绿化规划实施，新建、改建、扩建的城市道路应当种植行道树，同一道路的行道树应当有统一的景观风格，建设工程项目竣工后，园林绿化行政主管部门对建设项目的配套绿化工程进行验收，经综合验收合格后，方可交付使用。绿地保护和管理责任分工负责按谁建谁负责。按照国家、省、市绿化保护和管理技术标准对绿地进行保护和管理。申请占用城市绿地七千平方米以下的，及砍伐、迁移二百株以下或胸径八十厘米以上树木的，需征得园林绿化行政主管部门同意后实施。严格控制单位和个人在城市干道绿化带开设机动车出入口。因建设需要临时占用城市绿地的，建设单位应当征求所有权人意见，协商，按规定报园林绿化行政主管部门同意后，按恢复绿地实际费用向园林绿化行政主管部门交纳恢复绿化补偿费和办理相关手续。经批准临时占用绿地的，占用者应当对临时占用绿地造成相关设施破坏的损害，承担赔偿责任。

【韶关市主体功能区规划实施纲要】
2015年1月9日，《韶关市人民政府关于印发韶关市主体功能区实施纲要的通知》出台。本规划推进实现主体功能区主要目标的时间是到2020年。韶关市的国土空间划分为“重点发展区域”、“生态发展区域”和“禁止开发区域”三大类。在此基础上又将“重点发展区域”划分为“重点发展核心区”和“重点发展增长极”两个亚类；生态发展区域划分为“生态农业发展区”和“山地森林、水源涵养及生物多样性保护区”两个亚类。并明确了各类型主体功能区的地域范围、功能定位、发展方向和开发指引；规划提出了实施路径、区域政策以及保障措施。

【韶关市人民政府关于调整韶关市失业保险金标准的通知出台】 2015年4月17日，《韶关市人民政府关于调整韶关市失业保险金标准的通知》出该。《通知》规定自2015年5月1日起，韶关市失业保险金标准由808元/月调整为968元/月。

【韶关市工业转型升级攻坚战三年行动计划（2015－2017年）的通知出台】
2015年9月1日，《韶关市人民政府关于印发韶关市工业转型升级攻坚战三年行动计划（2015－2017年）的通知》出台。《通知》指出：力争到2017

年，我市工业逐步向高端化、智能化、绿色化迈进，在全省价值链的分工地位有明显提升，珠江西岸先进装备制造产业带韶关配套区建设稳步推进，综合实力、可持续发展能力显著增强，初步形成在国内、省内具备一定竞争力的现代工业体系，推进新型工业化取得明显成效。强化企业自主创新培育战略新兴产业，打造工业转型升级新引擎。加快工业投资实施新一轮技术改造，重塑工业转型升级新优势。推动工业企业设备更新及智能化改造，拓展工业转型升级新路径。全力推进产业园区建设，打造工业转型升级主阵地。推进工业绿色发展，形成工业转型升级新模式。

【《韶关市人民政府工作规则》出台】 2015年8月25日，《韶关市人民政府关于印发〈韶关市人民政府工作规则〉》的通知》出台。分十二章七十条规定韶关市人民政府工作规则，从总则、组成人员职责、正确履行政府职能、依法行政、科学民主决策、政务公开、监督和绩效管理制度、工作安排计划、会议制度、公文审批、工作纪律、廉政和作风建设做了明确的规定。市政府由市长、副市长、秘书长，市人民代表大会常务委员会任命的各委员会主任、各局局长。市政府实行市长负责制，市长领导市政府的工作。副市长协助市长工作。市长召集和主持市政府全体会议、市政府常务会议。市政府工作中的重大事项，必须经市政府全体会议或市政府常务会议讨论决定。各委员会、各局实行主任、局长负责制，由其领导本部门的工作。市政府实行市政府全体会议和市政府常务会议制度。统一规范公务接待标准，严格公务接待审批，严禁随意扩大接待范围和提高标准。不得违反规定用公款送礼和宴请，不得接受地方的送礼和宴请。严格控制差旅、会议经费等一般性支出。压减检查考核评比活动和议事协调机构，严格控制因公出国（境）团组数量和规模。严格控制和规范国际会议、论坛、庆典、节会、研讨、博览、表彰、奠基、剪彩等各类活动。

【韶关市人民政府常务会议工作规程出台】 2015年9月7日，《韶关市人民政府关于印发〈韶关市人民政府常务会议工作规程〉的通知》出台。从会议组成、议事原则、议事范围、议题材料、会务工作、会议纪律、督查落实等七个方面做了明确规定。市政府常务会议一般每周召开一次，原则上安排在周一下午召开；经市长同意，可根据工作需要调整会议时间及次数。市政府常务会议是市政府的重要决策形式，按照民主集中制和行政首长负责制相结合的原则依法行使职权，讨论决定市政府工作中的重大问题。讨论的事项包括传达贯彻党中央、国务院，省委、省政府和市委的重要指示、决定和会议精神，以及市人民代表大会及其常务委员会的重要决议；讨论决定全市经济和社会发展、行政管理体制改革的重要政策措施；讨论决定全市各类经济社会发展、城乡建设和公共服务的总体规划及重要专项规划、年度计划；讨论决定重大国有资产处置、重大自然资源开发、重大政府投资项目建设、重大财政资金使用（含年初预算外必须新增资金安排）等；审议地方性法规草案、讨论决定政府规章和规范性文件草案；讨论决定市政府职权范围内的奖罚事项；讨论市政府报请市委、市人民代表大会及其常务委员会或上级领导机关审定的重要事项；讨论其他需由市政府常务会议决定的重要事项讨论的事项，应在主办单位经过充分研究论证、沟通协商和征求意见的基础上，由市政府分管副市长、分管副秘书长协调、审核后提出，报市长确定后，列为市政府常务会议议题。提请市政府常务会议审议的议题材料应包括汇报说明、正文和相关附件。会场一般安排在市政府常务会议室。

【关于进一步优化韶关投资营商环境的具体措施（试行）出台】 2015年10月29日《韶关市人民政府关于印发《关于进一步优化韶关投资营商环境的具体措施（试行)》的通知》出台。从土地保障、财政扶持、规费优惠、基本服务、行政服务、园区配套、鼓励中介招商、约束机制、其他等9个方面给予优惠。每年保证省下达给韶关市年度用地规模和指标优先用于已列入市重大项目的投资项目年度用地。对列入《广东省优先发展目录》，符合韶关市当地产业规划，投资强度不低于每亩150万元人民币，容积率不低于10，年税收贡献度不低于每亩10万元人民币的工业项目，在确定土地挂牌出让时按照所在地土地级别相对应的《全国工业用地出让最低价标准》的70%挂牌。对重大项目，优先安排用地规模、指标，优先办理建设用地手续。在乳源瑶族自治县落户的企业法人机构免征应缴企业所得税地方分享部分、对年应纳税所得额低于30万（含30万）人民币的小型微利企业、对落户东莞（韶关）产业转移工业园项目投资额在1亿元以上，并于2017年6月30日前投产的企业项目、对在韶关直接出口的小微企业、对在韶关市口岸通关的企业、将总部注册或新设立生产基地在韶关，并承诺在韶纳税年限5年以上的国内外大型企业给予财政资金扶持。行政事业性收费和经营服务性收费严格按照国家和省最低标准执行。在堤围费、残疾人就业保障金、工业用水、对新引进的企业在其进驻的第一年的计量校准委托性收费给予优惠。

【关于于促进民营经济加快发展的若干措施（试行）出台】 2015年11月2日，《韶关市人民政府关于印发《关于促进民营经济加快发展的若干措施（试行)》的通知》出台，从降低准入门槛、放宽投资领域、培育市场主体、支持加快发展、促进转型升级、强化金融服务、减轻企业负担、完善公共要素、强化服务保障、附则方面做出明确规定。取消有限责任公司最低注册资本3万元、一人有限责任公司最低注册资本 10 万元、股份有限公司最低注册资本 500 万元的限制。不再限制公司设立时全体股东（发起人）的首次出资比例，不再限制公司全体股东（发起人）的货币出资金额占注册资本的比例，不再规定公司股东（发起人）缴足出资的期限。（凡母公司注册资本达到 3000 万元、集团母子公司注册资本总额达到 5000 万元人民币的，可以申请设立企业集团。市和县（市、区）两级政府每年选择一批投资规模相对较大、市场化程度相对较高、技术发展比较成熟、收益比较稳定、价格调整机制相对灵活、合作期限较长的领域推广运用 PPP 模式，重点推进交通领域（高速公路、桥梁、隧道、综合交通枢纽等）、市政公共设施领域（供水、污水、垃圾处理、固废处置、燃气、公共充电设施、公共停车场（库）、地下综合管廊等）和社会事业设施领域（教育培训、体育健身、医疗、文化、养老服务设施、保障性安居工程、棚户区改造等）开展 PPP 项目合作。支持优势民营企业参与国有、集体企业改制重组，参与经营性事业单位改制。落实创业扶持政策，加强创业辅导、信息咨询、融资担保、技术支持等服务，鼓励高校毕业生、退伍军人、科研人员、农村返乡青年等开展各种形式创业。积极支持设立新小微企业、“个转企”民营企业、“小升规”工业企业，个体工商户升级为企业的，每户可申报 2 万元的扶持发展资金．自 2016 年 1 月 1 日起 3 年内新办的民营企业，投产后前两年，对财政贡献超过 30 万元的，按超过部分的本级财政贡献金额的 50% 安排该企业扶持发展资金等优惠政策，扶持民营企业发展。

【加快发展大旅游的实施意见出台】

2015 年 11 月 17 日，《韶关市人民政府关于加快发展大旅游的实施意见》出台，从树立大旅游的发展理念、构建旅游发展新格局、健全旅游产品体系、优化旅游发展环境、落实旅游发展保障五个方面明确规定。引进战略合作者参与景区开发建设和经营管理。加强与国内外的旅游组织、旅行商、主流新闻媒体以及新媒体的合作，提高旅游宣传促销专业化、市场化水平。加强与珠三角、港澳台、红三角城市的区域性旅游协作，加强与高铁沿线城市的对接合作，拓展华东、东南亚、欧美等城市的旅游合作交流。构建游客互送、广告互换、线路互联、资源共享的区域旅游联合营销体系。全力推进“大丹霞、大南华、大南岭、大珠玑、大马坝”旅游区建设。开发生态旅游、文化旅游、气候景观、休闲农业、特色城镇等旅游产品，加快发展避暑休闲、温泉度假、健康养生、山地户外、商务会展、汽车露营、科普探险、低空飞行、研学旅行等旅游新业态，形成多元化的旅游产品体系。建设一批具有历史、地域、民族特点的特色景观旅游村镇。打造具有韶关文化特色的文化旅游品牌。发展红色旅游。打造一批有省内、国内乃至国际影响力的旅游会展和节庆品牌，支持各地开发标志性旅游商品，支持将非物质文化遗产资源转化为文化旅游商品，开发一批具有地方特色、深受游客欢迎的特色旅游商品。重点完成全市高速公路、国道、省道、县道连接旅游景区的道路建设。完善便捷化的旅游巴士系统，开通至主要旅游景区的旅游客运专线车，加快实现从交通重要节点，如车站、城市与主要景区之间的无缝对接。在韶关市区和重点景区建设游客集散中心，在通往景区景点的旅游公路上完善旅游服务元素，实现 4A 级以上景区、三星级以上饭店和其他主要游客活动场所无线免费网络全覆盖。依法重点打击扰乱市场秩序的“黑社”、“黑导”、“黑车”、“黑网站”和诱导、欺骗、强迫游客消费等行为，开展文明景区、平安景区创建活动。从 2016 年起，市财政每年安排 3000 万元以上的旅游发展专项资金，县（市、区）设立不低于 500 万元旅游发展专项资金，重点用于旅游规划、旅游公共服务设施建设、旅游产品研发推广、宣传促销、人才培训和旅游品牌创建。市财政安排 2 亿元设立旅游交通公路建设引导基金，支持各等级公路通往旅游景区的旅游公路建设。支持金融企业开展旅游景区经营权和门票收入质押、旅游饭店经营性物业抵押、旅游装备服务企业知识产权质押等多种贷款抵质押模式，加大对中小型旅游企业和乡村旅游企业的信贷支持。年度土地供应要适当增加旅游业发展用地。新建设景区景点、星级宾馆，在建设过程中涉及的行政性收费（除土地闲置费外），按国家和省的最低标准征收。对成功创建国家 3A、4A、5A 级的旅游景区分别奖励 20 万元、50 万元、200 万元；获评国家五星级、四星级的旅游饭店分别奖励 100 万元、50 万元；成功创建成为市旅游名县、市特色旅游名镇、市特色旅游名村分别奖励 500 万元、100 万元、30 万元；评定为韶关五星级、四星级、三星级乡村民宿、韶关乡村旅游驿站的奖励 30 万元、20 万元、10 万元、10 万元。

【推进户籍制度改革的实施意见出台】

2015 年 12 月 14 日，《韶关市人民政府关于进一步推进户籍制度改革的实施意见》出台。意见规定：实施积极的户口迁移政策，优化人口布局。深化实有人口管理，完善居住证制度。在韶关市城镇有合法稳定住所（含租赁，下同）的人员，本人及其共同居住生活的配偶、未成年子女、父母等，可以在当地申请登记常住户口。优先解决流动人口存量问题。进一步放宽集体户口设置条件，允许进城时间长、就业能力强、可以适应产业转型升级和市场竞争环境、长期从事一线特殊艰苦行业人员在我市落户，或向已在本地城镇落户的亲友搭户。进一步放开直系亲属投靠。凡在我市城镇共同居住生活的直系亲属间相互投靠（夫妻投靠、未成年子女投靠、父母投靠），不受婚龄、年龄等条件限制，凭有效证件和证明材料申请办理户口迁移手续。放宽大专以上（含大专）学历毕业生及技能人才、特殊专业人才入户条件。大专以上（含大专）学历毕业生以及经市相关部门认证的中级技能型人才、特殊专业人才可在韶关市落户，或向已在本地城镇落户的亲友搭户。实现城乡统一户口登记。健全居住证积分管理制度。加强人口基础信息平台建设加强人口信息管理应用。完善农村产权制度。推动城乡教育事业均衡协调发展。建立完善覆盖城乡惠及全民的社会保障体系。加快统一城乡居民卫生计生服务制度。加快住房保障制度改革。加强基本公共服务财力保障。

【取消非行政许可审批事项的决定出台】 12月25日，《韶关市人民政府关于取消非行政许可审批事项的决定》出台。市政府决定取消25项非行政许可审批事项，将33项非行政许可审批事项调整为政府内部审批。今后不再保留“非行政许可审批”这一审批类别。

【公布市直部门权责清单的决定出台】 12月24日，《韶关市人民政府关于公布市直部门权责清单的决定》出台。《决定》包括市发改局等49个市直部门各类职权事项共7303项，其中行政许可297项，行政处罚3874项，行政强制272项，行政征收36项，行政给付43项，行政检查504项，行政确认98项，行政奖励37项，行政裁决6项，其他2136项。市政府将通过韶关市人民政府门户网站公布《韶关市人民政府部门权责清单》。市直各有关部门要通过部门门户网站等载体公开本部门的权责清单，并主动接受公民、法人和其他组织的监督，严格按照权责清单履职尽责。

【韶关市加快推进科技创新驱动发展1+N政策出台】 12月28，《韶关市年人民政府印发韶关市加快推进科技创新驱动发展1+N政策意见的通知》出台。一、建立财政科技投入稳定增长机制、建立激励企业研究开发财政补助制度、实施科技创新券制度、建立科技企业孵化器建设激励制度、推进财政科技资金改革、完善产学研深度结合机制、强化知识产权创造运用管理和保护、加快推进科技与金融结合、加大力度培育高新技术企业、完善科技成果转化机制、深化韶关市与东莞市科技合作、完善科技人才激励机制方面做出明确规定。重点扶持生产性服务业领域的孵化器、有机新材料专业孵化器、市科技企业创业园（孵化器）、“创智城”（暂定名）科技企业孵化器以及莞韶众创（装备）中心建设。支持各县（市、区）创建符合本地特色的科技企业孵化器。鼓励韶关学院等高校科研成果、创新创业大赛优质项目进驻孵化，打造覆盖全产业链的科技企业孵化园。对引进外资和民间资本在我市建设并经市以上科技部门论证并同意备案的科技企业孵化器，市将列入科技计划项目并给予资金支持。

【韶关市棚户区改造实施方案出台】 1月4日，《韶关市人民政府关于印发《韶关市棚户区改造实施方案》的通知》出台。纳入城市建设改造范围内未房改的砖瓦结构平房，其他危旧职工住房（含无证集资房）以及城市棚户区危旧住房等为改造范围，安置对象为改造范围内未享受政府保障性住房或无自有产权住房的企业未房改职工住户以及城市棚户区危旧住房住户。安置地点为按市政府批准的规划安置小区，原则上就近规划，分区集约安置。选址在交通便利，生活和城市基础设施相对配套完善的区域。尊重大多数住户意愿，集中安置；市场运作，政府支持。安置对象得到安置后原有住房由政府无偿收回为安置原则。提供户型建筑面积约42平方米的公租房供职工租住；提供户型建筑面积约50平方米或70平方米的电梯安置房（毛坯房）供职工购买。对夫妻双方及未成年子女（不满十六周岁）名下已另拥有自有产权住房的或选择放弃实物安置的职工住户，一次性给予每户25000元的安置补偿费，补偿后不再享受实物安置政策。对已另享受政府保障性住房（含公租房）的棚改范围内的住户，可选择将现承租的保障房（含公租房）和原住房退回政府后购买电梯安置房，也可选择继续租住政府保障性住房。既不选择购买电梯安置房又不选择租住政府保障性住房的，可领取每户25000元的一次性货币补偿。对无自有产权房屋的职工，可以选择租赁公租房，也可以选择购买一套电梯安置房。对纳入棚户区改造范围，但确实无能力购买且无自有产权的住户，在符合住房保障相关规定的前提下，由政府统筹协调提供公租房进行承租，并按规定缴纳租金。对属集资建房（无证）的，可选择产权置换或领取一次性货币补偿。对搬迁补助标准做了规定。

【韶关市社会投资项目联合审批实施办法出台】 3月23日，《韶关市人民政府办公室关于印发《韶关市社会投资项目联合审批实施办法》的通知》出台。联合审批的范围：落户浈江区、武江区的社会投资项目（不含房地产投资项目），莞韶工业园区的社会投资项目由莞韶管委会实施联合审批。审批内容包括立项、规划、用地、环保、施工许可等审批事项。在联审事项必须符合行政许可条件基础上，建立以“一门牵头、集中会审、同步办理、限时办结”的联合审批机制。不涉及独立选址和征地、不关系国计民生及不产生重大污染的项目，由牵头部门直接办理相关备案手续。联合审批的组织实施机构：牵头部门：社会投资项目根据项目审批阶段分别确定牵头部门。立项审批阶段由市发改局负责；规划审批阶段由市规划局负责；用地审批阶段由市国土局负责；环保审批阶段由市环保局负责；施工许可阶段由市住建局负责。牵头部门负责并联审批件的咨询、受理、办理，对联办部门的督促和审查意见进行汇总。协调部门：市行政服务中心为协调部门，负责召集联审会议、组织联合踏勘等工作。联办部门：市发改局、市经信局、市国土局、市环保局、市住建局、市商务局、市规划局、市安监局、市城管局、市消防局、市人防办、市气象局等部门为社会投资项目联合审批的主要部门。根据实际情况，牵头部门可对参加联合审批的部门进行调整。联办部门要配合牵头部门推进联合审批工作，原则上应派主管审批工作的领导和相关业务科室的负责人出席联审会议。监督部门：市行政服务中心负责对联合审批效率的监督，市监察局负责对联合审批过程中的不当行政行为进行调查处理。对违反规定造成不良后果，由相关部门按法律法规追究有关人员的责任。联合审批采取联审会议形式。由牵头部门根据项目情况，确定联办部门。由协调部门召集牵头和联办部门召开联审会议。牵头部门制订联审会议方案，协调部门负责具体会务工作。特别重大或情况复杂的投资项目，协调部门可报请市政府，由市政府主持召开联审会议。联合审批的程序、联合审批工作要求、联合审批工作机制、完善联合审批网络平台建设等作出明确规定。

【促进民办教育规范特色发展意见的出台】 4月24日，《韶关市人民政府办公室转发市教育局关于促进民办教育规范特色发展意见的通知》出台。通知提出六个意见，分别是从发展的战略高度重视民办教育、确保民办教育享有与公办教育同等地位、把扶持民办教育发展的政策落到实处、健全管理制度促进民办教育规范发展、创新机制体制促进民办教育特色发展、营造良好的民办教育发展环境。民办学校一经创立，在办学招生、基础设施建设等方面均享有公办学校的同等待遇。

【韶关市区家禽“集中屠宰、冷链配送、生鲜上市”工作实施方案出台】

2015年7月7日，《韶关市人民政府办公室关于印发〈韶关市区家禽“集中屠宰、冷链配送、生鲜上市”工作实施方案〉的通知》出台。从2015年11月起，在韶关市区“小岛”范围内试行取消活禽宰杀和活禽经营交易，推进实行家禽“集中屠宰、冷链配送、生鲜上市”工作，加强禽肉产品市场准入管理。取得经验后，逐步在市区（浈江区、武江区）推广实施。进一步规范家禽屠宰行为，减少人禽接触机会，有效防止禽流感等人畜共患疫病传播，保障居民禽产品消费和公共卫生安全。

【2016年度城乡居民基本养老保险个人缴费标准出台】 2015年8月10日，《韶关市人民政府办公室关于提高2016年度城乡居民基本养老保险个人缴费标准的通知》出台，通知规定：将2016年韶关市城乡居民基本医疗保险个人缴费标准统一提高至120元/人．年，同时将参保居民住院医疗费用报销比例统一调整为：一级医院报销90%，二级医院报销80%，三级医院报销60%。

【韶关市关于建立分级诊疗制度实施意见（试行）出台】 2015年11月18日，《韶关市人民政府办公室关于转发〈韶关市关于建立分级诊疗制度实施意见（试行）〉的通知》出台。通知规定：建立“基层首诊、双向转诊、急慢分治、上下联动”的分级诊疗制度，形成“常见病在基层，急危大病到医院，康复回社区”的就医格局。2015年，选择南雄市、仁化县等两个县（市）开展分级诊疗制度试点工作，试点县（市）完成相关医疗机构、医保制度准备，家庭医生团队服务模式签约率达50%，100%基层医疗卫生机构实现与县（市）、三级医疗机构的双向转诊。2016年，试点县（市）基层医疗机构首诊率、县域内就诊率逐步提高，达到90%。2017年，在所有县（市、区）全面实施分级诊疗制度，县域内就诊率达到90%以上。

利用列入国家节能减排财政政策综合示范城市的机遇，加强综合防治，全面完成省下达的节能减排任务。五年淘汰落后水泥产能508万吨、钢铁75万吨、蓄电池17.5万千伏安时、造纸4.2万吨，减排二氧化硫1.9万吨。城镇生活污水集中处理率达75%以上。规模以上工业增加值综合能耗和万元生产总值能耗分别比2010年下降44.3%、22.8%

【推进市级财政投融资改革意见出台】

推进投融资改革，改变以往财政保障完全依赖预算安排的做法，通过设立政府投资基金、鼓励商业银行信贷、加强政府债务管理、推广运用“PPP”模式、推动融资租赁业发展等方式，充分发挥财政资金引导和放大作用，撬动社会资本投入经济建设，有效解决韶关市发展财力不足的问题。

【韶关市芙蓉新城“三年基本成城”行动方案（2015－2018）出台】 2015年印发实施《韶关市芙蓉新城“三年基本成城”行动方案（2015—2018年）》（简称《行动方案》），韶关市将坚持规划优先、安置优先、公建优先、产业优先、生态优先这‘五个优先’的基本思路，加快推进新城与老城区、与曲江城市副中心、与周边产业园区、与城市产业、与旅游业的融合这‘五个融合’，举全市之力，调动一切积极因素，挖掘一切发展元素，用3—5年时间把芙蓉新城建设成为现代、生态、宜居、繁荣的‘北江明珠’。到2018年，芙蓉新城起步区土地开发利用率总体达到50%以上，其中重点开发区域达到80%左右；力争芙蓉新城常住人口由2015年的2.5万人增加到2018年的10万人；固定资产投资方面，未来3年时间完成社会固定资产投资150亿元以上，年均增长35%以上。《行动方案》包含了“四大行动计划”，即重点项目建设计划、征地拆迁计划、融资保障计划和招商引资计划。将三年基本成城工作落实到具体抓手、具体项目、具体部门和责任人，确保年年有项目、一年一个样。在征拆安置计划方面，我市则要求芙蓉新区管委会、武江区、市国土局、市土地储备中心等有关部门通力协作，力争到2018年底，基本完成芙蓉新城征地拆迁和安置工作，确保各项目建设用地需求。在融资保障计划方面，从2016年开始，市财政每年至少安排3亿元引导资金用于新城建设；市城投公司每年融资至少15亿元，3年完成融资50亿元以上，吸引社会资本投资100亿元以上。而在招商引资计划方面，韶关市将围绕芙蓉新城发展定位，以高铁站前总部经济区、金融街和中央商务区为招商引资重点区域，重点引进总部经济、金融保险、商贸服务等产业项目，注重提高招商引资项目的规模、质量和效益。未来3年，每年完成30亿元以上的招商引资任务，3年招商引资实际到位资金100亿元以上，基本完成重点开发区域内地块的招商工作。

【关于进一步加强督查督办推进落实提高执行力的实施意见出台】 2015年12月，为从根本上解决“不落实”问题，《韶关市委办公室韶关市人民政府办公室印发〈关于进一步加强督查督办推进落实提高执行力的实施意见（试行）〉的通知》，要求敢于动真碰硬，狠抓督查督办。一是建立工作落实机制。二是完善督促检查制度，《意见》明确督查督办工作的内容、流程、方式以及结果评价应用等等。三是加大追责问责力度，对工作落实不力的，视情况、按规定给予黄牌或红牌警告，交由纪检监察部门按规定程序进行追责和问责，对两次受到红牌警告的单位主要负责人及相关责任人，原则上要按程序调整工作岗位。

【韶关市林业生态红线划定工作方案出台】 2015年，《韶关市人民政府办公室关于印发韶关市林业生态红线划定工作方案的通知》出台，韶关市林业生态红线由森林、林地、湿地、物种等四条红线组成，2015年到2020年的具体目标是：林地红线为全市林地保有量不低于158773.5公顷；森林红线为全市森林保有量不低于154673.3公顷；湿地红线为全市湿地面积不低于3904.7公顷；物种红线为全市森林和野生动植物类型自然保护区面积占国土面积的比例不低于6.9%；并将全市林地、湿地划分为Ⅰ、Ⅱ、Ⅲ、Ⅳ共四个保护区域等级，按相关保护规定进行保护。划定林业生态红线是强化森林资源、湿地资源和野生动植物资源保护管理的有效举措，是落实生态文明建设的重要保障。

【韶关市招商引资工作联席会议制度出台】 2015年，《韶关市人民政府办公室关于印发〈韶关市招商引资工作联系会议制度〉的通知》（简称《制度》）出台，市政府定期举行大项目协调联席会议制度，及时解决重大项目在招商、洽谈、审批、建设过程中遇到的问题，提高项目的履约率、动工率和投产率。《制度》对联席会议组成人员、联席会议主要职责、联席会议工作要求等做出明确规定。

【韶关市区棚户区改造项目货币安置购房补贴实施方案】 2015年9月1日，韶关市人民政府关于印发〈韶关市区棚户区改造项目货币安置购房补贴实施方案〉的通知》出台。补贴的对象为符合《韶关市区棚户区改造实施方案修订方案》规定并选择购买市区商品住房或二手房安置的棚户区改造对象。补贴统一以《购房补贴卡》的形式发放。安置对象选择购买二手房的，由安置对象自行选择房源，报安置方与售房人签订相关协议，明确《购房补贴卡》的结算办法。文中对《购房补贴卡》的申请及使用、购房补贴金额标准做出明确规定。

【韶关市区棚户区改造实施方案修订方案出台】 2015年9月1日《韶关市人民政府办公室关于印发〈韶关市区棚户区改造实施方案修订方案〉的通知》（简称《通知》）出台。《通知》中规定：改造范围为列入韶关市区棚户区改造规划的国有企业、国有土地上的住房，以及城市更新范围内需改造的住房。包括改造范围内未房改房、无证集资房和集中成片棚户区列入土地收储、改造规划范围内的自有产权房屋。安置对象为列入棚户区改造范围的住户。安置原则为以“尊重大多数住户意愿，多渠道安置；政府主导，市场运作”为原则。安置对象得到安置后应按搬迁协议要求期限将原有住房及所涉土地交由政府无偿收回。文中并对安置地点、安置标准、安置方式、安置政策、选房原则、搬迁补助、补偿标准、搬迁奖励、处罚办法、奖励办法、缴费规定、有关问题的处理办法等做出明确规定。

【韶关市主动融入珠三角实现加快发展行动计划（2015—2018年）出台】 2015年，《韶关市人民政府办公室关于印发〈韶关市主动融入珠三角实现加快发展行动计划（2015—2018年）〉的通知》出台，韶关市将以与广州市签署战略合作框架协议为基础，重点实施交通互联、产业对接、市场互通和人才共享等四大行动。在交通互联行动上，韶关将以“八高四铁二航”为主骨架，构建公路、铁路、水运、民航等多种运输方式紧密衔接的综合交通运输体系，着力打造国家交通枢纽城市。韶关加快大广、武深、汕昆高速公路建设，新建韶关至新丰、韶关至佛山的高速公路项目。加快推进韶贺铁路前期工作，北江航道扩能升级工程、韶关机场项目也在稳步推进，力争到2018年，基本建成东中西全面融入珠三角的快速通道，形成综合交通运输体系。在产业对接行动上，韶关将围绕未来产业的主攻方向，全面加强与珠三角的产业对接，力争到2018年实现与珠三角产业融合发展。韶关作为珠江西岸先进装备制造业产业带配套区，韶关将针对珠江西岸汽车制造、船舶、通用航空、新能源等先进装备制造业对特钢的需求，加强与宝钢集团的合作，加快莞韶华南钢铁深加工科技产业园建设，促进韶钢产品转型升级，打造“宝特”品牌，培育新材料和特钢深加工产业聚集地。同时，韶关还将推动装备制造业与珠三角对接，做大做强装备制造业，争取到2018年，全市机械装备制造业产值达到290亿元，年均增长15%。市场互通是引进内陆的优势产业和市场要素，使韶关成为珠三角产业进入内陆腹地、广货北上和内陆地区优势产业进入珠三角的经济走廊。

【韶关市病死畜禽无害化处理实施方案出台】 2015年，《韶关市人民政府办公室关于印发韶关市病死畜禽无害化处理实施方案的通知》（简称《意见》）出台，《意见》对工作思路、相关责任、政策引导和扶持、依法打击违法犯罪行为和加强组织领导等方面做出明确规定。

金融管理

【概况】 韶关市人民政府金融工作局（前身为韶关市人民政府金融服务办公室）成立于2005年，为韶关市人民政府协调服务金融业的工作部门。行政编制12名，设立局党组，局长1名、副局长2名。内设办公室、银行市场保险科（地方金融市场科）、资本市场科3个科室。2015年，韶关市金融工作局深化金融改革，推动金融创新，扩大金融开放，激发金融活力，推进各项金融工作发展。截至2015年末，全市共有银行业金融机构22家，证券业金融机构7个，保险业金融机构31个。全市金融业增加值为50.69亿元，金融业增加值占地区生产总值的4.41%，占第三产业比重为8.87%。三大市场运行平稳，全市各项存款余额1532.91亿元，同比增长9.95%，各项贷款余额731.84亿元，同比增长9.04%，存贷比47.74%，同比下降0.4个百分点。全市证券交易额6442.21亿元，同比增长215.36%。全市保险业金融机构保费总收入36.78亿元，同比增长18.19%。

【信贷支持重点项目发展】 全市银行机构与重点项目签订融资合作协议项目25个，信贷支持重点项目58.03亿元；市政府与建设银行广东省分行签订金融战略合作协议，建设银行广东省分行向韶关市政府授信300亿元，助推韶关市社会经济发展。

【金融创新成果显著】 广东省科技金融综合服务中心韶关分中心成立，通过与中国银行科技支行合作、建立科技信贷风险补偿金、降低银行授信风险等方式，为科技企业与金融机构搭建沟通平台，已有20多家科技型企业获得贷款融资3亿多元。中国银行韶关分行与韶关市国税局签订《战略合作协议》，推出“中银税款通宝”产品，将企业缴税与信贷挂钩，在解决企业融资难问题的同时，提高企业依法诚信纳税的意识。

【农村普惠金融工作】 南雄市作为韶关市首个农村普惠金融试点县（市），通过省普惠金融试点工作验收。南雄市公共联合征信中心已录入63040条农户信用信息、169条企业信息、484家农民专业合作社信息；全市208个行政村建成信用村133个，占比达64%；建成助农取款点208个，已实现行政村全覆盖；建成金融综合服务站30个，并建立由9家金融机构组成的指导队伍；评选出首批信用户3286户，授信金额9884万元，实际贷款66笔，金额为531万元。

【韶关首家农村商业银行开业】 历经3年多的筹备，经银监部门批准，2015年5月6日，韶关市首家农村商业银行——广东翁源农村商业银行股份有限公司正式开业经营。改制后的翁源农村商业银行注册资本2.88亿元，下辖18个营业网点，员工240余人，是当地规模最大、网点最多、服务面最广泛的金融机构。

【发展多层次资本市场】 2015年，广东赛力克、中星科技和鸿伟家具等3家企业在全国中小企业股份转让系统成功挂牌，38家企业在各区域性股权交易中心挂牌；与前海人寿、盛世华房合作设立前海熙正产业发展基金和旅游产业引导基金，吸引社会资本投向韶关市战略发展行业。 （陈思思）

2015年5月6日，广东翁源农村商业银行股份有限公司揭牌（市金融局 供）

接待工作

【机构概况】 韶关市接待办公室是参照公务员管理的事业单位，编制23名，内设人秘科、接待一科、接待二科、财务科4个科室。主要负责各级各类等部门的公务接待联络任务、会议安排等。2015年4月，办党组书记、主任唐福楼退休。6月，张雯从武江区委调任办党组书记、主任。2015年，单位提拔1名副调研员、2名副科长和1名接待服务中心主任，为1人办理调出手续。2015年，市接待办与韶关市质量学院共同矿帮扶仁化县丹霞山街道办事处东湾村，年底省夫贫检查验收考核中，辖村扶贫工作被评为“优秀”。

【接待总量】 2015年，市接待办共完成接待任务968批次，16828人次。其中，一类客人（副国级以上首长）6批次，518人次；二类客人（省、部级领导）80批次，1837人次；三类客人（厅<司>级及以下领导）925批次，14473人次。

【重要接待】 2015年，市接待办接待的重要领导有：最高人民检察院原检察长贾春旺，全国人大常委会原副委员长、中国关工委主任顾秀莲，中共中央政治局委员、广东省委书记胡春华，原国务委员戴秉国，原全国人大常委会副委员长陈至立，全国政协副主席何厚铧等国家领导，以及全国人大、发改委、财政部、水利部、民政部、税务总局、卫计委等国家部门和省委省政府等单位部门的领导；参与接待的大型会议有：2015中国佛教讲经交流会、韶关市政府社会资本合作模式（PPP）推介会等；接待的重要客商有：广府人联谊会文化旅游建设投资洽谈会黎子流一行、比亚迪公司总裁王传福、宝钢集团董事长徐乐江、美国亨达有限公司董事长张昆山、香港青年联会红三角经济考察团霍启刚、奥园集团董事会主席郭梓文、碧桂园集团董事局主席杨国强等；接待的重要企业有：万达集团、保利集团、省机场管理集团、盛世立业集团、台泥集团、苏宁云商集团、中金岭南、粤海集团、太平洋建设集团、宝冶集团、广州交易所集团、华盈富通基金管理公司；接待到韶关考察的党政团体有：云浮市政府代表团、韩国荣州客人、赣州市党政代表团、肇庆市原四套班子领导等。并先后协助市政府组织考察团赴深圳、长沙学习考察，赴北京开展招商引资，赴广州举办宝钢（韶钢）特钢产业推介会等。

【韶州宾馆开放经营】 为提高经营效益，韶州宾馆本着“接待为主，经营为辅”的管理理念，于2015年9月经请示市接待办，并报市委市政府批准同意，在确保满足政务接待需求的前提下，将宾馆一楼对外经营，并在一楼大堂吧边改建棋牌室、健身房和桌球室，改造部分客房，新添餐饮场所，满足市场需求。与驻韶机关、大中型等企业签订接待服务协议，提高宾馆经营效益。全年韶州宾馆实现营业收入381.2万元，营业外收入71.9万元。

11月5日，市接待办领导前往扶贫点车湾村农户家了解种植情况（雷禹民 摄）

【市政府招待所（北苑宾馆）关闭退出】 市政府招待所（北苑宾馆）由于设施设备陈旧老化、市场竞争力弱，加上历史债务沉重，连年亏损，无法维持正常运营。经市接待办党组会议研究，并呈报市政府批准同意，于2015年11月30日实施关闭退出，70名在职员工和21名退休员工得到妥善安置。

【建立粤北地方特色菜集库】 市接待办制订《韶关市接待办2015粤北特色菜制作实施方案》和《韶关市接待办系统粤北地方特色菜竞赛评选实施方案》，拟定《韶关市地方特色菜菜谱目录表》，做好各类菜式的出品、培训和交流等各项工作，通过组织竞赛，实现把粤北地方特色菜引入韶关政务接待菜单。

【建立韶关市名优特农副产品集库】 市接待办收集全市各地名优特农副产品，包括茶叶、水果、酒类以及蔬菜、肉禽等特色食材，建立产品集库，对每一样入库产品的进行详细备注介绍，为省委、省政府的接待和全市接待提供绿色环保的粤北食材保障。

（雷禹民 许智磊）

行政服务

【概况】 韶关市行政服务中心位于韶关市武江区百旺路芙蓉新区芙蓉园内，是市政府直属的正处级公益一类事业单位，内设办公室、协调科、督查科、政务科。办事大厅面积5700平方米，平台设窗口47个，进驻部门42个、“12345”话务平台1个，工作人员170名（其中各单位派驻窗口工作人员160名），进驻行政审批事项250项、便民服务事项70项。全年共受理各类办件261279件（其中许可审批事项31028

件，证照及年审97276件，咨询类132975件），日办件量约378件（不含咨询），即办件数量为90715件（不含咨询），占总办件数（不含咨询）的70.70%，提前办结率为100%，为企业提供联办代办50次，协调解决企业行政审批方面的问题100个。

【窗口规范管理】 采取多项措施规范窗口管理。推进“两集中两到位”工作。协调推进市法律服务中心进驻办事大厅，为市民提供法治宣传、法律咨询及律师公证、法律援助、人民调解、司法鉴定等多项法律服务，成为全省首个将法律服务纳入办事大厅管理的地级市行政服务中心。深化标准化管理。将窗口工作量化为68项具体指标，公开服务规范，强化窗口管理。加强日常监督。在办事大厅实施纪检监察、中心科室、进驻部门和社会各界“四位一体”监督管理，建立起横向到边、纵向到底的立体监督网络，强化对窗口的监督管理。规范全市行政审批工作。开展业务培训。按照窗口服务标准，组织对窗口工作人员开展轮训，提高服务质量。完善考核措施，制定《韶关市行政服务中心窗口工作人员日常管理考核制度》，推动窗口管理工作走上制度化、规范化、标准化的轨道。

【联办代办服务企业】 贯彻落实《韶关市社会投资项目联合审批实施办法》的要求，以《韶关市人民政府2014年决定保留的行政审批项目目录》为依据，深入到审批窗口进行学习调研，探索推行规划局牵头的《建设工程规划许可》、住建局牵头的《施工许可》、民政局牵头的《民办非企业设立》、商务局牵头的《外商投资企业设立》、工商局牵头的市场准入设立登记等内容的联合审批机制。完善竣工验收机制。提升各职能部门项目竣工验收工作效率，按照“统一受理、联合勘察、集中验收、各司其职、限时办结”的原则，完善《韶关市重点建设项目联合竣工验收实施办法》，探索实行踏勘验收统一勘验的审批流程。提供上门服务，深入到韶关冶炼厂、广东中烟工业有限责任公司韶关仓储库区、韶关摩尔城、韶关“金色江湾”等现场，主动送服务上门，面对面了解企业的困难，及时解决企业的“疑难杂症”以及报建过程中和生产经营遇到的难题。学习外地经验，组织市编办、市发改局、市国土局、市城乡规划局、市住建及市环保局等有关部门到广州市、广州市萝岗区、广州市荔湾区政务服务中心学习窗口管理、清理项目行政审批事项和优化重点建设项目审批流程方面的先进经验，并形成考察报告报市政府。结合韶关市实际，制定《提高行政服务效率，优化行政审批事项工作方案》并由市政府印发实施。

【政府信息公开】 指导督促责任主体开展政府信息公开年度报告公开工作，韶关市500多个政府信息公开工作责任主体单位基本按时完成年度报告挂网公布工作。推进重点领域专栏建设工作。重点领域专栏涉及政务公开、党务公开、事务公开内容，统筹市、县两级公开专栏，上线单位多达800多个。全年，市重点领域信息公开专栏已公开6000多条信息，内容涵盖财政预决算和“三公”经费、保障性住房、食品安全、环境保护、生产安全事故、征地拆迁、价格和收费等与群众密切相关的信息。编制全市政府信息公开工作年度报告。配合开展省依法行政考评工作，9月，根据《2014年度依法行政考评结果通知》提出的问题和不足，中心及时督促各地各部门完成整改工作。推进政府信息依申请公开工作。及时办理社会各界针对全市关于公开政府信息的申请，指导、督促各地各部门办理政府信息依申请公开业务。根据政府网站普查工作要求，指导和督促各责任单位完善政府信息公开平台，完善政府信息公开栏目，及时更新平台信息，提高政府信息公开平台信息的时效性。

【“12345”投诉举报平台管理】 贯彻落实《韶关市“12345”投诉举报平台管理办法》，完善“12345”投诉举报平台运行机制，按照“统一接听、按责转办、限时办结、统一督办、统一考核”原则，按照“热线+网络问政”处理模式，受理群众以政府服务内容为主的各类咨询、投诉、举报、意见和建议等，并及时将信息传给有关责任单位，由责任单位在规定时限内回复并提出处理意见，反馈给投诉举报者。为确保话务平台运转流畅，中心到16个并线单位进行走访调研，听取意见建议，不断改进平台运行机制。及时收集、整理、分析有关信息，定期编发数据分析报告，并印制《广东省“12345”投诉举报平台知识知多少》《韶关市“12345”投诉举报平台简介》等宣传单，让社会各界对平台的服务有更全面的了解，为社会各界提供更加方便快捷的咨询投诉服务，搭建起政府部门和人民群众无缝沟通的“连心桥”。（张传生）

外事侨务及港澳事务

【机构概况】 韶关市外事侨务局是韶关市人民政府工作部门，正处级单位，办公地址为韶关市风度北路125号12楼，内设办公室、签证科、侨务科、宣传联络科、港澳事务科5个科室，同时挂韶关市人民对外友好协会和韶关市人民政府港澳事务办公室2套牌子。

【因公出国审批和管理】 2015年严格审批把关，加强因公出国（境）审批和管理工作，受理因公出国审批42批89人次，批次同比增加30%；其中党政干部30批59人次，批次同比增加8%。出入境受理651人次，同比减少19%；其中，香港581人次，同比减少17%，澳门70人次，同比增长8%。受理企业邀请外国人到韶关22批26人次，同比减少9%。

【落实侨务政策】 为符合条件的2名“三侨生”办理高考加分申报手续。指导督促消雪岭茶场做好棚户区（危旧房）改造和整治工作。做好扶贫济困工作，及时将68.7万元省级扶持贫困归侨专项资金发放到贫困归侨手中。

【领导互访】 2015年5月15日至16日，弗莱堡市经济－旅游－会展促进署中国事务部主任陈炼到韶关市访问，就如何加强两市间的友好合作交往开展座谈。他希望能借此契机，加强两市之间的产业和项目对接。陈炼就德国4.0与韶关市工业企业开展座谈会，探讨如何提升韶关市制造业的智能化水平。6月16日，陈炼主任参观考察韶关学院，与韶关学院领导共同探讨韶关学院与德国奥芬堡应用科技大学、富特旺根应用科学大学在教师交流培训、学生学分互认等方面的合作和交流，并就德国教育双元制的特点进行解读。2015年7月21日，香港特别行政区政府驻粤经济贸易办事处蔡涛副主任一行4人，拜访市港澳办和市公安局。双方就如何做好在韶（包括各县、市、区）香港居民提供务实性协助等相关工作进行交流。2015年8月7日，韶关市外事侨务局长林岚出席新加坡50周年国庆暨中新建交25周年庆祝酒会。2015年10月29－30日，局领导应旅港番禺会所主席萨启铨先生邀请出席大型原创舞剧《沙湾往事》在港首演活动。

【加强与港澳地区部门的沟通联系】 1月8日由国务院港澳事务办公室、香港特区政府民政事务局联合举办的香港青年服务团项目阶段总结会在韶关市召开。6月17日，市委副书记、代市长骆蔚峰接见来访的香港特区政府民政事务局副秘书长罗志康一行和在韶关的香港青年服务团团员。9月23日，香港特区政府民政事务局总行政主任林文明一行，带领第六期（上学期）香港青年服务团4位团员到韶关。9月28至30日，韶关市对第六期香港青年服务团团员进行岗前教学培训工作。

5月27日，香港韶关同乡联谊总会首届会董会就职典礼在香港龙堡国际酒店举行，官锦堃任首届主席。

6月28日，韶关市港澳办、团市委邀请第五期（下学期）香港青年服务团6位团员，与团市委、市外事侨务局青年联谊和参观始兴县满堂客家围楼、红土地、农家乐赏花活动。

【香港青年联会红三角经济考察团访问韶关】 4月17日，香港青年联会主席、霍英东集团公司副总裁霍启刚率领香港青年联会红三角经济考察团，召开察团韶关交流会，考察韶关投资环境。霍启刚一行先后考察并参观丹霞山旅游环境、黄沙坪电子商务城、韶关科艺创意工业有限公司。交流会上，韶关市委书记蓝佛安向考察团简要介绍韶关的人文、历史、自然、资源等方面的情况以及韶关的发展定位、发展思路、发展措施进行沟通，并欢迎考察团到韶关旅游观光和投资置业。霍启刚表示，香港青年联会将介绍更多的香港人士通过青年联会这个平台认识韶关、了解韶关，并让更多的香港企业家到韶关投资置业，共促发展，实现两地共赢。

2015年5月27日市外事侨务局派员参加香港韶关同乡联谊总会首届会董会就职典礼活动（市外事侨务 供）

【外事交流】 2015年6月16日至17日，东盟各国驻穗总领事考察团访问韶关。该考察团成员包括新加坡、菲律宾、泰国、越南、老挝、印尼等国驻穗总领事馆总领事及柬埔寨驻穗总领事馆领事。召开韶关与东盟驻穗领团座谈会，该考察团先后参观莞韶产业园展示厅，黄沙坪电子商务产业园和仁化县现代农业产业项目等。

2015年10月5日至7日，第八届世界广东同乡联谊大会暨第二届世界广东华人华侨青年大会（简称“世粤联会”）在澳大利亚悉尼举行。市政府办主任周新秀率市外事侨务局、市台办、乐昌市、仁化县、乳源瑶族自治县外事侨务局有关人员出访。

10月30日－11月1日马来西亚砂拉越古晋及三马拉汉省华人社团联合总会一行20人在团长刘金荣率领下访问韶关。

12月8日，由非国大总司库、全国执委、兼非国大中央教育卫生事务委员会主席兹维利·穆凯兹率领的南非非洲人国民大会高级干部研修班一行21人抵达韶关，与韶关市有关方面召开基层组织建设专题座谈会。

【对外宣传】 利用《今日韶关》侨刊、“韶关外事侨务网”“广东侨网”“广东外事网”“广东港澳网”等多种渠道开展对外宣传工作。《今日韶关》2015年共出版12期，共发行36000册。

【荣州市与韶关市中学生交流】 2月

8日至13日，应韩国荣州市政厅、韩国荣州市国际交流协会邀请，韶关市第四届中学生冬令营团一行26人，赴韩国开展第四届中学生冬令营活动。此次活动由市外事侨务局和市教育局共同组织，主要由北江中学、市一中、田家炳中学、第二中学和曲江中学共5所学校的22名高中一、二年级学生组成。韶关市中学生冬令营团一行受到荣州市政厅的热烈欢迎，市议会议长朴赞勋、自治安全局局长文昌周、市国际交流协会会长金晋荣均亲自接见，并派专人全程陪同。

12月15－18日，荣州市国际交流协会会长金晋荣率荣州市16位中学生到韶关市开展夏令营活动。韶关市代市长骆慰峰15日会见并宴请金晋荣等客人。

【东盟各国驻穗总领事考察团访问韶关】 代市长骆蔚峰，省外事办及市外事侨务、发改、农业、商务、旅游等部门负责人参加韶关与东盟驻穗领团座谈会。该考察团先后参观莞韶产业园规划展示厅、黄沙坪电子商务产业园和仁化县现代农业产业项目，并到南华寺、丹霞山考察韶关市旅游环境。

【蓝佛安会见韩国荣州市议长朴赞勋一行】 11月4日晚，市委书记蓝佛安会见到韶关访问的韩国荣州市议长朴赞勋一行，就两市进一步深化经济、文化、教育、旅游等内容进行交流。蓝佛安代表市委、市政府对朴赞勋一行到韶关访问表示热烈欢迎，并向朴赞勋一行介绍韶关经济社会发展情况，希望韩国荣州市和韶关市能进一步深化交流活动，欢迎韩国荣州市企业和企业家到韶关投资置业。朴赞勋表示，两地缔结友好城市以来建立深厚的友谊，希望通过此次访问活动，两市能在文化、商业等方面有更深的合作。朴赞勋一行在韶关访问期间，还深入韶关市莞韶园、丹霞山等地开展访问交流活动。市委常委、秘书长孔云龙，市人大常委会副主任徐紫玲等参加会见活动。

【荣州市中学生冬令营到韶关开展活动】 会同市供销社做好南雄市帽子峰上龙村新一轮的扶贫开发“双到”工作。至2015年，三年共筹集和投入帮扶资金489.8万元，扶持27户贫困户完成扶贫任务。12月15—18日，荣州市国际交流协会会长金晋荣率荣州市16位中学生到韶关市开展冬令营活动。（李　莹）

投资建设项目代建管理

【机构概况】 韶关市政府投资建设项目代建管理局（以下简称韶关市代建局）于2010年12月23日批准成立，2012年8月8日正式揭牌，为市政府直属事业单位，公益一类，正处级，办公地址位于韶关市武江区西联镇百旺路芙蓉园15、16栋。韶关市代建局内设5个科室，辖1个下属事业单位市政建设工程管理处。为配合韶关市省属及市属棚户区建设的需要，代管韶关市金建房地产开发有限公司，并注资成立韶关市金禧城市建设投资有限公司。局本部核定事业编制21名，其中，局长1名、副局长2名、纪检组长1名、总工程师1名、总经济师1名；正科级领导职数正职5名、副科级领导职数5名。其主要职责是项目建设期间受市政府委托行使业主职能，负责政府投资建设的非经营性工程项目的组织实施和管理工作。2015年，韶关市代建局以廉政建设为抓手，以服务韶关城市扩容提质和经济社会发展为目标，结合开展“三严三实”和“不作为慢作为乱作为”专项整治活动，开展各项工作，共承担各类代建工程20多项，其中在建项目10多项，全年完成投资超10亿元，为推动韶关代建事业新发展做出新贡献。

【推进项目建设】 2015年，韶关市代建局承担各类代建工程20多个，全年完成投资超10亿元。（1）推进原曲仁矿棚户区改造项目二期工程。基本建成（主体封顶）9771套，其中，田螺冲安置区建设分A、B、C地块逐步实施，基本建成304栋9331套，另有16栋（C地块高层12栋、商业上盖塔楼4栋）1680套实施前期工作。和平八一队棚户区改造项目一期工程290栋（310套）完成分房工作；二期工程107栋（107套）全部完工，附属工程同步进行。花坪里群大队棚户区改造项目23栋（23套）竣工验收交付使用。（2）推进原曲仁矿棚户区改造三期（基设和公建）工程。社区服务中心、中心卫生院、幼儿园完成主体结构封顶；物管中心开展主体结构施工；健身广场动工建设。供水管网工程完成部分路段管道敷设，供水加压工程完成泵房、值班室和山顶水池的主体施工；市政道路一期推进实施。（3）推进市区国有工矿棚户区改造项目一期（田螺冲7、8号地）。按已摘牌的6.33公顷建设用地进行规划建设，已完成施工招标工作。（4）推进市区国有工矿棚户区改造项目二期（南地块）。完成土方开挖工程90%、边坡支护工程40%、压桩150条。（5）推进浈江区田螺冲棚改安置区矿山公园。开展山体公园上山道路、园路土方工程施工。（6）推进S248线韶关市区过境段黄金村大桥至韶关钢铁厂改线工程（黄金村－大学路段）。完成可施工路段路基填筑工程；基本完成涵洞、挡土墙；开展道路工程路面结构垫层施工。（7）推进S248线韶关市区过境段黄金村大桥至韶关钢铁厂改线工程（大学路－韶关钢铁厂段）。分两个标段实施，浈江区境内为一标段，完成监理、施工招标，办理施工报建手续；曲江区境内为二标段，完成规划方案审批。（8）推进工业西片区内涝整治工程。于7月完工，开展验收移交工作。（9）推进市区三大交通出口环境整治项目。已于7月完工。（10）推进陵南路（鹅坑桥转盘至东郊客运枢纽站）改造工程。完成施工图审查及修编，开展施工、监理招标相关工作。（11）推进韶关市移山路道路工程。开展路基土石方以及雨水管施工。（12）推进市独芳路（摩尔城西侧）道路工程。完成路基主体工程施工。（13）推进市戒毒所外联道路工程。已基本完成路基施工。（14）推进东冲河、沐溪水治理工程。沐溪水治理工程完成设计施工总承包招标工作，东冲河治理工程组织开展设计施工总承包招标工作。韶关市市民文化活动中心项目、风华路道路工程（一期）、韶关市芙蓉北一路道路建设工程、韶关市芙蓉北二路道路建设工程、芙蓉北环山公路（摩尔城段）建设工程、滨江景观带等工程项目前期工作正在进行。

【安全生产形势稳定】 坚持“安全第一，预防为主，综合治理”方针，落实安全生产“一岗双责”制度，做到安全工作与各项工作同规划、同部署、同推进，制定安全工作内容73项，组织签订安全生产责任书20份。组织实施重大节假日和每季度安全大检查、专项安全大检查活动，开展文明施工检查、现场消防检查、特殊天气防范工作检查、扬尘治理检查、人员履职履约检查等专项检查活动，共组织全面的安全大检查17次，发现各类安全隐患127项，各参建单位整改率达95.5%。抓好宣传教育和应急演练工作，开展“安全生产月”活动，组织各类安全培训教育工作6次，利用网络、短信平台、宣传栏等方式，发送安全提示35条，组织开展各类应急演练8次。全年实现安全生产零事故的目标。

【强化工程质量管控】 实行项目组质量负责制，签订工程质量授权书和质量终身责任承诺书，推进质量管理责任倒逼机制，强化项目质量督办机制。组织开展工程质量治理两年行动，要求各参建单位制定专项工作方案，广泛动员，全面自查，把工程质量治理两年行动与“履约”“履职”、隐患整治排查、安全生产大检查等专项行动结合起来，确保工程质量管理到位。开展工程质量工作大检查，由局分管领导带队组织各项目组负责人进行质量工作大检查，先后开展季度检查、人员履职履约检查、质量过程资料检查、质量治理两年行动检查等，共发现质量隐患57项，各参建单位整改率达95%。 （熊丽琴）

信息中心

【机构概况】 韶关市信息中心为副处级参公管理的事业单位，由市经济和信息化局管理，内设办公室、网络管理科、信息采编科，编制10名。

【网上办事大厅建设稳步推进】 2015年，韶关市严格按照省委、省政府对网上办事大厅拓展完善工作的部署和要求，在完善市、县（市、区）网上办事大厅的同时，将网上办事大厅的功能向镇（街）村（延伸）。市直41个部门共进驻545项行政审批事项，除去使用国家、省级垂直业务系统107项，行政审批事项网上申办业务总量为11915笔，网上全流程办理率为66.67%，网上办结率为60.03%，10个县（市、区）共开通103个镇（街）网上办事站和1414个村（居）网上办事点，实现全市所有镇（街）村（居）网上办事站（点）全覆盖。

【办公业务系统应用持续推进】 2015年，根据市政府（办）非涉密文件不发送纸质文件的要求，升级完善办公业务系统的功能，加强系统运行的日常监测和维护，确保系统长期稳定高效运行。全市10个县（市、区）办公业务系统全部建成开通。韶关市级上线OA系统单位303个，10个县（市、区）上线单位1003个，实现办公业务系统公文的市县镇三级在线交换。截至12月31日，全年市级303个单位对外发文58434件，已办结58306件，收文290997件，办结285547件，发文、收文的办结率分别为99.78%、98.13%，10个县（市、区）通过市县公文交平台实现发文5618件，收文115992件，未及时接收公文57件，及时接收率为99.96%。

【启动电子政务云平台及中心机房搬迁工作】 2014年3月，韶关市列入国家工信部“基于云计算的电子政务公共平台建设和应用试点示范”城市，经市政府同意，韶关市决定将电子政务云平台建设及中心机房搬迁进行统筹规划，并委托韶关学院负责市电子政务云计算平台总体规划设计方案的编制工作，启动电子政务云平台建设的前期工作。

【开展政府网站普查工作】 按照国家、省关于全国政府网站普查工作的相关部署，对韶关市普查范围内的政府网站进行全面核查，并针对核查发现的问题采取措施进行整改，完成统计摸底、检查整改、抽查核查、通报总结四个阶段的工作任务。指导填报基本情况调查信息，审查网站基本信息表。2015年共普查全市（含县市区）政府网站共274个，其中永久关停的64个。

【更新中心机房UPS电池】 中心机房是韶关市电子政务系统的核心，网络交换机、路由器，防火墙、服务器及全市统一应用十几个业务系统均部署在中心机房，2015年6月29日，设备生产厂家在对UPS巡检时发现UPS主机有4个风扇出现故障，为保障韶关市电子政务中心机房安全、稳定运行，经市政府同意，中心对UPS的故障风扇和老化电池进行更换，消除安全隐患。

【网络问政平台运行效果良好】 网络问政平台运行效果良好，社会效益明显，一大批人民群众关心的热点难点问题通过公开、透明的网络问政平台得到解决。截至2015月12月31日，网络问政平台累计点击率达5484万人次，日均访问人数超过1.3万人次，已受理问政贴43922条，已答复43915条，及时答复43481条，及时答复率99%。

【党风廉政信息公开平台运行质量提高】 2015年，中心采取各种措施，不断推进平台应用，通过通报和考核，各地各单位信息公开的主动性和性有提高，公开信息规范，质量进一步提高、红黄牌数量明显减少。2015年，共发布信息333650条，其中党务公开信息2074条，政务公开信息37685条，村务公开信息287799条，所站公开数据6092条。

【工程建设领域项目信息和信用信息公开平台运行稳定】 根据中央、省、市的部署和要求，韶关市依托韶关市电子政务综合应用平台，建成开通全市统一的“工程建设领域项目信息和信用信息公开共享平台”。双信平台在市及10个县（市、区）154个单位应用，该平台运行稳定，效果良好。截至2015年12月底，全市154个单位已发布信息5401条，其中项目信息4965条，信用信息436条。

【继续做好政府门户网站建设】 自“韶关市人民政府门户网”开通以来，发挥桥梁媒介作用，全面公开政务信息，配合做好全市各种大型活动的宣传工作。2015年共采编、发布各类日常信息、资料4300多篇，发布文件（市属55篇，国家、省政策法规及政策解读78篇）。为丰富网页版面，通过现场拍摄、各有关单位发稿支持等方式收集图片，共发布新闻配图630张。

【做好政府信息公开工作】 为扩大和深化政务公开，提高政府网站的社会认知度和满意度，做好单位的政府信息公开工作，根据《中华人民共和国政府信息公开条例》的规定，在《政府信息公开平台》录入2015年的市政府、市政府办公室政府信息公开内容380条，及时更新领导之窗、政策法规、政府文件、政策解读、政府考试、人事任免、监督检查、中宏数据库等栏目资料信息共280条。

（李建联）

发展研究中心

【概况】 韶关市发展研究中心是市政府直属正处级公益一类事业单位，挂广东省社会科学院韶关分院牌子。承担市政府经济社会发展等方面的调查、研究工作。核定事业编制7名，配主任（院长）1名，专职副主任（副院长）1名，兼职副院长3名（省社科院派任2名、市社科联负责人兼任1名），设2个内设机构：办公室、研究部。市政府办公室调研科与该中心合署办公。2015年，市发展研究中心加强经济社会发展调查研究，做好决策咨询服务，在主动发挥政府新型智库作用上取得新成效。

2015年9月28日，韶关市发展研究中心举办“现代农业企业资本市场融资研讨会”（市发展研究中心　供）

【服务政府决策】 制定《韶关市重大行政决策咨询论证专家库管理工作细则》，建成由296名专家组成的韶关市重大行政决策咨询论证专家库和专家库管理服务系统；组织召开专家座谈会，收集专家对《政府工作报告》和“十三五”规划的建议和意见供市政府参考。

【开展调查研究】 组织完成《韶关市生态优势转化为经济优势研究》，该课题获“2015年度广东发展研究奖”三等奖。组织开展《韶关市企业创新能力提升对策研究》；收集“建设国家公园政策研究”等4个2015年广东省重大决策咨询研究社会招标建议课题报省政发展研究中心，牵头拟稿《韶关市工业转型升级情况汇报》报省政府参事室；协助省政府参事室开展《调研资源环境及教育和医疗卫生事业发展情况》等。

【推动创新创业】 牵头实施韶关市企业创新创业发展能力提升计划，组织省内创新资源对接韶关市企业，组建由231名专家、21个专家团队组成的韶关市创新创业发展专家库，按计划推进企业创新发展及转型升级调研指导服务，开办韶关市创新创业讲堂；经市政府批准，与广东省华南低碳产业发展研究院共同启动广东省华南低碳产业发展研究院韶关分院建设工作。

（杨志明）

政协韶关市委员会

综　　述

政协韶关市委员会下设办公室（内设5个工作科，即秘书科、人事科、行政接待科、调研科、老干科）及提案委员会、经济委员会、教科卫体委员会、文化和文史资料委员会、港澳台侨联络委员会、社会法制委员会、人口资源环境委员会、民族和宗教委员会等8个专门委员会，其中前5个专委均设有工作科，社会法制委与提案委、人资环委与经济委、民宗委与文史委合署办公。根据市编委核定，市政协机关行政编制32人，后勤服务人员编制12人。2015年实有行政人员29人，后勤服务人员12人。2015年，市政协履行政治协商、民主监督、参政议政职能，协助市委召开全面推进依法治市专题协商会议，举办市长与政协委员座谈会，组织对口协商会，召开1次全体委员会议、5次常委会议、6次主席会议，开展5项专题调研、12项专题视察，办理132件提案，为促进韶关市经济社会发展作出积极贡献。市政协各级组织机构个，其中市政协1个，县市区政协10个。省级政协委员17人，地级市政协委员383人。市政协设置常务委员会，由主席、副主席、秘书长、副秘书长和常务委员组成。设政协主席1人，副主席8人，秘书长1人，副秘书长3人。

重要会议

【市政协十一届四次会议】　2015年2月2日至4日，政协韶关市委员会在市区召开第十一届委员会第四次全体委员会议。会议听取和审议市政协第十一届委员会第三次会议以来常务委员会工作报告和提案工作情况的报告，听取和讨论市政府工作报告及有关报告，审议通过会议决议，选举兰茵为市政协副主席。会议期间，组织安排委员大会发言，各民主党派、工商联及其他界别的委员围绕建设创新型城市、加快韶关市混合所有制经济发展、加快发展医养结合型养老健康服务产业等重要问题作发言；组织安排委员大会即席发言，就韶关市经济社会发展以及人民群众普遍关心、关注的热点、难点问题发表意见建议，得到市委、市政府主要领导的充分肯定。

【市政协常务委员会会议】　2015年，政协第十一届韶关市委员会常务委员会共召开会议5次。讨论市政府工作报告（征求意见稿）；审议政协第十一届韶关市委员会第三次会议以来常务委员会工作报告和提案工作情况的报告，审议市政协各专门委员会2014年工作总结和2015年工作设想（书面），审议关于召开市政协十一届四次会议的议程、日期和日程安排（草案）。市政协十一届三次会议以来常委会工作报告及其它报告情况和大会《决议》（草案）提交市政协十一届四次会议审议通过。会议审议《关于推进我市医养结合型养老模式建设的调研报告》（送审稿），审议《关于韶关市文联社团生存现状及发展对策的调研报告》（送审稿），并决定就以上两项调研报告形成建议案报市委、市政府。审议《关于我市市场经济秩序监管工作情况的调查和建议》（送审稿）、《新常态下，如何加快我市旅游业发展的调查与建议》（送审稿），并决定就以上两项调研报告形成建议案报市委、市政府。同意增补张国安为政协第十一届韶关市委员会委员、任命张国安为市政协经济委员会、人口资源环境委员会副主任。讨论市政府工作报告（征求意见稿）；审议政协第十一届韶关市委员会第四次会议以来常务委员会工作报告和提案工作情况的报告，审议市政协各专门委员会2015年工作总结和2016年工作意见（书面），审议关于召开市政协十一届五次会议的议程、日期和日程安排（草案）。任命何新文为政协第十一届韶关市委员会副秘书长、任命张衡为政协第十一届韶关市委员会提案委、社会法制委主任；增补李石保、谢祥腾、黄锋、胡德宁、谭启源、李宏、石中心、孙岐沙、黄寿生、邓华等10人为政协第十一届韶关市委员会委员。

【专题协商会议】　6月30日，市委召开全面推进依法治市专题协商会议，与会政协委员和各民主党派、工商联及各界别代表，围绕全面推进依法治市工作和《中共韶关市委关于全面推进依法治市的实施意见》（征求意见稿）开展专题协商。协商议题由市委提出，由市政协组织开展专题调研，并数次召开筹备会议，安排民主党派、无党派人士代表作大量的前期调查研究工作，提出具有针对性和前瞻性的建议和意见，为市委科学决策提供重要参考，促进韶关市依法治市工作顺利开展。

【市长与市政协委员座谈会】　8月18日，市政协围绕“新常态下，如何加快韶关市旅游业发展”专题，举办市长与市政协委员座谈会。市政协组织40多位政协委员开展调研活动，形成《新常态下，如何加快我市旅游业发展的调查与建议》和36篇书面发言材料。会上，市旅游局负责人通报韶关市旅游业发展情况，委员们就推动旅游产业转型升级、构建大旅游格局、发展特色旅游、发展文化旅游、发展智慧旅游、发展生态休闲和户外旅游等方面提出具有可操作性的意见、建议，得到市长的肯定。

【对口协商座谈会】 9月18日，市政协围绕“我市公共交通及出租车管理工作”，在市交通局组织召开一次对口协商座谈会。市交通局介绍韶关市近年来公共交通和出租车管理工作的情况，与会委员们畅所欲言，与市交通、发改等部门负责人面对面协商探讨，提出许多积极的对策建议。市政府领导认为委员们所提意见建议富有参考价值，表示将认真采纳、研究落实此次会议成果，采取措施，加快韶关市公共交通发展和抓好出租车管理工作。

重要活动和主要工作

【参与中心工作】 组织召开“广东扶贫济困日”座谈会和开展“慈善一日捐”活动，动员广大政协委员和干部职工助力韶关市扶贫济困公益事业，委员们为韶关市教育、文化、医疗、残疾人事业、扶贫济困等社会公益事业捐资捐物达892.55万元。落实政协班子成员挂点督导重点建设项目、重点企业、计划生育以及薄弱村的联系工作。支持市委、市政府开展创文巩卫工作。

【文化政协系列活动】 协助有关方面，在丹霞山和举办谢墨先生《浓墨重彩写丹霞书画作品展》，在韶关市文化艺术展览中心举办《许绍奔书法作品展》，在韶关市文化艺术展览中心和南雄举办《谢墨许绍奔咏梅书画作品展》，在澳门科学馆举办《墨海旅痕——何伟青、许绍奔书法展》；协助出版《浓墨重彩写丹霞——谢墨先生书画作品集》、《墨海旅痕——何伟青习字作品辑》、《许绍奔书法作品集》、《谢墨许绍奔咏梅书画作品集》。举办2015年韶关政协“鑫金汇杯”乒乓球混合团体比赛，市各民主党派、工商联和各县（市、区）政协等共派出27支队参赛。

【信息宣传工作】 全年编报《韶关市政协反映社情民意信息专报》28期，向市委、市政府和有关部门反映一些针对性、前瞻性、可操作性较强的意见建议，如尽快恢复重建风度楼风烈楼、推进芙蓉隧道北出口周边道路建设的建议等，得到市党政领导和有关部门的重视采纳，其中获得市党政主要领导亲自批示的有5期，市政府分管领导批示的有17期，被市委办公室《韶关信息》刊发的有6期，报省的有2期。出版《韶关政协》6期，继续发挥其在理论探讨、经验交流、信息传播的作用。发挥政协通讯员作用，及时通过韶关日报、韶关电视台等渠道全面报道市政协全体会议、常委会议、委员调研视察等重大活动和委员参政议政情况。

（钟骏逸）

8月18日，2015年市长与市政协委员座谈会在市政协会议室召开（市政协　供）

纪检·监察

纪委、监察机构概况

中共韶关市纪律检查委员会机关，韶关市监察局（韶关市预防腐败局）履行党的纪律检查和政府行政监察两种职能，对市委全面负责。市监察局属市政府机构序列，受市政府领导。市纪委、市监察局合署办公后，实行在广东纪委监察局领导下和市委、市政府领导下进行工作的双重领导体制。县纪委监察局均合署办公。各乡镇（街道）全部设有纪委（纪工委），配备纪委书记、副书记，平均每个乡镇配备专职干部2—3名。中共韶关市纪律检查委员会机关、韶关市监察局（韶关市预防腐败局）行政编制69名其中，委（局）领导职数10名：市纪委常委9名，市监察局局长（市预防腐败局局长）1名（由市纪委副书记兼任）、副局长2名（1名由市纪委常委兼任，1名为党外副局长；其中1名市纪委常委、监察局副局长兼任市预防腐败局副局长）；室（部）主任（部长）15名，室（部）副主任（副部长）22名。后勤服务人员数7名。市纪委机关、市监察局（市预防腐败局）设15个室（部），韶关市和畅楼管理办公室，为市纪委监察局管理的公益一类事业单位，正科级。核定事业编制5名，配主任1名、副主任1名。经费按财政补助一类拨付。岗位设置总量5个，其中：管理岗位5个，分别为七级1个、八级1个、九级3个。

纪　　检

【市纪委十一届五次全会】 1月30日，中国共产党韶关市第十一届纪律检查委员会第五次全体会议在市委会议中心召开。会议传达学习十八届中央纪委五次全会、省纪委十一届四次全会精神，听取市委书记郑振涛的重要讲话，市委常委、市纪委书记黎增丰代表市纪委常委会作题为《聚焦中心任务，落实监督责任，推进党风廉政建设和反腐败工作》的工作报告。仁化、始兴、乳源县委书记及市交通运输局、市水务局、粤北人民医院党委（党组）书记在第一次会议上作述责述廉述德报告。大会通过市纪委常委会工作报告和全会决议。

【查办腐败案件体制机制改革】 继续推进查办腐败案件体制机制改革。执行线索处置和执纪审查“两报告”制度。根据省纪委统一部署，将报告范围扩大至派驻（出）机构，延伸到镇乡（街道）纪委。2015年市县两级纪委上报线索处置情况177条、案件查办情况65条。

【学习贯彻准则和条例】 中共中央颁布新修订的《中国共产党廉洁自律准则》和《中国共产党纪律处分条例》后，全市各级党组织迅速组织开展学习贯彻活动。10月30日，市委召开常委会，专题传达学习准则和条例，对全市学习贯彻活动作出部署。11月11日，组织全市副处级以上领导干部集中收看省委组织召开的学习贯彻准则和条例专题辅导报告会。11月27日，市委中心组召开理论学习会，专题学习准则和条例，市委常委、市纪委书记郭健生在会上作题为《深入学习两项法规增强纪律和规矩意识》的专题发言，提出要深刻学习领悟，以“两项法规”强化党性修养；坚持学以致用，以“两项法规”规范思想行为；突出执纪重点，以“两项法规”推动反腐倡廉建设。市纪委多次组织全市纪检监察干部结合纪检监察工作实际进行专题学习。各地各单位也通过召开座谈会、编发廉政手机报、发布微信公众号信息、巡回宣讲、党规党纪知识测试等形式，开展系列学习贯彻活动。

【纪律教育学习月】 7月至9月，在全市开展以“守纪律，讲规矩，作表率”为主题的纪律教育学习活动，教育内容主要包括党的宗旨教育、党的纪律教育、党内法规教育、优良作风教育、保密纪律教育。组织全市党员干部学习省纪委编印的《反腐倡廉教育读本（2015）》《领导干部违纪违法典型案例忏悔录》和拍摄的《这个局长“请不动”》《“红包”之祸》等正反面典型电教片、政论片《永不懈怠的战斗》和市纪委编印的《利剑高悬——韶关市党员干部违纪违法案件警示录》。

【领导干部党纪政纪法纪教育培训】 7月31日，结合纪律教育动员大会，举办领导干部“三纪”教育培训班。市四套班子成员，市中级人民法院院长、市人民检察院检察长；各县（市、区）委书记、县（市、区）长、纪委书记，市直单位副处以上领导干部，中省驻韶单位主要负责人、纪委书记（纪检组长）参加培训。培训班上，市委书记蓝佛安作题为《主动适应新常态狠抓作风促发展》的辅导报告，市委副书记陈向新作题为《领导干部要始终把保密责任记在心上、扛在肩上、抓在手上》的辅导报告，市委常委、市纪委书记黎增丰作题为《把纪律和规矩挺在前面，为韶关的振兴发展提供坚强的纪律保障》的辅导报告。

【作风建设】 坚持暗访、查处、追责、曝光“四管齐下”，2015年，开展明察暗访396次，发现问题38个，处理16人。查处公款旅游、公款购买消费卡等违反中央八项规定精神问题43个，给予党纪政纪处分63人。在韶关廉政网点名曝光典型问题21个。组织党员干部观看韶关市作风建设警示教育专题片《作风建设永远在路上》。

【组织违纪违法线索集中排查活动】 全年排查出农村线索基层党员、干部违纪违法线索1383件，其中重大线索45件，初步核实1328件，立案644件，结案619件，给予党纪政纪处分631人，移送司法机关18人。

【纪律审查工作】 2015年，全市各级纪检监察机关共受理群众信访举报1380件（次），同比上升12.5%；初核线索1085件，同比上升44.3%；立案840件，同比上升18.5%；涉及县处级干部36人，乡科级干部193人；结案840件，同比上升31.3%；给予党纪政纪处分840人，同比上升26.7%；移送司法机关26人；通过办案挽回直接经济损失3537.7万元。重点查处始兴县原县长杨思远滥用职权、受贿案，市委原副秘书长、市信访局原局长王荣光受贿案，乐昌市系列腐败案，南雄市多名领导干部腐败案，市人社局违规骗取就业专项资金、私设“小金库”案等一批大案要案。

【廉政教育】 坚持领导干部廉洁从政党纪法规考试制度，56名拟提拔处级领导干部通过考试。开展集体廉政谈话教育，对46名新提任的市管干部进行集体廉政谈话。抓好日常提醒教育，坚持每月给处级领导干部编发一期廉政手机报。组织两批110名处级干部到法院旁听腐败案件庭审；组织132个单位6646名党员干部到市廉政教育基地接受警示教育。组织开展党章知识测试和党规党纪知识竞赛活动，在全省首届“廉洁火炬杯”党规党纪知识竞赛中获得二等奖。开展“举报贪腐、共创廉洁”主题信访举报宣传活动。推进廉政文化建设，开展“廉洁广东行”主题宣传活动；举办第五届“廉洁读书月”活动。

【镇街纪委规范化建设】 聚焦镇街纪委监督、执纪、问责，围绕软硬件两个“六有”，完善工作经费保障，投入资金900余万元；围绕两个“规范”，狠抓组织建设，健全工作机制，加快落实“三转”，完成全市109个镇街纪委规范化建设工作任务，构建具有韶关特色的基层纪委工作体系。

监　察

【市政府第五次廉政工作会议】 2月28日，省政府召开第三次廉政工作会议，市领导黎增丰、陈波、李安平、王青西、许志新、王伟阳和市政府系统各部门负责人、直属机构、中省驻韶有关单位负责人、浈江区政府领导、武江区政府领导在市电信大楼收听、收看会议。会后，市政府召开第五次廉政工作电视电话会议，部署2015年全市政府系统廉政建设和反腐败工作，各县（市）、曲江区政府班子成员及其部门负责人在各地分会场收听收看会议。

【预防腐败工作】 开展重大工程建设项目廉政风险同步防控试点工作。将独芳路（摩尔城西侧）、原曲仁矿棚户区改造项目二期工程田螺冲安置区配套公共设施之山体公园项目纳入廉政风险同步防控工作体系。6月召开重大工程建设项目廉政风险同步防控工作推进和廉政责任书签订会议。8月召开廉政监督员工作部署和听取意见座谈会，年底进行总结。 （李云芳）

民 主 党 派

民革韶关市委员会

【概况】 民革韶关市委员会成立于1959年9月，第十届委员会于2011年8月选举产生，现委员13名。截至2015年底，全市有基层组织23个，其中总支2个，支部21个；共有党员374人，平均年龄49.6岁，其中大专以上学历302人，占81%。

思想建设 加强思想宣传，向民革省委会、市委统战部、市政协发表工作动态、社情民意信息等30余篇，其中被民革省委会采用8篇，省委统战部采用4篇，获省领导批示1篇。成容荣获2015－2016年度民革广东省委会学习实践活动优秀党员。

基层组织建设 2015年，完成全市基层组织的换届工作，新成立民革南雄市总支部及下属第一、第二、第三支部。换届后的基层组织平均年龄43岁，大学本科学历以上达70%，其中研究生8人，博士2人。武江区第一支部、第五支部荣获2015年度民革广东省委会组织工作先进支部，卢春娇、邓献安荣获2015年度民革广东省委会优秀基层组织工作者。

参政议政 2015年“两会”期间，向各级人大、政协提交议案、提案、建议85件，其中向市政协提交集体提案3件，市政协委员提交个人提案29件。

【市政协重点提案】 市委会代表在市政协大会上的发言《关于韶关市落实国家创新驱动发展战略、加强创新型城市建设的建议》及2位委员的即席发言《关于市区部分桥头交通状况改造的建议》《关于重新定位韶州宾馆1号楼的建议》引起与会委员和社会各界的普遍重视。詹三毛《关于改造五里亭片区、小岛片区截污管道工程的建议》的提案、杨泳《关于促进韶关市非公医疗机构健康发展的建议》的提案被列入市政协5件重点提案，其中《关于改造五里亭片区、小岛片区截污管道工程的建议》由市政府主要领导和市政协领导领衔督办。曾筱安《关于加快推进韶关市妇女儿童医院新院建设的建议》的提案被列入首次由市政协各专委会（教科文卫体委）跟踪督办的8件提案之一。

【学习交流与培训】 8月，武江区第五支部党员到深圳市与福田第一支部党员开展民营医院发展情况联合调研。9月，东莞市委会副主委徐波带领东莞理工学院支部党员与韶关学院支部党员开展座谈，双方就民主党派在建设和谐高校与服务社会等方面的责任和作用等议题进行深入交流。10月，韶关市政协副主席、民革韶关市委会主委张文铭率专题调研组，到深圳、惠州市考察健康产业和职业教育。大宝山、韶钢、松山学院3个支部联合开展“观故居，走多党合作之路”活动，组织党员到革命老区赣州参观学习。加强干部的培养力度，组织机关专干参加民革省委会、市社会主义学院举办的各类学习、培训班，提高政治素养和业务水平。

【关爱抗战老兵】 开展关爱抗战老兵活动，回馈历史功臣，给老兵以温暖和尊重。5月，民革韶关市委会主委张文铭、副主委刘国奇与武江区第五支部、乐昌总支部的部分党员一起前往乐昌市，探访刘文钧、王茂才两位百岁抗战老兵，倾听老兵故事，了解他们的生活状况，送上慰问金和生活用品；同月，机关干部和乐昌市总支部党员为百岁抗战老兵刘文钧祝寿；9月，武江区第三支部党员到英德市探望抗战老兵何秀英，为老人送上“巾帼抗日英雄”的书法作品和慰问金，向老人为民族独立而英勇抗战的事迹表达崇高的敬意。

【敬老助学】 持续开展“伸出博爱之手——民革基层组织牵手困难群众”系列活动。开展关爱孤寡老人活动，市委会及部分支部分别向浈江区老来乐养老服务中心、大塘镇敬老院、龙归镇敬老院、新江镇心连心福利院、长来镇敬老院等敬老机构捐赠米、面、油、棉被、轮椅等物资约2.3万元。开展资助贫困学生活动，全市民革党员资助贫困家庭学生6.3万元。

【开展医疗服务活动】 市委会参加市政协组织的乳源大坝村送医送药活动，义诊接待群众300多人次，捐赠药品价值1.5万元；粤北医院支部到乳源大桥镇开展送医送药义诊活动，义诊接待群众200多人次，捐赠药品价值6000元；武江区第五支部与爱尔眼科医院医疗小组，分别到龙归镇和韶关基督教东堤堂开展“关爱眼健康”义诊咨询活动；武江区第一支部到市职业病防治院为脑瘫患儿捐款1500元，宣传国家扶助政策，帮助更多的脑瘫患儿家庭。开展法律咨询服务，各支部的法律工作者通过“法进社区”“送法下乡”等活动，开展普法教育、法律援助和法律咨询服务30多次。

（田秋菊）

民盟韶关市委员会

【概况】 中国民主同盟韶关市委员会（以下简称“盟市委”）成立于1981年

8 月。至今历经八届市委会，市委会规模 17 人，正副主委 1 正 5 副。盟市委内设参政议政部、组织部、宣传部和教文卫体委员会、科技经济法制委员会、港澳台侨联络委员会、女盟员委员会、离退休委员会。盟市委直辖 1 个县委，3 个总支，17 个支部。至 2015 年年底，全市有盟员 555 人，平均年龄 53.3 岁，大专以上学历 517 人，占 93.2%；高级职称 211 人，占 38.0%；中级职称 285 人，占 51.4%；女盟员 210 人，占 37.8%。教育界 320 人，占 57.7%；医药卫生界 63 人，占 11.4%；公有制经济 43 人，占 7.7%；科学技术界 17 人，占 3.1%；文化艺术界 13 人，占 2.3%；新社会阶层人士 24 人，占 4.3%；各级机关、社会团体 72 人，占 13%，其中本党派界别特色为 417 人，占 75.1%。

思想建设　抓好盟章、盟史的教育学习，宣传光荣历史，传承优良传统。盟市委把盟章、盟史的学习作为各级各类培训的重要内容。12 月 19 日，盟市委邀请民盟上海市委宣传部部长王海波作题为《从民盟历史看中国特色参政党制度》的专题报告会，参与报告会的有盟市委正副主委、市委委员、基层组织主委以及机关干部 110 人。副秘书长陈于兵撰写的论文《民主党派代表人士成长轨迹和规律对新时期统战工作的启示》荣获民盟广东省参政党理论研究优秀论文二等奖；韶关学院总支主委戴经国撰写的论文《新常态下提升高校统战工作水平的思考》被广东省教育厅评为优秀论文。

组织建设　2015 年是民盟基层组织换届工作年。12 月初，盟市委直属 20 个基层组织（3 个总支、17 个支部），下辖翁源县委 8 个基层组织，共 28 个基层组织，完成基层组织换届工作。此次换届选举产生支委 121 人，其中新支委 53 人，占 43.8%；新主委 12 人，占 9.9%；女支委 41 人，占 33.9%。贯彻落实“人才强盟”战略，组织发展健康有序。2015 年发展新盟员 26 名，平均年龄 38.2 岁，男 14 人，女 12 人；本科以上学历 19 人，大专学历 7 人；中高级职称 21 人，占 80.8%；普通教育 9 人，医药卫生 7 人，社会新阶层 5 人，政府机关 3 人，司法机关 1 人，社会团体 1 人。6 月，推荐市委委员李敏瑶参加民盟中央组织的盟务工作骨干培训班。7 月，选派周永青等 8 名骨干盟员参加韶关市 2015 年民主党派基层组织骨干培训班。12 月，推荐何丽洁等 10 名新盟员参加市统战部组织的民主党派新成员培训班。12 月 18 日—20 日，盟市委组织开展“民盟韶关市委 2015 年各基层组织支委学习培训班”，对新任支委进行盟章、盟史、参政议政、信息工作等各项盟务工作进行学习培训。

6 月 6 日，盟市委联合民盟暨南大学委员会医疗专家到翁城镇开展送医送药活动（赵桂林　摄）

参政议政　2015 年政协大会，副主委林炜东代表盟市委作《关于韶关建设粤北区域中心城市的思考》的发言。盟市委 22 名政协委员、6 名人大代表建言献策。提交集体提案 2 件，个人提案 17 件，涉及经济、环保、科教卫体、法律和社会保障等方面内容。盟员政协委员吴宇勋、王焰安、罗炅和何定鑫分别就振兴繁荣韶关市文艺舞台、在大学路设立派出所、整治道路绿化影响交通安全问题及加强财政投入促进公立医院改革等方面内容作即席发言。2015 年，成立 2 个调研组，分别到湖北荆门市、荆州市和韶关市文广新局开展专题调研，形成《关于挖掘韶关历史文化名人资源，积极培育特色文化产业》和《关于韶关市休闲旅游发展情况》两个调研报告报中共韶关市委。2015 年获韶关市统战系统信息工作三等奖。上报的统战信息《建议加强对政府平台贷款处置“过渡期”的风险监管》和《对刑事案件有案不报的情况应引起关注》被广东省统战部采纳。

社会服务　2015 年，盟市委发挥优势，开展多形式的社会服务活动。开展义诊活动，服务乡村百姓。6 月 6 日，盟市委联合民盟暨南大学委员会医疗专家到翁城镇开展送医送药活动，为 200 多名患者义诊，免费送出 1500 元的药品。发挥优势，送教下乡。2015 年，分别联系民盟广东实验中学支部优秀盟员教师和民盟广东技术师范学院总支盟员优秀教师到新丰县第一中学、韶关市第八中学开展上示范课、教学研讨、教学经验交流等活动促进落后地区的教育教学发展。

【盟员获奖】　2015 年，广大盟员勤奋工作、努力拚搏，得到各级部门、领导的肯定和表彰。民盟韶关学院总支主委、计算机学院院长戴经国承接“教育部ZCT产教融合基地”“教育部产学合作专业统合改革项目—软件工程专业”“地方高级信息技术人才多主体协同育人模式探索与实践”等两个国家级、一个省级及多个市级的科研项目，荣获国家级奖项2个。盟市委副主委朱必凤承接“试点学院”省级教学质量工程项目，获得项目资金60万。盟员于江明荣获国家级奖项1个，方白玉荣获国家级奖项1个、省级奖项2个。乳源支部盟员、桂头镇司法所长任远清2014年被评为广东省少数民族优秀司法工作者，2015年9月代表广东省参加全国少数民族参观考察团并亲历参看北京天安门70周年抗战胜利纪念9·3阅兵大会。乐昌总支副主委邓美菊荣获“全国课程改革”先进个人称号。盟员陈少强获广东省中学生高中生物学联赛一等奖辅导奖。

（赵桂林）

民建韶关市委员会

【概况】 民建韶关市委员会成立于1957年3月6日。截至2015年底，民建在韶关市有基层组织21个，其中基层委员会3个，支部18个；会员350人，平均年龄49.4岁；大专以上学历285人，占81.4%；中级以上职称157人，占44.9%；经济界人士275人，占78.6%；中上层人士211人，占60.3%，各级人大代表、政协委员共64人，占18.3%。

2015年，民建韶关市委获民建全国先进集体、民建广东省委2014年度参政议政工作先进集体二等奖、理论研究优秀组织奖及全市统战信息工作先进单位二等奖、市政协反映社情民意信息工作先进集体；王伟阳、陈曦、胡湘泉、唐红梅、肖华茂、于方娟、严志全、吴丹丹等8人获民建广东省委2014年度参政议政工作优秀个人表彰。

思想建设　加强宣传和理论研究工作，完善韶关民建网站建设和做好《会务简讯》编印；《关于进一步加强党外代表人士队伍建设问题研究》《关于进一步加强民主党派基层组织建设的几点思考》分别获民建省委2014年度民建自身建设理论研究优秀成果二等奖和三等奖；《当前民主党派理论研究工作存在问题与对策研究》《新形势下做好民主党派工作的几点思考》获2014年全市统战理论政策研究创新优秀成果优秀奖。

组织建设　加强领导班子建设，坚持落实领导班子理论学习制度、集体领导和个人分工负责制度、班子成员谈心制度、届中述职评议制度及各项议事制度，提高班子成员的政治思想素质和业务素质。2015年1月，民建韶关市委主委王伟阳被任命为韶关市人民政府副市长。加强基层组织和专委会建设，支持各支部、专委会开展形式多样的户外文体、交流联谊及调研活动，丰富组织生活，增强凝聚力。参政议政工作委员会课题调研组赴珠海、东莞、清远等地开展专题调研活动，完成《关于促进韶关市现代物流业快速发展的建议》等“市委出题，党派调研”课题。

参政议政　参与政治协商，民建市委领导多次参与各种民主协商会、征求意见会、座谈会，为韶关市依法治市、旅游发展、十三五规划等重要决策提出建设性意见和建议。在中共韶关市委推进依法治市专题协商会上，陈曦作关于《用好地方立法权，推进依法治市工作》的会议发言，何勇和谢崇天分别提交《坚持依法行政，建设法治政府》和《对健全推进法治政府建设长效机制的思考》的发言材料，为韶关市法治建设献计出力。在市长与市政协委员座谈会上，胡湘泉作题为《构建“大旅游”发展格局，推动旅游产业转型发展》的会议发言，为促进韶关旅游业发展建言献策。2015年，韶关民建向各级人大、政协等部门提交并采用的建言献策材料有111件。其中建议案、提案61件，政协大会发言1件，即席发言2件，反映社情民意信息20件，建议类统战信息24件。

【建议提案获得重视和表彰】 建议案、提案获得重视和表彰，如集体提案《关于加快韶关市混合所有制经济发展的建议》被选定为2015年1号提案、重点督办提案，由市委书记领衔督办；《关于加强公款出书监管的建议》和《建议有偿回收废弃农药包装物》被民建中央采用为社情民意信息；《建议加强国产大米地区性品牌培育》《严厉打击诈行为净化社会不良风气》得到省领导批示，《建议扶持村镇级快递中转站建设》被省委办公厅采用；《关于建设南岭山地森林生态及生物多样性功能的建议》等社情民意信息得到市领导的批示等。

【民建韶关市委获民建全国先进集体荣誉】 2015年12月，在庆祝中国民主建国会成立70周年之际，民建中央表彰500位全国优秀会员、200个全国先进集体。其中民建韶关市委被民建中央授予全国先进集体，民建韶关市委副主委王敏雯获“民建全国优秀会员”称号。这是民建韶关市委员会自1957年成立以来首次获全国先进集体荣誉。多年来，民建韶关市委坚持以邓小平理论、“三个代表”重要思想、科学发展观为指导，发扬“五个坚持，四种精神”的优良传统，不断加强自身建设，切实履行参政党职能，各项工作取得可喜的成绩，连续第七次获得民建省委参政议政工作先进集体表彰；连续第六次获得民建广东省委理论研究优秀组织奖；连续第五次获得市政协反映社情民意信息工作先进集体；连续第五次获得韶关市统战信息工作先进单位表彰。

【基层组织换届】 从2015年3月开始，历时近半年，完成基层组织换届工作。浈江区在原有8个支部的基础上成立浈江区基层委员会，原武江总支升格为武江区基层委员会，原民建曲江支部拆分成曲江一、二支部，并在此基础上成立曲江区基层委员会，全市基层组织数量由18增加到21个，共选出基层委员会委员、支部委员会委员共100人，其中新当选委员42人，占42%；女委员36人，占36%；非公有制经济代表人士21人，占21%；大专以上学历90人，占90%；各级人大代表、政协委员34人，占34%。

【社会爱心帮扶】 动员广大会员及会员企业参与扶贫开发工作，为“广东扶贫济困日”捐款捐物，会员黄海棠捐款1.2万元，继续资助始兴县3名品学兼优中学贫困学生。开展公益活动，联合韶关爱尔眼科医院、各大基金会及公益组织举行“大爱同行、点亮光明”公益活动，为韶关地区贫困白内障患者免费进行手术，送去光明。全年韶关民建会员和会员企业为各项公益活动捐款捐物80多万元。

【对外联络】 2015年，民建市委加强与其他地区民建组织联络交流，通过与民建江门市委员会、民建广州市委宣传与理论研究委员会、肇庆民建机关直属一支部等民建组织联系走访，互相学习好的经验和做法，推动各项会务工作迈向新台阶。民建市委与对口联系单位各项日常联系制度和工作信息交流制度更加成熟规范，会领导参加市经信局、市财政局组织的活动。

（严志全）

民进韶关市委员会

【概况】 民进韶关市委员会（简称韶关民进）于1983年1月8日成立。2015年，韶关民进践行“牢固树立创先争优意识，塑造韶关民进形象”工作方针，被民进中央授予“民进全国社会服务工作先进集体”奖，第三次获得民进中央的荣誉。

思想建设 发动会员参与理论研究，向民进中央报送7项理论研究课题，参与会中央“民进优良传统的时代价值与继承”理论征文活动并提交论文两篇。参与中国民主促进会成立七十周年纪念活动，并以此为契机加强思想建设，先后组织市委委员、工委主任、基层支部负责人和部分骨干会员赴湖北武汉、湖南岳阳等地学习交流，参加民进中央为民进70周年晚会朗诵诗歌征文，参与庆祝民进成立70周年评先活动，其中民进韶关学院支部获“民进全国先进集体”荣誉称号，副主委李步德被评为“民进全国先进个人”。宣传扩大民进影响，加强《韶关民进》网站建设，引导广大会员踊跃为民进中央网站、《民主》杂志、省民进网站、《广东民进》杂志等投稿，宣传民进组织。

组织建设 2015年是“基层组织换届年”，韶关民进以开展“创先争优”活动为契机，推动组织建设的发展。完成基层组织换届，韶关民进除离退休支部外的14个基层支部（总支）选举产生新一届支委班子。完善会内监督工作，为会内健康发展提供强机制保障。以民进全会“创先争优”活动为契机，在各种平台争创先进，勇夺第一，在韶关市政协2015年举办的“鑫金汇杯”全市乒乓球比赛中勇夺冠军。

参政议政 2015年，韶关民进在各级“两会”议案、提案工作中表现优异：报省民进议政调研课题形成的省民进集体提案《关于大力推进粤东西北地区新型城镇化发展的提案》被评为“省政协优秀提案”，获得“民进广东省委优秀提案一等奖”；省“两会”期间主委刘大济独立提交8件省政协提案，其中《关于我省城市河道生态护岸建设的提案》被评为“省政协优秀提案”；市“两会”期间，共向市政协提交集体提案8件，集体提案的数量居市政协各参加单位之首。加强议政调研工作。向省民进提交9项课题，其中《农村妇女文化及精神生活现状的调查与建议》和《关于大力推进粤东西北绿色城镇化发展的建议》课题双双获得独立立项。

社会服务 韶关民进以民企会员为主体、其他会员参与的模式开展社会服务活动，这已成为韶关民进社会服务的品牌并取得良好的社会效益，民营企业家联谊会会长温桂华被民进中央评为“民进全国社会服务工作先进个人”。全会参与“630广东扶贫济困日”捐款活动等；市政协副主席、韶关民进主委刘大济对口帮扶仁化县黄坑镇小溪村、丹霞街道麻塘村和乳源县大布镇、必背镇；市委会与兄弟党派和市政协帮扶乳源县桂头镇大坝村，引导农户脱贫致富成效显著。参与民进中央开明慈善基金会“同心筑梦”慈善事业，并通过“同心筑梦”专项基金定向为粤北山区开展社会服务工作，其中，为乐昌市新时代学校捐资助学，为始兴县太平镇中心小学开展“阳光厨房”工程。韶关民进社会服务工委赴韶关市铁路一小为该校24名困难学生及其家庭发放助学金和大米、食用油等生活用品一批，总价值12000元，还为该校捐赠图书一批。机关支部、韶关学院支部和始兴总支联合在始兴县马市镇开展科技、卫生、文化“三下乡”活动；始兴总支策划“幼儿图书角”项目，轮流对全县12所公办幼儿园捐赠幼儿图书，每次价值2000元以上；曲江支部到白土镇开展“关爱妇女权益，构建和谐家园”送服务下乡活动等。参与民进中央“书香彩虹”行动，为毕节市金沙县中小学捐赠图书一大批。

【统战信息工作获突破】 统战信息工作在全市18家统战对口联系单位中名列第一，其中《建议提高居民户口簿和身份证的个人信息证明功能》被中央统战部《零讯》采用，这是韶关市统战系统历史上首次获得中央《零讯》采用的参政议政信息；报民进省委的社情民意信息工作进步显著，用稿量和总积分在民进全省名列第三位，被评为“民进广东省委信息工作先进单位”，武江大专支部副主委曾庆飞被评为“民进广东省委信息工作先进个人”；全年向市政协报送10篇社情民意信息，被市政协编印7篇，连续三年被该刊采用的信息数量均居市政协各参加单位之首，荣获“市政协反映社情民意工作先进集体”称号。

【民进韶关市委提案获民进广东省委优秀提案一等奖】 12月30日至31日在广州召开的民进广东省七届四次委员大会上，由民进韶关市委提出并独立完成的《关于大力推进粤东西北地区新型城镇化发展的建议》被民进广东省委评为2014年优秀提案一等奖，该提案还被评为“广东省政协2014年优秀提案”。2月7日，该提案主持人、韶关民进主委刘大济在省政协大会上登台领奖。2月9日的《韶关日版》头版和《韶关政府网》“本地新闻”栏目对此予以充分报导。该提案围绕贯彻落实中央和广东省城镇化工作会议精神，分析粤东西北地区新型城镇化发展面临的城镇化质量不高、发展规划严重滞后、人才、环境、土地等资源供给不足等问题，并从“坚持科学规划先行，把城镇化起点做“高”；集中打造“小而特”城镇，形成“名镇效应”；发挥自身优势，做精做强特色模式；拓宽建设资金投入渠道，促进基础设施提速升级；坚持城乡统筹，扎实推进城乡基本公共服务均等化；解放思想打破“体制性樊篱”，营造良好政策支持环境”等六个方面提出推进粤东西北地区城镇化发展的对策建议。

【民进韶关市委荣获民进全国社会服务工作先进集体】 6月15日，民进全国社会服务工作会议在北京召开，会议对民进全国社会服务工作先进集体、先进个人、优秀成果予以表彰，民进韶关市委荣获“民进全国社会服务工作先进集体”称号。这是继2013年获得“民进全国宣传思想工作先进集体”称号和2014年获得“民进全国组织建设先进地方组织”称号后，韶关民进连续三年获得民进中央的全国性集体奖项。

【温桂华被评为民进全国社会服务工作先进个人】 2015年6月15日，在民进全国社会服务工作会议上，韶关民进乐昌市支部主委、民营企业家联谊会会长温桂华被评为“民进全国社会服务工作先进个人”。温桂华作为韶关民进基层组织负责人和民营企业家会员，他和他所创办的乐昌市顺易房地产开发有限公司、韶关市万佳和房地产开发有限公司等企业，关爱弱势群体，扶贫济困，5年来为公益事业捐款超过500万元，成为社会知名爱心人士。

【韶关民进两项议政调研课题喜获民进广东省委独立立项】 2015年，韶关民进总计向民进广东省委报送议政调研课题8项目，所报课题数连续4年居民进全省各地方组织之首。在6月25日下午召开的民进广东省委七届十四次常委会议上，韶关民进独立报送的课题《农村妇女文化及精神生活现状存在的问题与建议》和《关于大力推进粤东西北绿色城镇化发展的建议》分别获得民进广东省委独立立项（一为重点立项，另一为资助立项）。民进全省16个地方组织中唯有韶关有两个课题获得独立立项。 （朱玉娟）

农工党韶关市委员会

【概况】 农工党韶关市支部1957年夏成立。1983年1月22日成立农工党韶关市委。至2015年底，有总支2个，支部19个，党员396人，其中医药卫生界占64.2%，中高级职称以上党员占81.1%。担任各级人大代表、政协委员的党员有54人，各级特约“四员”（特约检察员、特约监察员、特约审计员、特约教育督导员）9人。粤北人民医院总支荣获农工党中央先进基层组织表彰。12名党员获得韶关市科学技术进步奖。

组织建设　2015年，届中补选1名副主委、2名委员。加强组织发展，全年发展新党员24人，其中博士2人，硕士3人，中高级职称18人。完成基层组织换届工作，人员到基层组织领导班子队伍。新成立市铁路医院支部和仁化广东铝厂支部。举办一期基层组织骨干培训班，全省、市各类培训继续从有限的经费里划拨部分资金，按每个党员补助100元的标准给各支部发放活动费，保障支部正常开展组织生活。

参政议政　2015年，在各级“两会”期间，共提出提案和建议21件（其中，市委会集体提案3件）。提交《关于拯救广东客家围楼文化遗产的建议》和《实施“海上丝绸之路”战略

2015年12月13日，农工党韶关市委主办大型活动“振兴韶关中医药创新创业论坛”（陈勇胜　摄）

建设北江航道旅游黄金线》《关于禅宗六祖文化申报世界文化遗产的建议》。

社会服务　帮扶基层卫生院，向乐昌市五山镇卫生院和廊田镇卫生院捐赠 5 台电脑、1 台打印机，捐赠 58595 元资助五山镇卫生院和三溪镇卫生院购买医疗器械。结合“中国环境与健康宣传周”、“国际科学与和平周”等主题，先后组织 8 批医疗队，分别前往乳源县桂头镇大坝村、仁化县城口镇、翁源县坝仔镇、乐昌市庆云镇、曲江区樟市镇西约村等地送医送药，发放生态环境与健康宣传资料 300 多份，接受群众义诊咨询 1100 多人次，免费发放药品价值 47000 多元。

【开展学习实践活动】　通过召开座谈会、专题讲座等多种形式深入学习中央统战工作会议和《中国共产党统一战线工作条例（试行）》精神，提高政治把握能力、坚定理想信念、增进政治认同。举办农工党成立 85 周年纪念大会，编印《光辉历程》纪念画册和《中国农工民主党韶关市委会参政议政建议和意见汇编（2012—2015）》。组织全体党员开展党章和党史问卷知识答题活动。选拔优秀党员参加农工党广东省委举办的“学精神·学党章·学党史”知识竞赛荣获二等奖，市委会获优秀组织奖。发动全市党员缴纳特别党费共 23740 元支持农工党第一次全国干部会议会址维修和布展工作。

【向省提交议案】　《关于拯救广东客家围楼文化遗产的建议》得到省政协主要领导和有关部门的重视，为韶关市争取到 300 万元的围楼专项保护经费，省政协、省广播电视台联合制作的《政协委员》栏目就该提案专门制作一期电视专题节目，在广东新闻频道播出，引起社会各界巨大反响和全社会对拯救广东客家围楼文化遗产的重视和投入。《中医药文化产业与旅游产业融合发展，助推韶关市旅游产业转型升级》、《实施“旅游立市”战略、做大做强旅游经济》提交书面发言材料，协助农工党广东省委助力韶关改革发展活动，开展“加快莞韶产业园发展”专题调研，并形成《关于推进莞韶产业园升级发展的建议》，作为农工党广东省委集体提案提交省政协十二届四次会议。市委会申报的《广东北江流域生态旅游业构建与发展对策》，被农工党广东省委评选为 2015 年度参政议政中标课题。

【为市级领导机构提供议案】　《加快发展韶关市“医养结合型养老”健康服务产业的建议》在政协会上发言，4 名党员作即席发言。市委会集体提案《让客家围楼鲜活拯救客家文化遗产》和江鸿《关于发挥韶关自然生态优势打造户外运动新品牌的提案》被列为重点提案，由市领导领衔督办。市委会集体提案《关于加强韶关市中医文化建设的建议》被列为市政协专委会跟踪督办提案。《基层政府法治建设中的难点问题及对策》《地方立法权，韶关面临的机遇和挑战》为会议依法治市专题协商发言材料。在 2015 年的《如何加快韶关旅游业的发展》《发挥韶关自然生态优势，打造户外运动新品牌》在市长与市政府委员座谈会发言。向市委报送《县级卫生监督机构现状调查及建议》调研报告。

【“一人一议”“一支部一建议”活动】　关注社情，反映民意，继续开展“一人一议”“一支部一建议”活动，调动广大党员参政议政的积极性，8 篇被专报采用。其中《关于加大惩治，让讹诈者付出法律代价的建议》得到省委领导的重要批示。《关于尽快恢复重建风度楼、风烈楼的建议》《关于加强对我市道地药材培育管理及其知识产权保护的建议》两篇信息得到市委书记蓝佛安、代市长骆蔚峰的重要批示。市委会被评为“2013—2014 年市政协反映社情民意信息工作先进集体”。

【联合省开展远程医疗培训】　联合农工党广东省委、中山大学基层委员会，深入开展对乐昌市廊田卫生院、乐城社区卫生服务中心和仁化县人民医院的远程医疗培训。组织召开农工党远程医疗讲座专家基层座谈会，邀请中山大学附属医院 9 名教学和临床医疗专家，到韶关基层医院进行调研和座谈，听取基层一线医务人员对远程医疗培训的意见和建议，协商远程医疗课程设置。至年底，已举办培训 37 期，培训学员 4600 多人次。

【主办大型活动“振兴韶关中医药创新创业论坛”】　主办大型活动“振兴韶关中医药创新创业论坛”，邀请中国科学院华南植物园、中山大学附属第一医院、广东省中医药学会、赣南医学院专家讲座，提出发展韶关中医药产业的理念和策略。

【农工党粤北人民医院总支荣获农工党中央先进基层组织表彰】　农工党中央在全国范围内开展的“优秀地市级组织、县级组织和先进基层组织”评选表彰活动。韶关市粤北人民医院总支被农工党中央授予“中国农工民主党先进基层组织”称号。

【农工党韶关市委召开纪念中国农工民主党成立 85 周年大会】　9 月 20 日上午，农工党韶关市委召开纪念大会，庆祝中国农工民主党成立 85 周年。市政协副主席、农工党韶关市委主委贝抗胜出席会议并讲话。农工党中央委员、广东省委会专职副主委刘启德，中共韶关市委统战部副部长廖雨婷应邀出席会议并讲话。贝抗胜回顾农工党韶关市委的发展历史，及过去 10 年取得的成绩，要继承和发扬农工党的优良传统，不断提高政治把握能力、参政议政能力、组织领导能力、合作共事能力和解决自身问题的能力。农工党中央委员、广东省委会专职副主委刘启德，中共韶关市委统战部副部长廖雨婷在会上作讲话，肯定农工党韶关市委过去 30 多年来取得的可喜成绩，并提出要求和希望。农工党粤北人民医院总支、浈江区支部、综合支部、乐昌市总支等四个先进基层组织

负责人在会上发言。会议由农工党韶关市委副主委、秘书长和各基层组织代表共100多人出席会议。（陈勇胜）

九三学社韶关市委员会

【概况】 九三学社韶关市委员会成立于1988年9月3日。第六届委员会于2011年8月成立，兰茵任主委。2015年，经过全体社员的共同努力，社韶关市委各项工作取得新成绩。严把发展质量关，2014年发展13名新社员，有社员253人，平均年龄44.4岁。其中，高中级职称228人，女社员81人。2015年，社市委被社中央评为“2011—2015年度社会服务工作先进集体”；被社中央定为第一批“全国九三机关能力建设试点单位”；被社省委评为“2015年度信息工作二等奖”；荣获2015年度市委统战部信息工作第二名；被市政协评为“2013—2014年市政协反映社情民意信息工作先进集体”。兰茵荣获“九三学社2014—2015年度参政议政工作先进个人”称号。潘丽梅当选全国劳模。陈昌永荣获国务院政府特殊津贴。于文涛、陈昉获“九三学社创建70周年全国优秀社员”称号。谢勇获“九三学社创建70周年全国优秀社务工作者”称号。8名社员获2014年度韶关市科学技术进步奖。

思想建设　为纪念九三学社创建70周年，社市委分两批组织市委委员、基层组织主委探访抗战胜利受降地芷江和重庆中国民主党派历史陈列馆，并与怀化九三、重庆九三学习交流。8月，社市委举行纪念中国人民抗日战争胜利70周年暨九三学社创建70周年活动。社市委把基层组织建设作为2015年“开展坚持和发展中国特色社会主义学习实践活动”的重点。2015年，向社中央、社省委、市政协和市委统战部提交信息70件，王双陆撰写的《中国特色社会主义参政党建设问题研究》荣获2014年度中共广东省委统战部统战理论政策研究创新优秀奖；戴晓娟撰写的《新时期民主党派民主监督的思考》荣获2014年度中共韶关市委统战部统战理论政策研究创新优秀奖。社市委向《广东九三》《韶关日报》《韶关政协》等刊物投稿32篇，出版《韶关九三》两期，“韶关九三”网站全年共发布各类报道200余篇（条）。

参政议政　2015年，社市委领导参加中共韶关市委、市人大、市政府和市政协组织召开的专题协商会、专题议政会、情况通报会、征求意见会共计20多次，针对韶关市重大决策、经济建设和社会发展提出意见建议。社市委班子成员、人大代表、政协委员等参加各级人大、政协组织的视察和督查活动15次，建言献策。6月，在中共韶关市委依法治市专题协商会上，市政协委员谢勇作《关于深化行政执法体制改革的建议》的发言，社员袁志强作《关于我市行使地方立法权应注意的若干问题》的发言。8月，2015年市长与市政协委员座谈会上。陈昉作《新常态下发展韶关旅游需要全面创新》的发言，谢勇作《关于进一步理顺丹霞山管理体制的建议》的发言。2015年社市委召开参政议政工作会议6次，在各级人大、政协会议上，社员们提出议案、提案、意见和建议23件。在市政协十一届四次大会上，委员陈昉代表社市委作《关于进一步加快我市南岭生态功能区发展的若干建议》的发言。由刘道凯、方志明联合提交的《关于规范民营医疗机构运作的建议》提案被列重点跟踪督办提案。南雄市支社在政协南雄市九届四次会议提交的《关于加大珠玑古巷景区姓氏挂牌的整治力度，营造良好旅游环境的建议》和《关于加强城市自来水引水渠道管理和保护的建议》两份提案获优秀提案。2015年继续落实“市委出题，党派调研”工作，社市委承担《关于推动韶关市大众创业的建议》课题。丹霞支社提交的《丹霞山建立国家公园体制可行性分析调研》入围社省委参政议政招标课题。

组织建设　2015年，在各级统战部和基层组织所在中共党组织的指导和帮助下，各基层组织换届工作完成。社市委根据实际需要，先后重组和新成立丹霞支社、武江四支社、武江五支社、开发区支社、韶钢一支社、韶钢二支社、韶钢三支社、粤北医院一支社、粤北医院二支社、粤北医院三支社、乳源县一支社、乳源县二支社、粤北医院区基层委员会、韶钢基层委员会、曲江区小组等15个基层组织。社市委共有5个基层委员会、24个支社，1个直属小组。社市委把“人才强社”作为组织建设的出发点和落脚点，社市委加强领导集体建设，着力提高领导班子的政治把握能力、参政议政能力、组织领导能力和合作共事能力；坚持每月召开一次主委会议，坚持和健全民主集中制议事规程，强化领导班子作风建设，注重发挥领导集体的作用。社市委重视各基层组织建设，不断加大对各基层组织工作的指导力度，对基层班子实行动态管理。市委会领导班子坚持深入基层、联系社员，参加各基层组织学习活动。一年来，社市委及各基层组织走访慰问社内老领导、患病社员、生活艰苦的社员共27人次。成立“韶关九三退休社员联谊会”，定期开展活动。5月，社市委羽毛球队参加社省委举办的庆祝九三学社建立七十周年羽毛球赛，并在全省的四十个参赛队中荣获团体第八名。选派骨干社员参加市培训，社员参加市培训。

社会服务　2015年社市委开展社会服务活动4次，成立“韶关九三志愿服务队”为服务社员作贡献。2015年在杜鹃公园、矿山公园和韶州公园三地举行“九三生态林”的认种认养活动，出资5万元作为种植树木的前期抚育费用。在扶贫开发工作中，社市委和市政协一起对口帮扶乳源县桂头镇大坝村，并为该村捐款捐物。6月，“扶贫济困一日捐”活动，共捐款近4万元。

【九三学社基层支部开展活动】 丹霞支社参加在丹霞山世界地质公园举办的“珍惜地球资源，了解地质公园”

的世界地球日科普活动；乳源县支社就南岭生物多样性专题进行调研；浈江二支社走访广东志成冠军集团有限公司；韶关学院基层委员会到大塘镇调研旅游项目开发情况。南雄市支社赴红色故都瑞金参观学习。

【九三学社韶关市委举行纪念中国人民抗日战争胜利70周年暨九三学社创建70周年活动】 2015年是中国人民抗日战争胜利暨世界反法西斯战争胜利70周年，也是九三学社创建70周年。8月30日，九三学社韶关市委举行纪念中国人民抗日战争胜利70周年暨九三学社创建70周年活动。九三学社广东省委副主委张少康，韶关市政协副主席、九三学社韶关市委主委兰茵，韶关市政协副主席林嘉，韶关市政协秘书长陶学权出席活动。中共韶关市委宣传部、中共韶关市委统战部、韶关市各民主党派、韶关市工商联、韶关市知联会等部门以及韶关市全体社员、附近社区市民近500人参加活动。当天的活动，社员们和参演人员通过歌曲、舞蹈、古筝、诗歌朗诵以及知识问答等形式讴歌祖国、纪念抗战胜利，弘扬爱国民主科学精神、展现韶关九三精神面貌，宣扬珍爱和平、捍卫和平的信念。活动现场还播放九三学社韶关市委为九三学社创建70周年而准备的专题片。本次活动得到韶关市音乐家协会、韶关碧桂园的支持。

（成志军）

2015年8月30日，社韶关市委隆重举行纪念中国人民抗日战争胜利70周年暨九三学社创建70周年活动（九三学社 供）

群众团体·社会组织

韶关市工商业联合会

【开展理想信念教育实践活动】 韶关市工商联以“深入开展理想信念教育实践活动”为载体引导非公有制经济人士“重品行、树形象、做榜样”。及时组织会员学习党的十八届四中、五中全会精神，各地举办形式多样的报告会、座谈会，将十八届四中全会关于依法治国的理念和五中全会制定的“十三五”规划及时传递给广大民营企业家，教育引导民营企业学法知法，懂法用法，遵纪守法经营；邀请全国人大代表、韶关市工商联副主席张红伟与工商联骨干交流坚定“信念、信任、信心、信誉”的体会和经验；引导民营企业开展关心下一代工作，与韶关市关工委举办民营企业关工工作座谈会，加强对“新生代”非公有制经济人士的教育，加强对企业青年职工及其子女的关心和教育，组织非公经济人士自觉参与助学活动，推动和谐企业的构建工作；组织开展民营企业文化体育活动，增强企业活力，韶关市工商联会员企业出资赞助韶关政协乒乓球混合团体赛，参与比赛，荣获亚军；开展走进军营慰问子弟兵活动，引导各商会组织民营企业家接受爱国爱党爱军的教育，支持部队建设。

【增强服务实效】 韶关市工商联牵线搭桥，于8月26日到28日、11月27日促成在珠三角发展的乡贤企业家和深圳市韶关商会企业家考察团到韶关市开展商务考察和项目洽谈。组织动员民营企业参加广东省政府召开的2015年重大项目面向民间投资招标推介会，推动民间资本参与重大项目建设。促进民间资本与国有企业融合，探索发展混合所有制经济。组织韶关市企业家省内外多个兄弟地区工商联，开展商会联谊和考察交流，搭建经贸交流平台，推动民营企业拓展发展空间。开展专题讲座培训，与韶关市发展研究中心共同举办韶关市创新创业讲堂，组织开展电商培训等，培训达1000余人次，收到良好效果。引导非公企业合法经营依法维权。联合市司法局开展“企业守法诚信建设”法律宣传周活动；参照省的作法，司法局和律师协会与市工商联共同组建中小企业律师服务团，畅通非公有制经济人士诉求反映渠道，推动有关问题及时解决；参与创建“平安韶关”，深化“平安企业”创建工作。倡导“大众创业、万众创新”新理念，配合新闻媒体宣传企业家的创业故事，激发韶城的创业热情；鼓励并支持会员企业接受电商、微商等新营销模式，引导民营企业构建和谐劳动关系，发挥民营企业就业主渠道作用。

组织民营企业参加创业讲堂（市工商联　供）

【引导民营企业参与扶贫济困和光彩事业】 韶关市工商联动员和组织民营企业参加“广东扶贫济困日”活动座谈会，踊跃捐款。在驻村帮扶中，与韶关市委统战部组织本地企业和香港爱心人士帮扶仁化县扶中村，筹集投入18万元在村中建设光彩文化广场，投入3万多元助学，捐助价值8万多元物品给贫困户。在扶贫中，加大对扶中村主导产业皇帝柑的引导和扶持力度，并补助化肥农药。全村柑橘种植已达106.67公顷，困难户种植40公顷，每亩平均利润可达2万元左右，增加贫困户的收入。

【加强指导】 韶关市工商联按照广东省工商联《2015广东省“五好”县级工商联建设工作实施方案》要求，加大对始兴县工商联的指导，始兴县工商联通过省工商联检查验收，获广东省“五好”县级工商联称号。韶关市工商联吸收在韶关市影响力较大的韶关潮汕商会、清远商会等为团体会员。至2015年，韶关市工商联有会员5175个，比上年增长12%。一批政治素质较好、具有较强经济实力和代表性的民营企业家成为工商联的中坚力量；

10个县（市、区）均设工商联组织，部分乡镇建立商会组织。

【广东省韶关商会成立】 韶关市工商联重点指导广东省韶关商会筹备成立，通过前往广州、深圳、珠海、东莞、中山、江门等地，拜访在当地有一定规模的韶关人士创办的工商企业，引导他们抱团发展，实现信息互通、资源共享、优势互补。经筹备，广东省韶关商会于11月在广州召开第一次会员大会，于12月获省民政厅批准，宣告商会正式成立。

【引导参政议政】 韶关市工商联开展千企调研活动，多次召开民营企业座谈会，分为3个调研组走访企业，及时了解非公有制经济代表人士对当前经济形势的反应，征集民营企业家意见，形成调研报告，向上级部门和领导反映重点信息。韶关市工商联现有全国人大代表1名、省人大代表5名、韶关市人大代表29名、省政协委员2名、市政协委员39名。鼓励、支持和引导非公有制经济人士围绕韶关市中心工作和社情民意的重大问题，参政议政、建言献策。“两会”期间提交20多项提议案。 （赵伯佬）

韶关市总工会

【概况】 韶关市总工会是中共韶关市委领导下负责全市工会工作的群众团体。韶关市总工会成立于1950年9月9日，时称曲江县总工会。1951年底，韶关市和曲江县分家，原曲江县总工会更名为韶关市总工会。1983年韶关地区和韶关市合并后，原广东省总工会韶关地区办事处与原韶关市总工会合并为现今的韶关市总工会。市总工会共设置办公室、组织部、宣传教育部、保障工作部、生产保护部、女职工部、财务部、审计室等8个部室、下辖市工人文化宫、市职工服务中心等2个直管事业单位。2015年，全市各级工会，开展建功立业活动，着力抓好职工素质提升，做好帮扶服务工作，维护职工合法权益，夯实工会组织基础，不断加强自身建设，在韶关市经济社会发展中发挥作用。

【服务大局】 围绕市委提出的“加快绿色转型，实现振兴发展”工作部署，市总牵头各县（市、区）总工会开展“当好主力军，建功十二五”主题劳动竞赛活动，推动当地经济发展。广大企业工会围绕自身生产经营实际，开展以优质、高效、安全、节能减排为主要内容的劳动竞赛，促进企业的生产经营。全市开展劳动竞赛的企业约630家，参赛职工约20万人，职工技术革新成果1286项，共创经济效益4.96亿元。

【弘扬劳模精神】 全市评选表彰7名全国劳模、15名省劳模和5家省先进集体，“五一”劳动节前夕，市委市政府召开韶关市庆祝“五一”国际劳动节座谈会，对劳动模范和先进集体进行表彰。继续加强对劳模的管理服务工作，健全困难劳模帮扶机制，帮助劳模解决工作和生活中的困难，促进劳模示范作用更好发挥。2015年，先后组织4批劳模到省劳模疗休养基地开展疗休养活动，为全国劳模67人次发放帮扶资金127万元和省劳模142人次发放帮扶资金95万元。

【提升职工素质】 推进职工素质提升工程，实现“建设”与“育人”并举的目的。市总与有关行业和单位开展多项全市性的职工技能比赛活动，共有36名选手被授予“韶关市职工技术创新能手”称号。7月，与中国移动通信公司韶关分公司联合举办“2015年市场营销技能大赛”；8月，与韶关金融消费权益保护协会联合举办韶关市首届金融消费权益保护工作技能竞赛；9月，与市食品药品监督管理局及市食品药品检验所联合举办韶关市首届食品药品监管系统食品药品快检技术竞赛活动。广大基层工会也围绕提升企业核心竞争力，继续开展各种形式的岗位练兵、技能培训、技能比赛和创建“工人先锋号”等活动，全市开展岗位练兵技能竞赛的企业398家，参赛职工达9.8万人次；提出合理化建议5900条，采纳率达82%。

【职工维权】 坚持以职工为本，主动依法维权，发展和谐劳动关系，促进职工队伍稳定和企业社会和谐。加大源头参与力度。发挥政府与工会联席会议和劳动关系三方协商机制的作用，参与医疗保险实施意见等涉及职工权益的政策制定，提出工会主张，反映职工的心声。调处广东“工人在线”反映的问题，表达和维护好职工的权益。共处理广东“工人在线”交办案件8件，网络舆情5件，职工来信来电来访60多件次，开展法律援助6件，均能热情接访，依法依规给予解答。发挥职工法律维权服务团作用。在150家职工人数100人以上企业聘请50名律师担任企业工会法律顾问，为工会和职工维权提供专业法律意见。加大工资集体协商工作力度，提高职工工资收入。工资集体协商覆盖企业12603家，覆盖率为83.3%，覆盖职工43万人。全市各类企业工会组织安全生产技能比赛700多场次，参赛职工18万人次；举办安全知识培训班100多期，1万多人次参加培训。在全市建设5家“爱心妈妈小屋”，开展60多场次4000多名女职工参加的女性健康知识巡回讲座，免费为400多名女职工开展“两癌”（宫颈癌、乳腺癌）筛查，提高女职工自我保健意识。

【帮扶服务】 按照“为困难职工解难，为党委政府分忧”的要求，争取党委政府及社会各界的重视和支持，帮助解决职工最关心、最直接、最现实的问题。发挥职工服务中心的阵地作用，全年共接待职工群众8200多人次。做好春节送温暖活动，筹措资金30多万元对12家市困难企业和1810名困难职工进行慰问。筹集40万元，分别在乐昌坪石107国道收费站、南雄323国道南雄收费站、新丰105国道县城加油站设立“情系外来工，温暖回乡路”的志愿服务点，为骑摩托车返乡人员提供各类便民服务。加大帮助职工就业和再就业工作力度，接待求职登记300人次，提供就业岗位4500多个，解决就业人员110人次，先后参加市政府组织的“春风”行动，大学生招聘周4次，发放宣传资料20000份。争取中央财政专项帮扶资金220万元，在全市各地统一举办第八届百万帮扶暖千家暨金秋助学活动，帮扶困难职工、异地务工人员子女2200人次。做好救灾工作。4—8月，韶关市仁化、曲江、始兴等地受到不同程度的洪涝灾害。市总深入受灾企业和职工了解情况开展慰问工作，争取上级救灾资金20多万元帮助受灾企业和职工复工复产。继续督促企业落实夏季高温津贴的基础上，市总共筹集13.2万元为芙蓉隧道、大广高速等重点工程、开发园区重点企业及市政、园林等一线员工开展夏日送清凉行动。加大职工医疗救助工作力度。截至10月，参加省职工医疗互助保障计划人数为13367人，慰问赔付39人，赔付金51万元；参加省女职工安康互助保障计划人数为6079人，慰问赔付21人次，赔付金40万元；参加在职工住院医疗综合互助保障（二次医保）人数为3745人，慰问赔付197人，赔付金22万元。

【加强基层工会工作】 截至2015年9月底，全市基层工会6988家，基层工会涵盖单位30919家，工会会员669284人，其中农民工会员196637人。在抓建会“数量”的基础上，更加注重建会“质量”。按照“边组建、边巩固、边规范、边发挥作用”的要求，指导基层工会在依法维护好职工的劳动权、发展权、监督权的同时，开展合理化建议、创先争优、劳动竞赛等活动，维护好企业经营发展，实现互利双赢。2015年，共6个基层工会被评为全国模范职工之家，6个工会分会（小组）被评为全国模范职工小家，4名工会干部被评为全国优秀工会工作者。 （吴柳亭）

共青团韶关市委员会

【机构概况】 中国共产主义青年团韶关市委员会（简称团市委）前身为中国共产主义青年团韶关地方委员会，1983年6月，地、市团委合并后改为现名。共青团韶关市委是全市共青团组织的领导机关，内设办公室、组宣部、城乡部、学校部、联络部，以及韶关市青年联合会、韶关市杰出青年协会、韶关青年商会秘书处，下辖韶关市青少年宫。历任主要负责人有覃卫东、李萍、陈茂辉、张中坚、陈波、王晓梅、陈俊林、彭裕殿、梁丽芳。

【青少年思想引领工作】 组织广大团员青年学习习近平总书记系列重要讲话精神，开展中国特色社会主义和“我的中国梦”系列主题教育实践活动、社会主义核心价值观教育和道德实践活动，深化学雷锋、志愿服务、群众性精神文明创建活动。举办“红领巾相约中国梦”主题教育实践活动，“与人生对话——我的中国梦”“与人生对话——奋斗的青春最美丽”活动108场，报告会80场。开展“青春情暖”、青少年艺术嘉年华、五四爱国徒步行、青少年禁毒宣传教育、亲情登山、温暖助学、网络文明宣传教育等主题团日活动29场次，直接覆盖青年近万人。

【共青团网络文化建设】 组建一支2万人的青少年网络文明志愿者队伍，引导青少年合理运用网络。相继开通“青春正能量、韶关好青年”“韶关好团干”“奋斗的青春最美丽”“韶关微倡议”微话题，结合中国梦和社会主义核心价值观宣传引导活动，编创多篇微博、微信网评文章。

【青年创新创业创优】 深化“展翅计划”，为在校大学生提供176家企业、单位、社会组织1226个实习岗位，其中双向岗位1005个，公益岗位221个，新建6个实习见习基地，配有专职人员进行指导培训，帮助见习青年提高工作技能。推进“启航计划”，建立韶关市大学生创业基地和韶关青年创业部，组建一支20人的青年就业创业导师团队，为青年创业提供政策、资金、技术、培训等方面的指导，募集100万元创业基金，为青年创业者提供贴息贷款金融服务。开展“领头雁计划”，示范带动农村青年创业致富。实施“青春时贷”青年创业小额担保贷款项

5月4日，团市委开展纪念“五四”运动96周年活动之“青春莞韶园·五四心飞扬”徒步行活动（团市委 供）

目，为农村青年提供专属金融产品和小额信贷服务，支持农村青年创业就业。

【开展志愿服务工作】 完善志愿者招募注册体系，加强志愿者队伍建设。2015年，开展“关爱农民工子女志愿服务行动”，组织各级团组织、志愿组织与农民工子女学校结对138所，结对和受益农民工子女达2万多人。以“社会融入、亲情陪伴、阳光课堂”为重点开展常态化的助残志愿服务，动员各类公益志愿组织结对类助残机构，完成对市区4个工疗站、2个康园中心、2个康复中心和2所特殊教育学校的接对全覆盖，为500名残疾青少年提供定向服务。

【帮扶和维护重点青少年群体】 建立重点青少年群体信息动态排摸机制，做好重点青少年群体服务管理和预防犯罪工作。组建青少年事务社会工作专业人才队伍，鼓励民办社会工作服务机构介入青少年事务领域工作。加强青少年心理咨询、法律援助等方面的专业人才队伍建设。2015年，在韶关学院、北江中学、韶关市第一中学、韶关市第四中学为青少年做“轻松备考，考前减压”心理健康讲座，听课老师及学生2000多人。

【基层团组织建设】 开展“百县千乡“分类示范”创建活动，加快基层服务型团组织建设，夯实农村共青团工作的组织基础。建设城市区域化团组织，利用街道团组织格局创新工作成果，巩固全市10个街道团工委班子和编外团干部的队伍建设，并依托街道社区服务中心、社区服务站等公共基础设施建设青年中心，推动青年文明号、青少年维权岗、朝阳行动、助残阳光行动等品牌工作进入社区服务等工作。开展非公团建工作，2015年新建非公有制经济组织团组织51个，找回363名团员。

【两新组织和新兴领域青年工作】 建立青年社会组织参与社会建设的“协同治理”模式，2015年共吸纳县（市、区）级“亲情家园”5家，联系青年社会组织93个，入驻青年社会组织38个。推进青年社会组织孵化和培育工作，增强青年社会组织服务社会建设的整体合力，2015年新注册青年社会组织15家，建成青年社会组织团组织56个。建立韶关市青年社会组织骨干人才库，登记录入韶关市青年社会组织骨干人才60人。

【青年同心圆计划】 加强与澳门教育暨青年局、澳门科学馆、香港青年协进会、国际青年商会中华青年总会（台湾）、国际青年交流文化中心（香港）、韶港青年交流促进会、香港观塘民联会、香港童飞翔义工队、香港元朗青年会、香港青年服务团、韶澳青年协会、香港紫荆青年会、澳门中华新青年协会的交流合作，2015年共接待500多名港澳台青少年到韶关市开展文化交流活动。组织韶关市青年赴港澳参加港台青年交流促进会第六届理事会就职典礼暨港台交流基金会第二届理事会就职典礼、2015年澳区青联委员新春座谈会、香港青年服务团（第五期）证书颁发仪式、粤港青年交流促进会第七届常务会董会就职典礼及“发放梦想力！梦想舞台2015”活动、“情聚韶澳，共建两地情”——澳门之旅活动、韶港杰出青年企业家访港交流团活动。（李韶华）

韶关市妇女联合会

【概况】 韶关市妇女联合会是负责妇女儿童工作的群众团体，是党和政府联系妇女群众的桥梁和纽带。韶关市妇女联合会组织结构：现设主席1名，副主席2名；内设办公室、儿童部、宣传部、权益部，市妇女儿童工作委员会办公室设在市妇女联合会。现有在职干部16名，100%本科以上学历。

2015年，韶关市妇联在统筹城乡妇女发展、推进妇女儿童工作项目、优化妇女儿童发展环境、探索参与社会管理创新等方面不断深化拓展，在服务大局、服务妇女、服务基层、自身建设等方面都取得成绩，先后获得全国宣传舆论阵地建设先进单位、广东省妇女报刊宣传推广工作一等奖、妇女儿童规划监测统计报告省一等奖、实施省扶持妇女创业小额担保财政贴息贷款项目工作三等奖等荣誉称号。

【推动妇女小额贷款工作】 市妇联联合市财政局、市农信联社共同深入实施妇女小额担保财政贴息贷款工作，完善和修改《韶关市妇女小额担保财政贴息贷款项目管理办法》，加强妇联系统对贴息资金使用的监管，解决农村妇女创业初期和扩大生产面临的资金不足的问题，密切妇女与妇联组织的关系，提高农村妇女在家庭中的地位，带动更多农村家庭增收致富。2015年，共发放妇女小额担保贷款478笔，金额3121.6万元。

【提升农村妇女创业能力】 配合省妇联、省农业厅在仁化县周田镇平甫村农村实用人才培训基地有限公司联合举办“广东省农村巾帼实用人才培训班”，组织百余名创业妇女参加妇女创业培训班，（电商）培训班等，并外出交流学习，提升她们的创业能力。

【创建巾帼示范基地】 2015年3月创建10个“2014年度韶关市巾帼示范基地”，并有17个基地申报创建2015年度市级示范基地。新丰县遥田镇秋桂柑桔合作社获评第六批广东省巾帼创业示范基地，始兴县聚和蜂业专业合作社获评首批广东省巾帼农民专业合作社示范社。乐昌市大源镇永济桥村巾帼联兴造林生产基地荣获2014年全国“三八绿色工程”示范基地，始兴县阔叶树及优质杉木巾帼林示范基地和翁源县杉树巾帼林示范基地被省林业厅和省妇联评为第三批广东省“巾帼林”。

【树立妇女先进典型】 “三八”节期间，市妇联表彰50名市“三八红旗手”、15个市“三八红旗集体”、28个市“巾帼文明岗”、22户市“优秀书香之家”；在广东省“最美家庭”评选活动中，韶关市推荐的陈小清家庭荣获2015广东十大“最美家庭”提名奖；母亲节期间，与市委宣传部、市文明办等单位联合在东河启明路健身广场举办“感恩母亲，让爱延续——无偿献血活动周”启动仪式。100多名巾帼志愿者参加启动仪式。

【培育“儿童友好社区”】 2015年度，市妇联共在全市新增25个市级儿童友好社区示范点。其中始兴县罗坝镇淋头村、翁源县龙仙镇城南社区获得“广东省儿童友好示范社区”的殊荣。全市儿童友好社区总数达47个，其中省级儿童友好社区4个。

【开展家庭教育讲座、咨询活动】 举办安全知识讲座、家庭教育咨询200余场，开展“关注儿童教育护航留守孩子”暑期教育系列活动，丰富少年儿童的暑假生活。利用节日开展家庭教育宣传咨询活动、亲子活动，吸引上万名家长和孩子参加活动，提高人们对家庭教育的了解和重视。

【“妇女之家”示范点建设】 继续推进26个第二期省级“妇女之家”示范点项目及20个市级“妇女之家”示范点项目建设。组织基层开展“妇女之家”示范点项目专项资金自查，做好“妇女之家”工作经费下拨计划，组织有关县（市、区）妇联开展项目活动，分别在始兴县举办文艺巡演、在新丰县举办广场舞展示活动、仁化县董塘镇举办“多彩生活和谐董塘”文艺汇演等；指导市国税局、韶关民声网爱心协会组建“妇女之家”，实现韶关市机关及“两新”组织组建“妇女之家”零的突破。

【开展“平安家庭”创建工作】 制定《韶关市妇联平安家庭创建活动实施方案》《韶关市妇联系统平安家庭创建活动考评细则》统一标准，韶关市在“浈江区犁市镇五四村”和“武江区新华街道花城社区”设立示范点，组织开展市级“平安家庭”创建先进评选活动，评出2015年度市级“平安家庭”示范村（社区）30个，“平安家庭”示范户100户，树立典范，弘扬尊老爱幼，和亲睦邻的社会风尚，以家庭的平安促进社会的和谐。

【普法维权宣传服务】 利用妇女节、母亲节、国际禁毒日等节点，普及法律、禁毒、反邪、防拐卖、防艾滋病等知识。协助省禁毒办、省妇联在韶关市举办‘广东省妇联系统“6·27”工程启动仪式’暨“不让毒品进我家“大型户外宣传活动。开展“建设法治韶关，巾帼在行动”户外宣传咨询活动48场、普法文艺宣传13场、专题讲座24场、制作宣传栏、宣传横幅78个，发放《中华人民共和国妇女权益保障法》《服务站简介》反家暴宣传折页、平安家庭创建知识等各类维权宣传资料7万多份，有6.3万名群众受到普法宣传教育，营造尊重妇女、保护妇女的良好社会氛围。全市各级妇联领导、专家骨干、志愿者开展热线接听日活动，共接听热线51宗，做到件件有回音。举办培训班，提升基层妇联干部维权服务能力。在市委党校举办全市妇联系统维权干部及志愿者培训班，县（市、区）共150多人参加培训。

2015年3月19日，广东省妇联副主席许红（后排右四）、省林业厅副厅长陈俊光（后排右六）等一行赴大源镇永济桥村巾帼联兴造林基地举行全国“三八绿色工程”示范基地揭牌仪式（杨小霞　摄）

【推进妇女维权服务项目】 加强与媒体合作宣传，在电视、报纸、网络等媒体宣传共100多篇次。编印宣传资料10万多份，开展网上反家暴知识竞赛和反家暴论坛活动，参加活动网友有15000多人，网站点击率达33万多次，提高广大群众平安创建的参与率。把信访工作作为妇女维权工作的重点，全年接访求助、法律、心理咨询等718多宗。开展维权需求服务，在新丰、翁源、乳源、仁化等县召开妇女民生座谈会9次、开展“建设法治韶关，巾帼在行动”妇女法制宣传活动13场、妇女维权知识讲座8场，受益群众53900多人。

【组织爱心捐赠】 六一期间，在全市开展“给山区孩子一本好书”捐赠活动，收到捐赠图书6000多册，使边远地区贫困儿童受益；牵线搭桥“大车小鞋”助乐部携手广东家教通家长服务中心与社会爱心人士，到始兴澄江学校，为留守儿童送去200多双崭新的运动鞋；救助始兴贫困烧伤女孩李诗婷，并给予1万元的救助金；牵线韶关供电局妇女委员会到浈江区犁市中心小学，为家庭困难的350个学生捐赠一批物资和资金共1.8万元；太平洋保险公司为儿童友好社区捐赠价值8000元的娱乐设施和文体用品；海纳装饰公司助学帮困5.9万元。

【开展“四援助”扶持项目】 “四援助”指子女未成年、未就业无劳动能力、住房困难的单亲特困母亲家庭、不含婆带孙及孤儿。2015年，市妇联争取广东省妇女儿童基金会援助3名“先心病”贫困儿童；市妇联还筹措15万元并争取省妇女儿童基金会10万元配套资金，共援建10户单亲特困母亲安居房；继续开展“爱心大联盟”结对帮扶行动，香港励贤会继续帮扶韶关市310名困境儿童，并于10月中旬到韶关市对部分儿童进行入户走访慰问。争取香港南头乡亲总会对特困留守儿童捐资助学10万元。2015年市妇联为全市34名“两癌”患病贫困妇女争取救治款19.5万元。投入10多万元用于对口帮扶贫困村乐昌廊田王屋村援建特困户安居房、妇女之家建设及产业帮扶等项目。

【推进妇女儿童两个《规划》顺利实施】 2015年是妇女儿童发展规划中期评估年，市妇联牵头完成对各县（市、区）的检查督导，并将督查反馈情况形成书面报告报市政府、并向各县（市、区）印发中期评估督查情况通报，推进全市各地两个《规划》目标任务的落实。收集汇总各县（市、区）妇儿工委、市各成员单位实施两个《规划》有关资料，编印规划实施五年成果画册、中期评估资料汇编，完成省“两个规划”的迎检工作并通过省督查组评估检查，得到省督导组好评。

【开展“女性提素”工程】 在市委党校举办“家庭建设”主题讲座，全市市直机关、中省驻韶部分企业、各社会团体妇女代表近500人参加；组织基层妇代会主任等48人赴北京农家女学校参加妇女干部培训班，提升她们参政议政的意识和能力。 （刘　巍）

韶关市科学技术协会

【机构概况】 韶关市科学技术协会（简称市科协）是韶关市科学技术工作者的群众组织，是市委领导下的人民团体，是市委、市政府联系科学技术工作者的桥梁和纽带。成立于1958年12月。1980年11月、1984年12月、1991年11月、1997年6月、2002年12月、2007年12月分别召开第二、三、四、五、六、七次全市代表大会。全市代表大会和它选举产生的全市委员会是市科协全市领导机构，第七次全市代表大会选举委员共79名、常务委员共25名、正副主席5名。原主席郑适于2015年4月经市委同意办理提前退休；成绍强经市委提名及市科协2015年12月召开七届六次全委会补选当任主席。市科协机关人员编制12名，下辖正科级事业单位韶关市科技馆1个，人员编制25名；市科协组成单位有市级学会（协会、研究会）32个，县（市、区）科协10个，驻韶中省、市属企业科协18个。

【开展文化科技卫生“三下乡”活动】 3月20日下午，“韶关市文化科技卫生三下乡——仁化行”系列科普活动在仁化县丹霞山博物馆启动。韶关市县（市、区）科协、企业科协、各有关科普示范社区、科普教育基地、科普特色学校等有关单位及仁化县粤港警察希望小学的师生等近500人参加活动。3月23－24日，“三下乡”活动走进乐昌市长来镇中心小学和五山镇中学。乐昌市市委常委、纪检书记刘峰、副市长邓洪炜、科协主席龚绍芳、教育局局长朱锋麟等参加活动。系列科普活动包括科普剧表演，科技科普交流活动、农村实用技术培训、科普志愿者日等多项内容。

【举办各项青少年科技竞赛活动】 2015年1月，市科协与市教育局、市科技局联合主办第30届韶关市青少年科技创新大赛，选送作品参加省赛，获一等奖4项，二等奖3项，三等奖14项。省赛一等奖作品中，有三项入选参加全国赛，获三等奖2项。2015年12月27日，市科协与市教育局联合举办韶关市青少年虚拟机器人竞赛，选拔选手参加第三届广东省青少年虚拟机器人竞赛，韶关市广东北江中学、广东韶关实验中学、广东北江实验中学和广东韶关实验小学共23名学生在省初赛中成绩并列第一，韶关市共有39人获参加11月省复赛资格。3月－4月组织韶关市学生参加广东省中学生生物学联赛，联赛分高、初中组，韶关市初中组获省一等奖34人，二等奖69人，三等奖129人；韶关市高中组获省一等奖34人，二等奖64人，三等奖125人。市高中组共有32人获参加全国赛资格，在全国联赛获一等奖3名，二等奖9名，三等奖9名。4月，市科协与市教育局联合主办第32届韶关市青少年信息学奥林匹克竞赛，选拔出20名学生代表市参加5月在韶关广东北江中学举办的广东省第32届青少年信息学奥林匹克竞赛，获市团体奖第四名；个人奖一等奖1人、二等奖1人、三等奖9人。11月，广东北江中学学生林涛在全国赛获银牌，并与北大签约就读计算机系协议。

【开展“科技馆进百校”活动】 由韶关市科学技术协会主办，韶关市科技馆承办的“科技馆进百校”活动在各县（市、区）、乡镇等中小学校举行。活动内容有科普秀表演、“放飞心愿、励志成才”励志课、“鸡蛋撞地球”实验，未成年人安全上网、食品安全、环境保护等科普图片展、展示裸眼3D画及益智玩具体验、科普知识有奖问答、应急救护现场演示培训等内容。先后到南雄市黎灿小学、永康路小学、仁化青少年宫、浈江区实验学校、韶关市特殊教育学校、武江区田家炳小学、红星小学、江湾小学、乳源民族实验学校、乳源第一小学、乐昌市长来小学、五山中学等12所中小学校开展“科技馆进百校”活动，受益学生达2万多人次。赠送科普图书5000余册，学习及文体用具1000多套。

【科普志愿者培训】 3月21－22日，市科协与丹霞山管委会联合开展丹霞山科普志愿者培训，本次培训对象为53名韶关本地丹霞山科普志愿者。培训班实行“先学习后考察”的方式，用教授、专家室内理论讲座与室外现场考察指导相结合的方法，将世界地质公园知识以及丹霞山的地质、文化、历史、动植物及保护监测等方面的知识与志愿者分享。

【“5·12国家防灾减灾日”宣传活动】 5月12日，由市政府防灾减灾应急办公室牵头，市科协和市民政局、市国土局、市水务局、市农业局、市卫生和计划生育局、市林业局、市科技局（市地震局）、市气象局、市经信局和市红十字会等11个单位，联合在西河全民健身广场举办以“科学减灾依法面对”为主题的“韶关市2015年‘5·12’国家防灾减灾日”宣传咨询服务活动。市科协制作内容为公众应急救护、中小学生防灾教育、防震减灾常识、洪涝灾害后，农业生产自救、气候变化灾害等100幅展板，向参与活动的群众普及防灾减灾知识并发放防灾减灾应急避险手册、平安出游防踩踏应急救护需掌握折页、防灾避险如何自救小册子、防灾减灾知多点折页等防灾减灾知识宣传资料，及提供自然灾害知识和防范应对措施宣传咨询活动，此次活动共发放科普资料4500多份。

【开展“科普育苗校园行”活动】 5月15日，韶关市“科技进步月”系列科普活动在浈江区实验学校拉开序幕。6月15日、16日上午，系列活动分别在武江区田家炳小学和红星小学进行。活动现场，参与活动的领导向学校授予科普志愿者旗帜，为科普志愿者佩戴科普志愿者徽章，并给每所学校赠送一套音响和《漫说新科技》系列科普丛书。幸运大抽奖活动、《青少年安全教育》科普图片展、3D画展，集趣味性和科学性为一体的科学课、励志课、益智玩具等深受学生喜爱。发放食品安全、科普知识宣传手册近1200册。

【举办社区科普知识讲座】 发挥社区科普论坛的作用，在活动月期间，组织举办心理健康讲座和食品安全讲座。心理健康讲座由市科协联合武江区经信局在惠民街道举办，韶关学院心理学系主任、韶关市心理学会副秘书长，韶关市妇女儿童救助站专家博士廖素群担任主讲。廖博士从情绪与认知、青少年心理健康、家庭亲子关系等方面为大家讲解日常心理知识，使参与市民受益匪浅。食品安全讲座在武江区新华街道举行，活动吸引新华街道周边社区近百人参加，韶关学院英东食品科学与工程学院博士郭杰标担任主讲。

2015年市科协主席成绍强（右）出席“乳源瑶族自治县公众科学素质教育体验馆揭牌仪式”活动（市科协 供）

【开展食品安全宣传周活动】 6月16日，“韶关市食品安全宣传周活动启动仪式”在韶关市浈江区百年东街婚庆广场举行。市科协、市委宣传部、市文明办等20个单位参加，副市长王伟阳出席启动仪式并讲话。活动以“尚德守法全面提升食品安全法治化水平”为主题，号召韶关市民共同关注食品安全，共建幸福韶关。活动中，市科协共派发宣传资料1000多份。

【《我们珍贵的地球》科普巡展】 由中国科学技术馆、韶关市科协主办的《我们珍贵的地球》大型科普巡展从4月25日起正式开展。展览通过24个互动展项的体验，让市民认识到保护地球的重要性，提高对环境保护的认识，理解可持续发展的深刻意义，指导市民在日常生活中如何做到保护环境。共接待市民6732人次。

【开展“世界环境日”科普宣传月活动】 6月25—26日，市科协联合丹霞山管委会到丹霞山遗产乡村小学黄屋、车湾、夏富、白莲、坪岗等地开展“世界环境日”科普宣传月3D电影进世界遗产地乡村小学活动。本次活动以“保护世界遗产践行绿色生活”为主题，通过科普有奖问答、播放流动3D科普电影、开展科普游戏等活动，让学生们从小形成保护环境的意识，认识到人类健康与环境保护之间的利害关系，提高参与环境保护的积极性，激发持久的环保热情，保护好自己的家园。

【科技博客丛书举行首发仪式】 6月28日上午，科技博客丛书首发仪式在市科技馆举行，市科协领导、韶关市青年作家协会成员约50人参加此次活动。副调研员陈添辉介绍2014年全国优秀数字科技馆情况，韶关市科技馆获得中国数字科技馆优秀二级子站称号，在全国27家省、市、县参赛科技馆中排名第三，并获得后续奖补资金10万元。随后，组织在场人员观看鸡蛋撞地球试验、裸眼3D画，并向科技博客丛书获奖作者颁发奖品。

【实施基层行动计划】 推进国家、省基层科普行动计划项目申报。市科协继续通过“以点带面、榜样示范”，“以奖代补、奖补结合”的工作方式，推进“基层科普行动计划”。组织实施“社区科普益民计划”。推荐乐昌市廊田镇廊田街社区、乳源瑶族自治县乳城镇云峰社区、武江区新华街花城社区居民委员会申报全国“科普示范社区”项目，其中廊田街社区和云峰社区荣获全国科普示范社区称号并各获得奖补资金20万元。组织实施“科普惠农兴村计划”。推荐武江区龙安淮山生产专业合作社和浈江区三雄农业科技发展有限公司申报全国科普示范基地；推荐始兴县养蜂协会和浈江区赖家香芋种植技术协会申报农村专业技术协会项目；推荐乐昌市欧济荣、南雄市刘炳、始兴县张发开申报农村科普带头人项目。其中始兴县养蜂协会和浈江区赖家香芋种植技术协会获得全国“科普惠农兴村计划”奖补资金20万，浈江区三雄农业科技发展有限公司获得省“科普惠农兴村计划”项目奖补资金15万，南雄市刘炳获全国农村科普带头人奖补资金5万。

【开展全国院士专家助粤产业行动】 1月14日，市科协与市经信局联合在全市开展“全国院士专家助粤产业行动”项目技术人才需求的征集工作，2月5日，通过项目汇总、审核和报市政府审批后，确定韶关市相关项目、技术、人才需求共40项（其中：项目需求12项、技术需求12项、人才需求16项）报省中国科协年会省执委会办公室，利用5月在广州举办的第十七届中国科协年会平台，集全国院士、专家之力助推韶关市企业创新发展。

【科技馆免费开放建设】 市科技馆响应十八大提出的“普及科学知识，弘扬科学精神，提高全民科学素养”精神，发挥科技馆在提高公民科学素质中的重要作用，实施全民科学素质行动计划，培育和践行社会主义核心价值观，推动科技馆免费开放工作，2015年，市科技馆获科技馆免费开放项目补助资金150万。 （胡元强）

韶关市文联

【机构概况】 韶关市文联是党和政府联系文艺界的桥梁和纽带。市文联在职干部职工7人，内设办公室和组联部，联系17个文学艺术团体，分别是作家协会、美术家协会、书法家协会、摄影家协会、民间文艺家协会、文艺评论家协会、戏剧家协会、曲艺家协会、音乐家协会、舞蹈家协会、电视艺术家协会、诗社、赏石协会、兰花协会、盆景协会、九龄书画院、文联艺术团。加上10个县（市、区）级的文联组织及文艺团体，市、县两级协会共有会员5000多名，其中国家级会员100余人、省级会员700余人。文联的机关刊物《南叶》全国发行。

【文艺活动】 各文艺协会发挥各艺术门类的专业优势，举办系列文化文艺活动。书协举办“碧水花城杯”书法篆刻大赛、“首届新人新作展”、“首届南岭扇面书法艺术展”等赛事展览和彭少清、许绍奔、操军凛个人书画展。美协举办“三羊开泰·吉祥韶城——韶关市美术家协会迎春美术作品展”、韶关市“丹霞锦江杯”美术写生创作大赛、“水墨禅音”岭南名家寺院写生作品展；到澳门举办澳韶两地美术作品展。摄协承办“中国梦？韶关情”迎春摄影展，到农村为村民免费拍全家福。音协组织韶关市歌曲创作大赛。民协参与大型系列丛书《美丽韶关》编撰工作；向省民协推荐申报“广东古村落”。曲协组织《中国梦·我的梦》——民乐、粤曲专场晚会。视协制作纪录片《最后的麻风村》，同时拍摄一批微电影、专题片、纪录片。评协举办《松青柏翠》和《眼睛》等作品研讨会；主办“韶关作家走进大学课堂文学创作交流会”等活动。舞协举办韶关市第四届百姓艺术健康舞展演。

12月6日，在市区中山公园，舞蹈爱好者参加韶关市第四届“百姓艺术健康舞”原创音乐舞蹈作品展（市文联 供）

做好纪念抗日战争胜利70周年系列文艺活动。视协制作纪录片《战火中的坪石中大》。美协发动会员参加全国、全省举办的“纪念抗战胜利70周年美术作品展览”。诗社发动会员参与“把楹联写在党旗上”和“诗词飞扬党旗飘”征文活动。其他协会如兰花协会、盆景协会、赏石协会等也开展多种展览活动，丰富市民的精神生活。

【县（市、区）文联开展多种活动】 乐昌出版五期《乐昌文艺》，举办重阳敬老曲艺（粤剧）专场慰问演出等活动。南雄打造“姓氏文化、红色文化、恐龙文化、民俗文化和生态文化”五个文化品牌，发挥协会各自优势，开展各种学习交流、演出展览等活动，活跃群众文化、宣传南雄形象。翁源继续擦亮“风雅翁山”和“潮涌滃江”两大文化品牌，以翁山诗书画院和涂志伟美术馆为平台，开展诗、书、画等艺术活动；鼓励民间艺术团为社会演出各类文艺专场200多场。始兴采取“走出去，请进来”方法，抓好采风活动，开展“送文学进学校”系列活动，活跃节假日文化活动。新丰配合省、市开展“百家千场艺术讲座下基层”和“文艺家艺术教育下基层”活动，邀请省、市艺术家到该县开展艺术专题讲座10场；组织志愿服务队先后举办文化志愿服务一条街、美术与生活艺术沙龙、书法艺术进校园、诗词创作进校园、茶文化交流等文化志愿培训活动。曲江坚持办好文艺阵地，文艺阵地有《马坝人》文艺杂志、文艺曲江网、曲江文联艺术之窗。

【艺术成果】 美协6件作品入选“广东省中国山水画作品展览”，其中2人作品获铜奖。舞协组织节目参加广东省第三届少儿舞蹈大赛暨全国第八届小荷风采广东省选拔赛，群舞《瑶勉憨嘿忠》获得作品银奖、独舞《红星梦》获得表演金奖。民协作品瓷画《阴？阳山》获得中国（广州）民间工艺博览会银奖；曲江区罗坑镇、仁化县红山镇获“广东十大茶乡”第一、二名，猴采红牌原生态高山红茶荣获“广东十大名茶”称号第一名；民协会员涂祖奕评定为国际工艺美术大师荣誉称号。作协组织出版会刊《季风》杂志，由中国电影出版社出版发行《南岭文丛》10本（包括批协温阜敏主编的《粤北当代文学巡礼》。剧协组织会员参加广东省第八届中青年戏剧演艺大赛，温剑兵二胡演奏荣获银奖。乐昌花鼓戏《打鸟》参加全省地方剧种交流演出。

【惠民服务】 组织一批市书协、市舞协艺术家到武江区龙归开展践行社会主义价值观送戏下乡活动。市书协响应“我们的中国梦——书法家送‘福’、送春联进万家”要求，组织书法家到农村、到社区为居民书写春联。舞协组织会员到翁源县星光村、仁化县闻韶镇等地进行文化惠民、送文艺下乡演出活动。

【人才培养】 实施“蓓蕾工程”，启动以“中国梦．家乡情．文艺路”为主旨的“2015年韶关市文艺进校园”活动，培养本土青少年文艺人才。向市委组织部申报韶关市文艺人才资助项目，制定相关方案，扶持一批中青年文艺带头人，并发现和培养一批文艺后备人才。各协会加大人才培养力度。作协组织本市20位作家赴广州参加创作培训。剧协在乐昌三溪镇设立花鼓戏传承基地，开设戏剧课堂戏剧进校园活动。舞协组织健身舞队领队及舞协会员到省参加百姓艺术健康舞编导创作班学习。开展“文艺家下基层艺术教育”活动。组织韶关市首批艺术名家（33人）举办文学、戏剧、电视、音乐、舞蹈、美术、书法、摄影、民间文艺、文艺评论等艺术门类讲座，普及群众艺术基础知识，提高群众艺术鉴赏能力。（黄文华）

韶关市社会科学联合会

【机构概况】 韶关市社会科学联合会（简称市社科联），是韶关市社科类各学会（协会、研究会、促进会）和各县（市、区）社科联组成的群众性社会科学学术团体，是市委、市政府联系广大社科工作者的桥梁和纽带。2015年，市社科联围绕市委、市政府中心工作，发挥社科界力量，开展社科研究、社科普及和学会管理服务等工作，推动全市哲学社会科学事业发展，并荣获“全国社科先进组织”荣誉称号。韶关市社科联现有在编人员4名，内设办公室，与市哲学社会科学规划领导小组办公室合署办公。市社科联有市纪检监察学会、市财政学会、

11月5日，市社科联在市委宣传部8楼会议室召开市社科普及基地——风采楼余靖纪念馆建设座谈会议（市社科联　供）

市税务学会、市地方税收研究会、市审计学会、市张九龄（韶关）研究会、市图书情报学会、市黄峭公研究会、市营销管理学会和市新闻学会等20多个学术团体会员。

【年度社科规划课题立项】 市哲学社会科学规划领导小组办公室共收集到2015年度申报课题86项。其中：申报一般课题67项，申报青年课题19项。经专家组的评审和市社科规划领导小组的审核，确定16项一般课题、4项青年课题和14项共建课题为年度立项课题。申报课题多数紧贴市情，以地方特色文化研究和应用对策研究为主。

【实施社科重点委托课题】 市社科联围绕市委、市政府重点工作部署，开展社科研究重点委托项目的组织实施工作，以“韶关市创新人才引进培养工程人才子计划牵头单位重点人才项目”为依托，以重点委托课题招标的形式，重点扶持市内社科学科带头人及柔性引进市外高层次社科人才。为弘扬韶关市地方特色文化，纪念抗战胜利70周年，专门组织“陈璘研究”“抗战韶关”等课题。根据市委宣传部、市妇联等单位的委托，组织立项一批社科委托课题。

【2014年度社科规划课题结项评审】 市社科规划领导小组继续完善韶关市社科规划课题结项评审机制，吸取省社科联在结项评审方面的经验做法，邀请省社科专家组成评审组对2014年度结项课题进行评审。2015年，共收到参评课题39项，经评审，评审出结项课题等级：优秀7项，良好17项，及格9项，不及格6项，并对评审结果做出通报。

【开展社科普及活动】 市社科联贯彻落实《广东省社会科学普及条例》精神，通过“韶关社科网”和“韶关社科之家”微信平台等媒介，加大社科普及知识的宣传。全年在“韶关社科网”和“韶关社科之家”微信平台，发布的社科知识内容100多篇。发挥市内浈江区南韶村、南雄市河南村、始兴县淋头村等3个省级人文社科普及基地的作用，安排专门工作经费，支持他们利用现有资源条件，不定期开展社科理论宣传、社科知识普及活动。11月21日，由市社科联指导，市演讲与口才学会、市青少年宫联合主办的韶关市“我的强国梦”演讲比赛决赛在市青少年宫举行。

【推进“韶文化系列丛书”的编印工作】 由市社科联组织市内社科专家编写的韶文化系列丛书编印工作有序推进。该套共计15册的丛书已经印刷出版10册。其中，2015年度，《韶乐研究》《乌迳古道与珠玑文化》《利玛窦：中西数学文化交流的使者》等3本书籍与读者见面。

【推动地方特色文化进校园】 市社科联把校园作为传承地方特色文化的重要阵地，于2010年经过多方推动，落实《韶关乡土文化教材》进入全市初中教学大纲。2015年，再次组建教材编写组对该套乡土文化教材进行修订完善，并与专业公司合作制作“韶关乡土文化”动画教学视频。

【加快市级社科普及基地创建】 市社科联在抓好现有3个省级社科普及基地建设的基础上，出台《韶关市社会科学普及基地管理办法》，拟分批建立市级社科普及基地。联合市博物馆等单位，共同打造风采楼余靖纪念馆，并完成建设方案的审定工作。利用市县两级博物馆、图书馆等基层文化设施，择优建立示范性社科普及基地，以逐步形成社科普及活动长效机制。

【社科成果喜获省级奖励】 市社科联组织实施，由韶关市委党校教授欧阳建国主持的科研成果《广东生态发展区生态价值、补偿机制及产业发展研究》荣获全省二等奖，并于12月17日在广州召开的广东省第二届优秀社会科学家暨第六届哲学社会科学优秀成果颁奖大会上受到表彰。

【学会管理工作】 市社科联在抓好社科类学会年审工作的基础上，制定出台《韶关市社会科学联合会资助学会活动管理试行办法》，以项目申报资助的形式，资助市内社科类各学会开展有一定影响力的社科普及公益性活动，包括编写、制作或出版社科普及读物、电子作品等，先后对市朗诵协会开展“诗情茶艺”朗诵会和“粽叶飘香、情暖万家”朗诵会等进行指导，对市演讲与口才学会举办“纪念抗战胜利70周年”演讲大赛给予经费资助，调动各学会开展社科普及工作的积极性。10月23－25日，在四川省宜宾市召开的全国大中城市社科联第26次工作会议上，韶关市税务学会、韶关市生产力学会、韶关市学院图书情报学会被评为“全国先进社科组织”。(张建明)

韶关市残疾人联合会

【机构概况】 韶关市残联共有1室2科（办公室、教育就业科和康复科），在职人员10人。2015年是完成残疾人事业“十二五”规划收官之年。全市各级残联真抓实干，积极进取，完成十二五制定的各项任务，推动全市残疾人工作再上新台阶。

【完成全国残疾人服务状况和需求专项调查韶关片的工作】 2015年1月1日—1月31日，开展现场调查，2月初完成复核。至3月30日，专项调查工作结束。全市调查10个县（市、区）、118个乡镇街道（含7个林场企业、1个虚拟镇街）、1478个社区，填写社区调查表1478份。全市对底册中52463名残疾人全部进行调查，其中，入户调查48834人，电话调查929人，入户调查率93.1%；共填写残疾人调查表49763份，未填调查表2700份（其中，查无此人298人，已搬迁307人，空挂户307人，外出516人，死亡1272人），两者合计52463份，已填表94.85%。以上数据准确、真实，复核、复录合格。

【广东省残疾人粤北就业培训基地交接】 11月25日，省残联正式明确广东省残疾人粤北就业培训基地由韶关市残联管理使用。该基地位于始兴县县城新城区，占地20030平方米，规划建筑总面积11452平方米，共投入2800万元（其中省2500万元，韶关市300万元）。主体工程和相关配套工程基本完成。韶关市编委下发《广东省残疾人粤北就业培训中心机构编制方案的通知》，成立广东省残疾人粤北就业培训中心，定性为公益一类正科级事业单位，经费由财政核拨，重新核定事业编制5名。市残联任命李川为该中心主任，公开招录工作人员1名。

【康复工作】 继续开展0～7周岁残疾儿童康复救助项目工作，全市471名残疾儿童完成系统录入和申报资料上报。市残疾人康复中心与市职防院合作顺利，运作正常，已有190多名残疾儿童在此进行训练。开展残疾儿童康复机构规范化建设督导工作。市残联联合组织工作人员对全市14个残疾儿童康复机构（含4个民营机构、2个医院）规范化建设进行督导，其中9家通过市级评审。另外2家通过省级评审不再参评。为25名低视力残疾儿童进行助视器验配和系统的康复训练。开展残疾儿童筛查工作，共筛查出残疾儿童160名。实施精神病防治工作。在提供精神病残疾人免费门诊、发药服务同时，各地纷纷推出各项特惠政策，如南雄市对住院重度精神残疾人给予全额报销；武江区对低保户当中的147名精神病残疾人给予每人500元/年标准的服药补助。

【残疾人就业、扶贫和教育】 建立和完善本市的残疾人求职求学资料库，全市已就业残疾人14028人，其中新增就业450人。组织实施城镇残疾人万名就业工程，开展技能培训，全市培训残疾人1251人。做好残疾人生活补贴和重度残疾人护理津贴的申报和发放工作。省、市、县三级资金落实到位，共发放残疾人生活津贴15589人，重度残疾人护理津贴20637人。做好残疾人危房改造工作，完成危房改造175户（不含3个省管县）。扶贫双到成效显著，挂扶的梅中村通过省、市验收。完成2015年全省残疾人就业指导员远程教育培训、残疾人自学考试和单考单招工作，组织全市20名残疾人就业指导员参加远程网络教育。参加普通高考的残疾考生28人。做好省培英中专招生工作，录取10人。做好全国盲人医疗按摩人员考试报名工作，参加人数4人。

【开展维权和组织建设工作】 省残联批准韶关市成为全省第二批残疾人维权达标市。坚持周五法律维权日活动，组织残疾人工作者、律师和协会主席送服务下基层活动。全年受理残疾人来信来访（含网络问政）200余件（次），办结率为100%。开展残疾人机动轮椅车运营摸底调查工作。对全市1000多名专职委员进行轮训。完成市残联网站无障碍信息改造。五大残疾人专门协会自主开展各种活动。

【残疾人宣传文体工作】 市残联组织开展全国助残日活动暨志愿者自闭症知识培训班。来自韶关民声网爱心协会、韶关乐善义工会的60多名志愿者参加培训。5月25日，市残疾人康复中心举办“停不住的爱”关爱残障儿童系列活动之“六一”文艺汇演。在市棋类协会、桥牌协会的支持下，韶关市残疾人棋牌协会成立。建立盲人图书阅览室。韶关市残疾运动员朱佩强、李小艺等在全国残运会上取得3金1银的好成绩。加强对市级残疾运动员的集训，组队参加全省残运会，取得6金10银6铜好成绩。按照全省统一布置，建立9个全民健身示范中心，方便残疾人就近开展体育活动。

（王心钢）

韶关市归国华侨联合会

【机构概况】 归国华侨联合会是党和政府联系归侨侨眷和海外侨胞的桥梁和纽带。维护侨益、参政议政、群众工作、海外联谊是侨联的四大职能。韶关市侨联成立于1958年11月，是全省最早成立的地级市侨联之一，现已历经十一届。2003年4月，市侨联成立党组，从市外事侨务局独立出来，为正处级参照公务员管理群团单位，配备事业编制5个。2013年8月，市侨联归党委口分管。韶关市侨联主管的侨界组织社团有5个，分别是南方大学归侨韶关校友会、暨南大学韶关校友会、韶关市潮人海外联谊会、韶关市侨界青年联合会与韶关市侨联法律顾问委员会。

2015年8月7日，韶关市第十一次归侨侨眷代表大会开幕（温福诚　摄）

【召开韶关市第十一次归侨侨眷代表大会】 8月7日，韶关市第十一次归侨侨眷代表大会在市区开幕，120名代表和80多位境内外嘉宾、侨领参加会议。中国侨联副主席、广东省侨联主席王荣宝出席大会并讲话。市委书记蓝佛安、市政协主席李飞，市领导孔云龙、李石保、许志新出席开幕式，市委副书记陈向新代表市委、市政府讲话。会议肯定韶关市侨联五年来的工作，对做好新形势下侨联工作提出希望和要求。大会聘请市侨联第十一届荣誉主席、顾问和名誉委员，表彰全市侨联系统先进集体和先进个人。经过无记名投票选举，廖凤英当选为新一届韶关市侨联主席。

【为侨服务】 开展春节慰问活动。1月29日，市侨联班子成员陪同省侨联慰问组一行到消雪岭华侨农场、南雄市慰问困难归侨侨眷。2月上旬，班子成员到新丰、翁源、始兴、仁化、乐昌等地走访慰问，全市发放慰问金5.75万元。开展重阳节慰问活动。10月21日，班子成员上门看望市区部分老归侨。通过浈江区、武江区侨联，为市区219位70岁以上老归侨发放慰问金2.94万元。做好"爱心助老"项目。牵线澳门东井圆佛会为该项目捐赠5万元并在消雪岭华侨农场举行捐赠仪式，为11位困难老归侨发放半年助老金1.32万元。助力天籁列车助听器捐赠活动。协助广东省侨界仁爱基金会和天籁列车项目中国区负责人一行到韶关市特殊教育学校开展捐赠活动，捐赠260台助听器和8台教学仪。

【交流联谊】 8月9日至19日，副主席曾园随韶关经贸考察团出访阿根廷，智利巴西，开展经贸交流对接活动。组织市侨联机关干部到清远市、广州市就新侨工作、海外联谊和组织建设取经学习，同时拜访中国奥园地产集团和新西兰著名华人书画家区本先生。先后赴香港出席香港韶关同乡联谊总会首届会董就职典礼和该会举行的"庆祝中华人民共和国成立六十六周年联欢宴会"，与香港有关社团和人士进行交流联络。组织广东国际华商会韶关会员赴汕头参加"丝绸路·南粤梦"主题经贸活动。出席"亲情中华·共筑中国梦"——第六届（广州）华人文化艺术节和在珠海召开的第二届世界广府人恳亲大会，同部分参会的境内外嘉宾进行友好交流。8月底，接待到韶关参观访问、交流学习的揭阳市侨联、侨青联一行。

【文化交流】 10月30日至11月3日，市侨联联合韶关市文联、新西兰中华文化艺术学院在韶关市文化艺术展览中心举办"新丝路·中国梦"——中（国）新（西兰）文化交流区本书画韶关展。市政协副主席兰茵出席开幕式并致辞。广东省侨联、韶关市政协、市委宣传部等单位领导和韶关学院美术学院、九龄书画院、韶关市美术家协会等社团、协会代表，以及市属新闻媒体、书画爱好者、归侨侨眷代表共计200余人参加开幕式，品评交流。

【群众活动】 9月25日，广东康绿宝科技实业有限公司与市侨联在市区莱斯大酒店联合举办韶关侨界群众"迎中秋·贺国庆"文艺汇演。市委统战部、市政协港澳台侨联络委、市外事侨务局有关领导以及部分市侨联荣誉主席、顾问出席，市辖三区归侨侨眷踊跃参与，积极支持，约200人欢聚一堂，共同庆贺节日。

（滕永生　管　慧）

韶关市贸促会

【概况】 中国国际贸易促进委员会韶关市委员会（简称韶关市贸促会）成立于1986年8月，使用中国国际商会韶关商会（简称韶关国际商会）名称，其职责是促进国际贸易和利用外资、促进企业国际化经营和经济合作，增进韶关市人民与工商企业界、世界各国各地区人民以及经济贸易界的相互了解和友谊。韶关市贸促会组织结构：设会长1名，副会长1名，秘书长兼办公室主任1名；内设办公室，全面负责日常事务和业务工作。现有在职干部5名，工勤人员1名。2015年，市贸促会以市委、市政府提出的"坚持稳中求进，主动适应经济发展新常态，把转方式调结构放到更加重要位置"的工作中心为指导，以省贸促会"促进对外合作、促进国际贸易、促进双向投资、促进技术创新和产业升级"的要求为目标，发挥贸促平台作用和资源优势，为促进对外贸易与投资合作牵线搭桥。

【助力企业拓展市场】 2015年，市贸促会借助"一带一路"战略，帮助企业拓展国内外市场。4月10—17日，率领韶关市正星车轮有限公司、广东磊蒙重型机械制造有限公司、广东竹稻农业科技有限公司、韶关金喆园生态农业有限公司等企业，赴土耳其、以色列和阿联酋开展经贸交流，考察以色列健康产业和发展，拜会相关国家的商会，推动韶关与西亚、中东企业对接，促进双方企业的经贸交流与合作。6月15—16日，联合市商务局、市外事侨务局，接待德国弗莱堡市经济、旅游、会展促进署中国事务部主任先生陈炼，并与宏大齿轮、韶铸集团、东南轴承、鸿源众力、液压件厂、起重机厂、韶钢昆仑科技等10余家企业负责人，就德国工业4.0与韶关企业转型升级、德国机械行业与韶关企业的对接，进行交流座谈。8月9—19日，率领韶关宏大齿轮有限公司、广东绿洲纸模包装制品有限公司等企业，组团赴阿根廷、巴西和智利开展经贸交流对接活动，帮助企业开拓南美市场。10月14—23日，带领广东磊蒙重型机械制造有限公司、韶关金喆园生态农业有限公司、广东竹稻农业科技有限公司、韶关市强龙重工有限公司等单位，赴意大利、法国和英国开展经贸交流，并在伦敦参加韶关市驻英国经贸代表处挂牌仪式，推动中欧双方的经贸合作。10月29—31日，组织广东磊蒙重型机械有限公司等5家企业，参加在东莞举办的第二届"广东21世纪海上丝绸之路国际博览会"，拓展东南亚、南亚、西亚及非洲市场。

【推动农企嫁接电子商务】 为推动韶关优质农林产品的销售，打造韶关特色农林产品品牌，加快韶关特色农业发展，3月7日，与韶关市石斛产业协会联合举办“韶关优质农产品推介座谈会”，并邀请广州绿太有机食品有限公司、中国有机商城总经理辛建强参加，部分韶关农产品企业达成与中国有机商城签约的意向。4月中旬，组织举办与中国有机商城的签约仪式，共建农企电子商务平台。

【加强与港澳台的经贸交流】 2015年，市贸促会先后3次组团赴港澳台地区开展经贸交流和对接。6月19—26日，率领石斛行业协会及相关企业访问台湾，拜访莲花县和中华中医药生物科技国际发展协会等台湾同业公会，参观“台湾国际中草药暨机能食品展”、“台北国际食品展”，加强与台湾相关协会及企业交流，推动韶关机能食品及食品加工行业发展。4月21—23日，组织康绿宝公司参加由香港贸易发展局（香港贸发局）主办的第30届香港家庭用品展，帮助企业提高品牌的知名度，开拓国际国内市场。10月22—25日，参加第20届澳门国际贸易投资展览会，借鉴投资展览经验，寻求合作商机，推动经贸交流合作。

【搭建贸促招商平台引进合作项目】 2015年，市贸促会利用贸促招商平台，引进部分招商项目。帮助韶关石斛行业协会，与贵州茅台酒（集团）白金酒有限责任公司，初步达成茅台石斛酒战略合作协议。协调中船集团收购韶关市中机重工锻压有限公司，计划将其打造为华南热处理中心及海洋钻井平台生产基地。经过多次沟通协调下，世界500强企业金光集团—金光食品（香港）有限公司投资的金光食品（韶关）有限公司6月上旬正式注册登记落户曲江白土工业园。公司总投资1815万美元，经营范围为：生产、加工、销售焙烤食品、糖果、巧克力、方便食品、液体乳及乳制品、罐头、调味品、发酵制品、冰制食品、饮用水、软饮料、健康功能食品等。

【参与米兰世博主题活动】 韶关围绕“农业、粮食和食品”为主题，参与2015年意大利米兰世博会“广东周”活动，制定《韶关市参与2015年意大利米兰世博会中国馆相关活动工作实施方案》，并于10月15日，由副市长许志新带队，率领广东竹稻农业科技有限公司、韶关金喆园生态农业有限公司等10家企业，参加意大利米兰世博会中国馆“广东周”活动。

【协调成立中林天合（北京）森林认证中心韶关分中心】 1月17日，国家林业局唯一授权的森林认证中心—中林天合（北京）森林认证中心到韶关进行考察，5月14—16日，在韶关召开“中国林业产业联合会石斛分会筹建暨中林天合（北京）森林认证中心韶关分中心成立座谈会”，并举行“中林天合（北京）森林认证中心韶关分中心”的签字授牌仪式，承担起全省林下产品认证工作。

【借助省会资源开展经贸交流】 2015年，先后共5次带领韶关市磊蒙机械制造有限公司、广东鸿源众力发电设备有限公司、广东丹霞农机有限公司等多家企业，参加由广东国际商会组织的贸促大讲堂，学习和借鉴省内名优企业的发展经验，为在韶企业转型升级和开展国内国际贸易提供参与。1月26日，带领企业参加由省贸促会在广州香格里拉大酒店举办的“2015韩国—广东经济发展交流会”。10月9日，带领广东鸿源众力发电设备有限公司、广东丹霞农机有限公司参加省贸促会组织的阿根廷经贸交流活动，并同时拜会土耳其广东商会。11月底，组织广东自由能实业科技有限公司参加2015年第十三届中国商品（印度孟买）展览会。10月23—24日，协调韶关市土特产行业协会与省贸促会带领的大壮集团直接对接，为即将举办的“2015首届（广州）国际高端滋补品交易会”进行招商招展。

【筹建成立韶关国际商会】 作为“一套人马、两块牌子”的韶关市贸促会，同时又称中国国际商会韶关国际商会（简称韶关国际商会）。市贸促会作为政府直属机构，各项工作运行顺畅，但作为韶关国际商会，仍未较实地组织起来，企业参与较少，平台作用发

2015年12月市贸促会召开韶关国际商会成立大会（第一排左六为省贸促会会长陈秋彦，左五为副市长许志新）（市贸促会　供）

挥不明显。2015年，在省贸促会和社会组织管理局的指导和帮助下，7月9日召开发起单位座谈会。12月24日，在韶关市凤凰城酒店召开第一次会员大会暨商会成立大会，广东省贸促会、广东国际商会会长陈秋彦，韶关市政府副市长许志新，省贸促会办公室主任王宏建、展览部部长敖妍、联络部副部长冯菁，以及韶关市部分市直机关代表和会员单位共80余人，参加韶关国际商会揭牌仪式，正式成立韶关国际商会。

【搭建贸促工作投资贸易和招商平台】

为落实国家“一带一路”战略，市贸促会布局，在“一带一路”沿线国家和地区建立桥头堡，设立韶关投资贸易境外机构。4月9日，与韶关正兴车轮集团有限公司，在阿联酋迪拜共建韶关（迪拜）机械境外销售中心，成为帮助韶关企业走出去的重要桥头堡，如北非地区所需的汽车零配件、中东地区所需的矿山机械、南亚国家所需的农用机械等。10月18日，在英国伦敦举办韶关市驻伦敦经贸代表处授牌仪式，中英贸易协会前会长爵士白乐威出席活动，经贸代表处成为韶关对欧招商引资和经贸往来的桥头堡。这是韶关在国外第一次设立海外市场拓展和招商机构。6月9日，在北京设立韶关国际商会驻京经贸代表处，为韶关的招商引资和经贸交流合作提供平台，2015年协调国家林业产业联合会进行评审，韶关获得国家森林生产产品生产基地（石斛、茶叶、竹稻米）的评审，韶关铁皮石斛获得国家林业创新奖；经协商茅台白金酒集团计划在韶关投资中国茅台石斛酒文化城，并在韶关成立公司，除茅台石斛酒的生产环节在贵州茅台镇外，其余涉及的茅台石斛酒品牌所有销售、结算环节均在韶关所成立的公司。

【为企业开展国际贸易提供服务】

2015年，市贸促会先后20多次对会员企业进行调查走访，为企业提供信息咨询、商事法律服务和接受商标注册申请等服务，解答企业提出的有关涉外经营或国际经营等方面的问题，了解企业的经营状况和生产发展形势，及时向有关部门反馈企业诉求，为企业排忧解难。配合总会推行使用ECO系统，在会员单位中推广企业端“CA数字证书”，共签发原产地证759份，同比增长8.43%，出口货物总值4611.48万美元，同比增长17.36%，出口55个国家和地区；办理国际商业文件证明书45份、代办领事认证16份，认证国别涉及阿根廷、埃及、土耳其、俄罗斯、尼日利亚和墨西哥等国家。（李荣臻）

韶关市老区建设促进会

【概况】 着力调查研究，是老促会2015年工作的总基调。上半年，部分副会长会同省老促会领导深入仁化、南雄、乐昌、翁源、浈江等地，现场了解华阳亭、双峰寨、水口战役纪念公园、梅花杨家寨文魁楼、犁市当铺和周陂革命烈士纪念碑等革命遗址的修复情况，就革命遗址的保护、修复利用倾听当地干部群众和老促会的意见要求。点赞仁化双峰寨、乐昌梅花红七军纪念园、南雄水口战役纪念园、翁源周陂纪念碑（园）、浈江犁市当铺等有效保护、修复利用等成功案例，对某些不作为的地方提出改进意见。经各县调查核实，全市急需修复的革命遗址35处、名人故居6处、烈士纪念碑（亭）24处，共需投入资金6400多万元。经过调研，摸清革命遗址的基本“家底”。下半年围绕制订“十三五”规划展开调研，力求把老区项目纳入市、县“规划”笼子。2015年，老促会展开“十三五规划项目”的调研工作。市老促会在综合全市调研报告的基础上，专题向市委、市政府作书面报告，并提出八个方面的建议：⑴要求“十三五”期间对革命老区的基础设施、民生工程项目、资金投入做到“三优先”；⑵加大扶贫攻坚力度；⑶因地制宜，加快现代农业建设；⑷全面改善教育、卫生、文化、体育方面的硬件环境；⑸加大农村泥砖房改造力度；⑹推进全民造林绿化，加大生态资源保护力度；⑺支持市属职业技能培训的高中级院校建设；⑻加大重要革命历史遗址修复与保护力度。市委书记蓝佛安和其他领导都对报告作批示。广东省老促会对韶关市老促会的调研做法表示赞赏，以简报形式转发各地参考。

【扶贫脱贫工作】 韶关市第二轮扶贫141个老区贫困村，从2013年至2015年三年共投入扶贫资金9.61亿元，其中：挂扶单位7875万元；各级财政专项资金3.06亿元；行业扶贫资金488万元；社会扶持资金7731万元；外省帮扶资金1036万元。经2015年终验收，老区贫困村经过三年帮扶，村集体收入达到9.45万元，农民年均收入11537元，贫困户年均收入9125元。按省定标准，基本实现脱贫目标。

【参与义卖筹资活动】 革命老区大部分地处山、边、穷，失去地缘的先天优势和改革开放的后天优势。基本建设欠帐多，发展难度大。广东省老促会审时度势，开展书画义卖活动，为老区发展多渠道筹措资金。韶关市老促会承担义卖筹资任务后，多次召开会长会议，动员县老促会，发挥集体智慧，破解认购难题。要花几十万元认购两幅书画难度大。在会领导的牵线和县领导的工作下，一位在外地做事的乡贤热心人士承购，义卖款和配套资金62万元，为翁源县翁城镇沾坑村解决老区农房改造配套设施的资金难题。

【烈士后裔助学工作】 关照革命后代的教育成长，是社会的使命，更是老促会的天职。韶关市老促会不断向政府建议提高助学覆盖面和配套补助标准。2015年省、市、县共支持177名大中专学生助学金41万元。由于助学工作成绩突出，韶关市老促会及翁源县老促会两个单位集体，曲江李景昌、南雄蓝师发、仁化李瑞龙、始兴林海养等4人受到广东省老区建设促进会的表彰奖励。

【老区宣传工作】 《中国老区建设》

《源流》这两份老区杂志一直以来都是宣传老区的重要平台。韶关市老促会分工1名副会长分管老区宣传工作，抓队伍建设，抓择时开展“老区行”专题宣传活动。2015年各县（市、区）的通讯员向《南方日报》《羊城晚报》和《源流》《中国老区建设》杂志社组发老区新闻稿件共144篇，其中省、市党报刊登稿件39篇，《源流》刊登101篇，其中始兴、乐昌刊发专版，《中国老区建设》刊登2篇，省、市电台采用老区新闻2篇。市老促会共奖励稿酬11775元，比2014年增加1795元。市老促会在市区公共场所新设立4个老区宣传专栏，共出版4个专题16篇稿件。

【贯彻落实省会长座谈会精神】 2015年12月，省老促会在清远市召开全省地级市老促会会长座谈会。市老促会召开市、县老促会会长和秘书长参加的会议，传达会议精神，并把文件分发各地。结合韶关老区情况，专题向市委、市政府作书面报告，重点传达省扶贫办主任梁健在会上的讲话要点和省老促会会长陈开枝的工作报告，并对2016年韶关市的扶贫攻坚工作向市委、市政府提出五点建议：一是把全市重点革命老区作为2016－2020年扶贫攻坚主战场。举全市之力，整合各方面力量，对贫困村、贫困户，加大人力、物力、财力的投入，确保用三年时间达到精准脱贫目标，为老区全面建成小康社会提供物质基础；二是加强对扶贫工作的领导。要求部分市委、市政府领导和市直机关主要负责人在重点革命老区挂扶1个贫困村，为推进脱贫攻坚作出表率；三是解决老区贫困村的交通和农田水利基础设施，为加快现代化农业建设创造条件。建议把全市福彩、体彩公益金留成部分各安排5%～10%作为支持革命老区建设项目资金；四是各级党委、政府要重视重点革命遗址的修复、保护工作，加大资金投入，主管部门负责落实；五是要求增加革命老区农村公路补助资金，建议市、县两级政府老区公路建设项目每公里补助2万元。报告上报后，市委主要领导都有批示，部分建议被采纳，正在协调落实之中。

（韶关市老促会办公室）

韶关市红十字会

【概况】 韶关市红十字会成立于1987年，是从事人道主义工作的社会救助团体。2008年5月，理顺市本级管理体制，成立党支部，隶属韶关市政府直管，为副处级参照公务员法管理群团机关。韶关市红十字会有理事、常务理事80人，志愿服务者2.08万人。2015年，累计接收捐赠款物406.26万元，救助覆盖10个县（市、区），受益群众达8100多人次。

【组织建设】 2015年，韶关市红十字会加快理顺管理体制，建立基层红十字组织，发展红十字会员，组建红十字志愿服务队，参与社会管理服务公益事业，健全完善红十字工作档案资料。全市红十字系统现有定编32个，专职工作人员12人。开展“三严三实”专题教育活动，加强机关党建和干部队伍建设，参加上级红十字会组织专业技能培训班11人次，开展“我为书记点赞”“弘扬抗战精神共筑复兴梦想”学习杯读书竞赛和“学党章守纪律当先锋”活动，组织观看党史题材《筑梦中国》《百团大战》等电影（纪录片）7场次，参与韶关市“9·30”烈士公祭活动。

【备灾救灾】 督促各县（市、区）红十字会结合当地实际和工作实践，制定应急预案纳入同级政府应急预案体系。开展救援队伍培训和演练2次，5月7日，广东省红十字水上应急救援韶关大队（以下简称水救队）参加韶关市轻舟应急大队集训，强化队伍专业技能能力；10月11日，市红十字会在韶关学院游泳场组织水上救援技能复训活动，做到反应及时，处置高效，确保各项救灾措施落实到位。加强备灾救灾仓库管理，完善物资出、入库登记制度，做到以制度“管人、管事、管物”，备灾救灾仓库按照规定程序运行。根据物资不同类别、特点、用途分类整理，按区、按排、按架、按定位摆放，做好救灾物资的品种和数量标示，做到库容整洁、摆放整齐，调运方便。安全制度规定落实到具体工作中，实现全年安全无事故的目标。储备必需的物资，以备救灾救助急用。应对各类突发灾害事件。4月，尼泊尔和中国西藏地区发生8.1级地震，市红会募集资金及时汇缴省红十字会；5－7月，韶关市两次遭受洪涝灾害后，

8月15日，省一心公益基金会、市红十字会赴翁源县开展贫困家庭先天性心脏病儿童义诊及回访活动（市红十字会 供）

紧急上报省红会，调拨救灾物资27.76万元，发往始兴、曲江和仁化等灾区，帮助受灾群众。2015年，选派赈济干部赴清远参加全省红十字系统赈济救援培训班，参加佛冈县石角镇诚迳村自然灾害实地模拟演练，提高应急综合业务能力。

【应急宣教】 为纪念第七个“防灾减灾日”，该会在西河全民健身广场开展防灾减灾咨询宣传活动，提高广大市民应对突发自然灾害的能力，减少因灾伤害；发挥大学红十字组织作用，联合韶关学院校团委举办韶关学院第九届大学生救护技能大赛，调动在校师生参与积极性，并为大赛脱颖而出的救护能手颁发的救护员证，活动取得成功。免费为韶关学院、医学院和全市中小学配发价值5.5万元的220个红十字急救箱。举办红十字青少年“水上安全和救生知识”进校园、进社区宣教活动4期。

【扶贫项目】 全市实施失能老人养老服务项目4个、接受中国红十字基金会价值80万元资助物资；省红十字会援建博爱家园项目两个（乳源县一六镇乌石岭博爱项目、新丰县丰城街道横坑博爱项目）、项目资金150万元；红十字博爱卫生（院）站7个，项目资金170万元。博爱家园项目点成立社区红十字基层组织，发展志愿者队伍、开展人道帮扶、推动红十字运动、防灾避险、自救互救知识宣传等工作，成为红十字社区扶贫品牌工程。新丰县秀田村、曲江区其田村、始兴县侯陂村、南雄市下汾村等4个卫生站和乐昌三溪卫生院竣工投入使用，方便项目点居民就医。

【博爱关怀】 开展以“博爱助困、助学、助残、博爱助老”为内容的系列救助活动。在元旦、春节期间，以“红十字博爱送万家”为主题，共筹集大米、食用油、棉被、棉衣等慰问款物价值55.91万元，受益困难群众4472人次。全年为81名大中小学生发放救助金9.5万元；为28名先天性心脏病、白血病、戈谢病等大病患者救助98.6万元。深入仁化、翁源县开展救心行动免费复查、回访活动，为数十名术后先心病儿童进行复查，详细了解他们的家庭情况和实际困难，送上营养品和慰问金。

【救护培训】 开展应急救护知识与技能培训和普及工作，红十字救护成为政府保障人民生命和健康，减少突发事故伤亡的有益补充。争取国家红十字总会生命健康安全教育项目资金30万元，通过开展生命健康安全教育活动、“百人百场”应急知识宣讲活动，深入校园、社区、企业、机关培训救护员，讲授创伤救护、紧急避险等知识和技能，全年培训救护师资4人，救护员1300人（含复训），普及群众性救护知识和技能1.55万人次，编印发放《急救》手册3万多份。

【无偿献血】 利用“5·8”红十字博爱宣传周、“6·14”献血日等节点，加强无偿献血、造血干细胞和人体组织（遗体、器官）捐献知识的宣传普及。1月1日，组织市红十字无偿献血服务队、水上应急救援队志愿者200余人参加2015年韶关市汇展华城杯迎新年环城跑活动，宣传无偿献血大爱无疆，捐血献髓功德无量，关爱生命奉献爱心。5月10日，开展“感恩母亲，让爱延续无偿献血活动周”活动，无偿献血者联谊会会员代表和爱心市民们共500余人参加活动。5月31日，市教育局、市卫生局、市关工委、市红十字会主办，市中心血站承办的“关爱白血病患儿·献血献真情”宣传活动。连续17年实现全市临床用血100%来自无偿献血，先后五次荣获全国无偿献血先进城市称号。

【造血干细胞】 6月7日，举办造血干细胞知识讲座培训班，市中心血站志愿组织协调办公室主任李慧文、市中医院医师李恒分别授课，全市100名红十字志愿者参加培训。全年入库造血干细胞血样379人份，9人次高分辨配型成功，通知体检3人，成功捐献2人；登记遗体捐献志愿者11人。造血干细胞韶关工作站连续四年被广东分库评为“达标工作站”。8月8日，韶关学院大学生黄国志在志愿者的陪同下，前往广州军区陆军总医院为一名患者捐献造血干细胞，为患者带来生命的曙光，成为韶关市第三例成功捐献造血干细胞志愿者，副市长王伟阳为其颁发荣誉证书。10月29日，乳源瑶族自治县陈国城在广州军区广州总医院志愿捐献造血干细胞，成为全国第5255例、广东省第388例、韶关市第4例造血干细胞捐献者。

【红十字志愿服务】 2015年，韶关市红十字会组织、动员社会力量开展无偿献血、造血干细胞捐献、募捐筹资、扶贫助孤等系列红十字志愿服务，推动志愿服务常态化、岗位化、规范化发展，形成无偿献血、募捐箱管理、水上应急救援等3支主要红十字志愿者服务队，建立覆盖全市的红十字志愿服务网络体系，累计开展志愿活动132次，年度志愿服务时间达5万小时。红十字志愿工作者队伍日益壮大，志愿服务内容不断拓展，为建设和谐韶关，加快红十字事业发展起到推进作用。2015年10月，韶关市红十字会无偿献血志愿者服务队被省文明委评为广东省最佳志愿服务组织。

【世界红十字日】 1948年，经国际联合会执行委员会同意，红十字创始人亨利·杜南先生的生日5月8日被定为红十字日。在“5·8博爱周”暨世界红十字日活动期间，韶关市红十字会在韶关日报专版刊登“弘扬博爱携手奉献”专题，纪念第68个“5·8世界红十字日”，印发宣传材料1万余份，宣传红十字会相关法律法规、国际人道法和红十字运动知识。利用中国人道网、韶关电视台、韶关日报和韶关市红十字网等媒体网络，及时报道红十字会活动情况。在韶关日报宣传“红十字救护掌上学堂”运用和下载模式，提高社会各界应对突发事件的能力。组织韶关学院、医学院在校师生参加红总会青少年救护知识比赛活动，取得较好成绩。

【世界急救日】 红十字会与红新月国际联合会将每年9月的第2个周六定为“世界急救日”。这个国际组织希望通过这个纪念日，呼吁世界各国重视急救知识的普及，让更多的人士掌握急救技能技巧，在事发现场挽救生命和降低伤害程度。市红十字会围绕“急救与老龄化人群”主题，针对“急救与日常及灾难中的危险”，开展多种形式的系列宣传教育活动。9月10日，市红十字会组织志愿者和资深授课老师，深入浈江区康寿居家养老服务中心，开展纪念活动，服务中心的老人及护理人员共120多人聆听的“关爱老人预防跌倒”专题讲座。

【第六届无偿献血志愿者18岁成人礼举办】 9月19日，韶关市在西河全民健身广场举行第六届无偿献血志愿者18岁“成人礼”活动。活动由市委宣传部、市文明办、市教育局、市卫计局、团市委、市红十字会等单位主办，市中心血站承办。参加成年礼的主要有来自各学校的学生代表、市无偿献血志愿者，以及来自青岛、辽宁、河北、湖南、江西和广东广州、深圳等地的外地志愿者团队，约750人。其中，600人为即将以实际行动支持无偿献血和造血干细胞捐献的18岁青年。韶关市2010年举办首届无偿献血志愿者18岁成年礼活动，6年来，数以万计的青年朋友受活动影响，以无偿献血或捐献造血干细胞方式纪念自己的18岁生日，大批青年朋友成为固定无偿献血者或无偿献血志愿者，成为韶关市无偿献血的中坚力量。

（华永锋）

2015年2月5日，省红十字会常务副会长梁健赴乳源木笼博爱新村考察（市红十字会 供）

军　事

韶关军分区

【概况】　2015年，军分区党委坚决贯彻习近平主席、中央军委和两级军区党委决策部署，突出抓根本、抓备战、抓法治、抓班子，凝神聚气，真抓实干，稳中求进，攻坚克难，部队建设稳步推进，完成年度各项任务。

【思想政治建设】　学习贯彻习近平主席系列重要讲话精神，开展专题主题教育，肃清郭徐流毒影响，解决官兵思想困惑和实际困难，部队思想政治和作风建设不断加强。政治理论学习抓得紧。常委带头首先学、中心组专题跟进学、理论培训重点学，利用党委会、干部大会、交班会等时机集体学，提高认识，增进自觉。经常性教育活动抓得实。践行“三严三实”，开展八项整治，各级党委领导做到“五个带头”。组织观看警示教育片，参观廉政教育基地，参加“9·30”公祭等，配合活动效果明显。意识形态和“四反”工作、涉军舆情监控、重要岗位人员政治考核等针对性、时效性强。官兵思想脉搏把得准。结合军队改革对官兵思想的影响，专门组织官兵思想形势分析，开展谈心谈话活动，主动做好排忧解难工作，官兵思想基本稳定。各级党委班子建得强。坚持党委统揽、常委挂钩分工、层层抓落实的工作机制，落实县级武装工作全面建设量化考评，坚持以好干部五条标准选人用人，做到公平、公正、公开，群众反映普遍较好。各级干部安心山区、思想稳定、精神面貌好，团营级班子团结齐心、思路清晰、凝聚力战斗力比较强，没有明显落后的班子。

【军事训练有效落实】　战备训练工作有效落实。加强日常战备制度落实，正规战备秩序，修订完善各级战备方案预案。在乐昌市组织野战指挥所开设现场观摩，2次组织指挥所战备演练。军分区部队先后完成现役干部、市民兵应急重点连、民兵心理战分队、民兵轻舟分队等各类训练31批次，共3900余人次。各人武部年度军事考核总评成绩良好，军分区机关参加省军区23个师旅级单位机关考核，取得总分第一，6个科目4个单项第一。大规模作战准备检验评估成绩优秀。军分区本级17个评估项目、165个评估要点、467个评估指标任务，逐个分配到办、指定到人；各人武部10个评估项目、35个评估标准、125个评估指标，做到细化量化具体化。在乳源县召开战备库室和正规化建设现场观摩会，统一抓建标准，全区各战备库室基本实现物资存放箱架化、运行野战化，满足平时应急、战时应战要求，在省军区检验评估中成绩优秀。

【国防动员工作稳步推进】　组织市、县两级国动委成员和政府有关职能部门领导进行国防动员理论辅导，参加浈江区、曲江区战时国防动员综合保障演练观摩，增强各级领导国防动员观念，提高国防动员队伍能力素质。突出抓好阳光征兵和廉洁征兵，在曲江区组织摇号定兵试点先行，率先在全市全面推行，推进“阳光征兵”工程，全市大学生征集比例达到40%，创历年新高，完成上级赋予的年度征兵任务。

【后勤装备保障】　以动员潜力调查和清理清查活动为牵引，系统推进现代后勤建设。国防动员潜力调查更加精准。通过建立以地方政府为主体的军地联合调查机构，由地方经济动员部门主导，着力解决潜力数据统计上不来、上报数据不规范、运行难以常态化等问题。物资集中采购更加规范。按照“数量规模型向质量效益型转化”目标思路，在全市范围内遴选26家物资采购供应商和6个车辆定点维修厂，提升服务保障质量。离任交接审计组织严密。2015年，对军分区部队13名团级单位主官、3名营级单位主官进行离任交接审计认定，各单位家底均符合原广州军区和省军区标准要求。财务大清查工作成效明显。军分区党委先后3次召开党委会，5次召开首长办公会，针对自查中发现的252个具体问题进行研究解决，明确整改办法，签订责任状，共清查凭证7900余份，发票5万余张、合同210份，经费超过2亿元，完善账目手续5219笔，清理清退违规开支102余万元，补缴应上缴预算外经费161余万元。武器装备安全稳定。完成民兵武器装备实力数据统计上报和通用装备潜力调查摸底。推进“中心库带兵器室”建设，先后建成6个人武部兵器室并投入使用，武器调运安全顺利。翁源县人武部被原广州军区评为“民兵武器装备仓库正规化达标建设先进单位”，省库、市库，以及乐昌、新丰、浈江、武江民兵武器装备仓库管理不断加强。

【部队安全管理】　贯彻总部和两级军区安全稳定工作电视电话会议精神，从严落实条令条例和规章制度，部队正规化建设和安全管理成效显著。强化依法抓建。修订完善《军分区机关日常工作实施规范》《军分区部队正规化管理实施细则》《人武部兵器室（暂行）管理规定》《军分区机关营院管理规定》等，突出在树立法治信仰、强化法治思维、增强法治能力、落实法治措施上用力使劲。突出管控重点。抓实战备值班、干部住库、请销假等制度，落实“全员额管理、全时制落实、全过程跟踪”措施，加强人员管控。严格军车使用管理，控制长途车辆派遣，统一购买军车保险，杜绝车辆事故发生。加强仓库、兵器室检查监控，周密组织燃爆危险品清理清查，全面整治安全隐患问题。常态化运行集中文印室，集中清理人武部绝密文件、销毁报废涉密载体、文件资料等，从源头上减少失密泄密概率。突出治理营院环境脏乱差，营区管理松散杂等问题，各单位营院有军营的样子。着眼应急处突。修订完善各级应急处突预案，组织针对性训练演练，强化军警民联防和情报通报机制，营区应急处突能力不断提高。全年，先后3次开展安全隐患排查，完成8个方面63类问题的综合治理，部队保持安全稳定。

【双拥共建】 发挥军地桥梁纽带作用，协调地方政府解决好驻军部队的实际困难。7月协调召开市委常委议军会议，研究解决军分区和驻军在大规模作战准备、文化基础设施建设、随军家属就业安置等7个现实困难；8月在国防教育基地组织召开韶关市军政领导座谈会，密切军政军民关系。军分区部队先后出动现役官兵260余人次、民兵应急分队1800余人次、车辆220台次，参与支援地方抗洪抢险和应急维稳等工作；配合地方党委政府成功处理13起涉军上访问题，没有发生大规模赴省进京上访事件；参与捐资助学、扶贫“双到”工作，得到地方党委政府和人民群众的充分肯定，巩固韶关军政军民团结的良好局面。

【征兵工作宣传】 韶关市征兵工作从8月1日全面开展，至9月30日完成。韶关市召开征兵动员大会，军分区司令员盖长利大校作动员讲话。韶关各级政府、兵役机关通过广播、图片展、流动宣传车、散发传单、现场解答等方式，上街头、进机关、厂矿、农村，开展征兵宣传报名活动，宣讲征兵政策、进行国防教育，鼓励适龄青年报名。利用电信、移动、联通等高科技通信手段，向全市300多万手机用户开通征兵宣传信息网，通过短信宣传征兵政策，公布报名时间、地点、方法，开通征兵咨询热线。

【轻舟集训】 5月6日至15日，军分区联合市水务局利用10天时间，在乐昌市区武江河域组织省轻舟三大队、市“三合一”应急大队和各县（市、区）应急中队进行轻舟训练和考核。此次训练由15个单位共185名队员参训，期间主要进行冲锋舟发动机理论、抗洪抢险基本常识、冲锋舟基本操作、蛇行航行、360度旋转、翘机航行、解救群众与打捞落水物资等内容训练。

2015年3月24日，韶关军分区组织国防动员工作集训（韶关军分区 供）

【学生军训】 8月24日至30日，军分区组织韶关实验中学初中部18个班约900人，高中部10个班约600人，共1500人在韶关实验中学内进行学生军训。增强参训人员基本的军事知识和技能，学习部队艰苦奋斗、吃苦耐劳、勇敢顽强、坚忍不拔的优良作风，提高学生的组织纪律性和身体素质。

（徐 浩）

武警韶关市支队

【概况】 中国人民武装警察部队广东省总队韶关市支队（简称韶关市支队）于2005年6月17日重新组建，由原广东省总队第三支队和原韶关市支队两个团级支队合编而成旅级支队。部队主要担负看押、看守、守卫、守护、警卫、城市武装巡逻和处置突发事件等任务。支队机关驻韶关市武江区西联镇百旺路1号。2015年，支队面对正风肃纪、调整改革的新形势新考验，各级能坚持以习近平主席系列重要讲话精神为统领，贯彻总部、总队党委决策部署，集中精力抓首位、抓能力、抓安全、抓基层、抓班子、抓风气，各项任务完成，部队建设在应对挑战、爬坡过坎中攻坚克难、发展前行。

【思想政治工作富有成效】 开展主题教育、“军人是什么样子”大讨论等活动，培养“四有”（理想抱负、素质本领、精神特质和道德情操）新一代革命军人。严密组织政治教育等级达标评定和优秀“四会”（会搞思想调查和计划安排教育、会运用现代化教学手段备课讲课、会做思想工作、会进行心理教育疏导）政治教员评选活动，提高部队教育质量，1人被评为武警部队优秀“四会”政治教员。做好一人一事思想工作，妥善处理6名官兵家庭涉法问题，3名心理疾患人员管控到位，清退个别人员2名，帮教转化重点人员2名，确保部队思想稳定。开展强军风采系列文化活动，自创文艺节目《五十环背后》在总队评选中获二等奖。围绕“八种基本方法”（即落实教育鼓动到现场，纯洁“忠诚度”；落实组织发展到现场，树立“一面旗”；落实立功奖励到现场，立起“好样子”；落实文化活动到现场打造“开心园”；落实心理疏导到现场，当好“减压阀”；落实当兵代职到现场，做好“助推器”；落实总结经验树立典型到现场，弘扬“正能量”；落实解决困难问题到现场，奏响“和谐曲”），按照“八个到现场”要求，紧跟“三场维稳战役”（舆论战、政治外交战、军事战）、长途武装押解等重大任务开展政治工作，发挥服务保证作用和直接作战功能。

【遂行任务能力得到提升】 紧扣能力建设这个核心，狠抓军事训练“八落实”，基础训练、各类集训、“卫士”演习、专业兵技能大比武等活动效果明显，参加总队反恐特战比武荣获团体第二名、1名干部被评为武警部队优秀教练员，2名官兵分别荣获总队优秀教练员比武第一、第六名，参加新训干部骨干集训考核获团体第二名。贯彻总部“湖北会议”和全省监狱安全工作会议精神，协调目标单位投入近2000万元，强力整治执勤隐患，推进“两看”目标监门哨上勤，落实总部各类勤务规范，成功处置有碍目标安全事件2起，固定勤务实现绝对安全，在总部正规化执勤等级评定交叉检查中得到“四个大”的评价，乳源中队和三、四、八、南雄、仁化、翁源中队分别被总队评为“正规化执勤标兵中队”和“正规化执勤优秀中队”。全年动用兵力21612人次，担负长（短）途武装押解、常态化武装巡逻、春运执勤等各类临时勤务505起，确保万无一失。仁化县城口镇、长江镇抗洪抢险任务完成出色，维护韶关地区社会稳定。

【依法从严治军】 汲取问题事故教训，开展“学法规、用法规、守法规、保安全”、百日创安、“三库”清查、安全隐患排查整治和车辆安全专项教育整顿等活动，落实安全工作“八个规范”，紧盯重点部位、重要岗位、重点人员和特殊敏感期，搞好风险评估、安全管控，严肃处理21名违规违纪人员，发挥教育警示作用，部队实现总体安全稳定。

【基层建设基础持续巩固】 开展学用《纲要》和“大练基本功”活动，利用“三个之家”和蹲点帮建时机，搞好经常性培训帮带，不断提高基层自建能力，1名中队长、1名指导员在总队“大练基本功”比武竞赛中分别荣获第一名、第三名。落实挂钩帮建责任制，通过落实规范、督导跟进、严格考评、组织“回头看”等方法，不断规范基层建设秩序，部队发展基础更加牢固。五大队被总队评为“基层建设先进大队”，乳源县中队被总队评为基层建设标兵中队，6个中队被总队评为“基层建设先进中队”，重点帮扶的10个中队进步明显，发展势头良好。

【综合保障水平稳步提高】 围绕现代后勤“三大建设任务”，开展“学法规制度，建法制后勤”活动，组织财务工作大清查和“两项整治”，后勤法制化管理水平不断提升。落实工程建设、大项物资采购各项要求，年度行政消耗性支出同比下降28%，节省采购经费34.6万元。推进二大队部等8个基层单位营区改造，基层防雷设施检测整改全部完成，开展卫生防病、农副业生产等工作，官兵工作生活条件明显改善。抓好总队战储预置点建设，完善军地协议供应保障渠道，开展专业兵岗位练兵和比武竞赛，后勤应急保障和跨区支援能力提升。

新兵野营拉练（武江韶关支队 供）

【春运执勤】 2月4日至3月15日，支队动用兵2260人次、车辆36台次，担负韶关东、坪石和南雄3个火车站春运执勤任务。期间，执勤官兵协助春运部门发送旅客54万余人次，救助乘客4人次，协助公安机关抓获偷窃、诈骗、炒票等犯罪嫌疑人3名，收缴违禁物品40余件，拾获旅客财物20余件，开展便民助民活动120起。任务完成出色，受到兵单位及地方党委政府的赞扬。

【重大活动安保】 6月13日9时至12时，副支队长张福来、副参谋长侯国柱率教导队100名兵力担负韶关市龙舟赛机动备勤任务，任务完成。10月1日至6日，副支队长张福来、政治部副主任刘尚云率100名兵力，携带防暴、反恐和水上救援装备器材，担负韶关市2015年“中国梦·韶韵风·东街汇”文化活动安保机动备勤任务，任务完成。2015年，支队用兵4380人次，完成韶关火车东站和武广高铁韶关站公安武警联勤武装巡逻勤务。

【新兵野营拉练】 12月16—18日，支队组织首长机关带新训大队野营拉练，参训总人数544人，总行程99公里，期间对徒步行军、宿营、野外就餐、综合演练等内容进行训练，磨练官兵战斗意志，为完成以执勤处突为中心的各项任务奠定基础。

【长途武装押解】 10月7日至11月28日，支队配合广东省监狱管理局完成7批次专列调犯长途武装押解、10批次调犯专列临时停靠黄岗（乐昌）装载站地面武装警戒和韶关、武江、北江、乐昌监狱外调罪犯至装载站短途武装押解任务。任务动用兵力2045名，总行程约22680公里，成功将7000名罪犯（含700名女犯）押解到吉林、四川、湖北和辽宁4省（区）监狱继续服刑。期间，协助监狱干警成功处置有碍押解安全情况6起，做好事100余件，任务完成出色，受到省监狱管理局领导赞誉。

【短途武装调犯】 1月15日，支队派出92名兵力，完成担负140名在押犯从韶关市第三看守所转移至韶关市看守所武装押解勤务任务。4月15日12时至4月16日12时，支队派出67名兵力，完成担负80名未成年罪犯从广州未成年犯管教所押解至韶关监狱的途中武装押解、卸载点地面警戒和机动备勤任务，受到省监狱管理局表扬。2015年度，支队共派出兵力695人次，共配合目标单位担负120起省内短途武装押解勤务，成功押解、转移罪犯1800余名。

【处置突发事件】 6月28日8时，支队派出20名兵力处置韶关监狱一起在押犯企图跳楼自杀事件，17时，在押犯成功被成功解救。3月17日6时，南雄市中队2号哨兵张子月成功处置一起疑似精神病人企图袭击执勤哨兵事件。

【抢险救灾】 2月8日15时，支队动用35名兵力成功处置一起353油库库区外围火灾事故。任务中，共扑灭明火20余处，控制火线近2公里，开挖防火隔离带1000米，参战官兵无一伤亡。7月3日至7月4日，支队长李何荣、参谋长田成勇和副参谋长侯国柱率60名兵力担负仁化县城口镇、长江镇抗洪抢险任务，官兵连续奋战6小时，营救被困群众7人，运送救灾物资150余件，转移物资近8吨，成功清理淤泥、沙石、树枝等杂物1200余方，打通受阻道路约820米，挽回经济损失近180万元，参战官兵无一伤亡，任务完成出色，受到驻地党委政府和人民群众的赞扬。

帮助仁化县抗洪抢险（武警韶关支队　供）

【后勤专业兵比武竞赛】 10月29日至31日，支队组织年度后勤专业兵比武竞赛，机关各科室和基层各大队选派的123名选手参加。比武竞赛内容设共同科目和专业科目2部分，区分公勤、财务、军需、军械、运输、修理、卫勤各专业，分别组织军事素质、综合理论、办公能力、技能竞赛等9个科目64项内容比武竞赛。经过多轮较量，决出3个先进单位、25名先进个人。

【后勤队伍培训】 3月1日至4月1日，9月27日至11月20日支队分两批组织新训驾驶员和在岗驾驶员共35人进行驾驶技术复训。通过理论学习、实际操作、综合复习三个阶段训练后，严格进行考核和成绩评定，有7人因作风纪律差、考核不合格作退回原单位处理，提高驾驶员队伍建设水平。6月22日至26日，支队组织全体基层卫生员进行专业技能培训，共25人参加。培训共安排无菌操作、清创缝合、心肺复苏、战地救护等科目，结业考核成绩均为合格。8月10日至11月10日，支队组织8名新卫生员进行实习培训，培训以《卫生员教材》和《武警部队卫生专业岗位练兵指南》为主要内容，实习结束时考核成绩均为合格。9月14日至10月12日，支队组织4名士官进行预任司务长培训。经过业务学习和实习操作两个阶段培训，提高司务长队伍业务技能。（钟立波）

广东省韶关市公安消防支队

【概况】 武警韶关市消防支队，又称韶关市公安消防支队，成立于1987年1月1日，位于韶关市武江区工业东路23号，1992年9月加称韶关市公安消防局，下设司令部、政治处、后勤处、防火处4个部门，辖1个培训基地、10个大队、14个中队。承担着韶关市防火、灭火和应急救援任务。2015年，全市消防部队接警出动3145次，抢救遇险群众2185人，保护财产价值7.8亿元，成功处置“5·20”特大暴雨灾害事故、“6·12”广乐高速油罐车泄漏事故、“7·14”化工厂盐酸泄漏事故、增援“8·12”天津爆炸事故无人机侦察任务等急难险重任务。全市连续5年未发生较大以上火灾，下属4个单位获全省“青年文明号”，1个单位被市政府评为双拥工作模范单位，1个中队荣立集体三等功、6名个人荣立三等功，参加粤港澳消防运动会比武，获得1枚金牌、2枚银牌，涌现出“感动韶关十佳道德模范”张志明等一批先进典型，部队地位形象得到提升。

【政治建警成效显著】 开展主题教育，打造“精品小课辅导”“正能量微课堂”“课后大讨论”三大教育平台，开设“红门教育网”论坛强军实践系列访谈，编发简报12期，组织专题讨论80多次。举办“迎中秋·庆国庆”文艺汇演、“强军杯”篮球赛、粤北卫士杯羽毛球比赛，推出《武动青春》《奇舞飞扬》《无悔的青春》等一批优秀节目，打造基层单位标兵、党建、廉政等8个主题文化教育平台，官兵警营文化生活有声有色、绿色健康。落实从优待警，出台《关于落实官兵有关福利待遇暂行办法》，建立干部转业帮扶、慰问官兵及家属、协调官兵子女入学、开设医疗绿色通道等惠警制度，年内官兵休假100%落实，慰问、优抚官兵25人次，资助2名家庭困难的战士，帮助解决9名官兵家属就业、13名官兵子女入学入托、64名入警大学生干部家属享受原籍地拥军优属政策，赢得官兵赞誉和拥护，增强队伍凝聚力，提振队伍精神。

【火灾形势总体平稳】 紧扣平安韶关建设，围绕政府、部门、单位责任落实，推动市委、市政府将消防工作纳入常务会议议题，将年度消防工作目标任务书纳入政务监查、效能督察及年度绩效考核内容；依托市消安委平台，5次督导检查、3次专项督办、1次考核验收，推动消防安全“党政同责、一岗双责”落地。持续开展“五大专项整治”、夏季消防检查、重点单位和劳动密集型企业专项治理，推进基层“网格化”管理实体化运作，建成微型消防站27个，完成省、市两级挂牌督办火灾隐患重点地区整治任务。实施消防监督执法网上考评，推出七项便民利民措施，提高行政审批效率，所有业务均在法定范围内审批时间一律提速40%；开通重点工程“绿色通道”，取消前置条件，与相关职能部门实行并联审批。构建消防宣传“五大平台”，举办大型群众性宣传活动10余场，教育、培训5余万人次，公众消防安全意识不断增强。2015年，全市发生火灾587起，死亡5人，受伤1人，直接财产损失412万元，社会消防安全环境不断优化。

2015年6月7日，消防官兵营救被困群众（市公安消防支队　供）

【实战能力逐步增强】 树立“全员普训、科学施训”的训练理念，筑牢练兵先练官思想，在队伍中形成“领导重视、人人训练、人人提高”的氛围，参加粤港澳消防运动会比武，获得1枚金牌、2枚银牌。坚持按岗施训，推进实战化训练，组织开展各级指挥员、攻坚组队员、班长骨干实战化培训、内攻和紧急避险训练以及灭火救援安全教育，参加全省地震救援拉动演练，获得全省轻型队第一名。建设短波频台、改善火场无线语音通信以及改造119指挥中心接处警系统，完成与公安警务、海事水域安全监控、高速公路视频监控等系统对接，实现互联互通、资源共享以及一键式辅助决策。以多元化力量增强战斗力，推动市政府出台明确政府专职消防队伍社会公益属性工作意见，核定5个政府专职队为公益一类事业单位。

【发展基础提质增效】 推动建立经费保障长效机制，将地方消防经费保障纳入政府责任制考评。优化车辆装备配备，加快消防装备建设评估论证成果转化，推动部队装备建设科学发展，购置多功能抢险救援消防车、大功率移动排烟拖车、消防宣传车等共10辆，消防器材4257件（套），所有执勤消防站更新升级18项消防员基本防护装备，12个消防站消防车辆配备均达到“3+2”（即1辆城市多功能主战消防车、1辆抢险救援消防车、1辆举高消防车和2辆水罐或泡沫消防车）

2015 年 11 月 24 日，京港澳高速公路货车火灾扑救现场（市公安消防支队　供）

标准。落实“十二五”规划消防站建设要求，加快发展基础建设，启动建设 2 个消防站，完成公寓房主体以及后续建设、武江大队军体馆、曲江大队 3D 电影院建设，落实新消防指挥中心用地征地经费，推进区域模拟训练设施建设，部队长远建设的后劲坚强有力。

【完成“5·20”特大暴雨灾害事故抢险救援】　5 月 20 日，韶关普降大到暴雨，局部地区特大暴雨，导致曲江区、浈江区、武江区、翁源县等地出现严重内涝和山体滑坡，百余名群众被困，情况万分危急。韶关公安消防部队火速出动、全警投入，昼夜奋战在抗洪抢险救灾一线，共接警出动 35 起（洪涝 26 起、山体滑坡 7 起、火灾 2 起），出动车辆 86 辆次，出动警力 300 人次，营救群众 51 人（其中 1 人遇难），转移疏散群众 600 余人，转运物资 250 余件，抢救财产价值 300 余万元。

【成功处置“7·14”化工厂盐酸泄漏事故】　7 月 14 日 3 点 30 分，韶关市曲江区乌石镇广氮化工厂发生 250 吨盐酸泄漏事故，酸液蔓延迅速，泄漏区下游更有 2 个大型浓硫酸储罐，8 个浓硝酸储罐以及一条铁路干线，周围群众生命安全受到严重威胁。韶关支队火速调集曲江大中队、特勤中队 35 名指战员、6 辆消防车赶赴现场。历经 7 个多小时不间断供水作战，消防官兵不畏艰险，排除万难，成功将泄露盐酸浓度降低到安全值以下，保护人民群众的生命财产安全。

（邓高华　李宇峰）

人民防空

【概况】　韶关市人民防空办公室（韶关市人民政府应急管理办公室）是市国防动员委员会的常设机构，也是市政府人民防空工作主管部门，正处级，内设综合科、工程与法规科（行政审批科）、指挥通信科、应急管理科（市政府值班室）。韶关市人防信息指挥保障中心，为韶关市人民防空办公室管理的公益一类事业单位，正科级。2015 年，韶关市人防办（市政府应急办）围绕军事斗争人防准备和全面深化改革促进融合发展的总要求，主动适应新常态，坚持改革创新，攻坚克难，人防核心能力、服务经济社会发展大局能力显著增强，为建设幸福美好韶关做出贡献。

【指挥通信】　8 月组织乐昌、始兴、新丰、乳源 4 个县（市）作为第一批单位完成机动指挥车整车集成和人员操作培训；指导协助乳源县完成人防应急指挥中心信息系统建设并完成项目验收；开展重要经济目标防护工作和防空警报系统的定期检测维护工作，提高全市防空警报建设管理水平，9 月 18 日，成功举办 2015 年市区防空警报试鸣暨人口紧急疏散演练；11 月参加在清远佛冈县举行的第一组人防机动指挥所区域协同支援训练。9 月完成人民防空方案修订和落实人防北斗导航系统建设。12 月完成军用第三代电台改造招投标工作。

【人民防空工程】　坚持“应建尽建、应收尽收、以建为主、以收促建”的原则，落实行政审批和防空地下室建设工作；执行“结建”政策法规，设立“服务窗口”，做到报建程序、办理期限、办理结果、监督制度公开；将韶关市人防基本指挥所列入政府投资项目计划，并已落实项目续建经费；完成县级人防工程建设规划编制工作，启动人防基本指挥所的续建工作；出台《关于明确我市防空地下室平战转换标准的通知》，统一全市人防防护设备订购安装标准，明确各有关单位的建设责任。

【法制宣传】　加强人防法规政策宣传，结合“法制宣传日”开展人防宣传活动，12 月 4 日向群众发放《人防知识宣传教育汇编》及《应急管理宣传册》200 多份。结合年度防空警报试鸣活动，开展人防宣传教育工作，市电视台、电台多次播放《韶关市人民政府关于试鸣防空警报的通告》，以手机短信方式，向广大市民发送防空警报试鸣信息。深化人防知识教育进学校工作，与市教育局联合发文，组织对全市城区中学初中二年级学生开展人防知识教育，人防知识受教育率达到 100%。深入开展人防应急知识教育进社区工作，完善武江区新晖花园人防工作站建设，安装安全门和网络宽带通信。新增曲江区世纪皇庭小区、浈江区南枫碧水园作为试点，设立人防工作站，购置人防应急包，制作人防 LED 宣传屏和宣传栏。为纪念抗日战争胜利暨世界反法西斯战争胜利 70

周年，购买700多份《南方日报》，向3个试点小区居民派发，教育引导居民阅读《居安思危，建设人防》文章。

【应急管理】 完善“横向到边、纵向到底”的应急预案体系，制定印发《韶关市2015年度突发事件风险隐患排查和整改工作方案》。完善《韶关市应急避护场所建设规划纲要》编写工作。开展全市突发事件风险隐患排查工作，排查和整改各类风险隐患566项，并落实整改和防范措施。主动协助处置突发事件，先后参与处置5月1日乳源县大峡谷景区因暴雨导致山石滑落砸伤游客等突发事件30多起。加强基层应急管理建设，组织各县（市、区）应急办负责人7月赴清远市进行专题学习调研，学习借鉴先进经验；强化应急值守和信息报送工作，全年接收处理各类信息400多条，上报省应急办突发事件信息专报30期，办理各类文电、信函300多件，落实省、市领导批示30多条次，接听、答复群众来电500多次（市长热线），并协调有关县（市、区）和市直有关部门调处群众来电投诉问题12件，发送短信2000多条次。

【机关“准军事化”建设】 按照“准军事化”标准和省人防办制定的“人防工作目标管理考核标准”，以创建“六型”（学习型、法治型、创新型、体系型、融合型、服务型）人防机关为目标，加强人防机关思想政治、战备训练、业务素质、作风纪律、办公秩序建设，推进“准军事化”建设纵深发展。建立篮球场、羽毛球场、乒乓球室、台球室、健身室共5个场馆，购置各种体育健身器材10套。开展“准军事化”体能训练、人防机动指挥所野外训练、防空警报试鸣等活动。加强机关办公秩序管理，树立“军事管理区”标识牌，在办公楼内制作安装“准军事化”建设宣传栏。采取办公用品统一摆设、车辆统一划分区域停放、岗位标识牌统一摆放、上班作息统一考勤等措施，达到整齐划一的“准军事化”要求。（何诗垚）

2015年3月17日，在国储七三三处油库开展跨区域灭火拉动演练（消防局 供）

法 治

政法委及综治工作

【概况】 2015年，市委政法委机关行政编制25名，后勤服务人员3名，机关总编制28名。市委政法委员会、市社会治安综合治理委员会办公室、市委防范和处理邪教问题领导小组办公室合署办公，内设7个职能处、科、室：政治处、办公室、执法督查室、维稳工作科、社会治安综合治理科、市委防范办调研指导科和综合业务科。2015年，全市政法工作，围绕创建平安韶关、法治韶关，打造过硬队伍这一目标，深化政法工作和司法体制改革，创新社会治理，化解社会矛盾，严格公正司法，完成各项任务。人民群众安全感位列全省第三位，对政法工作满意度位列全省第五位，为韶关市主动融入珠三角，实现振兴发展创造良好的社会环境。

【开展“6+3”专项行动】 推进涉农、环保、劳资、房地产、金融、交通运输等六大重点领域不稳定问题的专项治理，推动涉军退人员、原民办教师、出租车从业人员三大重点群体利益诉求问题的解决。加强矛盾纠纷化解，推动社会矛盾由化解向治理、由零星个案解决向政策制度性批量消化升级。2015年，全市共排查社会矛盾纠纷7506宗，化解7302宗，化解率97.28%，省委维稳办交办的16宗事项全部办结。

【完善矛盾纠纷多元化解机制】 全市建立各级人民调解委员会1681个，其中，乡镇调解委员会96个，村（居）调解委员会1458个，企业调解委员会73个，“交调委”8个，“医调委”9个，物业调解组织11个，个体工商协会等其他调委会26个，实现调解组织全面覆盖。2015年，韶关市各级各类调委会调处矛盾纠纷12109件，成功调处11959件，调解成功率98.76%。全市“交调委”调处道路交通事故纠纷192件，成功率100%。全市“医调委”调处医患纠纷38件，成功36件，成功率94.7%。探索矛盾纠纷源头治理，推动重大决策社会稳定风险评估工作。全市7项重大决策和104项重点建设项目，全部落实社会稳定风险评估，其中准予实施重大工程项目及决策108个，暂缓实施项目1项，不予实施项目2项。

【推动“平安细胞”工程建设】 推进“盆景”工程，打造浈江、武江区网格化管理工程、曲江平安餐饮工程、仁化立体化防控建设示范工程、始兴县基层平台治理工程等具有韶关特色的“平安细胞”亮点工程。其中曲江平安餐饮工程被省确定为亮点工程培育项目。发挥行业主管部门牵头作用，创建成果逐步显现。市妇联全年评出“平安家庭”创建活动先进集体30个，示范户100户。翁源县157个村居全部实现“平安村居”的目标。乳源县加强小区平安文化建设，70%的小区未发生财物失窃，100%的小区业主与物业公司未发生矛盾纠纷。

【深入推进立体化社会治安防控体系建设】 加强和完善城市社区路面、城乡结合部、公共复杂场所、村居主要出入口等重点部位的视频监控布点建设，完善社会面、重点行业和重点人员、乡镇（街道）和村（社区）、机关和企事业单位内部、信息网络等五张社会治安防控网建设。制发《韶关市区常态化反暴恐机动武装巡逻规范》，建立武装巡逻和“动中备勤”机制。全市累计投入联勤巡逻警力21368人次、联勤巡逻车辆6959辆次。强化校园、医院等重点单位安全防范工作，全市整改校园内部安全隐患133处，查处涉医治安案件4件13人。开展命案防范和治理工作，2015年全市命案发案数同比下降32.6%，破现行命案25宗，破案率88.4%。

【开展“3+2”专项打击行动】 在全市范围组织开展集中打击涉毒、涉黑恶、涉盗抢、涉赌、涉非法集资犯罪。全年全市立涉“3+2”专项刑事案件10918宗，刑事拘留3501人，逮捕3266人。其中，破获盗抢类犯罪案件4638宗，刑事拘留749人，抓获涉盗抢类犯罪网上在逃犯29人；立涉黑恶类犯罪案件469宗，破案295宗，公诉涉黑恶被告人1171人，一审判决975人；立涉毒类犯罪案件843起，侦破786起，刑事拘留885人，缴获各类毒品372.5千克，缴获制毒原材料800千克，查处吸毒人员4991人，强戒吸毒人员1121人；立非法集资类案件52宗，破案39宗，刑事拘留96人，逮捕95人，涉案金额达人民币上亿元；立涉赌博类犯罪案件260起，侦破218起，逮捕557人。

【开展平安创建宣传】 紧扣“群众安全感”和“提升政法工作群众满意度”两个重要考核指标，着力加强创平宣传，实现社会宣传全覆盖。2015年，悬挂宣传横幅4000条、张贴宣传标语15000条、LED电子显示屏滚动播放宣传标语99569条、制作宣传广告牌3290块；发布平安短信1079148条、网站信息16749条、平安微博2077条、平安微信524条；举办讲座培训548场、专场文艺演出22场；编写简报

444 期、刊印平安杂志四期；开展咨询活动 2724 场、发放宣传资料 3096120 份、接受咨询群众 234327 人次。韶关媒体刊载、播放稿件 3013 篇、省级媒体用稿 141 篇、中央媒体用稿 40 多篇。

【开展治安重点整治】 开展打击传销专项行动。全市出动执法人员 1160 人次，车辆 126 台次，清查 13 处窝点，解救 21 人，遣散 48 人。开展打击和整治盗窃、破坏电力、电信、广播电视“三电”设施专项斗争行动，破获省挂牌督办的“2·12”案件，破涉“三电”案件 81 宗，同比上升 350%。深化护校安园工作。全市中小学、幼儿园新安装技防设备 465 套，配备专职治安保安人员 579 人，配备防护装备设施 2143 件，已配备保安员的校园数同比上升 33.4%。全年排查化解涉校纠纷 7 起，排查整改校园内部安全隐患 133 处，排查整治校园周边乱点 32 处，排查并稳控涉校高危人员 3 人，及时制止可能伤害学生幼儿案（事）件苗头 2 起。开展维护医疗秩序打击涉医违法犯罪专项治理工作。全市各地医疗卫生单位增加技防费用 500 多万元，建成社会治安视频监控系统近 3000 个，实行 24 小时监控。开展“平安铁路线”创建专项工作，全年排查危及行车安全隐患事件 4 起，处置有危害铁路史重点人员 1 人，查清率 100%，检查排查沿线易燃易爆场所 54 处、废品收购站 116 间，统计并关注沿线精神障碍患者 364 人，协调解决线路封闭 12.17 公里，协调解决平交道口改为立交桥涵 2 处，协调清理、解决涵洞积水 19 处，成立护路工作站 95 个。

【强化基层社会治理】 2015 年，全市确定 25 个平安创建重点工程项目。推进“一村（社区）一法律顾问”工作，全市 1455 个村（社区）均派驻律师并正常开展法律服务工作，实现村（社区）法律顾问全面覆盖。2015 年，全市村居法律顾问共提供法律服务 1 万多件次，服务对象（含镇街政府、村居委会、干部群众等）达 2 万多人次。深化法律援助便民服务工作，全市办理法援案件 2000 多件。

【依法开展反邪教工作】 依法打击邪教违法犯罪活动，做好邪教人员教育转化工作。2015 年，查处各类邪教违法犯罪活动 12 起，抓获涉案人员 54 人。在依托专业教育转化的同时，开展社会面帮教转化工作，全年转化邪教痴迷人员 8 人。围绕平安创建和文明城市创建等重点工作，深入开展反邪教警示教育和“三个一”无邪教创建示范工程等活动。全市共 10 个镇街，107 个村居开展无邪教创建示范工程，并向省申报创建示范镇（街）5 个、村（社区）50 个，全市全年投入无邪教创建工作经费超 100 万元。组织专门人员深入城镇、农村、小区、健身广场、集市、中小学、企业开展反邪教知识宣传活动，提高人民群众识别和防范邪教能力，压缩邪教生存空间。

【做好司法救助】 修改完善《韶关市市级国家司法救助制度实施细则》，开展司法救助工作检查，与市财政局组成调研组，重点检查司法救助资金是否已列入财政预算、司法救助制度和操作细则制定情况、台账情况，形成《韶关市 2014 年开展司法救助工作情况自查报告》。按照文件精神，通过市财政局将 46 万元司法救助资金分配给市中级人民法院 25 万元、市检察院 6 万元、市公安局 15 万元。

【推进涉法涉诉信访改革】 起草《韶关市关于进一步做好涉法涉诉信访工作的意见》，由市委办、市政府办联合印发各有关单位贯彻执行。统计全市 2014 年涉法涉诉信访案件数据，分析全市涉法涉诉信访总体形势特点、涉法涉诉信访导入法律程序、涉法涉诉信访执法错误纠正及瑕疵补正等情况，查摆受理、导入、依法办理、终结退出等各个环节工作中存在的问题，形成《2014 年涉法涉诉信访案件统计分析报告》。

【做好国家特赦令的贯彻落实】 根据省委政法委对贯彻实施国家特赦令的工作部署，成立韶关市特赦工作协调小组，召开特赦工作会议，明确特赦适用范围和条件、特赦工作的基本要求和任务分工，部署开展韶关市特赦工作，要求市直政法各单位每月报送《韶关市特赦部分服刑罪犯情况报表》。2015 年，市中级人民法院裁定特赦服刑罪犯 177 人，各县（市、区）接收特赦回归人员 76 人。市检察院审查特赦案件 177 件，出具特赦检察意见书 177 份，审查法院作出的裁定 177 件。全年未收到关于特赦工作的群众举报、控告和申诉事项。

【加强执法监督活动】 抓好中央关于《领导干部干预司法活动、插手具体案件处理的记录、通报和责任追究规定》和《司法机关内部人员过问案件的记录和责任追究规定》及《广东省领导干部干预司法活动、插手具体案件处理的记录、通报和责任追究实施办法》的贯彻落实，下发《关于贯彻落实〈广东省领导干部干预司法活动、插手具体案件处理的记录、通报和责任追究实施办法〉有关问题的通知》，制发《领导干部干预司法活动、插手具体案件处理情况统计表》和《司法机关内部人员过问案件情况统计表》，及时启动记录、通报工作。

【开展党政机关执行人民法院生效裁判积案清理工作】 及时组织市中级人民法院加大执行力度，做好韶关市 14 宗以党政机关作为被执行人的积案清理工作，明确清理重点和清理限期，并向有积案的 6 个县（市、区）党委、政府发出司法建议书，提出解决积案的建议措施。深入浈江、翁源、新丰等县（区），与当地党委政法委和法院研究清理积案的措施，协调当地党委、政府支持积案清理工作，解决积案清理工作中的困难和问题。2015 年，全市清理积案 11 宗，达成和解协议的 1 宗。

【推进司法体制改革】 逐步推行主审法官对其独任审判的案件自行签发裁判文书，推进审委会、检委会制度改革，将其职能定位总结经验、指导工作，限缩讨论个案的范围。市中院审委会讨论案件大幅缩减44.23%。按照省提出的法官、检察官选任条件，对全市现有法官、检察官情况进行调查摸底，分类造册。其中，市中院对全市460名法官信息进行摸底造册和建立法官等级电子档案，按照新的套改标准重新核定法官等级，完成法官职务套改工作。落实资产清查上划，与地方党委、政府及财政部门协调，确保改革期间经费保障及衔接工作到位，做到“全额保障，收支脱钩”。

【推进政法网建设和应用】 完成全市政法部门机房建设和视频会议室升级改造项目，推进政法委机关信息化建设，推广政法委机关综合业务平台的应用。在现有基础上增加共享平台的跨部门公文办公业务协同建设，构建覆盖韶关市全部政法部门的公文办公业务协同应用体系，实现公安、法院、检察院、司法、政法委、国安、监狱等7个政法部门公文办公业务的协同互通。在公文办公业务协同客户端实现电子签名认证，对各政法部门信息系统部署及进行二次开发。分5场次组织全市各级政法部门技术人员对三四级网络技术进行培训，为下一步做好网络技术、路由交换原理、网络设备使用及故障排查、高清视频会议系统、网管系统使用和政法机关综合应用平台等信息化应用发挥技术力量作用。（罗　平）

公　安

【概况】 韶关市公安局位于武江区西联百旺大道1号，是市政府主管全市公安工作的职能机构。2015年，全市共有10个县级公安机关，1个行业分局（森林分局），市公安局下设二级部门34个（含浈江、武江分局）。2015年，全市公安机关围绕市委、市政府中心工作，主动履职，开展“3+2”（“3”即广东省公安厅确定的涉毒、涉黑恶、涉盗抢专项行动，“2”即各地自行选定2个专项行动）专项打击行动，推进立体化治安防控体系建设，深化公安改革创新，推进“四项建设”（基础信息化建设、警备实战化建设、执法规范化建设、队伍正规化建设），公安工作和队伍建设取得良好成效。2015年，韶关市群众安全感排名全省第五，全市公安工作呈现“三降两升”的特点，“三降”即：刑事治安警情数同比下降，刑事立案数同比下降，公共安全事故死亡人数同比下降；“两升”即：刑事案件破案绝对数同比上升，刑事案件批捕人数同比上升。

【维稳处突】 落实维稳会商研判机制，定期开展不稳定因素分析研判，重点做好抗战胜利70周年纪念活动等敏感节点维稳安保工作。加强矛盾纠纷的摸排调处，群体性事件预警率达100%。开展公安信访“抓、打、强、促”活动，落实首访负责制和首办责任制，初信初访办结率达100%，全市没有发生涉警非正常上访问题。

【公共安全管理】 加强消防安全监管，开展劳动密集型企业专项治理、重点地区火灾隐患整治等行动，全年火灾事故数同比下降16.9%，连续4年未发生较大以上火灾事故。加强大型活动审批与安保，完成“中国梦·韶韵风·东街汇”等重大活动安保任务，完成警卫任务39批次。

【“3+2”专项行动】 抓住涉毒、涉黑恶、涉盗抢、涉非法集资、涉赌五类突出违法犯罪，集中警力、集中资源，重拳出击，提升打击效能。全年刑事案件立案数同比下降14.2%，破案绝对数同比上升3.3%。在打击涉毒违法犯罪方面，全市涉毒犯罪案件破案数、刑拘数、逮捕数、强戒数分别同比上升7.8%、10.3%、50%、4.1%。在打击涉黑恶违法犯罪方面，开展打黑除恶“骄阳行动”，全市涉黑恶犯罪案件立案数、破案数、刑拘数、逮捕数、起诉数同比分别上升51%、59%、216%、179%、220%。在打击涉盗抢违法犯罪方面，全年刑拘人数同比上升46.3%，逮捕人数同比上升59.9%。在打击涉非法集资违法犯罪方面，全年破案36宗，涉案金额1亿多元。在打击涉赌违法犯罪方面，开展禁赌冬季百日行动，开辟打击网络赌博新战场，涉赌犯罪案件破案数、逮捕数同比分别上升140%、168%。

【重点地区治安整治】 以浈江区为重点开展治安整治，全年浈江区刑事案件数同比下降17.4%，其中盗抢案件同比下降25.7%。对浈江区涉毒、翁源县涉盗抢问题进行重点整治，浈江区涉毒案件破案数、刑拘数、逮捕数分别同比上升11.8%、3.7%、26.7%。翁源县涉盗抢案件破案数、刑拘数、逮捕数分别同比上升2%、

2015年6月25日，市公安局在韶关学院举办“6·26”禁毒宣传日（应春明　摄）

42%、35%，重点整治地区社会治安明显好转。

【立体化治安防控】 组织开展街面巡逻，强化公安武警联勤武装巡逻、公安特警动中备勤武装处突勤务工作，落实重点部位武装定点执勤，提高街面见警率。推进“平安细胞”工程，强化企事业单位内部安全防范，建立警企联防联动机制，开展“护校安园”、打击涉医违法犯罪专项行动，整改校园内部安全隐患147处，查处涉医治安案件4起13人。加强流动人口和出租屋管理，登记流动人口4.3万人、出租屋4000多栋（套）。

【道路交通管理】 推进交通秩序专项整治工作，提升智能化交通管理水平，排查整改交通安全隐患，坚决预防道路交通事故；落实交通安全管理工作，组织开展“九类交通违法行为”“打非治违”“秋风行动”等一系列专项整治行动，加强城区道路疏堵保畅，强化农村道路交通秩序管理，改善道路交通秩序；推出惠民服务措施，设立武江、浈江车管分所、“车管e站”，启动互联网交通安全综合服务平台，开通机动车远程审验监控系统，完善快处快赔机制，提升群众对公安交管工作的满意度。牵头开展对“黄标车”及老旧车的治理，全年淘汰9109辆，完成率排名全省第一。

【户政管理】 推进户籍管理改革，提请市政府出台《关于进一步推进户籍制度改革的实施意见》。开展居民身份证登记指纹信息工作、人口信息无相片人员清理、人像比对信息核查、门楼牌核查清理和编制安装等基础工作，加强流动人口和出租屋管理工作，推进居住证“视频+门禁”应用模式，提高户政服务群众水平。全年受理指纹信息居民身份证18万余张，登记流动人口4.3万余人，制发居住证3.8万余张，安装居住证门禁系统59套，覆盖出租屋1037间。

【出入境及往来港澳管理】 推行网上申请、邮政速递申请、双向速递、自助机申请等电子政务申请方式，提高出入境证件的网上申请率。配置自助办证一体机，实现新证或换证预受理、往来港澳个人游再次签注自助申请、电子港澳通行证个人游再次签注“立等可取”、自助缴费等功能，为办证群众提供极大便利。全年共受理各类出入国（境）证件、签注34.6万余人次。

【监所管理】 围绕安全隐患排查整治专项活动“回头看”，重点抓好拘留所规范执法、创新管理、化解矛盾“三项重点工作”和看守所勤务模式科学化、执法行为规范化、管理方式精细化、监管手段信息化、设施保障标准化“五化建设”落实，实现在押人员管理“零事故”和监管队伍“零违纪违法”。

【警务实战化建设】 健全完善“情报研判、指挥处置、治安防控、打击犯罪、教育训练、力量装备保障”六个实战化为核心，推进扁平化指挥机制、精准化情报信息研判预警机制及立体化整体防控机制建设。加强指挥处置实战化建设，制订完善重大活动安保、重大突发案事件处置联勤联动、指挥协调工作规范。

【基础信息化建设】 建立应采尽采、及时录入的规范化信息采集机制，完成全市公安机关数据中心建设，完善新版缉查布控系统、社区警务平台等多个信息化基础平台的建设和推广工作，搭建全市PDT基础网络架构，为公安工作开展提供信息化保障和支撑。

【执法规范化建设】 推进执法场所规范设置改造、派出所案管中心建设工作和执法主体建设，完善执法管理工作机制，全市所有派出所完成案管中心建设。举行各类执法培训32场次，受训人数1000余人次，全市已有52名民警取得高级执法资格。

【公安改革】 在治安管控方面，组建专业办案队伍，加大打击涉食药和涉环境污染犯罪的力度。在警务机制方面，推行基层“微改革”、“微创新”，创新高速公路桥隧群管理模式、恶劣天气下交通管理模式、执法一站式服务模式，提升交通管理水平和执法办案能力，其中远程套牌车查缉系统、高速公路桥隧群管理模式分获粤警创新大赛银、铜牌。创新队伍管理，推动机关警力下基层，充实市区派出所警力，提升基层公安机关的打击防控能力。实施“互联网+”战略，在户籍、出入境、交通、消防管理服务方面，实行网上办理，推动改革措施便民惠民。

【公共关系建设】 利用平安韶关公安微博发布公安信息2372条，向媒体发稿10304篇。推出何万松、江晖等先进典型，推荐6名民警参评“韶关好人”评选活动。做好扶贫开发“双到”工作，累计投入资金790.8万元。加强创文、巩卫、创名以及网络问政工作，办理网络问政、在线咨询925次，满意率为88%。开展以“行风建设在公安”为主题的政风行风建设，提升群众对公安工作的满意度，民主评议政风行风排名得到提升。

【幸福警队建设】 加强民警心理服务，筹建市局心理咨询室，开展民警思想状况调查分析，保障民警身心健康。开展表彰奖励工作，全年有26个集体和162名个人立功受奖。开展“解警困·暖警心”活动，继续落实民警体检、休假、保险、救助措施，依托市局民警救助基金平台，做好抚恤优待工作，为759人次申报发放慰问金。

【教育训练】 举办公共安全专题训练班66期，培训民警1439人次；组织全市263名民警参加警衔晋升，124名新警参加入警训练，41名基层所队长参加省厅举办的基层所队长培训。部署开展领导干部大轮训、民警岗位大练兵、警种专业大比武“三大活动”，以常态化训练提高队伍实战水平。

（汤文科）

检　察

【机构概况】　韶关市人民检察院于1954年建院，1978年重建。下辖武江、浈江、曲江、乐昌、南雄、乳源、新丰、翁源、仁化、始兴等10个县（市、区）检察院、2个派出检察院（广东省韶关黄岗地区检察院与广东省乐昌中山地区检察院）。市检察院机关设政治处、反贪局和18个内设机构以及一个直属行政单位（司法警察支队）。市检察院及2个派出检察院有中央政法编制161个：其中市检察院130个、广东省黄岗地区人民检察院16个、广东省乐昌中山地区人民检察院15个。2015年，市院机关检察干警实有人数115人，其中领导班子成员8人，包括1名正职、5名副职、1名纪检组长、1名政治处主任。市检察院研究生文化程度8人、本科文化程度的89人。厅级干部1人、处级干部20人、科级干部67人。党员干部100人，少数民族干部4人。21岁至30岁的6人，占干警总数的5%；31岁至40岁的45人，占干警总数的39.1%；41岁至50岁的28人，占干警总数的24.3%；51岁至60岁的36人，占干警总数的31.3%。

【打击刑事犯罪推动平安韶关建设】　共批准（决定）逮捕各类刑事案件2175件3570人，提起公诉2608件4043人。审查起诉生产、销售伪劣产品、假药、有毒有害食品和不符合安全标准的食品案件22件24人。制定《韶关市检察机关开展创建平安韶关及综治工作考评实施方案》和《韶关市人民检察院综治联系点工作实施方案》，深入乐昌市黄圃镇开展综治联系点工作。

【查办和预防职务犯罪】　2015年全市共立案侦查贪污贿赂、渎职侵权等职务犯罪案件177件183人，其中贪污贿赂案件136件140人，渎职侵权案件41件43人。查处要案21件21人（厅级3人、处级18人），同比上升61.5%。挽回经济损失6447.274万元。查办原韶关市委副秘书长王荣光等人涉嫌受贿系列案、原武江区副区长黄真等人涉嫌职务犯罪案。推动市预工委出台《关于进一步加强预防职务犯罪工作的意见》，首次将预防职务犯罪工作指标纳入地方党委党风廉政建设工作目标考核体系。

2015年10月20日，韶关市检察院举行律师接待中心揭幕仪式。市检察院检察长曾伊山（右一）和市律师协会会长王少敬（左一）共同为接待中心揭幕（曾敬东　摄）

【强化诉讼监督】　2015年，全市检察机关监督侦查机关立案45件，撤案50件；纠正漏捕犯罪嫌疑人247人，追诉漏罪35件、漏犯185人。支持抗诉17件，法院改判8件。开展破坏环境资源和危害食品药品安全犯罪专项立案监督，监督立案24件。审查刑罚执行机关提请减刑、假释、暂予监外执行案件9121件。开展特赦检察监督工作，对提请机关报请特赦的相关材料进行审查，同意特赦170件，不同意特赦6件，建议退案1件，均得到法院采纳。受理各类民事行政申诉案件348件，审结342件。作为全省6个公益诉讼试点单位之一，市检察院起草《关于协同开展检察机关提起公益诉讼工作的意见》，联合市中级人民法院等9家司法、行政单位召开联席会议，共同探讨、推动试点工作。

【加强阳光检务】　2015年，全市先后邀请人大代表、政协委员、人民监督员、律师等社会各界200多人次参加座谈会、案件听证会和检察开放日活动，展示检察工作和规范司法成效，听取意见建议。推进案件信息公开工作，全市检察机关共发布案件程序性信息6885条，公布重要案件信息174条，公开法律文书2118份。制定听取辩护人、诉讼代理人意见工作规定，建立集接待、咨询、阅卷、申请会见等“一站式”律师接待中心，更好地保障律师执业权利。

【推进司法体制改革】　2015年11月，根据省委部署，确定韶关市检察院、乐昌市检察院、浈江区检察院为广东省第二批检察改革试点单位。两级检察院成立以检察长为组长、其他院领导为成员的检察体制改革领导小组，加强对改革的组织领导，并制定相关工作方案推动改革工作。

（王　粤　夏美宜）

法　院

【概况】　韶关市中级人民法院成立于

1950年，是国家审判机关，依法独立行使审判权。2015年，市中院共有干警158人，其中政法编干警128人，非政法编干警30人。现设副处级内设机构1个，即政治处；直属机构1个，即司法警察支队；设正科级内设机构15个，即纪检监察室、培训科、刑事审判第一庭、刑事审判第二庭、民事审判第一庭、民事审判第二庭、民事审判第三庭、行政审判庭、审判监督庭、立案庭、执行局、信访科、研究室、办公室、司法行政科。辖10个基层法院，即浈江区法院、武江区法院、曲江区法院、乐昌市法院、南雄市法院、仁化县法院、始兴县法院、翁源县法院、新丰县法院、乳源瑶族自治县法院。基层法院派出法庭21个。基层法院共有干警840人，其中政法编干警609人，非政法编干警231人。2015年，全市法院围绕全市社会经济发展大局，履行审判职责，为促进韶关经济振兴发展，打造大众创业、万众创新的法治化营商环境提供司法保障。全市法院受理各类诉讼、执行案件27147件，结案23810件，同比分别增长24.08%和13.98%，法定审限内结案率为98.98%。市中院办结减刑、假释案件8064件。全市法院涌现出一大批先进集体和个人，8个集体和23名干警受到市级以上表彰奖励。

【刑事审判】 全市法院依法严惩暴力犯罪和职务犯罪，重点打击涉毒、涉黑、两抢一盗等犯罪行为，共受理各类刑事案件3152件，审结2796件。其中，审结杀人、抢劫、绑架、强奸等犯罪一审案件303件405人；审结盗窃犯罪一审案件338件517人；审结毒品犯罪一审案件599件718人；审结职务犯罪一审案件96件116人，判处没收财产280.58万元，追缴赃款859.60万元。坚决防止冤假错案，严格非法证据排除，依法对5名被告人宣告无罪。落实宽严相济的刑事审判政策，依法对655名被告人适用缓刑。贯彻“教育、感化、挽救”方针，未成年罪犯非监禁刑适用率达38.84%。

【民事审判】 全市法院依法保护平等主体合法权益，维护市场公平交易秩序，共受理各类民商事案件16618件，审结14329件，一审民商事案件结案标的金额43.13亿元。其中，审结婚姻家庭、损害赔偿、医疗纠纷、土地承包等一审案件6017件；审结劳动争议一审案件431件；审结各类商事纠纷一审案件6535件；审结买卖合同纠纷一审案件845件；审结民间借贷纠纷一审案件1843件，依法确定债权9.56亿元；审结知识产权一审案件88件。审理韶关新宇建设机械有限公司破产等一批大要案，配合市政府完成近1400名职工妥善安置工作。

【行政审判】 全市法院受理各类行政案件540件，审结500件。与市委党校联合开展“学员旁听‘民告官’开庭审理”系列活动，促进行政机关依法行政。贯彻实施新《中华人民共和国行政诉讼法》，推动落实行政首长出庭应诉制度，行政机关负责人出庭应诉的案件49件。在已审结的374件一审行政案件中，维持具体行政行为、驳回诉讼请求114件，判决行政机关履行法定职责、确认具体行政行为违法、撤销或变更具体行政行为102件，经做协调和解工作后撤诉77件，其他方式结案81件。

【执行案件】 全市法院受理执行案件6823件，执结6176件，执结标的金额10.20亿元。加强执行工作信息化建设，建立与银行、工商、国土、房管等部门失信被执行人信息共享和信用惩戒机制，强化协调配合，及时查控被执行人财产。深入开展党政机关执行积案清理、集中打击拒不执行判决、裁定等违法犯罪行为专项活动，9名涉嫌犯罪的被执行人被移送公安机关立案侦查，对85名被执行人予以司法拘留、罚款、限制出境。

【司法为民】 全市法院完善窗口服务功能，实行一站式办理，提供“一对一、面对面”服务，全年共接待群众33209人次。丰富法院门户网站诉讼指引、案件查询、网上信访等功能，全年网站点击率达46.89万人次。开展巡回审判140场次，方便群众诉讼，促使矛盾就地解决。推进“一村（社区）一法官”建设，共接受群众咨询1433人次，化解矛盾纠纷215起。推行诉讼文书电子送达，为392件案件当事人使用诉讼文书电子送达，降低诉讼成本。建立起覆盖信访救助、刑事被害人救助、执行救助等方面的司法救助

4月14日，韶关中院民一庭法官梁晓芳调解案件成功，被告当场支付工程款（市法院　供）

体系，规范司法救助金的申请和发放程序，为经济确有困难的312件案件当事人缓、减、免交诉讼费用223.02万元，并办理81宗案件107名特困申请执行人救助款申请，已发放135.9万元。完善人民调解、行政调解、司法调解联动工作体系，坚持“能调则调、当判则判”原则，调解及调解撤诉案件5816件，调撤率为40.64%。积极回应信访人的合法诉求，采取接访、上门走访、主动约访、判后答疑等多种方式，接待群众来访1312人次，处理来信901件。在门户网站设置信访栏目，共受理网络问政100件。两级法院均开通最高法院远程视频接访系统，为8件案件当事人进行远程接访。

【司法改革】　全市法院贯彻落实法官办案责任制，逐步将案件审批权下放到合议庭，所有维持原判的案件法律文书由审判长签发。推进审委会制度改革，将审委会职能定位于总结审判经验，指导审判工作，限缩审委会讨论个案的范围，市中院审委会讨论案件数缩减44.23%。落实院领导、审委会委员办案制度，全市法院院领导共参与办案228件。执行立案登记制改革，依法做到有案必立、有诉必理，保障当事人诉权，自改革以来，全市法院共登记立案14985件，当场立案率94.65%。做好人员分类管理及财物统管改革前期准备工作，开展全市法院法官、审判辅助人员队伍状况专题调研，摸清现有法官、辅助人员的的基本信息、业务技能、职业素养等情况，为即将实施的人员分类改革提供科学依据；对全市法院460名法官信息摸底造册和建立法官等级电子档案，重新核定法官等级，完成法官职务套改工作；编制2016年度省级财政部门预算，与政府财政部门协调，确保改革期间经费保障及衔接工作到位。

【司法公开】　全市法院推进裁判文书公开，客观公开案件事实、定案证据以及诉辩观点、判决理由，共在中国裁判文书网上传生效裁判文书20460份。加强技术支撑，落实人民法院信息化建设五年发展规划，建成38个科技法庭，推进庭审全程录音录像。在门户网站公开执行案件查询、执行动态等内容，利用“全国法院失信被执行人名单库”发布2117名失信被执行人名单，限制失信被执行人的投资、出境等行为。加强与新闻媒体交流合作，扩大司法公开的范围和影响，全市法院共在各级各类媒体发表新闻稿件2244篇，并利用《韶关日报》平台发布《法院专版》6期。

【审判监督与管理】　全市法院依法纠正原审确有错误的裁判，共受理再审案件51件，审结37件，其中改判、发回重审19件。市中院建立健全审判态势分析研判、案件质效评价等制度，利用综合监控指标体系定期分析重点指标和数据走向，及时跟踪及通报，促进全市法院案件质效的提升，全年全市法院12项综合监控指标进入参考值范围的比重为75%，处于全省中上水平。加大案件质量评查力度，通报评查结果，督促整改存在的问题，全市法院共评查各类案件1575件，其中重点评查被上级法院发回重审、改判和当事人申诉、涉诉信访的案件93件。随机抽查裁判文书1214份，组织开展“精品文书”推选活动，促进裁判文书质量提高。

【接受人大监督】　全市法院坚持“经常、主动、深入”的工作方针，开展人大代表联络工作，邀请代表视察法院工作、参与庭审观摩、调解和执行等活动356人次。市中院向市人大常委会专题报告《广东省信访条例》贯彻实施情况、涉法涉诉信访工作情况，并落实调研、检查和指导意见。

【接受各界监督】　支持、配合检察机关履行监督职责，审结检察机关抗诉案件29件，依法改判、发回重审6件。发挥人民陪审员参与审判、监督审判活动的重要作用，邀请人民陪审员参与案件审理3167件。健全律师执业权利保障制度，发挥律师的专业优势强化监督，维护法律的正确实施。

（胡俊辉）

司法行政

【概况】　韶关市司法局是主管司法行政工作的人民政府工作部门。2015年行政编制41个，在职公务员39人。内设机构包括政治处、纪检监察室、办公室、计财装备科、宣传教育科、基层工作管理科、公证律师管理科、司法鉴定管理科、戒毒工作管理科和社区矫正科等10个。直属单位3个：韶关市强制隔离戒毒所，有干警和工作人员68人；韶关市法律援助处，有工作人员10人；韶州公证处，有工作人员12人。2015年，韶关市司法局深入推进一村（社区）一法律顾问工作，构建覆盖城乡的公共法律服务体系，推动司法行政各项工作创新发展，发挥新常态下法治宣传、法律服务、法律保障及特殊人群服务管理的职能作用，为服务韶关主动融入珠三角、加快振兴发展作出努力。

【公共法律服务体系建设】　构建覆盖城乡的公共法律服务体系工作纳入市委贯彻落实深化改革的意见，纳入全市基本公共服务均等化发展规划；10月份，市委市政府“两办”联合发布《韶关市关于构建公共法律服务体系推进平安韶关建设的实施方案》，明确公共法律服务体系建设的路径图和时间表，提出“到2020年，建成政府主导、覆盖城乡、多方参与、管理有效、丰富多样、优质便捷、普惠均等、可持续的公共法律服务体系”。市司法局着手编制公共法律服务各项规范，在全市铺开实体平台建设工作，示范性建成韶关市公共法律服务中心这个实体平台窗口。至2015年年底，全市建成县、镇、村三级公共法律服务中心（站）725个，占应建平台的50%。

【一村（社区）一法律顾问工作】　2015年1月，市司法局颁布实施《韶关市全面推进一村（社区）一法律顾问工作方案》，并举办2015年村（社区）法律顾问培训班，深化律师对一村（社区）一法律顾问工作的认识，督促村居法律顾问工作落实到位并取得实效。至3月底，全市1454个村（社区）均派驻顾问律师并正常开展法律服务工作，实现村（社区）法律顾问全覆盖。市司法局与东莞市司法局、市律协经多次协商，就对口支援韶关市一村（社区）一法律顾问工作达成共识，东莞市派出韶关籍为主的148名律师担任韶关市542个村（社区）的法律顾问。双方建立联席会议制度，加强工作沟通和协调。9月，市司法局对省司法厅出台的相关制度进行细化，修改、制订《韶关市村（社区）法律顾问工作检查评估指引》《韶关市村（社区）法律顾问工作台账日志和档案管理指引》《韶关市司法局领导分片督导一村（社区）一法律顾问工作方案》；同时编辑出版《全面推进一村（社区）一法律顾问工作宣传册》及《韶关市一村（社区）一法律顾问工作法制宣传丛书——经典案例律师点评》。9月，市司法局对照《广东省一村（社区）一法律顾问补贴工作自评表》的28项内容，对10个县（市、区）司法局开展检查指导，了解掌握法律顾问工作情况，及时发现工作中存在的问题，并提出改进的意见和建议。10月，省对韶关进行一村（社区）一法律顾问工作交叉检查，抽检南雄市、乐昌市和浈江区三地。其中南雄市获得91.5分，浈江区获得91.5分，乐昌市获得91分，均为优秀。截至年底，全市村居法律顾问提供法律服务1万多件次，服务对象（含镇街政府、村居委会、干部群众等）达2万多人次。

【法治宣传教育】 推动“谁执法谁普法”普法责任制的落实，通过形式多样、针对性强的“法律六进”活动，推进重点普法对象的学法用法。全市实现领导干部学法率100%，公职人员99.7%，企业人员89.9%，在校学生97.8%，农民83.1%，城市居民87.4%，流动人口80%。各地各部门先后举办广东省妇联系统“6·27”工程启动仪式暨“不让毒品进我家”、韶关市2015年“11·25”国际反家暴日等宣传活动；组织开展中小学生“实现中国梦，法治伴我行”主题演讲比赛。12月在翁源县举行全市“国家宪法日暨第7个法治韶关宣传教育周”系列活动启动仪式。坚持以领导干部和青少年学法用法为重点，不断健全各个层面的学法制度，组织全市领导干部公务员网上学法统一考试，建立无纸化学法考试系统和公务员、村两委干部学法用法档案制度。强化一村（社区）一法律顾问工作的普法教育功能，依托村（社区）法律顾问构筑覆盖全市1454个村（社区）的以案说法平台。深入开展法治创建活动，其中翁源县被评为全国和广东省“法治县（市、区）”创建活动先进单位，南雄市被评为广东省“法治县（市、区）”创建活动先进单位，乳源瑶族自治县乳城镇大群村被评为“全国民主法治示范村”。

【律师服务管理】 3月，完成律师事务所年度检查考核和律师执业年度考核工作。经过考核，全市50家律师事务所（其中国资律师事务所12家，合伙律师事务所14家，个人律师事务所13家，公职律师事务所11家）均为合格。281名律师中，273名通过考核，评为称职，有8人新执业不评定等次。4月，韶关市首届律师行业业务技能大赛举行，比赛产生的“一等奖”和“二等奖”共9名选手，组建韶关代表队参加第一届广东省律师行业业务技能大赛决赛，并获得二等奖1个、三等奖3个、优秀奖4个。同月，韶关市地方立法咨询专家库正式建立，丁钢全、王少敬、王敏、叶纬、吴静江、陈小雄、陈军、林柱育、欧阳楚平、罗运标、曾洁雯、游北灵和魏思珍等13名律师入选专家库。6月，市司法局指导协助市律师协会组织召开韶关市第七次律师代表大会，选举产生新一届协会领导班子。王少敬当选为会长，张启华当选为总监。8月，市司法局和市律协组织有关人员参加“在全省律师队伍中开展全面依法治国教育”电视电话会，并在全市律师队伍中开展依法治国教育工作。11月，第三届韶关律师论坛在韶关学院图书馆一楼学术报告厅举行，邀请广东研究中心主任宋儒亮教授和中华全国律协刑事专业委员会委员、东莞市律协原会长骆世明主讲。

【人民调解】 截至2015年底，全市建立各级各类人民调解委员会1676个，实现“哪里有矛盾纠纷，哪里有人民调解组织”目标。2015年全市各级各类人民调解组织共调处矛盾纠纷13368件，调解成功13197件，成功率达98.7%。专业性行业性人民调解组织和企业人民调解组织建设取得新进展，全市200人以上规模企业已建立调委会的有75家，全市建成专业性行业性调委会41个，涵盖交通、医疗、劳动、物业等行业和专业。全市各级人民调解组织开展矛盾纠纷排查调处工作，并通过专用的工作平台将矛盾纠纷排查调处的情况汇总到市司法局。市司法局对各地上报的矛盾纠纷排查情况进行研判，形成基层矛盾纠纷分析研判报告，分别报送省司法厅、市委、市政府和市政法委，为领导决策提供依据。2015年全市开展矛盾纠纷排查活动2225次，预防矛盾纠纷1343件，防止“民转刑”87件，涉及264人，防止群体性上访138件，涉及5838人，防止群体性械斗38件，涉及275人。

【法律援助】 2015年，各地法律援助机构深化法律援助便民服务，做好“12348”法律服务热线接听工作，保持热线畅通，为群众解疑释惑；加强军人、农民工等重点人群法律援助工作，做好群众就业、就学、就医、社会保障等领域法律援助工作，使法律援助惠及更多困难群众；提高法律援助服务质量，推行点援制，受援人可以根据其意愿要求为其承办案件的律师，承办律师对指派的法律援助案件，无正当理由不得拒绝。加强案件指派工作，结合法律援助律师业务领域和专业特长合理指派承办律师，提高案件办理专业化水平。综合采用办案跟踪、受援人评价、回访等行政评查和专业评估措施，强化案件质量监管。启用新的案件归档标准，提高法律援助办案质量。启用司法部统一建设的法律援助信息管理系统，规范法律援助工作。8月举办全市法律援助培训班，各县（市、区）法律援助处主任及全体工作人员、市法援处全体工作人员共32人参加培训。加强法律援助宣传，通过一村（社区）一法律顾问活动将法律援助的宣传资料全部发放到全市1241个村（居）手里，便于每个村（居）民能够就近取阅宣传资料。

【社区矫正和安置帮教】 2015年，全市严格落实社区服刑人员入矫风险评估制度，规范社区服刑人员监管秩序，全年警告处分156人次，治安处罚2人次，宣告禁止令18人次，撤销缓刑22人次，撤销假释2人次，对暂予监外执行罪犯收监执行23人次。市司法局与韶关监狱、韶关市卫计局、韶关市第一人民医院协调配合，组织全市各县（市、区）司法局对10名保外就医社区矫正服刑人员重新进行体检核查，对不符合条件向原决定机关提请收监。推进信息化建设。按照省司法厅的统一部署推进社区矫正信息化建设工作，推动全市社区矫正管理信息系统市、县、镇三级联网。继续做好刑释解教人员安置帮教工作，对刑释解教人员安置帮教管理系统的信息核查率达到95%以上，帮教率100%。首次委托韶关电视台制作播报社区矫正工作公益广告，加强社区矫正工作宣传。贯彻《最高人民法院、最高人民检察院、公安部、国家安全部、司法部关于实施〈全国人民代表大会常务委员关于特赦部分服刑罪犯的决定〉的办法》，落实省司法厅关于特赦工作的具体部署，制定《韶关市司法局关于社区服刑人员报请特赦工作的实施方案》并切实执行，特赦在册社区服刑人员64人。

【公证和司法鉴定】 4月开展2014年度的公证文书质量及公证机构考核评查，随机抽取的全市公证机构165件公证卷宗均被评为优秀等次。全市公证机构以提高服务质量和落实便民利民措施为重点，完善困难群众公证申请绿色通道建设，为老弱病残等弱势群体上门办理公证事务，对经济困难的群众，予以减免公证费用。全市共办理公证案件11526件。加强司法鉴定机构的走访督导，及时处理司法鉴定业务的投诉案件，指导协调成立广东大中法医物证司法鉴定所。

2015年6月23日，位于芙蓉新区芙蓉园市行政服务中心内的韶关市公共法律服务中心正式挂牌运行，面向广大市民群众提供法制宣传、法律咨询及律师公证等各项法律服务（彭继维　摄）

【强制隔离戒毒】 市强制隔离戒毒所顺利完成废止劳教制度后职能的转变工作，并推动强制戒毒工作有序发展，以场所安全稳定为中心，开展以“行政依法化、工作标准化、手段现代化、管理规范化”为内容的强制隔离戒毒的“四化”建设，场所连续13年实现安全稳定目标。转变管理方式，推进全新的“三期三分六法”戒毒管理模式（生理脱毒期、脱瘾训练期和戒治巩固期；分型编队、分类戒治、分级处遇；生理脱毒法、毒害认知法、意念强化法、行为训练法、情景模拟法、技能培训法）运用，确保戒治质量。加强所外联系，与韶关学院等专业教学单位建立协作关系，强化戒毒学员的政治法律、心理健康、国学文化及毒品危害等方面的教育。以创建现代文明强制隔离戒毒所为目标抓好整体搬迁项目新所建设，完成主体工程、附属工程和管区道路工程施工，实施安防监控系统、外联道路等配套项目建设。

【基层基础建设】 加强司法所规范化建设，在全市基层司法所悬挂统一的司法所标识及制度牌匾，为司法所和人民调解员配备司法行政徽胸章，强化司法所形象。全市司法所统一订购《人民调解文书格式及统计报表规范化制作实用指南》一书、订阅《法制日报》及《司法所工作》等报刊，推进司法所软件建设。加强司法队伍素质建设，举办全市基层司法行政业务工作培训班，提升司法所工作人员工作能力和业务水平。推进在信息化建设，完成由市司法局联通到各县（市、区）司法局的政法网络建设，建成依托该网运行的视频会议系统。基层司法行政业务系统、社区矫正业务系统、安置帮教业务系统、公证办证业务系统以及电子政务系统等办公业务系统得到运用，实现对相关司法行政业务处理流程和数据的网络化、自动化。市司法局按照便民利民的原则升级改造门户网站，开通官方政务微信，运用信息化手段营造司法行政良好的发展环境。

【司法考试】 2015年国家司法考试于9月19、20日在市田家炳中学举行。全市有780人报名参加考试。市司法局及时向市委、市政府作专题汇报，最大限度争取工作支持。考试组织工作实现“平稳、安全、顺利、有效”的目标，完成年度国家司法考试工作任务。（彭继维）

仲　　裁

【概况】　2015年，韶关仲裁委员会全年受理各类经济纠纷案件437宗，其中通过调解化解纠纷377件，调解率达86%。案件主要包括房屋装饰、租赁、商品房买卖、保险、建设工程施工、承揽、商标、交通事故损害赔偿等10多种类型。受理案件的范围逐步宽广，新类型案件不断增多，案件办理质量得到逐步提高，人民群众对仲裁的认识和信任度不断提高。仲裁案件被人民法院撤销1件、没有不予执行的案件。

【发展仲裁业务】　抓好重点单位的沟通交流。深入大中型企业、金融、房地产企业等领域，大力宣传仲裁法律制度。与市中级人民法院开展交流研讨活动，达成共识，减少认识分歧；组织重点联系企业、房地产、建筑协会等单位的负责人座谈会，继续让他们当好推行仲裁法律制度的带头人、示范人。帮助企业规范各类合同文本。仲裁解决争议前提条件必须有仲裁协议。因此，规范合同中的仲裁条款是仲裁工作的重要内容。韶关仲裁委员会办公室的全体工作人员，不断深入企业，开展多场宣传培训活动，引导民众或其他主体在签订合同时选择仲裁解决争议。发展消费者纠纷仲裁业务。韶关仲裁委员会抓好消费争议仲裁中心工作，拓展消费争议仲裁工作，初步受理一些案件，使仲裁工作扩大到千家万户。

【举办“纪念中华人民共和国仲裁法实施暨韶关仲裁委员会成立20周年座谈会】　韶关仲裁委员会于2015年11月5日，召开全市“纪念中华人民共和国仲裁法实施暨韶关仲裁委员会成立20周年座谈会”。副市长李安平对仲裁20年来的工作发展情况表示肯定，对全市仲裁工作面临的新形势和新任务提出要求，驻会副主任黄益东介绍20年到韶关仲裁工作的发展情况，仲裁委员会委员陈小雄作《韶关仲裁工作发展启示》，仲裁委员会委员竹怀军作《中国仲裁制度发展情况》，仲裁员、韶关学院教授朱颖俐作《韶关仲裁工作展望》的专题发言，精辟诠释韶关仲裁的发展情况。

【加强仲裁宣传工作】　做好在韶关市各媒体的仲裁宣传工作。积极向报刊杂志投稿宣传仲裁制度，把仲裁动态、仲裁信息、仲裁知识通过网络形式向社会传播。与重点行业保持密切联系，拓宽服务领域。加强与保险、金融、建筑房地产业等行业协会的沟通联系，主动上门服务，举办各类仲裁座谈会、宣传仲裁知识讲座，并对全市20余家保险公司、30余家房地产企业进行逐一走访，提高仲裁条款在这些行业的约定率，为保障仲裁案源的增长提供有效保障。借助各类大型活动，组织对外宣传。在每年的“3·15国际消费者权益日”宣传纪念活动现场，设立咨询台、发放宣传资料以及现场咨询等形式努力宣传仲裁法律制度，扩大宣传效果。通过各种活动加强人民群众对仲裁法律制度的认识和了解，提高依法维权意识，推动仲裁工作地深入开展。

【加强仲裁工作队伍管理】　管理和监督好仲裁员在办案时做到公正、公平、客观地依法裁案，维护法律的严肃性，维护当事人的合法权益，体现仲裁的特点和优势。组织二次对骨干仲裁员的重点业务培训和疑难案件研讨会。加强业务交流和学习。开展仲裁员就办案技巧、办案经验及应当注意的问题进行交流。针对韶关市出现的保险合同纠纷、承包合同纠纷等与以往不同的纠纷情况，对一些关系复杂，难度较大，问题较棘手的案件，组织案件研讨会，邀请资深律师、行业专家和大学教授进行研讨。抓好思想政治教育与业务学习，提高为当事人服务、为仲裁员服务的能力，仲裁委办公室由领导带头，组织学习围绕法律知识的讲座学习培训，开展务实练兵，每个人都要讲，深刻细微的对每一个法律知识进行研究学习。

【抓好案件审理质量】　坚持“程序到位、裁决有据、质量为上”的原则，突出当事人意思自治原则，把仲裁前、仲裁中和仲裁后服务有机结合起来，将仲裁为民、便民、利民理念贯穿到仲裁工作的受理、立案、送达、组庭、审理、裁决等诸环节中，以仲裁案件的办理质量和工作效率取信于当事人、取信于社会各界，努力打造韶关仲裁品牌。发挥仲裁调解的专业优势，加大仲裁调解力度，力促当事人变对抗为磋商，变争赢为互让，实现仲裁法律效果与社会效果的有机统一。逐步完善一整套管理规范、制度完善、运转灵活的工作机制，包括案件办理流程跟踪机制、办案质量保障和监督奖惩机制、党风廉政建设责任制等，以制度规范和约束人，重点抓好案件办理各个环节管理措施的贯彻落实，不断提高韶关仲裁工作制度化、规范化、科学化的管理水平。

【亲和仲裁促进纠纷和谐解决】　仲裁委坚持亲和仲裁理念，发挥仲裁独特的和解、调解优势。推动建立和完善各方面参与的调解工作格局，自觉主动地运用调解方式处理矛盾纠纷。亲和的理念贯穿于咨询、立案、审理、调解、和解、结案等各个环节。对于在立案当时就发现当事人之间争议不大、权利义务关系清楚的案件，立案后及时进行调解。能够达成调解协议的，迅速结案，及时制作调解书送达给当事人。在审理过程中发现有调解可能的，动员各方力量，耐心做好说服工作，并在审限上予以适当处理，促使矛盾纠纷顺利解决。对于调解不成或案情不适合调解、当事人不同意调解的案件，及时作出裁决，防止久调不成、久拖不决。通过践行仲裁的亲和理念，韶关市仲裁案件的调解结案高于全国仲裁机构调解结案率的平均水平，多年来高居在80%以上，得到社会和同行的赞许。韶关仲裁委员会办公室编辑出版《亲和铸就特色》一书，该书共26万字，分为《工作指导篇》、《探索实践篇》、《案例分析篇》、《制度建设篇》、《活动交流篇》，收集文章50多篇，这是韶关仲裁工作者的成果结晶。　（李　阎）

市区监狱

【韶关监狱】　2015年，韶关监狱以提升工作质量为主线，以创建省级现代化文明监狱为动力，以规范化、精细化、专业化管理为方向，依靠全监警察职工，锐意进取、忠诚履职，实现连续第21个监管安全年和第15个生产安全年，为平安广东、法治广东建设作出贡献。表彰优秀147人次、先进集体10个；获得地级市各类表彰5人次、先进集体3个；获得省局以上各类表彰荣誉97人次、先进集体4个。

狱政管理　在监管安全上实现“五个进一步”（维护监管场所安全稳定、罪犯改造质量、公正文明执法水平、民警队伍整体水平和战斗力基层基础建设水平），确保一切工作围绕监管安全开展：从严管控，开展“双违”（违禁品、违规品）专项活动，对重点环节、重点部位做到“三个同步”（同步考虑、同步步署、同步实施），提高安全系数，增强管控能力；加强综合治理，重点抓五项工作“点名、搜身、互监组管理、锁仓管理、出收工秩序规范”，巩固监狱2014年“十二个主题月”规范化管理的成果；强化管理力度，对狱内抗改顽固分子集中管理、教育、转化，联合武警开展“亮剑”行动，对全监罪犯进行摸排，摸排出可能具有自杀倾向、行凶、袭警等风险的罪犯；完善制度，出台《监管区监舍、车间等建筑物楼顶天台的相关管理规定》、主动医疗模式等制度，构建监管医疗模式的做法还得到省局的肯定，作为生活卫生现场会的经验介绍向全省推广；做好外调工作，向外省调遣6批次900名罪犯，共获得16次“文明中队”称号。

教育改造　在教育改造工作上实现“五个强化”，确保教育改造质量的提升。强化入监教育，编写《入监教育教材》，并制作新犯入监教育流程视频，选派能力强、部队转业的警察专门组织罪犯进行行为规范的学习和队列训练。强化思想教育建设，相继开展“认罪、悔罪、赎罪”、“社会主义核心价值观”等活动专题教育活动，全年罪犯思想政治教育考试合格率达到99%。强化刑务工作，完成特赦工作，规范业务运行，试行“联合办案”模式，提高办案水平，对35名罪犯裁定予以特赦。强化罪犯心理矫治工作，开展个别咨询268人次，心理危机干预12人次，做到个案咨询和危机干预100%。全年认定重点罪犯62名，教育转化撤销顽危犯43名，教育转化率为53%，教育改造质量有新的提高。强化帮教渠道，打破过去社会帮教与“开放日”分开举办、监狱单方主办的传统，与广州市荔湾区司法局联合举办“亲情帮教开放日”，并开展系列亲情互动活动，使社会帮教与亲情帮教相互促进。

行政后勤　提高行政运行效能，实行党委决议“月督导、月通报”制度，加大对内对外宣传，提高理论调研综合影响力。其中内网报道482篇、省厅简报采用4篇、省局门户网站36篇、省局信息简报14篇，还被羊城晚报、韶关日报等媒体采用多篇宣传，。提高创建工作力度，实施责任考核、四个例会、联合督导等制度，明确职能、落实责任，对创建的资金第一时间满足，确保创建有力推动。提高保障效率，重点解决警察衣食住行问题，继续保留“中午配餐制度”，确保基层警察执勤正常运转。提高资金保障水平，落实会计制度，规范政府采购管理，推行固定资产条形码管理，并向上申请资金，解决监狱发展所需资金，重点解决食堂改造、供水等衣食住行问题。提高基础建设能力，以最短时间完成“十二五规划”项目的调整，并实施“南门侯见楼建设、南门AB门改造、狱内路灯改造、职工食堂改造工程、供水供电、狱部整体绿化美化”等工程，建设美丽韶监。　（黄少华）

【武江监狱】　2015年，武江监狱提出“规范化运作、精细化管理、专业化发展”的治监理念，坚持法治引领，攻坚克难，将年度重点工作“项目化、目标化、责任化”，落实责任部门、责任人和责任领导，明确推进时间和督办领导，完成省监狱管理局（以下简称省局）提出的7项年度工作任务，

9月10日韶关市副市长、公安局局长李安平（左二）率队到韶关监狱召开现场办公座谈会（黄　瀚　摄）

实现“四无”（无罪犯脱逃、无重大狱内案件、无重大疫情、无重大安全生产事故）目标。监狱关工委被韶关市授予“关心下一代工作先进集体”。晋升18名警察非领导职务；为因公牺牲警察家属发放特别慰问金和家庭困难警察职工发放救助金共计26万元。

夯实狱政基础　开展“抓基础、促规范、保安全”活动，通过狠抓制度执行、基础设施装备保障、警察狱政基础业务能力提升、罪犯行为规范管理等四个方面的工作，提高监狱的规范化管理水平。开展“双违”清查活动，通过拆除狱内隔离围墙、升级改造外围墙、新建哨楼和维修旧哨楼、新增摄像头等措施，提高监狱安全系数。重视狱情分析，强化狱情的研判和异常狱情的流转处置；组建战训队，增强应急处突能力；与驻监武警深入开展“八联”活动（队伍联建、勤务联管、矛盾联调、隐患联治、演训联抓、考评联组、情况联处、平安联创），深化“三共”（共管、共建、共保安全）建设，落实武警三人应急小组和AB门改造，实现与武警执勤视频监控、报警信号互联互通，加强联防力量。完成3批罪犯外调任务，缩减1个监区关押容量，合理分配关押人数，减少安全隐患。按规定发放被服，购买雾化风扇、帐篷，维修保养空气能热水器，改善罪犯的改造环境。每月开展2次“灭四害”行动，落实罪犯体检、防病治病工作，全年未发生罪犯非正常死亡和重大疫情，实现连续17年监管安全。全年开展“安全生产大检查”和安全隐患排查整治活动，确保生产零事故，实现连续21年生产安全。

提高改造质量　添置投影仪、电脑等电教设备以及各种文体用品，提升教育硬件水平。落实每周1天教育日课堂教学，完成2个学期3个班，共372人次文化教育，全年共有180人次参加自学考试，平均通过率60.9%，创历史新高；与地方院校合作，完成三期共160名罪犯的职业技能培训，对所有新入监罪犯进行正规的岗位技术培训；对提请减刑假释的罪犯进行《行为规范》考核，落实罪犯认罪悔罪评估。开展11场监区开放日暨亲情帮教活动，共有608名罪犯亲属到监狱进行帮教。建立监区首诊心理咨询师工作制度和心理矫治会诊制度，全年心理咨询616人次，心理危机干预10人次。围绕“纪念抗战胜利70周年”推进监区文化建设，坚持开展每月主题文化活动，每周播放广场电影，与韶关学院联合举办“铭记历史开创未来”大型文艺晚会，完成“一区一品”的品牌申报、项目审核和巡演。

坚持阳光执法　坚持公平公正原则，规范刑罚执行办案程序。全年办理4批共1213件减刑案件，假释26件，办理保外就医案件1件，续保案件1件，按规定特赦28名罪犯，无错案发生。建设狱务公开电子显示屏即时发布系统，开通监狱门户网站，拓宽公开的广度和深度，构建开放、动态、便民的狱务公开机制。坚持每月开启2次综合信箱，及时传递罪犯写给驻监检察院、监狱领导或相关业务部室的信件，保障罪犯的辩护、申诉、控告、检举权。

推进建设发展　细化各部门预算，统筹安排资金，提高资金的使用率；实行条码标签制，规范国资管理。做好保密机要和档案管理工作，对外宣传取得良好成绩，被省局评为年度宣传报道先进单位。推进监狱增容扩建，“十一五”项目完成35631平方米建筑面积，占项目的87.23%。启动“十二五”项目建设，妥善处置监狱1、2栋家属楼的征收补偿工作。与地方供电部门协调，争取支持，将监狱高压电双回路建设纳入供电部门的建设规划。与浈江区政府多次协商，以分“三步走”的方案成功处置土地历史遗留问题。面对硬件落后的先天不足，从软件入手推进创建省级现代化文明监区工作，投入65万元对创建监区的车间、监舍进行改造，对照省局创建标准，梳理和完善规章制度，规范台帐登记，定期组织开展警体技能训练、基本业务知识和岗位技能考核等练兵活动。（曾晓明）

【北江监狱】　监狱位于韶关市北郊黄岗，始建于1952年，是一所特大型监狱。2015年，北江监狱围绕年初制定的工作总体思路，以创建工作为抓手，推进执法规范化、狱政管理精细化、监区工作标准化、管理手段信息化、队伍建设专业化，推进监狱各项工作，打造“平安北江、法治北江、文化北

2015年8月18日，司法部监狱管理局叶跃进副局长（右一）在省监狱管理局陈达超副局长（右二）陪同下，到武江监狱进行检查指导安全工作（曾晓明　摄）

江、和谐北江”的品牌，实现监狱整体工作的健康、协调、持续发展，推动监狱工作的转型升级。

安全防控能力提升　坚持“五个优先”，把安全隐患的排查、整治、消除作为监狱安全管理的新常态。持续整治安全隐患，开展地毯式排查，逐条逐项落实整改。完成用电线路改造、罪犯伙房设施改造、罪犯用水工程改造等20项工程，安装巡查巡更系统、围蔽空气压缩机等设备。推行狱政精细化管理，结合“抓基础、促规范、保安全”主题活动，整顿内部管理，制订活动方案，明确18大项65小项推进项目，完善罪犯就医、监门等6项管理制度，制订罪犯一日行为规范，狠抓罪犯考核、点名、搜身、队列、互监组等基础性工作。加强罪犯身份意识教育和行为养成，对违规违纪行为保持高压态势，违纪率0.88%。加强狱情排查处置，落实党委狱情分析会制度，实现狱情网上排查流转常态化；建立和试行信息员制度，拓宽狱情收集渠道。与武警部队开展共建、共管、共保安全活动，投入近300万元对武警执勤设施进行改造，率先在韶关地区开通两警值班室的互联互通，协调沟通武警上岗上哨，建立使用高效的备勤模式；与驻监武警联合开展劫持人质和脱逃的应急演练，提升协同作战能力。加强罪犯生活卫生保障，将二级病犯集中关押，严格执行医生巡诊制度，在每个车间现场设置医务室；改善生活设施，投入14万元对监舍安装降温喷淋系统，减低高温天气的仓内温度；投入183万元建设洗澡水项目，使罪犯冬天能洗上热水澡，体现监狱的人文关怀。

矫正刑务工作有新成效　坚决落实“5+1+1”模式，实行课堂化教学，确保时间、人员和内容的三个落实。夯实“三课”教育，坚持思想教育每月一考，开展专题教育5次，联系罪犯改造实际，现场直播推出“每周一讲”，并引入体验式教学，每月以公开课的形式由各监区轮流主办，提升教育效果，思想教育合格率97.4%；文化和技术教育与社会联合办学，合格率100%，239人获得职业资格证书。推进罪犯诉求管理，制定出台罪犯诉求管理办法和工作指引，落实诉求的层级和归口管理，明确处置时限，建立“首办责任制”和转办、督办机制；拓宽罪犯诉求渠道，加强监区及分监区接谈，定期开展问卷调查，引入数字化分析罪犯诉求，及时化解狱内矛盾，累计回复和处置诉求1000多宗，处置2名罪犯结婚登记、2名罪犯亲子鉴定和1名罪犯骨髓捐献的重大诉求。建立罪犯危险性评估，制定罪犯危险性评估办法。规范刑罚执行，推进狱务公开和刑罚执行网上协同“两个平台”的建设，启动安装触摸屏查询、信息发布和语音播放系统，分三个阶段完成电子建档，共办理减刑假释案件2314宗，实现错案、漏案率为零。

执法监督有新突破　出台《关于理顺监狱权责关系的若干意见（试行）》，划清监狱与各单位特别是监区的管理事权，简政放权。落实党风廉政建设责任制，层层签订党风廉政建设责任状。建立个人电子廉政卷宗，落实任前廉政谈话制度，组织新晋升领导到韶关市警示教育基地接受廉政教育，邀请检察官举办预防职务犯罪讲座。建立健全事前事后监督机制，落实特邀纪检监察员巡视制度，调研出台落实两个责任和“三转”的实施方案。继续完善具有北江特色的警务督察机制，向监区派驻督察员，加大现场督察、随警督察、电子督察的力度，督察结果每日公示，把履职不到位和为官不为、庸政懒政表现作为督察重点。

行政后勤有新进展　推行收发文网上流转，实现无纸化办公。加大政务公开，公开党委会和监狱长办公会的会议纪要；设立监狱长信箱，听取群众的意见和建议，收到和回复来信118条。开通监狱门户网站，加强在网上与罪犯家属和社会群众的互动，答复咨询、投诉等113条，网站点击量达50万次，成为对外宣传监狱执法形象的窗口，并于10月通过省政府的普查验收。推行行政事务网上审批，办理事务1058项，满意度90%以上，提高办事效率，强化服务职能。围绕监狱党委中心工作开展信息调研，20篇信息专报被省厅局采用，3篇论文在全国性论文评比中获奖。投入资金170多万元对创建监区的警察执勤室、监舍功能室、单警装备、一键式报警装置、标识牌及罪犯生活文体设施等进行改造。推进应急处突技防设施、部分新建关押场所视频监控报警系统建设及大安防3大项目建设，对罪犯生活区的电网进行升压扩容改造，提升监狱安全的物防技防水平。　（刘文华）

2015年12月，北江监狱开展岗位大练兵（刘文华　摄）

经济管理

发展与改革

【机构概况】 韶关市发展和改革局是负责研究提出全市国民经济和社会发展战略、发展规划和政策，进行总量平衡、结构调整，指导总体经济体制改革、宏观经济管理，负责相关价格管理和监督检查的市人民政府工作部门。原为韶关市计划委员会，2001年更名为韶关市发展计划局，2004年再度更名为韶关市发展和改革局，位于韶关市武江区西联镇芙蓉新区芙蓉园五栋。2014年6月23日，物价局其职责整合划入市发展和改革局。原市物价局职责整合划入后，市发展和改革局下设15个内设科室，管理市粮食局、市价格认证中心。核定机关行政编制70名，其中，处级领导职数：局长1名、副局长4名（其中1名兼任市粮食局局长），总经济师1名，市重点建设项目办公室主任1名，市能源局局长1名；正科级领导职数17名（含市重点建设项目办公室副主任2名、市能源局副局长2名）、副科级领导职数15名；后勤服务人员数10名。2015年，面对错综复杂的国际国内环境和经济下行压力持续加大的严峻形势，市发展和改革局贯彻实施主动融入珠三角战略，采取措施，着力推进稳增长、促改革、调结构、惠民生、防风险各项工作，为全市全年经济缓中企稳、稳中回升做出贡献。

【“十三五”发展规划纲要的编制】 完成《韶关市国民经济和社会发展第十三个五年规划纲要》编制工作，将市委、市政府的关于韶关“十三五”发展战略和思路具体化为“11238”：围绕与全国同步建成小康社会为总目标，实施主动融入珠三角总战略，以城市经济和县域经济为主战场，着力推进“三大抓手”和八大产业建设，确保实现“十三五”预期目标，到2018年生产总值比2010年翻一番，到2020年人均生产总值达到全国同期平均水平，城乡居民人均收入比2010年翻一番，与全国同步建成小康社会。

【做好经济运行分析研判】 学习国家和省的宏观政策，结合韶关实际，做好国民经济和社会发展年度计划目标拟定和分解下达工作，并跟踪和协调计划的实施，研究分析经济运行中的热点、难点问题和薄弱环节，做到月分析、季报告，提出促投资稳增长等建议措施。

【开展重点课题调研】 深入基层和企业开展专题调研，形成《关于县（市）工业园区发展情况的调研报告》《〈广东省主体功能区产业发展指导目录〉对我市产业发展的影响及建议》《韶关市“八大产业”发展调研报告》等8项重点课题调研报告，并上报市委、市政府，供市领导决策参考。

【研究制订政策措施】 组织制订《韶关市主动融入珠三角实现加快发展行动计划（2015－2018年）》《关于加快项目建设稳定投资增长的通知》《韶关市政府和社会资本合作项目指导意见》等多项政策文件。组织制定《2015年县（市、区）经济社会科学发展考核实施方案》，由市委办、市政府办印发实施。

【加快在建重点项目建设】 建立健全市领导挂点联系重点项目和地方、部门分工负责制度、重点项目建设调度和督查督办联席会议制度，开展“项目调度周”活动，加快重点项目建设。2015年全市重点建设项目完成投资324.3亿元，占全市固定资产投资的比例达46.2%，比2014年提高3.9个百分点。列入省重点的项目完成投资139亿元，超额完成年度计划。

【推进重大项目前期工作】 争取国家和省核准广东国粤韶关煤矸石综合利用发电项目、华电（南雄）热电联产项目、北江航道扩能升级工程乌石到北江段工程、南水水库供水工程等项目以及南雄犁牛坪等5个风电场项目，增强市发展后劲。其中，能源项目获得核准的装机容量达174万千瓦、总投资约91亿元。韶冶环保搬迁项目已获得省政府批复同意搬迁到始兴县；韶关丹霞山机场项目可行性研究报告和飞行程序设计已接近完成，省机场集团已成立韶关机场筹建办，并进驻韶关办公。

【争取上级资源有新突破】 立足新常态，加强对国家投资政策的研究，对照国家政策研究策划投资项目，储备一大批产业发展、城市建设、民生保障、生态建设等领域的项目。加强同上级部门沟通汇报，争取国家和省的支持，全年争取中央和省政策性资金20.6亿元，为历年来最多。通过国家发改委等部委组织的资源枯竭城市转型成效中期评估，国家发改委等部门同意韶关延续享受资源枯竭城市转型优惠政策，2015年国家给予市资源枯竭转型补助3.86亿元，已累计安排市补助资金18亿元。争取生态文明政策和资金支持。2015年市7个县（市）共获得中央和省财政生态补偿资金4.5亿元。组织翁源县、新丰县争取纳入国家重点生态县，争取更多的生态补偿，申报材料已上报国家发改委。争取省级水利专项资金支持，2015 年争取省级水利专项资金 3.2 亿元，重点开展中小河流治理。争取保障性住房资金支持，2015 年争取保障性安居工程资金 7.22 亿元，缓解保障性安居工程建设资金压力。争取省振兴粤东西北股权基金 9.3 亿元全部放款，推动芙蓉新区建设。

【推进八大产业培育发展】 争取省批准建设珠江西岸先进装备制造产业带韶关配套区，享受省扶持珠江西岸先进装备制造产业带发展的政策。比亚迪电动叉车、韶钢特殊钢项目已初现经济效益。培育新材料、新能源等战略性新兴产业，新丰稀土分离厂项目加快建设，超额完成年度投资计划。南雄、翁源等地新引进一批有机涂料项目。省发改委新核准 5 个风电场项目，装机容量 25 万千瓦，其中乳源大布（一期）、南雄犁牛坪风电项目动工建设。新丰生物质发电项目前期工作推进。以旅游、商贸物流重点项目建设为抓手，促进现代服务业加快发展，18 个旅游重点项目完成投资 28 亿元，其中，浈江区明弘生态园、乳源银山南岭温泉度假村综合开发等 10 个项目完成投资超亿元；鑫金汇建材家具广场、南雄市建材五金综合大市场等重大商贸物流项目已初步建成。

【推进改革创新】 开展投融资体制改革，制定《关于加强政府和社会资本合作项目管理的指导意见》，指导规范全市 PPP 项目建设。推动建立 PPP 项目库，做好项目储备工作，入库项目共 107 项。制定出台《韶关市全面推进公务用车制度改革总体方案》和《韶关市市直机关公务用车制度改革实施方案》，从 2015 年 10 月起实施，完成全市各级机关公务用车制度改革。推进社会信用体系建设，制定《韶关市社会信用体系建设规划（2014—2020 年）》和《2015 年韶关市社会信用体系建设工作要点》，建立“红黑榜”信用信息发布制度，定期发布信用信息，促进全社会诚信建设。

【推进生态文明建设】 按照市政府印发的《2015 年韶关市国家生态文明先行示范区建设工作要点》，推进国家生态文明先行示范区建设，着力推进节能减排和生态工程建设。推进碳普惠制试点工作，编制《韶关市碳普惠制－林业碳汇试点工作实施方案》，通过省发改委组织的专家评审。推动新能源汽车示范应用，制定印发《韶关市购置新能源汽车补贴实施细则》，2015 年新增推广应用新能源汽车 233 辆，累计达到 1024 辆。

【开展价格调控监管】 运用价格政策促进经济发展，落实稻谷、小麦收购价格等涉农价格政策，促进农业产业调整和农民增收。争取和落实电价政策，从 2015 年 4 月 20 日起，降低大工业用电和一般工商业用电价格，每千瓦时统一降低 1.69 分（含税），每年为企业减负约 1.5 亿元。落实清费减负价费政策。取消、停征、免征和降低 49 项国家设立的行政事业性收费和堤围费收费标准，减轻市本级企业（含中省企业）7500 多万元。规范价格和收费行为，建立韶关市区居民阶梯水价和阶梯气价制度，开展教育收费、涉企收费和商业银行收费专项检查和节日期间旅游市场价格巡查。深化价格改革，放开具备市场竞争条件的商品和服务价格，放开、取消或下放 62 项政府定价，政府列管定价项目仅保留 12 种 65 项，主要限定在重要公用事业、公益性服务和网络型自然垄断环节三大领域。出台公立医院改革相关政策，推进建立市分级诊疗制度试点工作。

【保障全市粮食安全】 市政府和各县（市）政府落实粮食安全政府责任制，确保韶关市粮食总量平衡和粮食安全。落实粮食风险基金、粮食播种面积和粮食储备规模，通过省政府对韶关市落实粮食安全责任制的考核，本届政府考核综合排名全省第二位。2015 年省政府下达韶关市新增粮食储备任务 10 万吨，其中要求 2015 年落实 40% 以上，市政府制定落实新增粮食储备任务的工作方案，分解下达新增储备任务，完成 2015 年新增粮食储备任务。加强粮食流通监管，开展全市粮食库存检查、安全生产检查、粮食仓储设施、夏粮收购专项调查工作。加强粮食市场宏观调控，推进粮食安全区域合作和政企合作，市粮食部门与江西、湖南多个地市建立粮食购销合作关系；与韶关市 13 家粮食经营企业签订《粮食应急保险协议》。在全省率先制定《韶关市军粮供应保障廉政风险防控机制》，全年军粮供应平稳安全。

（赖卫红）

统　计

【机构概况】 韶关市统计局是市人民政府工作部门，是负责全市统计工作规划，组织实施统计调查，提供统计资料，实行统计监督的职能机构。内设 8 个职能科室。有局长 1 名，副局长 2 名，纪检组长 1 名，科长 7 名，副科长 3 名。管理隶属正科级参照公务员管理事业单位——市统计普查中心（加挂韶关市社情民意调查中心、韶关市统计数据管理中心牌子）。市统计局行政编制 30 人，后勤服务人员数 2 名，实有 28 人；统计普查中心事业编制 9 人，实有 5 人。2015 年，全市统计工作主动适应经济发展新常态，围绕加快小康建设步伐，发挥统计职能作用。

【统计服务】 超前谋划，开展 2015 年经济增长潜力调研；超前预判，测算市、县和行业全年经济增长可能实现的目标，由市政府下发各行业主管部门和县（市、区）抓落实；加强监测，出台加强经济运行监测措施，建立与 100 个重点企业及投资项目统计信息联系制度，及时整理，形成精细化经济运行情况汇报，报市党政主要领导、市有关部门及县（市、区）党政主要领导；加强预警分析，围绕经济运行中的突出问题和党政领导的关注点，加强统计分析研判。市局全年共撰写统计信息、分析 95 篇，多篇统计分析信息受到市主要领导的批示和肯定。加强统计调研。相继开展旅游服务业对经济增长贡献调研、在建工业项目投产情况调研、免征乳源企业所得税地方部分对批发业发展调研等。

【部门联动】 注重加强与行业主管部门的经常性联系沟通，合力推进部门统计工作。与市发改局共同推进固定资产投资统计改革试点工作；与经信局共同调研、研判工业生产形势；与旅游局、食药监局、商务局就全市住宿餐饮业、旅游服务业、商贸等进行联合调研；与住建局共商如何加强和完善房地产统计工作；与市工商局、旅游局、文广新局共商其他营利性服务业统计工作；与科技局共同抓好R&D统计工作；与农业局联合举办两期镇（街）统计业务培训班。

【小康监测】 起草《2014年韶关市全面建成小康社会进程监测汇报》，并多次组织相关部门进行修改完善。市政府常务会议和市委常委会先后听取局的专题汇报，审议并原则同意《2014年韶关市全面建成小康社会进程监测汇报》，印发县（市、区）、部门实施。

【统计调查和改革】 完成1%人口抽样调查。首次采用联网直报和手持电子终端，完成639个小区、4.9万户、17.1万人调查，为了解第六次全国人口普查（2010年）后韶关市人口总量和结构、城镇化水平等提供数据。启动第三次全国农业普查准备工作。成立韶关市第三次全国农业普查领导小组，县（市、区）普查机构的组建工作基本完成。完成工业成本费用、外向型工业企业生产经营情况、规模以上工业企业减量、企业创新等调查工作；开展第三方交易平台和网络销售统计，做好大型购物中心试报工作；完成规模以上服务企业联网直报和乡镇农业统计网上直报改革；开展5000万元以上在建项目法人单位审核确认工作；开展电子商务统计工作；完善芙蓉新区统计制度。

【统计基层基础建设】 开展“统计基层基础年”建设，建立镇（街）统计基础工作规范化建设评价机制；召开全市基层统计基础建设现场会，树立典型，交流经验；举办镇（街）和新增工业企业统计员培训班，提高基层统计人员业务水平。对20个镇（街）统计规范化建设情况进行检查，通报检查结果。县级统计工作规范化明显提高，镇（街）统计“五有六化”要求得到贯彻落实。开展统计人员持证上岗清查工作，督促没有统计从业资格证的镇（街）和“四上”企业统计人员参加统计从业资格考试，市参加统计从业资格考试人员749人、同比增长27.7%。开展统计执法检查，共检查545个企业，查处统计违法案件7宗，营造依法统计社会氛围。

（卓悦灵）

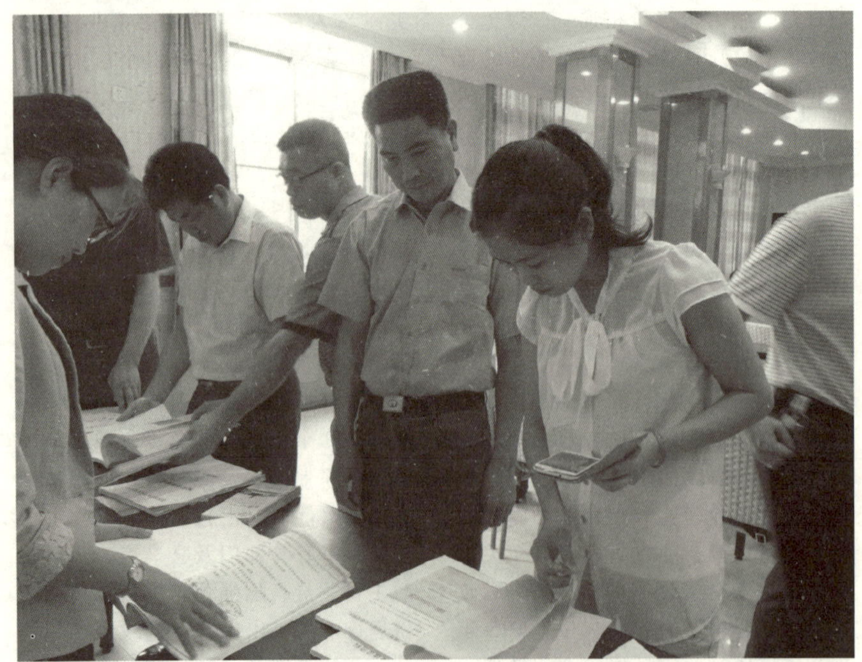

2015年5月17—18日，韶关市统计局召开全市统计基层基础建设工作部署会议，与会人员现场观摩南雄局、湖口镇的各项详细考核材料（卓悦灵 摄）

审 计

【概况】 韶关市审计局，为韶关市人民政府工作部门，其职责为对经济责任、预算执行、财政决算和财政资金使用效益、关系国计民生的社会保障、医疗卫生、教育、政府重大投资、农业等重点资金的审计。内设办公室（计算机审计室）、法规审理科等8个科室。机关行政编制42名，其中：局长1名、副局长3名，纪检组长1名，总审计师1名；正副科级领导职数18名。后勤服务人员数5名。2015年韶关市审计局完成审计项目71个，审计查出主要问题金额461313万元，其中管理不规范金额461050万元；审计发现侵害人民利益金额1410万元；审计提出建议201条，被采纳审计建议168条；提交专题或综合性报告和信息简报84篇，被批示采用19篇。

【稳增长政策措施落实情况的跟踪审计】 针对韶关经济社会发展中“发展不足”、“落实不足”等问题，重点围绕“三大抓手”、工业经济、三产回升、招商引资、重点项目等方面的工作任务落实，突出促进重大建设项目加速推进、财政资金统筹使用、重大政策贯彻落实、简政放权、防范经济领域风险隐患、跟踪审计发现问题整改情况等六大方面的审计重点，重点选取保利商业综合体、东莞韶关产业转移工业园、新雪域农产品（冷链）物流园、东环片区市政基础设施建设、中小河流治理等具有重要性和代表性的关键项目，深入相关部门和项目建设一线，了解项目建设全过程、各环节的具体情况，查找阻碍重大政策落实的节点；加强研究分析，注重工作时效，研究审计中发现的问题，分析问题产生的深层次原因，提出解决方案；客观反映情况，慎重作出评价，揭示和反映一些部门和单位不作为、慢作为、乱作为的现象，对存在问题拒不整改的部门单位和个人，建议市委、市政府予以处理。及时报告，在上报市委、市政府的五个专题报告中，市委、市政府主要领导对保利商业综合体重点项目、东莞韶关产业转移工业园、新雪域农产品（冷链）物流园、东环片区市政基础设施建设等四个专题报告作重要批示，对市审计局的做法和成果给予肯定，责成相关单位加强工作力度，落实整改，并列入市委、市政府督办事项，为韶关市主动融入珠三角加快发展、实现“保九争十”增长目标提供服务保障，促进韶关经济平稳运行、健康发展和转型升级。

【财政预算执行审计】 市审计局完成市本级财政预算执行审计，对安全生产监督管理、城市综合管理、住房和城乡建设、民政、人防办、编办、外事侨务等部门预算执行审计，重点关注本级政府财政和各预算执行部门的财政性资金的使用效率情况。通过审计，摸清财政资金的存量、增量，促进减少财政资金沉淀，盘活存量资金，推进国库支付、财政专户、结存结余等财政资金的规范管理，以及政策措施落实到位，提高财政资金合理配置和高效使用，为政府决策提供科学依据，促使有关部门将有限的资金集中用于稳增长、调结构、惠民生的重点领域和关键环节。

【系统全覆盖审计】 探索审计全覆盖的路子和方法，以行业系统为审计对象，对市安全生产监督管理系统、市农业系统、市水务系统等进行机关本部及下属二级单位全覆盖试点审计。从宏观角度，了解安监、农业、水务等行业系统财务整体运行情况，揭示其带有普遍性、倾向性、宏观性方面的主要问题和不足。从微观角度，揭示出行业系统内各部门单位存在的问题。并提出有针对性、前瞻性的审计建议，以促进行业系统规范财经秩序，提高财务管理水平。

【经济责任审计】 深化党政部门和单位主要领导干部经济责任审计，重点加强对掌握重要经济决策权、执行权、管理权和监督权的关键岗位，以及管理重点项目、使用重点资金的20个部门和领导干部的经济责任审计，帮助各单位加强内部财务管理。根据市委市政府工作部署，重点推进乡镇（街道）党政主要领导干部经济责任异地同步审计工作，由韶关市经济责任审计工作领导小组统一组织，实行统一计划、统一委托、统一方案、统一组织、统一管理、统一报告的“六统一”审计组织方式，统筹全市审计力量及利用社会审计力量采用上审下、异地交叉审；创新组织管理模式，选择浈江区犁市镇作为试点审计，为开展审计工作提供经验；实行局领导分片联系、5天1报制度，及时指导解决审计过程中遇到的问题，提出下一阶段的工作要求，确保审计质量；加强审计结果利用，出具综合审计报告报市委市政府，对审计发现乡镇普遍存在的问题进行原因分析并提出加强对韶关市乡镇（街道）党政主要领导干部的管理和监督，健全权力制约和监督机制等建议。对审计中发现的案件线索103条、疑点线索22条移交纪委监察部门处理。2015年韶关市审计局完成经济责任审计项目50个，审计查出主要问题金额239600万元，依法提出审计建议161条，采纳审计建议131条。根据广东省审计厅的统一部署，韶关市审计局完成对佛山南海区委书记、区长任期经济责任同步审计。

【民生资金和民生项目审计】 组织全市审计机关对韶关市2014年、2015年城镇保障性安居工程的投资、建设、分配、运营等情况进行审计，重点关注保障性住房的分配和管理。通过审计，摸清城镇保障性安居工程保障情况、目标任务完成情况、资金筹集使用情况，规范保障性住房建设资金管理，加强保障性住房基础管理工作，提升保障性住房房源配租使用效率。韶关市审计局完成2013年至2015年试行年票制车辆通行费收支管理情况审计调查。

【党政交办重要审计事项】 围绕政府投资项目管理，韶关市审计局完成赣韶铁路韶关段征拆经费使用情况审计，通过分析，提出加强建设项目征地拆迁结转资金的管理，制定全市规范统一的征地拆迁资金管理办法，执行征地拆迁政策，减少政策执行的随意性等建议。开展对韶关市第二技师学院一体化教学大楼建设工程竣工决算审计、韶关市广播电视台财务收支情况审计、韶关市旅游局近两年财务收支、韶关市国家森林管理处财务收支及土地管理、韶关市属3家幼儿园财政财务收支审计、韶关市公共汽车有限公司2013年与2014年资产负债损益审计，为市委市政府加强管理和科学决策提供依据。 （徐望雄）

工商行政管理

【机构概况】 2015年韶关工商系统完成从省以下垂直管理到以地方为主分级管理的体制调整。调整后，市工商局维持11个内设机构不变，下辖2个直属行政单位（工业园区分局、经济检查支队），管理2个事业单位（韶关市消委会、12315投诉举报中心），代管2个社团组织（韶关市个体劳动者协会、韶关市私营企业协会）。市本级编制151个，在职人数144人，离退休78人；在职人员中党员119名，本科以上学历76.58%，平均年龄43.96岁。2015年，全市工商系统继续深化商事制度改革，探索事中事后监管，服务韶关振兴发展，各项工作取得新的成绩。韶关市工商局被评为2015年度全国工商行政管理系统政务信息工作先进单位，市工商局登记窗口连续多次被市行政服务中心评为优秀窗口，并获得“广东省巾帼文明岗”称号。

【商事登记改革】 全系统执行省局登记前置和前置改后置审批事项“两个目录”和《关于进一步加强对“两个目录”执行和管理工作的通知》，落实注册资本认缴登记制和韶关市住所（登记场所）管理规定，降低工商登记准入门槛，持续激发市场活力，促进大众创业、万众创新。截至12月底，全市有各类市场主体13.37万户，注册资本（金）1072.38亿元，同比分别增长8.72%和23.84%。全年新登记各类市场主体2.04万户，其中，新登记企业3192户，同比增长9.32%。引导个体工商户转型升级为企业80户，注册资本8884万元。登记家庭农场398户，办理股权出质登记205宗、抵押登记321宗，分别帮助企业融资65.47亿元和28.86亿元。2015年9月1日，与省同步实施“三证合一、一照一码”登记模式，实现程序便利化，进一步优化营商环境。2015年9－12月，全市共向3994户企业发出“一照一码”营业执照。

【强化商事改革后续监管】 落实广东省市场主体或经营场所许可经营项目“两个监管清单”，与市编办联合拟定、市政府印发《韶关市商事制度改革后续监管实施方案》，进一步明晰部门监管职责，落实部门监管责任，完善协同监管机制。开展信用监管工作，落实年报制度和即时信息公示制度。至2015年年底，全市有16.70万户次市场主体报送年度报告，韶关市2013、2014年度的企业年报率为90.61%、89.83%，分别居全省23个考核单位的第9位及第7位。有5994户次企业公示股权变动、行政许可和行政处罚等即时信息。开展企业报送即时信息公示情况的抽查工作，分3批次共抽取韶关市853户企业名单。落实异常经营名录制度，全市有3.16万户次市场主体因不按规定公示年报信息或无法联系住所被列入经营异常名录。实施信用修复制度，鼓励企业重塑信用，有935户次企业改正违法行为后申请移出异常名录。

【韶关颁发首份“三证合一”营业执照】 根据省政府的统一部署，从9月1日日起，在新设立企业、变更企业中实施“三证合一”登记制度，实行“一照一码”登记模式。“三证合一”是指通过“一窗受理、互联互通、信息共享”，将企业登记时依次申请，分别由工商行政管理部门核发工商营业执照、质量技术监督部门核发组织机构代码证、税务部门（包括国税和地税部门）核发税务登记证，并分别编号，改为一次申请，由工商行政管理部门核发一个加载法人和其他组织统一社会信用代码的营业执照。实行改革后，企业的组织机构代码证和税务登记证不再发放。企业原需要使用组织机构代码证、税务登记证办理相关事务的，一律改为使用“三证合一、一照一码”改革后的营业执照办理。9月1日，在市行政服务中心的工商局办事窗口正式发出第一张“三证合一、一照一码”工商营业执照，韶关市与省同步实施“三证合一”登记制度改革。副市长许志新参加发证仪式。在发证现场，由许志新及工商局工作人员为韶关市的一家内资企业和一家外资企业分别发放两种类型领域内的第一张“三证合一、一照一码”工商营业执照。此项改革将给申请人带来四大便利。“一窗办理”，过去企业办理“三证”，需要跑三到四个业务窗口依次办理。改革后，企业只须到工商登记窗口或当地政府设立的综合服务窗口办理即可。“一表登记”，改革前，申请人需要填写多份表格。改革后，按照企业不重复填报登记申请文书的原则，依法梳理申请事项，统一明确申请条件，整合简化文书规范，只需填写一套表格，实行“一表登记”。“一套材料”，改革前，申请人需准备多套材料，改革后，无需重复提交材料，只需提交“一套材料”即可。办照时限大为缩短，原来办完营业执照、组织机构代码证、税务登记证平均约需1个月左右。改革后，平均3个工作日就拿到“一照一码”营业执照。在过渡期内（2017年底前），未换发的证照可继续使用。过渡期结束后，一律使用加载统一代码的营业执照办理相关业务，未换发的营业证照不再有效。

2015年9月1日，韶关市工商局颁发首份“三证合一”营业执照，韶关市与省同步实施“三证合一”登记制度改革（文　军　摄）

【两建工作】 履行全市“两建”（社会信用体系建设和市场监管体系建设）工作统筹协调职责，落实《韶关市市场监管体系建设规划（2012—2016）》，加强市场监管法制体系建设，推动《韶关市区户外广告和招牌设置管理规定》由市政府审议通过并发布实施。

【市场主体监督管理】 推进重要领域监管，组织开展查处无照经营行为、重点领域虚假违法广告和户外医疗广告、校园周边电子烟以及箱包皮具、汽车配件类生活用品等专项检查行动；抓好农资市场、车用燃油市场专项整治；落实防控禽流感、商品网络交易监管工作职责；开展安全生产监管、打私、“扫黄打非”“禁毒”、平安市场创建等工作。强化市场监管执法，全市工商系统全年查处各类经济违法案件530宗，罚没入库255.27万元。

【商标管理】 配合省工商局开展广东省著名商标认定职能转移评估调研工作，规范商标代理机构的商标代理行为。开展商标行政指导，帮助农民专业合作社发展特色农业，创建专业乡镇和农业品牌。联合开展知识产权宣传周活动，在市区全民健身广场现场派发宣传资料3200余份，为群众展示侵权商品，并就如何辨别假冒伪劣商品现场讲解。加强对商标专用权的监管和保护，开展农村和城乡结合部市场假冒伪劣专项整治行动、车用燃油专项整治、保护“赣南脐橙及图”地理标志注册商标和“松板”注册商标专用权等一系列工作，打击侵犯注册商标专用权行为。全市查处商标侵权案64宗，案值42.17万元，罚没49.48万元，没收侵犯“五粮液”“旺仔”“壳牌”等商标的商品2026件。查处“将驰名商标字样用于商业活动”的商标违法案件1宗，罚款10万元。完善商标资源信息库，协助著名商标认定工作，提供跟踪服务，全市著名商标累计27件。

【广告管理】 通过现场讲解、发放宣传资料、举办培训班等形式进行新《广告法》宣传培训。深入房地产开发企业进行走访，指导企业学习广告法，规范房地产广告发布行为。进驻市行政服务中心窗口受理跨区户外广告登记，方便群众办事。参与“扶持广告业发展推荐项目库”申报工作，韶关市推荐入选“扶持广告业发展推荐项目库”共12项，并对部分推荐项目调研，及时跟踪项目进展情况。依托国家广告数据中心，加强广告监测，共监测媒体广告6.17万条次，涉嫌违法广告63条次，违法率为0.10%。落实广告监管联席会议制度，组织开展重点领域虚假违法广告专项整治行动，查处案件53宗，罚没31.73万元。

【打击传销工作】 开展创建无传销城市工作，联合公安部门共清查窝点53个，解救21人，抓获涉嫌传销人员321人，其中刑拘40人，判决7人，遣散274人。提升查处传销案件能力，成功查处2个律师事务所违法为加入“亮碧思”传销组织人员提供授权委托案，罚没款42.1万元。

【消费者权益保护】 加大消费维权体系建设，推动12345平台走上正轨运行。与韶关仲裁委员会联手成立消费争议仲裁中心，新增消费维权服务站8个。加强对12315诉求筛查，排查重大案件违法线索，推进“诉转案”工作。开展《新消法》宣传活动。在《韶城一周》开设315专版，在红盾信息网12315执法维权专栏上发布消费提示24篇。开展2014年度“消费维权之星”评选和2015年知识产权宣传周活动，举办“3·15”大型现场宣传咨询活动暨2015年度韶关市“行业十大诚信单位”展示会，开展本地品牌茶叶商品的抽样送检比较试验工作，提升消费维权效能。市12315中心和各级消委会全年共受理消费咨询、投诉、举报1607件，为消费者挽回经济损失173.17万元。（胡海英）

质量技术监督

【概况】 韶关市最新“三定”方案（韶府办〔2015〕47号）出台后，韶关市质量技术监督局内设机构共计11个。市局还代管韶关市质量计量监督检测所、韶关市特种设备检测所2个事业单位。2015年，全市在特种设备安全监察、质量安全、执法打假、行业标准化项目建设、民生计量和公共检测站建设等方面取得实效。从严从实贯彻落实惠企政策，是年全市系统在产品质量监督抽查、特种设备检验检测、计量器具强制检定费等方面的涉企免征金额已达1726.54万元，减轻企业负担，优化经济发展环境。

2015年8月21日，副市长许志新（右二）在市质监局局长车万里（右一）的陪同下检查指导安全生产工作（市质监局 供）

【质量强市创建】 牵头协调质量强市工作领导小组成员单位按时提交有关佐证材料，完成省质量强省办的实地核查，被评定为“B级”等次。继续推进地理标志产品保护工作，韶关市申报的“始兴石斛”于8月中旬通过国家地理标志产品保护专家评审。截至年底，全市地理标志保护产品已达15个（含已通过质检总局专家组审查，尚待公告的“罗坑茶”），名列全省前茅。帮扶企业争创名牌，对市13家企业17个产品作为新申报项目和3家企业7个产品作为复评项目向省名推委推荐2015年广东省名牌产品（工业类）的目录。

【特种设备安全监察】 开展各类特种设备专项整治行动，全年共出动检查人员2624人次，检查特种设备相关单位1106家，施工现场71个，检查特种设备3301台（套），发出《特种设备安全监察指令书》129份，排查安全隐患667台，整改率98.8%。继续推进电梯安全监管改革，全市4919台在用电梯，4132台电梯投保电梯事故责任保险（占79.00%），以保险为主体的社会救助和监督机制初步形成。

【重点产品质量安全】 全年共完成监督抽查企业130家160个批次，合格147批次，批次合格率为91.88%。派员参加省局对6家企业生产许可证现场审核工作，完成对38家企业的工业产品生产许可证年审及1家获证停产企业的现场确认，从源头上把好产品质量关。

【执法打假】 围绕民生热点问题开展“质检利剑”行动，开展农资产品、建材、儿童用品等专项执法行动，查处各类质量违法行为。推动《省打假责任制规定》的落实，牵头组织各打假职能部门开展打假行动。全市打假职能部门共出动打假执法人员67961人次；检查生产、经销单位（市场、点）308177家（个）；立案475宗；查处大要案3宗；查处涉嫌假冒伪劣商品货值933.92万元，抓获违法嫌疑人9名，遏制制假售假违法行为。

【技术标准战略】 加大对实施技术标准战略的宣传力度，紧抓重点区域、行业和骨干企业推进标准化项目的实施，逐步形成政府组织推动、社会参与、企业主体落实的局面。推动东阳光、韶钢、韶冶等骨干企业争取省地方标准立项工作，宣传和推动先进产业制定联盟标准，提高本地企业竞争力。协同市旅游局多次深入丹霞山景区和南岭国家森林公园指导推动旅游龙头企业开展先进标准体系建设，帮扶丹霞山景区获得全国旅游标准化试点中期评估肯定。

【民生计量】 完成2015年集贸市场与基层医疗卫生单位计量器具免费检定工作。全市共免费检定强检计量器具24466台/件，免收检定费用130万元。依法开展机动车安检机构监督管理工作。配合国家质检总局派出的专家组对韶关市2家机动车安检站进行现场监督检查，并督促其做好有关整改工作。

【公共检测站建设】 “国检中心”和省站建设工作进展顺利。检测大楼已完成主体土建及装修工程、高低压供配电工程、消防自动喷淋（报警）工程、大堂装饰和围墙改建等工程，已具备58个产品、156个参数（含建筑钢材）的检测资质。南雄日用精细化工产品检验站已竣工交付使用并通过省局资质认证。 （柯　敏）

海　关

【概况】 韶关海关于1987年9月经国务院批准成立，并依照《中华人民共和国海关法》和其他有关法律、行政法规，监管进出境运输工具、货物和其他物品，征收关税和其他税、费，查缉走私，编制海关统计和办理其他海关业务。单位为正处级单位，人员编制48人，有在编干部职工43人，关内设6个科室。韶关海关缉私分局（正处级）于1999年6月成立，局内设3个科室，人员编制为25人，有干警8人。韶关海关关区面积1.85万平方公里，辖下企业370家，有南郊港澳进出境货运车辆检查场、码头监管点等监管现场。由于辖下的企业不多且分散，同时因地处内陆，与边境口岸间交通运输路程较远，业务主要集中在陆路、水路运输货物监管和加工贸易监管，而税源商品则主要是铁矿砂。

2015年9月10日，翁源县龙仙镇良洞村委代表向市质监局局长车万里（左）赠送锦旗，感谢市质监局的扶贫工作（市质监局　供）

【税收征管】 该关深刻认识税收工作的重要性和严峻性，尽责担当，依法治税，确保税收应收尽收。做好总体税收情况及异地纳税情况月度跟踪工作，在接单审核环节加强对重点商品的价格、归类、原产地等的审核力度。2015年，实现税收入库7.06亿元，同比下降21.7%，但仍然完成调整后的预算目标。

【通关监管】 该关通过组织召开“优化布控查验工作会议”，推动优化布控查验工作开展，提高布控查验的精准性和针对性，确保监管到位。2015年，该关共监管进出境货物854.8万吨，同比增长10.1%；货值10.8亿美元，同比下降11.6%；监管集装箱16553万个，同比增长26.5%；监管运输工具1451辆次，同比下降74.7%。剔除通关一体化报关单，查验率为3.65%、查获率为17.19%。重点完成南郊港澳进出境货运车辆检查场的整改升级工作，软硬件保障水平得到提升。推进口岸查验配套服务费试点工作，进展顺利，查验正常报关单28份，免除查验配套服务费用19660元，惠及企业16家。

【加工贸易进出口服务】 该关在保障和服务好关区重点加工贸易企业的同时，依托产业集聚优势，优先支持发展关区保税监管场所建设，推动保税物流的发展。2015年，加工贸易进出口总值15.4亿美元，其中，实际进出口8.0亿美元，同比增长5.4%。手册及时报核率、及时结案率均为100%。关区“出口监管仓”“公用保税仓”进出仓货值5810.8万美元，同比增长25.14%，效益明显。

【缉私工作】 该关保持打私高压态势，突出打击重点，提高情报研判能力，各部门共同参与，开展“五大战役”（重点针对农产品、重点涉税商品、毒品枪支、濒危动植物、“洋垃圾”走私重点）、“以打促税”（以打击震慑走私犯罪、以优质服务拓展税基、以税收监控查漏补缺）百日攻坚（100天拿下艰巨的工程、完成艰巨的任务）等专项行动，深化反走私综合治理工作，提升缉私专业执法和综合整治能力。加强与市、区、镇党政的联系配合，建立关区反走私综合治理长效机制，发挥地方政府的反走私基础作用。强化与地方政法委、外经局及公检法等部门的沟通协调节，形成打、防、控、管相结合的反走私闭合链条。2015年，立违规案件6宗（其中自侦案件1宗），案值1430余万元，涉税150余万元；协办案件15宗；罚没入库35.4万元，补税104.37万元。

1月12日，广州海关与韶关市人民政府签署合作备忘录（古 斌 摄）

【服务地方经济】 2015年，该关坚持主动与地方政府寻求工作对接，“量身定制”支持地区经济发展的相关措施。2015年共向市委市政府报送各类报告、工作建议近20份，得到韶关市领导的肯定。市委市政府将海关的多项建议融入具体工作部署中，该关的主动作为成为推动地区发展的强势力量。主动作为，稳定韶关外贸增长态势。通过合作努力，2015年韶关市实现外贸总值149亿元，同比上升3.1%，创下历史新高，其中，出口增幅在全省排名第3位。强化对重点项目的跟踪支持，参与韶关物流布局的整体规划，引导和扶持韶关打造以“无水港”和“保税园区”为依托的开放式区域物流枢纽。深化关县合作配合机制，支持县域重点项目和产业的建设发展，以点对点、以点带面服务方式促进县域经济发展。做好以莞韶工业园为主的6个园区的开放型经济发展的服务工作，帮助园区企业用足用好海关扶持政策。

（申华帅）

出入境检验检疫

【机构概况】 韶关出入境检验检疫局组建于1999年11月，为中央驻韶单位，隶属于广东出入境检验检疫局，内设10个科室和1个事业单位，在编干部职工41人，负责韶关辖区的进出口商品检验、鉴定、认证和检验监管；进出境动植物检疫；进出境卫生检疫和进出口食品安全监督等职能。内设6个专业实验室。2015年，韶关检验检疫局主动践行“保国为民、敢为人先”的广东检验检疫精神，坚持“抓质量、保安全、促发展、强质检”方针，推进业务综合改革，在保障国门安全和服务韶关外贸经济发展等方面取得一定成效。

【出入境检疫完成情况】 2015年1－12月，韶关检验检疫局共完成出入境检验检疫2.93万批、货值5.1亿美元，同比下降6.2%和0.14%；检出不合格货物64批次、货值439万美元，同比下降43.8%和增长10.8%；发现动植物疫情33种、125批次，比上年增长26.9%和400%；签发产地证4902份，签证金额1.95亿美元，同比增长34%和51%；继续执行减免出境法检费用规定，应收出入境检验检疫费324.14万元，实收30.81万元，减免法检出境费用293.33万元；检验检疫进出境集装箱13774个（标箱）；健康检查113人次。

【韶关局确保首批进口废物原料顺利通关】 1月，一批来自香港的废物原料经韶关局检验合格顺利通关。该批货物共计137吨、货值66万港币，这是韶关新港码头复航以来，韶关口岸首次进口此类产品。韶关局指导韶关新港港务部门做好口岸检验检疫场所建设，为进口废物原料配备废物原料检验检疫专用监管仓库、专用查验场地和卫生处理场地等。货物到港后，局领导前往检验检疫一线督导现场查验工作。按照相关规定和标准，对所有货物实施卫生处理，对7个货柜实施开箱及掏箱查验。韶关局与海关、口岸局、口岸经营单位沟通联系，提高查验通关效率，在最短的时间内出具《入境货物通关单》，完成首批进口废物原料法定的检验检疫通关工作。

【检验检疫宣传活动开展】 6月16日，韶关局紧扣“尚德守法、提升食品安全法治化水平”宣传主题，组织参与全市食品安全宣传周现场宣传咨询活动。韶关局与韶关市有关职能部门一起，在市百年东街广场进行食品安全周“进口食品安全社区行”宣传活动，向群众宣传食品安全法律法规及食品安全风险知识，展示进口食品安全工作成效，宣传检验检疫部门监管职责。共发放宣传单和宣传手册500多份，咨询群众有200多人次。韶关局于26日开展食品检测实验室开放参观活动。通过开展宣传活动，促进消费者对进口食品安全知识的深入了解。9月，韶关局在韶关国家森林公园门前，举行跨境电商动植物检疫专项普法宣传活动。市民询问跨境电商动植物检疫的相关问题，领导及工作人员都给予回答，得到市民的肯定。通过此次开展跨境电子商务动植物检疫安全宣传培训活动，使国门生物安全知识得到进一步普及。

【韶关局动植物检疫监管移动交互平台开通运行】 6月8日，“韶关局动植物检疫”微信公众服务号正式上线，标志着韶关局动植物检疫监管移动交互平台正式开通运行。该平台利用微信信息传播和互动方面的优势，构建形成以“一个平台、两个体系、三项服务”为内容的检疫监管新模式。“一个平台”包括一个以微信公众号为主的信息发布平台，若干个基于业务分类的微信群；“两个体系”包括以公众号为主的社会公众宣传和咨询体系，以微信群为主的企业监管和检企互通体系；“三项服务”是指信息发布服务，即时监管、速检速放服务和公众交流、检企互通服务。韶关局动植物检疫监管移动交互平台是韶关检验检疫部门和企业之间搭建的“沟通零距离”的交流平台，微信平台单方面发布信息改为双方的互联互动，集政务公开、业务指南、新闻宣传、即时监管等功能为一体，按照企业的行业类别开展信息分类定制的“点对点”服务。

【辖区企业首次获检验检疫信用管理AA级企业称号】 7月，国家质检总局公布全国第四批出入境检验检疫信用管理AA级企业名单，韶关镇泰（广东）工业有限公司、翁源县万成塑胶制品有限公司位列其中，这是韶关局辖区企业首次获此殊荣。检验检疫AA级是国家质检总局对诚信企业设置的最高信用等级。被评为AA级的进出口企业，除可以享受绿色通道、直通放行等通关便捷外，在办理进出口货物报检、备案、注册等手续，参加政府、社会各类评审评优活动等方面享有更加优惠的待遇。11月，韶关局为韶关镇泰（广东）工业有限公司、翁源县万成塑胶制品有限公司颁发出入境检验检疫信用管理AA级企业牌匾。

【扶持外贸企业发展】 扶持辖区外向型加工贸易企业发展。韶关检验检疫不断优化韶关公用型保税仓及出口监管仓的报检签证工作，执行更为便捷的报检签证程序，提高通关效率，降低企业运营成本。创新监管手段促进跨境电商等外贸新业态发展。参与广东局“智检综合业务管理系统”的优化和完善工作，为韶关跨境电商工作

2015年8月26日，韶关检验检疫局在始兴县万达工业（始兴）有限公司举办“2015年自贸协定原产地业务政策宣贯会”（韶关检验检疫局　供）

开展做好信息化及各项扶持工作。韶关局主动上门帮扶辖区茶叶生产企业开拓外销市场，6月25日，韶关局深入乐昌市九峰镇的乐昌沿溪山茶厂进行专题调研，给企业出谋划策。韶关检验检疫局围绕应对出口玩具国外贸易技术壁垒、香港《食物内除害剂残留规例》等强制性规定，提升检测技术能力。采取最便利的方式对企业进口的3C产品进行界定，帮助企业加快产品进口速度。及时向企业宣贯出口埃及、苏丹产品新要求，指导企业应对贸易技术壁垒。推进企业质量信用信息公开和信用分级分类管理，建立质量失信“黑名单”制度。加强进出口质量诚信企业推荐评选活动，强化信用管理对企业守法守信的推动作用，引导和培育更多优秀企业成为“中国质量诚信企业”，韶关辖区已有5家企业获此殊荣。

【服务辖区经济发展】 促进民族地区农产品扩大出口。辖区少数民族地区所有符合条件的农产品生产基地均取得备案、注册资格，农产品实现出口零的突破，辖区民族地区出口增长。落实广东自贸区发展政策。结合韶关实际，制定实施推广自贸区改革10项措施，紧跟自贸区发展步伐。为园区内进出口企业提出便捷服务新措施，助园区重点企业通过进口可用作原料的固体废物国内收货人注册登记备案现场审核，及时获得废物料进口资质。

【进口食品专项检查首次开展】 9月，韶关局联合市食药监局开展一次进口婴幼儿配方乳品、燕窝专项检查行动。执法人员对市区两家大型商场在售的进口婴幼儿配方乳品、燕窝相关认证信息进行核查。本次检查包括美赞臣、雅培等7个品牌14个品种，产地涉及荷兰、丹麦、爱尔兰等6个国家，检查内容主要是验证其是否来自于国家质检总局注册企业及预包装食品标签上是否如实标注境外生产企业注册编号等信息。从检查情况看，两家商场在售的进口婴幼儿配方乳品、燕窝总体情况较好，预包装食品标签上注册信息基本完整。但检查中也发现，个别国际知名品牌进口婴幼儿配方乳品存在注册信息不完善的问题。本次对进口食品开展专项检查行动是韶关局依托认证监管职能，主动开展市场监管的首次尝试，也为探索加强进口食品注册、认证信息市场监管积累宝贵的经验。

【韶关局政务网站改版正式上线】 根据国家质检总局、广东局的工作部署，韶关局紧抓政务网站建设管理不放松，10月已经完成政务网站改版工作，全新的韶关出入境检验检疫局政务网站已经正式上线。韶关局政务网站在广东局信息中心的指导下经过几个月的筹备，于2015年9月底正式上线。新的韶关局政务网由原来的以绿色为主色调，改为蓝色。采取大标题、大图片，使主题更突出。主要栏目包括：新闻资讯、信息公开、办事大厅、热点专题、在线办事、互动交流、工作风采等。在韶关局政务网上不仅能了解到韶关局日常政务工作动态，还能提供报检收费收据及费用查询等信息的基本实时数据。其中还设置业务咨询、投诉监管、网上调查、在线访谈等栏目，与市民群众和企业办事人员的互动性得到加强。

【招商引资工作有新举措】 11月上旬韶关局根据自身职能和韶关外经贸发展实际，制定出台《韶关局促进韶关招商引资工作十条措施》，在贯彻落实全市招商引资工作会议部署上走在前头，带好头，得到韶关市主要领导的签批表扬和省市主流媒体的聚焦推广。十条措施主要包括：建立班子成员分片工作联系机制、建立动植物检疫监管移动交互平台、实施检验检疫通关业务一体化、推进“三互”和“单一窗口”工作、服务港口经济发展、落实跨境电商检验检疫监管制度、加强外贸企业分类指导等。

【推进“三互”工作】 2015年6月30日，韶关检验检疫和韶关海关签署并正式实施《韶关海关韶关出入境检验检疫局“三互”（即信息互换、监管互认、执法互助）大通关合作机制》，在合作机制的框架内，深化海关通关监管和检验检疫机制、制度改革创新，逐步落实“三互”工作部署，推进韶关市“单一窗口”建设。

【韶关实现植物提取物产品首次入港】 2015年12月，韶关本地企业生产的植物提取物经查验合格后，顺利通关进入香港市场。该类产品的顺利供港，对扩大韶关民族地区农产品销售，带动地方经济发展具有积极的带动作用。由广东青云山药业有限公司生产并供港的这批植物提取物是通过以水为溶剂，将中药材浓缩提取成黄色颗粒，提取后附加值可以提升30%。此次入港产品包括女贞子、厚朴、甘草、仙鹤草等10个品种。该企业可提取的植物提取物品种100余种，均将用于中国香港及出口美国以及韩国市场。植物提取行业是近20年发展起来的，介于医药、精细化工、农业行业之间的一个边缘行业，其产品主要的使用方向涉及化妆品原料、动物饲料配方用原料等多个生活领域，在未来的发展中具备极好的应用前景。

【韶关局急事特办获得企业赞誉】 12月24日，韶关佳泓国际货代有限公司总经理刘素琼专程来到韶关局，将一面绣有“高效办实事，企业贴心人”的锦旗送到韶关局，感谢韶关局帮助企业解决出入境检验检疫业务难题。韶关佳泓国际货代有限公司12月9日拟申报2批共12个货柜从泰国进口的橡胶木方条，因公司业务人员对有关政策不熟悉，未能按照要求在口岸检验检疫局申报货物进口，直接用船转运到韶关新港码头。由于货物已经到达韶关，并且北江河段即将封航，无法及时往返南沙进行申报，企业求助韶关局解决。韶关局接到企业求助后，立即汇报上级、沟通南沙口岸局、掌握进口企业的业务详细情况，在确定符合检验检疫相关规定的前提下，韶关局相关科室在周末加班加点、急事特办，帮助企业完成报检、查验、检验检疫等相关工作，在封航期前为企业解决难题，受到企业的好评。

【通关一体化实现跨分支局“三通”业务】 在直属局范围内实施“通报、通检、通放”，简称“三通”，从而在受理报检、计收费、检验检疫监管、签证放行等业务全流程环节实现检验检疫一体化，为企业提供更大的便利。2015年在广东局召开通关工作会议后，局领导多次来到综合业务科报检前台一线指导通关一体化工作。综合业务科结合韶关辖区实际，选取两家进口企业做试点，经过多方协调配合，韶关局于2015年11月13日实现与番禺局的“通检”业务，又于11月18日实现与机场局的“通报”业务，实现跨分支局“三通”业务，使进口企业由原来的流向转单两次报检，简化为在口岸局一次报检，在目的地韶关局一次检验检疫放行，简化企业的报检流程，加快通关速度。

【安全风险监控】 开展农兽药残留监控、动物疫病的防控、食用农产品和饲料安全风险监控工作，开展外来有害生物监测。通过监控，在2个鱼肉样品中发现禁止检出的重点监控物质硫丹，从蔬菜（葱）样品中检出吡虫啉、氯虫苯甲酰氨两种杀虫剂超标，立即按照监控要求开展阳性样品的复检和处理工作，并将监控情况及时上报，按程序妥善处理超标情况。在全球疫情疫病防控形势严峻的新常态下，韶关检验检疫局重点紧抓埃博拉出血热、登革热、高致病性禽流感防控工作，防控措施得力、成效显著。2015年，韶关检验检疫局联合地方卫生部门启动联防联控机制，成功处置韶关市首例输入性登革热病例。（陈丽阳）

国土资源管理

【机构概况】 韶关市国土资源局为人民政府主管土地资源、矿产资源和测绘事业的工作部门。内设12个职能科室，派出机构有正科级单位浈江分局、武江分局、丹霞山执法监察大队，两区所辖乡镇国土资源所分别为两区国土资源分局的分支机构，实行垂直管理。下属单位为国土资源技术中心、矿产资源与地质环境监测中心。

【土地规划】 发挥土地利用总体规划的引导和调控作用，对全市上报的建设项目，实施规划审查。对重点项目、民生项目、基础设施建设以及招商引资项目提前介入选址，提供规划审查意见；对重点项目涉及土地利用总体规划修改的，加强指导和协调，力求尽快上报，及时取得批复。开展韶关市冶炼厂搬迁规划修改工作；完成南雄市、浈江区十里亭镇等使用土地利用总体规划有条件建设区有关工作；开展北江（韶关至乌石）航道扩能升级工程、南雄前岭风电项目、新疆煤制气外输管道等项目的用地预审工作。

【耕地保护】 制定《韶关市人民政府办公室关于加强耕地和基本农田后期管护加快推进耕地开垦改造的通知》，建立健全耕地保护工作机制。全市耕地保有量为23.0094万公顷，基本农田面积19.5330万公顷，均高于2020年耕地保有量（21.1482万公顷）和基本农田保护面积（18.6093万公顷）的目标。组织做好永久基本农田划定工作。推进高标准基本农田建设工作，全市经批准立项的建设项目累计219个，建设总规模7.23万公顷，2012至2014年度建设项目已竣工162个，面积5.89万公顷，占建设规模面积的81.47%。2015年度建设项目已全部进场施工，完成年度建设任务总工程量的25%。

【地籍管理】 完成年度土地变更调查以及农村集体土地所有权确权登记发证数据库调整更新成果备案工作，为土地利用规划、建设用地报批、耕地保护提供基础数据。做好日常土地登记发证工作，共完成土地登记发证5525宗。按照地形测绘、外业调查、数据库建设的要求，完成市辖浈江、武江区农村宅基地1：500地形测绘34.92平方公里，调查农户37742户、宅基地75329宗、宅基地面积628.45公顷，摸清市区农村宅基地家底。推进全市不动产统一登记工作，成立韶关市国土资源局不动产登记局，并于12月29日在南雄试点颁发韶关首批不动产权证书。

【土地利用】 2015年度使用2014年度指标395.4公顷，报批21个批次，全部取得用地批文；省下达用地指标864.7公顷，其中农用地763.5公顷。

南雄市作为全国不动产统一登记工作试点单位，在全省率先同时成立不动产登记局和不动产登记中心，在韶关市发出第一本不动产产权证书（市国土局　供）

全市完成报批36宗批次，面积413.4公顷，其中24宗批次已取得批文（含5宗省府或市府已批未缴费），面积202.3公顷；上报单独选址项目4宗，面积1622.3公顷。主要包括汕昆高速、武深高速等重点项目。全市正在开展的“三旧”改造项目118个，面积约400公顷，已投入资金近65亿元，完成改造项目54个，面积162公顷。其中市区申报项目85个，33个项目已完成改造方案审批，面积达140公顷，计划投资达158亿元，收取土地出让金约5.8亿元。市区7个重点改造项目已完成投资超过55亿元。

【土地市场】 全市供地398宗，面积593.3公顷，其中以划拨方式供地49宗，面积86.9公顷；以招拍挂方式出让172宗，面积422.4公顷；协议出让177宗，面积84公顷。利用国家土地督察局开展土地例行督察、土地节约集约和闲置土地专项督察工作的有利时机，指导全市各县（市、区）依法处置闲置土地22宗，面积为70.97公顷，其中依法收回土地21.92公顷，盘活闲置土地面积49.05公顷。开展国土资源节约集约模范县（市、区）创建活动，乳源县作为全省6个代表县（市、区）之一被省厅推荐到国土资源部参加全国评选。组织开展韶关市城市建设用地节约集约利用评价及开发区土地集约利用评价工作。

【矿产管理】 推进大宝山矿区资源整合工作，大宝山矿与铁龙铁矿已完成协商，签订整合相关协议，实现市政府提出在2015年年底前铁龙铁矿达成整合协议的目标。牵头在全市开展矿产资源领域专项整治行动。印发《关于进一步督促采矿权人落实法定义务的通知》，督促采矿权人落实法定义务，完善矿产资源补偿费的征收程序。组织修订《韶关市矿产资源开发管理规定》，按时完成探矿权采矿权登记发证、压覆矿产资源查询、开发利用方案、采矿权价款评估备案等日常业务。至2015年12月31日，市有效采矿许可证共计164个，其中，铀矿5个；金属矿20个；两水类15个（温泉12个、矿泉水3个）；其他一般非金属、采石取土类124个。按发证机关分：国土资源部发证6个，省国土资源厅19个，市级28个，县级111个。

【地灾防治】 争取到省级财政的项目资金1500万多元；督促指导大宝山矿和田螺冲煤矿地质环境治理项目的实施，乐昌市广龙萤石矿矿山地质环境治理项目（国家财政资金1300万元）已报送省国土资源厅进行竣工验收。指导广东凡口国家矿山公园完成建设并实现揭碑开园。组织编制《韶关市矿山地质环境保护与治理规划（2016~2020年）》，编印并发放《韶关市中小学生地质灾害科普知识手册》39万册，对全市53处威胁100人以上的重大隐地质灾害隐患点组织核查。全年共发布地质灾害风险预警预报136次，组织应急调查36宗，为政府的应急决策提供科学依据。全年全市未因地质灾害造成人员死亡。

【执法监察】 开展卫片执法监督检查及违法违规用地专项整治工作。全市违法占用耕地面积为72.89公顷，比例为13.72%。新丰县因遏制及打击整治违法违规用地成效突出，获省2014年度土地执法监察考核二等奖，奖励新增建设用地指标20公顷。联合市公安局、市检察院联合下发《韶关市国土资源局、韶关市公安局、韶关市人民检察院关于联合查处涉嫌国土资源犯罪案件的暂行制度》。组织开展农村土地突出问题专项治理，拖欠被征地农民补偿费兑付4308.7万元，完成72.59%；落实留用地143.07公顷，年度任务完成107.31%；农村“三乱”整治共摸排2014年1月以来涉农土地“三乱”行为959宗，涉及土地面积72.93公顷（含耕地面积25.23公顷），均已完成查处或整改。

【测绘地理信息】 推进“数字韶关”系统的开发应用，先后完成15个应用系统，实现共建共享。开发一批领导工作用图以及与人民群众生活密切相关的地图产品。通过土地储备“一张图”建设，核实市土地储备资源存量及用地情况，为市政府开展招商引资、项目建设等重点工作提供土地保障和决策支持。采用无人飞机监控违法用地和非法采矿取得良好成效，其做法得到国土资源部和省国土资源厅的肯定，在《中国国土资源报》推介。市国土资源技术中心被国家人力资源和社会保障部、国土资源部联合评为

韶关市采用无人飞机监控违法用地和非法采矿做法得到国土资源部的充分肯定。图为航飞前通过控制平板检查飞行前状态（市国土局　供）

2015年度全国国土资源管理系统先进集体。（莫新生）

食品药品监管

【概况】 韶关市食品药品监督管理局为市人民政府工作部门，设12个内设机构，下辖市食品药品检验所（参公管理事业单位）。市局机关行政编制31名，行政专项执法编制22名，后勤服务人员数6名。2015年韶关市食品药品监督管理局依照“强监管、保安全、促发展、惠民生”的要求，加强食品药品监管，各项工作取得明显成效。2015年未发生较大以上食品药品安全事故，全市食品药品安全形势持续稳定向好。

【食品药品监管机构建设】 该局按照国务院和省、市文件精神，推进县、镇食品药品监管机构改革，新组建的浈江、武江两区局已步入正常履职常态。抓好乡镇派出机构规范化建设，在全市乡镇监管所推行“2+3”（广东网上办事大厅、行政管理OA系统、基本台账、监管记录、巡查记录）监管模式，规范全市的基层监管台账文书，提高基层监管、巡查工作效率，实现基层监管科学化、痕迹化。探索食品药品综合网格化管理，合理划分二、三、四级网络，加强基层食品药品安全监管力量，建立1538名食品药品监管协管员的协管队伍。

【推进简政放权】 该局制定印发《韶关市食品药品监管事权划分实施意见》，明晰市、县、镇三级的日常监管职责，加大业务培训力度、强化业务指导、注重实地带教，保证机构改革后的事项交接顺畅。核对清理6项非行政许可审批事项，完善和规范行政审批事项公开制度，为行政审批申请人提供邮政特快专递代送审批结果和许可证服务。部分县（市、区）乡镇食品药品监管所在实现行政许可全程网上审批的基础上，启用乡镇所行政许可专用章，实现现场出证，方便群众办事。

【规范食品药品市场秩序】 在全市范围内开展食品安全百日整治行动、食用油清查行动、打击非法添加非食用物质及滥用食品添加剂专项整治、农村食品市场整治行动、白酒小作坊专项检查、含铝食品添加剂专项检查、春秋季学校食堂食品安全专项检查、中药饮片、中药制剂、含特殊药品复方制剂的专项检查、银杏叶药品专项治理、保健食品“打四非”行动、化妆品安全专项整治行动、医疗器械“五整治”回头看等一系列专项行动。全系统共出动执法人员3.95万人次，检查各类食品药品生产经营单位4.27万家次，“四品一械”（即药品、食品、保健食品、化妆品、医疗器械）共立案505宗。开展食品药品抽验，完成食品2100批次、药品1000批次、保健食品61批次、化妆品98批次、医疗器械26批次的抽验任务，完成基本药物抽检品种全覆盖。推进药品生产企业GMP认证，全市有8家药品生产企业通过新版药品GMP认证；做好新版GSP实施工作，共组织现场认证检查和发放GSP证书484家。全市1320家保健食品经营企业100%列入分级分类监管目标，3家保健食品生产企业落实质量授权人制度。开展化妆品市场安全治理示范区建设试点工作，浈江区省级示范区已通过省局考评。

12月10日，广东省食品药品监督管理局局长、党组书记、省食安办主任段宇飞（左一）调研南雄市珠玑镇食品药品监管所建设运行情况（市食药监局 供）

【打击食品药品违法犯罪】 该局联合工商部门开展元旦、春节、中秋、国庆期间打假打私专项行动，重点检查牛肉等无合法来源证明进口肉类；联合公安部门在京珠高速路段韶关市梅花治理超限超载检测站截获180多吨走私冻肉，货值金额近300万元。加强与周边省、市的区域协作，与赣州、郴州食药监部门共同研讨修订《韶关赣州郴州三地食品药品监督稽查合作协议》，推进“红三角”食品药品保障体系建设，完善食品药品打假协作机制。推进两法衔接工作，健全违法违规案件移交查处机制，移交司法机关案件10宗。做好执法案例收集、分析和选编工作，遴选8大典型案例向社会公布。

【风险防控能力建设】 该局制定印发《韶关市食品药品监督管理局食品药品安全风险管理工作制度（试行）》，梳理风险清单和风险对应权责清单，共列出“四品一械”（药品、食品、保健食品、化妆品、医疗器械）风险项目42项。举办风险管理培训班，深化全市系统人员对食品药品风险管理的认识。开展大型食品生产经营企业食品安全风险防范“诊脉行动”，提升大型食品生产经营企业风险控制能力。建立健全风险信息研判制度，组织召开首次风险评估分析会，科学研判食品药品安全风险。开展不良反应监测工作，确定3家化妆品不良反应哨点医院。开展农产品批发市场食品安全风险监测工作，评估全市食用植物油原料风险隐患。

【技术保障体系建设】 食品药品检验检测大楼项目建设取得新进展，面积2500平方米的食品检验实验室项目已获国家发改委和国家食药监管总局核批，于2015年12月破土动工。食品检验检测能力增强，食品安全检测能力建设仪器设备已完成招标采购，省食药监局为10个县（市、区）配备的26辆执法车辆和11套食品检验检测仪器已到位，为基层开展执法活动和提高执法效率提供保障。落实《广东省食品药品信息化发展规划》要求，推进曲江区省级智慧食药监试点工作。

【社会共治】 开展食品安全宣传周、药品安全宣传月、《中华人民共和国食品安全法》《广东省食品生产加工小作坊和食品摊贩管理条例》宣传等活动。确定3家食品药品生产企业为首批省级科普宣传教育基地创建单位，与韶关广播电台、韶关日报合作开设专题专栏。在部门网站公布4期违规企业“黑名单”信息、3期食品安全监督抽检信息，参加全市第二季度诚信“红黑榜”新闻发布会，公布84家诚信红榜名单、5家诚信黑榜名单。强化投诉举报平台建设，畅通投诉渠道，共受理投诉举报305宗。邀请人大代表、政协委员担任社会监督员，组织召开座谈会，听取社会各界意见和建议。发挥行业协会作用，推动市食品小作坊加工园区建设。

【惠民实事】 以省市共建为平台，推进餐饮服务食品安全示范工程创建工作，创建6条餐饮服务食品安全示范街，全市共有1053家餐饮单位实现“阳光厨房”，餐饮服务食品安全量化分级管理率达90.11%。推进学校食堂规范建设，联合市教育局印发《韶关市平安学校食堂创建工作方案》，评定15所学校食堂为试点单位。推进市家禽“集中屠宰、冷链配送、生鲜上市”工作，已于2015年11月1日起在市区小岛片区实施家禽生鲜上市。强化婴幼儿配方乳粉质量安全监管工作，推进广东省婴幼儿配方乳粉电子追溯系统应用，全市537家经营单位全部加入溯源系统并上报数据，加入率和上报率均达100%。 （蓝丽华）

安全生产监督管理

【机构概况】 韶关市安全生产监督管理局为市政府主管全市安全生产的职能部门。内设10个职能科（室）。机关行政编制22人，行政执法专项编制19人。2015年，市安监局在非煤矿山、冶金等工贸行业、危险化学品和烟花爆竹、职业卫生等方面的安全监管、应急救援、打非治违、安全生产重点行业领域重点地区专项整治等方面取得成效。

【各类安全事故情况分析】 2015年全市共发生各类生产安全事故1019起，死亡194人，受伤478人，直接经济损失1989.10万元。事故起数同比下降12%，死亡人数同比下降11.01%、受伤人数同比上升6.22%、直接经济损失同比下降43.04%。2015年，省下达韶关市各类生产安全事故死亡控制指标117人，全年各类生产安全事故实际死亡108人（其中，工矿商贸事故死亡15人，生产经营性道路交通事故死亡93人），占省下达控制目标数的92.31%。其中：道路交通事故424起，死亡174人，受伤474人，经济损失327.16万元。事故起数与上年同期相比上升6.00%、死亡人数同比下降14.71%，受伤人数同比上升6.28%、经济损失同比下降33.41%。其中，生产经营性道路交通事故124起，死亡93人，占省下达控制指标（95人）的97.89%。各类消防火灾事故581起，受伤1人，经济损失1960.71元。事故起数同比下降21.91%、受伤人数同比下降66.67%、经济损失同比下降69.71%。其中，非生产经营性消防火灾死亡5人，生产经营性消防火灾死亡人数为零。工矿商贸企业生产安全事故共发生14起，死亡15人，占省下达控制指标（19人）的78.95%，受伤3人，经济损失1068万元。事故起数与上年同期持平，死亡人数和受伤人数与上年同期相比分别上升7.14%、200%，经济损失与上年同期相比上升2.69%。全市发生一次死亡3人以上较大事故3起，死亡10人，较大事故起数和死亡人数与上年同期相比分别下降40%、44.44%。占省下达控制指标（5起）的60%。

【非煤矿山安全监管】 做好尾矿库的综合治理工作。2015年以来，市已完成20座尾矿库销库；8座尾矿库闭库，对没有完成闭库的铁帽顶尾矿库下达督办函，要求尾矿库企业尽快完成治理工程。并要求每座已闭库（销库）尾矿库要设立永久性安全告知标志，标明尾矿库的相关信息及举报电话。开展非煤矿山整顿关闭工作。2015年实际关闭矿山2家，2012年至2015年共实际关闭矿山18家，超额完成省下达的关闭矿山任务。做好行政许可工作。2015年1至11月，共发放安全生产许可证32个（新发证1个，延期20个，变更11个）。做好非煤矿山安全监管工作。2015年以来，共检查非煤矿山81家（次），检查发现问题计405处。对发现的问题，相关矿山企业基本按照有关要求进行整改。并要求全市非煤矿山（尾矿库）在进入矿山矿区范围的显著位置设立安全告知牌。为更好落实非煤矿山“三项”监管工作，市安监局要求各县（市、区）要组织辖区内非煤矿山企业（包括在建矿山及尾矿库）填写《非煤矿山安全生产基本情况普查登记表》及微信号收集，做好信息采集工作。并与广晟公司建立安全生产联防联控工作机制，研究解决涉及“八矿两厂”安全生产工作的有关问题。

【冶金等工贸行业安全监管】 开展专项检查整治工作。共检查9家涉氨使用企业，41家涉粉尘作业和使用场所工贸企业，166家存在有限空间作业的企业，查处安全隐患406项，责令企业及时进行整改；下发整改指令7份，责令停产整顿企业1家，经复查已整改完毕。为排查企业存在的安全隐患，组织两个专家组对全市工贸行业使用危险化学品企业进行为期两个月的安全专项检查，共计检查111家企业，发现392项隐患，下发整改指令36份，停产整顿1家企业。推动企业标准化创建工作。在韶开展业务的三级评审单位共有14家，全市共有规上企业305家，已开展达标创建305家，规下企业42家，其中：创建一级达标1家，创建二级达标11家，创建三级达标335家，共有347家企业达到安全标准化创建要求。组织开展安全事故调查处理。2014年韶关市“11·24”较大道路交通事故、2015年韶关市“1·2”较大道路交通事故、2015年韶关市“8·1”较大道路交通事故，均已按期报市政府予以结案；2015年韶关市“9·21”较大道路交通事故已经调查完毕，调查报告经事故调查组讨论通过并报省安全监管局审核。完成对韶关市曲江区“11·7”灼烫事故、韶关市仁化县“11·10”高处坠落事故的督办工作。

【危险化学品和烟花爆竹安全监管】 开展危险化学品和易燃易爆物品安全专项整治。共检查企业889家次，检查发现隐患1553个，完成整改1549个，下达整改指令284份，责令停产8家，注销经营许可证2个，不予许可延期3家。关闭烟花爆竹零售点163个、没收非法私炮1421箱、经济处罚59600元。开展油气等危险化学品罐区专项安全检查。对市25家设有罐区企业进行专项检查督查，共排查隐患48项，已整改完成42项，下发责令限期整改指令书5份。开展危险货物生产储存港区危险化学品生产储存专区安全风险评估。下发《关于开展危险化学品和烟花爆竹领域专项整治的通知》。对危险化学品生产、经营和烟花爆竹经营单位进行专项整治，并对在督查检查过程中发现的主要隐患在全市内进行通报。并委托专业技术服务机构组织对化工园区实施风险评估和隐患排查治理工作。

【职业卫生安全监管】 做好职业卫生信息收集工作。韶关市共有工业企业（不含加油站）2248家，其中职业病危害风险严重的用人单位约300家，较重的约980家，一般的约968家，共有1150家接触职业病危害的企业完成备案。韶关市创新工作方式，建立电子档案信息库，韶关市严重类别用人单位电子建档率达90%。规范全市建设项目职业卫生“三同时”（新建、改建、扩建项目的安全设施要与主体工程同时设计、同时施工、同时投入使用）工作，加强职业病危害源头控制。2015年全市完成建设项目职业卫生“三同时”评审工作的项目有14个，其中职业病危害预评价审核9个、职业病危害防护设施设计审核3个、职业病危害防护设施竣工验收2个。加强职业卫生监管和执法监察。截至2015年12月，全市共检查用人单位1038家，发现问题或隐患2648项，责令当场改正1629项，责令限期整改1019项。

【应急救援建设】 推进市应急救援体系建设。市安监局参与韶钢应急救援基地的前期规划工作，请省局应急办到韶关市调研金属冶炼和危险化学品应急基地规划和建设情况，开展对全市3家省级应急救援骨干队伍救援装备现状调查，在调查基础上向省局应急办申请购置应急装置资金240万元。6月26日，宝钢集团广东韶关钢铁有限公司应急救援骨干队伍挂牌成立，该队伍是全省首支挂牌的金属冶炼应急救援队伍。做好生产安全事故应急预案管理工作。截至11月30日，办理应急预案备案企业1147家，并将备案企业基本情况和应急预案录入韶关市综合应用平台。参与乐昌市正权矿业有限公司等65家井下非煤矿山和危险化学品生产企业应急预案审查和现场核查工作。做好事故现场应急救援工作。2015年，共参与协调处置矿山、道路交通、工商企业生产安全事故10余起，每次发生事故，都能组织人员迅速赶往事故现场，为救援赢得时间，减少损失。开展安全生产监管执法检查工作。截至11月30日，共检查企业118家，共查出存在问题、隐患297项，已要求相关县（市、区）督促企

2015年6月30日上午，韶关市安委办在南雄市三本化学科技有限公司组织开展危险化学品应急救援演练，模拟车间发生二甲苯泄漏引发火灾事故的情景（市安监局 供）

业限期落实整改。

【打非治违】 开展“打非治违”（打击非法违法生产经营活动）专项行动。截至11月，全市共组织检查组983个，排查企业4961家，查处一般隐患2812处，已整改2707处，按期整改率为96.27%，停产整顿11家，罚款65.95万元。

【安全生产重点行业领域重点地区攻坚】 推进安全生产重点行业领域重点地区攻坚工作。市安委办制定并印发《韶关市2015年安全生产重点行业领域重点地区攻坚工作方案》，重点对部分县（市、区）的非煤矿山、危险化学品、烟花爆竹、消防、民爆物品、农业机械、水上交通、铁路交通等重点行业领域进行专项整治。全市重点行业领域重点地区攻坚工作正在推进。

【安全生产宣传和培训】 开展安全生产咨询日活动。贯彻落实上级文件精神，组织市安委会成员单位、县市区开展“安全生产月”现场咨询日、企业应急演练、法律法规宣贯、下基层下企业等活动，营造良好的氛围。开展职业健康宣传教育。组织7期职业卫生监管人员培训班，共860人次参加；组织重点行业领域用人单位主要负责人及职业卫生管理人员职业卫生培训班15期，共980家用人单位2016人次参加培训。购入职业病危害警示标识2800块、职业病危害告知卡700块，编印《职业卫生监管法律法规及文件汇编》及《职业卫生管理国家标准汇编》3300本派发到各县（市、区）。开展“《中华人民共和国职业病防治法》宣传周”活动。开展新《中华人民共和国安全生产法》培训工作。5月至11月，市安监局举办6期全市安全监管干部法律法规知识培训班，对新修订的《中华人民共和国安全生产法》等法律法规进行培训。开展“安全生产执法年”活动。

【安全生产领域改革】 2015年8月，韶关市安委会下发《关于建立健全专职安全生产监督检查员队伍加强镇村园区安全生产监管工作的意见》。要求各县（市、区）、财政独立的园区于2015年9月底前完成对组建工作的部署，2015年年底完成组建工作。

（冯　媛）

国有资产管理

【概况】 韶关市人民政府国有资产监督管理委员会（简称韶关市国资委）于2006年6月13日经市编委批准设立，早期与韶关市经贸局合署办公。2007年3月19日，韶关市委批准设立韶关市国资委党委和纪律检查委员会，履行市委和市纪委规定的职责。2007年5月18日，韶关市国资委单独设置为市政府特设机构，列入市政府工作部门序列。2007年8月31日，韶关市机构编制委员会正式下文确定韶关市国资委的职能配置、内设机构和人员编制规定（即“三定方案”）。根据三定方案，市政府授权市国资委代表市政府履行出资人职责，实行管资产与管人、管事（不包括公共管理职能所涉及的事）相结合。市国资委的监管范围是：市政府指定的市属经营性国有资产（含股权）所涉及的企业和市政府持有的其它企业（含中省属企业）的股权及权益。接收划入的原由政府其他部门承担的指导政府指定范围内的国有企业改革、国有资产监管等职能。市国资委所监管的企业涉及行业覆盖电力、机械、运输、商贸等。2015年市国资委机关行政编制20名，后勤服务人员3名，设办公室、改革发展科、产权管理科、考核统评科（审计与监事会办公室）和人事科（监察室）五个内设机构。2015年，市国资委监管的国有企业工业总产值31.56亿元；企业利润总额为5.23亿元，上缴国资收益合计1959.5万元。2015年11月4日，经市编委会议研究决定，市财政局下属的市政府物业管理中心整体划转市国资委管理。市国资系统试行监管企业纪委书记交流任职，2015年年初，提拔韶能集团、市工贸公司各一名干部交流到市工贸公司和韶铸集团任纪委书记，将韶铸集团纪委书记交流到韶能集团任职。

【组建成立金财投资集团】 市国资委指导监管企业研究制定《关于组建韶关市金财投资集团的方案》，并经市政府十三届74次常务会议讨论通过，由韶关市金叶发展公司出资5亿元注册成立韶关市金财投资集团有限公司，加快理顺公司产权关系搭建集团公司合理架构。2015年12月18日，韶关市金财投资集团有限公司正式成立。

【推进内部全民所有制企业改制】 市国资委对系统内全民所有制企业产权情况进行摸底，指导市工贸公司对所辖国有企业以改制、兼并、关闭、破产、清算等方式进行改革，于4月制定并下发《国有企业公司化改革计划》。截至2015年年底，交通技工学校已基本清算关闭完毕，韶通联合公司、服务公司等2家企业也已经进入实际清算关闭阶段，金属材料公司也基本完成公司制改革方案。

【推进为民办实事保障性住房开发项目】 市国资委督促市工贸公司推进为民办实事项目中的群康路地块（国投·顺和公寓）项目、浈江南地块（国投·江南公寓）保障性住房开发项目。2015年，国投·江南公寓基本完成主体工程，国投·顺和公寓已完成主体工程并于12月下旬验收通过。

【消雪岭华侨茶场危房改造】 市国资委积极督促市工贸公司及消雪岭华侨茶场加快推进114户危房改造任务，协调改造过程中遇到的困难和问题，2015年度顺利完成省规定的62套危改任务和市规定的114套危改年度任务。

（王可菲）

工业·重点企业

综　述

【概况】 2015年，全市经信系统坚持稳中求进工作总基调，适应经济发展新常态，实施工业转型升级攻坚战，推进信息化建设，全市工业经济和信息化保持平稳发展。全市规模以上工业完成增加值333.06亿元、增长3%，四大产业转移园完成增加值89.97亿元、增长5.6%，单位GDP能耗下降7.9%，互联网普及率达58.6%。一年来，工业发展取得成效。

【全工业经济稳增长】 受国内外宏观经济形势的影响，2015年韶关市工业经济下行压力，工业增长遇到挑战。全市经信系统积极应对，逐步扭转下行态势，实现工业平台数的逐月回升。围绕46家重点企业、42个拟投产项目和64个工业技改投资项目，建立健全部门沟通协调机制，实施挂点联系重点企业和重点项目制度，及时掌握工业经济运行情况，向市委市政府建言献策。制定并组织实施《韶关市工业转型升级攻坚战三年行动计划（2015－2017年）》，落实扶持大型骨干企业政策措施，牵头协调督查，力促惠企政策落到实处。出台《关于促进民营经济加快发展的若干措施（试行）》，制定“助保贷”实施办法，落实培育规上企业奖励政策，推动“大众创业、万众创新”。2015年民营经济增加值完成589.49亿元，增长6.6%；规上企业较2014年净增33户；年产值超10亿元工业企业（含集团公司）达到14户。

【主动谋划产业发展】 根据市委市政府关于发展“八大产业”的战略部署，牵头制订《韶关市发展先进装备制造业打造珠江西岸先进装备制造产业带配套区行动计划》《韶关市钢铁深加工产业发展行动计划》《韶关市能源电力产业发展行动计划》《韶关市特色轻工产业发展行动计划》《韶关市新材料产业发展行动计划》等5个行动计划，2015年底已陆续经市政府常务会议审议通过。加强与珠三角产业对接，组织开展装备制造产业专题调研，重点摸清韶关市装备制造产业及骨干企业所具备的融入珠三角产业分工体系、参与协作配套的基础条件和潜在优势，提请市政府专门向省寻求支持建设珠江西岸先进装备制造产业带韶关配套区。2015年9月，省政府已明确支持韶关市规划建设珠江西岸先进装备制造产业带韶关配套区。

【力促产业园扩能增效】 拓展产业发展平台，乳源县产业转移工业园通过省认定为省级产业转移工业园，成为韶关市第五个省级产业转移工业园；仁化、新丰县依托莞韶产业园申请获批认定产业集聚地，一并享受省产业转移政策。韶关市省产业园在2014年度省产业园建设管理考评中全部达标，其中南雄产业园获得优秀等次并获得750万元的奖励资金。2015年，四大产业转移园完成增加值89.97亿元，增长5.6%，较全市规上工业增加值高2.6个百分点。

【推进信息化建设】 推动两化融合贯标与牵手工程，乳源东阳光精箔有限公司列入省“两化”融合管理体系贯标第二批试点企业名单，北江纺织通过省首批信息化和工业化融合管理体系评定。推进宽带网络基础设施建设，全年新增纯光纤接入用户（FTTH/O）13.42万户，累计达26.03万户，光纤入户率达29.46%，全省排名13位；4G公众移动通信基站达6468座，WLAN热点达1619个，家庭宽带用户数65万户，手机上网用户数161万户。制定《韶关市“互联网＋”行动计划》，着力推进互联网＋工业、商贸和金融服务、农业、政务等“互联网＋”重点行动。协助市政府与广东移动、广东电信、广东联通公司签署“互联网”＋战略合作协议。编制韶关市电子政务云平台规划设计方案，推动市电子政务云平台与中心机房统筹规划建设项目前期工作，获得省电子政务建设项目资金812万元。全市103个镇（街）、1367个村（居）全部开通网上办事站（点）。

【超额完成节能目标】 完成全市42家省万企节能考核工作，实现节能28.7万吨标准煤，完成年度计划节能量的108.61%；完成两批次共7家企业的清洁生产审核验收工作，其中2家企业达到省级清洁生产标准；组织企业申报2015年省级节能降耗专项资金项目，翁源华彩化工节能循环化改造等3个项目获得省1326万元资金扶持。顺利通过省对韶关市的节能考核和国家节能减排示范城市的考核工作。开展电机能效提升工作，2015年完成电机改造任务量29.27万千瓦，惠及42家企业，获得电机能效补贴资金3875.49万元。超额完成省下达韶关市单位GDP能耗同比下降3.89%的年度目标和“十二五”单位GDP能耗下降18%的目标任务。（何　艳　谢艳文）

钢铁、有色金属、机械工业

【钢铁工业】 2015年，韶关市钢铁工

业实现工业增加值30.75亿元，同比下降8.9%，工业增加值占全市七大支柱工业的比重达15.85%，是韶关市经济发展的重点支柱产业之一。钢铁工业主要产品产量成品钢材582.19万吨。韶关市钢铁工业的龙头企业——宝钢集团广东韶关钢铁有限公司前身是广东省韶关钢铁集团有限公司，始建于1966年8月，2011年8月，宝钢和广东省国资委签订股权划转协议，2012年4月挂牌成立。韶钢年产钢能力650万吨，立足钢铁业，工、科、贸并举，多元化经营，郑重从价值形态上运营国有资产，是广东省重要的钢铁生产基地、国家高新技术企业和中国重要的船板钢、工程机械和水电站用高强度钢板、建筑结构用钢板、桥梁板、锅炉和压力容器用钢板生产基地。板材、线材、棒材、优特钢棒材等产品主要销往珠三角、华东地区及广东邻近省，部分出口。韶钢合金钢、优质钢棒材轧机改建工程在2012年开始动工，项目进展顺利，项目内容主要为新建直径20—80毫米汽车用合金钢棒材生产线，直径70—180毫米优质钢棒材生产线各1套，可年产合金钢棒材53万吨、优质钢棒材62万吨，这是中国钢铁史上采用长流程工艺生产低成本、高质量汽车长型材的重要建设项目，改变中国珠三角地区合金钢、优质钢棒材使用量大但缺乏生产企业的历史格局，促进广东省乃至中国南方地区汽车工业发展。2015年，韶钢累计完成工业总产值150亿元，完成工业增加值17.8亿元。

【有色金属工业】　2015年，有色金属工业完成工业增加值24.92亿元，同比下降6.1%，是韶关经济发展的七大支柱工业之一，工业增加值占支柱工业的12.85%。全年生产10种有色金属27.45万吨，有色金属选矿产品含金属量17.74万吨。有色金属工业以韶关冶炼厂、丹霞冶炼厂和凡口铅锌矿为主体。

韶关冶炼厂始建于1966年，是一家有着40多年发展历史的大型铅锌冶炼企业，隶属深圳市中金岭南公司，主要生产铅、锌及其合金、化工制品，综合回收锗、金、银、镉、铟等多种稀贵金属和硫酸，年生产能力35万吨，其中锌23万吨、铅12万吨，是中国南方重要的铅锌生产基地和出口基地，产品在国内外市场享有盛誉。为实现企业的长远发展，韶关冶炼厂抓紧实施异地搬迁升级改造，2015年韶关冶炼厂累计完成工业总产值24亿元，累计完成工业增加值2亿元。

丹霞冶炼厂隶属于深圳市中金岭南有色金属股份有限公司，是国内首家大规模采用锌氧压浸出工艺并综合回收镓锗等稀贵金属的锌冶炼企业，2009年7月锌氧压浸出镓锗综合回收扩产改造工程项目建成，提升中金岭南公司铅锌冶炼能力，提前两年实现国内铅锌行业“单打冠军”目标。丹霞冶炼厂引进加拿大锌氧压浸出专利技术冶炼锌产品，于2010年投入试生产，2011年达到设计产能。主要产品有锌锭、硫磺、电镓、二氧化锗等（设计产能为锌锭100000吨/年，硫磺45000吨/年，电镓30吨/年，粗二氧化锗20吨/年），有在册员工900余人，2015年，丹霞冶炼厂累计完成完成工业总产值16.82亿元；完成增加值1.38亿元。

凡口铅锌矿面积约为6.07平方公里，是亚洲最大的铅锌银矿种生产基地之一，是集采、选于一体的综合性企业。矿山主产品为铅锌矿石、单一铅精矿、单一锌精矿、混合铅锌精矿，副产品为高铁硫精矿、硫精矿。凡口铅锌矿于1958年建矿，1968年正式投产，2009年开始形成日处理铅锌矿石5500吨、年产18万吨铅锌金属量的生产能力，先后从德国、芬兰、美国、加拿大等国家引进100多台套世界先进水平设备。凡口铅锌矿的采选工艺和装备处在国内先进水平。采矿采用的大直径深孔采矿法、盘区机械化中深孔采矿法、全尾砂充填、泡沫砂浆充填等工艺都具有国内外先进技术水平。选矿采用的高碱快速浮选电位调控优化工艺和新四产品选矿工艺具有世界先进水平的选矿工艺。2015年，凡口铅锌矿累计完成工业总产值16.64亿元；完成工业增加值13.86亿元。

【机械工业】　2015年，全市机械工业实现工业增加值23.93亿元，同比增长2.2%，是韶关经济发展的七大支柱工业之一，工业增加值占支柱工业的12.34%。机械生产企业中，韶铸集团作为中南区域最大的铸锻件专业生产企业，年产单重100吨以下的铸钢件7万吨、单重25公斤以下的铸铁件6万吨、单重4000公斤以下锻件1.5万吨，12000万套精锻件，并专业生产各种破碎机、吊钩总成等设备，国内铸钢件市场占有率约5%，在行业中仍然位居前列，产品出口美国、日本、韩国等国，年出口额为4000多万美元。韶关液压件厂有限公司始建于1965年，2003年公司整体改制为民营企业，是一家专业制造液压缸的国家高新技术企业，建立较为完善的设计、制造和服务的质量管理体系，于2001年通过ISO 9001质量体系认证；从德国、日本、美国进口深孔镗滚机床、斜身自动车床、内孔珩磨机床、加工中心等专业生产设备，建立具有国际先进水平的AGC、AWC等高端伺服油缸检测平台，能自行设计、制造缸径Φ20～2000毫米，行程达20米各类液压缸，产品已开发包括AGC缸、AWC缸、结晶器振动缸、活套缸、R1、R2、R3控制缸、弯辊缸块、平衡缸、液压夹紧器、液压螺母、力士乐型号系列液压缸、工程系列液压缸、旋转接头、接近开关反馈液压缸、齿条摆动液压缸，应用于冶金、重工、矿山、港口及水利等多个行业，出口远销美国、德国、加拿大、日本、韩国、俄罗斯、乌克兰等海外市场。2015年累计完成工业总产值3.24亿元，完成工业增加值0.67亿元。韶关宏大齿轮有限公司公司是广东省高新技术企业，前身为韶关齿轮厂，1998年改制为韶关宏大齿轮有限公司，广东韶能集团股份有限公司（深圳上市公司）控股90.12%，拥有齿轮加工、检测、热处理及锻造设备共计1168台（套），其中数控CNC设备300多台（套），主要产品为汽车变速箱及其零部件、离合器零部件、工程机械零件、工业减速机齿轮、农机齿轮、螺伞齿轮等。自2002年开始，先后为美国伊顿（EATON）、约翰迪尔（JOHNDEERE）、卡特彼勒（CATERPILLAR）等公司提供零部件配套。2015年累计完成工业总产值4.05亿元，同比增长8.5%。

重点监测工业

【概况】 2015年，市经信局建立完善市四套领导班子成员挂点联系重点工业企业以及市县两级经信系统挂点联系150户重点工业企业制度，协调解决各重点企业的难题，促进重点企业增产增效。落实省“重点企业直通车”服务制度，跟踪落实市直部门挂点联系100户重点工业企业，定期向市委、政府报告全市工业发展动态和50户重点监测工业企业的运行情况，采取措施为企业协调解决困难。市经信局加强经济运行协调服务，制定并实施市县两级经信系统挂点联系150户规上工业企业制度，解决影响工业运行的突出矛盾和问题。采取“一企一策”对应措施，协调解决韶钢、粤江发电、利民制药厂等大型骨干企业的突出困难和问题。

【监测工业规模】 全市50户重点监测工业企业（集团）累计完成工业增加值194.69亿元，同比下降0.3%，占全市规上工业比重为58.5%。其中：省属工业完成增加值127.77亿元，占50户重点企业的65.6%；民营工业完成增加值31.80亿元，占16.3%；外商及港澳台工业完成增加值31.16亿元，占16.0%；市属工业完成增加值6.35亿元，仅占3.3%。全市产值超10亿元的工业企业共有14户，累计完成工业增加值136.63亿元，占全市规上工业比重达41%。在全市产值超10亿元的企业中，有产值超100亿元工业企业1户，产值50—100亿元的企业3户，产值10—50亿元企业11户。在产值超10亿元的企业中，国有企业共有9户，占64%，其中中省企业有8户，产值较高的民营、外资大型骨干企业明显偏少。

【监测工业名单】 韶关市50户重点监测工业企业（集团）：韶关卷烟厂、韶关钢铁有限公司、韶关供电局、凡口铅锌矿、韶关旭日公司、粤江发电、东阳光集团、韶能集团、建滔集团、建滔集团、韶铸集团、坪石发电厂B厂、五矿萤石有限公司、丽珠集团利民制药厂、鸿丰水泥有限公司、大宝山矿业有限公司、五联木业集团有限公司、新丰县铁帽顶伟帆矿业有限公司、日本电产（韶关）有限公司、韶关市正星车轮有限公司、韶关市凌鹏水泥有限公司、韶关冶炼厂、翁源县红岭矿业、新丰县永强五金制品公司、曲江区新益金属制品有限公司、韶关市顺昌布厂有限公司、韶关比亚迪实业有限公司、万达工业（始兴）有限公司、至卓飞高线路板（曲江）有限公司、新丰杰力电工材料有限公司、翁源县鼎源金属制品有限公司、丹霞冶炼厂、仁化县华粤煤矸电力有限公司、新丰县丰城文生矿业有限公司、翁源县中源发展有限公司、金悦通电子（翁源）有限公司、明华机械有限公司、佳山科技公司、南雄市金源合成材料有限公司、新丰县沙田镇建田矿业发展公司、韶钢普莱克斯实用气体有限公司、翁源县凯通纤维板有限公司、广东嘉盛化工有限公司、南雄市佳明化工有限公司、佳星科技公司、曲江区晟源金属制品有限公司、翁源县万成塑胶制品有限公司、南雄市合盈金属制罐有限公司、南雄市诚昌钢构有限公司、乐昌市闽兴新型建材有限公司。（谭桃华）

电力供应

【概况】 韶关供电局是广东电网有限责任公司直属的大二型企业，担负着韶关三区七县（市）的电网规划建设和电力供应任务。2015年，韶关供电局内设机构共有23个，其中行政职能部门12个，二级机构11个，管理县（区）级供电企业8个。截至2015年12月底，全局职工1289人。韶关供电局形成以500千伏变电站为龙头、220千伏变电站为主干、110千伏变电站为骨架的大型供电网络。2015年，韶关供电局以南方电网中长期发展战略为统领，重点围绕“稳、进、治”的工作要求，完成年度各项目标和任务。截至2015年12月31日，全年安全生产保持稳定局面，未发生人身事故事件，未发生四级以上事件，电网连续安全稳定运行5992天。2015年韶关供电局通过复审，继续保持“全国文明单位”称号。

【供电管理】 2015年全年完成供电量95.11亿千瓦时，同比下降9.53%；售电量92.64亿千瓦时，同比下降8.11%。当年电费回收率99.97%。客户年平均停电时间4.128小时。完成固定资产投资7.54亿元，同比上升15%，完成率为100.52%。新增35千伏及以上线路116.58千米，新增变电容量848兆伏安。韶关供电局推进客户全方位服务体系建设，客户服务水平持续提升；依靠地方政府，优化建设流程，完成配电网、二次系统及输电网规划；加强政企联动，投入4603万元配合市政府解决棚户区1.2万户居民生活用电需求。强化警企联动，打击涉电犯罪，涉电案件数和直接经济损失同比分别下降79.52%和80.8%。国庆期间，韶关供电局对百年东街群众活动区域内的4条重要10千伏线路进行安全检查和巡线消缺，派出浈江供电局技术人员到现场安全巡查，确保供电线路和设施正常运行。

【利用《民声热线》在线为民解忧】 5月6日下午，韶关供电局局长刘伟辉率队走进韶关市广播电台《民声热线》直播节目，与电力客户沟通，倾听客户心声，解答用电疑难。直播时间里共接听回答8名热心听众的电话咨询。通过热线直播解答低保户残疾人用电优惠政策、微信号的功能及使用等问题，对当场不能答复的问题，承诺客户由相关部门调查核实，全力跟进，逐一加以落实解决，并及时向听众反馈处理情况。听众对局的做法表示满意。

【电力设施保护、节能宣传】 5月21日，韶关供电局电力设施保护宣传活动走进校园，在韶关市金福园小学体育馆，开展以“电网安好，生活美好”为主题的宣传活动，180多名师生代表参加活动。此次活动，旨在树立电力设施保护意识“从娃娃抓起”，通过学校教育平台，让学生们懂得如何保护电力设施，通过学生引导家长注意保护电力设施。6月16日，韶关供电局与市经信局在风度名城广场联合开展主题为“节俭有德·节能有道”大型户外宣传活动。通过现场咨询、资料发放等方式，向过往群众讲解生活中衣食住行等方面的节能小常识，派发1500多份“节能绿色行动”“节约用电与安全用电”等宣传小册子，倡导“节能减排，防治雾霾，共享蓝天”的环保理念。活动吸引众多群众驻足，提高群众节约用电的意识。

【抗洪抢修复电】 7月3日晚间，仁化县发生强降雨，导致仁化县境内35千伏线路跳闸3条，10千伏线路跳闸8条，乐洞变电站受水浸影响应急断开7条10千伏出线开关，受影响用户3100多户。仁化局第一时间启动防风防汛应急预案，成立现场工作组，迅速开展抢修复电工作，共出动车辆48台次，出动人数105人，完成抗洪抢修复电任务。

【韶电“上大压小”接入工程顺利投产】 7月4日，220千伏韶曲丙线投入运行，标志着韶关供电局完成220千伏韶关电厂“上大压小”接入系统工程（简称上大压小接入工程）的电网建设工作。由该局投资建设的“上大压小”接入工程，是韶关电厂两台600兆瓦新机组接入系统配套送出工程。韶关发电厂“上大压小”燃煤机组工程本期机组以6回220千伏线路接入系统，其中2回接入500千伏曲江变电站、2回接入220千伏朗新变电站、2回接入220千伏月亮湾变电站。该工程完工后可增加韶关电力南送通道，增加韶关电网南送断面的输电能力，保证韶关电厂“上大压小”机组电力安全经济送出，有利于韶关电网安全稳定运行。

【完成高铁供电抢修工作】 2015年5月，韶关连降暴雨，220千伏通苗甲线#55铁塔（与220千伏通苗乙线#57同塔架设）基础山地出现滑坡险情。220千伏通苗甲、乙线为武广高铁韶关段的重要供电线路。险情发生后，韶关供电局启动应急响应，迅速组织勘测、设计和施工单位，制订应急处置和抢修方案。该局相关部门密切配合，仅用三天时间完成临时转供电任务，确保武广高铁供电。为尽快完成滑坡处的铁塔迁改项目，输电管理所经过一个多月的努力，于7月23日完成高铁供电线路的抢修工作，确保武广高铁的电力可靠供应。

【110千伏和平输变电工程顺利开工建设】 9月15日，始兴110千伏和平变电站进场开工建设。该项目是始兴县的重点能源建设，也是韶关供电局基建电网建设工程中的一项。专项工作小组到村委会驻点，召开协调会，与基建部、县委、县政府相关领导多次现场调研，解决征地和青苗补偿的问题。经过多方多次磋商，达成共识，在各项工作稳步开展的前提下，进行对和平变电站三通一平工作。110千伏和平站主要为始兴韶赣高速、始兴铁路经济圈及县城北片行政中心和居民供电。

【输变电工程特殊区段采用无人机放线】 韶关坪石110千伏庆云输变电工程线路的56号至57号铁塔，跨越京广铁路1965+900处。该工程针对特殊区段采用创新施工方式，采用小型、轻便的无人机展放牵引绳进行导线架设施工。12月3日，该项目施工人员启动无人机，带着绝缘绳跨越铁路在两侧跨越架封安全网，历时63分钟。12月4日，无人机带导引线成功跨越铁路。用无人机展放引线，既提高安全性能、破解生态环境和架线施工的矛盾，又比人力工作效率高。

【220千伏坦界输变电工程投产】 12月28日，南网首个EPC总承包工程项目，韶关220千伏坦界输变电工程投产。220千伏坦界输变电工程是中国南方电网公司2013年输变电工程EPC总承包及2014年工厂化输变电工程（混凝土等组件工厂化预制）试点工程，总投资为1.937亿元，全站总征地面积3.3693公顷，包含新建变电站工程、巡维中心工程、对侧保护改造工程、架空线路工程及通信工程等共21个子项。本期建设规模为主变压器2×180兆伏安，220千伏出线4回，线路长度8.18千米。220千伏坦界输变电工程的建成可满足韶关市区西南部特别是白土工业园及莞韶产业转移园发展的电力需要，对提高该区域电网的供电能力及供电安全可靠性、改善该地区网架结构、促进区域经济和社会发展起到积极作用。　（赵湘敏）

东莞（韶关）产业转移工业园

【概况】 东莞（韶关）产业转移工业园是东莞、韶关两市于2008年联手共建的省级产业园区，2011 年入选广东省十大重点产业园区。总规划面积 53.89 平方公里，其中省批准的首期开发建设面积 9.38 平方公里（包括韶关工业园区 6.4 平方公里、浈江片区 1.36 平方公里、曲江白土片区 1.62 平方公里），申报的产业集聚区面积 25.83 平公里。截至年底，完成征地 3533.33 公顷，开发使用 1769.6 公顷，征尚可利用 501.73 公顷。园区在册企业近千家，其中工业企业 300 多家，建成投产的 295 家，规上工业企业 112 家，高新技术企业 23 家，工业产值 10 亿元以上的 3 家，1—10 亿元的 40 家。园区发展的重点产业是机械装备和玩具制造两大主导产业。

莞韶产业园管委会作为市政府的派出机构，实行三块牌子（莞韶产业园管委会、韶关工业园区管委会、韶关高新区管委会）一套人马的管理机制。2014 年，根据市政府《关于印发 <广东韶关工业园区管理体制改革方案（试行）> 的通知》精神，深化园区管理体制改革，扩大管理权限，启用市发改、经信、科技、住建和城乡规划 5 个市直部门的“2 号章”，行使授予的审批权限；改革财政管理，建立一级财政体制，行使县级财政管理职责。

【经济稳步增长】 2015 年，园区完成工业总产值 214.2 亿元、工业增加值 48.8 亿元、工业项目固定资产投资 46.9 亿元、税收总额 7.99 亿元，同比分别增长 2.8%、0.1%、24.1% 和 31%。园区工业总产值、工业增加值、税收等主要经济指标与“十一五”期末比均实现翻一番，年均增长速度超出全国、全省和韶关市同期水平。

【重点项目建设推进】 2015 年园区完成固定资产投资 56.57 亿元。新 G323 线累计完成投资 6026 万元，Ⅰ、Ⅱ标段已完工并移交市城管局管理，Ⅲ标段准备开挖路槽。百旺西路累计完成投资 6000 万元，建设挡墙防护约 500 米，铺设完成 K0+00－K0+380 桩号段的混凝土路面和管线。比亚迪配套基础设施建设累计完成投资 7.85 亿元，主干道 A 路土方场地平整、道路混泥土路面已完成 90%；B 路已完成 2 公里混凝土路面和 1.8 公里深排洪渠。特种材料创新园完成投资约 1.96 亿元。紧固件产业园项目累计完成投资约 5600 万元。东盈服装生产基地项目 9 栋建筑全部封顶和装修，已试投产。

【招商引资成效明显】 2015 年共签定招商项目 41 个，引进合同资金 87.77 亿元，投资超亿元的项目 23 个。重点招商引资项目——宝铁建安设备生产基地、雷霆国药中成药加工基地、广东紧固件产业园、韶关市米格电力设备实业有限公司等完成土地摘牌手续，动工建设；韶关市大洋新材料有限公司的厂房、办公楼已基本建成。

【加大扶持企业力度】 建立领导干部挂点联系企业制度、重点项目台帐制度、督办制度等，每周由挂点领导带队到企业，为企业解决生产经营遇到的问题。成立报建中心，对企业在项目立项、备案、技改等领域实行“一站式”服务。协助武江区妥善处理明顺、旭日、鸿奕纸品等企业发生的安全事故。与武江区联合设立西联派出所工业园区警务室，建立治安联防大队，增设治安岗亭，合理设置治安监控点。累计争取省市各项财政扶持资金 12.63 亿元。制定园区扶持企业发展办法，扶持主导产业、新兴产业发展。落实 2000 万元省扶持资金贴息企业，共有 22 家企业享受贷款贴息。申报依托产业园区带动产业集聚发展工作。

【胡春华要求莞韶产业园加快建设】 2015 年 6 月 22－23 日，省委书记胡春华到韶关调研并检查粤东西北地区振兴发展“三大抓手”推进情况。深入莞韶产业园黄沙坪创新园、以纯服装等重点项目进行实地调研。胡春华强调，韶关要转变发展思路、找准发展定位，主动融入珠三角，在交通、产业等方面加强对接，推动加快发展各项目标早日实现。要突出加强产业建设，加快推进产业结构调整，守住环保底线，在巩固传统优势产业的同时，加紧打造一批具有较大规模的新产业集群，实现可持续发展。要扭住“三大抓手”用实劲、用长劲，推进和谋划交通基础设施建设；加大产业园区招商引资力度，推动产业项目尽快落地；按照“三年基本成城”的目标要求，加快新区规划实施和起步区建设。东莞市要加强对口帮扶工作，不断拓宽合作广度和深度，增强实效，共赢发展。省委常委、常务副省长徐少华，省委常委、秘书长林木声，东莞市委书记徐建华，韶关市委书记蓝佛安、代市长骆蔚峰等陪同参加调研。

【朱小丹要求莞韶产业园打造良好电子商务平台】 2016 年 7 月 15 日上午，省长朱小丹率领省现场检查组到韶关调研，深入莞韶园黄沙坪创新园、莞韶城一期、武江区甘棠工业园等建设现场，了解莞韶产业园产业招商、入园企业建设、基础设施建设情况。朱小丹对韶关贯彻落实粤东西北地区振兴发展战略给予肯定，认为韶关在推进交通基础设施建设、产业园区扩能增效、中心城区扩容提质“三大抓手”工作中措施得力，成效明显。他要求，要利用莞韶产业园和韶关产业优势，发展互联网 + 经济，打造良好的电子商务平台。省政府秘书长、办公厅主任李锋及省直部门有关领导，河源市委书记何忠友、梅州市委书记黄强、清远市委书记葛长伟，市领导蓝佛安等参加调研。

【蓝佛安要求莞韶产业园形成产业聚集】 2015 年 4 月 8 日，市委书记蓝佛安在市领导王检养、孔云龙、许志新以及市直有关部门负责人陪同下，先后到莞韶园浈江片区比亚迪公司、紧固件产业园工地，武江片区韶关液压件厂、飞翔齿轮厂、对口帮扶招商项目和莞韶城一期等企业和建设现场调研。蓝佛安对东莞韶关对口帮扶工作给予肯定，对“一园一城七组团”当前发展情况感到高兴，认为莞韶两地真诚合作，对口帮扶工作思路清晰，布局大气，前景光明。他要求园区整合韶关优势资源，完善和延长产业链，形成产业聚集，以原材料生产地和技工人才等低成本优势吸引更多的企业到韶关入驻落地。

【骆蔚峰要求莞韶产业园区加快产业转型升级】　2015年5月29日，市委副书记、代市长骆蔚峰到莞韶产业园武江甘棠片区、莞韶城、东环线、原曲仁矿棚改田螺冲安置区等重点建设项目一线开展调研工作。在现场考察莞韶城一期黄沙坪创新园时，骆蔚峰肯定园区建设与原有自然环境有机融合的做法，指出韶关的最大优势之一就是生态环境，要把这个优势凸显出来，才能吸引珠三角等地的高科技企业和高级人才到韶关创业。他强调要进一步完善产业园区相关配套设施建设，抓好电子商务城建设，加快产业转型升级，不断提高产业集聚能力。

【黄沙坪创新园成亮点和精品】　莞韶城是东莞韶关对口帮扶重点项目，由东莞韶关两市出资成立的广东东韶实业投资有限公司投资开发，总面积1200公顷，首期400公顷，定位为韶关创新驱动平台。莞韶城一期自2014年5月正式动工建设，72栋电子商务楼，完成13公里主干道、12公里绿道以及初期绿化、路灯、监控等配套设施建设，黄沙坪创新园正式投入使用。优先注入文化元素，启动“双塘印雪”文化景观工程建设，建成以梅花为主题的特色绿化带和印章石刻景观带，完成近万株梅花种植和千余枚印章篆刻和石刻工作，迅速成为韶关乃至省内有影响的文化和休闲新亮点。黄沙坪创新园引进包括快捷键电子商务、星火创客、绿源安易迅供应链等多个项目，累计注册企业27家。莞韶城二期和三期开发建设正在推进，其中三期完成134公顷土地征收工作。

（张赤春）

中、省驻韶关企业

【宝钢集团广东韶关钢铁有限公司】
宝钢集团广东韶关钢铁有限公司（简称“韶钢”），前身是广东省韶关钢铁集团有限公司，始建于1966年8月22日。2011年8月22日，宝钢和广东省国资委签订股权划转协议，韶关钢铁在分离办社会的基础上由宝钢集团直接持股51%。2012年4月18日，宝钢集团广东韶关钢铁有限公司挂牌成立。韶钢占地面积9.8平方公里，截至2015年年底，在册合同工12700人。

韶钢年产钢能力650万吨，立足钢铁业，工、科、贸并举，多元化经营，着重从价值形态上运营国有资产，是广东省重要的钢铁生产基地、国家高新技术企业，及中国重要的船板钢、工程机械和水电站用高强钢板、建筑结构用高建板、桥梁板、锅炉和压力容器用钢板生产基地。板材、线材、优特钢棒材等产品，主要在珠三角、华东地区及广东邻近省销售，部分出口。

企业效益　2015年，韶钢全年产铁525万吨、钢520万吨、钢材502万吨、烧结矿776万吨、焦炭244万吨，发电15.78亿千瓦？时。2015年，韶钢实现营业收入122亿元，利润亏损25.7亿元。年末总资产190.76亿元，净资产16.24亿元。

企业管理　对部分单元进行整合，二级部门从2014年12月的34个调整为24个（不含子公司），优化率29.41%；三级部门从173个调整为109个，优化率36.99%。对岗位和业务梳理，核定岗位配置标准，制定人事效率提升规划和各阶段效率提升目标。2015年，通过协力回归、产线瘦身、智能制造、智慧配置等措施，全口径人力资源减少4000余人，效率提升超20%。

工序降成本　铁前矿石平均库存下降44万吨，跌价损失同比减少1.2亿元；钢后工序全年降成本2.7亿元，外部物流全年降成本1.65亿元；维修费105元/吨，完成年度目标，成本同比下降1.5亿元；人力资源优化，降低费用2亿元；环保费用总额1.9亿元。

产线瘦身　根据2015年经营现状，推进经济运行模式，合理瘦身，提高产能利用率。采取的措施主要有：铁前关停4#烧结机，优化原料系统和降低库存，年降成本0.34亿元；炼钢系统关停电炉，提高转炉产能，年降低成本0.77亿元；根据板材、棒线材边际贡献情况，以开工的产线满负荷生产为目标，阶段性停产高二线、中板线，全年降低成本0.38亿元；优化焙烧工序，关停1#、4#、5#、6#4座气烧窑。通过产线瘦身和经济运行模式的调整，全年降低成本2.7亿元。

确保资金链安全　财务管理控制方面，坚持“现金为王，安全第一”的理念，优化结算模式、以收定支、精细资金计划、降低资金备付、降低库存占用、盘活闲置资产，2015年实现经营活动现金净流入4.46亿元；加强与宝钢集团协同，增强与银行间的互动交流，稳固银行信心，五大行到期续授信总额未出现缩减；拓展融资渠道，完成14.5亿元基准利率联合贷款、9亿元融资租赁款和4亿元短券融资券发行等重大融资项目，保证资金链安全。

原燃料低库存运作　2015年原料采购实施低库存战略。对国内矿性价比分析，根据性价比，调整国内矿粉采购比例；加大进口煤采购比例，采取拼船方式批量采购，快进快出，降低库存风险；建立“采购、制造、生产、物流”四位一体的联动策划机制，完善采购工作周、月度会议机制，建立集体决策机制，对大宗原燃材料进行使用后的评估，提高质量，降低成本，提升原料采购能力。2015年大宗原燃材料平均库存量130万吨/月，较

2014年平均库存量降低48万吨/月。原燃料库存方面，2015年降低成本2.24亿元，超额完成0.59万元。

产销联动　产品转型升级确定产品转型升级目标，优化产品结构，成立板材、棒线、特钢3个产销研团队。以市场为导向，提升效率，加快市场响应速度，特钢、板材、棒线新产品开发取得实效。2015年，高附加值、高科技含量产品实现销量12.29万吨，新产品销售23.15万吨。针对不同品种，梳理市场定位，优化渠道及销售模式，拓展电商销售，对接欧冶云商等电商平台，2015年电商销售突破60万吨。2015年新开拓普材终端客户244家，直销率由20%提升到34%，提升市场竞争力。

实现零工亡　2015年，采用高压严管方式，强化安全管理，“一岗双责、党政同责”落实。加强现场安全检查，排查治理安全隐患，发现问题的整改率为100%。加强安全教育，打击非法违法生产经营活动，专项整治危险化学品，夯实安全管理基础，安全管理能力提升，2015年实现零工亡目标。

实施绿色经营　2015年，投入环保项目改造费用1.64亿元，对烧结除尘、脱硫、废水重金属处理、防风抑尘网、环保在线监测等项目升级改造，确保污染物达标排放；对环保设施实行分级分类管理，监控运行状态，完成减排目标；完善环保责任体系和问责管理办法，从制度上堵塞管理漏洞，责任落实、问责到底、处罚有据。2015年，迎接广东省、韶关市环保部门检查69次，全部达标。（陈春华）

董事、董事长、党委书记：李世平（任至8月）

董事、董事长、党委书记：赵昆（8月任职）

董事、总经理、党委委员：傅建国

【中金岭南韶关冶炼厂】　隶属于深圳市中金岭南有色金属股份有限公司，始建于1966年，是中国首家采用ISP工艺的大型铅锌冶炼企业。工厂主产品有电铅、精锌、电银、精镉、精铟、锗锭、铅锌系列合金近30种，注册商标为“南华”牌。主产品电铅、精锌、白银已在伦敦金属交易所注册，铅锭、镉锭获国家金质奖，锌锭获国家银质奖并为国家免检产品，铅锭、锌锭获省名优产品荣誉称号。工厂已通过QHSE（质量、环境与职业健康安全）管理体系认证、ISO 10012测量管理体系认证，连续十多年被广东省工商管理部门评为“重合同、守信用”单位。2015年，韶关冶炼厂完成铅锌总产量14.08万吨（自身平衡产量9.89万吨）、工业硫酸16.65万吨、白银40.47吨，实现工业总产值24亿元，上缴税费2874万元。

过渡性生产　按照过渡性复产实施方案要求，在确保安全、环保的前提下，量化组织生产。利用好的矿源，加强预混配料，优化工艺参数，降低杂料、氧化物料库存，提高产品产量，整个生产系统平稳有序运行。加大有价金属综合回收力度，做到危险固废减量化，并综合利用。发挥ISP工艺优势，推进丹冶高银渣进流程试验。完成年末大修工作，为下一年度过渡性生产期间的环保、安全、生产奠定基础。此次大修为期30天、大小项目212项、投入资金2527万元，是复产以来时间长、难度大、项目多的一次检修。

安全环保　全年实现安全零伤害，工业废水零排放，废气稳定达标排放，固废妥善处置，工农关系融洽，绿化绩效明显。以新安全法、新环保法宣贯为契机，强化全员培训，提高全员的底线意识、责任意识、法治意识，提高安全生产执行力。坚持“党政同责”，推行安全环保预知管理，以领导干部“结对子”“创星级班组”活动为抓手，层层签订安全环保责任书，分解指标，落实责任，形成安全环保工作齐抓共管的局面。修订工厂安全环保应急预案，组织开展应急演练20余次，提升应急反应能力。开展安全生产标准化建设，“QHSE”管理体系高效运行，安全环保管理水平提升。配合省市环保部门预警监测，废气排放达标，环境敏感点空气质量稳定。通过省监管组对二粗炼系统过渡性复产第十、第十一、第十二次环保风险季度评估，环境信用等级被省环保厅评

2015年1月11日，凡口矿环境监测站通过国家实验室认可。图为在审核过程中，张虎山组长（右）在检查玻璃量器是否符合要求（黄汉兵　摄）

为环保良好企业。

降本增效　围绕全年生产经营目标，抓住关键点，以实施运营改善和成本削减“两个计划”为契机，开展降本增效活动。通过制粒等手段降低杂料库存，全年辅材及备品备件吨单耗指标比计划下降19.59%；拓展鼓风炉、转炉、浮渣熔炼炉的功能，最大限度回收渣中的有价金属。“两项计划”实施取得成效：粗炼系统生产水平提升，产品产量创复产以来新高；可控成本削减，同比下降4041万元；综合回收效益凸显，产粗铜、高锑粗铅及修旧利废创效1340万元。

创新创效　主动适应中金岭南公司深化改革的新要求，实施管理和技术创新双轮驱动，释放管理和技术的潜能和活力，实现生产最优化、效率最高化、成本最低化、效益最大化。优化生产要素配置，组织生产，提升生产水平。创新发展ISP工艺技术，打破鼓风炉入炉焦碳块度必须40厘米以上的老传统，改为24厘米以上，降低焦碳成本400万元以上；改小块煤筛孔，块煤成本下降200万元。创新危废处置模式，实现资源化、减量化、无害化。加强技术攻关，在不增加一砖一炉的情况下，变危废渣为宝，取得经济环保双效益。创新绩效考核方式，打造KPI升级版，引领生产组织、安全环保、成本管理持续改进，该成果获有色协会管理创新成果三等奖。

整体搬迁升级改造　及时得到省政府批准同意延长韶冶过渡性生产期限至新厂建成投产。推进整体搬迁各项工作，做好新厂的技术储备和人才储备工作。成立26个学习型组织，结合可研报告以及国内相关厂家的工艺技术，对新厂的工艺流程和专业技术进行学习论证和攻关，反复进行经济性测算分析，厘清思路、完善方案。

（侯晓思）

厂　　长：郑金华（任至9月）
　　　　　杨立新（9月任职）
党委书记：饶东辉
副厂长：曾令成　王远文

【中金岭南公司凡口铅锌矿】　2015年，深圳市中金岭南有色金属股份有限公司凡口铅锌矿（简称“凡口铅锌矿”，下同）面对资源品质下降，出窿矿石品位偏低，生产条件逐年变差，难采采场、顶底柱采场逐年增多，上部矿量逐渐减少，上下部矿量结构失衡等不利因素，紧扣中金岭南公司“全面深化改革，挖潜增效”这条主线，团结带领全矿干部员工积极应对，在稳定产能、保障安全、深化改革、加快创新和降本增效等方面取得较好成绩。全年生产铅锌金属量16.8万吨，完成年度任务的100%；生产高铁硫精矿77.28万吨，完成中金岭南公司下达的生产任务。

安全管理　2015年，凡口铅锌矿加强现场管理和职业卫生管理，执行规章制度；完成新掘缓冲天井、溜破通风系统改造、通风控制设备设施的完善等工作；引进新的井下爆破装药工艺，改进小台车采场装药工艺，提高装药效率和安全性；开展“安全生产标准化班组、岗位达标”工作，夯实班组安全管理基础，制订并实施安全隐患举报奖励管理制度，调动全员参与安全生产管理的积极性。6月27日进行井下突发透水事故应急演练，广东省、韶关市和仁化县安监部门负责人到场观摩，演练达到预期效果。驻矿施工单位广东十六冶矿建一处于8月4日发生1起生产事故，导致工亡1人。事件发生后，凡口矿协助做好善后工作，并进行大规模安全检查。

环保管理　2015年，凡口铅锌矿按照国家环保要求，结合矿山实际，实施环境综合整治工程建设，确保群众生命健康和环境安全。完成跨河段约1000米尾矿管的更换工作，改善尾矿污水输送安全条件；完成选矿厂碎矿工段排气筒改造和新南风井通风口除尘系统、废石堆场整治工程等7项综合整治工程。老南风井、东风井通风口除尘系统工程等4项治污减排工程项目也正在加紧建设中。2015年，凡口铅锌矿获得国家重金属治理专项资金2300万元，为今后开展环境综合整治、尾矿库清污分流及生态恢复提供资金支持。凡口铅锌矿“三废”综合排放达标率100%，COD、氨氮控制在总量指标以内，重金属减排达到国家和地方要求，环保设施运行率100%，环保态势良好。

整合资源　对采矿车间的劳动组织架构进行改进完善，进行专业化的运作，实施人力资源、机械设备、劳动组织架构整合，推行机械化作业，提高劳动生产效率，稳定产能，先后

2015年6月9日，广晟有色公司总裁张木毅等企业领导到瑶岭进行安全及精细化管理辅导培训，并听取瑶岭等五家钨矿山精细化管理情况汇报（陈曲安　摄）

成立采矿车间铲矿工区和机械化采矿工区，以机械化作业代替人工作业，减少危险作业环境、作业环节中人的参与，推进“采场、人员、设备”的提质增效，使矿山集约高效安全生产水平迈上一个新的台阶，实现环节更简、人员更少、效率更高、效益更好的管理环节，为源头上保证安全提供保障。

鼓励创新　从2015年开始，每年斥资100万元用于奖励在“三个创新”方面为矿山作出贡献的员工。2015年共奖励管理创新37项、科技创新17项、岗位创新93项。

贫损监控　加大贫损管理力度，以激励机制调动一线人员的积极性，做好矿石分灰分采工作，优化采矿方法，从源头上控制矿石贫化。2015年出窿矿石品位达到11.93%。

稳定产能　把采矿产能和选矿回收率指标作为矿山年度攻关项目，使产能保持稳定. 全年铅、锌、硫的综合回收率分别为85.42%、95.28%、62.46%。

成本控制　8月10日，下发《凡口铅锌矿运营改善及强化成本费用管控办法》，使成本管理更加系统化，实现成本“全员、全方位、全过程”控制机制。2015年凡口铅锌矿实际生产成本为7.85亿元，比公司预算节约3000万元。其中利用废石回填采场空场节约费用300万元，细粒级金属的综合回收新增效益近1000万元，改造电机450台，节约用电300万千瓦时。

深化改革　2015年，凡口铅锌矿围绕公司关于深化企业改革的总体要求，筹划体制、机制改革，不断挖掘内部潜力。7月20日，成立铲矿工区，撤销二工区、矿建一处。9月30日，成立机械化采矿工区，撤销采掘一处、机械化掘进队。把采矿车间地面工业场地绿化、环卫、洒水工作的人员、业务及设备设施全部划归环保管理中心管理。

从10月开始，实施《凡口铅锌矿出勤奖发放办法》，设立出勤奖，把员工月度奖金、岗位补贴全额下拨给各单位，由各单位对员工进行考勤，对缺勤员工进行考核，把处罚奖金奖励全勤员工，以此鼓励员工“出全勤、出满勤”。

技改技措　2015年，凡口铅锌矿进行技术改革，提高采矿、选矿工艺水平，9月启动选矿设备大型化、自动化5000吨/日处理能力的技改工程项目。Φ53米浓密机底流回收细粒级硫精矿工艺应用后，多回收标硫4.2万吨。9#浓密机底流回收微细粒级铅锌工艺多回收铅锌金属976吨，最大限度地提高资源回收利用率。广东凡口国家矿山公园经过11个月的建设，一期工程8月27日通过国家国土资源部、广东省国土资源厅组织的项目验收，12月18日揭碑开园。

矿　　长：姚　曙（任至9月）

蔡　文（9月任职）

党委书记：骆建辉　　　　　　（张秋利）

【广东韶关瑶岭矿业有限公司】　位于韶关市曲江区境内，由原瑶岭钨矿改制组建的股份制企业。原瑶岭钨矿于1919年开始开采，解放后1951年1月收归国有，属中央直属企业。2000年下放广东省管理，2003年经上级主管公司批准改制为股份制企业，2003年3月经广东省韶关市工商行政管理局批准注册成立，现属上市公司广晟有色金属股份有限公司旗下的国有企业。

公司按照现代企业制度设置董事会、监事会、经营班子和党委、纪委、工会，下设5个部和3个分公司，分别为综合部、生产技术部、安全环保部、贸易经营部、财务审计部和采矿、选矿、电力分公司。2015年年末有员工332人。

主要产品　公司是一个采选联合企业，生产、生活设施完善。矿山开采方式为地下开采，平窿—盲斜井联合开拓，采矿方法为浅孔留矿法，最低主平窿标高450米。现采矿最大垂深500米。设计生产规模为32.6万吨/年、选矿合格矿处理量为375吨/日。选矿工艺为手选与重选，回收黑钨矿精矿及少量白钨精矿、锡精矿。年产钨精矿能力有450—600吨。小水电装机容量为2940千瓦，具有530—900万千瓦时的年发电能力。主要产品有黑钨精矿、白钨精矿、铋钼矿，水电等。

生产经营　受市场价格和国际经济形势等各种因素影响，钨精矿价格大幅下跌，营业收入大幅减少。2015年，公司工业总产值3545万元，销售产值2370万元，工业增加值1353万元，主营业务收入2370万元，利税总额－613万元，利润总额－1023万元，

省、市领导出席李屋拦泥库外排水处理厂扩建工程建成通水仪式（大宝山矿　供）

资产总额8022万元，固定资产净值平均余额2117万元，流动资产平均余额974万元，负债总额3663万元。年末从业人数340人，全年平均从业人数355人，从业人数比上年减少38人，同比减少9.67%。2015年生产钨精矿342.852吨（其中：黑钨精矿333.292吨，白钨精矿9.561吨）。劳动生产率2015年为38104元/人，2014年为86030元/人。

环保安全　公司贯彻“安全第一、预防为主、综合治理”的安全生产方针，围绕“以人为本，精细化管理，持续改进”主题，为树立安全意识加强安全环保教育，建设绿色矿山和营造安全环保矿区环境。抓好安全生产规章制度落实；做好安全隐患整改和改善安全生产环保作业条件；抓好安全生产标准化建设；贯彻落实公司领导带班下井制度；签订安全生产环保责任书。编制完成突发环境风险应急预案，并通过市环保技术中心的评审，区环保局已经出具备案证明；完成对公司的清洁生产审核报告修正工作，通过省环保厅的公示。

建设与发展　450中段中区深部矿床开拓工程进入施工阶段；开展东区146线详勘；130区深部开拓，433、398中段进入生探和采准；完善班级安全管理，做好“安全标准化持续改进”工作，淘汰部分落后设备和工艺；基本完成钨锡分选、钼铋分选工艺流程改造。完成定向增发工作，公司迎来新的发展机遇。

公司持续发展有资源保证。自2007年开展探矿工作以来，累计投入资金4000多万元，探获资源储量（WO3）金属量11000吨，相当于一个中型矿山的储量规模。

公司持续发展配套工程完善。坪山尾矿库二期排洪系统工程竣工，解决今后20年的选矿尾矿库排尾库容；安全标准化建设持续改进；有完善的井下运输、提升、溜矿、供电、供风、供水、通风、排水等八大系统，有完善的细选精选的选矿生产工艺流程；国家级绿色矿山试点单位建设自评报告通过；井下六大系统、尾矿库在线监测系统以及尾矿库坝顶公路建成使用。

董事长、总经理：刘广云

党委书记、总工程师：郑揭东

（张　静）

【广东省大宝山矿业有限公司】　广东省大宝山矿业有限公司位于广东省韶关市曲江区沙溪镇境内，1958年5月建矿，1966年10月建成投产，占地面积9．49平方千米，毗邻106国道、京珠高速公路沙溪出口，是一家具备生产能力成品铁矿石65万吨/年、铜精矿3600吨/年（金属量）、硫精矿38万吨/年的国有独资多金属矿采选企业，旗下有子公司广东省南方特种铜材有限公司和韶关市广宝化工有限公司，现为广东省广晟资产经营有限公司旗下一级企业集团。2012年，经国土资源部、财政部评审通过，正式列为全国首批40家、广东省唯一一家“矿产资源综合利用示范基地”。

企业战略翻开新篇章　2015年，面对严峻的市场形势，企业在新一届领导班子的带领下，确立“1+3”的发展新战略，树立“以实干求进步以业绩论是非以创新谋发展以实力树形象”的发展新理念，并以“混合所有制改革、大宝山区域环境综合整治、7000吨选厂技改项目建设、存货和存量资产盘活、三项制度改革、周边资源整合工作、生产提质达效”七件大事为统领，促使公司全局工作实现提质、提速、提效，矿山经济运行保持平稳势头。全年累计生产成品铁矿石59.3万吨，铜精矿3461.23吨，硫精矿（含磁硫）34.62万吨，分别为年度计划的91.23%、96.15%、91.11%；累计销售成品铁矿石67.5万吨，铜精矿6920吨，硫精矿（含磁硫）36.91万吨，分别为年度计划的112.5%、197.71%、97.13%；生产硫酸15.02万吨，销售11.98吨，PC铜生产5208.81吨、销售5238.79吨；累计实现营业总收入8.03亿元，上缴税费1.2亿元。

企业发展取得新突破　7000吨/天铜硫技改项目推进顺利，完成选厂设计方案的优化、完善和主体设备的招标，并于2015年11月11日举行开工仪式，进入主体设备基础开挖，预计2016年6月中旬具备主体设备安装条件，12月底完成全部土建和安装施工任务，并单机试车。资源综合利用开发研究工作取得成效：铜硫钨综合回收工业试验成果明显，为铁选厂二期建设、铜硫尾矿资源综合利用项目建设提供重要数据依据；铜系统通过工艺和药剂改造，回收率提升至70%以上。钨选厂开工建设。资源储量增量喜人，通过实施老矿山找矿项目，新增资源铜15.7万吨、硫1500万吨，潜在经济价值达80亿元。

企业管理取得新成效　通过实施机构、人员的整合和内退政策，减少部门11个，缩减员工451人，人工成本支出同比减少1400多万元。通过抓好物资采购、严控三项费用、开展清仓利库及修旧利废等工作，实现采购成本下降25.9%、可控成本下降10%，全年节约费用6843.45万元。通过加强招标工作，矿山三年采剥工程合同单价实现大幅下调，生产成本得到控制。强化财务管理，降低融资成本142.8万元。

安全环保重塑新形象　全年实现安全环保“6011”目标。安全方面，通过调整落实风险抵押金方案、狠抓“一岗双责”制度落实、坚持常态化开展“反三违”活动等措施，安全生产标准化建设达到国家二级标准。企业坚持走“科技兴安”路子，全年安全投入达1000多万元，确保排土场、采空区、边坡等危险区域的安全形势总体可控。环保方面，《大宝山矿区环境综合整治行动方案》中矿区范围内11项整治工程已完成10项，建成李屋拦泥坝坝体加高工程、清污分流工程等一批重大环保基础设施工程，特别是李屋拦泥库4．5万吨外排水处理扩建工程于12月30日建成通水，至此大宝山区域地质灾害、重金属污染物得到根本治理，提升企业社会形象，企业的环保信用等级提升为蓝牌。

党委书记、董事长：吴泽林

（蔡浩双）

【韶关发电厂】 是广东省粤电集团有限公司下属大型骨干发电企业之一。现有4台在运机组，2台330兆瓦机组，2台600兆瓦机组，全厂装机容量1860兆瓦。

生产经营管理　2015年，韶关发电厂狠抓安全生产、强化经营管控、力推机组投产、优化企业标准、构建韶电特色子文化体系，深入开展“三严三实”专题教育。全年完成上网电量49.83亿千瓦时，供电煤耗330.32克/千瓦时（330兆瓦机组332.08克/千瓦时，600兆瓦机组327.6克/千瓦时），实现净利润1.7亿元，超额完成年度经营目标任务。

节能降耗　2015年，韶关发电厂更换淘汰低能效380伏电机225台，完成10号炉一次风机变频改造、10号机A真空泵整组改造、10号炉水加热系统改造、10号炉制粉系统改造等节能改造项目，330兆瓦机组供电标煤耗同比下降1.02克/千瓦时。“十二五”期间累计节约标煤8.4万吨。

环境保护　2015年330兆瓦机组脱硫效率93%以上，脱硝效率71%以上，除尘效率99.85%以上；600兆瓦机组脱硫效率98%以上，脱硝效率80%以上，基本满足超洁净排放要求。1、2号机组环保设施2015年12月28日通过广东省环保厅验收。2015年9月，韶关发电厂连续6年获得“环保诚信企业”（绿牌企业），并获评“广东省清洁生产企业”称号。

新机组建设　2015年韶关发电厂围绕基建工程节点计划，按照里程碑工期目标，狠抓安全质量、严控工程费用，保障新机组工程建设和调试工作的推进。通过协调与监管，7月29日，1号机组通过168小时满负荷试运行投产；9月24日，2号机组通过168小时满负荷试运行投产。

社会责任　韶关发电厂重视并开展翁源县新江镇新江村对口帮扶工作。2015年落实扶贫资金25万元，修建6米宽的村主干道、机耕路及农田水利“三面光”以及全村安装60多盏路灯等民心工程，得到村民的充分肯定和赞许，翁源新江村对口帮扶通过省级验收获优秀等级。

企业文化建设　2015年，韶关发电厂开展企业文化整合提升项目，形成《北江明珠活力之源》韶关发电厂企业文化系列丛书。整理提炼出《以主题年活动为载体推进文化落地引领企业精细管理》的文化案例，被中电联授予2014年电力行业企业文化案例二等奖；总结提炼的研究成果《以主题年活动为载体推进公司文化落地引领企业发展》在第九届中国企业文化百人学术论坛上荣2012－2014年度全国企业文化科研成果一等奖。2015年11月，中国企业文化研究会授予韶关发电厂“十二五”企业文化建设优秀单位。

厂长、党委书记：何健康

（张　健　邹海峰　陶花艳）

2015年10月18日韶关发电厂全景图（梁赐斌　摄）

【韶关市坪石发电厂有限公司（B厂）】

韶关市坪石发电厂有限公司（B厂）（以下简称坪石公司）位于广东省韶关市乐昌坪石镇，原是港资民营企业，2010年5月21日，由中国华电集团公司下属最大的上市公司华电国际电力股份有限公司以100%股权收购，成为华电国际全资子公司，是华电集团在粤投资运营的第一个火电项目。

机组建设　坪石公司共分三期建设，总装机容量72.5万千瓦。其中：一期工程建设2×60MW煤粉炉发电机组，分别于2000年3月24日和12月26日投产运营，已于2009年4月15日响应国家节能减排要求全部关停；二期工程建设1×125MW煤粉炉发电机组，于2003年11月22日投产运营；三期工程建设2×300MW循环流化床锅炉发电机组，分别于2009年11月22日和2010年11月7日投产运营。

环境保护　自华电接管以后，坪石公司响应国家环保新政策要求，不断加大环保技改力度，贯彻“两个等同于”的环保理念，加强环保设施运行管理和检修维护，脱硫、脱硝投运率达到100%，通过年度省环境监测中心进行的监督性监测和烟气在线监控系统有效性审核。自2012年坪石公司连续5年获得广东省“环保诚信企业”荣誉称号。

生产经营　2015年度，坪石公司

韶关市坪石发电厂有限公司（B厂）全景图（坪石发电厂　供）

完成发电量29.23亿千瓦小时，利用小时完成4520小时，工业产值完成12.04亿元，工业增加值6.28亿元，税收完成16512万元，实现利润8507万元，连续安全生产2051天，为地方经济发展做出较好贡献。

荣誉称号　公司先后获得广东省节能先进单位、韶关市节能先进集体、广东省清洁生产企业、韶关市A级纳税人、华电集团燃料管理达标企业、华电集团四星级发电企业、华电集团文明单位、华电集团安全生产先进单位、华电国际先进企业等一系列荣誉称号，为华电在粤树立优秀的企业形象。

【广东省第五建筑工程有限公司】　始建于1951年8月，具有独立核算的经济实体，国家房屋建筑工程施工总承包一级、市政公用工程施工总承包一级、钢结构工程专业承包一级、建筑装饰装修工程专业承包一级的企业，通过中建协认证中心的ISO 9001质量体系、ISO 14001环境管理体系和GB/T28001职业健康安全管理体系等三大管理体系再认证注册。2015年，签订工程施工承包合同造价总额13.6亿元，完成年度计划的105%，履约率98%；产值6.84亿元，完成年度计划的68.4%；全员劳动生产率155330元/人·年，完成年度计划的91.4%；经营性收入1810万元，完成年度计划93%；上缴税收4442万元，完成年度计划的99%。全年未发生重大质量事故和安全责任死亡事故，被广东省工商行政管理局授予“连续二十八年守合同重信用企业”称号。

文化与制度管理融合　企业探索自己的管理模式，结合实际，真抓实干，中西合璧，用文化引领企业转型升级，促管理体系落地。引入道合企业管理咨询，重新拟定经营理念，确定企业的使命、愿景、核心价值观，梳理并建立与企业发展相适应的管理体系，将企业打造成员工幸福、队伍素质高、执行力强的新型企业。

提升经营能力　企业经营活动主动出击，稳步推进，沟通客户，及时把握市场变化的脉搏，注意分析、积累和总结经验，在巩固区域优势的前提下培育或外拓新兴市场。加大管理力度，完善合同，增效创收。

深化项目管理　坚持“安全第一、预防为主”的方针，强化现场管理，抓好安全生产工作；树立“以人为本”的观念，落实安全质量责任制，加大隐患整改力度，确保生产安全，杜绝重大安全事故的发生。开展创建文明工地活动，针对项目特点，明确创优目标，制订创优规划，细化创优标准，落实创优责任，打造精品、树立形象，韶关卷烟厂片烟仓库及生产指挥中心（1#片烟仓库）工程项目，被评为广东省“安全生产、文明施工示范工地”；福利院“老人综合服务楼”项目，通过市“安全生产、文明施工示范工地”初审。

董事长、党委书记：林　松

副董事长：伍小粦

12月18日，广东省地质局第三地质大队大队长尤永春（左二）带队到大宝山矿接替资源勘查项目现场开展安全生产检查（何　莉　摄）

董事、总经理：吕清坤

（钟　丽）

【广东省地质局第三地质大队】 广东省地质局第三地质大队（广东省韶关地质灾害应急抢险技术中心），2013年3月由原广东省地质局七〇五地质大队和七〇六地质大队整合组建而成，正处级事业单位。2015年，在职职工303人，各类专业技术人员175人，其中中高级专业技术职称81人。下设韶关地质工程勘察院和韶关市地质工程公司，在韶关、惠州、东莞、清远等地设有基地和分支机构。曾获国家、省部级“科技成果奖”、“地质找矿奖”和“全国地质勘查功勋单位”等荣誉。

主要业务及资质　主要开展地质找矿、地质灾害评估与治理、工程勘察施工、测量等业务。持有固体矿产勘查、区域地质调查、地质钻（坑）探、地质灾害危险性评估、工程勘察专业类岩土工程甲级，地基与基础工程专业承包壹级，液体矿产勘查、水工环地质调查、地球物理勘查、地球化学勘查、遥感地质调查、测绘、地质灾害治理、勘查和设计乙级资质证书。通过质量、环境、职业健康与安全三标一体化管理体系认证。

地质找矿出成果　开展立项工作，申请广东省地质勘查基金项目，编制《广东省英德市上黄XX矿预查》等3个立项申请书，其中2个获批准；申请省财政专项资金项目1个；编制2016～2018年地质矿产勘查项目计划。做好新开和续作项目，开展广东省韶关市大宝山XX矿接替资源勘查，取得较好的找矿成果。开展广东省翁源县丘屋XX矿预查等3个项目，完成部分槽探、钻探、化探等工作量。承担广东省重要地质钻孔数据库建设项目，完成2817个钻孔建库工作。做好其他项目的验收、成果报告评审、资料汇交工作，其中3个项目成果报告评审均为良好级以上。推进自有矿权的维护和新立探矿权申请工作，2015年新取得2个探矿权。

水工环地质有突破　开展大亚湾市政工程、南雄雄州人防工程等11个项目地灾评估工作。通过参与公开招投标，中标“广东省乳源瑶族自治县地质灾害详细调查”项目。拓宽环境地质服务领域，开展10项地质灾害应急调查，4项地热勘查，完成新建铁路梅州至潮汕铁路丰顺隧道地热影响及隧道对周边地热田影响评估报告，编制完成广东省乳源县大桥镇温汤温泉等4个矿山地质环境保护与治理恢复方案。

地质宣传　塑造广东地质新形象，参加“最美地质人”和“韶关好人”推荐评选活动，在韶关电视台录制并播出以“爱岗敬业的地质人”为主题的道德讲堂宣讲节目。利用“学雷锋服务月”“世界地球日”等开展地质科普知识宣传服务活动。举办矿产地质专业技术人员技能竞赛，选送优秀选手参加全省决赛取得优异成绩。

大队长、党委副书记：

罗高雄（任至12月）

尤永春（12月任职）

党委书记、副大队长：邢丽云

（景承云）

【广东省有色金属地质局九三二队】 广东省有色金属地质局九三二队为正处级事业单位，隶属广东省有色金属地质局，是一支为国家矿产资源勘查开发和地方经济社会发展服务的地质勘查队伍。队机关管理科室8个，下属二级单位11个。在韶关市新华北路、西联小阳山、工业西路、广州、珠海、新疆等地设有基地和办事处，队机关设在韶关市新华北路38号。

九三二队在公益性、商业性矿产资源勘查、工程地质勘察、地质灾害评估（治理）、水工环地质调查等方面开展多方位服务工作。持有固体矿产勘查、液体矿产勘查、水工环地质调查、地球物理勘查、地球化学勘查、地质钻（坑）探、地质灾害危险性评估、地质灾害治理工程设计8个地质勘查类、地灾类甲级资质证书以及地质灾害治理工程勘查乙级证书和测绘乙级证书。通过ISO 9001：2008国际质量运行体系认证。曾获中国有色金属工业总公司“‘八五’重大找矿成果奖”“科研成果奖”以及“地质找矿奖”。

地质找矿　2015年，九三二队深入推进找矿新机制，围绕省大宗紧缺战略性矿产、资源潜力大、积极性高的矿山，立足粤北，把在小口径岩芯钻探深孔技术优势和三位一体理论结合起来，加强和完善“探边摸底”“攻

九三二队开展地球日科普知识宣传活动（黄伟娟　摄）

深找盲”找矿实践体系。全年开展《凡口铅锌矿接替资源勘查》《广东省翁源县红岭钨矿接替资源勘查》《广东省仁化县闻韶镇黄洞排地区铌钽矿详查》、《广东省平远县象牙铅锌多金属矿普查》等11个地质勘查项目。成功立项《广东省韶关市芹村铅锌多金属矿预查》和《广东省乐昌市九峰铜多金属矿普查》2个省地勘基金项目。其中，在凡口铅锌矿接替资源找矿项目中，完成地表、深部地质找矿钻探及井下钻探38398.8米，仅用8个多月时间完成深部探矿孔217/Fk7，该孔深度达2276.84米，再次刷新广东省小口径岩心钻探钻进历史记录。

服务建设　九三二队推进广东省尤其是粤北地区的地质灾害监测预警和防治体系建设，主动承担韶关市地质灾害高易发区1∶5万隐患详细地质调查任务，排查地质灾害隐患点，减少地质灾害发生。完成曲江区2015年度地质灾害（马坝、白土、罗坑）隐患点治理工程。先后为国家成品油储备能力建设733处和353处工程、韶州师范学院6、7#教学楼西侧滑坡地质灾害应急处理工程等多项重点民生项目进行地质灾害勘查，确保民生项目安全推进。立项《韶关市曲江区农业地球化学地质调查》项目，为韶关市经济发展提供资源与环境防灾保障。其中，凡口水文地质勘查项目获广东省地质局科学技术成果二等奖。拓展测绘和地质延伸产业的领域，开展工业与建筑、铁路、公路、隧道、水利及市政建设等领域岩土工程勘察业务，全年签订合同项目118项。工作地域涵盖广东、广西和江西、海南等省，包括广州市地铁勘察项目、韶关市芙蓉新城安置房建设项目、韶关市曲江区高标准农田地形测量等国家及省、市重点建设项目的勘察及测量工作。

创新管理　以提高经济效益为中心，抓好财务、质量、材料设备、劳动人事，安全生产、保密及资质管理工作。2015年制定完善安全生产、资质管理等24项管理制度。实施人才战略，坚持“事业留人、感情留人、待遇留人”，完善分配激励机制，坚持培养与引进并举，加强岗位培训和继续教育。推进“三旧”改造、棚户区改造进程，为职工改善办公住房环境。

地质知识宣传　开展地球日科普知识宣传活动、地灾知识进山区、进社区、进校园活动，增强群众的地灾防治意识。参加第三届地质勘查技术人员技能大赛等，取得优异的成绩。2015年，九三二队职工被授予“广东省优秀团员”“广东省女职工先进工作者”等荣誉称号。

队　长：蒋祖浩

党委书记：罗　颢

（黄伟娟）

【中国中铁五局集团第四工程有限责任公司】　（原铁道部第五工程局第四工程处），是“中国中铁”（601390）旗下的国有综合性一级大型施工企业，成立于1964年10月，2000年6月实现公司制改造。全年新引进大学毕业生36人，其中重点本科1人，本科31人，专科4人。63人通过局中评会评审，8人通过技师评审，公司一级建造师43人，注册其他类工程师9人。

公司是以公路、铁路、桥梁、市政工程施工为主的施工企业，具有3个施工总承包一级，3个专业承包一级等资质。

在五十多年的创业历程中，公司先后参建58条铁路干线、复线和客运专线，担负施工57条高速公路、12项市政工程、18条城轨工程，曾胜利完成坦桑尼亚、赞比亚、伊拉克、尼泊尔、利比亚等国外铁路、公路建设项目的援建任务。正承担非洲贝宁共和国GP公路，斯里兰卡南部铁路等项目施工。

在长期施工实践中，公司积淀深厚的文化底蕴，弘扬“勇于跨越，追求卓越”的企业精神，遵循“依靠科技、规范管理、持续改进、顾客满意”的质量方针，通过三标体系认证，是国家级计量合格企业和广东省AAA级信用等级企业。

2015年，面对复杂多变的经济形势，全公司上下带着责任感和使命感，团结一心、攻坚克难，抢抓机遇稳增长，防控风险保稳定，精细管理创效益，夯实基础提质量，转变作风抓落实，生产经营实现全面发展，呈现出稳中求进、稳中向好的发展势头。

企业效益　2015年，公司完成建安产值41.08亿元。完成新签合同额41.1亿元，其中路外新签合同额21.3亿元，局内分配任务19.8亿元。

项目安全生产提供保障　公司坚持把主要管理力量、主要生产资源投放到施工现场，为施工生产提供组织保障和资源保障。重难点项目推进，大连地铁、南京地铁、连怀高速等项目按期开通运营。公司以工程质量安全达标为目标，通过完善管理体系，修订《中铁五局四公司安全质量管理激励考核办法》强化培训教育和激励考核机制，狠抓项目风险监控，提升现场安全质量管理水平。实现年度安全目标，质量基本可控，单位工程一次验收合格率100%。

拓展经营　公司落实“以现场保市场，以市场促现场”的经营思路，以片区经营为重点，转变思路、优化结构，开拓经营新格局，在合同总额、区域拓展、中标质量上实现突破。全年自主承揽任务12项，合同金额21.3亿元，同比得到较大改观。广东市场加强，河北、安徽市场取得突破。公司还与政府、社会单位加强经营合作，促进优质项目落地，实现互利共赢。

推进工程项目精细化管理　推行分公司站点的责任承包和考核。将砼运输队伍、砂石料加工生产和运输班组纳入公司劳务队伍管理序列，由公司劳务中心集中管理。推行劳务用工、设备租赁、劳务队伍管理3个网络平台，为将各类资源由分散随机使用转变为集中有序管理，搭建管理平台。

公司内部风险控制管理　构建贯穿“公司—项目部—作业队”和“公司—专业化分公司—分公司站点”两

条经济责任主线，覆盖公司机关、项目部、专业化分公司、作业队、分公司站点5个主体的绩效考核体系。公司对股份公司巡视、外部模拟审计和局内部审计发现的问题，进行整改。共清理整治股份公司审计主要问题18件；外部模拟审计问题21个，已整改15个，剩余6个已经制定解释预案；企业风险得到有效防控。

推进科技创新　开展重难点工程科技攻关，鼓励项目与高校联合搞科研项目。全年完成韶关市科技项目申报12项，立项9项，申报金额1.5亿，申请到韶关市财政拨款15万元。完成局新立项科技项目课题4项，延续6项，申请结题4项，申报工法4项。加强自主生产创新意识，钢结构分公司推进技术创新，开展隧道施工专用设备产品研发，先后研制出全自动防水板铺设台车、全自动水沟电缆槽模板台车、24米自行式仰拱栈桥等新型产品，拓宽市场，提升竞争实力。

党委书记：张习亭

总经理、党委副书记：钟勇奇

（刘　维）

【广东中烟工业有限责任公司韶关卷烟厂】　成立于1950年6月1日，前身为民生卷烟厂，1964年更名为韶关卷烟厂，2006年取消韶关卷烟厂法人资格，更名为广东卷烟总厂韶关卷烟厂，2006年更名为广东中烟工业公司韶关卷烟厂，2007年改制更名为广东中烟工业有限责任公司韶关卷烟厂。企业占地面积约15万平方米，拥有4800千克/小时的制丝线1条，3000千克/小时的制丝小线1条，1500千克/小时的梗丝线1条，额定生产能力570千克/小时的二氧化碳膨胀烟丝生产线1条，卷接包机组17台套（其中软包机组7套，硬包机组10套），设备年生产能力为301亿支（60.2万箱）。截至2015年底，有从业人员759人。2015年6月，广东中烟工业有限责任公司韶关卷烟厂获得韶关市“‘广东扶贫济困日’活动突出贡献单位”荣誉奖章。2015年12月，广东中烟工业有限责任公司韶关卷烟厂获得“全国模范职工之家”荣誉称号。

生产经营　所产卷烟品牌全部为“双喜”系列。全年生产卷烟215亿支（43万大箱），其中“双喜（硬经典）”54.46亿支（10.89万箱）、“双喜（软经典）”50.85亿支（10.17万箱）、“双喜（硬01）”19.19亿支（3.84万箱）、“双喜（软01）”17.39亿支（3.48万箱）、“双喜（硬世纪经典）”4.3亿支（0.86万箱）、“双喜（硬蓝红玫王）”12.17亿支（2.43万箱）、“双喜（软蓝红玫王）”27.49亿支（5.50万箱）、“双喜（硬红玫王）”20.81亿支（4.16万箱）、“双喜（硬经典1906）”5.77亿支（1.15万箱）、“双喜（传奇）”2.57亿支（0.51万箱）。全年平均耗用烟叶6.63千克/万支，水0.05吨/万支，电4.90千瓦时/万支，卷烟生产综合能耗1.47千克标煤/万支，卷烟全部综合耗能为1.55千克标煤/万支。全年节约烟叶443吨。

经济指标增长　2015年，韶关厂完成卷烟产量43万箱，与上年同期持平；实现产值65.3亿元，同比增长6.53%；税金实现数38.49亿元，同比增长8.62%；税金入库数38.56亿元，同比增长8.22%。

创新生产组织模式　结合生产计划频繁调整的新常态，建立科学快速的生产计划调整模式，引入协调归纳法解决制约生产过程的制约因素，确保生产的连续性。采取JM方法攻克卷包作业开机准备时间长等问题，使生产组织模式向数据控制模式转变，取得良好效果。全年应对生产调整23次，完成公司下达的生产任务，保障市场供应。

提高技术改造能力　2015年，共实施基础设施、技术改造项目34项，资金投入达3.12亿元，为建厂以来投入最大的一年。在设备管理方面，设备运作稳定高效，全设备有效作业率为102.15%，生产设备完好率100%；新购的2套高速卷接包机组就位，达到预期要求。在大型项目建设方面，狠抓现场施工管理，厂区片烟仓库已施工完毕并投入使用；制丝线及配套工程技术改造项目土建施工推进，相关设备类招标采购已基本完成。

提升质量管控水平　落实日常检查、工艺巡检、厂部内审相结合的

2015年4月20日，中共韶关市委书记蓝佛安（左一）、广东中烟公司总经理唐健（左二）等到韶关卷烟厂指导工作（曾莹　摄）

"三元制"工艺检查模式，定期分析关键工序质量信息，形成问题发现、纠正改进、落实检查的闭环质量管理，工艺质量指标整体受控：2015年，韶关厂产品市场抽检合格率、卷烟焦油量合格率、包装和卷制质量产品质量抽检合格率均为100%。

加强原辅材料保障　严格仓储作业流程，着重抓好原辅材料采购、调拨、入库和出库等关键环节的质量管控。原辅材料准时到货率达100%，生产过程使用的原辅材料得以保障。针对韶关高温天、潮湿天、暴雨天等极端天气，制定季节性应急方案，做好防潮、防霉、防虫等工作，仓储质量防线得以筑牢。2015年，韶关厂原料储存损耗率为0.0001%，达到行业先进水平。

优化人才培养　以精益管理思维拓展培训思路，以链式人才培养模式为载体，形成厂级、车间、班组三级培训管控及考核机制，使人才培养工作形成闭环。推进和落实"师傅带徒"工作机制，加速员工成长。2015年，厂内首次选派3名选手参加"中国技能大赛—广东省机电一体化职业技能竞赛"，获得一、二、三等奖各1名。

创新企业管理　将精益管理理念、方法与工厂实际相结合，发挥精益专项课题和QC小组活动的作用，全年共提炼专项精益攻关课题27个和QC成果17个，课题《装箱机烟箱牌号在线检测系统的研发》成果获公司发布一等奖、广东省质量协会"南粤之星"金奖。以梳理厂内各专业体系运行为切入点，寻找管理提升的突破口，通过加强清洁生产规范的执行，清洁生产年度自评第七年达到国家"AAAA级"水平。

严格规范安全管理　成立安全生产标准化岗位达标组织机构，制定《韶关卷烟厂安全生产标准化岗位达标管理办法》，针对安全重点部门先行开展岗位达标活动，确保安全管理规范、有序。以"安全生产月""119消防月"活动为载体，以安全签约为依托，持续开展各类安全检查，强化技改施工现场的安全监管，不安全隐患的整改率达100%，实现公司"七个为零"、厂部"八个不发生"的安全管理目标。

履行社会责任　响应省委、市委"扶贫济困"号召，履行社会责任，全年组织捐赠190万元用于韶关地区扶贫开发工作。完成南雄市古市镇小坑村的对点扶贫任务，42户贫困户全部脱贫。热心社会公益事业，组织员工参加无偿献血活动，53名员工献血16370毫升。

厂长、党委书记：张卓研

（曾　莹）

【中金岭南丹霞冶炼厂】　该厂系国有控股上市公司（股票代码：000060）深圳市中金岭南有色金属股份有限公司直属企业之一，建于2007年3月，工程总投资18亿元，是中国首家采用氧压浸出湿法炼锌工艺专利技术的大型锌冶炼企业，锌锭生产规模10万吨/年。在职员工858人，其中，高级职称以上人员46人，中级职称人员82人，技师2人。主产品有锌锭、硫黄、硫酸、硫酸锌等，其中，"丹霞"牌锌锭在上海有色金属交易所挂牌交易。工厂先后通过ISO 9001：2008质量管理体系认证、ISO 14001：2004环境管理体系认证、OHSAS18001：2007职业健康安全管理体系认证。

生产技术指标再创新高　2015年，工厂实行"精益生产，指标优先，消耗总控，梯次利用"的生产管理原则，以问题为导向，抓住制约产能提升和指标优化的关键因素和短板，组织生产，攻关技术难题，破解生产瓶颈，强化设备维护保养。全年生产锌及锌制品121470吨（其中锌锭118379吨，硫酸锌13649吨），为年预算的108%；硫磺30163吨，为年预算的132%。0号锌品级率达到98.44%，同比提高57.88个百分点，增加销售收入约828万元；高压釜浸出率为97.83%，同比提高2.06个百分点；电解电流效率为87.88%，同比提高0.45个百分点；锌冶炼综合电单耗为3888千瓦时/吨·锌锭，同比降低166千瓦时/吨·锌锭；锌冶炼总能源单耗为0.88·标煤/吨·锌锭，同比降低0.11吨·标煤/吨·锌锭。

经济效益明显提高　2015年，工厂原料的"一次"利用率提高，锌金属的直收率比上年高2.13个百分点。按2015年原料综合价格计算，原料成本比上年降低约2300万元；加工成本为4104元/吨，比上年降低572元/吨，累计降低成本6771万元。管理费用比预算节约1284万元，节约比率为24.55%。2015年，工厂全年实现净利润约－1.3亿元，同比减亏约2700万元，按锌锭顺产顺销计算，净利润约－9580万元。

运营水平得到新提升　绩效考核逐步深化。建立分类考核机制，岗薪绩效考核实行一酬多挂；年薪绩效考核与厂绩效、单位绩效、个人绩效相挂钩，提高考评工作的科学性。细化考核指标分解，健全责任指标体系，实行问责追究。启动人力资源改革。加强干部队伍建设，组织开展管理人员培训，并对部分单位的领导干部实行轮岗交流，激发干部队伍的工作热情。推行"一线工作法"，增强服务生产一线的意识。贯标及标杆管理持续推进。推动53项标杆管理课题的开展，加大对完结课题落地执行情况的检查力度，健全考核评价体系，并初步建立工厂业务指标体系，提升工厂的管理水平。

安全环保呈现新态势　2015年，工厂树立"以人为本、生命至上"的安全环保理念，开展新安全法和环保法的宣贯，组织开展各类安全环保培训1000余人次，提升员工的安全环保责任意识。坚守"底线思维"，落实安全环保主体责任，层层签订安全环保目标责任书。全年无安全、环保、职业病事故发生，"三废"排放达标，主要污染物减排达到国家要求。

技术创新取得新突破　2015年3月破解硫磺生产难题，成为国内第一家、世界第三家自主突破并掌握硫磺生产的锌冶炼企业。金属回收取得新突破，2015年，工厂锌的直收率为92.34%，同比提高2.13个百分点；银的总回收率为98.2%，同比提高0.21个百分点；高银渣银的品位为5.24千克/吨，同比提高2.16千克/吨；锗的直收率为83.86%，同比提高8.47个百分点；置换渣锗的品位为4.33千克/吨，同比提高千克/吨。2015年获得2项国家发明专利授权。争取国家财政资金支持，与广州有色金属研究院合作的《低品位共伴生稀散金属资源高效回收利用关键技术研究及示范》课题获得国家拨款经费116万元。

职工创新取得新突破　先后成立“谢大元创新工作室”“张庆恩创新工作室”“电工班创新工作室”等3个创新工作室，完成创新项目15项，并申报国家专利和科技进步奖，营造职工创新氛围。开展职工创新工作室创建、劳动竞赛、技术比武等群众性技术创新活动，荣获“全国模范职工之家”“全国安康杯竞赛优胜单位”等荣誉称号，谢大元创新工作室被命名为“广东省劳模创新工作室”。

厂　　长：刘野平

党委书记：江晓武

（黄育平）

【广东省储备粮管理总公司韶关直属库】　成立于2004年9月1日，隶属广东省储备粮管理总公司，非独立核算单位，主要职能为承储省级储备粮。库区总占地面积10.12万平方米，一期总仓容5.4万吨。现有员工23人，其中大学本科以上学历11人，硕士1名，工程师3名，粮油检验技师1名，粮油检验员2名，高级粮油保管员2名，中级粮油保管员7名。

粮库坚持“规范储粮保安全，创新管理增效益”的理念贯穿管理的全过程，抓住良机，精准发力，以诚信服务融入管理，以真抓实干推动工作，以改革创新提升效益。2015年，该库实现年度经营总收入631.49万元，同比下降3%，费用总支出435.41万元，比上年减少75万元，同比下降15%，全年实现净利润119.05万元。

储粮安全基础牢固　利用钉扣的办法自行连接，每条皮带改造成本不足50元，节约成本，实现锁扣式皮带连接技术的自主改造。采用木板开孔的方法，封堵通风机周围空隙，减少避免风量损失，提高通风效率，为下一步实施智能通风创造条件。针对高大平房仓气密性能下降，害虫抗性逐年提高的问题，开展灯光敌敌畏综合诱杀害虫实验，控制害虫种群数量，使磷化氢难以消灭的虫害得到有效防治，从而实现安全储粮。利用自主设计的通风风机和环流风机联体自动系统，根据仓温、粮温、大气湿度选择通风模式和通风时间，实现智能通风的模拟化作业，达到节能降损目的。

探索开展“三单一志”　（即“责任清单、作业清单、问题清单”、“仓储工作日志”仓储管理模式）。利用“责任清单”明确仓储管理直接参与人的责任；利用“作业清单”分解任务；利用“问题清单”查漏补缺；利用仓储工作日志记录个人工作过程。粮库坚持把安全理念灌输于全员，安全教育贯穿于平时，安全措施落实到生产，安全检查做到全覆盖，确保粮库的安全生产保持良性状态。

粮库二期扩建工作　广东“粮安工程”的重要组织部分，也是国家重大项目、省市级重点督办项目。2015年上半年推进规划报建和招标工作，粮库主持召开8次协调推进会。3月25日，取得韶关市城乡规划局核发《建设工程规划许可证》。下半年施工单位进场后，粮库围绕“保安全、抓质量、促进度”的目标，每周召开建库工作例会，全程参与监理例会，协调施工过程中存在的问题，按照既定计划推进。公休日加班加点，全天候驻场跟踪，采取紧盯措施，确保工程质量。二期扩建项目计划2016年8月投产使用，届时粮库的总体规模将达到10.5万吨，缓解韶关地区粮食储备仓容不足的难题，且每年能为粮库增加收入600多万元。

主　任：侯传忠

副主任：刘大忠

（麦毅莎）

【中国石化销售有限公司广东韶关石油分公司】　中国石化销售有限公司广东韶关石油分公司系中国石化下属销售分公司，于2000年8月16日注册成立，公司性质为股份有限公司分公司（国有控股），覆盖韶关辖区七县（市）三区，现有9职能管理部门，下设11个市、区、县公司，有职工609人，其

粮库建设现场（省粮食储备库　供）

中石化韶关分公司广乐高速三对服务区油站正式开门迎客（付天豪　摄）

中大学及以上学历职工 252 人、占 41.38%；拥有各类专业技术职称人才 60 人，占 10%。拥有 86 座在营加油站，加气站 3 座（在营 1 座、在建 2 座），2 座在营油库，现库容 5.85 万立方米。

主营业务　公司主营汽油、柴油、润滑油、天燃气等，兼营加油站便利店、餐饮、汽服、电子商务等非油品业务。

企业效益　2015 年，中石化韶关公司销售成品油 62.79 万吨，实现营业收入 37.3 亿元，非油品销售实现营业额 14329 万元，向当地政府缴税总额 5975.35 万元，全系统排名综合竞争能力 31 名，发展进步能力 39 名。公司连续获得韶关国税局颁发的“模范纳税户”称号、市委市政府颁发的“韶关市抗旱救灾先进集体”称号、共青团浈江区委颁发的“五四红旗团委”称号等。

打造珠玑巷服务区 10 万吨大站　以创“省文明服务区”“全国百佳示范服务区”为契机，优化服务功能，安装增强型潜油泵、大流量枪、重新规划停车区，承诺油品被盗免费补加，提高进站率、加满率、回头率，年销量 10.6 万吨，同比增 2.9 万吨、增幅 37%。获得广东省交通厅“文明服务区”、交通部“全国百佳示范服务区”荣誉称号。

“情暖驿站”公益活动　韶关公司携手团市委开展“情暖驿站，满爱回家”公益活动，在全市中石化 13 个加油站为异地务工人员返乡提供“6 + X”服务。其中 2 座油站为“摩骑大军”提供免费加满油服务，并赠送易捷福袋和意外保险。该活动有 471 名青年志愿者参与，累计服务返乡车主数超 5 万人次，机关团员干部组成的“服务突击队”共计派出支援人员 158 人次，在高速、国道、旅游景点等重点路段的 25 个油站支援。

开展扶贫工作　韶关公司筹措各类资金，共投入扶贫资金 1409.59 万元，完成 50 个帮扶项目。2015 年，贫困户年人均纯收入 9860 元、村集体经济收入 10.55 万元、村民年人均纯收入 12033 元，分别比 2012 年增长 216.2%、580.6%、135.9%，并于 2015 年 6 月被评为“广东名村”，每年抽 30 户农户对扶贫工作进行民意测评，满意度均达到 100%。

油站“家文化”建设　中石化韶关分公司开展“家文化”建设，为油站设立文娱活动室、党团活动室、“探亲房”、小菜园、小养殖场等，丰富员工业余文化生活。

经　　理：苏　茂

党委书记：吴小聪

（付天豪）

【广东省煤矿机械厂】　该厂（简称省煤机厂）是为改变北煤南运适应广东省煤炭生产发展的需要，经国家煤炭部和国家计委批准施工兴建的。厂址

2015 年 12 月 29 日，韶关市副市长朱余旺（右二）在广东省煤矿机械厂国有工矿棚户区改造项目施工工地调研，广东省煤矿机械厂厂长李卓立等陪同（陈少平　摄）

在广东省韶关市浈江区犁市镇河边厂，毗邻浈江（东莞）转移产业园。地处丘陵地带，有武江河经厂前，京广铁路、省道246线横贯其间，距离乐（昌）广（州）高速犁市出口数百米，水陆交通十分方便。

省煤机厂于1968年10月筹建，1969年初施工兴建，1971年春正式投产，是粤北八大省属煤炭企业之一。投产初期以生产小型采掘设备为主，改革开放以后由过去单纯为煤炭服务，向冲出行业界限，走上为社会各行业服务的方向发展。2002年12月31日，根据广东省政府《关于加快省属国有劣势企业退出市场的试点意见》的要求，省煤机厂实施关闭退出。

省煤机厂现有留守人员7人，主要工作为出租原有厂房和设备，维护厂区职工群众房屋和居住安全，保障生活正常用水。2014年6月，广东省人民政府将省煤机厂棚户区改造项目列入全省2014年保障性安居工程新开工建设项目计划。省煤机厂于2015年初向韶关市人民政府申请立项为国有工矿棚户区改造项目，办理广东省企业基本建设投资项目备案证，申请2015年国有工矿棚户区改造和第二批保障性安居工程配套基础设施建设中央基建投资预算资金，办理土地收储和土地招拍挂相关手续。2015年8月，省煤机厂对厂棚户区范围内住户进行入户调查工作，登记住户信息，为后续棚改工作提供数据依据。2015年11月，棚改项目顺利开工。

厂长：李卓立

（曾燕辉）

【广东煤炭地质二〇二勘探队】 成立于1965年6月，主要从事固体矿产勘查、地质钻探、地质灾害危险性评估、地质资料收集分析、地质资料管理与开发、地质技术研究推广，为国家建设提供地矿勘查服务。2015年，该队在产业结构调整、深化改革、着力发展好地勘主业、提高经济发展的质量和效益等方面取得一定成效，确保经济持续健康的发展。

2015年在全国地勘形势总体下行的情况下，该队立足本省及省外市场，开展地勘工作。在省内地勘方面，开拓地质灾害评估、地灾勘探、矿山资源储量核实、核查、勘探等工作。

完成《广东省清远市清城区源潭青龙天塘顶瓷土场2015年度矿山储量年报》等矿山年报96份；《广东省化州市播杨镇木威坑石场建筑用花岗岩矿资源储量核实报告》等储量核实报告9份；《广东省阳西县溪头镇石门塘岭矿山建筑用花岗岩矿矿山地质环境保护与恢复治理方案》等地灾报告14份；《广东省连州市朝天镇桐木冲大理岩矿钻探工程》等小矿山钻探工程项目5个。

在青海柯赛煤炭普查项目钻机施工现场（广东煤炭地质二〇二勘探队　供）

承接安徽淮北矿业集团朱庄煤矿钻探项目、甘肃省会宁县田家坪盐矿钻探工程；奥园·韶关印象2、3地块一期2#－5#楼、酒店和公寓楼勘察工程、韶关齿轮厂工程勘察工程。完成“韶关市地下采空区地质灾害调查评价”“韶关市芙蓉山—将军岭铀矿资源调查评价”“韶关市牛牯墩铀矿资源调查评价”“韶关市花坪矿地区煤伴生稀散金属调查评价”“广东省韶关市大塘地区页岩气资源地质调查”五个项目的地勘基金的立项申请申报工作。

申报和实施“广东省韶关市乳源桂头重晶石矿赋存情况分析报告”“韶关市石灰岩地区基础施工经验总结报告”“广东省韶关市曲仁煤田煤伴生矿调查”等科技项目。

队长、党委副书记：刘金森

（黄异美）

市属重点企业

【广东韶能集团股份有限公司】 该公司是以清洁、可再生能源的投资开发与经营为主营业务的上市公司，也是韶关地区优势企业集团之一。公司于1996年8月30日在深圳证券交易所挂牌上市，股票简称“韶能股份”，股票代码“000601”。截至2015年12月31日，公司总股本为10.81亿，资产总额近90亿元；电力总装机约100万千瓦，其中水电装机约70万千瓦，生物质发电和综合利用发电装机30万千瓦。可再生能源和清洁能源固定资产原值占总固定资产原值比例达80%以上。韶关日昇生物质发电厂通过完善电厂硬件建设，完成环保验收工作，并依法依规处理好增加燃料品种的工作，解决燃料供应遇到的瓶颈问题，恢复正常生产。

2015年完成收入29.76亿元，与2014年同比减少1.12%；工业总产值24.45亿元，同比增长6.17%；工业增加值13.52亿元，同比增长10.02%；

实现利润总额3.91亿元，同比增长16.37%，净利润2.93亿元，同比增长8.08%。公司下属贸易公司全年完成营业收入5.8亿元，利润同比增长49.19%，继续保持有效增长的良好态势。

完成非公开发行股票上报相关工作 前海人寿保险股份有限公司通过二级市场举牌成为公司第一大股东后，公司根据市政府与前海人寿保险股份有限公司签署的《战略合作框架协议》及市政府委托市国资委与前海人寿保险股份有限公司签定的《非公开发行股份的协议》，公司董事会提出非公开发行股票的议案，公司临时股东大会审议通过公司董事会提出的议案。年度内完成非公开发行股票申报材料的制作和上报等相关工作。

新丰生物质发电项目核准前 3月上旬公司与新丰县政府签署投资建设新丰生物质发电厂项目的协议，启动第二个生物质发电项目的相关工作。年度内完成项目核准所需的各专题项目的审查工作，取得省环保厅的项目环评批文。

安全优质高效完成项目建设工作 公司8月开工建设中标的潮惠高速公路大溪服务区加油加汽站项目。按照中标条件要求，公司推进项目招标、建设、办证、验收等工作，实现与高速公路建设的同步建成和同步投入营运。公司推进珠玑公司延伸产业链项目建设的相关工作，解决建设过程中遇到的问题和困难，推进项目建设工作。

推进非电制造企业的转型升级 公司下属企业宏大公司主动调整市场开发策略，立足于开发高端客户和产品，提高竞争能力和综合盈利水平。通过引进机器人自动化生产线，提高设备的利用率和加工精度，保证产品质量。绿洲公司通过技术攻关、客户结构优化、提高新客户的准入门槛和产品的销售价格等系列“组合拳”举措，从2015年6月起实现扭亏为盈。珠玑公司通过各种形式加大本色纸的宣传力度，完善营销管理架构和营销队伍建设，拓展营销渠道。重点开发本地市场和珠江三角洲经济发达地区的市场，不断提高产品市场份额占有率。

水电继续发挥核心资产的作用 受周期性厄尔尼诺气候的影响，2015年出现区域时、空降水严重不均的情况。公司根据新的气象特征，及时指导水电企业调整应对策略。利用第四季度冬汛降水的时机，水电板块完成经营任务，水电继续发挥核心资产的作用。

董事长、党委书记：陈来泉

副董事长、总经理、党委副书记：
肖南贵

（陆 颖）

韶能集团绿洲纸模制品包装有限公司新生产线（韶能集团 供）

【广东省韶铸集团有限公司】 位于韶关市浈江区十里亭，是中国最大的铸锻件专业生产企业之一，中国机械工业500强企业，综合实力名列国内同行前茅，被评为中国机械工业具影响力的品牌。

公司始建于1969年，2002年由韶关市工业资产经营有限公司、中国东方资产管理公司、中国华融资产管理公司3家国企股东组成有限责任公司，在岗职工1777人，下设铸钢分厂、铸钢二分厂、热精锻分厂、锻造分厂、韶关金宝铸造有限公司（中港合资）、韶关市金属回收有限公司等分（子）公司。主要生产铸钢件、铸铁件、锻钢件、精锻件（轴承毛坯）、破碎机等，覆盖发电设备、船舶制造业、海工机械、冶金机械、汽车零部件、陶瓷机械、矿山工程机械、桥梁装备、锻压机械、起重设备、轴承、集装箱制造、制冷设备等行业，“宇航”牌吊钩在行业中享有较高的声誉，“双拳牌破碎机”被评为“广东省名牌产品”，“韶铸”被评为“广东省著名商标”，产品销往全国29个省（市）区，出口美国、英国、法国、德国、日本、韩国、马来西亚、印尼、泰国、新加坡等国。

公司现为中国铸造标准技术委员会副主任委员、全国铸造标准技术委员会铸钢分技术委员会主任委员、全国锻压标准化技术委员会委员、中国铸造协会铸钢工作委员会主任委员、中国铸造协会常务理事单位、广东省铸造行业协会副会长单位。

应对行业时艰 面对工业品价格深度下跌，行业订单不足、产能过剩、利润率下降形势，公司采取措施应对。整顿组织机构，1月实施铸钢分厂重组，10月成立清欠办，并调整多个生产经营单位和部室领导班子成员。开展资金占用专项考核，降低融资成本。

加大清欠力度，清理积压物资。提高产品质量，开展质量监督查处。实施减员增效，开展各类员工培训。稳定供应渠道，保障物资供应。2015 年，实现工业总产值 6.7 亿元，工业增加值 1.18 亿元，出口交货值 1986 万美元，保持公司有效运作。

推进技术创新　公司表彰 QC 成果 21 项，获实用新型专利 7 项，“欧洲起重设备关键锻件产品的技术开发与产业化”获韶关市科技进步二等奖，“高端汽车轮毂轴承套圈精锻件研究及产业化”通过韶关市科技成果鉴定。开展技术改造，共立项 17 项，开工 16 项，完工验收 4 项。技改完成投资 635.71 万元，支付 1240.64 万元。主要项目包括铸钢二分厂小线主机改造项目、金宝公司造型线主机升级改造项目等。

履行社会责任　组织开展“广东省扶贫济困”一日捐活动，员工共捐款 9.97 万元，党员捐款互助金 8870 元。组织无偿献血工作，152 人共献血 30400 毫升。开展扶贫双到工作，帮扶南雄市黄坑镇中心村，2015 年落实帮扶资金 975.518 万元，2013 年至 2015 年累计落实帮扶资金 2673.7535 万元。坚持开展“送温暖”工程，慰问特困及困难员工、劳模、残疾员工、住院员工、扶贫村困难户等 199 人，共发放慰问金 3.94 万元。公司荣获“韶关市‘广东扶贫济困日’活动突出贡献国有企业”

党委书记、董事长：沐清潞

总经理：单贺华（任至 10 月）

【韶关市工贸资产经营有限公司】（简称工贸公司）是 2008 年 4 月经韶关市人民政府批准成立的国有独资公司，主要经营范围是对经市国资委授权或委托管理范围内的资产进行经营和运作，包括资产经营、资本运营、矿产经营、建筑类项目开发等，并对辖管国有和集体企业实施监管、改革、退出，处理市属国有企业实施退出后的历史遗留问题。工贸公司下辖全资企业 9 家，投资参股企业 7 家，监管国有企业 3 家，代管集体企业 18 家；在岗职工人数 174 人。2015 年，工贸公司实现系统总收入 21.29 亿元，同比增长 23.21%；实现利润 5276 万元，同比增长 30.34%；净利润 1321 万元，同比增长 37.06%；上缴税费 1.19 亿元，同比增长 27.1%；上缴国资收益 1809 万元，同比增长 37.67%。

项目投资开发　2015 年，工贸公司多个重点投资项目推进。下属企业韶关市国投资产开发有限公司（简称国投公司）开发的顺和公寓、江南公寓两项目封顶，完成投资约 3700 万元。市一棉仓库地块（祥和公寓项目）完成七通一平工作，项目修建性规划方案基本定型。推动消雪岭华侨茶场危旧房改造，进度达到省侨办考核目标要求。完成浈江区站道路原粮转站 4 座仓库翻新改造项目，投入近 55 万元，改造面积 2000 平方米，排除重大安全隐患。西河汽车客运站开发项目获得市政府常务会议审批通过，完成前期方案策划、修建性详细规划并提交相关部门审核，土地移交和非经营性资产接管工作开展。原韶关啤酒厂招待所地块“三旧”项目立项获得浈江区政府批准。新津路地块开发完成三通一平工作。机动车驾驶人考试与培训场地项目完成接收与前期论证工作。市一建公司投入韶关芙蓉新城建设，先后参与竞争政府部分工程项目，并承接韶关综合客运枢纽、芙蓉新城车头新村安置房、新城停车场等工程建设任务，承建浈江南路东侧地块、群康路北侧地块保障性住房等一批为民办实事项目。

土地资源核查　年初，工贸公司制定工贸系统土地房屋资产现场清查方案，成立以公司主要领导为组长的现场调研工作小组，实地清查、核对每一处土地房屋资产，调查土地使用状况，拍摄土地现状图片，填写清查情况登记表，确定土地资源综合开发利用分类类别。截至 9 月底，完成工贸系统内土地共 268 宗，总面积 906 万平方米的调研工作，为下一步盘活利用土地资源优势实现快速发展奠定基础。

优化物业经营　工贸公司改进物业管理模式，通过实施集中管理，规范物业租赁程序，加强出租物业进行巡查走访和维修养护，实现该部 595 处出租物业安全稳定运营，出租率达 96%。全年完成物业租金收入 1840 万元，同比增长 22%。并对新增的市韶运集团、西河宾馆、北江粮所、房屋设计院、原食品公司等 5 家单位 82 处物业接管，全年未发生 1 宗涉及物业租赁的举报和投诉。

整合扶持　工贸公司整合布局，完成韶挖公司增资、收购东南轴承公司所持有的农信社股权、接收市道通公司和市交通拯救中心等工作任务，帮扶企业改革发展。为缓解市国投资产开发公司、市第一建筑工程公司、市挖掘机厂有限公司、市道通机动车驾驶员训练有限公司等一批企业资金压力，全年提供资金支持 3500 万元。为市国投公司项目开发提供担保，向东莞银行融资 3300 万元。

改革维稳工作　为退出企业职工补发及清理拖欠各类费用 30 万元，为 5 名内退人员办理正式退休手续，为 17 名去世人员办理丧葬费和抚恤金的申报发放，为 12 名内退人员及农机局 9 名退休人员调整基本养老金及补发缴费年限津贴。完成新华书店 3 个小区共 91 户住户水电“一户一表”改造及十里亭（远大公司）老干宿舍 11 户电改工作，解决退出企业职工民生问题。协助市棚改办对纳入棚改范围的退出企业住户进行入户调查登记摸底工作。做好退出企业市长乐化工厂 350 户的棚改登记造册和审核工作。做好信访维稳，全年接待来访职工 131 人次，收到上访信件 9 件，回复 9 件，回复率达 100%。

党委书记：高仁辉（任至 10 月）

董事长、总经理：高仁辉（任至 11 月）

副董事长、副总经理：王伟阳

（任至2月）

（谭兴华）

【韶关市东南控股有限责任公司】　是一家国有独资企业，其前身是成立于1987年的东南冶金矿产（香港）有限公司，历经20多年的发展，现已从一个韶关市政府的驻港“窗口”公司发展成为一个拥有多家企业综合性经营的控股公司，业务涉足国内贸易、进出口贸易、物流运输、物业租赁、能源等多个领域。2015年，公司围全年实现营业收入2.75亿元，净利润653万元，上缴税费394.5万元。

公司响应市委、市政府决策部署，加大招商引资力度，安排组织香港儒教总会主席爵士邝高明、会长博士黄炽雄等一行11人到韶关，就产、学、研一体化的合作与韶关学院进行研讨，就粤港两地合作发展特色农业项目事宜对乳源、曲江现代农业基地作现场调研，表达双方开展合作的意向。

董事长、总经理：彭为国

（黄昆亮）

【韶关市金财投资集团有限公司】（以下简称“金财投资集团”）成立于2015年12月18日，公司类型为有限责任公司（法人独资），注册地址：韶关市武江区沐溪大道168号莞韶大厦B区三、四层，注册资本为5亿元，韶关市金叶发展公司为金财投资集团股东，占金财投资集团100%股权。公司经营范围：韶关市人民政府授权的项目投资；从事市政府部门授权范围内国有资产的收益、经营、管理；国有资产、国有股权运营；天然气项目的投资开发；土地一级开发整理；交通公路，城市基础设施投融资与建设；旧城改造开发、动迁及安置房屋建设；房地产开发；金融服务；石油储备及经营；旅游资源开发利用；商业运营管理服务。

机构人员　金财投资集团内设9个部门：党委办、法律事务部（董事会办公室）、人力资源部、行政综合部、财审部、运营管理部、投资规划部、工程技术部、资产运营部。运营的二级子公司共10个，其中全资子公司有7个，包括：金财资产运营有限公司、金升投资开发有限公司、金沁房地产开发有限公司、市第一建筑公司、百年东街物业服务公司、新丰县丰财投资有限公司、金财旅游发展有限公司。控股公司1个，金元燃气有限公司。参股公司2个：金元燃气管网有限公司、韶关国储石化有限公司。金财投资集团领导班子成员7人，公司现有员工158人，其中大专学历69人，本科学历46人；拥有专业技术职称人员65人（其中：高、中级职称人员共18人）。

发展定位　按照市委、市政府致力于把韶关市金财投资集团有限公司打造成一家集投融资、项目开发、工程建设、资产运营于一体的现代化企业集团，成为全市经济发展和城市建设的主力军的目标定位，围绕“一年打基础、三年见成效、五年成规模”的目标要求，根据金财投资集团有限公司实际，初步确立做强做优四大板块，即：建设板块、旅游板块、金融板块和能源板块的发展定位。

党委书记：钟裕荣

董事长、总经理：吴武超

【韶关市荷花园酒店有限责任公司】荷花园酒店前身为“沙湖宾馆”市政府收回管理权后，全额投资改建和扩建该酒店。在2009年11月6日成立韶关市荷花园酒店有限责任公司，于2009年12月8日正式开业。酒店位于韶关市武江区沙湖公园内，绿化面积达99%，是一间集客房、餐饮、会议、商务中心为一体的按四星级标准建立的旅游商务酒店。酒店占地面积5万多平方米（含水域面积），建筑面积约8400平方米。荷花园酒店交通快捷便利，至韶关高铁站、火车站、京珠高速公路西联入口处仅10公里。距著名的南华寺和丹霞山旅游景区仅40分钟车程。

荷花园酒店由餐饮楼、客房主楼6号楼及2、3、5、7、8、9、10号楼组成，出门即有绿道环绕，可徒步亦可骑行，拥有按照四星级标准装修的各类客房103间，床位175个。液晶屏幕电视、房间迷你酒吧、时尚家具、大景观低开窗户及各种四星级酒店客房配套设施。

企业文化建设　2015年，荷花园酒店把“加强企业文化建设”作为主要工作来抓，组织开展树立企业形象标识的活动，酒店倡导的企业文化是“诚信、廉洁、效益、服务”，在酒店设置企业文化宣传栏并定期更新，为

荷花园酒店餐饮楼外景（市荷花园酒店　供）

推动文化建设营造良好氛围。

变更出资人　3月30日，经市政府批准，韶关市荷花园酒店有限责任公司出资人变更为韶关市工贸资产经营有限公司。

成立党支部　7月23日，经市国资委党委批准，成立韶关市荷花园酒店有限责任公司党支部。

董事长、总经理：曾玉梅

（骆韵琼）

【韶关市粤运汽车运输有限公司】　是由原广东省韶关市汽运集团有限公司通过股权转让、资源整合组建的国有控股企业，是韶关市唯一的“二级道路旅客运输企业”。公司下设15个客货运输分公司，13个控股子公司，在韶关市三区六县（市）均设有汽车客运站。公司于2014年通过ISO 9001质量管理体系认证，主要经营客运站场、公路客运、旅游客运、出租客运、公交客运、货运物流、机动车驾驶员培训、汽车维修等。

截至2015年12月，公司在岗职工1454人，总资产4.64亿元，净资产2.9亿元，土地总面积34万平方米；拥有客运站场29个，其中：一级客运站1个，二级客运站7个，三级客运站1个，四级客运站1个，简易站1个，乡镇客运站18个；拥有市内、市际和省际客运班线212条，营运客车、公交车、出租车等营运车辆共1206辆，公路客运网络覆盖全省，并向湖南、江西、广西、福建、浙江等省延伸。

2015年，公司完成客运量2641万人次，客运周转量146026万人公里；完成营业总收入21133万元；实现利润总额3666万元，净利润2322万元，归属于母公司净利润2293万元。

公司坚持“以人为本，求实创新，诚信规范，和谐共赢”的经营服务理念，被推选为广东省道路运输协会常务副会长单位、韶关市道路运输行业协会会长单位。2015年，被交通运输部、中国道路运输协会、中华全国总工会授予“中国道路运输百强诚信企业”“全国交通建设系统工人先锋号”“全国工人先锋号”等多项荣誉称号。

党委书记、董事长、总经理：袁立新

（张育强）

【韶关市公共汽车有限公司】　是韶关市国资委监管企业，成立于1967年6月10日，座落在韶关市浈江区广韶路，属城市公共交通事业。

公司属国有独资有限公司，韶关市金叶发展公司持有100%股权。公司董事会由5人组成，监事会由3人组成。现公司内设5个部门、4个分公司、1个修理厂。韶关公汽属下设立2个企业法人单位，分别是韶关市公共汽车出租小汽车有限公司、韶关中油中泰燃气有限公司。公司现有在岗职工767人，站场面积3万多平方米，营运线路45条（含8条新城快线），营运车辆424台，出租小汽车170辆。

主要业务　公汽公司常年担负着市区、各大厂矿、屋邨的客运任务。韶关市公共汽车出租小汽车有限公司成立于2008年7月，主要经营出租客运、小汽车出租信息咨询。韶关中油中泰燃气有限公司成立于2011年，公司主要业务是经营位于南郊八公里的一座LNG、CNG加气站。

业务发展　2015年，共优化线路6条，开通8条芙蓉新城公交快线，正式启用旭日站场。2015年，推广新能源汽车的发展，购置110台纯电动公交车，投建3座充电站。5月18日竞租力士通公司场地，并于11月20日整体搬迁至新场地办公。配合政府公车改革，筹备成立公车租赁服务中心。完善公司信息化建设。智能公交的运行，为市民营造出智慧出行的良好环境，在提高市民出行便利的同时，增加公交的利用率，优化城市交通，让市民享受智能交通带来的便捷生活。

党委书记、董事长、总经理：李维全

（廖韶薇）

【韶关市新鸿达城市投资经营有限公司】　（简称韶关城投公司）是2003年9月经市政府批准成立的有限责任公司，芙蓉新城投融资的主体。2013年8月，经市委、市政府授权由韶关芙蓉新区管委会管理。2015年公司贯彻落实市委市政府芙蓉新城“三年基本成城”的总体目标，坚持“融资、建设、经营”三个重点不动摇，加快推进芙蓉新城建设。

主要经济指标　固定资产完成投资17亿元，较年度投资目标13亿元超额36%。融资放款超15亿元，较年度融资放款目标10亿元超额53%。物业经营收入达1422万元，较年度目标400万元实现质的飞跃。

重点建设项目稳步推进　安居工程快速推进。芙蓉村、西联村安置房项目完成全部主体工程；车头村安置房项目已开工119栋，其中111栋已完成基础施工，主体封顶66栋；下胡村安置房完成规划选址，及安置人数、户型比例的最终确认工作；市国有工矿棚户区改造项目（二期）完成深基坑工程，地下室主体已完成80%；市国有工矿棚户区改造项目（三期）已完成场地平整、勘察设计及30%基础工程等。路网工程建设有序。芙蓉隧道工程已进行主体施工；南华路工程基本完成；百旺路（扩建）工程北半幅路基及排水工程基本完成；滨江路项目延长线工程已启动；35号路（赤水段）项目工程主体及配套工程已完成；32号路二期工程已竣工通车；韶关实验学校周边道路建设工程基本完成，具备通车条件。公建项目施工顺利。综合客运枢纽站项目、盆景山公园工程、滨江景观带、水利水系工程按计划组织实施。

资金运作成效显著　完成融资任务超17亿元。完成芙蓉新城安置房国家开发银行贷款融资15.6亿元，国开发展基金增资融资2亿元，总计落实融资17.6亿元。完成债券置换12.82亿元。根据国务院、财政部、中国人民银行、银监会对地方政府性债务管理要求，参与并完成两批次债券置换工作，合计12.82亿元，其中国开行11.69亿元，农发行1.13亿元。完成粤东西北振兴发展股权基金56亿元项目库的设立。

资产经营开创新局　通过墓地、广告资源、停车场、物业租赁等经营项目，共取得物业经营收入1422万元。

董事长兼总经理：李功保

（兰光有）

重点民营企业

【韶关市正星车轮有限公司】　韶关市正星车轮有限公司（以下简称：正星公司）始建于2000年，注册资金8000万元，项目投资13亿元，是一家专业生产汽车车轮、挂车及挂车配件、精密铸造及精加工的民营科技企业。下设富迪精密铸造、金鑫物流、阿联酋迪拜分公司、蛇口港口机械制造有限公司、广州黄埔分公司、正星国际商务酒店等机构，经营涉及先进机械制造、物流运输、国际贸易、酒店餐饮等领域。

正星公司总部地处韶关市。厂区占地12万平方米，公司员工580人，拥有高工职称工程师5人，中初级职称技术人员17人。配置有1250吨液压机，自动埋弧焊机、强力旋压机等先进的加工生产设备，以及先进的检测设备仪器和全套流畅的钢制车轮生产线；研发型钢、无内胎车轮等涉及多种车型100多个品种的钢制车轮，拥有11项发明专利。已发展成为广汽日野、挂车厂等多家汽车生产厂家配套的战略合作伙伴。产品销售辐射全国，出口至欧美、东南亚等30多个国家和地区，形成维修、配套、外贸三大市场协调发展的营销网络体系。

公司于2013年12月通过国际权威审核机构莱茵TUV认证审核，运用该套质量管理体系，其产品在生产控制过程和质量管理方面得到保障。公司被授予“广东省制造业500强”。2015年公司销售收入为4亿多元，利润一千多万元，纳税超千万。

【广东粤佳太阳能有限公司】　广东粤佳太阳能有限公司是一家专业生产太阳能光热产品的企业，公司注册资金1000万元，生产厂房达2.3万平方米，有员工42人。公司主营产品包括太阳能热水器、热泵热水器、太阳能热水工程和太阳能路灯，其中太阳能热水器年生产能力达50万台。产品销往广东、广西、湖南、海南等区域。2015年公司销售收入为1032万元，利润32万元，纳税41.8万元。

【广东五联木业集团有限公司】　广东五联木业集团有限公司成立于2002年5月15日，注册资本1亿元，是一个民营股份制有限责任公司。企业经营范围是：木材、人造板、装饰板、胶料及其制品的制造、收购、加工、销售；货物进出口。公司座落于广东省韶关市曲江区白土工业园，占地面积400多亩，是以三剩物和次小薪材为原料（国家重点鼓励发展）生产高质量环保刨花板的资源综合利用生产企业，公司现有员工300多人。

公司2011年7月底项目总投资2.97亿元人民币，引进国际上最先进的、由德国迪芬巴赫公司提供的全套高档环保刨花板生产线，电气设备方面由德国西门子提供技术支持。产品规格为：幅面（4×8）~（8×9）英尺，厚度为8~38毫米。该刨花板用途广泛，可适用于高档家具、房屋建材、出口产品、大型包装等。该生产线于2013年10月正式投产，2015年产量30.1万立方米，产值3.99亿元，销售收入3.18亿元，利润975.6万元，增值税缴纳1324.7万元，地税缴纳294万元。所生产的刨花板外观色泽淡雅、质量优良，符合国际环保标准，并且可根据市场需求生产特殊规格板材。此产品上市之后，深受用户欢迎，公司与国内外一线品牌宜家家居、欧派、索菲亚、红苹果、尚品宅配、曲美均签订长期合作协议，并且使用于高端家具。

【韶关东南轴承有限公司】　韶关东南轴承有限公司成立于1992年9月5日，注册资本3850万元，生产经营各类轴承与轴承零配件。公司位于广东省韶关市西联工业园区，占地10公顷，厂区建筑面积34000平方米，员工453人，技术人员140人，形成以“广东省轿车轮毂轴承工程研发中心”为核心的技术创新体系，拥有轴承台架试验、理化、计量、探伤等先进大型测试设备50台套。至今已完成多个与轮毂轴承相关的技术项目研究，多项科研成果处于“国内同行业领先水平”。该企业是国家火炬计划重点高新技术企业，广东省轴承行业的骨干企业，全国轴承行业出口基地之一，全国出口先进单位，广东省制造业信息化工作试点企业，广东省专利工作试点企业。公司产品品牌为“IB”，已经在欧美注册，2004年被评为广东省名牌产品、广东省著名商标。2015年度企业年产轴承670万套，年产值15801万元，销售15145万元，出口创汇1522万美元，利税668万元。

【丽珠集团利民制药厂】　丽珠集团利民制药厂是珠海丽珠医药集团股份有限公司下属的集医药生产、科研、开发为一体的中外合资企业（台港澳与境内合资）。现有员工573人，注册资金6156.1万元，生产经营各种医药制剂、医药原料，各种食品添加剂、饲料添加剂、营养保健品、各类新药产品的研制和开发，产品内外销售。

丽珠集团利民制药厂为国家高新技术企业、广东省创新型企业、广东省知识产权优势企业、广东省战略性新兴产业培育企业、广东省清洁生产企业，多年被评为韶关市模范纳税户。主要生产经营大容量注射剂、小容量注射剂、片剂、胶囊剂、颗粒剂、医药原料等148个品种规格。主导产品有参芪扶正注射液、血栓通注射液、低分子右旋糖酐氨基酸注射液、二维三七桂利嗪胶囊等，产品销往全国各个省市。2015年销售收入5.89亿元、利润1.96亿元、税收1.29亿元。

公司投资3.5亿多元新建瓶装输

液车间、针剂车间、中药提取三车间、质检中心、全自动高架仓库等项目通过国家新版 GMP 认证，从中药提取、制剂、检测、仓储提升中药注射剂的产能和生产质量控制水平。推动数字化中药，为打造中药输液第一品牌打下基础。公司达到年产 1565 万瓶大输液、1686 万支针剂、年处理 3563 吨中药材的产能，实现企业产能的提升。

【广东鸿源众力发电设备有限公司】 广东鸿源众力发电设备有限公司（简称“鸿源众力”）是一家电气机械装备制造企业，具有近 60 年生产水轮发电机组成套设备历史，是上市公司广东鸿源机电股份有限公司属下一家独立法人、独立核算、自主生产经营骨干子公司。公司是由国有企业转制的民营企业，经济类型属于有限责任公司（法人独资），现有员工 600 多人，公司注册资本 1.1 亿元，主营产品为水轮发电机组，经营方式为集制造、设计、销售、产品安装与售后服务一体，产品销往全国各地及海外市场。2015 年，在面临经济大环境不景气、市场竞争激烈等不利因素影响下，广东鸿源众力发电设备有限公司完成销售产值 2.48 亿元，上交税费 1872 万元，同比增长 39.78%。

公司占地 23.6 万平方米，拥有 11 座占地面积 6000 ~ 12000 平方米厂房。拥有设备 700 多台套，有高、精、尖设备一批。

公司产品技术与生产能力处于国内先进水平。公司自主研发技术成果获广东省科技进步二等奖、韶关市科技进步一等奖，获省高新技术产品 3 项，产品拥有国家专利 30 项。

众力牌水轮发电机组是公司主导产品，从 2008 年起众力商标被认定为广东省著名商标。连续十年被中国电器工业协会认定“质量可信产品”，2012 年水轮机经机械工业水力中小型发电设备产品质量监督检测中心检测为合格产品。2011 年获欧盟产品质量 CE 认证，2013 年获出口产品质量许可证。公司自 1998 年起到至今通过 ISO 9000 管理质量体系认证。2013 年通过 ISO 14001 环境管理体系认证、职业健康安全管理体系认证。

公司产品产品销往全国 30 个省、市、自治区，遍布全国 1000 多个水电站，安装在中国四大河流——长江、黄河、珠江、黑龙江，出口到土耳其、法国、缅甸、越南、泰国、老挝、尼泊尔、巴基斯坦、安哥拉、几内亚等国家。

随着国家加大水电站增容改造项目的扶持力度，水轮发电机组订单增加。为满足市场需求，公司投资 8 亿元，在省级莞韶浈江产业园建设一个华南地区最大的水轮发电机组研发、生产基地项目。该项目是省、市重点项目，项目建成后年产能超 100 万千瓦，单机容量达 10 万千瓦，产值超 10 亿元。

【广东丹霞生物制药有限公司】 广东丹霞生物制药有限公司是一家专业研发、生产和销售血液制品的生产企业。公司坐落在韶关市沐溪工业园区，占地 27 万平方米，建筑面积 10 万平方米。公司注册资金 3000 万人民币，总投资 2 亿人民币，主要的生产设备均为进口，年处理血浆能力可达 400 吨。公司有员工 300 人，大专以上人员占 70%。公司经营范围包括生产销售血液制品（人血白蛋白、人免疫球蛋白等）（在许可证业务范围内及有效期内经营）。

丹霞生物成立以来，始终秉承“以质量为生命，做安全放心药”企业理念，建立和完善三级质量管理体系和三级风险管理体系。

公司于 2009 年获得药品生产许可证，建成符合新版 GMP 标准的生产厂房，经国家食品药品监督管理 GMP 认证和现场检查，于 2013 年初获得药品 GMP 证书，并已正式投产。

【广东韶配动力机械有限公司】 广东韶配动力机械有限公司是一家集研发、生产、发动机滑动轴承（轴瓦、轴套、止推片、活塞环配件）和电镀的高新技术企业。公司位于韶南大道六公里，占地面积 42000 平方，建筑面积 15000 平方。公司现有员工 146 人，其中工程技术人员 31 人，注册资金 5000 万元人民币。公司主产品包括发动机、轴瓦、轴套、止推片，经营范围包括内燃机配件的生产和销售、电镀，通用机械及配件加工。

公司供给市场是广西玉柴、东风二汽、江西五十铃。供汽车产品给四〇七厂、四〇八厂、广州柴油机厂、无锡开普柴油机公司。供船舶产品给宁波柴油机厂。电镀主要为本市液压油缸产品的镀铬。公司已与世界船舶轴瓦三大品牌企业之一德国 BHW 公司谈全方位合作。

公司是中国内燃机协会理事，2015 年获得广东省滑动轴承工程研发中心证书。公司 2015 年销售收入 4000 多万，利润 200 多万元，税收 460 万元。

【韶关市起重机厂有限责任公司】 韶关市起重机厂有限责任公司的前身是韶关起重机厂，始建于 1976 年，是一家专业生产汽车起重机等工程机械、特种车辆的国有企业。2002 年 12 月转制重组成立为有限责任公司，是国家定点专用汽车改装厂之一，有着丰富的汽车改装经历。公司于 2007 年搬迁到韶关市曲江区马坝镇转溪并建成投产。发展至 2015 年底，公司注册资金 1000 万元，占地约 11 万平方米，建筑面积近 2 万平方米，主要生产设备 200 多台套，公司现有员工 160 人，大专以上学历的科技人员 34 人，占总人数的 21%。

公司现有“工程起重机”“专用车”两大系列 30 多个品种，已形成年产 5000 多辆各类型专用汽车生产能力。产品全部列入国家车辆生产企业及产品公告，并通过国家 3C 认证。随车起重机获得国家质监总局颁发的特种设备制造许可证、汽车起重机特种设备制造许可证。

公司是国家高新技术企业，广东省民营科技企业，2012 年被广东省认定为第一批重点创新帮扶高成长性中小企业（民营企业）200 家中专精特新企业之一，是韶关市重型装备保障维修成员单位之一，2009 年组建韶关市随车起重机工程技术研究开发中心。

公司坚持走产、学、研结合的道路，技术开发投入每年不断递增，并与华南理工大学、湖南大学、韶关学院等高等院校合作，不断加强和提高技术创新工作，保证产品的技术开发和不断更新换代。公司已形成系列随车起重机、自卸汽车等专用汽车的技术开发、生产制造、产品销售和售后服务为一体的产业链。

公司已建立较为完善的营销信息网络，并与华菱、陕汽、欧曼、江淮、一汽、二汽、柳汽、重汽、红岩等大型汽车集团公司建立合作伙伴关系，成为各大厂家改装自卸等华南地区专用汽车改装基地之一，公司产品行销全国二十余省、市、自治区。

公司是广东省生产中大吨位重型随车起重机产品、自卸汽车龙头企业。公司 SQ1600、SQ2800、SQ3200 型随车起重机产品技术水平在国内处于领先。

公司按 ISO9001 质量体系运行，用韶液牌、韶起牌一流产品立足市场，诚信用户。企业资产状况良好，银行信誉良好（A + 级），2013 年至 2015 年连续三年公司获得广发银行韶关分行黄金客户牌匾。（何　艳　谢艳文）

重点港澳台资、外资企业

【韶关旭日国际有限公司】　公司是香港旭日国际集团在韶关投资兴办的一家大型外商独资企业，位于韶关市西郊六公里，计划总投资 20 亿元，占积 260 公顷。公司主要生产电子玩具、手提袋、旅行袋、旅行箱、制衣等产品，产品全部出口远销欧美等国家和地区。公司的客户主要是世界知名的玩具入口商。公司管理制度完善，做到经营国际化、设备先进化、生产规模化、管理科学化。旭日集团建立公用保税仓和出口监管仓，分别于 2014 年 11 月 11 日和 2015 年 6 月 10 日开仓投入运营。截至 2015 年底，韶关旭日国际有限公司共解决约 23 万人次就业，实现产值 195 亿元，缴纳税费 1.69 亿元，进口 2.44 亿美元，出口 9.46 亿美元。其中 2015 年，解决 3.8 万人次就业，实现产值 30 亿元，缴纳税费 3212 万元，进口 7366 万美元，出口 2.51 亿美元。

【金悦通电子（翁源）有限公司】　公司是香港金悦通集团投资的一家大型港资企业，位于韶关市翁源县翁城工业园内，注册资本 2280.09 万美元，占地面积 26.67 公顷，有员工 700 多人。公司主要生产和销售高密度互联线路板（HDI）、盲埋孔线路板及树脂塞孔线路板，产品用于计算机、通讯、电子、汽车和医疗等行业。公司拥有全套先进微机自动化控制的 PCB 生产、检测研发设备，拥有一批高素质的管理、生产和研发团队。自 2008 年投产以来，已先后通过 TS 16949、ISO 14001 及 UL 等国际认证，并取得多项专利成果和获得国家级高新技术企业证书。公司生活配套设施齐全，设有网吧、医疗室、KTV 室以及灯光篮球场、羽毛球场等设施。2015 年韶关司营业总额为 3.2 亿元，纳税总额为 2422 万元。

【韶关科艺创意工业有限公司】　公司是香港上市企业——星光集团有限公司的下属企业，是一家以设计、生产高端创意多功能儿童图书、纸艺精品和包装彩盒的大型港资企业，产品以出口为主。公司占地面积近 200 亩，拥有员工 1500 人。同年被韶关市委授予“诚信守法示范企业”称号。公司力求不断创新发展，开发电子贺卡、木精品等多项业务模块，更为新产品的开发，投资一批如 3D 打印机的高新、先进设备。公司为第 41 届在上海举办的世博会量身定制的 4D 纪念图书《魅上海》获得被誉为全球印刷界“奥斯卡”之称的“美国印制大奖”之最高荣誉奖 BennyAward 金奖；获得第五届“省长杯”优良工业设计奖。2015 年全年销售收入 1.87 亿元，纳税 387 万元。

【鸿伟木业（仁化）有限公司】　鸿伟（亚洲）控股有限公司在广东韶关投资的外商独资刨花板专业生产企业，创建于 2003 年 5 月，注册资金为 3.02 亿港币，专业生产刨花板和配套贴面深加工，坚持走“高质量、环保健康型刨花板”道路。2012 年公司投资 4.396 亿元从德国迪芬巴赫公司引进了国际最先进的 9 英尺宽度连续压机生产线和工艺技术，生产线设计年产量为 22 万立方米，2013 年 9 月 29 日首板下线，同年 11 月 18 月达标验收。该公司于 2014 年 1 月 8 日在香港创业板块成功上市。公司还获得中国建材绿色环保产品、首批国家林业重点龙头企业、广东省名牌产品、广东省优势传统企业转型升级示范企业等荣誉称号。2015 年公司年生产总值 3.43 亿元，税收 2812 万元。

【乳源东阳光精箔有限公司】　广东东阳光铝业股份有限公司与日本三井公司、日本株式会社 UACJ 合资设立的中日合资企业，为国家高新技术企业，先后通过 ISO 9001 质量管理体系、ISO 14000 环境管理体系、OHSAS18000 职业健康安全管理体系及 AAAA 标准化管理体系认证。2013 年 10 月获得“广东省政府质量奖”荣誉。主要产品有电子光箔、汽车钎焊箔等铝加工当中最尖端的产品。公司年产设计能力为 15 万吨铝板、带、箔。通过和日本三井物产、株式会社 UACJ 等世界名企的合作，依托公司完善的产业链优势，中日携手倾力打造世界一流的铝加工企业。2015 年度完成产量 10.7 万吨，实现产值 20.34 亿元，创造利润 6053 万元，上缴税收 6667 万元。

【日本电产（韶关）有限公司】 成立于2010年9月，属中外合资企业，公司总投资1250万美元，注册资本500万美元，现有员工1280人。公司主要生产开发大容量光磁盘驱动器及其部件（超精密马达）、新型电子元器件（新型机电元件、小型超精密无刷马达）、高性能风机马达及其零部件。2015年累计投入约2000万元进行技术升级改造，继续实施“机器代人”工程，实现生产设备的自动化、智能化，提高企业的生产效益。生产总值由2014年的6.3亿元，提升至2015年的6.7亿元，同比增长10.6%；工业增加值由2014的2.37亿元，增加至2.62亿元，同比增长10.8%；纳税总额由2014年的3802万元提升至2015年的4564万元，同比增长17%，增额为762万元，为始兴地区生产总值、工业增加值和财税收入等作出贡献。

【万达工业（始兴）有限公司】 成立于2001年，隶属于香港美昌集团，投资总额3500万美元，注册资本1700万美元。公司现有职员工3800多人，用地面积25万多平方米。公司主要按照真车的内外观设计和体积大小，缩小比例生产合金模型车，拥有Maisto（美驰图）、Bburago（比美高）、MuscleMachines及Polistil等知名品牌，并获得中国第一辆月球车“玉兔号”模型独家制造商。公司始终坚持品质，2013年荣获国家质检总局颁发的商品“出口免验资格”证书，成为韶关市首家获得“出口商品免验”的企业，全国第一家获得这一荣誉的港资企业。2014年荣获中华人民共和国海关A类企业和“中国质量诚信企业”荣誉称号，2015年获得中华人民共和国海关授予“高级认证”企业。2015年，公司落实国家节能减排政策，累计投入217万元，完成电机能效提升和注塑机改造1490千瓦，年节电量达314万千瓦时。2015年公司生产总值5.56亿元，纳税总额3779万元。

【建滔积层板（韶关）有限公司】 公司是香港建滔化工集团于2002年在始兴县设立的独资企业。总投资为5.5亿元，主要生产电子行业所需的基础材料—纸基覆铜面板及电木板。公司拥有4条覆铜面板生产线，主要设备全部从日本、美国引进，自动化程度高。年产量可达1200万张，年产值可达6亿元，现有员工160多人，是全球最大的覆铜面板生产基地之一。公司终端客户包括索尼、三星、高信、荣信、康佳、飞利浦、长虹、夏普、LG、TCL、HP等。2015年贯彻省市节能政策，累计投入60多万元完成淘汰老旧电机1943千瓦，更换高效电机，年节电量达15万千瓦时。2015年公司主营业务收入5.35亿元，纳税1186万元。

【韶关市韶瑞重工有限公司】 公司是由世界最大的矿山机械——破碎机设备供应商芬兰美卓集团公司于2013年股权并购韶关市韶瑞重工公司而成立的中外合资企业。公司前身是坐落于浈江区十里亭的韶关市韶瑞机械制造有限公司，始建于1992年。2002年10月迁至武江科技工业园（现址）落户新建并于2004年底新厂建成正式投产，是一家集研发、加工、制造、销售及售后服务为一体的专业矿山机械设备制造商。美卓集团的加入，为韶瑞重工投入数亿资金，提升技术和管理水平，依托美卓集团全球销售网络推广韶瑞重工的产品和品牌。公司在全球20多个国家及地区设立分公司，在全国各主要城市设有销售公司及服务网点。2015年公司主营业务收入1.8亿元，纳税340万元。

【至卓飞高线路板（曲江）有限公司】

公司是亚太地区最大的线路板制造商之一——至卓飞高线路板（香港）有限公司投资兴建的大型高新技术企业，位于曲江工业城，专业生产印制线路板PCB，注册资本1.09亿美元。公司占地13.33公顷，厂房占地面积达13万平方米，总体规划5000人，现有员工1800多人。公司是一家以高技术生产PCB的印制线路板厂商，主要生产4至10层线路板，着力于生产4层及8至16层线路板，月产能达到150万平方英尺，是韶关市电子信息产业的龙头企业。产品大部分外销至欧美、日本、新加坡、马来西亚、泰国、中国香港第地区。2015年，公司营业收入4.01亿元，纳税2690.28万元。

【韶关丸仁电子有限公司】 公司是日本丸仁株式会社在韶关的独资企业。公司成立于1999年10月，投资总额393万美元，注册资本358万美元，于2001年10月正式投产。公司现有厂房面积7634平方米，职工宿舍面积9081平方米，可容纳职工2500人，现拥有员工近900人。公司于2003年和2007年先后通过SGS认证的质量管理体系和环境管理体系，推行“9S”管理模式。公司下设接插件部、细线同轴部和一般接插件部，主要生产索尼、东芝、佳能、理光、NEC、夏普、富士通、柯尼卡美能达等客户的USB线及各种连接线。在2006－2012年被评为韶关市“出口创汇先进企业”“纳税先进企业”“先进生产企业”等。2015年出口总额达2350万美元，纳税总额695万元。 （郑梅英）

农·林·水·气象

农　业

【农业概况】　韶关市农业局（中共韶关市委农办），为市人民政府主管农业农村经济发展的工作部门。市农业局（市委农办）设16个内设机构，核定机关行政编制67名。局直属单位9个。2015年，韶关市各级农业部门贯彻中央、省市的各项强农、惠农、富农政策，开展"三农"各项工作，全市农业农村经济持续健康发展。2015年全市农村居民人均可支配收入10606元，同比增长10.2%；农业增加值151亿元，同比增长4.2%。

【强农惠农政策】　2015年全市落实农资综合补贴资金14448.72万元，种粮直补资金（含县级配套）1894.91万元，中央农作物良种补贴资金3706.52万元。落实农机购置补贴资金1583.6万元，完成补贴资金任务总量位于全省首位，农机总动力达174.85万千瓦，增长7.8%。完成15.2万公顷水稻、5360公顷玉米承保面积，全年水稻报损3466.67公顷，定损赔付2933.33公顷，金额815万元；玉米报损12公顷，定损赔付10.35公顷，金额4.35万元。新增110321头母猪参保，累计能繁母猪的参保量达1140019头次。

（市农业局办公室）

【粮食生产】　2015年韶关市狠抓各项重点措施的落实，推动粮食生产发展。全市粮食播种面积15.78万公顷，总产110万吨，面积比上年增加0.07万公顷，产量增加1.71万吨，超额完成省下达市15.67万公顷和85.73万吨的粮食考评指标。韶关市大宗粮食作物主要包括水稻、薯类、玉米和大豆。2015年水稻种植面积12.35万公顷，总产76.66万吨，面积比上年减少71.93公顷，总产增加0.34万吨；玉米面积1.11万公顷，总产4.45万吨，面积比上年增加16.27公顷，总产增加0.03万吨；薯类1.31万公顷，总产25.94万吨，面积比上年增加583公顷，总产增加1.29万吨；大豆面积0.89万公顷，总产2.69万吨，面积比上年减少828.33公顷，总产减少0.18万吨。

【经济作物生产】　韶关市大宗经济作物主要有蔬菜、烟叶、花生、油菜籽、果用瓜、甘蔗等。蔬菜：2015年，韶关市蔬菜种植面积9.45万公顷，产量220.48万吨，产值807546.95万元，分别比上年增加4597.27公顷、14.72万吨和74379.01万元，增幅为5.11%、7.15%和10.14%。烟叶：有南雄、始兴、乐昌、乳源4个县（市）约30个乡镇种植黄烟。2015年，全市烟叶种植面积1.331万公顷、亩产166公斤、总产3.31万吨，产值79982.49万元，分别比上年减少215.4公顷、增加1公斤、减少0.05万吨和增加1369.67万元。油料作物包括花生、油菜籽和芝麻。2015年油料作物面积和产量持续增加，实现"八连增"。全市油料种植面积4.68万公顷，产量14.59万吨，比上年面积增加1148.6公顷，产量增加0.69万吨。其中花生种植面积4.07万公顷，产量13.84万吨，比上年面积增加994.93公顷，产量增加0.63万吨。2015年，继续在南雄市雄州街道、珠玑镇、湖口镇和乌迳镇开展花生万亩高产创建活动，示范片推广种植仲恺花1号，配套地膜覆盖技术、测土配方施肥技术和硼肥施用技术，经省专家组测产验收，示范片平均亩产干果337.4公斤，328.6公斤，312.3公斤，309.2公斤，均取得预期的效果，分别比南雄市当年花生亩产高109.1公斤、100.3公斤、84公斤和80.9公斤。韶关市甘蔗种植品种主要包括果蔗和糖蔗。其中翁源县种植面积最大，是甘蔗主产区。2015年甘蔗面积5516.4公顷，产量57.59万吨，分别比上年面积增加294.53公顷和产量增加1.67万吨。其中糖蔗2780.8公顷，产量21.76万吨；果蔗2735.6公顷，产量35.83万吨。果用瓜种植品种主要有西瓜、甜瓜、草莓和小西红柿等，品种较少。果用瓜种植面积和产量逐年增加，品质有所提高，是发展较快的经济作物之一。2015年果用瓜种植面积6632.07公顷，总产20.09万吨，产值28402.2万元，分别比上年增加209.87公顷、0.63万吨和1166.13万元。

【园艺作物生产】　韶关市主要园艺作物包括蔬菜、水果、茶叶和花卉。其中蔬菜、水果、茶叶是传统栽培作物，花卉是发展较快的园艺作物。水果：韶关市水果栽培历史悠久，品种资源丰富。除李、柑、桔、橙、柚子、柿子、梨等常规品种外，还有三华李、九仙桃、大果枇杷、杨梅、白果、奈李等一大批名优特色水果。2015年全市水果种植面积3.689万公顷，总产量50.00万吨，比上年增加2044.07公顷和3.77万吨。其中柑、李子、桔、柚子种植面积较大，分别为1.101万公顷、0.967万公顷、0.447万公顷和0.296公顷，总产量分别为16.12万吨、12.23万吨、6.40万吨和3.57万吨。花卉：以盆栽植物、鲜切花、苗木为主，品种主要是兰花、茶花、桂花、樱花、菊花等。2015年，花卉种植面积896.07公顷，面积比上年增加120.67公顷。全年生产盆栽植物1373.65万盆，鲜切花25507万枝，观赏苗木6870万株，合计产值46287.09万元。茶叶：2015茶叶种植面积3643.93公顷，总产量0.43万吨，比上年增加186.53公顷和0.04万吨。韶关市茶叶生产以绿茶为主，有少量青茶和红茶，红茶比例不断上升。2015年绿茶产量为0.29万吨，占茶叶总产67.44%，红茶产量为0.07万吨，占茶叶总产16.28%。其中乐昌、仁化白毛茶，曲江罗坑红茶、翁源珠江源红茶等品质优异，色、香、味俱佳，驰名省内外。

【农业科技推广应用】　韶关市推广保护性栽培技术，提高种植业的科技含量。2015年全市设施大棚面积1403.4公顷，水稻薄膜育秧4.81万公顷，地膜花生、地膜黄烟等地膜覆盖2.33万公顷。推进抛秧、规范化栽培，病虫害综合防治，测土配方施肥等实用技术。其中：水稻抛秧10.41万公顷，秸秆覆盖1.52万公顷，秸秆还田7.77万公顷，测土配方施肥17.73万公顷次。良种的使用也更加普及，优质稻10万多公顷，优质专用玉米0.95万公顷，“双低”油菜籽4660公顷，脱毒薯类2366.7公顷。通过推广应用农业高效实用技术，促进农作物的增产增效，提高农作物种植效益。

（市农业局种植业科）

【农产品品牌创建】　2015年，韶关市推进农产品品牌实施战略，围绕产业优势、区域优势和特色优势，开展广东名牌农产品培育和名特优新农产品评选推介活动，利用市场杠杆推动形成优质优价机制，发挥农业品牌的引领带动作用，农产品品牌创建工作成绩喜人，雪花岩牌高山红茶等12个产品荣获广东省名牌产品（农业类）称号，全市获广东省名牌产品（农业类）称号的农产品突增到34个。在广东省名特优新农产品评选推介活动中，韶关市列入广东省名特优新农产品目录库名单的共89个，其中列入区域公用品牌目录库29个、列入经营专用品牌目录库62个；23个品牌产品受到广东省表彰，其中受到表彰的马坝油粘等区域公用品牌12个、仁化黄坑牌贡柑等经营专用品牌11个，数量居全省前列。　（市农业局市场信息科）

【韶关市优质农产品直供东莞（东城店）开业】　“韶关市优质农产品直供东莞东城店”于2015年5月20日在东莞市东城区黎川市场开业。为整合农产品产业链资源，构建优质农产品直供、直营体系，广东雪印公司组建以采供、冷链物流、营销拓展专业人员团队进驻东莞，确定“生态韶关，品质农业”为“东城店”的展示主题，确立“绿色、健康、精品”为“东城店”组织货源及引进专业合作社、家庭农场、龙头企业的产品直供东莞平台的主导原则。在莞、韶两市农业局的支持推动下，有近50家韶关专业合作社、家庭农场、龙头企业的产品直供东莞东城（雪印）店。产品包括：土猪、土鸡蛋、土蜜糖、土米酒、铁皮石斛、茶叶、粮油、蔬菜、瓜果、水库鱼、干货等近610个品种。其中有机认证产品有9个，绿色食品认证有33个，无公害食品认证的有18个。农产品生产辐射与带动韶关农户达到8万户以上。面积为1500平方米，集仓储、冷库保鲜、冷链物流配送、批发零售相结合“韶关市优质农产品直供东莞（东城店）”经过2个多月筹备，现正式对外营业。5月20日上午，由东莞市农业局、韶关市农业局主办，广东雪印集团承办的“农产品体验”举行开业仪式，东莞市农业局及相关部门领导和韶关市农业局领导等80人出席活动，嘉宾在体验区品味和体验丹霞山铁皮石斛茶、丹霞灵芝水、翁源黄酒、清化米粉、香炸乐昌芋头片、薯干和乳源牧草园在现场亲手烧作的瑶山小香猪等多种韶关产品。上午开业的时间，吸引到大量的顾客进店购物或参观。以‘农展’与‘农产品体验’相结合的营销对客户有吸引力。韶关农业发展资源和环境资源已以场景画面的方式布局与展示，对推荐韶关农产品也是一种创新探索。

韶关市优质农产品直供东莞（东城店）开业仪式现场

【农产品质量安全检测】　2015年，全市农检机构开展蔬菜农药残留定性检测样品19847个，检测合格率98.9%；种植业产品农药残留定量检测样品688个，检测合格率98.7%；生猪尿样

“瘦肉精”残留定性检测样品20677个、定量检测样品60个，检测合格率均为100%。全年开展省、市级农产品质量安全监督抽查4次，在10个县（市、区）列入农产品质量安全监测点名录的62家蔬菜生产基地、畜禽养殖场及生猪屠宰场抽取蔬菜样品40个，生猪尿液、猪肝、禽类产品（含鸡蛋）40份，综合合格率97.5%，其中蔬菜合格率95%，畜禽产品合格率100%。翁源县通过省和国家的考核评价和公示，成为创建国家农产品质量安全县试点。在翁源县铁龙、新江镇和仁化县董塘镇开展农产品产地土壤重金属污染综合治理试验示范，进行田间试验和采样测试分析，并对试验区域农产品产地土壤重金属污染状况进行分析评价。农业部对韶关市开展国家农产品质量安全例行监测，全年共抽检种植业类农产品样品208个，畜禽类产品样品120个，韶关市种植业类农产品年度整体合格率为97.6%，畜禽类产品整体合格率为97.5%，达到农业部和省政府、省农业厅提出合格率96%以上的要求。

（市农业局农产品质量安全监管科）

【农资打假整治】 2015年，开展“四季”农资打假、“两打两促”、打击走私“五大战役”及饲料添加剂氯化钠等专项联合执法行动，全市各级共出动农业执法人员24357人次，检查企业5710个次，整顿市场322个次，查获数量10006公斤，立案查处案件88宗，货值金额19.4万元。

（市农业局法规科）

【农业产业化组织】 至2015年底止，全市共有各类农业产业化组织3160家。按组织类型划分，农业龙头企业带动型140家，中介组织带动型2735家，其中规模以上的专业合作经济组织366家；按产业类型划分，种植业2263家，畜牧业355家，水产类92家，林业219家，其他231家。3160家农业产业化组织拥有固定资产总值415784万元，其中龙头企业固定资产347421万元，带动农户数48万户，其中订单带动农户数23万户，经济组织种植生产基地面积为9.93万公顷，牲畜饲养量为271万头，禽类饲养量为2056万只，养殖水面面积为3733.33公顷。

【农业龙头企业】 2015年，韶关市各级政府和农业部门加强对农业龙头企业的培育发展。市政府认定的市级农业龙头企业109家（新增8家），其中国家级重点农业龙头企业1家、省级重点农业龙头企业28家（新增5家）；以种养业为主营业务的企业58家，以农、林产品加工为主的企业43家，以农产品流通为主营业务的企业7家，覆盖范围包括粮食、蚕桑、糖业、养殖业、茶叶、兰花等领域。109家龙头企业2014年年销售收入达82.73亿元，其中年销售收入超4亿元的企业有5家，比上年减少1家，占1.83%；年销售收入1—4亿元的企业12家，比上年增加2家，占11.01%；年销售收入5000—10000万元的企业21家，与上年增加2家，占19.27%；年销售收入3000—5000万元的17家，比上年增加8家，占15.6%；年销售收入1000—3000万元的44家，比上年减少14家，占40.37%；年销售收入1000万元以下的有10家，与上年增加6家，占9.17%。109家龙头企业带动农户30.2万户，带动农户户均增收4427元。

【农民专业合作社】 2015年，各级农业部门贯彻落实有关法律法规及相关文件精神，强化合作社规范建设，推进韶关市农民专业合作社快速发展。到2015年底止，全市依法在工商部门登记注册的农民专业合作社2752家（新增255家），出资总额20.05亿元，成员74614人，统一组织销售农产品总量64.4万吨，产值达15.9亿元，其中，通过“农超对接”销售的金额达54057万元，通过“农社对接”销售的金额达4567万元。成员通过本组织生产经营获得的户均纯收入1.08万元，辐射带动非成员农户21.5万户，占全市农户总数的40.13%。截至至2015年底，全市拥有市级示范社141家，省级示范社93家，国家级示范社22家。

【家庭农场】 2015年，韶关市出台《关于促进我市家庭农场发展意见》、《韶关市市级示范家庭认定管理办法》相关文件，鼓励各县（市、区）做好家庭农场规范化发展。截至2015年，韶关市在工商部门登记注册的家庭农场有398家，创建市级示范家庭农场33家。

【休闲农业】 2015年，韶关市按照中央、省文件要求，创建一批休闲农业示范单位。截至至年底，韶关市曲江区小坑镇曹角湾村创建为中国最美休闲乡村（现代新村），南雄市创建为全国休闲农业与乡村旅游示范县，仁化县丹霞街道、南雄市珠玑镇及仁化县大桥镇3个镇创建为省休闲农业与乡村旅游示范镇，新丰县大丰观光休闲农场、仁化县城口蓝森农庄、南雄帽子峰森林公园等9个单位创建为省休闲农业与乡村旅游示范点。

（市农业局经管科）

【农业科技成果推广及转化】 2015年科学技术的研究与推广成果显著，全市共推广主导品种154个，农业主推技术65项。获得市科学技术进步奖12项。其中：“北江水系鱼类资源调查与保护利用”等2个项目获得一等奖，“粤北生鲜食品冷链物流与安全监控关键技术集成应用”等4个项目获得二等奖，“乐昌市超级稻品种的引进及高产示范”等6个项目获得三等奖。仁化县被批准为首批农业科技服务云平台项目试点县，全市有1000多名农技人员和示范户加入“智农通”、“农技宝”等农业科技服务云平台。平台的建设加强农户与农技人员、专家之间的在线交流，及时解决农户在生产种植中遇到病虫害防治、施肥等各方面的问题，为农民提供政策、科技、市场等全方位咨询服务，打通农技推广“最后一公里”，实现农技与农民的无缝对接，提升农技推广的“零距离”服务水平。

【“两个覆盖”建设】 2015年全市《基层农技推广体系改革与建设补助项目》资金共1000万元，选聘技术指导员514人、遴选科技示范户4897户、遴选示范基地34个，连续三年实施基层农技推广体系改革与建设补助项目，提高农技人员及科技示范户的技术应用能力，扩大农技推广服务覆盖面，加快农业科技成果转化与应用。

【农业培训】 全市共开展农业送科技下乡活动220多场次，参与农民达7万人次，派发农业实用技术资料手册，发放宣传资料、科技丛书30万多份。曲江区、仁化县被批准为全省新型职业农民培训试点县。全年共完成新型职业农民培育600人，其中生产经营型300人，专业技能250人，社会服务型50人。完成基层农技推广骨干知识更新培训514人。完成农民专业合作社的负责人、管理人员培训300人。

【农业转基因安全生物管理】 加强农业转基因安全管理工作，制定并印发《2015年韶关市农业转基因生物安全监督管理实施方案》，抽查10个水稻商品种子、10个稻米及其制品送省进行转基因成分检测。对杂交水稻生产基地、种子经营门店现场抽取30多份进行快检。 （市农业局科教科）

【农机建设】 2015年全市农业机械化水平持续保持较快提升的发展势头，农机总量持续增长，装备结构不断优化。2015年全市农机总动力达172.77万千瓦，同比增长6.5%。农作物综合机械化水平44%，比上年增加0.2个百分点。 （市农业局农机办）

畜牧业

【概况】 2015年全市生猪饲养量269.38万头，其中：出栏164.25万头，存栏105.13万头，分别比上年同期增长－0.01%、－1.74%和2.81%；家禽饲养量2446.46万只，其中：出栏1784.74万只，存栏661.71万只，分别增长1.48%、2.65%和－1.55%；山羊饲养量5.63万只，其中：出栏2.69万只，存栏2.94万只，分别增长1.97%、0.44%和3.42%；禽蛋产量10429吨，增长3.09%；肉类总产量15.1万吨，增长－0.66%。全市畜牧业生产整体运行良好，继续保持稳定持续发展的态势。全市饲料工业产量达58.67万吨，总产值18.23亿元，与上年相比基本持平。

【畜禽规模化养殖】 2015年全市规模养殖户达3046户。其中：生猪养殖1989户，占全市出栏总量的77.37%；肉禽养殖户689户，占全市出栏总量的55.9%；山羊饲养户249户，占全市出栏总量的73.3%。规模养殖已成为韶关市畜禽产品“保供给、促稳定”的主要力量。全市拥有“省级重点养猪场”16个，“省级重点家禽养殖场”4个；被农业部授予“国家级畜禽养殖标准化示范场”11个（其中：生猪养殖场9个、肉鸡场2个）。

【农业源养殖污染减排】 2015年，全市共启动和完成686个规模化养殖企业的养殖污染减排工程项目。经国家环保部的最终核查核算：全市共有675家养殖企业（共计：生猪年出栏量100.4万头，其中治污设施再提升项目10.07万头，新增项目90.33万头），通过减排核算认定，全市共削减化学需氧量3032吨、氨氮584吨。从2012－2015年的4年间，全市共有1058家养殖企业（共计：生猪年出栏量193.73万头、肉鸡766万只）通过国家减排核算认定，全市累计削减化学需氧量约8296吨、氨氮约1496吨。按照省“十二五”农业源主要污染物总量减排量的要求，全市化学需氧量要削减2100吨、氨氮300吨的任务，韶关市超额完成农业源污染减排任务的395%和498%。 （市农业局畜牧科）

【重大动物疫病防控】 全市共免疫猪口蹄疫329万头次，猪瘟320万头次，猪蓝耳病317.4万头次，禽流感2580.6万羽次，鸡新城疫2244.4万羽次，牛口蹄疫19.16万头次，羊口蹄疫8.1万头次，共监测H5N1和H7N9禽流感、鸡新城疫血清样品16726份，牲畜口蹄疫、布鲁氏杆菌病血清样品10175份，猪蓝耳病、猪瘟血清样品8710份，及羊小反刍兽疫、猪圆环病毒、猪伪狂犬等3420份。全市未发生重大动物疫病流行。

【病死畜禽无害化处理体系建设】 市政府出台《韶关市病死畜禽无害化处理实施方案》，推进全市病死畜禽无害化处理工作，屠宰环节无害化处理病害猪963头，养殖环节无害化处理病死猪30275头，家禽批发市场无害化处理病死禽26432羽。乐昌市被省政府列为病死畜禽无害化处理体系建设先行县（市），并由省财政拨2000万元资金用于病死畜禽无害化处理体系建设。

【全国执业兽医资格考试】 全市有53名考生参加全国执业兽医资格考试，10名考生成绩达到执业兽医师合格分数线，7名考生成绩达到执业助理兽医师合格分数线。 （市农业局兽医科）

水产业

【概况】 2015年，韶关市水产品总产量82453吨，同比增长2.75%；渔业总产值84320万元，同比减少3.4%；水产养殖面积20361公顷；渔业专业从业人员23239人，人年均纯收入

8861元。

【渔业生产】 2015年，全市共繁殖鱼苗14.7亿尾，其中罗非鱼苗9044万尾，各类鱼种7666吨。池塘养殖，主要以四大家鱼为主，池塘养殖面积9250公顷，产量61021吨，平均单产6597公斤/公顷。水库养殖面积11047公顷，产量17831吨，平均单产1614公斤/公顷。2015年，全市捕捞机动渔船775艘，主机总功率9200千瓦；江河捕捞产量2930吨，占全市水产品总产量的3.55%。

【名特优水产养殖】 全市有近120宗中小型水库和养殖基地发展生态渔业，其中乳源新新生态农业股份有限公司在横溪水库有生态渔业养殖面积400公顷，三角鲂、草鱼已获得有机食品证书，其中三角鲂为广东省农业类名牌产品。全市有稻田养鱼面积近1000公顷，年产量近400吨，主要分布在乐昌市和乳源瑶族自治县，平均产量达到300公斤/公顷，高产的有825公斤/公顷，市场价格90元/公斤。

（市农业局水产管理局）

【渔政管理】 全年支队及下属各大队共出动渔政船211天次，出动船艇268艘次，车辆846车次，出动执法人员2947人次，检查渔船4720艘次，遏制及震慑各种非法捕捞行为，维护韶关渔业生产的正常秩序。配合市水产局，落实工作分工和职责，有序水产品质量安全执法检查工作，2015年共出动执法人员613人次，64车次，检查单位或个人224家，检查中未发现有单位或个人的违规行为。开展农资打假行动，检查鱼药门店2个，饲料市场1个，没有发现生产、销售、使用假冒伪劣农资产品和违禁药品的违法行为。

【渔业安全管理】 2015年，韶关把渔业安全工作放在首位，抓好渔民、渔船的安全生产管理工作，结合安全教育和事故案例进行渔业船员培训，签订安全生产责任书，并且对船东互保进行覆盖，为渔民群众的生命财产安全提供保障，纳入保险范围人员达1503人。利用高新科技手段，结合渔船IC卡管理系统使用，加大对渔业船舶的抽检力度，对于不适合渔业安全生产或者不按规定配备消防、救生设备的，一律不得进行渔业生产。做好渔民防洪防汛安全工作，加强对渔业安全生产的监督管理。2015年全市共有785艘渔船，全部完成船检，及船员培训工作。

【休渔放生】 “政府引导、社会参与”的休渔放生模式也得到各地肯定和推广，休渔放生活动实现常态化。2015年共举办承办大型主题放生活动3场次，受理网络委托108宗，进行网络委托集中放生12场次，市民、游客自发开展的放生活动56场次，累计参与放流人数达到5086人次，放流四大家鱼以及三角鲂、光倒刺鲃等各种北江经济、名优鱼类共635万余尾。

【柴油补助资金发放】 韶关开展2015工作年度的渔业柴油补助发放工作。支队及大队督察员对渔用柴油补助工作进行跟踪督察，对渔业柴油补助对象申请资格申请、受理、审核、数据录入、公示、汇总上报等各阶段的工作都进行严格的监督，确保渔业柴油补助工作公平、公正、公开地开展，保障广大渔民的合法权益。

【渔业资源环境监测】 2015年，韶关市继续通过全省首个互联网络渔业资源监测统计系统，收集各个采集点的数据并加以统计分析。通过网络收集各监测船的数据，对渔业数据统计分析，及时掌握江河渔业资源的基本状况及变动趋势、各类作业渔船的生产情况、主要经济种类和放生鱼类渔获率及其种群生物学参数，为加强渔业资源的保护，科学评估增殖放流的效果和效益提供依据。 （市渔政支队）

林 业

【概况】 韶关拥有丰富的森林资源和独特的森林生态系统，素有“南岭生物基因库”和“珠江三角洲生态屏障”之称，是广东重要的生态屏障。至2015年末，全市林业用地面积达142万公顷，活立木蓄积量达8722.5万立方米，森林覆盖率达74.95%，这些反映森林资源状况的主要指标均居全省首位。有林业类自然保护区22个，其中国家级3个，省级10个，市级3个，县级6个，总面积21.68万公顷；有森林公园81个，其中国家级4个，省级6个，市级9个，县级及以下62个，总面积8.85万公顷。全市10个县（市、区）均已成功创建“省林业生态县”，2个县被国家绿化委员会授予“全国绿化模范县”称号。韶关市以全面贯彻落实新一轮绿化广东大行动为契机，以“百项工程兴韶关”、交通主干道及“三边”（景区边、江边、城镇边）绿化为抓手，全力创建“广东绿色生态第一市”。完成市林业局的权责清单编制工作，将191项汇编曲成册。其中行政许可6项、行政处罚83项、行政强制15项、行政征收2项、行政检查21项、行政确认1项、行政裁决1项、其他事项62项。

【春季造林】 2015年当年省下达碳汇造林类建设任务面积22710公顷，实际造林面积22719.07公顷，任务完成率100.04%，综合成活率93.43%。2011–2014年结转任务面积2505公顷，实际造林面积2539.2公顷，任务完成率101.37%，综合成活率92.56%。封山育林类任务面积12453.33公顷，实际完成封育面积13076.67公顷，任务完成率105.01%。各地把乡村绿化美化与春季造林、村庄整治、扶贫开发、农房改造等工作紧密结合，在田边地头、路边河旁、房前屋后造林绿化。通过营造乡村林带、生态片林、小绿地、小公园、林网及四旁绿化，不断提高村民的居住环境。当年省下达市乡村绿化美化工程示范点156个，实际完成示范点建设161个，任务完成率103.2%。

【主干道（三边）绿化工程】　为提升交通主干道周边山体森林景观质量，市委市政府决定以交通主干道（三边）绿化工程为抓手，着力打造亮点工程，统筹协调、全面推进2015年重点生态工程建设。交通主干道（三边）绿化工程是碳汇造林工程的一部分，实施范围主要是京珠、广乐、韶赣3条高速公路和武广高铁两侧1公里范围内山体，以及重要景区、江河、城镇周边山体，涉及全市10个县（市、区）；建设内容主要是对规划范围内的林地进行绿化、美化、生态化建设，根据林地现状，分为人工造林、补植套种、改造提升和抚育提升4种建设类型，建设总任务6353.33公顷（其中人工造林1986.67公顷，补植套种2053.33公顷，改造提升500公顷，抚育提升1813.33公顷），投资总概算1.03亿元，2015年春季已全面完成种植，当年的抚育工作也已全面完成。

【生态景观林带】　2015年当年新建类任务里程4.5公里，面积18公顷，适宜种植林带长度4.5公里，实际建设合格里程4.5公里，面积18公顷，任务完成率100%，综合成活率94%，成林率96%；结转任务里程65.1公里，适宜种植林带长度34.35公里，实际建设合格里程34.35公里，面积191.05公顷，任务完成率100%，综合成活率93.65%，成林率98%。完善提升类设计面积567.65公顷，补植合格面积567.65公顷，合格率100%，综合成活率91.85%。

【森林抚育工程】　2015年，市森林抚育工程总任务49588.93公顷，其中：2014年中央财政森林抚育补贴任务1853.33公顷，2014年省级森林碳汇林抚育任务14888.87公顷，2015年省级森林碳汇林抚育任务16166.73公顷。截至2015年10月底，全市的森林抚育工程任务均已全面完成。经核查，韶关市各项森林抚育工程均按中央、省有关要求编制，作业设计，抚育对象、措施和方法符合有关规定，按技术要求实施割灌除草、松土扩穴、施肥和补植等措施，抚育作业质量较高，促进林木生长，提高林木保存率。

【生态公益林扩面工作】　按照新一轮绿化广东大行动目标任务的分解，韶关市生态林扩大面积工作的任务是8.8万公顷。按照省里的统一部署，全市营林部门精心组织，及时安排，采取措施，推动扩面工作。全市已经完成现场界定8.55万公顷，占总任务的97.2%。

【全民义务植树】　3月12日，郑振涛、李飞等市四套班子及韶关军分区、武警韶关市支队领导带领市直机关单位领导班子成员，到莞韶城一期山顶参加义务植树活动。本次植树树种为梅花树，种植后将实行专管，以确保种好树、管好树、树长好。莞韶城一期植树点从山下公路口到山顶约5公里长的新修公路两旁，2015年均要种上梅花树，形成一个梅花观景公园。2015年全市实际参加义务植树人数为145.04万人次，尽责率达到88.6%；累计义务植树共588.2万株。

【资源林政管理】　在确保森林“双增”目标实现的前提下，通过“采伐管理系统”，实时监管各县（市、区）年度采伐限额下达情况，和核发木林采伐证情况。组织人员对各地2014年度森林采伐限额、采伐迹地更新造林、征占用林地、木材经营加工等执行情况进行检查。并在全市进行通报。制定《韶关市林业生态红线划定工作方案》，推进林业生态划定工作。与市发改、国土、交通等部门沟通衔接，对需要征占用林地的国家、省、市重点工程，提早介入、主动服务。

【森林防火】　在进入新一轮森林特别防火期前，召开全市森林防火工作电视电话会议，与各地政府签订责任书，落实森林防火行政首长负责制，市县长为森林防火指挥部指挥长。与通讯运营商共同研发护林员管理与防扑火指挥调度系统，实现对护林员绩效管理、实时管控、通讯指挥及对火情及时处置。与通讯部门、韶关电视台等单位合作，通过短信、视频进行防火宣传。在森林防火宣传月期间，全市共投入89.6万元，发放宣传资料44万多份。投入资金350万多，补充阻燃服1640套、风力灭火机319台、油锯67台、割灌机29台以及其他一批森林防火物资。开展市航空护林消防基地建设的前期工作。

【森林公园（湿地公园）建设】　全市新建森林公园26个、湿地公园3个。为调动森林公园建设的积极性，确保森林公园建设任务的顺利完成，各级政府部门加大投入力度，出台各项优惠政策和奖励措施，各县（市、区）按照“政府主导、市场运作、社会参与”的原则，动员社会力量，引进外资和当地民营企业界参与森林公园建设。全市2015年新建森林公园投入9384万元，其中财政投资710万元，招商引资8674万元，投入较大的有：新丰县引进生态农业有限公司以红叶为主题的森林公园，计划投资3亿元，2015年完成投资3000万元；南雄利用当地个人投资1200万元，以森林景观和漂流为主题，建设泉水谷森林公园，引进广东清景旅游开发有限公司投资1290多万元，打造主田香草世界森林公园。乳源瑶族自治县政府投入151万元新建3个森林公园和1个湿地公园；翁源县补助每个新建县级森林公园25万元，镇级20万元。

【山林权属争议调处】　2015年，韶关市山林权属争议调处工作。以构建平安和谐林区为目标，积极推进跨区域山林纠纷联调机制建设，深入开展涉林权属纠纷突出问题专项治理工作，有效化解一批涉林权属纠纷突出矛盾，维护林区秩序的和谐稳定。全市共调处解决林权争议案件142宗，涉及面积1.62万公顷共处理涉林纪纷信访案件155宗，668人次，劝阻群众集体上访和化解群众性苗头事件40起680人次挽回经济损失400多万元。

【国有林场改革】 3月中旬，全市国有林场改革正式启动。全市共有国有林场38个，经营面积13.07万公顷，干部职工3857人。为加快推进全市国有林场改革工作，11月27日，全市召开国有林场改革座谈会，学习广东省《国有林场改革实施方案》以下简称《方案》等相关文件，研究编制国有林场改革实施方案，座谈国有林场改革工作相关事宜。根据省委省政府要求和全市开展国有林场改革的工作部署，起草《韶关市市属国有林场改革实施方案》（以下简称“方案”）。2015年12月11日，市政府召开由市编办、市财政局、市人力资源与社会保障局等有关部门参加的市属国有林场改革协调会议，对《方案》进行研究讨论，经反复与市编办、市财政局、市人力资源与社会保障局等部门进行沟通协调，达成统一意见后，对《方案》进行详细修改完善，形成《方案》（送审稿）。市国有林场管理处及6个市属国有林场全部定性为公益一类事业单位，事业经费全额拨款。

【国有林场林权确权发证】 根据韶关市政府关于开展国有林场林权确权发证的工作部署，为加快推进国有林场林权确权发证工作，确保国有林场林权确权发证率达到90%以上，成立市国有林场林权确权发证工作领导小组，制定国有林场林权确权发证工作实施方案，开展国有林场林权确权发证工作。10月底，完成全市国有林场林地、林木确权发证情况调查摸底；11月中旬，副局长邹文军带领发证办人员，分别到各未完成任务林场所在县林业局协调国有林场确权发证工作；11月20日，市林业局召开国有林场林权确权发证工作会议，各国有林场汇报林权确权发证工作开展情况、存在问题和工作措施，全面部署国有林场确权发证工作，与与市属国有林场签订《韶关市国有林场林权确权发证工作目标责任书》，对下阶段国有林场林权确权发证进行全面部署；12月15日，国有林场林权确权发证办公室分别到乳源瑶族自治县林业局、东坪镇政府、乐昌市林业局及沙坪镇政府协调乳阳林业局、天井山林场林权确权发证现场勘察、公示、审核审定等工作。自开展国有林场确权发证工作的2个多月，5个省、市属国有林场勘察、已公示面积达11466.67公顷，占未确权发证面积的44.8%，公示期满后，即可发证。

【国家森林公园建设】 2015年，韶关国家森林公园完成“三山”迹地更新、碳汇造林等造林248.47公顷，中幼林抚育追肥和森林抚育946.67公顷次，病虫害防治面积633.33公顷次，清除染病枯死松树320株，芙蓉山、莲花山景区公共绿地养护15万平方米，提高“三山”生态环境质量。完成八一场至灯芯岭步道建设1.89公里，进行森林公园强降雨导致的受灾道路修复工作，开展森林公园解说体系示范工程建设，与市铁路医院合作，增设20个新型垃圾箱、20个公益宣传栏，维护和完善森林公园基础设施，提高“三山”健身休闲功能。加强森林资源保护和护林防火，维修防火线175公里；处理周边农村关系和历史遗留问题，以市打击“两违”为契机清理历史占地；开展林业生态红线划定工作和韶关林场林地确权工作；加强巡山护林，及时查处破坏森林资源行为，维护森林公园生态安全和资源完整，维护韶关林场合法权益。抓好森林公园卫生保洁、设施维护、秩序维护和旅游安全，及时妥善处理强降雨导致的山体滑坡、塌方等问题，为市民群众提供旅游休闲健身场所。

【保护森林和野生动植物资源】 打击各类破坏森林资源的违法犯罪活动，先后组织开展“天网行动”、“立案专项治理行动”、“蓝天行动”、“雷霆行动”、“打击盗伐、滥伐林木”、“打击涉野生动物违法犯罪”等一系列专项行动，共侦破、查处各类森林案件951宗（起），收缴非法木材6010.2立方米、保护野生动物2380只（头、条），处理违法犯罪人员1932人（次）。2015年8月8日，破获建国以到韶关地区最大的盗伐林木案，盗伐林木蓄积达495.25立方米，6名团伙成员全部落网。韶关市公安局森林分局荣获2015年度全国保护森林和野生动植物资源先进集体称号，由国家林业局森林公安局记“集体二等功”一次。

【林下经济】 发展林下种植业、养殖业、采集业和森林旅游业。以林药、林菌、林果、林花种植为主，全市发展林下种植业1.33多万公顷。乳源县以草珊瑚种植为主的产业带建设达近万亩，南雄五黑鸡和意大利蜜蜂养殖，始兴、武江、曲江灵芝种植以及始兴、仁化、新丰铁皮石斛种植初具规模。推动南岭茶业产业带建设，加强品牌宣传和推介。到2015年底止，全市茶叶面积3666.67公顷，茶青产值9亿元，成品茶10亿元，茶叶企业和茶叶专业合作社达80多家。“韶关名茶”被南方日报评为“广东十大养生食品”之一。组织茶企参加茶叶博览会，广东十大名茶评比，“猴采红”获得中国十大名茶称号。在第十届“中茶杯”全国名优茶评比中，韶关茶叶获3个特等金奖，10个一等奖，1个银奖和1个优质奖。乐昌沿溪山白毛茶、曲江罗坑茶、仁化白毛茶先后被确认为国家地理志保护产品。仁化红山、曲江罗坑获评广东省十大茶乡称号之一。组织茶叶、石斛开展国家森林生态产品生产基地申报，获得首批授牌。

【林业科技】 对乐昌市龙山林场、曲江区小坑林场、南雄市帽子峰林场、翁源青云山自然保护区管理处申报省级区域性林业科研试验示范基地工作资料进行审核和上报。完成市林科所的《药用天麻优良品种培育及林下仿野生无公害栽培技术示范》项目、乐昌市龙山林场的《杉木高效种子园营建技术研究》项目、曲江区小坑林场的《油茶种质资源收集、评价技术研究》项目省级林业科技创新项目的申报审核。

【涉林企业】 开展2015年度省级龙头企业申报和2012年度省级龙头企业复核，韶关市新丰县云天海温泉原始森林度假村有限公司获得省厅实地考核，取得省级龙头企业称号。至2014年底，全市共有14家林业企业被认定为“省级林业龙头企业”。仁化县奥达胶合板有限公司奥达桦林王牌浸渍胶膜纸饰面人造板、曲江区广东五联木业集团handshake牌刨花板顺利获得广东省名牌产品（农业类）荣誉称号。

【普法宣传】 制定并落实年度林业普法依法治林计划，推进“谁主管谁普法、谁执法谁普法”。开展“广东省第二十五届野生动物宣传月”活动。组织到南雄市黄坑镇开展送法下乡活动，在韶关国家森林公园举办以“森林防火”为主题的韶关林业法制大型宣传活动。通过送法下乡，采取摆摊设点形式，宣传林业法律，向广大群众提供咨询服务，派发宣传资料5000余份。通过强化依法治林，推进林业生态建设，实现森林资源持续增长，森林生态不断优化，生态安全得到保障。

【行政执法】 2015年，韶关市加强行政执法主体和执法人员资格管理，市林业行政执法人员坚持执行持证上岗、亮证执法制度。规范行政审批和行政处罚行为，执行《广东省林业行政处罚自由裁量实施标准》，执行“罚缴分离”、“收支两条线”。重大行政处罚决定及时报市政府法制局备案。局市本级共审批各类行政许可事项共7638宗，其中：市属国有林场林木采伐许可123宗，木材运输许可7134宗、森林植物检疫许可216宗。受理林业行政案件165起，查处165起，查处率为100%。 （张少雷）

2015年分县（市、区）森林资源主要指标统计一览表

表2

单位：公顷、%

	林业用地	有林地	竹林	疏林地	灌木林地	未成林地	无林地	非林地	森林覆盖率（%）	林木绿化率（%）	活立木总蓄积量（万立方米）
韶关市	1418688.9	1274030.0	85768.6	1653.8	92811.3	28837.5	21051.1	389155.5	74.95	77.11	8722.5
始兴县	172618.6	157548.8	11334.3	209.3	4698.7	6226.1	3908.8	36941.5	77.32	77.92	1384.1
仁化县	173512.6	163347.1	20566.0	324.2	6324.3	1581.4	1927.8	37316.3	78.92	81.30	1173.0
翁源县	163029.5	151350.3	4595.6	280.3	5578.2	3053.3	2565.4	53555.9	71.81	73.07	982.7
乳源县	159770.1	130827.9	1610.9	138.3	24763.3	3426.8	600.0	33486.8	78.28	82.43	775.1
新丰县	168221.6	154136.2	1856.8	520.4	4715.7	4481.9	4365.5	26623.5	80.79	82.16	1049.3
乐昌县	183625.5	144283.0	10274.7	0.0	29947.6	7145.3	2239.0	53630.1	75.10	78.63	929.5
南雄市	159415.1	151299.3	26298.5	163.9	3984.2	1698.7	2267.5	73585.9	66.86	68.06	912.8
武江区	52814.0	49691.0	1129.7	2.3	2943.6	24.4	152.7	16759.6	72.23	75.65	417.8
浈江区	31276.7	28949.4	1535.2	0.0	1518.9	2.5	801.7	18883.9	60.73	60.95	200.9
曲江区	123782.1	115320.2	6353.3	0.0	7506.5	156.0	799.4	36549.5	74.73	77.18	754.8
韶关林场	2442.8	2208.6	4.1	0.0	29.5	56.1	135.9	48.0	89.85	92.67	21.9
曲江林场	7736.7	6769.5	36.8	15.1	186.0	344.1	415.2	362.6	85.65	92.62	59.8

续表2

	林业用地	有林地	竹林	疏林地	灌木林地	未成林地	无林地	非林地	森林覆盖率（%）	林木绿化率（%）	活立木总蓄积量（万立方米）
仁化林场	10625.5	9719.2	52.7	0.0	227.6	273.3	388.4	831.7	86.26	92.82	88.1
河口林场	4980.5	4151.5	118.1	0.0	346.9	205.1	277.0	394.4	82.05	83.69	40.8
九曲水场	3587.0	3252.6	1.9	0.0	40.3	125.9	168.2	137.1	88.36	92.10	25.0
华溪林场	1250.6	1175.4	0.0	0.0	0.0	36.6	38.6	48.7	90.46	94.00	6.6

说明：该表统计单位为韶关市林业局

水利

【概况】 2015年是全面深化水利改革发展的重要一年，也是全面实施“十二五”水利规划的收官之年。2015年以来，水务局贯彻落实中央和省、市关于加快水利改革发展的决策部署，凝心聚力，攻坚克难，全力推进以中小河流治理、农田水利建设为重点的各项水利工程建设，加快完成中央水利投资计划任务，抓紧抓好防汛防旱防风、最严格水资源管理、农村水电和水行政管理等工作。防御多场局部性洪涝灾害，超额完成2015年度山区中小河流治理工作任务，新丰县梅坑镇利坑村的对口帮扶工作。全市水利事业发展取得新成绩。2015年实施的共有中小河流治理、小型水库除险加固、中小型灌区改造、小农水重点县、田间工程建设、水系连通治理、小水电站改造、村村通自来水工程和农村饮水监测能力提升及水库移民工作等共180多个项目，总投资约18.68亿元。各项目总体进展较好。

【水雨情况】 2015年全市平均降水量1900毫米，偏多15%，但时空分布极其不均，虽未发生大的洪水，但多地先后遭遇局部性洪涝和干旱灾害。4月20日全市出现第一次大范围的暴雨，韶关市正式开汛，较历年同期4月10日相比，开汛偏迟约10天。进入5月强降水频发，全市平均降水量达到605.4毫米，较历年同期（247.3毫米）偏多约1.5倍，是近65年来同期最大降雨量；11月1日到12月31日，全市平均降水347.2毫米，较历年同期偏多3倍，也是近65年来同期最大降雨量。

【三防工作】 入汛后，韶关市连续出现雷阵雨天气，多地出现暴雨、甚至大暴雨量级的强降雨，全市各地受灾。共造成全市10个县（市、区）、79个镇7.44万人受灾，农作物受灾8906.67公顷，倒塌房屋435间，转移群众8419人，死亡1人，直接经济损失达2.61亿元。面对洪涝灾害，全市各级党委政府众志成城，迅速行动，紧急开展救灾抢险工作。共投入571.4万元救灾资金，减淹耕地6140公顷、减少受灾人口251080人；投入抢险救灾人数16101人次（其中部队官兵248人次，机动抢险队员437人次，地方人员15416人次），运输设备109班次，机械设备81台班，抢险舟（船）129舟次，解救被洪水围困群众2644人，避免人员伤亡29次174人，减灾效益0.55亿元。2015年1－4月，全市降雨量平均减少50%，乐昌、翁源、始兴、仁化、曲江等地先后出现不同程度旱情，市三防办调出35台抽水机到各地做好抽水抗旱工作，并指导各县（市、区）做好辖区内水量调度工作。台风给韶关市带来的影响主要是短时强降雨以及引发的山洪、洪水、泥石流等次生灾害。完善防台风预案，加密和气象、水文、国土等部门的联合会商，做好预报预警工作，破解“最后一公里”难题，及时转移群众，做好山洪灾害防御工作，把灾害带来的损失降至最低。7月7日召开全市防御台风“莲花”视频会议，提前部署做好各项防御工作。9月29日，韶关市召开防御台风“杜鹃”视频会议，并部署防风工作。

【山区五市中小河流治理工作】 2014年7月，按照省委、省政府的统一部署，选取问题最为突出的韶关市、河源市、梅州市、清远市、云浮市等5市开展中小河流治理行动，推进河道清障、清违、清淤和堤围加固工作，力争用3年时间，使得五市河流基本实现防洪达标，建成比较完善的水利防灾减灾体系。韶关市共有66条河流纳入《广东省山区五市中小河流治理实施方案》，规划总投资39.23亿元，治理河道长度2200公里，新建堤防69公里，加固堤防64公里，新建护岸2502公里，河道疏浚2092公里。按照省委、省政府“一年初见成效，三年大见成效，五年基本完成”的要求，韶关市中小河流治理计划是：2015年治理河流26条，治理河道526公里，投资10.16亿元，其中省级投资约7亿元；2016年治理河道581公里，投资11.73亿元；2017年治理河道290公里，投资5.3亿元；2018—2020年治理河道803公里，投资12.03亿元。自7月7日，市委、市政府召开全市中小河流治理工作会议后，市局贯彻会议精神，通过制定工作实施方案、学习外市经验、加强项目审批力量、编制工程倒排计划、多次召开工作会议等方式，抓紧抓好中小河流治理工作。截至12月底，已完成2015年度项目“三清”工作，共完成长度316.18公里，完成投资4392.6万元；已超额完成2015年度29宗项目年度建设任务，累计完成治理河长550公里，完成投资9.23亿元；2016年度36宗项目，23宗已完成设计审批，17宗已动工建设。

【韶关市小岛片区旧堤改造加固工程】 韶关市小岛片区旧堤改造加固工程位于市区小岛，堤线布置范围为韶关市区武江左岸和浈江右岸，工程总布置长度7.56公里，项目估算总投资21379万元。建成后是集防御洪水、保障安全、美化环境为一体的为民工程。工程于上半年，完成项目的《可行性研究报告书》及项目的《水土保持方案》、《防洪评价报告》、《环境影响评价报告》《社会稳定性风险分析报告》、《地质灾害评估报告》专题报告的编制设计，并于9月，完成项目的立项审批，12月21日正式动工建设。

【村村通自来水工程】 村村通自来水工程是以改善农村生活饮用水条件、提高供水质量，使老百姓喝上干净自来水为目标，从群众迫切需求出发，促进全省城乡经济一体化协调发展。农村自来水普及率是全面实施小康目标的重要指标，根据《中共广东省委广东省人民政府关于进一步促进粤东西北地区振兴发展的决定》确定的目标，韶关市要力争在2018年底前完成村村通自来水工程建设任务，全市农村自来水普及率要达到90%。韶关市村村通自来水工程规划总受益人口约97.84万人，计划分3年实施，到2018年农村自来水普及率由2015年的83%提高到90%；项目规划总投资约10.20亿元，其中省级补助2.64亿元，地方自筹约7.57亿元。按照省的实施方案和目标要求，市局做好准备工作，指导各县（市、区）做好村村通自来水工程建设规划修编。截至年底，仁化县8宗已完成施工招标工作，其中长江镇和闻韶镇项目已开工建设；浈江区28宗已完成初步设计批复工作，现开展施工招标前期工作；乳源瑶族自治县已完成14宗初步设计报告编制工作；乐昌市已委托设计单位开展初设报告编制工作；南雄市、曲江区、武江区正开展初步设计招标工作；翁源县已完成村村通自来水规划批复工作，开展初设招标前期工作；始兴县、新丰县已完成村村通自来水规划编制工作，待县政府审批。

【中小型灌区改造】 全市在建灌区改造工程包括6宗中型灌区和50宗小型灌区，批复总投资56995万元，省级投资38047万元已全部到位，其中2015年到位省级资金13611万元。截至目前，全市6宗中型灌区改造工程有序推进，50宗小型灌区改造工程已完成建设任务，累计完成投资41543万元。乳源瑶族自治县引杨灌区改造已完成批复工作。

【小农水重点县项目】 全市10个县（市、区）都列入中央或省小农水重点县项目。乳源县和南雄市3个年度建设任务已全面完成，现正进行验收资料整理工作；始兴县、乐昌市2012、2013年度建设任务已完成，2014年度项目已基本完工；翁源县2013、2014年度建设任务已完成，2015年度项目已基本完工；新丰县2014、2015年度项目已基本完工，2016年度项目已开工建设；仁化县2013年度建设任务已完成，2014、2015年度项目已基本完成；曲江区2013年度项目已基本完成，2014、2015年度项目已基本完成；浈江区2015年度项目已基本完成，2013、2014年度项目已开工建设；武江区2015年度项目已基本完工，2014、2016年度项目已开工建设。

【小水电站增效扩容改造工程】 为进发展农村水电，水利部已对我市小水电增效扩容改造工程进行批复，共批复123宗，改造后装机21.837万千瓦，其中新增发电装机2.936万千瓦，总投资为3.6亿元。截至年底，123宗电站已全面开工，其中102宗已完工，累计完成投资2.88亿元。

【田间工程建设项目】 田间工程是“全国新增1000亿斤粮食生产能力规划田间工程建设项目”的简称。为提高人民生活水平，增加粮食产量，南雄市、始兴县、仁化县分别列入田间工程建设项目。截至目前，3个县（市）已完成2014年度项目实施方案技术审查并报市发改局，始兴县已基本完成2014年度项目建设任务，南雄市已完成形象进度的70%，仁化县正抓紧进行相关前期工作。

【水系连通治理工程】 水系连通项目是对纳入全国中小河流治理重点县综合整治和水系连通试点规划的流域面积在50～200平方千米的水系开展的综合整治，主要从加强水系沟通、河道整治及水生态修复等方面综合治理。韶关市南雄市（6个乡镇6条河）和仁化县（5个乡镇6条河）列为水系连通治理重点县。南雄市治理河道总长度101公里。规划总投资13427万元，仁化县治理河道总长度为37.65公里，规划总投资14500万元。已完成南雄市6个项目区和仁化县5个项目区初步设计批复工作。2015年年初已到位省级资金2119万元的仁化县大桥镇和黄坑镇项目区均于9月15日开工建设，截至年底，已完成形象进度的30%。

2015年底已到位省级资金5370万元的南雄市6个项目区，现正准备施工招投标等前期工作。

【移民工程建设】 安居工程是政府的一项“德政工程”，是解决水库移民住房问题的有效措施，推进安居工程建设，有助于逐步缓解移民住房困难、不断改善住房条件。为推进安居工程建设，市局按照“一村一策、整村推进”的方式，分类指导安居工程建设，全市累计完成15865户65252人的住房建设任务，占应进行住房改造的水库移民人数（65979人）的98.9%。水库移民文化与信息服务站建设。为贯彻省委、省政府《关于加快我省水利改革发展的决定》精神和实施“文化强省”的战略，全面实施全省水库移民“利益相关者零距离末端监督”工程，确保2015年前在全省100人以上移民自然村（或行政村）建立文化与信息服务站，实现水库移民资金项目创新管理，落实移民知情权、参与权和监督权。韶关市加强水库移民文化信息建设，全市大中型水库移民村文化与信息服务站建设内容包括1个市级信息管理中心、10个县级信息管理中心、153个村级文化与信息服务站。截至年底，已竣工验收了157个水库移民村（镇）站建设、1个市级信息管理中心、10个县级信息管理中心建设任务，采集录入整编286个移民自然村数据，累计完成投资992.34万元。

【水政执法与宣传工作】 为严格执行水政执法巡查制度，加强日常巡查，水政支队各大队每周3次以重点河段，标段为日常巡查重点进行监督管理。2015年全年共出动执法人员1236人次，出动执法车辆467台次，处理群众投诉33宗，发出各类执法文书34份。征收市本级水利规费7779.27万元，其中水资源费1218.91万元，水土保持补偿费89.36万元，堤围防护费6471万元。在河道采砂管理工作中，完成2015年度北江、浈江、武江河砂禁采区的划定和公告发布工作。做好河道采砂管理和执法的指导、监督，加强对县管主要河道采砂的管理。指导、督促市管河道采砂标段做好验收工作。督促、协调仁化县湾头水库库区疏浚清砂工程完工验收工作，对三年采砂量进行审核确认，指导、督促乐昌市长来标段的采砂完工验收，并参与两个标段的采砂完工验收。印发《关于进一步加强河道采砂监理工作的通知》（韶市水政〔2015〕10号），要求市管河道全面开展采砂监理，县管河道推进采砂监理，省管河道抓好采砂监理。在“世界水日”“中国水周”和“全国法制宣传日”期间，市局组织一系列宣传活动。共悬挂横幅8条，发送手机短信11万条次，电视台播放水法宣传广告30条次，举办现场宣传和咨询服务活动4场，出动宣传车到各乡镇巡回广播宣传，派送宣传资料7300份。

【水资源考核与管理工作】 2015年，韶关市采取措施实施最严格水资源管理制度工作。按照水资源开发利用控制、用水效率控制、水功能区限制纳污三条红线控制目标，加强水资源保护和提升用水效率水平，建设节水型社会。2015年年度韶关市在全省最严格水资源管理制度的年度考核中取得91.8分的优异成绩，等次为优秀。为做好水资源管理工作，市水利局抓好取水许可和水资源论证工作，做好取水审批和管理等各项工作，组织韶关市饮用水源取水点调整工程水资源论证报告专家评审工作及审批工作，完成韶关市2×30兆瓦生物质发电项目水资源论证后评估的评审工作；做好各县（市、区）取水台账的审查工作，共完成460宗取水证的审查入库工作；做好水资源信息编发工作。完成全市2014年度水资源管理年报及公报的编制工作；加强水资源保护。对全市主要河流和水库水功能区的水质进行监督管理。共印发12期《韶关水质月报》和4期《韶关水务信息》季报。

【水资源概况】 韶关市位于广东省北部、北江流域中上游，属亚热带季风气候区，国土面积18385平方公里。韶关市按照行政分区包括浈江、武江、曲江3个市辖区，乐昌、南雄两县级市，始兴、仁化、乳源、翁源、新丰5个县，水资源分区划分为浈江、武江（中下游）、北江上游、滃江、连江（连江中游支流黄洞河、大潭河）、新

2015年9月22日，在始兴县隘子镇人民政府召开韶关市山区中小河流治理工作现场会（市水务局 供）

丰江（上游）、桃江和章江（长江流域）等8个四级水资源分区。韶关市境内主要江河有浈江、武江、墨江、锦江、南花溪、南水、滃江、北江干流及新丰江，北江由北向南贯穿本市，两侧大小支流密布，各大小支流都源于高、中级山地，且切割很强，两岸壁立的峡谷甚多，水流湍急，河道比降陡，流量大，水力资源丰富。全市多年平均年降水量1682.3毫米，折合年降水总量309.29亿立方米；多年平均水资源量179.93亿立方米，多年平均地下水资源量44.05亿立方米。2015年全市年降水量为1964.2毫米，折合年降水总量为361.11亿立方米，比上年多22.5%，比多年均值多16.8%，属平水偏丰年。

【地表水资源分析】 2015年全市地表水资源量为211.08亿立方米，折合年径流深为1148.1毫米，比上年偏多23.9%，比多年均值多17.3%。在各县（市、区）中（详见2015年韶关市行政分区地表水资源量统计一览表），地表水资源量乳源瑶族自治县最多为33.27亿立方米，占全市总量的15.8%；乐昌市第二27.89亿立方米，全市总量的13.2%；浈江区最少6.46亿立方米，仅占全市总量的3.1%。与多年均值比较，各行政分区均偏多，其中乐昌市偏多26.2%，曲江区偏多25.4%，其余各县（市、区）与多年均值比较偏多值为4.9%—24.2%。单位面积地表水资源量乳源最多149.39万立方米/平方千米，武江区次之119.16万立方米/平方千米，南雄市最少为91.99万立方米/平方千米。

【地下水资源分析】 2015年全市地下水资源量49.51亿立方米（不含中深层地下水），比上年偏多20.5%，比多年均值偏多12.4%。在各县（市、区）中（详见2015年韶关市行政分区地下水资源量统计一览表），仁化县地下水资源量为7.64亿立方米，居全市首位，占全市总量的15.4%；新丰县地下水资源量6.77亿立方米，居第二位，占全市总量的13.7%；浈江区最少，只有1.47亿立方米，仅占全市总量的3.0%。与多年均值比较，各行政分区均偏多，乐昌市偏多21.7%，乳源瑶族自治县偏多20.6%外，其余各县（市、区）与多年均值比较偏多值为6.1%～15.1%。从单位面积地下水资源量看，仁化县最大34.65万立方米/千米，新丰县次之34.07万立方米/千米，始兴县最小为21.79万立方米/千米。2015年全市蓄水动态，共统计36宗大中型水库，全市大、中型水库年末蓄水量为18.03亿立方米。其中大型水库年末蓄水量为12.03亿立方米，占66.7%；中型水库年末蓄水量为6.0亿立方米，占33.3%。

【全市供水量分析】 2015年，韶关市供用水量22.09亿立方米，其中地表水源占93.2%，地下水源占4.1%，其它水源占2.7%。总用水中：农业用水占69.7%，工业用水占18.9%，城镇公共用水占3.0%，居民生活用水占7.3%，生态环境用水占1.2%。全市用水消耗量为10.20亿立方米。全市水资源利用率为10.5%，比上年略有减少。在各县（市、区）中，按供水量大小排列，前三位是南雄、乐昌、仁化，供水量分别占全市总供水量的15.6%、13.4%、11.8%，其余各县（市、区）供水量占全市总供水量的比例均低于11.0%。从各县（市、区）的水源结构显示：曲江、始兴和翁源地下水源供水量占总供水量的比重分别为8.7%、7.4%、6.3%，比其它县（市、区）大得多；各县（市、区）其它水源（雨水利用）供水量占总供水量的比重仅为2.7%，目前，各县（市、区）仍然以地表水供水为主，除乳源地表水供水占总供水量比例为86.6%外，其余县（市、区）地表水供水比例均超过90%。

【全市用水量分析】 2015年全市总用水量22.09亿立方米，比上年略有减少。用水结构是：生产用水占总用水量的91.5%，居民生活用水占7.3%，生态环境用水占1.2%。其中农田灌溉用水、林渔牧畜用水、工业用水、城镇公共用水分别占生产用水量的68.5%、7.6%、20.7%、3.2%，2015年除城镇公共用水、居民生活用水、生态环境用水有所增加外，其余各行业用水量均比去年有所减少，其中工业用水减少最多较上年减少0.638亿立方米、农田灌溉用水较上年减少0.051亿立方米。在各县（市、区）中，用水量前三位的是南雄、乐昌、仁化，其用水量分别占全市总用水量的15.6%、13.4%和11.8%。工业用水量中，曲江区占全市工业总用水量的17.6%，其余县（市、区）占82.4%；农田灌溉用水中，南雄是大户，其农田灌溉用水量达2.43亿立方米，占全市农田灌溉总用水量的17.6%。2015年全市人均综合用水量779立方米，万元国内生产总值用水量192立方米，万元工业增加值用水量117立方米（含火电），农田实灌亩均用水量759立方米，城镇居民生活人均生活用水量178升/日，农村居民生活人均用水量118升/日。除城镇居民人均用水量低于全省均值外，其余用水指标均高于全省均值，说明我市用水水平低于全省平均水平，用水效益不高。在各县（市、区）中，人均综合用水量仁化最大1253立方米，始兴次之1063立方米，浈江区最小339立方米，其余县（市、区）人均综合用水量为472立方米—1040立方米。万元GDP用水量始兴最大311立方米，武江区最小69立方米，其余县（市、区）为71立方米—285立方米。

【河流水库水质达标评价】 依据国家《地表水环境质量标准》（GB3838－2002）、《地表水资源质量评价技术规程》（SL395－2007）对韶关市境内江河湖库水体水质进行评价达标分析。从2015年全年来看河流水质总体情况较好，水库水质总体状况一般。根据

《广东省水功能区划》，本年度对13个（对有二级区的一级区只计二级区个数）河流水功能区进行了评价，其中，水质达标的功能区有13个，达标率为72.2%；对16个水库水功能区进行了评价，15个水库达标，1个水库不达标，达标率为93.8%。（周贤宝）

2015年韶关市行政分区地表水资源量统计一览表

表3

名　称	计算面积（平方千米）	地表水资源量（亿立方米）	占全市比例（%）	多年平均地表水资源量（亿立方米）	与多年平均值比较（%）	单位面积地表水资源量（万立方米/平方千米）
曲江区	1618	19.27	9.1	15.37	25.4	119.10
武江区	689	8.21	3.9	6.61	24.2	119.16
浈江区	567	6.46	3.1	5.22	23.8	113.93
乐昌	2421	27.89	13.2	22.10	26.2	115.20
南雄	2361	21.72	10.3	18.73	16.0	91.99
始兴	2152	21.70	10.3	19.14	13.4	100.84
仁化	2205	26.13	12.4	21.80	19.9	118.50
乳源	2227	33.27	15.8	27.29	21.9	149.39
翁源	2158	23.70	11.2	22.60	4.9	109.82
新丰	1987	22.73	10.8	21.08	7.8	114.39
全市	18385	211.08	100.0	179.93	17.3	114.81

2015年韶关市行政分区地下水资源量统计一览表

表4

名　称	计算面积（平方千米）	地下水资源量（亿立方米）	占全市比例（%）	多年平均地下水资源量（亿立方米）	与多年平均比较（%）	单位面积地下水资源量（万立方米/平方千米）
曲江区	1618	4.20	8.5	3.65	15.1	25.96
武江区	689	1.79	3.6	1.56	14.7	25.98
浈江区	567	1.47	3.0	1.30	13.1	25.93
乐昌	2421	6.61	13.4	5.43	21.7	27.30
南雄	2361	5.03	10.2	4.52	11.3	21.30
始兴	2152	4.69	9.5	4.29	9.3	21.79
仁化	2205	7.64	15.4	6.88	11.0	34.65
乳源	2227	6.20	12.5	5.14	20.6	27.84
翁源	2158	5.11	10.3	4.90	4.3	23.68
新丰	1987	6.77	13.7	6.38	6.1	34.07
全市	18385	49.51	100.0	44.05	12.4	26.93

2015年韶关市行政分区水库蓄水动态统计一览表

表5 单位：万立方米

行政分区	水库宗数		大型水库蓄水量		大型水库年蓄水变量	中型水库蓄水量		中型水库年蓄水变量	合计	
	大型	中型	上年末	当年末		上年末	当年末		年末蓄水量	年蓄水变量
曲江区	2	2	10000	10600	600	5600	8700	3100	19300	3700
武江区	1	1	5000	900	-4100	200	400	200	1300	-3900
浈江区	—	3	—	—	—	6700	7500	800	7500	800
乐昌	1	2	16300	16300	—	2300	3000	700	19300	700
南雄	—	6	—	—	—	6100	9200	3100	9200	3100
始兴	—	3	—	—	—	2000	3900	1900	3900	1900
仁化	1	3	13100	15300	2200	5400	7800	2400	23100	4600
乳源	1	4	61300	77200	15900	11600	15100	3500	92300	19400
翁源	—	5	—	—	—	3000	3800	800	3800	800
新丰	—	1	—	—	—	600	600	0	600	0
全市	6	30	105700	120300	14600	43500	60000	16500	180300	31100

2015年韶关市行政分区供水量统计一览表

表6 单位：万立方米

行政分区	总供水量	占全市比例（%）	地表水量				地下水量	占总供水量比例（%）	其他供水量	占总供水量比例（%）
			蓄水量	引水量	提水量	占总供水量比例（%）				
曲江区	22660	10.3	14270	1680	4730	91.3	1980	8.7	0	0.0
武江区	14610	6.6	3630	3120	6630	91.6	730	5.0	500	3.4
浈江区	13720	6.2	11200	1450	440	95.4	560	4.1	70	0.5
乐昌	29660	13.4	19460	7790	230	92.7	980	3.3	1200	4.0
南雄	34360	15.6	21000	11610	1500	99.3	150	0.4	100	0.3
始兴	22620	10.2	5560	7880	7000	90.4	1670	7.4	510	2.3
仁化	26000	11.8	18330	1314	5192	95.5	580	2.2	584	2.2
乳源	16440	7.4	10800	2040	1400	86.6	300	1.8	1900	11.6
翁源	23870	10.8	13150	4830	4390	93.7	1500	6.3	0	0.0
新丰	16920	7.7	2880	490	11920	90.4	630	3.7	1000	5.9
全市	220860	100.0	120280	42204	43432	93.2	9080	4.1	5864	2.7

2015年韶关市行政分区用水量统计一览表

表7 单位：万立方米

行政分区	生产用水量					居民生活	占总用水量比例（%）	生态环境	占总用水量比例（%）	总用水量	占全市比例（%）
	农田灌溉	林牧渔畜	工业	城镇公用	占总用水量比例（%）						
曲江区	11460	950	7360	730	90.5	1800	7.9	360	1.6	22660	10.3

续表7

行政分区	生产用水量					居民生活	占总用水量比例（%）	生态环境	占总用水量比例（%）	总用水量	占全市比例（%）
	农田灌溉	林牧渔畜	工业	城镇公用	占总用水量比例（%）						
武江区	3890	980	6890	670	85.1	1900	13.0	280	1.9	14610	6.6
浈江区	6440	1760	1670	970	79.0	2500	18.2	380	2.8	13720	6.2
乐昌	22480	1560	2770	420	91.8	2230	7.5	200	0.7	29660	13.4
南雄	24300	2900	4540	630	94.2	1740	5.1	250	0.7	34360	15.6
始兴	16170	1250	3410	500	94.3	1110	4.9	180	0.8	22620	10.2
仁化	16280	1790	5480	1020	94.5	1050	4.0	380	1.5	26000	11.8
乳源	11830	730	1960	720	92.7	980	6.0	220	1.3	16440	7.4
翁源	16550	2140	2870	500	92.4	1660	7.0	150	0.6	23870	10.8
新丰	9010	1380	4810	400	92.2	1180	7.0	140	0.8	16920	7.7
全市	138410	15440	41760	6560	91.5	16150	7.3	2540	1.2	220860	100.0

2015年韶关市各行政分区主要用水指标统计一览表

表8

行政分区	人均GDP（元）	人均综合用水量（立方米）	万元GDP用水量（立方米）	万元工业增加值用水量（立方米）		农田实灌亩均用水量（立方米）	居民生活人均用水量（升/日）	
				含火电	不含火电		城镇	农村
曲江区	41858	721	172	125	103	825	181	125
武江区	68164	472	69	80	80	737	178	122
浈江区	47469	339	71	89	89	911	179	120
乐昌	25314	721	285	153	141	661	178	120
南雄	36848	1040	282	114	114	758	175	118
始兴	34184	1063	311	140	140	795	179	120
仁化	44246	1253	283	176	190	935	177	114
乳源	34802	893	257	80	80	754	178	121
翁源	25503	694	272	119	119	633	176	111
新丰	34373	792	230	148	148	858	181	122
全市	39228	753	192	117	113	759	178	118

2015年1－12月韶关各县（市、区）降水量统计一览表

表9

（毫米、%）

月份	乐昌	与历年同比	仁化	与历年同比	南雄	与历年同比	乳源	与历年同比	曲江	与历年同比
1月	60.1	0	60	－23	67.6	8	68.5	－13	73.1	4
2月	64.7	－27	75.5	－36	45	－57	68.4	－44	44	－59
3月	58.6	－59	100.1	－48	75.6	－58	102.7	－46	72.7	－60
4月	56.3	－66	99.3	－55	109.2	－49	113.1	－49	80	－64
5月	268.4	26	405	55	570.5	165	727	173	923.3	272

续表9

月份	乐昌	与历年同比	仁化	与历年同比	南雄	与历年同比	乳源	与历年同比	曲江	与历年同比
6月	157.5	-29	121.1	-46	170.1	-20	237.1	-13	224.1	-10
7月	167.4	-10	109.7	-31	173.3	18	193.7	-3	82.1	-49
8月	140.9	-19	92.5	-39	123.4	-9	161.2	-4	47.3	-63
9月	188	97	99.5	-4	110.6	8	140.3	23	93.7	-6
10月	66.2	19	77.3	35	61.5	39	97.9	74	71.6	67
11月	210.8	352	172	224	152.5	233	166.9	216	177.3	240
12月	172	493	202.8	392	207.5	475	247.1	515	239.5	476
1-12	1610.9	9	1614.8	-3	1866.8	25	2323.9	30	2128.7	33
1月	63.7	-4	72.1	17	79.7	38	68.1	2	—	—
2月	50.9	-53	59.2	-45	18.1	-81	53.2	-50	—	—
3月	62.8	-65	53.1	-68	56.9	-66	72.8	-58	—	—
4月	80.9	-62	75.9	-68	97.6	-58	89	-59	—	—
5月	654.1	177	684.1	161	621.2	125	606.7	145	—	—
6月	138.8	-33	210.4	-32	216.7	-39	184.5	-28	—	—
7月	94.3	-34	231	31	241.8	2	161.7	-8	—	—
8月	74.4	-52	103	-40	188.3	-10	116.4	-28	—	—
9月	131	14	139.9	19	193.6	39	137.1	24	—	—
10月	46.6	2	73.1	104	20.4	-52	64.3	35	—	—
11月	126.8	157	69.1	66	49.1	20	140.6	194	—	—
12月	171.6	338	217.8	489	194.5	404	206.6	445	—	—
1-12	1695.9	9	1988.7	15	1977.9	5	1901	15	—	—

水文监测

【概况】 广东省水文局韶关水文分局是广东省水文局的派出机构，正处级行政类事业单位。内设5个职能科室，下辖韶关水文测报中心、连县水文站、英德水文站、坪石水文站、新韶水文站，负责辖区内的水量水质监测、水情预报等方面业务。管辖韶关和清远两个行政区域内的27个水文站（含14个巡测站），其中5个国家级水文站、5个省级水文站；4个水位站（含1个巡测站）；366个雨量站，其中基本站234个，中小河流水文监测站120个，专用站12个；6个蒸发站；47个大中型水库水雨情监测站；17个冰冻灾害站；8个土壤墒情站；45个水质常规监测断面。其中雨量、水位、冰冻灾害、土壤墒情观测站点已基本实现自动测报。犁市（二）站、凤凰山站、高道站、乐昌（二）站、英德（二）站、西河桥站、东河桥站及韶关（二）站已安装固定式HDCP，实现在线自动测流。同时配备雷达测速枪、水文测船、冲锋舟、GPSRTD（RTK）、全站仪、数字水准仪、水深测量仪等辅助测量设备，使生产效率得到提高。站网建设覆盖辖区大江大河、城乡防洪重点区域和主要供水水源地的监测网络，能够满足地方政府以及各涉水部门解决“洪、涝、旱、污”等水问题对水文技术服务支撑能力的需求。

【水环境监测】 韶关水环境监测分中心建筑面积1300平方米，设有化学分析室、生化室、样品室、监测业务室等。至年底，有常规监测断面45个，监测项目32个，认证项目51个。中心配备先进仪器设备，如ICP（电感耦合等离子体发射光谱仪）、原子荧光仪、电子天平等。中心具有国家级计量认证合格证书，并于2015年通过计量认证复查换证。2015年韶关水文分局完成14个水库的藻类和藻毒素监测，北江流域水功能区监测评价及辖区水功能区水文水环境监测任务，监测数据和分析。评价结果准确、可靠、客观、公正，为韶关市在全省最严格水资源管理制度实施工作的考核中取得好成绩，发挥应有的作用。

【水文测报】 韶关水文分局拓展水文站网，在《广东省中小河流水文监测项目》基础上，通过共享地方三防、水利水电枢纽、地方涉水部门的监测数据资料，使水文监测站网密度达到243平方千米/站，雨量监测密度达到96平方千米/站，水资源监测的一级功能区覆盖率达到100%，实现对辖区内水雨情、水资源监测的有效覆盖。发挥水情信息化建设人才的技术优势，针对当前水情服务以及未来发展需要，按照功能实用、技术先进、操作人性、使用可靠的原则，完成包含从基础性的水位流量及库容管理、遥测系统数据交换，到水雨情值班、水情预报等比较全面的水情信息化建设积累，提升水情服务的科技含量和提高预报作业的时效性。探索水情预报新方法，在武江干流长来镇和桂头镇河段、滃江干流滃江站河段开展精细化预警预报的试点工作。首次向水情预警汇集系统平台发布水情预警信息，为地方提供更加直接的服务。提高应急监测能力，在完成水文站优化测验方案的基础上，修订《支援测站抢测洪水制度》，完善应急监测预案与机制。

【测站管理改革】　在《韶关水文分局测验任务与人员配置情况分析报告》基础上，制定《韶关水文分局测验任务与人员配置优化实施计划》，力争在2018年前基本完成以韶关测报中心为单位组织辖区巡测工作的测站管理模式改革。实施分级管理，加强在线测流系统的率定工作，分局站网管理科设责任人负责管理与指导工作，测报中心、水文站设项目责任人负责实施具体的率定工作，确保2018年底在线测流系统全部投入使用。

【服务水资源管理工作】　自实行最严格的水资源管理制度以来，韶关水文分局发挥水文水资源监测的技术优势，强化政府决策的水文水资源服务，组织实施2014年《韶关市水资源公报》《韶关市水资源管理年报》《韶关市水资源质量月报》《2015年韶关市水务信息季报》的编制工作；利用现有监测资料，开展对武江、浈江、北江干流的水量与水质、重点对污染情况、富营养状况进行综合分析评价，完成2015年《北江流域水功能区监测报告》《武江流域水资源综合分析评价报告》《北江中上游城市饮用水源地水质状况分析评价报告》。在水资源服务工作中，以“公平、公正、可靠”的监测资料为依托，履行“技术裁判员”职责，为韶关市建立适应本地社会经济可持续发展的现代水资源管理体系及落实最严格水资源管理“三条红线”考核制度提供技术支撑，对促进韶关市水资源的统一管理、优化配置和有效保护具有重要的现实意义。

【广东省中小河流水文监测系统建设项目】　广东省中小河流水文监测系统建设项目是水利部下达的中小河流治理国家级水文监测系统的重点建设项目，分两期实施。落实广东省中小河流水文监测系统建设2012～2013年实施项目，已基本完成共28个新建水文站和5个旧站改造的建设任务，以及档案资料的归档工作。广东省中小河流水文监测系统建设项目完成后，韶关水文分局辖区内站点纳入国家、省级管理的水文（位）站将达到143站（含大中型水库47站），雨量站366站，提高中小河流水文监测能力。

【承担韶关市山洪灾害调查评价项目】　完成980个重点防治区的分析评价工作，完成488个简易水位站安装并确定预警水位；8个县（市区）的分析评价成果按照技术要求进行审核汇集，完成8个县（市区）的《山洪灾害调查报告》、《历史洪水调查报告》、《山洪灾害分析评价报告》、《水文气象资料收集报告》及市级《山洪灾害调查报告》、《山洪灾害分析评价报告》，并通过初步验收。　（刘　静）

韶关水文分局管辖的水文站一览表

表10

水系	河名	站名	站别	断面地点
北江	浈江	小古菉	水文站	广东省韶关市始兴县马市镇都塘村委会小古菉村
北江	浈江	新韶	水文站	广东省韶关市浈江区新韶镇黄金村
北江	罗坝水	结龙湾	水文站	广东省韶关市始兴县顿岗镇大村村委会结龙湾村
北江	锦江	仁化（二）	水文站	广东省仁化县仁化镇水南村
北江	武江	坪石（二）	水文站	广东省乐昌市坪石镇灵石坝村
北江	武江	犁市（二）	水文站	广东省韶关市浈江区犁市镇五四村河边厂
北江	田头水	赤溪（四）	水文站	广东省乐昌市庆云镇湾雷村委会赤溪村
北江	滃江	滃江	水文站	广东省韶关市翁源县官渡镇利龙村河唇刘屋
北江	滃江	长湖水库（坝下二）	水文站	广东省英德市大站镇樟滩村潭风角
北江	星子河	凤凰山	水文站	广东省连州市保安镇水口村

续表 10

水系	河名	站　名	站别	断面地点
北江	连江	高道	水文站	广东省英德市西牛镇高道村
北江	洞冠水	黄麖塘（二）	水文站	广东省清远市阳山县黎埠镇凤山村
东江	新丰江	岳城	水文站	广东省新丰县丰城镇岳城村
北江	浈江	南雄（一）	巡测站	广东省南雄市雄州街道水南村沿江路水务局新大楼前
北江	北江	韶关（二）	巡测站	广东省韶关市武江区西河镇红星村沿江路
北江	北江	乌石	巡测站	广东省韶关市曲江区乌石镇濛浬村韶关电厂家属区
北江	北江	英德（二）	巡测站	广东省英德市英城镇
北江	北江	连江口（二）	巡测站	广东省英德市连江口镇城樟社区
北江	墨江	始兴	巡测站	广东省韶关市始兴县太平镇东升居委会低坝村
北江	百顺水	大坝	巡测站	广东省韶关市仁化县黄坑镇高塘村委会大坝村下游桥下
北江	武江	乐昌（二）	巡测站	广东省乐昌市乐城街道榴村村委会大菜园村
北江	滃江	红桥（二）	巡测站	广东省英德市桥头镇红桥村
北江	连江	连县（城南桥）	巡测站	广东省连州市连州镇高堆村委会城南桥
北江	连江	阳山（一）	巡测站	广东省清远市阳山县阳城镇南门街关屋巷 41 号
北江	七拱水	七拱	巡测站	广东省清远市阳山县七拱镇七拱村七拱桥
北江	青莲水	鱼良头	巡测站	广东省清远市阳山县青莲镇深塘村委会鱼良头村
北江	连江	青莲（四）	巡测站	广东省清远市阳山县青莲镇中心村

韶关水文分局管辖的水位站一览表

表 11

水系	河名	站名	站别	断面地点
北江	北江	沙口	水位站	广东省英德市沙口镇沙口村
北江	北江	英德（五）	水位站	广东省英德市英城镇楼船路（人民大桥西岸）
北江	马坝水	马坝	水位巡测站	广东省韶关市曲江区城区沿河路 9 号对面
北江	连江	连县（三）	水位站	广东省连州市连州镇湟村南路 116 号

韶关水文分局管辖的蒸发量站一览表

表 12

水系	河名	站名	测站地址
北江	浈江	小古菉	广东省韶关市始兴县马市镇都塘村委会小古菉村
北江	浈江	长坝	广东省仁化县大桥镇长坝村
北江	武江	坪石	广东省乐昌市坪石镇灵石坝村
北江	滃江	滃江	广东省韶关市翁源县官渡镇利龙村河唇刘屋
北江	洞冠水	黄麖塘	广东省清远市阳山县黎埠镇凤山村
北江	连江	高道	广东省英德市西牛镇高道村

韶关水文分局管辖的基本降水量站一览表

表 13

所属流域	河名	站名	所属流域	河名	站名	所属流域	河名	站名
浈江	浈江	孔江水库	武江	田头水	甘棠镇	滃江	白沙水	茶江
浈江	浈江	乌迳	武江	田头水	赤溪	滃江	烟岭河	太平（英德）
浈江	大源水	大源	武江	九峰河	九峰	滃江	滃江	长湖水库
浈江	新龙水	中坪水库	武江	九峰河	上曹洞	滃江	滃江	长湖水库（坝下）
浈江	宝江水	宝江水库	武江	九峰河	两江口	北江	北江	英德
浈江	浈江	水口（南雄）	武江	武江	墩子	连江	星子河	顺头岭
浈江	南山水	横江水库	武江	武江	水源	连江	潭源洞水	潭岭水库
浈江	岚头水	南埔	武江	西坑水	前洞	连江	长家水	清江
浈江	浈江	南雄（一）	武江	武江	乐昌	连江	星子河	星子
浈江	浈江	南雄	武江	廊田水	东洛水库	连江	长合水	瑶安
浈江	凌江	澜河	武江	廊田水	杉木洞	连江	黄桥水	上兰靛水库
浈江	瀑布水	瀑布水库	武江	廊田水	麻坑	连江	黄桥水	西江
浈江	浈江	小古菉	武江	龙山水	龙山水库	连江	朝天水	朝天桥
浈江	大坪水	苍石水库	武江	杨溪河	横溪水库	连江	长合水	田心
浈江	远迳水	尖背水库	武江	杨溪河	五指山	连江	保安河	洛阳（连县）
浈江	都安水	澄江	武江	杨溪河	大桥	连江	星子河	凤凰山
浈江	都安水	山口三级	武江	杨溪河	杨溪	连江	星子河	麻步
浈江	清化河	隘子	武江	武江	桂头	连江	东陂河	云雾
浈江	清化河	中心桃	武江	新街水	游溪	连江	东陂河	梁家
浈江	清化河	司前	武江	重阳水	一六（乳源）	连江	东陂河	小水坪
浈江	清化河	深渡水	武江	下陂水	西牛潭水库	连江	冲口水	蓝管
浈江	沈所水	花山水库	武江	武江	犁市	连江	金坑水	金坑
浈江	罗坝水	车扒岭	武江	武江	五里亭	连江	三江河	马头
浈江	罗坝水	都亨	武江	武江	黄田坝	连江	三江河	连南
浈江	罗坝水	黄腾径	武江	武江	新华南	连江	连江	九陂
浈江	罗坝水	梅子窝	北江	北江	韶关	连江	连江	连县
浈江	罗坝水	小安	北江	北江	沙梨园	连江	洞冠水	白芒
浈江	罗坝水	小铁寨	北江	北江	大转盘	连江	洞冠水	沙坪（连南）
浈江	罗坝水	结龙湾	北江	北江	农科所	连江	秤架河	高界
浈江	墨江	始兴	北江	北江	西联	连江	秤架河	新寨
浈江	墨江	始兴	北江	沐溪河	沐溪水库	连江	洞冠水	寨岗
浈江	沿溪河	北山	北江	北江	孟洲坝水库	连江	扶村洞水	九龙坪
浈江	百顺水	百顺	南水	南水	泉水水库	连江	扶村洞水	扶村
浈江	百顺水	黄坑	南水	南水	坪溪	连江	洞冠水	黄麖塘
浈江	闻韶水	闻韶	南水	南水	白竹	连江	连江	小江
浈江	浈江	周田	南水	龙溪洞水	梯下	连江	庙公坑	茶坑水库
浈江	灵溪水	大围	南水	南水	南水水库（大坝）	连江	连江	阳山

续表 13

所属流域	河名	站名	所属流域	河名	站名	所属流域	河名	站名
浈江	锦江	长江	南水	龙归水	围坪	连江	七拱河	太平
浈江	扶溪水	扶溪	南水	南水	龙归	连江	渔沙坑水	隔水
浈江	锦江	锦江水库	北江	樟市水	罗坑	连江	七拱河	杜步
浈江	城口水	兰洞	北江	沙溪水	郭屋	连江	青莲水	上洞
浈江	城口水	城口	北江	马坝水	苍村水库	连江	横龙桥水	东坑坪
浈江	黎屋水	五渡村	北江	马坝水	马坝	连江	青莲水	大陂
浈江	黎屋水	厚坑	北江	马坝水	马坝	连江	青莲水	岭背
浈江	锦江	仁化	北江	北江	濛浬电厂	连江	青莲水	秤架（阳山）
浈江	澌溪河	澌溪河水库	北江	樟市水	罗坑水库	连江	岭背河	曹田坑水库
浈江	董塘水	赤石迳水库	北江	北江	沙口	连江	连江	青莲
浈江	董塘水	石塘	北江	北江	白石窑（坝上）	连江	钟鼓水	沙坝水库
浈江	浈江	新韶	北江	仙桥水	秀才山东水库	连江	月坪水	坝美水库
浈江	浈江	湾头（坝上）	北江	枫树坪河	枫树坪水库	连江	月坪水	石街
浈江	枫湾河	小坑水库	北江	寺前水	寺前	连江	大潭河	大潭河水库
浈江	枫湾河	枫湾	北江	北江	英德硫矿山	连江	大潭河	波罗
浈江	大坝水	大塘	滃江	滃江	小石示	连江	大潭河	古道径
浈江	浈江	鹅坑桥	滃江	滃江	岩庄水库	连江	黄洞河	大布
武江	人民河	南强	滃江	滃江	鲁溪	连江	黄洞河	岭下
武江	大湾河	铺下	滃江	九仙水	松塘	连江	黄洞河	锦潭水库
武江	金江	沙田	滃江	贵东水	贵东	连江	竹田河	石灰铺
武江	武江	武源	滃江	贵东水	高陂	连江	连江	高道
武江	武江	三溪	滃江	滃江	陂头	连江	水边河	双鱼潭水库
武江	永乐河	莽山	滃江	大坪水	桂竹水库	连江	水边河	明迳
武江	永乐河	天塘	滃江	龙仙水	跃进水库	连江	青松水	大洞
武江	永乐河	白沙圩	滃江	龙仙水	翁源	北江	北江	连江口
武江	永乐河	一六（宜章）	滃江	滃江	三华	新丰江	新丰江	小镇
武江	永乐河	欧联	滃江	周陂水	石示头	新丰江	梅坑水	长坪
武江	辽思水	沙坪（乐昌）	滃江	周陂水	周陂	新丰江	梅坑水	梅坑
武江	宜章水	新田	滃江	涂屋水	牛屎坜	新丰江	新丰江	板岭
武江	白沙水	车湾	滃江	涂屋水	长潭水库	新丰江	双良河	潭公洞
武江	白沙水	黄泥塘	滃江	滃江	滃江	新丰江	新丰江	岳城
武江	白沙水	廖家湾	滃江	青塘水	下河洞	新丰江	姜坑水	黄石示
武江	武江	坪石	滃江	青塘水	回龙	新丰江	层坑水	石角
武江	梅花水	云岩水库	滃江	横石水	太平（翁源）	绥江	凤头水	板洞水库
武江	梅花水	梅花	滃江	矾洞水	凉桥	西江	大滩河	福堂
武江	田头水	河门口	滃江	横石水	泉坑水库	西江	上草水	上草
武江	田头水	土龙湾	滃江	横石水	上空水库	西江	吉田水	吉田
武江	田头水	幸福水库	滃江	滃江	翁城	西江	大滩河	三水（连山）

续表 13

所属流域	河名	站名	所属流域	河名	站名	所属流域	河名	站名
武江	田头水	富村	滃江	滃江	红桥	西江	大滩河	永丰
武江	田头水	歧下岭	滃江	大镇水	空子水库	西江	盘石水	盘石
武江	田头水	下黄沙	滃江	大镇水	金山	西江	读楼水	天鹅水库

韶关水文分局管辖的土壤墒情监测站一览表

表 14

墒情站名	地点	土壤	经济作物
竹园	曲江区	红壤土	荒地
柴塘	始兴县	红壤土	烟叶
董塘	仁化县	红壤土	荒地
新尧	翁源县	红壤土	三华李
红云	乳源县	红壤土	桑树、红薯、玉米
回龙	新丰县	红壤土	龙眼
洪莲	乐昌市	红壤土	花生
黄坑	南雄市	红壤土	烟叶

韶关水文分局管辖的大中型水库监测站一览表

表 15

水系	河名	站名
北江	浈江	孔江水库
北江	浈江	湾头水库（坝上）
北江	北江	孟洲坝水库
北江	北江	濛浬电厂
北江	北江	白石窑水库（坝上）
北江	新龙水	中坪水库
北江	宝江水	宝江水库
北江	南山水	横江水库
北江	瀑布水	瀑布水库
北江	远迳水	尖背水库
北江	都安水	山口三级
北江	沈所水	花山水库
北江	锦江	锦江水库
北江	澌溪河	澌溪河水库
北江	董塘水	赤石迳水库
北江	枫湾河	小坑水库
北江	廊田水	东洛水库
北江	廊田水	龙山水库
北江	杨溪河	横溪水库

续表 15

水系	河名	站名
北江	下陂水	西牛潭水库
北江	沐溪河	沐溪水库
北江	南水	泉水水库
北江	南水	南水水库（大坝）
北江	马坝水	苍村水库
北江	樟市水	罗坑水库
北江	仙桥水	秀才山东水库
北江	枫树坪河	枫树坪水库
北江	滃江	岩庄水库
北江	大坪水	桂竹水库
北江	大坪水	苍石水库
北江	龙仙水	跃进水库
北江	涂屋水	长潭水库
北江	横石水	泉坑水库
北江	横石水	上空水库
北江	大镇水	空子水库
北江	滃江	长湖水库
北江	潭源洞水	潭岭水库
北江	黄桥水	上兰靛水库
北江	岭背河	曹田坑水库
北江	庙公坑	茶坑水库
北江	月坪水	坝美水库
北江	大潭河	大潭河水库
北江	钟鼓水	沙坝水库
北江	黄洞河	锦潭水库
北江	水边河	双鱼潭水库
西江	读楼水	天鹅水库
西江	凤头水	板洞水库

韶关水文分局管辖的冰冻灾害站一览表

表 16

水系	河名	站名	类型
北江	武江	坪石	风向、风力、温湿度
北江	武江	梅花	风向、风力、温湿度
北江	杨溪河	大桥	风向、风力、温湿度
北江	杨溪河	红云	风向、风力、温湿度
北江	锦江	城口	风向、风力、温湿度
北江	田头水	赤溪	风向、风力、温湿度

续表16

水系	河名	站名	类型
北江	九峰河	九峰	风向、风力、温湿度
北江	九峰河	两江口	风向、风力、温湿度
北江	南山水	横江	风向、风力、温湿度
北江	南花溪	一六（宜章）	风向、风力、温湿度
北江	星子河	星子	风向、风力、温湿度
北江	城口水	兰洞	风向、风力、温湿度
北江	潭源洞水	潭岭水库	温湿度、雨量
北江	长家水	清江	温湿度、雨量
北江	东陂河	梁家	温湿度、雨量
北江	青莲水	上洞	温湿度、雨量
北江	大潭河	古道径	温湿度、雨量

韶关水环境监测分中心水质监测站点一览表

表17

监测站点	分布地址	监测频次（次）	监测项目
十里亭左、右	韶关市十里亭桥上游80米	12	pH、电导率、六价铬、总氮、铜、铅、镉、硫化物、砷、硒、汞、粪大肠菌群、氨氮、高锰酸盐指数、阴离子表面活性剂、溶解性总固体、总硬度、挥发酚、总磷、氰化物、五日生化需氧量、溶解氧、叶绿素、硫酸盐、氟化物、硝酸盐氮、氯化物、锌、铁、锰、透明度、水温
九公里	韶关南郊九公里	12	
白土	韶关市曲江区白土镇	4	
大坑口	韶关市曲江区大坑口镇	12	
龙归	曲江区龙归镇扁石山电站	12	
南水水库	乳源县南水水库	12	
苍村水库	曲江区苍村水库大坝	4	
小坑水库	曲江小坑水库大坝	12	
下榕角	翁源县官渡镇下榕角电站	2	
大宝山	曲江区沙溪镇坝心蕉子河船肚	2	
金牛农庄人行桥	广东省韶关市丹霞镇夏富管理区牛鼻组	12	
跃进水库	广东省翁源县跃进水库大坝	4	
白水礤水库	新丰县白水礤水库大坝	4	
新田面电站	曲江小坑镇	4	
杨溪村桥	乳源瑶族自治县桂头镇杨溪村	4	
西牛潭水库	韶关市浈江区犁市镇	2	
滃江	滃江水文站测流断面	6	
木溪水库	韶关市武江区木溪水库大坝	2	
福水	新丰县马头镇	12	
马芫	南雄市界址镇马芫村	2	
小古菉	小古菉水文站测流断面	12	

续表 17

监测站点	分布地址	监测频次（次）	监测项目
周田	曲江县周田镇司土坝	4	
新韶水文站	浈江区黄金村基本测流断面	12	
赤石迳水库	仁化县董塘镇水库大坝	4	
长江镇	仁化县长江镇锦江赣粤缓冲区	2	
仁化	仁化水文站基本断面	12	
锦江水库	仁化县锦江水库大坝	4	
花山水库	始兴县花山水库大坝	12	
南雄	南雄市郊三洲桥	6	
古市	南雄市古市镇浈江大桥	6	
瀑布水库	南雄市瀑布水库大坝	4	
沙口（白石窑水库）	英德市沙口镇	4	
英德	英德市英城镇观洲坝	12	
长湖水库	长湖水库大坝	4	
高道	高道水文站测流断面	12	
阳山	阳山水位站基本断面	12	
连州	连州水位站基本断面	4	
茶坑水库	清远市阳山县大崀镇茶坑村茶坑水库大坝	12	
潭岭水库	连州市星子镇潭岭水库大坝	4	
坪石	乐昌市坪石水文站测流断面	12	
乐昌	乐昌市张滩水厂取水口	12	
百家洞	乐昌市坪石镇百家洞村	2	
三溪	乐昌市坪石镇三溪管理区	6	
韶关冶炼厂	韶关市区九公里	2	
韶关钢铁厂	韶关市曲江区马坝	2	

气　象

【概况】　2015 年 5 月经广东省气象局批准，韶关市气象局加挂韶关市气象台牌子，实行局台合一。韶关市气象局（台）为正处级，内设 7 个正科级职能机构；直属韶关市生态气象中心（韶关市环境气象中心）、韶关市气象公共服务中心、韶关市气象局机关服务中心、韶关市防雷设施检测所 4 个正科级事业单位；广东省气象局独立设置正科级的韶关天气雷达站，委托韶关市气象局按照直属事业单位管理。代管韶关市防雷减灾管理中心（韶关市人工影响天气中心、韶关市专业气象预报服务中心合署）、韶关市突发事件预警信息发布中心 2 个正科级地方气象事业机构；下辖 8 个县（市、区）气象局（台）。韶关市新丰县气象局（台）为省直管县试点，韶关市气象局负责协管广东省气象局委托的事项。2015 年，全市在职气象职工 178 人，其中研究生 7 人，本科生 134 人，高级工程师 7 人，工程师 73 人。年内选拔科级干部 4 名，干部轮岗交流 5 人。3 人列入省局英才培养对象，5 项市局科研课题通过立项，6 项课题通过验收，年内全市正式发表技术论文 20 篇。

2015 年，韶关气象部门立足气象防灾减灾，重点围绕重大灾害性天气加强公共气象服务和预警信息发布，着力提升气象预报、预测、预警和服务能力，保障公众生命财产安全。年内，韶关市气象局各项工作任务完成出色，有 5 人次被中国气象局授予 2013 年度“全国质量优秀测报员”；韶关市气象雷达站被广东省气象局评为“2014 年度观测与网络先进集体”、刘亚全被评为“2014 年度观测与网络先进个人”；韶关市气象局预报科被广东省气象局评为2015年前汛期重大气象服务先进集体、廖慧娟评为先进个人；韶关市曲江区气象局被广东省气象局评为5月19至24日强降水过程气象服务先进集体、曾德松和王文星被评为先进个人。

【气候特点】 2015年，韶关市气候特点：气温偏高、降水偏多，日照正常。年内主要的天气过程有强冷空气、强降水、干旱、和雷电灾害。全市年平均气温20.7℃，偏高0.6℃，年内极端最高气温为36.8-38.6℃，极端最低气温为-0.1-3.6℃。全市年平均降水量1901毫米，偏多1.5成，降水时间分布极不均匀，5月605毫米最多，最少2月53毫米；空间分布乳源最多2324毫米，乐昌最少1611毫米。全市各地年平均总日照时数为1355小时，较常年平均值偏少1成多。2015年韶关市气象灾害属于中等年景。全年除5月发生几次局部中等洪涝灾害，全市没有发生大范围气象灾害。年内各种气象灾害造成全市3人死亡，其中雷电灾害1人死亡。

【雷雨灾害天气】 3月上旬的冷空气影响，造成普降中雨。4月19日的强对流天气，出现冰雹、雷雨大风等强对流天气。乐昌市五山，仁化县闻韶、城口、丹霞，始兴县太平、沈所，南雄市百顺镇、雄州、上坪部分地方出现8级左右雷雨大风和直径约2到4厘米的冰雹，有23个自动气象站录得8级（17.2米/秒）以上大风，翁源新江太坪村出现全市最大风速25.6米/秒。5月1日、5月11日、5月15日、5月19日、5月23日、6月5日、7月4日、11月15日有强降水，出现不同程度的经济损失，给人民的生产生活造成很大的影响。2015年全市收到4154宗雷击灾害报告，同比减少13宗，其中，农村雷灾事故1宗，雷击伤人事件1宗，1人死亡。直接经济损失205.99万元，同比增加57.16万元；间接经济损失达417.0万元，同比增加205.35万元。

【干旱天气】 2015年韶关市干旱主要发生在1月~4月19日，全市平均累计降水量为214毫米，较常年同期偏少56%。降水量偏少，导致全市山塘水库蓄水量也普遍偏少。4月中旬韶关市多个县（市、区）已出现不同程度旱情。全市31宗大中型水库总蓄水量为105051万立方米，仅占总正常库容的54%，同比上年减少7.3%。农作物受旱面积达6458.9公顷，作物受灾面积3329.8公顷，其中成灾面积1569.4公顷，约占成灾面积的30.1%，绝收面积472.8公顷。共有饮水困难人口587人、大牲畜1150头，因旱直接经济总损失达1153万元。

【气象预报预警服务社会】 年内，韶关市气象局密切关注天气变化，做好强降水天气过程的提前预报、及时预警和实况跟踪监测。在全年的气象预报预警服务过程中，无全区性的致洪性暴雨出现，但局地强降水仍然频发。汛期间，市气象局编发《重大气象信息专报》5期，《天气报告》27期，《气象信息》31期，《重大气象信息快报》5期，《手机气象专报》115次，《气象灾情快报》4期，预警信号825次。利用12121电话、手机短信、固话语音短信、微博、广播、电视、电子显示屏等手段及时向公众发布气象信息和预警信号，确保气象服务信息“第一声音，在第一时间”传递到广大群众当中。5.19~5.21日暴雨天气过程，市气象局做到预报早、预测准和预警及时，为韶关市委市政府提供科学决策依据，服务效果明显。此次天气过程，曲江区、乳源县、翁源县等气象部门联合教育部门启动暴雨红色预警停课机制。这是台风、暴雨预警停课机制颁布以来，韶关市首次发布暴雨红色预警信号，为保障师生人身安全、减少财产损失发挥重大作用，获得领导和有关部门及社会肯定。

【“直通式”气象为农服务】 围绕“农民增收、农业增长、农村稳定”，抓好农村气象信息服务和农村气象防灾减灾工作。面向春耕生产推出多项贴心服务；面向专业合作社和农业龙头企业等新型农业经营主体开展直通式气象服务；面向特色产业制订专门服务方案，与当地农业技术部门建立联合会商制度，为种植大户提供天气预报预测、农业生产建议以及农产品价格变动等服务信息。7月，联合韶关市三防指挥部印发《关于乡镇气象服务站建设有关工作要求的通知》，对全市乡镇（街道）三防办以及气象服务站的场地、人员、设施设备等各项资源进行整合，按照“六个一”、“三个有”标准完成全市108个乡镇气象服务站建设．全市安装LCD液晶显示屏195块、LED电子显示屏1420块，大喇叭2093个，发展气象信息员总数超过1508名。乐昌市坪石镇入选全国气象灾害防御标准化乡镇，使全市气象灾害防御标准化乡镇达到7个。

【新丰县突发预警信息发布中心建成】

在省气象局和新丰县政府支持下，新丰县突发预警信息发布中心和发布系统平台在2015年4月建成，应急指挥中心6月投入使用，集“预警信息发布、综合研判与辅助决策、应急处置与指挥调度、服务防灾减灾救灾”等功能于一体的新丰县突发事件预警信息发布平台和业务技术用房建设完工，创新县级气象防灾减灾工作模式，为全省各县级突发事件预警信息发布体系建设提供经验。为总结推广新丰气象现代化试点工作经验，6月9日，韶关市政府在新丰县突发事件预警信息发布中心召开全市气象现代化工作现场会。现场会的召开，推进全市气象现代化工作建设步伐。

【各县气象重点项目建设】 依托“平安山区”韶关气象保障工程和突发事件预警信息发布中心项目建设，各县气象重点项目进展顺利。南岭生态中心建设一期工程开工，人工影响天气示范点建设任务已完成。年底完成“生态气象观测区、温室气体观测站、农业气象试验站”等一期工程建设，省内一流的综合生态气象业务基地初具雏形。乐昌探测基地业务用房、南雄办公楼改造工程和办公环境整改项目基本完成；翁源探测基地已完成土建工程，进入内部装饰阶段；始兴气象探测基地项目已经开工，预警信息发布中心建设进入内部装饰阶段。通过各县气象重点项目的建设，打造“看起来是”的气象现代化，使气象部门成为当地一道亮丽的“风景线”。结合气象观测场和预警信息发布平台建设，改造仁化、乳源等原有办公场所，形成串珠式中轴线格局。

【防雷安全督查检查】 继续加强对新建建筑的防雷工程检测服务，做好防雷工程跟踪检测与竣工检测。按省五部门的要求，与安监、住建、消防、经信等部门开展大型建设工程、重点工程、爆炸和火灾危险环境场所、人员密集场所等气象灾害雷电防御重点单位防雷安全监管工作，形成齐抓共管的良好氛围。为做好中小学校气象灾害防御工作，保障师生生命和学校财产安全，市气象局与市教育局联合开展全市中小学校气象灾害防御督查行动，在全市中小学形成良好的防雷安全氛围。加强防雷业务规范化建设，强化防雷行业市场监管和行业自律。加强雷电监测、雷电预警信息发布以及雷灾调查等工作。加强对县局的防雷综合治理检查、全市防雷技术服务及防雷安全生产检查，促进县局规范化开展防雷业务。

【深化气象管理体制改革】 落实全面深化气象管理体制改革各项具体任务：加强同环保、教育、国土、交通、海事等部门合作。落实台风暴雨停课机制，完善防风、防汛、防山洪地质灾害的会商与预警机制，完善与市环保局建立的重污染天气监测预报预警会商机制，增强应对重大气象灾害主动响应和联动处置能力。构建气象大数据开放共享机制，促进与京港澳、韶赣、广乐高速公路、特色农业和种养殖大户的信息共享与业务协作，强化气象大数据在农业生产、城市运行管理、城乡规划评估、山洪地质灾害防治、交通与旅游安全保障、公共卫生安全管理、水陆救助等领域的作用。建立生态文明建设气象保障机制，在开展农业抗旱人工增雨的基础上，探索开展生态建设、森林防火、城市灰霾治理等人工影响天气服务。创新气象服务管理体制，大幅提高气象服务均等化和便利化水平。优化气象业务科技管理体制，提升预测预报预警能力。不断完善气象行政管理体制，为建设服务型政府提供重要支撑。落实气象综合预算管理体制改革部署，建立事权与支出责任相适应、稳定持续的气象公共财政保障制度。

【做好气象科普宣传】 利用“世界气象日”、“防灾减灾日”、“安全生产日”等时间节点，市、县气象部门在市民广场、中小学校、工厂厂区等地开展讲座、摆放展板、免费派发各类气象科普读物，开展科普宣传活动。2月26日，在韶关电视台“民生关注”节目上向市民普及防雷科普知识。3月1日，《广东省气象灾害防御条例》施行，市气象局领导接受韶关电视台记者的采访，向公众宣传普及条例内容，韶关市气象台播放气象灾害防御专题片，取得良好的宣传效果。“世界气象日”期间，市气象台及芙蓉山天气雷达站向市民开放，吸引大批市民前往。通过气象宣传活动，增强企业安全生产意识，提升人民群众避险自救能力及防灾减灾技能，保障人身安全和财产安全。借助媒体的宣传优势，不断提高气象新闻宣传和舆论引导工作的主动性、针对性和时效性。2015年在中国局政务网、中国气象报等采登报道22篇；投稿省局政务网报道192篇。

【人工影响天气工作】 1－4月初，韶关市降水偏少，降雨量较历年平均偏少4成半到6成，翁源、南雄和始兴、新丰等地出现不同程度的旱情。为缓解各地旱情，各级气象部门准确捕捉有利天气形势，及时开展人工增雨作业。4月9日到11日，省人工增雨飞机在南雄、始兴、翁源、新丰等地作业。翁源、南雄和新丰气象局配合飞机增雨作业，辅助开展火箭增雨作业。南雄市政府同意与气象部门共同建设南雄烟草防雹基地，建设安装X波段移动多普勒天气雷达，地方安排附属设施建设经费180万元，并承诺每年安排专项维持经费50万元。

（吴在明）

3月21日，韶关市气象局宣传2015年世界气象日主题“气候知识服务气候行动”，并向市民传播气象科普知识（市气象局 供）

商业·贸易

商贸管理

【概况】　2015年，全市商贸流通业继续保持平稳较快增长态势，规模不断扩大，基础设施和商贸服务体系逐步完善，多元化、多业态、多功能的商贸流通格局逐渐形成。2015年，全市消费品市场保持平稳增长，累计实现社会消费品零售额579.8亿元，增长10.9%，高于全省0.8个百分点。

（郑梅英）

【生猪屠宰管理】　全市生猪屠宰职能划入农业局后，继续开展生猪定点屠宰资格审核清理工作，经审核并准予发证生猪定点屠宰企业7家，限期整改9家，异地或原地重建9家，关闭1家。市政府推进市区家禽“集中屠宰、冷链配送、生鲜上市”工作，在浈江区沙梨园三鸟批发市场建起临时家禽集中屠宰厂，安装2台家禽屠宰生产线，11月1日起实施家禽集中屠宰，并在市区“小岛”片区范围内进行生鲜上市试点工作。开展联合打击生猪私屠滥宰行动，在武江区端掉2个私宰点，收缴私宰生猪及猪产品共36头，公安机关扣留违法人员4人，案件移交公安机关处理。（市农业局）

【批发零售业】　批发零售业上接生产、下连消费，是国民经济的重要先导产业之一，是第三产业的重要组成部分。2015年全市批发零售业实现商品销售额857.21亿元，同比增长10.5%。其中：批发业实现商品销售额369.01亿元，同比增长9.1%；零售业实现商品销售额488.2亿元，同比增长11.5%。全市批发零售业增加值110.73亿元，增长9.2%。

在限额以上批发和零售业销售额中，粮油、食品类增长3.7%，饮料类增长6.6%，服装、鞋帽针纺织品类下降8.17%，家用电器和音像通讯器类增长45.7%，五金、电科类增长94.3%，金银珠宝类下降14.9%，中西药品类增长15.1%，建筑及装潢材料类增长30.9%，石油及制品类下降14.3%。2015年，全市净增限额以上批发零售企业35家，其中批发业17家，零售业18家，为韶关市限额以上商贸企业发展注入新的动力。

【现代物流业】　随着市场经济的发展，物流业已由过去的末端行业，上升为引导生产、促进消费的先导行业。2015年，韶关市现代物流业平稳快速发展，带动交通运输、仓储、邮电通信和批发零售贸易业快速增长。全年，全市运输仓储邮政业增加值为87.6亿元，同比增长26.4%。至2015年底，全市有交通运输、仓储和邮政企业1400多家，物流经营主体200多家，重点物流企业有雪印实业、中农批、松山物流、泰丰物流、乳峰物流等。韶关市打造的若干物流平台取得重要进展，粤北国际物流中心、韶关港已明确投资主体，空港物流园、公路物流园已启动前期工作，东环线商贸物流产业带推进，已初现规模。重点物流项目中国供销粤北农特产品电商物流商贸城项目建设顺利推进；鑫金汇财富中心进展顺利，至2015年11月已完成42万平方米广场主体建设；新雪域华南农产品交易中心、广东中烟韶关片烟仓储库区推进，物流发展规划编制及大型物流企业引进工作也在进行中。

【连锁经营行业】　扩大连锁经营的范围和领域，推动连锁经营向更大范围、更深层次发展，逐步提高连锁经营在流通业的比重，引导和鼓励企业向乡镇连锁延伸，提高连锁经营的总体规模和水平。连锁企业以规范化管理、规模化经营和标准化服务为核心，提高连锁企业经营管理水平及核心竞争力；探索连锁经营与电子商务相结合的模式，降低成本、提高效率、拓展市场和创新经营模式，转变经济发展方式，提高市场竞争力。2015年，以韶关大润发商业有限公司、韶关益华百货有限公司、广东东明股份有限公司、韶关市苏宁电器有限公司、国美电器有限公司韶关分公司、广东爱心大药房连锁有限公司为龙头的连锁企业，继续成为推动商贸流通业发展的重要力量，美宜佳便利店在韶关市县区大街小巷也纷纷成立，诺庭、7天等连锁酒店的设立等为韶关市消费品市场的繁荣注入动力，不仅带动全市消费品市场的繁荣和经济的发展，而且对周边的赣南、湘南产生很大的吸引力。

【拍卖业】　2015年，韶关市新增1家拍卖行，现有拍卖业11家，从业人员88人，其中拍卖行业专业技术人员45人。全年举办拍卖会172场次，交易额2.09亿元。全市拍卖行业保持平稳发展，但拍卖企业总体规模偏小，资源渠道狭窄，综合竞争力不强。拍卖委托部门主要以法院、政府部门、金融资产机构为主，拍卖额为1.71亿元，占拍卖总额的81.6%；拍卖标的物以经营权、房地产为主，拍卖额分别为0.87亿元及0.64亿元，占拍卖总额的41.6%及30.5%。（郑梅英）

【成品油经营】 全市现有成品油零售经营企业229家，全部为陆上加油站，其中：中石化91座，中石油22座，中油碧辟7座，其余为民营油站共112座；按地理位置分类：高速公路23座，中心城区106座，国、省、县乡道103座。2015年底，韶关市已领取《成品油批发经营批准证书》企业6家，其中：中石化批发企业为5家，另1家韶关国储石化有限公司，为2015年度新领证企业。全市共有库容分别为4.9万立方米和0.55万立方米油库2座，分布在韶关市区莲花山和乐昌市梅花镇，均隶属中石化韶关石油分公司。中石化、中石油在韶关经营成品油零售企业数量占全市的50%，成品油经营量占80%以上。2015年全市成品油销量83.78万吨，同比增长8.10%，其中：柴油55.63万吨，同比增长4.96%，汽油28.15万吨，同比增长14.90%。由于家用汽车的增加，汽油销量逐年增加，柴油与汽油的销量比由原先的3:1，转为1:1。

【煤炭经营】 2015年度，全市煤炭消耗量约877.09万吨，比上年下降8.58%。近三年来，煤炭市场供应充足，各用煤大企业均通过自营渠道调运煤炭，电煤订货合同总量能满足发电企业用煤需求，基本上不需要从市场采购。由于煤炭价格下降，进口煤炭的价格竞争力削弱，煤炭主要来自国内。2013年国家取消煤炭经营许可之后，煤炭市场放开，煤炭经营企业竞争更加激烈。节能减排的压力促使企业在生产经营过程中采用更加清洁的可替代能源。韶关市主要用煤单位为坪石发电厂有限公司B厂、广东省韶关粤江发电有限责任公司、仁化县华粤煤矸石电力有限公司、宝钢集团广东韶关钢铁有限公司等几家大型工业企业，煤炭消耗量占全市总消耗量80%以上。 （王彩丽）

【产业转移】 2015年韶关市产业转移工业园平台建设有新突破，乳源产业转移工业园纳入省产业转移园管理；仁化县、新丰县依托东莞（韶关）产业转移工业园被认定为省产业集聚地，享受省产业转移政策。截至2015年底，全市省产业转移工业园共入园建设项目597个，已经建成项目409个，实际到位资金300.13亿元。2015年全市省产业园完成工业总产值468.52亿元，同比增长6.71%；全市省产业园规上工业增加值首次突破百亿，实现规上工业增加值109.8亿元，同比增长6.6%，是2010年的4.88倍，占全市规上工业增加值比重32.7%，比2010年提高21.66个百分点；实现税收11.18亿元，同比增长14.17%；园区就业人数78106人。 （李小娟）

粮　　食

【概况】 韶关市粮食局是韶关市发展和改革局管理的副处级参公管理公益一类事业单位，编制23名，领导班子设1正（由市发改局领导兼任）4副（副处级），内设5个职能机构，下辖韶关市军粮供应中心、韶关市直属粮食储备库2个具有独立法人资格的企事业单位。2015年韶关市粮食工作坚持以保障全市粮食安全为核心，加强和改善粮食宏观调控，保证市场供给，推进粮食仓储设施建设和储备模式改革，强化粮食流通监督检查和依法管理，抓好粮食部门自身建设，确保全市粮食总量平衡和粮食安全，为韶关市经济社会持续稳定发展提供粮食安全保障。

【落实政府粮食安全责任制】 强化“政府主导、部门协作、社会参与”的粮食安全保障机制，以粮食安全责任考核为总抓手，确保粮食安全责任落到实处。市政府与各县（市、区）政府签订《粮食安全保障责任书》，将粮食安全责任的落实情况列为市对县经济社会发展考核的重点内容。会同市相关部门对各县（市、区）政府落实粮食安全责任制情况进行评审和实地抽检核实，完成全市粮食安全责任制的考核。在届中和届满前全省考核中，韶关两次考核均为优秀等次，综合成绩排在全省第二。组织编写《韶关市粮食安全保障“十三五”专项规划》确保韶关市粮食工作长治久安。

【落实新增储备任务】 根据省下达的地方粮食储备任务，市粮食局制定《韶关市落实新增市级粮食储备规模实施方案》，各县（市、区）也从本地粮源和粮食消费市场需求出发，出台多项政策措施，推动储备落实。截至2015年底，全市已完成增储任务的42.52%，超额完成2015年度任务。与此同时，各县（市）政府落实粮食风险基金，超1.4倍完成省下达任务，全市7个县（市）已实行储备粮轮换财政兜底模式。

【创新储备粮管理机制】 结合实际，市粮食局按照“储备功能完善、品种结构优化、储存方式灵活、承储主体多元、粮食储备安全”的储备粮管理机制改革创新储粮方式，出台《关于规范市级储备粮轮换管理的实施方案》，推进市级储备粮动态管理；制定《韶关市市级储备（原粮）社会代储试行方案》推进市级储备粮承储机制创新，安排10000吨市级储备粮（原粮）进行社会化储备。探索建立政府储备与社会储备相结合的综合储备模式，实现承储主体多元化，降低储备成本，该项工作已进入公告报名阶段；优化储备品种结构，调整储备粮品种结构和数量，储备部分饲料粮和小麦，解决增加储备规模后粮源不足的问题。

【推进粮食基础设施建设】 国家和省2015年先后安排韶关市粮食仓储物流项目中央投资补助3398万元，投资计划已全部分解下达各县（市）。其中：粮食仓储物流建设项目4个，建设仓容19.74万吨（翁源县5.3万吨、始兴县5.5万吨、乐昌市3.94万吨、广东江茂源粮油有限公司5万吨），总投资2.33亿元。截至2015年底止累计完成投资8980万元，完成总投资的37%。启动市军粮储备应急保障等一批重点项目的建设，全市军供网点改造项目共5个，维修改造仓容2.3万吨，争取中央和省财政补助资金957万元。启动市直属库消防自来水安装工程。

【做好粮油市场保供稳价】 全市粮食系统针对粮食市场情况及时研究提出政策措施建议，当好党委政府的参谋助手。加强粮油市场形势监测研判，关注粮食市场的粮食供应情况以及粮食价格变化的情况，进行科学的分析，上报有关价格信息和监测数据，部署做好节日期间及自然灾害等特殊时期的粮油供应。加强粮食应急网点建设，截至2015年底，全市粮食应急供应网点共107个，应急加工企业21家，应急运输企业14家，应急配送中心2家。加强粮食产销合作，分别与江西省南昌市、吉安市、赣州市粮食部门签署粮食产销对接战略合作协议。市直属粮食储备库与赣州市粮油集团等企业签署粮食购销合作意向书。贯彻落实国家粮食收购政策，组织粮食收购，带动农民增收，保护种粮农民利益，为各级储备粮的轮换补库和企业的经营发展打下基础。加强粮食行业协会组织协调，发挥该协会联系涉粮企业的特点，召开第三届二次会员代表大会和夏粮收购工作准备会议，举办“金秋九月，质量伴我行”知识讲座，发挥服务、自律、协调和监督的作用，沟通行业与政府、企业与企业之间的联系，维护粮食企业合法权益。

【加强军粮供应管理】 市粮食局率先在全省研究制定《韶关市军粮供应保障廉政风险防控机制》和《韶关市军粮供应军地应急指挥协同机制》等一系列军地双方共同管理办法，军地双方形成共识，对军民融合式军供保障工作的认识和军供管理水平有新的提高，强化军粮供应保障廉政风险防控管理。执行《广东省军粮质量管理暂行办法》，在全市范围开展军粮质量专项检查，从源头抓起。加强军供粮油的质量监管，率先实行军粮质量监督员管理机制，邀请部队伙食单位的官兵担任军粮质量监督员，第一时间全方位反馈军粮质量及服务的意见和建议，实现军粮质量和军供服务“两个100%”。建立“粮油科技进军营”服务长效机制，开展“粮油科技进军营，膳食营养促强军”系列活动，为部队送去粮油知识小册子1000多本。举办后勤人员培训6次，培训后勤保障人员100多人次，提高部队粮油食品管理水平和后勤保障人员的业务技能。

韶关市举办2015年“世界粮食日”暨全国爱粮节粮宣传周“兴粮惠农进万家”启程仪式（刘志平 摄）

【强化粮食流通监督管理】 出台《韶关市市级储备（原粮）社会代储试行方案》和《关于规范市级储备粮轮换管理的实施方案》，完善制度规则，确保有“法”可依。开展全市粮食库存检查，保障全市各级储备粮储存安全。开展夏粮收购专项检查，共组织开展检查38次，参加检查人员182人次，检查收购主体59个，维护收购秩序。开展粮食行业安全生产隐患大检查和消防安全大排查整治活动，重点对全市从事粮食收购、存储、加工活动的国有及私营59家涉粮企业共25万吨涉及中央和地方储备粮进行检查。开展消防演练6次，更换、购置消防器材18件，检查涉及从业人员380余人。

【扩大依法治粮宣传】 在《粮食流通管理条例》和《广东省粮食安全保障条例》颁布实施周年，“世界粮食日”“爱粮节粮宣传周”间，全市粮食系统广泛宣传，增强群众对粮食的认识和粮食法规政策的了解，营造“依法收购和守法经营”“人人爱惜粮食”的良好氛围。

【振兴粮食产业发展】 市粮食局贯彻落实国家、省和市的粮食产业发展政策，制订《关于加快发展全市粮食流通产业实施意见》，加大培育、扶持农业产业化龙头企业的力度，全市粮食产业实现大跨步发展。截至2015年，全市共有粮油加工和转化企业70家，其中国家级农业产业化龙头企业1家，省级农业龙头企业8家，省级粮食产业化龙头企业2家，市级农业龙头企业18家，打造出“白马”“金友”“国粤天香牌”“慧园”“宝华”“富然”等国家、省和市级粮油品牌和“双胞胎”“龙凤胎”等饲料品牌。全市纳入

2015年工业统计范围的粮油加工和转化企业36家，工业总产值为23.4亿元。（邵芳彩）

供销合作经济

【概况】 2015年，韶关市有地级社——韶关市供销合作联社，有8个县级社——曲江、仁化、始兴、南雄、乳源、乐昌、翁源、新丰县（市、区）供销合作社。年内，全市系统实现销售总额12.5亿元、同比增长6.26%。其中农资销售5.6亿元、同比增长3.87%，日用消费品销售3.6亿元、同比增长7.33%，农产品加工与销售2亿元、同比增长2.81%，再生资源回收与利用5100万元、同比增长3.26%。社会贡献总额2170万元、同比增长11.5%。

【对接融入珠三角】 2015年，主动适应新常态，贯彻落实市委、市政府“主动融入珠三角，加快实现融合发展”的要求，与广州市供销合作总社进行两地互动交流，进行合作洽谈。主办“韶关市供销合作联社、广州市番禺区供销社农产品对接洽谈会”活动，组织全市系统32个企业（农民专业合作社）的83种地方特色农产品参加展示，搭建韶关市连接珠三角地区的农产品物流平台和通道。

【探索综合改革试点建设】 2015年，全市系统推进综合改革试点工作，组织曲江、南雄试点单位按照中发［2015］11号文件精神修改和完善试点综合改革方案。新增新丰、乐昌2个县级供销社为全省第二批综合改革试点单位，扩大综合改革试点单位范围。

【推进“新网工程”建设】 2015年，坚持“龙头带动、网络支撑、连锁配送、合作共赢”的模式，以服务网络改造为重点，注重“一网多用”，优化网络布局，打造运行更加快捷有效，覆盖面更加广阔的“新网工程”流通服务网络，全年新增各类网点10个。

【保持农资供应主渠道作用】 2015年，继续发挥供销社农资供应主渠道作用和传统优势，加强农资商品储备，稳定农资商品供应，稳定当地农资商品价格。年内，全市系统供应农资27.79万吨，其中化肥销售27万吨、农药0.6万吨、农膜1920吨、种子种苗730万元。

【开展农业社会化服务活动】 2015年，依托供销社系统农资企业，采取邀请农业专家举办知识讲座、田间地头技术传授、送农技知识下乡、乡镇墟日开展宣传活动等多种方式，主动向农民推广农业新技术、开展农业科技免费咨询及测土配方活动，指导农民选好肥、用好肥。年内，全市系统开展农业社会化服务活动121场，参与人数5900多人次。

【领办农民专业合作社】 2015年，全市系统利用当地特色资源，因地制宜，以建基地、联农户、进市场的发展模式，引领农民专业合作社发展。年内，全市系统共新建各类专业合作社8家。

【探索建设电子商务平台】 2015年，与广东雪印商贸实业有限公司加强合作，探索建设“韶关菜篮子服务快线”电子商务平台。引入战略投资者，与深圳博之道电子商务有限公司及广东新星源电讯有限公司签订战略合作协议，三方联手建设“韶关农产品O2O惠民工程”项目。

【加强系统内联合合作】 2015年，市供销社与省供销社和始兴县供销社开展三级联创，在始兴县顿岗镇筹建新供销天润始兴三农综合服务平台项目，为当地农民提供产前、产中、产后服务。南雄市供销社与省供销社企业签订合作发展共建协议，拓展经营业务和服务网点建设，初步实现网络城乡“双向流通”。

【加强项目建设】 2015年，落实争取“新网工程”项目资金对接工作，全市系统筹建“新网工程”建设项目8个，申请到位项目资金506万元。2015年，全市系统树立“抓项目促发展强服务”的理念，加强骨干企业培育，提升为农服务实力。探索“两个市场”（韶关市农业生产资料批发市场、韶关市再生资源集散交易市场）建设，年内，已完成项目建设的调研论证。南雄、曲江供销社建设日用消费品、电子商务平台、农副产品展示大厅、商品网络销售中心等“三农经营服务综合平台”，先后投入700多万元，建成综合服务平台面积4000多平方米。

【基层组织体系建设】 2015年，全市系统推进基层社改造重组，夯实为农服务基础。推行“一县一社”管理模式取得良好成效，全市系统8个县级供销社对基层社的资产、资金、人事、业务实现统一管理和调配。整合基层社资源，实行“县基一体化”管理，年内，共完成8家中心社的整合组建。全市系统共完成新组建中心社24家。（朱书亮）

烟草专卖

【概况】 韶关市烟草专卖局与广东烟草韶关市有限公司合署办公，实行两块牌子、一套人马的管理体制，是韶关市对全市烟草市场实行专卖专营集中统一管理和烟叶生产经营、卷烟经营的机构。下辖曲江、乐昌、始兴、乳源、仁化、翁源、新丰、南雄8个县（市、区）烟草专卖局（分公司），南雄烟科所行政关系隶属局（公司），共有员工1396人。2015年，全市烟草商业系统共完成销售收入42.11亿元，实现税利总额12.33亿元、利润5.72亿元。2015年，局（公司）通过省文明单位复查，继续保留“广东省文明单位”荣誉称号，被推荐为省2013－2015年扶贫开发“双到”先进单位，荣获“韶关市模范纳税户”称号，是全省系统精神文明建设先进单位、“六五”普法先进集体。

【烟叶工作保持平稳】 依靠当地政府和烟农，稳规模、提质量，深化现代烟草农业建设，促进烟叶工作开展。2015年全市种植烟叶9333.33公顷，收购烟叶40.01万担，其中专业化分级散叶收购20.82万担，烟叶“双控”严格落实。推进精益生产与标准化技术，上中等烟占比97.71%。深化现代烟草农业建设，始兴马市烟农合作社被评为行业示范社；加快新型经营和服务主体培育，种植专业户和家庭农场达99.71%；基地单元、土地整理和机械化持续推进。全年投入6786万元，建设烟基项目3707项。深化烟站创优，南雄古市烟站被评为行业烟叶工作站标兵单位；7个烟叶站点建设稳步开展。

【卷烟经济稳中有进】 坚持促销量、提结构、调状态、稳市场，卷烟经营效益提升。2015年，全市销售卷烟11.67万箱，同比增长0.6%，实现卷烟单箱结构29272元，同比提高2251元；卷烟销售毛利8.08亿元，同比增加1.45亿元，增幅21.85%。开展品牌培育，销售重点品牌卷烟10.51万箱，低焦油卷烟平稳增长，细支卷烟快速增长。落实卷烟提税顺价政策，保持卷烟市场稳定。改善货源适销度，优化货源结构，推行预约到货。建成现代零售终端2392户，占比22.65%，在全省靠前。开展零售终端形象提升工程，优化终端管理。探索物流非法人实体化建设，推进精益物流。

【专卖管理不断加强】 依靠政府组织领导核心，强化联合打假、突出专项整治、深化两法衔接，“两烟”市场规范有序。全年查处涉烟案件1715宗，查获假、私、非烟2869万支，涉案烟叶烟丝150.75吨；查处5万元以上大案46宗，破获国标案3宗，省标案1宗，共捣毁非法烟丝窝点2个、仓储点2个、手工制假点1个。“粤北二号”案件，在2015年全省烟草打假案件中制假规模最大、案值最大。真烟非法流通治理，严查外地卷烟流入2731.8万支，严防本地卷烟流出。强化市场监管，开展85次联合执法行动；落实“四不定”检查，清理无证户235户，净化率达98.12%。加强许可证管理，全市有效持证零售户10758户。

2015年10月中旬，韶关市烟草专卖局联合公安部门成功破获“粤北二号”非法生产加工烟丝案（市烟草局 供）

【企业管理规范高效】 推广QC课题，举办QC成果发布会，2个课题获全省系统QC成果20强，其中烟叶课题获“南粤之星”金奖，并获国家局QC成果发布三等奖。质量管理持续强化，规范管理推进，费用控制力度加大，各项成本费用同比下降。安全生产责任制落实，局（公司）职业健康安全管理体系建设通过外审。 （赖晓媛）

盐　业

【概况】 广东省盐业集团韶关有限公司（广东省韶关市盐务局）隶属于广东省盐业集团有限公司（广东省盐务局），是广东省国资委监管的有限责任公司（国有独资）。公司（盐务局）既是全市食盐专营的经营主体，又是依法行使盐业行政管理职能的部门，担负着国有资产保值增值的经济责任和供应合格加碘食盐、消除碘缺乏病的社会责任。在岗员工76人，公司下设4个职能部门：综合事务部（重大事项监督办公室）、财务管理部、食盐产销部（加挂盐政法规科牌子、直管配送中心、质检站）、市场营销部；直属单位设4个经营部门：市区经营部（市区分公司、马坝分公司）、南片区经营部（翁源分公司、新丰分公司）、北片区经营部（乐昌分公司、坪石分公司、乳源分公司）、东片区经营部（南雄分公司、始兴分公司、仁化分公司）。盐务局下辖曲江、翁源、新丰、乳源、南雄、始兴、仁化分局和乐昌市盐务局。销售网络覆盖全市三区七县（市）。

2015年，公司荣获广东省盐业集团有限公司2015年度“碘盐覆盖率达标奖”，荣获广东省盐业协会2015年度广东省盐行业“诚信企业”奖。

【盐产品销售】 盐产品的总销售量为14072吨，完成年度计划的53.02%。

其中：小包装销售量为9628吨，完成年度计划的93.48%（其中多品种盐8450吨，占小包装87.76%）；食品加工盐1601吨，完成年度计划的50.03%；畜牧用盐1039吨，同比增加339吨，完成年度计划的104%；小工业盐1804吨，完成年度计划的14.98%。

【非盐产品销售】 实现销售473.86万元（不含税），其中：实现销售酒类产品21480支，销售收入298.74万元、比上年同期增加47.42万元，增幅为18.9%；实现销售奶类5726罐，销售收入77.55万元，比上年同期增加13.94万元，增幅为21.9%；食用油92.44万元，米、酱油5.13万元。

【盐产品结构优化调整促目标完成】 韶关公司在抓好盐产品的营销工作，推进传统渠道升级改造的同时，通过提升盐产品的销售质量，根据实际情况进行结构优化调整。报表净利润448.63万元，加上调整影响数税后的58.23万元，实际净利润506.86万元，较上年同期566.24万元减少59.38万元，完成年度目标412.25万元的122.95%。

【食盐专营】 由市盐务局承担盐业行政管理和执法职能，履行盐业市场管理职能，抓好食盐安全管理工作，打击涉盐违法行为。坚持食盐专营，加强食盐计划管理，执行食盐价格政策。会同市政府有关职能部门开展协同执法，共同管理食盐市场。继续开展区域联防、片区联防和三省联防机制，打击各类涉盐违法活动，确保食盐的安全供应。2015年，出动执法人员4623人次，出动车辆1536台次，检查市场1477个，检查商店、酒楼、饭堂、农户25545间（户），查处违法案件139宗，查没违法盐产品7.84吨，发放宣传资料38663份。

【食盐安全宣传】 根据省局《关于组织开展食盐打假专项行动的通知》要求，制定《韶关市盐务局开展食盐打假专项行动方案》。在市食安办的支持下，制定《关于进一步加强全市食盐安全监管工作的通知》。为共同管好食盐市场秩序，韶关市发展和改革局下发《关于加强食盐零售价格监管的通知》；盐务局配合市卫生局等部门开展《广东省地方病“十二五”规划》终期考核评估工作并完成评估。市打假办将翁源县列入2015年警示市场事项，为改善翁源食盐市场打下基础；利用“3·15”消费者日和“5·15”防治碘缺乏病日宣传活动，联合卫生局等部门，发放各类宣传资料1万多份。为遏制大规模的走私、假冒盐，印发《公告》7000份。

2015年10月，在韶关市举行的“韶关市供销合作联社、广州市番禺区供销社农产品对接洽谈会”的农特优产品展示（市供销社 供）

【碘盐质量监管】 公司始终将“让消费者吃上放心食盐”作为质量管理工作重点，结合国家食用盐碘含量新标准的贯彻实施，开展“改革攻坚年”活动，强化产品质量管理，巩固食盐安全保障。构建质量监管体系，建立食盐安全责任制，层层签订食盐安全责任书，落实一把手负总责、分管领导亲自抓、专门机构具体实施的责任制，把人民群众吃上合格碘盐作为政治任务来抓，把社会责任落到实处。向社会公众郑重承诺，确保产品质量稳定，给市民提供安全、绿色的放心盐，保障食盐市场安全供应。2015年碘盐覆盖率100%，碘盐合格率99.8%，保持较高水平。

【食用低钠盐推广】 为预防和控制高血压等疾病，提升市民健康水平，2012年市政府已批准把“推广食用低钠盐”列为政府部门为民办实事项目之一，并作为政府文件下发，明确要求食用低钠盐的市场占有率达到20%以上。公司（盐务局）根据文件要求，协同市经信局、卫生局、疾控中心做好这项工程。结合市政府对推广低钠盐的倡导和支持的推动作用，在确保普通碘盐正常供应的基础上，借“广东省减盐行动”的东风，倡导“少吃盐，吃好盐，健康用盐”理念，开展多次多形式“推广食用低钠盐，预防控制高血压，保护心脑血管”为主题的现场公益宣传活动，推广食用低钠盐，低钠盐已得到消费者的接受和认可。

【连锁营销网络发展推进“广盐健康大厨房”建设】 韶关公司按照省集团公司建设工作要求，推进营销网络建设。乳源、南雄、仁化、始兴、马坝、乐昌、市区门店相继落成开业，2015年又建成翁源、新丰分公司两家门店。至此韶关市已布点11家“广盐健康大厨房”，推进公司高端食盐和非盐产品营销工作。

【实施客户经理制】 根据省集团公司制定《关于实施客户经理制的指导意见》和《客户服务管理考评办法》，印发《客户经理制工作手册》，成立韶关盐业客户服务体系建设领导小组，铺开实施客户经理制。通过完善客户档案资料管理，建立健全销售管理制度，实行客户分类管理。按照区域指定专门客户经理管理跟踪不同类型客户，加强重要客户服务。加大一线市场情况摸查，开拓潜在市场，提升食盐零售终端服务水平与掌控能力。

【广盐品牌促销】 开展全员营销进行团购直销；举办“韶关盐业2015年卡伦兹品鉴会”，现场取得108.68万元的销售成绩；发展会员，至12月31日，开发会员37787个，完成省司下达任务的290%。设计8部业务用车车身广告，宣传广盐连锁品牌及国企信誉度；利用“3·15”消费者权益日、“5·15”碘缺乏病宣传日做好品牌宣传；协办“韶乐购”邮政“互联网+快乐六一”活动；多次与邮政、乡亲大药房举办试饮活动；在每个分公司举办“食盐经销商会议暨沱牌舍得酒的品鉴会”。制定《韶关盐业2015年非盐业务工作指导意见》等一系列方案，开展非盐产品阶段性促销活动。“双11”期间，产生260份订单，非盐销售额为8.69万元。

【拓宽非盐产品销售渠道】 开发各类非盐产品销售渠道。开发1家年销售40万元的酒类分销渠道；开发8家小型酒类分销渠道，在市区范围铺货64家；进行“宝石沱牌”前期市场调研、销售工作；聚焦乐昌重点市场逐步产生销量。做好乡亲药房奶粉渠道销售，利用“双11”活动消化奶粉库存。开发5家“福临门油”分销渠道；竞得广东韶钢200万元食用油供应项目。与多家异地商会进行联谊活动，开辟一些新的合作同盟，深挖优质团购客户。开发5家商会，并举办商会小型的品鉴会，借助商会打开团购力量。

（林　柯）

商务综述

2015年，面对国内外复杂多变的经济形势和各种严峻挑战，全市商务系统贯彻落实市委、市政府关于主动融入珠三角的发展战略，坚持稳中求进工作总基调，采取一系列措施，确保商务经济稳增长，在招商引资、大物流、电子商务、进出口、口岸建设等方面取得成效。2015年，全市招商引资内联工商登记注册项目620个，投资总额为265.67亿元，实际到位资金（含往年项目进资）289.25亿元；新批外商直接投资项目21个，实际利用外资4807万美元；全市实现社会消费品零售总额579.8亿元，增长10.9%；全市批发零售业增加值110.7亿元，增长9.2%；外贸进出口总值23.9亿美元，增长1.59%，其中出口14.25亿美元，增长16.87%；全市口岸进出口货物总量743万吨，增长5.67%。

对外贸易

【概况】 2015年，全市对外贸易保持平稳增长，全年实现外贸进出口总值23.9亿美元，增长1.59%，其中出口14.25亿美元，同比增长16.87%，增幅排名全省第3；进口9.65亿美元，同比下降14.85%。

【进出口贸易方式结构】 一般贸易出口7.23亿美元，同比增长20.9%，占全市出口总值的50.7%；加工贸易出口6.4亿美元，同比增长6.7%，占全市出口总值的44.9%。一般贸易进口7.83亿美元，下降16.1%，占全市进口总值的81.1%；加工贸易进口1.6亿美元，下降10.2%，占全市进口总值的16.6%。

【进出口主体结构】 “三资”企业、私营企业、国有企业、集体企业出口均保持增长。全市“三资”企业出口7.05亿美元，增长9.77%，占全市出口总值的49.47%；私营企业出口4.57亿美元，增长56.7%，占全市出口总值的32.07%；国有企业出口8981万美元，增长20.59%，占全市出口总值的6.3%；集体企业出口2778万美元，增长27.24%，占全市出口总值的1.95%。进口以国有企业为主，国有企业进口下降，“三资”企业进口略有增长，私营企业增长迅速。2015年，国有企业进口5.88亿美元，下降33%，占全市进口总值的60.93%；“三资”企业进口1.73亿美元，增长1.7%，占全市进口总值的17.93%；私营企业进口2.03亿美元，增长144.44%，占全市进口总值的21.04%。

【进出口商品结构】 出口产品以机电产品为主，传统劳动密集型产品出口平稳增长，机电产品、玩具、电器电子、服装以及高新技术产品等均有不同程度增长。其中，机电产品出口6.32亿美元，增长6.45%，占全市出口总值的44.35%；玩具出口2.99亿美元，增长8.71%，占全市出口总值的20.98%；电器及电子制品出口2.76亿美元，增长16.29%，占全市出口总值的19.37；服装出口2.28亿美元，增长103.68%，占全市出口总值的16%；高新技术产品出口1.74亿美元，增长15.65%，占全市出口总值的12.21%。进口商品以铁矿砂为主，铁矿砂进口呈现下滑态势，煤进口增长幅度较大。2015年，铁矿砂及其精矿进口3.87亿美元，下降47.85%，占全市进口总值的40.1%；煤进口1.89亿美元，增长50.53%，占全市进口总值的 19.59%。机电产品进口 1.01 亿美元，增长 7.34%，占全市进口总值的 10.43%。

【进出口市场结构】 出口市场对美国、欧盟、“海上丝绸之路”国家出口保持较快增长。2015 年，全市对香港出口 4.22 亿美元，增长 15.2%，占全市出口总值的 29.6%；对美国出口 3.09 亿美元，增长 29.16%，占全市出口总值的 21.68%；对欧盟出口 2.23 亿美元，增长 1.8%，占全市出口总值的 15.65%；对“海上丝绸之路”国家出口 2.2 万美元，增长 55.2%，占全市出口总值的 15.44%。进口以大洋洲、亚洲地区为主，对澳大利亚、巴西略有下降，对俄罗斯联邦和美国增长幅度较大，对海上丝绸之路进口略有增长。2015 年，全市对澳大利亚进口 44368.5 万美元，下降 29.49%，占全市进口总值的 45.98%；对巴西进口 7850 万美元，下降 18.22%，占全市进口总值的 8.13%；对“海上丝绸之路”国家进口 7729.5 万美元，增长 16.17%，占全市进口总值的 8.01%。对俄罗斯联邦进口 7223 万美元，增长 56.95%，占全市进口总值的 7.48%；对美国进口 7115 万美元，增长 782.98%，占全市进口总值的 7.37%。

【服务贸易发展势头良好】 2015 年，全市服务贸易总额达 18543.16 万美元，其中出口 5768.35 万美元，占服务贸易总额的 31.11%；进口 12774.81 万美元，占服务贸易总额的 68.89%。承接服务外包（含离岸和在岸）合同金额 577.1 万美元，超额完成省商务厅下达韶关市的目标任务（200 万美元），位居粤东西北地区第一。

【新增一家服务外包重点培育企业】 9 月，韶关市服务外包企业韶关市顺昌布厂有限公司被广东省服务外包产业促进会认定为“广东省服务外包重点培育企业”。截至 2015 年底，韶关市共有 4 家企业被认定为服务外包重点培育企业。

【出台促进外贸稳定增长和转型升级配套措施】 8 月，韶关市结合实际情况，出台《韶关市促进外贸稳定增长和转型升级配套措施》包含稳定进口、扩大出口、支持外贸新业态发展、提高通关便利化水平、加大财税金融扶持、加强政府服务、加强督办制度 7 个部分，21 条具体措施，促进韶关市外贸平稳增长。2015 年，韶关市外贸进出口 23.5 亿美元，同比增长 1.5%，其中出口 14.3 亿美元，同比增长 16.8%。

【拓展国际市场及进出口业务】 组织和鼓励企业参加广交会、“广东（迈阿密）商品展览会”“2015 粤澳名优商品展销会”“中国（巴西圣保罗）展销会”等具有影响力的境内外展会，推动企业“走出去”拓展新兴市场。同时，引导和鼓励企业用好、用活、用足国家和省的外贸扶持资金，拓展进出口业务。

吸收外来及港台投资

【概况】 2015 年，全市新批设立外商直接投资项目 21 个，同比下降 76.14%；合同吸收外资金额 13532 万美元，同比下降 53.2%。实际吸收外资金额 4807 万美元，同比增长 54.97%。

【外资产业结构】 第一产业实际使用外资 204 万美元，下降 94.57%，占总量的 4.24%；第二产业实际使用外资 2846 万美元，下降 70.86%，占总量的 59.21%；第三产业实际使用外资 1757 万美元，下降 68.28%，占总量的 36.55%。三大产业实际使用外资比重由 2014 年的 29：51：20 调整为 2015 年的 4：59：37，第三产业使用外资比重增长幅度较大。来自中国香港地区港的实际外资金额 3513 万美元，下降 76.41%，占全市总量的 78%。其次是中国台湾地区（589 万美元）和萨摩亚（317 万美元）。

2015 年韶关市吸收外商直接投资情况统计一览表

表 18　　金额单位：万美元

指　　标	累　　计	比上年同期 ±%
进出口总额	238996.83	1.59
一、出口总额	142526.85	16.87
按主要贸易方式分		
一般贸易	72269.77	20.93
来料加工	6990.80	-10.66
进料加工	57244.80	9.26
按主要经济类型分		
国有企业	8980.70	20.59

续表 18

指　　标	累　　计	比上年同期±%
“三资”企业	70532.84	9.77
集体企业	2777.79	27.24
私营企业	45666.74	56.71
按主要国家（地区）分		
中国香港	42242.71	15.21
美　　国	30938.92	29.16
欧　　盟	22277.89	1.81
32个海上丝绸之路国家	22048.46	55.21
47个陆上丝绸之路经济带国家	13264.19	2.65
按主要商品分		
机电产品	63216.87	6.45
服　　装	22803.15	103.68
高新技术产品	17398.68	15.65
二、进口总额	96469.98	-14.85
按主要贸易方式分		
一般贸易	78341.34	-16.14
来料加工	4144.78	-29.23
□进料加工	11615.12	-0.66
按主要经济类型分		
国有企业	58816.60	-33.03
“三资”企业	17296.86	1.72
集体企业	14.99	139.92
私营企业	20341.53	144.40
按主要国家（地区）分		
澳大利亚	44368.50	-29.49
巴　　西	7850.26	-18.23
32个海上丝绸之路国家	7729.50	16.17
47个陆上丝绸之路经济带国家	8175.71	-5.03
俄罗斯联邦	7223.17	56.95
美　　国	7115.12	782.98
按主要商品分		
铁矿砂及其精矿	38677.06	-47.85
煤	18916.66	50.53
机电产品	10057.35	7.34

2015年韶关市吸收外商直接投资情况统计一览表

表19　　金额单位：万美元

	地方名称	新批项目个数		合同吸收外资		实际吸收外资	
		本年数	同比±%	本年数	同比±%	本年数	同比±%
	韶关市	21	-76.14	13532	-53.20	4807	-54.97
1	浈江区	3	200	220	-66.41	0	-100
2	武江区	1	-83.33	2	-99.94	88	-96.78
3	曲江区	1		743	-77.08	300	-71.96
4	乐昌市	2	-90.48	21	-99.39	171	-66.60
5	南雄市	0	-100	17	-99.54	804	-63.80
6	仁化县	0	-100	629	-81.64	715	-29.28
7	始兴县	2	-80.00	163	-85.86	683	-40.56
8	翁源县	3	-70.00	4113	534.72	3	-99.07
9	新丰县	3		2465	-26.83	24	-84.42
10	乳源瑶族自治县	3	-66.67	955	-53.23	874	-17.62
11	广东韶关工业园	3	-25.00	359	-89.69	1145	206.97

对外及港澳台经济合作

【概况】　2015年，市商务局加强与重点商界组织、行业协会、知名企业的沟通和联系，先后拜访日本贸易振兴机构、香港贸发局、香港中华厂商会等一批重要行业机构，加强与日本及中国香港、中国澳门、中国台湾地区的沟通和解。组织相关县（市、区）及市直单位，参加“厦门国际投资贸易洽谈会”“广东21世纪海上丝绸之路国际博览会”“粤港经济技术贸易合作交流会”“香港国际中小企博览会”“第四届世界客商博览会”“第三届中国-南亚博览会”“青海（西宁）绿色经济投资贸易洽谈会”等展会，宣传韶关区位、交通、资源、产业等优势，采取“请进来”“走出去”等多种方式，推进对外经贸合作，扩大韶关知名度和影响力。

【拓展对外劳务输出】　市商务局推动韶关市对外劳务输出工作，培育本地对外劳务输出企业。2015年，广东冀春劳务派遣有限公司正在筹建对外劳务合作经营公司，有望在2016年初成立韶关市第一家对外劳务合作经营公司，实现“零”的突破，成为全省十家对外劳务公司之一。

【发展境外与港台地区投资】　韶关市企业境外及港澳地区投资发展的愿望不断增强，境外投资、经商、办厂的企业增多，境外投资方式不断多元化。2015年，全市新备案境外及港澳地区投资企业4家，投资总额为1379万美元，投资地包括中国香港、中国台湾地区和孟加拉、土耳其等国。其中，广东东阳光科技控股股份有限公司于2015年初并购台湾立敦科技股份有限公司。

【召开在韶日资企业研讨会】　2月6日，日本贸易振兴机构广州代表处所长塚田裕之率队到韶关，了解日资企业在韶关发展情况，与市商务局联合召开在韶关日资企业研讨会，为在韶关市投资的日本企业传经送宝、协助韶关市加深与日本工商业界间的深入交流和联系。通过此次研讨会，推动韶关和日本两地在投资、贸易、文化等领域交流合作，促进双方优势互补，互利双赢，共同发展。

【与广州市开展招商对接合作】　11月9日，韶关市政府与广州市政府签订战略合作框架协议，正式拉开两市交通对接、产业协作、环境保护合作和社会公共事业合作等工作序幕，韶关正式纳入“广佛肇+清云韶”经济圈，广韶合作纳入“广佛肇+清云韶”合作机制。签约仪式上，市政府就韶关机械装备产业做招商推介，分别与广州港集团有限公司、广州医药集团股份有限公司、广州电气装备集团有限公司和广州超级计算中心等4家企业签订战略合作框架协议，就推动韶关发展“大物流”、医药健康产业、装备制造业和建设智慧城市等工作达成共识。

【开展系列互访】 2015年以来，市长骆蔚峰亲自率队赴深圳、北京先后拜访前海人寿保险股份有限公司、华侨城投资控股有限公司、深圳航天金悦通科技股份有限公司、中信正业投资发展有限公司、京城机电控股有限责任公司等企业，就合作方式和范围达成共识。市政府先后与前海人寿保险股份有限公司、苏宁云商集团、广东省物流行业协会签订战略合作框架协议。广州市、深圳市相关部门和企业代表团陆续到韶关考察和洽谈合作，市商务局接待、包括广州开发区、广州市工商联、番禺区工商联、白云区工商联、广东省商业联合会、广州交易所集团有限公司、深圳市华盈富通基金管理有限公司、深圳市韶关商会、苏宁云商集团有限公司等到韶关考察团14个，共计323人次。促成投资意向项目60个，占全市招商引资在谈项目比例48.65%。

对外招商

【广东省南方电子商务创新服务中心落户韶关】 1月27日下午，广东省南方电子商务创新服务中心副主任高辉和韶关市电子商务行业协会秘书长彭长端共同为“广东省南方电子商务创新服务中心韶关分中心”揭牌。该中心落户韶关肩负着三大任务：将广东国际电子商务信用服务平台、广东省电子商务应用发展基金和广东省电子商务产业集聚园区引进韶关。

【世界500强投资企业落户韶关】 6月上旬，世界500强企业之一金光集团—金光食品（香港）有限公司投资的金光食品（韶关）有限公司正式注册登记落户曲江白土工业园。公司总投资1815万美元，主要经营生产、加工、销售焙烤食品、糖果、巧克力、方便食品等。该项目的落户，促进韶关食品产业发展壮大，提升白土工业园食品产业的集聚度和影响力。

【组团参加山东装备博览会】 3月12－14日，韶关市组团参加在济南国际会展中心举办的第十届山东装备博览会。韶关市共组织雷蒙重机公司、世得力液压机械公司、磊信机械制造公司等9家企业参展。参展产品主要是数控机床及工业模具、动力传动及控制技术、焊接及切割设备、工程机械与建筑机械、农业机械、汽车与交通运输装备等，在本届博览会上，韶关市与参展的国内外先进的机械装备企业建立联系，达成初步合作意向。

【召开全市招商引资大会】 10月30日上午，市委、市政府召开全市招商引资工作大会，要求全市上下牵住招商引资这个全市经济工作的“牛鼻子”，不断改善投资营商环境，打开招商引资工作新局面，用招商引资的实际成效推动韶关振兴发展。市委、市政府主要领导分别对全市招商引资工作和改善投资营商环境提出要求。会上，市委、市政府印发《关于进一步加强招商引资工作的意见》及《进一步优化韶关投资营商环境的具体措施（试行）》两份招商引资政策文件。

【联合举办宝钢（韶钢）特钢产业推介会】 11月10日，韶关市政府、宝钢集团广东韶关钢铁有限公司在广州举办2015年宝钢（韶钢）特钢产业推介会。韶关市委、市政府主要领导，广州市政府主要领导，宝钢集团主要领导，以及省经信委、广汽集团、广州电气装备集团、越秀企业集团等省市有关部门和300多家企业界代表出席推介会。

【筹展第117届、118届广交会】 第117届、118届中国进出口商品交易会分别于4月15日、10月15日在广州琶洲会馆召开。韶关市共有28家外贸企业参加展览，分别在大型机械及设备、汽车配件、轻工纺织、建筑及装饰材料等行业展馆参展，利用广交会贸易平吧，宣传韶关产品，提升企业形象，抢抓出口订单，扩大外贸出口。

口　　岸

【概况】 2015年，韶关市口岸物流通关总量为743.12万吨，同比增长5.67%。交通工具为14.59万辆次，同比增长9.5%；进出集装箱7499个，其中车检场公路运输出口标箱3086个，“铁海联运”班列进出口标箱5585个。口岸部门采取网上报关、预约通关、“一门式”办公及“铁海联运”等模式，提高通关能力。

【广州海关签署紧密合作机制备忘录】 1月12日，韶关市人民政府与广州海关在韶关举行建立紧密合作机制备忘录签约仪式，标志着韶关和广州海关的合作进入一个全新的阶段，对韶关市优化发展环境、扩大对外开放、加快转型升级、推动跨越发展起到重要作用。

【韶关海关首票通关一体化货物顺利进境】 4月13日，韶关旭日国际有限公司的一批货物在韶关海关以区域通关一体化方式申报进口，货物经皇岗海关货运渠道已顺利进境，实现韶关海关首票陆路口岸区域通关一体化货物顺利通关。6月30日，韶关海关与韶关出入境检验检疫局签订“三互”大通关合作配合机制，关检双方实现信息互换、监管互认、执法互助，凝聚关检双方深化改革共识。

【韶关市首个出口监管仓库获批设立】 5月13日，韶关市旭日国内结转型出口监管仓库获批，这是韶关市现存唯一的出口监管仓库，仓储面积近2000平方米。它为粤北地区国内企业、外商提供已办结海关出口手续的货物进行存储、保税物流配送以及流通性增值服务。2015年，韶关旭日公共保税仓和出口监管仓流转货物总值5810万美元。

【韶关海关与韶关出入境检验疫局签订“三互”大通关合作配合机制】 6月30日，韶关海关与韶关出入境检验检疫局签订“三互”大通关合作配合机制，关检双方实现信息互换，监督互认，执法互助，凝聚关检双方深化改革共识，有利于在依法履责的前提下，不断优化口岸管理，建立新型关检“三互”通关模式，为促进韶关外贸稳定增长和转型升级营造良好的通关环境。

【韶关市完成首票采用“无水港”模式的货物通关】 7月，韶关市完成首票采用“无水港”模式的货物通关。韶关某公司采用“无水港”通关模式向海关部门现场申报进口20个标准集装箱纸浆板，进口货物经南沙“大船分小船”的“舱单分流功能”运抵至韶关新港码头，并办理通关手续。这标志着韶关新港作为广东最北“无水港”项目取得实质性的突破，一举打通进出口货物从广东自贸试验区到省内最北端的水上通道，使韶关通过“无水港”连接“一带一路”成为现实，促进韶关市各种经济要素与广东自贸试验区的联动。

【广州港驻韶关办事处挂牌成立】 8月11日上午，广州港集团与韶关市政府共同举行广州港集团客户座谈会暨韶关办事处揭牌仪式。双方签订推进韶关“无水港”建设工作备忘录。设立广州港驻韶关办事处既是广州港集团巩固传统经济腹地，推进“大物流”战略的需要。 （郑梅英）

2015年12月29日市政府与苏宁云商集团签订战略合作框架协议（市商务局　供）

财政·税务

韶关财政

【机构概况】 2015年，韶关市财政局机关行政编制95名，其中含局领导编制6名（局长1名，副局长4名，总会计师1名），另纪委派驻市财政局纪检组长1名。韶关市财政局机关内设20个科室，农业综合开发办公室自2015年1月起职责划转市财政局承担。有6个下属单位，其中，韶关市政府物业管理中心于2015年整体划转到国资委管理。2015年，韶关市财政局荣获“2014年度全省预算执行分析工作二等奖”“2014年度全省地方财政总决赛工作三等奖”“2014年度全省会计决算工作优秀单位”“2014年度韶关市直机关工作考核优秀单位”“韶关市2014年度扶贫开发‘双到’工作优秀单位”“韶关市2014年度党风廉政建设责任考核优秀单位”“韶关市2014年度全市人口与计划生育目标管理责任制考评先进单位”“2013年度韶关市直单位厉行节约工作先进单位”，全市财政系统还有5余人次被国家、省、市评为先进工作者。

【财政收入稳步增长】 “十二五”期间，全市一般公共预算收入年均递增12.25%，一般公共预算支出年均递增23.24%。2015年，来源于韶关财政总收入219.97亿元。上划中央72.04亿元，上划省16.47亿元。全市一般公共预算收入完成85.23亿元，同比增长3.92%（可比口径增长1.54%）。其中市本级一般公共预算收入完成34.04亿元，同比增长3.94%（可比口径增长1.27%）；县级财政收入突破50亿元，乳源突破5亿元，翁源突破4亿元。规范非税收入管理，发挥协税护税机制，重点抓好国有资产运作经营，做到应收尽收。2015年全市非税收入33.07亿元，拉高一般公共预算收入增幅3.85个百分点，占一般公共预算收入比重38.81%。

【筹集民间资本为政府项目服务】 取得省首期股权基金投资款9.3亿元，为芙蓉新区的基础设施建设提供支持；安排财政投融资引导资金13.3亿元，撬动约30亿元社会资本投向基础设施建设；承办PPP项目推介会，推动PPP项目落地，共推出20个项目，拉动投资额达220多亿元；筹集资金用于鼎盛担保公司增资扩股，为政府财政资金撬动民间资本搭建平台。

【落实财政优惠政策】 出台对市本级的堤围费进行税费减免优惠政策。在落实中央、省优惠政策基础上，市从9月1日起对采矿业、制造业、建筑业、批发和零售业、房地产业等8类缴交额度较大的行业实行下调征收费率；对农林牧渔业、住宿和餐饮业等7类缴交额度较小的行业实行全免征；对东莞（韶关）产业转移工业园区内的企业全额免征。落实中央、省优惠扶持政策，争取上级资金超过85亿元。完成省下达的节能减排任务，国家节能减排财政政策综合示范城市工作取得成效。

【民生支出占比较高】 全市一般公共财政预算支出281.51亿元。全市11类民生支出226.91亿元，占一般公共预算支出比重80.60%。2015年，底线民生财政支出2.86亿元；投入十件民生实事资金23.04亿元；全市非营利性服务业增加值财政核算科目支出（财政八项支出：一般公共服务、公共安全、教育、科学技术、社会保障和就业、医疗卫生与计划生育、节能环保、城乡社区）完成142.39亿元，同比增长21.65%，完成全年目标增长任务。其中科学技术（47.18%）、节能环保（59.01%）、城乡社区（148.47%）等支出均高于全市一般公共预算支出水平，实现较快增长。

【加快支出进度】 及时将省安排的民生资金全部下达到实施单位及各县（市、区）。加快市重点工程项目支出，对2015年9月底前仍未能启动实施和使用的资金，收回统筹安排；对已启动实施但年内无法支付的资金，滚动结转下一年度使用，并相应减少下一年度预算安排。项目主管单位负责督促协调项目建设方，从竣工验收之日起3个月内完成结算工作，逾期2个月未能支付完毕的，收回项目结余资金。加快项目审核，提高评审效益。加快落实地方政府置换债券用于城市扩容提质股权基金财政引导资金和韶关市第四污水处理厂（西联）及配套管网一期工程等项目建设。向人大常委会提交并审议通过《关于2015年第三次预算调整方案的报告（草案）》，将地方公共财政预算收入增长目标调整为3%左右，支出预算作相应调整。对2012年及以前年度结余结转资金全部收回；对2013年、2014年结转结余资金逾期未使用完的，收回统筹使用。自2015年底起对各单位的年初预算项目结余指标全部不予结转。统一将盘活的财政资金用于回购城投公司原投资建设的政府公益性项目和落实省审计厅对韶赣高速公路资本金配套不足的整改以及城市扩容提质股权基金财政引导资金等。

2015年9月17日，全市举办PPP模式培训班（刘志峰　摄）

【财政改革】　建立全口径预算管理机制，采用零基预算方法编制2016年市级行政事业单位的所有财政性资金，逐步形成基本支出标准化、科学化，项目支出绩效化、择优化的新型预算编制模式。配合市车改办，做好市直机关公务交通补贴发放和车改取消车辆保留或处置等相关工作。召开市级财政支出绩效评价现场会。完成市级50万元以上的225个项目的绩效自评，涉及市级财政资金19.35亿元。完成2016年市级部门预算项目绩效目标申报工作，共有248个单位申报项目1280个，涉及资金61.06亿元。选取南雄、仁化、乐昌、始兴、新丰五个县（市）先行先试，与市本级同步进行权责发生制政府综合财务报告试编工作，市已完成权责发生制政府财务报告试编工作并上报省财政厅。选取乳源为试点，率先开展城乡基本公共服务均等化综合改革和基层公共服务综合平台建设工作，为全市基本公共服务均等化综合改革和基层公共服务综合平台建设工作积累经验。以市级与市辖武江区、浈江区相关领域开展试点，探索事权与支出责任制度改革，理顺市与区在城市管理、经济管理、社会管理、公共服务等方面的权责关系。改进资金评审办法。对评审范围、评审内容和支付、项目送审流程明确，提高市级财政性资金投资项目预、决算的评审质量和效率，加快资金拨付进度。落实税收制度改革任务。按照省财厅和市政府的部署，市财政局对全市税收等优惠政策进行规范清理，共审核全市各类财税优惠政策258项，拟废止优惠政策219项，拟保留优惠政策39项。落实交通运输业、邮政业、电信业和部分现代服务业的“营改增”工作，建筑业、房地产业、金融业和生活服务业四大行业改革工作在推进中。推进乡镇国库集中支付改革，在年底铺开，加强乡镇财政性资金的管理与监督，提高资金运行效率和使用效益。控制“三公”经费支出，2015年实现“零增长”。落实“三公”预决算信息公开工作和市直机关和事业单位行政经费节约考核办法。

（邓韶江　胡莹莹）

国家税务

【机构概况】　韶关市国家税务局成立于1994年9月28日，是韶关市主管税收工作的职能部门之一，主要职能是贯彻执行国家各项税收法律法规，结合本地实际拟定具体的实施办法，组织各项国家税收收入，并对税收政策执行情况进行监督检查，促进本地经济发展。截至2015年底，全系统现有干部职工1022人，其中大专以上学历在职人员达到94%。2015年，市国税局机关“全国文明单位”称号复审保留，市国税局直属分局荣获“全国巾帼文明岗”荣誉称号。

【税收收入分析】　全市国税系统全年累计完成税收收入92.73亿元，下降0.3%，减收2748万元。其中：完成国内税收收入86.09亿元，增长2.4%，增收1.98亿元，完成省国税局调整后的收入预期目标，确保完成全市上划中央两税收入基数。在国内消费税收入实现两位数增长的拉动下，国内税收总量较上年有所增长，总体上呈“逐年增长、增速减缓”的发展趋势；从全省来看，韶关市增速低于全省（不含深圳）5.9个百分点，全省排名第17位。国内“两税”（增值税和营业税）收入占比为83.5%，对比上年降低0.5个百分点，企业所得税占比与上年一致，车辆购置税比重较上年增加0.5个百分点。三次产业的税收结构为0.1: 77.4: 22.5，较上年有小幅波动，第一产业税收比重不变，第二产业税收比重较上年下降2.8个百分点，相应地第三产业税收比重提高2.8个百分点。国内税收中、省级收入与市县级收入增速不同步，中央级、省级收入分别增长3.5%和2.8%，市县级收入下降3.3%；市区与县（市）区域的国内收入增速存在差异，市区增长4.5%，县（市）区域下降3%。从增收税种分布来看，税收增收主要来自于国内消费税和车辆购置税等纯中央级收入的税种，两项合计增收3.87亿元，拉动国内税收增长4.6个百分点。从增收的行业来看，主要集中在卷烟制造和卷烟批发行业，增收4.44亿元。从增收的单位来看，主要集中在市局直属分局，增收2.30亿元。

【促重点税源企业纳税】　对年纳税100万元和50万元的重点税源由市国税局和县（市、区）国税局分别纳入监控，按月做好监测分析，随时掌握税源变化情况。深入韶钢、韶烟、东阳光、凡口矿和粤江发电厂等企业调研，做好重点税源企业的纳税服务工作。班子成员按工作分工，督促挂钩联系的县（市、区）国税局抓好组织收入工作。市国税局各业务科室督促、指导、支持基层，帮助基层解决困难和问题，采取措施，共同抓好组织收入工作。

【落实各项税收优惠政策】 结合韶关经济社会发展，关注税制改革动向，提前做好“营改增”行业试点扩围前期准备工作，从税收角度为“绿色转型振兴发展、主动融入珠三角”目标的实现提供税收参考。抓好调整卷烟消费税政策落实，确保卷烟企业完成申报。重视小微企业税收优惠政策的落实，持续广泛宣传，强化督查整改，为小微企业享受税收优惠政策提供便利。全市有2967户企业享受小微企业所得税税收优惠，减免税额636万元，实际受惠面达100%。贯彻落实《全国税务机关出口退（免）税管理工作规范（1.0版）》，在执行审核审批时限规定，防范骗税的前提下，提高工作效率，加快退税进度。全年累计办理出口退（免）税70600万元，金额同比增加1600万元，增幅为2.3%。

【加强企业所得税管理】 加强对企业所得税的征收管理，做好2014年度企业所得税汇算清缴工作，确保汇算清缴面达到100%，实现历史性突破。开展所得税纳税评估工作，强化企业所得税纳税户亏损面及零申报面的监控工作，根据2014年度汇算清缴数据进行初步测算，全市零申报面及亏损面两项指标合计不高于12%，提高企业所得税的征管质效。

【提升纳税服务水平】 推进《纳税服务规范2.0》，开展“便民办税春风行动”，开展“五星级办税服务厅”和“纳税服务之星”评选活动，促进韶关市国税系统纳税服务规范化工作。加强“12366”服务热线工作，做好“12366”业务咨询工作。

【夯实征管基础】 推行《税收征管规范1.0》，加强业务衔接，按照工作要求规范执行不走样，夯实税收征管基础。推进税收风险管理工作，完成纳税人风险点分类应对排查，选取批发零售业、工业用电企业年用电量、出口企业3个项目相关数据进行风险分析应用，全年完成风险管理应对任务2569户次，累计入库税收收入13906万元。推行广东省国家税务局增值税发票系统升级版，全市纳入升级版的纳税人共8284户。分步推进车购税征管方式改革总体计划，落实部分县区车购税业务下放工作方案，曲江、乳源实施车辆购置税业务下放工作。主动对接“一照一码”与税收日常管理，确保“一照一码”登记制度改革实施。全市通过“一照一码”登记制度登记454户，变更452户，注销8户。

【加强国际税收和大企业管理】 组建省、市级风险管理工作团队，对中国联通韶关分公司、丽珠集团利民制药厂和“韶能集团”3户企业进行全流程风险管理工作。加强非居民企业税收收入管理，组织开展对外支付税收管理情况专题核查，共接收风险任务数据533条，查补税款、滞纳金16.8万元。开展反避税工作，开展“走出去”企业税收服务情况调查，举办“走出去”企业税收政策在线访谈活动，做好企业服务，反避税工作取得成效，共补缴税款589.82万元。

【依法行政深入推进】 推行税收执法责任制，推进依法行政示范单位创建活动，落实总局新重大税务案件审理办法，推进行政审批制度改革，创新第三方监督制约机制，制定《韶关市国家税务局法律顾问室工作规则》，正式设立韶关市国家税务局法律顾问室。对《韶关市国家税务局行政审批事项公开目录》进行更新。加强税收规范性文件制定管理工作，制定4份税收规范性文件并以公告形式向社会公开。办理地方党政部门涉税文件审核，共审核来自地方党政部门发来的涉税文件55份，向各部门提供数据材料18份。组建法律工作小组和第三方专家团队，挑选26位法律专业人才组成法律工作小组，加强对税收执法工作的监督。制定2015年全市国税系统督察内审工作要点，分别对始兴县国税局和曲江区国税局开展督察内审工作，对曲江区国税局一把手开展任中经济责任审计。开展“三审”回头看，加大审计整改力度，强化督察审计成果运用。

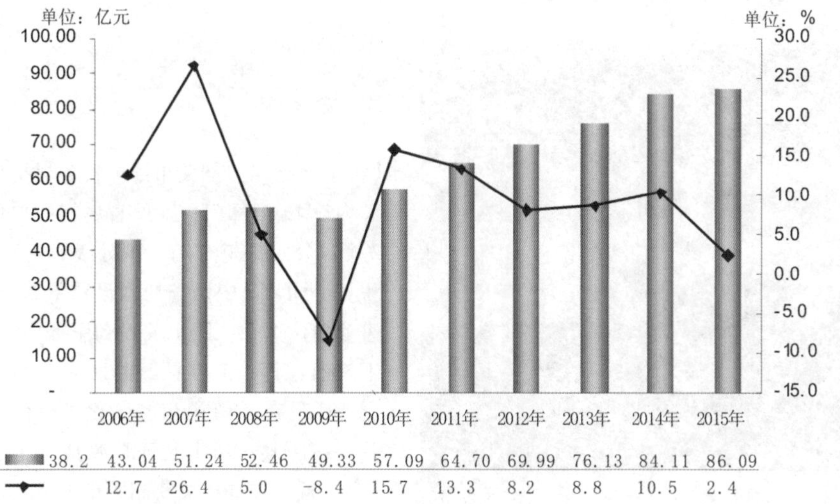

近10年韶关市国税国内税收入完成情况及增长率

【纳税评估和税务稽查不断强化】 加强纳税评估统筹，改进评估方法，发挥风险管理团队和评估模型的作用，提升评估质效。全市国税共组织评估各类纳税人903户，评估入库税款4355.25万元，同比增加2346.85万元，增幅达117%。强化查后分析，突出重点，加强查管互动，做到以查促管。全市国税稽查部门共组织检查企业145户，查补收入12127万元。

【协税护税机制不断完善】 建立起“政府领导、国税主管，部门配合，社会参与”的零散税源社会化管理网络，在全市成立11个协税护税机构，开发涉税信息综合平台，实现涉税信息的交换、传递和利用，促进税收收入的增长。2015年，共核实第三方数据30多万条，认定非正常户55户，移送纳税评估110户，移送稽查立案6户，共补缴入库税款5819万元。

【国地税合作推进服务升级】 落实《国家税务局地方税务局合作工作规范》，召开两次国地税联席会议，建立完善《韶关市国地税联席会议制度》，从税收征管、税收宣传、纳税服务等6个方面明确18项重点工作项目并起草实施细则；推进税收征管合作、联合执法、纳税服务合作等7个专项合作方案。联合开展税收宣传，打造两家共用一个微博、一个微信宣传平台；推进联合办税服务，乐昌市国税局、武江区国税局、翁源县国税局率先实现国地税互设办税服务终端；联合开展纳税信用等级评价，共评选出2014年度纳税信用级别A级纳税人59户，B级纳税人11736户，C级纳税人210户，D级纳税人51户；联合共建纳税人权益保护组织，完成全市10个县（市、区）国税局纳税人权益保护中心建立工作。与银行签订战略合作协议，共同推进“银税互动”税融通服务，缓解企业融资难、融资贵的问题。

【市国地税联手推进“税银互动”激励守信纳税人】 韶关市国税局加强和金融机构的沟通，将纳税人的信用等级和融资额度相挂钩。6月2日，市局与中国银行韶关分行签订战略合作协议，双方在全市范围推广“税银互动”合作项目，将纳税人的纳税信用与中小微企业融资发展结合，开创以“信”换“贷”的融资模式。根据双方签订的“税银互动”合作协议，中国银行韶关分行提供10亿元的融资额度，韶关市A级纳税信用等级企业可凭借在国税部门良好的纳税信用换取银行提供的“税款通宝”等无抵押、低息的融资优惠服务，每户企业的授信限额达到500万元，减轻纳税人的融资成本。9月29日，市国税局、地税局与中国建设银行韶关分行签订战略合作协议，市局党组书记、局长陈佳发，市局党组成员、总经济师张锦标，市地税局调研员苏韶娟，建行韶关分行行长石中心出席签约仪式。三方在全市范围推广“税银互动”合作项目。“税银互动”守信激励措施的推出，标志着全市纳税信用等级的推广应用和税银双方合作迈入新的里程碑，开创税务部门、银行合作的全新模式，为纳税人共同搭建守信激励的信用价值导向平台，促进税、银、企三方发展壮大，助力中小微企业发展。向银行推荐符合授信优惠条件、纳税信用良好的纳税人近1000户次，已有111户企业享受银行贷款20.19亿元。

【开展税收宣传活动】 在第24个税收宣传月活动期间，围绕“新常态新税风”这一主题，组织开展宣传活动。通过开展“小微企业税收优惠政策宣传周”、“税收宣传走进莞（韶）产业转移工业园区”、“我的税收故事”征文、网络“在线访谈”、“税收带到韶关城美”摄影活动和评选模范纳税户等活动，在全市范围内进行税收宣传，营造依法诚信纳税的良好社会环境。加强日常税收宣传，通过韶关国税门户网站、微博、微信以及各类新闻媒体进行税收宣传。市局在《韶关日报》、韶关电视台刊发税收宣传报道58篇；在《南方日报》刊发5期专题新闻报道；在《中国税务报》刊登3篇新闻报道。 （戴善娟）

6月2日，市国税局与中国银行韶关分行签订战略合作协议，双方在全市范围推广“税银互动”合作项目（戴善娟 摄）

地方税务

【机构概况】 韶关市地方税务局局机关内设13个部门；下设直属行政单位2个，分别是稽查局（副处级）、韶钢税务分局，其中稽查局内设科室6个；事业单位1个，即机关后勤服务中心；下辖浈江区、武江区、曲江区3个区局，乐昌市、南雄市、仁化县、始兴县、翁源县、新丰县、乳源县7个县（市）局。市局机关获韶关市卫生先进单位称号；乳源瑶族自治县地税局和翁源县地税局分别荣获“第四届全国文明单位”称号。开展机关党委换届工作，推选出苏韶娟为新一届机关党委书记。提拔新丰县局局长黄文为韶关市局党组成员、总经济师。

【地税收入】 2015年，全市地税收入63亿元，同比减收2.6亿元，下降3.9%，完成收入预期101.7%。其中：省级共享收入13.3亿元，同比减收0.5亿元，下降3.9%，完成省局下达税收预期100.5%；市县级收入39.1亿元，同比减收1.5亿元，下降3.7%，完成省局下达税收预期103.4%。其他八项费金合计53.4亿元，同比增收2.4亿元，增长4.7%，其中：社保基金收入45.7亿元，同比增收2.8亿元，增长6.4%。总体来看，2015年全市地税税收收入形势的严峻程度超过预期，呈现多年未见的增速低、进度慢的特点。主要受到经济增长放缓，特别是房地产、建筑及工业等重点税源行业增速明显回落，企业利润大幅下滑影响，以及结构性减税政策和房地产、住宿餐饮、娱乐行业仍处于低迷状态等因素影响。

【征收管理】 该局规范税源管理，强化收入的分析、预测、调度，推行纳税评估、信用等级评定等分类、分级管理办法。完善车船税税警监管一体化系统的建设，通过协税护税第三方数据中提取的涉税信息为税收征管及纳税评估提供案源。加强对税收优惠政策落实情况的检查、考核和问责，特别是对审计发现的政策未落实问题，加大督促整改力度。推进“营改增”，组织开展营业税纳税人专项评估和风险排查，做到“三清”（清税、清票、清户）；及时开展“营改增”对地税的主要影响及对策研究专题调研，加强与国税合作，抓好征管基础性工作。

4月3日，韶关市地税纳税人权益保护座谈会召开（孔　鹏　摄）

【依法行政】 推进行政审批制度改革，实行行政审批事项清单管理，对全系统行政审批制度执行情况开展自查，对税务行政审批项目涉及的文件依据、征管流程开展清理，先后向市编办提供行政审批事项意见5条。落实权力清单制度，制定和发布《韶关市地方税务局关于发布第一批税务行政处罚权力清单的公告》。转变职能，简政放权，梳理出行政职权事项8大类66大项，其中行政许可6项、行政处罚8项、行政强制8项、行政征收26项、行政检查1项、行政确认3项、行政奖励1项、其他职权13项。开展税收执法督察工作，全年下发268条疑点数据，核实出164个问题，对3个重点督察单位的14个基层分局、3个稽查局进行实地督察，对执法发现的问题进行通报并及时整改，提高行政执法的执行力和执法效率。

【服务发展】 统一和规范服务厅的服务内容、服务标准、服务方式，推行“一窗式”“一站式”办税，实行延时服务、限时办结服务、预约服务、提醒服务等多种服务方式，以金税三期为依托，贯彻落实《全国税务机关纳税服务规范》。利用电台、电视台、互联网等现代媒体，加大地方税收的法律法规、工作动态、办事程序、税收优惠政策等宣传力度，服务经济发展。联合国税局开展办税服务厅开放日、税法进企业、税法知识讲座、税法知识进校园等税收宣传活动，增进社会各界对税收的认识与支持。（邓粤雄）

金　　融

中国人民银行韶关市中心支行

【概况】 2015年，中国人民银行韶关市中心支行坚持“金融支持实体经济，金融发展惠及民生”的服务理念，围绕“激活力、强素质，严管理、防风险，勇作为、争一流”的工作思路，贯彻落实稳健的货币政策，推动金融改革创新，优化金融生态环境，提高金融服务和管理水平，各项工作取得较好成绩。2015年，中心支行获得省部级以上集体和个人荣誉8项，厅级以上集体和个人荣誉15项。

【产融对接】 灵活运用货币政策工具，举办各类产融对接活动，推广直接债务融资，拓宽融资渠道。2015年，全辖累计发放支农再贷款11.23亿元，办理再贴现0.75亿元，企业直接债务融资14亿元，中征应收账款融资平台交易金额21.5亿元。4月1日起，四家法人机构执行优惠存款准备金率，释放流动性约1.4亿元。

【存贷款增加】 2015年末，韶关各项存款余额1532.91亿元，同比增长9.95%；各项贷款余额731.84亿元，同比增长9.04%。2015年，韶关市金融业增加值50.7亿元，同比增长10.9%，高出GDP增速4.7个百分点。

【优化金融生态环境】 推动市委把金融生态环境建设纳入2015年韶关深化改革的重要内容，市政府把金融生态环境建设列入2015年重点工作。开展金融系统视频监控平台建设，提高风险预警和处置能力。多方联动开展整治网络非法买卖银行卡专项行动，协助破获非法买卖银行卡案件一起，阻止数起集中办卡事态的蔓延。与市公安局建立反洗钱协调配合机制，协助破获多起案件。探索毗邻地区金融合作路径，构建韶关、赣州、郴州金融稳定合作框架。开展法人金融机构统计数据检查，处罚两家、通报批评多家金融机构，提升辖区金融统计数据质量。

2015年5月27日，人民银行韶关市中心支行组织举办粤北片区企业债务融资工具培训班，邀请中国银行间市场交易商协会的专家现场授课，图为行长万里滨开班致辞（侯永强　摄）

【推进普惠金融发展】 推进农村普惠金融试点工作，南雄市作为省内首批农村普惠金融试点通过省验收考核。研发金融知识宣传综合服务平台，探索“规范化、市场化、信息化、常态化、多样化、趣味化”的金融知识宣传模式。银校合作金融人才培养项目获市委组织部10万元专项资金支持。采取“一县一特色、一行一品牌”的模式推广手机支付，举办现代支付科技成果展，助推智慧城市建设。开展货币金银工作，全市假币浓度降至全省平均值以下，完成相关纪念币（钞）网上预约兑换发行工作。开展调查研究，2015年中心支行自主完成上报信息77篇，被分行采用信息42篇，被总行、省委省政府、国办采用19篇、批示3条，多篇调研报告被市领导批示。

【加快外汇管理工作转型】 以“深化改革、强化监测、优化管理、防范风险”为外汇管理工作核心，执行各项外汇改革措施，转变外汇管理工作理念和方式。加强服务贸易和个人外汇管理，促进服务贸易均衡发展。推进直接投资外汇管理政策改革工作，简政放权，促进贸易投资便利化。开展政策宣传，推广跨境人民币结算业务。2015年，韶关辖区共办理跨境人民币业务1423笔，跨境人民币业务结算总量41.69亿元。

【推进社会信用体系建设】 启动小微企业非银信息采集工作，以工业园区企业为试点，采集园区企业基本信息和非银信息，推进小微企业信用体系建设。依托广东省农户信用信息系统，采集农户信用信息，将农户贷款与农户信用状况挂钩，建立健全守信激励、失信惩戒机制。2015 年末，全辖累计采集并录入广东省农户信用信息系统的农户档案数量为24035 户。引入第三方评级机构，逐步推进“两类机构”信用评级工作。

【创新开展国库支付工作】　推进韶关市本级非税收入电子直缴国库工作，实现国税 POS 机直接缴库系统成功上线和全面推广运用。在全省率先开展乡镇国库集中支付改革试点工作，首批资金拨付成功。加强对工业园区支库管理，工业园区支库于 2015 年 4 月 1 日正式办理业务，各项业务有序开展。开展《国库条例》颁布 30 周年主题宣传活动，强化社会各界对央行经理国库的认识。

【指导仁化县探索金融扶贫】　指导人民银行仁化县支行创新金融精准扶贫之路，加大政策扶贫力度，推动县政府出台《金融机构信贷投放奖励办法》《贫困村信贷风险补偿基金管理办法》及《“民信档案”金融扶贫贷款贴息办法》，加大贫困村的信贷投放力度。运用“金融 +”推动资金流向贫困村产业，创新“金柚贷”“丹霞仁家”等信贷产品，信贷支持贫困村种植户、农家乐、旅游特色村、乡村旅游示范点的发展。加快贫困村农村金融综合服务站的建设步伐，推动县政府出台《农村金融综合服务站建设实施方案》，每年对考核达标的服务站拨付 1200 元财政资金补助。推进贫困村信用体系建设，依托“金融扶贫”信息中心及时采集、评定农户信息，引导金融机构向信用贫困户发放贷款；开展“贫困村示范户”“信用示范户”等创建活动，宣传诚信致富典型案例，引导贫困户珍爱信用记录。2015 年仁化县金融扶贫工作成效显著，通过广东省第二轮扶贫工作检查验收。截至 2015 年末，全县 28 个贫困村村集体经济年经营性收入平均达 8.86 万元，是帮扶前（平均 1.93 万元）的 4.58 倍；贫困村贫困户年人均纯收入 8131 元，是金融扶贫工作开展前（平均 2618 元）的 3.1 倍；通过创新金融扶贫，共发放直接或间接参与扶贫开发工作的信贷资金 1.5 亿元，撬动扶贫单位落实帮扶资金 1.77 亿元，实施村、户帮扶项目 1024 个，完成“两不具备”搬迁户 362 户，农村低收入困难户、住户改造 464 户。　　（邝　辉）

银行业监管

【概况】　韶关银监分局成立于 2004 年 2 月，现有 8 个内设部门。截至 2015 年末，韶关银监分局在职干部员工 56 人。2015 年，韶关银监分局围绕全年工作任务部署，以维护辖区经济金融稳定运行为核心，以提高监管绩效为目标，开展好各项工作。截至 2015 年末，辖内银行业金融机构各项存款（含财政性存款）余额 1532.91 亿元，比 2014 年末（下同）增加 139.67 亿元，增长 10.02%；各项贷款余额 731.84 亿元，增加 60.47 亿元，增长 9.01%。2015 年完成利润总额 15.2 亿元，减少 3.2%。

【着力服务地方实体经济发展】　督导辖内银行业金融机构配合韶关市委、市政府突出“三大抓手”，加大对重点领域和薄弱环节的信贷投放，提升服务实体经济工作质效。2015 年，辖内银行业金融机构针对不同企业的转型升级和科技创新的融资需求，先后向韶钢改造提升、大宝山铜硫综合利用、韶冶升级改造、有色金属循环产业基地等项目发放贷款 27 亿元，并通过银团贷款等形式为本市重大交通项目提供融资支持，贷款余额 41.83 亿元。

【着力服务“三农”和小微企业】　韶关银监分局连续多年组织辖内银行业金融机构开展小微企业金融服务宣传月活动，制定《关于加强小微企业金融服务工作的监管意见》，督促辖内银行业金融机构单列年度小微企业信贷计划，在经营可持续和风险可控的前提下，加大对小微企业的信贷投入。将小微企业信贷指标作为日常监测重点，召开目标督导会，督促落实“三个不低于”的监管要求。2015 年末，辖内小微企业贷款余额 264.26 亿元，比上年同期增加 888 户，申贷获得率比上年同期上升 2.91 个百分点。

【推动普惠金融发展】　以服务“三农”和小微企业为立足点，指导辖内

8 月 18 日，韶关银监分局召开韶关银行业风险状况通报暨案防工作会议（韶关银监分局　供）

银行业金融机构履行社会责任，加快推进辖内基础金融服务“村村通”工作。2015年末，全辖建成信用村215个，发放贷款7645笔、金额11578万元；设立乡村金融服务站31个、乡村助农取款点1432个；全辖金融服务覆盖803个行政村，覆盖率达到63.78%。

【开展金融知识宣传活动】 突出与人民群众金融生活密切相关的“安全”与“服务”两大重点，开展“金融知识进万家”宣传服务月活动，通过派发宣传单、设置咨询台、现场讲解等形式对个人贷款、打击非法集资、防范诈骗等金融知识进行宣传，引导群众防范风险，科学合理使用银行产品。活动期间，全市有274个网点参与宣传，开展宣传活动313次，参加宣传人员1067人次，发放各类宣传资料62305份，受众客户量67627人次。

【加大金融消费者权益保护力度】 及时处理和答复韶关市网络问政平台和民声热线上市民投诉和咨询事项，分局携手工商银行韶关分行、农业银行韶关分行、中国银行韶关分行及邮储银行韶关市分行四家银行机构上线韶关电台《民声关注》，现场处理和答复在线市民的咨询和投诉事项。上线期间，收到民生热线咨询8项，答复8项，答复率为100%。2015年，韶关银监分局受理并答复信访6项，网络问政22项，民生热线咨询4项。

【加强重点领域风险防范】 通过建立辖区银行业季度风险状况和不良贷款状况分析报告机制，定期对辖内银行业金融机构面临的主要风险及原因、不良贷款成因和经营管理存在的问题进行分析与监测。在分析研判风险的基础上，通过监管走访、监管约谈、召开风险通报会、出台工作意见等形式进行风险防控指导，并通过明察暗访，发现风险、化解风险。关注辖内农村中小金融机构流动性风险，按月监测流动性风险指标，形成分析报告，定期通报流动性风险状况，及时发出《监管意见书》要求辖内农村中小金融机构防范流动性风险。关注辖内农信社隐性不良贷款问题，针对辖内部分农信社资产质量反映不真实的情况，要求辖内农信社开展全面排查，按照贷款风险分类指引划分贷款，反映资产质量；通过监管走访等方式督促辖内相关农信社压降不良，并在风险通报会上专门部署农信社不良贷款压降工作。加强对房地产贷款、平台贷款等重点领域风险的监控与防范。对于房地产贷款，建立房地产贷款季报制度，按季对房地产贷款的风险进行分析，及时做好风险提示；对于平台贷款，加强与地方财政局的沟通联系，指导辖内相关银行业金融机构做好地方存量债务清理甄别工作，防范和化解平台贷款风险。

【加强案件防控】 督促辖内银行业金融机构做好案件风险排查和案防工作评估，加强员工管理，开展对员工违规行为和八小时以外异常行为的排查，防止因员工违规操作形成案件。组织辖内银行业金融机构对社会非法集资情况、银行从业人员从事非法集资活动情况进行排查，并联合人民银行韶关市中心支行、市金融工作局开展防范和打击非法集资宣传活动。

【韶关第一家农商行翁源农村商业银行挂牌营业】 韶关银监分局加强与地方政府、人民银行韶关市中心支行、市金融工作局以及翁源农信社的沟通协调，推进翁源农信社改制农商行工作。2015年5月6日，广东翁源农村商业银行正式挂牌开业，成为韶关市首家挂牌开业的农村商业银行。

【推进邮储银行二类支行改革】 韶关银监分局主动约谈邮储银行韶关市分行主要负责人，明确二类支行改革方案，采用同步申请、同时批复、同步换证方法解决辖区二类支行行使县支行管理职能历史遗留问题，完成辖内邮储银行二类支行改革工作。

【督导社区支行开业】 韶关银监分局加强辅导及监督，加快行政许可审批流程，推动广发银行韶关碧桂园社区支行筹建及开业，该支行于2015年9月17日开业，成为辖内第一家社区支行。（黄　瑞）

主要银行简介

【中国工商银行股份有限公司韶关分行】 2015年末，中国工商银行股份有限公司韶关分行在职干部员工783人，下辖16个内设部门、13个一级支行、41个营业网点（覆盖三区七县）。本外币各项存款日均余额246.65亿，比年初增加13.8亿；表内外全口径信贷资产余额138.08亿，其中本外币公司贷款余额79.47亿元；个人贷款余额45.46亿元，比年初增加6.83亿元；全年实现安全运营无事故、无案件的“双零”目标。

服务地方经济、助力中小企业发展　落实广东省委振兴粤东西北发展战略，围绕市委市政府“三大抓手”的中心工作，担起大行挑大梁、担大任的责任形象。优化金融服务，建设客户最满意的银行。工行韶关分行建设客户满意度最高、客户最信赖推崇、客户首选的金融企业，开展“人民满意银行”建设年活动，提升服务品质。

支持大项目建设　通过对莞韶产业转移工业园开发公司发放园区建设项目贷款1.65亿，甘棠工业园投资有限公司发放产业园建设贷款2亿，华彩化工园园区发放基础设施和其他公共配套建设贷款1500万元，支持市产业转移园区的扩能增效，对入园企业方面给予信贷支持。支持包括韶赣铁路、韶赣高速、广乐高速公路韶关段、浈江片区基础设施建设、芙蓉新城道路建设等大项目，对市重点项目累计投放贷款38.69亿元，推进市交通基础设施建设和中心城区扩容提质建设。

2015 年 8 月 6 日，分行纪委邀请韶关市纪委副书记、监察局局长、韶关市预防腐败局局长张立江到分行进行"守纪律、讲规矩、作表率"专题讲座（黎龙华　摄）

支持中小企业信贷　创新发展供应链融资、林业贷、小企业银团贷款、小企业网贷通等新业务品种，提升服务效率，优化审批流程，以支持地方经济为己任，做大小企业业务，小企业贷款客户达到 249 户，贷款余额 18.05 亿，处于市场领先水平。

金融系统开发　配合市政府及各行政事业单位开展众多涉及民生的各类金融服务。先后累计投入 3000 多万设计开发"韶关市代理财政支付管理系统""韶关市财政非税代收系统""韶关市公积金归集系统""韶关银医一卡通系统""韶关市二代社保卡系统"等便民、利民的金融系统。

网点建设优化　工行韶关分行践行市普惠金融发展，不断优化物理网点、完善自助渠道建设，实现全部网点免费 WIFI 覆盖，实现 5 个网点智能化运营模式的引入，不断推进 ATM 进厂区、进社区、进学校、进军营，全市离行式自助银行达到 35 家。

提高柜员服务能力　加强对柜员的考核和举办各种业务知识培训，提高柜员的服务能力。2015 年，举办业务知识培训 20 期，培训人数达到 709 人次。普通客户柜面服务满意度达 98.9%，中高端客户柜面服务满意率达 99.13%。

政策规程便民利民　工行韶关分行秉承"以客户为中心，全员为客户服务"的服务理念，制定执行《个人金融业务"特事特办"服务工作规程》，为特殊客户群体特事特办，做好服务，受到广大市民的赞誉。落实《中国工商银行服务价目表》（2014 年版），加大对各类客户收费减免力度，取消 10 项收费项目，降低 7 项收费标准、下调 11 项收费项目、对 109 项服务实行免费，特别是免收小微企业融资服务费。

金融安全管理　开展金融知识宣传活动，通过户外、网点宣讲，宣传反假币、反洗钱、网络安全、银行基础产品等方面知识，深入韶关学院、松山学院举办大型讲座，传播金融安全知识　累计宣传活动百余次，发放宣传资料上万份，发送公益宣传短信、微信 2119 条。加强电话诈骗阻截，通过培训识别电话诈骗特征，要求前台人员在为客户办理汇款时保持敏感，柜员机巡视人员注意客户可疑操作等，识别并成功阻截 12 起电信诈骗，为客户挽回损失 31.53 万元。　（黎龙华）

【中国银行股份有限公司韶关分行】

中国银行股份有限公司韶关分行（以下简称中国银行韶关分行）是中国银行股份有限公司在广东省境内设立的二级分行。拥有在职员工 501 人。设立机构网点 26 家。

紧跟重大战略实施，加大金融支持力度　中国银行韶关分行担当社会责任，紧跟"一路一带"、广东自贸区、粤东西北振兴发展、创新驱动发展等发展战略，围绕韶关市重大项目建设开展工作，把信贷资源倾斜投向国民经济的重大客户、重大项目，以实际行动支持韶关地方经济发展，累计向房地产、交通、能源等重点行业核定授信支持 185 亿元。贷存比 62.9%。

立足实体经济发展，加强金融服务创新　中国银行韶关分行推动科技金融创新发展，设立韶关市首家专营科技支行，实施八项专有优惠措施，与市政府合作共建风险分担机制，加大对科技型中小企业的金融扶持力度。与韶关市国税局签署战略合作协议，推出"银税互动－税款通宝"产品，为依法纳税的企业提供融资便利，促进诚实纳税经营环境建设。通过落实中小企信贷工厂模式，为全市 32 家科技型企业、26 家诚实纳税企业以及 877 家小微企业发展提供资金支持，全年投放授信 30 亿元支持韶关市实体经济发展，其中向中小微企业提供授信 13 亿元。

融入对外开放浪潮，打造跨境金融品牌　中国银行韶关分行，依托遍布全球机构优势及清算网络，发挥贸易金融全球化、多元化优势，为企业打通利用跨境资金通道，在同业中率先推出企业跨境金融服务解决方案。为韶关市进出口企业办理进口代收保付、协议融资、进口押汇及出口商贴等贸易融资业务近 5 亿美元。国际结算业务量累计 8 亿美元，人民币跨境贸易结算量 19 亿元，两项业务均超过全市总量的 50%。

做好普惠金融服务，助力幸福韶关建设　中国银行韶关分行支持广大市民在住房、教育、消费等方面的资金需求，累计投放个人贷款 13 亿元，帮助广大民众圆住房梦、购车梦。主动提供社会保障服务，投资建设社保、

1月28日，中行韶关分行成立全市首家专营科技信贷支行（李　蔚　摄）

医保、公积金等13类民生金融服务平台。开展银校合作，建设校园一卡通平台，为韶关学院等院校师生提供便捷、安全金融服务。持续扩大社保、医保发卡、公积金代缴服务，累计发放社保卡23万张。推出“一站式”出国金融服务，加强外币存取、汇兑服务，为广大民众出国留学、投资、旅游等提供便利。与韶关市中医院、铁路医院开展“银医互联”合作，为患者提供自助服务。

（李　蔚）

【中国农业银行股份有限公司韶关分行】 中国农业银行股份有限公司韶关分行是农业银行的二级分行，本部位于韶关市惠民北路2号农行大厦。全辖共13个一级支行（含分行营业部）、46个营业网点、54个离行自助银行、230台ATM，682个“惠农通”金融服务点，实现全市行政村惠农通工程全覆盖，是全市四大国有商业银行中网点最多、自助网点最多、自助设备最多的国有大型商业银行。2015年农行韶关分行、始兴墨江支行均荣获金融保险行业“十大诚信单位”。5个单位荣获省行级“三化三达标”先进单位，创建“平安银行”。

经营概况 围绕全年目标任务，强化“比学赶超”，狠抓“党建、控险、存款和中收”，固守城市业务市场，抢占农村市场，全行业务规模、市场份额、经营效益提升。2015年末，全行实现人民币时点、日均余额分别为248亿元、236亿元，比年初增加24.5亿元、19.6亿元，均为四大行第一。各项贷款余额117亿元，比年初增加5.8亿元，个人住房贷款增量保持四大行第一。全行实现不良贷款“零增长”，不良贷款率远低于平均水平，实现全年安全运营无事故、无案件的“双零”目标，内控评价持续保持“一类行”。

助力经济建设 农行韶关分行以服务广大客户、支持地方经济建设为己任，加大信贷支持力度，近三年累计发放信贷资金289亿元，为推动韶关经济发展做出贡献。其中，累计向韶关辖内各省级工业园区内企业发放贷款近8亿元；向房地产开发企业授信16.75亿元，累计发放房地产开发经营贷款5.96亿元。重点支持市韶钢集团、韶能集团、东阳光、鸿伟木业、金宏铀业、粤江发电、丹霞山旅游项目等，提供本外币产品融资服务。与韶关市丹霞山旅游投资经营有限公司联合发行联名IC信用卡丹霞卡，打造韶关农行“新名片”，助推韶关旅游健康发展。成功打造棚改产业基金及番灵饲料“E农管家”电商平台，取得韶钢超短期融资券发行主承销行资格，承担韶钢企业年金转托管业务。发展表外融资业务，为万达工业（始兴）有限公司、金悦通电子（翁源）有限公司和韶关市顺昌布厂有限公司分别办理1亿元以上的跨境人民币结算业务。

支持“小微”发展 农行韶关分行在做好“一大一小”信贷投放的同时，支持优质中小微企业发展。针对中小微企业贷款特点，以“专业机构、专业经营、专业服务”模式，为中小微企业量身定做个性化融资方案。专门成立个人贷款和汽车、家装业务经营中心，推出随薪贷、房抵贷、汽车分期、家装分期等一系列新产品，圆百姓“住房梦”、“汽车梦”、助百姓实现“安居乐”，为老百姓做好服务。

服务三农 农行韶关分行按照“一县一策”的发展思路，制订7个县域支行三年发展规划和工作方案；加强城乡联动，落实惠农通工程建设和业务精细化管理。开展走进农村、走进社区“双走进”及“1+N”服务模式，在9个中心乡镇新设自助银行，扩大农行金融服务的覆盖面，延伸金融服务的触角。2015年末，县域存款、贷款余额分别为92.4亿元、49.1亿元，分别比年初增加11.1亿元、6.3亿元。全市有44家各级农（林）业龙头企业在该行开设结算账户，贷款余额合计3.5亿元，发放小水电抵押贷款1.8亿元；累计发放林权抵押贷款

中国农业银行韶关分行荣获2015年“诚信单位”（中国农行韶关分行供）

4.42亿元；支持家庭农场（专业大户）342户，累计发放贷款3.65亿元。共在县域地区布放电子机具2745台，累计发放惠农卡10.5万张。提升扶贫县金融服务的覆盖率，在4个贫困县（市）设有标准化网点及自助银行30个，为贫困县广大群众提供便利的金融服务。

【中国建设银行股份有限公司韶关市分行】 中国建设银行股份有限公司韶关市分行内设10个部门，辖属32个营业网点，其中分行营业部1个，市区支行20个，县支行8个，分理处3个，拥有自助银行25个，自助设备208台。全行在岗员工668人。以省分行党委提出的“转型发展、创新驱动、合规保障”为指导思想，打造发展、平安和幸福“三大工程”，塑造产品创新、产品营销、绩效考核、合规安全、员工幸福“五大机制”，优化流程，加快创新，提高服务水平，经营管理稳健发展。

存贷款规模　2015年实现税前利润3.83亿元。一般性存款时点余额224亿元，其中：企业存款时点余额110亿元；个人存款时点余额113亿元。给予信贷支持101亿元，其中：公司类87亿元；个人类14亿元，其中，个人住房类贷款11.06亿。成立9个个贷中心，22个专业经营中心。

支持地方经济建设　推动省分行与韶关市政府签订金融战略合作协议，建设银行向韶关市政府授信300亿元，支持当地重点建设项目、新型城镇化建设，支持中小企业发展和改善民生。促使武深、汕昆高速公路项目股权投资11亿元基金项目落地，2015年实现投放1亿元。累计支持房地产建设开发项目2.5亿元；累计支持粤东西北股权基金、粤江发电厂上大压小项目、大宝山技改项目、丹霞山旅游项目等重点建设项目建设10.59亿元；信贷支持乳源东阳光集团3.3亿元；发行宝钢集团广东韶关钢铁有限公司4亿元短期融资债券。

支持小微企业发展　陆续推出“善融贷”“创业贷”“结算透”“POS贷”等，与韶关市国税局、地税局共同推出“税易贷”，帮助优质纳税企业尤其是中小企业获得信贷支持，实现纳税信用和金融服务的无缝对接，投放“税易贷”15笔1192万元。

“fit粤”科技金融　与市科技局联合举办“Fit粤”科技金融推广大会，向28个高新技术企业提供授信和综合金融服务，累计投放贷款4.5亿元。完成省分行下达高新技术企业服务全覆盖计划任务，计划完成率排名粤东西北分行第一，获得省分行颁发的“服务全覆盖”超越奖。

智慧金融　推广上线2个“闪付e生活－菜篮宝”智慧市场，为广大市民小额支付行为提供便利。一站式服务为市民免费办理粤通龙卡、安装电子标签，实现畅行高速公路，无需排队等候取卡及缴费。

金融服务创新　推出“县医融”产品满足县级公立医院的融资需求，为翁源县人民医院授信5000万元。设计推广“校园一卡通”生活缴费项目，为在校学生提供话费充值、饭卡充值、水电物业管理费缴交等便利服务。面向韶关碧桂园社区住户业主的“凤凰卡”联名金融IC卡，在龙卡金融IC卡所有功能基础上，加载小区门禁、按月收取物业费功能，打造优质社区个人金融服务。完成“六祖卡”功能升级，增加门票赠送、福佑、禅修、方丈亲笔题字送福等增值服务。

履行社会责任　堵截种类案件80起，堵截涉案金额21万元，协助公安机关抓获犯罪嫌疑人2人。与韶关学院合作开展2015年“建行培训营”活动和“金蜜蜂培训营”计划，为高校学生搭建一个良好的成长平台；开展“真情回报社会”献血活动，员工义务献血达11100毫升。（何敏嘉）

建行韶关分行免费为市民办理粤通龙卡、安装电子标签（张小乐　摄）

【广发银行股份有限公司】 2015年，广发银行股份有限公司韶关分行内设办公室、公司银行部、个人银行部、信贷管理部、计划财务部（兼运营部），在职员工72人，下辖1个营业部、2家支行和3家离行式自助银行。公司贯彻执行总行的战略部署，分析和把握宏观经济“新常态”、金融监管政策“新要求”和客户金融需求“新趋势”，着力于结构调整与优化服务，支持中小微企业，发展个人消费信贷，促进信贷结构和收入结构的不断优化，小微金融和个人金融快速发展，营业收入大幅增长35.73%。期末各项存款余额11.75亿元，增幅8.6%。各项贷款余额14.9亿元，增幅5.8%。

调整公司银行业务管理格局 推进核心客户集约化管理和对公网点转型，实现行标大中型企业客户集中分行统一管理和营销。将GTS产品经理嵌入大中型客户团队，把分行营业部和曲江支行定位为小企业金融支行，行标小型企业客户由小企业金融中心专业管理和营销，基本实现“核心客户集约做、中型客户择优做、小型客户专营做”的公司银行业务管理格局。

推进客户营销工作转型 在核心客户和大型客户方面，由提供单一授信品种向提供授信与非授信产品组合转变，由提供单纯融资支持向提供综合金融解决方案转变；在小企业客户方面，由单散户营销向批量营销转变，围绕政府采购、核心企业上下游，做好小企业客户群批量开发工作，完成小微金融“三个不低于”（在有效提高贷款增量的基础上，实现小微企业贷款增速不低于各项贷款平均增速，小微企业贷款户数不低于上年同期户数，小微企业申贷获得率不低于上年同期水平）的目标任务；重新启动发展外汇业务，为外贸类客户提供交易便利；完善以专营机构、专职团队、专项产品、专业流程、专门系统、专项资源的小企业“六专”服务体系，打造流程银行，以客户和市场需求为中心，构建起小企业全流程运营体系，提升小企业金融业务运行效率。

助推消费金融 以广发银行信用卡、“生意人卡”、“自信卡”为拳头产品，加大住房按揭、车位贷等个人消费金融发展，助推消费转型升级。发挥广发银行跨行还款、存款优势，开展业务竞赛、户外拓展、系列优惠活动、联合促销、线上线下无缝衔接，提高发卡增量和收益。信用卡新增激活卡9903张，个贷余额增长28.29%。个人银行业务收入占营业收入的多半，盈利结构持续优化。

金融生活服务 响应国家政策，发展普惠金融。9月在大型社区设立1家社区支行，铺设韶关首家VTM智能自助机具，通过创新的营销模式，持续推广VTM丰富的自助服务功能，基本满足社区居民投资理财类业务的全覆盖，适应社区居民财富管理的新需求。全年铺设POS机169台，发展优惠商户136户，POS机和优惠商户总量分别达到731台和202户，手机银行客户增加11751户，适应客户自助金融服务需求的“新趋势”，增强客户满意度。

金融知识宣传 以“3·5学雷锋日”“广发志愿者日”“3·15消费权益保护”“金融知识普及宣传月”“金融知识下乡”等系列活动，加强市民和客户金融知识的普及宣传，提高广大消费者的金融安全意识，提升广发银行志愿者队伍的专业素质和服务技能。

金融扶贫 支持扶贫助困工作，强化“授人以渔”的智力扶贫，结对帮扶，推动扶贫工作由“输血”向“造血”模式转变。借助金融服务优势，探索金融扶贫，支持关系国计民生及涉农企业的发展，带动农民致富，扶贫工作取得可喜成绩。 （张昊天）

【中国农业发展银行韶关市分行】

2015年，农发行韶关市分行体现农业政策性银行的职能，执行政府意志，服务三农建设，信贷资源全部投放于政府指定领域和主导项目，社会效益良好，自身也实现保本微利。

存贷款增加 年末，各项贷款余额创历史新高，达到164015万元，比年初增加24882万元、增幅17.88%；全年累计发放贷款96550万元，同比增加放款32587万元、增幅50.95%。年末，各项存款余额70455万元，比年初增加43673万元、增幅163.07%；日均存款余额42603万元，比上年增加9184.24万元、增幅27.48%。

风险控制稳健有力 按计划全年应收贷款本金6.68亿元，累计实收7.17亿元（债券置换收回1.59亿元），收贷率107%，收息率100%，保持无不良贷款。

为粮食安全服务 加强粮油收购资金管理，确保储备粮油轮换资金供应；落实省下达的储备粮增储计划，加强与财政、粮食等部门的沟通，按时完成地方储备粮2015年增储任务。发放仓储设施建设贷款，支持粮食仓储设施建设改造，保障粮食存储安全。

推动韶关新农村建设和新型城镇化建设 主动适应经济新常态，围绕新农村、新型城镇化建设，支持具有较好社会效益的“民生工程”“惠农工程”，以政策性资金支持包括土地整

2015年8月24日，在农发行多功能会议室举行支农业务（新丰专场）推荐会（潘 伟 摄）

治、农民安置房、农村路网、水利等各类基础设施建设项目12个、累计发放中长期贷款61650万元，支持项目数量、投放贷款金额及占比为历年之最。

（刘　科）

【韶关市农村合作金融机构】 2015年，韶关市农村合作金融机构共10家法人机构，其中县级联社8家，农村商业银行1家，地市级联社1家，辖内农合机构有172个机构网点，在岗员工2000多人。

存款、贷款规模居全市银行业首位　2015年末，全市农合机构资产总额413亿元，负债总额377亿元，各项存款余额358亿元，比年初增加51亿元，增幅16.7%；各项贷款余额221亿元，比年初增加20亿元，增幅9.9%。存、贷款规模继续稳居全市金融机构首位；存贷比例为61.8%。各项贷款中，涉农贷款余额152亿元，比年初增加7.5亿元，增幅5.2%；小微企业贷款余额148亿元，比年初增加5.1亿元，增幅3.5%。支持地方经济发展，农村金融主力军的地位凸显。

盈利能力保持增长　2015年末，全市农合机构财务收入21.4亿元，同比增加7076万元，增幅3.4%；经营利润8.3亿元，同比少增6138万元，减幅6.9%。辖内9家农合机构全部实现盈余。全年缴纳营业税、企业所得税2亿元，对地方财政作出重要贡献。

韶关市首家农村商业银行翁源农商行挂牌开业　广东翁源农村商业银行股份有限公司于2015年4月7日获得广东银监局批复开业，并在2015年5月6日挂牌开业，成为韶关市首家农村商业银行，标志着全市农合机构产权体制改革实现新的突破。

全市农合机构开展“三项系统工程”建设　2015年，韶关市联社带领全市农合机构做好涉政、涉农、涉金融机构的“三资平台”系统建设、烟草资金系统建设、乡镇国库集中支付项目等三项系统工程建设全部落地，辖内农合机构已完成签约并开展“三项”业务。

案件防控成效显著　2015年，全市农合机构加强法治农信建设，狠抓案防教育，加大稽核检查，推进合规建设，做好安保工作，不断提升风险管理水平。全年健全内控制度577项，开展稽核检查92项，离任、离岗审计349人次，完成高管及中层干部交流换岗65人次、亲属回避431人次、岗位轮换647人次、强制休假818人次，开展员工家访2715人次，组织观看宣教片3188人次，开展警示教育100场次，应急演练364场次。全年零发案率，实现安全年。

2015年9月23日，韶关市农村信用合作社联合社与韶关学院签署合作协议（潘观赛　摄）

落实扶贫“双到”工作　2015年，全市农合机构对外开展各项募捐活动17次，捐款金额22万元；对外开展扶贫活动22次，慰问贫困户125人次，捐送财物合计42万元。韶关市联社2015年投入5万元资金帮助新丰县沙田镇开展计划生育工作。2013年－2015年，韶关市联社牵头负责翁源县龙仙镇长潭村的扶贫“双到”工作。3年来共计落实扶贫资金约780万元，其中韶关市联社统筹投入近40万元，帮助该村脱贫致富，韶关市联社扶贫工作连续三年被评为优秀。

加大宣传力度　全市农合机构冠名赞助并组队参加“韶关农信2015年韶关市第九届‘市长杯’男子篮球联赛”并荣获青年组第一名。全市农合机构通过报纸专题、电视广告、户外广告、高铁韶关站候车厅和贵宾室广告、送金融知识下乡等方式对农合机构的服务理念和业务进行宣传，全年开展户外宣传300余次，派发宣传资料20多万份，接受群众咨询20万人次。

（潘观赛）

【中国邮政储蓄银行股份有限公司韶关市分行】 2015年，中国邮政储蓄银行股份有限公司韶关市分行在职干部职工486人，内设11个部门，下辖城区、曲江、南雄、乐昌、乳源、始兴、翁源、新丰、仁化等9个一级支行，94个全国联网营业网点。拥有包含本外币存款、国内国际汇兑、银行卡、理财、基金、小额贷款、小企业贷款、商务贷款、公司授信、票据贴现、网上银行等在内的全功能产品和服务体系，为城乡居民及中小企业客户搭建便捷优质的服务平台。2015年，该行实现业务收入1.84亿元，同比增幅7.42%。

业务稳健发展　2015年分行克服利率市场化及市场下行等不利影响，积极开拓市场，各项存款规模达191.64亿元，年新增15.75亿元。其中，储蓄存款规模为175.31亿元，年

2015 年 12 月，邮储银行韶关市分行喜获“广东省中小微企业小额票据贴现中心”殊荣（邮储银行　供）

新增 11.12 亿元，在全市同业排名第 2。坚持“风险首位”，推进资产业务提质增效，各项贷款余额达 23.54 亿元，年新增 5.14 亿元。

风控能力增强　先后开展“一个加强、两个遏制”“案件风险排查”“查隐患、促整改”“整改试点专项检查活动”“合规回头看”等多个专项检查活动，强化案防检查，推进案防体系建设，完善案件防控管理的制度体系。抓好反洗钱工作，全年组织高管及员工等开展反洗钱培训 307 人次，开展大型反洗钱宣传活动 3 次，派发宣传资料 2500 多份。提高安全保卫管理水平，全年未发生被盗、被抢案件、治安案件，未发生火灾事故或道路交通责任事故。

服务质量改善　服务质量持续向好。开展各类服务技能培训，通过开展“降投诉、提服务、化风险”专项活动，控制服务投诉，服务质量有提升。减费让利惠民生。落实“七不准、四公开”服务收费规定，并分别为农民工银行卡特色服务（柜面跨行取款）、跨行助农取款手续费、金融 IC 卡借记卡工本费、信用卡业务的换卡费，手机银行 2015 年转账手续费全免，全年减费让利 24.02 万元。

坚持普惠金融　延伸服务触角。推进在武江区江湾镇、曲江区白土镇、乳源县一六镇及南雄市油山镇等地投放离行式存取款机，全市建成 8 个农村金融综合服务站，在全市各类助农取款服务点中，累计交易笔数 7.97 万笔，交易金融 3630 万元。推进小微金融服务。全年发放再就业贷款发放 511 笔 4956 万元，带动创业就业人数超过 1500 人。2015 年 12 月，分行挂牌“广东省中小微企业小额票据贴现中心”，为服务小微企业增添新品牌。整治网点提升服务环境。始兴马市支行迁址装修工程和南雄雄州支行原址装修工程建设完工，提升网点服务环境。创富大赛热情不减。在 2015 年“邮储银行杯”广东省创新创业创富大赛中，分行选送选手获广东省创富组第 2 名。

（林敏怡）

【交通银行股份有限公司韶关分行】

2015 年末，交通银行股份有限公司韶关分行（下面简称交通银行韶关分行）有员工 48 人，下设六个部门、一个支行（韶关马坝支行）。2015 年，交通银行韶关分行人民币各项存款余额 14.08 亿元，较年初新增 2.59 亿元；年化日均余额 11.83 亿元，较年初新增 4.73 亿元。人民币各项贷款余额 7.76 亿元，年化日均余额 7.48 亿元，较年初新增 2.55 亿元。2015 年，交通银行韶关分行实现“零”不良贷款、“零”案件、“零”投诉，经营状况持续保持稳健。

马坝支行开业。2015 年 1 月 18 日，交通银行韶关分行下设机构——韶关马坝支行正式开业，韶关马坝支行是韶关第一家普惠型社区银行，营业时间为周一到周六、10：00 – 20：00，旨在立足社区服务大众、立足江畔服务曲江。交通银行韶关马坝支行与江畔花园合作，推出便民、惠民的金邻卡，一卡解决水、煤、气、电、物业等费用的缴纳，帮助业主朋友理财增值，享受刷卡优惠购物等活动，创新金融服务模式，打造新型的银行与客户关系。

支持韶关企业金融需求。交通银行韶关分行深挖韶关当地龙头企业融资需求，进行金融产品创新，通过联合授信、银团贷款等方式，解决“抽贷、断贷”问题，发展收费权质押等金融产品，解决传统抵押物不足问题。如通过联合授信模式为韶关市碧桂园房地产开发有限公司解决 6000 万元融资资金。2015 年，交通银行韶关分行投放五联、韶能、光华、中机重工、自来水、爱心大药房、韶医等授信项目共计 2.6 亿元，支持韶关企业的发展。

为小微企业提供金融服务。为贯彻落实“银监关于完善和创新小微企业贷款服务，提高小微企业服务水平”的发展策略，交通银行韶关分行通过产品组合、设计研发、整合包装、服务创新等方式，丰富小微企业金融服务产品体系，优化小微企业金融服务方案。创新推出“快捷抵押贷”“简易贷”“POS 贷”“快易贴”等多种融资产品，为小微企业提供特色服务。2015 年，交通银行韶关分行有小微企业客户 7 户，授信余额 10442 万元，其中本年度受理小微企业贷款申请 6 户，投放 5842 万。

实现录影录像同步管控。推进理

财产品销售双录工作，在营业场所客户经理办公区、理财室配备同步录音录像功能。为保障广大金融消费者合法权益，由省行统筹开展分行双录硬件配置升级工作，实现独立的高清录音录像同步管控。

开展金融知识普及活动。2015 年 6—8 月，交通银行韶关分行开展以“利率市场化与存款保险制度宣传月”、“互联网金融服务宣传月”和“警惕非法融资宣传月”为主题的“普及金融知识万里行”活动。制定“金融知识进万家”宣传服务月宣传方案，9 月重点开展教育宣传活动，坚持每周六深入社区、学校，提高宣传面和受众面。

推进“智慧城市”项目建设。为继续发挥交通银行金融电子化优势，2015 年，交通银行韶关分行拓展“财智校园”“智能社区”等项目，签约御和苑、江畔花园等 10 个“智能社区”项目和韶关市技师学院“财智校园”项目。为不断完善用卡环境，2015 年，交通银行韶关分行围绕社区、学校建立商圈 11 个，覆盖韶关市民的衣、食、住、行和娱乐等各方面，联系中石油、中石化、益华百货、沃尔玛超市、阳光理发、红旗影院等商家签约合作方案，全年开展最红星期五优惠活动，深受韶关市民好评。

开展各类主题活动。2015 年，交通银行韶关分行开展财富四进 84 场、保险沙龙 4 场、贵金属展销 3 场、“我是小小金融家”活动 5 场、“蕴通财富·伴您同行”现金管理推介会 1 场和“掘金市场·交行随行”中小微企业推介会 1 场。针对分行中高端女性客户开展“妩媚交行三八节”活动，针对汇展华城老年客户群体开展九九重阳感恩厨艺大赛，联合市摄影协会开展摄影大赛等，通过各类创新性活动带给客户增值体验。

强化风险预警监测。加大业务风险排查力度，做好案件防控工作。2015 年，分行开展医药行业、汽贸行业、经营性物业抵押贷款、批发行业、机械、纺织行业、集团客户、征信业务泄露、类金融企业等业务风险排查，提早识别潜在风险。对检查出的问题，及时落实责任人进行整改和处理，减少案件风险。（谢　茵）

2015 年 1 月 18 日，交通银行韶关马坝支行开业（交通银行韶关分行　供）

【东亚银行（中国）有限公司韶关支行】 东亚银行（中国）有限公司韶关支行是东亚银行（中国）有限公司广州分行下设的异地外资支行，位于韶关市浈江区站南路 63 号信德·万汇广场 A 幢 1 层 1－8、10、12 号铺，于 2013 年 10 月 16 日正式对外营业。总行东亚银行有限公司（“简称“东亚银行””）于 1918 年在香港成立，是香港最大的独立本地银行。在海外地区，东亚银行在东南亚、英国和美国设有据点。东亚银行于香港联合交易所上市，为恒生指数成份股之一。东亚银行（中国）有限公司（简称“东亚中国”）是东亚银行的全资子公司，于 2007 年 4 月 2 日在上海正式对外营业。

支行宣传活动　为维护金融市场安全、稳定、和谐，支行开展金融知识宣传活动，如“百姓风险防范周”“3·15 金融消费者权益日”“反洗钱宣传月”“金融知识进社区、高校”等，宣传内容包括反洗钱、征信、金融产品风险防范、假币识别等，宣传形式包括发放宣传资料、播放电视短片、微信平台宣传、人口密集特定场所户外宣传等。

获奖情况　2015 年 1 月，支行配合开展 2014 年度金融系统社会治安综合治理考评检查工作，被评为优秀单位。2015 年 9 月，支行配合开展 2015 年银行业金融机构安全评估检查工作，考评成绩在辖区同业排名第一。

（刘　蕊）

【东莞银行韶关分行】 东莞银行韶关分行（以下简称“韶关分行”）是东莞银行股份有限公司开设的第九家异地分行。自 2014 年 1 月 22 日开业以来，秉承“与您更近和您更亲”的服务理念及“责任、专业、稳健、团队、快乐”的企业核心价值观精神，坚持以客户为中心，以市场为导向，致力于为韶关广大企业和市民提供优质的金融服务。

2015 年，韶关分行坚守总行“做政府银行、做市民的银行、做中小企业的主办银行”的战略地位，围绕莞韶园和政府类资源，立足莞韶产业园区服务，参与政府主导项目建设，助力中小企业发展，致力于便民服务。在存款方面，运用投行业务新产品争揽存款；在信贷投放方面，通过产品组合营销“政府贷贷乐”贷款企业，加大对中小企业服务的支持力度，解决当地政府项目融资难问题，荣获韶关市政府2014年度商业银行信贷投放考评第二名。为满足市民多元化金融服务需求，该行推出家庭贷、“随借随还”、理财产品等优质产品，为当地市民提供惠民便民的金融服务。截至2015年12月底，韶关分行各项存款20.74亿元，贷款11.38亿元。

东莞银行秉承“取之社会，反哺社会”的理念，投身公益事业，关注和资助社会教育、公益事业的发展。2015年3月，开展“爱·同行”走进乐昌助学活动，援助28名贫困学生读书梦。2015年9月，东莞银行（韶关）教育基金继续启动，资助41名大学贫困新生，支持当地教育事业的发展。

（饶丽华）

证　　券

【广发证券韶关营业部】 广发证券韶关地区共有四家营业部，分别位于浈江区解放路、武江区怡华路、曲江区府前中路及南雄市新城区。其中，浈江区的韶关解放路营业部作为一级营业部，统一管理协调韶关地区证券业务发展。截至2015年12月31日，韶关营业部报表资产总额14.6亿。

交易品种 沪深A股、B股；沪港通；股份转让市场、新三板业务；证券投资基金（包括场内场外、ETF、LOF等）；债券（国债、企业债）。

创新业务 融资融券：2012年成为第一批试点券商以来，韶关营业部融资融券规模日益扩大。2015年年末，韶关营业部融资融券余额为7亿。“融易通”股票质押式回购融资网上申购新股业务：根据新股发行量身设计的融资业务，专门用于新股申购；约定购回式证券交易业务及股权质押融资业务；期货中间介绍业务（IB）期权等衍生品中间交易。资产管理类业务：集合资产管理、定向资产管理业务及集合信托计划；OTC柜台业务产品。现金管理类产品：“现金增利”集合计划，“多添利”“多添富”集合资产管理计划、金快线现金管理。

全管家财富管理服务 通道服务：优先体验公司最先进的行情交易客户端。信息资讯服务：优先体验新上线资讯产品，E对壹短彩信，营业部专业投资顾问为客户提供适合的投资建议或理财规划。团队服务：由营业部客户经理，理财顾问组成团队为其提供服务，可优先通过柜台快速通道办理业务，理财顾问专门定期回访。上市公司走访、调研：优先享有公司或者营业部组织上市公司调研活动的参与权。优先享受公司或者营业部组织专项产品推介会的参与权。产品服务：专业投资顾问根据客户的投资需求及风险承受能力，为客户挑选适合的公、私募基金，及资管理财计划、信托等金融理财产品。

互联网金融平台 公司是行业率先推出包括平台、账户、支付、产品、交易和全天候响应服务的完整网上理财业务链的券商。建立五大互联网金融终端，令交易更为便利，并为客户提供实时咨询服务。这五大互联网金融终端包括：手机证券：为客户提供移动端的专业交易及自助式理财；网上交易金融终端和页面交易平台：为客户提供PC端的专业交易服务；官方微信：为客户提供实时信息服务和互动咨询；易淘金：2013年11月推出的电子商务服务平台，客户可以在该网站开立及管理经纪账户、进行交易、买卖理财产品及基金产品，并获得多种投资分析工具及实时投资顾问服务。所有终端都连接7x24小时实时“必答系统”，该系统成功整合公司全国的客户经理和投资顾问资源，并将其从线下连接到线上，方便为客户在线解决投资及业务咨询问题。

（广发证券韶关解放路营业部）

【海通证券韶关文化街营业部】 海通证券股份有限公司韶关文化街证券营业部于2011年11月正式入驻韶关，位于浈江区文化街大哥大楼。营业部面积300平方米，设有柜台业务办理处、咨询投诉接待处、投资者教育专区，并有证券市场教育视频滚动播放区，为客户提供快捷的资讯信息与优质的专业服务。全体员工拥有大专及以上

2015年12月，海通证券韶关文化街营业部开展“远离非法证券活动，传递正能量”打非宣传月（海通证券韶关营业部　供）

学历，大多毕业于知名院校的金融或经济类专业。

传统经纪业务　为客户提供A股开户，证券投资基金开户、认（申）购、赎回，三板开户、确权、交易等。

互联网金融服务　基于互联网平台，构建互联网业务模式，促进线上与线下业务协同发展，推动零售经纪业务转型；发展“e海通财”互联网金融品牌，完善互联网账户、平台和产品体系的构建；打造行业领先的移动互联网产品“e海通财APP”，为客户提供便捷的移动金融服务；创设互联网创新金融产品，为客户提供一站式综合理财服务；开展互联网业务渠道合作，依托互联网大数据体系做好互联网平台的客户服务，提升客户体验。

创新类业务　海通证券创新业务始终走在市场前列，首批获得融资融券、约定购回式证券交易、券商柜台市场、保险资金管理、合伙企业独立托管、期货资产管理等创新业务资格，并在多项创新业务中处于行业领先地位。开展多种证券资产管理业务，适合不同投资需求的客户，包括定向业务、集合理财业务（赢财鑫升系列等产品）、OTC（柜台市场）业务、专项业务、QDII业务、沪港通、快融宝等新业务。

特色服务　作为国内最早成立的知名券商之一，营业部有优秀的投资顾问每日进行资讯汇总，为客户发送最及时的行情资讯和市场热点信息；客户可享受到专业营销经理一对一的服务；营业部不定期举办各类投资讲座，方便客户了解最新业务资讯及投资策略。感恩于客户的信任与支持，海通证券顺应投资者多元化需求，推出综合服务产品"海通证券彩虹俱乐部"。彩虹俱乐部为客户提供一个专业财富管理中心和贴心服务平台，旨在帮助客户实现资产价值最大化。

金融知识普宣传　2015年3月、9月和12月营业部分别组织“金融消费者权益日”“百姓金融风险教育周”和“远离非法证券活动，传递正能量”打非宣传月活动。以走马灯、宣传手册、宣传短信和宣传讲座方式宣传，在普及百姓金融知识的同时，对营业部员工进行风险教育，强化员工合规意识。营业部订购一批《证券市场投资入门须知》《警惕网络洗钱陷阱，增强反洗钱意识》《防范和打击非法证券期货活动投资者教育宣传手册》的小册子，在进行金融知识普及时，派发给投资者，并安排专人向客户解释。通过宣传教育活动使得投资者对非法证券的知识有所了解，提高日常生活中防范非法证券期货的鉴别能力。（谢　歆）

【联讯证券韶关新华北路证券营业部】

联讯证券韶关营业部成立于2011年，是联讯证券股份有限公司在韶关地区成立的唯一一家营业部，营业部位于韶关市武江区新华北路28号香槟小城一幢商铺二层，设有营销中心、客服部、电脑部、财务部、综合部5个部门，在职员工33人，主要业务有证券经纪、证券投资咨询、与证券交易、证券投资活动有关的财务顾问、证券投资基金代销、证券资产管理、证券自营、代销金融产品、证券承销与保荐、融资融券、股票质押式回购交易业务、全国中小企业股份转让系统主办券商业务。

综合实力　联讯证券股份有限公司（下称“公司”）成立于1988年6月，注册资本金5亿元，以规范经营为前提，致力于在传统业务中创新，推行“营销、咨询、客服、IT”四位一体的服务模式，组建专业化的投资顾问团队和营销团队，为客户提供差异化、个性化的专业服务，实现财富增值，让客户感受“财富联讯，服务贴心”。在2015年度，联讯证券获得第一财经新三板“华新奖”年度最佳公众公司治理、年度金融企业最佳表现奖等称号。

内部管理　营业部各部门设置权责分明、互相牵制；前台业务运作与后台管理支持适当分离；树立合法合规经营理念和风险控制优先的意识，健全营销部门行为准则和员工道德规范，营造合规经营的制度文化环境。采取措施杜绝挪用客户交易结算资金、客户委托管理的资产及客户托管的证券等行为，确保客户资产的安全完整。完善业务、财务、人力资源等综合信息管理系统，根据自身实际加强业务运作的后台管理，完善集中清算、集中核算、客户资料集中管理等制度；提高实时预警、监控、防范风险的能力。建立业务风险识别、评估和控制的完整体系，运用包括敏感性分析在内的多种手段，对信用风险、市场风险、流动性风险、操作风险、技术风险、政策法规风险和道德风险等进行持续监控，明确风险管理流程和风险化解方法。建立健全包括授权管理、岗位职责、监督检查、考核奖惩等在内的各项内部管理制度；对经纪、自营、投资银行、受托投资管理、研究咨询以及创新业务等制订统一的业务流程和操作规范，针对业务的主要风险点和风险性质，制定明确的控制措施。联讯韶关是联讯证券韶关营业部唯一官方公众微信号，主要为服务客户设置，为客户提供证券行业最新资讯、股票咨询分析、理财产品推荐等服务。（陈文婷）

【国信证券股份有限公司韶关沿江西路证券营业部】　营业部成立于2014年9月12日，隶属于佛山禅城分公司，位于韶关市武江区沿江西路鸿泰花园首层。恪守“务实、专业、和谐、自律”的企业精神，秉承“创造价值，成就你我”的核心理念，服务团队致力于为广大投资者提供非凡的服务品质。2014年12月29日国信证券首次向社会公开发行股票并在深圳证券交易所上市交易，证券代码“002736”。

完善经营管理：营业部始终以国家相关法律法规为准绳，坚持合法合规的原则，坚持诚信经营，以雄厚的资产和优质的服务给投资者一个良好的信誉保障。在内部管理中完善内部

2015 年国信证券营业部年度总结会议暨表彰大会在市内举行（国信证券韶关营业部　供）

控制机制，制定营业部管理制度，做到分级负责、权责分明、有章可循，保障经营活动的合规高效运作。

经营规模：营业部拥有高素质的专业人才和良好的投资环境。员工中 90% 具有本科以上学历，设有渠道经理、理财经理，各司其职地服务客户。营业部设有营业厅、VIP 客户接待室和客户体验区；交易可采用电话、电脑、手机、平板等方式进行；装备先进的计算机服务器及高速网络，配置国信金太阳网上交易专业版和手机金太阳软件，供客户随时把握市场动态。

交易品种：1. 深圳、上海交易所 A 股交易；2. 融资融券交易；3. 股份转让市场交易；4. 基金和投资基金交易；5、企业债券、国债现货和国债回购交易。

服务项目：1. 受理深沪证券帐户卡、股份转让帐户卡、开放式基金帐户开户；2. 帐户查询、变更、挂失补办；4. 三方存管服务：中行、工行、农行、建行、广发、邮政、农信社、招商等三方存管服务；5. 多样化委托服务：电话自助委托、网上交易、手机炒股。（何林静）

【东北证券韶关证券营业部】 东北证券韶关营业部于 2014 年在韶关成立，位于广东省韶关市北江北路 1 号财富广场 1317 室。根据总部提出的“稳健经营，规范运作，加快发展”战略思想，东北证券股份有限公司韶关营业部本着“以人为本，相融相通”的宗旨，在发展中求生存，在改革中求突破。2015 年，全体人员落实公司总部各种创新产品的学习、深入理解，推进营业部各种创新业务的宣传和发展，加强营业部营销管理，开拓进取，扎实工作，完成各项任务。

总公司坚持规范化的管理模式，以优质的管理理念带动业务的良性增长。2015 年，公司总部开展全面证券及与证券相关的业务，包括证券经纪、证券承销与保荐、证券自营、证券研究咨询、IB、直接投资、融资融券、中小企业私募债、约定购回式证券交易、股票质押式回购交易、代销金融产品等业务，形成较为完整的业务体系。

韶关营业部在律动中求生存，开拓，实现本部的可持续发展。营业部坚持合规第一的原则，结合韶关的实际情况，采取“铺渠道、建团队、重创新、抓合作”的经营思路开展工作。特别是在 2015 年下半年经历股市几次的震荡跌幅后，营业部的资产和客户数保持稳定的增长，在创新业务方面有所突破。新增股权质押、联合分公司落地新三板直投和定增业务，基本上完成公司下达的任务。（戚耀俭）

保　　险

【中国人民财产保险股份有限公司韶关市分公司】 中国人民财产保险股份有限公司是国有保险骨干企业，全市最大的财产保险机构，韶关市政府战略合作单位。在三区七县下设 12 个经

2015 年，东北证券韶关营业部赴广东肇庆开展野外素质拓展活动（钟永辉　摄）

营单位，24个营销服务部，75个乡镇服务站，分公司本部内设8个部门，系统员工合计336人。2015年，公司围绕韶关市政府与上级公司签署制定的战略合作协议，紧贴民生需求，发挥保险机制的独特功能和国有控股保险公司的主渠道作用，在服务韶关经济社会发展大局中实现快速发展。2013年以来，响应省委省政府新一轮“扶贫双到”工作，定点帮扶韶关乳源七星墩村（省公司扶贫点）和韶关翁源龙仙、沙坪村（市公司扶贫点），合计投入850多万元用于扶贫开发工作，并荣获“2015年度韶关市扶贫工作优秀单位”称号。

业务保持较快发展　2015年，韶关市分公司取得较好的发展业绩，实现保费收入5.93亿元，同比增长18%。其中车险保费4亿元，同比增长14.65%；非车险保费1.93亿元，同比增长30.40%。市场份额为54.09%，占据市场主导地位。全年支付各类赔款超过3亿元。经营效益取得较好的成绩。

服务新医改　2015年，参与全市城镇职工附加医疗保险项目招标，响应参与社保业务竞标的要求，勇担社会责任，发挥国有保险企业优势，牵头当地非人保公司组成联合体，承办全市城镇职工住院补充医疗保险、全市城镇职工大额医疗保险、驻韶关省属煤矿职工住院补充医疗保险。

惠民保险　主动服务社会管理，开展系列惠民保险项目。开展校园方责任保险、学平险等系列教育保险，贡献和谐平安校园建设；针对环境污染问题，开展环境污染责任保险；针对电梯事故危及群众安全的问题，开展电梯事故责任保险；为促进韶关市出口贸易增长，开展短期出口贸易信用保险。同时为全市328万户籍人口提供自然灾害公众责任保险。

承办涉农保险。加强客户服务工作管理，客户满意度持续提升。承办全市90%以上各类政策性涉农保险工作，具体包括政策性农房、能繁母猪、蔬菜、水稻、玉米保险等，每年为韶关44万农户，超过10万头能繁母猪，221万亩水稻，10万亩玉米，2.5万亩蔬菜基地，尤其是在农房保险、蔬菜保险、水稻保险等方面的大灾理赔，摸索建立大灾理赔方式，得到群众和政府的认可。　　（杨建明）

【中国人寿保险股份有限公司韶关分公司】　中国人寿保险股份有限公司韶关分公司向个人及团体提供人寿、年金、健康和意外伤害保险产品，涵盖生存、养老、疾病、医疗、身故、残疾等多种保障范围，满足客户在人身保险领域的保险保障和投资理财需求。分公司本部位于韶关市浈江区北江北路17号，下设10个县区综合性支公司、5个营业部及40个营销网点，2015年员工及从业人员规模超过3500人。

业务发展　2015年，公司业务加速发展，实现总保费收入8.83亿元、市场份额占比34.23%，位居韶关寿险行业榜首；业务结构持续优化，期交新单占比稳步提升，其中长期期交新单保费收入1亿元，同比增长53.28%；经营发展稳健，考核评级跃升广东国寿“AAA”公司。截至2015年末，公司拥有约36.3万份有效的长短期保险合同。

客户服务　公司秉持“诚实守信、客户至上”的服务理念，致力于为社会大众提供优质的保险产品和服务。2015年，举办“爱无疆责任在行”健康养生活动、“携手国寿明日之星”少儿天赋开启大讲堂活动、“牵手国寿孝善为先”第五届少儿绘画比赛、第十届广东省高考高分考生报告会（韶关站）以及国寿客户节等系列活动。

合规经营　公司强化诚信经营管理，狠抓职业道德诚信教育，树立依法合规经营意识，治理销售误导行为，开展打击非法集资活动，保障保险客户权益，被韶关市消费者委员会授予“韶关市2015年度金融保险行业十大诚信单位”荣誉称号。

服务民生　公司2008年至2015年持续承办韶关市城镇职工补充医疗、城镇居民补充医疗与城镇职工居民大额医疗保险等业务，2015年承保66.37万人、赔付金额2960万元；联合保险同业继续承保韶关市城乡居民大病医疗保险项目，保障服务覆盖全市229万城乡居民；2015年在省民政厅、省老龄办联合中国人寿共同启动开展的“银龄安康行动”中扩大宣传面，承保韶关市老年人意外伤害综合保险人数超过15万人，60岁以上老年人覆盖率达到33.75%，荣获2015年度“银龄安康行动”达标优胜奖；推广计生家

2015年“携手国寿　明日之星”少儿天赋开启大讲堂活动（市人寿保险　供）

庭意外伤害综合保险，2015年为韶关市4.8万户计生家庭提供保险保障与服务；开展“三农”惠民保险宣传，推进农村金融综合服务站工作。2015年度公司给付满期、年金、死亡、医疗、伤残给付及赔款支出等综合给付保险金共计11.6万件总额3.27亿元，其中满期给付金额达到2.43亿。

（罗　琳）

【阳光保险集团股份有限公司】 阳光财产保险股份有限公司韶关中心支公司是阳光财产保险股份有限公司下设的地市中心支公司，经中国保监会正式批准后于2008年8月19日在韶关开业。

2015年，阳光财产保险股份有限公司韶关中心支公司实现保费收入1723.37万元，其中机动车辆险保费收入1633万元，企业财产险保费收入46万元，意健险保费收入44万元，综合赔付率为46.69%。保费占比在韶关地区财产保险主体排行第七位。

先后推出“快赔”“闪赔”服务标准，不断刷新理赔周期。“快赔”指对凡单车损事故在5000元以下（非人伤）的案件，均可享受免单证，报案后24小时内赔付的服务。第一次将理赔主动权由保险公司转交至客户手中。“闪赔”服务是“阳光e车险”客户专享，5000元以下（非人伤）案件免单证，报案24小时内赔付，如有延时，执行实际赔款金额的100倍罚息。车主可以先拿到赔款，后由阳光产险理赔人员协助车主补办相应理赔资料。提升现有车险理赔服务标准，推动车险从拼销售走向拼服务的良性轨道，树立起车险服务的新标杆，已成为车险行业新一轮服务升级的重要推手。为兑现“闪赔”服务承诺，阳光产险还在中国消费者协会专门设立100万元的阳光“闪赔”专项服务承诺保证金，作为“阳光闪赔专项服务”的罚息保证金，邀请中国消费者协会作为“闪赔”服务监督单位。（陈丽琼）

总经理接待日（市珠江人寿　供）

【珠江人寿保险股份有限公司韶关分公司】 （以下简称“珠江人寿”）是由广东珠江投资控股集团有限公司、广州金融控股集团有限公司、广东珠光集团有限公司、广东韩建投资有限公司、广东新南方集团有限公司、衡阳合创房地产开发有限公司和广东粤财信托有限公司等7家股东共同投资的综合性寿险公司，注册资本56亿元人民币。珠江人寿总部位于广东省广州市，是目前唯一一家总部设在广州的寿险公司，于2012年12月28日正式开业。珠江人寿总体发展目标是“成为最具竞争力和价值的金融保险集团”，经营理念是“守法经营、诚信服务、稳健发展、追求实效”。

珠江人寿韶关分公司于2014年11月10日正式开业，公司位于韶关市武江区新华南路23号红星大厦首层及二层。2015年，韶关分公司保费规模为1.2亿元。珠江人寿产品开发满足各种保障需求的新型保险产品，提供人文关怀的寿险产品和服务，在满足监管要求的前提下执行全面发展基础上的差异化特色开发策略。珠江人寿保障内容涵盖养老、健康、意外、理财等各个方面，服务对象包括个人、家庭、中小企业、大型公司、机关团体和政府机构。（于金芬）

旅游·餐饮业

旅　　游

【概况】　2015年，全市旅游系统围绕年初工作要点，抓实任务落实，完成各项工作。2015年，韶关市接待游客3170.40万人次，同比增长13.09%；旅游收入270.17亿元，同比增长20.02%；到韶关过夜游客1299.9万人次，同比增长6.63%，占旅游总人数41%；全市旅游产业总体发展平稳。截至2015年年底，全市有旅行社51家，其中，国际组团社3家，国内旅行社44家。全市有星级饭店57家（5星1家，4星4家，3星45家，2星6家，1星1家）。

【全市旅游工作会议】　制定大会筹备工作方案，组织召开筹备会议，组织文件调研起草工作小组学习《国务院关于促进旅游业改革发展的若干意见》《国务院办公厅关于进一步促旅游投资和消费的若干意见》等政策文件，组织文件调研起草工作小组外出考察调研，形成《韶关市人民政府关于加快发展大旅游的实施意见》，并在11月20日召开的全市旅游工作会议上出台，市委书记蓝佛安和市长骆蔚峰出席会议并作重要讲话。

【旅游规划编制】　编制韶关市旅游产业发展规划。依据发展定位和发展目标，编制《韶关旅游产业发展规划》（以下简称《产业规划》）。编制“九龄故里·百里画廊”自驾游示范线路规划。指导部分县（市、区）、旅游景区、新开发旅游项目做好规划编制，督促其按照规划进行开发建设。联合市文广新局出台促进旅游和文化产业融合发展的实施意见，意见初稿已经下发给相关部门征求意见。

【抓好旅游项目跟踪服务工作】　2015年列入市重点建设项目计划的旅游项目共8项，18个，项目总投资327.76亿元，有6个项目总投资超过10亿元，有14个项目总投资超过5亿元。2015年计划投资27.96亿元，1－12月，完成投资28.84亿元，占年度投资计划的103%。2015年，市“百项工程兴韶关”涉旅项目共2项12个，包括“大南岭”建设项目和星级酒店建设项目。项目总投资98.28亿元，至2014年底完成投资25.16亿元，2015年年度计划总投资6.82亿元，2015年1－12月，实际完成投资额48183.8万元，占年度计划的70.65%。局推荐的丹霞山北门水上入口综合服务区项目和南岭国家森林公园生态旅游综合开发项目列入全国优选旅游项目名录。

【抓好旅游项目资金申报工作】　2015年申报上级各类旅游专项资金1323万元。申报旅游厕所扶贫项目资金。局联合市财政局开展2015年广东省旅游扶贫专项资金申报工作，推荐丹霞山景区长老峰票站等15个新建旅游厕所扶贫项目，丹霞山景区长老峰山顶等15个改扩建旅游厕所扶贫项目作为韶关市旅游扶贫申报项目。通过省旅游局、省财政厅统一评选，丹霞山景区长老峰票站等11个新建旅游厕所扶贫项目申请到2015年广东省旅游扶贫专项资金165万元，丹霞山景区长老峰山顶等11个改扩建旅游厕所扶贫项目申请到2015年广东省旅游扶贫专项资金110万元。申报高端旅游项目资金。局和市财政局联合推荐韶关市丹霞山北门水上入口综合服务区项目申报2015年广东省高端旅游项目，申请到专项资金1000万元。申报乡村旅游宣传工作资金。争取省旅游局粤东西北乡村旅游宣传推广工作经费48万元，其中乳源瑶族自治县必背镇18万元，仁化县石塘村和夏富村各15万元。

【乡村旅游发展】　开展乡村旅游发展统计调查，掌握市乡村旅游发展情况。加强政策引导，起草《关于加快发展乡村旅游的指导意见》。重点打造乡村旅游示范线路。做好示范线路的规划和开发。打造以曲江大塘镇为起点，始兴县城为终点的“九龄故里·百里画廊”乡村旅游示范线路。从相关市直单位抽调业务骨干，组建乡村旅游“农家乐”指导团。联合市农业局创建2015年全国休闲农业和乡村旅游示范县、示范点；结合新农村建设，乳源瑶族自治县“五彩瑶乡”、仁化县“丹霞彩虹”省级新农村连片示范建设工程项目实施。

【旅游项目招商】　完善旅游招商储备项目库。统计收集新增的招商项目，涵盖乡村旅游、文化旅游、度假休闲、民俗风情等项目，为招商引资工作打下基础。编制《韶关旅游招商手册》。按照旅游招商储备项目库编制新的招商手册，经过多轮征求各县（市、区）旅游局意见并修改完善，形成定稿，印制2000本。

【项目融资】　加强与人民银行韶关市中心支行合作，与市人民银行联合召开全市中小旅游项目招商融资洽谈会，搭建涉旅企业融资平台，多家银行与企业达成融资协议，为旅游企业搭建融资平台，提供融资服务。其中，工商银行为27家景区、酒店授信额度

13.69 亿元，发放贷款资金 12.94 亿元。

【加快推进旅游基础设施建设】 根据韶关市景点的实际情况，与市交通运输局联合起草《关于武广高铁韶关站至全市重要景区旅游客运专线的调研报告》，修改完善《韶关市旅游公路项目建设实施方案》。9 月 20 日从韶关高铁站到全市主要旅游景点的旅游专线车开通试运行。协调相关部门在广乐高速及连接线竖立景区标识牌。摸底了解“九龄故里·百里画廊”乡村休闲旅游示范线路沿线景点，统筹规划该条示范线路景区标识牌。

【推动智慧旅游城市建设】 加强智慧旅游系统开发。强化韶关旅游官网、韶关旅游资讯网、旅游微信、微博的建设，加快版面更新和信息发布。开发韶关市智慧旅游数据库、旅行社管理系统及酒店预订系统。3 个系统通过内部测试，进入调试使用阶段。组织开展各县（市、区）旅游局、市区旅游企业的操作人员系统上线培训。11 月，相继开发乡村旅游管理系统、节庆活动管理系统、旅游微商城建设。12 月完成开发程序，并投入使用。互联网旅游信息推送工作有序进行。2015 年，韶关旅游微信推送信息超过 1030 条粉丝总数每月递增 10%。广东旅游微信 2015 年发布韶关旅游信息 98 篇，截至 11 月 30 日，报送至广东省旅游局政务网的信息 340 条，录用 299 条，录用率达到 88%；报送至韶关市政府网信息 120 条，采用 12 条。

【旅游商品开发及旅游集散中心建设】 引导开发旅游商品，扶持开发具有地方特色、景区特色的旅游工艺品和土特产商品，建设具有韶关特色的旅游商品购销中心。指导和协助韶关奥园、鑫金汇两大商贸中心建设成为韶关旅游购物集散区，发展旅游购物市场；指导市旅游信息中心举办韶关市旅游商品大赛，共收到报名参展商品 55 件，参会单位 41 家。

【开展联合营销宣传】 向各县（市、区）旅游局及旅游企业征求宣传营销项目的意见，再根据各单位的意见确定联合营销的平台。组织各旅游企业共同参加广州旅游展、香港旅游展、北京旅游展、台北观光博览会等展会活动，推介市旅游产品和节庆活动。启动与携程等知名旅游网合作，共同搭建市联合营销宣传的新平台。从 6 月 1 日开始局与携程网站签订合作协议，携程网站开辟专门的页面宣传韶关旅游，由市中旅负责旅游线路产品的落地，整合全市旅游资源，开展旅游联合营销。

“九龄故里·百里画廊”在广州旅游展上的正式发布（市旅游局 供）

【抓好新线路宣传推广】 围绕乐广高速、韶赣铁路等新交通干线开展景点宣传推广，结合市举办的旅游节庆活动对新的旅游线路产品进行宣传。借助南方都市报的媒体资源优势，举办 2015·万车自驾游韶关活动，以市旅游节庆活动为卖点，形成 8 条新的自驾旅游线路产品，吸引广大的自驾游车队来韶关市参加旅游节庆活动。

【“九龄故里·百里画廊”乡村生态休闲度假旅游线路正式发布】 开展对“九龄故里·百里画廊”乡村生态休闲度假旅游线路的宣传推广。9 月 12 日，韶关市“九龄故里·百里画廊”乡村生态休闲度假旅游线路在 2015 广州国际旅游产业博览会上正式对外发布。广东省委副书记、省长朱小丹到韶关馆进行巡视，了解韶关旅游创意新线路，并做出相关指示。在《中国旅游报》、《南方都市报》、《韶关日报》、韶关电视台、《南叶·尚游韶关》、邮政 DM 直邮等宣传平台对线路进行宣传推广，制作“九龄故里·百里画廊”的宣传折页介绍该条线路的主要景点及文化民俗风情，在虎门高铁站和广东省度假村 LED 刷屏广告中对该线路进行宣传。

【打造市级旅游节庆品牌】 收集全市各地旅游节庆活动，3 月，以韶关市人民政府办公室的名义印发《2015 韶关市旅游节庆活动总体方案》。全年计划举办 42 个旅游节庆活动，其中市级旅游节庆活动 6 个，重点打造市场竞争力强、群众参与度高，社会带动力大，持续成长性好的市级旅游节庆品牌，提升韶关旅游节庆品牌知名度。举办各类旅游节庆活动 41 个，其中市级节庆 6 个，分别是乐昌九峰桃花节、“佛光普照”南华诞、第二届银杏旅游文化节、第九届瑶族“十月朝”旅游文化节、第八届徒步穿越丹霞山活动、丹霞山山地自行车赛。旅游节庆活动提高城市知名度，聚集旅游人气，拉动旅游消费，取得良好的效果。如乐昌九峰桃花节期间，乐昌市旅游综合收入1.47亿元，同比增长9.7%，旅游人数24.26万人次，其中过夜人数13.72万人次，分别同比增长12.67%、8.8%。乐昌所有的宾馆酒店住宿率都达到100%。南华诞祈福文化节上举办的《禅颂六祖》大型交响乐全球首演，吸引近3000名来自全国各地游客，南华诞期间，南华禅寺接待游客近3万人次，实现旅游收入1800万元。

【行业标准等级创建复核】 指导A级景区创建和复核工作。根据2015年各县（市、区）旅游局拟申报创建A级景区的名单，到仁化及始兴对申报创建AAA级景区的石塘古村及满堂围景区进行评前检查及指导工作，对检查中发现的问题提出整改意见，协助旅游企业按标准进行整改。指导开展A级景区复核工作，并于12月迎接省复核检查。指导星级旅游饭店创建和复核工作。通过乳源名瑶酒店的三星级评定工作，开展新丰恒胜酒店的三星级初评工作。7月全市所有星级饭店通过省星评委的复核。

【旅行社行业管理服务】 做好旅游行政审批服务工作。新审批设立旅行社1家：广州天马国际旅行社韶关分社，办理部分旅行社经营许可注销和部分旅行社门市部开设、注销及部分旅行社经营许可事项变更业务，完成部分旅行社的委托代理业务审核工作。抓好旅行社责任险续保工作。完成2015年度旅行社责任险续保工作，召开2016年度旅行社责任险续保工作会议。加强旅行社质量保证金监管。做到全部旅行社足额缴存旅行社质量保证金，对符合条件降保金额和提现的旅行社，协助办理相关手续。翁源团结、喜安交通2家旅行社办理质量保证金取款手续。

【强化旅游市场检查】 开展旅游市场检查和专项整治。3月起组织开展旅游秩序专项整治活动，联合市安监局、市质监局、市食药局等单位对市部分旅游企业经营情况进行专项执法检查，出动检查人员62人次，检查企业30多家。会同省旅游局检查组到广之旅韶关分公司、南华寺景区等开展市场秩序整治和文明旅游专项检查；对旅行社开展不合理低价、虚假广告、购物点违法经营专项整治，检查旅行社29家，检查76人次，营造依法诚信经营、公平竞争的良好市场环境。加强旅游消费权益保护宣传。开展消费维权宣传活动，宣传消费政策，派发宣传资料2000多份。实施旅游行业约谈制度。制定《韶关市旅游行业约谈制度》和约谈通知书，向企业推行约谈制度，根据省暗访组对市旅游市场暗访提出的问题，约谈相关企业，提出整改意见，要求限期整改。实施旅游服务质量社会监督员制度。提高社会监督水平，在全市范围内选10名旅游服务质量社会监督员，于11月底召开全市社会监督员座谈培训会议。加强旅游价格监管。响应国家旅游局号召，市9家AAAA级以上旅游景区全部签定不带头涨价倡议书。强化旅游安全管理。开展春节、五一和国庆等节前旅游安全工作检查，发现问题及时整改，确保假期旅游市场安全有序。1月－12月接到旅游投诉案件27宗，结案25宗，2宗在处理。

【开展文明旅游和平安创建工作】 按市“文明办”要求做好市文明旅游工作，在全行业内下发文明旅游、爱国卫生、平安创建等通知。与市创平办共同参加全市创平检查工作，深入南雄、乐昌、仁化、始兴县指导旅游景区平安创建工作。做好“韶关最美系列人物”申报工作，推荐市导游刘宗辉参加评选。

【广东旅游人才培训项目】 贯彻落实广东省扬帆计划和韶关市“十百千旅游人才希望工程”，开展全市旅游人才工作培训，制定2015年全市旅游人才工作培训方案并按计划开展培训。5月25日至30日组织市旅游局及部分旅游委成员单位、丹霞山管委会、各县（市、区）旅游部门骨干及部分企业负责人等60人到北京进行培训。6月18日举办“广东省扬帆计划韶关市第一批乡村旅游（农家乐）创业创新人才座谈会。开展农家乐创业人才扶持工作，对全市20位优秀农家乐创业人才进行奖励。组织开展两期“九龄故里·百里画廊”旅游经营管理培训班，对旅游沿线近200名旅游行业经营管理从业人员进行培训。举办全市旅游景区保险培训班，并联合市公安、国安、消防、安监、气象等部门举办2015年旅游安全培训班，提高旅游景区、酒店和旅行社的从业经营安全意识和专业知识。推荐3名红色旅游景区导游人员到桂林市进行培训。

【导游员管理】 组织好导游员资格考试。2015年是广东省在全国导游人员资格考试中实行无纸化考试的改革元年。局按省旅游局的要求，做好改革工作，确保市9月－11月进行的全国导游人员资格考试的进行。举办2015年第一次和第二次全国导游人员资格考试，共参加考试考生414人。加强导游员管理。指导导管会做好导游人员的管理和服务工作；开展导游证刷卡工作，收到导游证IC卡925个，完成刷卡工作。

景区建设和开发情况

【概况】 截至2015年年底，全市建成收费景点35个，其中国家AAAAA级旅游景区1个（丹霞山），国家AAAA级旅游景区9个（曹溪温泉度假村、广东大峡谷、丽宫国际旅游度假区、古佛洞天景区、云门寺佛教文化生态保护区、南岭国家森林公园、珠玑巷—梅关古道景区、韶关市银山户外运动养生景区、新丰云天海温泉原始森林度假村景区），国家AAA级旅游景区11个，不收费景点和农家乐、乡村游等特色景点30多个，旅游景区、景点基本上覆盖生态、文化、民俗、宗教等各方面。

【丹霞山景区基础设施项目】 2015年，计划总投资6600万元，计划建设自行车旅游观光赛道首期工程、新山门至长老峰旅游专线公路改造、森林防火通道（瑶山至牛鼻段），1－12月实际完成投资额505万元。丹霞山（新山门至长老峰）旅游专线公路改造项目和丹霞山自行车旅游观光、赛道首期工程项目均已完成项目立项和初步设计，但因市财政未安排资金，这两项工程暂时无法实施；森林防火通道（瑶山至牛鼻段）路面改造工程已完工。

【宝能国际旅游度假项目】 总投资120亿元，计划建设山地体育公园、民俗风情小镇、养生休闲设施、涵养林保护及抚育等，截至2014年年底，已完成投资额7亿元。2015年计划投资5亿元，全年实际完成投资额50048万元。项目展示中心已于2014年9月开放；一期丹霞旅游天街已全部封顶，进入装修阶段，12月底投入运营。二期的白金五星级酒店和三期的酒店式公寓、写字楼正在建设中，基础已完成90%。

【丹霞山南门古洋水乡度假区】 项目总投资60亿元，计划建设商业街、酒店等旅游服务设施；道路、停车场、码头等公用配套设施以及安置房，截至2014年年底已完成投资额6000万元。2015年计划投资3亿元，实际完成投资额2970万元。项目前期准备工作已经落实，控制性详细规划已经通过市规委会评审并上报市政府审批，项目征地拆迁工作已经启动，完成征地约1440.67公顷，项目安置房工程已完成立项。

【北门水上入口综合服务区】 项目总投资7亿元，计划建设游船码头服务中心、主题酒店、商业街、市民活动广场，已完成投资额2.5亿元。2015年计划投资2亿元，实际完成投资额20753万元。项目完成一期码头建设及售票中心。二期商业街已竣工验收。三期锦江大酒店已封顶，现将进入外墙装饰部分。广场已动工建设。

【南岭国家森林公园生态旅游综合开发项目】 韶关南岭国家森林公园作为国家AAAA级景区，不断加大景区投资力度，新建和升级改造旅游公路、人工栈道、道路、停车场、景区旅游厕所等基础设施建设，提升旅游服务质量。

【梦幻丹霞项目】 项目总投资45亿元，进行旅游综合开发，建设会议中心、休闲度假等设施，截至2014年年底已完成投资额5.61亿元。2015年计划投资1亿元，实际完成投资额10000万元。已完成黄屋新村建设。

【广东丹霞山博士生态园】 项目总投资3亿元，建设水上丹霞码头、生态茶园、名俗养生度假休闲区等，截至2014年年底已完成投资额2亿元。2015年计划投资1亿元，实际完成投资额10020万元。建设完成游船码头、生态栈道、办公楼、避风檐、游客互动区雕塑、喜头村文创商业街部分基础及框架、绿化带等，公共卫生间等正在建设中。复绿工程在开展中。

【浈江明弘生态园】 项目总投资5.2亿元，建设道路、度假村及观光休闲配套设施，截至2014年年底已完成投资额1.2亿元。2015年计划投资1亿元，实际完成投资额4000万元。项目第一期主体工程进入装修阶段；排水排污管道完成，三座桥梁主体完成。完成4公里的环水档土工程；4000平方米的果品仓库及农产品交易中心主体工程完成。

【曲江大森林温泉世界度假村三期工程】 项目总投资5.6亿元，建设天禅谷文化专区、企业家文化专区。2015年计划投资5000万元，实际完成投资额1.32亿元。路亚基地项目已完成初期建设，拟建路亚综合大楼；经律论花海项目开发建设中；三期规划方案设计中，已有初稿。

【马坝人遗址环境风貌保护工程及石峡遗址展示项目】 项目总投资9000万元，进行马坝人遗址环境风貌保护。2015年计划投资3000万元。景区岩洞电路改造工程基本完工，下一步将做好景区改造施工准备。

【南雄市雄州公园】 项目总投资1.1亿元，建设园前路、集中广场、园林景观绿化、恐龙博物馆、博物馆和相关附属设施建设，截至2014年年底已完成投资额400万元。2015年计划投资1亿元，实际完成投资额10246万元。项目完成园前路建设；一级、二级道路施工完成99.8%；人防工程完成剪力墙及柱混泥土浇筑施工，完成后山园林等工程98.25%；广场、人工湖、主题公园等项目完成设计调整，正在进行施工招标。

【清景农业生态休闲度假区】 项目总投资6.5亿元，建设集观光旅游，休闲度假、生态养老于一体的生态园区，截至2014年年底，已完成投资额4500万元。2015年计划投资1亿元，实际完成投资额10460万元。完成5.9公里主干道建设，种植银杏树、野牡丹各3公里；景区内种植樱花33.33公顷，金娃娃宣草12公顷，马樱丹、金边麦冬草、腊肠树、蓝花楹大道各3.33公顷，毛杜鹃2.67公顷，红梅、桃花、时花各2公顷，芝樱、酢酱草各1.33公顷，绣球花0.33公顷。正在进行商服用地调规、园区规划设计、林地清理、花木种植等工作。完成水果区整地21.33公顷、牧场区整地3.33公顷、露营区整地1公顷。已建设一个占地面积

0.33公顷的生态停车场。

【仁化县旭日农业科技种植酿酒生态旅游度假观光园】 项目总投资8亿元，建设葡萄酒酿酒厂，果蔬加工车间，产品仓储，办公楼及配套设施；建设野外休闲品酒区，花卉观光区，产品展厅，风情商业街·特色餐厅，农业生态酒店度假村，截至2014年年底，已完成投资额1.51亿元。2015年计划投资5000万元，实际完成投资额655万元。已完成生产车间的内部装饰工程。主体建筑外部装修基本完成，内部装饰正在进行施工。

【深渡水樱花谷旅游综合开发项目】 项目总投资6亿元，建设休闲度假中心、旅游示范基地和科普教育基地，截至2014年年底已完成投资额3.32亿元。2015年计划投资1亿元，实际完成投资额18095万元。项目方已完成修编项目总体规划；完成樱花谷景区（一期）中的樱花和银杏等观赏苗木种植，路网、桥梁及防洪河堤等基础建设，登山步道、凉亭、公厕、花架、河道叠石、景区大门等景观工程建设；正在申报办理项目用地调规及调整工程建设内容工作。

【客园生态旅游项目】 项目总投资6亿元，分期建设，一期建设客家围屋文化区、休闲娱乐区、生态旅游居住区、客家饮食文化区、生态农业体验区等；二期建设主题公园和农特产物流市场。2015年计划投资5000万元，实际完成投资额2.4亿元。已完成项目用地的土地征收协议签订工作；发放青苗地上附着物补偿款52多万元；完成部分青苗地上附着物清理工作。

【新丰县云髻山旅游开发】 项目总投资13亿元，对景区基础设施进行升级改造，建设高端温泉酒店，构筑并活化原生态古镇系统，形成独一无二的“山麓古镇奇观”，截至2014年年底，已完成投资额5.3亿元。2015年计划投资3亿元，实际完成投资额31426万元。古建筑街区42栋古建筑主体建成，正在进行景区配套设施改造升级的前期筹备工作，完成景区内全部征地工作（合计约33.13公顷）和3户山庄的拆迁工作。项目总体建设规划及景区内13.6公顷详细建设规划已出台。景区内详细建设规划基本完成。环评报告编制工作正在进行中。

【银山南岭温泉度假村】 项目总投资21.7亿元，建设温泉康疗中心、养老公寓、瑶乡文化园、温泉养生园、湿地会所、会议中心等，截至2014年年底，已完成投资额7.5亿元。2015年计划投资3亿元，实际完成投资额34910万元。完成用地审批（其中8.07公顷已办理土地证）、环境影响审批。完成酒店主体工程及内部装修，完成酒店屋顶以及外立面装修，完成西餐厅建设，填平酒店大堂前面以及推平后山部分山坡地，用于酒店中餐厅建设，进行酒店周围绿化挡土墙等建设，修建走道等。码头已做好。做设备房主体、室外雨水污水主管道、餐饮中心拆架和砌筑、酒店外立面涂料、温泉区土石方、酒店毛石挡土墙，还有西餐厅建设。

【蓝威科技园建设项目】 项目总投资6.8亿元，建设建设专家楼、研发中心、酒店、生态住宅等，截至2014年年底，已完成投资额1.7亿元。2015年计划投资2亿元，实际完成投资额21911万元。设备已经调试好，需对方另派技术人员过来安排程序，以及送样到省审批。

【源之都云门山旅游度假区项目】 项目总投资11.30亿元，建设酒店、会所、商业街、服务中心、疗养中心、活动中心、养老住宅等配套设施，截至2014年年底已完成投资额2.7亿元。2015年计划投资1.5亿元，实际完成投资额25191万元。截至12月底，完成梯田花海区园区道路、同心锁、抓鱼池及约1.8万平方米绿化种植和绿化供水管安装，占总工程量的90%；禅茶一味鱼塘、鱼塘边挡墙、水坝及部分绿化种植土回填，占总工程量的70%。完成建设云门山机动游乐区工程的60%，完成建设云门山大道工程约80%，完成漂流河道升级改造100%。（曾　瑛）

丹霞山管理委员会（环丹霞山管委会）

【概况】 韶关市丹霞山管理委员会（韶关市环丹霞山旅游产业园管理委员会），与广东韶关丹霞山国家级自然保护区管理局合署办公，为市政府直属参照公务员管理事业单位，正处级，公益一类。负责丹霞山风景名胜区的保护、开发、利用和管理工作，内设6个部门，机构人员编制35人。2015年，丹霞山管委会推进环丹产业园建设，加强规划编制、基础设施建设、旅游宣传推介和遗产地保护等工作，取得一定的成绩。2015年，丹霞山接待游客272.86万人次，旅游综合收入6.98亿元。配合韶关市做好各项体制改革工作，推进丹霞山管理体制改革工作。

【加强景区内山林资源保护与管理】 丹霞山管委会草拟《关于丹霞山人工桉树林更新改造的意见》，已报请市政府审批。启动丹霞山景区林业资源保护规划编制的招投标工作，开展山林赎买流转前期工作。发挥市公安局森林分局丹霞山警务工作组的作用，打击破坏丹霞山森林资源的违法行为。上半年，受理警情40多起，办理林业行政案件3起，刑事案件4起，处罚违法人员7人，取保候审1人，移送案件12宗。

【加大景区文物保护力度】 启动编制《丹霞山摩崖石刻保护规划》50万专项资金申请与招投标工作，启动聘请中山大学教授仉江等拓片专家对部分隐藏在崖壁山林间石刻进行拓片、修复和整体扫描等工作。

【地质遗迹保护、地质灾害防治和监测工作开展】 争取2015年度广东省地质遗迹专项经费200万元，并委托泰峰公司编制专项资金实施方案。争取广东省自然保护区建设专项资金90万元。与市环境监测站签订协议，自2015年起，全年10万元将丹霞山环境监测业务统一划归市环保局下辖市环境监测中心站承担。与韶关市矿产资源与地质环境监测中心签订协议，定期对丹霞山地质遗迹灾害点进行监测。实施牛鼻桥头地质灾害点治理工程。6月25日，世界自然遗产、世界地质公园丹霞山聘请韶关市矿产资源与地质环境监测中心技术人员对选定的长老峰主景区地质灾害监测点锦石岩和锦江边鳄鱼爬山实施实地测量监测工作。

【丹霞山立法工作推进】 制定并印发《〈广东省丹霞山保护条例〉起草工作实施方案》，与韶关学院立法研究基地签订《广东省丹霞山保护条例》委托起草协议及委托调研论证协议，完成《丹霞山保护和管理条例（草案）》，并征求社会意见。配合韶关学院完成黄山、三清山立法调研工作，协助开展丹霞山立法调研工作会议，完成《广东省丹霞山保护条例》立法立项建议报告。

【开展景区整治】 与仁化县联合开展丹霞山环境百日综合整治行动，建立定期开展巡查机制，对景区内“两违”（违法用地和违法建设行为）、“六乱”（乱搭乱建、乱堆乱放、乱设摊点、乱拉乱挂、乱贴乱写乱画、乱扔乱吐）进行重点整治，对部分重点“两违”行为进行立案调查。以仁化县“丹霞彩虹”省级新农村示范片区建设为契机，加强与仁化县的联动协调，定期开展巡查，召开联席会议，对夏富、车湾等的“两违”行为进行专项整治。上半年，发现丹霞街道夏富村委、黄屋村委新增村民违建行为13处，占地约0.15公顷。对新增违建当事人制作询问笔录7份，提交仁化县法院申请执行的“两违”行政处罚案件12宗。对夏富村朱海、张从玉，车湾村村民李匡玉3户村民违法建房案件召开集体案件审理会，并准备依照法定程序，做出行政处罚决定移交法院强制执行。丹霞山管委会多次联合仁化县城管、交通部门对景区内乱摆乱卖、占道经营、黑车营运等违法经营行为进行联合打击，遏制景区“六乱”行为。百日行动开展以来，按照整顿与规范相结合、治标与治本并重的原则，整治丹霞山景区及周边环境卫生问题。9月22日，仁化县联合执法大队、丹霞山综合执法局和丹霞山综合执法大队对丹霞山景区内外开展整治行动。整治行动中，依法暂扣店外经营的广告牌32块，桌子34张，凳子104张，货柜16个，帐篷18顶。

2015年11月28日在丹霞山景区外山门举行“2015第八届徒步穿越丹霞山”颁奖仪式（彭少真　摄）

【环丹霞山产业园项目规划设计】 加强环丹产业园项目规划编制工作。启动姐妹峰景区开发规划、丹霞山西南门黄竹服务区修建详细规划等规划文本编制工作。做好景区内建设项目的规划审核工作。完成五朵金花项目、仁化县森平纸竹加工厂、宇鑫机电设备有限公司、韶关一行建材有限公司等12个项目的规划审核。

【环丹霞山旅游产业园建设】 加快宝能国际旅游度假、丹霞山北门水上入口综合服务区、丹霞山博士生态园、梦幻丹霞、丹霞山南门古洋水乡度假区等投资超亿元的环丹霞山生态旅游产业园重点项目建设，5大旅游项目累计完成投资超过8.4亿元。宝能国际旅游度假一期“丹霞天街”已完工、丹霞山北门水上入口综合服务区主体工程已建成、丹霞山博士生态园游客互动区已具备开放条件。开展环丹招商引资工作。加强与深圳盛世华房基金、前海人寿公司、中信正业、深圳华侨城、保利集团等战略投资者的沟通与洽谈，促进合作项目早日落地。抓好环丹产业园村民建房审核工作。对景区村民建房进行审核把关。

【基础设施建设】 陆续完成景区防火通道瑶山至牛鼻段3.3公里路面建设、长老峰山顶步道（龙王泉至雪岩段）和阴元石区域步道改造工程，推进长老峰旅游公厕项目和雪岩公厕改造项目建设。投入资金约300万对景区土建等基础设施的增加建设及维护维修，全年主要完成卧龙岗科考线路木步道的水泥仿生预制板更换工程、景区公路沥青维修工程、长老峰游客中心改造工程、景区标识牌等。推进智慧广播、微景旅游系统建设，实现景区长老峰等10个主要景点WIFI与无线广播全覆盖。智慧景区电子商务平台及售检票一体化综合系统于2015年4月正式投入使用，并增设15台自助售取票机。

【宣传促销】 利用各类媒介宣传。利用央视等主流媒体进行宣传，发挥景区官网和微信公众账号的作用，利用社会化媒体，多角度、多层次的开展内外宣传工作。更换丹霞山内所有全景导游览图画面，更新中山门照壁、长老峰广场宣传栏、公交车停车站宣传栏画面，启用新的《手绘导游图》版式。更新京珠高速韶关段三个T型广告的画面。重新签订深圳北高铁东广场地铁入口处2个灯箱广告协议与画面更新工作。组织策划“约会情人节”“色彩丹霞随手拍”、2015丹霞山春季烟雨节、丹霞山红豆文化节、第二届亲子旅游节、徒步穿越丹霞山、北美摄影家协会丹霞山创作基地挂牌仪式等节庆活动。做好“跟着李双喜《一去二三里》去丹霞山深深深呼吸”和达人采风活动等工作。开展联合营销。联合丹霞山经营公司、水上丹霞、索道公司以及周边客栈等参加各类展销活动，制作灯箱宣传广告、宣传册等。

【科普科研】 加强与高校的科研合作。协助中山大学生命科学学院教授廖文波及其学生到丹霞山开展次生竹林演替样地本底生态调查等科研活动。先后与中山大学、华南师范大学共建本科教学实习基地、实习实践研究基地。向省外所二本以上10所综合类院校赠送丹霞山专业书籍和资料，争取各大高校关注和支持丹霞山保护与建设。组织开展科普活动。举办面向全国招募30名及面向韶关本地招募53名科普志愿者实训活动。与仁化县教育局联合举办专题科普讲座活动。组织开展“中国丹霞”进北京大学等多场“中国丹霞”进校园活动，联合市科协、市科技馆到丹霞山世界遗产乡村小学（黄屋、车湾、夏富、白莲、平岗）开展“保护世界遗产·践行绿色生活”的“世界环境日”主题日宣传活动。与内蒙古巴彦淖尔地质公园签署友好合作协议，缔结友好姊妹公园。组织人员赴日本参加亚太地质公园会议。

【丹霞山与华南师范大学共建实习实践与研究基地】 7月13日，丹霞山与华南师范大学共建实习实践与研究基地挂牌仪式在丹霞山博物馆举行，丹霞山管委会副书记、副主任邱代胜与华南师范大学旅游管理学院院长、教授吴智刚参加此次揭牌仪式。

在丹霞山博物馆中，邱代胜就丹霞山的现状及规划为专题，为华师192师生准备一场生动有趣的讲座。在讲座结束后，学生团参加丹霞山博物馆的挂牌仪式，仪式上邱代胜和吴智刚一同为丹霞山博物馆揭开“华南师范大学实习实践研究基地”的牌匾。学生团对丹霞山的阳元石、天生桥以及丹霞山博物馆进行实习考察。为促进产、学、研合作，发挥学院专业人才教育培训作用，提高从业人员管理技能和学生实践能力，经友好协商，丹霞山与华南师范大学结为校企合作战略合作伙伴。

【丹霞山与中山大学共建本科教学实习基地】 7月10日，丹霞山与中山大学共建本科教学实习基地挂牌仪式在丹霞山游客中心举行，丹霞山管委会党委副书记、副主任邱代胜，中山大学地理科学与规划学院教授、博士生导师彭华等双方代表出席活动。近百年来，自冯景兰、陈伯达、曾昭璇至黄进、彭华，一大批中山大学的学者教授为丹霞地貌的研究薪火相传，奠定丹霞山丹霞地貌命名地及科学研究基地的坚实基础。2005年中山大学启动丹霞山实习基地建设，鼓励广大师生投身丹霞山保护利用。丹霞山申报世界自然遗产期间，中山大学地理科学、生物科学等学院的专家教授为丹霞山的保护和利用做出卓越的贡献，2010年，中山大学荣立广东省政府丹霞山申报世界自然遗产工作集体一等功。为推进中山大学与丹霞山世界自然遗产、世界地质公园的深度合作，2014－2015年度中山大学校领导与韶关市委、市政府进行多次商讨，就中山大学教学实习实践基地、科研合作、丹霞地貌研究等达成合作意向。中山大学在丹霞山正式挂牌建设本科实习基地，标志着中山大学将深入持续推进丹霞山科教科研基地建设，帮助丹霞山提高科研水平和可持续发展能力，将对丹霞山的地理科学、地质景观保护、地质灾害预防、生物多样性研究、区域经济及环境保护等领域的研究起到推动作用。

【旅游安全生产】 落实各项安全防范措施。与景区内企业、单位签订安全生产责任书，落实安全生产责任。对景区各主干道、旅游步道等旅游设施定期和不定期开展巡查，对景区内的消防设施进行全面检查和更新。做好景区森林防火工作。与景区内企业、单位签订森林防火责任书，加大巡查和宣传力度，严格火源管理。2015年，丹霞山全年未发生一起安全责任事故，为游客创造和谐、安全、有序的旅游环境。 （彭僖华）

餐 饮 业

【概况】 2015年，韶关市餐旅烹饪协会团结广大会员，弘扬饮食文化，打造企业品牌，提高烹饪技能，更新经营理念，秉承“自我管理、自我约束、自我发展、自我服务”的宗旨，发挥协会在政府和会员之间的桥梁纽带作用、会员与会员之间的联系协调作用，使协会成为餐饮行业的“娘家”，为推动韶关地方菜的传承、创新和发展，提升韶关美食和餐饮行业的地位、品牌和影响做工作。

【参加第三届中华粤菜厨师节】 第三届中华粤菜厨师节暨中青年厨师烹饪大赛于9月26日在中国进出口商品交易会琶洲展馆举行，50名中青年厨师经过现场激烈角逐，韶关代表队获三个特金三个金奖的好成绩。本次大赛以“大众餐饮·创新烹饪”为主题，由广东省餐饮服务行业协会、广州烹饪协会、深圳市烹饪协会联合举办。主办方设置的橄榄油命题是一道大难题，对厨师的创新能力要求比较高。参加这样的比赛，提高粤菜的品质。

【参加第三届海峡客家烹饪大赛】 10月17日，第三届海峡客家烹饪大赛暨第二届海峡两岸（连城）客家美食小吃节在客家祖地福建省连城县客家文化公园举行。大赛吸引来自台湾台北、新竹、苗栗、台南，浙江、及广东、四川、江西、广西、湖南、福建各地及连城当地的海峡两岸8个省份21支代表队、138名名厨同台竞技，交流客家美食烹饪厨艺，展示客家饮食文化的精髓。韶关市餐旅烹饪协会组织本土餐饮企业参与此次大赛，取得优秀佳绩。韶关代表队获得一个特金奖、二个金奖和一个银奖的好成绩。其中莱斯大酒店付道坤斩获“特金奖”及“客家菜十大烹饪高手”两项最高奖，市餐旅烹饪协会获得优秀组织奖。

【参加世界粤菜厨皇大赛韶关选拔赛】 9月29日，世界粤菜厨皇大赛韶关选拔赛在新丰县举行，来自韶关市各地共20支选手队参加竞逐。此次活动由新丰县人民政府和世界粤菜厨皇协会联合主办，旨在挖掘、创新岭南乡村特色美食，促进韶关市与珠三角等地区烹饪技艺的学习交流，丰富粤北山区的美食文化。比赛以现场烹饪的形式进行，通过指定佛手瓜等食材和自选食材两种方式分别制作不同的菜肴，由世界粤菜厨皇协会和市、县餐旅烹饪协会的专家和代表，从色、香、味、形、营养等标准进行赋分，最终评选出相关奖项。经过激烈角逐来自韶关的选手程建明获金奖。

【参加世界粤菜文化周暨2015世界粤菜厨皇大赛总决赛】 11月26日，粤菜文化火种在广州北京路千年古道上点燃，韶关市餐旅烹饪协会会长陈树源、近水楼台梁总代表韶关参加2015年世界粤菜厨皇大赛粤菜文化圣火传递活动。11月27日—29日，“2015年世界粤菜厨皇大赛”总决赛在广州与国际美食节同期举行。韶关代表队获得4个至尊金奖、5个特金奖、4个金奖。在比赛中，参赛厨师以赛会友；在相互学习、增进友谊的同时不断提高自身的烹饪技艺，将粤菜的魅力发挥到极致。

【参加2015年第二届“南粤厨王”争霸赛】 11月6日，2015年第二届“南粤厨王”争霸赛在广州举行发布会，宣布赛事全面启动。12月1日上午在广州开赛。本次活动由广东广播电视台珠江经济台联合广州、佛山、肇庆、顺德、江门、中山、珠海、清远、韶关、汕头、湛江、梅州等50多家餐饮协会、餐饮团体及社会机构共同主办。经过激烈比拼，最终诞生首届十位“南粤厨王”。其中乐昌迎宾大酒店行政总厨陈锦洪荣获“南粤厨王”称号，是广东粤北地区唯一获此殊荣的厨师。在12月15日举行的颁奖典礼及获奖菜式晚宴上，获封“南粤厨王”的厨师齐聚一堂，即席献技，重现大赛获奖作品。“南粤厨王会”聚结，十道佳肴集体亮相，评委们评出厨艺高超、厨品高尚、奉献社会等方面最德高望重的南厨宗师。

【承办2015韶关旅游欢乐美食节暨“韶关味道”旅游美食嘉年华】 2015韶关旅游欢乐美食节暨“韶关味道”旅游美食嘉年华活动于12月29日在韶关印象岭南奥园文化旅游广场举行。旅游欢乐美食节以旅游、美食、购物、狂欢为主题，挖掘韶关“岭南名郡”历史文化名城的传统美食文化，开展“瑶族歌舞长桌宴”“韶关金牌特色美食、金牌人气美食网络评选”“厨艺展示”等活动。现场有22家台湾、福建小吃，34家韶关本地餐饮企业，9家旅行社企业及28家韶关旅游商品厂家参展。美食节期间还评选出金牌人气美食、金牌特色美食以及金牌粤北特色传统食品35家，韶关旅游商品奖项30项。

【对外交流促进餐饮行业共同发展】 协会与各地同行交流互访，先后接待新丰餐饮协会、江门五邑餐饮协会、江西赣州和南康烹饪协会、湖南衡阳餐饮协会等同行的到访。通过交流，同行间了解和借鉴好的模式，增长见识，开阔视野，结交朋友，提高厨艺和提升管理水平，拓宽原材料渠道，展现韶关的良好风采，让更多的人了解韶关的餐饮、名优产品。韶关还派出部分会员单位代表参加友好协会成立及周年志庆等系列活动，使韶关餐饮业同仁不断加强与省内外同行的交流，促进行业共同发展。

【韶关顺德饮食同行齐交流取长补短携手并进】 韶关餐旅烹饪协会一行在会长陈树源的带领下，专程到有“世界美食之都”和“中国厨师之乡”美誉的顺德学习取经，双方交流互动，谋求共同发展。在顺德饮食协会会长张海涛的安排下，在顺德本地规模餐饮集团企业——聚福山庄饮食公司大良聚福湖景店举行双方交流会。顺德是粤菜重要发祥地，顺德菜与韶关菜同样讲究选料精细，清而不淡，鲜而不俗，嫩而不生，油而不腻。因而双方饮食同行交流气氛热烈，收获颇丰。顺德饮食界同行将顺德鱼生的烹调技艺传授给韶关同行。返回韶关后，韶关饮食界的同行们对自己餐饮店的菜式进行改良，获得众多食客的好评。2015年8月21日，顺德厨师协会一行21人到韶关进行回访。

【韶赣客家菜厨艺交流品鉴会】 品客家美食，享健康生活。韶关赣州客家菜厨艺交流品鉴会于11月19日在南康泓泰美食广场举行。韶关市餐旅烹饪协会组织30人参加此次厨艺交流活动。双方各派10家企业的厨师代表各做二道菜展示品鉴，共同探讨烹饪技艺。交流活动以现场互动的方式进行，各自介绍自己菜品的烹饪方法。交流团团员赞扬特色客家菜系，肯定此次菜系食材新鲜，菜品种类丰富，烹饪技法多样，客家味道独特。通过开展交流活动，弘扬客家饮食文化，提升餐饮制作和经营水平。

【观摩2015福建上杭槐猪美食烹饪大赛】 12月10－11日，福建上杭槐猪美食烹饪大赛在上杭大酒店及添福山庄进行。本次槐猪美食盛宴由上杭农业局、上杭商务局、上杭县旅游局共同主办，旨在为扩大上杭槐猪美食品牌影响力，让其走向大众餐桌，邀请广东省韶关市、广东省梅州市、江西省赣州市、江西省瑞金市以及福建省各县市美食协会代表近150人参与。特别邀请国家级评委、国务院特殊津贴专家，中国烹饪大师陈钢文、骆炳福作为本次槐猪美食烹饪大赛的嘉宾。龙岩电视台、上杭电视台、东南网及上杭网等多家媒体全程跟踪报道。当天比赛有39道菜式，以槐猪为主，让各协会代表零距离观摩，以上杭的名厨为主参加此次比赛，大赛评选出金牌名菜3个、特色名菜5个、推荐菜品29个。韶关餐饮协会一行8人应邀参加此次活动，对韶关打造本地特色美食品牌，具有借鉴价值。（李　勇）

2015年11月28日，韶关代表队参加2015世界粤菜厨皇大赛，获得4个至尊金奖、5个特金奖、4个金奖，为韶关争得荣誉（市餐饮协会　供）

交　通

交通管理

【概况】 至2015年年底，全市公路通车总里程达1.6万公里，公路网密度87.7公里/百平方公里。按技术等级分，等级公路15852公里，其中高速公路491公里、一级公路212公里、二级公路826公里、三级公路1447公里、四级公路12876公里，等外公路277公里。按行政等级分，高速公路491公里，普通国道440公里，普通省道1222公里，县道1850公里，乡道7885公里，村道4208公里，专用公路35公里；公路桥梁2385座/160444延米（含高速公路）。铁路运营里程462公里，铁路网密度为2.51公里/百平方公里；航道里程698公里，其中航道维护里程386公里，等级航道256公里，泊位年通过能力530万吨。全市共有道路客货营运车辆（不含公交车和出租车）8019辆，营运船舶831艘。全市通镇、村农村客运班线158条，开通班车的行政村902个，农村客运车辆524辆。全市农村客运乡镇等级客运站95个，农村客运候车亭1143个。（丘志丹）

【运输生产增长】 2015年，公路客运量4891万人次，客运周转量25.2亿人次公里；公路货运量1.26亿吨，货运周转量211.8亿吨公里，同比增长11.34%。水路货运量4313万吨，货运周转量97.3亿吨公里，同比增长4.12%。港口吞吐量62.3万吨。

【谋划“十三五”综合交通发展】 《韶关市综合交通运输“十三五”发展规划》从公路、水路、铁路、航空等方面描绘韶关“十三五”交通发展蓝图。截至2015年底，已完成规划编制，待组织专家评审。（廖声星）

【交通运输综合行政执法】 坚持依法行政，文明规范执法，全面开展交通综合执法工作。加强道路运输市场监管，组织开展打击非法营运、出租车市场、客运市场、危货运输市场专项整治和“打非治违”行动。开展普通干线公路路域环境综合整治行动，迎接“十二五”全国干线公路养护管理工作检查。加强公路、水路执法巡查。统筹抓好固定治超、流动治超、源头治超工作，推进乐广高速、韶赣高速、武深高速超限检测站建设。执法信息化建设取得阶段性成果，交通综合行政执法监控指挥系统市级平台已基本成型，配套建设38个市区视频监控点。2015年，全市出动交通执法人员76066人次，出动执法车辆18383辆次，检查车辆10.17万次，查处违章车辆2954辆，查处违章案件3067宗。市交通运输局综合行政执法局连续3年被省厅执法局、广东省交通法制研究会评为《广东交通执法》“先进组稿集体”。（刘永刚）

【安全生产管理】 2015年，交通运输部门在全面落实“党政同责、一岗双责、齐抓共管”的基础上紧扣安全生产“三大抓手”不放松，强化日常安全生产监管，狠抓各项工作落实，以“平安交通”建设为着力点，强化源头监管，突出危险品货物运输重点领域，开展安全隐患排查、“道路客运安全年”、“打非治违”、企业安全生产标准化建设、“安全生产月”及安全生产大检查等活动，建立完善安全生产和应急管理专家库，发挥专家在安全生产监督检查中的作用。加强公路工程、道路运输应急队伍建设，加强应急处置培训演练，强化应急管理，抓好洪灾应急抢险，抢通水毁地方公路。2015年，韶关市全年发生道路运输事故12起，死亡13人，受伤14人，与2014年相比，事故起数、死亡人数和受伤人数三项指标分别下降20%、30%和20%。工程建设、港口营运未发生事故。市交通运输局被交通运输部、公安部、国家安全监管总局评为2014年“道路客运安全年”活动成绩突出的市级管理机构。（钟　敏）

【武广高铁乐昌东站】 武广高铁乐昌东站北距郴州西站约82公里，南距韶关站44公里。项目总建筑面积4496平方米，总投资约2.5亿元。2015年7月，武广公司与广铁集团等单位召开武广乐昌东站建设协调会，明确武广乐昌东站由武广公司委托广铁集团建设。项目招标工作于12月16日开标，12月21日完成公示，中铁城建集团第二工程有限公司中标。12月30日开工建设，工程建设周期为一年。

（惠艳莉）

城市公共交通

【概况】 至2015年年底，全市有出租汽车企业16家，出租汽车1027辆，其中：市区有出租汽车790辆（含曲江区出租汽车100辆；纯电动出租车220辆；CNG油气两用出租车569辆）。全市有公交企业4家，车辆597辆，其中市辖三区有公交企业3家，车辆562辆，线路69条（城市公交车辆459辆＜含纯电动公交车121辆＞，线路45条；城乡公交车辆103辆，线路24

条）；南雄市有公交企业1家，公交车辆35辆，线路5条；2015年全市公交客运量6552.1万人次，其中市辖三区公交客运量为6410.4万人次。《韶关市区公共交通站场管理办法》发布，有效期5年。（傅悦舟）

【公交车管理】　新购纯电动公交车126辆。其中：韶关市公共汽车有限公司110辆，韶关市粤运汽车运输有限公司韶关汽车客运南站16辆。2015年更新简易站牌59个，修复公交站牌12个，建成港湾式站台站点9个，并结合市政道路改造调整站点21个站，完成迁移公交候车亭1座，拆除公交站牌7个，新增站点4个。2015年市区调整公交线路6条，开通39路碧桂园（凤凰城）凤凰山苑公交专线。按照省交通运输厅的统一部署，继续推广可全省联网使用的岭南通·韶州通公交IC卡。截至至2015年底，发行岭南通·韶州通公交IC卡317547张，使用岭南通·韶州通公交IC卡乘车2968.8万人次。（傅悦舟　潘伟飞）

公路交通运输

【概况】　截至2015年年底，全市有道路运输营运客车（不含公交车和出租车）1122辆、38645客位，营运货车6897辆、119606吨位。道路客货运输业户9239户，从业人员50961人，汽车维修业户1881户，汽车综合性能检测站9个，机动车驾驶员培训业户14户。道路客运线路358条，道路客运等级站20个，其中一级站1个，二级站8个，三级站1个。

【道路客运】　全市道路客运业户33户，其中班车业户28户。客运班车968辆，旅游客车154辆；高级车518辆，中级车563辆。客运从业人员11276人。客运站日均发3691班次，日均客运量39093人次。跨省客运线路103条，跨市线路108条，跨县线路43条，县内线路102条，全市道路客运线路日均发送2697班次。（傅悦舟）

【重点节假日运输保障】　2015年春运，市公路、铁路共运送旅客398.04万人次，其中公路客运322.62万人次，全市未发生较大以上事故。为2015年中国佛教讲经交流会，学生中考、高考，粤东西北地区乡镇事业单位专项招聘、省名特优新农产品评选推介活动韶关现场会等活动提供运输保障。高考期间，开展“爱心送考”活动，组织200辆出租车，免费送考生859人次。（宋早生）

【农村客运】　2015年，全市94个乡镇全部通客运班车，通镇客运线路158条；902个具备通车条件的行政村全部开通班车，农村客运车辆526辆，客位14267个；乡镇等级客运站10座，农村客运候车亭996个。

【道路货运】　道路货运业户9206户，其中危险品运输14户，普通货物业户9190户，从业人员12868人。营运载货车辆6897辆（个体3477辆）、119606吨位（个体28585吨位）。按种类分为货车4069辆、17190吨位（含危险货运运输车366辆、6723吨位），牵引车1459辆，挂车1369辆、44503吨位；按标记吨位分为大型车辆4026辆、114857吨位，中型车辆370辆、1346吨位，小型车辆2501辆、3403吨位。

【机动车维修与检测】　全市有一类汽车维修业户25户，二类汽车维修业户188户，三类汽车维修业户1058户，摩托车维修业户610户。全年完成维修量3578795辆次，其中整车修理291110辆次，总成修理245938辆次，二级维护821120辆次，专项修理2030117辆次，维修救援190510辆次。汽车综合性能检测站9个，全年检测车辆19651辆次，其中维修竣工检测9373辆次，等级评定检测3122辆次，维修质量监督检测3100辆次。

【机动车驾驶员培训】　全市机动车驾驶员培训机构14家，其中一级机动车驾驶员培训机构4家，二级机动车培训机构9家，机动车教练场经营业户1家。2015年机动车驾驶培训教学备案车辆1367辆，教练员1599人。全年完成机动车驾驶员培训51115人。继续推广应用驾驶员培训计时IC卡系统，全市1369台教练车全部安装IC卡计时管理设备。

【油补资金申报】　为2015年全市符合成品油价格改革补贴资金申报要求的公交车、出租汽车和农村客运、水路客运申报补贴资金4895万元。

【道路运输从业资格无纸化考试】　2015年参加道路运输从业资格培训并考试合格2490人。其中道路货物运输从业人员1489人，道路旅客运输从业人员210人，出租汽车从业人员287人，道路危险货物运输从业人员239人，道路危险货物运输装卸管理人员4人，道路危险货物运输押运人员261人。（傅悦舟）

【韶关粤运】　2015年，韶关市粤运汽车运输有限公司全年完成客运量2527万人次，同比减少17.8%；客运周转量137867万人公里，同比减少8.76%；客运收入21123万元，同比减少38.72%；交纳税金2937.48万元，同比增加3.35%；职工年人均收入47840.88元，同比增长3.46%；2015年投资174.59万元改造和建设客运站场；投资7757.6万元，更新和新增营运客车146辆，更新出租小汽车55辆；投入资金480万元安装车载视频监控、站场监控及GPS行车记录仪。截至2015年底，拥有营运客车816辆，出租小汽车390辆，教练车232辆。强化安全生产管理，实现安全生产，每百万车公里责任事故频率0.03宗，伤人率0.01人，死亡率0.03人，经济损失

率3884元/百万车公里，全部优于考核指标。（王伟清）

【韶关市汽车运输有限公司】 2015年，全年完成客运量568.55万人次，同比下降7%；客运周转量27174.69万人公里，同比下降6.5%；营运收入3549.44万元，同比下降7%；交纳税金156万元；全年未更新和新增营运客车。截至2015年底，拥有营运客车229辆，出租车180辆，所有营运车辆均安装GPS行车记录仪和车载视频监控。2015年每百万公里责任事故频率0.001，伤人率0.0003，死亡率0.0001，经济损失率100元/百万车公里。全部考核指标均优于考核标准。

（陈松南）

【新丰县汽车运输有限公司】 2015年，新丰县汽车运输有限公司企业质量信誉考核连续9年获得AAA。至2015年底，该公司有营运客车86辆，其中市际班线45辆，县际班线9辆，县内32辆，合计座位3032个。安全行车1001.4万公里，与上年同期对比下降0.98%；完成客运量112.6万人次，同比下降0.94%；完成客运周转量15001万人公里，同比增长0.99%。四项考核指标均优于考核标准。

（陈敏锐）

【治理车辆超限超载】 2015年，全市固定、流动治超检测车辆59934辆次，查处超限车辆2058辆次，卸载转运货物18338.4吨。其中梅花治超站检测车辆36180辆次，查处超限车辆1160辆次，卸载转运货物848.42吨，超限违章率3.2%；在全市13个流动治超巡查路段检查车辆23754辆，查处超限车辆898辆，卸载转运货物17490吨，超限违章率3.78%。夯实源头管理、落实治超责任制，源头检查、劝返超载车辆2176辆次。市区6家货运源头单位已安装远程视频监控系统。完善治超监控网络，推进乐广高速、韶赣高速、武深高速超限检测站建设。

【全市普通干线公路路域环境综合整治】 为迎接“十二五”全国干线公路养护管理工作检查，开展全市普通干线公路路域环境综合整治。对梅花超限检测站内外观形象、执法公示、站内设施进行规范化建设。2014－2015年，全市组织集中整治行动27次，摸查公路违法行为2270宗，结案2146宗，拆除违法建筑物、地面构筑物116处/12112.2平方米，拆除非公路标志1006处/6260平方米，恢复平面交叉道口436处/91.5米，拆除跨越和穿越公路管线21处/3331.6米，清理非法种植物119处/4628.5平方米，清理摆摊设点和打谷晒场440处/1217.3平方米，清理堆放物174处/1793.7平方米，处理其它违法行为270宗。（刘永刚）

【芙蓉新城韶关综合客运枢纽工程建设】 截至2015年底，完成全部基坑支护钻孔灌注桩、422条超前钻、320条工程桩、85%的基坑土方施工，正进行桩间土隔防护和锚索施工。累计完成建安产值约6600万元，完成投资约1.96亿元。（惠艳莉）

国省道公路管理

【概况】 2015年，市公路局加快国省道公路升级改造和芙蓉新城市政道路代建工作，提升国省道公路路况和服务水平，完成年初确定的各项目标任务。全市公路通车总里程达1.6万公里，公路网密度87.7公里/百平方公里；新增高速公路里程38公里（大广高速），高速公路通车总里程达491公里，实现“县县通高速”。

（丘志丹　马德才）

【大广高速新丰段建成通车】 大广高速公路是国家规划建设的重要高速公路路网之一，是大庆至广州重要的纵向高速公路。韶关新丰段全线38公里，北接连平，南联从化，途经新丰县马头镇、丰城街道办、梅坑镇，设马头、新丰两个互通，一个服务区，全线征地约300公顷。全线采用全封闭、全立交的双向六（八）车道高速公路标准，设计时速为100公里/小时。控制性先行工程于2012年10月开工，2013年7月25日全面开工，2015年12月31日建成通车。2015年投资14.5亿元，累计投资约49亿元。（冯艳梅）

【武深高速公路韶关段建设】 武深高速公路韶关段约155公里，投资估算金额约为219亿元。于2015年10月进入全面施工阶段。2015年度完成投资27.85亿元，占年度计划投资的175%。在韶关市境内土地征收总面积约1166.67公顷，房屋征收面积约66000平方米。2015年，完成土地征收约1146.67公顷，占比99%；完成房屋征收约61600平方米，占征收总面积的94%。

【汕昆高速公路翁源段建设】 汕昆高速公路韶关翁源段（经翁源县的龙仙、周陂、官渡镇）约47公里，投资估算金额约为47亿元。2015年10月进入全面施工阶段。2015年度完成投资8.35亿元，占年度计划投资的321%。在韶关市境内土地征收总面积约340公顷，房屋征收面积约24600平方米。2015年，完成土地征收约为255.2公顷，占比74%；房屋征收约22155平方米，占征收总面积的84%。

（刘清东）

【韶新高速公路前期工作】 拟建的韶新高速公路长约82公里（其中惠州市境内段约7公里），估算投资约120亿元。省交通运输厅同意韶关市按“PPP”模式引进社会资本投资建设本项目。项目的工可报告于2015年11月通过省交通运输厅组织的专家评审。已纳入省高速公路2015至2017年建设计划，确定为2017年新开工项目。

（宋早生）

【国省道公路升级改造】　2015年是“十二五”全国干线公路养护管理工作检查年，市普通国省道列入“迎国检”路面改造计划的工程项目共31项，总里程552公里（其中国道167公里，省道385公里），总投资约16.33亿元，其中中央补助约4.8亿元，省补助资金约6.5亿元，地方配套约需5.03亿元。本次国检市项目集中，虽然部、省补助资金及时到位，但5亿多元的缺口仍然比较大，市公路部门一方面通过优化设计，缩小资金缺口，另一方面，争取市政府的支持，筹措2.28亿元的配套资金（不含坪乳公路）。至2015年底，31个“迎国检”项目中，除2个项目受高速公路施工影响尚未开工建设外，其它项目基本完成。2015年11月1日至2日，交通运输部“十二五”全国干线公路养护管理工作检查路况检测组到韶关市进行路况检测，市受检国省道干线公路177.76公里全部通过检测，达到良好水平。以这次迎国检为契机，市公路部门抢抓机遇，主动作为，自觉服从服务于韶关发展战略与经济布局，将全市三分之一的国、省道干线公路路面进行升级改造，提高市国、省道干线路网路况质量与服务水平，改善市道路交通与投资环境，既给力韶关“大物流”、“大旅游”业的发展，也为沿线群众出行提供便利条件。

【市政道路代建】　根据市政府工作安排，市公路局负责芙蓉新城干线路网及芙蓉北路等市政道路的代建工作。2015年，市公路局负责代建的10个项目累计完成投资约4.32亿元。其中43号路、32号路二期、韶关实验中学周边道路、二十二号路已建成通车。

【日常养护管理】　督促养护单位对管养桥梁进行全面检查，发现病害及时处治，确保桥梁技术状况保持稳定。完成G106线李屋大桥、狗耳岭中桥、凉桥中桥等3座危桥的加固维修；S246线犁市立交桥加固维修工程，已批复施工图设计；S249线东田桥等6座桥梁处于施工前期准备阶段。注重小修保养工作，合理安排生产计划，督导养护单位落实预防性养护，加强日常巡查，及时修复水毁痕迹，完成G106线凉沙路段滑坡抢险工程，管养路段路况保持稳定。抓好渡口安全渡运。犁市、乌石渡口全年安全运营，共航行735小时，渡运9833航次，渡运各种机动车辆16989辆，船舶完好率100%。完成春运任务。立足于早筹划、早准备，在容易发生冰冻灾害的路段设置防滑等警示标志，就近备足材料、机械，施工路段做好安全保障措施，落实春运期间值班制度，保障春运期间局管辖公路的安全畅通。

【路政管理工作】　配合市交通行政综合执法局等部门开展普通干线公路路域环境综合整治行动，拆除违法乱摆乱放摊位148处，清理路障80立方米、非公路标志牌128块、广告标语345条，清理竹木15处，拆除平交道口5个、地面构筑物1座，打击公路违法行为，公路路域环境脏、乱、差、堵的现象有所改观。加大宣传力度，普及路政法律法规知识，增强人民群众爱路护路意识，营造和谐路政管理氛围。开展“路政宣传月”活动，悬挂宣传横幅25条，树立路政宣传牌19块，发放宣传资料3415份，利用巡查车巡回宣传30次，向沿线群众宣传公路法律法规166人次。宣传与整治并行，清理公路两侧堆积物21处、迁移线杆20处、拆除设置标牌23处，督促自行拆除违章建筑7处，拆除广告横幅200条、清理乱摆卖138处，清理路面污染1处，告知交通行政执法局案件113宗。完善便民、惠民措施，做好路政许可审批工作。印制2000份《韶关市公路局路政行政许可窗口办事指南手册》，发放到局属各养护单位，方便群众知晓办事流程，办理许可30宗，全部及时完成审批手续，未发生一宗投诉案件。

【年票征收】　截至2015年12月25日，累计完成收费1.83亿元，其中年票收费1.26亿元，坪石、南雄两收费站收费700.62万元，高速公路代收4982.44万元。加强年票征收宣传。利用电视、电台、报纸、多媒体、短信、横幅等多种形式加强宣传，增强社会各界自觉缴费意识。做好年票催缴工作。利用电话、信息、登报、上门走访运输企业等途径进行催缴，取得一

交通部路况检测组在国道106线翁源段检测（市公路局　供）

定的效果。贯彻落实上级政策，按规定做好节假日小客车免费通行工作。

【安全生产保持持续稳定】 树立安全发展理念，坚持“安全第一、预防为主、综合治理”方针，落实“一岗双责”制度，强化安全生产检查督导、隐患治理、宣传教育和应急管理工作，履行公路行业安全监管职责，防范和坚决遏制重大事故，实现全年责任死亡事故和工伤死亡事故为零的目标，保持全局系统安全生产形势的持续稳定。 （马德才）

地方公路建设与管理

【通自然村公路路面硬底化】 自然村公路路面硬化为2015年市政府承诺为民办的九件实事之一，完成576.80公里，完成投资1.73亿元。其中：浈江区完成9.15公里，武江区完成8.15公里，乐昌市完成113.14公里，南雄市完成147.72公里，始兴县完成30.01公里，仁化县完成42.46公里，乳源县完成44.88公里，曲江区完成43.35公里，翁源县完成104.13公里，新丰县完成33.81公里。

【地方公路桥梁改造与新建】 2015年全市完成农村公路新改建（含危桥、水毁桥）桥梁13座/690.237延米，在建9座/943.98延米，完成投资约4744.91万元。

【县乡道养护】 2015年县道（部分乡道）路面大修累计完成69.66公里，完成投资1.05亿。2015年韶关市管养的县道里程1840.23公里，列养率100%，年平均优良路面率88.4%；管养的乡村公路里程10913.81公里，列养率100%，年平均良好路面率79.5%。

【地方公路竣工验收】 2015年通过市、县级竣工验收的项目有：浈江区2座桥梁项目；武江区14.73公里通自然村公路路面硬化建设项目；曲江区2座桥梁项目；南雄市251.98公里通自然村公路路面硬化建设项目；仁化县83.353公里通自然村公路路面硬化建设项目；始兴县39.317公里通自然村公路路面硬化建设项目。

【农村公路工作任务绩效】 根据2015年全市农村公路工作完成情况及检查考核结果，评出先进县（市、区）地方公路站4个（始兴县地方公路管理站、仁化县地方公路管理站、南雄市地方公路管理站、曲江区地方公路管理站），先进道班21个，先进个人10人，养护之星10人。

【农村公路水毁】 因强降雨影响，2015年韶关市一度中断交通的农村公路有60条/83处，截至12月底已抢通58条/78处，仍未抢通2条/5处。坍塌方13.43万立方米/1307处，水毁路基1.66万立方米/4.5公里，水毁砼路面1.13万平方米，水毁挡墙2.53万立方米/176处，水毁桥梁24座/817.0延米，累计损失约4806万元。

（惠艳莉　吴悦嘉）

【交通工程质量安全监督】 至2015年底，受理全市交通工程监督项目36个，投资约8.13亿元。累计完成国省道建设项目170公里，县道大修建设项目166公里，大中型桥梁15座，重点水毁修复工程3批和农村公路项目的交（竣）工检测鉴定1个。开展在监项目专项监督抽检100余次，下发停工整顿通知（含停工令）9份。开展全市交通建设工程落实施工方案专项行动和深化“打非治违”专项整治工作，重点对高速公路国省道建设项目安全隐患进行排查和整治行动，全年排查出安全生产隐患100多处。加强对全市农村公路建设质量监督小组的人员业务培训，培训人数达60人次。强化对工地试验室的动态管理，完成工地试验室的考核备案16个。开展2015年韶关市在建交通工程项目主要原材料四个季度质量监督检查，涵盖国道7个项目，省道16个项目，县道7个项目，桥梁5座。

【造价管理】 2015年完成全市交通工程建设项目审查63个，其中概预算审查26项，决算审查7项，清单核备30项，审查总金额86亿元（含韶赣高速的决算审查），核减调整不合理金额5.2亿元。组织全市公路造价人员50人次参加继续教育培训和交通部的信用平台注册登记手续。 （熊　霞）

水路交通运输

【港口概况】 韶关港岸线2079米，已建成泊位61个，其中正常使用泊位数23个，堆场102519平方米，堆场容积445000吨，年货物通过能力570万吨。2015年韶关港年吞吐量为62.3万吨。

【港口企业】 港口企业6家，无危险品港口经营。其中中港合资企业1家，其余均为民营港口企业。港口从业职工330人，其中港口管理人员86人，专业技术人员151人，安全生产管理人员60人，后勤人员33人。港口装卸设备：吊机6台、铲车9台、输送机4台，吊机最大起重能力40吨。

【航运能力】 2015年，韶关市有航运企业16家。新建船舶90艘、160389载重吨。全市营运船舶831艘、84万载重吨、582客位、23.2万千瓦，其中货运船舶813艘、68.6万载重吨、21.0万千瓦。同比上年，船舶数量和载重吨分别增长5.7%、25%。

（刘洪亮）

【北江航道扩能升级工程】 北江航道韶关段长48公里，扩能升级工程长41.5公里，分两段建设，航道等级将由内河五级提升至三级，通航能力达

12 月 2 日，市委书记蓝佛安（左二）到新丰、翁源调研武深、昆汕高速公路项目建设情况（市交通局　供）

1000 吨级。其中乌石至佛山三水河口 217 公里（韶关段 7 公里）已于 2014 年底开工，主要是清礁、疏浚等航道整治；北江韶关至乌石段 34.5 公里，工程估算投资 21.63 亿元，于 2015 年 10 月 28 日开工，主要是在孟州坝和濛里水利枢纽新建 2 座二线船闸及其他航道工程，已完成投资约 4600 万元，预计 2017 年年底前完工。

航　道

【概况】　韶关航道局是隶属于广东省航道局的正处级参照公务员管理单位。按照省航道局的授权与分级管理原则，韶关航道局负责辖区航道及航道设施的维护、建设和管理等与航道有关的事宜。韶关市江河众多，现有大小河流 379 条，河道总长 15315 千米，主要通航河流有北江、浈江、武江、龙归（南水）河、锦江、滃江、新丰江、墨江、黄坑河、加昌水等 16 条，航道里程共 698 千米，其中航道维护里程 386 千米，定级为Ⅶ级以上的航道里程为 256 千米，共有水利枢纽 9 座，跨河桥梁 38 座。

【航道养护管理】　执行《内河航道维护技术规范》，制订《春运保通航实施方案》《枯水保通航实施方案》《防洪应急救援预案》等。全年清障工程量 75416 立方米，航道标准水深保证率实现 100% 达标，辖区航道通航条件得到改善，辖区航道安全畅通。

【航标养护管理】　执行《广东省航道局航标维护管理办法》等航标维护管理制度，航标标位准确，颜色鲜明，通视良好，外形尺寸符合标准要求。航标管理逐步采用图表化进行管理，实现航标器材通用化，备用航标器材符合省局规定。全年，航标维护工程量达到 89283 座·天，航标维护正常率为 100%，航标质量合格率为 100%，完成上级下达的工作任务。

【北江航道扩能升级先行工程开工】加强航道专项工程管理，抓好规划和项目建设工作。投入航道专项经费 260 万元，用于改善航道通航条件、加强航道基础设施建设和航道专项工程。按照《广东省航道局养护维修工程管理办法》做好专项管理工作。北江（韶关至乌石）航道扩能升级工程完成初步设计及先行工程的施工图设计。前期工作稳步推进，先行工程于 2015 年 10 月 28 日开工。在北江扩能升级工程开展的同时，市航道局“十三五”北江扩能升级上延工程规划将千吨级航道延伸至始兴港及乐昌港区。配合中铁港航设计院做好北江联通湘江和北江联通赣江的前期调研工作。

【船舶管理】　加强船舶的日常管理工作，执行值班制度，按规定进行三级保养，保养责任落实到人，做到船舶“三清、四元、四不漏”（三清：设备、地面、门窗墙壁清洁；四无：无油污、无杂物、无松动、无积浆；四不漏：不漏油、水、电、汽）。船舶的各种设施处于正常的技术状态，船舶优秀率 100%，完好率 100%。船舶管理方面全年无发生违章操作、违章指挥、违反劳动纪律现象，无发生海损、机损等事故。航行日志、轮机日志的填写，做到详细、齐全、准确。船舶技术档案按照特级档案要求建档，船舶技术资料比较齐全完整。新建 1.5 吨航标工作船 1 艘。

【航道行政监管审批】　落实航道行政监管职责，加强航道保护。坚持每月不少于一次对辖区航道进行航政行政巡查，及时发现破坏航道及其设施的违章行为；加强对水电站通航设施建设情况进行跟踪处理；加强对乱采乱挖河砂的现象进行协调处理，对采砂船在航道乱采乱挖现象和破坏航道的行为进行制止；继续加强对跨、临、拦河建筑施工建设的监督。办理韶关市饮用水源取水点调整工程原水管道过武江河段施工许可和新白线龙归河大桥跨越龙归河等行政审批，并发布航道通告；对韶关供电局的韶关 220 千伏华电南雄“上大压小”热电联产项目接入系统工程跨越有关航道、广东广乐高速公路有限公司建设管理处的乐昌至广州高速公路坪石至樟市段韶赣北连接线浈江特大桥设置专用航标、乐昌至广州高速公路坪石至樟市段乐昌互通连接线武江大桥设置专用航标等涉航建设项目等事项进行函复。全年完成行政审批事项20宗，航道行政巡查4100公里，现场监管施工项目105次。全年行政审批工作规范、有序，未发生违章审批或超期限审批现象。规范专用航标审批管理，对广乐高速6条跨河桥梁、市公路局8条国、省道跨河桥梁的专用航标进行审批。

【航道安全航行管理】 宣传“安全第一、预防为主、综合治理”方针，落实各项安全生产工作任务。投入安全生产经费约20万元，用于开展安全生产宣传教育活动、应急演练、安全隐患排查整治等，以及乳源航道站安全隐患综合整治等工作。坚持“谁主管、谁负责”和“管生产必须管安全”的原则，层层落实安全生产责任制，建全安全生产管理机构。开展突发事件风险隐患排查和整改工作、“打非治违”和专项整治行动和安全生产隐患排查治理攻坚行动等活动，持证上岗和未设桥涵标桥梁等问题得到落实，改善航道通航条件和生产作业环境，保障辖区航道安全畅通。围绕“平安交通、为您服务”为主题，开展安全生产月活动，制作安全板报1幅，张贴安全生产宣传画3套，张贴安全宣传标语20条，张拉横幅4条等，加强活动宣传，组织开展船舶安全应急应变能力演练和新《中华人民共和国安全生产法》宣贯培训工作，提高船员应急能力，普及安全生产法律知识，强化责任意识。

【蓝佛安调研航道扩能升级】 2015年10月14日，韶关市委书记蓝佛安在市航道局局长季强的陪同下，率队调研航道扩能升级工作。北江航道扩能升级工程是广东省打造黄金水道的重要举措，是发挥韶关水运优势，加快区域协调发展的重大民生工程，对提升韶关区位优势、招商引资、产业升级都有积极意义。蓝佛安一行从市区浈江、武江交汇处乘船顺流而下，途经孟洲坝到白土，沿途了解北江水域管理、孟洲船闸规划建设、航道扩能升级项目等工作进展情况。他强调要认证航道扩能升级工作，加强三江综合治理工作，加快北江航道建设进度，不断提升北江水运能力，将三江六岸打造成韶关市又一道旅游风景线。

（王　雷）

2015年10月，韶关航道局参加广东省交通运输行业第二届“法治交通”暨《航道法》知识竞赛荣获“三等奖”（陈少龙　摄）

海　事

【机构概况】 韶关海事局成立于2000年11月，为广东海事局驻韶关的分支机构，是韶关市水上交通安全监督管理主管机关，依法履行通航管理、船舶登记、防止船舶污染、船员考试、评估、发证、水上事故调查处理、水上搜寻救助等职责，依授权开展船舶及水上设施检验等工作。有6个内设机构，2个处室办事机构（政务中心、海巡执法支队），2个派出机构（韶关曲江海事处、韶关浈武江海事处）。

【通航管理】 2015年，辖区未发生水上交通事故。全年审核水上水下活动24宗，为涉水活动提供通航安全保障。全年组织涉水单位开展应急演练7次，提高应急反应能力。

【船舶管理】 全年实施船舶所有权登记657次、新设立抵押权105次、核定船名211艘次、审查船舶识别号86次。进行船舶航次签证和短期定期签证8275艘次，实施船舶安全检查532艘次。2015年，推进海事监管模式改革，推广应用电子签证，参与北江流域海事现场监管与规费现场稽查模式改革试点工作。落实客渡船舶监督管理活动要求，吸取“东方之星”客轮事故教训，对辖区渡口展开拉网式检查，张贴和宣讲“渡运十大危险行为”海报，督促地方政府落实安全管理主体责任。贯彻2015年广东省渡口渡船安全管理工作电视电话会议精神，加强与市安监局沟通，向市委、市政府进行汇报，将渡口渡船安全管理纳入安全生产责任制年度考核。组织学习船舶登记工作新规定，配合佛山片区检查组完成船舶登记质量监督检查工作，增强船舶登记岗位人员的风险防控意识，促进韶关海事局船舶登记质量的提高。组织开展船舶安全检查工作，确保船舶适航、船员适任。

【巡航管理】　全年巡航4011海里，巡逻23469公里，发送预警信息3700余条。在节假日及寒潮大风、枯水期、台风等季节性灾害天气加强对景区旅游船、乡镇客渡船等现场监管，做好盯防叮嘱工作，促进辖区水上交通安全。

【航运公司管理】　结合“航运公司管理系统”的运用，开展航运公司安全与防污染监督现场检查13次，发现整改安全与防污染缺陷47项。做好佛山审核管理片区检查工作。韶关海事局选派人员全程参与检查，并做好到韶关检查的组织和后勤保障工作，检查顺利完成。主动走访新成立的航运公司，传达上级航运公司安全与防污染管理的文件要求，帮扶新建航运企业尽快适应安全与防污染管理模式，提升公司安全管理水平。

【船员管理】　全年实施船员培训监督检查25次，船员服务机构监督检查1次；组织船员考试32期，参加考试472人；受理船员证书申请2399件，核发2269件（其中，船员服务薄158件，适任证书146件，基本安全培训156件，最低安全配员证书780件，其他培训、考试1029件）。2015年，按照广东海事局部署安排，开展内河船员管理年活动。开展船员履职监督检查，提高水上从业人员的履职意识、安全意识和专业技能。根据省政协《关于加强广东海员队伍建设的提案》的意见，配合做好省航海院校推广海员就读及就业政策宣传工作。做好船员培训监督，按规定开展检查，跟踪缺陷整改，确保培训符合要求，把好船员培训质量关。落实船员培训考试计划要求，每月初公布整月的船员考试安排，确保船员培训和考试机制运行。推进“绿色船员保障基地”品牌创建活动，组织船员服务单位开展船员考试承诺工作，开通品牌创建官方微信，举办船员服务宣传、船员培训公开课等活动。

5月14日，韶关海事局与气象局签署合作备忘录（韶关海事局　供）

【船舶检验】　全年检验船舶929艘次，其中建造检验45艘次，营运检验727艘次，客渡船87艘次，总吨411701，额定功率177512.79千瓦；检验船用产品55批次，审查图纸36批次。全年组织2期船厂焊工考试培训班，80人参加考试。2015年，推行周期检验服务机制，落实定期沟通协调会，建立船检远程监控系统，确保造船质量，提高检验效率，树立“建造快、工艺精、质量好”的韶关“绿色造船”品牌；开展“2015船舶营运检验专项检查”工作，做好与船东的沟通解释，促使船舶保持安全航行所需技术条件，保证水上运输环境的持久稳定。本着对生命负责的态度，做好涉客船舶检验工作，坚决杜绝客渡船、旅游船“带病航行”。

【危险品与防污染管理】　开展船舶燃油质量专项检查活动，结合船舶安全检查，共抽样并送检16艘次。做好防污染文书的发放。审核申请资料，核发船舶防污染文书，并按一船一档的原则做好归档。全年签发《船舶油污应急计划》105艘次，《船舶垃圾管理计划》105艘次、《油类记录簿》105艘次、《垃圾记录簿》105艘次。

【专项行动】　组织开展“北江流域岁末年初水上交通安全集中检查行动”“安全生产月”“韶关海事局岁末年初安全生产大检查”“平安交通创建”“韶关市水上交通领域非法运输专项整治”等一系列专项活动，及时制定活动方案，与地方政府及相关职能部门开展联合执法工作，做好工作总结和经验提炼，确保辖区安全形势的稳定。

【水上安全文明创建】　韶关海事局加强安全监管、做好渡运服务，开展水上交通安全进乡村、进渡口、进校园活动，“绿色渡运通道”实现全年全市渡运安全无事故；开展文明旅游创文宣传、游船应急演习和船员知识更新培训等活动，打造“丹霞绿色文明航区”，擦亮安全舒适环保的“水上丹霞”品牌。2015 年，韶关海事局团支部被评为 2014 - 2015 年度广东海事局先进团组织，局船舶检验处获评广东省青年文明号，局财会处被授予 2014 年度韶关市“巾帼文明岗”荣誉称号。

（李成军）

韶关火车东站

【概况】 韶关东站全称是广深铁路股份有限公司韶关东站，是广深铁路股份有限公司广州车务段管内唯一的一等区段站，车站站型为双向纵列式一站二场，韶关东场中心里程为京广线 K2048 + 248 米，韶关直通场的中心里程 K2051 + 630 米。南与马坝站，北与黄岗站、赣韶线的腊石坝站相接，主要办理粤北地区、赣南地区大部分的客运业务；列车中转技术作业（机车换挂、列检、商检作业等）；部分直通、区段、摘挂货物列车的解编。韶关东站现有职工 560 人，设运转、客运 2 个车间和 1 个综合后勤班组。韶关东站办理营业的旅客列车共 64.5 对 129 列，其中直通营业旅客列车 48.5 对 97 列，管内营业旅客列车 16 对 32 列。2015 年全年各项任务指标完成为：发送旅客 323.2 万人，比 2014 年减少 20.4 万人；客运进款完成 2.66 亿元，比 2014 年减少 0.27 亿元。

【站场和信号设备】 韶关东站现有韶关东和韶关直通场两个信号楼，信号联锁设备均采用 TYJL - II 型微机联锁设备，接发列车作业采用 TDCS 调度信息管理系统。韶关东调车场驼峰区采用 TW - 2 进路控制系统和 TDJ 可控顶调速系统。现在车管理和货运管理均采用 TMIS 系统；到发场 2 个，其中韶关东到发场有 11 股道，韶关直通场到发场有 8 股道；调车场 2 个，其中韶关东调车场有 7 股道，韶关直通场调车场有 5 股道，两场间设有场间联络线 1 条，走行距离为 923 米。

【管理职责落实】 实行大站带小站的管理模式，车站、车间的管理职能进行划分和明确，对部分管理人员进行调整。车站督促指导所属运转、客运两个车间和综合后勤组对台账、规章、文电、预案、应急处理预案、各项管理制度和办法进行清理、完善和补强，建立较为完善的管理制度和办法，规范和统一台账的设置。结合岗位实际，修订和完善“三书一卡”，开展标准化车站创建工作，补强车站基本制度和管理办法，落实定置管理，规范岗位作业行为。

【春运、清明等节日期间保畅通】 2 月 26 日该站发送旅客 1.5 万人次，返程客流高峰持续，主要是南下广州、东莞、深圳等珠三角地区的返程客流。2 月 19 日至 26 日，该站安全发送 11.2 万人次，比上年增加 6000 人次，增长 5.6%。正月十五后形成另一轮客流小高峰。清明节小长假 3 天，韶关东站共安全发送旅客达 6.1 万人次，比上年同期增长 5.2%。春运清明期间为应对返程客流高峰，车站方面每天加开行 4 趟始发广州、深圳的临客，十一期间韶关火车东站增开 6 趟始发临客，方便市民出行。通过增开售票窗口、延长售票时间、增设自动取票机等措施，方便市民购票；加强旅客的购票、候车、乘降组织工作，在站台、天桥、地道等关键部位加派人手把关，确保旅客出行安全；春运期间每天组织 30 名青年志愿者和 20 名休班党员为旅客提供优质的志愿服务。春运、清明期间韶关东站的列车运行和旅客候车、乘降安全有序，没有出现列车大面积晚点和旅客滞留的现象。

【强化安全思想教育】 全年围绕春运、暑运、安标线建设、安全风险管理、劳动安全专项整治、防暑降温等中心工作，采取各种形式，加强职工“安全第一”的思想教育，开展“适应新常态，把握新机遇，争创新贡献”教育活动，强化“三点共识”和“三个重中之重”的认识，强化“三个不动摇”思想。贯彻落实铁路总公司、集团公司、车务段等各种会议精神，开展安全大检查和各项安全专项整治活动，加强职工安全责任和事故案例教育，结合车务系统发生的行车和劳动安全事故，开展事故教训和安全大检查、大反思宣传教育，利用板报、横额等宣传工具进行宣传，增强干部职工忧患意识、危机意识和责任意识，

落实作业标准，确保运输安全（韶关火车东站 供）

使广大干部职工树立“安全第一”的思想。

【打造优美的职场环境】　按照安标线建设的进度安排，协调各方，组织好安标线的建设。完成站台南头至韶南直通场区间的路基设备整治、站场路肩硬化、栏栅改围墙、挡墙新建、水沟加盖板、站台线间铺设步行板等工作；新信号楼、办公楼7楼会议室、原综合办办公楼、旧运转楼进行装修改造；铲除客运的天桥外墙的马赛克，站台雨棚进行补漏，行包房的消防通道铺设地面砖；各办公场所安装标准化、规格化的标示标牌，办公楼电线路完成入盒。各岗位办公设施完成更新，安标线工程的实施，使车站各岗位的生产和作业环境得到明显改善。

（罗春辉）

武广韶关站

【概况】　武广韶关站位于韶关市武江区芙蓉新城，距离韶关中心城区约16公里。车站毗邻韶关大道，背倚芙蓉山，东临北江水，整体外观雄伟壮丽，站房外形设计取自古代关驿的城门形象，采用石材墙体与玻璃幕墙结合。韶关高铁站的建成，分担京广普速铁路线的压力，使得韶关市进入到广州一小时经济圈，更加便利城市与城市之间的交流、联系、发展。随着韶关旅游资源火爆，韶关高铁站作为游客往来的首选交通工具，运送大批港、澳同胞乃至国外游人，为韶关旅游城市的创建提供交通运输支持。

【运营情况】　韶关站办理营业列车达113列/日，其中上行65趟，下行47趟，另有高峰时段开行列车9趟，日均输送旅客近6000人次，单日最高峰发送旅客达1.1万人。2015年全年，韶关站发送旅客216.4万人，同比上年增长7%。

【安全生产】　韶关站结合本站工作实际，不断优化旅客乘降流程，研判安全风险源，强化基础管理，营造车站安全生产标准化氛围，发展出具自身特色的企业文化氛围。其自行创建起“九个一”安全屏障工程（喊响一句班组口号、提出一句工作格言、总结一项不足之处、采纳一条合理建议、开展一堂辅导讲座、组织一项阳光活动、安排一次特殊帮扶、举行一次应急演练、开展一次优秀评比），以此加强车站文化建设，实现职工在安全生产当中由被动执行变为内在涵养使然的主动行为。完成全年各阶段节假日旅客运输高峰的重点工作，保持高铁站旅客运输工作的安全稳定。

【服务旅客亲民便民】　车站为塑造运输企业窗口形象，不断提升服务质量，践行“以服务为宗旨，待旅客如亲人”准则，成立起“党员‘四问’服务队”，做到“问好、问答、问责、问忧”，满足广大旅客对运输行业更高一级的需求，实现旅客满意度、高铁社会形象的提升。做到“帮一帮、扶一把”。对携带大件行李及有随行儿童的旅客，车站要求工作人员做到自觉主动给予帮助，为旅客的出行提供便利。开设“绿色”通道。车站除设有无障碍购票窗口、无障碍电梯、无障碍厕所外，给予特殊旅客提供更为贴心的服务，如提供轮椅、担架，提前进站候车，护送上站台乘车等。提供旅途便利物品。在车站候车室服务台，设有便民箱，箱内放置有针线盒、充电器、创可贴、风油精、封箱胶、剪刀、记事本及圆珠笔等，同时为方便广大旅客，车站还联系有关部门、企业，在车站设立自助手机充电服务台、免费电话、自助饮料机等设备设施，方便旅客予用予取。提供“找回”服务。在日常的运输工作中，有不少旅客因大意，将行李、钱包、手机等物品甚至老人、小孩遗留在车站、车上。每当有类似情况发生，车站工作人员都会多方联系，帮助查找。　（唐　维）

4月4日，韶关站发送旅客13995人，创下开站以来单日发送旅客历史最高记录（韶关站　供）

邮政·通信

邮政管理

【机构概况】 韶关市邮政管理局于2012年9月14日正式批准成立，是广东省邮政管理局和韶关市人民政府双重管理的中央国家行政机关直属机构，设立办公室、普遍服务科（机要通信科）、市场监管科，编制为10人，主要职责是研究拟订本地区邮政发展规划；监督管理本地区邮政市场以及邮政普遍服务和机要通信等特殊服务的实施等工作，保障邮政通信与信息安全。

【邮政行业】 2015年，全市邮政企业和快递企业业务总量完成3.94亿元，同比增长21.99%；业务收入（不含邮政储蓄银行直营业务收入）完成4.16亿元，同比增长16.38%。其中，快递企业完成快递业务量745.55万件，同比增长35.68%；快递业务收入完成1.31亿元，同比增长45.78%。。

【快递服务】 2015年，全市邮政快递寄递企业20家，下属分支机构64家，服务网点213个，拥有EMS、顺丰以及“四通一达”、联邦快递等20多个中、外快递品牌，各型运输配送车辆1100余辆，从业人员2538人。2015年“双11”期间全市快递业务量快速增长，快递处理量再创新高。11月11日至20日，市快件处理量突破174万件，同比增长63%；日均处理量超过17万件，同比增长33.57%，超过日常处理量的2倍；单日处理量超过21万件，较上年峰值增长61.53%。

【市政府工作报告首提快递业】 在2015年2月3日召开的韶关市第十三届人民代表大会第五次会议上，市长艾学峰代表韶关市政府作的政府工作报告中首提促进快递业发展。这是韶关市快递业发展内容首次出现在政府工作报告中，体现韶关市政府重视快递业发展，体现快递业在服务民生方面作用日益凸显。

【重点推进全市空白乡镇邮政局所补建工作】 2015年，针对新韶补建局（所）所用商铺购置手续工作，市邮政管理局多次走访市住建局、代建局等相关部门，协调跟进工作进展，形成空白乡镇邮政局所补建工作情况专题汇报提交市政府，争取市政府的支持。对于补建工作中出现的新情况、新问题研究对策，与邮政企业保持沟通和指导并得到解决。

【推进各类财政专项资金项目重点工程建设】 为加快国家和省级专项资金项目建设进度，市邮政管理局组织召开专题工作推进会，专门下发项目督办通知，加强西部和农村邮政普遍服务及邮政机要基础设施工程建设情况的现场监督检查；组织邮政企业开展2015年度省级专项资金项目申报，与市财政局联合下发《关于下达韶关市2015年度广东省邮政基本公共服务均等化专项资金的通知》，及时完成项目资金的拨付手续。

【组织开展邮政普遍服务执法检查】 重点检查企业是否逾越两条“红线”、邮政普遍服务营业场所是否规范合标、纪特邮票销售是否公开透明、机要通信是否保密安全、邮政寄递渠道是否执行收寄验视确保安全畅通等。2015年，检查邮政营业场所79个，机要网点18次，信报箱3149户，报刊亭23个，累计出动检查379人次，下发责令整改通知书9份，督促邮政企业改善、提高普遍服务水平。部署全市邮政行业“扫黄打非”专项行动，对全市邮政报刊亭开展专项整治。组织邮政特邀监督员开展社会监督活动610人次，反馈监督报告636份，监督网点390处，走访用户387人，提出建议和意见36条，履行监督职责。

【安全监管】 与全市邮政、快递企业签订《2015年韶关市邮政行业安全生产责任书》，建立安全月报、安全台帐制度，统一编制发放《韶关市快递企业安全管理指导手册》《韶关市快递企业安全生产管理台账》等四册共300多套。联合公安部门开展从业人员背景审查工作，排查隐患。联合市综治办、市公安局等多部门推进“3个100%”工作落实，通过主要媒体发布公告、制作宣传品向全体从业人员和市民免费发放等方式，营造舆论宣传氛围。联合市公安局治安管理、禁毒支队开展300多人次全市邮政行业安全培训，重点解读《企业事业单位内部治安保卫条例》，制作并发放《与死神共舞》光盘及禁毒宣传手册一批。各企业加强内部安全管理，落实安全员制度，成立内部安全机构，制定并上报突发事件应急预案，安全监管工作逐步规范。开展安全生产专项检查。2015年，出动邮政、快递市场检查286人次，检查企业125家，下达书面责令整改通知26件，约谈告诫6件，作出行政处罚1起，并对执法检查情况进行通报。

【做好服务保障工作】 为确保重大节日、“双十一”期间“全网不瘫痪、重要节点不爆仓”，采取措施，确保全网运行稳定。建立健全业务监测的预警机制，督促企业增加人力物力、强化指挥调度、提升服务能力，提前做好应对准备。深入企业生产一线，指导企业做好服务保障工作，处理各类矛盾纠纷。督促企业加强对车辆运输、现场作业的安全管理，严防发生重特大安全生产责任事故。

【快递企业登记备案管理】 开展快递末端网点登记备案工作，制定并印发《关于开展全市快递末端网点备案工作的通知》，各企业末端网点登记备案工作推进。做好年度报告初审及延续、换证和许可现场核实工作。对全市13家快递法人企业2014年的年度报告材料进行初审并通过省邮政管理局复核。做好企业许可证的延续和换证工作，配合做好快递业务经营许可现场核查工作。

【编制韶关市邮政业发展“十三五”规划】 2015年，年初合理将规划编制经费纳入局财务预算，确保局“十三五”规划编制工作的进行。制定下发通知，成立韶关市邮政业发展“十三五”规划编制领导小组及编制规划工作组，下设规划编制工作组。委托韶关学院新兴产业研究院合作规划编写工作。组织开展前期重大问题研究、讨论，多次前往企业开展课题调研，开展现场论证，明确发展目标、重点工程、主要工作。加强与《韶关市国民经济和社会发展第十三个五年规划纲要》《韶关市综合交通运输“十三五”发展规划》等地方规划的衔接，争取纳入韶关市“十三五”规划目录统一发布，助力韶关邮政业发展。

【建立寄递安全管理工作联席会议制度】 2015年3月，市邮政管理局联合市综治办、市公安局、市交通运输局、市工商行政管理局、市国安局、韶关海关等七部门建立全市寄递安全管理工作联席会议制度，联席会议办公室设在市邮政管理局。经多方协调，市综治办下发《关于贯彻落实中央综治办等九部门<关于加强邮件、快件寄递安全管理工作的若干意见>实施方案的通知》，完善工作协作机制，指定专人负责，明确各相关部门职责分工，建立跨部门寄递渠道安全管理责任体系，协同作战，形成合力，从源头上治理利用邮件、快件寄递的违法犯罪行为。

【做好“两项审批”及备案宣贯工作】 根据《国家邮政局关于做好下放邮政普遍服务两项行政审批事项有关工作的通知》精神，撤销提供邮政普遍服务的邮政营业场所审批、邮政企业停止办理或者限制办理邮政普遍服务业务和特殊服务业务审批（以下简称“两项审批”）自2015年4月1日起，已正式下放至市邮政管理局。为做好行政审批及备案的承接工作，市邮政管理局对外部署落实，对内加强学习研究，确保该项工作有序实施。制定并下发《韶关市邮政普遍服务“两项审批”及备案事项工作程序》至邮政企业，召集市、县邮政公司分管领导及有关部门负责人开会，说明审批和备案事项的工作程序及注意事项，要求市公司重视，加强自律，强化网点管理，自觉学法、知法、守法，不触碰法规“红线”，保障邮政普遍服务质量不降低。局内开展专题学习会，结合过去省局的审批案例对审批流程进行细化讲解，并对有关的处罚规定和裁量标准进行学习，提高执法人员依法行政的能力。

【省政府调研组调研韶关农产品电商配送体系建设】 2015年7月，省邮政管理局副局长何青率专项调研组到韶关，就“快递下乡、建立发展农村物流配送体系服务农村电商”开展专题调研，与韶关市邮政管理局、邮政公司、快递企业及行业协会代表进行座谈，实地考察韶关农产品电商发展情况。座谈会上，各企业代表围绕加强邮政快递配送能力建设、发展农村物流服务农村电商发言，对市快递发展及快递下乡工作中存在的困难和问题提出意见和建议。市邮政公司就实施“十百千”工程，培育发展服务农村电商作专题汇报，得到调研组的肯定。调研组一行还先后到市邮政公司电商产业园、翁源农村电商基地进行实地考察，深入了解当地邮政企业、快递企业服务农村电商的情况，听取企业代表的意见建议，调研成果丰富。

【部署抗日战争胜利70周年纪念活动寄递渠道安全保障工作】 2015年8月18日，市邮政管理局组织辖区邮政及15家快递企业主要负责人召开抗日战争胜利70周年纪念活动寄递渠道安全保障工作会议，强调做好活动期间寄递安全与服务保障工作。会议传达国家局、省局关于抗日战争胜利70周年纪念活动寄递渠道安全保障工作的会议精神，印发韶关市《抗日战争胜利70周年纪念活动全市寄递渠道安全保障工作实施方案》并进行具体部署，与各企业签订《韶关市抗日战争胜利70周年纪念活动等重大活动期间寄递安全和服务质量承诺书》，给各企业及其分支机构和网点发放《韶关市快递企业安全管理指导手册》《韶关市快递企业安全生产管理台账》《韶关市快递企业分支机构（网点）安全生产管理台账》等并对填写要求进行解读。

【韶关市快递行业协会党支部成立】 2015年11月20日，韶关市快递行业协会召开第一次党员大会，选举并产生市快递行业协会党支部第一届委员会，韶关市快递行业非公企业全体党员参加。市邮政管理局党组重视行业非公党建工作，多次与有关部门协调联系有关工作。韶关市快递行业协会党支部的成立，是韶关市加强非公有制行业基层党组织建设，扩大党在快递行业的覆盖面和影响力的举措。

【推动“快递下乡”工程】 2015年，快递企业在乡镇网点从年初的43个增加至的68个，覆盖率从46%增至73%，为推进快递下乡工程奠定基础。了解乡镇网点布局，收集租金、车辆费用、人工成本、每日快件进出口量、经营收入、从业员工等基本情况，建立全市基础数据库。了解企业在乡镇、农村提供快递服务的情况和企业的意见和建议。与本地农贸企业进行交流，了解韶关特色农产品的快递物流服务需求。主要快递品牌企业抓住机遇，转变经营方式，整合优势资源，提高服务能力，促成本地部分特色农产品与快递企业服务合作，拓宽本地特色农副土特产品流通渠道。主要快递企业寄递特色水果800多吨，始兴杨梅、枇杷、乐昌九峰桃、翁源三华李、鹰嘴桃等特色水果一度成为网购热销新产品，“农快”实现双赢，快递企业在开展快递下乡工作的主动性得到发挥。市邮政公司发挥资金流、信息流、实物流“三流合一”央企优势，探索利用邮政局所及“村邮站”等普遍服务设施，以“互联网+农产品”为载体，启动邮政农村电商“十百千”战略工程，助推南雄市入围2015年全国农村电商示范县。“快递下乡”工程为推进农村经济发展做出贡献。

【快递业务员职业技能鉴定考试】 为提升快递企业从业人员的整体素质和技能水平，满足快递企业对职业技能鉴定的需求，2015年市邮管局组织4次快递业务员职业技能鉴定考试。在5月、8月、10月和12月组织初级快递业务员职业技能鉴定考试，在5月组织高级快递业务员职业技能鉴定考试。全市有63人参加，42人通过，通过率为66.7%。（王　丹）

邮政企业

【概况】 中国邮政集团公司韶关市分公司（以下简称韶关邮政）原名为韶关市邮政局。韶关邮政位于韶关市浈江区风采路3号，是一家肩负着全市邮政通信建设、运营与管理的现代服务企业，下辖市营业局、曲江、乐昌、南雄、仁化、始兴、乳源、翁源和新丰9个县（市、区），邮政局及商函广告局（下挂名信息中心）、集邮公司、电子商务局、报刊发行局、机要通信局、邮区中心局、投递局等7个直属单位。2015年，仁化县分公司城口支局投递员曾祥伍勇救落水儿童，于9月20日获评韶关市第五届道德模范提名奖。乳源县分公司投递员张勇抓歹徒获评2015年第三季度“韶关好人”表彰。

【蓝佛安肯定韶关邮政助力本地经济】 6月18日下午，韶关市委书记蓝佛安一行到韶关邮政电子商务创业园进行考察调研，对园区建设、入驻企业运营情况进行了解，并听取韶关邮政总经理何建军的专题汇报，对韶关邮政促进电子商务发展给予肯定。他认为韶关邮政切入本地经济热点，为韶关的发展进步做出贡献。

【与南雄市开展电子商务战略合作】 为加速“快递下乡”，发展农村电子商务，在市邮政管理局和市商务局等政府部门的推动下，10月16日，南雄市人民政府与韶关市邮政分公司举行关于创建全国电子商务进农村综合示范县（市）项目战略合作签约仪式。双方本着“政府主导、企业运作、互惠互利、共同发展”的原则，明确农村电商发展途径、健全农村快递网络建设、改善快递业和电子商务发展环境的目标，在物流配套、农产品上线、电商培训、创业就业、农村电商服务站建设等领域开展合作，确保推进“快递下乡”与农村电子商务协同发展取得实效。此次战略合作，是政企双方推动党中央、国务院关于“互联网+”行动和“大众创业万众创新”政策的落地体现，促进经济社会发展与邮政企业加快转型升级。市邮政公司利用邮路、物流运输、包裹、金融资源等方面的优势，为该项目提供电商平台搭建、创业园建设、打通农村物流“最后一公里”、培训、人才等方面的支持，打造集“网络代购+平台批销+农产品返城+公共服务+普惠金融+物流配送”为一体的邮政农村电子商务服务体系，共同解决由乡镇到村“最后一公里”物流“瓶颈”问题。

【粤北首个特色主题邮局开业】 5月25日，经过改造转型，中国邮政集团公司广东省韶关市分公司西河邮局“喜邮记”主题邮局开业，成为粤北地区首个特色主题邮局。“喜邮记”主题邮局是一家多功能邮政营业厅，主要功能分区包括：看书吧、柔软时光—慢递服务区、封片卡展示区、集藏展示交易区、爱情邮局和创意产品区等。该主题邮局定位为韶关邮政乃至韶关市首个邮务转型的标杆示范网点，是向全市客户展示邮政各专业业务的全新平台，让客户体验主题邮局的独特魅力和邮政文化的内涵。特色有新引进的微信打印机，现场微信打印照片。只要扫描“喜邮记”微信公众号，发送照片，回复验证码即可现场拍照，现场打印，现场寄递给亲友。凸显情

“喜邮记”开业以来，以其新颖的布展，吸引到店的市民前往（韶关邮政　供）

感服务价值的慢递，帮助人们在指定的时间投递愿望，通过时空的延伸寄托未来的希望。文化大餐 + 思想风暴的创意：读者可以免费阅读铺满整扇墙面的书柜。受理图书零售、订阅、团购等业务，还将开办新书发布、学者讲座、文化沙龙等文化活动。创意产品区不仅汇聚着新奇的产品，汇聚着全国各地的创意思想、产品。

【2015 广东省一框集邮展览在韶举办】 为纪念中国人民抗日战争暨世界反法西斯战争胜利 70 周年，提升广东集邮发展水平，促进集邮文化的普及与提高，8 月 15 日—18 日，韶关 2015 广东省一框集邮展览于韶关市博物馆开幕。这是韶关有史以来规模最大、规格最高的一次集邮展览，也是广东集邮本年度最大的盛事。同时开放珍邮馆与抗战主题馆两个展馆，共展出集邮展品 236 部 275 框。《全国山河一片红》《半白日图邮票》《陈毅将军实寄封》等珍品亮相，令广大市民和众多集邮爱好者大饱眼福。

【邮递投递网点和邮路全覆盖】 韶关邮政在全市设有支局网点 140 个。其中农村网点 104 个，占网点总数的 74.3%。有全国联网的电子化支局 88 个。建有投递站点 110 个，投递段道 283 条，有投递员 264 名，邮运及揽投汽车 47 辆。全市汽车邮路（单程）4165 公里，投递邮路（单程）11819 公里，邮政服务网络覆盖全市，邮路通达全市各个行政村。

【邮区服务质量提升】 以提高服务质量、解决服务经营中的热点难点问题为重点，发挥质量管理小组活动的特点及优势，开展质量管理活动，推进 QC 小组活动。截至 2015 年，累积注册 QC 小组 202 个，涌现出国家级、省级优秀 QC 小组 25 个。2015 年全区注册 QC 小组 8 个。其中，韶关市邮区中心局、投递局和营业局等 6 个生产班组分别荣获“全国交通运输行业优秀质量管理小组”“广东省优秀质量管理小组”和“广东省邮政系统优秀质量管理小组”称号。 （柯月华）

电 信

【概况】 中国电信股份有限公司韶关分公司（以下简称韶关电信），是中国电信在韶关的本地网企业。下辖城区、曲江、乐昌、南雄、翁源、新丰、仁化、始兴、乳源 9 个县级分公司，全市有 105 个营销服务中心，服务网点遍布全市所有城乡。公司承担着韶关地区普遍服务、党政专网通信、应急通信、战备通信和抗洪救灾通信保障等重任，为全市人民提供移动通信、宽带互联网接入、信息化应用及固定电话等综合信息服务，是韶关信息化建设的主力军。2015 年，韶关电信贯彻落实集团公司“一去两化新三者”战略，以“全面深化改革，互联网化转型”两轮驱动促进差异化发展，发扬钉钉子精神，应对市场竞争，克服行业政策和环境变化带来的困难，主动融入地方经济建设，加强经营，完成全年任务。收入进度及增长率均高于全省平均水平，排名全省第六；收入增长增幅全省第一。公司获“广东公司第二批企业文化建设示范单位”荣誉称号，通过“广东省文明单位”复审。

【深化改革激发企业活力】 2015 年，韶关电信持续深化划小承包经营，全市一级划小单元 122 个，基本建立无交叉、全覆盖的划小承包经营体系。初步构建倒三角支撑体系，全省统一的倒三角服务支撑平台于 9 月正式上线。推进简政放权，建立权利清单，向小 CEO 下放优质码号等权利 26 项。实施逆向考核机制。持续开展经理人员挂点工作，通过蹲点帮扶、协调支撑和传帮带，促进营服中心加快发展。优化组织机构，适应互联网化运营模式。完成干线维护管理体制优化及 IT 运营管理属地化调整。成立视频运营中心、互联网 + 支撑运营中心，调整相关部门职责。修订组织机构管理办法，县级分公司按 A、B、C 级动态调整。实施新岗薪体系，实行岗级与等级分离，拓宽员工职业发展空间，通过员工积分应用，拓宽员工晋升途径。

【光网韶关建设】 2015 年，韶关电信加快落实“宽带中国”战略，响应国家“互联网 +”行动计划，结合韶关实际情况制定具体措施。重点围绕建设“高速畅通、覆盖城乡、质优价廉、服务便捷”的宽带网络基础设施，实

2015 年 12 月，韶关电信获“广东公司第二批企业文化建设示范单位”荣誉称号，图为韶关电信总经理郭益平（左）、工会主席丁兆鹏（右）为挂牌仪式揭幕（市电信局 供）

施“双百兆、双升级”，加快推进“光网韶关”建设。至2015年年底，城市家庭光网覆盖率达89%，乡镇镇区光网覆盖率达87%。坚持信息惠民，推出宽带免费大提速、当月流量不清零等提速降费十大举措。在全市开展“百兆大提速”活动，通过融合业务应用，加快光网用户大提速，推进光纤入户和宽带普及。2015年11月18日，广东省北大门坪石镇及其周边12个乡镇实现全光镇建设目标。

【客户服务互联网化转型】 2015年，韶关电信推进营销服务一体化，提升客户感知。落实新媒体渠道推广，加快客户服务从传统媒体向新媒体迁移。围绕线上线下协同，统一服务标准；完善IT支撑，统一服务数据；普及客户密码，统一服务认证。通过微信客户、掌上营业厅引导客户线上自助办理业务，加快客户服务向线上迁移，线上服务量12月达到97万次，占总服务量的78.6%。

【持续推进网络转型升级】 2015年，韶关电信加快推进移动网络、光纤网络“两网”建设。4G网络实现县城以上区域全覆盖，镇中心区域基本覆盖，具备高速无线上网能力；完成存量站址移交中国铁塔股份有限公司韶关市公司。加快网络光纤化升级改造，在全市商务楼宇、政府企业、行政村100%通光纤的基础上，向城镇区域深度覆盖。推进网络简化，深化运维转型，实现降本增效。完成3个交换母局、41个局点退网，铜缆退网18.7万线对公里，完成省指标161.2%。网络中继优化、设备扩容，城域网全年零拥塞。是年，荣获广东省光装维/网络简化组织奖金奖。（白三军）

韶关移动

【概况】 中国移动通信集团广东有限公司韶关分公司（以下简称韶关移动）是中国移动通信集团广东有限公司驻韶关分支机构，有职能部门7个，中心6个，下辖市区、曲江、乐昌、翁源、南雄、仁化、乳源、始兴、新丰9个分公司。2015年，韶关移动落实广东移动“推进转型创新，扩大4G优势，重新点燃创业的激情和梦想”的要求，发挥创新驱动作用，扩大转型成果，提升市场掌控能力、全业务竞争能力、数字信息服务能力，推动公司由语音经营向流量经营转型，由传统通信企业向面向移动互联网的信息通信企业转型，由单一移动业务经营向全业务融合经营转型。发挥4G引领作用，增强和发挥网络领先优势、市场先发优势、资源规模优势和人员素质优势，把握区域市场主导地位。2015年，全市有57个先进集体和个人获得国家、省、市级的表彰。其中1个单位荣获全国巾帼文明岗、《提高网络和服务形象宣传知晓率》荣获国家优秀QC管理小组、12个单位荣获“广东省优秀QC管理小组”，1个单位荣获广东省青年文明号、1个单位荣获广东省巾帼文明岗。

【签署“互联网+”战略合作框架协议】 2015年12月24日，广东移动与韶关市人民政府签署《加快信息基础设施建设、积极推进“互联网+”行动战略合作框架协议》。韶关市委书记蓝佛安，市委副书记、代市长骆蔚峰，市委常委、秘书长孔云龙，副市长许志新，市政府秘书长朱裕华，广东移动总经理简勤等领导出席签约仪式。骆蔚峰、简勤分别代表双方签署战略合作框架协议。广东移动以此次签署战略合作框架协议为契机，深化与韶关市委、市政府的交流合作，继续加大在韶关的信息基础设施建设投资力度，主动承担未来三年韶关地区一半以上的光纤发展任务，发挥广东移动在“互联网+”时代“万物互联”的优势，推动构建富有活力、互利共赢、价值共享的和谐生态体系，为韶关经济社会转型发展做出新的更大的贡献。

【4G精品网络建设】 2015年，分公司坚持网络为先，以“双网双优”为目标，实现建准、建快、建好，快速提升网络服务能力。2015年，韶关移动4G基站数量成功突破2500个，LTE网络基本完成市、县、镇和业务热点区域的覆盖建设。通过三项举措，强化LTE网络速率：开展基站天面整治、参考功率参数提升、TM8功能开启、低覆盖小区整治等工作，使LTE综合覆盖率从年初92.15%提升到97.52%；开展天线工参调优、网络干扰排查、网络容量均衡、模三干扰优化、低速率小区整治等工作，使LTE下载速率从年初25.36兆比特每秒提升到30.39兆比特每秒；开展网络双黑点整治“1+1”活动，确认黑点777个，解决740个，解决率95%，提升网络质量，

2015年12月17日，“韶关移动生产调度中心”建设项目开工庆典（韶关移动 供）

活动效果显著。

【加快地方信息化建设】 2015年，韶关移动围绕以“一张光缆网”为核心，“啃下家宽和专线两根硬骨头”这一抓手，推进光纤宽带建设与发展，集团通信与信息化收入份额逾三分之一。推进专线“聚网行动”，通过互联网精准营销，针对2000多家专线接入企业开展“一线接入多业务发展”及“带宽扩容”，挖掘企业信息化需求，提升业务产出和价值输出。参与政企、大型企业信息化招标项目，签约市气象局应急短信平台、政法网四级线路扩容、市环保局执法平台、中国银行/农业银行“智能银行”集团WLAN等多个大型项目。在“农村集体三资管理平台”方面中标武江区、南雄、乐昌、翁源、仁化五个县区的三资“云服务”，借助强大的资源优势和对新技术在当地的融合发展，助力韶关市信息化建设提升到一个新的高度。

【优化客户服务感知】 2015年，韶关移动聚焦服务领先锻造优质服务能力，着眼客户保有提升客户经营水平，持续建设高效低成本的的服务营销体系。通过开展流程穿越活动和一线痛点问题整治，完成10大项目优改；通过投诉管理规范化、投诉处理集中制、投诉问题专项跟进三项举措，不断提升投诉处理能力，投诉指标100%完成。通过服务质量矩阵，推进总经理质量分析会制度，成立7个专项工作小组，落实KCI提升，使客户在集团、流量、提醒满意度、投诉管理等方面做到100%达标。对内、对外做好NPS文化传播，提升客户认同。通过开展社会监督员项目、服务质量座谈会、“民生热线”等服务提升活动，致力为用户提供服务。

【强化风险防控和安全整治】 持续推动党的群众路线教育实践活动，深入推进反腐倡廉，强化“大安全”概念，构建风险防范体系。2015年，韶关移动开展嵌入式风险防控体系，梳理业务流程风险点66个，部门覆盖率达到100%。公司以搭建企业风险防护网为主要防控手段，提前思考、优先启动，加强对流程风险点的查找和防控；围绕“梳理－分类－防控－稽核”四个模块建立“风控平台”，根据“跨前一步”的理念，以流程穿越等形式，对风险点进行分层分级，对顶层的大风险点，实现在线监督和在线稽核；小风险由部门的自我控制和自我稽核。实现事前事中事后风险防控同步运转管理。开展信息安全“扫雷”工程，强化安全监督检查，全年进行信息安全检查8次，检查服务器终端网络设备1152机/次，各类网站23个，确保信息安全不留死角；协助公安机关破获伪基站案件6宗，缴获设备6套、作案车辆5辆，刑拘嫌疑人10人。

韶关联通

【概况】 2015年，韶关联通践行社会责任使命，在业务发展、服务提升、品牌建设、企业形象增强等方面都取得进步和新的突破，推动信息化建设的进程。韶关联通持续转型，各项业务总体保持稳健发展，促进韶关经济和当地信息化的发展做出自己应有的贡献。

【引领创新，助力韶关建设“互联网+”强市】 广东联通与韶关市人民政府签署“互联网+”战略合作协议，推动韶关市快速建成信息化先导区和“互联网+”强市。协议签署后，韶关联通以“互联网+战略合作”签约为契机，紧贴韶关市“互联网+”行动计划，利用大、物、云三大平台优势，聚焦行业实现重点突破，突显“云计算、物联网、大数据”三大核心平台能力，打开产业“互联网+”新空间，推动市县二级政府部门重点单位的合作签约。韶关联通发布“沃4G+”战略，旨在升级4G网络、提升服务质量、创新业务产品。“沃4G+”为行业发展带来前所未有的新变化，满足各级政府、企业，以及广大用户信息服务需求。

【深化卓越沃服务，客户满意度持续提升】 按照省公司部署继续打造卓越沃服务体系，推进“越用越放心、越用越便捷、越用越实惠”十大服务举措。以感分会为载体，开展“双单”攻坚工作，执行工单倒逼机制，督办解决76个重点感知问题，解决率86%；解决双单问题23宗，解决率87%。宽带新装满意率+3PP、修障满意率+3.2PP。销售服务过程满意率+1.2PP。用户累计申诉率为25次/百万

2015年12月24日，韶关市人民政府与中国联通广东省分公司签署推进“互联网+”战略合作框架协议（韶关联通　供）

用户，完成40次/百万用户的控制目标。组织参加省公司举行的广东联通2015年一线员工“群雄勇争霸乙未大比武”岗位技能大赛，一线员工服务和处理投诉技能得到显著提升。

【聚焦客户体验感知，构建超卓网络取得新成效】 韶关联通在网络建设方面按照4G网络建设进度要求，以视频超卓网为抓手，聚焦重点区域、重点场景，对标超卓网目标精细规划，快速建设，实现市区网络覆盖优秀，各县城及重点乡镇价值区域实现覆盖良好。以大数据分析为手段，以视频超卓网为抓手，提高传输基础网络接入能力。完成城乡骨干光缆建设600多公里以及分组传送网的搭建，实现市区、县城及重要乡镇分组网环路带宽达到8Gbps，满足4G及家集客业务的接入及带宽需求。2015年全年新开通4G站点391个，3G站点541个，实现市区核心价值区域网络感知领先，持续推进传输核心汇聚层成环，全网核心层带宽容量提升25%，接入层带宽能力提升22.35%。

【完善“三重一大”决策体系】 在内部管理方面，2015年公司完善“三重一大”决策体系，制定投资项目决策和评价制度，形成更加科学合理的管理制度和决策体系。先后落实国资委、监事会、国家税务总局以及省级各单位内外部专项检查发现的风险漏洞，企业经营风险得到很好的控制。围绕“两消除、四提升”，推进一体化改革，突破改革关键点，强化集约化支撑能力建设，实施基层赋能减负工程；加大简政放权，营销资源最大程度下沉，提升组织效率和人员活力。（王　璇）

无线电管理

【概况】 2015年，无线电管理工作以依法行政为依托，以提升管理能力为目标，适应新常态，主动服务社会经济发展和国防建设，维护空中电波秩序，确保无线电通信安全。

【频率台站管理】 配置和利用频谱资源，发挥频率资源的最大社会经济效益。2015年，为解决部分机关、企业长期频率资源占用多，规划布局不合理等问题，无线电管理部门组织由组网设计、电信运营商、市无线电协会等人员参加的专门工作组，帮助机关企业开展无线电通信制式转换的工作。其中，宝钢集团广东韶关钢铁有限公司800兆赫兹数字通信建设组网方案获得国家无线电管理局批准；韶关市委办、市政府办、广东省韶关粤江发电有限责任公司等机关、企业无线电通信制式转换的工作如期完成。按照新频率规划，全年审批专用数字对讲机升级改造网4个，指配频率12组（个），新增数字对讲机设备218部。开辟绿色服务通道，办理相关频率、台站申请和干扰申诉。发放移动通信基站电台执照5800份，促进公众通信网络建设发展。

【无线电安全保障】 做好重大活动、各类考试无线电安全保障工作。全年参与20场重大考试无线电安全保障任务，派出人员216人次，派出无线电监测移动车46次，启用监测设备144台套，发现和阻断无线电作弊信号12起，查处作弊案件3起，涉案人员150多人，收缴作弊器材166套。在重大活动、节假日期间，实行24小时值班，完成重大活动期间的无线电安全保障任务。

【打击“伪基站”“黑广播”】 加强防范监听，组织配合公安、文广新局、电信运营商开展打击“伪基站”“黑广播”活动。共查获“伪基站”4起，捣毁“黑广播”6起，维护空中电波秩序，保障市民的合法权益。

【无线电宣传】 创新无线电管理宣传工作。以“创新无线电点亮新生活”为主题，坚持无线电管理宣传进社区，进校区，进厂区，与重点业务保障相结合。在开展保护民用航空专用频率及各类考试无线电安全保障工作的同时，利用报刊、广播电视、门户网站等大众媒体，以展板、横幅、讲解等形式，宣传无线电管理在行政执法和监督检查、干扰查处、防范和打击利用无线电设备进行违法犯罪活动等方面的典型案例，让更多的人了解无线电管理在促进经济社会发展、维护国家安全、维护社会稳定、保卫国家主权、保障人民生命财产安全中的重要作用。活动期间，组织现场活动2次，制作宣传展板13块，悬挂张贴标语2条，发放无线电管理知识宣传单300余份，设置宣传栏1次，成功化解群体上访和无线电干扰事件3起，维护社会稳定和无线电通信安全。

（秦卫平）

中国平安 PINGAN

平安养老保险股份有限公司韶关中心支公司

PINGANYANGLAOBAOXIANGUFENYOUXIANGONGSI
SHAOGUANZHONGXINZHIGONGSI

负责人 李孛

平安养老保险股份有限公司为中国平安保险（集团）股份有限公司的全资子公司，于2004年12月在上海成立。公司秉承中国平安在养老保险领域的丰富经验，肩负完善社会保障制度的社会责任，为国内最大的养老保险公司。

2008年2月1日，经中国保险监督委员会广东监管局批复，平安养老保险股份有限公司韶关中心支公司成立，是迄今为止韶关地区唯一一家专业养老保险公司，同时也是当地首家属地化管理专业经营企业年金基金管理的金融保险机构。

平安养老保险股份有限公司韶关中心支公司前身为中国平安人寿保险股份有限公司韶关团险营业部。经十多年的专业化经营，积累丰富的企业商业保障计划经验，业务总量多年来一直稳居韶关市场前列，赢得良好的市场声誉。暨重组后，平安养老保险股份有限公司韶关中心支公司为广大企事业单位提供企业年金、补充养老保险和团体意外保险。凭借雄厚的资本实力、卓越的企业品牌、专业的管理团队等多方优势，公司得到韶关市人民政府、韶关市人力资源和社会保障局及各社会团体的高度认可。从2009年开始，公司连续6年中标承保韶关市城镇职工大额医疗保险和驻韶省属煤矿补充医疗保险项目，2014年连续2年中标韶关市城乡居民大病医院保险，为韶关市50万城镇职工与230万城乡居民提供大额及大病医疗保险服务。

2015年，公司在韶关团体保险市场上的占有率排名第二，市场占有率近三成，体现韶关企事业单位对平安的支持与认可，诠释平安卓越的企业品牌。

韶关市人民检察院

SHAOGUANSHIRENMINJIANCHAYUAN

2015年10月20日，韶关市检察院举行律师接待中心揭幕仪式。市检察院检察长曾伊山（右一）和市律师协会会长王少敬（左一）共同为接待中心揭幕（曾敬东 摄）

2015年12月16日，韶关市检察院举办“检察开放日”活动。图为市检察院检察长曾伊山在活动启动仪式上致辞（欧阳保山 摄）

韶关市人民检察院于1954年建院，1978年重建。下辖武江、浈江、曲江、乐昌、南雄、乳源、新丰、翁源、仁化、始兴等10个县（市、区）检察院、2个派出检察院（广东省韶关黄岗地区检察院与广东省乐昌中山地区检察院）。

发挥检察职能着力保障韶关振兴发展。围绕韶关振兴发展主动融入珠三角工作大局，制定《关于服务保障我市经济振兴发展的意见》，进一步增强全市检察机关服务经济发展的针对性和实效性。

打击刑事犯罪着力推动平安韶关建设。2015年共批准（决定）逮捕各类刑事案件2175件3570人，提起公诉2608件4043人。制定《韶关市检察机关开展创建平安韶关及综治工作考评实施方案》和《韶关市人民检察院综治联系点工作实施方案》，深入乐昌市黄圃镇开展综治联系点工作。

查办和预防职务犯罪着力推动反腐倡廉建设。2015年共立案侦查贪污贿赂、渎职侵权等职务犯罪案件177件183人，查处要案21件21人（厅级3人、处级18人），挽回经济损失6447.274万元。推动市预工委出台《关于进一步加强预防职务犯罪工作的意见》，首次将预防职务犯罪工作指标纳入地方党委党风廉政建设工作目标考核体系。

强化诉讼监督着力维护司法公正。全市检察机关监督侦查机关立案45件，撤案50件；纠正漏捕犯罪嫌疑人247人，追诉漏罪35件、漏犯185人。支持抗诉17件，法院改判8件。审查刑罚执行机关提请减刑、假释、暂予监外执行案件9121件。受理各类民事行政申诉案件348件，审结342件。起草《关于协同开展检察机关提起公益诉讼工作的意见》，推动公益诉讼试点工作。

加强阳光检务着力提升检察公信力。先后邀请人大代表、政协委员、人民监督员、律师等社会各界人士200多人次参加座谈会、案件听证会和检察开放日活动，展示检察工作和规范司法成效，听取意见建议。推进案件信息公开工作，全市检察机关共发布案件程序性信息6885条，公布重要案件信息174条，公开法律文书2118份。

开展改革试点工作着力推进司法体制改革。两级检察院成立以检察长为组长、其他院领导为成员的检察体制改革领导小组，加强对改革的组织领导，并制定相关工作方案推动改革工作。

1、2015年12月3日，韶关市检察院召开与人大代表座谈会，邀请部分驻韶的省人大代表和市人大代表进行座谈。省检察院政治部主任叶少明在会上向人大代表们通报了全省检察工作情况，并听取人大代表的意见和建议。（曾敬东 摄）

2、2015年8月4日—5日，全省市分检察院检察长研讨班暨深化司法体制改革推进会在韶关举行（曾敬东 摄）

SHAOGUANSHI
ZHUFANGHECHENGXIANGJIANSHEJU

韶关市住房和城乡建设局

2015年4月1日，省长朱小丹（前左一）到韶关棚户区老屋家中调研

2015年，韶关市围绕芙蓉新城建设中心工作，全面推进三旧改造、棚户区改造等工作，落实莞韶对口帮扶工作，着力加快绿色转型振兴发展。全年全市完成地区生产总值1150亿元，完成固定资产投资701.67亿元。新开工各类保障性住房26412套，基本建成15054套。办理市区房地产交易与权属登记39117宗，面积528.48万平方米，金额117.03亿元。全年市区发放建筑工程施工许可证49宗，建筑面积106.62万平方米，工程总造价22.29亿元。房屋建筑工程和市政工程备案57宗，建筑面积200.46万平方米，工程造价32.17亿元。全年累计缴存住房公积金187.07亿元，为全市6314户家庭发放住房公积金委托贷款17.71亿元。全市城镇化率达54.29%。

11月25日，韶关市城市棚户区发放首批棚改购房补贴卡

2015年1月9日，市住建局组织120余名城市棚改对象到安置现场解说未来规划情况

原曲仁矿棚户区改造项目第二期田螺冲安置点建成现状

中国移动通信集团广东有限公司韶关分公司

ZHONGGUOYIDONGTONGXINJITUAN GUANGDONGYOUXIANGONGSISHAOGUANFENGONGSI

12月24日，市长骆蔚峰（左一）与省公司总经理简勤（右一）签订“互联网+”战略合作协议

6月10日，公司总经理周忠坤（左三）、副总经理林纲（右二）参加韶关人民广播电台“民声热线”节目

3月12日，市妇联主席邢丽（后排右四）和公司副总经理欧勇健（后排右三）为公司荣获国家级“巾帼文明岗”的班组揭牌

中国移动通信集团广东有限公司韶关分公司（以下简称韶关移动）是中国移动通信集团广东有限公司的分支机构之一，是韶关地区最早提供移动电话服务的通信运营商。2015年，韶关移动在市委市政府的指导下，深入落实广东移动“推进转型创新，扩大4G优势，重新点燃创业的激情和梦想”的要求，发挥创新驱动作用，扩大转型成果，进一步提升市场掌控能力、全业务竞争能力、数字信息服务能力，推动公司由语音经营向流量经营转型，由传统通信企业向面向移动互联网的信息通信企业转型，由单一移动业务经营向全业务融合经营转型。

在各级政府和广大客户的关心和支持下，韶关移动充分发挥4G引领作用，进一步增强和发挥网络领先优势、市场先发优势、资源规模优势和人员素质优势，实现了运营收入超10亿，4G基站数量突破2500个，网络信号覆盖率99.6%，4G客户数突破60万户。韶关移动积极推动政企信息化、集团专线、家庭宽带等转型业务发展，协助本地政府、金融、教育、医疗、社会治安等重要行业的ICT项目信息化的建设发展，不断为地方的信息化发展贡献力量。

1月20日，公司组织党员代表前往扶贫点始兴县顿岗镇宝溪村开展慰问活动

8月25日，公司"彩虹使者"志愿者团队前往六合小学开展爱心慰问活动

10月24日，公司团委组织开展第五期"彩虹使者在行动，低碳环保亲子行"公益活动

12月17日，公司举行"韶关移动生产调度中心"建设项目开工庆典

2015年，韶关移动共有57个先进集体和个人荣获国家、省、市级荣誉，其中1个单位荣获全国巾帼文明岗、1个单位荣获国家优秀QC管理小组、12个单位荣获"广东省优秀QC管理小组"，1个单位荣获广东省青年文明号、1个单位荣获广东省巾帼文明岗。

韶关市人民政府国有资产监督管理委员会

SHAOGUANSHI RENMINZHENGFU GUOYOUZICHANJIANDUGUANLIWEIYUANHUI

2015年6月26日，市国资委主任刘德泉前往仁化县黄坑镇小溪村调研，并与镇村干部一起慰问贫困农户

韶关市人民政府国有资产监督管理委员会（简称韶关市国资委）于2006年6月13日经市编委批准设立。2010年3月29日，韶关市国资委设置为市政府工作部门并授权代表市政府履行出资人职责。内设办公室、改革发展科、产权管理科、考核统评科（审计与监事会办公室）、人事科（监察室）5个科室。

国资监管围绕市委、市政府的工作部署，按照“大改革、大集团、大国资、大发展”的工作思路，推进监管体系建设和国资国企改革各项工作，实现经济总量做大、国有企业做强以及职工队伍稳定。

韶关市国资委所监管的企业涉及行业覆盖能源电力、装备制造、投资运营、交通运输、酒店旅业、商贸物流等。

2015年3月4日，在2015年度国资监管工作会上，主任刘德泉与工贸公司董事长高仁辉签订《党风廉政建设责任书》

2015年1月7日，市国资委召开党委中心组理论学习（扩大）会，探索国企改革发展思路

2015年4月17日，市国资委召开国资国企改革发展工作调研座谈会

2015年5月29日，市国资委召开市国资系统“三严三实”专题教育工作会议

2015年12月29日，市国资委召开市国资系统学习贯彻党的十八届五中全会精神报告会

2015年3月4日，市国资委召开2015年度国资监管工作会议

2015年10月16日，市国资委与市委组织部联合召开全市国有企业党建工作会议

韶关市工商行政管理局

SHAOGUANSHIGONGSHANGXINGZHENGGUANLIJU

2015年11月11日，广东省工商局党组书记、局长凌锋、副局长汤武到市工商局调研

2015年9月1日，韶关市工商局颁发首份“三证合一”营业执照，韶关市与省同步实施“三证合一”登记制度改革

2015年，韶关市工商局顺利完成从省以下垂直管理到以地方为主分级管理的体制调整。韶关工商主动服务，助推改革，以深化商事制度改革为契机，同步实施“三证合一、一照一码”登记模式，“先照后证”改革效果明显，打造良好的便利营商环境。同时，以创新消费维权方式，实施商标品牌战略，强化市场监管执法，探索新型监管体系，构建信用约束机制，强化干部队伍建设，为韶关振兴发展作出新的贡献。

1、2015年2月12日，韶关市举行工商行政管理体制调整交接协议签订仪式，标志着工商行政管理体制由省以下垂直管理调整为市县分级管理

2、2015年3月，韶关工商驻市行政服务中心工商窗口被评为“广东省巾帼文明岗”

3、2015年9月，韶关市委书记蓝佛安对市工商局积极推行商事登记制度改革工作作出重要批示

4、2015年7月1日，韶关市工商局党员干部到扶贫双到联系点——南雄珠玑南山村开展主题党日活动

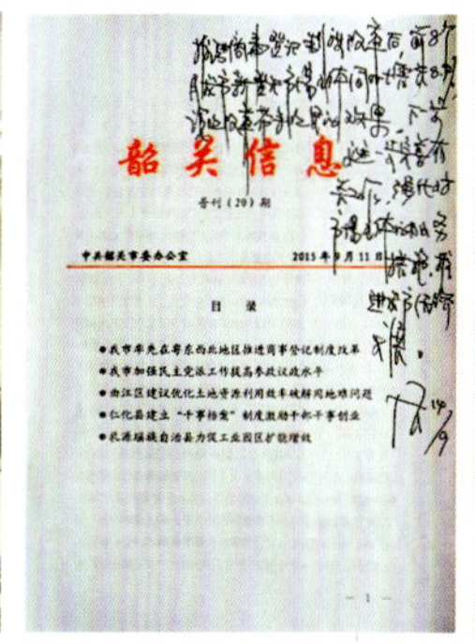

韶关市卫生和计划生育局

SHAOGUANSHIWEISHENGHEJIHUASHENGYUJU

2015年8月25日-28日，由广东省卫生计生委和广东省总工会联合举办的2015年全国卫生计生监督技能竞赛广东省选拔赛在广州举办。市卫计局从全市选拔12人组成韶关市参赛队伍并在比赛中斩获团体三等奖（全省第八名），冯珍素在计划生育项目荣获一等奖（全省第一名）

2015年8月10日，市长骆蔚峰调研韶关市卫生服务工作

2015年7月7日，副市长王伟阳，局长刘文程到新丰县梅坑镇参加韶关市"新家庭人口文化"创建工作启动仪式

2015年4月20日，省中医药局局长徐庆锋、市卫计局局长刘文程等一行前往市中医院开展《中医专项资金重点项目》督查

2015年7月8日，韶关市启动广东省"名医进基层 健康南粤行"系列巡讲活动

2015年9月13日-19日，韶关市开展"服务百姓健康行动"大型义诊活动，以实际行动积极开展公益活动，传播健康，传播科学，传播文明，履行责任，回馈社会

12月1日是第28个世界艾滋病日，2015年的宣传主题是"行动起来，向'零'艾滋迈进"。次日，市卫生计生局、韶关学院、市疾病预防控制中心、市健康教育所及粤北二院、市妇幼保健院、市慢性病防治院共同在韶关学院举办了2015年世界艾滋病日宣传活动

韶关市人民政府金融工作局

SHAOGUANSHIRENMINZHENGFUJINRONGGONGZUOJU

2015年5月6日，韶关市委常委、常务副市长陈波等为广东翁源农村商业银行股份有限公司揭牌

2015年6月2日，中国银行韶关分行与韶关市国税局签订战略合作协议

2015年，韶关市人民政府金融工作局以金融服务韶关振兴发展为目标，深化金融改革，推动金融创新，扩大金融开放，激发金融活力，稳步推进各项金融工作发展。截至2015年末，全市金融业增加值为50.69亿元，金融业增加值占地区生产总值的4.41%，占第三产业比重为8.87%。全市各项存款余额1532.91亿元，同比增长9.95%，各项贷款余额731.84亿元，同比增长9.04%，存贷比47.74%，同比下降0.4个百分点。全市证券交易额6442.21亿元，同比增长215.36%。全市保险业金融机构保费总收入36.78亿元，同比增长18.19%。

2015年，银行业金融机构进一步助推韶关市社会经济发展，市政府与建设银行广东省分行签订了金融战略合作协议，全市银行机构信贷支持重点项目58.03亿元。南雄市作为韶关市首个农村普惠金融试点县（市），顺利通过省普惠金融试点工作验收。韶关市首家农村商业银行——广东翁源农村商业银行股份有限公司正式开业经营。广东赛力克、中星科技和鸿伟家具等3家企业在全国中小企业股份转让系统成功挂牌，38家企业在各区域性股权交易中心挂牌，为韶关市中小企业探索了新的融资渠道。

2015年9月，市政府与建设银行举行签约仪式

2015年3月24日—25日，召开全市金融工作会议

中国邮政集团公司韶关市分公司

ZHONGGUOYOUZHENGJITUANGONGSISHAOGUANSHIFENGONGSI

2015年，韶关邮政积极应对经济发展新常态，公司以改革发展之势求突破，以敢想实干之力创业绩，以创新争先之志谋发展，深入推进企业转型，各项工作均取得可喜成绩。

创新金融服务方式，延伸金融服务触角。结合企业发展实际，深入推进农村地区普惠金融发展，着力推动基础金融服务向行政村延伸，打通农村基础金融服务“最后一公里”。

整洁舒适的营业大厅

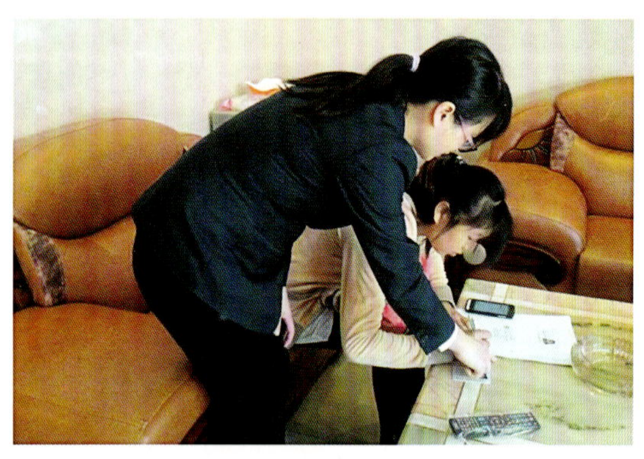
理财经理细心指导客户填写金融单据

实施电商“十百千”工程，助推大众创业。韶关邮政以“互联网+流通”为载体，挖掘电子商务在释放消费潜力、激发行业活力和增加大众创业、就业机会等方面的重要作用，实施韶关邮政电子商务“十百千”工程，构建有利于大众创业、万众创新蓬勃发展的平台，助推韶关市电子商务行业发展，实现“工业品下乡、农产品进城、生活不出村、金融不出村、创业不出村”。

加快推进邮政快递下乡，为民提供最便利的快递服务。抓住国务院“点名”推进网络购物与农村配送、邮管局提出“寄递下乡”的发展契机，结合各地乡镇社会快递进驻情况和市场需求，针对性的提出产品、时限、服务等各环节优化方案，加快推进邮政快递下乡。

农村电商服务站店主为村民提供服务

精神文明建设取得新成果。2015年1月，韶关市遭遇5年内最严重的极限天气，气温骤降，加之连续降雨，路面湿滑、冰冻。韶关邮政广大投递员不畏寒潮等恶劣天气，依然坚守工作岗位，服务广大民众。乳源县分公司投递员在投递途中，热心伸出援手，帮助车辆侧滑群众报警、设置警示标志等，赢得了群众的赞赏。

开展退伍军人收寄包裹活动

搭建电商服务站

中国邮政储蓄银行 POSTAL SAVINGS BANK OF CHINA 韶关市分行

2015年7月16日，中国邮政储蓄银行韶关市分行与碧桂园跨界合作签约仪式

2015年10月27日，中国邮政储蓄银行韶关市分行参加人民银行组织举办的现代支付科技成果展

2015年，中国邮政储蓄银行股份有限公司韶关市分行在职干部员工486人，内设11个部门，曲江、南雄、乐昌、乳源、始兴、翁源、新丰、仁化8个县（市、区）一级支行，共有94个全国联网营业网点。拥有包含本外币存款、国内国际汇兑、银行卡、理财、基金、小额贷款、小企业贷款、商务贷款、公司授信、票据贴现、网上银行等在内的全功能产品和服务体系。为城乡居民、“三农”和中小企业客户搭建了便捷优质的服务平台。2015年邮储银行韶关市分行立足实际，努力促进业务发展，夯实资产质量，提升员工队伍士气，实现业务收入1.84亿元，同比增幅7.42%。

2015年12月29日，中国邮政储蓄银行韶关市分行喜获“广东省中小微企业小额票据贴现中心”殊荣

2015年12月22日，中国邮政储蓄银行韶关市分行举办2015年案例警示教育培训

2015年12月，邮储银行韶关市分行行领导新班子上任后定期举行的党委中心组理论学习会

粤北人民医院

（汕头大学医学院附属粤北人民医院）

YUEBEI PEOPLE'S HOSPITAL

微信二维码

成立全市首个博士志愿服务团，团员由来自各科室的学科带头人或业务骨干组成

粤北人民医院创建于1886年，是粤北地区规模最大、综合实力最强的三级甲等综合性医院。医院获评“中国地级市医院竞争力排行榜”十五强，被评为全国百姓放心百佳示范医院、全国改善医疗服务创新医院、中国100家最具公信力地级市医院、中国百佳最具影响力肿瘤医疗机构、广东省群众满意的医疗卫生机构、广东省先进集体、广东省文明单位，被省确定为全省30家高水平医院建设对象，获省亿元扶持资金。医院是国家住院医师规范化培训基地、国家全科医生临床培训基地、全国综合医院中医药工作示范单位、国家药物临床试验机构、国家卫生部脑卒中筛查与防治基地。有专业技术人员2300人，主任医师等高级职称人员300余人，博士硕士300余人。医院编制床位2500张，开放床位3200张。2015年诊疗出院病人10.5万人次，服务门诊病人115万人次，手术量5.8万人次。医院拥有省级临床重点专科19个，专科建设水平迈进省内同级医院先进前列；依托先进的信息化优势，不断推出微信、支付宝和自助机等便捷就诊服务，深受群众欢迎。

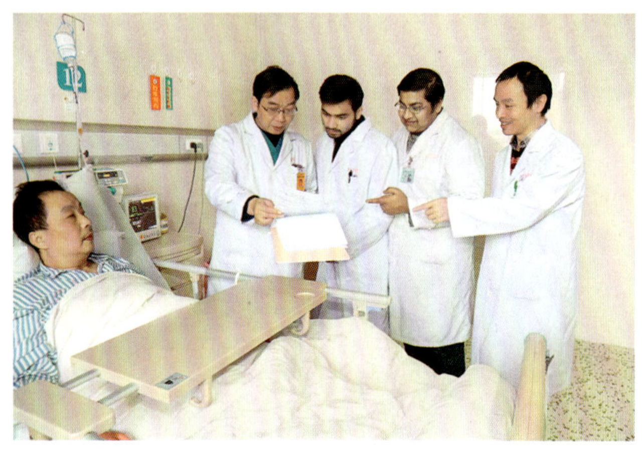

首次招收的国际留学生在查房

优质的医疗服务

院区实景。新门急诊大楼与住院大楼以空中连廊相接，配套中心花园和地下停车场，提供优雅舒适的诊疗环境

韶关市坪石发电厂有限公司(B厂)

SHAO GUAN PING SHI POWER PLANT LTD (B)

检修楼

汽机房

生产现场

韶关市坪石发电厂有限公司（B厂）（以下简称坪石公司）位于广东省韶关市乐昌坪石镇，原是港资民营企业，2010年5月21日，由中国华电集团公司下属最大的上市公司华电国际电力股份有限公司以100%股权收购，成为华电国际全资子公司，是华电集团在粤投资运营的第一个火电项目。

坪石公司共分三期建设，总装机容量72.5万千瓦。其中：一期工程建设2×60兆瓦煤粉炉发电机组，分别于2000年3月24日和12月26日投产运营，已于2009年4月15日响应国家节能减排要求全部关停；二期工程建设1×125兆瓦煤粉炉发电机组，于2003年11月22日投产运营；三期工程建设2×300兆瓦循环流化床锅炉发电机组，分别于2009年11月22日和2010年11月7日投产运营。坪石公司在运机组容量为72.5万千瓦。

自华电接管以后，坪石公司响应国家环保新政策要求，不断加大环保技改力度，贯彻“两个等同于”的环保理念，加强环保设施运行管理和检修维护，脱硫、脱硝投运率均达到100%，顺利通过年度省环境监测中心进行的监督性监测和烟气在线监控系统有效性审核。自2012年坪石公司连续5年获得广东省“环保诚信企业”荣誉称号。

2015年度，坪石公司完成发电量29.23亿千瓦小时，利用小时完成4520小时，工业产值完成12.04亿元，工业增加值6.28亿元，税收完成16512万元，实现利润8507万元，连续安全生产2051天，为地方经济发展做出较好贡献。

公司不断夯实安全生产基础，加强节能环保，开展精益管理，效益及相对竞争力逐年提升，企业取得较好成绩。公司先后获得广东省节能先进单位、韶关市节能先进集体、广东省清洁生产企业、韶关市A级纳税人、华电集团燃料管理达标企业、华电集团四星级发电企业、华电集团文明单位、华电集团安全生产先进单位、华电国际先进企业等一系列荣誉称号，为华电在粤树立优秀的企业形象。

公司全景

保利总是推动城市发展

保利 大都會

POLY METROPOLIS

自韶关市政府大力规划芙蓉新城以来，保利、碧桂园和恒大三大地产巨头都纷纷进驻，保利大都会以160万平方米的体量，致力于芙蓉新城腾飞蜕变，让这里成为经济繁荣、环境优美、文化深厚、宜业乐居的现代化山水新区。

保利为完善新城商业和生态上的配套，打造一站式购物综合体和盆景山公园，繁华都市感和大自然风景兼具；碧桂园的凤凰城酒店和配套学校，让新城增添高端度假和优质教育氛围；恒大的五星级酒店、运动中心和学校，也给新城居民多种生活场所的选择。

盆景山是保利大都会的私家山景园林，葱茏秀美，富氧环绕，是韶关名副其实的生态大氧吧。新城中央拥绿洲，保利大都会盆景山以一年四季的郁秀葱茏，让人卸下一天工作下来的重担，流连忘返于大自然恩赐的花木涧石间，体验居住在山中公园里的自在舒适。

政府建设配套方面，部分项目已全面启动。行政服务中心和公安局进驻，华师附中项目签约落地，兴建文化三馆和招商洽谈三甲医院。高铁已经建设完善，为韶关高速发展做出巨大贡献。公路、芙蓉隧道加快扩增铺设，内联外通的交通路网格局即将形成，擎动韶关经济大发展。

保利大都会雄踞新城核心，紧邻行政服务中心、华师附中、公安局、文化三馆、三甲医院、公路等政府配套，优先触达最丰富齐全的城市资源。而恒大邻高铁和碧桂园邻芙蓉隧道，位置都较偏，享受配套资源的程度是远不及保利的。

保利将继续建筑符合韶关人生活的美好居所。在未来2年后，预计将会有55000左右业主入住新城。有了人气，新城发展才会更快。如今的芙蓉新城，三大知名房地产商大手笔兴建的高尚住宅小区楼宇如雨后春笋般拔地而起，人居氛围日渐浓厚，中心住宅区迁移完成并迈入崭新纪元。

正当韶关住宅领域在革新进步时，保利在产品上亦不断自我完善，寻求突破，努力为韶关人民设计最适合的居住精品，因此麓园应运而生，在交标上华丽升级。鉴于韶关的冬天温度较低，人体感觉太冷，麓园贴心推出地暖系统，提供最舒适供暖解决方案，决心改变人们的居住方式，从而推动城市发展。

保利总是在不断地推动城市发展，在韶关人居水平迈入新纪元的时候，保利又在韶关新添一城——保利紫山。保利紫山是央企保利继韶关芙蓉新城开发大型综合体项目保利大都会之后，于老城开发的第二个城央山居项目。

位于小岛以北的五里亭片区，西北环黄岗山，南眺武江，背山面江，风景独好、风水俱佳。在项目的整体规划上，建筑立面选用英伦风格传统的红砖墙，多重人字形坡屋顶。通过登山步道连接黄岗山山体公园，方便业主登山健身。小区花园多以阳光草坪打造，视野更开阔。配套方面，1公里范围内，超市、餐饮、银行、教育等配套一应俱全，3公里范围内就可以享受到小岛市中区的老城配套。项目将争取配置保利地产5.0居住系统特色产品——保利自营品牌超市、保利和熹会、保利和乐会（12班幼儿园）、社区客厅餐厅等5+2+N一站式生活体验模式。

项目总体分三期开发，首期首批计划推出一期8、9栋，预计在2016年12月推出市场，户型从102平方米－163平方米的3房－5房，所有楼栋户型南北坐向排布，均带N+1设计，实用率高，户型方正，通风采光优越。

南雄市彤置富水泥建材投资有限公司

NANXIONGSHITONGZHIFU SHUINIJIANCAITOUZIYOUXIANGONGSI

南雄市彤置富水泥建材投资有限公司是南雄市政府招商引资的集工贸于一体的民营股份制企业。公司地处广东省北部，位于“广东最美丽的乡村示范区”——南雄市珠玑镇梅岭。公司秉承集团公司“善待、相对、换位”的企业文化理念，履行“共发展，同致富”的企业社会责任，注重项目生态效益、社会效益和经济效益，以“务实创新，高效质优”为宗旨，实施“高起点、高速度”策略，以“高科技、高质量”为方针，充分发挥公司先进的技术优势，为打造企业新形象创建辉煌。

公司是一家专业生产硅酸盐水泥及普通硅酸盐水泥（含42.5、42.5R、52.5、52.5R等标号）的大型企业，有着先进的生产和质检设备，科学的管理机制，遵从“以人为本”的理念，广纳能人贤士，拥有一批高素质的专业技术人才。公司生产的水泥具有早期强度高、凝结硬化快、易和性、流动性好、低碱等特点，赢得广大用户好评。公司先后获得“省优”和全国五十家“产品最佳” 以及“广东省水泥检验大对比获奖单位”等光荣称号，生产的水泥畅销粤北和江西赣南地区，是南雄市的主要骨干企业和创税大户之一。

通讯地址：广东省南雄市珠玑镇梅岭　邮政编码：512438　电话：0751-3591933　传真：0751-3818870　电子邮箱：nxtzfu@126.com

广东爱心大药房连锁有限公司

企业宗旨：用爱心为人民健康服务

全国综合实力百强企业

全国直营力百强企业

企业部分荣誉牌匾

广东爱心大药房连锁有限公司成立于2006年，是一家主要经营：中西成药、中药饮片、参茸补品、进口药品、医疗器械及保健食品等10000多种医药产品的省级药品零售连锁企业，并取得B2C互联网销售药品服务资格。公司有员工近2000多人；旗下直营药店207间，分布在韶关市辖属三区七县及广州、惠州、清远市等地区；拥有面积达10000多平方米集办公和药品配送的综合大楼。已发展成为韶关地区医药零售行业规模最大的知名品牌连锁企业。

公司在经营过程中，一直秉承“质量第一、顾客至上、价格更低、服务专业”的经营理念，以“用爱心为人民健康服务”为企业宗旨。严格遵守国家及有关部门颁发的各项法规和制度，按照药品经营质量管理规范（GSP）标准，规范药品经营行为，做到依法诚信经营。公司实施专业服务、热忱服务、贴心服务，开展争优质文明示范窗口，不断提升门店的服务水平，以“常怀感恩之心，积极回报社会”的责任理念，服务于社会，满足消费者不断升级的消费需求，从而受到政府和社会各界人士的赞扬，公司先后荣获“广东省守合同重信用企业”“先进单位”“诚信单位”“先进私营企业”“维护消费者权益示范单位”“全国连锁药店综合实力百强企业”“全国连锁药店直营力百强企业”等多项荣誉。

企业以集团化发展为目标，制订“多元化”的发展战略，打造以爱心大药房连锁为主导产业，集药品批发、农业开发、实业投资、商业物业、酒店、中药饮片生产为一体的综合性集团。

企业积极参与各项大型公益慈善活动，捐款总额累计超过100万元

综合办公大楼地址：韶关市武江区惠民北路朝阳村综合大厦（五里亭大桥旁）

门店环境优雅、舒适整洁、品种齐全

城乡建设·环保

住房和城乡建设

【保障性安居工程建设】 2015年，韶关市完成省政府下达韶关市各类保障性住房目标任务。全年全市实际开工棚改住房26235套（其中实物安置21035套，货币安置5200套），完成率为102.5%。新增公共租赁住房664套，完成率105.9%。限价商品住房完成180套，完成率100%。基本建成保障性住房为15054套，完成率105.2%。市区公共租赁住房分配入住方面，完成64户的低收入家庭申请廉租住房、公共租赁住房的分配工作。

【市区棚户区改造】 2015年是韶关市棚户区改造工作目标任务最重的一年，也是省长朱小丹提出棚户区改造“四年任务三年完成”的关键一年。省下达韶关市新开工棚户区改造住房25605套，约占全省的30.6%。全市多种措施结合，攻坚克难，实现实际完成新开工26423套，约占目标任务的102.5%，确保目标任务超额完成。根据国家棚改货币安置的推进要求，年内对棚改实施方案进行调整，并于9月初经市政府批准实施。市棚改部门及时组织修订政策宣贯及入户调查工作，通过举办现场咨询会、设置固定咨询点等方式对棚改户关心的棚户区改造修订政策、货币安置购房补贴等问题进行答疑解惑。全市棚户区改造货币安置达3000户以上，促进安置工作和商品房去库存工作。

【公房租金管理】 全年收缴公房租金5004.91万元，完成率99.08%；廉租房租金收缴方面。市区有601户符合条件的住户申请办理低保证或低收入证明，应收数63.55万元，完成租金收入63.38万元，完成率99.74%；全年提交法院诉讼追缴欠租并结案的有18宗，收回欠租13.87万元。执行公房租金收支计划，实行收支两条线，加强审计管理，按时完成公房租金和各种税费上缴任务。2015年，超额完成财政局下达的租金收入任务。全年上缴财政租金5122.1万元，其中：公房5040.35万元，超额426.54万元；廉租房租金81.75万元，完成率100%。

【旧公房整改】 据市政府旧城改造要求，广富新街53户旧公房（建筑面积2362.78平方米）纳入整改范围。经审核后，完成其中37户符合条件的住户转移安置到十里亭公房小区，并对廉租小区进行维修及翻新，金额达10万元。完成中山路以北旧城改造房屋调查摸底工作，该片区有房屋345幢，645套，建筑面积40566.94平方米。

完成公有住房维修工程700宗，耗费205.5万元。开展四害消杀、白蚁灭治、白蚁普查等工作，耗费15.45万元。投入257万元对芙蓉北路的公房进行“穿衣戴帽”及室内环境卫生整治。

【工程造价管理】 贯彻落实省政府《广东省建设工程造价管理规定》等政策法规的宣贯工作。规范建筑市场秩序，加强建设工程合同管理开展合同备案工作。全年完成合同价款登记备案的项目65个，建筑面积144.24万平方米，工程造价约33.56亿元。为使工程造价信息实现跨部门、跨行业共享，提升公共服务能力，打造一个全新的公共管理信息平台，筹建“韶关建设工程造价管理站．公益”网站，初步实现工程造价信息化管理。在社会投资主体、工程造价行业与政府相关部门、工程造价管理机构之间搭建起沟通与交流的桥梁。

【严查工程转包违法行为】 为规范市建筑市场秩序，营造良好的市场竞争氛围，保障工程质量，组织严查工程转包违法分包挂靠行为。是年，对全市的工程项目进行一次检查。对“S248线韶关市区过境段黄金村大桥至韶关钢铁厂公路改线工程”部分劳务工程违法分包的施工单位、劳务企业分别进行处罚，责令整改并罚款1.39万元、5.56万元。对保利中诚花园（1-5、9栋）建设单位为违法分包，对建设单位保利韶关房地产有限公司进行处罚，责令整改并罚款3.38万元。

【排查欠薪问题】 规范工资支付，预防因欠薪引发群体性事件。对全市房屋建筑和市政基础设施工程项目进行欠薪问题排查，对欠薪问题一一建档，逐个协调，化解矛盾。推行劳务人员实名制，对工地工人信息登记造册，对工资结算及支付均采用实名制，确保工资支付到位。审核施工许可申请以工人工资支付专用账户作为前置条件。建设单位在申办施工许可证申请时，必须提供施工总承包单位、施工单位在商业银行开立工人工资支付专用账户的凭证。

【施工企业管理】 全年市辖区发放建筑工程施工许可证49宗，建筑面积106.62万平方米，工程总造价22.29亿元；房屋建筑工程和市政工程备案57宗，建筑面积200.46万平方米，工程造价32.17亿元。全年全市新增20家建筑业企业，其中8家施工企业，7家劳务企业，4家商品混凝土生产企业，1家混凝土预制管桩企业。有4家施工企业资质从原来三级企业升为二级企业，有16家施工企业进行资质增项。通过资质升级和增项，扩大企业承接工程的范围，增强企业综合竞争实力。加强对企业动态管理，建立完善企业诚信登记制度，对外来建筑企业不定期核查企业办公场所、人员到位等情况，达不到要求的企业清理出韶关市场。组织市发改局、市经信局、市国土局、市环保局、市工商局、市质监局组成的联合检查组，对市区11家证照不全的砖厂进行专项检查，并提出整改或处理意见。

【工程质量管理】 推进工程质量安全依法治理，继续开展质量治理两年行动。针对全市在建工地、房屋市政工程开展各类监督、检查、整治等专项行动。落实建筑工程质量终身责任承诺制，加强对责任主体质量行为的巡查和对工程实体质量的监督检查。实施视频监控，强化施工现场动态管理。自2015年1月1日开始，市区在建建筑工程施工现场实施视频监控管理工作。市区所有在建工地的扬尘防控工作将纳入到视频监控当中。推行样板引路制度。通过在恒大城、保利花园、金色江湾和碧桂园等大型的建设项目中推行样板引路，促进建筑工程质量管理的程序化、标准化、精细化，以点带面的方式带动全市工程质量水平的提升。改变先报建后到场监管的传统做法，实施项目报建与施工现场监管同步进行。开展工程质量通病防治。根据省住建厅对质量通病防治工作的统一部署，开展防治宣传、日常巡查、综合整治“三项行动”，实现建筑工程“渗、漏、裂”整治工作制度化、规范化、经常化。

【文明施工管理】 开展文明施工专项整治活动，建立工地大门口洗车槽专项管理台帐，确保工地洗车槽有效使用，预防车辆带泥污染路面。开展创文专项巡查活动，督促在建工地设置创文宣传栏70幅，在施工围墙上设置创文标语240幅，图说我们的价值观公益广告165幅。

【加强对保障性住房的监管】 重点加强对保障性住房项目的监督巡查和抽查，发现问题及时督促处理、上报，使在建保障性住房工程质量管理处于受控状态。全年在监13个保障性安居工程，其中12个项目为棚户区改造工程，总建筑规模92.39万平方米，其中棚户区改造占91.30万平方米，共10728套。

【质量检测】 加强对各类施工用材的质量监管，特别强化预拌混凝土、新型墙体材料进场前的监管，将质量检测监管从施工现场延伸到区域内建材生产企业现场。市区在监工程166项，总面积约为541.1万平方米，造价约为102.88亿元；其中新报监工程项目61项，建筑面积122.69万平方米，工程造价33.49亿元，受监率100%。组织开展分户验收，办理住宅工程分户验收的39项，分户验收9192套，验收覆盖率和合格率均达100%。办理竣工验收工程67项，建筑面积约229.4万平方米，工程造价约35.72亿元。发出质量整改通知书273份。实体质量监督检查工程77项，回弹检测砼构件强度524个，其中不合构件格3个，合格率达99.4%，单位工程原材料监督工程抽查52项，其中钢筋原材监督抽查94组，其中不合格4组，合格率达95%；抽查混凝土搅拌站8家，水泥、砂、石、外加剂、粉煤灰原材监督抽查各8组。

【施工安全管理】 开展全市建筑施工安全生产督查。排查、消除安全隐患，对各县（市、区）房屋市政工程开展施工安全督查行动。2015年市区受监工程199项，总面积为895.7万平方米，造价为178亿元；现在建工程105项，总面积为519万平方米，造价为119.8亿元。发出动态扣分通知书241份、整改通知书275份、巡查记录79份、停用通知书37份、局部停工通知书5份，全面停工通知书1份；收到并审阅施工安全监理周报3960份；办理起重机械产权备案登记144台，安装告知241台，使用登记262台，拆卸告知197台。有5项工程获得省安全生产文明施工示范工地，25项工程获得市安全生产文明施工示范工地。

【筹建工程质量检测监管信息系统】 为加强建设工程质量检测监管工作，推进韶关市工程质量检测信息化建设，提高检测结果的科学性、准确性，确保工程质量，市建筑工程质量检测站筹划建立工程质量检测监管信息系统。届时可随时根据质量监督工作的要求调用、查询和汇总。

【新开工项目完成节能考核】 全市新开工项目全部通过节能设计审查，节能设计审查备案率100%，新建建筑设计阶段建筑节能标准执行率达到100%。全市取得绿色建筑设计标识项目3个，建筑面积54.42万平方米，超额完成省厅下达韶关市绿建面积44万平方米的考核任务。完成既有建筑节能改造项目4个，建筑面积14.97万平方米。完成年度工作任务和考核指标。

【绿色建筑建设】 凡纳入绿色建筑建设范围的新报建项目，未经施工图设计文件审查机构绿色建筑设计审查或审查不合格的、或未办理绿色建筑设计审查备案的，不予颁发施工许可证。全年有9个项目办理绿色建筑设计审查备案，共计68万平方米。其中南枫碧水花城二期已获得“二星B级色建设计标识证书”，金色江湾B地块二期已获得“一星B级色建设计标识证书”。开展建筑节能专项检查，新丰县滨江国际花园6.9万平方米通过省绿建委审核，实现韶关市县（市、区）第一个绿色建筑评审项目。组织举办全市“绿色建筑标识培训班”、在金色江湾项目举行“全市绿色建筑现场推广会”。

【既有建筑节能改造】 制定出台《关于印发<韶关市既有建筑节能改造实施方案>的通知》《关于推进全市既有建筑节能改造的工作意见》《关于将“三旧改造”“棚户区改造”项目列入既有建筑节能改造管理的通知》等规

范性文件，探索既有建筑节能改造新模式，推进韶关市既有建筑节能改造工作。全年完成原曲仁矿棚户区改造首期工程第一标段（社主、丝茅坪、和平八一队）、金色江湾商住小区（三旧改造项目）B地块一期（6栋）等4个既有建筑改造项目总计14.97万平方米。

【“禁实限粘”与新型墙体材料应用】 实施新型墙体材料确认备案制度，会同工商、技监部门联合开展新型墙体材料产品质量检查活动。发挥广播、电视、报刊等新闻媒体的舆论导向作用，宣传有关政策、法规和措施，推动全社会都来关心、关注和支持墙体材料革新工作。截至2015年底，市区、始兴县、仁化县、南雄市、乐昌市、乳源县已完成“禁实”任务，市区在建工程项目新型墙材应用比例100%，全市建筑工程新型墙材应用比例达到85%。

【散装水泥应用】 控制新建预拌混凝土搅拌站，确保建设工程质量，保持散装水泥行业持续健康发展。在韶关市各县、市、区街道闹市区、施工现场、搅拌车等显要位置悬挂宣传标语的横幅、条幅共计1000条。成立韶关市预拌混凝土（砂浆）行业协会，由全市混凝土生产企业、预拌砂浆生产企业、蒸压加气混凝土砌块新型建材生产企业及混凝土预制构件生产企业共26家会员单位组成。通过开展砂浆生产企业、审图公司、房地产开发、施工、造价站等单位负责人参加的预拌砂浆推广应用座谈会，加强在建工地的监督检查，以及协调厂家与建设单位预拌砂浆供应使用的问题。

【加装电梯管理】 全年市区申报加装电梯45台，竣工并拿到特种设备使用登记证的41台，全年超额完成韶关市既有住宅加装20台电梯的工作任务，任务完成好于2014年。

2013年至2015年，既有住宅加装电梯推行市财政补助政策。市区享受电梯加装补贴政策的有83台，财政补助资金共计314.41万元。2015年是享受市财政补助的最后一年，作为省试点城市，韶关市既有住宅加装电梯作为政府常态性工作，取得好的成效和经验，促进广大市民支持配合。

【住房公积金增值收益显著】 2015年韶关市住房公积金管理工作以维护职工权益为出发点，加大归集扩面力度；以促住房消费为着力点，加大贷款力度；以提高资金使用率为抓手，改善提取机制。开放棚户区改造职工公积金贷款购房政策，放开异地贷款政策。实施租房提取住房公积金新政策，支持购房首付提取，缩短提取时限，周期由一年提取一次缩短为半年提取一次，使公积金各项业务指标再创新高。2015年，全市累计归集住房公积金187.07亿元（其中市级87.90亿元），同比增长18.31%；全市186825人缴存住房公积金28.95亿元（其中市级11.84亿元），同比增长22.05%。资金余额为21.66亿元。全市累计提取住房公积金119.12亿元（其中市级59.58亿元），同比增长23.03%；全市当年提取22.3亿元（其中市级10.21亿元），同比增长15.6%。全市为47743户职工累计发放住房公积金委托贷款68.78亿元（其中市级40.76亿元），同比增长34.68%；2015年为全市6314户家庭发放住房公积金委托贷款17.71亿元（其中市级9.53亿元），同比增长57.98%；贷款余额为48.8亿元。2015年，上缴用于补充城市廉租住房（或公共租赁住房）建设资金达20309.58万元，同比增长129.65%，为公积金中心成立以来增值收益最多的一年。累计上缴廉租住房建设资金52963.45万元。

【住房预售、销售】 建立房地产交易信息日报制度，指导开展启用新版《商品房买卖合同》工作，督促各县、市落实完成二手房交易合同网签备案系统的建设，探讨棚改货币安置政策，增加货币安置方式。全年，市区（不含曲江）商品房销售（网上签约）13659宗，面积142.49万平方米，金额78.41亿元；二手房网签成交4285宗，面积43.13万平方米，金额15.87亿元。审核发放商品房预售许可证77宗，审批预售商品房面积172.95万平方米。新增归集维修基金10319户，归集额8781.85万元。累计归集额为5.14亿元。审核维修资金支出申请266宗，实际申请划拨金额183.28万元。办理维修资金变更252宗，备案出函2宗。

【房地产企业和物业的管理】 组织房地产开发企业向棚改户推出购房优惠政策。调整保障性住房以资代建资金的缴交时间，减缓房地产开发企业的资金压力。开展房地产企业挂点帮扶工作，帮助房地产开发企业化解难题，加快企业发展。对市区的56家暂定资质的房地产开发企业开展资质证书换证工作，并从守法经营情况、经营业绩情况和从业人员情况等方面对开发企业进行检查。52家企业参加年检换证，其中1家企业由暂定资质定级为三级企业。对群众反映较大的永泰世家不能按约交楼、盛景园车库水浸、世纪新城业委会等民生问题进行多次协调和指导，督促企业解决业主投诉。完成23家物业企业资质（物业企业资质从7月开始停止办理）、1家房地产开发企业的定级，核发新物业服务企业资质14宗，新房地产开发企业资质6宗。

【房地产登记】 2015年韶关市房地产交易与权属登记工作平稳持续发展。针对内部业务规范化管理，提高各项业务协作能力，组织人员对房地产交易与权属登记的业务分类、收件资料、承诺时限、收费标准进行梳理、细化、修改和完善。做好房屋租赁合同登记备案工作，提高房屋租赁合同登记备案率。建立健全商品房屋管理档案，填表造册，做到表、册、档统一，归档率达100%。韶关市房地产市场竞争加剧，房地产中小企业的资本运作空前紧张，通过核对商品房预售签约与商品房预售款专户的资金流水情况，及时督促开发企业办理商品房预售合同备案手续，以加强对预售资金的监管，保证预售资金专用于工程建设。全年办理市区房地产交易与权属登记39117宗，面积528.48万平方米，金额117.03亿元，分别比上年同期增长16.65%、8.24%和减少5.33%。累计行政事业性收费约910万元，代征土地出让金254万元，协助市财税征收约1829万元。商品房网上签约13245宗，二手房成交收件4838宗。办理抵押注销登记4841宗，司法查封登记2322宗，各类查档82887宗。

【房地产登记信息系统升级】 完善系统数据规范化处理方式，提升录入业务数据的准确性；针对反馈的系统问题，改进部分功能和业务流程；完善商品房网签系统的新版商品房买卖合同升级工作，使韶关市实现从旧版商品房合同到新版商品房合同的平稳过渡。开展对县（市、区）房地产登记机构新版商品房买卖合同和存量房网签系统的技术指导工作，帮助县（区）开展新版商品房买卖合同的升级和存量房网签系统的建设工作，扩大韶关市房地产区县联网平台的涵盖范围，提升市、县（区）房地产登记机构的信息管理水平。完成“房地产地理信息系统（第一阶段）项目”的验收工作。

【房屋测绘管理】 全年完成各项测绘业务1万多宗，完成原曲仁矿棚户区改造二期工程田螺冲项目二标段楼房，以及多个廉租房小区和芙蓉新城新区拆迁安置小区的测绘任务。测绘房屋建筑面积300多万平方米，实现事业收入500多万元，上缴财政支出100多万元，实现利税30多万元，超额完成预计指标任务。

【建设工程招投标管理】 是年，以加强建设工程招标投标监督管理、规范工程项目招标投标行为、促进招标投标信息公开、规范招标相关信息的发布程序为工作重心，建立和完善相关制度，促进有形建筑市场发展。年内对市区及部分县（市、区）在建工程开展中标后监督检查。共检查15个在建工程项目。全年进入市公共资源交易中心进场交易77项，交易金额228956.52万元。同比上年减少59项，同比下降76%。其中：公开招标工程共75项，中标金额21.52亿元；公开招标工程场外交易共1项，中标金额8219.54万元；进场竞争性发包工程共1项，发包金额5536.98万元。

【宜居城乡建设】 开展2015年广东省宜居社区认定工作，提出申报宜居社区的要求和评审考核程序，全市有9个社区参与申报。组织有关市直单位和各县（市、区）住建局工作人员参加宜居社区培训。迎接省住建厅对韶关市申报的宜居社区进行的抽查评审，抽查社区为武江区新华南社区居委会、惠民街道东岗岭社区等8个社区。开展2015年美丽宜居小镇、美丽宜居村庄示范工作。组织曲江区罗坑镇、南雄市珠玑镇、始兴县顿岗三个镇申报美丽宜居小镇，组织武江区龙归镇杨梅坑村等8个村申报美丽宜居村庄。

11月25日韶关市城市棚户区发放首批棚改购房补贴卡（市住建局 供）

【新型城镇化加快推进】 构筑“一带两翼、三城六园”中心城区发展格局，芙蓉新区开发建设保持良好发展势头，向“三年基本成城”目标推进；加强基础设施建设，优化区域之间、组团之间、城市内部交通网络，加强城市地下和地上基础设施建设和改造；加快户籍制度改革，落实居住证制度，推动教育、医疗卫生、住房保障、就业、养老等基本公共服务均等化；提高城乡一体化水平，市政和公用事业基础设施不断向城镇、农村延伸覆盖。到2015年底，全市城镇化率为54.29%，同比增长0.5个百分点。南雄市和坪石镇分别列选广东省新型城镇化“2511”综合试点县和综合试点镇，公园体系项目列选专项试点项目。

【农村生活垃圾处理】 出台《韶关市农村生活垃圾收运处理工作绩效考核办法（试行）》，促进农村生活垃圾收运处理工作制度化、常态化。到2015年底，如期完成“一县一（填埋）场、一镇一（转运）站、一村一（收集）点”设施建设目标任务；全市村庄保洁覆盖率为100%，县城和镇区生活垃圾处理费开征率约为70%；全年农村生活垃圾有效处理率约为66%，分类减量率约为24%。

【村镇建设】 开展全市农村危房改造核查和确认工作，2015年省下达韶关市农村危房改造建设任务4147户。开展第四批名镇名村示范村建设工作，打造乐昌市坪石镇、始兴县隘子镇2个名镇，建设20个名村和50个示范村。组织仁化县石塘村和南雄市新田

2015年8月4日在韶关荷花园酒店召开《韶关市城市总体规划（2014－2030）》纲要评审会（朱玉昆　摄）

村两个中国传统村落申报中央财政补助资金；布置开展2015年农村人居环境调查工作；推荐仁化县扶溪镇古夏村申报第四批中国传统村落。

（章　程）

城乡规划

【机构概况】　韶关市城乡规划局成立于2001年，为韶关市人民政府主管城乡规划的工作部门。2015年，韶关市城乡规划局行政编制38名，正科级领导职数9名，副科级领导职数8名。设办公室（监察室）、规划编制科、综合审批科等7个内设机构以及浈江分局、武江分局2个派出机构，下辖韶关市城市建设档案馆、韶关市城乡规划市政设计研究院、韶关市测绘院和韶关市城市规划展示馆4个单位。2015年，市城乡规划局编制城乡建设各类规划，优化行政审批服务，加强村镇规划指导，严格城乡规划实施和管理。

【规划编制】　组织开展城市总体规划修改，总规《纲要》通过市政府十三届59次常务会审议，2015年8月通过省住建厅审查。编制完成《韶关市芙蓉北路沿线地区控制性详细规划》《韶关东环线沿线地区控制性详细规划》《韶关市小岛分区控制性详细规划布局与规划技术》《韶关历史文化名城保护规划》《韶关市中心城区扩容提质建设规划（2014－2020）》《韶关市城市建设行动计划（二期）》《韶关市三旧改造专项规划（修编）》《韶关市“十三五”加油加气站布点规划》和《韶关市生态控制线划定规划》等。“九龄故里·百里画廊”生态休闲度假旅游示范线路规划等多个项目成果获评省级、市级奖项，城乡规划市政设计研究院规划资质升（甲）级申报通过省住建厅初次审查，已提交国家建设部终审。

【审批制度改革】　开展权责清理，建立《韶关市城乡规划局权责清单》。调整内设机构职能，优化内部审批流程与协作。修订《韶关市城乡规划局办事服务指南》和《韶关市区“三旧”改造单元规划编制规程》，规范建设项目规划审批管理。运行城乡规划管理信息系统，推进网上办事大厅建设，实现规划审批网上办理。建设重大项目规划审批绿色通道，规划服务环境改善。全年出具田螺冲棚改区、北江实验中学等建筑工程类项目规划条件65宗，完成摩尔城、奥园6号地块等项目修建性详细规划审批46宗，完成小岛片区污水管道、上饶路等道路管线类项目审批85宗，完成北江（韶关至乌石）航道扩能升级工程孟洲坝、第三污水处理厂和松山学院等多项重大项目选址。办理加装电梯实地勘察业务83宗，办理建设工程许可152宗。办理建设工程规划条件核实184宗，作出违法建筑认定共145宗（150栋），完成1918个疑似违法图斑的实地核查。受理许可申请事项606宗，办结571宗、提前办结率99.5%。组织规划项目公示167宗，办理人大和政协建议提案24件、网络问政50条，主动信息公开100条。城市规划展示馆完成各类接待参观4420人。

【规范性文件】　编制完成《韶关市城乡规划技术管理规定》《韶关市城乡规划公示制度》《韶关市控制性详细规划调整管理规定》《建设项目绿地率相关技术管理规定》《韶关市修建性详细规划审批流程优化方案》《韶关市城市规划公建配套指引》和《韶关市日照管理规定》，形成《建设项目密度相关技术管理规定》（初稿）。

【村镇规划】　完成30个市郊周边行政村总体规划与自然村建设规划、6个市区村庄安置点建设规划和10个美丽（特色）村庄规划试点的编制。选定武江区龙归镇马渡村委第8组作为《乡村建设规划许可证》核发试点，为推行乡村建设规划许可证制度打下基础。建立私房规划报建电子档案和规划管理“一张图”，完成市区私房报建审批71宗。组织编制乐昌市梅花镇杨家寨古村落保护规划，指导编制新丰县回龙镇、南雄市珠玑镇、乳源县大桥镇3个市级中心镇控制性详细规划，组织规划师和专业志愿者4批50人次开展“三师下乡”活动。

【城建档案管理】　全年签定建设工程档案责任书108宗，出具《建设工程竣工档案验收认可证》69份。审核合格后接收入库的竣工工程纸质档案项目73个，档案2491卷；接收入库的竣工工程电子档案项目51个，电子档案光盘131张；出具《建设工程竣工档案移交和接收证明书》65份。接待档案查阅545人次，提供利用档案1181卷，复印文字资料7894张，图纸1618

张；档案借阅72人次，提供借阅档案113卷。

【重点项目测绘】 完成田螺冲改造项目工程各区建筑物竣工验线共301栋；完成田螺冲市政道路一期工程规划道路定桩、工程线路测量验线、道路竣工测量4497米，规划管线竣工31765米；完成韶关市金建公司委托的仁化董塘镇格顶矿安置区24万平方米改造范围内的测绘工作；完成韶市区小岛片区截污管网工程规划定桩6.8公里，竣工供水管网的规划定桩5.83公里。

（杜山川）

城市综合管理

【机构概况】 韶关市城市综合管理局于2004年9月28日正式挂牌，为市人民政府工作部门，行使韶关城市管理、市政设施、城市供水、园林绿化、路灯灯饰、市容市貌、环境卫生及管道燃气等各项行政管理职能。市城市综合管理局设8个内设机构，7个直属单位，直属单位中市城市管理行政执法局为公务员管理单位，其余为事业单位。市城市综合管理局机关行政编制30名。其中：局长1名、副局长3名，总工程师1名；正科级领导职数8名、副科级领导职数6名。后勤服务人员数2名。2015年，城市管理在推进污水处理、小街小巷改造、文物修缮、园林景观规划设计、创文巩卫、民生工程、违法建筑查控、数字化城管建设平台建设应用、市政基础设施管养维护等方面完成良好。

【城市管理行政执法】 分别于5月中旬和11月下旬组织开展2015年度全市性的城市管理行政执法军事化培训和业务培训，城管执法队员素质得到提升；推进市区三大交通出口整治工作；全年拆除广告226块，总面积7300平方米；加大对市规划区内违法违章建筑的巡查监管力度，发出违建督查通知226份，组织市辖三区政府拆除违法建筑4121多宗、合计面积近5.4万平方米，遏制违法建筑的蔓延势头，维护城市规划的严肃性。

【市政设施管养】 在维护好市区184条、总长161.68公里、面积418.45万平方米主次干道的同时，全年维修沥青砼路面面积2.9万平方米，水泥砼路面2.5万平方米；人行道1.8万平方米，人行道无障碍设施坡道口整治147个，清疏下水道346千米，冲洗“四防装置”3.5万个/次，清疏检查井、雨水井2.3万座，封堵污水井盖孔1.6万个，冲洗桥梁伸缩缝2243米，更换“四防装置”3664套，更换防盗球墨铸铁雨水井、检查井井盖437套，桥梁、护栏、安全岛、隧道防腐涂装油漆1.5万平方米。

【园林绿化】 在做好市区7个公园（含河滨公园）总面积345万平方米、120万平方米公共绿地（不含公园面积）以及5.9万棵行道树管养。开展小游园项目建设，其中教育路全民健身广场东侧地块、北江桥西侧桥底地块、工业中路倚山酒店西侧绿地三个项目已完成设计，正在施工。为向芙蓉新城绿化建设提供质量好、品种齐全的优质苗木，完成樱花、紫玉兰和银杏采购及种植项目的招标工作。完成工业西路、北江路隔离护栏花箱安装和花箱时花种植工作，对水泥花箱的植物进行改造，换种成视线通透的开花植物，避免阻挡驾驶员视野，增加道路的开阔性。完成2015年市区节假日和常态摆花装饰工程，全年摆花约34万盆。

【城市照明和景观灯管理】 维护好市区3.7万盏路灯、7.3千米景观灯，修复路灯线路合计8.9万米，新增、改造安装LED路灯791套，敷设线路约16576米，解决城乡结合部路灯安装问题，为民办实事。完成城区约13000条灯杆及228个开关箱的定位标识安装及信息录入工作。灯饰亮灯率和设施安全率分别达到98%和99%，超过国家住建部颁发的道路照明各项标准。

【供水管理】 维护好969.54公里DN80以上供水主管，按计划完成各项生产指标，管网水水质综合合格率达到100%，2015年实现优质供水6253万立方米，与上年对比增长5.39%。于2015年12月1日起正式执行居民阶梯水价方案。完成“一户一表”改造工程约1.4万户，新敷设DN80以上的供水主管约6公里，管网水水质综合合格率100%。抢修不同管径管道1700多次，确保市区供水管网的安全。

【管道燃气】 做好420公里地下管网的管养工作，全年投入3500多万元建设天然气高中压调压站和市政管网，完成61千米的管网建设。新增1.1万户居民用户、150家商业及单位集体客户、10家工业客户使用天然气，现有各类用户近9万户，市区管道燃气的普及率（气化率）达到8%。全年安全供气2720万立方米，比上年增长13%。实现对一级隐患“零容忍”和100%整改，入户安检近6万户，完成整改5500多户。管网的泄漏次数由上年的35次下降到2015年全年的2次，下降94%，管网运行安全水平得到提升。

【综合整治步行街】 为扭转风度路步行街管理现状，彻底解决脏、乱、差等突出问题，做到管理有序，达到“处处干净、时时干净”的目标，局参考其他城市成功经验，结合市实际情况，草拟《关于风度路步行街管理体制改革的方案》，上报市政府同意后，于2015年4月10日起采取“行政执法结合物业化管理”的模式，对风度路步行街管理进行管理体制改革，引入企业参与城市管理，建立城管执法和企业管理协调配合的互动机制进行综合管理。通过改革管理体制，实施综合整治，风度路步行街占道经营现象大有改善，几个主要入口节点乱摆卖现象有所好转，街内保洁水平显著提升，车辆乱窜行现象基本绝迹，效果明显，市属三大媒体多次刊播新闻予以点赞，赢得社会各界的一致好评。

【打击违法建筑开展】 2015年组织市辖三区拆除各类违法建筑4121宗、5.4万平方米，其中浈江区48宗13545平方米，武江区拆除38宗11087平方米，曲江区39宗29735平方米。继续保持较强的高压态势，违法建筑查控工作取得阶段性成果，维护城市规划的严肃性。

【打击余泥渣土车违规上路、污染路面现象】 市渣土管理办公室联合执法小组多次深入市区43个在建工地开展监督检查，依法整治一批渣土淤泥清运方面的违法违规行为，打击、遏制各类违规渣土运输行为，市区淤泥撒漏现象有所改善，空气环境质量提升。其中城管部门发出整改通知书312份，立案查处渣土违法案件10起，罚款约28万元。公安交警部门查处无牌无证或套牌使用假证的渣土运输车辆941台次，罚款6万多元。交通运输部门查处无证营运和擅自改装从事营运的车辆78台，罚款合计人民币17余万元。住建部门加强建设工程文明施工的管理，严格施工许可条件，暂停项目经理投标资格69次，依规作不良记录69次。市区渣土运输车辆撒漏现象得到遏制，城区空气环境质量得到改善。

【“数字城管”指挥平台渐趋成熟】 韶关数字城管指挥系统自从2013年正式运行以来，城市管理手段实现重大突破，指挥中心建设推广到区一级城管部门，形成“网格化”巡查、“点评会”问责的新常态机制。自2013年5月开始试运行，2014年数字城管指挥中心受理案件1.55万多件，是系统启用前的12倍；2015年受理案件数2.39万多件，处理时间由原来的以天计算，变为以小时计算，系统应用效果显著。

【推进小岛片区截污管网工程】 小岛片区污水处理厂配套管网工程是2015年市政府承诺为民办的实事之一，于10月10日动工，旨在解决小岛片区污水直排江河造成的污染问题，改善居民用水水质和生存环境，是一项惠及百姓、造福子孙的公益性项目。该项目环绕小岛片区，截污管道长约6.58公里。由于旧城区道路狭窄，人流量、车流量大，势必带来交通拥堵、噪音大、扬尘多等诸多不便，市局利用传统媒体、新媒体与自媒体对该工程进行宣传，引导社会舆论；与交通部门协商制订交通疏导措施，及时与各管线和市政设施单位沟通，保障施工开展，并由10个施工队分路段推进施工。该工程2015年10月10日开工，至年底已完成主体工程建设。

【推进市区田螺冲污水处理厂一期工程】 该项目总设计规模8万立方米/天，是实现韶关市区域污水处理能力跨越式发展的污水处理建设项目。2014年10月项目启动施工，市局克服溶洞地质、雨季山洪、农民阻工等不利影响，已完成二沉池、氧化沟等主体工程；各污水处理构筑物设备安装在进行中。厂内工艺管网已完成80%，厂外截污管网进入设计阶段。

（高　涛）

芙蓉新区建设

【机构概况】 韶关芙蓉新区管理委员会为市人民政府派出机构，主要职责是依法行使芙蓉新区规划、建设和发展等职能；负责新区开发建设效能监察工作。韶关芙蓉新区管委会机构编制20名，其中主任1名，副主任3名；内设党政办公室、规划建设局、招商发展局、社会工作局4个副处级职能部门。2015年底有在职干部18人。2015年，芙蓉新区管委会坚持“五个优先”（规划优先、安置优先、公建优先、产业优先、生态优先）和“五个融合”（新城与老城区、与曲江城市副中心、与周边产业园区、与城市产业、与旅游业的融合）的发展思路，谋划推进芙蓉新城“三年基本成城”工作，芙蓉新区开启新一轮建设高潮。

【规划编制实施】 补充编制基础设施与产业发展规划环评报告；初步完成芙蓉新城南片区城市专项规划编制工作。会同规划部门开展芙蓉新城市政专项规划宣讲工作，推进专项规划实施。谋划推进“三年基本成城”工作，市政府常务会议、市委常委会议审议通过《韶关市芙蓉新城“三年基本成城”行动方案（2015—2018年）》，“三年基本成城”工作进入实质性组织实施阶段。

【安置新村建设】 赤水新村全部交房入住；芙蓉新村、西联新村主体完工；车头新村开展主体施工；下胡村三分之二以上村民确认同意启动安置新村建设。

【拆迁交地工作】 完成重点项目交地约40公顷和江湾片区征地23.4公顷，完成房屋协议拆迁面积约10000平方米，迁移坟墓约800座。完成芙蓉、西联、车头、下胡四个行政村共68.25万平方米、4261栋房屋测绘和大部分房屋确权工作。完成86.8公顷用地报批和100公顷用地报批材料组织工作。制订《芙蓉新城未列入当地村民安置人员的房屋征收补偿安置方案》《芙蓉新城农村集体经济发展用地选址方案》和芙蓉新城失地农民养老保障初步方案。

【路网工程建设】 南华路、芙蓉大道北段（单向）建成通车，百旺路（扩建）、滨江路、实验中学周边道路具备车辆通行条件，环状路网基本成型；8条路网开展施工招标，5号路选定施工单位；曲江大道、江湾大桥、新白线（一期）、12条城市支路开展前期工作；芙蓉隧道双向入洞施工。

【公建配套建设】 客运枢纽站、韶关实验学校二期推进建设；华师附中项目市校双方按协议约定开展规划设计等前期工作。市民文化活动中心完成清表交地工作，设计工作继续开展。启动综合管廊规划建设。做好新城防洪排涝工作，开展水系疏通。制订芙蓉新城绿化工作方案，启动主干道路绿化提升工作。盆景山公园土方和园林工程完成一半以上工程量，滨江公园基本完成施工图设计，水系基础工程纳入省中小河流治理工程率先实施。总工会工人文体活动中心、妇幼保健院项目完成选址。

【产业项目建设】 划定芙蓉新城重点开发建设区域，加大重点区域项目包装策划和招商推介力度，谋划推进高铁站前经济区和总部经济区建设。制订2016－2018年招商引资工作计划，明确29个项目作为重点招商推介项目。联合市广播电视台、韶关日报社制订芙蓉新区专项宣传工作方案，建立客商信息资源库，开展招商座谈和对接40余场次，新引进项目8个。中保财险、农信社和韶关中海投资等总部型项目完成土地摘牌；前海人寿金融中心项目完成选址。

【融资保障工作】 建立适应新政策、新要求的融资模式，探索采取项目回购等方式保证城投公司可持续融资能力。争取国家和省的融资政策支持，全年完成贷款融资17.6亿元，融资放款15.32亿元，完成年度贷款融资和放款任务。

【盆景山公园动工建设】 2015年5月8日，芙蓉新区首个公园项目正式动工建设。盆景山公园位于芙蓉新城核心区域，项目规划总面积约21万平方米，是当前老城区中山公园面积的3倍。盆景山公园属于公益项目，中标人同时是公益捐赠人，项目建安投资超过3000万部分由中标人以公益捐赠名义承担。盆景山公园项目是2015年市政府公开承诺为民办的9件实事之一。

【芙蓉大道北段通车】 2015年2月12日，芙蓉大道（北段）通车仪式在碧桂园太阳城举行。北段工程南接百旺路，北接芙蓉隧道通往老城区，属于城市交通主干道。芙蓉大道全长约3.9公里，双向6车道，宽度62米，项目立项总投资约3.7亿元。韶关碧桂园公司为芙蓉大道的代建单位和工程建设出资方。 （邓联军）

环境保护

【机构概况】 韶关市环境保护局为韶关市人民政府组成部门，正处级单位。2015年，韶关市环境保护局行政编制24名、行政执法专项编制20名。设9个职能科（室）以及韶关市环境保护局浈江分局（韶关市环境保护局浈江环境监察分局）、韶关市环境保护局武江分局（韶关市环境保护局武江环境监察分局）2个派出机构。下设韶关市环境监测中心站、韶关市环境保护科学技术研究所（韶关市环境技术中心）、韶关市环境信息中心、韶关市城镇污水处理管理中心等4个直属事业单位。2015年，韶关市环境保护局坚持以环境质量为目标、以环境保护优化经济发展，不断加强污染防治和生态保护，强化环境监管，着力解决影响科学发展和群众健康的环境突出问题，在重点工作的完成上均取得重大进展。

【主要污染物减排】 韶关市环境保护局以创建国家节能减排财政政策综合示范市为契机，聚焦重点项目和重点领域，推进污染减排相关工作。通过分解任务、筹集资金、加强督查督办和加大现场执法力度等方式，全面完成了节能减排示范市和省下达的年度减排任务，累计超额完成省下达韶关市“十二五”减排目标任务。经省环保厅核定，2015年韶关市主要源染物总量减排考核为优秀档次。其中，14个中心镇污水处理厂完成建设并投入正常运行；686家畜禽养殖场均完成减排工程设施建设以及减排台账收集、编制工作，675家通过国家环保部核查核算组的认定，通过认定率达98%；火电厂综合脱硫效率均达到91%以上，综合脱硝效率均达到65%以上；水泥行业综合脱硝效率均达到60%以上；宝钢集团广东韶关钢铁集团有限公司实现所有烧结机全烟气脱硫，综合脱硫效率达到80%以上。全市（含各县、市、区）有944家企业单位缴纳排污费，缴交总额为4668万元。

【环境质量良好】 全市环境质量总体保持稳定。空气环境质量达到国家二级标准；饮用水水源地水质达标率、跨市河流交界断面水质达标率均为100%；各功能区域噪声基本符合标准要求。经省核定，韶关市在2014年度广东省环境保护责任考核中得85.41分，获得良好档次。

【环境生态保护】 围绕打造全国生态文明建设示范市目标、实现绿色转型、生态发展，改善城乡生态环境质量，构筑广东重要的生态屏障。建立“户集、村收、乡（镇）转运、县处理”的农村生活垃圾收运处置体系，收运处置范围已基本覆盖全市各行政村；推进规模化畜禽养殖场污染减排；开展农村环境综合整治和生态示范创建活动。加强矿区生态修复，防治矿区环境污染。

【大气污染防治】 制定《韶关市大气污染防治实施方案（2014－2017年）》及各年度实施方案、《韶关市环境空气重污染应急预案（试行）》。制定《〈韶关市大气污染防治目标责任书〉工作任务分解方案》，整体推进大气污染综合防治工作；完成火电、钢铁、水泥、有色金属冶炼、陶瓷等行业大气治理项目工程，开展“禁燃区”内锅炉整治；加强城市扬尘污染控制，狠抓渣土运输车辆管理。2014－2015年淘汰“黄标车”及老旧车20415辆。2015年市区空气质量优良率94.21%，完成省下达的年度大气污染防治目标任务。

【建设项目环境保护管理】 把好环保审批关，简化审批程序，缩短审批时限，提高行政效率。全年办理各类新建项目环评审批280个，项目环评审批否决1个。建设项目环保设施竣工“三同时”验收办理79个；办理许可证148份；办理广东省危险废物转移转移许可审核事项189个；办理在用机动车排气检测机构委托证书9个；办理汽车环保标志99071份。

【南粤水更清】 按照《南粤水更清行动计划（2013—2020年）》开展水污染防治工作，制定《韶关市2015年南粤水更清行动重点目标和任务》，将任务分解到各职能部门，狠抓工作落实。加强饮用水源保护、推进城镇生活污水处理设施和配套管网建设升级改造、重点污染源达标整改和企业强制清洁生产，加强农村环境综合整治，推进水污染防治工作。划定乡镇级饮用水源保护区，开展饮用水源保护区专项整治行动，整治沿岸违法排污和破坏生态行为。2015年全市9个集中式饮用水源地水质达标率为100%，1个跨市河流交接断面水质达标率为100%，6个省控断面达标率为100%。

【环境应急管理】 推进北江预警系统建设工作，孟洲坝水站和瑶山电站水站、横石水水站以及新提出的坪石、南雄、高桥三个站点增加重金属监测指标的升级改造已完成，从中央争取到专项资金对北江预警系统进行二期建设。按照《韶关、郴州、赣州三地环境应急联动协议》，加强与相邻的湖南郴州、江西赣州等环保部门的沟通联系、互访交流。根据《2015年全省环境应急管理工作要点》，指导配合相关县（市、区）以及重点企业做好预案备案管理工作，按要求全市完成备案112家。

【环境监督专项行动】 2015年全市环保系统出动11469人次，检查各类企业4377家次，下达整改通知204份，责令改正违法行为决定书66份，立案66宗，下达处罚决定55宗，结案55宗，处罚金额241.2万，关闭企业5家，限产停产企业10家，移送行政拘留4宗，移送违法犯罪2宗。组织开展“环境安全月”、“环境法治年”、环境保护大检查、汛期环境安全大检查、环境安全隐患大检查、重点涉铊企业污染整治、违法违规建设项目清理等各项环保专项行动。

【环境信访增加】 市环保局全年接到群众反映各类环保问题信访件775件（同比上年增长19.8%），办结率99.1%。其中来信109件，电话93件，来访51批107人，电子邮件522件。与2014年相比，来信下降19.3%，网络问政增长236.8%，电话下降71.0%，来访增长41.7%。

【重金属管理工作】 2015年5月通过财政部、环境保护部组织的重点区域重金属污染防治竞争性评审，获得国家2015－2017年1.3亿重金属专项资金支持。其中，2015年的9100万元资金已到位，并与市财政局联合下达资金使用计划，按方案投入或开展重金属整治项目。2015年10月23日省环保厅厅长陈光荣带队在韶关市召开的《韶关市涉重金属行业环境综合整治方案（2015～2020年）》实施工作推进会上，就加快推进整治方案的落实做出具体的安排和部署。

【环保宣传】 召开“6·5世界环境日”新闻发布会，发布《2014年度韶关市环境状况公报》。在《韶关日报》刊登环保新闻24篇，其中《呵护绿水青山，建设生态家园—我市生态文明建设综述》刊登在头版头条，发表题为《新环保法：一部“长牙齿”的法律》、《韶关：坚决向雾霾开战!》等整版专题报道。编印5期《生态韶关》，及时反映韶关市各地、各单位在开展生态文明建设和环境保护工作中的做法和经验。在污水处理厂新建22个环境文化宣传橱窗，更换市区20个环境文化宣传橱窗的内容。抓好“创绿”工作，新丰第二幼儿园被评为省级绿色学校，浈江区吴礼和中心小学被评为市级绿色学校。

【水环境质量】 2015年主要江河水系水质状况总体良好，水环境质量与上年相比无显著变化，除官渡、古市、丹霞山、马坝河出口断面为Ⅲ类水质外，其余断面均为Ⅱ类水质（水温、总氮、粪大肠菌群不参与评价），全市17个市控以上断面水质均达到所属功能类别水质标准，达标率为100%。市区饮用水源地水质达标率为100%，与上年持平，其中十里亭断面水质为Ⅱ类，达标水量7432.8万立方米、苍村水库断面水质为Ⅰ类，达标水量1982.3万立方米，苍村水库水呈中营养状态，属于达标。

【大气环境质量】 2015年，韶关市区城市空气中二氧化硫、二氧化氮、可吸入颗粒物年均浓度分别为0.019毫克/立方米、0.025毫克/立方米、0.050毫克/立方米，均优于国家二级标准，全年空气污染指数优、良天数为342天，优良率94.21%。市区降尘年均浓度为2.03吨/（平方公里·月），与上年相比下降28.5%。全年降水pH年平均值为5.00，酸雨频率为42.0%，与上年相比上升4.5个百分点，降水质量整体比上年有所下降。

【声环境质量】 2015年，市区道路交通噪声年均值为66.7分贝，其声环境质量处于好等级；市区区域环境噪声年均值为55.9分贝，其声环境质量处于一般等级；各功能区域噪声基本符合标准要求。 （杨文怡）

2015 年韶关市区饮用水源水质状况一览表

表 20

监测断面	监测年份	年取水量（万立方米）	年达标水量（万立方米）	水质达标率（%）	水质类别	年均值超标项目	年均值超标项目浓度（毫克/升）	污染指数
十里亭	2015	7432.8	7432.8	100	Ⅱ	—	—	0.14
苍村水库	—	1982.3	1982.3	100	Ⅰ	—	—	0.12

2015 年韶关市区省控以上河流水质变化趋势分析结果一览表

表 21

河流名称	断面名称（功能类别）	水质类别	定性描述	是否达标	超标项目	上年同期水质类别	变化趋势
北江	孟洲坝电站（Ⅳ）	Ⅱ	优	是	—	Ⅱ	持平
	白沙（Ⅲ）	Ⅱ	优	是	—	Ⅱ	持平
	高桥（Ⅲ）	Ⅱ	优	是	—	Ⅱ	持平
浈江	长坝（Ⅲ）	Ⅱ	优	是	—	Ⅱ	持平
	曲江桥（Ⅲ）	Ⅱ	优	是	—	Ⅱ	持平
武江	坪石（Ⅲ）	Ⅱ	优	是	—	Ⅱ	持平
	武江桥（Ⅲ）	Ⅱ	优	是	—	Ⅱ	持平

韶关市区区域环境噪声功能区统计一览表

表 22

功能区	网格大小（米）	网格数（个）	覆盖面积（平方公里）	等效声级（分贝）	超标率（%）
1 类区	500×500	42	10.50	52.7	4.8
2 类区	500×500	136	34.00	55.6	2.2
3 类区	500×500	69	17.25	59.3	0
韶关市区	500×500	247	61.75	55.9	2.0

2014、2015 年韶关市区大气监测结果统计一览表

表 23

市县名称	监测项目	测点名称	年平均		超标率（%）	
			2014	2015	2014	2015
韶关市区	二氧化硫	市八中	0.039	0.023	0	0
		碧湖山庄	0.023	0.014	0	0
		园林处	0.039	0.018	0.3	0
		韶关学院	0.029	0.015	0	0
		曲江监测站	0.033	0.026	0	0
		市区统计	0.033	0.019	0	0

续表23

市县名称	监测项目	测点名称	年平均		超标率（%）	
			2014	2015	2014	2015
韶关市区	二氧化氮	市八中	0.039	0.030	4.3	1.4
		碧湖山庄	0.022	0.018	0.3	0
		园林处	0.030	0.021	1.9	0
		韶关学院	0.022	0.022	0	0.3
		曲江监测站	0.042	0.033	3.1	0.3
		市区统计	0.031	0.025	1.4	0.3
	可吸入颗粒物	市八中	0.073	0.050	6.9	0.6
		碧湖山庄	0.067	0.049	3.9	0.6
		园林处	0.068	0.052	3.6	1.1
		韶关学院	0.053	0.042	1.4	0
		曲江监测站	0.073	0.058	4.7	0.4
		市区统计	0.066	0.050	3.4	0
	降尘（吨/平方公里·月）	市八中	3.10	1.78	0	0
		碧湖山庄	2.82	2.20	0	0
		园林处	2.81	2.17	0	0
		韶关学院	3.00	1.72	0	0
		曲江监测站	2.48	2.30	0	0
		市区统计	2.84	2.03	0	0

2014、2015年韶关市区降水质量统计一览表

表24

监测站名称	2014年				2015年			
	样品个数	酸雨频率（%）	降水pH值		样品个数	酸雨频率（%）	降水pH值	
			范围	平均			范围	平均
韶关市	80	37.5	3.64~7.64	4.94	88	42.0	3.67~7.63	5.00

韶关市区道路交通噪声监测统计一览表

表25

行政区	测点数（个）	总路长（公里）	平均路宽（米）	平均车流量（辆/小时）	等效声级	达标率%	大于70dB路段		声级范围（分贝）
							路长（公里）	（%）	
韶关市区	55	73.5	20.4	1969	66.7	83.4	4.95	6.7	62.7~72.7

教　育

教育管理

【管理机构】　韶关市教育局为市人民政府工作部门。市教育局机关行政编制30名。其中：局长1名、副局长3名；正科级领导职数8名、副科级领导职数7名。后勤服务人员数5名。内设机构8个：办公室、基础教育科、职业与成人教育科、德育体育卫生艺术教育科、教育督导室（韶关市人民政府教育督导室）、基建财务科、人事科和监察室。

【概况】　2015年，全市完成年度各项工作任务，教育工作取得可喜成绩，得到上级领导和社会各界的肯定。截至2015年11月，全市10个县（市、区）（其中2014年1个，2015年9个）通过国家义务教育发展基本均衡县的评估验收。师生参加各类竞赛特别是体育和信息技术竞赛均取得较好成绩。2015年8月，获省第十四届运动会学校体育组代表团团体总分二等奖，名列全省第九名，居粤东西北地级市前列，师生参加国家级和省级计算机竞赛均取得好成绩，连续8年居全省欠发达地区前列，一些项目在全省前三名。2015年，韶关市教育局获得全国未成年人思想道德建设工作先进单位、全国关心下一代工作先进集体、实施《国家学生体质健康标准》工作优秀奖等荣誉称号。“十二五”期间，全市教育事业发展实现新跨越，3～5周岁幼儿学前三年毛入园率达97.4%，比2010年提高11.4个百分点；农村学前三年毛入园率达87.4%，比2010年提高13.9个百分点；优质幼儿园（市一级幼儿园以上）比例达26.7%，比2010年提高18个百分点。义务教育均衡发展，全市建成“广东省义务教育标准化学校”311所，覆盖率达99.76%，比2010年提高49.1个百分点。高中阶段教育健康发展，高中阶段教育户籍人口毛入学率达96.73%，比2010年提高8.73个百分点；高考录取率达89.25%，比2010年提高4.77个百分点。　（卢　升）

【教育经费收支情况】　2015年度总收入600408万元，比上年增加69062万元，增长13%。其中：国家财政性教育经费497042万元，比上年增加52035万，增长11.69%；民办学校举办者投入31936万，比上年增加18450万，增长136.81%；捐赠收入1139万元，比上年减少771万元，增长-40.37%；事业收入66581万元，比上年减少791万元，增长-1.17%；其他教育经费3710万元，比上年增加139万元，增长3.89%。总支出596528万元，比上年增加75104万元，增长14.40%。

【基本建设投入】　2015年，全市中小学校基建计划投资6.17亿元，实际完成投资6.09亿元，其中建安工程4.07亿元、设备购置1.57亿元、其他0.45亿元。本年新增校舍建筑面积36万平方米，新增固定资产价值5.61亿元。

（胡定安）

【教师队伍基本情况】　2015年，继续落实《韶关市人民政府关于实施“强师工程”建设高素质专业化教师队伍的意见》和《韶关市创新人才引进培养工程》要求，实施“强师工程”，加强教师队伍建设。

全市有中小学（幼儿园）教师33199人，其中小学教师13262人，研究生学历32人，本科学历3533人，大专学历8267人，中专学历1430人；初中教师8297人，研究生学历69人，本科学历5962人，大专学历2266人；高中教师4322人，研究生学历139人，本科学历4021人，大专学历161人，中专学历1人；中等职业学校教师1516人，研究生学历119人，本科学历1209人，大专学历183人，中专学历5人，双师型教师607人；幼儿园教师5802人，研究生学历1人，本科学历401人，大专学历2966人，中专学历2347人。

全市招聘教师557人，其中招聘农村教师289人，研究生学历26人，本科学历393人，大专学历115人，中专学历23人；制定《韶关市县域内义务教育学校校长教师交流轮岗工作的实施方案》；韶关市会同东莞市、珠海市、阳江市、茂名市，共安排84名优秀教师分别到乐昌、南雄、乳源、新丰等“三区”支教，其中韶关市派出教师26名；全市认定中小学教师资格4628人。2015年，山区教师岗位津贴人均水平不低于700元，山区教师队伍稳定。

【教师评优评先】　有14名教师被评为广东省第九批特级教师，40名教师被评为广东省南粤优秀教师（教育工作者），17名教师被评为广东省乡村优秀教师（校长）；表彰韶关市优秀教师（教育工作者）300名，韶关市优秀乡村教师（校长）100名，韶关市基础教育系统首席教师10名，韶关市基础教育系统教学能手91名，韶关市优秀教研员20名，韶关市优秀青年班主任50名。有80名教师、11名校长遴选为“广东省省级骨干教师、校长培养项目第二、三批培养对象”；广东省中小学新一轮“百千万人才培养工程”第二批培养对象，韶关市有1名教师确定为“教育家”培养对象，4名校长确定为“中小学名校长”培养对象，11名教师确定为“中小学名教师”培养对象。

【教师培训】　开展多层面、全方位的教师、校长培训工作。（1）幼儿园、小学、初中、中等职业学校教师专业科目全员培训11909人。（2）启动中小学教师信息技术应用能力提升工程，分学段、学科对全市中小学（幼儿园）教师开展培训工作，2015年组织1万多名教师参加培训。（3）组织480名新教师参加新任教师培训。（4）组织90名市级骨干教师（校长）培养对象分别到省、市名师（校长）工作室开展跟岗学习培训；组织市第十三期小学校长任职资格培训班64名学员赴东莞进行教育考察学习；组织42名高中校长、中层干部、教师到东莞跟岗学习。（5）举办四期“广东韶关博雅文化教育大讲坛”，2800多人次参加；举办首届“粤北基础教育论坛”，132名市级学科带头人和100名行政干部校长参加培训。（6）组织100名幼儿园骨干教师参加省欠发达地区幼儿园骨干教师培训；10名幼儿园教师参加省欠发达地区小学转岗幼儿园教师培训；50名幼儿园骨干参加市幼儿园骨干教师培训；57名园长参加广东省第127期幼儿园园长任职资格培训（韶关班）。（7）举办初中学科骨干教师培训，共有语文、数学、英语、物理、化学学科骨干教师250人参训；举办小学骨干教师培训，有语文、数学、英语学科骨干教师200人参训；100名英语骨干教师赴港培训；100名英语教师参加香港－中国烛光基金会乡村英语教师培训。（8）选派8名英语教师参加省中小学英语语言村培训；选派13名教师参加省农村小学全科骨干教师培训；70名骨干教师和30名农村教师参加省2015年（第一期）中小学骨干教师省级培训和农村中小学教师跟岗学习培训；组织第一、第二批118名省级骨干教师、校长到北师大、浙大培训。（9）组织13名教育管理干部赴港参加第二期“红三角”教育管理干部研讨班；开展第五期（下学期）香港青年服务团团员岗前教学培训工作。（10）在乐昌市举办第十三期乡村小学校长教育研讨会，有80名乡村小学校长参加；举办市乡村优秀教师（校长）培训班，共100名；举办市农村中学班主任培训班，共200名。（11）特殊教育教师培训实践基地在市特殊教育学校挂牌成立，组织40名特殊教育教师到北师大学习、30名教师到浙江、深圳、顺德等地特殊教育学校跟岗学习。（12）选派46名骨干教师参加“国培计划”—示范性教师工作坊高端研修项目区县骨干教师教研员培训；41名骨干教师参加“国培计划”—示范性教师培训团队研修和紧缺领域骨干教师培训项目培训；6名骨干教师参加“国培计划”—示范性综合改革项目培训；100名教师参加教育部—中国移动中小学教师信息技术能力国家级培训项目培训；150名校长参加教育部—中国电信中小学校长信息技术应用能力提升项目；10名骨干教师参加英特尔—未来教育项目新课程骨干教师培训；12名骨干教师参加乐高—技术教育创新人才培养计划项目骨干教师培训。（13）50名校长参加中小学（幼儿园）校（园）长省级培训项目培训；2名校长参加第四期京苏粤优秀中青年校长高级研修班；1名园长参加第19期全国幼儿园骨干园长高级研修班培训。（朱俊英）

【德育工作特色初现】　扩大德育创新成果。市首批“厚德弘善感恩励志”学校德育创新实验县（区）、实验学校及省市级德育示范学校继续以“厚德弘善感恩励志”德育创新为统领，开展学校德育创新探索，扩大学校德育创新成果。2015年省级德育创新项目立项课题17个，广东省教育厅“百系列”学校德育优秀成果展示活动30人次获教师系列奖，课例、论文系列获一等奖1个，二等奖2个，三等奖6个。加强法制教育。推动实施《韶关市教育系统加强青少年学生法制教育实施方案》，在全市中小学校开展“实现中国梦，法治伴我行”主题教育实践活动和送法进学校活动，提高韶关市中小学生法律素质。实施名班主任培养系列工程。组织实施第二批市中小学名班主任培养，完善培养考核机制，建立导师培养平台，提升名班主任专业化水平。实施市中小学名班主任工作室建设工作，建立市中小学名班主任工作室15个，周期内培养学员约200人。实施特殊群体关爱项目。开展市直教育系统2015年第25个全国助残日残障学生关爱活动，组织市直学校50名残疾学生参加研学活动，倡导友爱、互助、融合、共享的理念，形成扶残助残的良好社会风尚。学校德育创新工作得到上级肯定，市教育局关工委被中国关心下一代工作委员会和中央精神文明建设指导委员会办公室评为“全国关心下一代工作先进集体”，这是市教育局继2014年获得“全国未成年人思想道德建设工作先进单位”后获得的第二个国家级大奖。

【参加广东省第十四届运动会取得佳绩】　派出由187人组成的学生体育代表团，参加广东省第十四届运动会（学校体育组）田径、篮球、足球、排球、武术、健美操等6个大项的比赛，取得优异成绩，共有36个单项、110人次获奖，其中银牌3枚、铜牌6枚；有3个运动队、12名教练员、32名运动员获“体育道德风尚奖”；学校体育组荣获“体育道德风尚奖”代表团称号；团体总分871.6分，名列全省第九名，居粤东西北地级市前列，全省只有2个欠发达地级市进入前十名。学校体育工作获得省肯定和表彰，获得“实施《国家学生体质健康标准》工作优秀奖”。选送体育专业论文参加广东省第十四届运动会（学校体育组）科学论文报告会获省一等奖1篇，获省二等奖4篇，获省三等奖13篇；体育教师代表队参加广东省第十四届运动会（学校体育组）（广东省第三届）中小学体育教师教学技能大赛，全部教师都获奖，总成绩获团体总分二等奖，其中有4人获省一等奖，6人获省二等奖。

【成功举办韶关市第二十届中小学（幼儿园）“英东杯”文体竞赛】 体育类项目包括篮球、足球等，决出团体奖52个，涌现出一大批体育拔尖苗子。艺术类设小合唱、集体舞、行进管乐和行进打击乐、语言类、书法、绘画、摄影、陶艺等8大项，全市有1000多名学生参加各类比赛，评出一等奖80个；二等奖116个；三等奖156个。

【参加“广东省第五届中小学生艺术展演活动”获佳绩】 获得音乐表演类二等奖3个，三等奖16个；美术类一等奖5个，二等奖7个，三等奖24个；教师论文一等奖1人，二等奖1人，三等奖4人。武江区教育局、浈江区教育局、乳源县教育局获优秀组织奖。

【“创文”“巩卫”工作取得新进展】 开展以践行社会主义核心价值观为主题的学雷锋活动，全市学生参与“微志愿”“关爱特殊群体”“送温暖献爱心活动”“清洁家园，美化韶城”“关爱异地务工人员随迁子女”等活动达40多万人次。开展2015年度韶关市“美德少年”评选表彰活动，评选2015年度韶关市“美德少年”15名，“美德少年”提名奖20名。启动韶关市平安学校食堂创建工作，全市有14所学校（幼儿园）食堂被评为“韶关市平安学校食堂”。（张烽艺）

【教学工作及教学质量情况】 2015年，实施“两项工程”（“韶关市普通高中学校高考提质工程”和“韶关市义务教育阶段学校科研改薄工程”），在一系列促进学校教学质量提高和内涵发展的教学教研工作中，主要加强和突出以下几个方面的工作：以教育部“一师一优课、一课一名师”活动、“信息技术应用能力提升工程”和广东省“名师同步课堂”等项目的开展为契机，加强信息技术在教学中应用的探索和实践。在“一师一优课、一课一名师”活动中，全市有11231位教师参与该项活动，晒课7176节，是全省参与度较高的地市之一；组织开展和参加各种各类的培训、考察和学习研讨活动，促进韶关市教师队伍的专业发展。一年来，组织开展和参加各种各类培训、考察和学习研讨活动30多项（科）次。整合多方资源，利用政策支持，通过莞韶帮扶项目、优质资源下乡计划、省“南粤名师大讲堂”活动等一系列政策支持，促进韶关市教师专业发展，提高中小学教学质量。2015年，组织和指导学生参加各类学科竞赛27科（项）次，获得全国特等、一、二、三等奖分别有5、40、81、113人次，获省一、二、三等奖分别有336、716、1086人次。

【与东莞教学合作交流情况】 根据东莞、韶关两市人民政府联合制订的《东莞韶关对口帮扶总体方案》和东莞、韶关两市教育局签订的《东莞韶关教育合作交流协议》以及2015年度的工作计划，两市教研室牵头实施促进教学与教研交流、师资培训和校际结对帮扶等系列活动。3月27日，莞韶教育合作政治学科交流研讨活动在田家炳中学，全市约50名教师参加活动。4月12日，莞韶教育合作地理学科交流研讨活动在北江中学举行，全市约50名教师参加活动。4月13日，莞韶两地高考备考交流研讨活动在北江中学举行，两地9个高考学科约150名教师参加交流活动。4月20日，莞韶两地教育科研交流研讨活动在市五中举行，两地约30名教育科研教师代表参加交流活动。5月19日，市教研室小学英语科研改薄送教下乡暨莞韶教学展示活动在韶关市新丰三小举行，近60名教师参加交流活动。9月18日至25日，韶关市县区教育局代表、高中校长代表和12个高考学科的骨干教师代表约80人，到东莞市开展高考备考研讨与交流活动。11月3日至8日，小学英语骨干教师赴东莞市跟岗交流，市61名小学英语教师参加活动。12月7日，在东莞市开展第二次两地教育科研交流活动，韶关市负责教育科研管理工作和开展重点课题研究的老师代表约30人参加活动。（梁伟光）

【教育教学科研】 在课题立项与结题方面，组织教师申报省级教育科研课题，获得省教育厅科研处2016年度教育科研课题8项，获得省教育研究院教育研究课题35项；通过市级教育科研课题结题249项，通过2015年市级教育科研立项课题300项。在课题研究过程管理方面，组织省级课题主持人进行省级财政专项资金使用情况的自查，加强对省级市级课题研究过程的管理，如开题报告会、资料收集与整理、研讨课、验收课和结题论证会等。在成果评审与推广应用方面，组织2015年韶关市中小学教育教学成果奖评比活动，进行初评。出版《韶关教育》6期，刊载文章约120篇。在论文参评方面，组织全市校长、教师参加省教育学会校长论坛和2015年学术年会，有33位校长获得奖励，其中一等奖4人，二等奖19人，三等奖10人。在对外交流方面，分别于4月和12月在韶关和东莞举办教育科研交流研讨活动，两地教育科研管理人员就区域与学校的教育科研规划、制度、内容和方式等方面进行探讨。（钟　华）

【教育信息化】 贯彻国家《教育信息化十年发展规划（2011－2020）》《广东省教育信息化“十二五”发展规划》等文件精神，按照八部门制定的《韶关市人民政府关于以教育信息化促进义务教育均衡发展的意见》要求，加快教育信息化建设。全市义务教育阶段学校完成“校校通”“班班通”建设，市对各县（市、区）教育信息化建设工作进行奖补。市政府批准“韶教云”建设项目，将对接广东省“粤教云”平台，面向全市学校师生提供信息化服务。改造韶关市基础教育专网，按“万兆核心，千兆到校，百兆到桌面”的标准建设。

【教育装备】 全市各级教育部门借助国家义务教育发展基本均衡县评估、创建教育强县（区、镇）的契机，以规范化学校建设为切入点，按照教育装备建设标准和要求，加大建设力度，提升基础教育办学水平。2015 年全市中小学校装备和教育信息化工程建设全年投入资金超过 1.9 亿元。全市新增：计算机室 127 间、计算机 11412 台、校园网络 188 套、实现“班班通”班数 2338 个、多媒体专用教室 61 间、其他功能场室 180 间，常规教学仪器 1199 万元。

【信息教育竞赛成绩】 组织全市师生参加全国和全省举办的各项教育信息化评比活动取得佳绩。第十九届全省教师多媒体教育软件比赛：获省一等奖 4 名、二等奖 6 名、三等奖 19 名，韶关市教育局获组织工作表扬单位。第十六届全国、全省中小学电脑制作活动：获全国一等奖 3 名、二等奖 4 名、三等奖 4 名；省一等奖 16 名、二等奖 32 名、三等奖 65 名，韶关市教育局获组织工作先进表扬单位。首届全国中小学生网络虚拟机器人设计竞赛：获全国一等奖 4 名。广东省第十二届中小学电脑机器人竞赛：获一等奖 8 名、二等奖 5 名、三等奖 2 名，总成绩列全省第二。全国青少年信息学奥林匹克联赛：获全国一等奖 4 名、二等奖 17 名。广东省青少年信息学（计算机）奥林匹克竞赛决赛：获一等奖 1 名、二等奖 1 名、三等奖 13 名。省重点中学信息学邀请赛：获二等奖 2 名、三等奖 7 名。第十三届全国中小学信息技术创新与实践活动：获全国一等奖 4 名。第三十届广东省青少年科技创新大赛：获省三等奖 1 名。

（谭均汉）

【助学工作】 执行党和政府资助贫困学生政策，建立起从学前到研究生各级各类教育全覆盖的学生资助政策体系，做好政策宣传、业务培训、资格审定、发放标准、资金管理等工作，完成全市各项学生资助任务。全市筹集社会资金和利用各级政府补助资金，资助从学前幼儿教育到大学教育各年龄段学生达 13 万人次，资助金额超过 1 亿元。

（陆智南）

【国家义务教育发展基本均衡县实现全覆盖】 韶关以创建国家义务教育发展基本均衡县为契机，市、县两级党委政府重视，加强领导，不断加大投入，改善办学条件，以教育信息化促进义务教育优质均衡发展，推动全市教育事业科学发展。韶关将创建“国家义务教育发展基本均衡县”作为教育发展的重要抓手，写入年度政府工作报告，纳入市对各县（市、区）县域经济社会科学发展观考核范畴，拿出 1000 万元奖补资金。继 2014 年始兴县成功创建国家义务教育发展基本均衡县后，2015 年 11 月初，全市 9 个县（市、区）申报国家义务教育发展基本均衡县通过“国检”，2016 年 2 月在教育部网站进行公示。至此，韶关市 10 个县（市、区）全部通过国家认定，实现义务教育发展基本均衡县 100% 覆盖。

【广东省教育强镇实现全覆盖】 韶关市委、市政府把创建省教育强镇（街道）工作列入县（市、区）科学发展观考评指标体系，将教育“创强”工程项目列入“百项工程兴韶关”之一，推动各地落实教育创强工作责任。经过“创强”实践，全市各地学校尤其是通过创强验收的中小学校、幼儿园发生翻天覆地的变化，创强工作取得显著成效。韶关市在 2014 年 8 月创建“广东省教育强市”，成为全省粤东西北地区首个省教育强县（市、区）全覆盖的省教育强市。截至年底，全市除 7 个镇免于创强以外，成功创建 92 个镇，覆盖率达到 96.8%。全市只剩下乐昌市梅花、庆云、沙坪等 3 个镇也已接受省教育强镇督前检查，整改完善后将进行省教育强镇督导验收。

【各类考试情况】 2015 年全市组织实施共 10 大类、17 场考试，考生人数达 15 万多人次，参与考试管理的工作人员 1.5 万多人次。全市普通高考实考考生 22912 人，其中普通类实考考生 21979 人，“3 + 证书”高职类实考考生 933 人。全市成人高考 5782 人，其中报考专科升本科的有 969 人，高中起点本科 14 人，高中起点专科的有 4799 人。全市自学考试 7031 人次，报考 13990 科次。上半年毕业考生有 266 人，其中本科 245 人，专科 21 人；下半年毕业考生有 118 人，其中本科 99 人，专科 19 人。全市九年级报名参加中考人数为 25712 人，八年级报名参加中考人数为 30636 人。硕士研究生入学考试全市有 921 名考生参加考试。全国计算机等级考试上半年考生人数 3782 人，下半年考生人数 3022 人。全国英语等级考试下半年考生人数 265 人。全市各类考试都确保试卷安全保密万无一失、考务操作规范统一、考风考纪保持良好，完成各项任务，实现“平安考试”的目标。招生录取工作贯彻“阳光工程”要求，维护公平公正，着力提升服务质量和水平，人民群众满意度提高。

【高考成绩】 2015 年全市普通高考有 20448 名考生被各类高校录取，占实考总人数的 89.25%。其中普通类录取韶关市考生 19661 人，占实考考生人数的 89.5%；“3 + 证书”高职类录取 787 人，占实考考生人数的 81.22%。第一批本科院校录取 1808 人，占实考人数的 8.23%；第二批录取 6804 人，占实考人数的 30.96%。其中第二批本科 A

线录取 3382 人，第二批本科 B 线录取 3422 人；第三批录取 11049 人，占实考人数的 50.27%。其中，A 线录取 5321 人，B 线录取 5728 人。（陈雪莲）

【教育工会】 编制《韶关市教师师德教育手册》。向有关学校教职工赠送《韶关市教师师德教育手册》达 13000 多册。韶关市田家炳中学教师朱静萍、乐昌市秀水镇中心学校教师余美荣，被评为 2015 年广东省师德先进个人。韶关市第一中学教师侯巨青荣获 2015 年广东省劳动模范、第五届韶关市感动模范人物敬业爱岗提名奖，是韶关市教育系统唯一获此殊荣的教师。

第 31 个教师节开展《中国梦·育人美》板报比赛。举办市直学校工会男、女子乒乓球个人冠军赛。教师万缓缓（广东北江中学）、教师谢萍（韶关市一中实验学校）、教师马应梅（韶关学院韶州师范分院）获女子单打前三名。教师田野（韶关田家炳中学）、教师鲁卿（广东北江中学）、教师辛勤（韶关学院韶州师范分院）获男子单打前三名。举办全市教职工首届象棋个人赛。曲江区教育工会代表曲江一小教师黄树铭、韶关市一中实验中学工会代表教师郑智化、韶关市中等职业技术学校工会代表教师江伟强获得前三名。开展“先进教工之家”和“先进工会工作者”评选活动。全市有 15 所学校工会荣获教育系统“先进教工之家”。韶州师范分院工会、韶关市中等职业技术学校工会荣获“韶关市先进教工之家”。广东北江中学工会副主席谢宇峰、韶关市田家炳中学工会副主席邬四宝、乐昌市乐昌教育工会常务副主席谢际华、曲江区教育工会主席张焕莹荣获“韶关市优秀工会工作者”。通过市直学校工会经费使用情况报告及经费预算。审议通过《2012—2014 年市直学校工会经费使用情况报告及 2015 年市直学校工会经费预算》。

（梁茂发）

基础教育

【概况】 2015 年，全市有幼儿园 494 所，其中公办 128 所、民办 366 所；九年义务教育阶段学校 311 所（不含完全中学），普通高中学校 25 所（完全中学 9 所，独立高中 16 所），其中省一级普通高中学校 22 所（含国家级示范性普通高中学校 12 所）。小学在校生 218260 人，学龄人口毛入学率为 101.9%；初中在校生 94123 人，学龄毛入学率为 108.6%；普通高中在校生 60725 人，户籍人口毛入学率为 97.16%，比 2014 年提高 0.43 个百分点。

【学前教育】 2015 年，公办幼儿园和普惠性民办幼儿园占全市幼儿园的 91.5%。全市在园幼儿 119343 人，3—5 周岁幼儿学前三年毛入园率为 97.7%，其中农村学前三年毛入园率为 87.9%。6 月 1 日，市教育局联合市发改局、市财政局印发《韶关市第二期学前教育三年行动计划（2014－2016 年）》。6 月 8—12 日，组织全市幼儿园园长和骨干教师 30 人前往苏州大学进行为期一周的集中培训。参加广东省“科学育儿”家庭教育优秀案例征集工作，潘志立等 10 位家长的家庭教育案例获奖，胡慧琴等 11 位个人获得家庭教育案例征集工作优秀组织奖（个人），市机关一幼、乳源瑶族自治县机关幼儿园获得家庭教育案例征集工作优秀组织奖（团体）。组织教师参加广东省学前教育专业委员会组织的“学前教育质量与可持续发展”主题征文活动，共征集论文 120 篇，评出一等奖 27 篇、二等奖 35 篇、三等奖 52 篇。在此基础上，选送优秀论文至广东教育学会学前教育专业委员会参加评比，其中荣获一等奖 2 篇、二等奖 10 篇、三等奖 8 篇。6 月，组织参加广东幼教青年教师说课大赛，市机关一幼杨冬梅荣获特等奖，市教工幼儿园刘凯坚、曲江区机关幼儿园张静荣获一等奖，市机关二幼何燕妮、乳源瑶族自治县机关幼儿园饶建英、曲江区艺术幼儿园邓金秀荣获二等奖，市机关三幼文秀银荣获优胜奖。12 月在仁化县组织全市学前教育专题教研活动，有 600 多位园长和教师参加。

【义务教育】 2015 年，全市义务教育标准化学校覆盖率达 100%，10 个县（市、区）均通过国家评估验收，如期实现国家义务教育发展基本均衡县、省教育强镇两个“全覆盖”。民办学校“小升初”全部实行面谈招生。继续开展“九年一贯制学区管理试点工作”。做好异地务工人员随迁子女入学工作，2015 年秋季全市安排异地务工人员随迁子女 5.78 万人（含本市各县区农民进城务工人员子女 1.8 万人及外省市进城务工人员随迁子女 3.97 万人）就读，其中 0.38 万人（占全市义务教育阶段异地务工人员随迁子女总数的 6.5%）自主选择民办学校就读外，其余的 5.4 万人（占全市义务教育阶段异地务工人员随迁子女总数的 93.50%）全部安排进入公办学校免费就读（其中，小学安排学位 4.33 万个，初中安排学位 1.45 万个）。

【普通高中教育】 取消普通高中“择校生”制度，“指标到校”比率达到 40%。2015 年全市普通高中秋季招生人数 19364 人，有 647 名考生符合《关于进城务工人员随迁子女接受义务教育后在韶参加初中升学考试工作方案》的普通高中录取相关条件，享受与本市户籍考生同等录取的待遇。

【特殊教育】 2015 年，全市特殊教育学校 8 所，专任教师 108 人，义务教育阶段残疾儿童少年在校生 1730 人，其中：普通学校随班就读 935 人，特殊教育学校 366 人，特教班 14 人，送教上门 415 人。残疾儿童少年入学率为 97.85%，“三残”儿童入学率为 97.92%。

【民族教育】　2015年，全市有少数民族学校5所，专任教师205人，义务教育阶段少数民族在校生5404人，少数民族学龄人口入学率100.1%。

（基础教育科）

职业与成人教育

【概况】　2015年，全市现有中等职业学校（含韶关学院韶州师范分院中职部和韶关学院医学院中职部）21所，其中公办14所，民办7所；国家级重点中等职业学校3所，省级重点中等职业学校4所。已建成省级实训中心5个，省级中等职业学校重点建设专业（点）6个。

【招生工作】　2015年全市中职教育实际招生数为9031人，完成年度计划的100.34%，完成省下达输送珠三角地区中职生源任务500人。在中职招生的过程中，各校按照《关于重申我市中等职业学校技工院校招生工作纪律的通知》的有关要求，坚持实事求是，不作虚假宣传，尊重学生的意愿和选择，不以非法手段争取生源，确保全市中等职业学校招生工作在“阳光”下进行。

【教学检查】　组织开展韶关市中等职业学校教学检查工作，引导和促进职业学校走规范发展、特色发展道路。通过检查，纠正部分中职学校违反教学常规的问题和做法，推广教学管理工作中先进的管理理念和经验，促进中等职业学校教学管理水平的提高。结合实际，修订和印发《韶关市中等职业学校教学管理工作量化指标体系》，为今后加强教学管理工作打下基础。

【教师培训】　2015年，韶关市举办“全市中等职业学校教师信息化教学设计培训班”“全市中等职业学校电工类专业教师培训班”“全市中等职业学校计算机专业教师培训班”。委托广东技术师范学院培训中心（省级中等职业学校师资培训基地）举办“韶关市中职骨干教师职业梦想激发与职业能力提升培训班”和“韶关市中等职业学校中层以上干部执行力提升研修班”。选送一批青年骨干教师参加“国培”和“省培”，提高该市中职学校校长和专业教师的整体素质。2015年全市中等职业学校参加各级各类培训的中层以上干部和教师达到530人次。

【职业教育活动周】　2015年5月11日，韶关市首届职业教育活动周启动仪式在韶关市西河健身广场举行，这是韶关市教育局响应国务院促进“大众创业、万众创新”战略之举，全市有18所中等职业学校和6所省、市属技工院校组队参加启动仪式，组织动员20间市属大、中型企业到现场设点开展企业人才需求、企业文化、公司产品等咨询活动。活动周期间，各职业院校开放校园、走入社区，开展为民便民服务，展现职业教育的良好形象，营造职业教育发展氛围。

【职业技能竞赛】　2015年10月，韶关市中等职业学校学生技能竞赛在乳源县中等职业学校举行，全市有15所学校、42个代表队、343名学生参加12个项目的竞赛。通过开展学生技能竞赛，促进各校校内学生竞赛的广泛开展，激发学生的专业兴趣。选拔出优秀选手组队备战2016年广东省中等职业学校学生竞能大赛。

【莞韶职教对口帮扶】　2015年，韶关市按照年初制定的《2015年东莞韶关教育对口帮扶工作计划》，在中职学校联合办学、教师交流培训、建立学生顶岗实习基地等方面与东莞市进行深入对接。共选派14名年轻教师、6名中层干部到东莞市相关学校跟岗培训或挂职锻炼，提高他们的专业实操教学能力和管理能力。选择东莞市的优质企业，与韶关市中等职业学校建立学生顶岗实习基地，提高学生的技能水平。已有7所中等职业学校分别与东莞市多家企业签订合作办学协议。2015年6月，韶关市教育局与东莞市教育在东莞共同组织莞韶中职学校校长论坛。创建莞韶两地中职校长交流的平台，校长们相互交流办学经验和做法，促进莞韶两地职业教育的互动交流工作。

【农村成人教育】　根据教育部《面向21世纪教育振兴行动计划》的要求，韶关市结合自身的实际，发展农家书屋，抓好乡镇成人文化技术学校基础能力建设，提高乡镇成人培训的数量和质量。2015年是乳源县创建国家级农村职业教育与成人教育示范县和市中等职业技术学校创建国家中等职业教育改革发展示范校的终期检查评估年。11月22日至23日，乳源瑶族自治县接受省专家组的评估验收，创建成果显著，获得专家组的一致好评，通过省级的评估验收（下一步将接受国家专家组的抽查）。韶关市以各地乡镇成人文化技术学校为依托，开展面向农村、面向社区的各项培训，为推广农业先进生产技术、普及农科知识、婚育政策以及宣传国家惠民惠农政策，发挥积极作用。

民办教育

【概况】　截至2015年12月韶关市经批准开办的民办学校共349所，占全市学校数的42.72%，在校生数为86247人，约占全市在校生总数的17%。其中民办幼儿园333所，在园幼儿68320人；民办小学3所，在校学生1347人；初级中学5所，在校学生7522人；民办完全中学1所，在校学生1480人；民办中等职业学校7所，在校学生7578人。全市现有民办幼儿园中，有5所已被评定为省一级幼儿园，有62所评定为韶关市一级幼儿园，有172所被评为县（区）一级幼儿园，规范化幼儿园覆盖率为92%；所有民办义务教育学校均被认定为义务教育标准化学校，达标率达100%；仅有的1所民办完全中学也是按省一级以上标准规划建设的；7所民办中等职业学校均达到国家中等职业学校设置标准。

【出台规范性文件】 2015年4月，韶关市制定并印发《关于促进民办教育规范特色发展的意见》，对民办学校建设用地优惠、建设税费减免、资金扶持、教师培训、教师待遇、教师评优评先、教师职称评定等方面的政策，作出明确规定。

【扶持民办教育】 从2015年起，韶关市市本级民办教育发展专项资金总额从过去的40万元增加到300万元，用于表彰和奖励为发展民办教育事业做出突出贡献的组织和个人，资助依法办学、管理规范、特色鲜明、社会声誉好、发展潜力大的民办学校改善办学条件、扩大办学规模、提高办学效益。韶关市所辖武江、浈江、曲江、乐昌、仁化、始兴县、新丰县、翁源县（市、区）也参照市的做法，设立本级民办教育发展专项资金或增加民办教育发展专项资金数额，扶持民办教育的发展。

【规范招生】 印发《韶关市民办学校招生管理办法（试行）》，从民办学校的招生组织、招生方式、招生对象、招生范围等各方面都作出明确、统一且具体的规定，使民办学校的招生工作有据可查，有章可循。

【规范办学行为】 2015年，韶关市教育局对市属民办义务教育学校进行教学常规检查，纠正一些不规范的办学行为。在有关部门的支持配合下，在全市范围内开展新一轮民办幼儿园的清理整顿工作。全市重点清理78所民办幼儿园，发现不同程度存在违规办园行为的有27所，均由各县（市、区）发出责令整改通知书，要求限期整改。 （柯艳君）

主要高等院校

【韶关学院】 位于韶关市浈江区大学路288号，是广东省人民政府举办的全日制普通高等学校，前身是1958年7月成立的韶关师范专科学校。1989年7月，韶关师范专科学校与韶关市人民政府举办的韶关大学合并，1990年12月定名为韶关大学。2000年3月，经国家教育部批准，韶关大学与韶关市人民政府举办的韶关教育学院合并升格为本科院校，更名为韶关学院。校本部设有大塘（主校区）、韩家山、黄田坝等校区，另有独立法人二级学院——韶州师范分院、医学院。校园占地面积167.4公顷（全校179.6公顷）。校本部校舍总建筑面积58.84万平方米，固定资产总值12.32亿元，教学科研仪器设备资产总值1.90亿元，图书馆纸质藏书190万册。有省级实验教学示范中心10个，校级实验教学示范中心21个，专业实验室近40个。设有18个二级学院，2个教辅部门，2个独立法人二级学院。设有韶文化研究院、动物疫病研究室等36个科研机构。开设本科专业65个，专科专业53个，涵盖11大学科门类，形成多学科综合发展办学格局，有省级特色重点学科1个，国家级特色专业1个，省级特色专业4个。面向全国21个省（市、区）和港澳地区招生，有全日制本、专科在校生2.15万人（全校2.9万人），在编在岗教职工1187人，其中专任教师807人，正高级职称人员101人、副高级310人，博士121人、硕士654人。有享受国务院特殊津贴专家2人，省级教学名师5人，广东省“扬帆计划”人才5人，广东省高等学校“千百十人才培养工程”省级培养对象8人、校级培养对象67人，韶关市专业技术拔尖人才20人。办学57年来，为社会培养各类人才近15万人。

党的建设呈新气象 严抓领导干部培训教育，参训干部达400多人次，学校被评为高校干部网络培训工作优秀组织单位。以服务型党组织建设引领基层党建工作，新设立二级党组织1个，完成23个二级党组织的换届调整工作。提高党员发展质量，全年发展党员609人。组织实施“书记项目”《党委统领高校协同机制创新改革的研究与实践》，取得良好成效。党建理论研究获得全国、省三等奖3项、优秀奖1项。做好群众信访工作，办结信访128件。推进廉政文化建设，获得省级表彰一等奖3项、二等奖2项、三等奖10项。书记校长上第一堂思想政治理论课活动取得良好反响。成立全媒体中心，发布校园新闻1600多篇，省、市官方网站刊发学校新闻130多篇。《中国教育报》头版、专版分别发表学校协同创新、服务地方工作成效的宣传报道。出版校报10期，选送作品获得全国、省高校校报好新闻14项，学生论文获全国二等奖、三等奖8项。评选校内第二批文明标兵单位2个、第四批文明单位6个，通过全国文明单位复查。

顶层设计不断加强 研究出台“十三五”发展规划编制工作方案，确立“转型、升级”（转型为应用技术型大学、升级为专业硕士点高校）的战略发展目标，推进“十三五”规划、子规划和各二级学院（部）规划编制工作。拟定《韶关学院转型发展建设应用技术型大学工作方案》，成立转型发展工作领导小组，启动应用技术型大学转型升级工作。按照上级要求和规程完成学校章程的修订工作，经省教育厅核准通过后向全社会公布施行。制定出台督查督办工作实施办法、法律顾问团工作暂行办法，健全依法决策和督办机制。修订合同管理办法，审核合同文本1000多件；制定、修订规章制度59项，现代大学制度体系完善。

教育教学质量稳步提高 深化人才培养模式改革，召开2015年教学工作会议，确立培养高素质应用型、创新型、创业型“三型”人才工作目标，不断完善“五位一体”协同育人体系。启动实施“第二校园”计划，与南昌大学等签订人才联合培养协议，获得省质量工程建设等项目71项。成立土木工程学院，新增3个本科专业。出台迎接教育部审核评估方案，部署迎评工作。加强创新创业教育，大学生创新创业训练计划项目立项227项，选送60项参加国家级、省级项目遴选。人才培养质量提升，应届毕业生考研上线306人，录取240人。学生参加专业竞赛获得省级以上奖励211项，其中国家一等奖5项、省级一等奖29项。学生创业团队进入全国总决赛六强，受到中央电视台专门采访。

立德树人展现新面貌　以“中国梦”统领大学生理想信念教育，践行社会主义核心价值观，开展文明教育月等主题教育活动，改进大学生思想政治教育工作。学生工作获得5项省级集体和个人表彰。加强辅导员队伍建设，4名辅导员获得5项省级表彰。推进健康教育工作，“青春健康教育”获得省级立项，学校被评为“广东省高校心理健康教育与咨询工作先进集体”。做好学生奖助贷补工作和医保工作。开展团建工作，“校园文化艺术节”被评为省十佳大学生优秀校园文化艺术品牌项目。开展大学生暑期“三下乡”社会实践，中标全国重点团队1支、省级重点团队3支，连续5年中标全国重点团队。与西藏林芝市巴宜区共建大学生社会实践基地，选派优秀志愿者前往巴宜区支教。校团委荣获全国“五四红旗团委”称号，团建工作获国家级表彰5项、省市级表彰47项。

“创新强校工程”获得新成效　落实“创强”工作规划，召开“创强”工作会议21次，加大“创强”项目的统筹管理力度。制订、实施《“创强”项目实施工作指南》，加强与核心协同单位交流洽谈，推进省级协同创新发展中心、协同育人中心、省级中小学教师发展中心建设，推进6大协同机制创新改革研究与实践项目，新增中央财政项目3项，立项经费500万元。“创强”中期调研获得省教育厅评价，考核再次名列全省一般本科院校第一名。

师资队伍结构进一步优化　实施人才强校战略和“强师工程”，引进二级学院院长2人、教师39人。遴选、增补聘任重点岗位人员8人。新增国务院特殊津贴专家1人，省“扬帆计划”1人，省教育厅优秀青年教师培养计划1人，南粤优秀教师2人。返聘、外聘教师49人，生师比下降。

学科建设和科研工作有序推进　完成第三轮校级重点学科检查验收工作，出台科研项目经费管理办法等规章，确立8个首批校级科研创新团队。教师获得专利24项，纵向科研课题116项（国家项目4项），立项经费593.5万元。承担市“十三五”规划专题研究2项。获得省农业技术推广奖二等奖1项。《韶关学院学报（理科版）》获得“第五届广东省特色科技期刊”称号。

重点平台建设稳步实施　完成年度省级、校级质量工程的实验教学示范中心申报、评选工作。省级平台项目“广东高校粤北现代机电工程技术开发中心”通过结项验收。通信与物联网工程实验教学中心等4个建设项目获得校级示范中心立项，食品科学与工程实验教学中心等3个校级示范中心通过结项验收，工程训练虚拟仿真实验教学中心等2个校级示范中心建设项目通过中期检查。完成韩家山校区动物疫病实验室搬迁和资源整合。

校地校企合作逐步加强　搭建服务与合作平台，成立地方合作工作领导小组，逐步完善校地校企合作工作体系，服务地方经济发展能力显著提高，与南雄、仁化、翁源县政府签订合作协议，争取校地合作协议资金400余万元。签署横向合作项目71项，协议经费616万元。与粤北3市10县教育局、中小学建立合作关系，建立高校与基础教育互利共促机制，与韶关市人大常委会合作建立地方立法研究中心。韶文化研究基地再次赢得“广东地方特色文化研究基地”称号。完成第二轮扶贫开放“双到”工作任务，并通过省验收考核，驻村工作组被评为省级先进集体，驻村干部被评为省级先进个人。

教育国际化工作水平稳步提升　制订、修订7项涉外办学工作管理规章，理顺外国留学生管理机制，留学生人数达46人，中外合作办学专业招生113人，出国交流学生64人，新聘外籍教师10人。推动与澳大利亚联邦大学开展本科合作办学项目，与3所国（境）外院校和教育机构建立合作交流关系。对接教育部“香港与内地高等学校师生交流计划”，组织港澳地区11个团体410人次来校交流。

继续教育改革取得新进展　新增惠州仲恺技校等5个教学点。投入820万元建设省级中小学教师发展中心教学和实验实践设施，教师培训模式改革成绩显著，获得4项省级、22项市县（区）培训项目，培训教师9500多人次。及时跟踪社会职业技能培训需求，主动对接企事业单位和政府部门，承办各类短期培训班26期，培训学员1334人。

招生质量进一步提升　全日制教育实际录取新生8661人，报到8240人，全日制本、专科在校生达2.9万人。生源质量优于往年，省内本科录取分数创历年新高，理科录取线超省最低控制线10分，文科超6分；绝大多数专业第一志愿完成招生计划。拓展成教生源，录取成人教育考生4709人，成人教育学生达1.33万人。

毕业生就业工作整体合力不断增强　召开就业创业工作会议，落实“一把手”工程，实行“就业率月通报”等就业工作机制。组织毕业生就业供需见面活动，提供就业岗位8500多个。加强创业教育工作，完成校内基地设施配备和基本文化建设，入驻第一批创业团队30个，创业团队获省级奖励3项。引导毕业生到基层就业，

94人参加“三支一扶”计划，7人参加“西部”、“山区”计划，1544人到事业单位就业，1301人到乡镇医院、农村中小学工作，1982人在粤东、西、北地区就业，2015届毕业生一次性就业率达93.93%。

综合改革实现新突破　总结前两年二级学院目标管理运行经验，修订出台二级学院绩效考核办法，实施绩效考核管理。开展人事与分配制度改革，启动教职工工资和社会保险改革，实施绩效工资改革，绩效工资的激励导向作用增强。深化财务管理体制改革，拓展筹资渠道，债务总量下降至1.84亿元，低于全省平均水平；国库集中支付进度全年排名位列省教育厅部门预算单位第4名。优化后勤目标管理机制，落实水电目标管理，水电、交通运行成本下降，学校通过“国家万企”节能低碳行动考核，获得省、市节能专项建设资金50万元，被评为“广东节能型示范高校”，饮食服务中心被评为广东省高校“优秀后勤服务实体”。

办学条件改善工程取得新进展　北区新学生公寓、西区田径运动场、西区学生综合素质拓展中心竣工启用。完成北区青年湖景观工程等主要修缮项目30项。粤北中小学教师发展中心建筑大楼、汽车系实训场地开工建设。谋划启动西区教学实验综合楼等8大项目10万平方米建设工程。启动第五期高级人才公寓工程报建工作。投资1800多万元完成28项“创新强校工程”项目设备购置工作。新增各类固定资产教学设备5510多万元。投入615万元购置图书15.9万册、引进数据库21个、订购报刊1802种。推进校园网和信息化建设，完善校园网基础设施和网络安全设施建设，OA、学生成绩自主打印等信息系统建设开展，校园“一卡通”项目正式运行。收集、整理和归档案卷1643卷、单份文件1595件，新建电子目录数据4236条。

综合保障工作扎实有效　强化民主管理，组织召开第二届教职工代表大会第三、四、五次会议，讨论通过学校工作报告、学校章程、基建工程方案等重大议题。加大学校主要领导届满经济责任审计后整改跟踪力度，把好物资采购、基建、维修及绿化工程的审核程序关，完成58项基建、维修及园林绿化工程预结算项目审计，审计基建、物资设备及其他合同290项。修订《韶关学院采购管理办法》等7项规章，组织采购招标480场次。做好武装综治工作，学校被韶关军分区评为征兵先进单位，在广东省高等学校“平安校园”考评工作中获得优秀等次，荣获“广东省安全文明校园”“广东省高等学校创建‘平安校园’优秀学校”等称号。

（戚鹏宇　邹　云　徐文渊）

【韶关学院韶州师范分院】　韶关学院韶州师范分院是韶关学院的校外二级学院，其前身是广东省重点师范学校——广东韶州师范学校，始建于1903年，2000年12月升格为普通高等学校。学校占地面积47729平方米，校舍建筑总面积41177平方米，运动场地面积11100平方米，学校设备总值6935万元，其中教学仪器设备产值1980万元，信息化设备产值161万元，学校图书馆藏书16.8万册，电子图书25万册。学校以全日制大专教育为主，面向全省招生，另设有中职部。韶师是粤北地区唯一一所既承担大专层次小学、幼儿教师培养任务，又承担小学、幼儿园教师继续教育培训任务的普通高等师范专科院校。

2015年学校评为“广东省文明单位”“韶关市学校卫生等级A级单位”“先进职工之家”“韶关学院2014年毕业生就业工作先进单位”；钟雪梅被评为“南粤优秀教师”、许晓梅被评为“韶关市关心下一代工作先进个人”、叶逢福被评为“韶关市优秀教育工作者”、李兵被评为“韶关市优秀教师”、于国亮被评为韶关市优秀团干；2015年4月电商专业学生获“多迪杯全国大学生网站设计大赛”全国三等奖和广东省三等奖；4月英语系学生获“2015年全国职业院校技能大赛”高职组广东选拔赛英语口语（英语专业组）项目三等奖。

师资队伍　2015年，学校有教职工147人，其中专任教师127人，正高职称2人，副高职称52人，博士1人，硕士研究生40人，拥有4名广东省级南粤优秀教师和优秀教育工作者，韶关市十佳校长1名。主讲教师全部取得高校教师资格，学校定期选派教师开展专业考察、培训和进修，以调整、更新、完善教师的知识结构。

2015年3月14日，医学院举办2015年毕业生供需见面会（市医学院　供）

办学规模　韶师设有6个职能部门和9个教学系，开设本科专业1个，大专专业12个。全日制在校学生3417人；成人函授学生481人。办学形式有全日制本科、大专教育，3年制中职教育，2年制本科“相沟通班”，3年制本专科函授，小学幼儿教师继续教育以及劳动力转移等各种培训，形成中职、大专、本科一体化的办学模式。

教学管理　学院为加强课堂教学督导工作，先后开展青年教师公开课、教学开放周公开课；教学督查组以随机听课、课堂教学巡视等方式对广大教师的课堂教学进行检查，齐抓共管加强教学质量建设。为确保学前教育本科专业学士学位评审通过，学校加大支持力度。

学术动态　2015年学院教师主持广东省教育厅课题、韶关学院教改课题、学院教研科研课题共22项；发表学术论文41篇，其中EI收录论文1篇，权威期刊1篇，核心期刊2篇；编写或参编教材、学术专著6本。2015年，学院各学系组建学术研究小组，鼓励小组成员主动学习，追踪学科前沿动态。相关部门联合教育系共开展三期“韶州师范学前教育读书沙龙”。11月7日，副院长叶逢福当选为广东省高等教育学会高等教育学专业委员会第二届理事会常务理事。

校园文化活动　2015年举办以“践行核心价值观、共筑青春中国梦”为主题的校园科技文化艺术节，设有提高学生语言能力的演讲比赛、职业生涯规划设计大赛、主持人大赛、辩论赛等项目；有提升学生专业技能的课件制作比赛、汉字听写大赛、书画作品大赛、基本功汇演等19个项目，参加活动的学生数量多。学院开展青年志愿者活动，主要有“关爱农民工子女系列活动”“残联义教服务活动”“韶师附小课外辅导员活动”“启智学校关爱残疾儿童活动”等。学院每月志愿者活动参与人数近千人，总服务时长超过1000小时。2015年10月，学院工会参加市教育工会组织开展的“中国梦·育人美”主题板报比赛，设计出以师德为核心，以活动为载体的主题板报，并获优胜奖。2015年11月，学院教师代表学校参加韶关市教育系统直属学校教职工乒乓球单打赛，分别获男子、女子组季军。

就业基地建设　2015年6月，学院与深圳白骨精在线教育有限公司、深圳前海云筹权股众筹平台开展校企合作，共建大学生创就业实践基地，双方就专科应用类专业2+1人才培养模式开展战略合作，形成高校课程与企业课程相融合新人才培养模式，以实现专业学习与专业实践能力的无缝对接。6月30日在学院综合楼举行“大学生创业就业在线实践基地”签约揭牌仪式，深圳白骨精在线教育有限公司董事长于宪明、运营总监梁秋成、课程总监张文远及深圳前海云筹股权众筹平台运营总监叶大钢共同出席签约揭牌仪式。2015年学院新增加桃李园幼儿园为学院的学前教育实习基地。通过改革基本功训练模式和见习模式、拓展实习基地，实现校内模拟实习、见习和校外实习的结合，完成大专毕业班毕业实习和非毕业班的校内模拟实习和见习工作。　（蒋春容）

【韶关学院医学院】　韶关学院医学院前身是国家级重点中专——广东省韶关卫生学校，始建于1914年，1994年被评为首批国家级重点卫校，2002年升格为韶关学院医学院。逐步开设3个本科、8个专科和7个中专专业。医学院共为全省各地培养6万多名大中专层次医疗卫生人才，承担着广东省农村卫生人才培训和韶关市乡村医生培训任务，是韶关市医疗卫生人才培训考核基地。

学院有新华南和西郊（中专部）两个校区，占地面积共计7.4公顷，建筑面积8万多平方米，教学、科研、生活、文体等各种设施较为齐全。拥有1间直属附属医院，2间非直属附属医院，教学、实习医院112所。学院现有在职教职工378人，专职教师214人，其中教授、副教授等高级职称83人。开设有临床医学、护理学、医学检验技术3个本科专业；临床医学、护理、助产、医学检验技术、药学等8个专科专业。中专部开设护理、药剂、农村医学等7个专业。全日制在校生9626人，其中本、专科学生4538人，中专生5088人。

学院实验实训中心修缮香港道德会实验大楼、霍英东实验大楼、香港道德会临床医学实训中心、香港道德会影像实训中心大楼以及香港道德会网络中心，改善教学设备条件，提升学院培养人才、科学研究和服务社会的能力。学院紧抓实训、实习环节，开展多层次专业技能竞赛活动，提高学生实践能力，多次获国家级和省级临床、护理专业的技能竞赛奖项。

学院与韩国、新加坡等多个国家以及中国港澳地区的院校和医疗卫生机构建立友好合作关系，促进教学、科研发展和毕业生就业。每年举办毕业生供需见面会，均有超过160家来自全省及港澳地区的医药卫生机构（单位）来校招聘毕业生。学院本、专科毕业生就业率达99.2%，中专毕业生就业率95%以上。

学院近几年先后争取到香港道德会、中国香港医疗卫生协会、香港春晖慈善基金会、香港爱建慈善基金会、香港福惠奖（助）学基金、英德市薪火服务中心助学基金等慈善机构和霍宗杰、霍启恩、陈国威、李震熊以及周碧玉等爱心人士的热心资助，为学生提供奖（助）学金、膳食补助金等共计300多万元，帮助医学院贫困学生解决实际问题。

学院的办学得到社会广泛赞誉，被授予“全国乡村医生培训先进集体”“白求恩式先进集体”“广东省文明单位”“广东省文明校园”“韶关市职业教育先进集体”等荣誉称号。

（胡健文）

【韶关广播电视大学】　广东省韶关市广播电视大学位于韶关市西河松山山

麓，武江河畔，创办于1980年，是韶关市政府所属的一所采用现代化教育手段进行多媒体远程教学的新型开放大学。学校实行党委领导下的校长负责制，下设8个处室，下辖8个县（市、区）电大分校。学校创建以来，始终坚持正确的办学方向，面向韶关、粤北山区，实行多层次、多形式办学。11月，学校8位学生荣获2014年度国家开放大学奖学金。

学校特色 开放大学（原名广播电视大学）是没有围墙的学校，其教学信息通过网络平台和国家提供的卫星电视系统覆盖全国，采用系统运作的教学管理模式，以适合从业人员学习需求的专业和课程为内容，以整合优化的学习资源为基础，以天网、地网、人网合一的学习环境为支撑，以学习者自主学习为主要方式，以严格而有弹性的过程管理为保障，培养人才。开放大学（原名广播电视大学）采用“宽进严出”的招生政策，即：根据教育部规定，开放大学本科教育招生对象为具有国民教育系列高等专科毕业及以上学历者；专科教育招生对象为普通高中、技工学校和中等专业学校毕业者。符合以上条件的学生均可到当地广播电视大学报名，经资格审查合格后即可免试入学和注册学习有关课程。学生注册后必须按照各专业培养方案完成各教学环节的学习任务，通过开放大学统一组织的形成性考核和课程考试，取得规定的学分，达到毕业要求后，方可取得毕业证。开放大学（原名广播电视大学）能够把高等教育延伸到基层和边远落后地区，就地培养各类专门人才。

2015年学校开设有39个大专、本科专业。科类较为齐全，学制二年。2015年学校有教职工41人。其中高级职称有5人，中级职称有20人，初级职称有7人。学校还聘有兼职教师。

招生与就业 学校实行每年春季和秋季招生。2015年在校生已达2500多人，其中广东开放大学招生59人。举办各类培训班，培训学生上万人次，为全市各行各业培养输送实用型大专人才。他们当中有人被提拔到各级领导岗位，或成各条战线的业务或技术骨干。毕业生的良好素质和表现，深得社会各界人士的好评。

教学基础设施建设 学校校园占地131630平方米。其中绿化用地面积4230平方米，运动场地面积1350平方米。校舍建筑面积12000平方米。学校拥有先进的多媒体教学设施和教学实验手段。电教、实验器材总值近400万元。学校固定资产达1275万元，其中教学、科研仪器设备资产值556万元，信息化设备资产值1.5万元。各项设施满足本校教学的需要，已经作为“韶关市成人高等、中专教育实验中心”向全市大、中专学校开放。承接各单位举办的培训活动、理论考试等。8月，电大微信公众平台正式启用，11月，学校网站改版成功。

（何　玲）

2015年秋季，韶关市广播电视大学举行开学典礼（刘　金　摄）

【广东松山职业技术学院】 广东松山职业技术学院（简称“松山学院”）是韶关地区唯一一所高等职业技术院校，前身为广东韶关钢铁集团（简称韶钢）职工大学，创办于1976年，办学初期校名为韶关钢铁厂“七·二一”工人大学；1982年，粤北三所冶金职工大学合并为韶钢职工大学，由韶钢管理，并迁至现址办学；2000年6月，经广东省人民政府批准改制为广东松山职业技术学院；2014年6月，由韶钢移交广东省教育厅直属管理。2014年12月，省编制办发文明确学院为省教育厅直属管理的事业单位。

学院地处韶关市南郊，邻近京珠高速公路，紧靠广韶公路，毗邻粤北名胜南华寺，占地面积43.7万平方米，馆藏纸质图书59.79万册，电子图书4953千兆字节，自行设计的校园网布有10000多个有线信息点，数据中心数字资源最大存储容量40万亿字节。设有机械工程系、电气工程系、经济管理系、计算机系、外语系、基础教学部、思想政治理论课教学部、实习工厂等8个二级教学单位，开设33个结合地方经济发展和职业岗位需求的专业。其中中央支持高职院校提升专业服务产业发展能力项目重点建设专业2个，省高职高专教育示范性专业1个，省高职教育重点建设专业2个，省级高职院校重点培育专业2个，省高等职业教育特色专业立项建设点1个。全院建有实验室、实训室、计算机室75个。其中中央财政扶持的职业教育实训基地2个，省级高等职业教育实训基地5个，省级高等职业教育专项资金支持高技能人才培养基地建设项目2个。在韶关和珠三角地区设有34

个校外实践基地。其中，在宝钢集团韶关钢铁有限公司设有30个实习实训教学点。设有职业技能鉴定所和全国计算机高新技术考试站等职业技能鉴定机构，可进行20多个工种的技能鉴定，是韶钢职工专业理论和专业技能培训的重要基地。现有全日制在校大专学生9282人，教职员工553人，其中副高以上职称专任教师95人，研究生学历或硕士学位以上149人，广东省技术能手3人，广东省高等学校国内中青年教师访问学者20人，广东省高校“千百十工程”校级培养对象14人，并聘请以全国人大代表、全国技术专家罗东元为代表的一批优秀企业技术人才为客座教授。

推进依法治校　2015年12月，学院章程向社会公布。一年来，学院以章程建设为契机，理顺学术管理和行政管理之间的关系，强化教授治学，完成学术委员会换届调整，建立法律顾问制度，制（修）订相关制度39个。制定学院机构编制方案，设置学院内设机构。坚持教职工代表大会制度，召开学院四届六次、七次教职工代表大会，审议章程、工资改革等重大事项，研究处理教职员工的意见、建议。

实施“强师工程”　2015年，学院公开招聘引进大学本科毕业生12人，硕士研究生27人，1人晋升正高职称，3人晋升副高职称，7人取得中级职称。经过公开选拔，全年有11名中层副职干部和25名科级干部竞争上岗工作，2名中层干部轮岗。7名教师成为广东省高等学校中青年教师国内访问学者，6名教师转为校级第八批千百十工程培养对象，完成第七批7位校级培养对象的检查工作，推荐1名教师参与广东省高等学校优秀青年教师培养。选派8位教师参加国培项目赴德国、美国的骨干教师培训，派遣213人次参加国内骨干教师培训，60名教师到行业、企业参加专业实践。邀请德国职业教育专家到学院进行培训交流。12名教师在多项全国、广东省各类职业技能比赛中获奖。

教学科研改革　坚持和完善党委领导下的院长负责制，实行党委领导、院长负责、教授治学、民主管理的现代大学治理体制。夯实专业建设基础，加强实践教学建设，注重产教融合，提升专业服务产业能力。在专业设置上，紧跟市场及地方重点发展产业的需要，2015年新增3个专业，撤销1个专业，申报1个省级特色专业。加强校企合作，开展订单式人才培养，开设韶关钢铁集团订单班、湛江钢铁集团订单班、珠海格力电器股份有限公司冠名班、欧华包装设备有限公司冠名班。20多个项目获省级以上教科研项目立项。其中，7个项目被列为2014年度广东省高等学校质量工程高职类立项建设项目，7个项目入选2014年度广东教育教学成果奖（高等教育）培育项目立项，3个项目获2015年度省级学校德育创新项目立项，2个项目获2015年度省高等职业教育专业教学标准立项，3个项目被列入2015年韶关市科技创新资金第二批项目，2项2012年度省教育教学教改课题结题验收；15个院级质量工程项目立项，22个院级教研教改项目结题；一课题组参与的《钢铁行业钢包烘烤能耗定额标准》行业标准通过审定；申报创新强校工程专项资金1390万元，强师工程专项资金114万元。

招生、就业工作富有成效　2015年，新生报到3331人，在校生人数达到9282人。与韶关市曲江职业技术学校、韶关市中等职业技术学校合作开展中高职三二分段改革试点工作，2015年两校共招收三二分段对接专业中职新生415人。举办2016届毕业生供需见面会，参加此次校园供需见面会的企业有189家，提供就业岗位近5000个。并以此为平台，举办“职掌未来”面试大赛、企业精英进校园、优秀校友面对面、就业指导讲座、优秀企业展示、校企合作交流会等系列活动，把校园供需见面会打造成互动交流平台。2015届毕业生整体就业率达99.59%，用人单位对学院毕业生的满意度达96.35%。在31个毕业专业方向中，24个专业的就业率达到100%，占总专业数的77%。

为学生开拓继续深造的渠道　结合实际情况，化就业压力为动力，创造条件，拓宽学生就业渠道，提高学生就业起点。经省教育厅批准，学院与华南师范大学、华南农业大学、华南理工大学、广东财经大学等本科学院签署相沟通办学协议，开展相沟通自考本科班招生工作。2015年相沟通

2015年11月28日，广东松山职业技术学院举办2016届毕业生供需见面会（广东松山职业技术学院　供）

自考本科春季招生23人，秋季招生223人，共有8个本科专业招生。截至至2015年11月30日，2012年春、秋入学的两批学生中，有163人获得本科毕业证书，69人获得学士学位证书；另有164人已完成各科课程学习及考试，符合毕业资格，将于2016年申请本科毕业。学院开展毕业生专插本升学相关的宣传、咨询、服务工作，2015年有34名毕业生考取升插本，得以进入本科院校继续学习、深造。

落实奖助学金、勤工俭学等资助政策　2014—2015学年全校学生有4448人次获得各类奖助学金的资助。在获得资助的学生中，约46.34%获得政府资助（包括国家奖学金、励志奖学金等），约53.66%获得学院自设的奖助学金及社会企业资助（包括勤工助学、福慧奖学金等），人均受助额为2032.46元。

实训基地建设得到进一步完善　利用中央、省级财政和学校自筹资金建设实训基地建设15个，投入1541.09万元。2015学院教学仪器设备总值增长455.46万元，增长率为11.54%。其中，利用央财配套资金新建成“数控技术实训基地”，设有44个工位，可进行数控车工、数控铣工等中高级职业资格鉴定，以及电加实训、大型复杂零件加工实训。部分实训基地进行扩容和升级建设。

学生职业能力培养得到进一步加强　2015届毕业生中，在校期间获得职业资格证书的有2387人，持证率为89.47%。其中，机电类专业的持证率达100%，部分学生持证达到4本；71名学生在多项市厅级以上技能竞赛中获奖，学院获厅级技能大赛、国家级技能大赛“优秀组织奖”各1项；5项广东省大学生科技创新培育专项资金项目获批立项，共计立项项目资金14万元。

校园文化建设再结硕果　优化品牌校园文化活动流程，增加投入，红色文化节、校园读书节、商务文化节、宿舍文化节、科技文化艺术月、运动会、“走下网络、走出宿舍、走向操场”主题群众性课外体育锻炼活动等开展。树立大宣传的工作理念，创办校微，利用校报、新闻网、微信、微博、广播台等，搭建全媒体工作格局。学院校报作品在广东高校校报2014年度好新闻评审中获1个一等奖、2个二等奖、2个三等奖。2015年，35名学生在多项厅级以上文化艺术类活动中获奖，学院获1项厅级比赛“优秀组织奖”。　（郑春玲　刘　静）

重点中学简介

【广东北江中学】　广东北江中学位于韶关市惠民路66号，学校占地面积约17万平方米，建筑面积7.91万平方米。

现有60个高中教学班，学生3175人；2015年招生970人；在职教职工277人，专任教师209人（其中5位特级教师），专任教师中，中学高级教师105（已聘任86人，尚未聘任19人），中学一级教师80人，中学二级教师21人。

学校被中央精神文明建设指导委员会授予第四届“全国文明单位”称号。

2015年有1074人参加高考，第一批上线率为47.02%，第二批及以上上线率为90.69%，第三批及以上上线率为99.81%。

学生参加数学、物理、信息学、生物、地理、机器人、电脑制作、通技、艺术、语文等学科竞赛，荣获过全国特等奖5人次，全国一等奖65人次，全国二等奖76人次，全国三等奖83人次，省一等奖53人次，省二等奖91人次，省三等奖121人次。在广东省第十四届运动会中，学校运动队获银牌2枚，铜牌3枚。　（梁建国）

【韶关市第一中学】　2015年学校办学规模为60个班，在校学生人数3300人，在编教工236人，其中专任教师205人，高级教师81人，高级教师占专任教师人数的39.5%。教师中有广东省首届名校长1人，韶关市名校长2人，广东省特级教师5人，国家级骨干教师培养对象4人，全国优秀教师6人。有广东省劳动模范2人，韶关市首席教师、教学能手2人，学科带头人23人。

学校管理　实行教师工作多点评价制度，调动教师工作积极性、主动性，推进教师队伍建设。实行年级为实体德育管理新模式，发挥年级组管理的创造力，提高年级组学生管理的实效性。实行导学案教学改革，改革教师教学方式和学生学习方式，优化课堂教学，打造高效课堂。

办学特色　全寄宿封闭式管理模式下，学校举办体育节、艺术节、科技节、才艺节四大节日，丰富校园文化生活。四大节日为学生张扬个性、展示才华提供平台，学生在活动中学会合作、在活动中得到快乐。

办学成果　校文体运动队参加韶关市第二十届中学生“英东杯”比赛，男女篮球队、男子足球队分获第四名、第三名、第四名；学生绘画获一等奖，舞蹈获二等奖，书法获二等奖，摄影有3个作品获三等奖。参加2015年广东省“牵手你我·携梦人生”书画创作活动少年儿童绘画二等奖、优秀奖各一名，2015年第一届广东省“时事创新杯”时事知识竞赛韶关市选拔赛（高中组）获二等奖，韶关市中小学“法在我心中”征文比赛一等奖、二等奖各一名，三等奖、优秀奖各二名。2位教师获韶关市优秀团干称号，5位学生被评为韶关市优秀学生干部，5位学生被评为韶关市三好学生。2015年高考一本上线287人，创学校历史新高；本科上线人数914人，上线率达82.1%；市教育局各批次预测目标数达成率在全市名列前茅。2015年学校获广东省三八红旗集体、韶关市普通高中教学质量优秀学校、韶关市学校卫生A级单位、韶关市先进教工之家荣誉称号。　（李青林）

【韶关市田家炳中学】 韶关市田家炳中学创建于1992年，是由香港著名实业家田家炳捐资，政府兴办的市直公办重点完全中学。学校分惠民南校区（高中部）、沙洲校区（初中部）两个校区。现有教学班72个，学生3400多人，教职员工280多人。

学校以“克己奉公、仁者爱人”为办学理念系统，以打造全国田家炳中学品牌学校和粤北高质量、有特色的精品学校为目标，坚持走“内涵发展，特色发展”之路，实施素质教育，教育教学出硕果。建校二十年，从高考“一炮打响”到“一榜六状元”的辉煌，田中实现跨越式发展。学校2012年荣膺“广东省国家级示范性普通高中”，先后被评为省“文明单位”、省“安全文明校园”、省“依法治校示范校”、省“书香校园”、省“青少年科学教育特色学校”、省“学陶师陶先进集体”、省“体育特色学校”、省“教育系统关心下一代工作先进单位”等荣誉称号，被田家炳誉为“全国160余所田家炳中学中最突出的龙头中学”。

为适应教育综合改革的时代发展要求，实现学校的可持续发展，在总结学校原有办学经验的基础上，学校明晰新时期的办学思想：“成就师生、发展田中”是办学方向，“依法治校，从严管理；依规办学，从优管理”是办学思路；质量、安全和效率是办学的生命线，“内涵发展、制度建设、信息化建设、教育和管理品牌打造”是提升教育教学质量和办学竞争力、实现跨越式发展的开拓空间。新的办学理念，为学校的发展指明办学方向和工作思路。

学校不断完善教师专业化成长制度及培养提升长效机制，打造一支师德高尚、业务精湛的教育队伍，为教育教学质量的提升提供保障。现有在编教职员262人，其中有高级教师132人（占专任教师比例为56%）、特级教师2人、市拔尖人才1人、市高层次人才2人、市首席教师3人、市教学能手5人、第一、第二批市名教师4人、第一、第二批市学科带头人31人，具有研究生学历教师近50人。教师队伍中有全国师德先进个人、省“三八”红旗手、国家英语、化学““园丁奖”、全国优秀中学地理教育工作者，省市党代表、省市劳模、省优秀班主任、南粤优秀教师、南粤优秀教育工作者、南粤教坛新秀、省市级教育专家、名校长、名教师培养对象、市学科带头人等一大批国家、省市级先进称号获得者。

学校始终把提高教育教学质量作为一切工作的出发点和落脚点，推进减负增效的课堂教学改革，发挥“强师工程”的示范带动作用；解决教育教学质量提升瓶颈遇到的困难和问题，提高教育效益。完善教学管理机制，采取行政干部全员联系教学单位的措施，使教学工作形成上下通达的沟通管理机制，加强教学管理，促进教学质量的提升。2015年高考重本上线人数43人，本科上线人数350人（上线率为52%）；第三批上线人数642人（上线率为95%）。进入全市高考次高分层3人，突破市教育局高考预测数对学校在次高分层的要求；总分600分以上9人；单科进入全大市前50名13人；体艺类考生文化科总分进入全大市前50名16人，（4位学生文化科总分进入全大市全10名）。中考上省、市重点中学分数线共140人（上线率32%），居全大市公办学校第一；其中上北中线39人，上一中线99人，上田中线139人。单科满分（状元）人数再创历史新高，共173人（体育）。

学校探索德育的创新模式，提升德育工作的实效性。在长期的工作实践中，学校摸索并形成具有自己特色和风格的德育工作模式，育人效果显著。在香港田家炳基金会的德育课题《共创成长路》的基础上，学校确立省德育创新课题《“共创成长路”德育课程校本化的路径研究》。通过课题的引领，班主任的德育观念得到更新，班级管理更具特色和个性，德育工作更具实效。教师廖海燕荣获“韶关市基础教育系统优秀班主任”称号。

学校立足传统教育优势，寻求内涵发展，培育办学特色，创造属于自己的教育品牌。在电脑制作、体艺项目等方面建设均取得重大突破。学生竞赛获奖256人次，（获国家一等奖4项，国家二、三等奖8项，省级一等奖8项，省级二、三及优秀奖48项），教师获优秀辅导教师9项。其中，在2015年第十六届全国中小学电脑制作活动，学校荣获全国一等奖3项，二等奖2项，三等奖3项；在第十三届全国中小学信息技术创新与实践活动中，获全国一等奖1人，二等奖7人；在第十六届广东省中小学电脑制作活动中获省一等奖8人，二等奖16人，三等奖18人，市一等奖42人。因成绩突出，学校荣获广东省电脑制作活动组织工作先进单位称号。（刘秀琼）

【韶关市中等职业技术学校】 韶关市中等职业技术学校于2008年9月由韶关市职业高级中学、铁一中、经贸学校、艺校、体校合并而成，是直属韶关市教育局的一所国家级重点中等职业技术学校，广东省示范性中等职业技术学校，“国家中等职业教育改革发展示范校”建设学校，也是韶关市职业与成人教育师资培训中心和国家职业技能鉴定所，韶关市旅游行业岗位培训基地。

学校占地面积16.73公顷，校舍建筑面积10.5万平方米。主要开设机电类、信息类、经贸类、旅游类、艺术类五大板块教育课程，有计算机应用、数控、汽修、电子商务、市场营销、旅游服务与管理、工艺美术、会计、文秘等20多个专业，其中，电子与信息技术专业于2003年2月被评定为省重点建设专业；计算机网络技术于2012年被评定为省重点建设专业；电子与信息技术、计算机网络技术和旅游服务与管理三个重点建设专业分别在2009年、2011年被批准为广东省中等职业学校课程改革试点专业。

学校现有学生3000多人，教职员工252人，其中专任教师201人（文化课教师85人，专业教师116人，比例为1：1.36），高级教师78人，双师型教师86人。

学校在办学思想上坚持“以服务为宗旨、以就业为导向、以能力为本位、面向社会、面向市场”的方针，以培养实用型、技能型人才为根本，构建有职教特色的教育教学环境，制定具有鲜明职教特色的校园文化建设方案，确定“德技树人、德技立身”的职业教育理念。推进企业文化、车间文化走进校园、走进实训室；强化实训中心功能，发挥学校各类实训、培训基地的作用。“韶关市第九职业技能鉴定所”建设无纸化技能鉴定考试平台，继续开展全市中职学校的职业技能鉴定工作，两年内在学校参加鉴定考证的人数近5千人。

2011年，学校经评估批准成为粤北地区唯一一所省示范性中等职业学校；学校随即抢抓机遇，立即启动国家级示范性中等职业学校的申报工作。经教育部、人力资源和社会保障部、财政部组织专家复核，2013年4月，学校获批正式成为“国家中等职业教育改革发展示范学校”第三批立项建设学校，是粤北地区唯一一所进入“国家中职示范校”建设队伍的中职院校。经过2年的创建，学校现正进入冲刺阶段。

技能竞赛是中职学校的“高考”。五校合并后，学校重视学生技能竞赛，不断加强软硬件建设，因此在近五年竞赛中屡出佳绩：在省技能竞赛中，学校共获得个人一等奖1名，二等奖11名，三等奖21名，团体三等奖1个；在市技能竞赛中，共获得团体一等奖3项和二等奖10项，个人一等奖30个，二等奖39个，三等奖38个。尤其在2010年的广东省“省长杯”导游职业技能大赛总决赛中，学生徐梦璇勇夺院校学生组冠军，教师徐燕获得广东省优秀导游员称号。

学校在集团化办学方面作一些有益的尝试，2010年以学校为主体组建韶关职业教育集团。学校基本构筑起“以校为本、校办企业、校企结合、教产联合、校校联办”的规模化、集团化、连锁化的办学模式，分别是：建立起汽车驾驶培训基地；深化“校企合作”的办学模式改革，与韶关市力维金属构件有限公司、新丰云天海温泉森林度假村、东莞农村商业银行成功达成合作协议，对学生实行“订单式”、“双元制”教学；试行工学结合，走“教厂结合”的新路子，与加工企业合作，为学生的实训创造条件；利用国家级重点职中的品牌资源，与多间学校进行联合办学，并在翁源、新丰、始兴和甘肃康乐县设立分校区，实现优质资源共享。

韶关市中等职业技术学校一览表

表26

序号	学校名称	办学性质	学校等级	备注
1	韶关市中等职业技术学校	公办	国重	—
2	韶关市曲江职业技术学校	公办	国重	—
3	乐昌市中等职业技术学校	公办	国重	—
4	仁化县中等职业学校	公办	省重	—
5	南雄市中等职业学校	公办	省重	—
6	始兴县中等职业学校	公办	省重	—
7	乳源瑶族自治县中等职业技术学校	公办	省重	—
8	翁源县中等职业技术学校	公办	—	—
9	新丰县中等职业技术学校	公办	—	—
10	韶关学院医学院（中职部）	公办	—	—
11	韶关学院韶州师范分院（中职部）	公办	—	—
12	韶关市建筑成人中等专业学校	公办	—	—
13	韶关市贸易中等专业学校	公办	—	—
14	广东省韶关农业学校	公办	—	—
15	韶关市北江中等职业学校	民办	—	—
16	韶关市振华中等职业学校	民办	—	—
17	韶关市育威中等职业学校	民办	—	—
18	韶关市浈江中等职业学校	民办	—	—
19	韶关市科技中等职业技术学校	民办	—	暂停招生
20	韶关市女子中等职业学校	民办	—	暂停招生
21	韶关市粤北中等职业技术学校	民办	—	暂停招生

科 技

科技管理

【管理机构】 市科学技术局（市知识产权局、市地震局）为韶关市人民政府组成部门，正处级单位，办公地点在新华北路32号。主要职能是贯彻执行国家和省有关科学技术、知识产权、防震减灾工作的方针政策和法律法规，科学技术的组织实施、管理等。内设8个科室。下设韶关市工业科学研究所、韶关市生产力促进中心（韶关市科韶开发中心、韶关市科技情报研究所、韶关市科技企业创业服务中心）、韶关市科学技术开发中心（韶关市金科信息网络中心）等3个直属事业单位。2015年，市科技局围加强和深化科技交流合作，加快科技成果产业化发展，培育发展高新技术产业，加快推动八大战略性新兴产业（钢铁深加工、先进装备制造、能源电力、大旅游、大物流、大农业、新材料、特色轻工业等）的发展，提高科技综合实力，为韶关市经济社会发展提供科技支撑。

【概况】 年内，“莞韶对口合作振兴发展机械装备专业镇”获得省立项。全年新增省级高新技术产品34个，同比增长47.83%。新增首次通过认定高新技术企业10家，截至2015年底，全市高新技术企业累计38家。

【科技政策环境】 年内，韶关市出台《韶关市加快推进科技创新驱动发展“1+N”政策意见》《韶关市科技企业孵化器建设实施方案（2015—2017年）》等科技实施政策，该系列政策含金量高，完善创新政策法规体系，营造加快实施创新驱动发展战略的环境，为韶关市的科技发展提供制度保障。普惠性研发费用后补助政策，为推动企业普遍建立研发准备金制度、提升核心竞争力创造条件；科技企业孵化器后补助、投资及信贷风险补偿资金、用地管理等政策，为加快科技企业孵化器建设、培育新型科技企业提供保障。

【金融服务科技企业】 年初，举办首届韶关市科技金融高峰论坛，与建设银行韶关分行签署科技金融战略合作协议，推动“Fit 粤”科技金融创新产品落户韶关。推动中国银行韶关分行成立科技信贷中心，并与中国银行韶关分行在韶关举行“中小企业现场评审会科技金融专场”，其中韶关市英诺维科技设备有限公司等6家企业获得不少于6500万元的科技信贷。通过科技金融综合服务中心的牵线搭桥，2015年有20多家民营科技企业获得金融机构融资贷款达3亿多元。

【新丰杰力电工材料有限公司在科技创新创业大赛中夺冠】 韶关市新丰杰力电工材料有限公司在江门市举行的2015年第四届中国创新创业大赛（广东赛区）暨第三届“珠江天使杯”科技创新创业大赛新材料行业总决赛中，获得第一名。韶关学院副教授方白玉牵头的“工厂化银耳栽培技术创新创业团队”，获得国家生物医药专业总决赛第六名，市科技局荣获广东省创新创业大赛优秀组织单位。2015年，市科技局结合“大众创业、万众创新”的精神，落实市委主要领导发展民营经济的指示，以组织第四届中国创新创业大赛（韶关分赛区）暨首届韶关市“安信证券杯”创新创业大赛为契机，营造创新创业氛围。韶关分赛区81家企业、9支团队报名参赛，参赛数排在全省第七、粤东西北市中排在第一，是粤东西北唯一设分赛区的市。经过省专家的网上评选，40家企业、4支团队跻身半决赛。通过半决赛暨首

8月28日，2015年第四届中国创新创业大赛（广东·韶关赛区）暨首届韶关市“安信证券杯”创新创业大赛决赛在华美达广场酒店举行，10家企业代表队参与决赛比拼（市科技局 供）

届韶关市“安信证券杯”创新创业大赛决赛，共有12支队伍（企业、团队）挤进省行业总决赛，9支队伍（企业、团队）挤进全国行业总决赛。进入全国、省行业总决赛数排在全省第六。

【韶关市新增省级工程技术研究中心】 2月，省科技厅公布2014年新认定省级工程技术研究中心名单，韶关市依托新丰杰力电工材料有限公司组建的“广东省电子电工绝缘保护材料工程技术研究中心”和依托韶关金苹果饲料有限公司组建的“广东省猪用饲料工程技术研究中心”2个获得认定。10月，省科技厅公布的2015年新认定省级工程技术研究中心名单中，韶关新增5个，分别是依托金悦通电子（翁源）有限公司组建广东省高密度PCB板工程技术研究中心、依托乳源东阳光磁性材料有限公司组建广东省磁性材料及器件工程技术研究中心、依托广东邦固化学科技有限公司组建广东省功能涂料工程技术研究中心、依托韶关市起重机厂有限责任公司组建广东省随车起重机工程技术研究中心、依托广东韶配动力机械有限公司组建发动机滑动轴承工程技术研究中心。

【韶关市组建市级工程技术研究开发中心】 1月，依托金悦通电子（翁源）有限公司组建的“韶关市高密度PCB板工程技术研究开发中心”，PCB中文名称为印制电路板，是重要的电子部件，是电子元器件的支撑体，是电子元器件电气连接的提供者。高密度PCB工程技术研究开发中心主要在PCB板中融入更多的电子电路设备，提高设备精度，实现电子元器件的小型化和多功能，此项技术为高端电子产品发展的必经阶段，其精密度的提高可极大加速电子信息技术的发展。11月，依托南雄阳普医疗科技有限公司组建的“韶关市体外诊断技术功能性材料工程技术研究开发中心”（下称“体外诊断工程中心”）和依托韶关市中机重工锻压有限公司组建的“韶关市高性能锻压件工程技术研究开发中心”（下称“高性能锻压件工程中心”）通过市科技局会同市发改局、经信局组织的专家论证会。体外诊断中心的研究方向为创新体外诊断技术，尤其是先进血液检验技术的关键技术难题，促进先进血液检验产业的发展及普及应用，提高国内医疗水平。高性能锻压件工程中心的研究方向为加强对380千米/小时高铁机车及30吨轴重重载机车传动齿轮和海上钻井平台等领域部件的开发及研究，通过先进的锻压工艺和技术实现对产品材质的改性，使相关指标达到或超过国际标准，突破发达国家对该类产品的技术封锁。

【科技金融综合服务中心正式挂牌】 1月28日，广东省科技金融综合服务中心韶关分中心暨韶关市科技金融综合服务中心揭牌仪式在韶关市高新区协同创新大楼举行。省科技、金融等相关部门领导、市有关单位负责人出席本次揭牌仪式，30多家金融机构、省内外投融资机构代表及韶关市部分科技企业代表、协会负责人参加本次揭牌仪式。中心的正式挂牌，推动科技资源和金融资源对接，助力科技成果转化和科技型中小微企业的快速发展。在揭牌仪式后，举行首届韶关市科技金融高峰论坛，专家为韶关分中心探索科技金融结合助推产业转型升级的发展模式，服务并促进科技型中小企业成长壮大，构建具有韶关特色的科技金融公共服务平台，推动科技、金融、产业融合纷纷建言献策。

（高新科）

【科技成果转化】 2015年评选出市级科技进步奖64项，其中一等奖9项，二等奖22项，三等奖33项。新丰耐磨合金材料有限公司参与完成的项目“节材耐磨损钢铁材料制造技术研发与工业应用”获2015年度国家科学技术进步奖二等奖。广东省天井山林场实施完成的“粤北山区雨雪冰冻灾害受损森林群落恢复技术”获2015年广东省科学技术奖三等奖。韶关学院参与完成的“生猪标准化规模养殖与粪污处理及资源化利用关键技术研究”获2015年广东省科学技术奖三等奖。

【产学研合作】 组织专家对韶关市化工企业开展调研和培训，为开展项目合作打下基础，完成《韶关市精细化工产业发展状况的调研报告（初稿）》。组织推荐省“扬帆计划”人才团队申报工作，韶瑞铸钢有限公司引进“大型破碎机用细晶高性能耐磨锰钢关键部件研制与产业化团队”，获得2014年度省“扬帆计划”专项扶持资金300万元。“省产学研结合示范市”项目实施完成并通过验收。成立莞韶科技对口帮扶领导小组，形成“LED光源技术在农业方面的应用”、“AMT变速箱示范推广”等一批莞韶科技合作项目。截到到2015年底，韶关市依托企业组建工程技术研究开发中心45家，其中，省级工程技术研究开发中心18家。组建一批产学研技术创新平台，其中新型研发机构2家，省部产学研技术创新联盟1个、博士后科研创新实践基地5个、博士后工作站2个、企业科技特派员工作站1个。暨南大学韶关研究院、中科院广州化学所韶关技术创新与育成中心通过广东省科技厅认定，成为广东省第一批新型研发机构。依托产学研结合，集中资源重点攻克一批行业共性关键技术，推高行业整体技术水平，推动产业转型升级。

【国家级项目“广东韶关国家农业科技园区”通过专家现场考察】 2015年11月24日，由国家农业科技园区协同创新战略联盟委托广东省科技厅组织的专家组一行，对韶关市申报的国家级项目“广东韶关国家农业科技园区”进行现场考察。上午，考察组参观园区内的仁化县大桥镇长坝沙田柚种植农民专业合作社、韶关车八岭农业科技有限公司、韶关市农业技术推广中心科技示范园、广东富然农科有限公司、广东韶关仁化平甫培训基地等相关园区企业和科研单位，了解他们在产品生产、科技服务、品牌培育、电子商务等方面的情况。下午，专家组一行等相关人员在韶关市科技局召开座谈会，了解园区体制机制建设、金融服务等方面情况。经过实地查看和了解，专家组认为：园区产业选择合理、目标定位明确，园区建设基础扎实、条件优越，园区功能完善、任务匹配，园区管理体制健全、运行机制良好、政策措施得力，园区品牌特色明显、信息化建设网络完善。园区建设情况得到专家组的一致好评。园区通过专家现场考察，为下一步的申报工作打下良好的基础。

知识产权

【知识产权】　2015 年，全市专利申请量 3101 件，同比增长 31.73%，其中发明和实用新型专利申请 1899 件，占专利申请总量 61.24%，专利授权量 2107 件，同比增长 33.02%。浈江区被列为“国家知识产权强县工程试点区”，全市拥有国家级知识产权试点县（区）3 个、全国企事业知识产权试点单位一家，省级知识产权试点县（区）4 个、省级知识产权示范企业一家、省级知识产权优势企业 11 家、省级知识产权试点事业单位 2 个、省级中小学知识产权教育试点（示范）学校 10 所；省知识产权战略试点企业一家。组织开展全市“4.26 知识产权宣传周”宣传活动，主题为“建设知识产权强国，支撑创新驱动发展”。活动现场向群众派发宣传资料 300 多份，并接受群众关于知识产权保护方面的咨询。推进以“尊重知识、崇尚创新、诚信守法”为核心的知识产权文化建设，重点宣传知识产权对创新驱动发展的重要作用及知识产权申请和保护相关知识。

地震监测

【防震减灾】　2015 年，修订《韶关市地震应急预案》。投入 30 余万元建立韶关市地震应急指挥中心，实现与省（各地、市）地震局地震应急指挥平台视频综合演练，具有本地区的地震应急辅助决策报告、防震减灾产品公共服务及地震科普宣传以及一般会议室等功能。完成 4 个“国家地震安全示范社区”和 13 个“广东省地震安全示范社区”的创建工作。推动浈江区执信小学等 21 所中小学校作为试点安装地震预警信息接收终端候选单位。组织“5·12”国家第七个“防灾减灾日”宣传活动，参与开展“平安中国”防灾宣导系列公益活动，在市委党校开办防震减灾知识科普培训班，发放宣传资料 1000 余份。　（刘东胜）

科学技术研究

【核工业二九〇研究所】　核工业二九〇研究所（以下简称“二九〇所”）隶属于中国核工业集团公司，是一所集地质科研、地质调查、水文地质调查、环境地质调查、遥感地质调查等技术应用为一体的多学科地质调查与科研机构，是承担国家放射性矿产资源勘查任务的重点单位之一。现有职工 276 人，其中，在职职工 173 人，离退休人员 103 人；在职专业技术人员 141 人，管理人员 28 人；其中，教授级高工 9 人，高级工程师 27 人，中级职称 50 人，享受国务院政府津贴 4 人。办公地址位于韶关市武江区科技工业园广前路。

所长：朱　捌；党委书记：王树忠

资质情况　2003 年通研究所过 ISO9001 质量体系认证，拥有固体矿产勘查甲级；水文地质、工程地质、环境地质调查甲级；地质钻探甲级；区域调查、地球物理勘查、遥感地质调查、分析测试乙级；测绘乙级；地质灾害评估、勘察与设计乙级；地球化学勘查丙级和地基基础工程检测等 14 个相关资质证书，是国家二级档案管理单位和国家二级保密资格认证单位，具备承担相应等级武器装备科研生产项目能力。

科研能力及成果　2015 年，二九〇所承担铀矿预查、普查、资源潜力评价、生产中科研、铀矿补充勘探、铀矿远景调查以及接替资源勘查等项目 16 项。投入钻机 13 台，完成钻探工作量 29214.49 米，优质孔率为 99%，累计新增铀资源量（333 + 334）Xt，取得较好的科研生产成果，由中核集团地矿事业部组织验收的 7 个项目中，有 5 个项目被评为优秀项目，优秀率为 71%，其中，仁化长排项目获得 2015 年总经理奖励基金“找矿突破奖”，二九〇所被中核集团地矿事业部授予“十二五”铀矿找矿先进单位称号。

科研技术服务　近几年投入资金 2000 多万元对科研设备和生产设备进行更新改造，拥有 2000 米以上钻机 5 台、多功能数字测井仪、重力仪等一批进口先进技术设备。利用科技人才和技术装备方面的优势，开展技术开发和技术服务，加强与地方有关部门的合作，主动参与地方经济建设，在遥感信息开发利用、国土资源调查、矿产开发、地质灾害评估、环境评价和监测、各类样品分析测试、工程勘察、工程物探等方面承接大量的项目，其中，二九〇所环评中心承担多个国家环保部委托的核与核辐射安全监管科研项目，取得较好的经济效益和社会效益。　（罗媛媛　沈荣福）

【韶关市生产力促进中心】　韶关市生产力促进中心（韶关市科韶开发中心、韶关市科技情报研究所、韶关市科技企业创业服务中心）是韶关市科学技术局直属正科级公益二类事业单位，

野外地质作业（李伟林　摄）

实行四块牌子、一套人马办公。在编人数6人，大专以上学历5人，其中中级职称2人，具有丰富的工作经验，均从事科技管理与服务岗位8年以上。

主　任：罗泽保

年内，该中心推动市科技企业创业园新引进机械制造项目2个，组织5家企业参加第四届中国创新创业大赛广东韶关赛区，其中天鼎思科新材料有限公司获得韶关赛区第三名、全省优胜奖，晟茂冶金材料有限公司（华喆）获得全省优胜奖。创业园被认定为国家级科技企业孵化器培育单位（省级孵化器）。

开展与高校科技项目合作，分别与华南理工大学、仲恺农业工程学院合作开展“钙－硅基重金属钝化剂对韶关地区土壤重金属的钝化效果研究”和“绿色环保有机硅新型农药增效剂的制备与应用试验”项目研究，取得预期试验效果。

组织企业技术人员进行创新基金项目申报前期培训，并对企业申报资料进行严格审核，确保企业申报的内容真实、可靠。2015年，共组织受理审核15个项目申报省科技型中小企业创新资金专项，其中4个获得立项。完成科技查新56项，解决企业申报政府科技计划项目的难题，帮助企业获得省和市科技计划项目30多项。

举办企业创新知识培训。组织全市高新技术企业、专业镇、科研机构、科技服务业从业机构等300多家单位填报科技机构年报、国家科技计划项目年报、高新技术产业开发区企业统计表、火炬计划特色产业基地情况表、国家火炬计划项目执行情况表、科技服务业情况调查表、地方财政科技拨款年报、广东省专项统计年报、科普工作统计报表等，并对报表数据进行审核，确保报送数据的质量，完成科技部、省科技厅部署的各项统计工作，得到上级部门的肯定。　（刘锡禧）

【农业科技推广】　2015年，韶关市农业科技推广中心启动单位整体搬迁工作。至12月止，各科研课题组及行政、后勤等办公室按照搬迁方案完成搬迁任务，保障韶关市农业科研工作的开展。2015年韶关市农业科技推广中心立足自身职责和任务，开展农业（农机）优良品种、先进技术的试验研究和示范推广。全年承担实施国家、省级农业科技项目9个，试验鉴定农业优良品种497个，示范推广农业优良品种12个，示范推广作物高产栽培、设施栽培、测土配方施肥、水肥一体化等农业先进技术6项，生产受益面积达1.47万公顷。科技成果“蔬菜新品种区域化试验成果应用”获得韶关市科技进步二等奖。

所长：徐永亮

【畜牧研究】　韶关市畜牧研究所成立于1978年，是韶关市农业局下属的畜牧科研事业单位，是粤农〔2001〕233号文批准设立的16个广东省区域性农业试验中心之一。有在职人员12人，其中高级职称1人、中级职称2人。单位主要负责畜禽品种改良、繁殖、选育的研究及有关技术的引进、试验、示范、推广、培训，承担畜牧业区域性试验、表证、示范的研究工作，负责地方畜禽遗传资源的调查与保护。2015年主要工作重点是加强科研基地地方猪的保种与开发利用，和地方猪种的推广，以及优良种猪生产线的移交管理。

所长：陈细浩（－2015.10）刘志军（2015.10－）

地方猪种保护与开发利用　制订《韶关市梅花猪品种资源保护及选育实施方案》，引进梅花种猪，推进地方猪种的保护与开发利用。通过加强工作人员的管理和生产各个环节的工作落实，梅花种猪窝产活仔数、综合成活率和猪肉品质都得到提高和改善，种猪血缘从1个增加到3个，种猪窝产活仔数达到9.45头，综合成活率达到87.5%。2015年扩建2公顷的运动场，下半年开始在枫湾一家菜场收集青菜杆，通过放养增加运动量和增加粗饲料的投喂量，达到改善梅花猪肉质的目的，卖价比往年高出许多。

杉木湾科研基地管理实行分管制　韶关市畜牧研究所杉木湾科研基地实行分管制二年来，经过与合作方韶关市佳和农业生态有限公司的多次协商，完成优良种猪生产线租金变更以及国有资产移交手续，优良种猪生产线正式移交给韶关市财政局下属韶关市物业管理中心管理。优良种猪生产线已达900头种猪生产规模，全年可向社会提供18000头优质种猪和肉猪。

课题研究　组织单位科研人员进行科研实验、示范，主要进行地方猪

梅花猪放养（谢光明 摄）

种梅花猪的保护开发、优良种猪的品种改良科研工作。开展《梅花猪保种场建设与品种资源的保护开发》《粤北梅花猪种质资源评估与保种选育新技术研究》等课题的研究。《新丹系种猪的培育技术研究》通过验收，与韶关学院合作6年完成的《畜牧产业化关键技术开发及推广应用》课题获2014年度韶关市科技进步一等奖。

良种良法推广　由技术推广室的技术人员不定期对全市养殖户进行技术传授、生产随访，把改良后的优良种猪新丹系种猪、人工授精技术、环保型污水处理技术等先进技术推广到社会生产中，促进韶关现代养猪业的发展。通过微信、电台节目参展等方式向社会大众推广梅花种猪，唤醒人们的保种意识。

节能减排　科研基地通过省节能减排验收。基地沼气工程规模达到1500立方米，生产线实行干清粪，猪粪自用和外卖给附近的农户或科研基地，用于果树、农田用肥，沼液经管道全部上山用于林地用肥，沼气用于生活用能，实现猪—沼—果（牧）的生态养殖模式。（钟　澜）

【水产研究】　2015年，韶关市水产研究所有多个科研项目取得重要进展。其中，广东省水产良种体系建设项目——“三角鲂良种选育技术研究及推广应用”项目完成2015年的实施任务。进行三角鲂良种选育，选择一批符合良种体型要求、生长性能优良、抗逆性能优良的三角鲂F2一代作为后备亲本进行培育，为良种选育后续工作的开展，奠定基础。在“桂华鲮全人工繁育技术研究”项目中，研究所科技人员完善桂华鲮人工繁育技术，摸索出桂华鲮亲鱼培育、催产的关键技术，推动桂华鲮人工繁育规模化，对桂华鲮的开发及资源增殖具有重要意义。

所长：暂缺，副所长：赵海澜（主持全面工作）谷平华

科技成果　“北江鱼类资源调查与保护利用”项目成果获得2014年度韶关市科技进步一等奖。在该项目中，研究人员采集标本10000余号，经分类鉴定，整理出195种北江鱼类名录，重建杉木湾北江鱼类资源标本库，编写出《北江鱼类资源调查综合报告》及《北江江河鱼类开发利用报告》，该项目完善光倒刺鲃等北江特色鱼类规模化人工繁育生产技术，形成年产3000万尾的生产能力。突破桂华鲮等五种北江名贵鱼类人工繁育核心技术，北江光唇鱼等四种北江珍稀鱼类的池塘驯养成功。经省、市级专家鉴定，该项目技术成果总体达到国内同类技术的先进水平。

苗种繁育　对于繁育技术已较成熟的种类，如三角鲂、光倒刺鲃、倒刺鲃、鲫鱼及赤眼鳟等，开展良种选育、苗种繁育及推广养殖工作，2015年生产苗种约750万尾，为韶关市名优特色鱼类养殖提供苗种保障。

增殖放流　2015年，研究所配合韶关市渔政支队及韶关市内相关水电站管理部门（如乐昌峡水利枢纽管理处及湾头电站等），开展四大家鱼、光倒刺鲃、倒刺鲃、赤眼鳟、三角鲂、鲫鱼及鲮鱼等种类的增殖放流工作，增殖放流名优鱼类苗种约290万尾，促进韶关市鱼类资源的保护及修复。

桂华鲮照片（钟良明 摄）

水产知识普及研究　研究所利用在技术、设施等方面的条件，开展水产科学技术普及、推广、技术咨询等工作，通过引导参观、示范讲解等方式传播现代水产养殖知识、高产养殖知识、无公害养殖、机械化养龟技术等。2015年，接待实习学生、渔农、专业户、技术人员等近300人次，促进韶关市水产养殖事业的发展。

（罗钦洪）

【林业科学研究】　韶关市林业科学研究所成立于1962年，位于韶关市沐溪大道8号，是广东省认定的第一批非营利性的科研机构，现隶属于韶关市林业局，正科级事业单位。主要承担林业科研项目试验示范、珍贵良种苗木引种繁育、林业技术推广、林业技能培训等林业技术活动。

所长：黄立军；党总支书记：赖书文

林业科研　2015年，韶关市林科所实施的国家、省、市科研项目共有6项。重点以油茶良种良法的试验、示范、推广和优良乡土阔叶树种良种选育和高效栽培技术研究与示范工作，其总立项数量、项目经费、工作量约占全部科研工作量的80%。进行珍贵树种引种繁育、植物组织培养技术研究等林业科研项目。其中，《广东省乳源县油茶标准化示范区》项目通过中央财政林业科技推广项目组验收，验收结果“优秀”。

林业技术推广　市林科所承办林业技术推广活动，通过专家出诊、现场教授、科技宣传、技术咨询等方式，对林业工作者进行油茶专题培训、乡土树种栽培技术指导工作。

珍贵树种繁育中心建设　韶关市林科所珍贵树种繁育基地建设项目是“2012年百项工程兴韶关”涉林重点项目之一，集科研、生产、科普、教学、观光为一体，位于韶关市山子背，与韶关市中心苗圃合并兴建，扩大苗圃建设规模，总体规划67公顷。其中，珍贵树种标本园20公顷，优良乡土阔叶树示范林20公顷，中心苗圃基地8公顷。2015年培育樟树、山杜英、木荷、枫香、火力楠、阴香、红锥、深山含笑、乐昌含笑、红锥等珍贵阔叶树无纺布营养袋大苗50万株，按70%的苗木出圃率，可为市生态景观林带项目提供优质苗木35万株。培育木荷、枫香、樟树、山杜英、深山含笑、火力楠、楠木（桢楠）等珍贵阔叶树种1年生营养袋苗35万株，为市森林碳汇造林提供充足的苗木。

林业技能培训　市林科所担负林业技能培训任务，利用林业技术力量，结合韶关市林业生态建设和林业经济发展的需要，针对市林业专业技术人员开展继续教育和林业技能培训，培训各类林业专业人员360多人（次）。

造林监理　韶关市林科所成立具有造林规划设计、监理资质资格部门，对造林工作要求是：“严把质量关，提高造林成率。”确保造一片、活一片。完成2013年乐昌市石漠化综合治理林业工程各标段（共计4530.3公顷）抚育工序的监理工作。完成浈江区2014年森林碳汇林造林项目、2014年植被恢复费项目的监理工作。人工造林的栽植工序、国营韶关林场2015年田心火烧迹地更新造林项目等监理工作。韶关市主干道（三边）森林景观改造项目是市林业重点生态工程之一，林科所直接负责韶关市三个区的监理工作，对各县（市）进行巡查抽查，做好“韶关市交通主干道（三边）森林景观改造项目”监理是林科所监理工作的重中之重。林科所监理人员按照建设单位与施工单位签订的施工合同及作业设计开展监理工作，项目造林阶段性监理工作全部完成，保证工程质量和施工进度。（谭景成）

【广东省矿产应用研究所】　原名地质部第九实验室，始建于1964年，是全国地矿系统唯一从事放射性矿产综合利用评价和放射性检测的专业实验室、国土资源部放射性矿产资源监督检测中心、国土资源部放射性与稀有稀散矿产综合利用重点实验室、广东省矿产应用研究所微量司法鉴定所，隶属于广东省地质局，正处级事业单位。单位原址在乐昌黄圃，占地5.906公顷；韶关现址分设科研区（芙蓉东路108号）和职工生活区（新华南路19号），两区分隔2公里，占地2.66公顷。2015年，职工人数168人，其中退休职工95人（高级职称43人，占45.26%），在职职工73人（其中硕士9人，本科50人，大专3人，大专以上学历占84.93%；各类专业技术人员

2015年9月，副市长王青西（右二），市林业局局长邓阳秋（左二）等在山子背中心苗圃进行视察工作（姚为锋　摄）

62人，正高职称2人，高级职称10人，中级职称24人）。

所长：何　平（—2015.2）、罗高雄（2015.12—）；党委书记：梁冠杰

国土资源公益性行业科研专项通过中期评估　《攀西钒钛磁铁矿稀散元素赋存状态及选冶关键技术研究》项目作为国土资源公益性行业科研专项——《攀西深部橄辉岩型钒钛磁铁矿利用技术开发》的子项目，完成野外调查、矿样采集、稀有分散元素钪的工艺矿物学研究等工作，查明钪在各个生产过程中工艺矿物学特性和走向，并以钛普通辉石为研究对象，开展选矿富集钪的探索性试验，已进入冶金技术研究阶段。专家组认为，该项目初步查明攀西红格地区钒钛磁铁矿中稀散元素钪的分布规律和赋存状态，取得较好的阶段性指标，通过中期评估审查。通过该科研专项的研究和开发，可使攀西地区近百亿吨的深部钒钛磁铁矿中稀散金属资源得到合理开发利用。

科技创新获新成果　“一种微波消解-ICP-OES连续测定铅锌冶炼烟尘中镓、铟、锗的检测方法”通过国家一级标样GBW07168和内部标样双重验证，确保对含锗量较低的样品数据的准确性和及时性。该微波消解前处理方法已逐步运用到冶炼渣料、污染水样等化学分析中，其检测结果得到客户认可。该成果的专利申请已受理。自主研发的浮选药剂ky3、ky6、ky9在镜铁矿、钛铁矿浮选、橄榄石、石榴子石浮选、铷矿的浮选等选矿试验中逐步得以完善，并取得不俗效果，为未来的科研工作的开展打下基础。发明成果《复合型无机高分子净水剂及其制备方法》《高分子复合絮凝剂及其制备方法》的专利在申请中。

放射性检测工作取得成效　主要完成广东省梅州市叶腊石矿调查评价、广东省梅县区三葵饮用天然矿泉水资源储量核实和广东省五华县河东镇黄泥寨地热资源储量核实等项目岩石和水的放射性检测共243批10090个，为地方经济建设和发展提供技术支撑，也从放射性危害角度为项目现场施工安全防护提供依据。

化学测试稳步发展　全年完成5000余批次、15000个样品的测试。完成珠三角工业聚集区重金属污染农用地安全利用技术集成与示范项目、“镉米”产地重金属污染土壤修复技术研究项目、大宝山矿业有限公司露天开采10000米探采空区工程和韶关市曲江区沙溪镇民采历史遗留矿山尾矿重金属污染综合治理工程等测试项目。

部重点实验室建设推进　按部重点实验室建设要求，维修改造岩土检测室并投入使用；完善科研场所的走廊文化建设和矿石及产品展示厅的建设；购置全自动热解吸仪、应变控制式三轴仪和电液式数显压力试验机等仪器设备和办公设备43台/套；组织开放基金项目申报，收集包括湿法处理ITO靶材及真空蒸馏提纯技术研究、EDTA容量法测定铟料中铟和辉石选矿提纯技术研究等16个科技发展基金项目申请，通过评审，初步确定可资助的课题；召开2015年度的学术委员会会议；加强质量管理，开展管理体系管理评审，落实质量监督与控制，按期实施2015年度质量监督与质量控制计划，保证检测结果质量的可靠性；编制修订作业指导书等有关体系文件；通过国家计量认证复评审，并在原有基础上扩项一百多个项目，拓宽服务领域。　（林杜莲）

2015年12月15日，国土资源部放射性与稀有稀散矿产综合利用重点实验室2015年度学术委员会会议在韶关召开（广东省矿研所　供）

文　化

【机构概况】　韶关市文化广电新闻出版局（简称“市文广新局”）成立于2005年3月，将原市文化局、广播电视局、新闻出版办三个行政管理部门调整归并组建而成，加挂市版权局牌子，并于2005年3月31日正式挂牌。韶关市文化广电新闻出版局是韶关市人民政府主管文化、广播电视、新闻出版、版权等方面的职能部门。内设机构9个科室：办公室、人事科（监察室）、社会文化科、艺术科、文化市场与产业科、文物科、广播电视管理科、新闻出版管理科、非物质文化遗产科。直属机构有：韶关市文化市场综合执法大队。下属单位有：韶关市文化馆、韶关市图书馆、韶关市博物馆。2015年，市文广新局推进文化建设，在公共文化服务水平、文化惠民活动、文艺创作、文化遗产保护、文化市场管理、文化产业发展、文化交流合作、公共文化场所服务质量、文化体制改革等各项工作取得成效。

文化惠民活动

【概况】　韶关市以农村电影放映工程、农家书屋工程、农村广播电视无线覆盖（省节目）工程作为重要抓手，集中人力、物力加快建设，带动公共文化服务体系建设整体加快发展。组织实施韶关市2015年度农村电影放映工作，完成省下达的农村公益电影放映任务。全市农村公益电影放映15113场，观众达100多万人次。完成农村广播电视无线覆盖（省节目）工程年度建设任务，全市建设和改造12个发射站点。推进县镇多厅数字影院建设。新丰、翁源两县完成多厅数字影院建设任务，全市已建成多厅数字影院18家，实现县城多厅数字影院全覆盖。着力发挥农家书屋作用。实施博物馆、图书馆、文化馆等公共文化服务场所免费开放，丰富群众文化生活。

【提高农家书屋服务农村群众的质量】
在实现行政村农家书屋全覆盖的基础上，发挥全市1202家书屋阵地作用，让农民群众了解书屋，走进书屋，读书受益。针对管理粗放的问题，建立健全各项书屋管理制度，提升服务水平。针对图书数量少、品种不多等问题，开展农家书屋图书轮换试点工作，在10个县（市、区）各选取5家（共50家）农家书屋作为试点单位，共补充、更新出版物3万多册。针对新时期农村群众文体生活的需求，以农家书屋为基本平台，利用各种资源优势开展活动。如组织大学生暑期志愿者服务队、文艺演出队、书画名家、科技专家等，开展文艺演出、绘画、读书征文、知识讲座、科技培训、演讲朗诵等读书学习活动，丰富服务手段，服务群众。

【基层数字影院、广播电视建设改造】
2015年，韶关市把新丰、翁源两县的多厅数字影院建设作为重点工作，加强督导和协调，采取措施重点突破。2015年12月，韶关市完成县城多厅数字影院建设任务，全市已建成多厅数字影院18家，实现县城多厅数字影院全覆盖。2015年，全市有12个发射站点建设和改造任务。韶关市完成铁塔、机房等基建工程建设以及天馈线、发射机等设备安装调试工作并通过验收。

【推动农村电影放映提质增效】　按照实现每个行政村每月放映一场公益电影目标，韶关市每年有14436场放映任务。2015年放映15113场，超额完成省下达的任务。为提高放映质量和水平，着重改善放映条件和扩大服务范围。改善放映条件。针对农村公益电影放映处于露天放映阶段和大部分县区电影放映容易受到天气条件影响的情况，各县（市、区）在条件成熟的乡镇利用村文化广场及乡村祠堂等场所建立放映点，改善基层群众观影的环境。扩大服务范围。针对社区居民、学校学生、企业工人，特别是外来农民工看电影难的实际，采取措施，开展公益电影放映。送电影进社区、进学校、进企业、进工地。

【各级公共图书馆、博物馆、文化馆免费开放】　根据中央和省关于公共图书馆、美术馆、文化馆免费开放的部署要求，韶关市各级公共图书馆、博物馆、文化馆加大力度，实施免费开放，使越来越多的人走进公共文化机构，尽情享受文化的魅力，公共文化资源的社会效益成倍放大。2015年，市博物馆接待参观总人数48万多人次，市图书馆接待读者22万人次。

【开展文化志愿服务基层行活动】　市文广新局制订开展2015年韶关市文化志愿服务工作方案。文化志愿服务项目把组织开展“深入生活，扎根人民”主题实践活动，作为践行总书记习近平文艺工作座谈会重要讲话精神的重要载体，巩固和深化群众路线教育实践活动的“加油站”。以“扎根基层、服务群众”为主要内容，开展“送欢乐下基层”文化惠民工程志愿服务活动。各县（市、区）成立文化志愿者机构9个，招募文化志愿者2000余人。

文学艺术创作

【概况】 通过举办调演、培训等多种形式调动文艺创作人员的积极性，一批文艺作品在各类评奖中取得好成绩。韶关市选送的5件作品在全省群众文艺作品评选中获奖，其中一等奖2个，三等奖3个。组织4个优秀节目参加广东省第八届群众戏剧曲艺花会，获1个金奖3个铜奖。组织客家山歌节目参加“广东省客家山歌大赛”，韶关荣获1个金奖，1个铜奖。组织开展纪念抗战胜利暨世界反法西斯战争胜利70周年为主题的美术创作活动，韶关市4件作品入选。选送采茶小戏《阿三戏公爷》参加“广东省珍稀剧种”汇演。完成粤北采茶戏《阿三戏公爷》、乐昌花鼓戏《水源》申报广东省百台地方戏发展扶持计划工作。

【参加省第八届群众戏剧曲艺花会获一金奖】 11月24日至28日，为期5天的广东省第八届群众戏剧曲艺花会在广州市花都区举行。此届花会有来自全省的21支代表队上演69部群众戏剧曲艺精品节目。经评审，共评出金奖15个，银奖21个，铜奖32个。韶关市选送的4个节目全部获奖，获得1个金奖3个铜奖，分别是乐昌市的花鼓小戏《树正影儿斜》获金奖，仁化县的表演唱《老来乐》、南雄市的小品《县长来了》、小戏《请客》获铜奖。

【在广东省群众业余文艺作品评选中获一等奖】 2015年3月，省文化厅组织2014年度全省群众文艺作品评选，全省收到各地推荐的参评作品501件，经专家评审，评出获奖作品202件。韶关市选送的作品有5件作品获奖，其中一等奖2个，三等奖3个，分别是：韶关市文化馆吴达明创作的小戏《考婿》和南雄市文化馆赖昀、姚东水创作的小品《县长来了》获一等奖，仁化县文化馆黄玉龙创作的小戏《喜从天降》、乐昌市文化馆罗静怡和韶关市文化馆张璐创作的歌曲《想你的样子》、乳源县文化馆许华鹏和施梦竹创作的歌曲《西京古道》获三等奖。

【参加省客家山歌大赛获金奖】 11月18日至21日，2015广东省客家山歌大赛总决赛在河源举办，该赛事是省委宣传部、省文化厅主办的岭南特色文化赛事之一，2015年大赛有80个节目、500多人报名参赛，参赛范围囊括广东全省客家地区，也有广西、江西、福建、四川等省份客家地区的选送节目。韶关市新丰县和翁源县的山歌表演唱《围屋圆圆一家亲》荣获金奖，始兴县的歌伴舞《始兴杨梅比蜜甜》荣获铜奖。

群众文化活动

【概况】 各级文化部门发挥现有文化阵地的作用，举办“中国梦·韶韵风·东街汇”韶关市首届民间艺术花会、我们的节日——韶关市文化广场大型迎春游园活动、2015韶关市“五·一”文化广场文艺演出等一系列群众文化活动，丰富活跃基层群众文化生活。

【“中国梦·韶韵风·东街汇”庆国庆大型群众文化活动】 10月1—6日，市委宣传部、市文化广电新闻出版局、市文联、韶关金财公司联合举办“中国梦·韶韵风·东街汇”庆国庆大型群众文化活动，市文化广电新闻出版局完成3项活动任务，为韶城人民带来文化盛宴。举办韶关市首届民间艺术花会。在百年东街中心广场和东河桥头广场分别设立主会场和分会场，共举办22场大型演出，逾5000人次参演。在10月1日的粤北民间艺术巡游活动中，邀请各县（市、区）、汕头、赣州的18支表演队巡游展示。举办韶关非物质文化遗产图片展。在百年东街设立图片展区，以生动的图片向群众展示韶关市国家级、省级、市级非物质文化遗产成果。举办文化企业优质产品汇展。组织多家具有韶关文化特色的企业参展，现场销售额达5万多元。

【节庆文艺演出】 1月1日，为营造欢乐祥和的节日氛围，在市区中山公园文化广场举办“庆祝元旦文艺演出活动”，演出12个节目。2月19日至2月21日（初一至初三），“我们的节日——韶关市文化广场大型迎春游园活动”在中山公园文化广场举行，活动包括“我们的节日——欢度春节”文化广场演出、“广场趣味游园”活动、“迎新春贺新年有奖猜谜”等。“2015韶关市‘五·一’文化广场文艺演出活动”在中山公园文化广场举行，受到群众欢迎。

【送欢乐下基层慰问演出】 春节期间组织演出队伍开展“中国梦·我的梦”2015年春节韶关市送欢乐下基层慰问演出活动。演出队伍深入乡镇、社区、驻韶部队和工业园，为群众送温暖、送祝福，营造喜庆热烈的节日文化氛围，让广大群众免费欣赏高水平的文艺演出，共享文化发展成果，受到群众欢迎。8场大型优秀舞台剧目免费在韶关市巡回演出，为基层群众送舞台精品，惠及山区城乡群众。

【推进“莞韶文化交流合作”活动】 5月18日，莞韶文化交流项目——韶关锦江书画院与东莞市岭南画院共建的“丹霞山美术创作基地”在仁化县喜头村正式揭牌成立。举办2015年莞韶文化合作交流基层文化馆员业务培训班，培训为期两天，开设舞蹈编导和音乐创作两个课程，聘请原广东省文化馆馆长、广东省舞蹈协会常务理事、一级编导教师杨明敬和广州星海音乐学院作曲系副主任、中国音乐家协会会员、广东省音乐家协会理事教授严冬授课。各县（市、区）文化馆选派舞蹈、音乐专业的辅导员参加培训。组织乳源县文化馆到东莞开展35

场文化惠民演出。与东莞市图书馆联合举办抗战胜利70周年专题图片展。

【韶关市文化馆（站）评估定级工作培训班】 2015年7月6日－7日，韶关市举办文化馆（站）评估定级工作培训班。各县（市、区）文广新（文新）局分管领导、文化馆负责人、资料员，市文化馆负责人、资料员参加培训。培训班详细讲解文化馆（站）评估定级的意义、广东省对文化馆（站）评估定级的形势、关于省文化厅督查组对韶关市检查的情况、关于文化馆（站）评估定级工作的要求、文化馆（站）建设要求，详细解读《市、县级文化馆（站）等级必备条件和评估标准》。

【举办公共电子阅览室培训班】 为加强基层文化队伍建设，完善公共电子阅览室日常服务工作的监督管理，提升公共电子阅览室服务效能，贯彻落实省《关于加快构建现代公共文化服务体系的实施意见》，结合基层公共文化设施建设全覆盖工程以及公共电子阅览室管理信息系统的建设进度，12月29日－30日，举办2015年韶关市公共电子阅览室培训班，对韶关市公共图书馆、文化馆和基层文化站的从业人员开展业务培训。

文化遗产保护

【概况】 2015年，韶关市加强文化遗产保护工作，取得较好成绩。文物保护工作推进。完成第一次全国可移动文物普查第二阶段工作。韶关市9处文物保护单位入选为第八批广东文物保护单位名单；非物质文化遗产保护工作进展顺利。乳源县文化馆被评为第四批国家级非物质文化遗产代表性项目乳源瑶族民歌保护单位；始兴县的传统工艺《宰相粉》申报第六批省级非物质文化遗产名录；仁化县《石塘堆花米酒酿造技艺》申报为第二批广东省非物质文化遗产生产性保护示范基地；提请市政府批准并公布12个项目为韶关市第五批市级非物质文化遗产代表性项目；粤北采茶戏传承人吴燕城当选为广东省非物质文化遗产优秀传承人。截至2015年底，韶关市有2760处不可移动文物，其中国家级文物保护单位9处，省级文物保护单位45处，市县级文物保护单位257处。非物质文化遗产名录国家级5个、省级19个、市级49个，非物质文化遗产项目代表性传承人国家级2名，省级20名、市级59名。省级非物质文化遗产保护传承基地5个，分别是粤北采茶戏传承基地、仁化土法造纸技艺传承基地、乳源瑶族刺绣传承基地、南雄龙船歌传承基地、乐昌花鼓戏传承基地；1个省级非物质文化遗产生产性保护示范基地（仁化县石塘米酒酿造工艺）；1个省文化生态保护实验区（乳源瑶族自治县）。

【开展第一次全国可移动文物普查第二阶段工作】 提前完成数据登录工作。韶关市第一次全国可移动文物普查已登录藏品总数为33244件/套，完成率为100%，居全省第6位。韶关市全部县区均已完成“一普”第二阶段数据审核工作。召开韶关市第一次全国可移动文物普查数据审核试点培训班，邀请省普查办专家到韶关授课，韶关市各级普查办共50多人参加培训。指导各县（市、区）普查办组建辖区内文物普查数据审核专家组，7月－9月邀请省普查办及市属专家前往各县市区进行可移动文物数据审核工作。

【9处文物保护单位入选为第八批广东省文物保护单位】 2015年12月10日，广东省人民政府发布文件《广东省人民政府关于批准并公布第八批广东省文物保护单位名单和第一批广东省水下文物保护区名单的通知》，省人民政府同意省文化厅确定的第八批广东省文物保护单位（共计136处）和第一批广东省水下文物保护区（共计2处），韶关市共有9处文物保护单位入选，分别是：南雄市江头镇小竹村的小竹塔（宋代）、坪田镇龙口村的新龙塔（宋代）、油山镇平林村的惜字塔（明代）和南雄市区的水西桥（明代），始兴县栋护晴岚围楼和李氏宗祠（明清）、东湖坪古建筑群（清代）、沈所塔（清代）、汇川别墅（民国）和浈江区的抗日战争第七战区指挥部旧址（民国）。

【2015－2017年度“广东省民间文化艺术之乡”评选】 2015年8月，省文化厅组织开展2015—2017年度“广东省民间文化艺术之乡”评选工作。评选出2015—2017年度“广东省民间文化艺术之乡”项目名单82项，其中韶关市推荐的5个项目入选，分别是乐昌市三溪镇（乐昌花鼓戏、乐昌渔鼓、青蛙狮）、曲江区枫湾镇（采茶戏）、仁化县石塘镇（月姐歌）、乳源瑶族自治县必背镇（过山瑶民俗）、乳源瑶族自治县大桥镇（契娭生日）被评为2015—2017年度“广东省民间文化艺术之乡”。

【韶关市非物质文化遗产宣传展示活动】 每年6月的第二个星期六为中国的“文化遗产日”，6月13日，由市文化广电新闻出版局主办的“非遗保护、传承发展—乡愁·古村·根脉”为主题的文化遗产宣传展示活动在市区中山公园举行。活动在少儿舞蹈《粉墨人生》中拉开序幕，采茶小调《茶歌》、采茶小戏《山村近事》《新月姐歌》等节目的上演。活动设置有奖问答环节，让现场观众了解更多有关非物质文化遗产保护的知识。

【仁化县石塘米酒入选第二批省级非物质文化遗产生产性保护示范基地】 2015年7月，省文化厅组织开展第二批省级非物质文化遗产生产性保护示范基地和研究基地评选工作。经组织复核、专家组初评、实地考察并提交省非物质文化遗产专家委员会主任会议审议，确定入选省级非物质文化遗产生产性保护示范基地17个、研究基地11个。仁化县“石塘堆花米酒酿造技艺”入选为第二批广东省非物质文化遗产生产性保护示范基地。

【乳源县文化馆被认定为第四批国家级非物质文化遗产代表性项目瑶族民歌保护单位】 按照《国家级非物质文化遗产保护与管理暂行办法》，文化部在各地申报基础上，经专家评审、社会公示等程序，对464家第四批国家级非物质文化遗产代表性项目保护单位进行认定，2015年4月，乳源瑶族自治县文化馆被认定为第四批国家级非物质文化遗产代表性项目瑶族民歌保护单位。

【吴燕城当选为广东省非物质文化遗产优秀传承人】 第二批广东省非物质文化遗产优秀传承人评选活动共收到各地级以上市文化主管部门和省直属有关单位推荐人选51人，经省非物质文化遗产专家委员会各相关门类专家评审，有26名传承人入选。2015年5月，粤北采茶戏的传承人吴燕城当选为广东省非物质文化遗产优秀传承人。吴燕城，女，系二级演员，工旦角和青衣行当，有40多年从事采茶表演的丰富经验，尤擅长悲剧角色，于2013年入选第四批国家级非物质文化遗产项目代表性传承人名单，为采茶戏（粤北采茶戏）传承人。其代表剧目有《人生路》《母亲岭》《霜雪山梅红》等，曾获广东省中青年戏剧演员“百花奖”。

【“宰相粉”成功申报第六批省级非物质文化遗产名录】 2015年11月10日，广东省人民政府批准第六批省级非物质文化遗产代表性项目名录（共计28项）和省级非物质文化遗产代表性项目名录扩展项目名录（共计31项），并予以公布。韶关市始兴县的传统工艺“宰相粉”申报第六批省级非物质文化遗产名录。

【韶关市第五批市级非物质文化遗产代表性项目】 5月22日，市政府公布韶关市第五批市级非物质文化遗产名录，传统舞蹈“茶花灯”等12个项目入选名录。为加强非物质文化遗产保护传承工作，市文化广电新闻出版局组织开展第五批市级非物质文化遗产代表性项目申报评审工作。经申报、审核、评审、公示后，确定第五批市级非物质文化遗产代表性项目名录。这12个项目分别是：传统舞蹈“茶花灯”（南雄市）、传统舞蹈“火龙、火狮、火凤、火虾”（南雄市）、传统技艺“扎稻草龙”（南雄市）、传统技艺“丹霞红豆饰品制作”（仁化县）、传统技艺“走马灯”（仁化县）、传统技艺“乐昌沿溪山茶”（乐昌市）、传统舞蹈“司前舞火龙”（始兴县）、民俗“扛阿公”（曲江区）、民俗“装故事”（仁化县）、民俗“圣祖祭”（乳源县）、“契娭生日”（乳源县）、传统音乐“翁源客家山歌”（翁源县）。

博　物　馆

【概况】 全市有市级博物馆1个，县级博物馆8个。2015年，全市各级公共博物馆加强队伍、业务建设，发挥“收藏、展示、研究、保护、教育”功能，加大免费开放力度，充实完善馆内展览陈列和改善基础设施，提升各级博物馆展览服务水平。韶关市博物馆现为国家二级博物馆、韶关市爱国主义教育基地，韶关市著名旅游景点，全年接待观众48万。

【举办展览】 为激发观众参观兴趣，提升观众对博物馆满意度，韶关博物馆创新展览形式，创新展览内容。全年博物馆举办《周为民书法展》《王世同书法展》《恐龙展》《九龄书画院的“中国梦”书画展》《广东省老干部书画诗词展和摄影作品展》《墨香流韵·畅写青春”青少年书法作品展》《抗日战争在广东大型图片展》等展览，举办“约您一起过暑假——奇妙的寻宝之旅”“小小讲解员”等活动。通过开展各种主题展和亲子活动，提升博物馆的影响力和知名度。

【宣传服务】 5月16日、5月18日，韶关市博物馆在中山公园文化广场、矿山博物馆门前广场举行韶关市博物馆“5·18”国际博物馆日宣演活动，在市博物馆内也举行馆藏珍贵文物图片展。邀请媒体进行报道，扩大韶关市博物馆的知名度。其他各博物馆也开展宣传活动，全市有6万多名市民参与博物馆日宣传活动。随着网络和微信业务在文博行业的普及，市博物馆提升网络服务水平，为公众提供免费WIFI服务。推出市博物馆微信公众号，观众利用微信发送相应的数字就可以通过网络获得相应的预约和语音讲解等服务。

图　书

【概况】 全市有9家图书馆。其中，韶关市图书馆、曲江区图书馆、乳源县图书馆、乐昌市图书馆、南雄市图书馆为国家二级公共图书馆。始兴县图书馆、仁化县图书馆、翁源县图书馆、新丰县图书馆为国家三级公共图书馆。2015年，市图书馆接待读者22万人次，图书流通量18万册次。

【开展流动图书馆服务】 2015年，在原有的24个流动服务网点外，市图书馆增设皇岗山雷达部队、车站街道办事处和卓越教育咨询公司流动网点等9个流动网点，流动图书共1. 3万余册，服务读者超2万人次。

【风采学堂】 2015年，市图书馆创建阅读活动品牌——风采学堂。全年举办活动11场，内容涉及国学、绘画、儿童安全教育、写作、传统文化等，吸引众多市民参与其中，服务读者

1350人次。风采学堂以推广全民阅读为主旨，提升城市阅读品味为目的，面向广大市民，特别是青少年（未成年人）开展包含讲座、展览、沙龙、故事会、作品赏析等公益文化活动品牌，以每月1～2讲的频率开展常态化服务，以一讲一主题，一讲一形式的模式，营造学习氛围，促进知识传播。

【开展“你悦读，我采购”开放式购书活动】 从10月1日起，韶关市图书馆与韶关新华书店合作，在韶关新华书店百年东街“四阅”书店为读者开展“你悦读，我采购”开放式购书活动。读者可以从“四阅”书店选择自己喜欢的图书，在现场办理借阅手续，即可将图书带回家阅读。韶关是广东省继广州、佛山后第三个开展此项活动的城市。仅活动当月新增办理借书证357张，在“四阅”书店借书1200册次。

【《粤北抗战图片展》开展仪式暨《粤北抗战图片集》首发式举行】 9月2日，《粤北抗战图片展》开展仪式暨《粤北抗战图片集》首发式在韶关市图书馆展厅举行。为纪念中国人民抗日战争胜利70周年，市图书馆策划该图片展。此次图片展主要分为五个部分，分别为《日军犯粤省会迁韶》《国共合作统一战线》《救亡兴起文化抗战》《正面战场对日作战》《敌后战场战略反攻》。展览展出后又分别在韶关学院、松山学院、东莞图书馆展出。市图书馆整理编辑以反映粤北军民在抗战中的英勇表现和与侵略者血战到底的光荣历史为主要内容的《粤北抗战图片集》举行首发仪式。

【广东公共图书馆高级研修班在韶关开班】 5月27日－29日，由省立中山图书馆与韶关市文化广电新闻出版局联合举办，韶关市图书馆承办的2015年度广东公共图书馆高级研修班（粤西北地区）在韶关市开班，来自韶关、清远、肇庆三地28个市县图书馆的100多名馆长和馆员参加此次培训。此次培训紧扣党的十八届三中全会以及2015年政府工作报告中关于“全民阅读”方面的讲话精神，就“地方文献采集实证研究”“基层图书馆管理与服务”“公共图书馆创新与服务”等主题为学员进行授课，开阔学员的业务视野，为各基层图书馆加强服务和管理，创新服务模式提供指导。

【“24小时自助图书馆”开放】 2月12日上午，市图书馆“24小时自助图书馆”正式向广大市民开放。24小时自助图书馆是集数字化、人性化、智能化为一体的新型图书馆服务模式。自助图书馆配备300多册图书，定期更新，24小时不关闭地为市民服务。市民只需带上身份证，便可根据指引自助办证和借还图书。市图书馆开放有电子书借阅机和电子读报机。电子书借阅机提供内容涵盖经典名著、政治军事、科学技术、社会法律、亲子育儿等2000种正版电子图书，读者只需在移动设备上安装客户端，就可免费下载电子图书，体验高清电子阅读。电子读报机整合全国50多份报纸。24小时自助图书馆、电子书借阅机和电子读报机的引进，对营造“书香韶城”阅读氛围，完善韶关市公共文化服务体系建设，都具有积极意义。

文化管理

【概况】 2015年，韶关市加大文化市场监管力度，推进“扫黄打非”专项行动的深入开展，深入开展各领域整治行动。在全市范围内开展网吧专项整治，发动和聘请“五老”和社会热心人士担任监督员，加大执法力度。联合检查出版物市场、网吧、市区歌舞娱乐场所、各类文化经营单位，开展平安文化市场创建活动。加强广播电视管理，完成韶关市广播电视重要保障期全市广播电视安全播出（传输）工作任务。

【开展岁末年初安全生产大检查】 制定《韶关市文化系统开展岁末年初安全生产大检查工作方案》，组织部署安全隐患排查整治工作的开展。各县（市、区）文化部门结合实际，制定工作开展方案及检查安排。市、县文化执法部门按照工作方案的部署和要求，推进对辖区文化场馆及文化经营单位的安全隐患排查整治工作，排查印刷企业、出版物经营单位、娱乐场所、网吧等各类文化经营单位，出动执法人员513人（次），检查各类文化经营单位185家，发现并跟踪处理安全隐患10处。

【开展平安文化市场“示范点”工作】 制定《韶关市文化广电新闻出版局2015年创建平安文化市场重点工作及示范点实施方案》，成立并调整充实工作领导小组，确定平安文化市场示范点标准及示范点安排，明确工作时间安排与工作要求。各县（市、区）按照方案部署和要求，制定本地的“创平”工作方案，确定本地的“创平”示范点。确定韶关市武江区五月花网络休闲会所、韶关红旗影院、韶关粤彩印务有限公司、韶关市购书中心等4家文化企业为平安文化市场创建示范点。

【开展安全生产专项检查】 7月以来，按照省文化厅、市安委会的通知精神和部署、要求，开展公众集聚文化娱乐场所和文物古建筑联合执法监察行动，联合市、区安监、消防部门对韶关学宫、风采楼、中共粤北省委旧址、大鉴寺、南华禅寺等文物保护单位进行重点排查，对市区文化娱乐场所进行全面排查整治。检查发现部分文化娱乐场所存在灭火器过期、应急照明不足、安全门故障、走火通道数量不足、消防监控主机故障等安全隐患。对26家经营单位作出责令整改要求，对安全问题突出的经营单位，市局书面函告消防、安监等部门，确保安全隐患排除整治到位。

【开展网吧专项整治】　元旦、春节及“两会”前后，市文化市场执法大队开展对市区网吧的集中检查整治，提高对网吧的检查频率和查处力度，检查中仍然发现部分网吧存在违规接纳未成年人等违规经营行为，个别网吧违规情况还比较严重。4至5月，在全市范围内开展网吧专项整治，市文化市场执法大队出动执法人员218人（次），检查网吧65家（次），立案查处网吧9家。各县（市、区）文化执法部门立案查处网吧6家，市、县（市、区）开展网吧专项整治合计行政罚款5.85万元。7月，在全市范围内加强对网吧的检查整治，开展网吧“创文”专项整治行动、三区网吧交叉执法检查，处理网吧投诉举报，查处网吧违规接纳未成年人等违规经营行为，共出动执法人员369人（次），检查网吧97家（次），受理网吧投诉举报2宗，立案查处网吧接纳未成年人违规行为4例。1家歌舞娱乐场所因涉毒被公安部门立案处理。

【开展出版物市场联合检查】　市文化市场综合执法大队多次联同公安、工商等部门，开展出版物市场联合检查行动，重点检查市区韶阳书店、韶关购书中心等出版物经营场所及车站、广场附近的游商摊档，查缴各类违禁出版物，清理无证销售出版物的游商，收缴一批盗版图书及色情淫秽音像制品。责令45家次涉嫌违规经营企业限期整改

【开展“4·26”知识产权宣传活动】　市文广新局联同市知识产权局、工商局等单位在武江区全民健身广场开展“4·26”知识产权周专题宣传活动，现场向市民派发知识产权、版权、专利宣传小册子等知识产权宣传资料；联同市知识产权、公安、工商、质监、药监等部门执法人员对市区大型商场、集贸市场、书店、音像店进行重点检查，查处无证经营出版物与销售盗版教辅资料等违规行为，检查出版物经营单位11家（次）。

【加强广播电视管理】　及时传达、贯彻国家广电总局、省广电局关于加强“元旦”“春节”“两会”等重要播出保障期间广播电视安全播出管理工作的一系列工作部署和要求，结合韶关市广电实际，组织、部署全市广播电视管理部门和播出机构的广播电视安全播出工作。通过全市上下共同努力，完成韶关市“元旦”“春节”“两会”“五一”“国庆”期间广播电视安全播出（传输）。　（张　健）

广播·电视

【机构概况】　韶关市广播电视台于2005年2月挂牌成立，由原韶关市广播电视局及所属韶关人民广播电台（1983年8月1日开播）、韶关电视台（1983年10月1日开播）、韶关有线电视台（已归属省广电网络股份公司）及微波中心站、韶关722台、大岗山转播台、广播电视监测站等台站组成。韶关市广播电视台为公益二类正处级事业单位。其主要任务是：负责制定并组织实施广播电视事业和产业发展规划，负责转播和传输中央、省、市广播电视节目的制作、播出，开展广播电视安全播出和设备设施的安全防范工作，开展融合新媒体、新技术、打造全媒体平台及广播电视覆盖工程建设等工作。韶关市广播电视台实行党委领导下的台长负责制。现有台领导班子成员7人：台长（党委书记）1名、副台长4名、纪委书记1名、党委委员（原广播中心主任）1名。内设科级部门16个，干部职工518人（其中在职403人，离退休115人）。具有专业技术职称人员214人，其中，正高级2人、副高级8人、中级100人、初级104人；具有大专以上学历人员307人，在职研究生4人；全台中共党员人数236人。完成第二轮扶贫“双到”任务。对口帮扶翁源县周陂镇双青村。三年来，市台共争取各级资金投入572万元（单位自筹资金40万元），三年总考核成绩排在全省前列，受到当地党委政府和人民群众的好评。被评为省级优秀帮扶单位。韶关市广播电视台办有广播、电视、网络、报纸四大传统媒体。拥有IPTV网络电视、广电官方微博、微信公众号、无线韶关移动客户端等新媒体。2015年，韶关市广播电视台树立“责任立台、内容兴台、经营固台、产业强台”的办台理念；明确以内容生产为核心，以经营

2015年1月1日，庆祝元旦文艺演出活动（市文广新局　供）

2015年1月26日，副市长王伟阳（右一）率检查组对广电台安全生产重点部位进行检查（市广播电视台 供）

发展为重点，实施双轮驱动发展战略；确定提升韶关广电影响力、把韶关广电台建设成为全国先进地方台的总目标，各项工作，成效显著。

【韶关广播节目发展良好】 自办广播频率2个（综合广播、交通旅游广播）自办广播节目栏目37个，其中综合广播频率有21个，交通旅游广播频率16个。广播自办节目日均总时长1230分钟。3月，综合广播推出新版节目。定位："新闻资讯、民生服务"，以新闻为版面的主骨架，以品牌栏目《民声热线》为龙头，打造更多贴地气的民生栏目，对微信平台进行升级改良。听众反应好，收听率和市场占有率保持较高。2015年，《民声热线》节目运作保持良好的发展势头，副市长王伟阳及34个单位的负责人先后上线节目。2015年1月1日到12月10日，共接听群众来电1032个，已回复1013个，回复率97%，满意度近95%。

【韶关电视品牌栏目增强】 电视频道2个（新闻综合频道、经济生活频道）、自办电视节目栏目9个，其中新闻综合频道5个，经济生活频道4个，及《民生调查》《第一品牌》《韶关企业行》《石头剪刀布》等众多子栏目。电视自办节目日均总时长155分钟。电视用户16万户。其中，《民生关注》在2015年连续四年被评为全国城市电视台民生类品牌20强栏目。

【韶关民声网影响力增加】 韶关民声网（www. sgmsw. cn）是地区最具影响力和公信力的新闻综合门户网站，是韶关市政府对外宣传的一个重要窗口，拥有最具影响力的《韶关论坛》和韶关地区唯一的《网络问政》平台，独家享有图文直播和视频直播频道；汇集韶关最权威的新闻动态和最全面的生活资讯，设有新闻、社区、商业、旅游、体育、公益、视频、视听等20多个专业频道。现网站注册用户达48万人，日均发帖量达到3万张以上，每天登陆人数超过5万，日点击率达45万以上，当天最高点击率达60万。2015年，网络问政平台日均访问量超过6.5万，平台访问量超过7000万人次。10月，完成网站主要频道H5页面化，网友可以通过移动互联网方便快捷的浏览网站的图片、视音频、新闻资讯等内容，可文字、图片、音频、视频爆料，可论坛、微博、微信互动。

【韶关广播电视周报深受读者喜爱】 《韶关广播电视周报》（《韶城一周》）创办于1986年，是经国家新闻出版署批准的报纸，全国统一刊号CN44－0181/09，由韶关广播电视台主办，是南方声屏报韶关分社。报纸四开28版，彩色印刷，铜版纸包装，逢周四出版，全国公开发行。开设有《韶城关注》《韶城热点》《韶城民生》《韶城声音》《韶城拍案》《韶城风采》《宜居韶关》《车行天下》《财富生活》《健康养生》《影视聚焦》等，具有覆盖面广、阅读周期长、内容丰富多彩、生动活泼、可读性强的特点，深受韶关市民喜爱。

【专题重大活动和纪录片的制作】 强化全媒体统筹策划、组织、实施和宣传，完成"创文360""走基层·看发展""三严三实""不能忘却的记忆""中国梦·韶韵风·东街汇"大型群众文化活动、"崇尚实干·大抓落实"、市委全会、人大政协"两会"等10多项重大主题、重大活动的宣传任务；申报专项扶持资金用于制作《法雨天风——六祖慧能与禅宗海外传播》《一路繁花——利玛窦从罗马到南粤》纪录片项目，制作完成《抗战中的广东省委》《烽火弦歌：抗战中的坪石中大》等纪录片。

【《山水名城美丽韶关》获全国城市宣传片金奖】 制作完成新的韶关形象宣传片《山水名城美丽韶关》，该片在中国广播电视协会举办的2015年度全国城市宣传片与公益广告及节目创优评析会荣获全国城市宣传片金奖，是韶关市形象宣传片首获业内金奖。该片分为诗画山水（丹霞山、九峰山、南水水库、大峡谷）、醇厚文化（南华禅寺、珠玑古巷、石塘古村、张九龄、北伐战争纪念馆、省委旧址、满堂客家大围、恩村古村、双峰寨、韶阳楼）、美丽之城（沙湖公园、矿山公园、通天塔、百年东街、风采楼、中山公园、武广高铁、恒大城、碧桂园．太阳城、凤凰酒店）、幸福情怀（长坝沙田柚、石塘月姐歌、乳源瑶族风情）、活力之韵（旭日集团、韶能集团、韶关比亚迪、莞韶城、康绿宝

（科技）集团、广东高速龙归马坝枢纽互通、南韶高速马坝枢纽互通）五个篇章，描绘韶关的风土人情，为创造美好幸福生活而努力奋斗的韶关人民。

【安全刊播保障能力提升】 全年投入200多万元用于高山台购买运维设备、广播电视采编播设备和设施设备维护维修。落实“一岗双责”制度，完成春节、“两会”、庆祝抗日战争胜利70周年纪念活动等重要保障期的安全刊播工作，全年没有发生大的技术责任事故和人为责任事故。微波中心连续8年在省技术中心目标考核中评为“一级站”。

【试水媒体融合】 1月，韶关民声网与韶关电台交通旅游广播融合，共同打造《德哥开 show》节目，由主持人在直播室连线网站编辑，讲述网络问政内容，取得极大影响，一些职能单位在办理、答复群众问政更积极主动。

【无线韶关 APP 客户端完成建设】 3月，无线韶关 APP 客户端开始建设，6月，安卓与苹果的手机系统都能从专业的电子市场下载无线韶关 APP 软件，8月此软件正式对外发布。二级频道有资讯、广电节目直播与点播、爆料、论坛、网上办事大厅、查违章、旅游、韶城有约、便民服务等。

【《印象韶关》正式上线】 3月2日，广东 IPTV 韶关专区《印象韶关》正式上线。这是市台联手广东南方新媒体发展有限公司共同建成。《印象韶关》覆盖全省，包含：首页、民生视点、行走韶关、韶味无穷、韶关风采共五大版块，是宣传韶关的又一优质平台。加快发展新媒体业务，2015年，电视综合频道、经济生活频道正式上线广东 IPTV，成为全省第一个上线的地级台。9月，政务资讯的专题栏目《阳光政务》上线《印象韶关》。《阳光政务》以韶关市人民政府门户网内容为依托，宣传韶关政务信息、政务动态、政策法规等资讯信息。

【创建韶关电台商城】 6月，交通旅游广播微信平台创建韶关电台商城，这是一个利用新媒体共同筹建、共同经营的电子商业平台。商家提供合作商品的相关信息，包括商城的广告设计稿、支付购买的二维码等，频率的主体功能是配合宣传推广。

【广东无线韶关覆盖】 11月，广东无线覆盖工程完成，并进行试播。广东无线覆盖工程包括新建56米铁塔，发射两套调频广播节目（分别为：珠江经济广播电台102.3兆赫兹、3千瓦；广东卫星广播92.1兆赫兹、3千瓦），发射一个地面数字电视频道（43频道，1千瓦发射机），此频道包含五套电视节目（广东珠江、广东新闻、广东体育、南方经济、韶关新闻综合）。主要覆盖韶关市区、曲江区、乳源县、乐昌市及始兴、仁化靠近韶关的部分地方。

【电视采编制播高标清升级改造】 2015年，市台“电视采编制播高标清升级改造”项目列为市政府承诺为民办理的9件实事之一，助力市台加速采、编、播高清数字化换代更新，推进广电传统媒体与新兴媒体融合发展进程。由市财政投入1750万元作为项目资金。市台将项目分为电视制播机房和供配电改造工程、电视高清播出和监控项目、电视高清制作和媒资项目、电视高清转播车项目、电视信号采集及附属设备项目5个分项目来实施。至12月，5个分项目都完成招投标手续，其中，电视制播机房和供配电改造工程、电视信号采集及附属设备项目2个项目已完成。

韶关日报

【机构概况】 韶关日报是中共韶关市委主管、主办的机关报，自1984年1月1日创刊以来，始终坚持政治家办报的原则，围绕中心，服务大局，关注民生，成为粤北地区发行量最大，最具权威的综合性报纸。韶关日报社属公益二类事业单位、基层党委。目前内设13个部门。在册在职员工108人，设立5个基层党支部，拥有党员95名。按照构建现代传播体系思路，韶关日报社建成以《韶关日报》为主体，以《韶关日报·数字报》《韶风》《平安韶关》、韶关新闻网、韶关文明网、“韶关政府新闻资讯微博、微信”平台和180座户外电子高端阅报栏为一体的多方位立体传播体系，实行采

广东康绿宝科技实业有限公司与韶关日报社签约战略合作伙伴关系（韶关日报 供）

编、经营“两分离”，传统媒体与新兴媒体“相融合”。

【营造良好舆论氛围】　韶关日报社秉承“有品位、有特色、有看头”的办报理念和“本土化、民生化、精品化”的实现途径，围绕市委、市政府中心工作和战略部署，强化新闻报道力度，通过抓重点、打品牌、强服务，弘扬主旋律，传播正能量，发挥好新闻媒体的舆论引导作用，为推进全市经济社会发展营造良好舆论氛围。2015 年，根据不同时期的工作重点和宣传要求，组织策划和开展主题宣传报道。宣传习近平系列重要讲话精神，党的十八届三中、四中、五中全会精神，“四个全面”战略部署和市委会议精神，引导全市干部群众坚定不移地走中国特色社会主义道路；宣传“十二五”以来特别是党的十八大以来经济、政治、文化、社会、生态文明和党的建设取得的丰硕成果及全市各级各部门、各行业各系统工作的新亮点；加大全市“创文、巩卫、申名”工作新闻宣传和公益广告的刊登，弘扬、倡导社会主义核心价值观。

【服务本土经济发展】　2015 年，韶关日报社强化服务意识，把聚焦点对准基层百姓，服务好本土经济发展，将报纸经济板块整合，设立“财经周刊”“汽车周刊”“旅游周刊”“保健周刊”“房产周刊”“消费周刊”“教育周刊”“就业周刊”“企业周刊”，使板块更加突出，内容更加集中，特色更加鲜明；办好“新闻调查”“内参”和“民情专报”，为政府提供决策参考依据。为突出“精品化”建设，组织出版“两会”“扶贫”专题特刊；完成“走基层、看发展”系列主题宣传活动和“崇尚实干，大抓落实县（市、区）委书记访谈”“新常态下的韶关县域经济”“韶关工业化历史进程”等系列深度报道，完成“中国梦·韶韵风·东街汇”群众文化活动宣传报道。

【日报经营创新】　韶关日报社面对市场经济的激烈竞争和新媒体对传统媒体的冲击，结合实际，探索报业经营发展的新模式、新途径、新方法，实现经营收入的增长。2015 年，加强对经营工作的领导，重新调整经营工作领导小组成员，充实广告业务人员，成立策划工作室，制定实施《韶关日报社全媒体融合实施意见》《韶关日报社大型专题报道策划方案》和《2015 年广告经营指导意见表》，开拓一批新市场和新项目，“大数据服务平台建设”获得省 2015 年文化产业资金扶持。在专版专题工作方面，既巩固老客户，做好服务跟踪，又挖掘新市场，做好沟通策划，收到较好成效。在户外阅报栏建设方面，拓展电子高端阅报栏向住宅小区辐射，有新的突破。探索新媒体发展途径，与鑫金汇合作共同打造韶关电商平台。加强发行工作，《韶关日报》发行量稳中有升，全年发行 5 万份。（姚彦珊）

档　案

【机构概况】　韶关市档案局与韶关市档案馆为局馆合一体制，一套人马两块牌子，是韶关市政府直属公益一类正处级事业单位。韶关市档案局主要履行档案行政管理职能，韶关市档案馆是韶关市综合性国家档案馆，集中统一管理全市档案的文化事业机构，是永久保管韶关市有关政治、经济、文化、科技等档案的重要基地，是全市各方面工作利用档案资料的中心。韶关市档案局（馆）内设机构 6 个，定编 24 人，其中参公管理 22 人，工勤 2 人，现有在职人员 18 名，其中：局（馆）长 1 名、副局（馆）长 3 名、副调研员 1 人、正科级干部 7 人、副科级干部 7 人。全市设有档案行政管理部门 11 个、国家综合档案馆 11 个、专业档案馆 1 个。2015 年，韶关市档案局（馆）围绕中心，服务大局，突出重点，整体推进，全市档案工作取得新的成效。

【做好重大公务活动声像档案工作】　韶关市档案局围绕党委政府中心工作，建立健全声像档案拍摄机制，实现声像档案规范化、制度化管理，发挥出前台服务作用。2015 年，坚持每天做好《韶关新闻》的录制工作，全年录制 354 集；坚持派专门人员做好市委书记重要公务活动的拍摄工作，累计外出拍摄 254 批次，完成市领导公务活动照片的编辑归档工作。制作《郑振涛同志在韶关》和《艾学峰同志在韶关》等影集，收集省主要领导莅韶调研等照片 3200 多张。

【做好重点项目档案工作】　2015 年，韶关市档案局加强全市重点建设项目档案的行政监管和技术咨询服务。树立依法治档意识，组织全局人员学习国家和省颁布的各项档案行政法规和管理规章；对照检查档案管理工作中存在的薄弱环节，修订、完善各项档案管理规章制度，健全档案法律法规的相关配套制度，加强督促检查，开展档案验收工作；完成水利和供电重大建设项目档案的指导和验收工作。5 月 27 日，仁化县锦江河（长江镇河段）治理工程通过项目档案专项验收；6 月 16 日，韶关 220 千伏廊田至武江输电线路工程档案专项验收通过，被省档案局、广东电网有限公司评为“优良”。

【扩大民生档案工作范围】　韶关市档案局将民生档案纳入国家档案资源体系，把民生档案收集工作摆在重要位置。2015 年，会同有关职能部门制定民生档案归档范围、管理办法，确保把与人民群众切身利益密切相关的就业、住房、医疗、社保、教育、食品安全、土地确权、异地务工人员积分入户等各类文件材料收集归档。2015 年，韶关市档案局就国有破产企业档案情况开展调研，并向市委、市政府提出建设性意见。深入到各县（市、区）进行业务督导，抓好《农村土地承包经营权确权登记颁证档案管理办法》的落实。

【档案馆检查服务】　2015 年，韶关市档案局对机关单位档案工作和县（市、区）档案馆检查指导，先后完成对市国土局、市委办、市农信社、韶关日报社等单位的档案数字化及文书、业务档案归档等工作的检查指导，完成对韶关城投公司、芙蓉新区管委会新库房改造及档案搬迁有关事宜的督导工作，完成对浈江区档案馆扩建工程、仁化县档案新馆建设等工作的调研督导和对 10 个县（市、区）开展档案业务检查。加强对各级档案部门档案信息化的指导工作，提高档案技术服务水平。做好档案管理软件的推广和维护工作，利用电话、网络远程、到现场等方式，帮助各机关单位维护软件 180 多次，电话咨询指导 140 多次。9 月，召开专题研讨会，指导曲江区档案局对电子目录网络管理系统存在的有关安全问题进行研讨分析，鼓励并支持曲江区档案局在确保信息安全的前提下，完善使用该项管理系统。规范企业档案工作，指导韶赣高速、关山供电等企业做好档案业务规范化管理工作。完成《韶关地区高新技术与民营科技企业建档联系点》《韶关地区档案馆馆藏重点档案情况汇报》和《韶关地区数字化档案室建设试点》等材料上报工作。

【市档案馆新馆建设】　新任市主要领导重视支持档案事业，把加强档案馆建设摆在重要位置，纳入基础设施建设项目，统筹规划。2015 年上半年，市委书记蓝佛安亲临市民文化活动中心项目建设现场，了解档案馆舍建设情况。市长骆蔚峰关心国家重点档案抢救工作，给档案部门提出新的要求。市档案馆新馆是按照国家标准和省的规划要求，在韶关市新行政中心规划、建设，总投资约 1.2 亿元，由市财政预算分期安排解决，体现“文化性、开放性、亲民性、标志性、多功能性和适度超前性”的设计理念，突出以人为本和资源共享、服务社会的规范的国家一级档案馆。

【接收政府企业档案】　2015 年，新修订《韶关市档案馆接收和征集档案范围实施细则》，并由市政府发文正式颁布实施。为全市各级档案馆开展档案接收和征集工作提供政策保护和行动指南；接收市委办、市发改局、市物价局、市委组织部各门类档案 353 卷，13183 件，丰富馆藏；加大对 23 家破产企业档案的整理力度，全年整理文书、会计、基建档案共 1446 卷，超额完成市政府 2015 年初下达的整理 1000 卷的为民办实事任务，完成所接收的 23 家破产企业档案的整理入库工作。

【征集到《降书》等抗战珍贵资料】　2015 年是中国人民抗战胜利 70 周年，为生动真实地展现那段历史，再现“档案中的抗战”，6 月，韶关市档案馆从旅美作家招思虹及原曲江县犁市中学副校长、离休干部邵经传家中征集到部分抗战时候的珍贵档案资料，包括薛岳将军抗战事迹、李汉魂将军访问南华寺、蒋介石与欧震、欧震夫妇合影及第二次世界大战结束日本无条件投降签署的《降书》等文史资料及照片。这些档案资料具有重要的史料价值，丰富韶关市档案馆馆藏。

【加强档案安全管理】　提高档案安全意识，建立完善档案安全保管责任制。重大节假日前夕，坚持领导实地巡查制度。注重库房的卫生和安全检查工作。2015 年，各地档案部门未发生一起重大安全事故。完善档案保管设备设施，推进档案安防系统升级。遵守库房的各项规章制度，按照“十一防”要求，坚持做好库房温湿度的测量、登记、调节与控制工作。2015 年，更新馆库监控主机、抽湿机等库房恒温恒湿设备；及时更换防虫药，实行库房定期巡查和馆藏档案翻检。加强对重点档案的抢救与保护工作，得到省人大、省政府、省财厅和省档案局联合调研组的肯定。推进档案保密建设。建立档案信息管理系统安全保密防护体系，加强电子档案管理，确保电子文件和档案的长期安全。开展档案安全保密教育，建立健全保密检查常态机制，定期会同有关部门对档案馆（室）开展安全保密检查。

【档案信息化建设有序推进】　重点加快馆藏重点档案数字化、馆藏重点单位纸质档案数字化处理，建立专题性档案目录数据库、纸质档案全文数据库和多媒体数据库。加快馆藏档案目录的计算机录入，建立目录数据库。2015 年累计录入目录 150223 条，录入馆藏档案条目 115 多万条，完成馆藏档案的条目数字化工作。建立韶关市档案馆目录数据库，开展馆藏档案机

市档案局局长卢中强参加中石化档案工作规范测评会（市档案局　供）

读目录的校对建库工作，共完成99367条目录的校对。

【档案查阅利用服务有新成效】 韶关市档案局统一档案查阅程序，周到服务每一次按要求查询档案信息的来电、来信、来人。一年来，接待查阅档案资料426人次，调阅档案资料2475卷，复印4326张，为单位和个人解决工龄、社保、退休等问题起到重要作用，也为机关及个人查阅革命历史档案和抗日战争档案提供重要资料参考。如馆藏23家行政性总公司档案为破产改制企业职工解决工龄、退休等待遇问题提供便利。

【国有破产企业档案利用率攀升】 2015年，到韶关市档案馆查询国有破产企业档案人逐渐增多。韶关是革命老区、工业重镇，在上世纪90年代，曾有上百家企业因改制而破产、倒闭。破产企业档案是重要的档案资源，是解决企业遗留问题的唯一凭据。韶关市档案馆整理保存有市示范农场、市物资公司、市商业公司等26家破产企业档案共18457卷。很多上世纪50、60年代出生的原国企职工逐渐到退休年龄，需要查询个人档案及相关证明工龄的文档才能办理退休手续，所以上门查阅和电话咨询个人档案的人越来越多。2015年1至12月，韶关市档案馆接待破产企业档案查询136人次，查档584卷，复印档案825页，成功为57人解决退休养老问题。

【做好政府公开信息】 贯彻落实政府信息公开条例，做好政府信息的接收、保管及公开等工作。推动和完善系统，做好政府公开信息查阅服务工作，为公众及时了解相关政策、解决各种实际问题提供便利。2015年累计接收41个单位的政府信息公开目录173份，政府信息公开文件959份；政府信息公开平台网站在线查阅17434人次，广受社会欢迎。

【档案编研】 档案编研工作是档案信息资源开发利用的重要手段，是拓展档案社会服务功能的途径。2015年，编缉出版《兰台远望》摄影作品集；编辑《韶关档案》杂志4期；做好市党政主要领导公务活动信息收集及编写；编写《韶关大事记》和《韶关年鉴·2015》档案章节部分、2012—2014年度地方志资料档案章节部分。

【摄影作品集《兰台远望》出版】 韶关市档案局编辑的档案人摄影作品集《兰台远望》一书2015年12月由羊城晚报出版社出版发行。该书选用照片214幅、摄影随笔19篇。羊城晚报社原总编辑张宇航为该书写序，广东省档案局原副局长李士智为该书题书名。《兰台远望》一书分历史瞬间、一线聚焦、奉献之歌、生活拾贝、感悟自然和生活随笔六个部分。

【举办“我的美丽乡愁—韶关古村落”摄影展】 在2015年6月9日“国际档案日”来临之际，韶关市档案局在该馆实物档案陈列厅举办“我的美丽乡愁——韶关古村落”摄影展，旨在弘扬中国传统文化，推动文化遗产保护和传承工作，扩大档案工作视野，培育档案人的健康生活方式。展览为期3个月。这次摄影展共征集338幅作品，筛选展出20组71幅优秀作品并收藏进馆，让参观者直观地从青砖土墙里寻觅历史的遗迹。

【韶关市档案局举办馆藏抗战档案资料展览】 为纪念中国人民抗日战争暨世界反法西斯战争胜利70周年，韶关市档案局举办馆藏抗战档案资料专题展，共展出抗日档案、照片和资料363件，其中308件为首次公开。展出时间为两个月，即8月至10月。此次抗战专题展览分为三个板块，一是馆藏日军侵略韶关图片展，内容有抗战期间日寇飞机轰炸韶关“关帝楼”、西河乡、三界庙、南门一带等地的实景，粤北战役中守卫粤北铁道线的战士、粤北前线的防空部队以机关枪迎击敌机、指挥作战的高级军事官等作战场景，还有李汉魂将军率师返粤实行反攻、乡民自卫运动及进犯粤北日军大溃败等珍贵照片46张；二是馆藏抗战民国档案展，内容有陈毅、项英协商联合抗战事宜、第二区行政督察专署有关抗日统率委员会自卫队文件、战时军粮征收和物资托运等民国档案246件；三是馆藏抗战图书资料展，内容有抗战时期新华日报、救国时报等报刊，中华民国史、中华民国大事记、中国抗日战争史、中国空军抗战史书、抗战建国大画册、粤北抗战丰碑、北江革命战斗史、第二次世界大战结束日本无条件投降签署的《降书》，还有抗日名将李汉魂、薛岳的名人事迹等历史资料71册。

【重视抓好档案宣传报道工作】 2015年在地市级以上媒体刊物发表文章43篇。韶关市档案局局长卢中强的两篇论文在省委直属机关工委举办的全省党建理论研讨会上分别荣获二等奖、三等奖。他撰写的贯彻两个《意见》的体会文章，刊登在《广东档案》2016年第3期。在韶关市档案信息网上宣传档案知识、成果、工作动态等。

（王爱青）

党史·地方志

【机构概况】 2001年4月，韶关市史志办公室由市委党史研究室和市政府地方志编纂办公室合并组建而成，为市委参照公务员法管理的直属事业单位，负责中共韶关地方史的研究，组织编写、出版和开发利用；依法行使地方志综合志书和综合年鉴的组织编纂、管理、开发利用、审查验收县级以下志书年鉴及专业地方志、年鉴工作。单位定编13人，工勤服务人员1名，其中领导职数3人，非领导职数1人，正副科级8人，科员1人，实有12人；内设综合、党史、方志、年鉴4

个科。2015年，根据市政府的统一安排，市地方志列出行政检查1项、其他14项的权责清单，县（市、区）参照罗列。7月，韶关市史志办公室更名为中共韶关市委党史研究室（韶关市人民政府地方志办公室），实行两块牌子一套人马。在临聘人员的基础上，2015年各县（市、区）在编制允许的情况下，南雄、仁化、翁源都陆续进入新人，干部队伍不断优化。市进行资料室的整理，始兴县新建资料室。2015年，市委党史研究室围绕年初工作计划，履行“以史鉴今、资政育人”的职责，启动中国共产党地方历史（简称“党史三卷”），开展党史编研、配合申苏区申老区工作，提升《韶关年鉴·2015》编纂质量，地情网站成功改版，地方志资料年报已成为常态化工作，地方志资源开发利用数居全省第一，探索性地开展自然村落历史人文普查，史志宣传教育力度加大。

【党史三卷的编写】　市委党史研究室以市委名义下发地方党史三卷的编纂方案，落实编写工作的组织和经费保障，确定编写大纲，共分为四章25节；明确编写步骤（初稿、总纂、评议、审读等程序）、方法（特别邀请专家给责任人培训，就查找资料、撰写等方面的问题讲解）和分工责任（开展资料搜集、撰稿）。县（市、区）党史三卷工作仁化完成初稿30万字，武江、曲江、翁源、新丰、乳源分别启动。

【地方党史著作编写】　乐昌征编30万字的《乐昌市党的活动大事记2012—2014》，《中国共产党翁源县历史大事记》（1999—2013）出版发行，《乳源瑶族自治县党史大事记》（2013、2014）即将出版。地方党史二卷方面，新丰、始兴完成出版前的修改补充和校对并交省党史排期付印，南雄也在校对修订。因为历史遗留的原因，《中国共产党始兴历史》（第一卷）已完成出版前审稿。

【党史专题研究出硕果】　市委党史研究室编写的《朱德革命活动在韶关》一书初稿已完成。通过对朱德故居、杨家寨、宜昌年关暴动指挥部旧址等多方实地考察和调研，市委党史研究室收集整理资料，完成近20万字的初稿，已送中央党史研究室审稿。市本级、浈江、曲江撰写《改革开放实录第二辑》稿件报送省委党史研究室。武江区编纂《韶关市武江区革命历史集锦》，曲江合作出版《热血青春徐毅平烈士遗作选编》，乐昌出版《抗日名将薛岳》，仁化出版《革命老区仁化》、合作出版《仁化暴动和苏区研究》，始兴编写的《始兴革命史迹通览》已送审、编印《始兴红色经典》，新丰编写《红星耀丰江》（第二集）初稿、地方党史人物传记《云髻山飞出的雄鹰——红军早期领导人李任予》完成14万字的初稿编写和修改补充。

【党史、地方志宣传教育氛围浓厚】结合抗战胜利70周年，党史宣传教育营造浓厚氛围。市委党史研究室配合拍摄《抗战中的省委》电视纪录片，参与官惠民广场的前期工作，史志人员有多篇文章在《红广角》《韶关政协》《广东史志视窗》等期刊发表。浈江编纂《浈江史志·纪念中国人民抗日战争胜利70周年特刊》，仁化配合拍摄《红色仁化，永恒记忆》文史专题片，始兴配合拍摄《我的英雄母亲—全赓靖》等4部抗战专题纪录片，新丰争取到李任予事迹列入中共党史人物传。市、县两级多次配合有关单位和部门调研史迹、提供史料，市党史多人多次以研究文章参加学术研讨会。市地方志完成《资政志鉴》韶关内容的编报，配合韶关市完成地名普查、申报历史文化名城内容。各县（市、区）完成《行政区划图志》资料报送。

【申苏区申老区成果显著】　市委党史研究室参与和配合申苏申老工作，指导各县（市、区）史志部门做好史料收集和申报工作，跟进中央、省级的申报进展。加大与省委党史研究室关于省革命老区县认定的沟通对接，主导编制“朱德部队和红军在韶关活动示意图”和“建国前中共党组织、红色政权、革命武装在韶关活动示意图”，协助撰写《韶关革命斗争纪事》《韶关革命历史文献汇编》等。《中央苏区（南雄篇）》资料收集工作继续推进，乐昌、仁化、始兴编报《原中央苏区申报材料》，9个县（市、区）都编报《革命老区申报材料》。

【年鉴编纂有进步】　《韶关年鉴2015》已于2015年10月正式出版发行，整体质量提升。主要表现在：内文采用双色印刷，更加立体醒目；随文附图，更加形象生动；随书配送光盘，更加方便实用。《新丰年鉴2014》因审校进度影响也已于2015年1月出版发行，其他各县（市、区）完成各自地区当年出版年鉴，配合完成《广东年鉴2015》韶关部分的组稿任务。《浈江年鉴2014》《仁化年鉴2014》在2015年的年鉴评比中分别获奖。

【首次召开年鉴出版后审读会议】　12月23日，市地方志办组织召开《韶关年鉴·2015》出版后审读会议，召集各县（市、区）史志系统工作人员对《韶关年鉴·2015》的内容展开评议。市地方志办提前半个月就下发审读会议通知给各县（市、区），让他们对内容点评，形成电子文稿，由市地方志办将审读意见材料汇总发给各县（市、区）。各县（市、区）派代表在审读会议上依次发言，市地方志办主任丁伟志做会议总结。她指出两点意见：2016年开展年鉴点评的时间要提前。在出版前评议，更有实效；要开门办史志。此次是首次开展年鉴审读，经验不足，审读人员都为史志系统内部人员，为提高影响力、促进交流，达到更好的效果，就应该吸收外来人员参加年鉴点评。此次审读会议内容丰富充实，有助于促进日后年鉴编修质量的提升，形成年鉴界互相学习的良好氛围。

【地方志资源开发利用项目数居全省第一】　全市资源开发利用项目自2013年启动以来，逐年增加。全市经省地方志办同意立项的项目分别为2013年3个、2014年3个、2015年5个，2015年的立项数在全省范围内名列第一。2013年的仁化古塔古祠古堡和南雄名胜古迹资源开发利用2个项目已结项，宣传开发曲江罗坑茶资源已报省地方志办申请结项。2014年的《新丰乡情》（学生读本）已出版印刷，中国历史文化名村——石塘、乳源瑶族传统村寨调查2个项目已完成80%的工作量。2015年的曲江“库区人家”曹角湾文化保护与旅游展、马坝人和石峡遗址历史文化景区建设规划、仁化恩村古村、始兴石下古村落资源开发利用、翁源县治历史变迁5个项目进展顺利，其中曲江“库区人家”曹角湾文化保护与旅游展、仁化恩村古村、始兴石下古村落资源开发利用结合自然村落历史人文普查工作，更加利于项目的推进，提升地方影响力，丰富地方文化价值。

【地方志资料年报常态化发展】　地方志资料年报在2011年正式启动以来，已有韶关市直90多个单位上报2012年度的年报资料，有80多个单位上报2013年度的年报资料。有80多个单位上报2014年度的年报资料，进度分别为90%、80%、80%，2001年以来的补报任务完成30%。市地方志对这些资料进行整理和审查，并按照档案管理要求进行装订，以利于长期保存。2012年度以来仁化、翁源和下限年以来的地方志资料年报进度都完成90%以上，地方志资料年报2012年度以来完成进度在50%以上的县（市、区）有浈江、曲江、乳源，下限年以来补报进度完成30%以上的有浈江、武江、乳源。

【自然村落历史人文普查工作初步开展】　上半年，省、市地方志实地考察曲江曹角湾村、始兴石下村、仁化夏富村和乳源必背瑶寨。以全市自然村落13563个，城镇中原自然村484个为普查对象。市地方志办报市政府同意印发《韶关市自然村落历史人文普查工作实施方案》，仁化以两办名义印发工作方案。按照省地方志的要求，全市先以1个试点镇为调查对象。由于始兴县率先开展村史编修工作，积累的资料比较丰富，因此以始兴县司前镇为试点，以点带面，推动全市普查工作的开展。始兴在普查试点工作方面取得阶段性成果：成立机构。镇政府成立司前镇自然村落历史人文普查工作领导小组，由镇长任组长，镇纪委书记任副组长。成立编纂小组；制定工作方案。该镇有9个村委会和1个居委会，分两批开展普查工作；开展试编工作。以该镇刘屋村、江草村两个自然村为试点单位，编纂历史人文资料初稿。

【地情网站利用率提高】　市级地情网站的改版更新工作已于2015年10月完成，更新后的版面更加美观大方，栏目内容丰富，涵盖地情资料书库、韶关历史、韶关当代时政、史志专窗、史志机构信息5大板块23个栏目。网站管理员增强利用网站宣传史志成果的意识，2015年全市地情网完成年度综合年鉴的上传，更新史志动态等栏目。利用此平台，公开单位财务、系统通知信息等，为史志工作提供便捷服务。浈江、乐昌地情网站点击量超过50万次。

【史志宣传创新】　2015年12月，市地方志办分别在百年东街和森林公园同时开设韶关史志知识长廊，以建置、地理、古迹文物、革命遗址、人物、历史事件、旅游、名优特产、发展理念9个篇章13个展板呈现，吸引市民及游客纷纷驻足观看，成为宣传韶关地情文化的一个窗口，收到市民的好评。武江区配合区政府在八路军驻韶关办事处“安园”遗址等4处设立宣传栏。翁源出版发行《今日翁源》4期。《新丰乡情》作为“美丽中国”地方乡土教材系列读本，推动方志文化进校园。

【地方志编修延伸至村】　在旧志整理和推动地方志向基层延伸方面，曲江区指导罗坑镇中心坝村编纂《罗坑镇中心坝村志》；始兴开展村史修编工作，6个村已出版村史、50个村完成编纂初稿。仁化县完成影印《仁化县历代方志集成》。　（朱彩云）

2015年12月23日，市地方志办组织召开《韶关年鉴·2015》审读会议（戴利婕　摄）

卫生·体育

卫生计生

【卫生计生概况】 2015年，韶关市有医疗卫生机构625家，其中，医院58家，卫生院103家，门诊部21家。固定资产27.07亿元，业务用房面积1250198平方米。医疗机构床位数16048张，比上年增加763张，增长4.99%，每千常住人口拥有病床5.47张。卫生人员总数23349人，比上年增长2.98%，其中，卫生技术人员18302人，占人员总数的78.38%，比上年增长4.37%。中级以上职称人员5079人、大专以上学历人员11448人。执业(助理)医师6922人，注册护士7596人。每千常住人口卫技人员6.24人，执业(助理)医师2.36人，注册护士2.59人。2015年，韶关市拥有村卫生站1514个，村卫生站覆盖率达94.11%。村卫生站拥有执业(助理)医师337人，注册护士46人，乡村医生和卫生员1324人，其中乡村医生1314人。

2015年度，全市人口计生工作总体水平呈稳步发展态势。全市常住人口2769794人，常住人口出生31626人，出生率为11.32‰，自然增长率为5.67‰，政策生育率为92.40%，其中一孩出生18673人，一孩率为59.04%，二孩出生12115人，二孩率为38.31%，政策外多孩出生305人，政策外多孩率为0.96%。比省下达的常住人口出生36000人、自然增长率指标7.10‰分别少4374人和低1.43个千分点。完成省下达的计划任务目标。

【疾病预防控制】 加强高致病性禽流感、群体性不明原因疾病、急性传染病的监测、预警和处置工作。开展蚊媒密度监测工作；每月、每季、每年定期开展重点急性传染病疫情风险评估和突发事件公共卫生风险评估，适时召集专家研判，形成风险评估与建议报告，及时提交政府部门以供决策。全市无甲类传染病报告，乙丙类传染病发病数同比下降24.33%，发病率同比下降24.91%。全市报告4例实验室确诊登革热病例，3例为境外输入性病例(其中1例为外籍病例)，1例为境内(潮州市湘桥区)输入病例，均已完成相关疫点处置工作，未出现二代病例。全市通过省级消除疟疾考评，经评估认为韶关市达到消除疟疾的标准。全市各类疫苗接种率均达到95%以上，疫苗针对传染病控制在较低发病水平，维持市无脊灰状态和加速麻疹消除进程。截至12月31日，完成65岁以上老年人健康管理人数264176人，高血压规范管理人数112443人，糖尿病规范管理人数29486人，重性精神病管理人数17809人，检出率千分之6.15。

【综合卫生监督】 提高窗口效能。2015年，市卫生计生局窗口办理各类卫生行政许可事项1465件，接受业务咨询4800余件，提前预约上门服务665余件，提前办结率达到100%。加大行政处罚力度。2015年，卫生监督执法机构立案查处各类违法行63宗(含简易程序)，罚款95400元，没收非法所得467.14元。落实公共卫生监督监测。制定《2015年韶关市公共卫生重点监督检查计划》，统一部署全市六大类重点公共场所监督检查工作。开展计生监督工作，举办全市计划生育监督管理工作培训班，并于七月中旬组织开展社会抚养费征收管理执法情况专项检查。开展餐饮具集中消毒企业专项查处行动，组织开展“餐饮具集中消毒企业媒体开放日”。强化食品安全风险监测体系，新增8个省级食品安全风险监测哨点医院，做到全市10个县(市、区)全覆盖，提高市人群食源性疾病的发现率。组织开展《中华人民共和国献血法》《中华人民共和国精神卫生法》及《公共场所卫生管理条例》等法律法规落实情况监督检查。组织开展打击非法行医、打击买卖医疗机构执业许可证和出租承包科室、市区防范和打击“医托、药托”、医疗卫生和传染病防治专项、打击非法开展人类辅助生殖技术服务等专项行动，2015年对55间医疗机构做出“医疗机构不良执业行为记分”，立案9宗。组织参加全国卫生计生监督技能竞赛广东省选拔赛，韶关市代表队在比赛中荣获团体三等奖(全省第八名)，其中1人荣获单项一等奖，4人荣获单项三等奖。

【创建平安医院】 开展全员教育培训，预防医疗纠纷，各级医院举办相关培训20余次，全市二级以上医院100%建立医疗纠纷应急处理机制并开展演练，加强与公安部门联动，13家二级以上医院设立警务室，5家二级以上医院设立应急报警装置并与当地公安机关联网，各医疗机构邀请公安部门保安公司对医院保安进行定期培训，提高能力。各级医疗机构组织医患突发事件应急处置演练15次。打击非法违规医疗广告等违法行为，向相关医疗机构下发卫生监督意见书9份，并对3家违规发布医疗广告的民营医疗机构依法作出行政处罚，联合工商部门开展互联网非法医疗广告专项整治活动。开展非法行医专项联合执法行动，2015年出动卫生监督员约2620人次，查处违法行医案件12宗，取缔、捣毁非法“诊所”7家，对45家存在不良执业行为的医疗机构作记分处理。推进医疗风险分担机制建设，参加医疗责任保险的医院数量152家，参加医疗风险互助金的医院数量37家，参加医疗意外险的医院14家。

【推进医改工作】 推进县级公立医院综合改革，2015年，全市7个县（市）出台了县级公立医院改革实施方案及其配套文件，完成了医疗服务价格调整工作，21家县级公立医院全部取消药品加成，实施药品零差率销售，合理调整医疗服务价格。全市5个县（市）13间县级公立医院重新核定人员编制，全面推进聘用制度；全市3个县（市）9间县级公立医院实施绩效工资制探索分级诊疗制度。出台《韶关市乡镇卫生院医疗服务能力建设指导意见》，对乡镇卫生院的基础建设、设备配置、人员配备、服务项目等作出明确规定，开展乡镇卫生院标准化建设扫尾工程，用三年时间，对乡镇卫生院建设不足之处填平补齐，切实提高乡镇卫生院服务能力。2015年，韶关市出台了《韶关市关于建立分级诊疗制度实施意见（试行）》，选择南雄市、仁化县两个县（市）开展分级诊疗制度试点工作。按照“群众自愿、基层首诊、双向转诊、急慢分治、上下联动”的原则，试点建立分级诊疗制度，争取实现试点县县域内住院率过到90%以上。

【改善医疗服务行动】 在全市医疗机构部署开展“改善医疗服务行动计划活动”，各医院优化诊区设施布局，改善就医环境。优化诊室布局，优化就医流程，实现无假日医院，推进预约诊疗服务，分流就诊患者，扩大预约比例；合理调配诊疗资源，畅通急诊绿色通道，各医疗机构根据门急诊就诊患者病种排序，安排医师出诊时间，安排检验检查设备和人力资源，为群众提供医疗服务；发挥信息技术优势，改善患者就医体验。规范诊疗行为，保障医疗安全。落实患者安全措施，落实医疗质量和安全核心制度，建立不良事件报告制度，开展“以病人为中心”的多学科协作诊疗模式；推广临床路径，市各二级以上医院推广临床路径。持续改进护理服务，落实优质护理，深化优质护理服务，促进优质护理可持续性发展。2015年韶关市二级以上医院100%开展优质护理服务。

【基本药物制度实施】 加强合理用药。加强医疗机构抗菌药物临床应用管理，促进抗菌药物合理使用，确保患者用药安全，降低患者医药费用。韶关市各级医院基本药物使用率三级医院为31.73%；二级医院为51.11%；县级公立医院改革试点医院57.97%；基层医疗机构100%使用基本药物。

【疾病应急救助工作】 确保急危重伤病患者的医疗救治。强调对于需要紧急救治，但无法查明身份或身份明确无力缴费的患者，要按照《需要紧急救治的急危重伤病标准及诊疗规范》进行及时救治，不得以任何理由拒绝、推诿或拖延救治。要求各地各单位按照《实施细则》的相关规定对身份不明以及无力支付的患者进行身份确认，建立从申请、审核、到核查的工作制度，确保疾病应急救助基金用在符合条件的人群。2015年韶关市核报核销疾病应急救助基金214.43万元，共下拨21家医疗机构，支付514人次，其中身份不明的患者有55人，无力支付的有459人，患者发生总费用486.02万元，申请金额332.57万元，实际支付214.43元，疾病应急救助基金支付比例为64.48%。

【开展全市临床合理用血检查】 对全市二级以上医院临床用血进行检查，包括输血管理、临床合理用血指征、病历规范等方面，指出问题形成通报。召开全市无偿献血电视电话会议，通报分析全市无偿献血形势，部署下一阶段无偿献血工作。组织开展2015年“6·14世界献血者日”宣传活动，普及无偿献血知识，提升无偿献血和志愿者及社工服务水平，促进无偿献血工作健康持续发展。韶关市2015年被国家卫生计生委、中国红十字会总会、总后勤部、卫生部评为2012－2013年全国无偿献血先进市。

【中医药服务能力提升】 韶关市有市中医院1家，县级中医院6家。2015年7月，按照《中医院等级管理评审细则》的标准，组织专家对南雄、始兴中医院进行等级评审，两所医院均达到二甲甲等中医院水平。在全市开展基层中医药服务能力提升工程。在巩固完善基本药物制度中，配备必要的中药饮片和中成药品种。要求县（市、区）医疗机构中药饮片的基本药物管理须按国务院有关部门关于中药饮片定价、采购、配送、使用和基本医疗保险给付等政策规定执行。在基层医疗卫生机构绩效考核中，将中医药服务单列为一级指标，中医药内容分值所占比例不低于10%；将“中医药门诊占总门诊人次比例”列为重要考核指标。夯实基层中医药基础，乐昌市、仁化县、乳源瑶族自治县、始兴县等县市中医药服务能力提升，并且各具特色。

【全市计划生育工作成效显著】 2015年度，韶关市被省政府评为表扬单位，所辖县（市、区）中，仁化受省表彰，浈江、武江、南雄、始兴、翁源受省表扬，乐昌、曲江、乳源、新丰达标，实现市委、市政府年初确定的“全市10个县（市、区）年度考核实现达标以上等次”的目标。

【强化经费保障】 将计划生育事业经费全部列入财政预算。2015年全市投入计生事业经费人均97.31元，市本级投入4391.51万元，同比增长0.94%，确保计生各项奖励扶助、孕前优生健康配套、日常工作等经费。

【单独两孩政策】 成立实施“单独二孩”政策工作小组，工作开展过程中做到排查摸底到位，学习培训到位，正面宣传引导，审批程序到位，贯彻落实“单独二孩”政策，督促基层计划生育工作机构开辟补办再生育审批的“绿色通道”，做到快接、快审、快批，及时解释回复计生政策。2015年，受理“单独两孩”申请1981例，办结1972例。

【优生健康优质服务】 2015年，完成妇幼保健和计划生育服务机构整合。各级卫生计生工作人员和镇村干部强化服务群众意识，开展送知识、送健康服务活动。落实免费孕前优生健康检查工作，为2.1万多人提供孕前优生健康检查，全市免费补服叶酸1.96万人。为3.53万人提供地贫血常规初筛服务，终止中重型地贫胎儿19例。推进避孕药具领取“易得工程”。创建“幸福家庭”活动推进，助推群众致富计生“三结合”项目取得成效。

【落实惠民政策】 韶关市的惠民政策落实工作按照省规定执行，包括农村部分计划生育家庭奖励、“节育奖”、计划生育家庭特别扶助和城镇独生子女父母计划生育奖励等工作。各级人口计生部门按照省、市计生委（局）要求，加大计划生育优先优惠宣传力度，规范办事程序，层层审核把关，建立责任追究制度，确保公开、公正，不漏一人，加大资金的投入，保证奖励金的落实。2015年，全市发放计生奖励金6471.41万元，共70540人受益。

【依法行政】 强化法治计生，社会抚养费征管用规范。南雄市创新社会抚养费征收模式，出台《关于将拒不缴纳社会抚养费纳入失信“黑名单”的工作方案》，将对违法生育对象有履行能力而又拒不缴纳社会抚养费的，列入失信体系的“黑名单”。

【打击“两非”】 加大领导力度，制定专项方案。印发关于《2015年韶关市集中整治“两非”专项行动实施方案》的通知，要求各县（市、区）结合当地实际制定好方案并推进开展好专项工作。坚持联合执法，形成工作合力。为开展专项治理工作，市成立以市政府副市长为组长，由卫生计生局、公安局、工商局、食药局、妇联等部门和单位责任人为成员的韶关市集中整治“两非”专项行动领导小组，为专项综合治理活动提供组织保障。成立并组建由卫计、公安、药监、工商等部门组成的联合执法队。各地在整治“两非”专项行动中经费得到保障，打击“两非”行动持续开展。2015年，全市查处“两非”案件4宗。

【幸福家庭创建】 在新丰县举办现场会，推进市“创建幸福家庭活动”工作。要求各地围绕“组织领导”“宣传倡导”“健康促进”“爱心帮扶”“致富发展”“科学育儿”“青春健康教育”“养老扶助”“家庭文化建设”等方面，整合各种社会资源，开展“创建幸福家庭活动”。试点曲江马坝镇及仁化长江镇作为市“创建幸福家庭活动”试点单位已开展活动。

【人口计生宣传】 全市在地市以上新闻媒体（刊物）上刊播卫生计生宣传报道稿件568篇次，其中在国家级刊物发表稿件80篇。单是《中国人口报》上发表稿件76篇，位列全省前茅，受省通报表扬。在省级刊物发表稿件125篇，在市级发稿363篇。其中在《韶关日报》刊登卫生计生方面的稿件157篇，编发健康生活相关宣传专版49期。韶关广播电视台新闻中心（电视类）开设《卫生与计生》宣传专栏24期。韶关广播电视台（广播类）开设《卫生与计生》宣传专栏24期。2015年，局网站刊登全市卫生计生工作动态213篇（幅），县（市、区）工作动态100多篇，点击量达20760人次。政务微博上线36条。由于宣传工作成绩突出，市卫生计生局被中国人口报授予“2015年度新闻宣传先进单位”称号；市推送的《卫生计生宣传创新“十个一”》项目获2015年度广东省卫生计生宣传创新项目奖。2015年，组织开展大型卫生计生专题宣传活动9次。如元旦春节期间的全省卫生计生集中宣传活动、“5·29”计生协会日、广东省“名医进基层，健康南粤行”活动等。

【流动人口服务管理】 截至2015年9月30日，市有流动人口714279人，其中：流入居住半年以上的有154628人，已婚育龄妇女有35560人，流出居住半年以上的有559651人，已婚育龄妇女有186092人。流入居住半年以上的政策生育率94.92%，多孩率0.58%；流出居住半年以上的政策生育率86.91%。收到省内业务通报信息40472条，及时处理信息40471条，韶关市省内流动人口业务通报处理及时率为99.99%；收到PADIS协查信息16822条，已反馈16618条，反馈率为98.79%，及时反馈16609条，反馈及时率为99.95%；收到通报生育节育和一孩生育登记信息1192条，已接收1147条，接收率为96.22%，及时接收1070条，接收及时率为93.29%。以上信息交互的各项指标均达到省的要求。全市开展流动人口计划生育服务管理专项活动，经省卫计委评估最后得分96.80分，在全省22个地市排第六名。

（李俊国）

市属医疗机构

【粤北人民医院】 粤北人民医院创建于1886年，是粤北地区规模最大、综合实力最强的三级甲等综合性医院。医院占地面积90200平方米，建筑面积215548.9平方米。

2015年，医院被国家卫生计生委

评为“改善医疗服务创新医院”“中国百佳最具影响力肿瘤医疗机构”，被省委省政府评为“广东省先进集体”，被省确定为全省30家高水平医院建设对象，获省亿元扶持资金。医院是国家全科医生临床培养基地、国家药物临床试验机构、国家卫生部脑卒中筛查与防治基地、卫生部电子病历试点医院、广东省联合培养研究生示范基地、广东省红十字会贫困先天性心脏病救治定点医院、汕头大学医学院博士后流动站科研基地。医院跻身首届“中国地级市医院竞争力排行榜”十五强，被评为中国100家最具公信力地级市医院。2015年，医院拥有职工2900余人，其中专业技术人员2300余人，拥有硕士研究生导师12人，主任医师等高级职称人员300余人，主治医师等中级职称人员近600人；有博士、硕士300余人。

医院编制床位2500张，开放床位3200张。2015年医院服务能力增强，服务总量持续增长。诊疗出院病人105187人次，增长7.66%；服务门诊病人1147080人次，增长6.2%。手术量58280人次，增长11.26%。

医院综合实力及各专科诊疗技术在粤北地区居领先地位。医院拥有省级临床重点专科19个，占全院临床医技科室总数的42%，另拥有14个韶关市重点专科和特色专科，专科建设水平迈进省内同级医院先进前列，形成强大的规模与技术优势。医院固定资产总值10.94亿元，2015年投入5500万元购置CT、MR等先进设备，整体设备配置省内领先。

2015年，依托信息化打造智慧医院，开展便捷就诊服务。通过客观的数据收集分析，不断优化微信公众号就诊流程，推出全新的界面模版，新增住院患者点餐、电子就诊卡等功能，使用户体验更便捷舒适。为推广微信公众号的使用，医院多次开展微信就诊优惠活动，受到广大用户的好评。2015年，绑定就诊卡64569人，预约挂号75639人次，预约取号69548人次，当日挂号45828人次，门诊缴费17893人次，在线咨询诊疗8022人次，在线点餐206人次。

“4G移动医生查房”系统于11月完成上线，解决医生工作区域限制性的问题，医生能24小时随时随地查看病人的病情变化并及时调整治疗方案，提升医疗质量和保障患者安全。推出远程胎心监护服务，孕妇随时随地进行胎心监护，专业人员及时报告胎儿状况。

开展预约服务以及全面放开门诊号源预约挂号，2015年预约挂号率15%，较2014年提高200%。2015年门诊病人满意度为97.18%，2014年为95.74%，提高1.5%。便捷的医疗服务改善群众的就医体验，健康报头版刊文推介医院改善医疗服务行动经验，全国各地有青海省中医院、南方医院等30多家家医院前到医院交流学习。

2015年，医院科研创新能力增强。112项科研获各级立项，其中省级立项10项。12项科研成果获韶关市科学技术进步奖，第21次遥居韶关市各行业各单位之首。全院发表论文198篇，其中发表SCI论文8篇，影响因子达22.27。

2015年，完成2015学年各院校临床医技专业实习生250人的临床带教任务，其中首次接收南方医科大学国际留学生3人到院实习。接收全科医生培训学员33人，接收基层医院来院进修医生计81人，减免基层医院进修费约20万元。招收培训临床住院医师规范化培训学员68人。汕头大学医学院实习研究生现有30人在院临床实习及开展科研工作。医院院长徐新指导的博士后主任医师胡孔和完成课题研究、通过答辩出站，14名研究生在毕业论文答辩中均取得较好成绩。

组织和开展继续医学教育活动，举办国家级项目5项，省级继续医学教育项目24项，参加学员近8000人，举办市级继续医学教育项目30项，参加人员9000多人次，举办11次学术会议，听课者达3300多人次。投资500多万元的临床技能中心已投入使用，为培养学生创造良好的学习条件与环境。

成立全市首个博士志愿服务团，团员由来自各科室的学科带头人或业务骨干组成。博士健康教育大讲堂加入“韶关大讲堂”活动，获得市委宣传部和市文明办的资金支持。

参与政府组织的各类大型活动医疗保障工作和义诊咨询活动，多次深入城镇乡村为群众送医送药。做好医院对基层医院的对口帮扶工作，为当地医院管理水平、诊疗水平的提高进行指导。对3个县（市、区）基层医院开展对口支援工作，与40多家基层医院建立双向转诊协作关系。落实政府下达的各项工作任务，持续开展创文工作。2015年是扶贫工作的收官之年，3年来为群益村筹集资金共480多万元，其中自筹资金48多万元，26户贫困户全部脱贫，实现人均纯收入8350元。（张碧琳）

【粤北第二人民医院】 粤北第二人民医院（韶关市结核病防治所）始建于1972年7月1日，是一所集医、教、研为一体的非营利性以传染病防治为特色的大专科小综合园林式医疗单位，是广东省结核病防治法定单位，是广东省中山大学附属第三医院肝病诊疗协作单位，重点专科技术达省内先进水平。医院也是韶关市唯一的治疗病毒性肝炎、肺结核等传染病的合法医疗单位。

医院位于武江区沐溪大道13号，单位占地18.8万平方米，建筑面积3.6万平方米（其中医疗用房面积2.7万平方米）。医院设有内科、内儿科、外科等7个住院科室，设有风度分院门诊、院部门诊、西河门诊、结防门诊等4个门诊部。主要功能是诊治病毒性肝炎、肺结核、伤寒、副伤寒、非典、艾滋病、流感等各类传染病。开设病床412张，开设诊疗科目有内科、普通外科、神经外科等。

2015年，医院在职人员422人，

其中，专业技术人员330人，占全院人员的78%。专业技术人员中正高级职称6人，副高级职称48人，中级职称80人，初级职称196人（含见习期44人）。引进人才24人。

2015年，医院固定资产累计9013万元。医院加大对设备和设施的投入，共投入270万元，添置彩超1台、移动式X光机1台、救护车2台等先进医疗设备及其配套设施。

2015年，门诊诊疗109906人次，同比减幅6.0%。入院9556人次，同比减幅2.0%。出院9569人次，同比减幅1.5%。全院总收入1.11亿元，同比增加68.4万元，增幅0.62%。其中，业务收入9960.92万元，同比减少169.66万元，减幅1.68%。

2015年，加强传染病的院感防控，规范和完善突发公共卫生事件应急机制，做好突发急性呼吸道传染病防范与应急处置工作。除继续搞好日常肝病、结核病的治疗工作外，在手足口病、流感、水痘、登革热流行期间，加强预检分诊台、内科门诊、发热门（急）诊等重点场所的管理，加大医院感染防控力度，规范工作程序，特别是对全院医务人员以及工勤人员，加强传染病的防治和自身防护知识的培训，落实院感防控和个人防护措施，防止发生院内交叉感染，配合有关部门，共同做好疫情防控工作。

2015年，开展全市结核病防治督导工作，全市免费检查可疑肺结核7782人，发现登记活动性肺结核1680人，其中新涂阳（传染性）肺结核498人、初治涂阴1144人、复治涂阳38人，完成省下达任务的100.9%。所有纳入防治规划登记的活动性肺结核病人都得到免费治疗和管理，初治涂阳肺结核病人治愈率97.20%、复治涂阳肺结核病人治愈率97.83%，涂阴肺结核病人完成治疗率达97.22%，超过结防规划指标要求。全市已经进行耐多药肺结核可疑者筛查29例，筛查率74.36%（29/39）。发现耐多药肺结核病人4例，其中3例已经纳入治疗管理、1例患者拒绝治疗（后续跟进这名南雄患者已经因其他疾病死亡）。

网络直报在校学生肺结核病人52例（外地17例）、教师7例（外地1例），经过调查核实均为散发病例。其中46例（含外地4例）已经在当地结防机构落实管治、1例在上级医疗单位住院治疗。对出现病例的30间学校都进行防控干预工作，落实防控措施，筛查密切接触的学生和教师共2301人，其中“铁路一小”再发现活动性肺结核病人1例，按《规范》要求扩大筛查范围（同楼层3个班）也没有再发现新患者，并指导该学校加强日常监测，出现可疑症状的学生、教师及时转诊排查。没纳入本地管理的外地病例，已经完善报告、转诊工作，转诊到患者居住地的结防机构进行治疗管理。

2015年，加强艾滋病监测，网络报告艾滋病88例，新增抗病毒治疗病人有73人，其中转入4人、转出8人、失防0人、自行停药8人，死亡6人，在治的抗病毒病人有266人。艾滋病疫情网络报告率100%，均按照广东省质控标准要求完成工作目标。

2015年院领导高度重视安全生产工作，对全院进行两次自查自纠，排查整治安全隐患情况，重点对治安保卫、消防安全、危险化学品和易燃易爆品安全、水电后勤保障以及医疗安全和医患纠纷调处等方面进行排查整改，写出自查报告。全年未发生一起安全生产事故。

2015年，结合各卫生日活动，开展义诊咨询活动11次，共为群众免费服务3530人次，发放宣传资料和健康教育处方8500多份。创建健康促进医院和省级无烟单位，2015年8月被省卫计委授予首批“广东省无烟单位“称号，9月成功创建成为韶关市六家健康促进医院之一。配合完成市卫计局指派的卫生保健任务。开展无偿献血工作，完成上级规定的献血任务。2015年，开展科研工作，医院有2项科研课题通过韶关市卫生局立项评审。

（彭裕强）

【韶关市第一人民医院】 韶关市第一人民医院是一所集医疗、教学、科研、预防保健、指导基层等任务于一体的三级甲等综合医院。是广东医学院附属医院，广东省高等医学院校教学医院，广东医学院硕士研究生联合培养基地，广东医学院、南方医科大学、海南医学院、赣南医学院等10所高等

医院大楼外观（韶关市第一人民医院　供）

医学院校教学基地，第二军医大学长海医院骨科博士协作培养工作点；台北医学大学附属双和医院友好合作医院。

医院是全国糖尿病健康教育管理认证单位、广东省无烟单位、广东省“百家文明医院”、全国百姓放心百佳优质示范医院、广东省先进单位、广东省精神文明建设先进单位、广东省优质护理示范医院、广东省电子病历试点医院、国家卫计委流感监测哨点医院、广东省药械和化妆品不良反应监测哨点医院、韶关市精神文明先进单位、韶关市首批医保定点单位和“遵守劳动保障法律法规A级守法诚信单位”，韶关市保外就医罪犯病情鉴定唯一定点医院。

医院有“血液净化”“心血管疾病”“骨科”3个市立研究所。医院内设机构68个，其中临床医技科室54个，职能科室14个。床位定编820张，开放床位1000张。

2015年医院职工总人数为1430人，其中离退休职工339人，在职在编职工674人，聘用人员417人（其中卫生专技人员371人，行政人员46人，安保及保洁人员119人），返聘专家15人。卫技人员963人，其中高级职称167人，中级职称278人，初级职称557人。医院有硕士研究生导师7人，市专业技术拔尖人才2人，享受国务院政府特殊津贴专家1人。2015年引进高层次人才22人（其中博士研究生2人，硕士研究生18人，副主任医师2人），实现招聘博士研究生零的突破。

2015年医院应用新技术、开展新项目20多项，其中有6项达到省内先进水平并填补粤北地区的空白。率先在广东省地市级三甲医院中采用最先进的NOVA信息化血糖管理系统进行院内血糖监测管理。在粤北地区率先开展超声引导下甲状腺结节细针穿刺活检术。获得广东医学院理论授课比赛（临床组）三等奖。《陈旧性齿状突骨折合并寰枢关节脱位》荣获广东省医学会脊柱外科学分会粤北、粤西片区赛二等奖；《降低住院患者非计划拔管发生》项目获得广东省护理质控三等奖；《一例Ⅳ期压疮的护理》获得广东省护理学会伤口病例大赛二等奖。牵头组建韶关市血透护理专业委员会，举办专科培训班。

2015年接收11所医学院校165名学生来院实习；接收85人来院见习；完成广东医学院成人本科护理77人的教学任务；完成二期社区全科医师培训32人；医院规范化培训医师46人。接收基层医院进修人员44人。举办继续医学项目73项，其中国家级项目11项，省级项目12项，市级项目31项，医院主办学术活动19项。

2015年获得韶关市科技进步一等奖1项、二等奖1项、三等奖3项；获得广东省卫计委科研基金立项1项；韶关市卫计局科研立项17项。医护人员在国内医学杂志核心期刊发表论文66篇。

2015年门诊诊疗总人数518411人次，同比增长5.33%；出院总人数32947人次，同比增长2.11%；业务总收入3.8367亿元，同比增长10.19%。

2015年获得的主要荣誉：医院被评为韶关市扶贫开发“双到”工作优秀单位；医院被评为韶关市无偿献血先进单位；医院被评为浈江区征兵工作先进单位；院团委被评为广东省和韶关市五四红旗团委；在广东省卫计委组织的全省130家二级以上公立医院群众满意度测评中，医院获得第七名。（陈红冰）

【韶关市中医院】 韶关市中医院始建于1964年，是韶关市唯一一所地市级三级甲等中医医院，服务范围涵盖韶关市七县三区。总占地面积29110平方米，业务用房总建筑面积32436.44平方米，编制病床489张，由院本部、和平分院、十里亭分院、新华门诊和中药加工场组成，在编员工331人，其中高级职称60人，是广东省首批中医住院医师培训基地、全科医生规范化培养基地，广东省中医名院创建单位。2014年6月，通过广东省三级甲等中医院的评审，成为全市首家三级甲等中医医院。2015年门诊人数173003人次，出院病人数12382人次，业务总收入1.1997亿元。医院设内科、外科、妇产科、儿科、骨伤科、康复科等18个临床科室，门诊部设有30多个专科、专病门诊，并设置“治未病中心”。辅助科室配置有药学部、检验科、放射科、功能检查科、手术室、病理科、输血科、营养科，配套设施健全，是一所集医疗、教学、科研、康复、预防保健功能于一体，各临床学科较为齐全，具有鲜明中医药特色优势的现代化综合性中医医院，是广州中医药大学的教学医院和非直属附属医院创建单位。

医院设备先进，拥有螺旋CT机、DR、移动式X射线机、麻醉机、彩超、全自动生化分析仪、系列康复设备等一批现代仪器设备，并配置齐备的中医诊疗设备。围绕医院发展的总体规划，医院不断完善基础设施建设和科室配置建设，促进医院的科学发展，为后续医院业务的健康持续发展提供保障。

医院的骨伤科、康复科、肛肠科、老年病科、针灸科是省重点中医专科建设科室，技术力量较强，在中医手法正骨、骨关节疾病、中风康复、肿瘤中医治疗、椎间盘突出症、各种痛症的诊治方面独树一帜，开展射频热凝靶点消融术治疗颈、腰椎间盘突出症。外科开展钬激光治疗泌尿系结石，是粤北地区首家开展此类技术的医院。在市民中建立良好声誉，返聘有一批退休中医专家及省、市名中医坐诊，在社会上有较强的影响力。

医院设置和平分院和十里亭分院，方便民众就近诊治，设有内科、外科、妇产科、康复科、老年病科、针灸科、推拿科住院部，并开设各类专科门诊。通过不断加强医院管理，使医院医疗质量和服务水平稳步提高，两个文明建设效益显著。医院在传承中医药文化，加强医院内涵建设，立足于发挥中医特色的基础上，发挥中医“简、廉、验”的优势，不断提高医院的竞争力和影响力，促进医院的可持续发展。（董彩兰）

【韶关市妇幼保健院】 韶关市妇幼保健院建于1952年，是集医疗、保健、科研、教学、全市妇幼保健工作指导于一体，技术力量雄厚，设备先进，地级市妇女儿童专科医院，是韶关市新生儿急救中心。医院在职职工509人，其中卫技人员占85%，正高职称11人，副高级职称59人，编制床位350张，正式开放病床270张。

医院占地面积5228平方米，业务用房面积12317.7平方米，其中租用业务用房有3353平方米。医院整体布局合理，医院设备先进，现有固定资产6378万元。拥有现代化信息系统、层流手术室、宫腔镜、腹腔镜、四维彩超等一批现代医疗仪器设备。至2015年拥有10万元以上设备76台，10万元以上设备269台。

医院分临床与保健两部分，临床部分设生殖医学中心、新生儿急救中心、遗传与产前诊断中心等10多个科室，保健部分设儿童保健、妇女保健及体检中心等专科。

专科特色突出　生殖医学中心是全市医学重点专科，是粤北地区唯一通过国家卫生部准入评审允许开展“试管婴儿”技术的医院，2015年门诊人次增长16.99%，完成试管婴儿1004个周期（突破一千个周期），增长39.61%，妊娠率54.03%。夫精人工授精212周期，增长7.46%，妊娠率17.45%。遗传产前诊断中心是市内唯一经省卫生厅批准筹建的产前诊断中心，围绕优生优育不断拓展业务，完成的全市新生儿疾病筛查38643例，全市筛查率达96.8%，筛出先天性甲低患儿12例，累计已达180例，均予以免费治疗。产前（唐氏）筛查达10675人次，增长53.6%，羊水染色体459例、脐血染色体6例、绒毛染色体9例，诊断需淘汰的染色体异常儿有12例；羊水地贫基因产前诊断90例、脐血地贫基因诊断4例，成功阻止20例重型地贫患儿出生。2015年配合省级地贫防治工作，给予地贫产前诊断服务对象补助118余人次，金额达20.1万余元，为提高本地区出生人口素质做出应有的贡献。1月份通过广东省卫计委现场校验（每三年一次校验）。新生儿急救中心是新生儿的“120”，负责全市急危重症新生儿的转运和救治，开展的多项技术填补韶关市空白；乳腺病防治中心是省妇幼安康工程乳腺癌防治定点单位，有无创检查的钼靶X机及粤北地区首创的麦默通乳腺微创手术系统；妇科具备开展各类妇科疾病治疗手术，实现三镜合一；产科、儿科业务功能齐全、富有特色，广受欢迎，在全市及周边市县享有声誉；儿童脑康复科是全市规模最大、康复项目最多、康复设备最全的科室，开展脑损伤儿童语言及肢体综合康复训练项目。

韶关市妇幼保健院发挥全市妇幼保健工作业务技术指导中心作用，加强全市妇幼保健工作的指导，做好妇女、儿童防病治病、健康保健，妇幼二个系统管理始终保持在95%以上。做好“两癌”筛查网络建立和筛查知识普及工作，把检查与治疗密切结合。医院加强婚前医学检查工作，2015年（3+1报表）浈江、武江的婚检率维持在60.40%，全市19项保健指标低于国家和省控制水平。韶关市妇幼保健院重视医院质量管理，持续开展基础医疗与护理质量工作，收集病人意见，落实医疗服务整改措施。强化医院急诊急救管理，2015年重症抢救成功率达97.8%。

收治病人获得好评　全年门诊人次40.59万人次，同期增长4.55%，出院病人1.4万人次，同期增长12.1%；手术人次较同期增长11.41%；产科分娩人数2194例，同期增长7.5%；全年业务收入1.479亿元，同期增长15.86%；药品收入占业务收入比为21.57%。19项群体保健指标处于全省中上水平。2015年，医院收到患者赠送的锦旗23面，表扬信21封，医护人员拒收红包32个，累计已知金额1.01万元，部分不详。医疗服务满意率达98%，全年无医疗事故发生及重大医疗纠纷。

通过各种评审　医院产前诊断技术通过广东省卫计委组织的复审现场校验。通过省级爱婴医院复评、接受省健康促进医院创建考核验收、儿童康复中心通过韶关市肢体残疾儿童康复机构评审、通过广东省普通高等医学院校教学医院评审。首次接受国家卫计委妇幼司对医院的妇幼卫生监测工作检查，质控和督导，获好评。

医疗科研　再次发现世界首报人类染色体异常核型两例，继2000年和2002年之后又一次发现和填补世界医学遗传学研究领域该项染色体核型的空白，至今医院共发现4例世界首报人类染色体异常核型。首例女性先天性泌尿生殖道畸形矫治手术获成功、首例腹腔镜下子宫骶韧带悬吊术获成功、首例四天大新生儿因脾破裂做脾脏切除手术获成功、首例囊胚移植妊娠获成功等。2015年开展新技术新项目有10余项，有6项科研获市卫计局立项，有3项市科技局立项，有2项省推荐立项，有3项市科技局项目结题，3项获市科技局科技先进二等奖，有4项获市科技局资助共4万元。

获得的荣誉　产科、生殖医学中心被市妇联评为“巾帼文明岗”。医院病理科技师黄俊仙参加2015年全国病理冰冻切片比赛——广东赛区选拔赛，以优秀的成绩，代表广东省赴天津参加由中华医学会病理学分会组织的首届全国病理技术“华夏杯”冷冻切片室间质评总决赛，以第一名的成绩荣获一等奖。龚小倩、吴倪倪被广东省女医师协会评为“巾帼女医师”，陈艳被市妇联评为“三八”红旗手。医院主演拍摄《幸孕》获首届“广东医生”微电影大赛“优秀影片提名奖”及“最佳人气奖”。2015年获得的荣誉有：

医院被市爱委会评为“卫生先进单位”、被市食药局、卫计局评为2014年年度药品不良反应监测工作“先进单位”。（李锦昌）

【韶关市职业病防治院】 韶关市职业病防治院暨韶关市第二人民医院、韶关市职业卫生监测中心，成立于1986年2月，是一所以防为主防治结合的专科医院，位于韶关市武江区建设路11号，全院总占地面积近8公顷，建筑面积2.5万平方米，业务用房建筑面积近1.8万平方米；开放病床470张；在职职工510人，卫生技术人员占80%，中、高级专业技术人员104人。

医院主要业务分为职业卫生、临床医疗、社区卫生、残疾人康复四大部分；主要业务科室有职业卫生科、质量控制科（理化实验室）、监测科、职业健康监护科、放射卫生科；内科、外科等20多个业务科室。

2015年全院业务收入8311万元，住院病人数7053人次，门诊量215200人次，医院新增固定资产近600万元，其中有数字化X射线摄影系统（DR）1台，全自动血液分析系统、C型壁高频X光机一台，血液锌原卟啉测定仪、剂量检测仪（进口）1台和康复理疗设备等一批医疗设备。

医院突出专科、拓展创新、平衡发展，各方面成绩显著。抓好职业卫生工作，加强质控及理化实验室的管理，树立职业卫生品牌。2015年完成职业病危害评价项目160份，企业生产环境监测255家，全市放射工作人员培训人员381人次。完成86家单位共28830人次的职业健康体检，新诊断尘肺病29例；收治职业病及工伤康复病人1525人次，肺泡灌洗治疗133人次，职业性铅超标105人次，全部治愈出院。加强突发性事件应对能力，配合政府参与本地区的血铅事件及中毒事件的应急处理。自2014年11月翁源县铁龙林场群众血铅异常事件发生以来，该院共派出10批次、专业人员61人次前往现场调查及处置工作，并收治一批较严重患者，该事件得到妥善处理，保障人民的健康，维护社会稳定。

不断提升医疗服务水平，完善医疗安全制度。制定《院内急救工作预案》《院前急救工作制度》。2015年5月开展临床应急演练比赛，各科室参与，取得良好成效。全年医院产妇分娩量达1110人次，无孕产妇和新生儿死亡，全年未发生重大医疗纠纷和医疗事故。外科在韶关市率先成功开展经尿道前列腺等离子剜除术，是疗效最佳的微创术式，在市内处于领先水平。在承担粤北地区职业病工伤康复治疗外，开展老年人康复，为晚期癌症、各种疾病终末期患者提供临终关怀服务。继续开展“关爱老人、构建和谐”活动，得到社会的一致好评。发展康复医疗服务，托管市残疾人康复中心。按照国家“十二五”期间残疾儿童康复救助“七彩梦行动计划”，结合“广东省贫困残疾儿童抢救性康复项目”，推动康复事业快速发展，保障在训0-6岁残疾儿童免费康教。康复中心共收训患儿236人，效果显著，倍受好评。残疾人康复事业得到社会各界和众多爱心人士的关心支持，中心启动以来，收到来自各方的多批捐赠物资。

为让残疾患儿得到早期最佳阶段的康复治疗，儿童康复科采用现代与传统相结合的医学康复模式，对患儿进行缺陷补偿和潜能开发，开展系列康复治疗项目，增设康复医学儿童训练中心，为患儿进行系统康复治疗，2015年收治患儿689人次，康复治疗效果显著。

西堤开设中医“治未病”特色门诊，开展调整亚健康状态、美体护肤、汗蒸等一系列项目。全年接诊17200人次。开展“三伏天灸—冬病夏治好办法”活动，打造中医康复品牌。

规范社区卫生工作，履行服务职能，造福辖区居民。惠民、新华社区卫生服务中心肩负武江区18万余居民的卫生工作，履行好各项公共卫生服务职能，完善居民健康档案，建档率为99.7%；完成好计划免疫接种任务，2015年为辖区各适龄儿童接种疫苗6.5万余人次；5月开展辖区65岁以上老人免费健康体检活动，受检人数达2100人次。全年基本医疗服务运行良好，惠民中心门诊量达34500人次、住院病人1695人次。执行社区医疗保险政策规定，贯彻落实国家基本药物制度，药品零差价销售；完善家庭病床，设好全科诊室，提供中医基本诊疗和康复服务，让辖区居民享受到社区卫生服务带来的实惠。

医院重视精神文明及医院文化建设。2015年妇产科被评为市级“巾帼文明岗”称号；副院长郭锐获得“省劳模”荣誉；刘荣军获得市“三八红旗手”称号；副院长冯青被市总工会评为“先进工会工作者”；医院创建2015年广东省卫计委“省级无烟单位”；院团总支评为2014-2015年度“韶关市五四红旗团总支”。（邓有生）

【韶关市第三人民医院】 韶关市第三人民医院建于1966年10月，位于韶关市曲江区马坝韶钢东区，占地面积7.3万平方米，建筑面积3.3万平方米，是一所专科齐全、设备先进、技术精良、服务优质，集医疗、教学、科研、预防、保健、康复、养老为一体的国家二级甲等综合性医院；是广东省高等医学院校教学医院，也是全国多家高等院校的教学基地；还是国家级爱婴医院、广东省省直工伤保险定点医疗机构、韶关市基本医疗保险定点医疗机构、韶关市无烟医院等。2013年7月前隶属宝钢集团广东韶关钢铁有限公司，2013年10月移交韶关市政府管理。

医院学科设置齐全，开设有心脑血管内科肾病肿瘤内科、呼吸消化内科、重症医学科等18个临床科室和6个医技科室。医院编制床位385张，开放床位600张。有职工352人，其中专业技术人员280人，高、中级人员130

余人。

医院配置有最先进的飞利浦数字减影血管造影机（DSA）、核磁共振成像系统、GE 螺旋 CT 等万元以上的先进诊疗设备 240 余台（套），建有层流手术室和层流重症监护病区以及规范的血液透析中心，2015 年末医院总资产 9004.72 万元。

医院重视自身内涵建设，骨科和泌尿外科是韶关市特色专科。医院已形成心血管介入、骨科、泌尿外科、恶性肿瘤微创治疗、重症监护、精神科等专业品牌。

2015 年医院坚持以人为本，提高医院综合服务能力和提高人民群众健康水平作为工作目标，着力提高医疗质量、改进服务流程、落实便民措施、规范内部管理、方便病人就医、杜绝不合理收费、加强行风建设，各项工作取得较好的成绩：全年门（急）诊量 13.42 万人次，住院病人 1.03 万人次，各类手术 6169 例次，各类体检 2.03 万人次。2015 年全年业务总收入较 2014 年增长 11.8%，固定资产较 2014 年增长 29.1%，用药收入占比较 2014 年下降 2.33%。全年无医疗事故、重大医疗纠纷发生。

医院注重加强学科建设和人才培养。通过加强重点学科建设，加强人才招引、构建学科团队，发挥专家作用，为医院各科新技术项目的开展、疑难危重病人的救治保驾护航，抓基础理论、业务知识学习培训，力求职工的业务素质与医院的发展要求一致。2015 年，外科“小切口输尿管上段切开输尿管镜顺行取石术治疗肠代膀胱术后并输尿管中下段结石”成果获韶关市科技进步三等奖。

2015 年，医院收到患者赠送锦旗（感谢信）13 面（封），病人满意率达到 96% 以上。2015 年 7 月，医院被韶关市总工会授予“先进职工之家”称号；2015 年 8 月，获省卫计委授予“广东省无烟单位”称号；2015 年，通过国家爱婴医院复评。

【韶关市口腔医院】 韶关市口腔医院（韶关市牙病防治指导中心）是韶关市卫计局直属口腔医疗专科医院。位于武江区惠民北路 33 号，工作用房占地面积 166.45 平方米，建筑面积 1375.83 平方米。共有牙科综合治疗台 44 张，配有牙科 CT、口腔全景 X 光机、X 光数字牙片成像系统等先进口腔医疗设备。院内设有口腔内外科、牙周粘膜病科、正畸科、修复科、口腔综合科、种植室、特诊室、X 光照片室、技工室、消毒供应室等科室，其中牙体牙髓科、修复科是韶关市特色专科。在武江、浈江区设有二个口腔门诊部。承担着韶关市口腔疾病的预防、治疗、教学及科研任务，是韶关学院医学院口腔专业的教学实习基地。

2015 年在职职工 77 人（含临聘人员 30 人），正高职称 2 人，副高职称 1 人，中级职称 19 人，医生 32 人（硕士研究生 6 人、本科 21 人、大专 5 人），退休人员 38 人。

2015 年门诊人次达 84470 人次，比上年增加 17.62%，医疗质量和医疗水平不断提高，全年未发生医疗事故、医疗差错。主动做好牙防工作，开展韶关市儿童口腔疾病综合干预项目工作，根据省牙防指导中心的安排，在韶关市卫计局和韶关市教育局的重视支持下，医院抽出专业人员到市区学校、幼儿园为儿童免费进行窝沟封闭和涂氟防龋工作，在 9 间小学完成 7900 颗牙的窝沟封闭工作，在 12 间幼儿园检查幼儿 5000 人，完成 4011 名儿童涂氟工作。

经韶关市编委批准，韶关市牙病防治指导中心正式成立并挂靠在该院，2015 年 9 月 18 日，在该院六楼会议室举行揭牌仪式，省牙防指导中心、省口腔医院副院长兰泽栋、副院长黄少宏，韶关市卫计局副局长李四根等领导和韶关市口腔界同行共 60 多人参加揭牌仪式，标志着韶关市牙防工作迈上新台阶。

【铁路医院】 韶关市铁路医院是国家二级甲等综合医院，韶关市卫计局直属医院，国家卫计委中华健康快车白内障治疗中心，韶关市 120 网络急救医院，湖南省长沙医学院临床实习医院，卫生部国际紧急救援中心网络医院，国家级爱婴医院，广铁集团医疗保险、韶关市职工医疗保险、韶关市城乡居民医疗保险、中国人寿保险、中国泰康人寿保险、中国平安保险定点医院。2015 年，中华健康快车白内障治疗中心综合大楼投入使用，并配备一批先进医疗设备：视频动态脑电脑仪、脉动真空灭菌器等。2015 年，医院分别邀请清华大学以及北京大学教授对全院职工开展《管理沟通》《领导力与执行力》《医院人文与法律实务》《医院品牌与文化建设》的培训课。

2015 年，医院在 5 月 8 日护士节，举办医院建院 60 年大型文艺晚会，上百名医护人员以歌舞、小品、瑜伽等形式参与庆祝表演。

2015 年，在医院信息化建设方面，添置集群服务器，启用 PACS 系统及 CA 认证。11 月医院与中国银行韶关分行签订“银医合作系统的建设”。

2015 年，医院引进包括重点岗位人才、基础医技人才、管理人才等 50 多人，其中副主任医师 3 人、硕士研究生 2 人。

2015 年，医院糖尿病专科通过中华医学会糖尿病学分会颁发的糖尿病教育管理认证单位复审，获得“全国糖尿病健康教育管理示范单位”称号；科研项目《老年 2 型糖尿病合并胃食道返流病的临床研究》获得市级科技进步二等奖；急诊科在广东省第三届华夏杯急救技能竞赛荣获“团体优秀奖”；完成武江区征兵体检工作，受到武江区政府及武装部的好评；医院被韶关市总工会授牌为“先进职工之家”。2015 年，在专科建设方面，新增内三科，将原先内科住院系统两个病区细分为三个病区；韶关市十二五规划粤北区域医疗服务中心重点专科—

眼科年度完成贫困白内障患者免费手术400例，7月邀请享受国务院特殊津贴、中山眼科中心专家教授龚向明坐诊指导，10月爱尔兰小儿眼科专家露丝到访医院开展全市眼科研讨会；康复科整体搬迁新址，病床规模扩大一倍，开展药烫新技术，各治疗室优化整合，具备专门的康复评定室、运动大厅等15个专科治疗室；功能检查科引进胃肠超声、肝脏超声造影、输卵管造影等新项目、新技术；五心内科与放射科合作开展冠状动脉CT造影。

（乔卫林）

【韶关市应急救护指挥中心】 市应急救护指挥中心主要负责指挥、组织、协调全市重大传染病等突发公共卫生事件的医疗救治和本地“120”呼救的受理、院前急救指挥和调度，开展韶关市区120网络医院和各县（市、区）医疗急救队伍院前急救专业技能规范化培训等工作。有工作人员14名，10人为调度员。

2015年，市应急救护指挥中心完善调度业务工作制度和流程，每月多次组织调度员学习调度业务知识，做到及时、准确、公平、合理派车，全年未出现因调度失误病家投诉的现象、未出现误派车。“120”接到报警呼救电话68796次，其中受理25076次，派车10942次，救治病人12645人。调度员平均派车时间为42.78秒，平均调度时间为32.78秒，平均摘机时间为1秒；10家急救站平均院内响应时间为1分42秒。指挥中心参与指挥抢救、现场处置并按时上报重大突发事件29起；收集、质控、完善、装订、上架院前急救病历9466份。

受市卫计局委托，指挥中心选拔代表队报名参加广东省第三届急救技能大赛。在竞赛时间紧、未参加广东省在汕尾市组织的赛前培训的情况下，作出竞赛训练计划，准备比赛器材和培训场所，与清远市医疗急救中心进行沟通获得竞赛的评分标准和录像资料，组织参赛队员到深圳市急救中心参观学习。中心派出3位培训师全程进行指导，强调组织纪律，带领参赛选手进行全封闭训练。11月20－22日省急救技能竞赛中，韶关队经过艰辛努力，在全省24个队中获得第11名，荣获优胜奖。

12月29日，市应急救护指挥中心制定演练方案，模拟各种外伤的医疗救援工作，在武江、浈江、曲江三区组织开展10场实地应急演练，粤北人民医院、市第一人民医院等10家医院50多名急救人员参加演练。

【韶关市慢性病防治院】 韶关市慢性病防治院（韶关市皮肤病医院、韶关市性病防治中心）是韶关市卫计局直属医疗事业单位，负责全市皮肤病、性病/艾滋病、麻风病的防治、监测、培训、宣教及对市内各级皮肤性病防治专业机构的业务督导。医院的医疗业务与防治工作稳步发展。

医院现有在职职工81人，卫生技术人员64人，卫生技术人员占在职职工总数的79.01%，其中具有高级职称的有16人，中级职称24人，初级职称28人；具有硕士研究生学历4人。

2015年业务总收入比2014年增长8.85%。医院业务收入以门诊为主，2015年诊病人次90096人，同比增长4.27%。床位编制50张，开放床位30张。

对各种常见和疑难、危重皮肤病、性病积累丰富的诊疗经验，探索出一整套有效的综合治疗方法。皮肤科临床医疗技术力量雄厚，对各种常见皮肤病如湿疹、荨麻疹、带状疱疹、手足癣、银屑病、白癜风、痤疮、玫瑰糠疹及疑难、危重皮肤病如系统性红斑狼疮、天疱疮、红皮病、关节病性银屑病、重症药疹、皮肌炎等积累丰富的诊疗经验，治疗效果显著。

皮肤科配套检查、检验项目齐全，可进行皮肤病理及院外皮肤病理会诊；进行各种过敏原检测（包括点刺试验、特异性IgE检测试验、斑贴试验、自体血清皮肤试验）及免疫、生化、真菌、细菌培养等检测项目，对皮肤病的确诊及病因筛查起到至关重要的作用。

皮肤科治疗手段多，方法独到，设备先进，如拥有不同类型的大型紫外线光疗机，果酸活肤治疗痤疮、色斑、光老；艾拉光动力治疗仪；冰点快速无痛脱毛治疗和NIR红外线治疗；德国欧洲之星的FotonaQXMAX点阵色素治疗激光，开展色素性疾病太田痣、褐青色痣、各种色斑、纹身洗眼线等；开展注射美容术，肉毒杆菌毒素注射技术的临床应用；聚焦超声治疗系统等先进设备；药浴（包括淀粉、中草药）；开展冷冻（包括喷射、接触等）、电灼、脱敏、皮损局部封闭、穴位注射、自血疗法等治疗手段。

皮肤科除可提供国内外各种最新的皮肤科专用药物外，还自行研制二十余种院内特色制剂。这些药疗效显著，价格低廉，使用方便，深受患者喜爱。

医院不断加强全市性病、麻风病的监测管理和防治工作，性病漏报率下降，报病符合率提高；1999年全市以县（市）为单位，已全部实现基本消灭麻风病的目标，麻风病防治工作转入监测、康复阶段。截至到2015年底，全市麻风病现症病例7例，患病率为0.25/10万；韶西医院共有麻风康复者24人。防治工作取得显著成绩，2013年和2014年被评为省麻风防治先进单位。

（罗玉香）

【韶关市中心血站】 市中心血站前身为广东省血液中心，始建于1966年，是经市编委批准的、直属市卫计局领导的公益一类事业单位（副处级），担负着全市无偿献血宣传招募、采血、质控以及辖区内所有医疗机构的临床供血与安全合理输血指导等任务。2013年与市公民无偿献血委员会办公室整合，组建市中心血站（市公民无偿献血委员会办公室）。市中心血站（市公民无偿献血委员会办公室）本部位于市芙蓉北路四路6号，总用地面积为10179平方米，建筑面积8902平方米。在市区设立3个固定献血屋和3处流动采血点，并分别在各县（市）设立采血站，构建献血服务网络；参与管理韶关市无偿献血者联谊会、韶关市无偿献血志愿者服务队共两个志愿社团组织，推动韶关市无偿献血工作健康发展。

2015年在编在岗职工数63人，其中卫技人员50人，医生16人，护士25人，医护比1∶1.56；中级以上职称数26人，大学专科以上人数55人。设有办公室、财务科、宣教科、质管科、献血服务科、成分科、检验科、供血服务科等8个科室。2015年市中心血站固定总资产数2351万元，拥有全自动酶免分析系统、核酸检测系统等万元以上设备231台，设备总价值达1881万元（累计折旧后资产）。

2015年，韶关市第三次荣获全国“无偿献血先进市”称号。血站医生向庆林荣获市第五届道德模范称号，举办省级一类继续医学教育项目“广东省无偿献血宣教招募和志愿服务工作研讨交流会”。全年参加无偿献血达32285人，采集全血总量达935万毫升，同比增长0.65%；成份献血2417单位，采血量是96.68万毫升，同比增长23.9%；全市公民献血率过17.61/千人口，大大超过全国9.51/千人口的平均水平，保障全市临床用血需要，确保血液质量安全。

自1998年《中华人民共和国献血法》实施起至今，全市临床用血一直保持100%来源于无偿献血。市中心血站按照卫生部“一法两规”的要求，建立和运行血站质量管理体系，严把质量关，保证市医疗临床用血需求和安全。由于无偿献血工作成效显著，市累计8次被国家、省授予“无偿献血先进市”称号。（郭健生）

公共卫生与疾病预防

【机构概况】 韶关市疾病预防控制中心是韶关市疾病预防控制、卫生监测检验和卫生学评价的技指导中心。现有在职人员75人，其中研究生1人，本科生44人，大专生15人。2015年中心继续坚持预防为主、科学防控，完成急性传染病、慢性病、免疫规划、地方病、消毒与病媒生物、食品安全、公共场所的监测和疾病预防控制工作。

【重大传染病发病数分析】 全市无甲类传染病报告。法定传染病报告发病数15226例，较上年同期下降30.03%（15226/21760），其中乙类传染病7007例，较上年同期上升6.39%（7007/6586），丙类传染病8219例，较上年同期下降45.84%（8219/15174）；报告死亡数32例（其中艾滋病15例、肝炎9例、肺结核7例、流感1例），比上年同期下降44.83%。

【加强突发公共卫生事件报告管理】 2015年1—10月全市在“突发公共卫生事件管理信息系统”上报告突发公共卫生事件（不含未分级）1起，为流行性感冒暴发疫情，事件波及3050人，发病109人，无死亡病例；事件起数较上年同期（3起）下降66.67%。2015年1—10月全市报告未分级事件2起。比上年同期（24起）下降91.67%，两起疫情分别由手足口病（1起，发病18例，涉及512人）和水痘（1起，发病22例，涉及273人）引起，无死亡病例报告。

【开展人感染H7N9禽流感防控】 加强流感、不明原因肺炎监测；在韶关市第一人医院开展住院肺炎监测，共报告708例住院肺炎病例，对其中195例病例采集咽拭子排查，未发现人感染H7N9禽流感病例；对各级医疗机构上送的7例流感样病例进行人感染H7N9禽流感实验室排查工作，未发现人感染H7N9禽流感病例；在武江区等5个县区开展外环境禽流感病毒监测，共采集460份标本，发现H9型阳性标本39份，H5型阳性标本4份，A型其他分型阳性标本43份，未发现H7阳性标本。开展风险评估和早期预警工作；做好应急值守和物资储备；加强技术培训与宣教。截至年底，韶关市未发现人感染H7N9禽流感病例。

【加强手足口病防控】 每日开展主动监测，及时发现和处置疫情，及时开展风险评估和发出预警工作。截至11月10日，全市累计报告手足口病5753例，较上年同期下降52.67%；报告重症病例2例，无死亡病例报告。全市在“突发公共卫生事件报告管理信息系统”上共报告因手足口病引起的事件1起（为未分级），发生在浈江区的1所托幼机构，发病18人，波及512人，无重症及死亡病例报告；经病原学检测，确认该起疫情由EV71感染引起。

【做好流感监测和防控工作】 对全市流感监测工作进行质量控制和督导工作，保证流感监测质量。发现和处置疫情，遏制疫情蔓延，并开展风险评估和发出预警。截至11月10日，全市累计报告流感病例870例，死亡病例1例，报告病例数较上年同期下降43.69%；累计报告流感样病例聚集性疫情12起，其中确诊为流感突发公共卫生事件1起、暴发疫情10起、聚集性疫情1起；均为轻型病例，无死亡病例。2015年1～45周5家流感哨点共报告流感样病例14306例，ILI指数为3.59%，与上年同期上升16.94%；共采集966份标本开展病原学检测，流感病毒核酸阳性92份（A（H3N2）型53份，B型39份），分离出63株流感毒株（B型32份，A（H3N2）型31份）。

【做好SARS、人禽流感监测和防控】 截至11月10日，韶关市所属的36间县级以上医院开展不明原因肺炎病例搜索，未发现SARS和人禽流感预警病例。2015年1～45周发热肺炎哨点粤北人民医院共报告发热肺炎421人（次），住院发热肺炎病例63人（次），无发热肺炎查因病例；发热肺炎出院诊断病例59例，出院诊断中细菌性占100%（59例）；死亡病例0例。

【应对登革热疫情】 截至11月10日，韶关市共报告3例登革热确诊病例。其中2例为境外输入病例，1例为境内输入病例（潮州市输入）。另报告1例外籍境外输入病例。为防止疫情蔓延，中心迅速反应，科学应对，成立登革热疫情防控领导小组；提出以“清理蚊虫孳生地”为根本的防控措施，指导疫点明确责任，落实防控措施；动员群众“清积水、灭蚊虫、防叮咬”，开展登革热蚊媒控制，清理蚊虫孳生地，进行蚊媒控制效果评估。发生在韶关市的输入性病例已治愈出院，未发现二代病例。

【埃博拉出血热和中东呼吸综合征疫情防控】 市疾控中心成立相关防控领导小组，密切关注和跟踪疫情发展，及时组织专家研判疫情态势，调整防控策略，及时发布预警，加强对韶关市埃博拉出血热、中东呼吸综合征疫区来华或归国人员的健康监测、排查工作。6月和8月分别对韩国和阿联酋归来的可疑病例进行排查，均排除中东呼吸综合征病例。截至2015年11月10日，全市未发现埃博拉出血热和中东呼吸综合征病例。

【推进防治艾滋病】 加强与公安、司法等多部门合作机制，加强对艾滋病感染者和艾滋病病人服务和管理，提高抗病毒治疗覆盖率，落实“四免一关怀”政策。继续加强对高危人群，特别是男男同性恋人群的健康教育、行为干预和动员检测工作，扩大宣传教育和行为干预覆盖面。2015年，韶关市新报告艾滋病感染者和病人132例（其中HIV感染者68例、AIDS病人64例），死亡26例。全市累计报告艾滋病感染者和病人1114例（其中HIV532例、AIDS582例），死亡279例。性接触为韶关市主要传播途径。初筛实验室HIV抗体阳性检出率0.11%（252/230661），说明韶关市人群艾滋病病毒感染处在较低水平。高危行为上半年干预暗娼、男男性行为者、吸毒人群、性病就诊者、外来务工人员分别为3171人、28人、1540人、3191人、4617人，均达到国标要求。全市HIV/AIDS随访率为94.5%，所有县（市、区）均达到国标90%。

【免疫预防接种】 通过强化免疫、查漏补种、疫点处置、加强免疫监测、规范冷链管理及异常反应处理等措施，脊灰疫苗、麻疹疫苗的接种率均保持在95%以上，继续维持韶关市麻疹发病率低水平及无脊灰状态。全市129家预防接种门诊常规免疫接种工作运转正常。2016年1—10月，全市共接种一类疫苗764617剂次，二类疫苗319978剂次，合计1084595剂次，单苗接种率达99%以上。全市1－10月疑似预防接种异常反应监测48小时内报告率、3日内调查表报告率均为100%，48小时内调查率97.14%。1－10月全市共报告疑似预防接种异常反应病例196例（其中163例为一般反应，31例为异常反应，2例为偶合症）。

【加强脊灰、麻疹等重点疫苗针对疾病的防控】 2015年1－10月，全市疑似麻疹病例75例，归属韶关市的麻疹确诊病例22例（居全省第14位），麻疹报告发病率为0.760/10万（居全省第11位），较2014年同期减少37.14%，居全省第6位；流行性腮腺炎404例，与上年同期340例增加18.82%；报告15岁以下乙肝病例7例，与上年同期持平；无新生儿破伤风病例报告，较上年同期（3例）减少；风疹病例6例，较上年同期（58例）减少89.66%；百日咳1例，未发现白喉、流脑、乙脑、等病例。

【推进全人群死因监测】 2015年1—10月，按死因监测工作要求，全市10个县（市、区）均有死亡病例报告，共计上报13727例，其中以武江区最高2743例，其次南雄市为2701例，仁化县最低377例；2015年要求10个县（市、区）均开展全人群死因监测。截至7月，全市10个县（市、区）已全部启动全人群死因监测。每月对各县（市、区）监测报告情况进行分析，并将结果通报各县（市、区）卫计行政部门。

【全市慢性病防控】 2015年1—10月，韶关市35岁以上居民首诊测血压人数达173218人，已管理高血压、糖尿病人数分别为181721人、42026人，规范管理高血压、糖尿病人数分别为

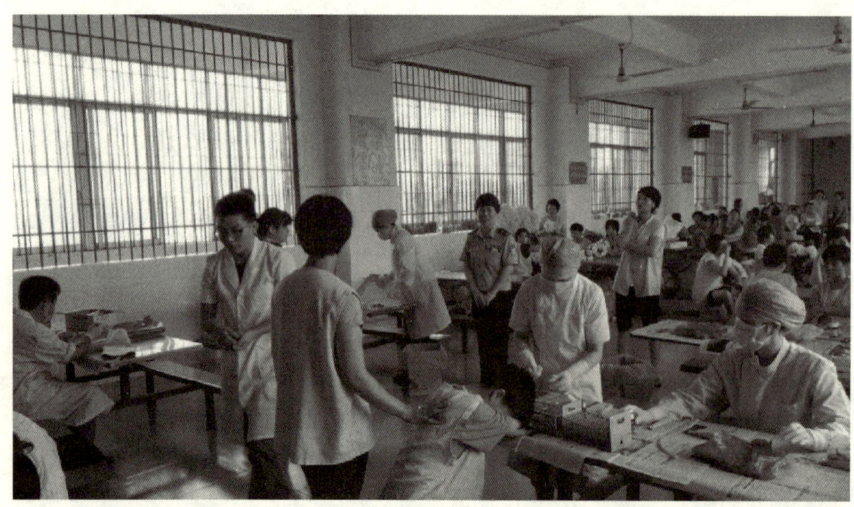

2015年5月28－29日，市疾控制中心和市慢性病医院到韶关市公安局强制隔离戒毒所对吸毒人员开展艾滋病哨点监测（陈东桥 摄）

119522 人、31391 人，血压、血糖达标人数分别为 98872 人、25355 人。1—10 月，市区各医疗机构共报告 12454 例慢性病病例，其中高血压 7968 例、糖尿病 4486 例，已分发至各县（市、区）和各社区卫生服务机构，要求各医疗机构对慢性病人建立专档管理。报告恶性肿瘤和中枢神经系统良性肿瘤病例 4505 例，其中南雄 336 例，翁源 218 例，按国家肿瘤登记项目点要求实施肿瘤随访登记。翁源县、乐昌市争取创建省级慢病综合防控示范区。韶关市荣获广东省“健康一起来——健康生活方式知识传播竞赛”冠军。2014 年 11 月—2015 年 7 月开展中国慢性阻塞性肺疾病监测第一次现场调查，翁源县被列入广东省 6 个监测点之一，于 2015 年 7 月完成现场调查。

【寄生虫病调查】 韶关市完成人体重点寄生虫病现状调查工作。按照《广东省人体重点寄生虫病现状调查实施细则》（2014 年）要求，乐昌市被随机抽为广东省土源性线虫病调查点，翁源县为华支睾吸虫病调查点。2 个县均在 4－5 月完成调查。翁源县共调查 273 人，检出鞭虫 1 人，阳性率为 0.37%；检出华支睾吸虫 12 人，阳性率为 4.40%；其余虫卵未检出。乐昌市共调查 760 人，检出蛔虫 3 人，阳性率为 0.39%；检出钩虫 13 人，阳性率为 1.71%；检出鞭虫 1 人，阳性率为 0.13%；检出华支睾吸虫 9 人，阳性率为 1.18%；6 岁以下儿童查蛲虫人数 98 人，检出阳性 17 人，阳性率为 17.35%；其余虫卵未检出。

【广东省首个通过省级消除疟疾考核验收的地级市】 5 月中旬，经省卫计委组织考核评估专家组评估，韶关市成为广东省第一个通过消除疟疾工作考核验收的地级市。韶关市已连续 10 年没有发生本地感染的疟疾病例，建立长效防控机制，各项指标均达到国家《疟疾控制和消除标准》的要求。消除疟疾工作完善三级公共卫生网络，从政策、经费、人员方面给予保障；坚持开展疟疾监测，疟疾防治工作资料、健康教育和培训等材料完整。发热病人年平均血检率超过 0.5‰；血片制作规范，符合率均为 100%；抽取的 4 名镜检人员全部通过镜检能力的考核；抽取的 10 名全部医务人员疟疾防治知识的考试，合格率为均 100%。

【碘缺乏病防治通过广东省地方病防治“十二五”规划终期考核】 2015 年，韶关市碘盐监测工作质量提升，碘盐监测工作无监测盲区，监测完成率、有效监测率、上报率均达到 100%。广东省地方病防治“十二五”规划终期考核评估组对韶关市进行现场资料查阅，确认韶关市 10 个县（市、区）的地方病防治“十二五”规划终期考核均达到碘缺乏病消除标准和饮水型的房型氟中毒控制标准，如期实现《广东省地方病防治“十二五”规划》目标。

【病媒生物监测】 全市有监测医疗机构 7 间，其中三级医院 2 间，二级医院 3 间，一级医院 2 间，共采样 326 份，合格率为 94.48%。鼠密度监测，主要为褐家鼠，平均捕获率为 0.24%，低于上年同期 0.39%，提示城区鼠密度有所下降。蚊密度监测，平均密度为 13.3 只/灯，高于上年同期 11.1 只/灯，其中，致乏库蚊为优势种，占 95.05%（上年同期为 90.98%），其次为白纹伊蚊的 3.52%（上年同期为 4.16%）。成蚊各月均可捕获。5 月密度最高，达到 28.3 只/灯（上年同期为 39.4 只/灯）。居民区、公园、医院和农户的密度分别为 2.3 只/灯、28.7 只/灯、14.3 只/灯和 7.7 只/灯。伊蚊专项监测显示：3—10 月平均诱蚊诱卵指数（MOI）为 14.14（上年同期为 33.33）。其中高峰为 9 月的 28.21，次为 7 月的 25.4。均低于上年 7 月的 32.5。且 5 至 10 月的 MOI 均超过推荐的控制标准；全市伊蚊布雷图指数（BI）监测显示：4—10 月共监测 276 个点，其中符合防控要求的有 69 个，占 25%，高、中、低密度的点分别有 29 个、89 个、89 个，分别占 10.51%、32.25%、92.25%。蝇密度监测：平均密度为 0.7 只/笼，较上年同期（0.84 只/笼）略有下降，密度高峰出现在 3 月和 5 月，均为 1.13 只/笼。以市蝇（占 25.0%）、家蝇（占 17.86%）、丝光绿蝇（占 14.29%）为优势种。以居民区、市场和绿化带的蝇密度较高（密度分别为 1.2、0.7 和 0.6 只/笼）。蟑螂密度监测：密度和侵害率分别为 0.34 只/盒和 7.25%（上年同期分别为 0.08 只/盒和 3.9%，密度和侵害率高峰分别出现在 5 月和 7—10 月，优势种群为德国小蠊（占 95.3%）。

【食品环境卫生监测工作】 加强食品安全风险监测，开展风险评估。完成 2015 年省级食品安全风险监测样品 36 类 1524 份。为推进市食源性监测工作，举办 2015 年韶关市食源性疾病监测工作会议暨技术培训班。全市监测旅业、公共浴室、文化娱乐场所、商场、美容美发等各类公共场所 245 户，合格 238 户，合格率 97.14%。1－10 月完成监测市政供水出厂水、入厂水及末梢水 126 份。

【从业人员健康体检工作】 各体检单位管理制度健全，依法依规体检意识显著增强，体检程序、管理等初步规范，预防性健康体检水平得到提高。2015 年截至到 11 月 10 日，共完成餐饮从业人员 4225 人、食品从业人员体检 2086 人、公共场所从业人员体检 2746 人，合计 9057 人。完成公共场所和食品从业人员卫生知识培训和健康证发放 4648 人，餐饮从业人员健康证发放 4083 人，合计 8731 人。

（温劲翠）

爱国卫生

【机构概况】 韶关市爱国卫生运动委

员会（简称市爱卫会）是负责组织领导、统筹协调全市爱国卫生和防治疾病工作的机构。设市爱卫会主任1名，副主任3名。市爱卫会下设办公室（简称市爱卫办），是市爱卫会的常设办事机构，承担着委员会的具体工作，负责爱国卫生工作日常的组织协调、综合调研和督导检查，是参公管理副处级事业单位，挂靠市卫计局；单位定编8名，领导班子3名，其中，主任1名，副主任2名；内设公共卫生科、综合科。

【爱国卫生工作组织建设加强】 2015年年初，市爱卫办制订并下发《2015年韶关市爱国卫生工作要点》《韶关市深化爱国卫生运动工作实施方案》《2015年韶关市病媒生物预防控制工作计划》及《韶关市“三个一”环境卫生整治工作实施方案》《韶关市2015—2020年加快推进创建卫生镇村工作方案》等系列文件，对全市爱国卫生工作进行总体部署，明确目标任务。4月，鉴于市爱国卫生运动委员会部分成员工作已变动，市爱卫办及时向市政府提请对新一届市爱国卫生运动委员会委员进行调整。1月，市爱卫办组织市有关单位，参加全国爱国卫生工作电视电话会议；4月，召开全市爱国卫生工作电视电话会议和全市爱卫办主任会议，总结2014年全市爱国卫生工作。

【城乡环境卫生整洁运动开展】 2月1日至3月10日，市组织开展以“清死角、除四害、保健康”为主题的春季爱国卫生运动。2月15日，市爱卫会下发通知、制订方案。各县（市、区）爱卫会制定行动方案，各爱卫会委员单位按照职责要求层级抓落实。市辖三区各机关、企事业单位组织干部职工对单位办公区、住宅区进行大扫除，冲洗院内环境，清除房前屋后、楼梯通道等堆放杂物，疏通沟渠，清理维护“四防”装置；各部门单位按照《周五公共卫生活动日》责任包干地段进行卫生整治保洁，清除卫生死角。市爱卫会委员单位按照职责要求，统一行动，如市公路局加强对管养公路的环境卫生整治，落实清理和保洁责任，重点清理公路两旁建筑、生活垃圾；市规划局加强对建筑工地、施工场地和拆迁工地的管理；市教育局加强学校爱国卫生运动宣传；市城管局加强市政下水道管理，疏通沟渠，清理维护“四防”装置；市消杀队对市区主次干道、公园绿化带进行投药灭鼠和烟熏灭蚊行动，杀灭越冬蚊虫，力争把“四害”密度控制在国家标准范围之内。浈江、武江区组织街道、社区对城中村、城乡结合部、村庄周边等开展环境卫生整治。各县（市、区）也结合实际，开展春节前夕环境卫生整治、清除病媒孳生地为主要内容的爱国卫生运动。2月26日，市政府分管领导亲自带领市政府副秘书长、市爱卫会副主任以及成员单位和驻韶武警等200多人，在武江区西联镇考场路开展卫生大整治，清除卫生死角，清除垃圾淤泥。市爱卫办组织市健教所、武江区政府在西联镇举办的春季爱国卫生运动宣传活动，设立宣传咨询台，现场接受群众咨询，发放宣传资料1000余份以及发放灭蚊药物一批。各县（市、区）分管领导带头参加本辖区统一活动，重点清理城中村、城乡结合部、铁路和公路沿线、河道两旁和村庄周边的垃圾，集中力量消灭卫生死角。通过开展集中卫生日活动，城乡环境卫生有新的提高。韶关市主动地做好城乡环境卫生整洁行动的方案制定、任务落实、检查考核等各项相关工作，把好基础设施建设、环境整治和监督检查、建立健全管理体系等方面的工作质量关，确保收到良好的效果。如，市住建局开展“大清洁、乡村美”工程，加快建设生活垃圾无害化填埋场或焚烧厂（即“一县一场”），各建制镇建成一座生活垃圾转运站（即“一镇一站”），各自然村建成一座以上生活垃圾收集点（即“一村一点”）。市环保局结合各地情况，开展农村环境连片整治，推进农村饮用水水源地保护。各县（市、区）政府增加农村生活垃圾清运处理费用，把环卫经费列入年度财政预算，研究制定奖惩机制，共同促进城乡整洁行动的开展。

【登革热得到有效防控】 坚持以“政府组织领导，部门各负其责；全民总动员，清除孳生地；有效监控，控制扩散；追踪索源，管理传染源”等四大防控原则，采取以环境整治、清除室内外白纹伊蚊孳生环境、加强疫情监测报告为主导的综合性防制措施，降低登革热疫情的发生。健全市疾病联防联控领导小组工作机制和协调机制，及时调整市登革热防控领导小组成员，建立和完善责任分工、考核评价、信息沟通制度，明确成员单位职责，共同做好登革热防控工作。制作印发《消灭蚊虫、预防登革热》宣传小扇子3万多份、《清除积水，预防登革热》等宣传版画一批，通过街道、社区居（村）委会及时派发给单位、居民群众，与教育部门开展“小手拉大手”活动，把宣传资料分发学校师生，不断普及灭蚊防蚊知识。4月，市爱卫办协同市疾控中心、市健康教育所等单位在启明健身广场开展预防登革热大型宣传活动，制作宣传版画，开展现场咨询活动，派发宣传资料和灭蚊药物一批。3月16日举办一期由各县（市区）爱卫办主任、工作人员参加的全市登革热防控培训班，3月27日举办由市直单位人员参加的市区病媒生物防制培训班，学习“四害”防制知识，重点讲解登革热防控主要措施、方法，培训人员近160人次。6月，市爱卫会下发《关于大力开展夏季爱国卫生运动，做好登革热防控工作的通知》，要求各地各部门按照清除病媒生物孳生地与化学消杀相结合、突击行动与经常性工作相结合的原则，明确职责分工，齐抓共管，联防联控。市爱卫办加强与教育、旅游、住建、国资委等单位的沟通联系，联防联控，做好学校、机关单位大院、关停并转企业、工厂、建筑工地、旅游景点等重点地区的防蚊灭蚊和重点人群的防控工作。各级爱卫部门主动牵头，联合街道、居委、村委及相关单位，实行责任落实、分片包干、网格化管理的工作制度和机制，动员家家户户翻盆倒罐、清除垃圾积水、填平坑洼、疏通沟渠，消除室内外白纹伊蚊孳生地，降低蚊媒密度。登革热各项防控措施覆盖各居（村）委会、机关企事业单位、居民区。组织专门队伍开展灭蚊消杀工作。2015年市出现的输入性病例发生后，市爱卫办和市疾控预防控制中心公共卫生消杀工作人员在疫点半径100米范围内组织开展以成蚊杀灭和清除蚊媒孳生地为重点的爱国卫生运动。并要求各县（市、区）应急办、卫计局、疾控中心、爱卫办等相关部门要各司其职，亲临现场指导登革热防控工作等，市出现的输入性登革热患者已治愈，并且未出现本地二代病例。

【环境卫生整治逐步常态化】 根据《韶关市落实“三个一”环境卫生整治制度实施方案》要求，市爱卫办加强统筹治理城乡环境卫生，通过突击性与经常性工作的落实，着力解决环境卫生“脏乱差”问题，改善城乡环境卫生。为预防和控制春夏季传染病的发生与流行，市爱卫办组织开展以“全民参与爱国卫生，共建共享健康韶关”为主题的第27个爱国卫生月活动。通过印发宣传画、宣传折页、宣传海报等形式，办好社区、单位宣传栏，举办大型现场宣传活动，宣传新时期爱国卫生运动重要意义和重点任务，组织人员进农村、进社区、进学校、进企业、进机关，进行健康知识宣传，提高群众参与积极性和主动性。各县（市区）结合实际，按照属地管理的原则，组织街道（镇）、社区居（村）委组织开展以清理城中村、城乡结合部、铁路及公路沿线、村庄周边等垃圾，集中力量消灭卫生死角。结合“五一、国庆、中秋”等节假日，开展环境卫生整治行动，通过清除卫生死角，消灭“四害”孳生地，营造良好的工作生活环境。自2007年开始，市已开始实施“周五公共卫生活动日”，把每周的星期五作为机关企事业单位环境卫生大扫除时间，并划定责任区域和保洁区域，自行对责任包干地段进行卫生整治保洁，清除卫生死角，“门前三包”制度和门内卫生达标责任制得到长期坚持。

【开展除四害活动取得实效】 市采取多种形式向驻地单位和社区居民宣传卫生和病媒生物防治知识，以提高人民群众的卫生防病意识。通过完善消杀工作机制，确保辖区的“四害”密度，始终控制在国家规定的标准范围之内。3月，市爱卫办按照市爱卫会工作部署，组织辖区街道（镇）、社区居（村）、市直机关企事业单位等开展“四害”孳生地本底调查，查找薄弱环节，明确重点防控区域，通过建立台账，有针对性的开展除“四害”工作。市爱卫办联合市疾控中心在市区内选择人口较密集的公园、绿化带、医院、居民区等类环境作为监测点，通过加强疫情监测，及时掌握全市和省内疫情动态并分析研判，为科学防蚊灭蚊提供依据。根据季节变化和病媒生物孳生特点，结合爱卫月、法定节假日、城乡整洁行动等特殊时间节点，深入街道、社区，组织群众开展大搞环境卫生，清理卫生死角，翻盆倒罐，清除“四害”孳生地活动。全市统一部署，组织开展春季、夏季投药灭鼠、烟熏灭蚊统一行动，取得一定成效，“四害”密度得到控制。8月18日至20日，市爱卫办与市创文办组织检查组对浈江、武江、曲江区病媒生物防制工作进行检查。检查组采取听汇报、查阅相关资料和现场检查的形式，对所辖区域的主要街道、小街巷、居民区、城中村、城乡结合部、农贸市场、机关企事业单位、餐饮店、垃圾中转站、花店等场所病媒生物防控工作进行专项检查，并通报检查有关情况。市辖三区在开展病媒生物防制工作中，采取有效措施，取得病媒生物防治实效。

2015年武江区开展春季爱国卫生运动统一行动日（市爱卫办 供）

【推进农村改厕工作】 市爱卫办强化业务培训，通过举办农村改厕技术培训班以及印发宣传画册等资料，普及科学改厕知识，不断提高基层农村改厕技术水平；各级爱卫办经常深入农村进行现场检查指导，确保改厕达到质量标准要求。通过整村推进，拆旧建新，改变旧的生活陋习，在旧房子进行改造三格无害化卫生厕所工作。，全市农村卫生厕所普及率达96.73%，无害化卫生厕所普及率达到91.67%。超额完成“十二五”目标任务。

【做好农村饮用水监测工作】 统筹组织协调开展实施农村环境卫生监测项目的前期工作，参加2015年广东省农村环境卫生监测项目技术培训，并协助市疾控中心完成乐昌、曲江、仁化、始兴4个项目监测县监测任务。协调市水务局、疾控中心，推进市农村饮水水质卫生监测网建设工作，完成全市农村饮用水质的卫生状况和安全程度的卫生监测任务。

【推进卫生创建工作】 为使市卫生镇村创建工作有所突破，市爱卫办从5月6日开始，前往各县（市、区）开展创建卫生镇村专题调研，通过召开座谈会，听取各县（市、区）分管领导和财政、农业、住建、爱卫办等有关部门对创建卫生镇村工作的意见建议，形成《韶关市2015—2020年加快推进创建卫生镇村工作方案》提交市政府，并以市政府名义发文至各县（市、区）政府、市爱卫会成员单位。为加大创建卫生镇村工作的推进力度，将创建卫生镇、卫生村工作纳入2015年县（市、区）经济社会科学发展考核指标。2015年起，市以行政村为单位进行卫生村创建，共创建省卫生村17个、市卫生村155个，市卫生镇8个，重新确认南雄珠玑等四镇为市卫生镇。做好巩固省卫生城市复审工作。市爱卫办组织有关专家对翁源县创建国家卫生县城工作进行暗访，对南雄、乐昌巩固省级卫生城市进行暗访和市级考核，并对巩卫资料的收集、整理、归档、装订等建档工作进行业务指导，指导两地开展巩固和提高省级卫生城市创建成果，完善长效管理机制。9月，南雄、乐昌市通过省的复审工作。

【巩固国家卫生城市复审准备工作】 根据《国家卫生城市评审与管理办法》要求，国家卫生城市自命名后每三年复审一次，2016年国家爱卫会对韶关市国家卫生城市进行复审。为巩固和提升国家卫生城市创建成果，提高城市卫生管理水平，韶关市做好各项迎接前期工作，确保通过复审考核。为巩固和发展创建成果，鉴于市巩固国家卫生城市工作指挥部部分成员工作变动，市委、市政府对韶关市巩固国家卫生城市工作指挥部组成人员予以调整。指挥部下设办公室（又称市创文巩卫办），与市创文办联合办公，由创文巩卫办统筹组织、督促指导全市的创文巩卫日常工作。按照《国家卫生城市评审与管理办法》规定，参照《国家卫生城市标准（2014版）》，制定并下发《韶关市迎接国家卫生城市复审工作方案》。确保各项迎检工作推进。巩固国家卫生城市建档资料是国家卫生城市复查的一项重要内容，是直接反映韶关市巩固国家卫生城市工作历程。为保证各部门单位建档规范科学，着手根据新标准研究制定市《巩固国家卫生城市工作建档指引》，并安排各重点责任单位做好专题汇报撰写工作，保证巩卫资料建档通过考核验收。（陈洁莹）

卫生监督与执法

【机构概况】 韶关市卫生监督所是韶关市卫生和计划生育局下属的执法机构，是参照公务员法管理的公益一类副处级事业单位。主要工作职责涵盖公共场所卫生、学校卫生、生活饮用水卫生、医疗机构、采供血机构监督和传染病防制、职业卫生和放射诊疗机构监督等各项卫生监督工作。下设8个科室，核定人员编制44名，实有干部职工40名。

【卫生法律法规宣传】 加强与新闻媒体的联系和信息报送。2015年，该所向省市媒体和各相关部门报送信息32篇，县市区投稿数104篇。为扩大消费者权益保护的宣传，开展保护消费者权益工作，2015年3月15日，市卫监所派出卫生监督员参加在百年东街爱情广场举行的韶关市“3·15国际消费者权益日”宣传纪念活动，卫生监督员向消费者就公共场所量化分级管理、医疗机构无证行医、消毒产品的选择、计生奖励与罚款等法律法规向市民现场宣传，发放卫生计生宣传材料两百余份。通过这次活动，增强市民消费维权知识。

【卫生行政许可】 学习《中华人民共和国行政许可法》的规定，明确本级卫生行政许可条件、程序、期限，规范行政许可行为。对卫生行政许可实行服务承诺制、一次性告知制；公开卫生许可审批程序、审批期限、准入条件和收费项目，为申办者提供须知等材料，简化办事程序，缩短申请办证时间，热情接待申请人等受到群众的好评。把好准入关，逐步提高准入条件，使生产经营场所、卫生状况得到持续改善。2015年，市卫监所受理发证科按照卫生行政审批权限和时限要求，做好审批过程中的跟踪、受理、审查、审批、发证工作，共办理各种卫生行政许可事项1226件（其中公共场所及供水单位卫生许可404件，母婴保健技术服务执业许可3件，母婴保健技术合格证书核准285件，医疗机构设置及执业许可179件，放射诊疗许可31件，执业医师注册核准321件，不予许可6件，注销卫生行政许可30件），接受各类咨询3000余宗，提前预约上门服务268次，提前办结率达到100%。

【公共场所卫生监督与执法】 2015年对65家新、改、扩建经营单位开展建设项目卫生审查和竣工卫生验收工作。发放审核公共场所卫生许可证523间，其中，新办105间、复核152间、变更31间、延续170间，不予许可21间。为规范公共场所卫生管理，本年度对辖区内1366户公共场所进行巡回监督检查，全年检查3192户次，对经营网点进行卫生监督户均2.31次，监督覆盖率达100%。检查中共书写检查笔录897份，发出限期整改意见书530份。对1417间公共场所单位进行卫生监督量化分级管理。制订《2015年韶关市公共场所卫生监督工作计划》和《2015年韶关市公共场所专项检查工作安排》并组织实施。持续贯彻《大型购物场所、影剧院、游艺厅（室）、健身室、展览馆、博物馆、美术馆和图书馆等场所专项检查》文件。2家未曾办理卫生许可的大型经营单位均已进入办证程序，警告和处罚1家未取得《卫生许可证》的经营单位。对市区内美容、沐浴场所约103家经营单位进行卫生监督检查。对全市16家游泳场馆进行专项监督检查工作，对尚未办证的小区游泳场馆进行督导，并对4家违法单位实施处罚。对全市69间沐浴场所进行卫生监督专项检查，对5家未取得《卫生许可证》的单位给予警告和罚款的行政处罚并督促其办理《卫生许可证》。开展公共场所重点监督检查工作。自6月始，根据省重点检查工作计划，制定市重点监督检查工作计划，共抽检27户，39份样品。对24家违法经营单位进行处罚，其中23宗为无证经营，1宗为从业人员未取得有效健康证明上岗服务，共发出2.95万元的处罚告知。24宗处罚案件均已结案，结案金额为2.95万元。

【医疗机构执业监管】 完成对127家医疗机构执业许可证年度校验、换发证的现场审查工作；完成对3家医疗机构母婴保健技术服务许可证年度换证现场审查工作。对辖区内182家医疗机构开展巡回卫生监督，监督覆盖率达100%，并对55家存在不良执业行为的医疗机构进行记分处理。

【血液安全监管】 2015年3月—6月，对韶关市中心血站和乐昌市同路单采血浆有限公司开展血液安全监督工作，重点检查采浆技术操作规范的执行情况，打击非法采浆行为；对市区范围内的8家开展临床用血的医疗机构进行专项监督检查，将临床用血卫生监督纳入持续性日常监管。

【传染病防控卫生监督】 市医疗机构传染病防控卫生监督工作已纳入日常监督工作范畴。2015年，市所对市区范围内181家持有效《医疗机构执业许可证》的医疗机构进行传染病防控监督检查，要求各单位或机构按照相关文件和法律法规做好相关工作。

【整治非法医疗广告】 结合韶关市政府“巩卫、创文”工作要求，2015年1月至8月继续深化开展整治虚假违法医疗广告行动。建立医疗广告专项监管档案，及时收集整理市区发布医疗广告的医疗机构信息。对市区发布医疗广告的医疗机构进行走访调查，与机构负责人沟通宣传，分析创文工作的新要求和虚假违法医疗广告的危害，让其在思想上认识到合法医疗广告的必要性，督促其自行规范广告内容。摸查户外广告，重点监测大街、候车站牌、灯箱、宣传栏和小巷宣传纸张，特别注重加强学校周边的巡查。

【集中消毒餐饮具生产企业的监管】 市现有集中消毒餐饮具生产企业两家，监管重点放在餐饮具集中消毒单位的选址、布局，消毒工艺流程、使用的洗涤、消毒产品、生产用水、消毒餐饮具的产品包装和标签内容，以及从业人员健康体检情况等。

【《献血法》等落实情况监督检查】 3月初，按照监管职责对1家单采血浆站（乐昌市同路单采血浆有限公司）、1家血站（韶关市中心血站）、8家开展临床用血的医疗机构进行专项监督检查工作，对不符合相关要求的7家单位下发《卫生监督意见书》限期整改。

【医疗废物集中处置和污水处理情况】 所结合日常监管工作开展对辖区内医疗机构医疗废物集中处置和污水处理专项卫生监督检查，期间共检查医疗机构162家，有污水处理的医疗机构24家，对27家在医疗废物管理工作中存在不规范行为的医疗机构作记分处理，下发《卫生监督意见书》限期整改，并对3家逾期未改的医疗机构作出行政处罚。

【消毒产品生产企业检查】 根据广东省卫生和计划生育委员会《关于开展消毒产品生产企业和放射卫生技术服务机构专项整治工作的通知》要求对“韶关市联进纸业有限公司”进行监督检查，按照检查表对其从业人员、生产车间、成品仓库、生产用水等方面着重检查，对存在问题已下发《卫生监督意见书》并督促落实。

【餐饮具集中消毒卫生监督监测】 按照市卫生和计划生育局《关于开展2015年韶关市餐饮具集中消毒单位卫生监督监测专项行动的通知》要求和配合韶关市政府举行的“2015年韶关市食品安全宣传周”活动，对市区2家餐饮具集中消毒单位按有关规定对餐饮具集中消毒单位从选址布局中的远离居民区和附件无污染源到必须设有各相关功能区间，及其产品进行卫生监督、监测。

【医疗织物清洗消毒监督】 对全市开展医疗织物自洗的18家医疗机构进行监督检查，按照检查表内容对检查中发现的医疗织物清洗消毒存在不规范的8家医疗机构依据相关法律法规下发监督意见书，限期整改。

【医疗卫生和传染病防治】 市卫监所对市区范围内各级医疗卫生机构开展以感染性疾病科/分诊点、血液净化诊疗、口腔诊疗、注射室等为重点的专项监督检查。

【人类辅助生殖技术服务专项整治】 所对市区范围内开展含有“妇产科、

泌尿外科、不孕诊疗”科目的20家医院进行专项监督检查。

【二次供水及管道分质供水单位的卫生监督管理】 制定2015年韶关市卫生监督所二次供水及管道分质单位专项检查计划，对韶关市区48家二次供水单位和11家管道分质单位进行监督检查。并按2015年广东省公共卫生重点监督检查计划的要求对10家二次供水单位的二次供水水质进行现场快速检测臭和味、肉眼可见物、消毒剂余量3个指标，10家单位全部合格。

【集中式供水单位的卫生监督管理】 2015年加强对市区4间市政水厂及5间乡镇集中式供水单位的卫生管理制度落实情况，水源防护情况，水质检验能力及水质检验情况，消毒设施运转情况，使用涉水产品情况，直接从事供、管水人员健康证及卫生知识培训情况等方面的检查；并使用快速检测设备对这9间水厂的出厂水水质进行臭和味、肉眼可见物、消毒剂余量3个指标的检测。卫生监督员根据检测结果，现场下达卫生监督意见书，责令水厂限期改正。

【涉及饮用水安全产品卫生监督】 开展强化全市涉水产品专项执法行动，着重对市区销售净水器、饮水机等涉水产品销售单位进行清理排查；共检查涉水产品销售单位41户次，集中式供水单位12户次，二次供水单位48户次，管道分质供水单位12户次，115种涉水产品。截至2015年11月，立案查处涉水产品销售企业6户，罚款3500元。

【学校卫生监督】 2015年对市区城乡中小学及高校共85间进行学校传染病防控监督检查，全部学校都已制定学校传染病突发事件应急预案、有专人负责传染病疫情报告、已建立学生健康档案、基本每年实施学生健康体检、中小学有晨检及因病缺勤登记。2015年对韶关市区的69间学校的学校教学、生活环境进行监督检查，并现场用快速检测仪器对其中的45间学校开展学校卫生综合监督评价工作。市卫监所每年春、秋两季开学时，都将组织对市区各类学校二次供水、自建设施供水、分质供水的设施设备、卫生管理、水质检验情况检查，要求各学校落实“三防”设施、水池定期清洗、供管水员持健康证上岗、涉水产品及消毒产品索取产品批件、水质检验等工作。2015年用生活饮用水现场快速检测仪器对4间学校自建供水设施的水质进行臭和味、肉眼可见物、消毒剂余量三个指标的快速检测，由于4间学校的自建供水设施都没有消毒设施、消毒剂余量都不符合要求。针对以上各种情况，对供水设施或卫生管理不符合要求的责任学校，卫生监督员当场提出限期整改意见，责令立即整改。

【加强放射防护知识培训】 举办2015年放射卫生管理知识培训班。对市局发证的59间医疗机构放射防护负责人共68人进行培训，提高各医疗机构放射安全防护管理负责人的管理水平以及对放射防护工作重要性的认识，为建立全市放射诊疗长效监管机制奠定基础。组织全市371名放射工作人员参加韶关市职业病防治院举办的2015年放射工作人员知识培训班，确保全市放射工作人员职业健康体检率和个人剂量监测率达98%以上。

【放射诊疗建设项目卫生审查监督管理】 完成粤北三院、始兴、翁源县中医院、韶关市铁路医院、韶关市中医院和乐昌市人民医院、韶关启德医院等医疗机构的多个新建（改建）放射诊疗建设项目的竣工验收工作；对韶关武江监狱医院、乐昌市第二人民医院等医疗机构的新建放射诊疗建设项目进行预评价报告的专家初审工作，标志着韶关市放射诊疗建设项目卫生审查工作取得突破性进展，提高市放射诊疗建设项目卫生审查率。

【对放射诊疗机构管理】 规范《放射诊疗许可证》的许可、校验工作。对7间医疗机构新增的放射诊疗项目或放射诊疗设备，按国家标准要求进行许可，新发放、变更《放射诊疗许可证》13份，共许可新增放射诊疗设备9台。完成对33间应按规定校验的医疗机构的《放射诊疗许可证》校验工作，确保各医疗机构依法开展放射诊疗工作，保障放射工作人员、受检者和公众的健康权益。按照《广东省2015年度医疗卫生机构医用辐射防护监测项目工作方案》的要求，完成全市放射诊疗机构基本信息、监测医院信息调查及在用的荧光屏透视机的数量调查工作，并按时汇总上报。截至年底，对未配备和使用个人放射防护用品等违法行为进行行政处罚，一般程序2宗，简易程序4宗，处罚金额共计1.1万元。

【门机联锁防护装置整改】 对新建的8间医疗机构共13个放射工作场所的防护设施进行整改；宣传、鼓励各医疗机构在经济等实际条件适当时，除符合《应用X射线诊断放射防护要求》的相关要求外，加强对旧的放射诊疗机房进行门机联锁防护装置的安装改造。共12个新建（改建）放射工作场所安装门机连锁防护装置，保障公众免受射线的意外照射。

【提升基层放射诊疗工作水平】 按照《韶关市放射诊疗规范管理年活动方案》要求，以县（市、区）为单位，由市职防院统一对各县放射诊疗设备及工作场所防护设施进行集中检测。已按进度完成6个县（市、区）及2个县大部分放射诊疗设备及工作场所的检测，提升各县放射诊疗设备和场所的检测率。利用到各县（市、区）人民医院或中医院进行日常监督检查的时机，加强对8个县（市、区）放射卫生监督工作和放射诊疗工作的指导，尤其是在放射诊疗建设项目卫生审查方面的专业指导，为县级卫生计生行政部门开展放射诊疗建设项目预评价审查和竣工验收审查工作提供技术支持，提升基层放射诊疗建设项目卫生审查工作水平。

【职业卫生监督检查】 参与完成省职业健康协会对市职业病防治院的职业病诊断机构资质现场认可技术评审，在省级专家的参与下，依据相关法律法规，对该院的职业健康监护、职业病诊断等工作进行监督检查。参与完成省职业卫生监督工作情况摸底调研工作，完成对全市职业卫生工作基本情况的汇总上报。加强对粤北人民医院等医疗机构的疑似职业病报告工作的监督检查。监督检查韶关市职业病防治院的职业健康检查工作。开展专项监督检查韶关市职业卫生中心的放射卫生技术服务机构。

【打击非法行医专项整治工作】 2015年市开展历时一年的整顿医疗秩序打击非法行医专项行动，重点清查农贸市场、小街小巷等场所存在的游医、假医；取缔未取得《医疗机构执业许可证》擅自开展诊疗活动的“黑诊所”；打击“医托”行为；严查医疗机构不良执业行为等。行动中查处违法行医案件8宗，罚没金额2.1万元，其中取缔、捣毁非法“诊所”3家。查处案件涉及无证行医、医疗机构超诊疗科目范围开展诊疗活动、聘用非卫生技术人员开展诊疗活动、执业助理医师独立开具处方、医疗机构违规处置医疗废物、违规发布医疗广告等。对47家存在不良执业行为的医疗机构作记分处理。

【对卫生监督员和监督所的稽查】 2015年5月和11月两次对市卫监所一线科室卫生监督员的执法行为和着装风纪进行稽查。每次对4个科室书写的现场笔录和卫生监督意见书各随机抽取10份进行稽查（共计148份）。分两次对市卫监所一线科室卫生监督员的着装风纪进行稽查发现，市卫监所卫生监督员的着装风纪情况总体良好，在监督执法过程中均能做到依法行政和文明执法。2015年稽查各县（市、区）卫生监督所卫生监督执法文书、卫生行政处罚案卷、卫生监督员着装风纪情况，查阅卫生监督文书共计176份，一般程序卫生行政处罚案卷16份，现场笔录80份、卫生监督意见书80份，深入科室稽查卫生监督员的着装风纪、执法行为，记录卫生监督员稽查表59份；实地抽查各县（市、区）卫生监督所2015年新发证单位的卫生许可状况，其中稽查公共场所、医疗机构，抽查数共计18家，记录卫生监督执法文书稽查表8份，书写稽查笔录8份，发出稽查意见书8份。

【投诉处理】 及时处理投诉举报。2015年受理并查办27宗投诉案件。已立案查处8宗，给予责令立即停止违法行为、警告及罚款的行政处罚，罚款人民币19400元。

【稽查巡查】 加强对各经营单位的巡查和完成对市卫监所新发证单位的稽查工作。完成对市所24间新发证单位的稽查工作，大部分新发证单位符合相关的许可要求和规范；巡查60家单位，对有问题的单位下达意见书或是立案查处。针对上述问题，稽查人员给相关责任监督科室下达稽查意见书，要求其对存在问题的单位加大监督力度。

【违法案件查处】 为落实“两法衔接”工作，促进公正廉洁执法，市卫生监督所对2014年已办结的卫生行政执法案件进行自查工作，主要是医疗卫生和公共卫生违法案件。自查2014年已办结的无移送公安的卫生行政执法案卷共57宗，其中一般程序为49宗，简易程序为8宗；医疗卫生违法案件为18宗，公共场所违法案件为19宗，放射卫生5宗，涉及饮用水卫生7宗；处罚内容为警告、罚款，罚款共计76421元整。自查工作完成后，汇总总结存在的问题和不足。 （戴甲文）

体育综述

【机构】 韶关市体育局是主管体育工作的市人民政府工作部门，市体育局编制21名，局机关设5个科室。3个直属单位分别是：市体育彩票管理中心、市中心业余体校、市体育场馆管理中心。

【概况】 2015年，体育工作以服务大众为宗旨，实施《全民健身计划纲要》，解放思想、改革创新、贯彻落实《全民健身条例》和《广东省加快转变体育发展方式意见》，各项工作有序开展，涌现出一批体育竞技人才。黄燕珍获全国女子曲棍球锦标赛第三名；邱秀平获第一届全国青运会赛艇个人第四名、全国赛艇锦标赛个人第八名；雷灶钊赛艇全国锦标赛个人第五名；邓永通第一届青运会男子赛艇个人第八名。

群众体育

【体育场地设施建设】 2015年，市体育局根据《韶关市体育场馆设施向社会开放资助方案（2014年—2016年）》精神，推进机关事业单位体育场地设施向社会开放工作，完成30万平方米体育场地设施向公众开放和11个乡镇农民体育健身工程建设任务，指导和资助贫困村体育场地设施建设。全市人均体育场地面积为2.39平方米。

【全民健身活动】 举办元旦环城跑、龙狮闹元宵、全国百城和千村健身气功展示和科普讲座活动、龙舟赛、8月8日全民健身日、广东省第三届环南水湖自行车公开赛、广东省首届铁人三项挑战赛、第五届野外露营、第八届徒步穿越丹霞山、第四届丹霞山绿道快乐骑行等活动以及万村居篮球赛（韶关赛区）等，全年全市组织群众体育活动、竞赛250多场次，参与人数达15万人次。全市经常参加体育锻炼人口49.1%。

【社会体育指导员队伍】 韶关市有社会体育指导员8955人，其中国家级25人、一级291人、二级1810人、三级6829人。韶关市每万人拥有社会体育指导员28名，排在全省前列。韶关市109个的乡镇（街道）建有社会体育指导员服务站。服务站运作良好，对基层社会体育指导员培训、管理、上岗服务起到很好的作用。

【开展国民体质监测】 开展2015年全国6－70岁以上人群全民健身活动状况调查工作，完成1500多人的入户问卷调查工作。开展2015年20－69岁人群体育健身活动和体质状况抽测工作，完成5224例样本量。超额完成国家下达的监测任务。

【参加省以上比赛】 2015年，韶关市乳源县少数民族龙舟队、押加队、表演队代表广东省参加在内蒙古举行的第十届全国少数民族传统体育运动会龙舟、押加的比赛，获得一等奖3个，二等奖9个，三等奖1个，为广东省代表团争得荣誉。市桥牌协会组队代表韶关市参加“2015年广东省桥牌锦标赛（乙级）”取得集体项目第一名；木兰拳协会组队代表韶关市参加“2015年广东省传统武术项目锦标赛”，取得常青组集体项目一等奖、二等奖；老年体协代表韶关市参加“2015年广东省老年人太极拳（剑）比赛”，取得集体项目2个一等奖、个人项目16个一等奖。

【体育社会组织建设情况】 截至到2015年底，韶关市有市级单项体育协会25个，县级单项体育协会87个。各单项协会发挥作用，组织举办单项群众性体育活动。推进职能转移，将社会体育指导员培训、体育单项活动竞赛等委托给体育社会组织举办。2015年，武江区惠民街道办、仁化县长江镇，浈江区锦园街道，曲江区白土镇、乌石镇、枫湾镇，始兴县城南镇、司前镇，翁源县周坡镇、官渡镇、坝仔镇、翁城镇被评为省优秀社会体育指导员服务站。

青少年体育

【业余训练重点班工作】 开展2015年业余训练重点班检查工作，推动韶关市竞技体育水平。落实业余训练重点班各项扶持政策，对符合条件的26个重点班发放2013年训练补助17.5万元。

【青少年体育俱乐部工作】 申报翁源时光青少年体育俱乐部为省级青少年体育俱乐部；制定《韶关市青少年体育俱乐部管理办法》；开展市级青少年体育俱乐部评定、命名工作，韶关市有4家国家级青少年体育俱乐部，9家省级青少年体育俱乐部。

【参加省第十四届运动会】 本届省运会，韶关市代表团派出490名运动员参加21个项目的比赛，获得团体总分1446.6分，在22个代表团排名第12位，受到省运会组委会表彰奖励，完成赛前制订的团体总分“保十三、争十二”的目标。获得金牌3枚、银牌7枚、铜牌13枚，韶关市还获得体育道德风尚奖、学校体育组团体总分二等奖、实施《国家学生体质健康标准》工作优秀奖三个奖项。韶关市选送的体育专业论文参加学校体育组科学论文报告会获省一等奖1篇，二等奖4篇，三等奖13篇，市体育教师代表队参加学校体育组中小学体育教师教学技能大赛获团体总分二等奖，其中有4人获省一等奖，6人获省二等奖。

【第十五届市运会准备工作】 就新周期韶关市青少年体育工作改革进行研究，制定、下发《韶关市第十五届运动会竞赛规程总则》（征求意见稿）。

【运动员培养输送】 2015年向省体工队输送优秀运动员1人，向省体校输送优秀运动员2人。审批二级运动员42人。

【教练员队伍建设】 组织韶关市教练员10批40人参加省教练员继续教育培训；开展2015年韶关市教练员培训工作，聘请有关专家到韶关授课，共有70名教练员参加培训，从而提高韶关市教练员素质。

体育产业

【户外运动基地建设】 组织开展徒步穿越丹霞山、野外露营、环南水湖自行车赛、首届铁人三项挑战赛等具有韶关特色的户外系列活动，组织“徒步穿越丹霞山”和“乳源·环南水湖自行车公开赛”，参加在山西太原举办的“2015年中国体育文化·体育旅游博览会”展出，获得优秀组织单位奖。加强韶关户外运动网站的建设，为户外运动爱好者提供赛事宣传、活动召集、户外指南、快乐共享等平台服务。

【救生员培训】 2015年韶关市举办三期游泳救生员培训班，232人参加培训，有198人通过理论、实操考试，获得国家职业资格证书。培训合格率达到85%以上，达到省职业技能鉴定站培训要求。

【体育彩票工作】 贯彻落实《广东省体育彩票转变发展方式工作方案》，规范体彩销售管理。2015年度全市体育彩票销售3.15亿元，超额完成省、市上级部门下达年销量2.6亿元的任务，完成任务率达121.18%。（余丽芬）

2013—2015 年韶关市省级体育传统项目学校名单

表 27

田　　径	韶关市广东北江中学、韶关市仁化县仁化中学、韶关市乳源瑶族自治县乳源中学
毽　　球	韶关市第四中学
篮　　球	韶关市第一中学、韶关市南雄市南雄中学
足　　球	韶关市第五中学
定向越野	韶关市中等职业技术学校
健 美 操	韶关市南雄市南雄中学
武　　术	韶关市仁化县仁化中学

2015 年韶关市国家级、省级青少年体育俱乐部名单

表 28

国家级	山鹰青少年体育俱乐部、时代青少年体育俱乐部、曲江区益康青少年体育俱乐部、乐昌市现代青少年体育俱乐部
省　级	金福园青少年体育俱乐部、第二中学青少年体育俱乐部、第十三中学青少年体育俱乐部、曲江一中青少年体育俱乐部、始兴县青少年体育俱乐部、仁化丹霞旭日青少年体育俱乐部、星辰青少年体育俱乐部、精英青少年体育俱乐部、翁源时光青少年体育俱乐部

韶关市向省输送高水平运动员名单一览表

表 29

序号	姓名	性别	项目	输入单位	输出单位	原教练
1	赵秀云	女	举重	省专业队	曲江体校	胡永军
2	邓丽娟	女	柔道	省专业队	省青少年竞技体校	金杨
3	李想	女	举重	省青少年竞技体校	曲江体校	胡永军

韶关市参加广东省第十四届运动会成绩统计一览表

表 30

组别	序号	项目	金牌	银牌	铜牌	竞赛得分	折算得分
竞技体育组	1	田径	—	—	—	62	575
	2	举重	3	—	3	113	
	3	赛艇		3	4	179	
	4	皮划艇	—	1	—	32	
	5	射击	—	—	—	83	
	6	击剑	—	—	—	6	
	7	柔道	—	—	—	5. 5	
	8	摔跤	—	—	—	0	
	9	武术	—	—	—	8	
	10	跆拳道	—	—	—	6. 5	
	11	乒乓球	—	—	—	0	
	12	羽毛球	—	—	—	5	
	13	足球	—	—	—	15	
	14	手球	—	—	—	15	
	15	曲棍球	—	—	—	45	

续表 30

组别	序号	项目	金牌	银牌	铜牌	竞赛得分	折算得分
学校体育组	1	田径	—	3	5	207	261.1
	2	武术	—	—	1	68	
	3	健美操	—	—	—	38	
	4	篮球	—	—	—	35	
	5	足球	—	—	—	25	
	6	排球	—	—	—	0	
	7	赛前带分	—	—	—	—	610.5
合计			3	7	13	—	1446.6

韶关市运动员参加省以上正式比赛获奖运动员名单一览表

表 31

序号	运动员姓名	性别	比赛名称	项目	小项	名次	单位	教练
1	廖夫鸣	男	广东省第十四届运动会	举重	男子乙组 +69KG	第一名	曲江区	胡永军
2	刘永龙	男	广东省第十四届运动会	举重	男子丙组 48KG	第一名	曲江区	胡永军
3	赵秀云	女	广东省第十四届运动会	举重	女子甲组 53KG	第一名	曲江区	胡永军
4	陈伟聪	男	广东省第十四届运动会	皮划艇	男子乙组回旋皮艇团体	第二名	仁化县	吴晓勇
5	雷灶钊	女	广东省第十四届运动会	赛艇	女子乙组轻量级 2KM 单人双桨	第二名	仁化县	吴晓勇
6	雷灶钊	女	广东省第十四届运动会	赛艇	女子乙组轻量级 4KM 单人双桨	第二名	仁化县	吴晓勇
7	雷灶钊	女	广东省第十四届运动会	赛艇	女子乙组轻量级 4KM 单人双桨团体	第二名	仁化县	吴晓勇
8	杨晨	男	广东省第十四届运动会	皮划艇	男子乙组回旋皮艇团体	第二名	曲江区	吴晓勇
9	曾祥林	男	广东省第十四届运动会	皮划艇	男子乙组回旋皮艇团体	第二名	始兴县	吴晓勇
10	赖玲娟	女	广东省第十四届运动会	赛艇	女子乙组轻量级 4KM 单人双桨团体	第二名	始兴县	吴晓勇
11	邱秀萍	女	广东省第十四届运动会	赛艇	女子乙组轻量级 4KM 单人双桨团体	第二名	南雄市	吴晓勇
12	李玉锋	男	广东省第十四届运动会	赛艇	男子乙组轻量级 4KM 单人双桨团体	第三名	曲江区	吴晓勇
13	吕保晨	男	广东省第十四届运动会	赛艇	男子乙组轻量级 4KM 单人双桨团体	第三名	曲江区	吴晓勇
14	邓永通	男	广东省第十四届运动会	赛艇	男子乙组轻量级 4KM 单人双桨团体	第三名	乐昌市	吴晓勇
15	郑小文	男	广东省第十四届运动会	赛艇	男子甲组轻量级 2KM 双人单桨	第三名	南雄市	吴晓勇
16	邱秀萍	女	广东省第十四届运动会	赛艇	女子乙组轻量级 2KM 单人双桨	第三名	南雄市	吴晓勇
17	邱秀萍	女	广东省第十四届运动会	赛艇	女子乙组轻量级 4KM 单人双桨	第三名	南雄市	吴晓勇
19	温嘉源	男	广东省第十四届运动会	赛艇	男子甲组轻量级 2KM 双人单桨	第三名	浈江区	吴晓勇
18	张维顺	男	广东省第十四届运动会	举重	男子乙组 62KG	第三名	始兴县	彭峰
20	许源杰	男	广东省第十四届运动会	举重	男子丙组 48KG	第三名	乳源县	彭峰
21	蔡俊峰	男	广东省第十四届运动会	举重	男子丙组 69KG	第三名	新丰县	田全兴

社 会 生 活

民　　政

【概况】 2015年，全市民政工作以保障和改善民生，加强社会管理为主线，加大推进社会救助、社会福利、社区建设、社工人才培养、社会组织管理、优抚安置工作力度，解放思想，开拓创新，真抓实干，促进各项工作平稳推进和发展。

【机构】 2015年，市民政局机关内设科（室）11个。核定行政编制36人。本局直属事业单位有：韶关军用供应站、韶关市福利彩票发行中心、韶关市殡仪馆等10个。（唐焕威）

【自然灾害及抗灾救灾】 2015年度，韶关地区先后遭受1次风雹灾害和8次洪涝灾害。约有10万人次受灾，因灾死亡1人（曲江区），紧急转移安置3220人，紧急生活救助7210人，农作物受灾面积约9696公顷，直接经济损失约2.7亿元。“5·20”特大洪涝灾害应急期间，市减灾委办印发《关于启动自然灾害救助IV级应急响应的通知》，启动自然灾害救助IV级应急响应，要求市减灾委各成员单位及受灾县（市、区）减灾委，做好自然灾害救助工作。省民政厅领导与市委、市政府领导分别带队前往南雄、曲江等受灾地指导救灾工作。各级民政部门调运发放大米、矿泉水、面包、食用油、棉被、帐篷等物资累计折款约90万元，保障灾民的基本生活。灾情稳定后，各级民政部门开展因灾“全倒户”、过渡期救助对象、因灾死亡失踪人员的核查工作，核定因灾“全倒户”154户。为推进灾后重建家园工作和保障灾民冬春期间基本生活，全市争取中央、省、市三级自然灾害生活补助资金共1733.088万元，其中省级自然灾害补助资金1104.588万元；中央级冬春补助资金551万元；市级重建家园补助资金77.5万元。

（朱小燕　唐焕威）

【提高底线民生保障标准】 2015年4月，韶关市民政局、市财政局、市统计局、市发改局、国家统计局韶关调查队在联合调查的基础上，按照低保最低月补差标准不低于省规定的最低标准、不低于现行标准、不低于韶府〔2014〕19号文规定的标准原则，确定10个县（市、区）2015年城乡低保最低月补差标准。经市政府批准同意，韶关市印发《韶关市民政局韶关市财政局关于印发2015年韶关市城乡低保最低月标准及农村五保供养最低年标准的通知》对全市低保、五保提标任务进行统一部署。年底前，全市所有县（市、区）均完成低保补差和底线民生保障水平提标任务，并足额支付到户到人。韶关市城乡低保人均补差标准分别提高到377元/月、175元/月，比2014年分别增加44元、28元，各县（市、区）新标准均达到或超过规定的最低标准374元/月、172元/月，并按新标准从1月足额发放。截至12月底，韶关市有37691户、73600人享受低保，其中城镇9007户、14718人，农村28684户、58882人。1—12月累计支出低保资金19303.86万元。9月8日，市民政局印发《关于开展低保入户核查的通知》，对全市低保入户核查工作进行部署，市民政局以政府购买服务方式，委托相关机构于10月至11月期间对全市低保户开展入户抽查工作。此次入户抽查全市747户低保家庭，发现不符合条件低保家庭6户。查纠城乡低保错保漏保问题是督促各级党委、政府推进阳光低保的重要举措，此次核查工作推进韶关市低保规范化管理工作向前发展。

（班　冰　唐焕威）

【五保供养】 2015年．市政府出台《关于提高韶关底线民生保障水平的实施方案》《关于印发2015年韶关市城乡低保最低月标准及农村五保供养最低年标准的通知》等文件，五保集中、分散供养标准分别提高到人月均554元、544元，较2014年分别增加30.4元、30.5元；2015年，全市供养五保对象6663户、6743人，其中分散供养人数5061人，集中供养人数1682人，集中供养率达25%，全市支出五保资金4274.93万元，其中省财政投入五保供养补助金2327万元

【敬老院建设】 2015年，加强敬老院建设。争取省民政厅支持，获得省资助敬老院建设资金共计1651万元，其中资助11间敬老院建设资金1489万元、15间敬老院设施改造维护更新资金162万元，并首次资助47间敬老院运营经费338.5万元。按省市要求，加强对全市92间敬老院消防安全整改工作，对没有获得消防资质的敬老院实行整改，对敬老院工作人员和入住的五保老人进行安全防患教育。

（胡海波　唐焕威）

【医疗救助】 2015年，市民政局印发《关于做好2015年医疗救助提标工作的通知》，对全市医疗救助提标工作进行部署。10个县（市、区）制定出台当地提标方案。全市按要求对农村五保户、城镇“三无”人员实行基本医

疗费用（含门诊、住院）全额救助，城乡低保对象政策范围内住院自付医疗费用的救助比例提高到70%，1—12月全市实施医疗救助53212人次，支出医疗救助金2733.96万元，其中住院医疗救助8430人次，支出医疗救助金2222.76万元，人均救助标准达2636元，超过省规定的1556元，解决困难群众的医疗保障问题，受到社会好评。

（杜华杰　唐焕威）

【全面实施临时救助】 2015年，全市贯彻落实国务院《关于全面建立临时救助制度的通知》《广东省临时救助暂行办法》，出台《韶关市临时救助实施细则（试行）》，新丰县出台《新丰县城乡困难群众临时救助实施办法（试行）》，把临时救助作为最低生活保障制度和各专项社会救助制度的补充，缓解因重大疾病、突发性事件等造成生活特别困难的城乡群众生活压力，发挥临时救助作为社会救助体系拾遗补缺角色的作用。1—12月，全市实施临时救助3407户次，支出临时救助金268.9万元，向社会组织转介713户次，支出慈善救助资金196.25万元。

（杜华杰　唐焕威）

【慈善事业】 韶关慈善总会自2006年成立后，10个县（市、区）先后成立慈善会。2015年，韶关慈善总会通过各种渠道，采取多种形式，开展各项社会慈善宣传活动，募集基金。募集资金来源：在全市范围内开展“广东扶贫济困日”活动，动员市直各单位、中省驻韶企事业单位、大中厂矿、驻韶部队、学校等各方面的捐款共2725.11万元，其中市本级接收捐款1382.97万元，各县（市、区）慈善会接受捐捐款1342.14万元；开展“希望行动”“光明行动”“健康行动”“情暖韶关”等一系列慈善助学、助医、助困活动。2015年，韶关慈善总会为社会公益事业支出善款1387.80万元。救助本市的特殊困难群体和个人，包括助医济困、助学济困、赈灾济困、扶老助残等；资助100名贫困白内障患者每人1000元，150名贫困应届大学生每人5000元，60名重大疾病患者每人8000元，138户因灾“全倒户”1000元至3000元。以及给予相关社会公益性机构进行救助活动，包括教育机构、医疗机构、敬老院机构等救助金177.95万元；根据捐赠者意愿定向捐赠下拨145.59万元；根据“广东扶贫济困日”活动精神，下拨扶贫救助资金1064.26万元到各县（市、区）扶贫点。

（杨　琳　唐焕威）

【农村社区建设】 开展村（居）务公开和民主管理示范创建工作，2015年全市有201个村、33个社区荣获省第五批村（居）务公开民主管理示范创建达标单位称号。乳源、翁源作为省村务公开定点联系县，开展村务公开规范化建设工作，并通过省级规范化标准考核验收，综合得分分别排名全省第一和第三。乳源县在村务公开规范化建设方面利用现代信息网络技术，建立联通县镇村三级网络监管系统，群众可以利用家用电脑或手机在党风廉政信息平台上实时了解当地农村集体“三资”动态管理和村务、政务信息。乳源县村务公开规范化建设在全省作经验介绍。2015年5月，全市落实440个贫困村（不含南雄市、仁化县、乳源县）村务监督委员会成员省级补贴381万元。2015年9月，举办《广东省村务公开条例》《广东省村务监督委员会工作规则》学习示范培训班，各县（市、区）民政局分管领导、基层政权和社区建设股股长近30人参加培训。2015年11月底前完成县、镇、村三级培训，全市村委会成员、村务监督委员会成员都培训一次，提高村委会成员、村务监督委员会成员的认识和工作能力。

（陆华芳　唐焕威）

【城镇社区建设】 2015年，按照省民政厅《广东省民政厅关于实施城乡社区公共服务站“基石计划”的通知》的文件精神，启动城乡社区公共服务站“基石计划”。全市完成3个社区居委会（浈江区十里亭镇碧桂园东区社区居委会、南雄市雄州街道八一社区、仁化县长江镇长江社区委员会）“基石计划”的资金申报工作，并获得2015年省级福彩公益金每个社区居委会30万元资助，用于社区公共服务站建设。2015年10月，根据市政府办《关于落实市委城区提质优化专题工作会议精神的通知》精神，局及时成立社区建设情况专项调研小组，分赴浈江区、武江区的8个镇、5个街道，通过与社区居委会代表召开座谈会、实地调研、查阅文件资料等形式，开展社区建设情况调研，形成专题调研报告，供市政府决策参考。2015年11月，对社区减负增效问题进行多次调研，并制定《关于社区减负工作的实施方案（初稿）》，提升城区居委会提质优化水平。

（陆华芳　唐焕威）

【婚姻登记管理】 2015年，依法依规开展婚姻登记工作，维护婚姻当事人的合法权益。通过群众来电反映、网络问政平台等方式对全市各婚姻登记机关进行监督。2015年，办理网络问政13件、来信咨询1件、来函协查4件。指导全市有条件的婚姻登机关进行等级婚姻登记机关创建，并协助省民政厅做好婚姻登记机关登记评定的申报、评选工作。曲江区成功创建申报国家3A级婚姻登记机关。2015年，市民政局婚姻登记处、曲江区、翁源县、乐昌市、始兴县民政局婚姻登记处共申请省级福彩公益金115万元，用于婚姻登记机关场地建设和办公设备购置，以改善婚姻登记环境、提高服务质量。2015年全市11个婚姻登记处均统一使用广东省婚姻信息管理系统，实行全省联网实时在线登记。2015年，全市办理结婚登记27887对、离婚7552对、补领结婚证5447对、补领离婚证596对，婚姻登记合格率为100%。

（陆华芳　唐焕威）

【军休干部管理服务】 韶关市有军休所3个、服务站1个、服务点7个，现有军休干部105人，无军籍退休退职职工102人。其中，2015年接收退休干部2人，无军籍退休退职职工7人，完成上级分配的安置任务。2015年，落实军休干部的“两个待遇”，利用春节、“八一”建军节和建党七十四周年纪念日等，组织军休干部学习党史和党的十八届四中、五中全会精神，让老干部感受到组织的关怀和温暖。利用节假日等时间走访慰问老干部，对生病住院的老干部，局领导都亲自到医院看望。2015年，军休所的设施有较大的改观，惠民路军休所筹集资金200多万元加装电梯，五祖路军休所筹集资金216万元对新建办公场所进行装修。为丰富军休干部的晚年精神文化生活，经常组织军休干部开展文体活动，提高军休干部身心健康水平。2015年，在广东省民政厅和广东省军区组织的广东省接收安置的军队离休退休干部纪念中国人民抗日战争暨世界反法西斯战争胜利70周年书法绘画摄影展活动中，五祖路军休所老干部范忠人荣获二等奖，赵永明荣获三等奖。（陈捌宝　唐焕威）

【退伍军人安置】 2015年全市接收退役士兵835人，转业三级士官27人，已全部安置完毕。全市全年发放退役士兵自主就业一次性经济补助金1855万元，实现安置率100%，取得较好成绩。根据《韶关市征兵优抚安置规定》，全市为进疆服役和入、退伍大学生共发放奖励金63.65万元。为提高退役士兵的就业技能，组织退役士兵免费参加职业教育和技能培训，确保有意愿的退役士兵100%参加教育培训，2015年，全市参加就业培训的退役士兵845人，就业率达到100%，深受退役士兵的好评。（赵海峰　唐焕威）

【行政区划工作】 2015年韶关市行政区划无调整变化。行政区域界线管理工作取得较大进展和加强。落实界线委托管理，市财政安排专项经费用于市级界线界桩委托管理，并与有关县（市、区）、镇、村及管护责任人签订59份委托管理协议。完成“河韶线”第三轮联合检查工作，“河韶线”界线总长227.165公里，共埋设界桩11颗（含韶惠河三交点44021316S），联检过程中，市民政部门履行职责，按照《广东省民政厅关于行政区域界线联合检查的实施办法》规定的内容、方法步骤和质量标准，做好联检的各项工作。完成南雄市与始兴县等6条县级行政区域共317.98公里的界线联合检查工作，联检中6条线界边界线及两侧地形、地貌、地物没有明显变化，界线实地位置清晰易辩，界桩完好无损，界桩方位物齐全。通过界线联检界线工作，巩固勘界成果，消除纠纷隐患，维护边界附近地区的稳定。促进全市平安边界创建工作。2015年全市平安边界工作得到省、市综治考评的优秀等次。（刘慧芳　唐焕威）

【地名管理工作】 2015年，组织实施第二次全国地名普查工作。全市各级民政部门贯彻落实国家和省地名普查工作要求，谋划、部署、组织，推进全市第二次全国地名普查工作的组织实施。2月底，韶关市已基本完成地名普查第一阶段任务，市、县两级均已成立地名普查工作领导小组、办公室，制定工作方案、争取经费预算，开展宣传。6月9日至11日，全市组织市、县（市、区）地名普查办业务骨干22人参加全省第二次全国地名普查培训班。7月27日，市普查办召开全市第二次全国地名普查工作动员会议，动员和部署全市第二次全国地名普查工作。各县（市、区）政府分管领导、民政局局长和分管副局长，市地名普查领导小组成员单位分管领导和业务联系人等参加会议。会上，分管市领导副市长王青西要求各级各部门要把韶关市第二次全国地名普查工作作为当前一项重要的、战略性工作，加强组织领导，落实工作责任，落实经费保障，相互协调配合，要争取社会各界支持，营造良好氛围，明确保密责任，推进韶关市第二次全国地名普查工作。8月和9月市民政局分别组织各县（市、区）民政局局长、分管副局长、业务负责人到汕头、江门市和惠州等市学习借鉴当地开展地名普查工作的先进做法和宝贵经验。9月16日，组织市、县两级地名普查办及各成员单位联络员在10个分会场收看全国第二次全国地名普查工作交流促进视频会议。11月18日—12月4日，市民政局组成督查组对全市10个县（市、区）地名普查进展情况开展专项督查。至2015年底，武江区、浈江区、曲江区、南雄市已完成地名普查购买服务招投标前期准备工作。乐昌市、曲江区已抽调地名普查各成员单位人员集中办公，开展地名资料收集，预填地名普查登记表。2015年，市民政局审核批准市区23个小区命名、更名。

（刘慧芳　唐焕威）

【优抚工作】 韶关市委、市政府关注优抚对象的生活，从2015年10月1日起，再次大幅度提高重点优抚对象抚恤补助标准。其中残疾军人残疾抚恤金标准在原来基础上提高15%；烈属、因公牺牲军人遗属、病故军人遗属的定期抚恤金标准均提高15%以上；在乡复员军人、回乡务农抗战老战士、红军失散人员、带病回乡退伍军人、参战涉核退役人员、老烈士子女、60周岁以上农村籍退役士兵、“五老人员”的定期生活补助标准均提高20%以上。提高标准后，烈属农村标准每月1465元，城镇标准每月1875元；因公牺牲军人家属农村标准每月1410元，城镇标准每月1637元；病故军人家属农村标准每月1365元，城镇标准每月1559元；在乡复员军人标准每月1090元；回乡务农抗战老战士标准每月1098元；红军失散人员标准每月1788元；带病回乡退伍军人标准每月562元；参战涉核退役人员标准每月550元；老烈士子女标准每月300元；60

周岁以上农村籍退役士兵每服一年义务兵役每人每月补助20元；“五老人员”标准每月405元。2015年，全市支出优抚对象保障资金5839万元，确保优抚对象的基本生活。韶关市2015年9月30日在韶关烈士陵园举行烈士公祭活动暨向烈士纪念碑敬献花篮仪式。市委、市人大常委会、市政府、市政协、韶关军分区、各民主党派、工商联及无党派人士代表、烈属、退伍军人代表、市公安民警和武警战士代表、驻韶部队官兵、少先队员共800多人参加此次活动。

（欧阳杰　唐焕威）

【省检查第十届全国、全省双拥模范创建工作】 2015年9月14－15日，广东省民政厅检查组在韶关市检查第十届全国、全省双拥模范城创建工作。检查组前往韶关市复退军人管理服务中心、曲江区、南雄市及驻韶某部，通过走访、召开专题汇报会、检查反馈会、查阅工作台账资料、观看专题片等形式进行深入检查，并听取韶关市双拥工作情况汇报。检查组对韶关市双拥工作给予肯定。

【走访慰问驻地官兵和优抚对象】 2015年春节、“八一”期间，韶关市各级党委、政府及有关部门和单位，纷纷开展拥军优属活动，主动为部队和优抚对象排忧解难，密切军民情谊。组织慰问驻韶驻粤部队和韶关舰。春节期间，慰问驻韶部队，送去慰问金和慰问信。“八一”期间，由市领导带队，组成多个慰问团，分别慰问驻韶部队、驻粤部队和韶关舰，送去慰问金和慰问信。各县（市、区）党委、政府也都组织各种形式的慰问活动。全市组织慰问团（组）慰问驻韶部队200多个，拥军优属活动开支840多万元。召开座谈会。韶关市委、市政府于春节前举办党政军企迎春座谈会，各县（市、区）也分别举办军民迎春座谈会、“八一”建军节文艺晚会、优抚对象座谈会等各种形式的座谈会286次，参加人员2万多人。走访慰问重点优抚对象。春节期间，韶关市委、市政府组织十个送温暖慰问团，分赴十个县（市、区）走访慰问重点优抚对象代表。“八一”期间，市领导带队慰问三个区的部分重点优抚对象。各县（市、区）的领导深入乡村走访慰问重点优抚对象。全市走访优抚对象2000多户。7月31日在韶关日报刊登韶关市委、市政府的慰问信，向驻韶官兵广大民兵和优抚对象，致以节日的祝贺和亲切的慰问。

【举办军地青年联谊活动】 2015年8月15日，韶关市双拥办、韶关市民政局、韶关军分区政治部举办“幸福双拥·缘定韶关”2015年军地青年联谊活动，来自韶关市各级机关、企事业单位的单身女青年和驻韶部队的单身青年军官共100多人参加此次活动。通过联谊活动，为军地青年搭起一座相识之桥、沟通之桥、友谊之桥、爱情之桥、婚姻之桥，这是韶关市双拥工作的一件实事，也是韶关市争创第十届全国、全省双拥模范城的一项重要活动。（欧阳杰　唐焕威）

【殡葬政策措施出台】 2015年是韶关市殡葬事业发展“十二五”收官之年。全市在推进殡葬事业健康发展方面取得成效：出台《韶关市城乡居民殡葬基本服务免费实施细则》，从2015年7月1日起施行，免费标准为1500元/具，免费对象为全市城乡户籍居民。全市免除城乡居民殡葬基本服务7373宗，免费金额达1036万元，实现全市城乡户籍人口殡葬基本公共服务均等化、全覆盖。在贯彻落实中央、省两办《关于党员干部带头推动葬改革的意见》的基础上，出台《关于我市党员干部带头推动葬改革的实施意见》，完善全市推进殡葬改革的政策措施。

【提升殡葬服务水平】 抓好殡改宣传，利用清明节时机，开展“殡改宣传月”活动，通过电台、电视、报刊、网络宣传殡葬改革的意义，使火化率继续保持稳定，没有出现较大幅度的波动，2015年全市火化遗体17420具。加强殡葬设施建设。2015年全市投入资金1909万元，进行殡葬设施设备改造和公益性骨灰存放设施建设，全市9家殡仪馆加快设施设备更新改造，其中乳源县殡仪馆开展省级等级殡仪馆创建活动，被省级殡仪馆等级认定委员会认定为省二级殡仪馆，始兴县经营性公墓建设进入实质阶段，选址工作已完成。各殡仪馆、公墓单位分别安装视频监控探头164个和109个，实现殡葬服务机构重点区域和重要场所安全管理全覆盖。2015年新建公益性生态公墓5个、骨灰楼（堂）5间、树葬区3个。各殡葬服务机构推行标准化、规范化、专业化建设，通过开展殡仪馆“公众开放日”、“三规范一推行”专项整治等活动，推进“阳光殡葬”建设，规范殡葬服务行为和价格管理，营造公平、规范、诚信、有序的殡葬市场环境。

【推行绿色殡葬和文明低碳祭扫】 在实施“长青计划”中，各县（市）殡仪馆主动安装火化炉尾气处理装置，自觉做到节能减排，低碳火化；各地响应党中央关于加快推进生态文明建设号召，在殡葬领域推行节地安葬，树葬、壁葬、寄存等方式已被越来越多群众所接受，安葬率从不足5%上升到37%。各县（市、区）加强组织领导，做好文明祭扫和安全保障工作，推广以敬献鲜花、植树绿化、踏青遥祭、网络祭扫等方式缅怀故人，弘扬慎终追远等优秀传统文化，凸显清明节传递亲情的文化内涵。

（蓝师武　唐焕威）

【流浪人员救助管理工作】 韶关市各级救助机构组织实施市政府《韶关市城市生活无着的流浪乞讨人员救助管理实施办法》，健全完善流浪乞讨人员求助管理措施，创新方式方法，做好实救助管理工作。做好日常救助工作，为进站救助人员提供住宿、医疗救治、购买返乡车票以及护送回家等人性化服务；开展主动救助，巡查、引导、残废聚焦在桥染、涵洞、商业街区等公共场所的流浪人员进入救助机构接受救助；开展专项救助，民政、公安、城管、卫生等多部门联动，配合当地党委政府重要活动和国庆、元旦、春节等重大节日开展“暑热送清凉”和“寒冬送温暖”等专项集中救助行动，全市未发生饿死、冻死现象；加大流浪未成年人救助保护力度，全市救助机构开展“接送流浪孩子回家”“接送流浪孩子回校园”专项行动，全年护送87名流浪儿童返乡；完善救助保护设施设备，韶关市流浪未成年人救助保护中心于2015年底完工并投入使用。2015年，全市救助各类流浪人员11761人次，救治186名危重病人、精神病患者，支出救助专项资金487万元。（李祥安　唐焕威）

【社会组织登记管理】 2015年，市本级和县（市、区）两级民政部门依法登记注册的社会组织共1568家，比2014年增加61家，增长4%。其中，市本级新登记成立社会组织28家（其中18家社会团体，10家民办非企业单位）；县（市、区）新登记成立32家（其中社会团体12家，民办非企业单位20家）。按类别分，其中社会团体921家，民办非企业单位647家；按布局分，市一级社会组织451家（其中民办非企业单位117家），县（市、区）级社会组织1117家（其中民办非企业单位530家）。按照“百项工程兴韶关”活动中“培育社会组织”项目任务，“到2015年，全市社会组织总数达到1400个以上”的目标，实际上2014年底社会组织数量就已达到1507个，已提前一年时间并超额完成2015年培育数量目标。2015年，市一级的社会组织建立党组织有18家，党员221人，其中，单独建立党支部的15家，其余社会组织均为联合组建党支部。

【全市性社会团体、行业协会（商会）、民办非企业单位通过省评估】 6月，印发《关于开展2015年度全市性社会团体、行业协会（商会）、民办非企业单位评估工作的通知》，并于10月组织省评估中心专家组进行实地考察工作。12月公布评估结果：AAAAA级3家（市一中实验学校、市女企业家协会、市浙江商会）；AAAA级2家（市安全生产协会、市个体劳动者协会）；AAA级4家（市食品生产加工行业协会、市物业管理行业协会、市餐旅烹饪协会、市建筑培训中心）。

2015年9月14日，广东省民政厅检查组前往韶关市示范性综合实践基地检查双拥创建工作。（图中：左二广东省民政厅副厅长王长胜，左三韶关市副市长王青西，左四韶关军分区副司令员杨克）（李芬田　摄）

【10家社会组织具备承接政府职能转移和购买服务资质】 2015年4月，市民政局印发《关于全市性社会组织申报具备承接政府职能转移和购买服务资质的通知》，8月在韶关市民政局网、韶关社会组织网公布《关于印发韶关市具备承接政府职能转移和购买服务资质的全市性社会组织目录（第二批）的通知》，共10家社会组织编入目录，其中社会团体类（4家）：市私营企业协会、市个体劳动者协会、市心灵成长学会、市医学会；行业协会类（6家）：市广告协会、市旅游产业促进会、市河南商会、市物业管理协会、市道路运输行业协会、市保险行业协会。（黄文婷　唐焕威）

【社会福利工作】 按照《韶关市孤儿基本生活费发放实施办法》规定，福利机构集中供养孤儿标准每人每月提高到1240元、散居孤儿每人每月提高到760元，惠及孤儿801人，全市全年发放孤儿基本生活费831.9万元。春节期间对市福利院、红星综合厂的孤寡老人、残疾职工和弃婴、残童进行慰问，共发放慰问金14.5万元。开展适度普惠型儿童福利制度建设试点工作。在深入调查研究的基础上，制定试点工作方案，落实试点经费，建立健全工作机制和制度。推进福利机构服务体系建设。2015年申报6个农村养老服务建设“幸福计划”示范点，1个城市居家养老服务示范点和72个中央福彩公益金资助农村养老幸福院项目。截至2015年年底，全市有养老服务机构182个，其中社会福利院11所（市级1所，10个县（市、区）各1所）、乡镇敬老院92间、集体和民办养老服务中心11所，共有养老床位13482张，完成“幸福广东”考核评价体系提出的，到“十二五”期末，养老机构床位数达到每千名老人有养老床位30张的目标任务。初步建立起以社会福利院、敬老院等公办养老机构为示范、社会力量兴办养老机构为补充、城乡合理布局的养老服务发展格局。完成《韶关市民办养老机构扶持资助办法》《韶关市加快发展养老服务业实施方案》《韶关市加快发展养老服务业工作分工方案》和《韶关市养老服务体系建设十三五规划》等文件的编制任务，推动全市养老服务业的发展。

（李义华　唐焕威）

【社工人才建设和服务】　做好民政事业单位岗位设置、全国社会工作者职业水平考试和政府购买社会工作服务等方面工作，推动全市社会工作专业人才队伍建设。为提升全市专业社会工作人才的数量和质量以及服务水平，利用各种培训资源和培训渠道，组织人员参加各种形式的社会工作技能学习培训活动，提升社工的社会工作服务能力。2015年，全市有3472人报考，经过4天培训班的考前辅导培训，其中595人通过全国社会工作者职业水平考试。至2015年底，全市通过全国社会工作者职业水平考试的人数达到1551人，基本实现到“十二五”期末每万人拥有5名持证社工的目标。按照市委市政府《关于加强社会工作人才队伍建设的实施办法》，在市社会福利院、韶关复退军人医院开展社会工作人才队伍建设试点的基础上，民政局直属各单位增设社工机构和设置社工岗位，不断扩大和完善全市社会工作人才队伍建设和服务。继续开展政府购买社会工作服务试点工作，试点工作开展以来，为社区居民提供服务96336人次，其中，个案65个、开展小组活动794节、开展社区活动154次，组建17支约为546人的义工队伍，初步形成“社工＋义工＋志愿者”和“社工引领志愿者，志愿者协助社工”的良性互动格局。（李义华　唐焕威）

【收养登记】　2015年，全市民政部门依法登记，规范管理，优质服务，促进收养工作的健康发展。全市各级民政部门办理收养登记98宗（其中国内公民97宗，香港同胞1宗），使弃婴、孤儿得以回归家庭、回归社会。

（李义华　唐焕威）

【福利彩票工作】　截至2015年12月底，全市销售福利彩票投注站254间，在线即开视频票4间，一线福彩销售人员近350人。2015年全市发行福利彩票3.57亿元，较上年增长902万元，增幅2.59%。韶关市福利彩票发行中心作为全市福利彩票发行第一责任人，全年从投注站形象升级、销售渠道构建、销售队伍素质提升等方面着手，以销量为核心，确保福彩销售工作完成。2015年，全市福彩推进“阳光福彩”建设工作，正式实行投注站公开征召模式，该模式包括公示、报名、核查、审批等多项步骤，是本市按照“阳光福彩”建设要求在投注站设立方面的新探索。全年福彩销售筹集公益金9853.49万元，其中市本级留成3504.09万元，该笔资金按照彩票公益金管理办法投入到社会福利公益事业，包括养老居家示范点建设、爱心助学、精神病人医疗救助及危重、流浪儿童救助、残疾人专项救助、孤儿基本生活费等项目。　（孙志敏　唐焕威）

【对老年人关爱】　2015年，全市户籍人口330万人，其中，60周岁以上的老年人47.5万人，占总户籍人口数的15%。市民政局、老龄办在“敬老月”期间组织慰问全市敬老院10间、基层老年协会8家、困难老人60人。实施高龄津贴发放制度，这项工作列入市政府部门（单位）公开承诺为民办实事之一。至2015年11月全市新增发放高龄老人高龄津贴51228人，新增支出109.45万元。修订出台《韶关市老年人优待办法》。经韶关市人民政府第十三届83次常务会议通过，已经在12月29日公布施行。市老龄办和乐昌市民政局组织，完成第四次中国城乡老年人生活状况抽样调查工作任务。

【开展“银龄安康行动”】　政府出资为本地户籍60周岁以上城镇“三无”老人、农村“五保”老人、城乡低保家庭老人、优抚对象，80岁以上高龄老人购买一份每年10元的意外伤害综合保险，曲江区为每位农村“五保”老人购买一份每年50元的意外伤害综合保险。截至2015年12月31日，全市有153663人参保，其中政府资助88287人，自费参保65376人。全市参保率34%，市老龄办获得中国人寿保险股份有限公司广东省分公司授予的2015年度“银龄安康行动”达标优胜奖。全市理赔584人，理赔金额163.88万元，其中死亡给付77人，给付金额105.9万元；医疗、伤残给付507人，给付金额57.98万元。

【迎春老年文体汇演】　2015年2月6日在浈江区启明北健身广场举办主题为“中国梦·我的梦”2015年韶关市送欢乐下基层慰问演出的“2015年浈江区迎春老年文体汇演”。汇演由市老龄办、浈江区老龄办联合主办。在2015年12月由市老龄办组织选送的乐昌市老龄办推荐的歌舞《歌唱我们亲爱的祖国》、始兴县老龄办推荐的表演唱《老汉大妈逛县城》参加由广东省老龄工作办公室指导、广东省老年文化协会主办的“2015年广东省老年文艺汇演”，2个节目均获得铜奖，市老龄办荣获组织奖。

【韶关市第五届老年人运动会】　由韶关市老龄委、老干局、民政局、体育局主办的韶关市第五届老年人运动会在10月14—21日在韶关市区举行，各县（市、区）民政、老龄办踊跃组团参赛，运动会比赛项目设有5个大项，19个小项，有18个代表团，54个代表队，近700人参赛。经过8天的比赛，曲江、翁源、新丰获得团体总分第一，武江、乐昌、仁化团体总分第二，南雄、始兴、乳源团体总分第三。曲江、乐昌、仁化、始兴、翁源、新丰6个代表团获得优秀组织奖。

（李秀珍 唐焕戚）

人力资源和社会保障

【机构概况】 韶关市人力资源和社会保障局设20个内设科室，下属事业单位22个。2015年，人社系统坚持“民生为本、人才优先”工作主线，促进就业惠民创业富民，健全社会保障体系，深化人事制度和工资收入分配制度改革，构建和谐劳动关系，完成各项工作目标任务。

【创业带动就业优惠政策】 制定落实《韶关市人民政府关于进一步做好新形势下就业创业工作的实施意见》《转发广东省省级创业带动就业专项资金管理办法的通知》《关于进一步明确省级促进就业专项资金补贴项目申请和核发有关事项的通知》等政策文件，开展就业困难人员认定工作，规范职业中介、创业培训（实训）、市级创业带动就业孵化基地等定点机构认定工作，放宽小额担保贷款额度、贴息范围。全市全年就业专项资金支出5000多万元，惠及2.8万人；发放小额担保贷款563笔5469万元，惠及563人；认定就业困难人员6494人。实现促进创业1731人，带动就业3642人，实现创业带动就业的倍增效应。

【就业失业管理】 开展“春风行动”“南粤春暖”“高校毕业生专场招聘会”等专项招聘活动，全市举办公共就业人才服务专项活动383场，累计提供岗位19.24万个，达成就业意向3.84万人次。加大就业援助力度，零就业家庭全部实现动态归零。全市发放就业失业登记证61645本，其中市本级发放18319本。登记招聘单位1269家，登记招聘信息4378条，登记空岗6.38万个。向莞韶产业园区、东莞大岭山（南雄）产业园输送韶关市户籍农村劳动力4020人。市四大省级产业转移园区共吸纳劳动力65196人，其中本省劳动力48407人。就业形势保持总体稳定，全市实现城镇新增就业5.14万人，城镇失业人员再就业3.91万人，就业困难人员实现就业0.38万人，新增转移就业劳动力4.15万人，组织劳动力技能培训1.63万人，城镇登记失业率2.46%。

【社会保险扩面征缴】 建立完善社会保险扩面工作机制，开通社保手机APP和韶关社保微信公众号，开展“社保政策进万家”系列宣传活动，社保法执法检查专项行动。2015年底，全市参加城镇职工基本养老保险（含离退休）67.82万人，其中企业职工基本养老保险参保45.52万人。参加城镇职工基本医疗保险54万人。参加失业保险29.15万人。参加工伤保险38.35万人。参加生育保险23.82万人。城镇职工基本养老、医疗、失业、工伤、生育“五项”基金全年征集收入42.23亿元，待遇支出50.38亿元。参加城乡居民基本医疗保险229万人，城乡居民基本养老保险91.1万人。征地社保资金分配取得重大突破，分配征地社保资金1.86亿元。从2015年1月起将企业职工基本养老保险单位缴费比例从18%下调至15%，缴费工资下限调整到2408元，实现缴费比例和缴费工资与省的要求统一。完善城乡居民基本养老保险制度，形成多缴费多补贴的激励机制。出台《韶关市生育保险实施办法》。出台2015年《韶关市基本医疗保险付费总额控制实施方案》。

【社会保险发放标准提高】 月人均基本养老金水平达1943元，提高198元，增幅11.37%；两次提高城乡居保基础养老金标准，从原来的月人均80元提高到100元。将失业保险金标准从808元/人．月提高到968元，人均增加160元；关闭、破产企业5年内退休人员的生活费标准从606元/人．月提高到726元/人．月。城乡居民医保财政补助标准由360元调整到380元。

【人才服务】 组织实施“三支一扶”计划，审核发布103个岗位，选拔派遣72名高校毕业生到岗服务。扩大高层次人才服务专区服务范围，更新人才实名信息库信息。实施2015年离校未就业高校毕业生就业促进计划，开展高校未就业毕业生实名制登记工作，将9868名高校毕业生录入信息管理系统，实现就业9500人，就业率为96.3%。组织4家企事业单位参加“2015全国高校毕业生就业网络联盟现场招聘会暨长安大学春季双选会”，接待289人，意向接收60人。修订出台《韶关市人才公寓分配办法》，办理人才公寓入住资格审核9人。开展人力资源市场收费专项检查，并按国家要求，自2015年1月1日起，取消收取人事关系及档案保管费、查阅费、证明费、档案转递费等名目费用。建成韶关数字化学习港网络培训平台，丰富职业技能培训教育形式。开展职业技能竞赛，获得省级奖项31个，28人获省级决赛前八名，1人获得全国第二名。人才服务工作优化，全年组织各类人事考试40项，4.4万人参加。组织技能鉴定34018人次，其中：高级工以上7774人次。宝钢集团广东韶关钢铁有限公司申报博士后工作站获批。

【技工教育】 全市有技工院校8所，其中省部属4所，市属4所；在8所技工院校当中，有技师学院3所，国家重点、高级技工学校3所，省重点技校2所。全省技工院校综合竞争实力20强有3所，其中韶关市技师学院在全省排名第三。全市技工院校开设的48个专业（工种）大部分与产业转型升级接轨，适应市场需求。其中数控加工、自动化控制、模具制造等现代专业处于全省领先水平，部分专业为全省技工教育强势品牌。全日制在校生规模 3.5 万人。当年实现招生 1.35 万人，其中省属学校 0.8 万人，市属学校 0.55 万人，毕业人数 1.25 万人，初次就业率达到 99% 以上。推动技工院校与东莞、广州、珠海等地企业开展校企合作，市属技工院校校企双制为企业合作培养 0.2 万人。

【机关事业单位人事管理】 开展公务员招录工作，强化面向基层招考的导向。招录职位 651 个，报名考生 9665 名，笔试后进入面试考生 1750 名。经体检和考察，全市录用政府系统公务员（含参公人员）623 名。市直组织公务员依法行政与法治思维全员培训 7 批次，参训学员 5244 人；组织 10 个县（市、区）基层公务员赴东莞对口培训 6 批次 240 人。办理调任 2 人，转任 176 人。办理公务员登记 652 人，参公登记 118 人。向市政府报请、任免副处以上领导干部 135 名，其中任职 78 名，免职 57 名；暂停职务 3 人。组织实施韶关市首次市直机关、参公单位面向基层遴选工作，8 个市直单位设置 9 个岗位面向基层遴选，共 37 名考生报名。做好工商行政管理系统与质量技术监督系统人员接收工作，审查接收人员档案 177 份，其中市工商系统 126 份，市质监系统 51 份。制定出台《关于认真做好分类改革后事业单位岗位续聘工作的实施意见》，做好事业单位岗位设置工作。全市事业单位已全部纳入岗位设置管理，全年办理年度考核 172 个单位，办理市直 13 个事业单位的岗位设置和部分县（市、区）500 个单位的岗位设置备案。组织 7 个县（市、区）参加粤东西北地区乡镇事业单位专项公开招聘，招考岗位 295 个，报名人数为 6257 人，开展首次全省集中组织事业单位考试，报考 8653 人，实到 6598 人，到考率 76.25%。

【军转干部安置与服务】 完成 2015 年度 50 名军转干部及随调家属接收安置，其中：正团职干部 8 人，副团职干部 9 人，营职以下（含专业技术）军转干部 30 人，自主择业军转干部 1 人，随调家属 2 人。

【工资收入分配制度改革】 落实县以下机关建立公务员职务与职级并行制度，惠及 4870 名基层公务员，受益面 33.4%。落实机关事业单位工作人员调整基本工资标准和增加离退休人员离退休费工作，共 7.88 万人调整基本工资标准。从 2015 年 5 月 1 日起，韶关市企业职工月最低工资标准从 1010 元/月调整至 1210 元/月，非全日制职工小时最低工资标准调整从 10 元/小时调整至 12 元/小时，分别增长 19.8% 和 20%，调整幅度均为历史最高。制定发布韶关市 2015 年企业工资指导线，其中企业调整工资的指导基准线为 8.5%，上线（警戒线）为 12.5%，下线为零增长或负增长。

【劳动关系稳定】 全市在岗职工人数 71 万人，签订劳动合同 66.3 万份，合同签订率 93%。已建工会企业的工资集体协商签订率达到 80%，涉及企业 12504 户。参加创建和谐劳动关系示范区工程的企业达到 70%，符合创建标准的示范点达到 60%。建立行政执法与刑事司法“两法”衔接，落实建设领域施工企业工人工资保证金制度。排查劳资纠纷案件 971 宗，其中调解处理 688 宗，立案查处 283 宗，结案率 98.5%；主动监察企业 5343 户单位，为 5992 名劳动者追回被拖欠工资 9430.25 万元。处理劳动人事争议案件 1527 宗，法定审限内限时结案率 100%，劳动关系保持总体稳定。

（蔡春林　罗吉度）

民　族

【概况】 韶关是粤北重镇，历史上是少数民族重要聚居地之一。唐代，已有瑶族先民聚居。明代，形成“南岭无山不有瑶”的大分散、小聚居的分布局面。全市有瑶族、畲族等 43 个少数民族成分，少数民族人口约 5.5 万人，占全市总人口的 1.7%。全市辖 1 个自治县——乳源瑶族自治县；一个民族乡——始兴县深渡水瑶族乡。始兴、武江、曲江、仁化、乐昌、南雄、翁源等县（市、区）是少数民族人口较多地区，全市散居少数民族人口 3.1 万人，占全市少数民族总人口的 56.4%。2015 年，韶关市民族宗教局民族科科长梁妙珍被人力资源和社会保障部、国家民委评为第三届全国民委系统先进工作者。

【召开全市民族工作会议】 4 月 22 日，召开全市民族工作会议，会议贯彻落实中央、全省民族工作会议暨第六次民族团结进步表彰大会精神，总结过去 2010—2014 年全市民族工作取得的成绩，分析民族工作面临的新形势，对做好下一时期的民族工作进行部署。市委书记蓝佛安出席会议并作重要讲话。

【少数民族特色村镇保护与发展】 按照《中国少数民族特色村镇保护与发展“十三五”规划编制基本思路（征求意见稿）》的要求，谋划全市“十三五”时期少数民族特色村镇保护与发展工作，并将 29 个项目（其中 24 个村 5 个乡镇）上报省民宗委。6 月 3 日，在乳源召开推进全市少数民族特色村寨建设工作现场观摩会，副市长王伟阳到会并作重要讲话。

【城市民族维稳工作】 2015 年 2 月 10 日，召开城市民族工作暨维稳工作座谈会，统战、公安、国安、民宗、城管以及浈江、武江区等单位负责人与在韶关经商外来少数民族代表进行座谈。推荐浈江区车站街道职工一区和乳源瑶族自治县瑶乐居创建广东省城市民族工作模范社区。在春节、开斋节、古尔邦节等重大节日，走访慰问来自新疆、青海等地到韶关经商务工的少数民族，协助解决他们遇到的困难和问题。引导组织在韶关经商的新疆维吾尔族同胞阿布杜拉资助乳源高级中学11名贫困学生7500元。

【开展民族文体宣传活动】 组织韶关市运动员参加第十届全国少数民族传统体育运动会。2015年8月9日至17日，第十届全国少数民族传统体育运动会在内蒙古鄂尔多斯举行。韶关市少数民族运动员代表广东省参加龙舟、押加、板鞋竞速、高脚竞速等竞赛项目和3个表演项目的比赛，取得4枚金牌、13枚银牌以及2枚铜牌。9月9日，组织获奖少数民族人员参加第十届全国少数民族传统体育运动会工作总结暨表彰大会。继续开展民族团结进步宣传月活动。9月19日，由市民宗局主办，韶关学院、乳源瑶族自治县民族文化传习馆承办的“韶关市2015年民族团结进步宣传月活动启动仪式暨文艺晚会”在韶关学院体育馆举行，省民族宗教委党组成员、副巡视员陈世杰、韶关市副市长王伟阳等领导和韶关学院5000多名师生参加启动仪式。

宗　　教

【概况】 韶关市有佛教、道教、天主教、基督教4个宗教。现有全市性宗教团体4个，分别为韶关市佛教协会、韶关市道教协会、韶关市天主教爱国会和韶关市基督教三自爱国会；有宗教活动场所54处（其中佛教20处，道教4处，天主教7处，基督教23处），有宗教院校2所，分别是广东佛学院曹溪学院和云门学院；有宗教教职人员516人（其中佛教僧尼470人，道教乾道、坤道22人，天主教神父、修女3人，基督教牧师、长老、传道21人），宗教教徒约4.4万多人。

【宗教宣传交流】 11月18—22日，以“慈悲、圆融、宏博”为主题的“2015中国佛教讲经交流会”在南华寺举办，来自海峡两岸、港澳地区、三大语系佛教界代表共同参与，40余名法师代表参加讲经交流。开展宗教政策法规宣传工作。举办全市宗教界“国法与教规的关系”座谈研讨会，组织各全市性宗教团体和重点宗教活动场所负责人学习宪法和宗教政策法规。组织全市宗教干部和宗教界人士参与宗教政策法规知识网上测试。

【宗教活动管理】 开展宗教活动场所安全检查。市政府副市长王伟阳带领民宗、公安、消防等部门到南华寺、大鉴寺和芙蓉山寺等宗教活动场所指导安全保障工作，督促宗教场所完善各项安全保障措施。开展文明敬香工作。市内各主要寺院均张贴文明敬香的公告，执行信徒和游客不得在寺院内烧高香的规定。对网络问政反映的大鉴寺烧香存在安全隐患问题提出整改意见，督促该寺院整改落实。继续做好专项工作。对全市宗教活动场所和宗教院校开立单位银行结算账户情况进行调查、备案。开展宗教活动场所主要教职人员任职备案专项工作，对符合条件的20个宗教活动场所主要教职人员进行备案。组织宗教界开展慈善公益活动。组织宗教界开展“广东扶贫济日”活动，捐款54万元。组织宗教教职人员及信众约660人，投入56.13万元，种植桂花、含笑、香樟等约11200棵。

（梁妙珍　林光民　赵伟明）

2015中国佛教讲经交流会在韶关召开（市民宗局　供）

城乡居民收入与消费

【调查机构】 国家统计局韶关调查队是经国务院批准于2008年3月27日正式挂牌成立，参公管理并由国家统计局实行垂直管理的政府统计调查机构。由原国家统计局韶关城市社会经济调查队、国家统计局韶关市企业调查队合并组建而成。国家统计局韶关调查队的主要职责是：完成各项统计任务；地方调查任务；协助地方统计局完成重大国情国力普查任务；组织指导地方调查队、县级调查队的业务工作；查处调查队组织实施的统计调查中发生的统计违法行为等。服务社会大众记载韶关经济社会民生发展，用数字说话，为发展服务。

【居民消费价格低位上涨】 全年市区居民消费价格总水平上涨1.2%，涨幅比上年（上涨2.1%）缩小0.9个百分点。其中：消费品价格上涨0.5%，服务项目价格上涨3.4%，非食品价格上涨0.9%，食品价格上涨1.7%；从类别上看，居民消费的八大类商品（服务）价格累计同比呈现“七升一降”的格局。其中：食品类上涨1.7%，娱乐教育文化用品及服务类上涨1.5%，居住类上涨1.5%，衣着类上涨1.2%，医疗保健和个人用品类上涨1.1%，烟酒类上涨0.9%，家庭设备用品及维修服务类上涨0.4%，交通和通信类下降1.0%。

【实施城乡一体化住户调查改革】 城乡一体化住户调查改革是国家统计局继统计“四大工程”（一是建立真实完整、及时更新的调查单位名录库，二是建立统一规范、方便填报的企业一套表制度，三是建立功能完善、统一兼容的数据采集处理软件系统，四是建设安全畅通、便捷高效的联网直报系统）建设之后又一次统计制度的重大变革。城镇住户与农村住户调查正式实现统一调查方案、统一抽样方法、统一指标口径、统一数据处理程序。此次调查改革将统计农村居民人均纯收入改为统计农村居民人均可支配收入，设置农村、城镇和全体居民可支配收入指标。韶关调查队从2012年12月起正式开展国家点城乡一体化住户调查工作，从2013年12月起正式开展分市县城乡一体化住户调查工作。通过随机抽取全市1300户分布在全市区10个县（市、区）城镇和农村居民家庭作为调查对象。这些抽中的家庭每天记录家庭收支流水账，采集跟家庭生活有关的统计数据。从2014年开始，正式对外发布韶关市全体居民人均可支配收入以及分城乡的城镇常住居民人均可支配收入和农村常住居民人均可支配收入。

【城乡居民收支情况】 2015年，韶关市全体居民人均可支配收入18143.1元，比上年增长9.1%，扣除价格影响因素，实际增长7.9%，其中，按常住地分，城镇居民人均可支配收入23504.2元，比上年增长8.9%，扣除价格影响因素，实际增长7.6%；农村居民人均可支配收入11606.5元，比上年增长10.2%，扣除价格影响因素，实际增长8.9%，城乡居民收入差距继续缩小。

2015年韶关市居民人均可支配收入增长情况统计一览表

表32

指标名称	金额（元）	名义增长（%）	实际增长（%）
全体居民	18143.1	9.1	7.9
城镇常住居民	23504.2	8.9	7.6
农村常住居民	11606.5	10.2	8.9

【城乡居民消费情况】 2015年，韶关市全体居民人均消费性支出13383.3元，同比增长9.5%，其中，城镇居民人均消费性支出16592.5元，同比增长9.0%，农村居民人均消费性支出9656.6元，同比增长9.4%，全体居民人均食品烟酒消费5224元，人均衣着消费653元，人均居住消费2415元，人均生活用品及服务消费750元，人均交通通信消费1665元，人均教育文化娱乐消费1631元，人均医疗保健消费771元，人均其他用品及服务消费275元。

【城乡居民耐用消费品拥有量情况】 2015年，韶关市城乡居民耐用消费品拥有量情况：平均每百户拥有家用汽车17辆、摩托车99辆、助力车（电动车）22辆、洗衣机76台、电冰箱94台、微波炉27台、彩色电视机119台、空调100台、热水器88台（其中太阳能热水器21台）、消毒碗柜45台、洗碗机1台、固定电话38台、移动电话259台、计算机50台（其中接入互联网的39台）、摄像机1台、照相机14台、中高档乐器3台、健身器材2台、组合音响19台。 （关韶光　雷明平）

新农村建设

【概况】 2015年，韶关市以推进第四批名镇名村示范村建设、原中央苏区县幸福村居示范片、省级新农村连片示范建设工程等项目为抓手，整治农村人居环境，提升全市新农村建设水平。完成南雄市坪田镇原中央苏区县幸福村居示范片建设，项目重点打造的“千年银杏走廊”核心村周边环境整治成效显著。乳源县“五彩瑶乡”和仁化县“丹霞彩虹”省级新农村连片示范建设工程在推进中。加强名镇名村建设，各地加大对农村公共民生事业的投入力度，推进农村卫生医疗、文化教育、社会保障、交通通讯、健身娱乐等民生工程建设，构建新型农村基本公共服务体系，农村发展活力增强，农民群众安居乐业。2015年，全市建成镇级便民服务中心89个、村级便民服务站793个；建成通自然村公路576公里；建成95个乡镇农民健身工程；农村居民卫生厕所普及率达96.7%；新型农村合作医疗参合率100%；全市90%以上的乡镇实施乡村“清洁美“工程。

【名镇名村示范村建设】 2015年，韶关市第四批名镇名村示范村建设项目完成2个名镇20个名村、50个示范村的创建任务。全市创建名镇2个，分别为历史文化名镇——始兴县隘子镇、商贸中心名镇——乐昌市坪石镇；创建名村20个，分别为曲江区大塘镇汤溪、始兴县沈所镇八一、翁源县江尾镇蒽岭、乳源瑶族自治县一六镇团结、乐昌市梅花镇大坪、浈江区新桥等行政村；创建示范村50个，分别为乳源瑶族自治县乳城镇坝背、武江区江湾镇胡屋、仁化县丹霞街道瑶塘、始兴县澄江镇高车等自然村。到2015年底止，全市完成总投资27786.87万元，完成道路硬化改造50.32公里，建设供排水工程52.16公里，改造和新建房屋16.8万平方米，绿化3.38万平方米，新建污水处理设施6004平方米、排污渠道1.35公里，新建垃圾收集点439个，修建篮球场或休闲广场22个，安装宣传栏75个，安装路灯1426盏。

【南雄市原中央苏区幸福村居示范片】 南雄市坪田镇原中央苏区幸福村居示范片结合“千年银杏走廊”，在建设与保护并重的前提下，在不破坏原有生态景观的条件下，完善古银杏树原生态群落周边村庄的公共基础设施，开发观光旅游，引导当地农户开办家庭旅馆、农家乐、经营农土特产品等项目，带动广大农户奔康致富，把示范片打造成宜居、宜业、宜游和生态、文明、和谐、平安的社会主义新农村。该项目于2014年底启动，到2015年底止，项目已投入资金2955.2万元，完成排水沟修建980米，村道建设696米，木栈道建设208米，房屋立面改造18115平方米，修建污水处理池2个275立方米，公厕2个128平方米，文体广场1个504平方米，加固池塘3个。

【乳源县“五彩瑶乡”省级新农村连片示范建设】 到2015年年底止，示范片已启动建设项目29个，其中已完成10个；累计投入资金总额4081万元，其中已完成村巷道硬底化的自然村有18个，占44%；完成村村通自来水的有35个，占85%；完成卫生改厕的有14个，占34%；完成外立面整治的有18个，占44%，新增外立面整治改造面积65000平方米；初步建立农村小公园、村史馆、文化、娱乐和活动场所的村庄14个；已开工建设污水管网村庄19个，建设污水处理池9个。加快“一片两带”特色产业的培植，推进农业休闲、农家乐和乡村旅游发展，促进农民增产增收。

韶关市消费者权益保护

【消费调解概况】 2015年，韶关市各级消委会接待来电来访3800多人次，受理消费纠纷投诉378宗，调解结案339宗，调解成功率达90%，涉案金额171万元，为消费者挽回损失121万元。其中商品消费投诉234宗、占61.7%，服务消费投诉145宗、占38.3%，商品消费热点表现在家用电子电器类，其次是房屋建材类和交通工具类方面；服务消费热点表现在电信服务类和生活社会服务类两方面。

【消费年主题宣传】 3月15日，在百年东街爱情广场举行主题为“携手共治畅享消费”的3·15国际消费者权益日宣传咨询活动。市人大副主任林平杰、副市长王伟阳、市委宣传部常务副部长李晓林、市工商局局长欧新全等领导亲临现场，并作重要讲话；26家政府职能部门、社会组织、律师代表参加活动，并设点为广大群众提供法律法规咨询；活动现场为2014年度“消费维权之星”、2014年度“诚信单位”代表以及2015年“正版正货承诺”单位颁匾授证。现场向群众派发各类等法律法规宣传资料5500多份，现场受理消费投诉28宗。活动期间，市打私办、市食药监局、市财政局等职能部门，联合在韶关市东郊垃圾填埋场对2014年以来查获的7批无合法来源的进口冻品共13408件（约180吨）作无害化销毁处理。

【成立韶关市消费争议仲裁中心】 3月13日，韶关市消费争议仲裁中心在韶关市消委会正式揭牌成立。韶关市消费争议仲裁中心由韶关仲裁委员会与韶关市消费者委员会联合设立，当消费者为生活消费需要购买、使用商品或者接受服务时发生纠纷，可申请仲裁方式解决，实现消费调解与消费仲裁这两条消费纠纷解决途径的快速衔接，为消费者与经营者提供一个公平、公正、快速解决消费纠纷的消费仲裁服务平台。

【消费监督与评议】 开展2015年度“诚信单位”评选活动，540户企业（个体户）通过各级消委会全年的考察期和有关政府职能部门的审查，最终获得“2015年度诚信单位”称号；纳入考察期的申报单位在网络上分13个行业种类进行在线投票，最终评选出“行业十大诚信单位”。

开展流通领域茶叶商品的比较试验工作，通过对流通环节20个本土品牌和20个外地品牌的茶叶商品进行抽样送检，针对农药残留、重金属和稀土超标以及茶多酚含量等指标，辨别质量优劣问题，对发现的质量不合格的茶叶商品进行曝光批评，督促改进，取得实效，促进韶关市茶叶市场健康有序发展，为消费者营造放心的消费环境。

开展快递服务行业的消费评议活动，向市区各大住宅小区居民邮箱寄送调查卡明信片1.5万张，通过回邮统计了解韶关市快递消费者遇到的实际情况和快递服务行业整体的服务质量，并将相关情况向社会公布。

（罗智毅）

关心下一代工作

【概况】 2015年，韶关市各级关工组织以加强关工基层建设和为青少年办好事、做实事为重点，发挥“五老”优势，不断创新工作载体，推进全市关心下一代工作，各项工作按照年初制定的计划推进，取得较好的成绩。

【学习贯彻中央、省委领导的指示精神】 市关工委转发省关工委《关于认真学习贯彻全国关心下一代工作表彰大会精神和习近平总书记重要指示、胡春华书记批示的通知》，要求各地关工委结合实际抓好学习贯彻。市关工委按照中央、省委、市委主要领导的指示、批示和要求，组织学习贯彻。2015年7月和10月市关工委先后召开市关工委驻会人员学习会，市关工委领导班子全体成员及县（市、区）关工委、中省驻韶关工委主要负责人学习座谈会，传达纪念中国关工委成立25周年暨全国关心下一代工作表彰大会精神，以促进全市关工工作不断发展。

【加强社会主义核心价值观教育】 2015年是纪念中国人民抗日战争暨世界反法西斯战争胜利70周年。为激发青少年的爱国之情和报国之志，培育和践行社会主义核心价值观，向社会传递正能量。市关工委组织关工委讲师团、艺术团深入基层宣传社会主义核心价值观以及结合纪念抗日战争胜利70周年开展一系列演出和演讲活动，开展学习“两史”活动，使广大青少年了解党史、国史，更加坚定听党话、跟党走的信念。各级关工委开展培育和践行社会主义核心价值观教育活动。一年来，仁化县关工委与各部门开展以弘扬传统美德和雷锋精神，践行社会主义核心价值观为主题的各项教育活动100多场次，参与人数达两万多人次。市关工委讲师团重点在小学和初中阶段开展青少年心理健康问卷调查，收到良好的效果。全年开展各类讲座、活动、咨询34场次，听课人数达3000人以上。

【开展中国梦主题教育活动】 市教育局关工系统深入在全市中小学开展“爱学习、爱劳动、爱祖国”的主题教育活动，为实现中华民族伟大复兴释放正能量；组织学生深入一线、社区、企业，参加生产劳动、爱心公益活动、科技创造活动、志愿服务、勤工俭学等活动，引导学生在中国梦主题教育活动体验中自主感悟，践行社会主义核心价值观。市关工委艺术团围绕中国梦为主题的文艺创作，深入始兴、仁化、南雄、浈江、韶关学院等进行爱心演出，全年演出12场次，观众达2万人，深受师生的赞扬。仁化县关工委艺术团一年演出20场次，观众达1.2万人次。

【开展“朝阳读书”活动】 韶关市教育部门和市关工委重视开展“朝阳读书”活动，把它作为关工工作的重点加以谋划和实施，“朝阳读书”活动已成为韶关市中小学办学特色及内涵发展的重要品牌。2015年“朝阳读书”活动与主题教育活动，与学习党史、国史；学雷锋活动；纪念抗日战争胜利70周年等有机结合，使“朝阳读书”活动生动活泼，成为提高青少年思想道德素质的载体。2015年，乐昌市关工委组织全市7万多名中小学生参与“朝阳读书”，掀起“多读书、读好书、做好人”的读书热潮。新丰县关工委与教育部门开展形式多样的“朝阳读书”，如写“读后感”征文比赛，诵读《三字经》、《弟子规》等经典诗文比赛；“我与书的故事”作文比赛，制作名言警文书签展评等。

【加强青少年普法教育】 2015年，市关工委配合教育、司法等职能部门在青少年中开展法制宣传教育活动，提高青少年的法律意识。年初，市关工委执行主任邓苏夏一行到市司法局调研，共同研究如何开展青少年法制教育。上半年，市关工委与市司法局教育局、普法办联合发文，制定《开展“关爱明天、普法先行”——青少年普法教育活动方案》，推进“零犯罪学校、零犯罪社区”创建工作。10月29日，市关工委邀请市司法局、市综治办、市教育局等部门负责人召开第三届“关爱明天、普法先行”——青少年普法教育活动座谈会，全国青少年普法教育活动办公室副主任陈艺元到韶关指导韶关市第三届青少年普法教育工作。为开展“法律进学校”活动，市普法办编印50650册《韶关市中小学生法律知识读本》，作为全市中小学生学习法律知识的工具书，增强广大师生学法、遵法、守法、用法意识。2015年，市司法局、关工委举办百科知识抢答系列活动的第20场——普法教育专场，抢答的内容围绕《韶关市中小学生法律知识读本》进行。依托法制宣传阵地开展青少年普法教育。一年来，到市青少年教育基地学习培训的学生达2万多人次。12月4日，由市教育局、市关工委、市司法局、市普法办联合举办“实现中国梦，法治伴我行”主题演讲比赛总决赛。全市几十万中小学生参加这项活动，取得良好的效果。

中国关工委授予乳源瑶族自治县民族实验学校为“中国关心下一代教育示范基地”，图为中国关工委常务副主任武韬与乳源瑶族自治县民族实验学校校长签约（市关工委　供）

【农村创业青年培训】 2015年培训资金到位后，其他各县（市、区）都补办培训班。2015年全市举办农村创业青年培训班15期，参加培训学员1325人。全市举办农村创业青年培训班132期，培训创业青年10295人次，其中提高班21期，培训创业青年1117人次，学员覆盖全市1202个行政村。8月，市关工委在市委党校举办全市农村创业青年培训提高班。为巩固培训效果，各县（市、区）对创业青年的创业情况进行跟踪服务。完成推荐命名农村创业青年培训示范基地工作。省关工委命名全省第二批16个农村创业青年培训示范基地。其中韶关市乐昌市坪石镇龙珠村水果种植示范基地和始兴县顿岗镇兴旺家庭农场位列其中。3月，韶关授予乐昌市华翔木业有限公司等10个单位为首批“韶关市关工委农村创业青年培训示范基地”。

【基层关工组织推进】 为了解韶关市社区关工组织建设情况，加强社区关工组织建设，市关工委执行主任邓苏夏率领市关工委驻会人员于5月中旬至6月上旬到全市10个县（市、区）部分社区关工组织进行调研，并形成《关于韶关市城镇社区关工组织建设情况调研》报告，该调研报告被省关工委选用，在全省做经验交流。市关工委领导检查各地关工组织开展创建基层“五好”关工委活动、“朝阳读书”活动、培育和践行社会主义核心价值观活动、在非公企业建立关工组织情况、农村创业青年培训等工作，促进相关工作的开展。按市关工委的要求，各县（市、区）继续抓好在非公企业中建立关工组织的工作。全市新建非公企业关工组织27家，总数已达122家，所建非公企业关工组织普遍开展形式多样的关爱活动。曲江区抓好调查研究工作，写出《以创“五好”关工组织为载体，努力做好关工工作》《德能并举人才，精心培育下一代》等5份调研报告，为党政领导提供决策参考。

【开展“五老”的“十个一”活动】 2015年，全市各级关工组织，注重发挥“五老”的作用，主动配合各职能部门开展对青少年的关爱活动，为青少年的健康成长营造良好的社会环境。全市关工组织和“五老”为青少年作各类辅导报告2713次，撰写有教育意义的文章2140篇，为营造良好育人环境提建议12410条，为保护青少年的合法权益3199件，为青少年教育问题作专题调研1208次，与青少年谈心21619次，为青少年传授科学技术2134项，帮教失足青少年1544人，为10477名贫困学生提供资助款909万元，为青少年做其他好事和实事27663件。

【加强网吧监督管理】 2015年5月，市关工委与市文广新局联合制定《韶关市“五老”义务监督网吧实施方案》，在原有的基础上在全市开展“五老”人员义务监督网吧工作，取得成效。南雄市各乡镇、社区关工委组建一支由老同志参加的义务巡逻队，负责对网吧巡视监督，对发现的问题及时纠正，并向有关部门汇报请示解决。

【乳源民族实验学校被评为“中国关心下一代教育示范基地”】 中国关工委于2015年3月授予乳源瑶族自治县民族实验学校为“中国关心下一代教育示范基地”学校，并给予该校50万元的校舍改造资金扶持。这是中国关工委在广东省帮扶和命名的唯一一所教育示范基地学校。中国关工委主任顾秀莲、常务副主任武韬，省关工委主任张帼英等到学校出席挂牌仪式，并对曲江区的“三工”结合点进行视察指导。

【扶贫助学】 市关工委和有关县（市、区）关工委协助深圳（香港）德昌电机技术学院招收初中毕业贫困生。4月，新丰、乐昌、仁化、始兴、乳源、曲江等县（市、区）初中毕业贫困生参加深圳（香港）德昌电机技术学院招生考试，被录取76名。市关工委安排20万元“爱心扶贫助学金”，拨给各县（市、区）关工委，资助160名贫困学生。各县（市、区）关工委和企业、单位都做好扶贫助学工作。全年，新丰县资助贫困生1455人，金额125.35万元；乐昌市筹集善款110.1多万元，资助贫困学生624人；曲江区筹集资金68万多元，资助困难学生1356人；宝钢集团韶关钢铁有限公司帮扶贫困生72人，资金18.35万元。

【公益献爱心活动】 2月11日，当市关工委领导得知翁源县铁龙林场有476名儿童“血铅异常”后，立即筹集4.76万元资助“血铅异常”儿童康复。1月14日和4月15日，市关工委与广东省一心公益基金会、民建韶关市委、浈江区和始兴县残联、韶关爱尔眼科医院联合举行“大爱同行、点亮光明”和“善行光明、慈爱韶关”公益活动。为450名来自始兴马市镇、顿岗镇、武江区重阳镇的贫困白内障患者免费做复明手术，帮助患者重见光明。完成“春苗营养厨房”公益活动工作。这是由中国关工委和安利公益基金会共同主办的公益活动。在全省10套设备中，省关工委分配给韶关市4套设备，全市山区的4所义务教育阶段学校，各安装一套“春苗营养厨房”设备，每套价值约5万元，帮他们改善农村学校留守儿童饮食现状。

【推荐参加全国、全省先进评选】 按中国关工委和省关工委要求，市关工委于2015年上半年推荐1个先进集体和2名先进个人参加全省的初评。市教育局被中国关工委、中央文明办授予关工委先进集体，市关工委常务副主任肖汉谋、乐昌市关工委执行主任姜正国被授予关心下一代先进工作者。市关工委按省关工委的评选要求，推荐11个先进集体和22名先进个人。市关工委组织333幅作品推荐到在上半年全省开展的“牵手你我，携梦人生”书画创作活动，共有60人获奖，其中二等奖5名，三等奖8名，优秀奖47名。市关工委荣获“优秀工作组织奖”。

（温祖娟　肖志雄）

县（市、区）

浈江区

【概况】 位于韶关市区东北部。2015年，下辖5个镇、3个街道和2个办事处，面积572.11平方公里，年末户籍人口34.56万人，常住人口40.46万人，人口自然增长率5.9‰。

浈江区耕地面积0.66万公顷，林地面积3.64万公顷，森林覆盖率60.73%，活立木蓄积量200.88万立方米，重要矿产资源有煤炭、锑、锌、铝等，储藏量1.5亿万吨以上，土特产有无渣粉葛、莲花山香芋、香瓜等，主要旅游景点包括韶阳楼、森林公园、风采楼、樱花公园等。

2015年，浈江区生产总值198.2亿元，比上年增长6.3%。其中，第一产业增加值6.1亿元，增长3.7%；第二产业增加值35.6亿元，增长2.4%；工业增加值19.46亿元，增长3.9%；第三产业增加值156.5亿元，增长7.4%。人均地区生产总值49156元，增长5.6%。规模以上工业总产值75.4亿元，增长2.4%。农林牧渔业总产值10.09亿元，增长3.5%。固定资产投资65.78亿元，增长-26.1%。社会消费品零售总额202.13亿元，增长10.5%。外贸进出口总额10859.5万美元，增长28.3%；实际利用外资0万美元，下降100%。地方财政一般公共预算收入4亿元，增长-5.06%。城镇居民人均可支配收入28310.7元，增长8.4%；农村居民人均纯收入13582.2元，增长9.4%。

【区首个市农村创业青年培训示范基地揭牌】 3月30日，浈江区首个韶关市农村创业青年培训示范基地在花坪镇农友专业合作社举行揭牌仪式。农友专业合作社于2011年9月在群峰农庄成立，四年来通过先富帮带后富，为花坪镇贫困农户提供无偿技术培训、资金支援和猪、鸡、果树、果苗等各类农资，帮助带动村民脱贫致富。韶关市农村创业青年培训基地帮扶并孵化群峰农庄，前期投入40万元，设有办公楼160平方米、种养示范山地2.67公顷，拥有生猪养殖示范点、土鸡养殖示范点、果园种植示范点、创业青年宣传栏等设备设施，挖掘科技农业创业优势，从创业资金、人才、技术、市场、生产、销售等方面为农村创业青年提供服务，使创业青年改变观念、创新思维、掌握技术，依靠现代农业科技知识致富。

浈江区首个市农村创业青年培训示范基地在花坪镇农友专业合作社举行揭牌仪式（浈江区史志办　供）

【浈江区启动韶关市首个“政企通”微信服务平台】 “政企通”微信服务平台建设是浈江区2015年五件惠民实事之一，也是政府转变职能的民心工程。4月13日，浈江区召开“政企通”微信服务平台建设动员大会，全市首个政府行政部门“政企通”微信服务平台正式启动。该平台的建设，把政府扶持政策通过平台快速告知企业，企业也可以通过平台把生产经营中遇到的困难及时反馈给政府，拓展企业之间产业链对接渠道和提供产品展示、营销推广，提高企业知名度。

【区妇幼保健计划生育服务中心（站）挂牌】 10月26日，浈江区妇幼保健计划生育服务中心（站）举行挂牌仪式，“韶关市浈江区计划生育技术服务站”更名为“韶关市浈江区妇幼保健计划生育服务中心”，各镇（办）卫生院（社区卫生服务中心）加挂“妇幼保健计划生育服务站”牌子，接受区卫计局和镇（办）双重管理，主要负责全区计生手术、优生优育、不孕不育、病残儿医学鉴定初稿、计划生育手术并发症县级医学鉴定和避孕药具不良的诊治和报告、生殖卫生保健咨询、对基层各服务站业务指导、人员培训及承担、指导辖区妇幼保健其他工作。

【新韶镇】 位于浈江区东北部，东邻曲江区大塘镇，南至市区韶瑶路与车站等街道相连，西接浈江区东河街道辖区，北与仁化县大桥镇相接。辖区总面积94.91平方公里，下辖东河、东联、莲花、府管、侯山、石山、黄金村、大陂、东山、陈江、水口、黄浪水12个行政村及韶东社区居民委员会，年末户籍人口2.5万人，常住人口3.26万人，其中农业人口1.54万人。2015年，全镇生产总值197932.5万元，同比增长8%，农村经济总收入92873万元，同比增长6%；农村人均收入11146元，同比增长10%；地方财政收入1200万元，其中上级补助收入1135万元，非税收入65万元，同比增长10%；完成房产税收38万元；固定资产投资0.87亿元，同比增长30%。全年粮食总产量达4300吨，蔬菜上市26300吨，生猪出栏量12000头，水产品产量3800吨，家禽上市量达到33万只。全镇城乡居民医疗保险覆盖率80%。辖区主体经济以农庄、农家乐等餐饮服务业为主，打造以城郊为地域优势的绿色观光农业、生态旅游和假日休闲业。

领导干部驻点普遍直接联系群众见温情 5月11日，因持续强降雨、雷雨大风等强对流天气频繁导致新韶镇域范围内的村居出现多处洪涝灾情。全镇受灾人口2300人，紧急转移安置人口76人，需紧急生活求助人口76人，农作物受灾面积172.7公顷，倒塌房屋1间，直接经济损失570万元。区委常委张广晖、区人大副主任朱明远和副区长宋宇林立即赶往该镇洪涝受损最严重的东联村坐镇指挥应对灾情；区住建局局长杨明、副局长余党明等领导也参与救灾工作。该镇党委书记彭荣华带队处理东联洋村的灾情；镇长吴贤优带队前往大陂村进行灾后处理。镇洪涝灾情得到及时控制。

党委书记：彭荣华（3月任职）
镇　　长：吴贤优（女）

【乐园镇】 位于韶关市北江河畔，浈江区南面城郊结合部，东与新韶镇接壤，南与武江区西河镇、韶关冶炼厂交接，西与北江河为界，北与车站办事处相连。辖区总面积29.18平方公里，下辖教场、沙梨园、长乐、新村、六合、上坝、下坝7个村民委员会，18个村民小组，以及金沙、城南、新乐、百旺4个居民委员会。年末户籍人口5.78万人，常住人口6.76人，其中农业人口6800人。耕地面积159公顷。2015年，全镇社会固定资产投资13263万元，税收收入43.93万元，比上年增长2.74%；其中房产税收入26.53万元，比上年增长137.75%。全年农业产值178315万元，农民人均纯收入15781元，比上年增长7%。全镇有初中2所，小学6所，在校学生7990人，综合文化站1个。全镇参加城乡医疗保险18127人，覆盖率100.6%。土特产有淮山、粉葛。

下坝村小型乡村健身广场项目建成使用 该项目于2015年底建设完工并投入使用，这是浈江区2015年为民实事之一。该广场总面积20000平方米，建有篮球场1个、羽毛球场2个、乒乓球台6张，健身路径2条，器材16件套，基本活动设施齐全。

党委书记：曾永红（女，3月任职）
　　　　　彭荣华（任至3月）
镇　　长：叶先林

【十里亭镇】 位于浈江区北部，东与仁化大桥镇交界，南隔浈江与新韶镇相邻，西隔武江，与武江区重阳镇相邻，北与犁市镇五四村相接。辖区总面积54.49平方公里，下辖靖村、金凤坪、五里亭、良村、腊石、湾头6个村民委员会，49个村民小组，黄岗、十里亭、五里亭、碧桂园西区、碧桂园东区5个居民委员会。年末户籍人口5.33万人，常住人口6.11万人，其中农业人口1.5万人，人口自然增长率12‰，耕地面积346.6公顷，林地面积3460公顷，森林覆盖率为47.7%。2015年，全镇生产总值305445.6万元，比上年增长8%；财政收入520万元，比上年增长8%；税收收入115万元，比上年增长3.36%；非税收入171万元，其中社会抚养费征收126万元；完成固定资产投资2.31亿元，超出全年固定资产投资任务数1.5亿元的54%；完成招商引资项目两个，投入1.7亿元。全镇有初级中学1所，九年一贯制学校1所，中心小学1所，教学点3点，幼儿园3所，市示范性成人文化技术学校1所。重要矿产资源有煤炭、锑、锌、铅等，土特产有葡萄、奈李、无花果、沙田柚、油菜、马比特西瓜等，主要旅游景点包括黄岗山、黄卢寨、腊石油菜花基地、湾头三雄农业生产基地等。

城乡公路建设步伐加快 2015年，十里亭镇乡村公路获上级批复的建设项目7个，7.297公里，除冶金机械厂至白虎坳（1.73公里）乡村公路准备施工外，其余都进入前期的评审、立项、招投标等工作，五湾公路腊石段完成全线修复1.95公里，县道X848线公路改建工程通过交工验收，镇通村公路全部实现硬底化，改善农村的交通条件。

党委书记：谢向军（任至11月）
　　　　　曾大海（11月任职）
镇　　长：刘喆焱

【犁市镇】 位于韶关市北郊13公里，东毗仁化县、南临十里亭镇，北连乐昌市、西接乳源县，下辖大村、黄沙、黄塘、黄竹、犁市、梅塘、群丰、沙园、石下、五四、溪头、下陂、下园、厢廊、新联15个村委会以及犁市社区、犁南社区2个居委会。辖区面积304.94平方公里，境内武江河贯穿南北，系京广、武广铁路，广乐、韶赣高速公路连接线，省道S248、S246线穿越该镇，是韶关市区通往仁化县、乐昌市、乳源县的公路交汇点，公路、铁路、水路交通便利。年末户籍总人口4.51万人，常住人口4.74万人，其中农业人口3.6万人，劳动力17950人，人口密度每平方千米154人，耕地面积3086.06公顷。2015年，全镇财政一般预算收入3917.88万元，同比增长3.6%。农民人均纯收入8947元，同比增长10.76%。全年完成固定资产投资2.0719亿元，其中第一产业1.3亿元；第二产业7719万元，同比增长285.95%。全镇有高中1所、初中1所、小学1所。土特产有香瓜、香芋、五四番茄、厢廊萝卜、梅花香油粘米等。

建成省级非物质文化遗产传统舞蹈传承基地 10月21日，浈江区省级非物质文化遗产传统舞蹈《舞春牛》传承基地授牌仪式在犁市镇中心小学举行。区文新局局长李颖向犁市镇中心小学授予“浈江区省级非物质文化遗产传统舞蹈《舞春牛》传承室”以及“浈江区省级非物质文化遗产传统舞蹈《舞春牛》传承基地”两块牌匾。犁市镇在《舞春牛》舞蹈的项目上创作的舞蹈《春牛仔》于10月22日亮相韶关市首届民间艺术节。《春牛仔》提取《舞春牛》主要精神和元素，以少年儿童为主体，呈现农家孩子在田间地头劳动、嬉戏、学习和模仿牛的形态，通过骑牛、斗牛、送牛等活动，体现孩子和牛之间亲密无间的友情，以及孩子们从牛身上学习到的坚强、勇敢的精神。

党委书记：罗奕文

镇　　长：邹来胜（任至8月）

【花坪镇】 位于浈江区北部，东北面与仁化、乐昌两地相接。辖区总面积65.17平方公里，下辖花坪、长地头、奎塘、西牛潭、石屋5个村委会和1个花坪镇社区居委会。年末户籍人口7500人，常住人口7600人，其中农业人口7100人，耕地面积324.93公顷，森林覆盖率达74.01%。粮食播种面积236.33公顷，粮食产量1617吨。2015年，全镇征收国税144.57万元，地税362.14万元，镇级财政预算收入393.36万元，非税收入25.23万元，主要经济来源有种植柑子、橙子、橘子，养殖生猪、羊、乌龟等。全镇有义务教育阶段九年一贯制学校1所，教学点2个，公办幼儿园1所，成人文化技术教育学校1所，在校学生近1200人，文化站1个。全镇参加医疗保险人数5961人。花坪镇土地、山林、矿产、水力等自然资源丰富。

党委书记：吴永亮

镇　　长：唐孝坤

【东河街道办事处】 位于韶关市区东部，东起新韶镇，南靠东河南韶路，西与风采街道隔岸相望，北与十里亭镇隔江相望，辖区总面积4.2平方公里。下辖育红巷社区、启明北路社区、浈江路社区、执信路社区、浈江南路社区、陵西路社区6个居委会。年末户籍人口3.07万人，常住人口3.95万人，人口自然增长率3.79‰。2015年，财政收入288万元，比上年增长43%。该街道办有高中1所，初中1所，小学2所，幼儿园5所，教学点9个，在校学生6950人，全民健身广场1个，文化站1个，参加医疗保险人数7000人，覆盖面100%。

东河街道有惠福超市、东明广客隆和佰胜坊等较大型商店商场七家，娱乐休闲及旅业场所十几家，其中全市最豪华大型的大酒店——莱斯大酒店就坐落在启明北路中央，还有莱斯万汇商场、银行、储蓄所。省、市属驻街单位有市公路局、市汽运集团、市长途电信线路局等单位。辖内有主次干道8条、小街小巷100多条，各大街小巷均为水泥路面，主要道路的人行道均铺砌彩釉方块砖或花岗岩。2015年省市重点项目有金色江湾房地产、东岸·锦绣河山房地产，浈江北片区（育红巷）“三旧”改造项目，棚户区改造项目。

党工委书记：刘子龙

主　　任：余　华（女）

【车站街道办事处】 位于韶关市区东南面，东临浈江区新韶镇，南连乐园镇，西与浈江与风采街道办隔江相邻。辖区总面积4.2平方公里，下辖8个社区居民委员会；年末户籍人口3.42万人，常住人口4.48万人；人口自然增长率0.09‰。2015年，固定资产1.4亿元，税收征收额完成350万元，比上年增长22%。辖区内驻有火车东站、客运站、公交总站，大小批发街11条，快递物流企业20家，餐饮、住宿80家，其中新增企业18家，技校1所，中学2所，小学4所，幼儿园8所。主要经济以第三产业商贸、批发、零售、物流为主。

车站街道办实施“科技兴街”、“文化惠民”。“十二五”规划期间，东升村、广铁一线和南韶村等社区居委会分别获得“广东省第五批城市体育先进社区”和“全国科普示范社区”荣誉称号。南韶村和东升村、职工一区等社区居委会分别被评为“广东省宜居社区”和“‘广东六好’平安和谐社区”。其中，广铁一线社区居委会连续评为“韶关市文明社区”。2015年，该街道办结合“创文巩卫”，坚持落实日常巡查制度、“周五活动日”制度，动员居民群众共同参与辖区环境卫生的保洁和监督，获得“韶关市卫生标兵、卫生先进单位”称号。

党工委书记：张翠萍（女）

主　　任：唐　波

【风采街道办事处】 位于浈江区中部，东临浈江与东河街道隔江相邻，南濒浈江、武江汇合处，西临武江与武江区隔江相望，北与十里亭镇的五里亭接壤。辖区总面积3.02平方公里，下辖19个社区居民委员会，年末户籍人口6.12万人，常住人口7.03万人。2015年，完成税收607万元，有限上商贸企业30家，限上商贸企业营业额达到24.12亿元，固定资产投资完成1.3个亿，征收社会抚养费66万元，有低保户153户242人，全年发放低保金112.12万元。辖区内有风采楼、大鉴寺、太傅庙、余靖纪念馆等人文历史旅游资源，驻有韶关市党、政机关，有机关、人民团体及企事业单位96个，有大学1所，中学3所，小学5所，幼儿园5所，配有医院4所、门诊部29个。

推进驻点普遍直接联系群众制度 2015年，有119名干部组建19个驻点团队和19个辅助团队，入户走访

2.35万多户，走访群众覆盖率达90%以上；发放20000多张民情联系卡，记录群众的意见诉求494条，已解决或解答492条，为居民群众办实事7件。该街道办受理矛盾纠纷172宗，成功调处171宗，及时制止各类上访事件，辖区内无群体性重大事件发生，网格化管理工作取得成效，并在全区10个镇办推广实施。

党工委书记：麦章彬

主　　任：李建华

【曲仁办事处】 位于浈江区的东北部，东与仁化县董塘镇董塘村连接，南与浈江产业园连接，西与花坪镇属奎塘接壤，北与仁化县董塘镇江头村相连。辖区面积10.7平方公里，下辖花坪、云顶、格顶、茶山、丝茅坪、和平八一、富仁7个居民区等16个居民委员会，年末户籍人口2.43万人人，常住人口2.61万人。2015年，固定资产投资2553万元，引进深圳港机公司、新兴机械铸造厂、新展鹏供水公司、鑫烨大供水公司、茶山木材加工厂等十多家企业。辖区经济主要依附原企业的闲置厂房、场地、土地及其他资源实现招商引资，盘活资源，发展生产。该办事处有中学2所，小学4所。

加快推进棚户区改造工程　棚户区改造是曲仁办最大的民生工程，是国务院总理、副总理签批的国家重点工程，也是韶关市十二五规划的重点工程。曲仁办广泛收集棚改意见、建议以及诉求，建档350份，整理上报126份。2015年1月－5月，先后完成八一、和平、里群安置点的棚改户乔迁工作，做好丝茅坪居民区改造小区的临时物管公司招标前期准备和临时业委会的组建工作。为确保国电粤华煤矸石电厂建设工作的进行，曲仁办配合区城管局，协助韶关市拆迁公司商谈辖区内征收处理工作，完成国电粤华煤矸石电厂的征地任务。

党工委书记：林　航

主　　任：钟　荔（女）

【田螺冲办事处】 位于浈江区东郊六公里，东起花拉寨山脚，南至禾叶冲，西连黄金村，北接323国道。辖区总面积1.3平方公里，下辖长山、三角窝、两面山、大塘山居民区和大学路社区居委会，总户数3050户。年末户籍人口6500人，常住人口0.76万人，辖区内参加医疗保险人数1500人，覆盖面98.8%。辖区经济主要依附原企业闲置厂房场地、土地及其他资源实施招商引资、盘活资源和资产、培育新的经济增长点。由于矿区历史遗留原因及地理位置的特殊情况，辖区内无第一、二、三产业经济发展，故全年无经济税收收入。主要财政收入来源于区财政行政工作经费拨款、非税收入返还及各类专项工作经费拨款。辖区内驻有人口与计划生育服务站、统计站、文化站3个直属事业单位。

重点推进棚户区改造　辖区内有原曲仁矿棚户区改造、市区棚户区改造2个棚改项目涉及5项征拆工作。通过成立征拆工作领导小组，完善工作制度，深入落实责任包干，及时召开专题分析和工作推进会议，加大摸排力度，做好宣传发动工作，推进征地拆迁工作的开展。2015年，该办事处东站项目、G标段项目、冲凉房片项目及东田一路项目参加棚改有280户，完成签约172户。（刘姣妹）

党工委书记：曾大海（任至11月）

钟沛珍（女，12月任职）

主　　任：郭永绍

春季樱花盛开（浈江区史志办　供）

2015年浈江区国民经济发展情况一览表

表33

指　　标	单位（亿元）	绝对值	比上年增长（%）
地区生产总值	亿元	198.2	6.3
第一产业增加值	亿元	6.1	3.7
第二产业增加值	亿元	35.6	2.4
工业增加值	亿元	19.46	3.9
第三产业增加值	亿元	156.5	7.4
人均地区生产总值	元	4.9	5.6
规模以上工业增加值	亿元	15.57	3.3
农林牧渔业总产值	亿元	10.09	3.5
固定资产投资	亿元	65.78	-26.1
社会消费品零售总额	亿元	202.13	10.5
外贸进出口总额	美元	10859.5万	28.3
实际利用外资	亿美元	0	0
地方公共财政预算收入	亿元	4	-5.06
地方公共财政预算支出	亿元	9.2	6.32
城镇常住居民人均可支配收入	元	28310.7	8.4
农村常住居民人均可支配收入	元	13582.2	9.4

武江区

【概况】　位于韶关市区西部。2015年辖5个镇、2个街道；面积682平方千米；年末户籍人口26.85万人，常住人口30.93万人；人口自然增长率6.36‰。

武江区有耕地面积0.69万公顷，粮食播种面积0.50万公顷，粮食产量2.79万吨。林地面积5.28万公顷，森林覆盖率72.23%，活立木蓄积量415.88万立方米。重要矿产资源有煤、铁、铅锌、锑、锡、钨、金、银、石灰石、萤石、高岭土等。土特产有龙归淮山、重阳花生、重阳丝茅姜、江湾木耳、江湾香菇等。主要旅游景点有张九龄公园、芙蓉古刹、文武阁塔、南昌起义军朱德部队旧址、八路军驻韶关办事处旧址、抗战时期中共广东省委旧址等。

【经济保持平稳运行】　2015年，全区生产总值217.45亿元，比上年增长6.7%。其中，第一产业增加值6.19亿元，增长3.8%；第二产业增加值103.93亿元，增长2.3%；工业增加值91.46亿元，增长1.9%；第三产业增加值107.33亿元，增长11.6%。人均地区生产总值70671元，增长5.7%。规模以上工业总产值179.94亿元，下降8.1%。农林牧渔业总产值10.08亿元，增长4.1%。固定资产投资101.72亿元，增长16.2%。社会消费品零售总额100.95亿元，增长10.8%。外贸出口额1555万美元，增长0.6%；实际利用外资88万美元，下降96.8%。地方财政一般预算收入4.22亿元，增长3.1%。城镇居民人均可支配收入28015元，增长8.5%；农村居民人均纯收入14058元，增长9.6%。

【农业经济平稳发展】　2015年，完成全区粮食种植面积5000公顷，粮食总产量2.79万吨。养殖业持续发展，全年区生猪饲养量和出栏量，增长12%和4.8%；家禽饲养量和出栏量，增长3.2%和3.0%。2015年农民专业合作社增至61个，龙头企业发展到6家。完成农村土地承包经营权确权登记颁证试点工作。植树造林7333.33公顷，灵芝、食用菌等林下经济发展取得新成效。完成第二轮扶贫开发“双到”任务，筹集各类资金2369.9万元，开展扶贫项目89个，4个贫困村贫困户人均可支配收入9800多元，贫困村集体经济收入均超过10万元。

【市政设施建设和“三旧”改造取得进展】　芙蓉北路（西出口）改扩建工程基本完成主管渠工程建设，工业西内涝整治工程完成主体工程建设，移山路进入道路主体施工阶段，群康路、上饶路正在加紧推进。“三旧”改造方面：“三旧”改造项目47个，其中：芙蓉丽景、恒熙华城等2个项目已基本建成并将预售，原福苑酒店（蝶恋酒店）、万通城城市综合体、万紫千红、齿轮厂（壹号公寓）、原农业局（繁荣锦苑）、原电石厂（华蓉苑）、楼上楼（富康广场）等7个项目正在加紧建设，织布厂（万象新城）、核工业二九0研究所、原明华纺织厂等14个项目已完成规划编制。

【重点项目交地顺利】 2015年，完成重点项目交地约53.33公顷，协议拆迁面积约8500平方米，迁移坟墓约600座，处理征地历史遗留问题10余宗。保利、碧桂园、恒大三大房地产项目已按照建设需求完成交地；盆景山公园用地已交付施工建设；保利综合体项目及华师附中项目勘探工作进行；文化"三馆"项目大部分坟墓迁移完毕；南华路、百旺路、滨江路、芙蓉大道北等主干道施工；原西联示范农场连片交地。奥园项目签约交地38公顷。

【新城安置工作】 赤水新村90%以上村民已搬迁入住，芙蓉新村500套、西联新村676套房屋主体工程全部完工，车头新村已完成50%的工程量，下胡新村在开展"五个确认"工作。

【园区开发建设】 甘棠园区方面：已签约企业41家，总投资约50亿元，达产后每年产值可达100亿元，每年可增加7亿多元的税收。已有26家企业挂牌成交，其中22家已进入建设阶段。飞翔、以纯等2家已完成一期厂房建设并试生产。至2015年底莱雅、新科农等8家企业完成厂房建设。莞韶城方面：完成一期莞韶城征地374公顷，二期333.33公顷征收工作已铺开。一期项目黄沙坪电子商务园已初具规模，首期50多栋电子商务楼建设已完工，电商企业在陆续进驻。作为莞韶帮扶指挥部引进的一个新兴服务业项目，电子商务园为武江乃至韶关发展现代服务业增添新的活力。

【三农和城乡生态文明建设】 2015年，完成2个名村5个示范村的建设工作。完成重阳镇万侯村和龙归镇社主村2个试点村的农村土地承包经营权确权登记颁证试点工作。全区完成义务植树42万余株，建设乡村美化绿化示范村8个。水利工程建设推进，完成重阳示范镇建设项目任务，龙归河治理工程完成，小型农田水利重点县建设项目已进场开工建设。东埔、洞子2宗小型水库除险加固工程开工建设。完成38个养殖场减排工程建设任务。开展打击"两违"工作，截至2015年10月底，拆除大小违法建筑47宗，面积17600平方米，控制违建27宗，面积8370平方米。

【西联镇碧桂园太阳城居委会组建】 2015年12月，武江区西联镇按照有关规定，组织开展招收碧桂园太阳城居委会工作人员工作，通过公开透明的笔试、面试、体检、政审等环节，确定招收6名工作人员名单。并于12月25日召开第一次全体人员见面座谈会，进行社区工作职能培训，并对下一步工作进行安排部署。根据市委、区委组织部的要求，经西联镇党委班子会议研究讨论决定，成立中共西联镇太阳城社区支部委员会，明确支部委员会组成人员。

【省"新家庭人口文化示范基地"创建】 2015年8月，武江区启动"新家庭人口文化示范基地"创建工作和省新家庭"零距离"新常态双服务试点工程。启动仪式上，武江区对创建"省人口文化建设示范基地"的西联镇、龙归镇、重阳镇等3个试点镇进行授牌。并举办为期3天的新家庭人口文化辅导员培训班，由省级人口文化专家授课，对3个试点镇选送的首批50名新家庭人口文化辅导员进行系统培训学习，考核合格后持证上岗。本次创建工作目的是通过打造人口文化示范基地，以新婚及0～3岁婴幼儿的新家庭为服务重点，按照"1＋30"的模式，即一个"新家庭人口文化辅导员"挂钩30户新家庭，培育指导1500户新家庭，开展新家庭"婚、性、孕、育"四位一体人文关怀行动，对新家庭育龄妇女进行零距离的生育关怀和文化培育双服务，建设新时期卫生计生工作主动服务新常态。

【西河镇】 位于武江区城区西北部，总面积63平方公里，南至浈江乐园镇韶关冶炼厂、西联镇车头，北至重阳镇、浈江区犁市镇，中部为武江区城区，是典型的城乡结合镇。下辖红星、向阳、前进、朝阳、塘湾、马屋、下坑、田心、黄塱、什石园、糖寮、山蕉、村头、大村等14个村委会，其中山蕉、糖寮、黄塱、什石园、田心、马屋、下坑等为北片远郊村；向阳、红星、前进等为中部城中村；朝阳、塘湾、村头、大村等为周边近郊村。全镇总户数6968户（含外来人口），2015年末户籍人口17146人，辖区常住人口23557人，其中农业人口19950人、外来人口3607人。2015年，镇财政收入699.88万元，比上年增长27%。全年农业收入8485万元，农村人均纯收入达到17491元，比上年增长8%。全镇参加农村合作医疗人数13158人，覆盖面98%。城中村以物业经营和物业管理为主，逐步形成以地产、酒店、餐饮服务等三产旺镇的"西河商圈"格局。远郊村、近郊村均以种植蔬菜为主，辖区常用耕地面积493.13公顷，其中水田151公顷，粮食播种面积330.47公顷，粮食产量1830吨，是韶关市区菜篮子基地。远郊村着力发展一村一品特色种植，有下坑枸杞、塘湾青菜、黄塱胡萝卜、什石园良种蔬菜、山蕉超甜玉米等名牌品种。近郊村在城市发展中盘活土地资源，打造物流、商贸项目。西河镇文化底蕴浓厚，辖区有1个文化站，2所幼儿园，1所九年一贯制学校，4所小学和田心、茗苑两个教学点。主要旅游景点有田心张九龄公园。2015年，西河镇获得荣誉称号有"韶关市卫生镇""韶关市2014年度人口与计划生育先进单位"。

整治北片农村生活垃圾问题　西

河镇于2015年1月29日开始组织铲车和垃圾清运车对该镇北片各村的生活垃圾进行清理，并集中清运填埋进行无害化处理。2015年，投入资金28万元，在北片村委及南片村委建设45个垃圾池；投入资金20万元采购垃圾定期清运服务，对水源地农村生活垃圾实施无害化集中转运，改善村容村貌。

重视农村全民健身运动发展　2015年，西河镇争取上级资金20万元，在人口相对聚居的黄塱村建设一个1900平方米的西河农民体育广场，并已投入使用。9月举办首届西河镇农民体育运动会，合计500多人次参加此次活动。10月举办西河镇农村广场舞交流会，来自各村的12支农村广场舞队伍展示表演。

党委书记：何远韶（女）

镇　　长：黄　灿（任至10月）

【西联镇】　位于武江区的中部，东、北与西河镇交界，南邻曲江区的白土镇，西与龙归镇相连。镇政府设在西郊6公里，邮政地址为韶关市武江区沐溪大道15号。西联镇总面积68.9平方公里。辖西联、芙蓉、车头、下胡、赤水、阳山、沐溪、甘棠8个行政村和碧桂园·太阳城社区居委会。2015年末总户数7025户，年末户籍人口18493人，全镇常住人口18330人，其中农业人口17724人；全镇财政收入529.5万元，比上年增长32%；林地面积214.6公顷，主要发展产业有养鱼、养猪、养鸡等；全镇有初中1所，小学5所，幼儿园13所，在校学生2688人；有文化站1个。全镇参加农村合作医疗（城镇医疗保险）人数11795人，覆盖面94%。土特产有草莓、葡萄等。主要旅游景点有沐溪水库、芙蓉仙洞、石背窝水库等。西联镇是韶关市“两化”建设，即芙蓉新城和莞韶产业转移园开发建设的主战场。

重点项目开发建设　突破芙蓉新区开发建设中征地遗留问题、房屋征收、坟墓迁移等重点难点工作。2015年，芙蓉新城、莞韶产业转移园、甘棠工业园三大片区共完成项目清表交地约72.33公顷、签订房屋征收协议260户、迁移坟墓830座、处理遗留问题143宗，确保下辖100多个重点项目的开发建设。

安置新村建设　芙蓉新城5个安置村，赤水新村已建成并有90%以上村民搬入居住。西联新村174栋、芙蓉新村125栋，共1216套安置楼房封顶。车头新村主体工程建设已完成2/3以上。下胡安置新村完成选址和“三通一平”工作。阳山安置新村“三通一平”工作基本完成。沐溪大、细村安置新村于2015年8月进行第二批安置地公开抽签，完成95%以上符合条件村民的安置工作。甘棠园区中智纺真项目散户拆迁安置工作推进。

镇党委书记：聂平南

镇　　长：粟　健

【龙归镇】　位于武江区的中西部，总面积237平方千米。辖续源、山前、奇石、龙归、坳头、冲下、龙安、留村、社主、马渡、寺前、后坪、盘村、凤田、方田15个村委会和龙归街1个社区居委会。总户数13743户，年末户籍人口39321人，农业人口35620人，外来人口605人。2015年全镇生产总值76874.48万元，比上年增长10.8%。镇财政收入1765.25万元，比上年增长3.4%。全年农业产值50070.08万元，农村人均收入达到12408元，比上年增长9%。工业产值26804.4万元。耕地面积2798.8公顷。粮食播种面积3110.2公顷，粮食产量16632吨。林业用地面积18106.4公顷，有林地面积16146.2公顷，生态公益林面积7065.1公顷，森林覆盖率70.74%。全镇现有初级中学1所，中心小学1所，教学点6个，在建公办幼儿园1所，民办幼儿园4所，成人文化技术学校1所；中小学教职工192人，专任教师187人，其中初中专任教师61人，小学专任教师126人；在校学生3472人，其中初中学生880人，小学生2592人；幼儿园教职工112人，在园幼儿1073人。有文化站1个，广播电视站1个。全镇参加医疗保险人数31770人，参加农村养老保险人数13458人。龙归镇土地、山林、矿产、水力等自然资源丰富。工业以小水电、矿产开采与冶炼为主。是粤北农业大镇之一，主产优质稻米、经济作物、蔬菜、优质水果，畜牧和水产业具有一定规模。品种主要有：生姜、淮山、莲藕、兹姑、茶树菇、竹笋，养生猪、鸡、乌龟等。土特产有生姜、淮山、莲藕、兹姑、粉葛、竹笋。主要旅游景点有规划建设的九归禅寺、三皇石。名胜古迹有著名的“九子石”、文武阁、董村寺、三皇石等。

武江区龙归镇环城路建成通车　武江区龙归镇环城路工程于2014年8月动工兴建，总长近1公里，路宽8.5米，总投资200多万元，工程从续源路连接至省道253线。环城路建成通车后，解决该镇龙归村、坳头村、奇石村、山前村、续源村的1万多名村民的通行问题。通过以上5个村委的运输车辆也不再经过镇区，解决粉尘、噪音和节假日、墟日街道拥堵问题。

党委书记：谢　荣（任至6月）

镇　　长：洪维陶

【江湾镇】　位于韶关市武江区西部，距市区51公里，东接曲江区的罗坑、南面和西部与乳源瑶族自治县相邻，北与龙归镇相接。全镇总面积217.3平方公里。辖7个村（居）委，46个村小组，2173户，年末户籍人口7290人，其中农业户1260户，6570人。2015年全镇工农业总产值达1.103亿元，比上年增长7%，其中，工业总产值6532万元，比上年增长10%；农业总产值4623万元，比上年增长5%；农民人均纯收入12650元，比上年增长10%；财政收入991万元，比上年增长12%。共有耕地面积858.8公顷，其中水田602.7公顷，粮食播种面积577.13公顷，粮食产量3390吨。林地面积21333公顷。森林覆盖率98%。主要经济来源有：种植水稻、花生、杉树、松树、竹笋，养猪、养鸡等。全镇拥有中学、小学、医院、敬老院、派出所、邮政所、供电所、电信各1

所，中小学在校学生337人，是广东省的平安镇和教育强镇。全镇参加医疗保险人数4395人，覆盖面74.5%。土特产有香菇、木耳、灵芝、山蜜等，主产优质稻米、蔬菜、优质水果，畜牧具有一定规模。江湾镇是典型的山区镇。山高林密、竹木资源丰富。全镇有4条支流河，河流落差大，现拥有小水电站66宗；镇内山林面积21333公顷，活力木蓄积量100万多立方米，年产各种优质木材1万多立方米，优质竹子14万多根；矿产资源丰富，有钨矿、陶瓷土、硅石矿、莹石矿等多种矿藏，且有多个天然温泉，水质优良，温度在60摄氏度以上。

龙归水（江湾段）河流整治工程实施　2015年10月26日，武江区2015年重点建设项目—龙归水（江湾镇段）治理工程开工典礼举行。该治理工程治理河道长度11.1千米，加固堤防长度2.0千米，护岸长度7.0千米，河道清淤长度10.8千米，总投资2925万元。项目实施清障、护坡、加固等工程，提高中小河流的防洪抗灾能力，江湾镇内陆水环境的安全系数提高。

党委书记：欧伟强

镇　　长：苏拥兵

【重阳镇】　位于韶关市西北端，镇政府驻地重阳居委，与西河镇、浈江区犁市镇、乳源瑶族自治县的一六镇、游溪镇、桂头镇相邻，辖黄岸、重阳、青暖、万侯、九联、妙联、大夫前、水口8个村委会和1个居委会。重阳镇总面积8200公顷，耕地面积1286公顷，林地5000公顷，粮食播种面积2100公顷。全镇总户数5325户，年末户籍人口17650人，农业人口17098人，外来人口41人。2015年全年农业产值21809万元，农村人均纯收入达到10138元，工业产值320万元。武江河流经乡域，主要农作物有丝茅姜、西瓜、花生、蚕桑、竹木等。主要矿产资源有铅、锌、砒、钨、钼、铁、锰、铝等有色金属。全镇有初中1所，小学1所，幼儿园1所，教学点2个；有文化站1个，广播站1个。全镇参加医疗保险人数12450人，覆盖面98%。2015年韶关“体彩杯”龙舟比赛上，武江区重阳水口队夺得冠军。

重阳水（重阳镇段）治理工程开工典礼举行　2015年10月28日，武江区重阳水（重阳镇段）治理工程开工典礼举行。该治理工程的治理河道长14.82千米，其中河道清淤疏浚11.32千米，新建护岸工程10.24千米，新建穿堤涵洞23座，总投资2900多万。

党委书记：谭木初

镇　　长：龚映韶

【新华街】　位于武江区东部，办公地点位于武江区新民路21号。辖区东起武江桥，西至西郊6千米，南至百旺大桥，北至工业路，以及曲仁红尾坑矿宿舍区。管辖面积为13.84平方千米，辖乳韶、工业西、工业中、芙蓉北、沙洲、金洲、芙蓉东、惠民东、惠民西、五祖路、工业东、武江南、新华南、红尾坑、花城、利民16个社区居委会，其中利民居委在筹建；街道常住人口为108585人，总户数为39938户，年末总人口数为97457人。全街有初中2所，小学5所，幼儿园24所，在校学生9641人。主要旅游景点有芙蓉山国家矿山公园。全年街道劳保所为1432名“40、50”大龄困难就业人员发放春节慰问金42.96万元，年审再就业优惠证2895本；街道爱心超市为350人次发放慰问、救灾物资近4万元；全年办理城居医保补缴378人，累计参加医疗保险人数26188人；办理养老保险1090人；办理就业困难人员认定59人；办理住院和门诊医疗补贴64人次，14.59万元；办理企业申请社保补贴申请共计105人次，岗位补贴申请52个单位，118人；灵活就业人员备案登记22人；开展“春风送暖”爱心物资发放、扶贫济困日捐款活动，共为681人次发放慰问救灾物资3.6万元，接受社会捐款捐物4万余元。

街道社区活动中心投入使用　新华街道社区活动中心于2015年6月底竣工，7月4日正式对外投入使用，具备书画教学、创作、图书借阅、网络畅游、数据检索、科普展示、知识讲座、社区影院、会议、培训等社区各类服务功能。项目设施辐射惠及沙洲尾片区3.4平方公里约3万居民。

党委书记：钟　真（女）

主　　任：王洪明

【惠民街】　位于武江区中北部，总面积6.2平方千米。辖沙湖、沐阳东、冷水坑、侨新、幸福、群康、群立、新华北、黄田坝、武江北、惠民北、新村和东岗岭共13个社区居委会，总户

西河镇举办2015年度农民运动会（武江区史志办　供）

数29380户。年末户籍人口71148人，外来人口7037人。全街有中学3所，小学5所；有文化站1个。全街参加医疗保险人数22142人。2015年，惠民街沙湖社区荣获“广东省五四红旗团支部”称号。

党委书记：古寿英（女）
主　　任：汤应辉

2015年武江区国民经济发展情况一览表

表34

指　　标	单位	绝对值	比上年增长（%）
地区生产总值	万元	2174537	6.7
第一产业增加值	万元	61943	3.8
第二产业增加值	万元	1039310	2.3
工业增加值	万元	914589	1.9
第三产业增加值	万元	1073284	11.6
人均地区生产总值	元	70671	5.7
规模以上工业增加值	万元	870989	1.9
农林牧渔业总产值	万元	100762	4.1
固定资产投资	万元	1017235	16.2
社会消费品零售总额	万元	1009470	10.8
外贸进口总额	万美元	1523	-8.2
外贸出口总额	万美元	1555	0.6
实际利用外资	万美元	88	-96.8
地方公共财政预算收入	万元	42197	3.1
地方公共财政预算支出	万元	99508	23.8
城镇常住居民人均可支配收入	元	28015	8.5
农村常住居民人均可支配收入	元	14058	9.6

曲江区

【概况】　曲江区地处粤北中部、北江上游，傍依五岭南麓、汇集浈武二水，东临始兴，西至乳源，南接翁源、英德，北毗浈江、武江、仁化。区境位于北纬24°27′－24°52′和东经113°11′－113°58′之间。全区土地总面积1620.77平方公里（曲江区第二次土地调查统计数据）。铁路纵贯南北，公路四通八达，工厂矿山密布，地理位置和自然环境都十分优越，向有“入粤之咽喉、百粤之雄都而五岭之奥区”以及“欲治粤之北境必先治韶、欲治韶必先治曲江”之说。新中国成立后，曲江更加发挥其“五岭南北经济文化交流之枢纽，湘、赣、粤交通之咽喉”的重要作用。2015年辖9个镇、1个街道；年末户籍人口31.31万人，常住人口31.44万人；人口自然增长率6.22‰。

曲江历史悠久，古老文明。“马坝人”化石的发现，将其人类活动的历史上溯到10万年前的旧石器时代中期；“石峡文化”遗址的大量出土文物表明，在距今4500年前的新石器时代晚期，先民们已在开发这块沃土。曲江养育许多出类拔萃的英才，其中在全国范围内有一定知名度的曲江籍杰出人物有为陈霸先打得天下的陈朝开国大将军侯安都；盛唐开元之治的功臣“岭南第一相”和“岭南第一诗人”张九龄；中唐“文章与韩（愈）柳（宗元）齐名”的大学者刘轲；北宋大学者、大将军、政治家、外交家余靖；清初“明代文坛大殿军”和“明清文坛八大家之一”的布衣大学者廖燕。其中张九龄、余靖、廖燕三人被学者誉为“粤北三杰”，列入粤北“精品文化”之中。唐仪凤二年（公元677年）始，在曲江宣扬佛法37载，使南宗禅法大播于天下的中国佛教南派禅宗创始人六祖慧能，明万历间，在曲江传播天主教和西方科学技术长达6年的意大利耶稣会传教士利玛窦。

曲江自然资源丰富，曲江区耕地面积1.19万公顷，林地面积12.38万公顷。森林覆盖率73.7%，活立木蓄积量752万立方米。水力资源蕴藏量可供开发14.1万千瓦。重要矿产资源有铁、铜、铅、锌等11种及分散元素矿产等；是全国黑色金属、有色金属之乡等，土特产有马坝油粘米、罗坑茶。

旅游资源丰富，主要旅游景点包括境内有被誉为佛教“南宗祖庭”的千年古刹南华禅寺，有史前期古人类“马坝人”遗址和“石峡文化”遗址，有返朴归真、山光水色交融的小坑国家森林公园和罗坑、沙溪两个省级自然保护区，有“广东十佳温泉”之一的曹溪温泉假日度假村以及枫湾生态温泉度假村、小坑大森林温泉度假村等多个休闲度假基地等。

【综合实力增强】 2015年全区实现地区生产总值135.3亿元，其中，农业增加值13.5亿元，年均增长5.8%；完成工业增加值62.8亿元，下降0.3%；完成第三产业增加值50.2亿元，增长1.1%；2015年完成一般公共预算收入7.9亿元，年均增长13.9%。外贸出口总额1.4亿美元。传统产业发展壮大。支持企业通过管理创新、技术创新等手段加快转型升级。宝钢韶钢集团技改步伐加快，产品竞争力增强。韶关发电厂2×60万千瓦机组建成投产，电力生产更加安全高效清洁。食品饮料、机械装备等优势产业不断发展壮大。园区建设加快推进。“特钢园”基本完成首期5000多亩征地任务，基础设施和首批入园项目建设在推进；曲江经济开发区新增扩园征地500多亩，强龙重工、和兴食品等12个项目竣工投产。2015年曲江经济开发区完成工业增加值20.7亿元，园区对全区经济的支撑作用增强。重点项目推进。华盛轧钢厂技改项目、雪花岩有机茶园基地等9宗重点项目完成年度投资任务。招商引资成效明显。加大产业招商力度，开展特钢产业推介会等招商活动，2015年共引进项目27宗，投资总额达35.38亿元。第三产业平稳发展。大唐花海投入运营，“大马坝”等项目推进顺利，南华诞祈福文化节、罗坑茶文化节等系列节庆活动有声有色，各镇特色旅游竞相发展。2015年全区共接待游客400多万人次，实现旅游收入25亿元。交通运输、电子商务、金融保险等行业平稳发展。2015年全区完成第三产业增加值44.4亿元。

【园区建设加速推进】 曲江经济开发区和莞韶华南钢铁深加工科技产业园（以下简称“特钢园”）管理体制不断创新，项目承载平台不断完善。2015年园区规上工业增加值和园区税收分别18.7亿元和2.2亿元。完善“两大园区”道路、管网等基础设施，园区承载能力日益增强，授权开发区管委会在园区内行使区发改、经信、住建、城管等4个部门的10项行政审批事项和管理职能，提高行政服务效率。创新园区建设模式，与省食品行业协会、制造业协会合作共建专业园区，与东莞市政府、宝钢（韶钢）集团达成“两地政府+央企”的合作共建模式，引进一批规模效益好、科技含量高的企业落户园区，合作共建模式初见成效。

【农业经济稳步发展】 2015年全区完成农业增加值13.5亿元，年均增长5.8%。建设高标准基本农田6333.33公顷，改善灌溉面积6933.33公顷，农业生产条件不断改善。一批大型农业项目落户曲江区，培育重点农业龙头企业13家，其中省级重点农业龙头企业4家。新增国家地理保护标志产品2个，有机食品认证2个，无公害农产品认证5个，无公害产地认定面积达1133.33公顷。创建“全国农技推广示范县”和“全国平安农机示范县”，现代农业示范园区建设取得新成效。

【城镇化建设取得新进展】 深入实施分区发展和创建绿色宜居城市战略，启动编制曲江新城规划，中心城区扩容提质明显加快，“135”城镇发展格局（“1个中心城区、3个副中心城镇、5个特色小镇”）初步形成，其中曹角湾村入选“2015年中国最美休闲乡村”。

【发展环境注入新动力】 编制区政府部门权责清单，推进商事登记制度改革，投资环境不断优化。完善区网上办事分厅平台，建设农村集体“三资”管理服务平台，开展农村土地承包经营权确权登记颁证工作，农村综合改革推进。实行全口径预算，预决算信息和“三公”经费公开透明。取消、停征和免征18项行政事业性收费。加强与社会资本合作，不断创新投融资机制。基本完成区直机关和镇（街道）公务用车制度改革。完成商事登记制度改革，推行“三证合一”登记模式。完成公共资源交易体制改革，规范和加强全区重大工程的“招、拍、挂”管理。

【基础设施建设日臻完善】 加快基础设施建设，完成国道106线、省道248线、253线和县道312线、315线、317线、353线等路段改造工程，建成江畔桥。实施狮岩路、建设北路、环山北路、梅花中路和环城路等城市道路和桥梁改造工程。连接韶关主城区的东环线二期、新白线、曲江大道和营顶至邓屋4条道路前期工作开展。延伸供水管网184公里，解决松山学院、韶钢周边村庄、韶关发电厂等单位及其沿线村庄的安全饮用水问题。完成马鞍山变电站和白土变电站扩建、南华变电站综合自动化改造等工程建设。城区马坝河防洪工程基本完成，农田水利重点县项目加快实施。

【富民惠民政策全面落实】 2015年，社会保障和就业支出2.8亿元，城乡居民社会养老保险实现全覆盖，养老保险基金累计结余2.8亿元，曲江区被征地农民养老保障资金分配工作被列为全市试点单位。开展就业援助等活动，城镇登记失业率控制在2.29%以内。覆盖全社会的社会保险体系初步建立，社会保障能力增强。抵御“5·20”特大洪灾，灾后重建工作推进。

【各项社会事业全面发展】 建成余靖小学，落实教师待遇保障和农村教师岗位激励政策，创建“广东省教育强区”和“全国义务教育发展基本均衡区”。全民健身活动和竞技体育事业齐头并进，体育设施逐步完善。档案工作卓有成效，成功创建国家二级综合档案馆。加快推进“卫生强区”工作，区人民医院新建住院大楼启用，并开设体检中心。建成城西中医综合门诊部和白土、小坑镇卫生院综合大楼，引进民营启德医院，完善医疗卫生设施。完成数字曲江地理空间框架建设，搭建曲江地理信息平台。实施“质量强区”战略，产品质量提升。加强食品药品安全监管，保障人民群众的饮食用药安全，创新供销合作社管理体制，曲江区被国家列为第一批供销合作社综合改革试点单位。文化建设和创文巩卫申名工作开展，通过“文化先进县（区）”和“卫生城市”复评，乌石镇被评为全国文明镇。人民武装、国防建设和双拥工作深入开展，连续8次被省评为“双拥模范（县）区”。

【党建工作取得新成效】 执行中央“八项规定”，扎实开展“三严三实”专题教育，拓展党的群众路线教育实践活动成果，作风建设常态化、长效化机制健全。执行干部选拔任用规程和拟提拔人选个人事项财产申报公示制度，选人用人机制完善。抓好镇（街）领导干部驻点普遍直接联系群众、“书记项目”、软弱涣散基层党组织整顿转化等工作，基层党组织引领发展、服务社会的能力增强。落实党风廉政建设责任制，坚持有案必查、有腐必惩。2015 年立案查处各类违纪案件 80 宗 81 人，其中涉及副科级以上干部 13 人，通过办案追缴违纪金额 60 多万元，挽回经济损失 1000 多万元；通过信访初核澄清问题，保护干部 37 人。

【曲江余靖小学建成开学】 8 月 28 日，韶关市曲江区举行余靖小学建成暨揭牌仪式。韶关市委常委、曲江区委书记黄劲东出席仪式，并为该校揭牌。该校坐落于曲江区城北梅花河畔，以曲江历史名人——宋代名臣余靖命名，总投资约 4500 万元，占地约 3 万平方米，总建筑面积约 2. 4 万平方米，按照省义务教育标准化学校标准建设，设置 36 个教学班，可容纳 1800 名小学生。9 月 1 日正式开学。该校的建成增加城区公办优质学位，优化城区教育资源布局，满足群众对优质教育资源的需求。

【2015 中国佛教讲经交流会在曲江举行】 2015 年 11 月 18 日下午，由中国佛教协会主办，广东省佛教协会、汉传佛教讲经交流基地协办，广东韶关曲江南华寺承办，以“慈悲、圆融、宏博”为主题的“2015 中国佛教讲经交流会”在南华寺曹溪讲坛开幕。本次讲经交流会邀请到来自中国大陆汉语系、藏语系、南传巴利语系，以及来自中国香港、中国台湾地区的大德法师同台讲经说法，系中国佛教协会成立以来首次举办海峡两岸与港澳地区、三大语系大德法师同台讲经的活动，具有重要的意义。本次讲经交流会共有来自全国 25 个省、市和中国佛学院的 29 位讲经法师参加，讲经活动为期 4 天。

【初步形成生态休闲旅游】 2015 年，马坝人遗址创建成为国家 AAA 级旅游景区。“南华诞祈福文化节”“罗坑茶文化节”“枫湾白水蜜桃节”“小坑曹角湾露营节”“樟市芦溪穿越活动”等一批旅游节庆活动逐渐形成品牌，经律论文化旅游小镇、曲江方园生态园——大唐花海项目正式营业，曹角湾村入选“2015 年中国最美休闲乡村”。曲江知名度和美誉度提升。

【马坝镇】 位于粤北中部、韶关市区南部，是曲江区政治、经济、文化和信息中心，属省级中心镇。东与大塘、沙溪两镇接壤，南与乌石为邻，西与白土镇相连，北与韶关市浈江区相毗连。京广铁路、京港澳高速公路、广乐高速公路、韶赣高速公路、国道 106 线、省道 248 线、北江航道穿境而过，马坝镇是曲江区人民政府驻地。马坝镇辖区总面积 177. 5 平方公里，总人口 16. 9 万人。2015 年年末辖马坝、龙岗、水文、阳岗、安山、乐村坪、山子背、松山下、演山、转溪、南华、石堡、炉头、小坑、新村、农场 16 个村委会和府前、中华、东风、鞍山、城东、朝阳、山子背、城南路 8 个社区居委会。其中耕地面积为 1305. 13 公顷，山林面积 5666. 67 公顷。马坝镇地势由东向西南倾斜，丘陵、岩溶盆地地貌，马坝河贯穿全镇。境内丘陵、盆地交

2015 年 10 月，曲江区年文化旅游小镇、曲江方圆生态园，广东省最大面积的花海主题公园－大唐花海主题公园开园

错，地势由东北向西南倾斜，有溶岩石山狮子岩、马鞍山，山岭海拔多在300米至500米之间。丘陵海拔多在200米以下。北江流经马坝镇，河床宽200～500米。境内的矿产资源主要有石灰岩、煤炭、陶瓷土、石英砂、稀土、温泉等品种，其中已开发的有陶瓷土、曹溪温泉和南华温泉等。盛产水稻、玉米、豆类、蔬菜、水果、水产品等，传统土特产有马坝油粘、南华草菇、莲藕、荸荠等。

2015年，马坝镇财政总收入3442.9万元，同比增长6%（剔除不可比因素），国民生产总值56.12亿元，同比增长5.3%，固定资产投资总额4.73亿元，任务完成率105%，工业产值19.11亿元，同比增长10.8%，农业产值2.8亿元，同比增长5.6%，农民人均纯收入14397元，同比增长12.9%。

党委书记：王爵承

镇　　长：刘日夫

【沙溪镇】 位于曲江区东南面，南邻翁源县，省属企业大宝山矿坐落在该镇境内，距离曲江城区马坝11公里，全镇总面积210平方公里，辖7个村委会，1个居委会，88个村民小组，总人口13562人，下设20个党支部，党员520人，耕地面积897.4公顷，其中水田784.4公顷，拥有山林面积1.6万公顷，广韶公路和106国道贯穿全镇，京港澳高速公路从南面穿过，并在镇内东华村设有出入口，连接京广铁路的大宝山矿专用铁路贯穿镇境西部。沙溪镇农业资源丰富，具备种植亚热带作物的自然条件。产于仙人嶂（海拔1080米）茶叶基地的凡洞高山云雾茶，用华山山泉水浸泡而成的华子山酸笋，野生蕨类淀粉——沙溪粉，沙溪冬笋和沙溪香菇更是粤北特产。沙溪镇资源丰富。有铁矿、铜矿、铅锌矿、钼矿等，是典型的多成因迭生矿床。森林覆盖率达82%，有1.6万公顷山林，其中毛竹林基地6500公顷。活立木蓄积量40万立方米以上，毛竹年产量达200万根以上，是曲江区的主要林区镇之一。全镇可供开发的水能蕴藏量为5240千瓦，现已建成水力发电站15座，总装机容量4000多千瓦。沙溪镇旅游资源有正在开发的华子山生态旅游项目，百丈崖漂流，漂流全长3公里，落差高达70多米，有10多个回旋处。沙溪镇是省级自然保护区和市级水资源保护区，先后被评为“广东省教育强镇”“韶关市森林生态示范镇”“曲江区文明镇”等。

2015年，沙溪镇财政收入736万元，比增4.4%，固定资产投资总额33205万元，比增3.77%；工业产值124410万元；农业产值20727万元，比增8%；农民人均纯收入13451万元，比增6.1%。

党委书记：蓝振球

镇　　长：王爵凌

【乌石镇】 位于曲江区南部，东靠翁源县及曲江区沙溪镇，南邻英德市沙口镇，西与樟市镇隔北江河相望，北靠马坝镇。镇人民政府驻地距曲江区人民政府15公里。2015年乌石镇面积118.6平方公里，山林面积7333.33公顷，耕地面积1107.27公顷，活立木蓄积量32万立方米。全镇辖乌石、杨梅、濛浬、展如、坑口、石角等6个村委会和乌石、坑口2个社区居委会；下设90个村民小组；全镇6893户，18285人。镇内地势东高西低，向西南倾斜，有七星墩、仙人堂、白面石等山峰，东面的笔架山脉延伸全镇，形成狭长地带。水陆交通十分便利，京广铁路、广乐高速公路、省道S253线公路和北江河由北至南贯穿乌石全境，镇内设有火车货运站，火车年货物中转量180万吨，拥有年货物吞吐量100万吨的水运码头3个。境内有杨梅、展如、石角3条溪流，溪长均约30公里，由东向西注入北江。北江紧贴境西而过，境内北江段河床宽200米～500米、平均流量约为471立方米/秒。有石灰石、高镁石、白云石等矿产资源，其中石灰石储量8亿多吨。可开发的水利资源约1万千瓦。农业特产有西洋菜、红瓜子等。

2015年，实现工农业生产总值42515万元，其中工业总产值23227万元，比增9.8%；农业总产值19287万元，比增9.9%；农业经济总收入61436万元，比增15.6%；农村人均收入14802元，比增15.5%；完成工商税收6202万元，其中国税收入3187万元，地税收入3015万元；固定资产投资3.01亿元；财政收入990万元。

党委书记：谢伟强

镇　　长：王伟强（任至8月）

　　　　　蒋　慧（9月任职）

【樟市镇】 地处曲江区西南端，东临北江与乌石镇隔江相望，南接英德市沙口镇，西连罗坑镇，北接白土镇，距城区马坝22公里，武广铁路及广乐高速纵贯南北。全镇总面积225.59平方公里，下辖11个村委会和2个居委会，总人口28549人，境内有1个瑶族村委，人口584人。境内主要是山地、盆地，地势西高东低，山地面积14600公顷，盆地为耕地，耕地面积2479公顷。樟市镇自然资源丰富，主要有矿产、林业、水力、农业等资源。矿产资源主要有煤、铁、瓷土、铅锌矿等，水力资源蕴藏量丰富，具有较大开发价值。樟市盛产优质谷、柑橙柚类水果、优质蔬菜及生猪等，是优质谷白马牌马坝油粘米的主要产地，消雪岭柑橙柚已成为粤北著名农产品品牌之一。樟市镇地形复杂，山地丘陵多，平地滩地少。有多个未开发旅游景点，有天池、雪花顶、梅花顶、黄思脑、深达潭等优美景观，享有“小黄山”之美名。樟市镇两大特色菜肴，蒸猪红、黄豆腐。

2015年，樟市镇财政收入1992万元，比增19.88%。国民生产总值132340万元，比增9.1%，固定资产投资总额1.85亿元，比增17.8%，工业产值27340万元，比增0，农业产值105000万元，比增11.5%，农民人均纯收入13742元，比增11.57%。

党委书记：陈卫红

镇　　长：何宗成

【罗坑镇】 位于曲江区西南部，东连樟市镇，南接清远英德市云岭镇、横石塘镇，西邻乳源县大布镇，北毗武江区江湾、龙归两镇。罗坑镇政府所在地罗坑街距曲江城区马坝镇45公里。2015年全镇辖罗坑、新塘、新洞、中心坝、瑶族等5个村委会和1个社区居委会，99个自然村，全镇10533人，其中瑶族人口1226人。罗坑镇土地总面积218平方公里，其中山林面积2.13万公顷，生态公益林1.87万公顷，镇域内林木茂密，是曲江区主要林区之一，属亚热带常绿阔叶林，有极度濒危的国家一级保护动物瑶山鳄蜥等多种国家重点保护的珍稀动植物。罗坑鳄蜥国家级自然保护区是目前中国野生鳄蜥分布较集中、数量最多、栖息环境最好的地区。罗坑境内有较多古茶树，树龄最长的达1000多年，是罗坑镇发展茶业产业的宝贵资源。全镇地势四周高，中间低，有樟市水贯穿全镇。最高山岭船底顶海拔1587米，是韶关市区第一高峰，广东省第二高峰。樟市水发源于罗坑船底顶山，流经罗坑和樟市两镇，在宣溪水汇入北江。流域面积298平方公里，河长42公里。境内已探明矿产有金、银、铝、锡、锌、稀土、温泉等。其中，温泉水日自流量达1000立方米。盛产罗坑茶、罗坑大米、冬菇、木耳、蜂蜜、野生灵芝、胡须鸡等土特产。

2015年，全镇实现生产总值1.944亿元，比上年增长8%，农民人均纯收入10910元，比上年增长12%，镇财政实现收支平衡。

党委书记：黄　华

镇　　长：钟佩君

【白土镇】 位于曲江区西南部，东与马坝镇隔河（北江）相望，南邻樟市镇，西与武江区龙归镇相接，北与武江区西联镇接壤，距区人民政府8公里。2015年全镇辖上乡、中乡、下乡、河边、孟洲坝、苏拱、由坪、界滩、大村、横村、龙皇洞等11个村委会和白土居委1个社区居委会；下设172个村（居）民小组。总面积139.05平方公里，有山林面积106平方公里，林区活立木蓄积量10.21万立方米。全镇总人口25051人。白土镇地形西高东低，土地肥沃，地势平坦，属沿河台地平原类，北江自北向南沿白土东侧流过，历来是北江上游主要交通中转站，清代已有8个水运码头，为北江沿线码头最多的地方。武广客运专线途经全镇9个村，广乐高速公路在白土镇设有出入口。境内矿产有煤矿、铁矿、稀土、钨矿、河沙、石灰石等。有由坪腐竹、河边草菇、龙皇洞沙田柚、竹笋、莲藕、生姜等土特产。

2015年，白土镇实现地区生产总值4.18亿元，同比增长2.0%，工业总产值592873元，农业总产值507.72万元，2015年财政总收入1783万元，同比增长16.8%，农民人均年收入12084元，五年年均增长7.3%，全镇固定资产投资1.8亿元（不含经济开发区）。

党委书记：廖伟忠

镇　　长：曹　权

【大塘镇】 位于曲江区东北部，东接枫湾、小坑两镇，西接浈江区新韶镇，南靠马坝、沙溪两镇，北临仁化县大桥镇，距曲江区人民政府13公里。2015年全镇总人口34748人，其中农业人口32045人，城镇人口2703人。大塘镇总面积175平方公里，地势东高西低，属丘陵地带，境内关山、麻山顶等山峰海拔在400米至700米左右。全镇辖历山、竹园、塘口、左村、东岗岭、丈古岭、西林、红新、侧田、黑石、汤溪、新桥、大塘、其田、梅花15个村委会和1个社区居委会；下设189个村民小组和1个居委会。镇境与韶关市教育功能区相连，距市区中心11公里，毗邻韶钢集团，是省道315线、韶塘国家一级公路、塘马公路、塘枫公路的交汇处，韶赣高速公路、赣韶铁路、106国道从北向南贯穿全镇，具有较强的聚集优势、交通优势和区位优势。境内已探明矿产有铀矿、煤矿、铁矿、石灰石等。已经开发的主要有煤矿和石灰石。韶关市区80%的建筑石灰都来自于本镇。镇内有宋代的仙人塔、明清时代的烽火台遗址、梅花桥及水村街等古迹，是第三批全国小城镇发展改革试点镇和农业科技示范镇，广东省中心城镇、山区信息化建设试点镇、蔬菜专业镇技术创新试点镇、小城镇技术集成应用试点镇。大塘镇共有耕地2866.67公顷，山地面积1.23万公顷，土质肥沃，平整开阔。主要产品有优质谷、花生、蔬菜、粉葛、莲藕等。大塘镇水力资源丰富，地表水总径流量10947万立方米，地下水属马坝—大塘盆地岩溶水区，成井水量在3万立方米/日。镇内有小（二）型小型库6座，总库容

2015年11月27日，曲江区举办首届“金话筒杯”演讲比赛

96.6万立方米，与大塘毗邻的库容量1.2亿立方米的小坑水库主灌渠贯通全镇；镇内还有天然的汤溪地下温泉，可作为旅游、休闲资源开发，商用价值较高。

2015年全镇社会总产值达4.472亿元，比增7.5%，其中，农业增加值2.77亿元，工业增加值4950万元，第三产业增加值9500万元；固定资产投资额2.5亿元；乡镇财政总收入4132万元，比增8%；农村人均纯收入14414元，比增12%，实现年初制订的全镇经济社会发展预期目标。

党委书记：林国雄（任至4月）
王伟强（8月任职）
镇　　长：杨　彦

【枫湾镇】　位于曲江区东北部，距离韶关市区24公里，距城区马坝34公里。东接始兴县，西连大塘镇，南邻小坑镇，北靠仁化县周田镇。交通便利，镇区西行11公里与106国道连接，韶瑶公路贯穿全镇，乡村干道实现硬底化。辖区面积220平方公里，总人口1.83万人，设有9个村委、1个居委会。现有耕地面积1133.33公顷，林地面积1.82万公顷。主要产品有油粘米、优质谷、优质蔬菜等。山地以种植果树和林木为主，效益较显著，茶园山毛竹、白水蜜桃远近闻名。该镇是韶关地区唯一的省级畜牧专业镇，全镇生猪年饲养量达10万头，优质肉鸡年饲养量达450万只。枫湾镇旅游资源丰富，素有“小桂林”之称。有骑马石岩洞、茶园山竹海、高山杜鹃等特色生态景观。境内温矿泉水质与世界著名的法国维尔矿泉相似，日流量3500立方米，含硫、碳酸钙、镁等多种人体不可缺少的元素，位于辖区内的枫湾温泉度假村已成为韶关地区远近闻名的休闲旅游胜地。举办第二届“瑶池养生·‘桃’醉枫湾”花果节，摄影大赛、“桃王”拍卖会、“养生胜地·花果世界”枫湾乡村生态旅游等活动。

2015年，枫湾镇财政收入515万元，国民生产总值9.43亿元，增长13.6%，农业总产值4.27亿元，增长17.53%，工业总产值3.1亿元，增长19.23%，第三产业总收入2.06亿元，增长14.4%，农民人均纯收入13635元，增长10.72%，固定资产投入2.3亿元，增长9.5%。

党委书记：邓春鸿
镇　　长：钟毓清

【小坑镇】　因地形狭窄，又有许多小坑（小溪流）而得名。小坑镇位于曲江东部，东与始兴县隘子镇为邻，南与翁源县新江镇接壤，西与枫湾镇毗邻，北与大塘镇相连。距曲江中心城区34公里。面积164平方公里，森林覆盖率为91%，其中林地、湿地红线划定面积分别为14696.73公顷、310.97公顷。耕地面积312公顷。辖上洞、黄洞、和洞、下坪、汤湖等5个村委会和小坑1个社区居委会，下设37个村民小组和1个居民小组。总户数1835户、常住人口6038人，其中农业人口5165人。

小坑镇水资源丰富，镇东北有一座小坑水库，最大库容量1.13亿立方米。小坑国家森林公园是全国首批87家森林公园之一，境内已探明矿产有萤石矿、钨矿、稀土矿和温泉等。有枇杷、杨梅、冬笋等土特产。2015年全镇农业农村经济总收入5.98亿元，同比增长12.8%；农民人均收入12960元，同比增长13.8%。村委集体经济总收入294.63万元，同比增长5.7%，其中电站承包款收入182.48万元。全社会固定资产完成99500万元，同比增长16%；完成镇本级可支配的财政收入1118.47万元，支出886.02万元，同比增长38.5%。举办2015年曲江区经律论文化旅游小镇体育旅游节、“库区人家”曹角湾祈福节、SFCU（2015）路亚精英赛暨经律论文化小镇国际路亚邀请赛、韶关市第五届“体彩大乐透”野外露营活动等旅游节庆活动。曹角湾村入选“2015年中国最美休闲乡村”。

党委书记：陈亚雪
镇　　长：邓会成

【松山街道办事处】　因承接驻区国有企业宝钢集团广东韶关钢铁有限公司剥离办社会职能而设立的，为区人民政府派出机构，正科级建制。松山街道位于韶关市南郊，松山街道办事处地址为韶钢厂南大道（原西区居委会所在地），下设东区、西区、红旗区、北区4个居委会，总面积约10平方公里，社区与大塘镇、马坝镇行政区相连，均在马坝镇行政区域范围内，现有城镇居民13905户，总人口4.5万人，且全部为城市居民人口。公共基础设施比较完善，学校、医院、市场、邮电通讯、交通、供电及社区服务设施比较齐全。实施区委确定的分区发展战略，立足辖区实际，与韶钢保持良好的沟通，主动做好服务，依托韶钢的产业链，探讨在采购、销售、物流等方面进行合作，做活“厂边经济”。引进企业投资置业，力促更多企业在曲江、在松山街道注册、纳税，增加曲江区税源，为各项工作开展提供物质基础。上半年引进车行健汽车维修有限公司、华宇智慧科技有限公司、袁达荣商贸有限公司等一批企业，项目投资总金额2000万元。以开展“社会矛盾纠纷五大领域专项治理工作”为契机，把开展社会矛盾纠纷化解专项行动作为推进社区管理创新的重要抓手。2015年，街道共受理排查矛盾纠纷35宗，调处率100%。受理网络问政5件，并做好回复工作。处理来信来访5件，并已做妥善的回复。探索小区网格化管理服务，在街道4个小区建立“三级”网格体系，健全社区居委网格服务团队。重大节日及特别防范期，全街道从领导到办事人员执行值班备勤制度，确保24小时畅通联络。街道围绕“人人享平安，人人享受幸福”的理念，助力法治街区创建，设立“创建平安、法治、禁毒、反邪教”宣传栏3处，共向辖区居民免费发放各类宣传单、手册等数据2100份，提供咨询服务80余人次。开展“一社区一法律顾问”活动，依托区里与街道结对的律师，建立“四式”服务新模式。安全生产工作紧抓不放，对82家重点行业领域进行安全生产检查，共发放安全消防宣传资料600多份。

党委书记：张卫琪

镇　　长：江绍德

（罗炳荣）

2015年曲江区国民经济发展情况一览表

表35

指　　标	单位	绝对值	比上年增长（%）
地区生产总值	亿元	135.3	0.5
第一产业增加值	亿元	16.15	4.3
第二产业增加值	亿元	71.48	-0.3
工业增加值	亿元	62.8	-0.3
第三产业增加值	亿元	50.24	1.1
人均地区生产总值	元	44400	—
规模以上工业增加值	亿元	58.45	0.7
农林牧渔业总产值	亿元	26.15	43
固定资产投资	亿元	92.23	-29.6
社会消费品零售总额	亿元	57.06	10.3
外贸进口总额	万美元	—	—
外贸出口总额	万美元	13586	36.7
实际利用外资	万美元	300	-71.96
地方公共财政预算收入	亿元	7.9	1.7
地方公共财政预算支出	亿元	19.98	42.03
城镇常住居民人均可支配收入	元	22560	8.9
农村常住居民人均可支配收入	元	12518	10.4

2015年3月6日，九峰桃花旅游节暨“美丽乐昌”摄影大赛开镜仪式在乐昌市九峰镇举行（罗　吉　摄）

乐昌市

【概况】　乐昌市位于广东省北部，东与仁化相邻，南与曲江、乳源交界，西北与湖南省宜章县交界，东北与湖南省汝城县接壤。南齐初年，析曲江县地置灵溪县，梁天监七年（508）置梁化县，隋开皇十八年（598）改为乐昌县，1994年7月，撤县建市（县级）。2015年全市辖16个镇、1个街道和2个办事处，土地面积2419.28平方千米。2015年末户籍人口51.88万人，常住人口41.12万人，人口自然增长率7.45‰。

乐昌地理位置优越，素有“楚粤孔道”之称，西京古道自湖南宜章县途径乐昌境内。京广铁路、京珠高速、武广高铁、广乐高速、国道107线、省道247线、省道248线、省道249线纵贯境内。全市耕地面积1.93万公顷，粮食播种面积2.29万公顷，粮食产量18.56万吨。林地面积18.4万公顷。森林覆盖率75.1%。活立木蓄积量929.5万立方米。重要矿产资源有锑、钨、铅锌、铁、硫铁、萤石矿、煤和石灰石等。土特产有北乡马蹄、张溪香芋、沿溪山白毛尖茶、九峰柑橘、九峰柰李、黄圃板栗、梅花猪、白石紫薯等。主要旅游景点有龙王潭生态旅游区、古佛洞天风景区、金鸡岭风景区、后洞生态庄园、杨东山十二渡水生态旅游区、九峰花果园、“7011”工程旅游点、五山梯田、白水寨生态园等。

2015年，全市生产总值107.08亿元，比上年增长5.1%。其中，第一产业增加值21.56亿元，增长4.2%；第二产业增加值24.03亿元，下降4.2%；工业增加值17.41亿元，下降3.8%；第三产业增加值61.49亿元，增长10.7%。人均地区生产总值26114元，增长4.5%。规模以上工业总产值64.43亿元，下降12.7%。固定资产投资32.25亿元，下降63.5%。社会消费品零售总额56.22亿元，增长11%。外贸出口额1626.2万美元，下降22.2%；实际利用外资171万美元，下降90%。地方财政一般公共预算收入5.97亿元，下降3.7%。城镇居民人均可支配收入20277元，增长8.1%；农村居民人均可支配收入11427元，增长9.5%。

【各经济指标稳增长】 农业经济平稳发展，实现农林牧渔业总产值33.97亿元，同比增长4.1%。获省名特优新农产品6个，乐昌峡绿色米业、粤俊种猪有限公司荣获“省重点农业龙头企业”称号。“互联网+农业”得到有效应用，九峰、两江水果网上销售额达1300万元。全年完成工业增加值17.41亿元。引进山东义和诚新型绝热隔音材料、深圳高尔德防雷设备、台湾翔辉皮革镀膜、同路单采血浆制品等项目，投资总额超6亿元。与珠海九州控股集团建立战略合作关系。全年接待游客344.36万人次，同比增长18.2%。实现旅游综合收入21.75亿元，同比增长18.6%。实现社会消费品零售总额56.22亿元，同比增长11%，增速位居韶关前列。房地产市场逐步回暖，商品房销售面积同比增长16.1%。财政资金使用效益提高，收回结转结余资金1.45亿元；完成财政八项支出17.2亿元，同比增长4.5%。年末全市金融机构各项存款、贷款余额分别为135.7亿元、65亿元，同比增长11.9%、14.6%，存贷比位居韶关第二。

【抓住重点筑强基础】 全年完成固定资产投资32.25亿元。乐昌大道、进站进园道路等项目前期工作开展。旧公安局、旧汽车站等“三旧”改造项目实施，乐昌新城、坪石新城建设推进。坪石镇入选省新型城镇化“2511”综合试点镇。廊田和梅花污水处理厂建成运行。省卫生城市创建成果得到巩固，坪石镇创建韶关市卫生镇。调整产业园总体规划，启动2.8万平方米标准厂房建设。中小河流治理、中小型罐区改造等项目年度任务如期完成。张滩闸坝枢纽重建、农村水电站增效扩容改造等项目推进。完成造林更新任务3866.67公顷。新增狮子山、户昌山等4个森林公园。坪石镇河丰村获评“省级文明村”，建成2个名村、5个示范村、28个林业生态文明村。

【关注民生助推发展】 民生领域全年财政支出19.8亿元，占地方本级支出的84.3%。高龄老人政府津贴制度落实。原坪石矿棚户区改造工作推进。完成农村危房改造522户。新一轮扶贫“双到”工作通过省考核验收。教育创强工作推进，五山镇通过省督导验收，梅花、沙坪、庆云三镇通过省督前检查。乐昌花鼓戏《树正影儿斜》获省第八届戏剧曲艺花会金奖。做好文化遗产保护传承工作，可移动文物信息采集量位居韶关首位。启动全国足球试点县创建工作，乐昌一中入选全国首批青少年校园足球特色学校。食品药品安全工作成效显著，荣获“省药品安全示范县”称号。

【武广高铁乐昌东站正式动工】 12月30日上午，武广铁路客运专线乐昌东站项目开工仪式在乐昌东站项目工地现场举行，该项目进入实质性建设阶段。市委副书记陈向新、副市长朱余旺，乐昌市有关领导及建设和设计单位代表出席仪式。

乐昌东站是武广高铁南下入粤的第一站。隶属广州铁路（集团）公司广州南站管辖，毗邻乐昌产业转移工业园，距离乐昌市区3公里，北距郴州西站约82公里，南距韶关站44公里。项目总建筑面积4496平方米，总投资约2.5亿元。工程建设周期为一年，于2016年底完工并投入使用，预计日发送旅客500人次。该项目的建设力助乐昌加快融入珠三角“一小时经济圈”，推进乐昌振兴发展进程。

【乐昌市通过“全国义务教育发展基本均衡县”国家级评估验收】 11月7日，在广州举行的全国义务教育基本均衡县（市、区）督导检查反馈意见会上，国家教育督导检查组认为，乐昌市达到国家规定的义务教育发展基本均衡县评估认定标准。2015年，全市共有义务教育学校89所，在校中小学生48068人。师生比小学1：17.2、初中1：11.2，均高于省标准。适龄儿童少年毛入学率小学102.6%、初中131.8%，九年义务教育巩固率中小学达100%。小学、初中专任教师学历达标率均为100%。全市51所义务教育阶段学校创建成“广东省义务教育标准化学校”，达标率为100%。全市有“全国优秀家长学校实验基地”4所、“广东省德育创新示范校”1所、“广东省依法治校示范校所”3所。

【巾帼联兴造林基地列入全国“三八绿色工程”示范基地】 3月19日，全国“三八绿色工程”示范基地揭牌仪式在乐昌市举行。永济桥村巾帼联兴造林基地位于乐昌市大源镇永济桥村，既是省“巾帼林”，又是全国“三八绿色工程”示范基地，自创办以来，通过“合作社+基地+农户”的产业化经营模式，发展股份社员25户，带动130户，造林333.33公顷。

【乐城街道大昌社区获评“全国和谐社区建设示范社区”】 2015年，乐城街道大昌社区被民政部确定为全国和谐社区建设示范社区。大昌社区辖区面积1.8平方公里，由15个居民小组组成，有常住人口22332人，流动人口2502人，辖区企事业单位15个，商铺527间，社区有党员83名。曾先后获得“全国综合减灾示范社区”“广东省六好平安社区”“广东省地震安全示范社区” “韶关市粤北女职工文明岗”“乐昌市科普示范社区”等多项荣誉称号。

【乐昌花鼓戏入选省级非物质文化遗产传承基地】 2015年，乐昌市三溪镇政府申报的传统戏剧“乐昌花鼓戏”入选第二批省级非物质文化遗产传承基地。三溪镇成为乐昌市首个省级非物质文化遗产传承基地。乐昌花鼓戏是当地人民群众喜闻乐见的一种汉族民间小戏，源于乐昌民间圈地作场表演的民间歌舞踩矮台。因表演时跳花鼓唱小调，俗称唱花鼓或调子戏。该戏流传于乐昌市和流经粤北、湘南的武水中、上游。

【乐城街道办事处】 位于乐昌市区，是乐昌市人民政府所在地，辖有11个居民委员会，1个生活管理区，16个村民委员会，167个自然村，总人口18万人，驻城机关、企事业单位200多个。所辖范围东与廊田镇相邻，南与长来镇相连，西与乳源县交界，北与北乡镇相接，地理位置优越。全街道建城区面积12.2平方公里，总面积187.78平方公里，其中耕地面积1400公顷，山林面积15000公顷。街道有初中2所，小学6所，文化站1个。2015年，全镇财政收入3524.01万元，工业产值157704.69万元，固定资产投资额6600万元，农村人均纯收入11505元，同比增长6.51%。全街道参加医疗保险人数59407人，新型农村社会养老保险参保人数14387人。境内有旅游景点古佛岩，有市（县）文物保护单位龟峰塔、文峰塔、西石岩寺、伯陵堂、赵佗城遗址等。辖区内主要人物有民国时期国民党军中将黄昌儒和国民党军少将张昭芹。

乐城街道办事处地处南岭山脉南麓，武江河畔，西为大瑶山脉，西南为丘陵，地势较为平坦。属中亚热带季风气候。武江河穿越境内，长3000米，多年平均流量143.74立方米/秒。另有大洞溪、小洞溪两条武江支流。境内探明地下矿藏有铅锌、锗、镓、镉黄铁矿等，其中铅C+D级5.89万吨，锌C+D级18.24万吨。特色农产品有张溪村委会的香芋，河南村委会的莲藕，小洞村委会及王坪村委会的黄姜，附城村委会的葡萄，下西村委会的反季节蔬菜等。

党工委书记：万广平

主　　任：吴伟标

【长来镇】 位于武江河畔乐昌市南部，京广铁路、武广高速铁路、韶乐公路贯穿境内，广乐高速公路乐昌段出口和正在兴建的武广高铁乐昌东站出口均位于长来镇昌山村。长来镇属丘陵盆地，土地肥沃，水资源丰富，总面积116.5平方千米。辖长来、昌山、大赛、安口、和村、东边、金竹山、罗村、水口、前溪、上坪、灵口共12个村委会和长来街1个社区居委会，总户数6002户。年末户籍人口24095人，农业人口18621人，外来人口474人。2015年全镇生产总值45988万元，比上年增长3.6%。财政收入1297万元，比上年增长8.7%。全年农业产值44558万元，农村人均纯收入11083元，比上年增长8%。工业产值1430万元。耕地面积1493公顷。粮食播种面积2291.8公顷，粮食产量15973吨。林地面积6000公顷，森林覆盖率89%。全镇有初中1所，中心小学1所，幼儿园3所（其中2所民办幼儿园），教学点2个，在校学生1493人；有文化站1个，广播站1个。全镇参加医疗保险人数20488人，覆盖面99.8%。长来镇自然资源十分丰富，境内已探明地下矿藏有铁矿、硫铁矿、煤、石灰石，其它自然资源有铅锌矿，锗，镓，镉，水泥配料粘土等。土特产有香芋、马蹄、沙糖桔、脐橙、台湾沙梨、山地西瓜、草莓和蔬菜。“松子鸡”、“松子鸡”鸡蛋，鸡蛋糍粑是镇特产。前溪村香芋，已通过广东省“一乡一品”议案。长来历史悠久，早在新石器时代就有人类生活，著名的新石器时代园岭遗址便在其境内。2012年和村五汪“谭氏宗祠”被列为广东省文物保护单位；罗村三姓祠堂（罗氏、郑氏、李氏），安口的“张氏三公祠”是该镇目前保留较为完整的古建筑祠堂之一，具有中国民间传统祠堂建筑特色。

长来镇综合文化站、健身广场投入使用　镇综合文化站、健身广场修建完成，并投入使用。综合文化站共4层，建筑面积为1400平方米，有5室1厅即图书阅览室、信息共享电子阅览台、培训室、文体娱乐室，文化陈列室，多功能排练演出厅；健身广场建有篮球场1个、羽毛球场2个、乒乓球台7张、照明灯光柱2个、健身路径1条共6件套，场地总面积约达1400平方米。因场地靠近河边，在河堤上建有长达150米、高为1.5米的防护墙，保障村民安全。

党委书记：肖永剑

镇　　长：朱新玉

【北乡镇】 位于乐城北面，全镇总面积93.6平方公里。镇下辖茅坪、东红、上丛、新村、黄坌、前村、上西坑7个汉族村民委员会和下西坑1个瑶族村民委员会，共86个自然村，有居民4260户，人口16038人，其中瑶族652人。2015年，全镇农村经济总收入3.46亿元，同比增长5.37%；农村人均纯收入12098元，同比增长8.08%；全镇财政一般预算收入829.3万元，同比增长2.63%。年末农村存款18749万元，同比增长8.26%；固定资产投资6500万元，同比下降18.75%。

北乡素有“马蹄之乡”之称，东、西、北三面都是山脉，中部和南部属乐昌盆地，土地肥沃，雨量适中，光照长，风量大，自然条件好，是一个以农业为主的乡镇。全镇主要有三大特色产业：发展马蹄主导产业。全镇80%以上水田均种植马蹄，成为北乡农村经济支柱产业。北乡马蹄2009年5月被国家评定为原产地理标志保护产品，2011年3月获得绿色食品认证。发展蔬菜特色产业。以各村专业合作社为依托，抓好优质蔬菜高产示范基地建设，发展西瓜、香芋、花生、辣椒、香菇等特色蔬菜产业。发展腊味特色产业。通过组建北乡腊味协会、扶持腊味深加工企业、注册“北乡腊味”商标等措施，全力打造北乡腊味品牌。

北乡镇文化站综合楼完成修缮　北乡镇文化站综合楼全面修缮完成，总投资40万元。该文化站场地总面积达720平方米，设有报刊阅览室、电子阅览室、多媒体舞蹈厅、培训会议室等功能室。配备书籍7000多册、多媒体电脑13台、乒乓球台2张及多媒体舞蹈设备1套。

镇区消防专用供水工程全面完成　建设镇区消防专用供水工程，从马渡江引水，采用110毫米标准水管，铺设一条1050米消防水管，安装消防栓5个，总投资22.45万元，覆盖镇区学校、卫生院等人员密集重点区域。

党委书记：华癸莲

镇　　长：邓继润

【廊田镇】　位于乐昌市东部，离市区13公里，省道345线和247线贯穿全镇，廊田河流经南北，两岸良田万顷，素有“粤北粮仓”之美称。东连仁化县、南接曲江区、本市长来镇、西临乐城街道、北通五山镇，是粤北地区两省五县九镇物资交流集散地之一，是粤北地区两省二县七镇的农产品流通集散地。全镇总面积147平方公里，林地面积9333.3公顷，耕地面积2194.5公顷。辖廊田、沙洲、葫芦坪、岩前、龙山、农庄、铜坑、王屋、白平、寨头、平富、新寮、马屋、白山、楼下、东庄、早禾田17个建制村和廊田街1个社区，有9490户，年末户籍人口36475人。镇财政拨款收入3679万元，比上年增长149.57%。全年农业产值21330.86万元，农村人均纯收入11578元，比上年增长8%。主要种植有“银粘”、“美香粘”、“台香粘”、“宜香10号”、“超级稻五优308”等优质水稻品种。土特产有优质大米、香芋、马蹄、冬、春笋。工业以小水电、矿产开采和家具制造为主。全镇有九年一贯制中心学校1所，教学点7个，有公办幼儿园1所，民办幼儿园3所。在校学生3210人；有文化站1个，广播站1个。全镇参加城乡居民医疗保险31123人，覆盖面98.68%。主要旅游景点有龙王潭、灵君仙、灵金仙、龙山旅游度假村、白水寨、东洛水库等自然生态景区，古迹有宝林寺、楼下古村等。

党委书记：欧建来

镇　　长：邓勇健

【五山镇】　位于乐昌市东北部，东部与仁化县红山镇交界，南部与廊田镇相邻，西部与九峰、北乡镇连接，北部与湖南省汝城县毗邻，镇政府所在地地理坐标为北纬25°61′，东经113°49′，全镇平均海拔380米，省道247线南北贯通，距乐昌市区33公里。镇辖区面积186平方公里，耕地635公顷（水田514.7公顷），林业用地15989.2公顷，其中生态公益林9010.6公顷，森林覆盖率92%，是以林业为主的镇，属乐昌四大林区之一。镇政府下辖石下、青岭、小山、嶂下、牛头洞、大乐、文书、沙田、山溪、麻坑、坪田11个村委会，共128个村小组，人口20403人，沙田村的长老坑和赤水村散居着瑶族人口。全镇农村经济总收入3.09亿元，农村居民人均纯收入11353.35元，粮食作物播种总面积730.53公顷，粮食总产量6596吨，其中水稻播种面积543公顷，总产3405吨。全镇有中心学校1所，镇级幼儿园1所，村教学点4个，镇级卫生院1间，村级卫生站13个。五山镇坐落在南岭山脉，属中低山地貌，境内高山连亘，因原管辖区有大王山、小王山、瓦片山、龙山、寺山等5座山峰，“五山”由此而得名（该镇原有三岐四水五山十八洞，五山中的龙山、寺山于1961年已划给廊田镇管辖）。五山镇区内云雾多、日照少、昼夜温差大，土壤属沙质黄壤，适宜竹木生长。五山镇坚持植树造林，封山育林，有毛竹8667公顷，年产毛竹300万条（4寸以上），是粤北著名的“毛竹之乡”。五山镇沙田村龙王潭、大乐村白水寨、石下村梯田是乐昌市乃至粤北地区生态旅游休闲观光景点。农业生产主要以种植水稻（中造）为主，农副产品有香菇、茶叶、生姜、罗汉果、雪莲果、紫心薯、指天椒、竹笋、竹器等。五山香菇以其香味浓郁、肉质鲜美滑脆而声名远播。五山辖区矿产资源丰富，主要有萤石矿、钨矿、石英矿、稀土矿、钾长石矿等，其中小山萤石矿贮量在广东省名列前茅。

五山镇通过省教育强镇验收　创建“省教育强镇”工作通过省级达标验收。2015年，五山中学中考考入市级重点中学人数8名，占考生的19%。五山中心学校综合楼和运动场建设峻工。各村办点完成危旧教室拆除和改造，实施校园的绿化、美化、净化工程，全镇办学条件与教育水平提升。

党委书记：马建民

镇　　长：梁新来

【九峰镇】　位于乐昌市中部，是林区中心镇，距乐昌市区31公里，省道248线贯穿于此。东北面与湖南省宜章县、汝城县交界，西与两江镇毗邻，南与北乡、大源两镇相连。境内群峰叠嶂，以有五指、向日、马蹄、青云、紫微、云祖、太乙、羊角、三星9座山峰而得名。全镇辖12个建制村和1个社区，171个自然村，总人口21794人，总面积192平方公里，其中耕地面积2644公顷，林地面积15868公顷，森林覆盖率80%以上。九峰素有“粤北水果之乡”之称，被广东省人民政府评为水果专业镇，主要以种果、种树为主，种菜、养殖相结合，多种经营，全面发展经济。2015年全镇完成地区生产总值3.2亿元，同比增长10.3%，其中农业总产值2.3亿元，工业总产值0.57亿元，第三产业总产值0.3亿元。九峰人文鼎盛、旅游资源丰富。山歌《啦打》被列入省级非物质文化遗产保护项目，境内的景点有抗日名将薛岳故居（广东省文化厅第六批文物保护单位）、九峰杨东山十二渡水生态自然保护区等。九峰镇土特产主要有柰李、黑布朗、油桃、水蜜桃、水晶梨、桔子、椪柑、脐橙、金银花、茶叶、红薯干、魔芋、禾花鱼、莪术、食用菌等。

举办第二届桃花旅游节。举办第二届桃花旅游节，赏花季节近一个月，游客达10万人次，餐饮、住宿、农家乐等第三产业顺势发展，间接带动旅游经济收入3000万元。

党委书记：许建武

镇　　长：王洪华（任至4月）

【两江镇】 位于乐昌市中部，东与九峰镇相邻，南与大源镇交界，西与庆云接壤，北与白石镇相接，总面积133.91平方千米。辖上长塘、普乐、曹家洞、凰落、上斜、岐乐、茶坪共7个村委会，总户数3942户。年末户籍人口13369人，农业人口12831人。2015年全镇生产总值2.16亿元，比上年增长15.3%。全年农业产值1.61亿元，农村人均纯收入11760元，比上年增长11.1%。工业产值5487万元。耕地面积781公顷。经济作物种植面积2100公顷，产优质水果3万余吨。林地面积12000公顷，森林覆盖率89%。主要土特产有柰李、油桃、特早柑、蜜桔等无公害绿色优质水果。全镇有初中1所，小学1所，幼儿园1所，在校学生626人；有文化站1个，广播站1个。全镇参加医疗保险人数11430人，覆盖面100%。主要旅游景点有狮子山楠木森林公园、凰落花海、月弯古桥、徐氏宗祠。

扩建敬老院　加大对敬老院扩建的投入，在主体工程中投入60万元，扩建住房面积500余平方米，新增床位18个；在附属工程中投入30万元，完善相关配套设施，修建围墙等。

建设上长塘村和上斜村文体中心和党建阵地　2015年，两江镇通过镇村自筹、扶贫单位帮扶等方式加大文体中心和党建阵地建设的经费投入，上长塘村和上斜村分别投入32万元和23万元，将当地闲置的学校打造成为村级文体中心和党建阵地，为两村4000余人打造一个集休闲、健身和党员学习、教育于一体的场所。

党委书记：孙俊华

镇　　长：黄元勇

【大源镇】 位于乐昌市中部，东与北乡、九峰、两江三镇相连，南与乐城街道办事处毗邻，西与梅花镇交界，北与坪石、庆云两镇接壤，武江河、京广铁路、广东高速公路贯穿境内。全镇总面积282.2平方公里，总人口10520人，辖9个村委会，78个村小组，352个自然村。大源镇自然资源条件优越，是广东省重点林区之一，是乐昌市最大的林业镇，盛产杉木和其他用材林木。全镇有林面积2.8万公顷，耕地面积453公顷，全年完成造林面积300公顷，输出木材1.4万立方米，实现产值1500万元。主要土特产有茶叶、蜂蜜等。种植生姜、水稻、茶叶、水果蔬菜等作物，养殖荷花鱼、走地鸡、生猪等。大源镇旅游资源丰富，境内有“燕子岩”溶洞、“大瑶山隧道”、“乐昌峡”库区、湖洞革命老区、江南果茶蜂蜜生产基地等。2015年，全镇国民生产总值1.55亿元，农村人均收入12314元，较2014年分别增长11.51%和13.08%；全年完成固定资产投资8600万元，同比增长7.50%。全年修复水圳、陂头、灌渠等18宗，解决农作物灌溉面积40多公顷。新开和改造公路5条共30公里，硬化通村公路32条42.81公里，受益群众8000多名。

大长滩村、小滩村便民服务室建设工作正式启动　2015年11月10日，大源镇大长滩村、小滩村便民服务室建设工作正式启动。小滩村便民服务室建设占地面积720平方米，建筑面积约379.08平方米，预计总投资73.93万元。大长滩村便民服务建设占地面积约900平方米，建筑面积约379平方米，总投资79.79万元。截至年底，2个村的便民服务室建设完成两层毛坯建筑封顶。

党委书记：连旷怡

镇　　长：邹　亮

【坪石镇】 位于广东省北部、岭南山脉的南麓、武江的上游，北与湖南相邻，是乐昌市北部地区的经济、文化、金融中心，同时也是一个旅游城镇。历史上曾被誉为广东八大重镇之一，素有“广东北大门、岭南第一镇”之称。1965年被省政府批准为建制镇。2002年4月，撤销原罗家渡镇，其中田头、河丰、罗家渡、长排寮、天堂5个村委会划入坪石镇管辖。2003年7月，撤销老坪石镇，将其管辖的15个村委会和1个居委会划入坪石镇管辖。至此，全镇辖25个村委会，4个居委会。

坪石镇1998年被省建委列入小城镇规划建设管理7个试点镇之一，2001年被乐昌市委、市政府确定为重点发展的中心镇，2003年2月被省计委列入第二批小城镇健康发展综合试点镇，2004年被列为国家经济综合开发示范镇，2010年被列入广东省城镇化技术集成应用试点，2013年乐昌市委、市政府把坪石镇列为副中心城市，2014年被评为全国重点镇，2015年申报为广东省“2511”新型城镇化试点镇。

全镇土地总面积267.6平方公里，其中城区面积7.4平方公里。2015年，全镇总人口12.1万人，其中常住人口9.5万人，日均流动人口上万人。坪石毗邻湖南省宜章、临武、汝城县，地处交通要道，是广东北部的重要交通枢纽和重要边贸城镇，京珠高速公路、广乐高速公路、107国道、省道248、249线在镇内交汇，京广铁路自北向南纵贯全镇，镇内坪石火车站年客流量达170多万人（次），是省内外和南来北往物资的重要集散地，被专家称为广东的又一个“金三角”。镇内拥有完全小学5间，初级中学3间，普通高中1间，高质量幼儿园8所，其中中心幼儿园2所，医院2间，4家银行共5个网点，镇内建有6个农贸市场。坪石镇资源丰富，镇内的金鸡岭风景区是广东省四大名山八大风景区之一，属省级风景名胜区。2015年，全镇国民生产总值实现36.89亿元，增长5.1%；城镇居民人均可支配收入18758元，农村人均年纯收入11509元。

创建韶关市卫生镇通过考核验收 2015年11月27日，韶关市爱卫办检查组对坪石镇创建韶关市卫生镇工作进行检查考核。通过实地逐项检查，检查组认为坪石镇创卫工作各项指标基本达到创卫标准，同意向韶关市爱卫会建议授予坪石镇“韶关市卫生镇”称号。2015年，坪石镇投入100多万元用于卫生整治工作。河丰、灵石坝、莲塘三个村成功创建为韶关市卫生村。

党委书记：邓少华（任至1月）
　　　　　刘允曾（8月任职）
镇　　长：赖　强（任至12月）
　　　　　邓勇健（12月任职）

【三溪镇】 位于乐昌市西北部，南西北三面与湖南省的宜章县交界，东面与坪石镇接攘。距离坪石火车站37公里，距离乐昌市130公里。总面积113.3平方千米。辖三溪、石村、神前岭、车头园、大坪头、丫告岭、仕坑、白露塘8个村委会，总户数3817户。年末户籍人口12640人，农业人口11438人。2015年全镇生产总值24219.5万元，比上年增长5%。镇财政收入1052万元，比上年增长8%。全年农业产值11318.36万元，农村人均纯收入10985元，比上年增长8%。工业产值3492.8万元。基本农田面积1233.8公顷。粮食播种面积616.9公顷，粮食产量4187吨。林地面积5932.9公顷，森林覆盖率75.6%。主要经济来源有：种植黄烟和蔬菜。全镇有初中1所，小学1所，幼儿园1所，教学点1个，在校学生538人；有文化站1个，广播站1个。全镇参加医疗保险人数10764人，覆盖面100%。土特产有红薯干、豆腐乳、红柚。

三溪镇成为乐昌市首个省级非物质文化遗产传承基地 三溪镇被评定为广东省非物质文化遗产传承基地。三溪狮舞（青蛙狮）、乐昌花鼓戏、乐昌渔鼓被列入广东非物质文化遗产名录。

党委书记：许建武（任至1月）
　　　　　张广润（5月任职）
镇　　长：吕锦东

【梅花镇】 位于乐昌市西北部，境内交通便利，坪乳公路、京港澳高速、广乐高速、乐梅公路贯穿境内，是“梅寮四地”经济、文化、交通中心。全镇共辖17个行政村，1个居民委员会，总面积197.77平方公里，耕地面积1853.3公顷。截至2015年底，户籍人口54671，全镇农村经济总收入达7.125亿元，同比增长3%，农民人均收入11030元，同比增长8%。

地方特产主要有梅花猪、子姜辣椒、黄烟、无公害绿色蔬菜（青瓜、茄子、辣椒、西兰花等）、紫心薯、香花梨（沙梨）等。全镇共有蔬菜、生猪种养合作社67家，蔬菜种植面积达1533.3公顷，其中，有5家合作社被评为韶关农业龙头企业，百臻、莓花、培云、荣丰被评为乐昌市农民专业合作社示范社，6家合作社申报省级示范合作社，年产值近亿元；有5间“子姜辣椒”加工厂、3家“梅花猪”专业养殖场。

梅花镇境内旅游资源丰富，有著名的黄巢石、莲花潭（邓小平指挥“梅花战役”指挥部）、与丹霞地貌相似的铁罗岭姐妹石、万古金城以及九仙杯、仙人岩等古迹。有市级文物保护单位韩泷祠；有分别座落于镇坪溪村、大坪村的金山温泉、大坪温泉；有“红色革命老区”的大坪村委和“游击革命老区”的流山、大富村委；有明清古建筑群大坪杨家寨和“韶关市爱国主义教育基地”红七军革命烈士纪念园等景点。

党委书记：朱长林
镇　　长：颜昌松

【秀水镇】 位于乐昌市西北部，总面积54.42平方公里。辖秀水、田心、西河、消山、中排、大竹山、大罗岭、黄金洞、芳塘、何家冲10个村委会，总户数4270户。年末户籍人口19353人，农业人口18623人。2015年全镇生产总值24970万元，比上年增长7.2%，财政收入860万元，与上年持平。全年农业产值15955万元，农村人均纯收入10783元，比上年增长8.2%。工业产值8234万元。耕地面积628.7公顷。粮食播种面积355.2公顷，粮食产量5106吨。林地面积4333公顷，森林覆盖率71.8%。主要土特产有鹰嘴桃、黑布朗、玫瑰皇后、水晶梨、油桃、沙田柚、蔬菜、黄烟、油茶、沙田柚，养殖良种猪、山地鸡、羊等。全镇有初中1所，小学1所，幼儿园1所，教学点3个，在校学生1994人；有文化站1个，广播站1个。全镇参加医疗保险人数16239人，覆盖面84%。秀水镇烟煤、白煤、萤石矿等资源丰富。工业以小水电站、水泥厂为主。名胜古迹有著名的朱家村紫阳书院和楼下村紫气书院、田心村大兴寺等。

西河村委会白石下文化楼建成 白石下文化楼是秀水镇村级公益事业建设一事一议项目之一。项目投入81.3万元，建筑面积616平方米，工程于2015年6月开工建设，到2015年9月建设完成。文化楼为框架2层结构，内设有图书阅览室，村文化活动室。

党委书记：何平良
镇　　长：邝贤松

【沙坪镇】 位于乐昌市西南部，总面积146平方公里，辖雷家窝、沙坪、关山、马子坪、山坪、茶园、柘洞7个村委会和1个八宝山林场，86个自然村，146个村民小组。总人口23759人，其中党员497人。2015年全镇生产总值22560.73以元，比上年增长9%。镇财政收入1057.1万元，比上年增长13%。全年农业产值8641.13万元，农村人均纯收入10736元，比上年增长9%。工业产值1200万元。耕地面积886.1公顷。粮食播种面积1259.1公顷，粮食产量11332.23吨。林地面积6408.7公顷，森林覆盖率70%。主要土特产有生姜、土鸡、花生油等。种植黄烟、生姜、辣椒、番薯，养殖猪、鸡、野猪等。全镇有初中1所，小学1所，幼儿园3所，教学点6个，在校学生1800人；有文化站1个，广播站1个。全镇农村养老保险共续保5227人，缴费率100.7%；农村合作医疗缴费人数为18341人，缴费率101.2%；社保扩面缴费人数50人，完成率为100%。主要旅游景点有八宝山森林公园、石门下风景，有著名的古道、鸡公岭古亭等名胜古迹。

党委书记：陈世军

镇　　长：廖远强

【云岩镇】 位于乐昌市西南部，距乐昌市区50公里，是典型的石灰岩高寒山区，东南部与乳源瑶族自治县大桥镇交界，西南部与沙坪镇相连，西接秀水镇，北部与梅花镇接壤。京港澳（G4）高速公路和省道坪乳公路（S249）及县道357线经过境内。全镇辖石冲、长塘、开封、出水岩、祖岭、云岩、选家洞、白蚕、斯茅坪等9个行政村，总户数3341户，总人口1.6万人，总面积66平方公里，其中耕地面积680公顷。境内富有钨、锡、砷、铁、煤、石灰石等矿产资源，平均海拔680米，东部、南部最高海拔850米，西南、北部的平均海拔为400米，昼夜温差大，年平均气温16.4℃，属亚热带湿润性气候。

农村经济收入主要靠外出务工和传统种养业，农业种植以水稻、黄烟、辣椒、玉米、青瓜、茄子为主，云岩特产如雪莲果、红衣花生、紫心红薯、黑美人西瓜等正在逐年扩大种植规模。2015年全镇财政收入795.53万元，实现农村经济总收入16491万元，农民人均纯收入10502元，增长8%。全镇有初中1所、小学1所、幼儿园1所、教学点3个，在校学生1435人；有文化站1个，广播站1个。全镇参加合作医疗人数12261人，农村合作医疗100%覆盖。云岩镇有著名的“青莲山”、云岩水库、西京古道、观音岩等名胜古迹。

党委书记：黄常春

镇　　长：罗其桓

【黄圃镇】 位于乐昌市的北部，总面积79.97平方千米。辖塘村、东村、里村、鱼池岭、石溪、斗湾、应山、桃坪、紫溪、新塘共10个村委会和塘村街1个社区居委会，总户数5725户。年末户籍人口18370人，农业人口17420人，外来人口234人。2015年全镇生产总值25220万元，比上年增长11.2%。镇财政收入1002.79万元，比上年增长12%。全年农业产值24300万元，农村人均纯收入11037元，比上年增长8%。工业产值220万元。耕地面积800公顷。粮食播种面积778公顷，粮食产量2780吨。林地面积4753.3公顷，森林覆盖率33%。主要土特产有板栗、番薯干、红薯粉、花生油、翠冠梨、禾花鱼。种植黄烟、辣椒、西瓜、香瓜、板栗，养殖生猪、鸡、鹅等。全镇有中心学校1所，含初中部、小学部，幼儿园4所，教学点1个，在校学生1983人；有文化站1个，全民健身广场1个。全镇参加医疗保险人数14341人，参加城乡居民基本养老保险6348人，分别100%完成市下达的指标任务。主要旅游景点有白虎嶂、玉环桥，有著名的“欧阳氏宗祠”、应山古村、碧水洞等历史名胜古迹。

黄圃供销大厦落成并投入使用　2015年4月，黄圃镇“三旧”改造项目黄圃供销大厦落成并投入使用，该项目占地面积2500平方米，总建筑面积14000平方米，一楼为商店门面，二楼为超市，三楼以上为商品房，总投资3000余万元。

黄圃镇全民健身广场投入使用　黄圃镇健身广场修建完成并投入使用。该广场建有篮球场1个、羽毛球场2个、乒乓球台4张、照明灯光柱6个、健身路径1条和健身器材一批，场地总面积2000平方米。

党委书记：张以社

镇　　长：熊海泉

2015年12月30日上午，武广铁路客运专线乐昌东站项目举行开工仪式（罗　吉　摄）

【庆云镇】 地处粤北山区，狮子山下，属石灰岩乡镇。辖区面积90.26平方公里，人口1.25万人，辖土佳寮、五里冲、下黄、永乐、金坪、袄田、广田、湾雷8个村委会，105个村小组，全镇地势东高西低，地貌以石灰岩见多。庆云镇以农业为主，林业为辅，锑矿为补，2015年，推广种植黄烟、水果、蔬菜、“高山有机茶”和“华航丝苗优质稻”。镇内交通便利，省道248线全线水泥硬化，距坪石24公里，镇到村委公路全部实现水泥硬化，武广客运专线从境内穿越9.7公里。全镇有中心学校1所，幼儿园2所；有文化站1个，广播站1个。2015年，庆云镇生产总值18962万元，财政收入750万元，全年农业产值15105万元，农村人均纯收入10385元，比上年增长8%，工业产值3857万元，固定资产投资额6570万元。2015年，庆云镇提出庆云“五古”旅游线路：游古山（狮子山独特的地理位置和优美的风景，位于狮子山顶具有传奇历史文化色彩的206微波塔），访古村（明清建筑风格、保存较完好、具有八百年历史和浓厚书香气息的永乐户昌山古村，2012年被广东省文学艺术界联合会、广东省民间文艺家协会列为“广东省古村落”，被广东省住建厅、文化厅评为“广东省历史文化名村”），行古道（宜乐古道和蔚岭关），拜古庙（相传“闯王”李自成的军师宋献策隐居地——广田村凑云仙古庙），品古韵（庆云悠久人文历史和淳朴民风），绘就庆云旅游大发展蓝图。

党委书记：黄常春（任至6月）

镇　　长：王小勇

【白石镇】 位于乐昌市的最北端，总面积79.3平方千米。辖油铺、水井、坛祖、新田、上黄、当阳、富村、三界墟、涧水9个行政村，总户数4500户。年末户籍人口16082人。2015年全镇农村经济总收入20070.3万元，比上年增长8.7%。镇财政收入808万元，与2014年基本持平；农民年平均收入10727元，比上年增长8.03%。村级集体经济收入85.14万元，比上年增长8.51%。镇辖区总面积79.3平方公里，耕地面积1292公顷（其中水田面积520公顷）。林地面积7654.3公顷。土特产有：紫薯、辣椒、板栗、水晶梨、西瓜。种植黄烟、辣椒、板栗、水晶梨等。全镇有中心学校1所，成人职业教育学校1所，幼儿园1所，在校学生810人；有文化站1个，广播站1个。全镇参加城乡居民养老保险人数6410人，参保率101.17%。主要旅游景点有铜鼓岩、云祖仙。

党委书记：宁芝花

镇　　长：丘永锋

【坪石办事处】 位于乐昌西部，总面积约10平方千米，是省属企业原坪石矿务局破产关停后，为使矿区各项社会职能实行属地管理而设立，行政级别为正科级，乡镇建制。办事处机关驻地位于乐昌坪石镇坪南路1号，内设有党政办公室、经济发展办公室、社会事务办公室、计划生育办公室和维护稳定及社会治安综合治理办公室。附设原企业离退休人员管理分中心、便民服务中心。下辖南岭、八字岭、关春、河西、新村5个居民区，总户数4200户，人口约11600人。区内驻有乐昌市三益水泥股份有限公司、乐昌市南岭水泥厂等多家民营企业；有广东省煤炭工业总公司坪石留守处、乐昌市关春中学、乐昌市坪石镇卫生院等省、市企事业单位。

原坪石矿棚户区改造安置房动工建设 2015年2月6日，根据原坪石矿棚户区改造工作安排，选址位于坪石镇梅子冲（坪石贮木厂）的原坪石矿棚户区改造项目正式动工。一期工程计划建设住宅1030套，其中6层框架住宅10栋、18层框架住宅4栋，工期约730天。

党工委书记：詹彬文

主　　任：陆洪华（任至4月）

【梅田办事处】 为乐昌市人民政府派出机构，管辖坪石镇武水河西岸约1.5平方公里的居住面积。是省属企业原梅田矿务局于2002年12月26日关闭破产后，从湖南宜章、临武返迁广东境内安置于此。经省、韶、乐各级政府批准设置的正科级派出机构，管辖矿区乐昌户籍职工家属20957人，河西生活区常住人口2985户9557人，形成一个典型的企业职工家属聚居生活区。梅田办事处内设机构有党政办公室、经济发展办公室、社会事务办公室、计划生育办公室、维护稳定及社会治安综合治理办公室。附设机构有：原企业离退休人员管理分中心、城镇居民医疗保险办公室、城镇居民社会养老保险办公室。梅田办事处下设5个居民区：坪东、坪西、坪北、坪中、坪梅居民区，其中坪梅居民区主要管辖具有本市户籍的异地居住人员。坪东、坪西、坪北、坪中管辖常住人口。梅田办事处河西生活区有初级中学1所（坪梅中学），在校学生964人；有小学1所（坪梅小学），在校学生1011人。交通便利，京珠高速、107国道、省道248线、坪乳公路相汇于此，坪石新大桥联结坪石镇河东的京广铁路坪石站。

被评为全市“2015年度平安创建既综治工作优秀单位” 2015年，梅田办事处综合治理工作得到市委表彰，被授予全市“2015年度平安创建既综治工作优秀单位”称号。全年调解民间纠纷28宗，提供法律援助6宗。接待走访信访139人次、召开多方联席座谈会14次。化解4件群体上访事件，劝返6个老访户。坚持安全生产与食品安全全面排查和专项整治相结合，消除安全生产隐患。

党工委书记：李兴军

主　　任：杨容斌

（陈懿茜）

2015 年乐昌市国民经济发展情况一览表

表 36

指　　标	单位	绝对值	比上年增长（%）
地区生产总值	亿元	107.08	5.1
第一产业增加值	亿元	21.56	4.2
第二产业增加值	亿元	24.03	-4.2
工业增加值	亿元	17.41	-3.8
第三产业增加值	亿元	61.49	10.7
人均地区生产总值	元	26114	4.5
规模以上工业增加值	亿元	17.95	-6.0
农林牧渔业总产值	亿元	33.97	4.1
固定资产投资	亿元	32.25	-63.5
社会消费品零售总额	亿元	56.22	11
外贸进口总额	亿美元	0.0395	737.3
外贸出口总额	亿美元	0.16262	-22.2
实际利用外资	亿美元	0.0171	-90
地方财政一般公共预算收入	亿元	5.97	-3.7
地方财政一般公共预算支出	亿元	23.55	7.4
城镇居民人均可支配收入	元	20277	8.1
农村居民人均可支配收入	元	11427	9.5

南雄市

【概况】　南雄市地处广东省东北部、大庾岭南麓。南雄设县制始于唐光宅元年（公元 684 年），取名为浈昌县。北宋开宝四年（公元 971 年）改为南雄州，“南雄”之名由此始。民国始（1912 年）废州置县为南雄县，1996 年 6 月撤县设市（县级），由韶关市代管。2010 年 10 月起，为广东省第一批财政省直管县之一。2015 年辖 17 个镇 1 个街道办事处。土地面积 2326.18 平方千米，年末户籍人口 48.12 万人，常住人口 33.03 万人，人口自然增长率 7.19‰。2015 年 5 月，南雄市浈江电业有限公司生产技术组组长李步荣被评为全国劳动模范。

南雄是古代中原与岭南交往的重要通道，史称“居五岭之首，为江广之冲”、“枕楚跨粤，为南北咽喉”，历来为兵家必争之地。南雄是古代岭南政治、经济、文化的重要郡都，是粤赣边境的商贸重镇，古有“岭南第一州”之称。同时是珠三角地区居民的“七百年前桑梓”“广府文化”的发祥地。

南雄有光荣而悠久的革命斗争历史，是广东省重点革命老区县之一，是中国工农红军长征经过地。孙中山两次北伐，均以南雄为前哨。土地革命时期，1927 年 12 月成立中共南雄县委，1928 年 2 月全县农民武装暴动，建立南雄县苏维埃政府，南雄属中央苏区县之一，1932 年 7 月，毛泽东与朱德在南雄水口指挥水口战役。中央红军长征后，项英、陈毅等以南雄油山为中心，坚持艰苦卓绝的三年游击战争。抗日战争时期，中共广东省委机关曾驻南雄黎口瑶坑。解放战争时期，南雄是中共五岭地委驻地和粤赣湘边区解放总队所在地。

南雄有耕地总资源 4.35 万公顷，林地面积 15.94 万公顷，森林覆盖率 66.86%，林木蓄积量 912.77 万立方米。主要农作物有水稻、烟草、花生、大豆。主要特产有黄烟、银杏（白果）、板鸭、香菇、冬笋、金友米、腐竹等。主要矿产资源有钨矿、铀矿、稀土矿、莹矿、石灰石、花岗石等。主要河流有浈江、凌江。

主要旅游景点有梅关古道、珠玑古巷、三影古塔、古生物恐龙化石群、钟鼓岩、青嶂山、孔江湿地公园、莲开净寺、大雄禅寺、苍石寨、帽子峰森林公园、坪田古银杏群落以及省级古村落等。有张九龄、苏东坡、陈毅等名人遗迹。南雄是全国“国际型优质烤烟生产基地”，是中国黄烟之乡、中国银杏之乡、中国恐龙之乡、中国特色竹乡、国家可持续发展实验区、原中央苏区县。

【经济社会发展状况】　2015 年，南雄市生产总值 125.05 亿元，比上年增长

10.2%。其中；第一产业增加值为25.9亿元，增长4.2%；第二产业增加值为50.14亿元，增长15.4%；工业增加值41.07亿元，增长17.8%；第三产业增加值为49亿元，增长7.8%。人均地区生产总值3.8万元，增长9.5%。规模以上工业总产值145.37亿元，增长20.4%。农林牧渔业总产值41.92亿元，增长4%。固定资产投资106.9亿元，增长16.4%。社会消费品零售总额45.63亿元，增长11.1%。外贸出口总额4565.7万美元，增长15.6%。实际利用外资804万美元，下降67%。地方公共财政预算收入6亿元，增长7.6%。城镇居民人均可支配收入20455元，增长9.8%。农村居民人均可支配收入11106元，增长10.9%。

【南雄列入国家电子商务进农村综合示范县】 5月，财政部、商务部公布2015年电商进农村综合示范工作的200个示范县名单，南雄市被列入名单之中，2015年获得国家1000万元扶持资金。随着淘宝电商兴起，南雄抢抓机遇，利用南雄丰富农产品资源和交通区位优势，鼓励商家逐步加入电商行业，通过网络渠道将铜勺饼、猪糕团、板鸭、白果、香菇、腐竹等具有南雄特色产品销售出去。邮政部门建立南雄第一个"南雄电子商务创业园"，已有8家网商签约进驻。较为完备电子商务通讯网络、迅速发展的农村物流系统、南雄市丰富农土特产品，都为南雄电商提供发展利好。2014年投入5000多万元开展网络基础建设，建成4G基站64个、3G基站88个，实现22817户宽带覆盖，完成19个圩镇光网改造升级覆盖。

【全国文明村镇珠玑镇】 珠玑镇位于市境东北部，是广东省中心镇，距市区9公里，辖22个村和1个居委会，辖区面积197.52平方公里，人口4.43万人。韶赣铁路、韶赣高速公路和国道323线公路贯通全境，辖区人文历史悠久，文化底蕴深厚，旅游资源独特，被誉为"广府人故居"珠玑古巷，"红色景区"梅关古道，"祈福圣地"大雄禅寺等旅游景点闻名遐迩。珠玑镇是全国重点镇，是南雄市新型城镇化建设重点和龙头，2015年5月，珠玑镇荣获"全国文明村镇"称号。

【华电南雄热电联产工程奠基】 12月8日，华电南雄热电联产工程项目奠基，此次奠基为华电南雄热电一期工程，该项目为华电南雄"上大压小"热电联产工程。项目厂址位于南雄市全安镇，规划总用地45公顷，一期工程计划投资约35亿元，预计2017年底可实现投产。项目投产后，实现年产值约20亿元，利税约2亿元。该项目可带动当地运输、建材等行业发展，提供3000多个就业岗位。

【南雄犁牛坪风电项目开工】 11月3日，犁牛坪风电项目举行开工仪式。这是中国能源建设股份有限公司投资分公司在南雄投资开发风力发电项目，该项目位于邓坊镇和油山镇西北方向山脉之上，总投资4.3亿元，将建设25台2兆瓦风机，总装机容量50兆瓦。项目建成后，每年将为南雄提供1亿千瓦时清洁能源，1000万元纳税和节能减排60万吨二氧化碳。

【基础设施不断完善】 2015年，国道323线小梅关至头塘铺段升级改造基本完成，富俚至中里洞、主田旅游大道等公路建设快速推进，新建城乡道路近百公里；电网完成投资5300万元；农田水利设施完成投资2.3亿元，推进灌区节水改造、中小河流治理等36宗水利项目。城区时代广场投入使用，南雄建材大市场竣工，雄州公园完成6.9公里园路建设。2015年，投入1000万元，建成小公园、小广场、小运动场等"五小"场所37个。投入1300多万元，建成路灯1.3万盏，实现行政村全覆盖。

【旅游业持续兴旺】 2015年，主田两岸花博园、邓坊泉水谷漂流度假村等旅游项目建成开业，珠玑、坪田、帽子峰景区停车场及珠玑游客服务中心投入使用，形成珠玑·梅岭文化、主田生态休闲和帽子峰－坪田生态体验旅游片区。南雄市被列为全国休闲农业与乡村旅游示范县。2015年接待游客337万人次，增长21.7%；旅游总收入23.7亿元，增长24.7%。

【雄州街道】 位于市境中南部，浈江和凌江的汇合处，市人民政府所在地。辖区总面积96.93平方公里。林地面积2774公顷，耕地面积2210公顷。地处南雄市政治、经济、文化中心。下辖13个村、7个社区，总户数3.97万户，

南雄市第二届姓氏文化旅游节启动仪式（南雄市史志办 供）

总人口9.36万人，街道有小学3所，小学教学点8个。2015年，街道农村经济总收入111698万元，农民人均所得10381元。旅游景点有三影古塔、广州会馆、瑶坑省委旧址、莲花净寺、古生物恐龙化石群。主要特产有腊鸭、黄烟。

党工委书记：叶凌峰

办事处主任：雷　毅

【乌迳镇】 位于市境东部，镇政府所在地在乌迳村委会，距市区35公里。辖区总面积157.01平方公里。林地面积8067公顷，耕地面积3222公顷。下辖21个村、1个居委会，总户数1.51万户，总人口4.6万人，镇有九年一贯制学校1所，小学5所，小学教学点9个。2015年，全镇农村经济总收入85853万元，农民人均所得11287元。旅游景点有新田古村落、观音山、孔江湿地公园。矿产资源有稀土矿、花岗石。主要特产有黄烟、朝天椒。

党委书记：周铁山

镇　　长：陈光文

【珠玑镇】 位于市境东北部，镇政府所在地在珠玑村委会，距市区9公里。辖区总面积197.52平方公里。林地面积11336公顷，耕地面积2121公顷。下辖22个村、1个居委会，总户数1.46万户，总人口4.43万人，镇有初级中学1所，小学3所，村小学教学点4个。2015年，全镇农村经济总收入80097万元，农民人均所得11376元。旅游景点有珠玑古巷、梅关古道、钟鼓岩、大雄禅寺。矿产资源有稀土矿、石灰石。主要特产有黄烟、腐竹、梅岭板栗。

党委书记：陈志光

镇　　长：黄德忠

【湖口镇】 位于市境东部，镇政府所在地在湖口村委会，距市区11公里。辖区总面积73.64平方公里。林地面积1545公顷，耕地面积2427公顷。下辖12个村、1个居委会，总户数1.11万户，总人口3.54万人，镇有初级中学1所，小学2所，小学教学点9个。2015年，全镇农村经济总收入74521万元，农民人均所得10982元。旅游景点有罗佛寨。主要特产有黄烟。

党委书记：朱运通

镇　　长：陈　华

【油山镇】 位于市境东北部，镇政府所在地在大塘村委会，距市区33公里。辖区总面积146.62平方公里。林地面积8582公顷，耕地面积3319公顷。下辖17个村、1个居委会，总户数1.03万户，总人口3.25万人，镇有初级中学1所，小学2所，小学教学点5个。2015年，全镇农村经济总收入39023万元，农民人均所得9127元。矿产资源有稀土矿、花岗石。主要特产有黄烟、香菇、腊鸭。

党委书记：李世勤

镇　　长：蔡庆娟

【全安镇】 位于市境西北部，镇政府所在地在全安村委会，距市区7公里。辖区总面积199.44平方公里。林地面积14061公顷，耕地面积2015公顷。下辖13个村、1个居委会，总户数2.74万户，总人口2.76万人，全镇有初级中学1所，小学3所，小学教学点2个。2015年，全镇农村经济总收入48793万元，农民人均所得10542元。旅游景点有苍石寨、杨历岩。矿产资源有稀土矿。主要特产有田七、三仁花生。

党委书记：姚远华

镇　　长：潘　彬

【黄坑镇】 位于市境东部，镇政府所在地在黄坑村委会，距市区21公里。辖区总面积58.26平方公里。林地面积1223公顷，耕地面积1898公顷。下辖10个村、1个居委会，总户数8498户，总人口2.45万人，镇有中学1所，小学1所，小学教学点2个。2015年，全镇农村经济总收入69289万元，农民人均所得11172元。旅游景点有溪塘古村落。主要特产有黄烟。

党委书记：沈文昌

镇　　长：黄恢伟

【水口镇】 位于市境东南部，镇政府所在地在水口村委会，距市区21公里。辖区总面积106.79平方公里。林地面积6029公顷，耕地面积1794公顷。下辖13个村、1个居委会，总户数8260户，总人口2.41万人，镇有九年一贯制学校1所，小学1所，小学教学点2个。2015年，全镇农村经济总收入41572万元，农民人均所得10273元。旅游景点有篛过古村落、水口战役公园。主要特产有黄烟、沙葛、李。

党委书记：温春花

镇　　长：陈如华

【南亩镇】 位于市境东南部，镇政府所在地在南亩村委会，距市区30公里。辖区总面积111.26平方公里。林地面积8657公顷，耕地面积904公顷。下辖11个村、1个居委会，总户数5084户，总人口1.67万人，镇有九年一贯制学校1所，小学1所，小学教学点3个。2015年，全镇农村经济总收入29956万元，农民人均所得12061元。旅游景点有鱼鲜古村落、邓坑古银杏群落。矿产资源有稀土矿。主要特产有山茶油、荞头、茶叶、凉果。

党委书记：孔建国

镇　　长：池宏安

【江头镇】 位于市境南部，镇政府所在地在江头村委会，距市区13公里。辖区总面积132.29平方公里。林地面积10560公顷，耕地面积955公顷。下辖9个村、1个居委会，总户数4068户，总人口1.25万人，镇有九年一贯制学校1所。2015年，全镇农村经济总收入18587万元，农民人均所得9027元。旅游景点有青嶂山。矿产资源有稀土矿、莹矿石。主要特产有毛竹、竹笋。

党委书记：陈华林

镇　　长：钟爱莲

【主田镇】 位于市境南部，镇政府所在地在主田村委会，距市区6公里。

辖区总面积165.66平方公里。林地面积12922公顷，耕地面积1248公顷。下辖8个村、1个居委会，总户数4555户，总人口1.46万人，镇九年一贯制学校1所。2015年，全镇农村经济总收入30633万元，农民人均所得11109元。矿产资源有稀土矿、钨矿。旅游景点有两岸花博生态园，主要特产有黄烟。

党委书记：刘　飞

镇　　长：丘铭山

【古市镇】 位于市境西南部，镇政府所在地在古市村委会，距市区10公里。辖区总面积98.62平方公里。林地面积5613公顷，耕地面积1695公顷。下辖8个村、1个居委会，总户数6206户，总人口2.08万人，镇有小学1所，小学教学点4个。2015年，全镇农村经济总收入40782万元，农民人均所得11241元。矿产资源有稀土矿、陶土。主要特产有黄烟。

党委书记：吴少华

镇　　长：朱世平（任至8月）

　　　　　夏新坤（9月任职）

【百顺镇】 位于市境北部，镇政府所在地在百顺村委会，距市区58公里。辖区总面积191.41平方公里。林地面积17451公顷，耕地面积759公顷。下辖9个村、1个居委会，总户数3780户，总人口1.32万人，镇有九年一贯制学校1所。2015年，全镇农村经济总收入16287万元，农民人均所得12692元。矿产资源有稀土矿、铀矿。旅游景点有黄屋古城。主要特产有毛竹、竹笋、罗汉果。

党委书记：谭福志

镇　　长：高春花

【澜河镇】 位于市境北部，镇政府所在地在澜河村委会，距市区35公里。辖区总面积139.25平方公里。林地面积12976公顷，耕地面积558公顷。下辖6个村、1个居委会，总户数3052户，总人口1.03万人，镇有九年一贯制学校1所，小学1所。2015年，全镇农村经济总收入46157万元，农民人均所得9613元。矿产资源有稀土矿、铀矿。主要特产有毛竹、竹笋。

党委书记：钟祥文

镇　　长：郭　君

【帽子峰镇】 位于市境北部，镇政府所在地在富竹村委会，距市区24公里。辖区总面积97.21平方公里。林地面积8190公顷，耕地面积809公顷。下辖5个村、1个居委会，总户数2966户，总人口0.97万人，镇有九年一贯制学校1所，小学教学点3个。2015年，全镇农村经济总收入15098万元，农民人均所得10381元。旅游景点有帽子峰森林公园。主要特产有毛竹、竹笋。

党委书记：曾　智（任至8月）

　　　　　朱世平（9月任职）

镇　　长：徐精华

【坪田镇】 位于市境东南部，镇政府所在地在老龙村委会，距市区43公里。辖区总面积138.26平方公里。林地面积9546公顷，耕地面积1778公顷。下辖14个村、1个居委会，总户数6974户，总人口2.38万人，镇有初级中学1所，小学2所，小学教学点9个。2015年，全镇农村经济总收入33411万元，农民人均所得10079元。旅游景点有坳背、冯屋、军营寨古银杏群落。矿产资源有稀土矿、莹矿石、铀矿。主要特产有白果、黄烟、山茶油、香菇、荞头。

党委书记：何少波

镇　　长：叶　飞

【界址镇】 位于市境东部，镇政府所在地在大坊村委会，距市区47公里。辖区总面积56.38平方公里。林地面积4044公顷，耕地面积1080公顷。下辖8个村、1个居委会，总户数4345户，总人口1.49万人，镇有初级中学1所，小学2所，小学教学点6个。2015年，全镇农村经济总收入19047万元，农民人均所得9323元。矿产资源有稀土矿。主要特产有荞头、朝天椒、鱼干。

党委书记：李泉洲

镇　　长：李见宏

【邓坊镇】 位于市境东北部，镇政府所在地在邓坊村委会，距市区26公里。辖区总面积118.04平方公里。林地面积7390公顷，耕地面积1240公顷。下辖9个村、1个居委会，总户数5643户，总人口1.68万人，镇有九年一贯制学校1所，小学教学点5个。2015年，全镇农村经济总收入35304

银杏染秋满地黄金（南雄市史志办　供）

万元，农民人均所得9515元。旅游景点有泉水谷漂流度假村，主要特产有黄烟、香菇、甜玉米、三华李。

党委书记：郭才标

镇　　长：刘小弘

（谢　平）

2015年南雄市国民经济发展情况一览表

表37

指　　标	单位	绝对值	比上年增长（%）
地区生产总值	亿元	125.05	10.2
第一产业增加值	亿元	25.09	4.2
第二产业增加值	亿元	50.14	15.4
工业增加值	亿元	41.07	17.8
第三产业增加值	亿元	49	7.8
人均地区生产总值	元	38009	9.5
规模以上工业增加值	亿元	36.01	19.6
农林牧渔业总产值	亿元	41.92	4
固定资产投资	亿元	106.9	16.4
社会消费品零售总额	亿元	45.63	11.1
外贸进口总额	万美元	449.6	-33.10
外贸出口总额	万美元	4565.7	15.6
实际利用外资	万美元	804	-67
地方公共财政预算收入	万元	60000	7.6
地方公共财政预算支出	万元	277218	47
城镇常住居民人均可支配收入	元	20455	9.8
农村常住居民人均可支配收入	元	11106	10.9

仁化县

【概况】　仁化县位于广东省韶关市北部。2015年辖1个街道10个镇。行政区域面积2223.22平方公里。年末户籍人口24.25万人，常住人口20.75万人。人口自然增长率5.83‰。

资源优势。仁化县地处南岭山脉南麓，地势总体北部及东南部高，中部低；地貌类型以中低山、丘陵为主，北部及东南部主要为中低山及丘陵，中部以丘陵为主。域内最高点北部万时山海拔1559.3米，最低点南部长坝一带海拔61.5米。全县处中亚热带南沿，具有明显的季风气候特点，2015年，年平均气温20.3℃，年降雨总量1614.8毫米，无霜期342天。域内土地、森林、矿产、水力、旅游等资源丰富。全县有耕地面积2.15万公顷，粮食播种面积1.66万公顷，粮食产量10.36万吨；林地面积17.35万公顷，森林覆盖率78.92%，活立木蓄积量0.12亿立方米，竹林面积2.06万公顷。北江支流锦江斜贯县域，水力资源蕴藏量约16万千瓦。矿产资源主要有铅、锌、钨、铁、铜、铀、硅、磷、水晶、花岗岩、稀土等50余种。域内的凡口铅锌矿是全国最大的铅锌生产基地。域内旅游资源有世界自然遗产、世界地质公园、国家级重点风景名胜区、国家AAAAA级风景区、国家级自然保护区、世界地理学“丹霞地貌”命名地——丹霞山，仁化县丹霞源国家水利风景区，“中国历史文化名村”“最具红色景观村落”“广东省最美古村落”“广东旅游名村”石塘村、“广东省最美古村落”“广东旅游名村”夏富村、“广东省古村落”恩村、“中国乡村旅游模范村”黄屋村、南越王赵佗所筑之城口古秦城，建于唐代至清朝时期的古塔、庙宇、会馆，“全国重点文物保护单位”“广东省爱国主义教育基地”“广东省中共党史教育基地”“仁化县廉政教育基地”石塘双峰寨，高坪省级森林自然保护区，万时山南国高山草原，丹霞山灵溪河森林旅游度假公园，丹霞山博士生态园，丹霞山中华性文化博物馆，温泉等。民间文化有列入省级非物质文化遗产名录的“石塘月姐歌”“仁化土法造纸技艺”“石塘堆花米酒酿造技艺”，列入市级非物质文体遗产名录的“梅花龙”“闹春牛”“丹霞红豆饰品制作”“走马灯”“装故事”“仁化八音”及县级非物质文化遗产民俗“扶溪南台庙会”，传统技艺“土法榨油技艺”“竹篾纺织技艺”“长江白糖饼制作”，传统舞蹈《板登舞》《万时山传说》等。土特产有茶叶、沙田柚、香菇、灵芝、竹笋干、白菜干、木耳、贡柑、马蹄、板鸭、丹霞山茶油、“农民头”牌辣椒酱、丹霞铁皮石斛、仁化土纸等，其中“长坝沙田柚”“仁化白毛茶”为地理标志产品，全国名优茶产品“丹霞红·红茶”“丹霞岩红·红茶”“丹霞雪芽”均获第十一届“中茶杯”特等奖，丹霞白白茶获第十一届“中茶杯”一等奖。仁化是中国“有色金属”之乡，“古塔之乡”，素有广东省“毛竹之乡”“白毛茶之乡”“贡柑之乡”美誉。

荣誉称号：2015 年，仁化县获授“全国县级文明城市提名城市”、广东省“2014 年度人口计生目标责任考核表扬单位”、“中国摄影创作基地”、韶关市“耕地保护优秀奖”称号；仁化县国家现代农业示范区被国家科技部认定为第七批国家农业科技园区。

【综合实力提升】 2015 年，全县地区生产总值完成 94.3 亿元，比上年增长 6.9%。其中，第一产业增加值 18.7 亿元，增长 4.6%；第二产业增加值 36.1 亿元，增长 3.3%；工业增加值 32.1 亿元，增长 2.7%；第三产业增加值 39.5 亿元，增长 12.4%。人均地区生产总值 45654 元，增长 6.3%。规模以上工业总产值 79.4 亿元，增长 7.2%。农林牧渔业总产值 29.8 亿元，增长 4.4%。固定资产投资 60.6 亿元，增长 19.5%。社会消费品零售总额 27.6 亿元，增长 11.4%。外贸出口额 1070 万美元，增长 18.1%；实际利用外资 721 万美元，下降 57.9%。地方财政一般预算收入 6.1 亿元，下降 0.05%。城镇居民人均可支配收入 21153 元，增长 9.5%；农村居民人均纯收入 12552 元，增长 11.3%。

【工业园区建设】 2015 年，完成有色基地征地拆迁投资 1.55 亿元、基础设施建设投资 1.58 亿元，建成新庄大桥、新庄大道南段及滨江路东段等首期路网；完成供电、供水系统建设并投入使用；污水处理厂一期工程已连网使用；入驻县有色金属循环产业基地企业 21 家，其中 16 家企业投产或试产，累计完成投资 10.8 亿元、产值 21.1 亿元、税收 3169 万元。县有色基地享受省产业转移政策，获得省财政专项扶持资金 5000 万元，并被省经信委批准为“广东省循环化改造试点园区”。鸿伟木业扩建项目竣工投产，在香港上市。奥达胶合板、鑫海仁丹等技改项目实施，工业转型升级步伐加快。

【国家现代农业示范区建设】 2015 年，全县耕地面积 2.15 万公顷，粮食播种面积 1.66 万公顷，粮食产量 10.36 万吨。农机总动力达 13.2 万千瓦，农用拖拉机 2683 台，水稻机耕率和机收率分别为 97% 和 88%。争取上级资金 9000 多万元，实施沙田柚示范基地、山茶油综合开发、石斛种植基地等现代农业项目 40 个。全县农产品“三品”认证 39 个，长坝金柚、红山白毛茶申报为国家地理标志保护产品。沙田柚、贡柑等优质水果种植面积 7333.3 公顷，年产值突破 11 亿元。培育县级以上龙头企业 22 家，发展农民专业合作社 257 个。国家现代农业示范区被国家科技部认定为第七批国家农业科技园区。

【休闲旅游区建设】 2015 年，建设“丹霞仁家”品牌农家乐 30 多家，建立丹霞旅游电子商务平台，举办“石塘堆花米酒、黄坑贡柑、长坝金柚、红山茶叶”等旅游节庆活动。接待游客 733.3 万人次，比上年增长 19.37%。旅游综合收入 42.02 亿元，比上年增长 20.85%。丹霞街道黄屋村被评为“中国乡村旅游模范村”，大桥镇长坝村被评为第五批“全国一村一品示范村镇”；丹霞街道夏富村、石塘镇石塘村被评为首批“广东旅游名村”；大桥镇被评为“广东省休闲农业与乡村旅游示范镇”，喜洋洋休闲农庄、五马寨生态园、城口蓝森农庄被评为“广东省休闲农业与乡村旅游示范点”。

【城镇建成区建设】 2015 年，县城至丹霞山绿道项目一期建成启用。城乡公交体系等公共服务设施不断完善，县城扩容提质取得成效。完成武深高速仁化段土地与房屋征收工作并开工建设；国道 106 线县城至周田段、省道 246 线改造完成。城乡中低压配电网改造。申报“丹霞彩虹”省级新农村示范片项目，获得专项资金 1 亿元。美

2015 年 3 月 27 日，广东旅游名村－夏富村揭牌仪式举行（仁化县史志办公室 供）

丽乡村建设推进。

【生态环境改善】 年内，粤北重金属典型区域生态修复试点工程推进，矿山治理、土壤修复及中小河流治理持续开展。乡村"清洁美工程"实施，完善规模化畜禽养殖场109家治污减排设施，建成县、镇、村三级垃圾收运体系，城镇生活垃圾无害化处理率达96%，生活污水集中处理率达76%。完成"一镇一森林公园"建设，全县森林覆盖率达78.9%。

【社会各项事业均衡发展】 2015年，全县参加城镇职工基本养老保险43487人，完成率101%；参加城镇职工基本医疗保险23442万人，完成率101%；参加城镇居民基本医疗保险174849人，完成率102%；参加城乡居民社会养老保险73731人，完成率104%。普通高考综合排名保持全市八县（市、区）第一，通过国家教育部"全国义务教育发展基本均衡县"督导验收。各镇（街）行政村实现"农家书屋"和电子阅览室全覆盖。石塘镇被评为"广东省民间文化艺术之乡"。公共卫生服务水平提升。兴建镇（街）群众健身广场11个。创建第五届省"双拥模范县"通过考核验收。

【行政效能提升】 2015年，"法律六进"（即法律知识进机关、乡村、社区、学校、企业、单位）活动开展，完成"六五"普法。建立县政府常务会议学法制度和政府法律顾问制度，"法治政府"建设推进。县政府在全市依法行政考评中被评为优秀单位。自觉接受人大、政协和社会监督。建立重大行政决策专家咨询论证、风险评估制度，政府决策规范、科学、民主。开通仁化政务微博，建立电子政务平台，政务公开深入推进。落实中央"八项规定"和党风廉政建设"一岗双责"，"三公"经费大幅压减，反腐倡廉工作扎实有效。政府机构改革稳步推进，行政效率提高。政府OA电子办公系统建成运行，建成11个镇（街）便民服务中心和109个村便民服务代办站。行政审批事项精简到315项，行政审批事项网上办理率90%。取消工商登记前置审批事项108项，实行"三证合一、一照一码"（指企业登记时依次申请，分别由工商部门核发工商营业执照、质监部门核发组织机构代码证、税务部门核发税务登记证，改为一次申请、由工商部门核发一个加载法人和其他组织统一社会信用代码营业执照的登记制度。即简化企业登记注册手续，由原来三个证变成一个营业执照和一个统一社会信用代码）注册登记制度，前置审批事项压减率89%。

【全国摄影工作会议在仁化召开】 2015年4月21—22日，全国摄影工作会议在仁化县锦城宾馆召开。该次会议是中共中央总书记习近平主持召开文艺工作座谈会并发表重要讲话后，中国摄影家协会召开的第一次全国性摄影工作会议，来自中国文联、中国摄影家协会、广东省文联以及中国各行业摄影组织、各省摄影协会150余位代表参会。会上，仁化县获授"中国摄影创作基地"称号。会议期间，主办方组织代表们到丹霞山景区和石塘双峰寨红色文化基地摄影采风创作，并举行文化专题讲座。

【"7·4"仁化洪灾抗灾】 2015年7月3日20时至4日11时，受北方南下的弱冷空气在湖南南部和韶关市北部与暖湿气流交汇影响，仁化县境内普降大雨，局地出现特大暴雨，城口、长江遭受重创。全县受灾人口1386人，因灾受影响24600人，倒塌房屋17间，160户422间房屋受浸，转移人口618人，农作物受灾面积432.67公顷，农作物失收面积206.67公顷，冲毁农田21.33公顷，348头生猪被洪水冲走，损坏公路桥15座，公路中断16条次，4个村委交通、通讯中断，2个村组供电中断，泥石流滑坡点14处，损坏堤防6处260米，损坏灌溉设施34处，损坏水电站18座，城口镇镇区自来水管冲毁2300米，2个村小组自来水水池冲毁，直接经济损失3540万元，其中水利设施直接经济损失1026万元。

灾情发生后，县委书记、县人大常委会主任刘锋，县委副书记黄令遥等县领导分赴灾区一线现场指挥，连夜召开沟通协调会，具体部署两镇救灾复产工作；公安、武警、消防官兵不顾自身安危争分夺秒抢救群众；交

2015年12月9日，文物专家们在仁化县城口镇东光村挖掘出21座横跨南北朝至唐朝的古墓（仁化县史志办公室　供）

通中断，群众自发组成摩托车救援队运送救灾人员和物资。经过紧张有序的抢险救灾、重建复产工作，全县未出现因洪灾而造成人员伤亡现象，受困群众已被转移、受灾群众得到妥善安置，情绪稳定，受灾镇（村）社会秩序良好，灾后复产等各项工作有条不紊进行。

【仁化发现大型古墓葬群】 2015年9—12月，省文物考古研究所在仁化县城口镇发现一处暗藏21座横跨南北朝至唐朝时期的古墓群，发掘出陶瓷器具50件。该古墓群的发现，对于研究南北朝至唐之间粤北、湘南地区商业物流往来、生活习俗等具有重要参考意义。

【农业部农村实用人才培训基地在仁化挂牌】 2015年10月13日上午，农业部农村实用人才培训基地在仁化县周田镇平甫村鑫三洲挂牌成立，这是农业部确定的第24个部级农村实用人才培训基地。农业部人事劳动司副司长刘英杰、中央农业广播电视学校常务副校长刘天金，广东省农业厅巡视员余俭娥，副市长王青西等领导参加了揭牌仪式。从2006年开始，农业部陆续在全国选择现代农业和新农村建设的典型村，确定为农村实用人才培训基地，采取“村庄是教室、村官是教师、现场是教材”的培训模式，以农村基层干部、家庭农场经营者、农民专业合作社领办人、大学生村官等各类带头人为培训对象，大规模开展农村实用人才带头人和大学生村官示范培训。农业部选择平甫村为人才基地，正是由于平甫村依托环丹霞山旅游发展优势，发展蔬果产业、农业观光旅游，并建立鑫三洲农特产品及旅游商品集散中心，成为新农村建设的典型村的优势。建立农村实用人才培训基地后，平甫村鑫三洲将主要承接国家农业部、各级农业部门和全国各地农业部门及有关部门组织的“三农”方面实用人才的培训和有关培训。仪式上，刘英杰还代表农业部向平甫村培训基地赠送价值20万元的培训设备。当天，以广东省种植大户、从事种植业的家庭农场经营者及管理服务人员为培训对象的第二期中组部、农业部农村实用人才带头人示范培训班正式开班，来自全省各地的100名农村实用人才带头人在此参加为期一周的培训学习。

2015年10月13日，农业部农村实用人才培训基地在仁化挂牌（仁化县史志办　供）

【丹霞街道】 位于县境中南部，四周与黄坑、闻韶、扶溪、仁化林场、董塘、大桥、周田及浈江区接壤。街道办事处驻水南社区，丹霞大道仁桥东路1号，是县城所在地。国道106线、省道246线、省道342线贯穿全境，锦江贯穿全街道，交通便利。辖区面积227.5平方公里。辖胡坑、康溪、官口、城南、新东、中心、岭田、狮井、麻塘、车湾、夏富、黄屋、高联等13个村委会，高坪、水南、老城、新城等4个居委会（社区），总户数18603户，年末户籍人口62594人，农业人口17103人，外来人口2700人。2015年，全镇生产总值34.1亿元，比上年增长9.2%。镇财政收入2607万元，比上年下降1%。全年农业产值6.03亿元，比上年增长4.6%。城乡居民人均收入15739元。工业增加值5.96亿元。耕地面积2747.53公顷，粮食播种面积3724.13公顷，粮食产量24014吨。林地面积12667公顷，森林覆盖率56%。2015年，街道有高级中学1所（2904人），完全中学1所（高中部1203人，初中部1306人），九年一贯制学校2所（初中部1074人，小学部1844人），中等职业学校1所（906人），小学3所（3264人），特殊教育学校1所（21人），幼儿园12所（其中公办幼儿园2所，在园幼儿800人）。有文化站1个。全镇城乡居民基本医保参保33854人，覆盖面98.56%。主产稻谷、玉米、蔬菜和水果，土特产有丹霞沙田柚、七彩番薯、丹霞红皮香芋、“农民头”牌辣椒酱等，其中以丹霞沙田柚闻名。域内旅游资源丰富，主要有世界自然遗产、世界地质公园、国家AAAAA级风景名胜区、中国红石公园“丹霞山”以及历史悠久的瑶前晒谷岭古人类遗址、省级文物保护单位明代文峰塔、“广东省古村落”夏富村、“中国乡村旅游模范村”黄屋村，是“广东省休闲农业与乡村旅游示范镇”。企业有规模以上工业、重点服务业、限额以上贸易业、资质建筑业与房地产业等82家。

黄屋村荣膺“中国乡村旅游模范

村”　2015年8月，丹霞街道黄屋村成为首批“中国乡村旅游模范村”。黄屋村位于丹霞山核心区域内，是景区主要接待村，辖11个村民小组，2593人。黄屋村依托丹霞山，注重保护自然资源和生态环境，挖掘岭南文化和乡村特色，引导群众参与旅游经济，带动以旅游业为龙头的第三产业全面繁荣，初步实现旅游富民目标。在全国乡村旅游“千千万万”品牌推介活动中，黄屋村成为全市唯一入选“中国乡村旅游模范村”乡村。

党工委书记：连辉标

主　　任：王剑斌

【董塘镇】　位于仁化县城西南部，东邻丹霞街道办，北接红山镇，西毗石塘镇和乐昌市，南连浈江区，属中心镇。镇政府驻董塘社区，距县城12公里。省道246线贯穿墟镇，1小时内可到武广高铁韶关站，省道345线可达乐昌，京广铁路黄岗支线从镇区北面经过，董塘河流与锦江河相接，交通便利。辖区面积243.34平方公里。辖五一、安岗、高宅、高莲、江头、红星、董联、董中、白莲、新龙、新莲、岩头、河富、坪岗、南湖、瑶族、塘联等17个村委会和董塘、广东铝厂、凡口社区居委会3个，总户数12939户，年末户籍人口43159人，农业人口27538人，外来人口12370人。2015年，全镇生产总值27.38亿元，比上年增长2.6%。镇财政收入2287.1万元，比上年增长24.7%。全年农业产值4.46亿元，比上年增长4.4%。农民人均收入13121元。工业产值18.98亿元。耕地面积3405.77公顷，粮食播种面积2496公顷，粮食产量15471吨。林地面积16950公顷，森林覆盖率49.2%。全镇有初级中学1所、小学10所（其中，中心小学1所，完全小学2所，教学点7个）、幼儿园9所（其中，公办1所），在校学生4700人；有文化站1个，广播站1个。全镇参加城乡医疗保险人数30852人，覆盖面100%。主产水稻，土特产有花生、淮山、甘蔗等，其中以花生闻名。域内矿产资源丰富，工业以铅锌、铁矿、石灰石为主，有企业中金岭南凡口铅锌矿、丹霞冶炼厂、华粤煤矸石发电厂等10余家。旅游景点主要有巴寨、云龙寺、五仙岩、飞花瀑布、大石山等。

推进旅游文化发展　2015年，董塘镇通过举办镇首届垂钓大赛、第二届龙皇宫生态旅游文化节和具有传统特色的香火龙、舞龙、舞狮等节目，以及三星级“丹霞仁家”农家乐喜洋洋休闲农庄新建休闲娱乐场所、扩大荷花种植面积等举措，打响董塘生态旅游品牌，推动“生态董塘”发展。

惠民工程落实　2015年，全镇投入公路建设资金120万元，完成村道硬底化工程岩头村2.79公里、坪岗村1.186公里、董联村0.957公里。完成总投资1500万元的污水处理厂及配套管网建设项目，污水处理能力达到3000吨/日。投入8万元，在董塘墟镇内安装LED灯36盏。新建墩仔桥工程正式开工。投入帮扶资金339.6781万元，实施村帮扶项目49个，完成贫困村贫困户危房改造8户，贫困村新莲、新龙和岩头采取入股锦电方式增加集体经济收入，加快脱贫步伐。

党委书记：谭家琪

镇　　长：万志明

【石塘镇】　位于县境西部，东连董塘镇，南接浈江区花坪镇，西与乐昌市廊田镇为邻，北与红山镇交界。镇政府驻石塘村，距县城19公里。省道345线贯穿全境，石塘河与董塘河相接，交通便利。辖区面积77.92平方公里。下辖上中坌、下中坌、石塘、光明、水历、京群等6个村委会和石塘居委会（社区）1个，总户数3506户，年末户籍人口13313人，农业人口8955人，外来人口164人。2015年，全镇地区生产总值1.89亿元，比上年增长6.8%。镇财政收入1069.4万元，比上年增长60.41%。全镇农业总产值2.11亿元，比上年增长4.5%。农民人均收入11349元。工业产值938万元。耕地面积1634.25公顷，粮食播种面积1518.4公顷，粮食产量10908吨。林地面积5175.97公顷，森林覆盖率66.4%。全镇有初级中学1所、小学5所（其中，中心小学1所，完全小学1所，教学点4个）、幼儿园1所（其中，公办1所），在校学生1003人；有文化站1个，广播站1个。全镇参加医疗保险人数11100人，覆盖面100%。主产水稻、花生、甜竹笋和西瓜，土特产有石塘堆花米酒、马蹄、灵芝等，其中以堆花米酒闻名。域内资源丰富，旅游景点主要有石塘双峰寨、石塘古村、李仲生故居等。

旅游基础设施逐步完善　2015年，总投资770万元专项资金用于石塘历史文化名村保护设施的重点项目全面完工，整治村道路、街区出入口周边环境，修缮县级文物保护单位，提高石塘旅游的承载力。年内，建成徽派特色星级公厕2座，完成古村街道铺设，完成古民居消防设施、人行步道亮化等建设，完成镇政府大楼及石塘村委会“穿衣戴帽”工程、石塘古村景区牌坊设立、景区停车场候车亭建设和石塘镇街主干道沥青路面、主干道路两旁地下管线铺设。2015年，石塘镇被评为“广东名镇”“广东省民间文化艺术之乡”，石塘村被评为广东省旅游名村。

第二届石塘堆花米酒旅游文化节　2015年12月31日，仁化县第二届石塘堆花米酒旅游文化节在石塘镇举办。该文化节内容丰富，推出石塘古村酿酒户20多家的美酒佳酿、石塘古村风味小吃、土特产，以及“非遗”技艺精彩演示，展示石塘历史文化底蕴、独特古建筑风格的古村落魅力。

党委书记：江艳芬

镇　　长：叶文华

【红山镇】　位于县境西北部，东连城口镇，南接董塘、石塘镇，西与乐昌市五山镇为邻，北与湖南省汝城县大坪镇交界，属山区镇。镇政府驻红山墟，距县城52公里。境内有高坪水库、高坪省级自然保护区等，交通便利。辖区面积169.64平方公里。辖青迳、新白、新山、前洞、中山、鱼皇、烟竹、小椙水等8个村委会和1个居委会（社区），总户数2920户，年末户籍人口10767人，农业人口10455人，外来人口27人。2015年，全镇生产总值4.04亿元，比上年增长7.3%。镇财政收入279万元，比上年增长5.2%。全年农业产值1.09亿元，比上年增长4.3%。农民人均收入12517元。工业产值23247万元。耕地面积1188.4公顷，粮食播种面积440.3公顷，粮食产量2767吨。林地面积14985.71公顷，森林覆盖率88.3%。全镇有初级中学1所、小学5所（其中，中心小学1所，教学点4个）、幼儿园1所（其中，公办1所），在校学生629人；有文化站1个，广播站1个。全镇参加医疗保险人数8950人，覆盖面100%。主产水稻、茶叶、竹木和萝卜，土特产有灵芝、茶叶、萝卜等，其中以茶叶闻名。域内资源丰富，工业以小水电、茶叶为主，有企业仁化县高坪水库管理所、广东丹霞天雄有限公司、仁化县红山镇富农茶叶专业合作社等46家。旅游景点主要有黄岭嶂、高坪自然保护区、锡坪嶂、三磨石等。2015年，红山镇被评为“广东十大茶乡”。

2015广东·韶关仁化（红山）第二届茶叶节暨仁化茶文化美食嘉年华　2015年3月10日，“2015广东·韶关仁化（红山）第二届茶叶节暨仁化茶文化美食嘉年华”启动，至5月8日闭幕。该活动由南方日报社、广东省文联、华南农业大学、广东省民协、仁化县人民政府和韶关市广播电视台网报中心共同主办，中共仁化县委宣传部、县农业局、县旅游局、县文联和红山镇人民政府承办。活动以“品红山贡茶·寻最美茶乡”为主题，分“红山茶叶节徽标（LOGO）征集活动”“采茶技能大赛（红山镇茶山）”“开心茶园认领活动、欢乐茶乡游（红山镇）”以及参评“广东十大茶乡”等相关活动系列。

惠民工程落实有效　2015年，红山镇完成公路硬底化工程2.4公里（其中，新白枫树坳至半岭子0.6公里、青迳至乐昌1.8公里），完成烟竹村农田水利工程（建设规模217.47公顷，总投资360万元）。新白村“村村通”工程、镇区饮水工程改造进入建设阶段。推进扶贫“双到”工作，根据各贫困村、贫困户的基本情况，制定帮扶资金使用方案，及时落实帮扶项目。资金主要用于入股锦电、贫困村、户脱贫产业建设、基础设施建设、危房改造及贫困户生产等方面。帮扶镇域2个贫困村村集体入股锦江电站（其中，中山村投入43万元、烟竹村投入52万元）；2015年，2个贫困村集体稳定年收入分别达到7.14万元、4.66万元，村集体经济实现稳定增长。

党委书记：刘普新

镇　　长：刘志宏

【城口镇】　位于县境北部，东连长江镇和扶溪镇，南接丹霞街道，西与红山镇为邻，北与湖南省汝城县三江口镇交界，属山区镇。镇政府驻城群村委会辖区（墟镇内），距县城38公里。国道106线公路贯穿全境，城口东河河流与城口西河相接，交通便利。辖区面积266.89平方公里。辖东罗、东坑、城群、上寨、东光、恩村、厚坑等7个村委会和城口镇社区居民委员会1个，总户数2600户，总人口10498人，农业人口8948人，外来人口162人。2015年，全镇生产总产值2.97亿元，比上年增长7.3%；镇财政收入913.9万元，比上年减少12.5%。农业总产值1.01亿元，比上年增长32%。农民人均收入12847元。工业产值5798万元。常用耕地面积1432.74公顷，粮食播种面积970公顷，粮食产量6530吨。林地面积24249.86公顷，森林覆盖率87.1%。全镇有初级中学1所、小学3所（其中中心小学1所，教学点3个）、幼儿园2所（其中公办1所），在校学生798人；有文化站1个，广播站1个。全镇参加医疗保险人数8200人，覆盖面100%。主产优质稻谷、柑橘、辣椒和茶叶，土特产有冬笋、香菇、木耳等，其中以“古秦城板鸭”闻名。域内资源有水利、林木和矿产，工业以萤石矿开采、小型水电站为主，企业有岭田萤石矿、鱼跳电站、仁化县城口镇城兴加油站等19家。旅游景点主要有恩村古村落、上寨美丽乡村、蓝森生态园等。

城口特大洪灾　2015年7月4日，城口镇遭受特大暴雨袭击，引发山洪、山体滑坡、泥石流等严重自然灾害。该次洪灾导致镇域房屋水浸236间，倒塌16间，受损5间；被淹水稻141.48公顷、果树75.77公顷、花生17.6公顷、其他经济作物5.57公顷；摧毁坝头15座、水渠500米、电站3座、桥1座、养猪场2间、自来水主管2300米，直接经济损失上千万元。灾情发生后，县、镇党政领导靠前指挥，全镇干部职工、多地武警消防官兵紧急开展抢险救灾工作，确保群众生命和财产安全。累计发放救济物资大米192包，花生油192桶，方便面30箱，矿泉水384箱，棉被、凉席25床，临时安置受灾群众25人。

城口村民勇救溺水者　2015年7月12日，东坑村一村民从稻田喷药回家因抄近路，不幸溺水。在城口镇市场上做包子生意的刘长明（男，44岁）骑摩托车经过东水河边发现后，及时跳进河里施救。在闻讯赶来的村民合力帮助下，溺水者获救，彰显见义勇为“正能量”。

党委书记：李建平

镇　　长：李汉辉

【长江镇】　位于县境东北部，东连江西省内良乡、河洞乡，南接扶溪镇，西与城口镇为邻，北与江西省崇义县聂都乡、乐洞乡交界，属省级中心镇。镇政府驻沙坪村委会，距县城49公里。锦江河贯穿全境，公路经省道246线与县城接连，经县道336线至城口镇与国道106线相连，交通便利。辖区面积300.64平方公里。下辖沙坪、锦江、莲河、浒松、油洞、木溪、高洞、芭蕉垅、里周、冷饭坑、学堂凹、凌溪、河田、塘洞、陈欧、石㞧村委会16个和1个居委会，总户数7937户，年末户籍人口27183人，农业人口22258人，外来人口693人。2015年，全镇生产总值6.8亿元，比上年增长9%。镇财政收入2968万元，比上年增长44%。全年农业产值2.93亿元，比上年增长4.5%。农民人均收入12438元。工业产值1.31亿元。耕地面积3101公顷，粮食播种面积2991公顷，粮食产量7455吨。林地面积25630公顷，森林覆盖率81%。主要经济来源有：竹木生产加工、小水电站、香菇种植、生猪养殖等。全镇有初级中学1所、小学8所（其中，中心小学1所，完全小学3所，教学点4个）、幼儿园6所（其中，公办1所），在校学生2771人；有文化站1个，广播站1个。全镇参加医疗保险人数22980人，覆盖面99.5%。主产水稻、花生，土特产有玉扣纸、冬笋、白糖饼、香菇等，其中以玉扣纸、浒松腊鸭、白糖饼闻名。域内资源丰富，山林面积、木材蓄积量均居全县首位，活立木蓄积量130.88万立方米，毛竹8275.9公顷，是全县最大毛竹基地。全镇有小水电站72座，总装机容量27194万千瓦。矿藏资源丰富，有铀、钨、铜、硅石、钾长石、辉绿石、花岗石等，其中铀分布面最广，储量最多，为中国最大铀矿之一。旅游资源丰富，有万时山（海拔1559米）、万亩竹林、古塔、广州会馆、长江中山公园等。工业以矿产业、铁制品加工业、竹制品加工业为主，有长江电管所、广盛贸易有限公司、中成竹业有限公司等企业3家。

“7·4”特大洪灾抢险救灾　2015年7月4日，长江镇受低压气流影响，普降暴雨，域内主要河流水势暴涨，引发全镇有史以来罕见的特大洪灾。洪灾造成农田损毁201.9公顷、房屋倒塌47间、自来水管冲断1100米、电站受损13座、河堤冲毁6818米、水圳坡头冲毁18座、桥梁冲毁15座。灾情发生后，县、镇主要领导迅速组织抢险救灾队抗洪救灾，及时抢修水电、通讯及交通，保障群众生命财产安全。截至2015年年底，完成受灾农田、房屋保险理赔工作和临时修复工程，部分灾后重建资金到位，需彻底修复的桥水路重建工程正在进行。

党委书记：邹汉明

镇　　长：谭卫财

【扶溪镇】　位于县境东北部，东连百顺镇，南接闻韶镇，西与丹霞街道、县城为邻，北与长江镇交界，属山区镇。镇政府驻紫岭村委会，距县城37公里。省道246线和342线公路贯穿镇域，锦江河流与扶溪河相接，交通便利。辖区面积187.9平方公里。辖紫岭、长坑、厚塘、古夏、斜周、蛇离、扶中、左龙、水口村等9个村委会和1个居委会（社区），总户数3874户，年末户籍人口13652人，农业人口12487人，外来人口54人。2015年，全镇生产总值3.19亿元，比上年增长8%。镇财政收入950万元，比上年增长5%。全年农业产值2.01亿元，比上年增长4.3%。农民人均收入11138.6元。工业产值2227万元。耕地面积1927.43公顷，粮食播种面积930公顷，粮食产量7052吨。林地面积15942.5公顷，森林覆盖率84.85%。全镇有初级中学1所、小学1所（其中，中心小学1所，完全小学1所，教学点3个）、幼儿园2所（其中，公办1所），在校学生863人；有文化站1个，广播站1个。全镇参加医疗保险人数11600人，覆盖面90%。主产铀、铁、钨和硅石、花岗石等，土特产有优质稻米、板鸭、砂糖橘等，其中以优质稻米、板鸭闻名。域内水资源丰富，工业以水电站为主，有电站28座。旅游景点主要有厚塘南台庙、蛇离梯田、古夏古村落等。

乡村旅游现生机　2015年，扶溪镇挖掘和保护镇域生态旅游资源，历史人文景观，丰富其内涵，发展特色旅游，着力打造扶溪生态旅游精品线路。通过组织、统筹各项本土文化资源，挑选出极具代表性的花灯与火龙火狮等民俗传统节目，宣传扶溪。配合省考察组到古夏古村开展第五批广东省古村落普查认定工作。通过多种媒体宣传，推动蛇离梯田、古夏古村、水口塔、南台庙等景点发展。全年接待景点游览5000人次。

党委书记：彭国强

镇　　长：詹碧清

【闻韶镇】　位于县境东部，东连南雄市百顺镇，南接黄坑镇，西与丹霞街道办事处为邻，北与扶溪镇交界，属山区镇。镇政府驻闻韶墟，距县城32公里。省道324线贯穿镇域，4条河流与北江相接，交通便利。辖区面积85.78平方公里。辖下徐、塘源、白竹、华塘、江南等5个村委会和1个闻韶居委会（社区），总户数1121户，年末户籍人口6428人，农业人口5884人，外来人口125人。2015全镇生产总值1.46亿元，比上年增长8.1%，镇财政收入575万元，比上年增长1.07%，全年农业产值1.08亿元，比上年增长4.3%，农民人均收入10932元。工业产值1496万元，耕地面积702.55公顷，粮食播种面积378公顷，粮食产量2835吨，林地面积7527.13公顷，森林覆盖率82.89%。全镇有九年一贯制学校1所、公办幼儿园1所，在校学生433人；有文化站1个。全镇参加医疗保险人数4346人，覆盖面95%。主产贡桔、水稻。土特产有罗汉果、冬笋、番薯、优质米。域内矿产资源有金、银、铜、磁铁、稀土、翡绿岩、黄腊石、温泉。工业以小水电为主，有水电站12座，竹制品厂3家、竹炭厂1家、木材加工厂5家。旅游资源有华林寺塔、风车巷、笔架山、古盐关，以及山寨、古村、石拱桥、庙宇、温泉等。

惠民工程落实有效　2015年，闻韶镇完成村道改建塘坑村0.8公里、漂塘村0.5公里、横坌村0.25公里、加等村0.1公里、暖水村0.2公里。完成华塘村委会沙坪、山节村小组自来水工程改造。投入帮扶资金120万元，实施村帮项目41个、户扶持项目2023个。镇域各贫困村集体经济年平均收入8.3万元，同比上年增长30%。全镇281户贫困户脱贫率90%，完成年度危房改造任务数9户。

党委书记：陈俊华
镇　　长：冯　鹄

【黄坑镇】　位于县境东南部，东连南雄市、始兴县，南接周田镇，西与世界自然遗产、世界地质公园丹霞山为邻，北与闻韶镇交界，属山区镇。镇政府驻黄坑墟镇，距县城15公里。国道106线于西南部穿境而过，镇域有水泥公路直达镇区及各村委会驻地，交通便利。辖区面积164.94平方公里。辖高塘、下营、黄坑、小溪、蓝田、曰庄、古竹等7个村委会和1个黄坑居委会（社区），总户数4164户，年末户籍人口15188人，农业人口10934人，外来人口381人。2015年，全镇生产总值2.76亿元，比上年增长7.3%。镇财政收入752万元，比上年5%。全年农业产值2.04亿元，比上年增长5.5%。农民人均收入15553元。工业产值5035万元。耕地面积1479.98公顷，2015年，贡柑、沙糖桔等优质果树发展到1000多公顷，新种贡柑200余公顷，可挂果面积666.67公顷，实现产量超3万吨，产值2亿元。林地面积13589.91公顷，森林覆盖率76%。全镇有初级中学1所、小学2所（其中，中心小学1所，教学点1个）、幼儿园2所（其中，公办1所），在校学生1370人；有文化站1个，广播站1个。全镇参加医疗保险人数11770人，覆盖面100%。主产水稻、贡柑和花生，土特产有贡柑、茶叶、冬笋等，其中以贡柑闻名。域内森林资源主要有竹木，矿产资源以硅石、稀土矿等为主，工业以小型水电站、加工业为主，企业有上坑水电站、中寨水电站、辉祥果业打蜡厂等68家。旅游景点主要有黄坑南庄生态名园、东庄门楼、黄坑镇冯屋文明公祠等。

武深高速征地工作完成　武深高速公路黄坑段全长11.20公里，涉及黄坑镇蓝田、黄坑、小溪、下营4个村委会21个村民小组，总面积103.93公顷。镇成立征地小组21个，分别由12名班子成员挂点负责。由于黄坑贡柑产业的特殊性，征地工作进展顺利，截至2015年10月底，完成武深高速公路黄坑段86.67公顷范围内的坟墓迁移、房屋拆迁、附着物及青苗清表，贡柑（挂果）产量补偿等相关工作。

党委书记：谭建华
镇　　长：邓永林

【周田镇】　位于县境南部，东连始兴县，南接曲江区，西与世界地质公园丹霞山及大桥镇为邻，北与黄坑镇交界，属省级中心镇。镇政府驻月岭村附近，距县城17公里。323国道和106国道公路贯穿全境，赣韶铁路、韶赣高速公路及在建的武深高速途经该镇，并设有“丹霞山”火车站和“丹霞”高速公路出入口。浈江河流与北江相接，交通便利。辖区面积296平方公里。下辖周田、较坑、平甫、龙坑、上道、鸡龙、台滩、新庄、谭屋、上坪、雷坑、麻洋、灵溪、下洞、瑶溪等15个村委会和1个周田居委会（社区），总户数5387户，年末户籍人口28414人，农业人口18373人，外来人口2500人。2015年，全镇生产总值7.3亿元，比上年增长10.2%。镇财政收入1033.6万元，比上年增长28.65%。全年农业产值4.2亿元，比上年增长4.4%。农民人均纯收入13351.2元，同比增长10%。工业产值2.5亿元。耕地面积2160.88公顷，粮食播种面积1781.6公顷，粮食产量11646吨。林地面积22331.4公顷，森林覆盖率72%。全镇有初级中学1所、小学1所（其中，中心小学1所，教学点4个）、幼儿园2所（其中，公办1所），在校学生1949人；有文化站1个，广播站1个。城乡居民养老保险享受待遇4422人，参保续费4114人，完成率74.80%；医疗保险参保21526人，完成率100%。主产优质谷、柑桔、西瓜、油茶和蒿竹，土特产有灵溪冬菇、平甫奈李、上坪贡柑、鸡龙萝卜、龙坑粉葛、麻洋红瓜子等，其中以灵溪冬菇和平甫奈李闻名。域内资源比较丰富，工业以有色金属加工为主，有志成冠军、博世铝业、金佰成粮食机械设备厂等企业13家，有铅锌矿、水力发电资源和河砂资源等。旅游景点主要有灵溪河森林渡假公园、周田张屋村、灵溪客家大围等。

周田村入选广东省学雷锋活动示范点　2015年4月，周田村被省委宣传部、省文明办命名为首批56个广东省学雷锋活动示范点之一，成为该村继全省首个孝心村建设示范点和省社会主义核心价值观示范点之后又一荣誉称号。周田村自2014年8月开展孝心示范村建设以后，深入开展形式多样的孝亲活动，驻村志愿者们带来许多建设孝心示范村的优秀理念和做法，组织开展夏令营、为村民保健按摩、看望孤寡老人、播放孝亲电影等活动，村容村貌和村风民风发生变化，用雷锋精神的感召力促进社会主义核心价值观建设落细落实，用实际行动践行雷锋精神，受到村民们的热烈欢迎。

周田虎门小学综合楼举行奠基仪式　2015年3月27日下午，周田虎门小学综合楼奠基仪式在周田镇中心小学举行。中共韶关市委常委、副市长、东莞对口帮扶指挥部总指挥王检养，中共仁化县委书记刘锋、中共虎门镇党委书记叶孔新等领导，以及虎门民营商会成员出席奠基仪式。奠基仪式上，东莞市虎门商会向周田镇中心小学捐赠300万元。

中共仁化县委常委、周田镇委书记：邱志坚
镇　　长：冯奋德

【大桥镇】　位于县境南部，东连周田镇，南接曲江区，西与浈江区为邻，北与周田镇交界。镇政府驻大桥镇鸿桥路65号，距仁化县城24公里。国道106线、323线贯穿全境，锦江河与浈江河在镇辖区内交汇，交通便利。辖区面积132.8平方公里。辖大桥、共和、亲联、水江、古洋、长坝等6个村委会和大桥居委会1个，总户数2821户，年末户籍人口11101人，农业人口8401人，外来人口78人。2015年，全镇生产总值3.1亿元，比上年增长3.8%。镇财政收入1187.13万元，比上年增长10.5%。全年农业产值1.4亿元，比上年增长4.7%。农民人均收入12744元。工业产值7185万元。耕地面积1328.57公顷，粮食播种面积879.7公顷，粮食产量5815.2吨。林地面积10560.1公顷，森林覆盖率78.6%。全镇有初级中学1所、小学3所（其中，中心小学1所，教学点2个）、幼儿园（公办）1所，在校学生877人；有文化站1个，广播站1个。全镇参加医疗保险人数8553人，覆盖面100%。主产水稻、沙田柚、蔬菜、蚕桑和西瓜，土特产有沙田柚、西瓜等，其中以长坝沙田柚闻名。企业有宇鑫机电设备有限公司、园成木材加工厂、仁化县中鑫橡塑有限公司等5家。旅游景点主要有五马归槽、韶石山、大桥青云竹林生态园等。2015年，大桥镇长坝村被评为第五批“全国一村一品示范村镇”“广东省休闲农业与乡村旅游示范镇”，五马寨生态园被评为“广东省休闲农业与乡村旅游示范点”。

仁化县首届农村电商节暨长坝第二届金柚节 2015年11月20日，仁化县首届农村电商节暨长坝第二届金柚节在大桥镇长坝村举办。长坝沙田柚转变单一传统销售模式，利用县委、县政府打造的“互联网+农业/电子商务”平台，与红山茶叶、黄坑贡柑、丹霞铁皮石斛等优质农产品和优秀旅游资源，在互联网的快速路中走出韶关、走向全国。

韶关·幸福运水上飞机首航活动 2015年12月25日，由韶关市政府与幸福运通用航空有限公司主办的“韶关·幸福运水上飞机试飞首航”活动在大桥镇举办。

党委书记：林伟清

镇　　长：郭兰招

（徐诚林　谢嘉文）

2015年仁化县国民经济发展情况一览表

表38

指　　标	单位	绝对值	比上年增长（%）
地区生产总值	亿元	94.3	6.9
第一产业增加值	亿元	18.7	4.6
第二产业增加值	亿元	36.1	3.3
工业增加值	亿元	32.1	2.7
第三产业增加值	亿元	39.5	12.4
人均地区生产总值	元	45654	6.3
规模以上工业增加值	亿元	79.4	7.2
农林牧渔业总产值	亿元	29.8	4.4
固定资产投资	亿元	60.6	19.5
社会消费品零售总额	亿元	27.6	11.4
外贸进口总额	-	-	-
外贸出口总额	亿美元	0.11	18.1
实际利用外资	亿美元	0.07	-57.9
地方公共财政预算收入	亿元	6.1	-0.05
地方公共财政预算支出	-	-	-
城镇常住居民人均可支配收入	元	21153	9.5
农村常住居民人均可支配收入	元	12552	11.3

始兴县

【概况】 位于广东省北部，韶关市东部，距离韶关市区60公里。置县于三国吴永安六年（公元263年），有1700多年的历史。始兴是盛唐名相张九龄、明朝户部尚书谭大初、抗日名将张发奎和破解庞加莱猜想数学家朱熹平的故乡。1958年12月并入南雄县，1960年10月恢复始兴县；1968年2月改为始兴县革命委员会，1980年12月恢复为始兴县人民政府。2015年辖9个镇1个乡，113个村委会，14个居委会。土地面积2174.12平方公里，年末户籍人口25.37万人，常住人口25.49万人，人口自然增长率13.5‰。

2015年，始兴县有耕地面积2.1万公顷，粮食播种面积1.4万公顷，粮食产量11.5万吨。林地面积17.26万公顷，森林覆盖率77.32%，活立木蓄积量1384万立方米。主要矿产资源有：钨、锡、铋、铜、铅、锌、黄金等8种有色金属；石英、莹石、绿柱石、钾长石、瓷土、石灰石等6种非金属。主要土特产有：香菇、木耳、灵芝、冬笋、蜂蜜、西瓜、马蹄、莲藕、柑橘、枇杷、杨梅、三华李、茶油、茶叶、澄江娘酒、旺满堂清化粉、古塘腊肉、古塘板鸭、腊肠、鱼干、花生饼、老朋友辣酱、生姜、火龙果等。植物资源主要有：松、杉、樟、枫、竹、酸枣、苦楝等，单是车八岭世界生物圈国家级自然保护区就有1928种，南山保护区（省级）有1039种。主要种植业有：水稻、花生、蚕桑、黄烟、蔬菜、芋头、番薯、辣椒、金银花、石斛等。主要养殖业有：猪、牛、鱼、瑶乡土鸡、鸭、龟、黑山羊、竹鼠、兔等。水资源主要有大小河流220多条。主要特色文化有：美术、书法、摄影、文艺创作、吹打乐、舞狮、龟蚌舞、清化《亚妹舞》、瑶族舞、舞火龙、划龙舟、雕根、奇石、民间民俗等。是恐龙之乡、枇杷之乡、杨梅之乡、围楼文化之乡、温泉之乡等。

始兴县主要旅游景点有：车八岭世界生物圈国家级自然保护区，全国重点文物保护单位岭南第一围——满堂客家大围，粤北民俗第一村——东湖坪客家民俗文化村，中共广东省委旧址——红围，沈所铜钟寨国家AAA级旅游景区，深渡水瑶乡景区，刘张家山温泉度假村，深渡水樱花谷和南岭红沙漠景区景区等。

2015年，始兴县被评为中国最具魅力自驾游目的地；始兴县满堂客家大围创建国家AAA级景区；车八岭国家级自然保护区荣获“首批全国林业信息化示范基地”称号；深渡水乡和太平镇总甫村、东湖坪村分别被评为广东省名乡、名村。

【保持经济稳定增长】 2015年全县生产总值74.68亿元，比上年增长8.2%。其中：第一产业增加值17亿元，增长4.3%；第二产业增加值29.49亿元，增长8.6%；工业增加值25.1亿元，增长9.2%；第三产业增加值28.19亿元，增长9.8%。人均地区生产总值30288元，增长7.4%。规模以上工业总产值21.88亿元，增长9.5%；农林牧渔业总产值27.19亿元，增长4.0%。固定资产投资60.77亿元，增长6.3%。社会消费品零售总额16.98亿元，增长11.6%。外贸出口总额22604万美元，增长1.1%；实际利用外贸683万美元，下降60.5%。地方公共财政预算收入3.85亿元，增长5.3%。城镇居民人均可支配收入1.98万元，增长9.6%；农村居民人均纯收入1.18万元，增长10.5%。

9月29日，始兴县举行PPP（Public - Private - Partnership，政府和社会资本合作模式）合作框架协议签约仪式，代县长黄令遥（右四）代表县政府与韶关市金财资产运营有限公司签订合作协议，投资规模为30亿元（赖金艳 摄）

【重点项目建设】 贯彻重点项目“三个一”工作制度，推进韶冶环保搬迁、高端家具产业基地等项目前期工作，推动塘厦始兴民营企业创业基地和110千伏绿色和平输变电站等项目开工建设。完成武深高速公路始兴段征地拆迁工作，实现全线动工建设；国道323线、省道244线、344线等部分路段实现升级改造，改造公路68公里。完成2015年中小河流治理省级试点任务，治理河道97公里。

【城乡建设】 初步完成《始兴县土地利用总体规划（2010－2020）中期调整完善方案》和《始兴县城市总体规划（2013－2030）》的修编工作，城乡规划建设推进。开展城区“六乱”专项整治和农村环境整治，在全市率先实施农村生活垃圾管理市场化运营，城乡环境面貌不断改善。太平镇被评为全国文明镇，顿岗镇和澄江镇被评为韶关卫生镇。开展名镇名村示范村创建活动，深渡水乡和太平镇总甫村、东湖坪村分别被评为广东省名乡、名村。

【社会事业】 城乡居民人均可支配收入达1.67万元，增长10%。提高城乡低保、五保特困人员补助标准，城乡居保、城镇医保覆盖面不断扩大。完成新一轮扶贫开发“双到”目标任务，新开工建设保障性住房929套，基本建成334套，完成农村危房改造186户。推进生态建设和节能减排工作，碳汇造林1933.33公顷，生态公益林扩面4133.33公顷。推进公立医院改革，夯实计生工作基础。太平镇创建教育强镇，全县教育强镇实现100%覆盖。落实安全生产责任制，完成马市镇省级火灾隐患重点地区整治工作。

【太平镇】 位于始兴县城中北部，是始兴县城所在地，全县政治、经济、文化中心。东与顿岗镇相连，南与城南镇隔江相望，北接马市镇，西与仁县化接壤。地处墨江河下游，浈江河横贯其中，水力资源丰富。总面积283.3平方公里，森林覆盖率达72.3%。辖瑶村、纱帽岗、乌石、白石坪、斜潭、浈江、新屋场、狮石下、有东湖坪、罗围、江口、河北、水南、总甫、上台、观茶、武岗、奇心等18个村委会，城郊、东升、城西、城东、城北、城中等6个居委会，总人口6.5万人。2015年全镇完成经济总量31.75亿元，比上年同期增长13.56%；其中农业生产总值4.19亿元，同比增长2.7%；工业总产值18.67亿元，同比增长17.5%；第三产业产值8.89亿元，同比增长11.2%。农村人均收入11996元，同比增长16.5%。旅游资源丰富，有东湖坪民俗文化村、罗围汉代古城堡、大成殿、墨江艺苑古迹、天子地石书房、丹凤山公园等景点，还有北山毛竹长廊、杨梅山庄等10多家可供生态休闲旅游的生态农庄。获得“国家级生态乡镇”“全国文明村镇”“全国优秀人民调解委员会”“广东省教育强镇”“广东省文明镇”“广东省生态示范镇”“广东省卫生镇”等省级以上荣誉称号。

太平镇发展杨梅、枇杷等特色产业，水果种植面积达2600多公顷，创历史新高。石斛、桔梗、金银花中草药等现代产业蓬勃发展，建成江口、上台种植基地3个。水南水产养殖基地推进并初具规模。以一镇一品为主导，对北山毛竹进行综合开发，推动其向纵深方向发展，打造五十里毛竹长廊，形成太平北片经济新亮点。农业龙头企业和合作组织加快发展，农业组织化程度提升，全镇已注册成立黄烟、毛竹、水果、渔业、蜂业等各类农业专业合作社30多个，县级农业龙头企业5个，县级农民专业合作社示范社4个，县级家庭农场示范点4个。农民科技品牌意识增强，“八两红”“五月红”“柚来俚”“粤山牌”等绿色食品、有机农产品品牌竞争力增强。申报“柚来俚”沙田柚有机农产品。观茶黑山羊养殖项目效果明显。协助申报2家星级农家乐。

党委书记：陈尚福

镇　　长：罗祥山（任至10月）

　　　　　张国华（10月任职）

【马市镇】 位于始兴县县城的东北部，距县城12公里，行政区域面积277.24平方公里。下辖远迳、堂阁、都塘、柴塘、陂田、安水、红梨、涝洲水、高水、联俄、黄田、陆源、赤谷、坜坪、候陂、文路、溪丰、岭头等18个村委会和马市社区1个居委会，共256个村小组，总户数11321户，总人口37360人，其中农业人口36354人，城镇人口1006人，流动人口8534人。2015年，全镇国民生产总值达46061.3万元，同比增长7.2%；其中工业产值27532.8万元，农业产值2132.5万元，第三产业产值16396万元；财政总收入2491.73万元；农民人均纯收入达12100元，同比增长16.5%。全镇耕地2764.1公顷，人均耕地0.07公顷。山林面积14200公顷，木材储积量78.7万立方米，森林覆盖率为57%。全镇现有初级中学1所，中心小学1所，完小1所，教学点7个，幼儿园5所，镇成人文化技术学校1所。现全镇中小学教职工225人，中小学学生2541人，其中小学生1682人，初中学生859人；幼儿园教职工96人，在园幼儿1574人。主要矿产资源有铀矿、花岗岩、钾长石等。主要特产有黄烟、花生、柑橘、黄豆、红傅氏沙田柚、西瓜、辣椒等。

2015年，全镇完成黄烟种植1240公顷，收购量达到5.45万担，均价12.91元/斤，完成县下达任务；水稻制种产业顺利恢复，共发展制种水稻种植农户178户，完成制种面积达80公顷；优质稻种植取得新突破，推广“公司+专业合作社+农户”的生产经营模式，动员农户种植美香粘优质稻，共发动589户农户种植美香粘水稻，种植面积达666.67公顷，总产量400万公斤，产值达1584万元，江茂源粮油公司大米通过有机产品认证。

马市镇投入近65万元在墟镇和红梨、陂田、安水、柴塘等村新安装79盏太阳能路灯；投入30多万元修整墟镇街道路面和人行道；推进农村公路硬底化工程，完成9.18公里硬底化项目招标工程；争取资金1000多万元对烟基工程进行维护保养，维修1200多间烤烟房，购置600套烟夹。

马市镇旅游产业迎来发展新机遇。先后完成“南岭红沙漠”景区一期和侯陂国盛农家乐建设。打造尖背水库垂钓、黄田拨萝卜、红傅氏沙田柚采摘园等体验式观光式旅游品牌。加快完善旅游路网建设，“南岭红沙漠”、远迳凉伞岩、大源电站等风景地的观光休闲游客不断增多，旅游拉动经济作用显现。

党委书记：张相高

镇　　长：钟茂柱

【顿岗镇】 位于始兴县城东南方，距离县城8公里，是始兴县的3个中心镇之一，全镇总面积95平方公里，有耕地1271.2公顷，山林5128.2公顷。2015年，下辖11个行政村委会和1个社区居委会，175个村民小组，总户数6675户，总人口25798人。土地资源丰富，主要种植优质水稻及花生、马蹄、黄烟、蚕桑、柑果等经济作物，素有“粤北粮仓”之称。村（居）民以汉族为主，少数畲族村（居）民。全镇现有初级中学1所，中心小学1所，小学分教点6所，公办幼儿园1所，民办幼儿园3所（幼儿园4所），成人文化技术学校1所。全镇现有中小学生2369人，专任教师187人，在园幼儿1009人，幼儿教师79人。2015年，顿岗镇农村经济总收入40385万元，同比增长5.99%，其中农业生产总值12166万元，工业和建筑业生产总值10838万元，第三产业生产总值5115万元，其他收入总值4809万元。农村人均纯收入12190元，同比增长16.5%。

顿岗镇结合“九龄故里·百里画廊”生态休闲度假旅游示范线路规划，以省道S244线为主，推动绿色农庄经济带的发展。设计生态休闲长廊统一标识，制作23块精品生态休闲长廊户外广告牌。沿线发展开心农庄、广源休闲农庄等特色庄园21家。2015年6月，组织开展为期20天的顿岗首届农家风情自驾游采摘节活动，吸引自驾游车队413辆，1680人次深入绿色农庄采摘、休闲、观光旅游。2015年12月，利用宝溪连片李园资源，打造李花景区，筹备“游九龄故里·赏万亩李花2016广东·始兴（宝溪）赏花节”节庆活动。

党委书记：谭晓健（任至5月）
钟俊锋（5月任职）

镇　　长：刘春明

【城南镇】 城南镇位于始兴县中部，在县城墨江河之南，故名城南。镇总面积53平方公里，全镇中部和东、西、北部地势平整，土壤肥沃；属亚热带季风气候，全年光照充足、雨量充沛。有耕地1157.6公顷，林地2484公顷。辖有10个村委会、1个社区居委会，总户数6126户，总人口20380人。有初级中学1所，在校学生386人；小学有2所，在校学生511人；幼儿园1所，在园儿童251人。境内资源丰富，森林资源有樟、枫、楠、酸枣、毛竹、木等；经济林有油茶、油桐、柑桔、茶叶、杨梅、青梅、沙梨、李子等；矿产资源主要有铁、石墨、煤炭、耐火材料等。2015年，全镇工农业总产值实现29862万元。其中农业总产值27520万元，工业总产值2342万元，农村人均收入12173.8元，

城南镇依托蔬菜专业镇及区位优势，重点发展蔬菜、柑果特色农业，推广“公司+基地+农户”的现代农业生产模式，扩大蔬菜种植规模，发展壮大农副产品加工业，农业发展取得成效。全年种植辣椒666.67公顷，产值1930万元；种植蔬菜600公顷，产值1971万元；种植西瓜119.87公顷，产值465万元。持续完善农业基础设施建设，完成冬种绿肥200公顷，施用有机肥130多吨，平田整地46.67公顷，建设蔬菜大棚1.2公顷。

城南镇开展农村“清洁美”工程

城南镇建立保洁队伍，聘请15名保洁人员定期收集、处理日常生活垃圾。加强宣传引导，出动宣传车22次，发放资料6100余份。加大资金投入，完善环保设施，已建成垃圾池135个、垃圾处理中转站1处，配置垃圾箱88个、拖拉机垃圾车2辆、手拉式垃圾车55辆、清洁工具15套；修建污水处理设施（氧化池）7座，农村人居环境持续不断改善。

党委书记：夏　昶

镇　　长：张国华（任至11月）
李大兴（11月任职）

【沈所镇】 位于始兴县西南部，距离县城3.5公里，东与城南镇相邻，南与深渡水瑶族乡接壤，西与仁化县周田镇相连，北与太平镇相邻。辖11个行政村和1个居委会，6555户，1.92万人。区域面积168平方公里，耕地面积1160公顷，森林面积1.29万公顷。2015年，沈所镇生产总值27989万元，地方财政收入1052万元，农村人均纯收入11000元，同比增长16.5%。该镇先后获得“国家特色景观旅游名镇”“国家级生态乡镇”“全国人口和计划生育依法行政示范乡镇”“广东省教育强镇”“广东省宜居示范城镇”等称号。

沈所镇旅游资源丰富，“红、奇、古、瑶、绿”特色突出，境内有广东省委、粤北省委机关办公旧址（红围）、地下联络交通站（日新小学）、外营惨案等革命历史遗址；国家AAA级旅游景区铜钟寨；“广东省古村落”（石下村古村落）；南山省级自然保护区。

沈所镇提高旅游产业开发影响力度，投入10万完成宝塔山森林公园停车场、卫生间、办公室、公园大门硬化美化工程建设。栋护晴岚围楼、李氏宗祠、沈所塔三处古建筑申报为广东省第八批文物保护单位。协助有关部门拍摄《华南抗战风云》和《千年客韵——中华客家山歌》。

沈所镇加快一镇一品产业发展步伐，引进清远市古朕油茶发展有限公司建立油茶产业基地，项目总投资2000万元，新建油茶基地200公顷，已购入白花油茶苗30万余株。

党委书记：朱慧芳

镇　　长：苏　斌

【澄江镇】 地处始兴县以东32公里，东与江西省全南县交界，南与罗坝镇接壤，西与顿岗镇相连，北与南雄市毗邻。2015年全镇下辖1个社区居委会，7个村委会，116个村民小组，总人口17274人。辖区总面积219平方公里，其中农业耕地面积886.67公顷，山林面积17666.67万公顷，森林覆盖

6月2日，始兴举办"杨梅节"及招商活动，现场有25宗项目签约，资金超80亿元（温汉良　摄）

率达83%，盛产杉木和苗竹，是始兴县林业重点乡镇之一。2015年实现农村经济总收入达到2.04亿元，同比增长4.6%；农民人均收入达到11856元，同比增长16.3%；固定资产投资实现1.1亿元。当地物产丰富，有稀土矿、钨矿、铅矿、锌矿和瓷土矿等矿产资源，有澄江娘酒、野生灵芝、香菇、冬笋、柑橘、油茶等名优产品。境内风景优美，有南石岩、花山温泉和方洞天主教堂等旅游景点。

澄江镇创建“有机农业示范镇”，发挥环境、资源禀赋的优势，发展有机农业，2015年有机种植面积达533.33公顷，有机竹笋野生采集面积666.67公顷，建立有机农业（蔬菜）标准示范园1个，有机种植示范基地4个，有4家企业落户澄江发展有机产业。其中盛丰生态农业公司2015年通过PK的方式，获得省级现代农业“五位一体”示范基地项目和省级扶持资金400万元，完成示范园区机耕道路硬化1.5公里、水渠建设6.7公里，建成三纵二横的机耕路网。发展有机水稻种植，发展种植大户18户，种植有机水稻面积133.33公顷。引进始兴县丰耕农业开发有限公司落户澄江，主要从事农产品深加工。

澄江镇打造“澄江娘酒”品牌
以传统工艺，采取糯米和泉水经过固体发酵而成，其口感纯正，香气浓郁，鲜美醇厚。澄江杉树下黄酒厂采用竹筒来罐装娘酒，使其甘醇清甜，风味独特。酒厂已经获得QS质量安全认证，创立澄江娘酒“竹润”品牌。2015年引进客商设立“广东省竹润娘酒开发有限公司”，投资2000万元，建设占地面积2600平方米的集原料处理、洗瓶、发酵、压榨、灌装为一体标准厂房，33.33公顷有机糯谷种植基地等，致力于生产有机黄酒，设计年产能力由现在的10吨提高到250吨。

党委书记：沈小明（任至11月）
刘过源（11月任职）
镇　　长：陈春银

【罗坝镇】 位于始兴县东南部地区，距县城18公里，属革命老区，东与澄江镇毗邻，南与司前镇接壤，西与深渡水瑶族乡交界，北与顿岗镇交接。罗坝镇行政区域总面积316平方公里，耕地面积846.7公顷，林业用地面积约1.87万公顷，活立木蓄积量110多万立方米，森林覆盖率达78%，是始兴县森林资源保护最好的乡镇之一。下辖淋头、上岗、燎原、角田、东二、瑶民、河渡、上营、田心、大水、和平、桃源等12个村委会和1个居委会，146个村民小组，总人口20868人，其中有畲族600多人和瑶族500多人。是广东省“民情日记”活动发源地、全国环境优美乡镇、广东省蚕桑专业创新示范镇、韶关市党建工作示范点。2015年，农村经济总收入22200万元；农民年人均纯收入达到12074元；固定资产投资实现6850万元。

罗坝镇调整和优化农业产业结构，发展特色经济。围绕“山上抓竹木、山坡抓水果、山下抓蚕桑”的总体发展思路，实施“科技兴桑”“高产优质品种”“开发竹木资源”战略。2015年扩种蚕桑2.67公顷，总面积413.33公顷，共收购蚕茧11088担，总产值达2000万元；建成1060多公顷柑桔种植基地；建成4200多公顷毛竹基地。

罗坝镇结合“九龄故里·百里画廊”，打造“一镇一景”都亨石笋绿色、休闲、观光旅游景区，种植观赏性桃树1.4万株；建有都亨石笋农庄、亚历坑森林公园、车八岭有机茶园，以及停车场、旅游公厕等配套设施；初步修缮燕子岩洞。推进刘张家山片区温泉旅游度假区建设，完成田心村廖屋围楼、河渡村忠村围楼的维修，其中廖屋围楼休闲农庄已初具规模。

党委书记：钟俊锋（任至5月）
何祺琦（6月任职）
镇　　长：何祺琦（任至5月）
王志军（6月任职）

【深渡水瑶族乡】 位于始兴县中部地区，距始兴县城20公里，是广东省七个少数民族乡之一，也是韶关市唯一的少数民族乡，属典型的九山半水半分田乡镇。下辖4个村委会，46个村民小组，1411户5372人，其中瑶族1502人，畲族516人。全乡总面积19040公顷，耕地面积245.87公顷，其中水田55.2公顷，旱地190.67公顷，灌溉面积55.2公顷。林地面积1.49万公顷，其中生态公益林面积7733.33公顷。少数民族产业多以农林业为主，种植业仍没有跳出小农经济、小规模经营的圈子，经济效益不高。2015年，全乡生产总值7726万元，农民人均纯收入11013元。全乡森林覆盖率达86.5%。景区基础设施建设取得新进展，修建景区车行道、栈道等6公里，种植樱花、银杏等景观苗木3万多棵。实施星级农家乐项目，打造休闲旅游示范点，推动休闲生态旅游发展。创建政府网站，打造瑶乡生态旅游宣传媒介。深渡水瑶族乡不断加强综合文化站和乡村文化阵地建设，为全乡4个村的农家书屋添置书籍，增加农家书屋的管理人员，提高管理水平，丰富农民知识；修缮长梅村全民健身广场、坪田村民建设广场，添置乒乓球桌等文体设施，丰富群众的业余生活。

深渡水瑶族乡坚持“生态立乡、农业稳乡、旅游旺乡”的发展战略，挖掘境内的生态、民族资源，开发休闲生态旅游。利用地域优势，推广绿色农特产品的种养，已经形成野生蜜蜂、天然灵芝、香菇木耳、笋干、冰糖桔、瑶乡土鸡、竹鼠、烟熏肉、腊肉等有一定影响力的土特产，逐步形成以横岭村为中心的瑶乡土鸡养殖业、以坪田村为中心的竹鼠、蜂蜜养殖业、以长梅村为中心的灵芝、柑橘培植业、以深渡水村为中心的蚕桑种植业的“一村一品”格局，且组建包含养蜂、竹鼠、瑶乡土鸡、柑橘等特色产业在内的6个专业合作社。

党委书记：邱焕雄
乡　　长：邓伟华（任至10月）
邵耀发（11月任职）

【司前镇】 位于始兴县城南部，距县城45公里，东与江西全南县相邻，南与翁源县交界，西与隘子镇接壤，北与深渡水乡相连。总面积242平方公里，其中，林地面积20800公顷，耕地面积1354.67公顷，是典型的“九山半水半分田”的粤北山区乡镇。镇行政区辖河口、刘屋、李屋、温下、月武、黄沙、甘太、江草、车八岭等9个村委会和1个居委会，总人口14418万人，有汉族、瑶族、畲族三个民族。全镇有学校1所（含小学初中），幼儿园2所，教学点5个，在校生1705人；有文化站1个，广播站1个。2015年，全镇实现生产总值19491万元，比上年增长5.99%；农村经济总收入1.45亿元，比上年增长5.03%；农村人均纯收入11732元，比上年增长10.91%；完成固定资产投资6000万元。

2015年，司前镇推进武深高速公路征拆工作。完成1543亩征地及青苗清点工作，发放征地款共1915.5万元，发放清苗补偿款共640多万元，发放房屋拆迁补偿款达30万元，搬迁坟墓572座，完成清表面积达100公顷，为项目部提供施工便道、生活区、弃渣场、搅拌场等临时用地约30公顷。

司前镇多方筹集资金，推进墟镇及李屋新村建设。完成54套房屋的主体工程建设，规划车八岭村坪岗垇新村建设，确保建成“规划一致、层高一致、外观一致”的三统一新农村示范点，打造具有瑶民风情、瑶族特色的生态新农村。

党委书记：钟万年

镇　　长：郑树生

【隘子镇】 位于始兴县南部，总面积323.28平方公里。耕地面积745公顷。全镇林场总数达22个，承包山林面积达2万多公顷，森林覆盖率达80%。辖五一、沙桥、满堂、湖湾、井下、坪丰、联丰、石井、五星、建国、风度、瑶族、冷洞等13个村委会和隘子社区1个社区居委会，总户数6207户。2015年末户籍人口22416人，农业人口21324人。全镇有初中1所，小学1所，幼儿园3所；有文化站1个，广播站1个。2015年全镇生产总值2.9亿元，工业总产值2590万元，农业总产值1.67亿元，第三产业总产值1.01亿元，农民人均年收入9811元。

隘子镇拥有深厚的人文历史底蕴资源和良好的生态自然资源。有满堂客家大围（全国重点文物保护单位）、张发奎将军故居（省级重点文物保护单位）、张九龄故居、龙斗斜陨石坑自然奇观、通利古桥、井下和风度温泉等。满堂客家大围2015年成为国家级AAA景区，年度接待游客突破3万人次，创下历史新高。

党委书记：聂金鑫

镇　　长：唐代勇

（邓汝良）

2015年始兴县国民经济发展情况一览表

表39

指　　标	单位	绝对值	比上年增长（%）
地区生产总值	万元	746788	8.2
第一产业增加值	万元	169967	4.3
第二产业增加值	万元	294906	8.6
工业增加值	万元	251031	9.2
第三产业增加值	万元	281915	9.8
人均地区生产总值	元	30288	7.4
规模以上工业增加值	万元	218823	9.5
农林牧渔业总产值	万元	271910	4.0
固定资产投资	万元	607664	6.3
社会消费品零售总额	万元	169788	11.6
外贸进出口总额	万美元	22605	1.1
实际利用外资	万美元	683	-60.5
地方公共财政预算收入	万元	38481	5.3
地方公共财政预算支出	万元	165359	36.3
城镇常住居民人均可支配收入	元	19865	9.6
农村常住居民人均可支配收入	元	11894	10.5

翁源县

【概况】 位于广东省北部。2015年辖7个镇1个林场。土地面积2175平方公里。年末户籍人口40.04万人，常住人口35万人。人口自然增长率9.57‰。

翁源县耕地面积3.16万公顷，粮食播种面积1.97万公顷，粮食产量10.4万吨。林地面积16.39万公顷，森林覆盖率69.1%，活立木蓄积量0.08亿立方米。重要矿产资源有煤、铁、锰、硫铁矿、黑铁矿、金、银、铜等。土特产有三华李、六里柑、九仙桃、黑皮蔗、马古塘莲等，是全国最大的兰花生产基地和国家级黎蒴丰产林标准化示范区，中国三华李之乡、中国九仙桃之乡、中国兰花之乡。主要旅游景点有东华禅寺、八卦围、湖心坝客家围楼、涂志伟美术馆、文安摄影艺术馆、冷泉滩等。

2015年全县生产总值90.1亿元，比上年增长9.5%。其中：第一产业增加值21.8亿元，增长4.5%；第二产业增加值29.4亿元，增长8.0%；第三产业增加值38.9亿元，增长13.6%。人均地区生产总值2.62万元。规模以上工业总产值20.8亿元，增长6.3%。农林牧渔业总产值33.8亿元，增长4.4%。固定资产投资63.7亿元，增长23%。社会消费品零售总额31.3亿元，增长11.7%。外贸出口额12205万美元，实际利用外资3万美元。地方公共财政预算收入4.12亿元，增长7.0%。城镇常住居民人均可支配收入1.9406万元，增长9.2%；农村常住居民人均可支配收入1.0665万元，增长10.7%。

【《广东翁源滃江源国家湿地公园总体规划》通过专家评审】 2015年6月13日，广东省林业厅在翁源县组织召开《广东翁源滃江源国家湿地公园总体规划》评审会，通过现场察看、听汇报、审阅材料、质询和讨论等形式，专家组一致同意通过评审。

广东翁源滃江源国家湿地公园位于翁源县东北部，北起翁源县与连平县界，南至黄基潭水陂，东起翁源县与连平县界，西达黄基潭水陂，由滃江源头的贵东河、陂头河等几条支流与滃江上游及河道两侧部分林地等组成，总面积516.65平方公顷，湿地率57.05%，项目建设总投资为8600多万元。建设目标是：遵循保护优先、科学修复、合理利用、持续发展的基本原则，实施湿地保护和恢复工程，逐步提高滃江上游水源涵养和水质净化能力，改善野生动植物栖息地环境，构建健康稳定的湿地生态系统，维护珠江流域水环境生态安全。县委书记颜亮在评审会上表示争取用3—5年的时间，将广东翁源滃江源国家湿地公园打造成湿地生态结构完善、水资源安全稳定、生物多样性丰富、湿地景观优美、科普教育与生态旅游功能兼备的综合性国家湿地公园。

翁源县华彩化工涂料城一角（翁源县 供）

【翁源县与中山大学共同举办“陈璘研究学术研讨会”】 2015年11月27日，由翁源县委、县政府和中山大学共同主办的“陈璘研究学术研讨会”在明朝抗倭英雄陈璘将军故里——广东翁源举行，来自国内外著名明史专家学者，陈璘后裔和相关机构人员260多人参加会议。深入研究陈璘将军相关史实及其所处时代，完整总结陈璘精神，准确评价其历史地位。本次研讨会为期一天，主要议题是：陈璘与抗倭战争；陈璘与边疆开拓；陈璘与地方秩序；陈璘精神；陈璘与翁源；“北有戚继光，南有陈璘”等与陈璘相关的议题。届时，翁源将与中山大学合作整理出版一批陈璘史籍与研究著作。开幕式后，来自国内各大院校、韩国、香港的专家学者围绕主题采取大会发言和分组讨论的方式，开展探讨与研究。

【翁源县召开2015年经济社会发展研讨会】 2月27日，翁源县召开2015年经济社会发展研讨会，邀请原市政协主席李培秋、翁源籍现任市领导李石保、林平杰、许志新、何伟青等，以及现在韶关的翁源县历任主要领导与县四套班子领导成员，围绕翁源如何继续发展这一主题进行把脉开方、共谋发展大计。在研讨会上，大家围绕翁源如何破解难题、继续发展这一主题进行讨论，在抓好班子自身建设、加快新型工业化、新型城镇化建设、环境保护、人才培养、老区建设等方面建言献策，提出许多宝贵的具有指导性的意见和建议。

颜亮作会议小结，总结出“发展是要靠干出来的、关心支持是要有基础的、乡贤是翁源发展的一支重要力量”这三个道理。

【武深、汕昆高速公路翁源段全线开工】 呈一纵一横走向、均穿过翁源县全境的武深高速翁源段和汕昆高速翁源段分别长43公里和46公里。征地拆迁、青苗补偿、房屋征收等各个环节工作陆续完成，两条高速公路现已全线开工。武深高速仁新段在翁源境内全长43公里，经过坝仔、江尾、龙仙三个镇20个村委会的117个村小组，共设两个出口和一个枢纽互通；而汕昆高速翁源段长度为46公里，经过龙仙、周陂、官渡三个镇26个村委会135个村小组，设四个出口。由地方政府负责的前期准备工作，翁源是韶关做得最快最好的一个县，境内十个标段均已全线开工。县直机关抽调一批干部到县高速办，组成征地拆迁的技术业务组，征地拆迁的业务技术得到保障。县里面下达任务，大包干，包到镇村，县直46个科局挂钩村里，落实镇村征拆的主体责任。

【龙仙镇】 位于翁源县境东部，为县城所在地，属全省规划建设的中心镇之一，是全县的政治、经济、文化中心。总面积427.3平方公里，其中耕地面积5340公顷，林地面积8000公顷。辖34个村委会，6个社区居委会，总人口121987人，其中城镇居民52617人，农业人口69370人。

境内基础设施完善，交通便利。镇距广州200公里，距深圳300公里，至广州黄埔港220公里、至花都机场120公里，至韶关100公里；省道S341、S244穿境而过，现已动工建设的昆汕（昆明至汕头）、武深（武汉至深圳）2条高速公路贯穿十几个村；主要乡村道路已铺设水泥路面。镇辖中学2所，小学26所；镇级卫生院2所。

工业以水电、建筑、家私、纺织为主。农业以水稻、蔬菜、蚕桑、淮山、糖蔗、水果、渔业和畜牧业为主，主要特产有：岭南佳果三华李、李洞蜜桃、马古塘莲等。

镇内有著名的东华山旅游风景区、新建的龙湖旅游风景区、历史文化遗产——晚唐著名诗人邵谒筑室攻书处书堂石、涂志伟美术馆、青云山省级自然保护区、新兴休闲观光果园、冷泉滩等。

2015年实现工农业生产总产值16.3亿元，比上年同期增长10%；固定资产投资完成3012万元；农村人均纯收入10670元，同比增长10%。

党委书记：甘志初

镇　　长：练培新

【翁城镇】 翁城是一座历史悠久的古城，自明洪武二年（1369）至民国28年（1939）共570年，曾为翁源县政治、经济、文化的中心，故称翁城。翁城地处翁源县西部，韶关市南部，距韶关约60公里，京珠高速公路、106国道、省道翁英路在境内贯穿而过，京珠高速在镇内设有出入口，区位优越，交通十分便利。

翁城镇镇域总面积146平方公里，其中山林面积9293.33公顷，耕地面积1353.33公顷，人均耕地面积为0.038公顷，植被7466.67公顷，森林覆盖率为67%。辖18个村（居）委会，其中有1个瑶族村委会，共163个村民小组。总人口36325人，其中农业人口30316人。家庭总户数为7563户，劳动力16233人，墟镇外来流动人口10000多人。农业以传统种植业为主。是蔬菜和果蔗种植大镇，蔬菜和果蔗种植面积达933.3公顷。黑皮甘蔗是该镇传统种植项目，大量销往外省。随着越来越多外地商前来批发甘蔗，翁城农户开始到附近乡镇种田，扩展种植规模。全镇有甘蔗种植大户和甘蔗贸易中介超过200人。

2015年全镇实现生产总值18.2亿元，增长15.8%。第一、二、三产业协调发展，其中第一产业9.6亿元，第二产业3.08亿元，第三产业5.52亿元，同比分别增长16.4%、14.3%、16.65%。农村人均纯收入达10227元，同比增长13.5%，本级财政收入达7600多万元，同比增长16%。固定资产投资超过5600万元，各项基础设施建设不断完善。农村经济稳步增长，人民生活水平不断提高。

党委书记：王有龙

镇　　长：朱启养

【新江镇】 位于县域西部，北纬24°25′—24°36′，东经113°44′－113°52′。全镇总面积为336.57平方公里，其中耕地面积53031亩，林地面积42.41万亩，森林覆盖率84%。辖19个村委会，1个居委会，252个村小组。全镇总户数10513户，总人口46064人，其中农业人口43843人。境内资源主要有硫、铁、铅、锌、硅、高岭土等20多种。工业行业有竹木加工、藤艺、纺织、建筑材料、塑料制品等。全镇已形成一定规模的蔬菜、蚕桑、糖蔗、果蔗、水果、香菇、木耳、蘑菇、畜牧、水产等商品生产基地。其中香菇、木耳、笋干、砧板、竹椅、卫生筷及沙田柚、蜜桃、枇杷、龙眼、反季节蔬菜等商品畅销全国各地。全镇有中学1所、九年一贯制学校1所、中心小学1所、校区14所、幼儿园4所，有文化宫1个、文体公园3个、文体活动场所23个；中心卫生院1所、分院1所、乡村卫生站27所，敬老院1所。供电所1座，小水电站16座。邮政网点1个，投递点1个；电信网点1家，服务网点5个，电话交换机总容量8000门，固定电话用户4950户，宽带接入用户2300户，实现电话、宽带网络村村通，学校、村委楼房化。街道居民及周边村民饮用水工程全面施工。境内交通方便，G106国道及京珠高速公路贯穿而过，距京珠高速公路翁城出口9公里，距京广铁路大坑口东站40公里，实现村村通水泥公路。2015年，全镇实现地区生产总值13.53亿元，农村人均纯收入10924元；财政收入0.65亿元，全镇累计固定资产投入1.14亿元。

党委书记：何新平

镇　　长：丘有忠

【江尾镇】　位于翁源县北部，是中国九仙桃之乡、中国兰花之乡、广东省兰花专业镇、广东省教育强镇及城镇化建设中心镇。总面积334平方公里，其中耕地面积4933.33公顷，林地面积2.59万公顷。辖24个村委会、3个居委会，272个村民小组，总人口46720人、11935户，其中农业人口40795人。

镇内基础设施完善，交通便利，镇通行政村公路全部实现水泥硬底化。江尾镇工业以钨矿、小水电、建筑等为主；农业以水稻、蔬菜、兰花、九仙桃、铁皮石斛、金线莲、柑桔、南药、蚕桑、果蔗、糖蔗、水果等为主。全镇铁皮石斛种植已达53.33公顷，种植面积866.67公顷的十里兰花长廊及近666.67公顷的九仙桃基地，已成为广东省独具特色的生态农业景观带。

江尾镇有颇具客家文化建筑特色的南塘客家群楼、葸岭八卦围；在建筑文化、建筑艺术及国学方面颇具研究价值的长江罗盘围；南塘仁川社学旧址。

2015年全镇生产总产值为91257万元，与上年同比增长11.2%；其中第一产业总产值54489万元，与上年同比增长10.9%；第二产业总产值17401万元，与上年同比增长12.3%；第三产业总产值19367万元，与上年同比增长10.8%。财政收入6596万元，与上年同比增长17.2%。

党委书记：李金桓

镇　　长：胡可清

【坝仔镇】　位于翁源县东北部，占地总面积384平方公里，毗邻始兴县、河源市和江西省，距县城20公里，省道S244线、S245线贯穿镇境；下辖22个村委会、2个居民委员会及林场、综合场，共331个村民小组，741矿区位于中洞村，全镇总人口为55278人。

2015年全镇实现农业总产值4.9亿元，增长20%；财政总收入为10758万元，增长34%；完成固定资产投资4832万元，增长50%；农村人均纯收入11022元，增长9.5%。

党委书记：刘　恒

镇　　长：李文华

【周陂镇】　位于翁源县南部，距县城21公里，南与新丰县交界，辖18个村委会和2个居民委员会，总面积230平方公里，总人口47862人，耕地面积5066公顷，林地面积1.42公顷，农民人均纯收入9428元。周陂镇是韶关市百镇千村平安建设示范镇和广东省教育强镇。该镇是传统的农业镇，种植有蔬菜、糖蔗、蚕桑、水果、花卉等经济作物。农村实现100%镇通村道路硬底化，实现固定、移动电话、宽带网络、有线电视光缆传输信号覆盖。该镇有陈家祠、鹤蚌舞、烟火戏等传统文化遗产。

2015年全镇工业总产值为26711万元，农民人均纯收入10597元，镇财政收入17765万元，固定资产投资3500万元。

党委书记：涂干忠

镇　　长：叶米昌

【官渡镇】　位于翁源县西南部，北接江尾镇、翁城镇，东与龙仙镇、周陂镇交界，南与英德市青塘镇为邻，北江支流——滃江自西向东横穿境内。官渡镇交通区位优越，国道G106线与省道S341线在境内交汇，南距广州196公里，北距韶关77公里，东距县城龙仙32公里，距京珠高速翁城出入口14公里，是粤北重镇——韶关市通往珠三角的南大门。全镇总面积约240平方公里，下辖19个村民委员会和2个居民委员会。

官渡历史悠久，人杰地灵。贤才良将辈出，蜚声海内外，如明朝抗倭名将吴广（与陈璘同一时期，官渡坪田村人）。旅美著名油画作家涂志伟先生便是官渡镇龙船村人。

官渡镇地处滃江中上游，地面海拔100米左右，属山地丘陵河谷盆地，拥有大面积25度以下低矮山坡地可供开发利用。气候终年温暖，偶有降雪，属亚热带气候，终年平均气温达到20.2℃，雨量充沛，为发展“三高”农业和开发小水电提供条件。其中坐落在该镇的农业龙头企业茂源糖业有限公司（原翁源糖厂）发展态势良好，年产值超亿元，带动该镇及周边乡镇糖蔗产业发展，促进农民增收。全镇可开发水力资源丰富，全镇已建成水电站有12座，装机容量近2万千瓦。

2015年全镇农民人均纯收入10221元，固定资产投资4043万元。

党委书记：赖永兴

镇　　长：刘彩新

【铁龙林场】　地处翁源县西部，东邻新江镇，南与英德交界，西北与韶关市曲江区大坑口和沙溪接壤，距县城82公里，离京珠高速沙溪出口13公里，总面积96.5平方公里。全场下辖社区居委会1个，龙集、龙体、龙化3个农业工区，共33个村民小组。2015年总户数1625户，总人口5879人，其中城镇人口1116人，农村人口4763人。山地面积9300公顷、耕地402公顷（水田241公顷、旱地161.3公顷）。

2015年，全场地区生产总产值为19.62亿元，国、地两税收入6205万元，农民人均纯收入11613元，固定资产投资13540万元。

党委书记：张朝养

2015 年翁源县国民经济发展情况一览表

表 40

指　　标	单位	绝对值	比上年增长（%）
地区生产总值	亿元	90.1	9.5
第一产业增加值	亿元	21.8	4.5
第二产业增加值	亿元	29.4	8.0
工业增加值	亿元	25.0	6.3
第三产业增加值	亿元	38.9	13.6
人均地区生产总值	元	26198	0.1
规模以上工业增加值	亿元	20.8	6.3
农林牧渔业总产值	亿元	33.8	4.4
固定资产投资	亿元	63.7	23.0
社会消费品零售总额	亿元	31.3	11.7
外贸进口总额	亿美元	0.3925	—
外贸出口总额	亿美元	1.22	-0.33
实际利用外资	亿美元	0.0003	-0.998
地方财政一般公共预算收入	亿元	4.12	7.0
地方财政一般公共预算支出	亿元	—	—
城镇居民人均可支配收入	元	19406	9.2
农村居民人均可支配收入	元	10665	10.7

新丰县

【概况】　新丰县地处广东省中部偏北、韶关市南端、东江和流溪河三河水分流之处，是东江重要支流新丰江的源头。新丰属千年古县。新丰县建制前，属南海郡龙川县地。南齐永明元年（483 年）置县，取“物产丰富”之意而得名新丰县，属南海郡。隋开皇十八年（598 年），改新丰县为休吉县，属循州总管府辖。大业三年（607 年），将休吉县并入河源县。明隆庆三年（1569 年），析河源地，兼割英德、翁源两县之东南隅再复县，取“长久安宁”之意，称长宁县，属惠州府辖。清朝，长宁县一直属惠州府辖。民国 3 年（1914 年）5 月 9 日，因避与江西、四川两省的长宁县重名，而复名新丰县，属潮循道；民国 10 年（1921 年）至 38 年（1949 年）隶属广东省第四行政督察区。1949 年 6 月 13 日，新丰县解放。新中国成立初，新丰县属北江专区管辖；1951 年 12 月 29 日，归东江专区管辖；1952 年 6 月，划归粤北行政公署管辖；1958 年 12 月 14 日，与翁源并县；1959 年 11 月 16 日，与翁源分县，恢复新丰县建制，属韶关地区管辖；1975 年 1 月，划归广州市管辖；1988 年 1 月，划归韶关市管辖至今。2015 年辖 6 个镇 1 个街道。土地面积 2015.2 平方千米；年末户籍人口 26.22 万人，常住人口 21.36 万人。人口自然增长率 5.97‰。

2015 年，新丰县有耕地面积 1.63 万公顷，粮食播种面积 1.20 万公顷，粮食产量 5.65 万吨。林地面积 16.90 万公顷，森林覆盖率 80.79%，活立木蓄积量 1049.28 万立方米。水力资源蕴藏量可供开发 14.9 万千瓦。重要矿产资源有稀土矿、瓷土矿、铁矿、水泥用灰岩。土特产主要有冬菇、木耳、灵芝、高山茶、笋干、番薯干、蜂蜜、木屐、汤料、花生油、山茶油、云髻山米、阿里山味梅菜、美少女西瓜、樱花蜂密、樱花红酒、佛手瓜系列产品、雪山铁皮石斛系列产品、云髻山酒及高浓度醇香的回龙松山米酒等。主要旅游景点有云髻山旅游区、云天海森林温泉度假村、新丰江源温泉旅游度假山庄、樱花峪、佛手瓜村等。

【2015 年经济社会发展状况】　2015 年，全县生产总值 75.52 亿元，增长 11.2%。其中，第一产业增加值 11.07 亿元，增长 4.2%；第二产业增加值 36.51 亿元，增长 14.0%；工业增加值 33.5 亿元，增长 14.4%；第三产业增加值 27.94 亿元，增长 10.0%。人均地区生产总值 35489 元，增长 10.5%。规模以上工业总产值 86.84 亿元，增长 7.7%。农林牧渔业总产值 17.99 亿元，增长 4.5%。固定资产投资 52.56 亿元，增长 20.8%。社会消费品零售总额 21.51 亿元，增长 13.7%。外贸出口额 1650.3 万美元，增长 12.3%；实际利用外资 24 万美元，下降 98.08%。一般公共预算地方本级收入 3.77 亿元，增长 6.6%。城镇居民人均可支配收入 19593 元，增长 10.0%；农村居民人均纯收入 10483 元，增长 11.0%。

【特色工业集聚发展加快】 2015年，莞韶园新丰稀土、建材产业集聚地获省批准，享受省级产业园区政策。引进韶能生物质发电、兆盈装饰材料等项目；华润风电、名家物流城等动工建设；杰力电工第5条生产线建成投产。工业园马头、回龙片区基础及配套设施加快建设，越堡变电站建成运营。东城新丰产业帮扶推进，工业园马头片区投试产企业11家，在建3家。特色工业成为加快发展的重要支撑。

【生态旅游繁荣兴旺】 2015年，“岭南生态养生度假旅游名县”行动方案，温泉旅游产业发展规划，黄磜镇现代农业、观光休闲旅游园区规划编制基本完成。引进投资35亿元的泊客庄园、投资2.5亿元的雪山氧吧谷等休闲旅游项目。云髻山古镇完成42幢古建筑主体建设，规模初显，吸引电影《榫卯》入驻拍摄；岭南红叶世界加快建设；丰江生态农家乐园规范化建设推进。秀田、横坑、茶峒、东瓜坑等一批“美丽乡村”深受游客喜爱，乡村旅游蓬勃兴起。开通旅游微信公众平台，发行《福寿新丰》，参加省内外旅游博览会，创新“樱花节”“福寿新丰”“枫叶节”等旅游文化节庆活动方式，“福寿新丰”休闲旅游品牌唱响。

【现代农林业稳步发展】 2015年，新丰县新大康弘、喜事顺等现代农业企业持续壮大；黄磜镇“两茶两瓜两花”规模发展迅速，现代高山农业特色名镇建设小有规模；建成葡萄、火龙果等优质水果采摘园6个，特色农林业与生态旅游互动融合发展加快。农民专业合作社266家，带动近2万户农户增收，农业品牌特色凸显、产业化进程加快。新增高山茶、药材等林下种植333.33公顷，林下养殖1333.33公顷，特色林业经济发展加快。农村土地承包经营权确权登记试点工作完成，农村电商试点推进。

【交通公路等基础设施建设】 2015年，大广高速建成通车，制约新丰加快发展的交通瓶颈从此突破；武深高速加紧建设，韶新高速规划立项获批。一批国、省、县道改扩建工程加快推进。完成高标准基本农田建设1493.33公顷；完成土地利用总体规划中期修编及永久基本农田划定工作。鲁古河水库供水及第三水厂建设加紧前期筹备，中小河流治理、小型农田水利重点县项目加快推进。

【城乡规划建设】 2015年，新丰县城、中心镇及丰江新城控规编制取得初步成果，梅坑等四镇总规编制基本完成。启动丰江新城起步区开发建设，筹建丰江投资开发公司，南区路网建设铺开，紫城碧桂园动工建设。一批“三旧”改造、商住地产项目加快推进。建成保障性住房119套。开展县城综合整治，“省文明县城”创建工作通过省评审，市容市貌改观。农村“拆旧建新”推进，改造农村危房1261套；农村生活垃圾收运处理体系完善，乡村面貌明显改善；禾溪、秋峒村获评为首批广东省名村。

【绿色生态明显提升】 2015年，新丰县完成森林碳汇造林1506.67公顷，森林覆盖率达80.79%。鲁古河国家湿地公园规划建设加快推进。坚守生态底线，划定林业生态红线，打击非法开采矿产资源行为。丰江河整治等环境治理工程加快推进。落实节能减排目标责任制，加强大气污染防治，城区环境空气质量保持优良，水环境质量达标率保持100%。

【民生保障服务】 2015年，新丰县有限财力持续向民生倾斜，民生支出占全县一般公共预算本级支出的83.46%。城乡居民收入、就业与再就业提高；依法保障失地群众利益，落实被征地农民养老保险；社会保险持续扩面提标。社会救助体系完善，实行基本殡葬服务免费，城乡低保、五保供养等各项社会救助标准提高；建成村级居家养老服务站2个，县福利院公寓楼动工建设，区域性敬老院完成前期工作。新一轮扶贫开发“双到”任务完成，贫困村、贫困户实现脱贫。

【社会事业协调发展】 2015年，投资1亿元的新丰县实验小学开学，新增优质学位2700个；新建、改造幼儿园14所；遥田镇、丰城街道“教育强镇”通过省验收；全国义务教育发展基本均衡县通过国家督导验收；高考成绩位居全市前列。科技工作取得新成绩。“四馆”建设启动前期，多厅数字影院建成使用，启动11个古建筑保护工作，文化惠民开展。医疗卫生机构实现基本药物制度；启动县城医疗机构布局规划与调整工作。人口计生工作

广东新丰云髻山省级自然保护区（潘慧恩　摄）

开展。体育运动屡获佳绩。建成云髻山生态气象观测站（全省首个），创建省地震安全示范社区2个。完成一批史志、年鉴编纂工作。人口与住户抽样调查工作开展。

【新丰两景区成为全国“信得过景区”】 5月25日，国家旅游局公布首批“全国旅游价格信得过景区”名单，1801家旅游景区成为首批“信得过”景区。韶关市有7家景区入榜，其中新丰县有2家景区榜上有名，分别是国家AAAA景区新丰云天海温泉原始森林度假村和AAA景区新丰江源温泉度假山庄。

云天海温泉景区总占地面积266.67公顷，于2010年2月建成营业，是集温泉养生、豪华客房、中西餐厅、会议度假、休闲娱乐功能于一体的综合性旅游景区，整个景区可同时接待过夜游客超千人。新丰江源温泉度假山庄于2010年1月1日开业，首期占地面积3万平方米，2014年被评为“国家AAA级旅游景区”。

【途经新丰首条高速公路通车】 12月31日，途经新丰的大广高速公路广东段正式通车，新丰县结束境内没有高速公路的历史。当天，中共中央政治局委员、广东省委书记胡春华到韶关市新丰县马头镇的项目现场，听取大广高速公路项目建设情况汇报。大广高速公路韶关新丰段主线长38公里，加上匝道共44公里，总投资48.03亿元，项目自2012年12月动工建设，历时3年建成通车。大广高速公路广东段途经新丰县马头镇、丰城街道、梅坑镇的16个行政村，在新丰境段设置马头、县城南2个互通出入口，并在会前村预留武深高速互通枢纽。大广高速公路广东段通车后，新丰至广州等地的车程缩减至1.5小时左右，新丰融入广州等珠三角核心地区1.5小时经济生活圈，为新丰打造主动融入珠三角加快发展先行区提供动力。

【丰城街道】 位于新丰县中部，是县治所在地，又是全县政治、文化、经济中心。东与马头镇相邻，西与梅坑镇接壤，南与惠州市龙门县蓝田镇交界，北靠黄礤镇。辖区总面积329.6平方公里。2015年，辖7个社区和25个行政村，总人口87191人，其中农业人口34676人，占总人口的39.77%，农民人均收入11742元；非农业人口52515人，占总人口的60.23%。全街道固定资产投资完成2.986亿元。其中重点项目完成2.22亿元；规模以上工业总产值3.13亿元；规模以上工业增加值1.4亿元。丰城街道旅游资源丰富。新丰江发源地云髻山位于城区北面8公里处，已开发为集旅游、观光、温泉沐浴、休闲度假于一体的旅游景区。土质以赤红壤为主。农业以种植水稻、花生、黄豆、薯类为主。2015年，丰城街道有耕地1092.47公顷，其中水田912.67公顷，旱地179.8公顷，粮食播种面积2108公顷，粮食产量1.27万吨。办有司茅坪、岳城、雪山、亚婆髻等县属林场和云髻山省级自然保护区。林地面积18067公顷，森林覆盖率80.47%，是县林业重点地区，建有3856.67公顷生态公益林。街道有县属高级中学1所，县属职业高中1所，县属初级中学2所，县属小学4所，县属幼儿园2所。街道属小学5所，在校学生137人，幼儿园1所；有文化站1个，广播站1个。全街道参加新型农村合作医疗保险人数30608人，参加新型农村社会养老保险人数14330人。土特产有草菇、冬菇、木耳、蜂蜜、茶叶等。主要旅游景点有云髻山自然保护区、鲁古河自然保护区、雁塔、万亩果场等。自然资源丰富，矿产资源主要有铁矿、钨矿、钼矿、锡矿，离子型稀土等；水资源蕴藏量丰富，集中在新丰江、双良河、涧下河、朱洞河、鲁古河自然保护区水库等。

县委常委、丰城街道党工委书记：李翠琼（女）

办事处主任：陈赞写

【马头镇】 位于新丰县境东北部，东邻东源县，南毗龙门县，西连新丰县城，北接连平县，镇政府驻马头墟，距县城14公里。国道105、省道S1910公路交汇贯穿全镇，全镇村村通公路，各村公路都实现硬底化，交通便利。辖区总面积530.9平方公里，有山地45741.53公顷；耕地1959.93公顷，其中水田1415.47公顷，粮食产量1.28万吨。2015年，下辖30个行政村，3个居民社区，总户数14325户，总人口45248人，其中，农业人口41643人。2015年，全镇工业总产值20.83亿元，农业总产值3.35亿元，农民人均收入11702元。种植水稻、蔬菜、花生、甘蔗、火龙果、鹰嘴桃、李子、柑桔、香菇、灵芝、木耳、草菇、莲藕，养殖生猪、野猪、鸡、鸭、鱼等。林地面积38666.7公顷，森林覆盖率82.21%。全镇有初级中学2所、小学5所、幼儿园3所、教学点6个，在校学生2574人。有文化站1个，广播站1个。全镇参加医疗保险人数37857人，覆盖面97%。主要旅游景点有秀田古树、九栋十八井古村落。马头镇域内资源丰富，种类繁多。可开发的水力资源4.89万千瓦，有59座水力发电站；现存动物物种主要有穿山甲、蟒蛇、猫头鹰、大头龟、水鹿等；矿产资源品种多，除铁矿、煤、稀土矿、瓷土外，还有石灰石、铜、锡、钨等10多个品种；小加工工业制品以木屐、牙签、竹筷等竹木制品为主，出产根雕。

党委书记：潘小定

镇　　长：罗　翔

【梅坑镇】 位于新丰县城的西南部，东与丰城街道办相接，南与从化、龙门县交界，西与沙田镇和回龙镇相邻，北靠黄礤镇和翁源县的礤下镇，镇政府驻梅坑社区，距县城14公里。105国道和省道347线贯穿全境，2015年12月底建成通车的大广高速通过梅坑镇大岭、利坑、徐坑、清水等村。全镇村村通公路，各村公路都实现硬底化，交通便利。辖区总面积310平方公里。2015年，下辖20个行政村，2个社区居民委员会，总户数10309户。年末户籍人口27850人，其中农业人口26814人。2015年全镇生产总值6.8亿元，比上年增长8%。镇财政收入969万元，比上年增长8%。全年农业产值4.8亿元，农村人均纯收入10535元，比上年增长9%。耕地面积1418公顷，其中水田1062公顷，粮食播种面积2286公顷，粮食产量4.91万吨。林地面积24903公顷，森林覆盖率85%。全镇有初中1所，小学11所，幼儿园2所，教学点10个，在校学生776人；有文化站1个，广播站1个。全镇参加医疗保险人数25050人，覆盖率97.21%。主要农业产品有小白菜、红背菜、玉角、尖椒、香菇等。主要旅游景点有云天海温泉原始森林度假村（国家4A级景区）、新丰江源温泉旅游度假山庄（国家3A级景区）、清道光年间建的白塔、咸丰年间建的龙皇庙和清代建的客家围龙屋儒林第等。自然资源丰富，主要有：矿产资源丰富，有铁矿、钼矿、铜矿、硫铁矿、水泥石灰岩，水晶、瓷土等；水力资源蕴藏量大，建有大小电站60多间；温泉分布广，有梅东、大岭、利坑、徐坑等多处温泉资源可供开发。

梅坑镇创建“美丽乡村”　梅坑镇推进“美丽乡村”创建，优化人居环境，提升全镇新农村建设水平，各示范点的创建工作进展迅速，效果明显。示范点梅南村乡村道路100%实现硬底化，投资35万元更新村小学教学设施设备，开展拆旧建新工作；在各小组道路沿线放置16个垃圾集收桶及10座带顶棚垃圾池，并筹资聘请1名卫生保洁员负责村里的卫生保洁及垃圾清运等工作。梅南村利用闲置的旧屋，修建梅南乡村旅馆。旅馆开业一年多来，接待游客2200多人，营业收入近30万元，既增加村集体收入，又解决6名贫困户劳动力的就业问题。

党委书记：彭富山

镇　　长：王春家

【沙田镇】　位于新丰县境西部，东邻梅坑镇，南毗从化市，西连遥田、英德，北接回龙、翁源、韶关，镇政府驻沙田社区，距县城42公里。沙田镇交通以陆路为主，省道347线、新遥公路、叶东公路贯通全镇，全镇村村通公路，各村公路都实现硬底化，交通便利。实现村村通电、通邮、通电话、通广播电视，手机信号覆盖全镇。辖区总面积241.5平方公里，其中山地面积192.78平方公里，耕地32746公顷。2015年，下辖17个行政村、1个居民社区，6494户，总人口23319人，其中，农业人口22010人。2015年，全镇农村经济总收入2.54亿元，增长7%；农村人均纯收入10165元，增长9%。引进推广种植凉粉草、马蹄、霸王花、有机米等特色作物。全镇有初级中学1所、小学12所（其中完小2所）、幼儿园2所、教学点12个，在校学生1509人。有卫生院1间，文化站1个，广播站1个。全镇参加医疗保险人数21006人，覆盖面99%。沙田镇矿产资源丰富，主要有瓷土矿、稀土矿等。

沙田镇推进中草药产业化发展　沙田镇善塘村成立农村专业合作社，以“公司+基地+农户”的发展模式，组织和带动村民种植凉粉草、溪黄草、金钱草、茯苓、罗汉松、牛大力等中草药材共20公顷，并建有中草药材加工厂，在全县及周边地区收购药材进行加工后销售，年销售额360多万元，带动和帮助村民增加收入，促进农村经济发展。

党委书记：刘祥铁

镇　　长：陈雪东

【遥田镇】　位于新丰县境西南部，东邻沙田镇，南毗从化市东明镇，西连佛冈县迳头镇，北接英德市白沙镇，镇政府驻江下村，距县城57公里。县道X361联通全境并与国道106（英德市白沙镇）连接，全镇村村通公路，各村公路都实现硬底化，交通便利。辖区总面积214平方公里，辖19个村委会和1个社区居委会，总户数10676户。年末户籍人口36349人，农业人口34913人。2015年，镇财政收入920万元，比上年增长31.5%。全年农业产值2.97亿元，农村人均纯收入8835元，比上年增长16.7%。耕地面积1466.57公顷，其中水田1090.55公顷，粮食播种面积2066.6公顷（含复种），粮食产量2.9万吨。林地面积15095公顷，森林覆盖率76.98%。种植沙糖桔、凉粉草、蜜柚，饲养猪、鸽、山羊等。土特产有香菇、灵芝、香芋、冬笋等。全镇有初级中学1所，小学4所，幼儿园3所，教学点6个，在校学生2340人；有文化站1个，广播站1个。全镇参加医疗保险人数27887人，覆盖面97.22%。主要旅游景点有丹桂山竹林寺、北一支队成立会址。自然资源丰富，有稀土、瓷土、钾长石、云母等。

党委书记：黄剑武

镇　　长：温巧靖

【回龙镇】　位于新丰县境西北部，东邻梅坑镇，南毗沙田镇、遥田镇，西连英德市青塘镇，北接翁源县，镇政府驻居委，距县城58公里。与106国道青塘段相距10公里，省道347线横贯境内，两小时可到达广州市区。全镇村村通公路，各村公路都实现硬底化，交通便利。辖区总面积193平方公里。辖17个村委会和1个社区居委会，总户数6446户。年末户籍人口21385人，农业人口19149人。2015年镇财政收入804万元。全年农业产值1.88亿元，农村人均纯收入10714元，比上年增长8.9%。工业产值21.8亿元。耕地面积1021公顷。粮食播种面积1397公顷，粮食产量7989吨。种植水稻、花生、黄豆、甘蔗、马蹄、茨菇、沙糖桔、沙田柚。土特产有灵芝、合子沙梨、龙眼、杨梅、黄皮、溪黄草、沙田柚、松山米酒、水豆腐等，特色小吃有油炸糍，其中回龙灵芝和由松山天然无污染的山泉水酿造的松山米酒，远近驰名。全镇有初级中学1所，小学4所，幼儿园2所，教学点10个，在校学生2153人；有文化站1个，广播站1个。全镇参加医疗保险人数16208人。主要旅游景点有：新村石灰石岩洞，有岛水库、三台石等景点群；

回龙水库及周围的自然森林区；松山温泉及自然森林区等。回龙镇水力资源丰富，建有小水电站18座，总装机容量为8500千瓦，年发电量3000万千瓦时。矿产方面，铁矿储藏量25.5万吨，稀土储藏量9.7万吨，石灰石储藏量13518万吨，瓷土的储藏量丰富。松山村有质量较好的温泉有待开发。

回龙工业园效益凸显　回龙工业园总规划面积666.67公顷，主要由建筑材料园区和稀土特色产业园区组成。金丰达陶瓷有限公司是较早的一批入园企业，总投资约10亿元，主要生产抛光砖。由于原材料都是来自新丰县，使企业降低生产成本，加大市场竞争力，逐步发展壮大。而在发展的同时，也带来更多的就业岗位和税收。至2015年10月，该企业已建成投产的3条生产线满负荷运转，并计划逐步将剩余5条生产线建成投产，预计8条生产线投产达标后年产值可达9亿元，税收约4000万元。新丰县依托中色稀土分离项目，在回龙镇规划占地约200公顷的稀土特色产业园，拟引进磁性材料、发光材料及稀土合金、LED光源等稀土应用及关联配套产业，园区建成预计产值超百亿元。

党委书记：欧阳历

镇　　长：胡海峰

【黄磜镇】　位于新丰县境北部，东邻马头镇和连平县隆街、崧岭两镇，南毗丰城街道和梅坑镇，西北连翁源县周陂，镇政府驻雪梅，距县城21公里。公路自南往北贯穿全境（在此交会），全镇村村通公路，各村公路都实现硬底化，交通便利。辖区总面积247.3平方公里，辖13个村委会和1个社区居委会，总户数3361户。年末户籍人口18789人，农业人口18098人。2015年全镇生产总值86804.58万元，比上年增长21%。全年农业产值15215万元，农村人均纯收入10965元，比上年增长7%。工业产值71589.58万元。耕地面积15024公顷。粮食播种面积814.47公顷，粮食产量4742吨。林地面积22000公顷，森林覆盖率79.03%。主要种植高山茶、高山花卉、佛手瓜、美少女西瓜、油茶、有机蔬菜、番薯等。全镇有初中1所，小学1所，幼儿园2所，教学点5个，在校学生793人；有文化站1个，广播站1个。全镇参加医疗保险人数17849人，覆盖面95%。主要旅游景点有西莲寺、樱花峪、大丰休闲农场等。土地、山林、矿产、水力等资源丰富。工业以矿产开采为主。

党委书记：潘文辉

镇　　长：潘光志（任至6月）

　　　　　朱　君（10月任职）

（黄文武）

2015年新丰县国民经济发展情况一览表

表41

指　　标	单位	绝对值	比上年增长（%）
地区生产总值	亿元	75.52	11.2
第一产业增加值	亿元	11.07	4.2
第二产业增加值	亿元	36.51	14.0
工业增加值	亿元	33.5	14.4
第三产业增加值	亿元	27.94	10.0
人均地区生产总值	元	35489	10.5
规模以上工业增加值	亿元	28.69	15.5
农林牧渔业总产值	亿元	17.99	4.5
固定资产投资	亿元	52.56	20.8
社会消费品零售总额	亿元	21.51	13.7
外贸进口总额	亿美元	0.0822	29.9
外贸出口总额	万美元	1650.3	12.3
实际利用外资	万美元	24	-98.08
地方财政一般公共预算收入	亿元	3.77	6.6
地方财政一般公共预算支出	亿元	18.25	31.2
城镇居民人均可支配收入	元	19593	10.0
农村居民人均可支配收入	元	10483	11.0

乳源瑶族自治县

【概况】 乳源瑶族自治县位于广东省北部，韶关市西北面。东邻韶关市浈江区、武江区、曲江区，南连清远英德市，西接清远阳山县，北与乐昌市、湖南省宜章县交界。韶关市辖唯一的瑶族自治县。2015年辖9个镇13个居民委员会，102个村民委员会，1158个小组（其中居民小组65个）。行政区划面积2299平方公里。年末户籍人口21.68万人，常住人口18.41万人，其中瑶族人口2.2万人，占全县总人口的10%，畲、满、回等少数民族人口占全县总人口的1%。全县人口自然增长10.21‰。

乳源瑶族自治县地处粤北山区和广东第一高峰山脉南缘，五岭山脉中段，骑田岭南麓，资源丰富。总耕地面积1.97万公顷，粮食播种面积0.98万公顷，粮食产量6.01万吨。林地面积19.33万公顷，森林覆盖率78.28%，活立木蓄积量788万立方米。境内重要矿产资源有28种，水资源蕴藏有56.25万千瓦，水电装机总容量54.23万千瓦。主要土特产有还原笋、香芋、瑶山熏肉、瑶山苦爽酒、大布腐竹、金竹峰单丛茶、山坑螺、食用菌、南水水库野生淡水鱼、番薯干、

【经济发展实力加强】 全县工农业生产持稳发展，投入增加，节能降耗转变良性。2015年，全县生产总值65.9亿元，比2014年增长9%。其中：第一产业增加值7.29亿元，增长3.8%；第二产业增加值29.47亿元，下降0.1%；工业增加值25.18亿元，增长5.6%；第三产业增加值29.14亿元，增长23.6%。规模以上工业总产值91.95亿元，下降1.59%。农林牧渔业总产值11.57亿元，增长3.7%。社会固定资产投资65.2亿元，增长16.9%。社会消费品零售总额20.41亿元，增长12.1%。外贸进口总值2777.7万美元，比2014年上升14.6%；实际利用外资874万美元。地方财政一般预算收入4.26亿元，增长（可比价）3%。城镇居民人均可支配收入19448元，增长9%；农村居民人均纯收入10696元，增长10.2%。

【工业经济发展提速】 2015年，工业总产值108.45亿元、工业增加值25.18亿元。引进中国500强企业—中国供销·粤北农特产品电商物流商贸城项目，步步高公司在乳源开设代理商贸易公司。全县共引进项目60个，投资总额19.54亿元，实际利用外资1000万美元。31项重点项目完成投资25亿元，其中6个省、市重点项目完成投资13.3亿元以上。固定资产投资完成65.2亿元，增长16.9%。全县为企业争取上级资金共9413.4万元。乳源瑶族自治县经济开发区获评省低碳示范园，工业园区纳入省级产业转移工业园管理。东阳光公司成为中国产学研合作创新示范基地和广东省战略性新兴产业基地，荣获“广东省政府质量奖”。

2015年12月1日，乳源瑶族自治县东平山正觉寺奠基典礼（李新华　摄）

【农业经济稳步发展】 县委、县政府坚持以科技兴农、农民增收为基点，着力抓生态农业的实施，推进全县农业产业化发展。2015年，引进新优品种52个，推广先进实用技术17项。实施测土配方施肥1.23万公顷，建成粮食高产示范片0.07万公顷、高标准基本农田0.52万公顷，建成现代农业科技示范基地10个、特色农业生产基地12个。培育农业产业化经营组织366家、科技示范户560家，拥有国家级主食加工业示范企业1家和省级以上农业龙头企业3家、农民专业合作示范社7家。农机总动力7.88万千瓦，比“十一五”增加3.2万千瓦。农业总产值11.57亿元，年均增长4.6%。

【扶贫开发成效显著】 投入资金1.1亿元实施基础设施、产业帮扶等较大项目372个，完成“两不具备”村庄搬迁1047户3713人和714户农村低收入困难户住房改建。引导16个贫困村筹资800万元入股水电企业，培训劳力3100人次，转移劳力1200人。贫困村农民人均收入9300元，增长12%；贫困户家庭人均收入达到7400元，增长10%。

【旅游业创新发展】 2015年，重点工程南岭、大峡谷、云门寺等旅游项目建设取得进展。新增国家AAA、AAAA级景区和三星级以上酒店各3家，一峰、粤凰、云瑶宫获评中国乡村旅游首批金牌农家乐。开通“掌上乳源”智慧旅游服务平台，连续举办南岭瓜果花香世界等特色旅游活动，推出一批旅游书籍、原创歌曲、微电影。全

县接待游客 376.03 万人次、旅游综合收入 30.98 亿元，年均分别增长 15.12%、21.67%。社会消费品零售总额 20.4 亿元，年均增长 13.1%。成为广东省县域经济旅游创新发展十强县。

【城镇面貌发展明显】 完成《城市总体规划（2014－2030 年）》修编。旧饮料厂、鹰峰中路、文昌塔片等旧城改造项目得到推进，建成蔚蓝水岸、五彩瑶山、源水居等商住小区。打通“一江两岸”，建成音乐喷泉、水幕电影、LED 彩灯和休闲步道、绿道，完成文昌公园、府前广场建设和金狮、观音山公园改造。启动全国文明城市创建活动。完成东坪、必背、游溪、洛阳镇区生态环境改造，乡镇健身广场实现全覆盖。

【乳城镇】 乳城镇是乳源瑶族自治县人民政府所在地，位于乳源的东南部，东临武江区龙归镇、南接武江区江湾镇，西连东坪镇，北与游溪、一六镇交界。镇政府驻地侯公渡，境内国道 323 线、省道 249 线和 250 线、县道 358 线纵横交错，京港澳高速公路在境内设有 1 个出入口，区位优越，交通便利。是乳源 3 个中心镇之一，全镇总面积 209 平方公里（其中总耕地面积 1370.5 公顷，林地面积 1.42 万公顷，森林覆盖率 83.5%），辖 13 个村委会，5 个居委会，有 216 个村民小组。镇有户籍总数 19021 户，户籍总人口 71437 人，其中农业人口 34534 人。镇内设有中学 4 间，中等职业技术学校 1 间，小学 4 间，特殊学校 1 间。镇级卫生院 1 间，村级卫生站 20 个。2015 年，全镇国民经济生产总值 30.8 亿元，城镇居民人均纯收入 19894 元。镇内历史文化遗产有泽桥山古墓群、文昌塔、西京古道遗址——大富桥、刘氏宗祠、宋田古戏台、宋田文塔、天德寨、乳源革命烈士纪念碑、上街古巷。景点有千年古刹云门寺、桂花潭、金狮公园、文昌公园、乳源温泉、乳源公园、双峰山、云门峡风景区、国公岩、丽宫国际旅游度假区等。主要特产有竹笋、巴西果（果汁）、香蕉李、葡萄、蜜柚、茶叶、冬菇、木耳、山羊、腊味、茶油等。

党委书记：许钧华

镇　　长：林桥远

【桂头镇】 位于乳源境东北部，距县城约 25 公里，南距韶关市区 29 公里。镇域东与武江区重阳镇、浈江犁市镇接壤，南邻游溪镇、武江区重阳镇，西邻游溪镇、必背镇，北与乐昌市长来镇毗邻。镇境内交通线有京广铁路、武广高铁、广乐高速公路在杨溪口、阳陂设有出入口，是省道 248 线、250 线交汇点，县道 325、326 线纵横贯穿全境。武江河经镇域由北向东南从中部流过。区位优越，交通便利，是省政府确定的 268 个中心镇之一。全镇总面积 125 平方公里，有耕地面积 1807 公顷，森林面积 7749 公顷，森林覆盖率为 62%。镇辖 14 个村民委员会，1 个居民委员会，共 93 个自然村。总户籍数 11634 户，总人口 36908 人，其中农业人口 33036 人。教育。镇域有中学 1 间，专任教师 108 人，在校生 813 人；小学 12 所，专任教师 119 人，在校学生 2318 人；幼儿园 7 所。全镇有中心卫生院 1 家，执业医师 27 人、助理医师 8 人、卫技人员 65 人，设有床位 33 张，建有乡村卫生站 12 个。2015 年，全镇国民经济生产总值 7.78 亿元，农民人均纯收入 7898 元。镇内历史保护文物有位于桂头镇区域（江背）背夫山由李根源立的南宋陈军名将“陈司空征北将军侯公安都墓”。主要特色农产品有杨溪砂糖橘、杨溪马蹄、杨溪杨梅、小江三华李、皇帝柑、阳陂甘蔗、均村甘蔗。

党委书记：吴衍雄

镇　　长：邓桂雄

【大桥镇】 位于乳源西北部，镇政府驻地距县城约 33 公里，境内石角塘为省道 249 线与 258 线交汇点，县道有 325 线、327 线、357 线、358 线贯穿，京港澳高速公路在境内设有 1 个出入口，区位优越，交通便利。属乳源 3 个中心镇之一，东邻必背镇，西邻乐昌市沙坪镇，南邻东坪镇，北邻乐昌市云岩镇，西南邻乳阳林业局。镇域总面积 384 平方公里，耕地面积 2667 公顷，森林面积 1.87 万公顷，森林覆盖率 72%。辖 21 个村委会，1 个居委会，265 个村民小组，户籍总数 8499 户，总户籍人口 39662 人。镇设有中学 1 间，小学 19 间，镇级卫生院 1 间，村级卫生站 26 个。2015 年全镇国民经济生产总值 4.67 亿元，农村人均纯收入 6558 元。境内景点有红豆杉公园、通天箩、南岭国家森林公园等，历史文化遗产有西京古道、观澜书院等。主要特产有石头猪、酸姜、大桥河鱼、禾花鱼等。

党委书记：饶峻洪

镇　　长：张桂辉

【大布镇】 大布镇地处乳源南部，镇政府驻地距县城约 67 公里，属乳源典型石灰岩高寒山区镇、革命老区镇和生态发展镇。区位比较优越，东与武江区江湾镇、曲江区罗坑镇交界，南与英德市波罗镇相邻，西北与洛阳镇相连。交通便利，省道 258 线贯穿镇境。全镇总面积 220 平方公里，其中耕地面积 989 公顷，林地面积 1.94 万公顷，森林覆盖率为 75%。辖 7 个村民委员会，1 个居委员会，84 个自然村（108 个村民小组）。全镇家庭总户数 2900 户，总人口数 12814 人，其中农业人口数 12309 人。有中学、小学各 1 间，镇级卫生院 1 间，村级卫生站 7 个。2015 年，大布镇国民经济生产总值 2.55 亿元，比 2014 年增长 7.1%；财政收入 1708 万元，比 2014 年增长 24%；农民人均纯收入 6765 元，比 2014 年增长 13%。境内景点有国家 AAAA 级景区广东乳源大峡谷。历史遗存典型建筑有鸽英村委牛婆洞四角楼。主要土特产有蕃薯干、腐竹、荷兰豆、竹笋等。

党委书记：李世华

镇　　长：杨川毅

【游溪镇】 位于县城东北部，属乳源

3个瑶族人口聚居镇之一。镇域总面积133.6平方公里，耕地面积465.87公顷，林地面积8628公顷，森林覆盖率71.3%。全镇户籍总数3130户，户籍人口11796人，其中瑶族6475人，占总人口的55%，农业人口11410人，占总人口的96%。镇域辖11个村委会（汉族3个，瑶族8个），74个村民小组，1个社区居委会。镇区区位优越，交通便利，西南距县城23公里，南距一六镇7公里，北距桂头镇6公里，广乐高速、省道250线（乳桂线）贯穿而过，距广乐高速公路出口3公里，距京珠高速公路出口18公里。2015年全镇生产总值11168万元，人均收入6548元。全镇三分之二属瑶族山区，三分之一属丘陵平原地区，汉族丘陵平原地区盛产水稻、槟榔芋、黑美人西瓜、甘蔗、花生等农经作物，瑶族山区盛产木材、山棕、冬菇、竹笋等。镇域内有八一瑶族新村、新会村，中心洞政研瑶族新村、冷水岐木笼博爱瑶族新村、营康新村等具有瑶族风情的特色村寨。

党委书记：李国洪

镇　　长：黄燕斌（任至1月）

赵天聪（1月任职）

【东坪镇】 位于乳源西北部，距县城14公里。境内有国道323线、省道258、249线分别贯穿镇境，京港澳高速公路在境内东田村设出入口1处，有县道358线经过，区位优越，交通便利。是乳源3个瑶族人口聚居镇之一。镇域面积为359平方公里，有耕地面积348.66公顷，森林覆盖率93%。下辖1个居委、10个村委会，80个村民小组，共2883户，总人口为13016人，其中瑶族人口7158人，占全镇总人口的54.99%。设小学2间、幼儿园1间。镇级卫生院1间，村级卫生站7个。镇级综合文化站1个，村级农家书屋11间。2015年，全镇国民经济生产总值6531万元，农民人均纯收入6410元。有丰富的自然生态资源，南水湖库容12.5亿立方米，是韶关市城市用水一级备用水源。境内旅游观光景点有南水湖、南水温泉度假村、历史悠久的西京古道、朱德祖居地，具有典型瑶族风情的瑶家村和农家乐等。特产有优质水库鱼、生姜、茶叶、柑桔、葡萄、蜂蜜等。

党委书记：廖功文

镇　　长：赵财保

【一六镇】 位于乳源县东北部，北距桂头镇13公里，境地东邻韶关市武江区，南邻乳城镇，西邻东坪镇，北邻游溪镇。镇政府驻地一六村委，广乐高速、省道250线穿镇而过，距武广高铁韶关站35公里，距京珠高速公路出口12公里，距离广乐高速乳源出口才7公里，区位优越，交通便利。是乳源瑶族自治县3个平原镇之一，全镇总面积84平方公里（其中总耕地面积1029.4公顷，林地面积5762.7公顷，森林覆盖率76.3%），辖7个村委会，1个居委会，有64个自然村，103个村民小组。镇有户籍总数3928户，户籍总人口16464人，其中农业人口15452人。镇内设有中学1间，完全小学1间，村级小学3间。镇级卫生院1间，村级卫生站6个。2015年，全镇农村经济总收入11703万元，农民人均收入7645元。镇内历史文化遗产有西岸石拱桥和一六招田石拱桥、东粉村平安阁、一六大村围楼、团结莲塘村平安阁、东七下门秦氏祠堂、乐群乐夫村欧氏祠堂、团结上社王氏祠堂、罗屋下南村何氏祠堂、乐群乐夫村农民协会旧址、鲶鱼寨遗址等。景点有乌石岭客家新村、东粉温泉、千亩竹园、乐群乐夫村农民协会旧址、牧草园农场、现代蔬菜生产基地以及东粉湿地公园（在建）等。主要特产有槟榔芋、大棚西瓜、香蕉李等。主要特色饮食有芋头鸭、麻辣花生豆腐煲、辣椒拌凉菜、辣椒花鱼、窄粉以及米酒等。

党委书记：邓远林

镇　　长：马新萍

【洛阳镇】 位于乳源西南部，镇政府驻地洛阳村委，距县城约36公里。东与本县东坪镇、大布镇、韶关市武江区江湾镇交界；南与英德市波罗镇、清远市阳山县江英镇相邻；西与阳山县秤架瑶族乡接壤；北靠五指山乳阳林业局。国道323线横穿镇境内，省道258线和县道324经过镇域东、南部，有4条镇村主干道公路。镇域总面积558平方公里（其中耕地面积969.5公顷，林地面积31259.2公顷，森林覆盖率为95%）。辖12个村民委员会，1个居民委员会，有130个自然村，91个村小组（其中1个少数民族村小组）。镇有户籍总户数2827户，户籍总人口数9883人，其中农业人口9540人。镇内设有小学2间，分教点2个，镇级卫生院2间，村级卫生站9个。2015年，全镇国民经济生产总值22076.8万元，农民居民人均纯收入6994元。镇内历史文化遗产有东平山正觉寺遗址、洛阳桥、蔡襄祠、洛阳古街、陈金城故居。景点有天景山仙人桥、南岭国家森林公园、天井山国家森林公园、天井山生态长廊、白竹绿家缘瑶乡生态农场。主要特产有洛阳茶、九节茶、蜂蜜、笋干、柠檬、木耳、黑山羊、海狸鼠、中华鲟、三文鱼、古母水鸡等。

党委书记：华　跃

镇　　长：吴志俭

【必背镇】 必背镇地处乳源境北部，距县城54公里，距广乐高速杨溪出口15公里，县道325线贯穿全境，是乳源3个瑶族人口聚居镇之一。东靠桂头镇，西临大桥镇，南邻东坪镇和游溪镇，北邻乐昌市长来镇。全镇总面积147平方公里。耕地面积250公顷，其中，水（旱）田186公顷，水浇地64公顷。林地面积1.2246万公顷，其中生态公益林0.51万公顷，森林覆盖率83.09%。辖必背、王茶、桂坑、方洞、半坑、公坑、横溪7个村委会和必背口社区1个居委会，自然村52个，村民小组58个。全镇总户数2183户，总人口7842人。其中，农业户口2010户，人口7482人；瑶族1811户，人口6403人。镇内设有小学1间，幼儿园1间。镇级卫生院1间，村级卫生站7

个。2015 年，全镇国民经济生产总值 5502 万元，农民人均纯收入 6477 元。镇内景点有镇区瑶寨景区、必背口村特色村寨、大村古瑶寨、桂坑尾村等，瑶族历史文化传承遗产有拜盘王、瑶歌、瑶舞、瑶绣、瑶服、瑶医药等，不可移动文物有盘安山墓、莫氏祠堂，主要特产有瑶家腊肉、瑶爽酒、白毛尖茶叶、公坑辣椒等。

党委书记：王　东（任至 1 月）
黄燕斌（1 月任职）
镇　　长：赵伟明

（赵天养）

2015 年乳源瑶族自治县国民经济发展情况一览表

表 42

指标	绝对值
土地面积（平方公里）	2299
年末户籍总人口（万人）	21.68
年末常住人口（万人）	18.41
地区生产总值（亿元）	65.9
第一产业（亿元）	7.29
第二产业（亿元）	29.47
第三产业（亿元）	29.14
地区生产总值增长速度（%）	9.5
人均地区生产总值（元）	35941
高新技术企业数量（个）	—
固定资产投资（亿元）	65.2
房地产开发投资（亿元）	4.58
社会消费品零售总额（亿元）	20.41
进出口总额（万美元）	12321
出口总额（万美元）	9543
实际吸收外商直接外资（亿美元）	—
地方公共财政预算收入（亿元）	5.24
地方公共财政预算支出（亿元）	24.83
城乡居民储蓄存款余额（亿元）	41.79
城镇居民人均可支配收入（元）	19448
农村居民人均可支配收入（元）	10696
贫困人口数量（人）	—
城镇化率（%）	43.4

说明：人均生产总值以年末常住人口数计算

人　　物

2015年全国劳动模范和先进工作者

何万松　1955年12月出生，籍贯广东乐昌，中共党员，中专学历，韶关市公安局浈江分局太平派出所副所长。1972年8月参加工作，从警41年来，一直在基层派出所工作。2013年10月获得“韶关市十佳卫士”称号；2014年3月被评为“第四届广东省人民满意公务员”；2014年5月被评为“全省优秀人民警察”，荣记个人三等功；2014年10月被评为“全国公安机关爱民模范”；2015年1月被授予“全国公安系统二级英雄模范”；2015年4月被评为“韶关好人”。

在水上派出所工作9年，他平均每年参与水上救生80余起，打捞处理尸体20多具。2011年2月17日（元宵佳节），自9时52分接到沙洲尾韶能公司附近河面发现浮尸的报警后，他带领民警迅速赶到现场开展打捞和处理善后，直到晚上8点多才回家；2012年4月14日晚，何万松和辅警彭长洲在曲江桥紧急营救极不配合的轻生者；2013年，他带领队友先后从河中救起落水群众18名。

他心系群众，对社区民情了如指掌，切实排解纠纷、服务群众。认真细致做好小孩上户口、邻里纠纷调解、治安复杂路段的防控等。2011年上半年，辖区内发生多起住宅照明电线被盗案件，经过几个月的明察暗访，一举捣毁该盗窃团伙。2012年3月9日上午，他主动帮助中风住院的84岁老人解决身份证件问题，使其能顺利办理医保报销。

钟智勇　1969年4月出生，籍贯广东河源，中共党员，大专学历。1987年参加工作，韶关市交通运输局综合行政执法局第三执法大队大队长。2011年，被评为2011－2012年度“全国交通运输依法行政先进个人”；2012年被评为“春运农民工平安返乡（岗）安全优质服务竞赛先进个人”；2014年4月获得“广东省五一劳动奖章”。

他是执法队的行家里手。带头学习交通法律法规，研究执法难点；牵头制定查处非法营运、源头治超工作指引，规范执法行为。从事执法工作十多年从未出现过行政错案。。

他重视队伍建设。建立健全层级管理制度，落实执法责任制，实行工作量化考核；加强执法理念教育，深入开展窗口服务“两优化两提高”活动、警示教育、执法练兵、机关效能建设等活动。他带头坚持站领导电话24小时值班制度，热心化解车主、司机的矛盾。在京港澳高速上，执法人员为司机车送水送药，提供便餐等服务。近两年，梅花治超站的执法投诉下降70%。

他作风正派，清正廉洁，坦诚待人。遇到当事人请吃、送礼，他都一一婉拒。如有熟人说情、打招呼，在他一番劝说后，最终还是按原则办事。遇到群众有困难，他总是帮助解决。

蔡国强　1972年10月出生，籍贯广东清远，群众，专科以下学历，1990年8月参加工作，广东省韶铸集团有限公司电炉班长。2010年负责冶炼生产的渣罐系列产品（材质GVAST）获得韶关市科技进步一等奖；2011年负责冶炼的船体驱动支架（A架、P架）材质，ZG200－400C产品，核磁共振机座铸件C型框材质AMI，分别获得韶关市科技进步一等奖及二等奖。所带班组于2010年获得“韶关市优秀质量信得过班组”。2012年获得”韶关市岗位技术标兵”。2014年获得全国机械工业劳动模范。

自1990年分配到这个岗位后，克服文化程度不高，虚心求教，刻苦钻研冶炼知识，从一名学徒工成长为一线生产工人中的顶梁柱和带头人。两年后，成为班组核心骨干。2003年3月，他被正式任命为班长。2010年10月，韶铸大铸钢项目在铸钢分厂落户并顺利达成一期项目。在大电炉投产后，他带领班员成功冶炼头三炉钢，成为冶炼技术的带头人。

他坚持出满勤、干满点。有急难险重任务时随叫随到；主动做好班组成员的思想工作，配合车间延点加班，保证生产任务如期完成。带领的电炉二班生产节奏快、质量稳定。他遵守安全操作规程，及时排查生产现场的事故隐患，确保全年无生产事故。

作为一名技师级优秀领班，他无私传授冶炼实践经验给员工，热心帮助其他班组解决难题。先后为集团培养4名冶炼正副班长、4名冶炼高级工和6名冶炼中级工。

陈莲娣　女，1964年10月出生，籍贯广东翁源，中共党员，专科以下学历，1981年8月参加工作。新丰县回龙镇新村村民委员会副主任。1997年被团市委授予“青年星火带头人”，被市妇联授予“女能手标兵”。1998年被省妇联授予“巾帼创新业先进个人”“三八红旗手”，被市妇联授予“女能手标兵”。2001年，全国妇联文化部授予“科技读书示范户”，2001年共青团中央授予“农村青年致富带头人”。2005年被评为“广东省优秀共产党员”。2006年被评为“市精神文明先进工作者”。2009年被评为“全国三八红旗手”。2011年被评为市“感动韶关十佳道德模范”　“粤北建功立业女能手”“精神文明先进工作者”。2012年被评为县“劳动模范”。

1991年白手起家办起食用菌厂，2000年被一场大火烧成灰烬，之后第二次创业。通过拜师学艺相继掌握平菇、蘑菇、红菇、猴头菇、木耳、草菇等的种植技术，在2002年成功研发出野生灵芝的室内栽培技术，2003年成功试种中药灵芝，成为远近闻名的“灵芝大王”。

在致力发展培植场的同时，积极带领乡亲们致富。投入资金编印食用菌栽培技术资料，购置先进的制菌育种机械设备，免费为山区群众进行技术培训，传授食用菌栽培技术。已为全国地培训食用菌栽培技术2000多人次，在周边县（区）和乡镇建立食用菌栽培示范场30多个，定期或不定期到各示范场为当地群众解答技术上的难点问题，带动当地100多户农户培植食用菌脱贫致富。为更好的帮助群众，她竞选村委会副主任，通过村委搞好集体经济，带动乡亲脱贫致富。

薛自力　1968年7月出生，籍贯河南商丘，中共党员，大学专科学历，1987年12月参加工作，宝钢集团广东韶关钢铁有限公司焦化维修车间主任，高级技师。2003年11月获得“广东省技术能手”；2006年5月获得“广东省劳动模范”；2006年9月，在2006年度广东省职工职业技能大赛钳工选拔赛决赛中荣获第一名，获得“广东省职工经济技术创新能手”；2006年9月获得“全国技术能手”；2007年3月获得“第一届南粤技术能手奖”，2009年4月获得“国家政府特殊津贴”。

自参加工作以来，从韶钢大修厂机械队副队长、修建部检修车间副主任，直至任焦化维修车间主任，始终带队坚守在设备检修一线。潜心钻研钳工技术，从普通的技术工人成长为技术专家和基层管理人员。参与制作的变速箱轴向窜动测量装置和连铸机扇形段翻转装置等多项成果获国家知识产权局实用型专利。2009年以来，带领检修团队完成韶钢炼铁厂风机振动处理、板材厂主电机中修、高压水除磷设备检修、嘉羊立磨减速机检修等几十项重大检修项目，创造12小时更换韶钢炼钢上料系统大倾角胶带机胶带并交付生产的记录。2014年底领衔成立“劳模创新工作室”。

他编制10余项有关检修技术标准及《机械设备安装技术》《轴承及齿轮安装调整》等员工理论、实操培训教材，深入检修现场为员工讲解设备的原理和故障原因，传授操作技能，纠正错误习惯和动作，增强故障分析、诊断及处理能力，帮助青年员工迅速成长为韶钢检修队伍的骨干。

李步荣　1961年10月出生，籍贯广东南雄，中共党员。专科以下学历，1977年9月参加工作，南雄市浈江电业有限责任公司生产技术组组长，初级助理工程师。1989年6月被广东省南雄县评为“科学技术进步四等奖”；1991年被广东省韶关市评为“岗位技能、技改先进标兵”；2012年2月被广东省韶关市人力资源和社会保障局评为“岗位技术能手标兵”。2014年底被聘为“南雄市安全生产综合类专家”。

高中毕业就参加工作，他刻苦钻研，由一名普通的技术员成长为公司的技术骨干。在他的主持下，十多年来公司完成30多座电站水轮机发电机的技术改造，28台500千瓦以下机组可控硅励磁系统的升级，10多千米10－35千伏上网输电线路的优化。

他把职业当事业，常年行走于山区各电站之间巡查输电线路，检查设备运行状况，多项技术指标常年位于同类电站前列。2008年春节期间的特大冰灾造成全市高寒地带输电线路全面停电，其中公司35千瓦苍石、小流坑线路、10千伏百顺、大坪线路遭受严重倒杆、断线等。在无外援的情况下，他带头放弃春节假期，带领班组成员现场抢修，吃睡在工地，仅半个多月就恢复供电。同时还帮助周边的私营小水电站百顺上南山、下南山等两座电站抢修。

多年来，他全身心投入小水电机组维修创新工作，主动帮助小水电解决在水轮机、控制屏、可控硅励磁系统上的一些技术难题。松潭、金水、寨下等十多座电站改造完成可控硅励磁系统技改后，电站系统电路简洁、故障率低，运行稳定，维修简便。

潘丽梅　女，壮族，1981年11月出生，籍贯广西南宁，群众，本科学历，2006年7月参加工作，韶关市雅鲁环保实业有限公司研发中心主任，中级工程师。她解决了一系列水处理技术难题，为保障千万百姓的生活用水安全、节约企业生产成本以及环保事业作出了积极贡献。

创新水处理技术，参加主持大量水处理工程项目，解决技术难题170多项。《钢铁企业连铸废水综合治理零排放技术的研发与应用》分别于2010年4月、7月获韶关市科学技术进步二等奖、广东省环境保护科学技术三等奖。《热电厂循环冷却水系统高浓缩倍数运行技术的研发与应用》分别于2012年5月、6月获广东省环境保护科学技术三等奖、韶关市科学技术进步一等奖。《含重金属离子矿山酸性废水处理工艺技术的研发与应用》分别于2013年4月、2014年5月获韶关市科学技术进步二等奖、广东省环境保护科学技术三等奖。2013年5月，《钢铁企业热轧厂浊环系统污泥处理工艺技术研发与应用》获韶关市科学技术进步三等奖。

研发成果广泛应用于环保实践。工业园区改良型CASS污水处理工艺成功应用于韶关市曲江区白土污水处理厂，解决工业园区生产废水和生活污水向北江排放造成的环境污染问题；建成总处理能力达40000立方/天的重金属废水处理项目；攻克世界上先进水处理技术中的反渗透膜阻垢技术；开发出酸性氧化混凝沉淀处理工艺，成功应用于北江和西江上游的铊离子污染治理工程；循环冷却水系统高浓缩倍数运行技术，提高火电企业水的重复利用率。

2015年广东省劳动模范（先进工作者）

郭锐　1957年4月出生，籍贯广东韶关，汉族，中共党员，大学本科学历，1975年8月参加工作，韶关市职业病防治院副院长，主任医师，专技四级。2010－2011年度被评为市委卫生工委优秀共产党员，2009－2013年连续4年被评为医院优秀工作者。从事职业病防治工作40年，是韶关市职业病卫生学科带头人，省级职业卫生防治专家，其工作业绩赢得省市同行的好评和企业服务对象的信任。

随着韶关市工业企业的转型升级，带领韶关市工作团队在广州、清远、佛山、阳江、肇庆等多地开拓相关业务。所带领的职业卫生工作团队刻苦钻研，自觉加班。每年完成专业评价报告100多份，年均检测报告200多份，其分管的业务科室业务发展连续多年位于医院前例。

2012年的仁化血铅异常事件和2014年的翁源铁龙血铅异常事件，主动带领业务骨干配合卫生主管部门做好方案策划、现场调查、资料统计、健康教育、临床诊治、中段评估以及事件的技术分析、总结，保证统计数据准确完整，为政府部门决策提供数据支持。

韶关市的尘肺病人一直以来都位居全省前列，但尘肺病人的康复治疗曾一度处于低谷。作为职业卫生专家，郭锐通过向各级领导反映韶关市尘肺病及病人现况和宣传尘肺病人疗养康复技术。经过多年努力，促进韶关市三大煤矿尘肺病人的疗养康复常态化。2010－2015年连续6年，医院康复疗养业务发展处于粤北地区领先水平。

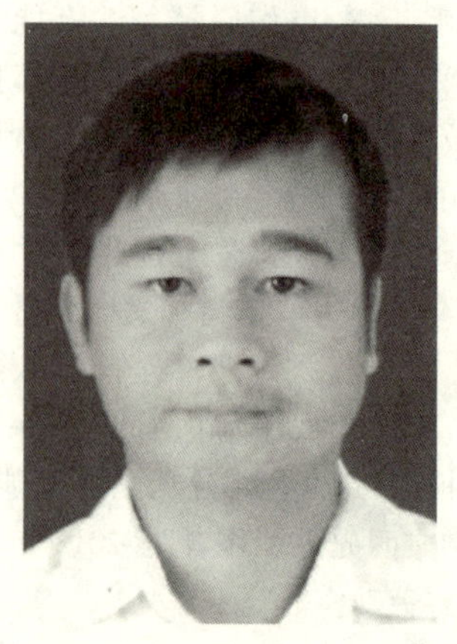

沈仲灯　1983年4月出生，籍贯广东

翁源，汉族，中共党员，大学本科学历，2009年5月参加工作，翁源县邦农金银花合作社理事长，中级农村技师。2012年被评为县优秀共产党员，2013年荣获韶关市劳动模范，2013年荣获韶关市十佳杰出青年，2014年荣获韶关市乡村好青年。

他是韶关市镇级党员创业致富典型，是韶关市大学生返乡创业带动就业的先进代表。投资几十万元在本村荒芜的山坡地上开拓种植金银花、无患子等中药材两百多亩，种植水果、竹木300多亩，为当地农民摸索出一条新的致富路。他免费提供种苗，传授种植技术，带动全县及邻县300多户农户种植金银花2000多亩，4年树龄金银花每亩年纯利4000～6000元。

他注重生态环境保护，开发项目从社会效益、生态效益和经济效益三方面平衡考量。2013年开始推广种植无患子，两年发展种植近5000多亩，预计第五年亩产值6000～8000元，为种植户增收致富和建设生态文明做贡献。

他带领种植户积极进取，他们的“翁山八泉”牌金银花在第13届广州国际营养品？健康食品及有机食品展览会上，荣获“优质产品”金奖。

马立奎　1967年3月出生，籍贯河北邢台，中共党员，大学学历，1990年7月1日参加工作，核工业二九0研究所分析测试中心主任，研究院级高工，高级四级。1993－1994年度韶关市科学技术学会先进学会工作者，2001年主持撰写的论文《高砷金矿石提金工艺研究》荣获韶关市科协技术学会优秀论文一等奖，2001年、2005年被评为韶关市优秀共产党员，2006年2月被评为中国核工业集团公司优秀共产党员。2007年参与的“凡口选矿废水综合回收利用新技术”项目获得中国“有色金属工业科学技术奖贰等奖”。2008年主持完成《地浸砂岩型铀矿分析测试技术应用研究》子课题“钒酸铵容量法测定岩石矿物中铀的不确定度评定”获中核集团公司科学技术三等奖。

从1999年7月担任分析测试中心主任起，一直致力于分析测试和环保产业的市场开拓与发展。职工人数从最初的6人增加到26人，产值从1999年的20万元增加到2014年的1000多万元，业务范围从韶关辐射到了整个广东省，业务服务范围从最初单一的分析测试拓展为分析测试、环评、环境监测、节能评估、清洁生产审核、环境监理等环保行业，辐射环评和环境监测技术以及业务量位居广东省环保行业前列。2011－2014年期间带领职工完成多项国有大型矿业企业的环保部审批的辐射环境监测业务，如：中铝广西稀土企业、中广核梅州平远铀矿业环境调查、广晟有色平远大浦稀土矿山辐射监测等。

候巨青　1957年4月出生，籍贯湖南宜章，无党派人士，大学本科学历，1975年3月参加工作，韶关市第一中学物理教师，中学五级高级教师。1986年9月获甘肃省冶金系统优秀教师称号，1993年9月获广东省韶关市优秀教师称号，2007年9月获韶关市优秀教师称号，2009年9月获南粤优秀教师称号，2010年10月，获广东省第八批特级教师称号，2012年9月获韶关市十佳师德标兵称号，2013年5月获韶关市劳动模范称号。

从教40年，一直坚守在教学一线。在教学中，他对待学生像春天般的温暖，把大量时间和精力放在学习困难的学生身上，学生们都尊称他为侯爷。他爱岗敬业，对事业十分执着与热爱。2008年6月他的妻子被确诊为尿毒症晚期，他在照顾妻子的同时，一如既往地忙于教学工作，没有因此而耽误学生一节课。他忘我耕耘，在长期的物理教学实践中，根据学生的情况和特点编写了约100万字的高考总复习讲义，同学们称它为“神物”，许多毕业生毕业多年还一直保留着这套讲义。作为物理学科的带头人，他所教学生的物理学科成绩历来都是名列前茅，他所撰写的教育教学论文多次获得国家省市的奖励。

蔡文　1965年11月出生，籍贯广东电白，中共党员，大学本科学历，1984年9月参加工作，深圳市中金岭南有色金属股份有限公司凡口铅锌矿党委副书记、纪委书记、工会主席，高级政工师、经济师。2009年荣获“全国优秀工会工作者”，2011年荣获“广晟公司优秀党务工作者”，2011年荣获“广东省五五普法先进个人”。

他扎根凡口铅锌矿31年，先后担任采矿技术员、矿团委书记、岭南集团公司团委书记、矿办公室主任、凡口矿副矿长、党委顾书记、工会主席等职务。在采矿和管理各层次的岗位上，兢兢业业，为矿山的改革发展建设做出贡献。面对矿山严峻的安全环保形势，井下生产条件变化，产能不足，累次出现欠产等困难，他及时转变生产经营观念，建设高效生产运作模式，调整井下生产节奏，优化采矿工艺组合，推行攻关型劳动竞赛等一系列措施，短时间内扭转矿山被动生产的局面，改写诸多技术骨干放言“脱掉裤子也不可能达产”的面貌。年产铅锌金属17.01万吨，高铁硫精矿69.5万吨，累计创造经济价值近十亿。

自1990年开始从事党群工作，他注重在实践中总结和营造一个党委放心、行政许可、党群干部有所作为、职工群众满意的良好工作格局。工会工作方面，提出“三降三提升”劳动竞赛，组织群众安全监督管理，开展文艺年、体育年及帮扶工作。党委和纪委工作方面，先后推出“党员责任区、党员扬亮活动、深化改革党员争先”等实效工作，在全矿各个关键重要岗位开展效能监督立项，并理顺监察程序，规范操作和过程监督，开展警示教育。

何健康 1963年10月出生，籍贯广东南雄，中共党员，大学本科学历，1984年7月参加工作，韶关发电厂厂长、党委书记，教授级工程师。2004年，获广东电力科技进步三等奖，2005年获广东电力科技进步一等奖，2006年获广东电力科技进步二等奖，2007年获广东电力科技进步二等奖，2008年获广东电力科技进步三等奖，2012年获广东电力科技进步一等奖、韶关发电厂科技进步特等奖。

他历任技术专责、生产经营部部长、副厂长、厂长、厂党委书记等职。作为一名企业专业技术人员和高层管理者，他对技术刻苦钻研，对生产经营、企业管理精益求精，在企业强化管理，转型升级及经营困难等复杂的生产经营环境中发挥重要作用。技术上，对生产设备、系统存在的隐患进行整改，解决众多的生产重大技术问题，提高设备的安全水平。管理上，引进“三标一体化”、标杆管理、值建制、全面预算管理等国内外先进管理理念和手段，加强消化吸收和自主创新。经营上，创新突破，推进“上大压小”2×600兆瓦燃煤机组工程项目，主持完成2台300兆瓦机组的技术升级工作，促成企业转型升级，使企业扭亏为盈，走上可持续发展道路。

温其宁 1968年7月出生，籍贯广东梅州，群众，本科学历，1989年6月参加工作，广东丹霞生物制药有限公司质量检验主管，职称主管检验技师中级。2012年荣获广东丹霞生物制药有限公司“2012年度公司特别贡献奖”。2014年荣获广东丹霞生物制药有限公司“2014年度优秀员工”。

自公司成立以来，一直在质量保证部工作，负责质量保证方面的工作。他立足于本职岗位，踏实苦干，起到模范带头作用，得到领导的肯定。在生产的监督管理过程，从原辅材料的购进、生产过程、产品的检验、产品批签发材料的报送以及合格产品的放行，都严格按照现行版GMP的要求管理，保证产品100%合格。为广东丹霞生物制药有限公司血液制品生产的顺利进行、药品生产质量保证方面起到重要作用。2012年的人血白蛋白、人免疫球蛋白产品和2014年的乙型肝炎人免疫球蛋白产品的GMP认证工作，都是他和同事们一道加班加点，做大量GMP认证前期准备工作，确保两项GMP认证的通过和预定的时间实现产品销售，为公司把握商机争取宝贵的时间。

衣服圣 1956年7月出生，籍贯山东即墨，中共党员，初中学历，1972年11月参加工作，韶关市公共汽车有限公司三车队队长。1985年被评为“全国城市公共交通系统优质司机”，1986年被评为“韶关市1985年度社会主义文明建设先进个人”。

36年来，从司机到中层干部，一直坚守在车队一线，工作踏实，敢管敢干，为公交线路的正常运行和市民的出行提供便利。

2014年5月，公司决定在一个车队试行经营管理目标考核的改革。他主动提出在自己车队做试点，带头改革创新。为节约成本，车队自建维修小组，他还亲自维修。经常加班加点，从早上5点多钟工作到晚上11点多。通过节约成本、增加效益，车队每月都超额完成营运收入目标，司机的收入普遍得到提高，稳定了职工队伍。三车队多次被公司评为先进车队。

他对下属关怀备至、体贴入微。一个叫老赖的司机用油超标，车的耗油量跟司机自身的利益紧密相关，他提醒这位司机注意做好检查。2014年，三车队一名姓曹的职工，突然消瘦却查不出病因。他私底下托人到大医院找名医专家，并开车亲自送曹去医院。得知病情费用较高，让曹原本就不富裕的家庭陷入困境，他倡议全车队并带头为其爱心捐款，帮助曹渡过难关。

邓子权　1973年2月出生，籍贯广东韶关，群众，高中学历，1993年3月参加工作，鸿伟木业（仁化）有限公司机修组长。2013－2014年期间，班组安全评比中被评为安全标兵，获得2014年度单位优秀员工。

虽然在生产一线机修工作20年，但他仍坚守各项规章制度，从不迟到、早退，带领团队坚守在生产一线。每一次接到抢修任务，他总是带领班组人员拿起工具包，争分夺秒、加班加点维修。他对技术精益求精，利用业务时间学习理论知识，钻研设备维修技术，如学习人造板设备专业知识。2014年新生产线刚投产，设备正在磨合期，他带领班组人员完成锯糠添加系统、锤刨系统、铺装箱改造系统、压机保温系统、大木片再碎系统、木片筛细料回收系统等技术改造20多项，节约技术改造费用120万元，提高生产线的开机率、产能，降低生产成本，年实现综合效益达1500万元，为生产线尽快从磨合期进入正常生产创造条件，他注重安全生产，在班前班后会上再三强调讲安全生产问题。在生产一线处处以身作则，按照公司规定的安全生产操作规程做好本职工作，多次被评为安全生产标兵。

邱浩良　1968年4月出生，籍贯广东乐昌，群众，高中学历，1989年11月参加工作，广东省大宝山矿业有限公司运输管理部装载机班班长，技师。2012年荣获大宝山矿业有限公司技术大比武装载机状元，2014年度广东省大宝山矿业有限公司标兵。

1993年开始，他一直从事装载机操作驾驶工作。勤于学习本工种的专业理论知识和实际造作技能，熟练驾驶各种型号的装载机，懂得重型机械的原理和基本的维护技术，是工程机械操作驾驶技术能手，并无私向新职工传授技艺。他思想素质高。装载机班负责所有外销矿产品的装矿任务，业务量大，工作任务繁重，环境恶劣，他带头抢干危险大、难度高的工作，总能带领装载机班出色完成各项工作，全班装运矿量每年近百万吨。

他不仅做好本职工作，还协助领导做好班组建设。做好班员政治思想工作，班组同事关系融洽、互相帮助、关爱。装载机班工友特别团结，干活积极主动。他注重班组安全管理，每天都会对每一辆装载机进行仔细检查，布置工作任务时，都会耐心叮嘱安全注意事项，做好安全讲话记录。遇恶劣天气，他都会仔细探察作业现场，根据现场实际情况，精心操作，确保安全生产。

李军群　1970年10月出生，籍贯湖南宜章，中共党员，大专学历，1994年7月参加工作，深圳市中金岭南有色金属股份有限公司韶关冶炼厂动力车间供排工段工段长。中级工程师。2007年获韶关冶炼厂十佳优秀共产党员，2008年“重金属工业废水深度处理技术开发与应用”获深圳市中金岭南股份有限公司科技进步二等奖，2009年获深圳市中金岭南股份有限公司优秀共产党员，2010年“铅锌冶炼废水的膜分离工艺研究及工程应用”获韶关市科学技术进步二等奖，2011年获韶关冶炼厂2011年度厂标兵，2013年获韶关市劳动模范，2014年“深度站废水零排放工艺改进与完善”获深圳市中金岭南股份有限公司科技进步一等奖。

他作为主要负责人，参与了多项重大工作，如：2008年“韶冶废水深度处理站零排放工程”，该项目中的膜分离工艺在铅锌冶炼废水的工程应用为全国首创；2010年《铅锌冶炼废水的膜分离工艺研究及工程应用》的主要技术负责人；2011年独立主持完成韶冶厂深度站超滤浓水、纳滤回用水改造工程，转鼓真空过滤机真空泵冷却水、洗滤布水改造及厂东污水处理站与深度站底泥系统的改造工程。2012年韶冶厂重点工程“反渗透工艺与MVR蒸盐工艺配套工程”（该项目为全国首创），“韶冶除重金属污水处理工艺改造工程”（全国有色行业冶炼废水处理的先例）。2013－2014年组织实施“韶冶MVR工艺改进与完善工程”。韶冶厂生产水零排放工程，为全国有色行业冶炼废水处理树立标杆。

李柳钦 1970年12月出生，籍贯广东汕头，群众，大专学历，1990年8月参加工作，韶能集团韶关宏大齿轮有限公司卡特生产线工段长，二级技师。多次获得公司先进生产工作者，卡特生产线2012年、2013年公司先进生产小组，2009年、2010年公司十佳班组长，2014年获得韶能集团股份有限公司先进工作者。

作为拖齿厂的基层管理者，他以身作则，高标准严要求，严格遵守各项规定，按时上班、参加会议、学习，没有出现无故缺席的现象。不仅刻苦钻研业务知识，熟练操作数控车床，数控插齿机及加工中心等先进的自动化设备，还完成大专的机械设计制造专业的成人自考。

在拖齿厂卡特线刚成立时，现场环境差，操作人手不够，他率领工段工人一起，夜以继日，完成对机床的调试、安装，并按照接收协议，对机床进行Cpk的测试，配合生产部门安排，保质保量完成任务。2014年，卡特生产线共计完成18种产品的试制，在试制过程中，他能结合反馈加工过程中的生产问题，与技术人员一道解决问题，使卡特线按时完成试制任务，并受到外商客户的表扬。客户反馈卡特生产线的表现“发货及时率98%，PPM表现464”，2014年卡特生产线被客户评为“铜牌供应商”。

他主动提升公司企业文化，组织员工进行职业道德、质量、安全、诚信教育，定期进行培训考核，组织安全卫生检查，落实管理情况，检查安全操作规程的执行情况，塑造企业良好形象。

潘国平 1966年12月出生，籍贯广东乐昌，中共党员，中专学历，1991年1月参加工作，韶关乐昌市九峰镇绿峰果菜专业合作社理事长，高级农技师。2003年7月获得乐昌市优秀共产党员，2007年9月获得全国绿色小康户，2008年6月获得韶关市优秀共产党员，2009年4月获得乐昌市劳动模范，2010年4月获得韶关市劳动模范，2011年11月获得韶关市科技进步二等奖，2012年11月获得乐昌市科技进步一等奖，2013年1月获得韶关市创业带动就业先进个人，2014年7月获得乐昌市第六批市管专业技术拔尖人才。

他艰苦创业，大胆创新，敢于先行先试。将一个零资产的九峰镇绿峰果菜专业合作社发展到现在拥有固定资产300万元，年销售额1100万元，从100个社员发展到现在600多户社员的合作社，辐射带动2000户农户从事水果产业发展，合作社的产品“九峰山蜜桔”和“九峰山”商标分别获得广东省名牌产品和广东省著名商标称号。他带领专业合作社的创新经验在《南方日报》“广东先行先试”栏目专版介绍，并作为发展成功经验的典型在全省农民专业合作社工作大会上作经验介绍，向全省推广。广东省扶贫办邀请他在“2014年全省产业扶贫培训座谈会”上就产销对接专题授课。他被《南方农村报》等多家媒体称为“广东省农民专业合作社领军人物”，他撰写的论文《发展壮大合作社，推进新农村建设》获得中国农村发展论坛“三农研究创新奖”。他承担多项科技攻关项目，并获得韶关、乐昌科技进步奖。

钟燕凤 女，1984年7月出生，籍贯广东南雄，群众，大专学历，2004年6月参加工作，南雄市瑞昇化学工业有限公司采购课副课长。2014年获得南雄市瑞昇化学工业有限公司优秀员工。作为一名地道的农民工，她通过自己的勤奋努力，被公司上下称为行业的“精细人”。

她之“精”在于工作积极，业务精通。她主动学习业务管理知识，熟练解决工作中出现的问题。她爱岗敬业，责任心强。在每次采购原料过程中，她不仅考虑价格因素、质量，而且做到货比三家，严格把关，争取做到零失误。2014年，公司成本较上年节约10%。任副课长以来，她为公司节省100多万的资金成本。

她之“细”在于勇于探索、心细如发，乐于助人。她创造性地开展工作。在她的倡导下，公司开展5S整理、整顿工作。她向公司献言献策，提出许多合理化建议。公司任命她为爱心基金会会长，公司员工在工作和生活上遇到问题，她向上级反映，热心帮助他们。2014年3月，公司爱心基金会捐助2000元帮助南雄市特困家庭的学生胡小妹。2015年1月，她组织爱心基金会成员，发动公司全体员工为员工何起亮的父亲捐款1万多元治疗重病。她经常在周末闲暇之余去街上做义工，帮助困难的人群。为加强公司的凝聚力，她组织公司篮球赛、春游踏青、户外烧烤等，发动公司全体员工参与。

彭文浩　1982年10月出生，籍贯广东梅州，中共党员，本科学历，韶关市质量技术监督局副主任科员，2005年7月参加工作。2011年6月获得“全国质量监督检验检疫系统优秀共产党员”称号，2013年12月获得“广东省质监系统执法打假办案能手”。

他从事稽查行政执法工作以来，在打击制假售假，维护人民合法权益的工作中，始终冲在一线，不避寒暑，秉公办事，依法行政，体现了一个共产党员的优秀品质。

他坚持学习。2008年1月至2010年12月期间，参加中山大学行政管理学院在职研究生专业学习。依托“质量热讯”和“质监论坛”学习办案经验、执法技巧、证据收集以及法规、经验教训等，将学到的知识应用到工作中。将统计部门的经济数据、质监部门的组织代码数据库数据和工商部门的工商业务信息资料进行归类整合，形成本辖区内各行各业生产者、销售者的数据库，为上级制定专项执法方案提供有效的数据支撑。

接到群众制假窝点的举报，他主动配合执法队员参与到执法调查，为公安部门提供准确的情报，成功破获多起制假销售窝点。如2013年7月，在查处韶关市西联沐溪工业园内一小学附近的天然气非法充装窝点时，他沉着冷静控制执法现场，稳定多辆前来加气的出租车司机的情绪，对临时的CNG加气站采取防护措施，划定警戒线，使用防晒网防止暴晒超温，安排相关人员轮岗值守，消除现场安全隐患，确保园区和附近小学的安全。

统 计 资 料

韶关市2015年国民经济和社会发展统计公报

韶关市统计局　韶关调查队

2016年3月11日

2015年，全市人民在市委、市政府的正确领导下，积极适应新常态，紧紧抓住省委、省政府促进粤东西北地区振兴发展的机遇，全力推动绿色转型振兴发展，基本完成“十二五”规划的主要目标任务，经济发展保持平稳，社会发展取得新成就。

一、综合

国民经济在新常态下保持了平稳发展。初步核算，全市生产总值1150.0亿元，比上一年增长6.2%。其中：第一产业增加值149.5亿元，增长4.2%；第二产业增加值429.3亿元，增长2.3%；第三产业增加值571.2亿元，增长10.3%。三次产业结构为13：37.3：49.7。按常住人口计算，人均GDP39380元，增长5.5%，按平均汇率折算为6323美元。分区域看：韶关市区生产总值550.8亿元、增长4.5%，占全市生产总值的47.9%，人均GDP为5.38万元；县域生产总值632.6亿元、增长8.5%，占全市的52.1%，人均GDP为3.34万元。现代产业中，先进制造业增加值106.5亿元、增长3.3%，现代服务业增加值231.0亿元、增长10.1%。第三产业中，批发和零售业增加值增长9.2%，住宿和餐饮业增加值增长8.9%，金融业增加值增长10.9%。民营经济增加值589.5亿元，增长6.6%，占全市生产总值的51.3%。

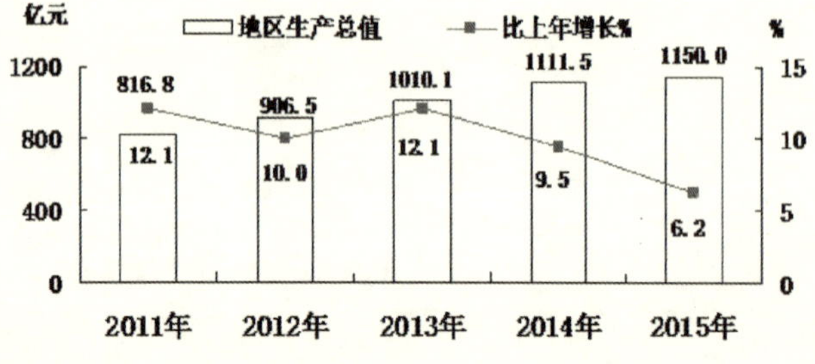

图1　2011—2015年地区生产总值及其增长速度

劳动生产率稳步提高。全年地区生产总值与全部就业人员的比率为76240元/人（按2010年不变价计），比上年提高6.3%。

居民消费价格基本稳定。韶关市区居民消费价格比上年上涨1.2%。其中，消费品价格上涨0.5%，服务项目价格上涨3.4%。在八大类消费价格中，食品类价格上涨1.7%、烟酒价格上涨0.9%、衣着类价格上涨1.2%、家庭设备用品及维修服务价格上涨0.4%、医疗保健和个人用品价格上涨1.1%、交通和通信价格下降1%、娱乐教育文化用品及服务价格上涨1.5%、居住价格上涨1.5%。全市工业品出厂价格总水平下降7.9%。

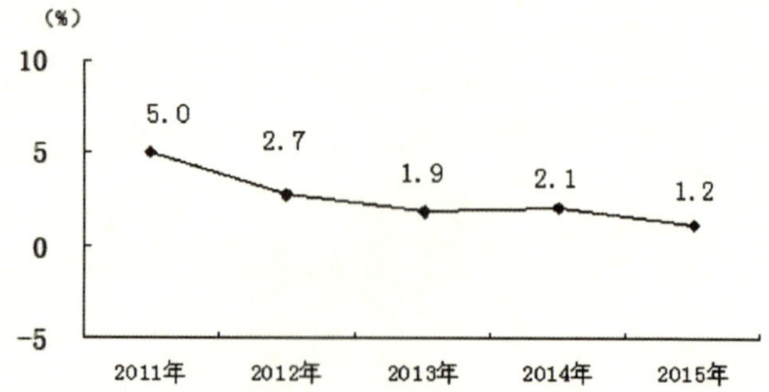

图2　2011—2015年市区居民消费价格比上年涨跌幅度

年末从业人员144.17万人，增加0.04万人。其中：第一产业58.61万人，减少0.05万人；第二产业32.21万人，减少0.33万人；第三产业53.36万人，增加0.43万人。年末工商登记注册的私营企业和个体户从业人员34.8万人，增长10%。全年城镇新增就业人数5.14万人，城镇失业人员再就业3.91万人，其中就业困难人员再就业3755人。城镇登记失业率2.46%，微升0.04个百分点。

全年地方一般公共预算收入85.2亿元，增长1.5%。其中税收收入52.2亿元，下降3.6%。地方一般公共预算支出281.5亿元，增长40.0%。民生支出占财政支出的比重80.6%，比上年提高8.2个百分点。

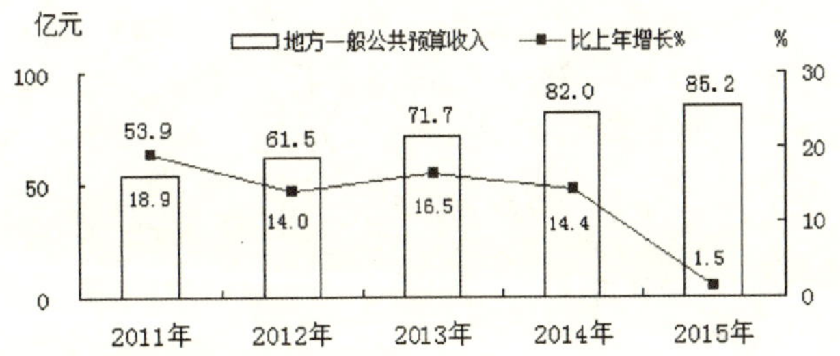

图3 2011—2015 年地方一般公共预算收入及其增速

经济社会发展存在的主要问题：经济发展速度较慢，长期积累的经济结构不合理，创新驱动乏力，内生动力不强，市场活力不足，重点项目储备不多，投资拉动作用减弱，发展后劲不强等问题仍然突出，全面建成小康社会还存在短板指标。

二、农业

全年农林牧渔业总产值 239.8 亿元，增长 4%。其中：农业增长 4.4%，林业增长 4.6%，畜牧业增长 2.0%，渔业增长 4.4%。

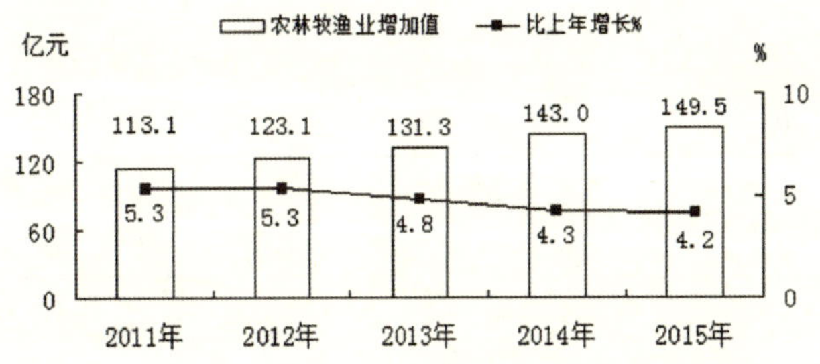

图4 2011—2015 年农林牧渔业增加值及增长速度

2015 年主要农产品产量统计表

表 43

农产品名称	计量单位	产量	比上年±%
粮食	万吨	89.3	0.8
其中：稻谷	万吨	76.7	0.4
蔬菜	万吨	220.5	7.2
甘蔗	万吨	57.6	3.0
花生	万吨	13.8	4.8
烟叶	万吨	3.3	-1.5
水果	万吨	50.0	8.2
茶叶	吨	4321	10.6
蚕茧	吨	8272	1.3
肉类	万吨	15.1	-0.7
其中：猪肉	万吨	12.2	-1.2
水产品	万吨	8.3	2.7

全年粮食作物播种面积 236.7 万亩，增长 0.5%；甘蔗种植面积 8.3 万亩，增长 5.6%；油料种植面积 70.2 万亩，增长 2.5%；烟叶种植面积 20.0 万亩，下降 1.6%；蔬菜种植面积 141.8 万亩，增长 5.1%。

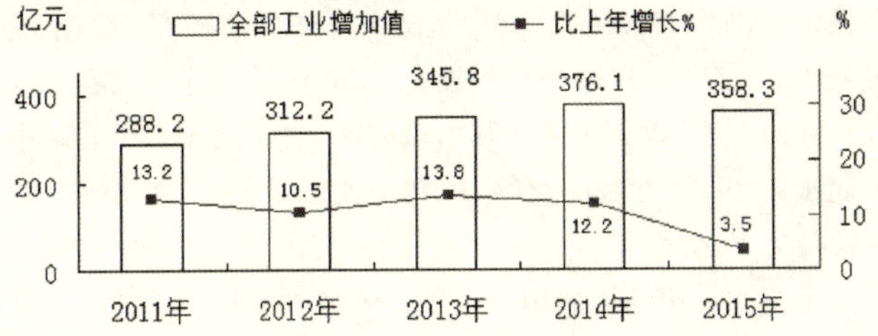

图5 2011—2015 年全部工业增加值及其增长速度

农村用电量 5.0 亿千瓦时，增长 3.8%；化肥施用量（折纯）12.1 万吨，增长 2.1%。

三、工业和建筑业

全部工业增加值 358.3 亿元，增长 3.5%。年末规模以上工业企业 628 个、比上年底净增加 5 个，规模以上工业企业增加值 333.1 亿元、增长 3.0%。在规模以上工业中，国有及国有控股工业增加值 150.2 亿元，增长 0.9%。股份制工业 217.2 亿元，增长 4.3%；民营工业 139.0 亿元，增长 7.2%；外商及港澳台工业 47.1 亿元，下降 8.2%。轻工业增加值 119.9 亿元，增长 7.8%；重工业增加值 213.1 亿元，下降 0.4%。年末产业转移园规模以上工业企业 215 个，规模以上工业增加值 90.0 亿元，增长 5.6%。

七大支柱工业增加值 194.0 亿元、下降 0.3%，占规模以上工业增加值的 58.3%。其中：制药工业增长 14.6%，电力工业增长 5.5%，烟草工业增长 5.6%，机械工业增长 2.2%，有色金属工业下降 6.1%，钢铁工业下降 8.9%，玩具工业下降9.3%。

高技术制造业增加值14.2亿元，下降1.9%。

先进制造业增加值106.5亿元，增长3.3%。其中装备制造业增加值39.0亿元，下降4.7%。

优势传统工业增加值104.2亿元，增长1.2%。其中：纺织服装业下降22.2%，金属制品业下降9.5%，建筑材料业增长1.0%，家具制造业增长36.1%。

2015年规模以上工业主要产品产量统计表

表44

产品名称	计量单位	产量	比上年±%
成品钢材	万吨	582.2	-15.6
十种有色金属	万吨	27.5	2.8
发电量	亿千瓦小时	136.9	16.0
其中：火电	亿千瓦小时	107.5	18.3
水电	亿千瓦小时	25.7	-5.2
水泥	万吨	805.1	-2.0
滚动轴承	万套	956.5	-11.4
布	万米	6028.8	61.7
糖	吨	16670.5	-1.8
卷烟	亿支	215	0.0
其中：一、二类烟	亿支	24.8	69.7
人造板	万立方米	159.1	10.4
机制纸及纸板	万吨	3.7	4.3

全年规模以上工业企业资产贡献率11.0%，资产保值增值率101.2%，资产负债率65.5%，成本费用利润率3.6%。主营业务收入1126.2亿元、下降6.9%。利税总额119.5亿元、下降16.0%。利润总额38.2亿元、下降34.6%，其中亏损企业亏损额35.5亿元、增长87.1%。

全年建筑业增加值71.6亿元，下降4.5%。年末资质等级建筑企业95个，完成建筑业总产值213.7亿元、下降1.9%，实现利润5.8亿元、下降4.3%，利税总额15.6亿元、下降12.9%。房屋施工面积1067万平方米、下降2.2%，房屋竣工面积483.6万平方米、增长0.1%。

四、固定资产投资

全年完成固定资产投资701.7亿元，下降5.8%。分投资主体看：国有及国有控股经济投资244.8亿元，下降9.7%；外商及港澳台经济投资40.7亿元，增长24.5%；民营经济投资416.2亿元，下降6.0%。分产业看：第一产业完成投资49.5亿元，增长3.7%；第二产业中的工业完成投资239亿元，下降16%；第三产业完成投资413.2亿元、下降0.3%，其中房地产开发完成投资131.9亿元、增长10.4%。

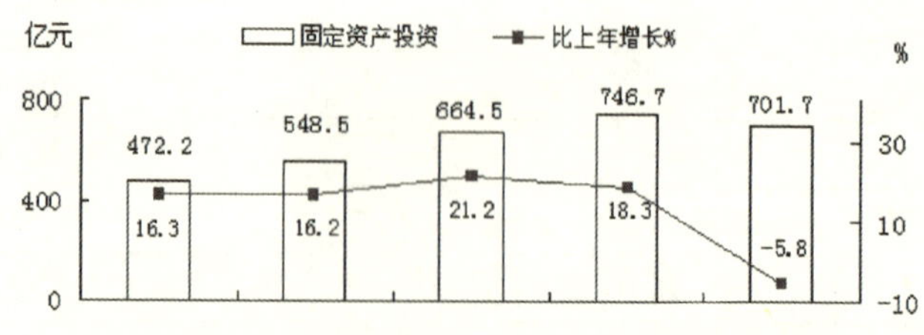

图6　2011—2015年固定资产投资及其增长速度

市重点项目完成投资324.3亿元，完成年度计划的94.8%。大广高速公路全面通车，芙蓉新区南华路、芙蓉大道北段单向建成通车。韶关发电厂2X60万千瓦发电机组新建投产，全年新建高速公路37.3公里。

芙蓉新区全年累计完成投资102.6亿元（占全市固定资产投资比例为14.6%），其中基础设施投资28.5亿元，工业投资38.1亿元，房地产开发投资24.1亿元。分片区看：武江片完成投资43.5亿元（其中核心区42.3亿元，核心区中的起步区39.5亿元），浈江片24.5亿元，曲江片29亿元，乳源片2.6亿元。

全年商品房销售面积314.9万平方米、下降13.8%，其中商品住宅销售面积285.4万平方米、下降15.3%。商品房销售额137.2亿元、下降11.4%，其中商品住宅销售额115.6亿元、下降13.9%；商品房待售面积101.7万平方米、下降14.9%。

五、贸易和外经

全社会消费品零售额579.8亿元，增长10.9%。年末限额以上批发零售企业360个，比上年增加32个；限额以上住宿和餐饮企业176个，比上年减少9个。全年批发零售和住宿餐饮业销售额923.5亿元，增长10.3%。其中：批发零售业销售额857.2亿元，增长10.5%；住宿和餐饮业营业额66.3亿元，增长7.5%。

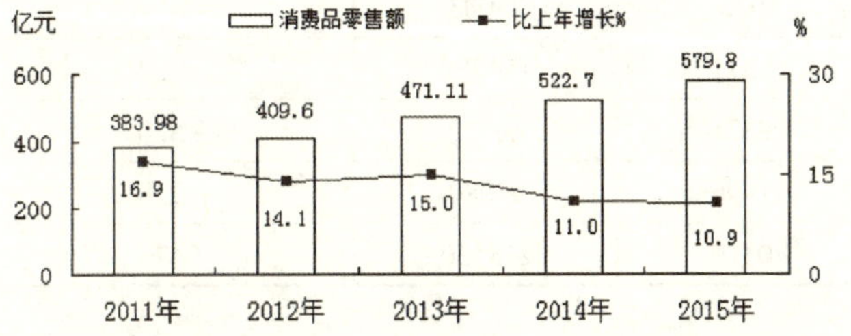

图7　2011—2015年全社会消费品零售总额及其增长速度

限额以上批发和零售业零售额中：日用品类比上年增长53.3%，粮油、食品类增长38.5%，汽车类增长36.0%，家具类增长32.5%，五金、电料类增长30.7%，中西药品类增长29.5%。

全年进出口总额149亿元，增长3.1%。其中：进口60亿元，下降13.8%；出口89亿元，增长18.8%。按贸易方式分：一般贸易出口45亿元，增长23.3%；加工贸易出口40亿元，增长7.8%。按经营主体分：国有企业出口增长21.5%，“三资企业”出口增长11%，私营企业出口增长60%。按出口商品分：玩具出口增长10.1%，机电产品出口增长8.1%，服装出口增长1.09倍，高新技术产品出口增长17.6%。按出口市场分：对香港出口增长16.5%，对欧盟出口增长3.9%，对美国出口增长30.9%，对日本出口增长2.8%。实际利用外资0.48亿美元，下降74.8%。全年新批外商直接投资项目21个，下降76.1%。

六、交通、邮电和旅游

全年交通运输、仓储和邮政业增加值87.6亿元，增长10.4%。

公路货运周转量245亿吨公里，公路旅客周转量28.5亿人公里。

年末公路通车里程16131公里（公路密度87.7公里/百平方公里），其中高级、次高级路面公路11681公里。等级公路15848公里，其中高速公路491公里、一级公路212公里、二级公路827公里。年末实有公共汽车营运车辆597辆，其中浈江和武江459辆。公共汽车客运总量5641.9万人次。内河航道维护通航里程386公里，其中等级航道256公里，码头3个，泊位13个。港口货物吞吐量62.3万吨，增长7.4%。年末民用汽车拥有量17.86万辆、比上年增长18%，其中私人汽车15.63万辆、增长19.5%。民用轿车拥有量11.66万辆、增长22.3%，其中私人轿车10.96万辆、增长22.9%。

全年完成邮电通信业务总量（按2010年不变价计，下同）45.3亿元，增长25.4%。其中：邮政业务（含快递）总量4亿元，增长24.8%；通信业务总量41.2亿元，增长25.5%。电话交换机总容量109万门，固定电话50.5万户，移动电话用户272.9万户。全市家庭宽带用户数65万户，手机上网用户数161万户。

规模以上服务业企业共132家，营业收入49.3亿元，其中旅游服务企业共8家，营业收入2.0亿元。全年接待旅游者人数3170万人次，增长13.1%，其中入境过夜旅游者5.44万人次，下降36.8%。旅游总收入270亿元，增长20%。新增国家3A级景区2个。

七、金融和保险业

年末金融机构本外币各项存款余额1532.9亿元、增长9.9%，其中住户本外币存款余额925.2亿元、增长7.3%。年末金融机构本外币各项贷款余额731.8亿元、增长9.0%。住户贷款余额287.5亿元，增长17.2%。其中：住户中长期消费贷款259.4亿元，增长17.5%；住户短期消费贷款28.1亿元，增长14.5%。

全市证券金融机构交易额6442.2亿元，增长2.2倍；新增开户7.18万户，增长4倍。

全年保费总收入36.8亿元，增长18.2%。其中：人寿险保费收入22.6亿元，增长19.3%；财产险保费收入11.0亿元、增长15.8%。财产险赔付支出5.4亿元、增长7.6%。

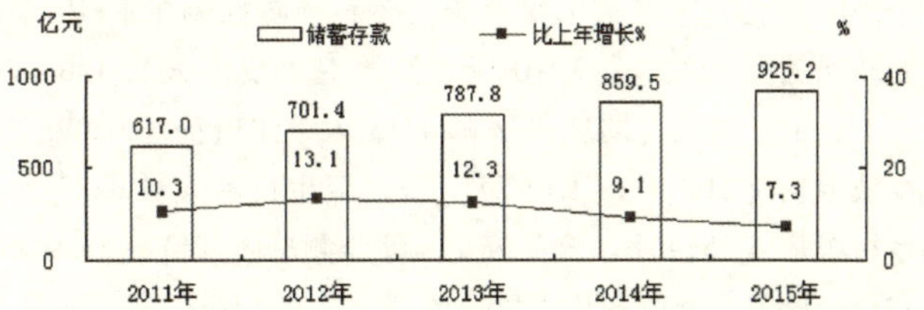

图8　2011—2015年住户储蓄存款余额及其增长速度

八、教育和科学技术

全年各级各类教育（含技工学校，不含非学历培训）招生12.6万人，增长6.0%；在校学生47.8万人，下降1.6%。拥有技工学校8所，普通中学152所，中等职业学校21所，小学184所，幼儿园494所。

各类学校教育发展情况表

表45

	学校数（所）	招生数（人）	在校学生数（人）	比上年增长（%）
全日制高等学校	2	11518	38480	4.7
技工学校	8	13500	34000	-19.7
其中：市属	4	5500	15300	-10.6
中等职业学校	21	9000	25003	-10.4
普通中学	152	51371	154789	-3.7
其中：高中	25	19375	60709	-5.0
初中	127	31996	94080	-2.8
小学	184	40370	218150	3.7

新增国家高新技术企业10家、省级工程技术研发中心5家，专利申请量、授权量连续11年居全省山区市前列。年末拥有省级工程技术研究开发中心18家，省市工程中心累计达到44家。国家级高新技术企业39家，省级民营科技企业81家。全年取得科技成果67项，其中3项获省科技进步奖。全年专利申请3101项，专利授权2107项；发明专利申请726项，发明专利授权108项。

九、文化卫生和体育

年末共有文化馆11个，博物馆9个，剧场、影剧院19个，公共图书馆10个。公共图书馆图书总藏量170.3万册。微波线路总长72.5公里，广播电视微波站3座，广播调频发射台9座，广播综合人口覆盖率99.99%。电视发射台8座，有线电视用户51.9万户，电视综合人口覆盖率99.88%。

年末共有医疗卫生机构625个，其中医院、卫生院161个。医疗卫生床位数1.6万张；疾病预防控制中心10个；妇幼保健院（站、所）10所。各类卫生技术人员1.83万人。其中：执业（助理）医师4713人，注册护士6209人。乡镇卫生院103个，床位2713张，卫生技术人员3235人，乡村医疗点1514个。食品安全风险监测总体合格率85.9%。农村居民卫生厕所普及率96.7%。

全市体育场馆共4524个。全年销售体育彩票3.03亿元。全市体育健儿在省运会中获得金牌3枚、银牌7枚、铜牌13枚。

十、人民生活、社会保障与安全生产

全市居民人均可支配收入18143元，增长9.1%。其中：城镇居民人均可支配收入23504元，增长8.9%；农村居民人均可支配收入11607元，增长10.2%。城乡居民收入比为2.03：1，差距继续缩小。居民家庭食品消费支出占消费总支出的比重（恩格尔系数）为39%，比上年下降0.3个百分点。

全年落实扶贫帮扶资金6.93亿元、落实村帮扶项目2224个，贫困村村集体经济平均收入9.64万元，贫困户人均纯收入9120元。

年末参加基本养老保险（含机关、事业单位）67.8万人，增长3.1%。参加基本医疗保险（含城乡居民基本医疗保险）283.5万人，增长0.7%。参加工伤保险38.4万人，减少6.9%。参加失业保险29.2万人，增长2.9%。参加生育保险23.8万人，增长31.2%。年末享受社会养老待遇的离、退休人员15.0万人。参加城乡居民社会养老保险91.1万人。养老、失业、工伤、生育、医疗（不含城乡居民基本医疗）保险基金全年征缴42.2亿元，增长4.7%。

年末社会福利院11所；敬老院床位数3661张、社会福利院床位数2478张；敬老院在院人数1682人、社会福利院在院人数1055人。城乡居民享受最低生活保障7.4万人，其中城镇居民1.5万人。全年发放保障资金1.9亿元，其中城镇6814万元；发放救灾资金1733万元，救济物资折款90万元，累计救灾2.3万人次。全年销售社会福利彩票3.6亿元，筹集社会福利基金1亿元。

新开工各类保障性住房2.71万套，基本建成1.58万套，超额完成任务，完成农村危房改造4147户。

全年道路交通事故死亡174人，交通事故损失327.4万元；火灾事故死亡5人，火灾事故损失412万元。发生工矿商贸企业、交通、火灾事故1019起，比上年下降12%；死亡194人、受伤478人、直接经济损失1989.1万元，分别下降11.0%、增长6.2%和下降43.0%。

十一、人口、资源与环境

年末常住人口293.15万人，比上年增加2.26万人，增长7.7‰。城镇常住人口比重为54.3%，比上年提高0.5个百分点。户籍人口330.21万人，其中城镇人口149.02万人。全年出生人口3.16万人，人口出生率11.3‰；死亡人口1.58万人，死亡率5.7‰；人口自然增长率7.1‰。

已探明的矿产资源储量中：煤1.31亿吨，铁矿石2982万吨，锰矿石74万吨，铜矿石8221万吨，铅矿石9404万吨，锌矿石1.35亿吨，钨矿石1.87亿吨，钼矿石1.15亿吨，锑矿石238万吨，铋矿石1.28亿吨。

全年水资源总量211.1亿立方米。平均降雨量1901毫米，较上年增加30.7%。年平均气温20.7℃，年日照时数1355小时。年末大中型蓄水量18.03亿立方米，较上年增加20.9%。

全年规模以上工业综合能源消耗量661.34万吨标准煤，同比下降5.9%。全年全社会用电量111.27亿千瓦小时，下降6.7%。其中：工业用电78.85亿千瓦小时，下降10.3%；第三产业用电14.54亿千瓦小时，增长8.3%；居民生活用电15.39亿千瓦小时，增长0.8%。

完成荒山（沙、土）造林面积19990公顷。全市林业用地面积141.9万公顷，森林覆盖率为77.0%，比上年提高0.6个百分点。全市共有国家级自然保护区3个，省级自然保护区10个。园林绿地面积4557公顷，市区建成区绿化覆盖面积4425公顷，建成区绿化覆盖率45.9%，城区人均公园绿地面积12.5平方米。

说明：

1. 本公报中2015年数据为初步统计数，统计图中2011－2014年数据为年报数。部分数据因四舍五入的原因，存在着与分项合计不等的情况

2. 地区生产总值、各产业增加值绝对数按现价计算，增长速度按可比价计算

3. 从2011年起，规模以上工业统计口径由500万元调整为2000万元及以上；固定资产投资项目统计起点由计划总投资50万元提高到500万元，增速为可比口径。2012年四季度，国家统计局实施了城乡一体化住户调查改革。2013年起按照新的调查口径对外发布城乡一体的居民人均可支配收入和分城镇、农村常住居民人均可支配收入数据。由于新老调查方案在调查范围、调查对象、城乡划分标准、样本抽选、计算和汇总方式、指标口径等方面变化较大，改革后新口径数据和旧口径数据存在不可比的差异。从2015年起，“地方公共财政预算收入”更名为“地方一般公共预算收入”，各项存款余额中，“单位存款”更名为“非金融企业存款”、“储蓄存款”更名为“住户存款”

4. 现代服务业主要包括金融业、现代物流业、信息服务业、科技服务业、外包服务业、商务会展业、文化创意产业和总部经济八个产业。先进制造业包括装备制造业、钢铁冶炼及加工业、石油及化学制造业。高技术制造业包括核燃料加工业、信息化学品制造业、医药制造业、航空航天器制造业、电子通信设备制造业、计算机制造业、医疗仪器设备制造业

2015年韶关市各县（市、区）国民经济和社会发展主要指标一览表

表46

	地区生产总值		规模以上工业增加值		固定资产投资完成额		社会消费品零售总额		商品房销售面积		地方一般公共预算收入		税收收入	
	总量（亿元）	增长（%）	总量（亿元）	增长（%）	总量（亿元）	增长（%）	总量（亿元）	增长（%）	总量（万平方米）	增长（%）	总量（亿元）	增长（%）	总量（亿元）	增长（%）
全市	1149.98	6.2	333.06	3.0	701.67	-5.8	579.79	10.9	314.92	-13.8	85.23	1.5	52.15	-3.6
1、县域	632.64	8.5	176.38	7.0	441.94	0.6	219.65	11.6	156.58	5.7	35.06	2.4	22.79	-1.5
始兴县	74.68	8.2	21.88	9.5	60.77	6.3	16.98	11.6	24.51	-2.6	3.85	5.3	2.72	8.3
仁化县	94.34	6.9	29.19	2.2	60.57	19.5	27.64	11.4	16.93	5.2	6.10	-2.4	3.74	-12.7
翁源县	90.07	9.5	20.74	6.3	63.68	23.0	31.28	11.7	19.20	22.5	4.12	7.0	2.89	7.7
乳源县	65.90	9.5	21.92	-2.6	65.21	16.9	20.41	12.1	17.21	-4.0	5.24	3.0	3.42	0.0
新丰县	75.52	11.2	28.69	15.5	52.56	20.8	21.51	13.7	6.79	-5.7	3.77	6.6	2.65	8.4
乐昌市	107.08	5.1	17.95	-6.0	32.25	-63.5	56.22	11.0	39.80	16.1	5.97	-3.7	3.56	-11.7
南雄市	125.05	10.2	36.01	19.6	106.90	16.4	45.63	11.1	32.14	1.0	6.00	6.0	3.81	1.2
2、市区	550.77	4.5	151.14	-0.5	259.73	-15.6	360.13	10.5	158.34	-27.1	50.17	1.0	29.36	-5.1
武江区	217.22	6.1	77.11	-1.1	101.72	16.2	100.95	10.8	81.28	0.2	4.22	3.1	3.00	1.8
浈江区	198.25	6.3	15.57	3.3	65.78	-26.1	202.13	10.5	50.70	-42.2	4.01	-5.1	2.79	-3.4
曲江区	135.30	0.5	58.45	-0.7	92.23	-29.6	57.06	10.3	26.35	-45.5	7.91	1.7	4.76	1.6

附　录

2015 年韶关市政府工作报告

——2015 年 2 月 3 日在韶关市第十三届人民代表大会第五次会议上

市长　艾学峰

各位代表：

我代表市人民政府向大会作工作报告，请予审议，并请政协各位委员和其他列席人员提出意见。

2014 年工作回顾

2014 年，在省委、省政府和市委的正确领导下，在市人大及其常委会和市政协的监督支持下，市政府突出“三大抓手”，落实莞韶对口帮扶工作要求，着力加快我市绿色转型振兴发展，全力完成市十三届人大四次会议确定的任务。

经济发展稳中有进。据统计，全市生产总值 1111.5 亿元，增长 9.5%，增幅高于全省平均水平。物价涨幅低于全省平均水平。城镇、农村居民人均可支配收入分别增长 9.3%、10.2%，城乡居民收入差距继续缩小。全面建成小康社会实现程度 80%，比 2013 年提高 1.4 个百分点。全市地方公共财政预算收入 81.98 亿元，增长 14.2%。内需扩大，金融外贸稳定增长。东莞银行、东北证券、前海人寿进驻韶关，首家民营企业在香港上市。固定资产投资完成 746.7 亿元，增长 18.3%。农业增产增效，工业平稳发展，服务业提升发展。国家重点农业龙头企业实现“零”的突破。新增国家 4A 级景区 2 个，旅游总收入增长 20.3%。三次产业结构优化为 12.9：40.6：46.5。民营经济和县域经济占比分别提高 1 个、2 个百分点。“三大抓手”成效明显，省级产业园规模以上工业增加值、税收收入占比分别提高 3.1 个、1.4 个百分点。东莞与韶关对口帮扶工作成效显著，“一园一城七组团”合计签约项目 125 个，总投资 316.9 亿元，其中开工 107 个，投资 101.7 亿元；莞韶城一期初具规模；莞韶两市“十大”领域合作进展顺利。新增国家高新技术企业 6 家、省级工程技术研发中心 2 家，专利申请量、授权量连续 10 年居全省山区市首位，创新驱动更加有力。

城乡建设协调推进。交通基础设施建设力度加大。乐广高速公路和赣韶铁路建成运营，大广高速公路建设加快，新港码头港澳航线复航。全长 88 公里的环城高速公路建成贯通，我市成为粤东西北地区首个、全省第四个有环城高速公路的城市。新增铁路 117 公里、高速公路 162 公里，改造国省道 50 公里，建成通自然村公路 530 公里。中心城市扩容提质加快推进。市区新建改建市政道路 19 条。芙蓉新城路网全面动工，安置新村建设全面铺开；市民文化活动中心、综合客运枢纽扎实推进；人保财险等企业进驻新城总部经济区，新城碧桂园酒店建成。在老城区，工业西片区内涝整治工程基本完工；东环商贸城建设加快，百年东街建成开业，“三旧”改造有序开展。县城和中心镇集聚人口和产业能力增强。拆除违法建筑 52 万平方米，城乡建设更加有序。我市跻身国家生态文明先行示范区行列，国家节能减排财政综合政策示范城市建设有序推进，生态建设和节能减排成效明显。完成造林 41.26 万亩，森林碳汇造林 24.76 万亩。韶钢二氧化硫减排工程竣工；淘汰黄标车及老旧车 10465 辆；市区更新投放 LNG 新能源公交车 100 辆、纯电动出租车 50 辆、CNG 出租车 380 辆。芙蓉新城污水处理厂建成投产，田螺冲污水处理厂扎实推进；完成畜禽养殖场减排工程 377 个。完成市区 LED 路灯改造。单位 GDP 能耗下降 4.76%。完成节能减排和大气污染防治年度目标任务。

民生保障持续加强。民生支出占财政总支出的比重提高 1.2 个百分点，基本公共服务均等化水平继续提高，社会保障体系不断完善。城镇登记失业率 2.42%，农村劳动力技能培训转移就业工作连续六年进入全省优秀行列。人均养老金、城乡居保基础养老金、底线民生保障标准增幅明显，城乡医保一体化建设扎实推进。完成农村低收入困难户住房改造 3687 户。开工建设保障性住房 7596 套、建成 7495 套，原曲仁矿棚改基本完成，在主城区东部初步形成一个可容纳数万人居住。配套设施较完善的城市新组团。韶关实验中学和实验小学开学，市一中运动场工程竣工，北江中学综合楼加快建设。我市成为粤东西北地区首个省教育强县（市、区）100%覆盖的省教育强市。市中医院晋级三甲中医院，县级公立医院全部取消药品加成，人均基本公共卫生服务经费大幅提高。实施“单独二孩”政策。完成国家和省文化惠民工程任务，广泛开展“北江源·韶韵风”和“文明和谐·舞动韶城”系列群众文化活动，完成市直文化院团改革和《南叶》杂志转企改制工作，广播电视台全面深化改革初见成效，新兴媒体等文化阵地建设进一步拓展。培育地方文化品牌有新成效，乳源瑶族自治县被命名为中国民间文化艺术之乡，瑶族民歌入选国家级非物质文化遗产代表性项目扩展名录，小说《水滴》和歌曲《恩情》荣获省“五个一工程”奖，《民生关注》栏目荣获2014年中国城市电视台品牌20强。全国文明城市创建有序推进。建成20个乡镇农民体育健身工程，免费向社会开放25万平方米机关事业单位体育场馆。节俭举办市第十四届运动会，在省第五届民运会上获团体总分第三名。乳源瑶族自治县被评为全国民族团结进步模范集体。顺利完成村（居）“两委”换届选举工作。安全生产完成省下达的控制目标。食品药品安全、“平安韶关”创建和“两建”等工作取得新进展，社会和谐稳定。在省综治创平考核中名列第一，群众安全感测评位居全省第四。新一轮扶贫开发“双到”工作成效明显。市主城区建成小公园、小广场、小运动场、小停车场、小菜市场共12个，市政府公开承诺办好的8件民生实事和市政府所属单位承诺的51件实事基本完成。

政府建设明显加强。提高依法行政水平，深入推进法治政府建设。办理人大代表建议、政协提案。全面完成市、县级政府机构改革。初步构建实体大厅、网上办事大厅和掌上政务大厅“三位一体”的政务服务体系。2014年市级保留行政审批项目比2011年底压减了48.92%。编制政府部门权责清单试点工作稳步推进。工商登记制度改革成效显著，全市登记各类市场主体12.4万户，注册资本875.8亿元，分别比上年增加10365户和164亿元。全面实施建设工程交易网上报名和资格后审制度。市重点项目投资建设直接落地改革试点、公共资源交易制度改革、投融资体制改革和以南雄市为试点的行政执法体系改革扎实推进。建立全口径预算编报体系。组建市国投资产开发公司，优化重组了一批国有资产。赋予莞韶产业园市级经济管理权限。贯彻落实中央八项规定精神，开展党的群众路线教育实践活动，促进政风行风好转。建立健全科学决策、调查研究、督察督办等反“四风”长效机制31项；市政府精简议事协调机构374个，撤销比例达80.4%；以市政府名义召开的全市性会议精简50%；以市政府、市政府办公室名义下发的正式文件精简58.4%；市级考核检查活动精简90%、评比表彰活动精简52%；市级“三公”经费及会议费减少27.5%。重点项目廉政风险防控试点工作有序开展。坚持有腐必反、有贪必肃，严肃查处了一批违法违纪案件和损害群众利益行为。

各位代表，过去一年的成绩来之不易，这是全市人民团结奋斗的结果。我代表市人民政府，向全市人民，向驻韶部队官兵，向各民主党派、各人民团体和各界人士，向支持韶关发展的港澳台同胞、海外侨胞和海内外朋友，表示衷心的感谢！

同时，我们也要清醒认识存在的问题。主要是：经济增长没有达到预期目标，这既有经济下行压力加大的客观原因，也有对新常态下经济发展新特征认识不深刻的主观原因。同时，我市经济发展质量不够高，资源能源约束加大，污染防控形势严峻，节能减排任务艰巨；中心城区辐射带动能力不强，区域发展不平衡；基本公共服务、食品药品安全、征地拆迁、社会治安等方面的薄弱环节较多，社会建设任务繁重；创新创业氛围不够浓厚，政务服务水平与广大群众的要求还有差距，发展环境需要继续优化。对此，我们将强化责任担当，积极加以解决。

2015年工作安排

2015年是我市绿色转型振兴发展的重要一年。世界经济仍处在深度调整期，复苏进程艰难曲折。国内“三期叠加”压力加大，经济进入中高速增长、结构优化升级、更加注重创新驱动的新常态。同全国、全省一样，我市经济面临较大下行压力。同时要看到，世界经济向好，我国经济将继续保持稳定发展态势。省委、省政府对粤东西北地区振兴发展持续发力，东莞全面对口帮扶强劲给力，我市发展基础不断夯实，广大干部群众推动发展的正能量不断集聚，保持经济平稳较快增长有基础也有条件。我们必须坚定信心，防微虑远，趋利避害，牢牢把握发展主动权。

今年政府工作的总体要求是：深入贯彻落实党的十八大、十八届三中、四中全会和习近平总书记系列重要讲话精神，积极适应新常态，紧紧抓住省委、省政府促进粤东西北地区振兴发展的机遇，强力推改革，巧力促增长，加力调结构，着力惠民生，在发展中致力转变发展方式，更加注重质量效益，更加注重结构调整，更加注重创新驱动，更加注重开放合作，更加注重统筹协调，全力推动绿色转型振兴发展。主要预期目标是：生产总值增长10%左右；人均生产总值增长9%左右；固定资产投资增长16%；社会消费品零售总额增长11%；地方公共财政预算收入增长与经济增长基本同步；城镇和农村居民人均可支配收入增长8%；城镇登记失业率控制在3%以内；居民消费价格指数涨幅控制在3%左右；完成省下达的节能减排等任务。

围绕上述目标，今年突出抓好五个方面的工作：

一、加强经济建设

在推动韶关科学发展的全局里，要始终以经济建设为中心，促进“四化”同步，着力提质增效升级，推动经济平稳较快发展。

强化“三大抓手”。继续打好交通基础设施大会战。建成大广高速公路。依法开展土地和房屋征收工作，解决资本金问题，加快武深、汕昆高速公路建设。改革投融资机制，创造政策条件，争取在引进社会资本建设韶新、雄乐等高速公路上有所突破。加快建设武广高铁乐昌东站。加快港口规划建设，确保年内动工改造北江航道。加快芙蓉新区综合客运枢纽、市区东郊客运枢纽和市区四大出口公交站场建设。完成国、省道干线改造300公里以上，加快推进国道323线和省道258线亚麻湖至英德段改造建设。推进韶关机场扩建。做好韶贺柳铁路前期工作。加快旅游公路改造。

加快产业园区扩能增效。明确产业定位，促进产业园区化、园区特色化、配套一体化，构建产业生态圈。加大基础设施和就业、融资、技术、物流等服务平台建设力度。加快国道323线莞韶产业园段、莞韶大道等道路和园区污水处理厂建设。抓住东莞对口帮扶韶关的机遇，强化产业项目对接和建设进度，加快粤商高科创新园、权众集团和东盈服装等重点项目建设，依托智慧螺丝城打造紧固件产业基地。对入园企业进行调查梳理，建立土地、税收等投入产出台账，按分类处理原则，重点扶持发展潜力大的优质企业；对未履行土地出让合同或投资合同的企业，采取措施督促整改，倒逼企业达产提效。拓展园区发展空间，开工建设莞韶城三期，谋划好主城区北部产业园。争当全省对口帮扶排头兵。积极支持七县（市）与东莞七镇产业对接工作，做优做强各县（市）产业园区。争取全国老工业基地搬迁改造试点政策，支持韶冶、众力发电等企业搬迁改造。

深入推进城区扩容提质。更加注重规划引领作用，落实“三规”合一。全面推进芙蓉新区起步区建设，通过交通设施和医院、学校、酒店、公园、专业市场等服务设施的完善，加快打造产业和人口聚集新平台。加快农民安置房建设进度。强力破解征拆难题，加快芙蓉隧道、南华路、曲江大道、滨江路和新白线等交通设施建设，通过绿化、路灯、公共开敞空间建设，打造各具特色和文化内涵的道路。加快市民文化活动中心等公建项目建设，引进社会资本建设以三甲医院为核心的医疗机构集群。加快五星级酒店、商业综合体、综合商贸市场、商业街、金融街、总部经济区建设。优先建设垃圾中转站等公共设施。在老城区，要突出优化城市功能、改善城市形象和治理“城市病”。新建东环线二期、上饶路、移山路、风华路等，完成芙蓉北路改扩建，同时探索划设公交车专用道，综合施策缓解交通拥堵问题。加快推进南水水库供水项目。加快供水、供气、截污管网建设。继续实施一批便民惠民的“五小”工程。加强背街小巷和桥底环境整治。优化教育、卫生、文化等优质公共资源配置，引导小岛片区等过度密集地区的机构与人口向外疏散。加快推进西河体育中心地下空间开发建设，开展地下空间商业开发试点工作。加快城中村改造，推进市区农民新建住房从分散建设向集中安置转变。鼓励历史街区物业业主按街区保护规划自行开展“三旧改造”。切实做好新农村建设总体规划，规范农用地使用管理。积极争取广东省新型城镇化试点。各县（市）要抓好城市新区建设，或者集中连片改造老城区，增强县城和中心镇的承载能力。

着力产业转型升级。编制“十三五”规划和重点专项规划。促进传统优势产业规模化集聚化发展，不断向中高端迈进，并积极培育新增长点。大力发展现代农业。加快农业从“低端数量型”向“高端质量型”转变，从“一产独进”向“三产融合”转型。稳定粮食和主要农产品生产，划定永久性基本农田保护红线。加强农业基础设施、高标准基本农田、小农水重点县和“五小”水利工程建设。加强农民专业合作组织建设，大力发展家庭农场。推进土地经营权确权登记颁证试点工作。鼓励农民以互换方式解决承包地细碎化问题，有序开展农地流转，推进适度规模经营，打造规模化生产基地。利用主城区农用地发展现代都市休闲体验农业。加强新型职业农民培训。加快新雪域和市农资专业市场等项目建设。大力发展农村电商，推进农产品零售终端网络化。支持农产品生产商在城乡设立专卖店或专售区，加强与东莞产销合作，完善农产品市场体系。大力培育发展林业经济，突出扶持石斛、茶叶、油茶、中药材四大产业，催生扶强一批林下经济龙头企业。

力促工业提速增效。围绕产业定位，培育产业链，促进产业聚集。依托机械制造基础，发展机械装备制造业，特别是在矿山机械、建筑机械等相对优势领域着力打造几条完整的产业链，发展整机整车生产。依托种烟、烤烟、烟草薄片、卷烟生产、烟草物流等产业环节比较完整的优势，发展烟草业。以韶钢、韶冶为依托，优化钢铁和有色金属冶炼产业，重点推进华南特钢循环经济产业基地、有色金属新材料产业基地。以韶能水电和生物质发电项目、韶关电厂、国电煤矸石电厂、始兴羊角山风力发电、新丰金竹风力发电、乳源大布大桥风力发电和南雄华电热电联产等项目为依托，发展电力产业。依托农产品和水资源优势，发展食品饮料业，加快推进娃哈哈、王老吉凉茶、青岛啤酒和广业甜味剂等项目建设，重点推进广东（曲江）食品产业园区建设。以丹霞制药、利民制药、东阳光制药等骨干企业为依托，发展制药产业。以旭日、德宝等企业为基础，发展玩具产业。以鸿伟木业、汉鸿木业、五联木业等企业为依托，适度发展木材深加工和家具制造业。以南雄和翁源等精细化工产业园为载体，发展环保涂料产业。以7000吨中色南方稀土（新丰）分离项目建设为依托，规划建设稀土特色产业园。支持南雄彤置富水泥和曲江台泥、新丰鸿丰水泥扩能增效项目建设。编制工业新增长点目录，实行一企一策，助力重点龙头企业，扶持小微企业，促进个体户转企业。新增规模以上工业企业40户。积极做好中小企业服务，全面清理涉企收费，减轻企业负担。大力引导中小企业与大型企业协作配套，不断延伸产业链，加快形成大企业“顶天立地”、小企业“铺天盖地”的局面。同时采取措施扶持建筑业加快发展，拓展市外业务。

推动服务业大发展。坚持规划引导与项目带动，促进旅游与文化创意、健康养生、体育健身等产业融合发展，延长产业链，加快旅游业从观光型向休闲度假型转型，从追求游客总量向提高游客留宿量转变。按照分区集群成气候的思路，加快构建龙头旅游基地加配套项目的项目群，打造综合旅游接待平台，增加留宿游客。加快环丹霞山旅游产业园、南岭国家森林公园生态旅游、云髻山古镇以及五星级酒店等重大项目建设。大力发展健身步道、自行车绿道、露营地、北江水上观光。组建“县农家乐指导团”，指导农家乐旅游标准化建设，着力培育发展特色旅游村镇、旅游休闲基地、户外运动基地。总结南雄银杏观赏旅游营销经验，创新旅游营销与城市形象推广方式，用好互联网等新媒体，线上线下协调营销。按照“城里建商场、城郊建市场”的思路，加快市区和县城商业平台建设，培育乡镇商贸中心，发展社区商业；支持鑫金汇等项目加快建设，打造东环商贸城，推动全市商贸批发市场专业化、规模化、集聚化、规范化发展。推进成品油保障和物流基地、粤北国际物流园、韶关一类口岸、南雄精细化工交易中心、新丰横江商贸物流城、中农批电子商务城建设，鼓励大型企业物流业务本地化。健全城市配送管理机制，规划建设快递产业园，启动快递下乡工作，促进快递物流业加速发展。以推进芙蓉新区医疗机构集群等项目为抓手，发展健康医疗服务产业。引导房地产市场和物业管理健康发展。积极发展信息服务业，扶持韶关（鹏洲）电子商务孵化港、U购网、韶乐购等电商企业做大做强。支持韶关学院和鑫金汇合作建设电子商务研发中心。依托黄沙坪电商产业园和众瀛大数据公众信息服务平台，大力发展电子商务，催生新的经济增长点。加快异地灾备数据中心建设，抓好云计算电子政务公共平台和应用试点示范项目，加快大数据技术应用，逐步解决部门单位信息互不联通的信息孤岛问题。促进信息消费，加快4G服务广覆盖。建设完善信用体系，鼓励金融业创新发展，引导扩大信贷投放，大力发展多层次资本市场，支持具备条件的企业加快上市。全面落实粤东西北地区农村金融发展八项措施，推进农村金融村村通。

扎实推进质量招商和招才引智。继续实施韶关市创新人才引进培养工程，推进十三个人才子计划的落实。制定产业发展规划，注重预招商规划，建立招商信息库、项目库、专家库和客商库。制定招商引资行动方案，着力在发挥自身优势、强化产业配套、创新招商方式、实施精准招商上下功夫，扩大引资成效。

大力实施补链招商、强链招商和扩链招商，动态锁定一批重点目标企业和项目，突出引进行业龙头企业和配套企业。大力推行以商招商、行业协会招商、莞韶联合招商和中介招商，强化项目跟踪服务，提高项目履约率和开工率。重视发挥韶关商会作用，促进“金凤回巢”、“乡贤回归”。完善重大招商项目“绿色通道”工作机制，优化投资软环境，营造“亲商、扶商、护商、安商”氛围。参加世博米兰展，推介韶关。用好与旧金山、荣州等地的友城关系，促进韶关发展。

深入实施创新驱动战略。引导扶持市民创新创业。推进科研项目与产业需求对接，力争在机械装备制造、电子信息等关键技术领域，形成一批科技成果。建立工业技改项目库，扩大技改投资，力促3年内主导产业技改面达50%，提高质量效益。用好韶关学院创新资源，加快发展新型研发机构、高新技术企业、科技型企业。支持组建一批产业技术创新联盟。

二、加强文化建设

实施“文化名城”战略，健全公共文化服务体系和文化市场体系，满足市民文化需求。

大力培育和践行社会主义核心价值观。广泛宣传“中国梦”和社会主义核心价值观，加强公民道德和未成年人思想道德建设，推进诚信建设和志愿服务制度化，加大“扫黄打非”专项整治力度，深化全国文明城市创建。特别要充分激发广大干部群众不甘落后、创新创业的激情，营造加快发展的良好社会文化氛围。

加快特色文化建设。深入挖掘历史人文、生态山水等地方特色文化资源，弘扬、传承客家文化，推进城市建设与文化建设融合发展，提高城市品位。在城市规划建设中充分植入韶关特色文化元素，加强特色文化景观和重要区域、重要地段文化标识设置，突显城市文化主题。围绕以丹霞山为代表的丹霞文化，加快环丹霞山产业园项目建设；围绕以南华禅寺为代表的禅宗文化，加快大南华文化项目建设；围绕以张九龄为代表的名人文化，加快文化名人项目建设，加快李汉魂公馆、余汉谋公馆维修改造，支持涂志伟美术馆的发展；围绕以珠玑古巷为代表的寻根文化，加快珠玑古巷项目建设；围绕乳源瑶族少数民族文化，支持少数民族继承发展传统体育、舞蹈、歌唱文化；依托原中央苏区、革命老区，弘扬红色文化。

加大文化惠民力度。实施重点文化惠民工程，加快县城数字影院全覆盖，完成农村广播电视无线覆盖工程建设等任务。大力开展“中国梦？我的梦”、乳源瑶族“十月朝”、禅宗六祖文化节、青岛啤酒节、百年东街文化节、南雄姓氏文化旅游节、民间艺术花会等品牌文化活动。加快文化设施达标建设，重点推进芙蓉新城主题文化公园建设，以及西河文体中心和韶关剧院改造等项目。创新公共文化服务方式，推行“群众报单、政府买单”的公共文化服务供给方式，破解公共文化供给与需求脱节问题。深化文化事业单位改革，完善文艺精品创作扶持机制，扶持市直媒体、新兴媒体、文艺团体和专业剧团创新发展。鼓励民间资本参与公共文化建设，促进公共文化服务多元化、社会化。

加强文化遗产保护和利用。抓好武江南路历史建筑修复工作，修复广富新街、升平路等历史文化街区，打造东堤艺术字画一条街、百年东街餐饮娱乐购物一站式服务商业街。推进曹角湾村、下胡古村、湾头村、芙蓉山寺和正觉寺改造。加强对粤北采茶戏、瑶族刺绣等非物质文化遗产的保护传承。

加快文化产业发展。制定全市文化产业项目库，完善文化产业发展规划，着力培育骨干文化企业，扶持小微文化企业加快发展。大力发展以旭日为龙头的玩具文化产业。推进科艺创意印刷、南雄罗曼水晶钢琴生产基地、珠玑文化产业园、翁源兰花文化创意产业园、始兴盛怡制笔产业园、始兴丝绸创意文化产业园、新丰云髻山文化产业园、乳源民族文化产业园、金鸡岭文化产业园、大南华文化创意产业园建设。加快培育文化消费市场，提高居民文化消费水平。

三、加强社会建设

突出富民、惠民、利民、安民导向，不断改善民生福祉，促进社会公平正义，增强市民幸福感，促进社会和谐。

持续增进民生福祉。实施高质量就业计划，加强就业创业扶持，成立青年创业协会，推进全民创业特别是青年创业示范项目建设。加强社保扩面征缴工作，加大执法检查力度。做好被征地农民社保实名制工作，推进城乡养老保险制度衔接，尽快完善城乡医保一体化平台。新开工建设保障房2.7万套，基本建成1.4万套。完善安置房分配及社区管理制度。培育养老服务多元主体，探索医养融合模式，完善养老服务体系。提高低保、五保和优抚对象等补助标准，统筹社会救助体系建设，发展社会福利和慈善事业，建成市社会福利院老年人综合服务大楼，加强恤孤、助残工作。做好原中央苏区县和革命老区县申报工作。深化扶贫开发“双到”工作，整合涉农资金集中用于扶贫开发和新村建设，完成3698户农村低收入住房困难户危房改造。稳步推进城乡客运一体化。加快村村通自来水工程建设。

加快发展社会事业。力争实现全市省教育强镇全覆盖。以加强信息化为重点，继续推进县域内城乡义务教育均衡发展。支持韶关学院内涵发展。加强教育资源特别是职业技术教育资源整合，支持乳源瑶族自治县创建全国职业教育示范县。优化发展普通高中教育和特殊教育。推进华师附属韶关中学、韶关实验中学（二期）等项目建设。实施第二期学前教育三年行动计划，提升学前教育整体发展水平。大力发展民办教育。深化医药卫生体制改革，巩固完善基本药物制度和基层运行新机制。强化卫生应急、疾病预防控制、妇幼保健和卫生监督工作。积极推动社会办医。夯实人口计生基础工作。加快粤北医院全科医生培训基地、芙蓉新区三甲医院等项目建设。加强基层医疗卫生机构标准化建设。引导名医到社区医院轮流坐诊。深入开展全民健身活动，建成市区四个游泳场以及10个乡镇农民体育健身广场。力争在省第十四届运动会上取得好成绩。加大农产品源头安全监测体系建设力度，加强食品药品安全监管，探索建立食品药品黑名单制度。完善安全生产监管体系，提高安全生产水平。加快气象现代化建设，完善预警信息发布体系。

推进社会治理创新。深入推进社会信用体系和市场监管体系建设。推进社区治理改革。探索成立居民准物业自治管理组织。推进社会组织孵化基地建设，深化政府购买社工服务试点。推进户籍制度改革，提升流动人口动态服务管理效能。加强劳动者权益保障，构建和谐劳动关系。加强法治宣传教育，推进法治社会建设。健全法律服务体系，全面实施政府法律顾问和一村（社区）一法律顾问制度，深入开展法治城市、法治县（市、区）、法治乡镇（街道）和民主法治示范村（社区）创建活动。大力推进基层治理法治化，加强行业性、专业性人民调解组织建设。依法强化网络管理。加强应急指挥平台建设，提高公共安全和防灾减灾能力。完善重大决策社会稳定风险评估机制，推进社会治安视频监控系统建设，加强信访维稳，深入创建“平安韶关”。加强“违法建筑、违法用地”查处长效机制建设，规范城乡建设秩序。加强档案管理和保密工作。争创第十届全国、全省双拥模范城。

今年，市政府将在继续抓好以往承诺民生实事的同时，办好九件实事：1. 强化就业培训服务；2. 提高底线民生保障水平；3. 开展山区中小河流整治；4. 完成300公里以上新农村公路路面硬化；5. 将城乡居民基本医疗保险补助标准从年人均320元提高到360元；6. 完成市广播电视台广播电视采编制播高标清升级改造；7. 建成市区小岛片区截污管网；8. 建成市区田螺冲污水处理厂一期工程；9. 建设芙蓉新城盆景山公园、武江区移山路公园和黄沙坪公园一期以及浈江区田螺冲棚改安置区矿山公园。

四、加强生态文明建设

大力实施主体功能区规划，积极推进国家生态文明先行示范区建设，努力将生态优势转化为经济优势，推进经济社会发展。

加强造林绿化工作。加强交通主干道及重要景区、主要流域、城镇周边山体等“三边”造林工程和森林公园建设，扩大省级生态公益林面积，提升生态景观林带、碳汇造林、乡村绿化美化工程质量，完成省下达的目标任务。实行护林员薪酬与工作绩效挂钩。关停整合一批现有木材加工企业。加快苗木基地、森林防火直升机基地建设。发挥主城区和芙蓉新区的示范带动作用，加强城市绿化美化。借鉴外地经验，鼓励社会资本参与造林绿化和森林公园建设。

提升环境保护水平。实施新环保法，加大环保执法和惩治违法行为力度。建立道路遗洒、施工扬尘、环境损害、破坏森林、非法采矿等违法行为有奖举报制度，并探索建立环保警察制度。对损害环境的责任单位和责任人，受到处罚而拒不改正的，按照原处罚数额按日连续处罚，构成犯罪的依法追究刑事责任。加快推进国家节能减排财政政策综合示范城市建设，狠抓落后产能退出、供电与产出挂钩和大气、水体污染减排。加大对PM2.5、PM10的监控和大气污染防治，加强重污染天气监测预警；推行清洁生产，突出高污染燃料工业小锅炉和工业企业大气污染治理；加强机动车污染防治，扩大市区黄标车禁行区，加大黄标车和老旧车淘汰力度；推进市区公交电动化项目，推广应用新能源汽车。加强城市扬尘污染控制，扩大城市禁燃区。推进大宝山、韶钢环保改造和韶冶整体搬迁升级改造项目。加强水污染防治，加快市区截污管网、污水处理厂建设及翁源李屋拦泥库外排水处理扩建工程建设。加强生态修复治理，开展矿山环境综合治理、水土流失治理、石漠化治理和重金属污染防治及受污染土壤治理修复。加快曲江沙溪民采遗留矿山综合治理，关停淘汰污染重、效益差、产业关联度低的涉重企业。加强危险废物处置设施建设。以生活垃圾、生活污水、禽畜污染整治为突破口，大力综合整治农村人居环境。健全突发环境事件应急评估、备案、预警及处置、环境污染事故预防和应急处理制度，防止重大环境污染发生。

提高资源节约集约利用水平。推进循环经济园区、企业建设试点，大力发展循环经济，提高资源利用效率。落实国家阶梯用水、用电、用气政策。深入落实最严格的水资源管理制度。严把环保准入关口，对重大项目环评和规划环评提前介入。开展能源消耗容量分析，合理调节不同能耗的投资项目。实施投入产出约定机制，促进企业提高投入产出率。发展绿色节能建筑。加强土地供应和供后动态监管，规范国有划拨土地的收储管理。探索建立绩效用地综合评价体系，对照投资合同、供地合同，对企业用地情况进行全面排查，以提高土地使用税等经济杠杆倒逼企业提高土地利用效率。强化“以亩产论英雄”的理念，推进节地换产，加大对闲置土地的处置力度，重点加大对产业园闲置土地的处置力度，依法解决企业用地多占少用、占而不用的问题，把闲置、半闲置和低效用地向优质项目转移配置。推进不动产登记和土地利用总体规划中期修规工作。

五、加强政府建设

按照推进国家治理体系和治理能力现代化的要求，以深化改革为动力，更好发挥政府作用，努力建设人民满意政府。

建设法治政府。自觉接受人大和政协的监督，办好人大议案、代表建议和政协提案。听取各民主党派、工商联、无党派人士和各人民团体意见。落实市政府工作规则，健全决策机制。清理行政职权，编制权责清单，规范权力运行。推进相对集中行使执法权，减少执法层级，推进监管执法职能与技术检验检测职能相对分离，规范执法行为。深化政府信息公开，完善网络问政，畅通政府与市民信息互通渠道。推进机构编制实名制管理“全覆盖”。清理超编制、超规格配备干部和“吃空饷”现象。依法有序解决征地拆迁、企业改制、土地出让等方面历史遗留问题。努力争取地方立法权。

建设效能政府。向社会公布行政审批办事指南和业务手册，推进行政审批标准化建设。各部门审批权相对集中，并进入行政服务办事大厅。提高网上办事大厅办事深度。推行企业登记附加承诺的一表并联审批，力争三天办结营业执照、机构代码证、国税登记证、地税登记证和刻制公章等“四证一章”事项。再造审批流程，探索实行简单事项立等审批，联办事项一口办理，关联审批一章多效，网上审批一次领证，踏勘验收统一勘验的审批流程。改进政府督办工作，对重点工作定期回头看，健全抓落实工作机制。探索差异化绩效考核评价体系，充分调动干事创业积极性。大力整治为官不为和“庸懒散拖”的行为。

建设创新政府。深化乡镇街道行政体制改革，理顺乡镇街道职责关系，完善基层治理体系。推进公益三类事业单位和经营服务类事业单位转为企业或社会组织。开展事业单位法人治理结构试点。总结推广市县镇村四级政务服务的“乳源模式”。盘活市属单位的存量资金、资源、资产。完善国有企业风险管控制度。推进财政体制改革创新，建立健全政府预算体系，探索跨年度预算平衡机制。创新财政沉淀资金管理，提高财政资金使用效益。改革财政资金绩效评审办法，着重考核年初所定的量化绩效目标的实现程度。建立城市建设基金，积极利用政府与社会资本合作方式（PPP）推进城市建设。加强政府债务分析，建立债务预警机制，促进城投等平台公司转型发展。开展企业税务审计，加强税源管理。创新保障性住房建设供应办法，探索“共有产权”模式和货币安置，帮助住房困难户早圆安居梦。创新社会管理方式，探索大数据技术在城市管理、财政管理和公共服务等领域的科学运用，开展数字城管试点工作。积极推进公车改革，稳步推进机关事业单位养老保险制度改革。

建设廉洁政府。严格落实中央“八项规定”精神，坚决整治“四风”。坚持有腐必反、有贪必肃，以“零容忍”态度坚决查处违法违纪行为。围绕政府工作中的廉政风险点和腐败易发多发领域，加强源头防控。推进政府性投资项目中介机构与行政主管部门脱钩。推进县镇村“三资”平台建设。建设工程招标、政府采购实行电子招标投标，杜绝量身定制式招标，截断围标串标的信息源，减少评标专家的自由裁量权，解决围标串标和价格虚高痼疾。针对建设工程招投标、财政资金管理、土地出让、重大工程项目建设等重点领域和关键环节，加强事前事中事后全过程监督。强化对政府部门、事业单位和市属国有资产的审计监督。深化县镇政府“一把手”经济责任“同步审计”。开展县镇政府交叉审计试点。严禁骗取、套取财政专项资金，严禁私设小金库或账外账、资产不入帐，严禁以权谋私、索贿受贿。

各位代表，让我们在省委、省政府和市委的正确领导下，坚定信心、群策群力、奋勇争先，为建设幸福美好韶关而努力奋斗！

韶关市职工生育保险实施办法

（韶府令第126号）

《韶关市职工生育保险实施办法》（韶府规审〔2015〕5号），已经2015年8月10日韶关市人民政府第十三届66次常务会议通过，现予以发布，自发布之日起执行，有效期5年。

代市长　骆蔚峰

2015年8月17日

韶关市职工生育保险实施办法

第一条　为了使职工在生育期间获得基本的医疗和生活保障，均衡用人单位生育费用负担，促进公平就业，根据《中华人民共和国社会保险法》、《女职工劳动保护特别规定》、《广东省职工生育保险规定》等法律、法规，结合本市实际，制定本实施办法。

第二条　本市行政区域内的国家机关、企事业单位，社会团体、民办非企业单位，基金会、律师事务所、会计师事务所等组织和有雇工的个体工商户（以下统称用人单位）及其全部职工和雇工（以下统称职工）参加生育保险，适用本办法。

第三条　用人单位及其职工按照属地管理原则在用人单位注册登记地参加生育保险。用人单位为国家机关、人民团体的，在单位所在地参加生育保险。

中央、省驻韶单位、市直单位及其职工，有非军籍职工的军队、武警部队所属用人单位及其非军籍职工，在本单位参加职工基本医疗保险所在地参加生育保险。

第四条　市人力资源和社会保障局负责全市的生育保险行政管理工作，县（市、区）人力资源和社会保障局在市人力资源和社会保障局指导下负责本行政区域内的生育保险行政管理工作，市社会保险服务管理局及各县（市、区）分局具体承办生育保险登记、生育保险费核定、个人权益记录、生育保险待遇支付等生育保险事务，负责提供生育保险业务咨询、查询等服务。

第五条　地税部门负责征收生育保险费，其他有关部门在各自的职责范围内负责有关的生育保险工作。

第六条　生育保险基金及其收益、生育保险待遇按照国家规定不计征税、费。

第七条　生育保险基金实行市级统筹，并按照国家规定逐步实行省级统筹。

第八条　生育保险基金坚持以支定收、收支平衡、分级核算、风险共担的原则。

当年全市生育保险基金收支平衡时，出现赤字的县（市、区）人民政府按当地赤字5%的比例承担，市直单位赤字由市人民政府按赤字5%的比例承担；当年全市生育保险基金收不抵支时，出现赤字的县（市、区）人民政府按当地赤字额40%的比例承担，市直单位赤字由市人民政府按赤字40%的比例承担，生育保险基金历年结余承担60%；当全市生育保险基金累计结余出现赤字时，由市、县两级人民政府共同补足。

第九条　生育保险基金由下列各项资金构成：

（一）生育保险费；

（二）生育保险基金的利息；

（三）滞纳金；

（四）财政补贴；

（五）依法纳入生育保险基金的其他资金。

第十条　生育保险费由用人单位按照本单位上月职工工资总额0.5%的比例按月缴纳生育保险费。职工个人不缴纳生育保险费。

用人单位上月职工工资总额超过本市上年度在岗职工月平均工资的3倍乘以本单位职工人数之积的，按照本市上年度在岗职工月平均工资的3倍乘以本单位职工人数之积计算。

用人单位无上月职工工资的，以本单位本月职工工资总额为基数计算。

第十一条　生育保险基金应当存入社会保障基金财政专户并实行预算管理，单独建账，分账核算，专款专用，不得挪作他用。

存入银行的生育保险基金参照本市城镇职工基本医疗保险基金计息办法计息。

第十二条　用人单位已经按时足额缴纳生育保险费的，其职工享受生育保险待遇；职工未就业配偶享受生育医疗费用待遇。所需资金从生育保险基金中支付。

生育保险待遇包括生育医疗费用和生育津贴。

第十三条　职工享受的生育医疗费用包括下列各项：

（一）生育的医疗费用，即女职工在孕产期内因怀孕、分娩发生的医疗费用，包括符合国家和省规定的产前检查的费用，终止妊娠的费用，分娩住院期间的接生费、手术费、住院费、药费及诊治妊娠合并症、并发症的费用。

（二）计划生育的医疗费用，包括职工放置或者取出宫内节育器，施行输卵管、输精管结扎或者复通手术、人工流产、引产术等发生的医疗费用。

（三）法律、法规、规章规定的其他项目费用。

职工未就业配偶享受的生育医疗费用待遇，参照本市城乡居民基本医疗保险生育医疗待遇标准执行。

从生育保险基金中支付生育医疗费用，应当符合国家和省规定的生育保险药品目录和基本医疗保险诊疗项目、医疗服务设施标准。不属于生育保险基金支付范围的生育医疗费用，按照规定纳入基本医疗保险基金支付范围。

第十四条　下列医疗费用不纳入生育保险基金支付范围：

（一）因医疗事故发生的应当由医疗机构承担的费用；

（二）应当由公共卫生或者计划生育技术服务项目负担的费用；

（三）应当由基本医疗保险基金或者工伤保险基金支付的费用；

（四）在国外或者港澳台地区发生的医疗费用；

（五）法律、法规、规章规定不应当由生育保险基金支付的其他医疗费用。

第十五条　职工应当享受的生育津贴，按照职工生育或者施行计划生育手术时用人单位上年度职工月平均工资除以30再乘以规定的假期天数计发。

用人单位上年度职工月平均工资，按照市社会保险服务管理局核定的本单位上一自然年度参保职工各月工资总额之和除以其各月参保职工数之和确定。用人单位无上年度职工月平均工资的，生育津贴以本单位本年度职工月平均工资为基数计算。

第十六条　职工享受生育津贴的假期天数，按照下列规定计算：

（一）女职工生育享受产假：顺产的，98天；难产的，增加30天；生育多胞胎的，每多生育1个婴儿，增加15天；怀孕未满4个月流产的，15天；怀孕满4个月流产的，42天。

（二）享受计划生育手术休假：取出宫内节育器的，1天；放置宫内节育器的，2天；施行输卵管结扎的，21天；施行输精管结扎的，7天；施行输卵管或者输精管复通手术的，14天。同时施行两种节育手术的，合并计算假期。

不符合前款规定的假期期间，包括职工依照计划生育法律、法规规定享受奖励增加的产假或者看护假期间，由用人单位按照规定发放工资，职工不享受生育津贴。

本市规定增加生育津贴计发项目及期限的，从其规定。

第十七条　职工按照规定享受产假或者计划生育手术休假期间，其生育津贴由用人单位按照职工原工资标准逐月垫付，再由市社会保险服务管理局或各县（市、区）分局按照规定拨付给用人单位。

职工已享受生育津贴的，视同用人单位已经支付相应数额的工资。生育津贴高于职工原工资标准的，用人单位应当将生育津贴余额支付给职工；生育津贴低于职工原工资标准的，差额部分由用人单位补足，列入用人单位成本。

职工依法享受的生育津贴，按规定免征个人所得税。

本条所称职工原工资标准，是指职工依法享受产假或者计划生育手术休假前12个月的月平均工资。职工依法享受假期前参加工作未满12个月的，按其实际参加工作的月份数计算。

第十八条　职工失业前已参加生育保险的，其在领取失业保险金期间发生符合本办法的生育医疗费用，从生育保险基金中支付。

第十九条　职工达到法定退休年龄后发生符合本办法的生育医疗费用，从生育保险基金中支付。

第二十条　职工未就业配偶已享受城乡居民基本医疗保险的生育待遇或者本办法第十八条规定的待遇的，不再享受生育医疗费用待遇。

第二十一条　实行定点医疗机构协议管理，县（市、区）人力资源和社会保障局负责在职工基本医疗保险定点医疗机构范围内确定生育保险定点医疗机构。市社会保险服务管理局应当与生育保险定点医疗机构签订服务协议，并将全部已签订服务协议的生育保险定点医疗机构名单向社会公布。

第二十二条　在定点医疗机构就医，应当向定点医疗机构提供以下材料：

（一）社会保障卡等参保凭证；

（二）符合计划生育规定的证明。

符合本办法第十八条、第十九条规定的人员和职工未就业配偶就医除提供上述所需材料，还需提供《结婚证》、《就业失业登记证》以及职工配偶社会保障卡等资料原件及复印件。

第二十三条　累计参加生育保险满1年的职工在本市定点医疗机构生育或者施行计划生育手术的，其医疗费用由市社会保险服务管理局或各县（市、区）分局与定点医疗机构直接结算，具体结算办法由市社会保险服务管理局另行制定。

前款职工在分娩住院期间因病情需要，可以按照规定转至本市其他职工基本医疗保险定点医疗机构就医，所需医疗费用由市社会保险服务管理局或各县（市、区）分局与医疗机构按照规定直接结算。

第二十四条 累计参加生育保险满1年的职工在市外定点医疗机构生育的，其生育的医疗费用先由职工个人支付，待分娩后1年内，凭享受生育保险待遇申请表、享受待遇人员的身份证明及参保凭证、婴儿出生或者死亡证明、相关医疗费用明细、票据和符合计划生育规定的证明等材料向市社会保险服务管理局或各县（市、区）分局申请报销，先由个人自付5%，并参照相同级别的定点医疗机构的结算标准，从生育保险基金中支付，超出部分不予支付。

累计参加生育保险满1年的职工因急诊、抢救而在非定点医疗机构生育的，其生育的医疗费用先由职工个人支付，待分娩后1年内，凭本条第一款规定的材料和相关医疗机构诊断证明向市社会保险服务管理局或各县（市、区）分局申请报销。市社会保险服务管理局或各县（市、区）分局应当核实，并参照相同级别的定点医疗机构的结算标准，从生育保险基金中支付，超出部分不予支付。

累计参加生育保险满1年的职工非因急诊、抢救而在非定点医疗机构生育的，其医疗费用由职工个人支付，待分娩后1年内，凭本条第一款规定的材料和相关医疗机构诊断证明向市社会保险服务管理局或各县（市、区）分局申请报销，先由个人自付25%，并参照相同级别的定点医疗机构的结算标准，从生育保险基金中支付，超出部分不予支付。

第二十五条 累计参加生育保险满1年的职工因急诊、抢救而在非定点医疗机构施行计划生育手术的，其计划生育的医疗费用先由职工个人支付，待手术后1年内，凭享受生育保险待遇申请表、享受待遇人员的身份证明及参保凭证、相关医疗机构诊断证明、医疗费用明细和票据等材料向市社会保险服务管理局或各县（市、区）分局申请报销。

累计参加生育保险满1年的职工非因急诊、抢救而在非定点医疗机构施行计划生育手术的，先由个人自付25%，再按照前款规定的程序、材料向市社会保险服务管理局或各县（市、区）分局申请报销。

第二十六条 累计参加生育保险未满1年的职工生育或者施行计划生育手术的，其生育医疗费用先由职工个人支付，待其累计参加生育保险满12个月后的1年内，凭本办法第二十四条或者第二十五条规定的相应材料和下列材料向市社会保险服务管理局或各县（市、区）分局申请报销。

（一）劳动合同或者用人单位的招录证明。属于劳务派遣的，还需提供劳务派遣协议。

（二）职工就业期间的工资支付凭证。

（三）用人单位的营业执照、登记证书或者机构代码证。

第二十七条 职工未就业配偶生育或者施行计划生育手术的，其生育医疗费用支付按本市城乡居民基本医疗保险实施办法执行。

第二十八条 按照本办法第二十三条至第二十七条规定申请支付生育医疗费用的，市社会保险服务管理局或各县（市、区）分局应当及时审核。符合支付条件的，市社会保险服务管理局或各县（市、区）分局应当在接到申请（材料齐全）后30日内支付有关费用；不符合支付条件的，应当在30日内作出不予支付的书面决定并说明理由和依据。

第二十九条 职工累计参加生育保险满1年并且用人单位已向其垫付生育津贴的，用人单位可在职工生育或者施行计划生育手术的次月起1年内向市社会保险服务管理局或各县（市、区）分局申请拨付生育津贴。

申请拨付女职工生育享受产假的生育津贴，应当提供享受生育保险待遇申请表、享受待遇人员的身份证明、婴儿出生证明或者死亡证明、用人单位垫付生育津贴的凭证、符合计划生育规定的证明。难产、生育多胞胎或者终止妊娠的，还应当提供医疗机构的诊断证明。

申请拨付职工享受计划生育手术休假的生育津贴，应当提供享受生育保险待遇申请表、享受待遇人员的身份证明、用人单位垫付生育津贴的凭证和医疗机构的诊断证明。

第三十条 累计参加生育保险未满1年的职工生育或者施行计划生育手术的，用人单位可在为职工累计缴纳生育保险费满12个月并向职工垫付生育津贴后1年内，向市社会保险服务管理局或各县（市、区）分局申请拨付生育津贴。

按照前款规定申请拨付生育津贴的，除应当相应提供本办法第二十九条第二款或者第三款规定的材料外，还应当提供相关劳动合同、劳务派遣协议或者用人单位的招录证明，职工就业期间的工资支付凭证，用人单位的营业执照、登记证书或者机构代码证。

第三十一条 职工按照规定享受产假或者计划生育手术休假期间，用人单位因被吊销营业执照、责令关闭、撤销等客观原因或者无正当理由未垫付生育津贴的，职工本人可以在产假或者计划生育手术休假结束后1年内，直接向市社会保险服务管理局或各县（市、区）分局申请拨付生育津贴。

按照前款规定申请拨付生育津贴的，应当相应提供本办法第二十九条第二款或者第三款规定中除用人单位垫付生育津贴的凭证以外的材料，以及相关劳动合同、劳务派遣协议或者用人单位的招录证明、用人单位未垫付生育津贴的证明材料。

第三十二条 符合生育津贴支付条件的，市社会保险服务管理局或各县（市、区）分局应当在接到拨付申请之日起30日内拨付，并将拨付情况及时告知享受待遇的职工；

不符合支付条件的，应当在30日内作出不予拨付的书面决定并说明理由和依据。

第三十三条　负责计划生育工作的部门或者机构应当按照规定出具计划生育证明。

第三十四条　职工在本省行政区域内跨统筹地区参加生育保险的，其缴费时间累计计算。市社会保险服务管理局或各县（市、区）分局应当为有需要的职工出具缴费凭证。

职工和职工未就业配偶在职工最后参保地按照规定享受生育保险待遇或者生育医疗费用待遇。

第三十五条　各有关单位和职工本人应当如实反映与生育保险有关的情况，并对所提供材料的真实性负责。

职工、用人单位、医疗机构及其他有关单位、人员隐瞒事实真相、出具伪证或者以其他不正当手段参加生育保险、骗取生育保险待遇的，市人力资源和社会保障局、市社会保险服务管理局或各县（市、区）分局、市地税局应当记录在案，按照规定将有关人员或者单位的违法信息及时纳入相关信用信息数据库，并通过新闻媒体或者在韶关12333网站予以公开。

第三十六条　市人力资源和社会保障局、财政局、审计局应当按照各自职责，对生育保险基金的收支、管理和投资运营情况实施监督。

市社会保险服务管理局或各县（市、区）分局、地税部门应当及时核查用人单位申报、缴纳生育保险费的信息，监督用人单位依法参加生育保险。

对申请享受生育保险待遇的有关材料，市社会保险服务管理局或各县（市、区）分局应当依法审核，必要时还应当对有关情况进行实地核查。发现有违法情形的，应当及时移送市人力资源和社会保障局依法处理。

第三十七条　用人单位应当按月将缴纳生育保险费的明细情况告知职工本人，接受职工监督。

市社会保险服务管理局或各县（市、区）分局应当定期向社会公布参加生育保险情况以及生育保险基金的收入、支出、结余和收益情况，接受社会监督。

医疗机构、负责计划生育工作的部门或者机构发现有违反生育保险规定的行为的，应当及时将有关情况告知市社会保险服务管理局或各县（市、区）分局。

任何组织或者个人对违反生育保险规定的行为，有权向市人力资源和社会保障局或者其他有关部门、机构举报、投诉。市人力资源和社会保障局或者其他有关部门、机构应当及时依法处理。

第三十八条　用人单位未按照规定为职工办理生育保险登记或者未按时足额缴纳生育保险费的，依照《中华人民共和国社会保险法》有关规定处理；造成职工或者职工未就业配偶不能享受生育保险待遇的，由用人单位按照本办法规定的生育保险待遇标准向职工支付相关费用。

用人单位未足额申报本单位职工工资总额造成职工生育津贴损失的，由用人单位负责赔偿。

第三十九条　用人单位未按照本办法第十七条第二款规定将生育津贴足额支付给职工的，由市人力资源和社会保障局依照《广东省职工生育保险规定》第四十条的规定处理。

第四十条　隐瞒事实真相、出具伪证或者以其他不正当手段参加生育保险的，由市人力资源和社会保障局依照《广东省职工生育保险规定》第四十一条的规定处理。涉嫌犯罪的，移送司法机关依法处理。

第四十一条　以欺诈、伪造证明材料或者其他手段骗取生育保险基金支出或者骗取生育保险待遇的，依照《中华人民共和国社会保险法》有关规定处理。

第四十二条　各级人民政府、有关单位及其工作人员未依法履行生育保险工作职责或者在生育保险工作中有违法行为的，依照《中华人民共和国社会保险法》等有关法律法规的规定处理。

第四十三条　用人单位或者个人认为地税部门、市社会保险服务管理局及各县（市、区）分局的具体行政行为侵害其生育保险权益的，可以依法申请行政复议或者提起行政诉讼。

个人与用人单位发生生育保险待遇及损失赔偿等方面争议的，按照劳动争议处理的有关规定处理。

第四十四条　本办法所规定的享受生育保险待遇申请表，由用人单位和职工在韶关12333网免费下载使用。

第四十五条　外国人和港澳台地区人员参加生育保险、享受生育保险待遇，按照国家规定执行。

第四十六条　如遇生育保险缴费比例、生育保险待遇调整，由市人力资源和社会保障局按有关程序报市政府批准后执行，国家、省对生育保险有新规定的，按新的规定执行。

第四十七条　本办法自颁布之日起施行，有效期5年。

韶关市人民政府关于提高2016年度城乡居民基本医疗保险个人缴费标准的通知

（韶府办〔2015〕34号）

各县（市、区）人民政府，市政府有关部门、有关直属机构：

根据《广东省人力资源和社会保障厅财政厅转发人力资源和社会保障部财政部关于做好2015年城镇居民基本医疗保险工作的通知》（粤人社函〔2015〕818号）有关规定，结合全省的情况和我市实际，经市人民政府同意，决定提高2016年我市城乡居民基本医疗保险个人缴费标准，现将有关事宜通知如下：

一、将2016年我市城乡居民基本医疗保险个人缴费标准统一提高至120元/人·年，同时将参保居民住院医疗费用报销比例统一调整为：一级医院报销90%，二级医院报销80%，三级医院报销60%。

二、各县（市、区）人民政府要做好2016年度城乡居民基本医疗保险参保缴费的宣传发动和组织实施工作，确保完成2016年度城乡居民基本医疗保险参保任务，做到城乡居民人人享有医保。

三、各有关单位要按照《韶关市城乡居民基本医疗保险实施办法》（韶府令第108号）规定的职能部门职责做好提高2016年度城乡居民基本医疗保险参保缴费标准的相关工作。

请各单位认真贯彻执行，执行中如遇到有关问题，请径向市人力资源和社会保障局反映。

韶关市人民政府办公室
2015年8月10日

韶关市人民政府关于调整我市失业保险金标准的通知

（韶府〔2015〕21号）

各县（市、区）人民政府，市政府各部门、各直属机构，中省驻韶各单位：

根据《广东省失业保险条例》和《韶关市人民政府关于调整我市企业职工最低工资标准的通知》（韶府〔2015〕14号）精神，为保障职工失业期间的基本生活，决定调整我市失业保险金标准。现将有关事项通知如下：

一、自2015年5月1日起，我市失业保险金标准由808元/月调整为968元/月。

二、各地要严格执行失业保险金标准，按时足额发放失业保险金，着力提高社会保险经办服务水平，切实做好失业人员基本生活的保障工作。

韶关市人民政府
2015年4月17日

韶关市人民政府关于调整我市企业职工最低工资标准的通知

（韶府〔2015〕14号）

各县（市、区）人民政府，市政府各部门、各直属机构，中省驻韶各单位：

根据《中华人民共和国劳动法》、《最低工资规定》（原劳动保障部令第21号）和《广东省人民政府关于调整我省企业职工最低工资标准的通知》（粤府函〔2015〕20号）精神，结合我市经济社会发展状况，决定调整我市企业职工最低工资标准和非全日制职工小时最低工资标准。现将有关事项通知如下：

一、从2015年5月1日起，调整我市企业职工月最低工资标准和非全日制职工小时最低工资标准：

（一）企业职工月最低工资标准由原来的1010元/月调整为1210元/月。

（二）非全日制职工小时最低工资标准由原来的10元/小时调整为12元/小时。

二、各地要加大对提高最低工资标准的宣传，严格执行最低工资保障制度，加强监督检查，切实保障职工合法权益。

韶关市人民政府

2015年3月7日

韶关市人民政府关于进一步推进户籍制度改革的实施意见

韶府〔2015〕59号

各县（市、区）人民政府，市政府各部门、各直属机构，中省驻韶各单位：

为深入贯彻落实《国务院关于进一步推进户籍制度改革的意见》（国发〔2014〕25号）、《广东省人民政府关于进一步推进户籍制度改革的实施意见》（粤府〔2015〕63号）和市委、市政府全面深化改革的工作部署，促进有能力在城镇稳定就业和生活的常住人口有序实现市民化，稳步推进城镇基本公共服务常住人口全覆盖，现提出以下实施意见：

一、总体要求

（一）工作目标。统筹我市户籍制度改革和相关经济社会领域改革，合理引导农业人口有序向城镇转移，有序推进农业转移人口市民化，逐步实现城乡人口管理一体化，城乡公共服务均等化，城乡经济发展均衡化。到2020年，基本建立与全面建成小康社会相适应，有效支撑社会管理和公共服务，依法保障公民权利，以人为本、科学高效、规范有序的新型户籍制度。

（二）基本原则。坚持积极稳妥、以人为本，尊重居民自主定居意愿，稳步推进农业转移人口落户城镇；坚持分类管理、有序迁移，合理调整城乡人口结构；坚持统筹规划、全面布局，着力完善相关配套制度和政策；坚持因地制宜、分类指导，统筹考虑经济社会发展和城市综合承载能力，实施差别化户籍政策。

二、实施积极的户口迁移政策，优化人口布局

（三）全面放宽我市落户限制。在我市城镇有合法稳定住所（含租赁，下同）的人员，本人及其共同居住生活的配偶、未成年子女、父母等，可以在当地申请登记常住户口。

（四）优先解决流动人口存量问题。进一步放宽集体户口设置条件，允许进城时间长、就业能力强、可以适应产业转型升级和市场竞争环境、长期从事一线特殊艰苦行业人员在我市落户，或向已在本地城镇落户的亲友搭户。

（五）进一步放开直系亲属投靠。凡在我市城镇共同居住生活的直系亲属间相互投靠（夫妻投靠、未成年子女投靠、父母投靠），不受婚龄、年龄等条件限制，凭有效证件和证明材料申请办理户口迁移手续。

（六）放宽大专以上（含大专）学历毕业生及技能人才、特殊专业人才入户条件。大专以上（含大专）学历毕业生以及经市相关部门认证的中级技能型人才、特殊专业人才可在我市落户，或向已在本地城镇落户的亲友搭户。

三、深化实有人口管理，完善居住证制度

（七）实现城乡统一户口登记。按照省政府统一部署，2016年1月1日起取消我市农业、非农业以及其他所有户口性质划分，统一登记为居民户口。实行城乡户籍“一元化”登记管理，真实体现户籍制度的人口登记管理功能。加快建立与统一城乡户口登记制度相适应的教育、卫生计生、就业、社会保障、住房、民政、土地以及人口统计规划等社会服务制度，实现户籍制度改革相关工作紧密结合，整体推进。

（八）健全居住证积分管理制度。以居住证为载体，建立健全与居住年限、参加社会保险年限等条件相挂钩的基本公共服务提供机制。居住证持有人可通过积分等方式，阶梯式享受基本公共教育、基本医疗卫生、就业扶持、住房保障、社会福利、社会救助、公共文化、计划生育等方面的服务。居住证持有人应当按照权责对等的原则，切实履行服兵役和参加民兵组织以及地方规定的公民义务。积极拓展居住证的社会应用功能，不断扩大向居住证持有人提供公共服务的范围。

（九）加强人口基础信息平台建设。建立完善覆盖全市实际居住人口、以公民身份号码为唯一标识、以人口基础信息为基准的全市人口基础信息库。依托省政务信息资源共享平台，整合我市各有关部门的人口信息资源，建立我市人口综合信息服务管理平台，分类完善劳动就业、教育、收入、社保、房产、信用、卫生计生、税务、婚姻、民族等信息系统，逐步实现跨层级、跨部门、跨地区信息整合和共享。

（十）加强人口信息管理应用。建立健全实际居住人口登记制度，完善人口动态采集更新机制，全面、准确掌握人口规模、人员结构、地区分布等情况，提升人口基础信息采集率、准确率。实时掌握人口变化情况，加强人口数据统计分析，为政府决策提供参考依据。

四、推进经济社会领域配套改革

（十一）完善农村产权制度。加快推进我市农村土地承包经营权确权、登记、颁证，依法保障农民的土地承包经营权、宅基地使用权。根据国家统一部署，推进农村集体经济组织产权制度改革，保护集体经济组织成员的集体财产权和收益分配权。坚持依法、自愿、有偿的原则，引导农业转移人口有序流转土地承包经营权。现阶段，不得以退出土地承包经营权、宅基地使用权、集体收益分配权作为农民进城落户的条件。

（十二）积极推动城乡教育事业均衡协调发展。进一步加大教育投入，切实保障城市新增居民教育权利。完善义务教育经费保障机制，制定出台鼓励政策吸引高素质教师到农村学校任教，提高教学质量，促进义务教育均衡优质标准化发展，保障适龄儿童少年平等接受义务教育权利。建立非义务教育多元投入机制，加快发展继续教育和职业培训，最大限度地满足城市新增居民多样化的学习需求，加强面向农村的职业教育培训。

（十三）建立完善覆盖城乡惠及全民的社会保障体系。建立健全城乡统一的人力资源市场和就业创业管理体系，完善人力资源信息网络系统，为农村劳动力和新落户城镇劳动力提供就业创业服务和就业援助。加强农村劳动者技能培训，提高其转移就业能力。健全城乡各项社会保障制度，建立统一的城乡居民基本养老保险制度，进一步完善城乡居民基本医疗保险制度，做好医保关系转移接续和异地就医即时结算服务工作。完善以低保制度为核心的社会救助体系，实现城乡社会救助统筹发展。

（十四）加快统一城乡居民卫生计生服务制度。将全市农业转移人口及其他常住人口纳入社区卫生和计划生育服务体系，提供基本医疗卫生服务，加快实施统一的城乡医疗救助制度。建设全面覆盖实际居住人口的计生服务信息网络。

（十五）加快住房保障制度改革。深入分析研究本地农业转移人口和其他常住人口住房需求，加强城镇保障性住房建设规划，逐步将稳定就业的异地务工人员纳入城镇住房保障体系。加大保障性住房建设力度，多渠道筹措房源，着力解决新落户的低收入家庭住房困难问题。探索完善城乡居民住房公积金制度，充分发挥住房公积金支持城乡居民住房消费的作用。

（十六）加强基本公共服务财力保障。积极探索建立财政转移支付同农业转移人口市民化挂钩机制。完善促进基本公共服务均等化的公共财政体系，逐步理顺事权关系，建立事权和支出责任相适应的制度，各级政府按照事权划分相应承担支出责任。

五、切实加强组织领导

（十七）加强组织领导，抓紧制定配套政策。市政府成立韶关市户籍制度改革工作协调领导小组，统筹领导和协调推进全市户籍制度改革工作。领导小组由市政府分管副市长任组长，市政府分管副秘书长、市公安局分管副局长任副组长，市发展和改革局、市经济和信息化局、市教育局、市公安局、市民政局、市财政局、市人力资源和社会保障局、市国土资源局、市住房和城乡建设局、市农业局、市卫生和计划生育局、市统计局、市城乡规划局、市国家税务局、市地方税务局为成员单位。各成员单位要结合实际抓紧制定与户籍制度改革相配套的政策措施。

（十八）加强宣传引导。户籍制度改革政策性强，社会关注程度高，各地、各有关部门和新闻单位要坚持正确舆论导向，全面准确解读中央和省的有关政策，及时总结、大力宣传各地在解决群众实际问题、保障群众合法权益等方面的好经验好做法，

合理引导群众预期，积极回应社会关切，主动接受群众监督，形成共同推进改革的良好社会氛围。

韶关市人民政府

2015 年 12 月 14 日

韶关市老年人优待办法

（韶府令第 128 号）

《韶关市老年人优待办法》（韶府规审〔2015〕7 号），已经 2015 年 12 月 22 日韶关市人民政府第十三届 83 次常务会议通过，现予以公布，自公布之日起施行，有效期五年。《韶关市人民政府关于印发韶关市老年人优待办法的通知》（韶府〔2008〕61 号）同时废止。

代市长　骆蔚峰

2015 年 12 月 29 日

韶关市老年人优待办法

第一条　为保障老年人合法权益，发展老龄事业，弘扬中华民族敬老、养老、助老的美德，根据《中华人民共和国老年人权益保障法》、《广东省老年人权益保障条例》、《广东省老年人优待办法》等有关规定，结合本市实际，制定本办法。

第二条　本办法所称的老年人是指60周岁以上的公民。

第三条　老年人优待工作坚持从老年人的实际需求出发，坚持政府主导、社会参与的原则。

市及各县（市、区）人民政府及其有关部门应当加强老年人优待工作，确保老年人所享受的社会保障、社会福利和社会服务水平与本地经济社会发展水平相适应。

城乡社区应当通过开展多种老年人文娱活动，引导老年志愿者结合自身的知识、技能和经验，发挥个人专长，帮助老年人融入社会，实现社区老年人老有所为，老有所乐。

第四条　本办法由韶关市老龄工作委员会负责组织实施，各有关单位、部门应当在各自职责范围内协同实施本办法。各优待单位应当在给予老年人免费或者优惠收费的公共服务场所内，设置明显的韶关市老年人优待标志、标识。

第五条　具有本市户籍的老年人，可以申请办理《韶关市老年人优待证》。

《韶关市老年人优待证》由各县（市、区）老龄工作委员会办公室统一印制，免费发放，所需经费由同级财政划拨。

第六条　符合本办法的老年人，可以凭本人居民身份证复印件一式三份及彩色小一寸近照一张（相片底色为红色）向户籍所在地的居委会或村委会提出申请，居委会或村委会将材料交镇政府（街道办）老龄工作机构，由镇政府（街道办）老龄工作机构派人携带复印件到县（市、区）老龄工作委员会办公室办理《韶关市老年人优待证》。

第七条　老年人凭居民身份证或者《韶关市老年人优待证》等其他有效证件进入市内政府投资主办或者控股的公园、文化宫、博物馆、美术馆、科技馆、纪念馆、文化馆（站）、展览馆、图书馆等，享受免费待遇。其中，市内政府投资主办或者控股的旅游景点、风景区、电影院、体育场馆均对老年人实行半价优惠；收费公共厕所对老年人实行免费优待。

提倡非政府投资主办或者控股的公园、风景名胜等旅游景区，对老年人给予适当优惠。

第八条　老年人乘坐车、船等交通工具享受优先购票、进出站、检票、上下车船等服务。候车室、候船室应设置老年人专座。

第九条　本市户籍老年人凭居民身份证、户口簿办理岭南通公交IC卡后，享受免费乘坐市区内的公共汽车服务。

第十条　老年人凭《韶关市老年人优待证》免交公证机构办理扶养、助养、赡养老年人协议公证的公证费。其中，对80岁以上的老年人办理遗嘱公证，免收公证费。

司法行政机关、法律援助机构、公证机构应优先办理涉及维护老年人权益的法律事项，符合法律援助条件的要及时给予法律援助。

第十一条　鼓励、支持社会力量参与发展老年教育，扩大各级各类老年大学办学规模。

本市户籍的贫困老年人入读老年大学，享受学费减半的优惠；对本市五保、低保老年人给予学费全免的优待。

第十二条　市及各县（市、区）人民政府应当在财政、土地等方面采取措施，按规定鼓励、扶持企事业单位、社会组织兴办、运营养老机构、设施，完善以居家为基础，社区为依托，机构为支撑养老服务体系。

鼓励、扶持专业服务机构及其他组织和个人，为居家的老年人提供生活照料、紧急救援、医疗护理、精神慰藉、心理咨询等多种形式的服务。

政府投资兴办的养老机构，应当优先保障本市经济困难的孤寡、失能、高龄老年人的服务需求。

对经济困难的老年人，县（市、区）人民政府应当逐步给予养老服务补贴。

第十三条　市及各县（市、区）人民政府应当建立和完善医疗救助制度，将农村五保供养老年人、享受最低生活保障的老年人，按照广东省相关规定纳入医疗救助范围。

本市户籍的农村五保供养老年人、享受最低生活保障的老年人、丧失劳动能力的残疾老年人、低收入老年重病患者、低收入家庭中的老年人等参加我市城乡居民医疗保险的个人缴费部分，由其户籍所在地的县（市、区）人民政府予以全额资助。

县（市、区）人民政府可结合实际，对户籍在辖区内的参加城乡居民医疗保险的70周岁以上老年人给予参保资助。

有条件的村集体经济组织对参加城乡居民医疗保险的老年人应当给予资助、补助。

第十四条　市内各公立医疗机构应当为老年人就医提供方便，有条件的要逐步设立优先就医专用通道等服务，对持有《韶关市老年人优待证》的老年人看病免收普通门诊挂号费。

各镇卫生院、各街道社区服务中心应当为辖区内65周岁以上老年人建立健康档案，每年免费提供1次包括生活方式和健康状况评估、体格检查、辅助检查和健康指导的健康管理服务。

已开展社区卫生服务的医疗机构应为老年人设立家庭

病床，并免收贫困老年人家庭病床巡诊费。卫生计生部门应组织医护人员为百岁以上老年人开展巡诊，送医送药上门服务。

提倡乡镇（街道）以上私立医疗机构免收看病老年人普通门诊挂号费。

第十五条 市及各县（市、区）人民政府应当将贫困老年人纳入特殊困难群体救助范围，对户籍在本行政区域内、生活长期不能自理、经济困难的老年人，应当根据其失能程度等情况给予护理补贴。

对户籍在本行政区域内的老年人，去世后遗体实行火化的，由其户籍所在地的县（市、区）人民政府免费提供殡葬基本服务。

第十六条 符合本市廉租住房保障条件的老年人优先纳入廉租住房保障范围。其中，对无收入或者低收入的孤寡老人租赁公租房的，免交租金。

户籍在本市行政区域内的老年人在其产权或者承租住房拆迁（征收）安置中，同等条件下可享受优先选择楼层的待遇。

第十七条 对本市户籍80周岁以上的高龄老年人，实行高龄老人政府津贴制度。符合领取条件的老年人向户籍所在地的村（居）委会提出申请，经审批同意的，由其户籍所在地的县（市、区）人民政府从申请对象提交书面申请后的下一个月份起发放高龄老人政府津贴。其津贴额度为：年满100周岁以上的老年人，每人每月发放200元；90周岁以上100周岁以下的老年人，每人每月发放30元；80周岁以上90周岁以下的老年人，每人每月发放20元。

第十八条 由驻韶部队管理的年满60周岁的离退休干部按照本规定享受本市优待政策。

第十九条 享受优待的老年人乘坐公共汽车或进入公园及景区等公共场所，应自觉遵守公共汽车和公共场所的有关规定，尽量避开上下班人流和游客高峰期；行动不便的老年人，语言、视力、听力有严重障碍的老年人，患有严重老年痴呆症、癫痫症及其有严重疾病的老年人乘坐公共汽车或进入公共场所活动须有人陪同，以防发生意外。

第二十条 《韶关市老年人优待证》只限于本人持证使用。老年人享受本办法规定的优待时，应主动出示优待证、居民身份证及其他合法有效证件，接受有关工作人员的查验。老年人使用伪造或冒用他人的优待证、居民身份证及其他合法有效证件的，服务单位和服务人员可拒绝提供本办法规定的优惠待遇。

第二十一条 本办法自公布之日起施行，有效期五年。《韶关市人民政府关于印发韶关市老年人优待办法的通知》（韶府〔2008〕61号）同时废止。

中共韶关市委办公室文件目录一览表

表 47

序号	发文单位	文件名	发文号	发文时间
1	市委办公室	《中共韶关市委办公室、韶关市人民政府办公室关于印发<2015 年度市领导挂点联系重点建设项目和牵头负责百项工程项目方案>的通知》。	韶办发〔2015〕3 号	5 月 29 日
2	市委办公室	《中共韶关市委办公室、韶关市人民政府办公室关于印发<2015 年度县（市、区）经济社会科学发展考核实施方案>的通知》	韶办发〔2015〕5 号	6 月 9 日
3	市委办公室	《中共韶关市委办公室、韶关市人民政府办公室关于印发<韶关市振兴发展 2015 年重点工作任务>的通知》	韶办发〔2015〕6 号	6 月 29 日
4	市委办公室	《中共韶关市委关于全面推进依法治市的实施意见》	韶发〔2015〕2 号	9 月 21 日
5	市委办公室	《中共韶关市委办公室、韶关市人民政府办公室关于印发<韶关市芙蓉新城“三年基本成城”行动方案（2015－2018 年）>的通知》	韶委办发电〔2015〕124 号	11 月 27 日
6	市委办公室	《中共韶关市委关于制定国民经济和社会发展第十三个五年规划的建议》	韶发〔2015〕4 号	12 月 28 日

韶关市人民政府文件目录一览表

表 48

序号	文件名	文号	印发时间
1	韶关市区公共交通站场管理办法	韶府令第 118 号	2015 年 1 月 3 日
2	韶关市科学技术进步奖励办法	韶府令第 119 号	2015 年 1 月 3 日
3	韶关市项目库建设管理办法	韶府令第 120 号	2015 年 1 月 3 日
4	韶关市区私房建设划管理办法（试行）	韶府令第 121 号	2015 年 1 月 3 日
5	韶关市人民政府关于印发韶关市社会信用体系建设规划（2014－2020 年）的通知	韶府〔2015〕2 号	2015 年 1 月 8 日
6	韶关市人民政府关于印发韶关市主体功能区规划实施纲要的通知	韶府〔2015〕3 号	2015 年 1 月 9 日
7	韶关市人民政府关于市政府领导同志分工的通知	韶府〔2015〕6 号	2015 年 1 月 19 日
8	韶关市人民政府关于市政府正副秘书长和有关同志分工的通知	韶府〔2015〕7 号	2015 年 1 月 19 日
9	韶关市人民政府关于调整市级农业龙头企业的通知	韶府〔2015〕8 号	2015 年 1 月 26 日
10	韶关市人民政府关于公布市政府及各部门（单位）为民办实事项目的通告	韶府〔2015〕13 号	2015 年 2 月 14 日
11	韶关市人民政府关于调整我市企业职工最低工资标准的通知	韶府〔2015〕14 号	2015 年 3 月 7 日

续表48

序号	文件名	文号	印发时间
12	韶关市人民政府转发广东省人民政府关于取消和调整一批行政审批项目的决定的通知	韶府［2015］16号	2015年3月24日
13	韶关市人民政府关于公布实施《广东省文物保护单位罗围城堡建筑遗址保护规划（2013—2032）》的通告	韶府［2015］18号	2015年4月2日
14	韶关市人民政府关于公布实施《广东省文物保护单位崇益堂保护规划（2014—2033）》的通告	韶府［2015］19号	2015年4月2日
15	韶关市人民政府关于2014年度全市人口与计划生育目标管理责任制考评情况的通报	韶府［2015］20号	2015年4月14日
16	韶关市人民政府关于调整我市失业保险金标准的通知	韶府［2015］21号	2015年4月17日
17	韶关市人民政府关于公布实施《全国重点文物保护单位满堂围保护规划（2014－2030）》的通告	韶府［2015］22号	2015年4月20日
18	韶关市人民政府关于印发《韶关市档案馆收集档案范围实施细则》的通知	韶府［2015］23号	2015年5月22日
19	韶关市人民政府关于批准并公布韶关市第五批市级非物质文化遗产名录的通知	韶府［2015］24号	2015年5月22日
20	韶关市人民政府关于颁发2014年度韶关市科学技术进步奖的通报	韶府［2015］26号	2015年6月1日
21	韶关市人民政府关于公布实施《广东省文物保护单位贵庐保护规划（2014—2030）》的通告	韶府［2015］27号	2015年6月18日
22	韶关市区户外广告和招牌设置管理规定	韶府令第122号	2015年6月9日
23	韶关市区城市道路车辆停放管理规定	韶府令第123号	2015年6月9日
24	韶关市重点建设项目管理办法	韶府令第124号	2015年6月9日
25	韶关市园林绿化管理规定	韶府令第125号	2015年6月16日
26	韶关市人民政府关于调整市政府部分副秘书长分工的通知	韶府［2015］29号	2015年7月2日
27	韶关市人民政府关于市政府领导同志分工的通知	韶府［2015］30号	2015年7月10日
28	韶关市人民政府关于公布实施《广东省文物保护单位文峰塔保护规划（2015—2030）》的通告	韶府［2015］31号	2015年7月13日
29	韶关市职工生育保险实施办法	韶府令第126号	2015年8月17日
30	韶关市人民政府关于韶关市群康路建设工程施工的通告	韶府［2015］32号	2015年8月3日

续表 48

序号	文件名	文号	印发时间
31	韶关市人民政府关于印发韶关市工业转型升级攻坚战三年行动计划（2015—2017 年）的通知	韶府［2015］34 号	2015 年 9 月 1 日
32	韶关市人民政府关于印发《韶关市人民政府工作规则》的通知	韶府［2015］36 号	2015 年 9 月 7 日
33	韶关市人民政府关于印发《韶关市人民政府常务会议工作规程》的通知	韶府［2015］37 号	2015 年 9 月 7 日
34	韶关市人民政府关于征求市政府 2016 年工作建议和意见的通告	韶府［2015］39 号	2015 年 9 月 24 日
35	韶关市人民政府关于进一步做好新形势下就业创业工作的实施意见	韶府［2015］40 号	2015 年 9 月 25 日
36	韶关市人民政府关于印发韶关市 2015 年推进简政放权放管结合转变政府职能工作方案的通知	韶府［2015］41 号	2015 年 9 月 25 日
37	韶关市人民政府关于实施韶关市小岛片区污水处理厂配套管网工程（一期工程）的通告	韶府［2015］45 号	2015 年 10 月 22 日
38	韶关市人民政府关于开展市区“泥头车”专项整治的通告	韶府［2015］46 号	2015 年 10 月 22 日
39	韶关市人民政府关于扩大韶关市区高污染燃料禁燃区的通告	韶府［2015］47 号	2015 年 10 月 27 日
40	韶关市人民政府关于印发《关于进一步优化韶关投资营商环境的具体措施（试行）》的通知	韶府［2015］48 号	2015 年 10 月 29 日
41	韶关市人民政府关于印发《关于进一步加强招商引资工作的意见》的通知	韶府［2015］49 号	2015 年 10 月 29 日
42	韶关市人民政府关于印发《关于促进民营经济加快发展的若干措施（试行）》的通知	韶府［2015］50 号	2015 年 11 月 2 日
43	韶关市人民政府关于深化收入分配制度改革的实施意见	韶府［2015］51 号	2015 年 11 月 5 日
44	韶关市人民政府批转市发展和改革局关于 2015 年韶关市深化经济体制改革重点工作实施意见的通知	韶府［2015］52 号	2015 年 11 月 5 日
45	韶关市人民政府关于加快发展大旅游的实施意见	韶府［2015］53 号	2015 年 11 月 17 日
46	韶关市人民政府关于对韶关市小岛片区旧堤实施改造加固的通告	韶府［2015］58 号	2015 年 12 月 10 日
47	韶关市人民政府关于进一步推进户籍制度改革的实施意见	韶府［2015］59 号	2015 年 12 月 14 日
48	韶关市人民政府关于取消非行政许可审批事项的决定	韶府［2015］62 号	2015 年 12 月 25 日
49	韶关市人民政府关于公布市直部门权责清单的决定	韶府［2015］63 号	2015 年 12 月 24 日

续表 48

序号	文件名	文号	印发时间
50	韶关市人民政府关于收缴韶关市 2016 年机动车辆路桥通行年票费的通告	韶府〔2015〕64 号	2015 年 12 月 24 日
51	韶关市人民政府关于印发韶关市加快推进科技创新驱动发展 1 + N 政策意见的通知	韶府〔2015〕66 号	2015 年 12 月 28 日
52	韶关市人民政府关于印发韶关市科技企业孵化器建设实施方案（2015—2017 年）的通知	韶府〔2015〕67 号	2015 年 12 月 28 日
53	韶关市古树名木保护管理办法	韶府令第 127 号	2015 年 12 月 29 日
54	韶关市老年人优待办法	韶府令第 128 号	2015 年 12 月 29 日

韶关市人民政府办公室文件目录一览表

表 49

序号	文件名	文号	印发时间
1	韶关市人民政府办公室关于印发 < 韶关市区棚户区改造实施方案 > 的通知	韶府办〔2015〕1 号	2015 年 1 月 4 日
2	韶关市人民政府办公室关于印发韶关市地震应急预案的通知	韶府办〔2015〕6 号	2015 年 1 月 16 日
3	韶关市人民政府办公室转发市城乡规划局关于韶关市城乡规划局技术管理规定的通知	韶府办〔2015〕9 号	2015 年 1 月 29 日
4	韶关市人民政府关于公布市政府及各部门（单位）为民办实事项目的通告	韶府〔2015〕13 号	2015 年 2 月 14 日
5	韶关市人民政府办公室关于印发《韶关市社会投资项目联合审批实施办法》的通知	韶府办〔2015〕16 号	2015 年 3 月 23 日
6	韶关市人民政府办公室关于印发韶关市区单位建筑面积参考造价的通知	韶府办〔2015〕18 号	2015 年 4 月 2 日
7	韶关市人民政府办公室转发市教育局关于促进民办教育规范特色发展意见的通知	韶府办〔2015〕20 号	2015 年 4 月 24 日
8	韶关市人民政府办公室关于成立韶关市推进职能转变协调小组的通知	韶府办〔2015〕26 号	2015 年 6 月 30 日
9	韶关市人民政府办公室关于印发《韶关市区家禽“集中屠宰、冷链配送、生鲜上市”工作实施方案》的通知	韶府办〔2015〕29 号	2015 年 7 月 7 日
10	韶关市人民政府办公室关于印发《韶关市关于推广中国（上海）自由贸易试验区可复制改革试点经验的实施意见》的通知	韶府办〔2015〕31 号	2015 年 7 月 24 日

续表 49

序号	文件名	文号	印发时间
11	韶关市人民政府办公室关于提高 2016 年度城乡居民基本医疗保险个人缴费标准的通知	韶府办［2015］34 号	2015 年 8 月 10 日
12	韶关市人民政府办公室关于印发《韶关市深化医药卫生体制改革近期工作要点》的通知	韶府办［2015］43 号	2015 年 10 月 12 日
13	韶关市人民政府办公室关于印发韶关市工商行政管理局主要职责内设机构和人员编制规定的通知	韶府办［2015］46 号	2015 年 11 月 16 日
14	韶关市人民政府办公室关于印发韶关市质量技术监督局主要职责内设机构和人员编制规定的通知	韶府办［2015］47 号	2015 年 11 月 16 日
15	韶关市人民政府办公室关于转发《韶关市关于建立分级诊疗制度实施意见（试行）》的通知	韶府办［2015］48 号	2015 年 11 月 18 日
16	韶关市人民政府办公室关于印发《韶关市促进电子商务发展扶持措施（试行）》的通知	韶府办［2015］51 号	2015 年 11 月 30 日
17	韶关市人民政府办公室关于调整市直有关部门职能的通知	韶府办［2015］55 号	2015 年 12 月 24 日
18	韶关市人民政府办公室关于 2014 年度全市依法行政考评有关情况的通报	韶府办［2015］56 号	2015 年 12 月 25 日
19	韶关市人民政府办公室关于印发韶关市临时性救助实施细则（试行）的通知	韶府办［2015］58 号	2015 年 12 月 30 日

市政府部门规范性文件目录一览表

表 50

序号	文件名称	文号	时间
1	韶关市科学技术局关于发布《韶关市科学技术进步奖评审办法》的通告	韶科［2015］12 号	2015 年 3 月 20 日
2	韶关市人力资源和社会保障局关于发布《韶关市人才公寓分配办法》的通告	韶人社规［2015］1 号	2015 年 10 月 9 日
3	韶关市农业局关于发布《韶关市级示范家庭农场认定管理办法》的通告	韶农［2015］132 号	2015 年 9 月 24 日
4	韶关市农业局关于发布《韶关市农业局农产品质量安全黑名单制度》的通告	韶农［2015］171 号	2015 年 12 月 2 日
5	韶关市民政局关于发布《韶关市民政局关于社会力量参与救灾实施细则（试行）》的通告	韶民办［2015］128 号	2015 年 12 月 28 日

韶关市已建林业类自然保护区一览表

表51

序号	已建自然保护区名称	级别	面积（公顷）	主要保护对象	建立时间	备注
1	广东南岭国家级自然保护区	国家级	46363	中亚热带常绿阔叶林	1994	《总体规划》
2	广东车八岭国家级自然保护区	国家级	7545	中亚热带常绿阔叶林	1982	—
3	广东曲江罗坑国家级自然保护区	国家级	18813.6	中亚热带常绿阔叶林、珍稀动植物	1998	—
4	广东粤北华南虎省级自然保护区	省级	16360.8	华南虎及其栖息环境	1990	2008年调整仁化：11065.1公顷；乐昌：5295.7公顷
5	广东新丰云髻山省级自然保护区	省级	2727	中亚热带常绿阔叶林、珍稀动植物	1990	
6	广东乐昌杨东山－十二度水省级自然保护区	省级	11651	中亚热带常绿阔叶林、珍稀动植物	1998	—
7	广东乳源大峡谷省级自然保护区	省级	3673	中亚热带常绿阔叶林	2001	—
8	广东仁化红山高坪省级自然保护区	省级	3585.5	中亚热带常绿阔叶林、珍稀动植物	2001	—
9	广东乐昌大瑶山省级自然保护区	省级	7914	中亚热带常绿阔叶林	2000	—
10	广东始兴南山省级自然保护区	省级	7113	中亚热带常绿阔叶林	2001	—
11	广东曲江沙溪省级自然保护区	省级	9333.3	中亚热带常绿阔叶林	1996	—
12	广东南雄小流坑－青嶂山省级自然保护区	省级	7874	中亚热带常绿阔叶林	2001	—
13	广东翁源青云山省级自然保护区	省级	7359	中亚热带常绿阔叶林	2002	2009年升省级
14	广东乳源泉水市级自然保护区	市级	4010	中亚热带常绿阔叶林	2002	—
15	广东新丰鲁古河市级自然保护区	市级	22098.5	中亚热带常绿阔叶林	2000	—
16	广东翁源半溪市级自然保护区	市级	10653	中亚热带常绿阔叶林	2001	—
17	广东乳源青溪洞省级自然保护区	县级	3853	珍稀动物苏门羚	1976	—
18	广东乳源大潭河县级自然保护区	县级	3133	中亚热带常绿阔叶林	2002	—
19	广东乳源红豆杉县级自然保护区	县级	10190	红豆杉	2004	—
20	广东南雄孔江水源林县级自然保护区	县级	3850	中亚热带常绿阔叶林	2009	—
21	广东始兴将军栋县级自然保护区	县级	6225	中亚热带常绿阔叶林	2009	—
22	广东仁化斯鸡山县级自然保护区	县级	2448.3	中亚热带常绿阔叶林	2009	—

韶关市已建湿地公园一览表

表 52

序号	已建湿地公园名称	级别	面积（公顷）	批准文号	建立时间	备注
1	乳源南水湖国家湿地公园	国家级（试点）	6283.7	林湿发［2009］297 号	2009	广东省一级饮用水源保护区、乳源县饮用水源地和韶关市备用水源地
2	孔江国家湿地公园	国家级（试点）	1667.9	林湿发［2011］61 号	2011	—
3	新丰鲁古河国家湿地公园	国家级（试点）	469.54	林湿发［2014］25 号	2014	—
4	广东翁源滃江源国家湿地公园（试点）	国家级	614.04	林湿发［2015］189 号	—	
5	广东仁化澌溪湖省级湿地公园	省级	438.27	粤林复函［2011］186 号	2011	—
6	广东乐昌峡市级湿地公园	市级	1147.08	韶林函［2015］410 号	2015	—
7	广东仁化锦江湖县级湿地公园	县级	233.16	仁府办复［2015］30 号	2015	—
8	广东乳源石寨背湿地公园	县级	20		2015	—

韶关市国家级、省级森林公园一览表

表 53

序号	已建森林公园名称	级别	面积（公顷）	批准文号	建立时间	备注
1	韶关国家森林公园	国家级	2011	林造批字［1993］89 号	1993.5.8	—
2	小坑国家森林公园	国家级	16667	林造字〔1992〕154 号	1992	—
3	南岭森林公园	国家级	27267		1993	—
4	天井山森林公园	国家级	5567		2008	—
5	仁化森林公园	省级	353	粤林函［1993］157 号	1993	—
6	锦城森林公园	省级	327	粤林审决字〔2013〕2 号	2013.3	—
7	后洞森林公园	省级	620		2008	—
8	刘家山森林公园	省级	1133		1993	—
9	广东帽子峰森林公园	省级	709.7	粤林审决字［2011］1 号	2011.1.4	—
10	青云森林公园	省级	1493		2010	—

韶关市非物质文化遗产名录一览表

表 54

序号	项目类别	项目名称	保护单位	级别	批次
2	民俗	拜盘王	乳源县文化广电新闻出版局	国家级	第一批
1	传统戏剧	粤北采茶戏	韶关市文化馆	国家级	第三批
2	传统舞蹈	龙舞（香火龙）	南雄市文化馆	国家级	第三批

续表 54

序号	项目类别	项目名称	保护单位	级别	批次
3	传统美术	瑶族刺绣	乳源县文化馆	国家级	第三批
4	传统音乐	瑶族民歌	乳源县文化馆	国家级	第四批
5	传统舞蹈	舞春牛	浈江区文化馆	省级	第一批
6	民俗	南华诞庙会	曲江区文化馆	省级	第一批
7	传统美术	张田饼印	新丰县文化馆	省级	第二批
8	传统音乐	九峰山歌	乐昌市文化馆	省级	第二批
9	传统音乐	石塘月姐歌	仁化县文化馆	省级	第三批
10	传统技艺	仁化土法造纸技艺	仁化县文化馆	省级	第三批
11	传统舞蹈	狮舞（青蛙狮）	乐昌市文化馆	省级	第三批
12	传统音乐	龙船歌	南雄市文化馆	省级	第四批
13	传统戏剧	乐昌花鼓戏	乐昌市文化馆	省级	第四批
14	传统工艺	石塘堆花米酒	仁化县文化馆	省级	第四批
15	民俗	乳源瑶族服饰	乳源县文化馆	省级	第五批
16	民间文学	珠玑巷人南迁	南雄市文化馆	省级	第五批
17	曲艺	乐昌渔鼓	乐昌市文化馆	省级	第五批
18	传统技艺	宰相粉	始兴县文化馆	省级	第六批
19	传统舞蹈	双龙舞双狮	南雄市文化馆	市级	第一批
20	传统音乐	十点梅花	曲江区文化馆	市级	第一批
21	传统舞蹈	鹤蚌舞	翁源县文化馆	市级	第一批
22	民间医药	乳源瑶族传统医药	乳源县文化馆	市级	第二批
23	传统体育、杂技与竞技	翁源烟火戏	翁源县文化馆	市级	第二批
24	民俗	南雄姓氏节	南雄市文化馆	市级	第二批
25	民俗	新丰担丁酒	新丰县文化馆	市级	第二批
26	传统技艺	新丰缸瓦	新丰县文化馆	市级	第二批
27	民俗	闹春牛	仁化县文化馆	市级	第二批
28	传统舞蹈	梅花龙	仁化县文化馆	市级	第二批
29	传统舞蹈	龟蚌舞	始兴县文化馆	市级	第二批
30	传统舞蹈	新丰纸马舞	新丰县文化馆	市级	第三批
31	传统音乐	仁化八音	仁化县文化馆	市级	第三批
32	民俗	浈江犁市划龙舟习俗	浈江区文化馆	市级	第三批
33	民俗	新丰龙皇宫出行	新丰县文化馆	市级	第三批
34	传统技艺	外营草席	始兴县文化馆	市级	第三批
35	传统舞蹈	调王舞	翁源县文化馆	市级	第三批
36	传统医药	丹参膏	浈江区文化馆	市级	第四批
37	民俗	圣祖祭、	乳源县文化馆	市级	第五批
38	民俗	契娭生曰	乳源县文化馆	市级	第五批
39	传统舞蹈	茶花灯	南雄市文化馆	市级	第五批
40	传统技艺	扎稻草龙制作技艺	南雄市文化馆	市级	第五批

续表 54

序号	项目类别	项目名称	保护单位	级别	批次
41	传统舞蹈	火龙、火狮、火凤、火虾	南雄市文化馆	市级	第五批
43	民俗	扛阿公	曲江县文化馆	市级	第五批
44	传统技艺	乐昌沿溪山茶	乐昌市文化馆	市级	第五批
45	传统技艺	丹霞红豆制作技艺	仁化县文化馆	市级	第五批
46	传统技艺	走马灯	仁化县文化馆	市级	第五批
47	民俗	装故事	仁化县文化馆	市级	第五批
48	传统舞蹈	司前舞火龙	始兴县文化馆	市级	第五批
49	传统音乐	客家山歌	翁源县文化馆	市级	第五批

国家级非物质文化遗产代表性传承人名单一览表

表 55

序号	项目类别	项目名称	保护单位	姓名	性别	出生年月	批次
1	民俗	瑶族盘王节	乳源县文广新局	盘良安	男	1936. 3	第二批
2	传统戏剧	粤北采茶戏	韶关市文化馆	吴燕城	女	1949. 9	第三批

省级非物质文化遗产项目代表性传承人名单一览表

表 56

序号	项目类别	项目名称	保护单位	姓名	性别	出生年月	批次
1	传统音乐	九峰山歌	乐昌市文化馆	罗家茂	男	1940. 5	第一批
2	民间美术	张田饼印	新丰县文化馆	张许光	男	1969. 6	第一批
3	民俗	南华诞庙会	曲江区文化馆	释传正	男	1944. 9	第一批
4	传统戏剧	粤北采茶戏	韶关市文化馆	罗发斌（已故）	男	1937. 8	第一批
5	传统舞蹈	舞春牛	浈江区文化馆	汤永伟	男	1968. 7	第一批
6	传统音乐	乳源瑶歌	乳源县文化馆	赵拉婢（已故）	女	1935. 8	第二批
7	传统美术	瑶族刺绣	乳源县文化馆	邓菊花	女	1952. 11	第二批
8	传统舞蹈	龙舞（香火龙）	南雄市文化馆	傅敬贵	男	1949. 4	第二批
9	传统技艺	仁化土法造纸技艺	仁化县文化馆	夏绍贵	男	1933. 4	第二批
10	传统音乐	石塘月姐歌	仁化县文化馆	谭彩霞	女	1923. 12	第二批
11	传统舞蹈	狮舞（青蛙狮）	乐昌市文化馆	邓国良	男	1956. 6	第三批
12	传统戏剧	乐昌花鼓戏	乐昌市文化馆	邓天财	男	1937. 9	第三批
13	传统音乐	乳源瑶歌（瑶族民歌）	乳源县文化馆	赵才付	男	1962. 8	第三批
14	传统音乐	乳源瑶歌（瑶族民歌）	乳源县文化馆	赵新容	女	1947. 12	第三批
15	传统舞蹈	龙舞（香火龙）	南雄市文化馆	曾宪林	男	1962. 5	第三批
16	传统音乐	龙船歌	南雄市文化馆	周才明	男	1937. 9	第三批
17	传统技艺	石塘对花米酒酿造技艺	仁化县文化馆	李玉粟	男	1967. 1	第三批
18	传统舞蹈	舞春牛	浈江区文化馆	张周孝	男	1945. 11	第三批

市级非物质文化遗产保护项目代表性传承人名单一览表

表 57

序号	项目类别	项目名称	保护单位	姓名	性别	批次
1	传统戏剧	粤北采茶戏	韶关市文化馆	张承清	男	第一批
2	民俗	新丰担丁酒	新丰县文化馆	赖道龙（已故）	男	第一批
3	民俗	新丰担丁酒	新丰县文化馆	赖金社	男	第一批
4	传统技艺	新丰缸瓦	新丰县文化馆	周笠水	男	第一批
5	民俗	新丰担丁酒	新丰县文化馆	赖社金	男	第一批
6	传统医药	乳源瑶族传统医药	乳源县文化馆	赵连娣	女	第一批
7	传统舞蹈	三溪青蛙狮	乐昌市文化馆	邝治彬	男	第一批
8	民俗	南雄姓氏节	南雄市文化馆	李森林	男	第一批
9	传统舞蹈	双龙舞双狮	南雄市文化馆	吴增延	男	第一批
10	传统舞蹈	龟蚌舞	始兴县文化馆	张卫涛	男	第一批
11	民间杂技	翁源烟火戏	翁源县文化馆	何秀初	男	第一批
12	传统舞蹈	鹤蚌舞	翁源县文化馆	雷成初	男	第一批
13	传统舞蹈	梅花龙	仁化县文化馆	李为昌	男	第一批
14	传统舞蹈	闹春牛	仁化县文化馆	赖绍开	男	第一批
15	传统音乐	十点梅花	曲江区文化馆	欧兆祯	男	第一批
16	民俗	新丰龙皇宫出行	新丰县文化馆	谭光腾	男	第二批
17	传统舞蹈	新丰纸马舞	新丰县文化馆	郑小明	男	第二批
18	民俗	乳源瑶族服饰	乳源县文化馆	邓桂兰	女	第二批
19	民俗	乳源瑶族服饰	乳源县文化馆	赵妹奶	女	第二批
20	民俗	乳源瑶族服饰	乳源县文化馆	邓永英	女	第二批
21	传统戏剧	乐昌花鼓戏	乐昌市文化馆	罗玉发	男	第二批
22	传统音乐	龙船歌	南雄市文化馆	邓诗良	男	第二批
23	民俗	宰相粉	始兴县文化馆	官国林	男	第二批
24	传统技艺	外营草席	始兴县文化馆	陈汉周	男	第二批
25	传统技艺	外营草席	始兴县文化馆	张燕群	女	第二批
26	传统舞蹈	调王舞	翁源县文化馆	晁献才	男	第二批
27	传统技艺	长江土纸	仁化县文化馆	杨九胜	男	第二批
28	传统音乐	仁化八音	仁化县文化馆	蒙才志	男	第二批
29	传统音乐	石塘月姐歌	仁化县文化馆	李玉清	女	第二批
30	传统音乐	石塘月姐歌	仁化县文化馆	戴年凤	女	第二批
31	传统技艺	石塘堆花米酒	仁化县文化馆	李朝训（已故）	男	第二批
32	民俗	浈江犁市划龙舟习俗	浈江区文化馆	莫冬林	男	第二批
33	传统美术	瑶族刺绣	乳源县文化馆	赵晓芳	女	第三批
34	民俗	瑶族盘王节	乳源县文广新局	赵天堂	男	第三批
35	传统音乐	龙船歌	南雄市文化馆	黄水源	女	第三批
36	传统技艺	仁化土法造纸技艺	仁化县文化馆	刘和生	男	第三批
37	民俗	乳源瑶族服饰	乳源县文化馆	赵浅妹	女	第四批
38	曲艺	乐昌渔鼓	乐昌市文化馆	邓显根	男	第四批
39	民间文学	珠玑巷人南迁传说	南雄市文化馆	黄家庆	男	第四批

索　引

主题索引

说明：

1. 本索引采用主题分析法，款目按照首字汉语拼音字母（同音字按声调）顺序排列。
2. 索引款目后的数字表示本书页的页码，数字后的英文字母（a、b、c）分别表示该页码的左栏、中栏、右栏。
3. 本索引未对“2015 年韶关大事记”“人物”“统计资料内文”“附录内文”、照片、图表等做内容主题分析。
4. 同一主题的内容在文中多处出现的，在其款目后用不同的页码标明并以“/”间隔。

A

B

C

D

E

F

G

H

J

K

L

M

N

P

Q

R

S

T

W

X

Y

Z

表格索引

图照索引